俞樾全集

汪少華 王華寶 主編

茶香室叢鈔

貳

（清）俞樾 著

汪少華 顔春峰 點校

鳳凰出版社

U0855891

茶香室續鈔

汪少華　顏春峰　點校

茶香室續鈔目録

茶香室續鈔卷三……六六五

茶香室續鈔卷六……七四五

茶香室續鈔卷七……七六九

茶香室續鈔卷十四……九二七

茶香室續鈔卷十五……九四八

茶香室續鈔卷十六……九七一

茶香室續鈔卷十八……一〇一八

茶香室續鈔卷二十……一〇七三

茶香室續鈔卷二十三……一一六一

茶香室續鈔卷一

天象八家

唐李淳風《乙巳占》云：「論天體象者，凡有八家：一曰渾天，即今所載張衡《靈憲》是也；二曰宣夜，絶無師學；三曰蓋天，《周髀》所載；四曰軒天，姚信所説；五曰穹天，虞聳所擬；六曰安天，虞喜所述；七曰方天，王充所論；八曰四天，祆胡寓言。」按：《爾雅·釋天篇》疏云：「形狀之殊，凡有六等：一曰蓋天，二曰渾天，三曰宣夜，四曰昕天，五曰穹天，六曰安天。」無「方天」「四天」二家。其「穹天」亦止云虞氏所説，不著虞聳之名。此可補邢《疏》之缺。「昕天」即「軒天」，邢氏已言之矣。

佛家紀歲月日夜之異

唐釋道世《法苑珠林》云：「《僧祇律》云：『二十念爲一瞬，二十瞬名一彈指，二十彈指名一羅預，二十羅預名一須臾。一日一夜有三十須臾：日極長時晝有十八、夜有十二，極短時晝有十二、夜有十八，春秋分便等。』」按：此則佛家無一日十二時之説。

又云：「依奘法師《西國傳》云：『居俗日夜分爲八時，晝四、夜四。月盈至滿，謂之白分；月虧至晦，謂之黑分。或十四日，或十五日，月有大小故也。白前黑後合爲一月，六月合爲一行。日遊在內，北行也；日遊在外，南行也。總此二行合爲一歲，以爲六時：正月十六日至三月十五日，漸熱也；三月十六日至五月十五日，盛熱也；五月十六日至七月十五日，雨時也；七月十六日至九月十五日，茂時也；九月十六日至十一月十五日，漸寒也；十一月十六日至正月十五日，盛寒也。如來聖教歲爲三時：正月十六日至五〔一〕月十五日，熱時也；五月十六日至九

〔一〕五，原訛「正」，據《法苑珠林》卷一改。

月十五日，雨時也；九月十六日至正月十五日，寒時也。」按：此則一歲十二月，一月三十日或二十九日，與中國同；三時、六時之説，與中國異。至日夜八時，又與「三十須臾」之説異矣。

四種月

唐釋道世《法苑珠林》云：「《智度論》云：『有四種月：一者日月，二者世間月，三者月月，四者星宿月。日月者三十日半，世間月者三十日，月月者二十九日加六十二分之三十，星宿月者二十七日加六十分之二十一。閏月者從日月、世間月二事中出，是名十三月，或十三月名一歲，是歲三百六十六日，周而復始。』」

按：日月三十日半，則十二月爲三百六十六日，而世間月三十日，則十二月止三百六十日。於是每年餘六日，以是餘日置閏，則五年止一閏矣。似亦與中國法不同也。

長月直日

國朝俞正燮《癸巳類稿》有《長月直日解》云：「《唐律·斷獄下》長孫無忌等疏議云：『斷

屠月，謂正月、五月、九月。禁殺日，謂每月十直日：一日、八日、十四日、十五日、十八日、二十三日、二十四日、二十八日、二十九日、三十日。於此月日決囚者，杖六十。』明重修《會典》第一百三十七卷每月禁刑日期亦同。今案：《提謂經》佛告提謂：『歲終三覆，天帝釋、太子使者、日月鬼神、地獄閻羅、百萬神衆，用三長月，四部案行善惡。』佛家止三時：一、二、三、四、五爲一時，六、七、八、九爲一時，十、十一、十二、正爲一時。三長爲三末月，故計校也。『十直日』則出道家。《雲笈七籤·齋戒》云：『明真科言十直日：一日北斗下，八日北斗司殺君下，十四日太一使者下，十五日天官及三官俱下，十八日天一下，二十三日太乙八神下，二十四日北辰下，二十八日下太一下，二十九日中太一下，三十日上太一下，周行天下，伺人善惡。』《唐六典》云：『齋有七名，其三曰明真齋。』此明真法也。今佛家引此十日爲準提齋日，則後起之談。」按：正、五、九月，唐制斷屠，故凡喜慶事皆不得行。今不斷屠，則無所妨矣。而相仍以此三月爲忌月，則失其義也。至十直日之説，知之者少，或持準提齋者尚能守之，士大夫家不聞此説也。

又按：宋吴曾《能改齋漫録》云：「本朝士大夫相傳，正月、五月、九月不上任。以火德王天下，正、五、九月皆火德生壯老之位。其説無稽。竇苹《唐書音訓》其注《高帝紀》引《智度論》云：『天帝釋以大寶鏡照四大神洲，每月一移，察人善惡。正月、五月、九月照南贍部洲，故以此月省刑修善。』予以是知正、五、九所以不上任以此耳。」按：如《智度論》之説，則天帝釋每月皆察善惡，正、五、九三月輪直南贍部洲耳，其餘三洲有直二月、六月、十月者，有直三月、七月、十一月者，有直四月、八月、十二月者，與《提謂經》「三長月」之説又不同。今人但知有《智度論》之説，不知有《提謂經》之説。

又《癸巳類稿》引《淨度經》云：「所司神明聽察，一月六奏，有六齋日；一歲三覆，爲正月、七月、十月。」則與正、五、九之説又不同。

六十花甲子

國朝錢大昕《恒言録》云：「趙牧詩『手挼六十花甲子，循環落落如弄珠』，見《唐詩紀事》。」據此則「六十花甲子」之説由來久矣。

稱十年爲一旬

國朝錢大昕《養新録》云：「古人以十日爲旬，漢魏六朝人文字從無稱十年爲旬者，惟白樂天《偶吟自慰兼呈夢得》詩有『且喜同年滿七旬』之句，自注：『予與夢得甲子同辰，俱得七十。』則其誤始於唐中葉也。」

古人言後年、來冬與今異

國朝宋翔鳳《過庭録》云：「《晉書·杜預傳》啓請伐吴之期，帝報待明年，預表陳至計中云：『若當待後年，天時人事不得如常。』『後年』謂後一年，即明年也，與今以明年之後一年爲後年者異。《預傳》又言：或曰：『今向暑，水潦方降，疾疫將起，宜俟來冬，更爲大舉。』所言『來冬』，謂當年之冬。其時冬未來，先言之，即謂之來冬也。」

木龍

國朝施鴻保《閩襍記》云：「鼓山靈源庵後有石刻楷書二十字，云：『宋淳祐木龍春仲望後一日，待鶴山韓準登屴崱峯。』『木龍』二字甚新，當即甲辰歲也。」

大餘、小餘

國朝施鴻保《閩雜記》云：「建陽南城門樓左側有江河樓，其下有碑，乃乾隆時縣人虞紹祖重建樓記也，後題『戊申歲春分大餘四，小餘一千六百三十五』。予記杜少陵《唐興縣客館記》，其末亦云：『是日辛丑歲秋分，大餘二，小餘二千一百八十八。』仇兆鼇引姚江黄百家曰：『日法萬分，每刻百分，每日百刻，總得萬分。萬分以上爲大餘，日數也；萬分以下爲小餘，時刻數也。』此碑蓋乾隆戊申歲春分後四日十六刻零也。然亦好奇之爲耳。」

望日稱圓日

國朝程祖慶《吴郡金石目》云：「《隆興塔甎題記》：『隆興二年九月圓日。』圓日，月圓之日，猶言望日，見翻宋本司馬氏《書儀序》後署『菊月圓口』。」

戊午、己未日天必變

元史浩《兩鈔摘腴》云：「趙雲洲云：凡遇戊午、己未日天必變，或遇亢、壁二宿直日，則可免。」

又云：「雪多作於戊、己日。嘗考丁亥冬十二月八日己未雪，十八日己巳夜雪，二十七日戊寅夜雪，大率丙、丁、戊、己皆雪日也。」

梅雨三旬

宋袁文《甕牖閒評》云：「今人謂梅雨爲半月，以夏至爲斷梅日，非也。梅雨夏至前後各半月，故東坡詩云『三旬已過黄梅雨』，則梅雨爲三十日可知矣。」

明郎瑛《七修類稿》云：「《碎金集》云『芒種後逢壬入梅，夏至後逢庚出梅』，《神樞經》又云『芒種後逢丙入梅，小暑後逢未出梅』。」國朝梁章鉅《農候襍占》又云「芒種後逢壬立梅，夏至逢壬斷梅」，又云「芒種後逢壬日或庚或丙日進梅」。其説愈多，不如竟以夏至前後各半月爲準也。

寒食在冬月

宋洪邁《容齋三筆》云：「《鄴中記》云：『并州俗冬至後一百五日爲子推斷火，冷食三日。』按：《後漢·周舉傳》云：『太原舊俗以介子推焚骸，有龍忌之禁，士民每冬中輒一月寒食。舉爲并州刺史，作書置子推廟，言盛冬去火，殘損民命，非賢者之意。』」然則所謂寒食乃是冬中，非今節令二、三月間也。

黄明

國朝崔應榴《攤飯續譚》云：「吴興風俗，清明後一日謂之黄明。鮑西岡鈔令吴興日，有詩曰『喜見柔桑開雀口，清明明日又黄明』，又曰『冷風疏雨過黄明』。」余按：吾邑有此稱，而誤其音爲「紅明」。余有詩曰：「父老釀錢迎緑社，兒童散學過紅明。」蓋貪「紅」「緑」屬對較工耳，實則「黄明」非「紅明」也。因録此，以訂吾誤。

七夕用六日

宋洪邁《容齋三筆》云：「太平興國三年七月，詔七夕嘉辰著於令甲。今之習俗多用六日，非舊制也，宜復用七日，且名爲七夕而用六，不知自何時以然。唐世無此説，想必出於五代耳。」

明沈德符《野獲編》云：「江南李煜以七夕生，至期，其弟從益自潤州赴賀，乃先一日乞巧，江浙閒俱化之，遂以成俗。直至宋淳化閒，始詔更定仍爲七夕。」然則七夕之用六夕，自南唐始。

宋張耒《柯山集》有《七月六日》二首，其第二首云：「黄昏樓角看新月，還是去年牛女時。」

乞巧可於十月六七日

《開元占經》引郗萌云：「織女十月晨見東方，赤精明，女工善；不精明，女工惡。常以十月朔六七日候之。」按：世人於七月七夕乞巧者，以《夏小正》七月初昏，織女正東向也。如郗氏説，則女工善惡不主於昏見南方之時，而主於晨見東方之時。乞巧者當改而爲十月矣。

《開元占經》又引《石氏星占》云：「織女與扶筐爲妃。」《荆州占》云：「織女之足常向牽牛、扶筐，牽牛、扶筐亦常向織女之足。」按：今人知織女嫁牽牛，不知有扶筐之説。

小年夜

宋文文山《指南後録》獄中詩云：「春節前三日，江鄉正小年。」注云：「廿四日，俚語謂之小年夜。」按：今兩湖猶然，未知江西尚有此稱否。

國朝葉名澧《橋西褉記》云：「文信國《指南録·十二月十四日詩》注：『小年夜。』此風始於宋時禁中。大中祥符元年，以是日爲降聖節，聖祖於是日降延恩殿，見《宋史·禮志》。至乾、淳時爲小節夜，民間謂之『交年』，見《乾淳歲時記》。前明沿其俗，《宣府鎮志》『是日北人謂之交年』是也。」

伊犂初一夜見月

國朝洪亮吉《北江詩話》云：「伊犂較西安地高八百一十里，見《元和郡縣志》。故初一日即見新月，余紀事所云『月朔新蟾已抱肩』也。」

除夕見月影

國朝陳鼎《滇黔紀遊》云：「烏江臘月晦日夜，水中見圓月影，其光不減望日，而娑婆樹亦明灼如月中。」

風雨之異

宋王讜《唐語林》云：「關西西風則雨，東風則晴，皆以爲常候。夫洛陽土中，風雨之所交也。今關西西風則雨，關東東風則雨，是風氣各自其方而來，交於土中，陰陽和則雨成。」

拈字占晴雨

國朝繆艮《塗説》有《拈字占晴雨歌》，其法信手拈一字，以起筆爲驗，歌云：「點、晴豎丨雨蓋宀滂沱，撇丿霧橫一風雨不多。惟有絞絲糸連夜雨，勾亅環乚午後唱晴歌。」

秋霅霅

國朝惲敬《大雲山房襍記》云：「霅敕立切，霅息入切，大雨也。今吴以秋雨爲秋霅霅。」

《廣韻》二十八《盍》「攋揸，破壞也」，又「和𥟖也」。秋雨細碎，有和𥟖之義，疑當作此兩字。攋，盧合切；揸，私合切。

望夫雲

國朝無名氏《述異記》云：「趙州有洱海，土人詣大理府必由之。然風波甚惡，其海中有望夫雲起，則不敢行。相傳鎮一孽龍在海中央，其雌龍居蒼山。每欲相會，則蒼山雲起，排如階級，環二十里至海中而止。是日狂風拔木〔一〕，然凝視天上雲，未嘗稍轉移，真怪事也。」按：事甚怪，而「望夫雲」之名甚新，可入詩也。

五雲山僧進雪

明張岱《西湖夢尋》云：「五雲山去城南二十里，宋時每臘前僧必奉雪表進，黎明入城中，

〔一〕木，原訛「本」，據蔡啟盛《校勘記》改。

霰猶未集。蓋其地高寒，見雪獨早也。」

藏雪

宋袁文《甕牖閒評》云：「自古藏冰，至本朝始藏雪。余鄉亦能藏雪，見説初無甚難。藏雪之處亦可藏酒及柤、梨、橘、柚，諸果久爲寒氣所浸，夏取出，光彩燦然，而酒尤香冽。」按：今藏冰而不知藏雪，此法廢矣。

造雪

《抱朴子·黄白篇》云：「雲、雨、霜、雪皆天地之氣，而以藥作之，與真無異。」按：《抱朴》此言，因人不信黄金之可作，故以此曉之。然則以藥作雲、雨、霜、雪，在當時固人所共見而共信者矣。今西人飲饌喜用雪，能以藥作雪供飲饌。余嘗食之，見滿盛一楪，其色則紅，或云和以西瓜汁也；其氣炯炯然，疑若甚熱者，少嘗之則其涼沁齒，蓋所見非熱氣，乃寒氣也。當時以爲異，今乃知中國古有此法。

《魏書·西域·悦般傳》：「其國有大術者，能作霖雨、狂風、大雪。」今西人作雪，豈悦般之遺術邪？

《唐書·明崇儼傳》：「盛夏帝思雪，崇儼坐頃取進，自云往陰山取之。」按：此亦以藥作之者。

《列子·周穆王篇》：「老成子學幻於尹文先生，用尹文先生之言深思三月，遂能存亡自在，憣校四時，冬起雷，夏造冰。」按：冰可造，則雪亦可造矣。

稱水

國朝顧禄《清嘉録》云：「自元旦至十二日，當一歲之月，以瓶汲水準其輕重，重則其月多水，輕則旱。」按：此法未知驗否。

又引王得臣《麈史》云：「江湖閒人常於歲除汲江水秤，元日又秤，重則大水。」按：此與前法又異。

茶香室續鈔卷二

野狐嶺去天十八里

明楊慎《升庵集》云：「童瑄號玉壺，以明天文召入，扈從成祖北狩。至野狐嶺，上有碑識云：『嶺去天十八里，其寒裂膚。此地極北，紫微、北斗已向南觀。』」

滇中地勢極高

國朝陳鼎《滇黔紀遊》云：「自湖南辰、沅以西皆自下而上，至鎮遠，趨貴陽，俱上大山，斗峻險絶之坡，指不勝屈。至定西嶺，嶺在白崖西北，白崖則在大理府之東南。其地高中州千有餘里，去天尺五。黑夜星光照耀如晝，天如覆釜，伸手可捫星辰，身雖履地，自覺憑虚。至永昌、騰越，直入霄漢矣。」

宋袁文《甕牖閒談》云：「余自幼聞長老言，京師地方與泗州塔尖等。泗州塔一十三級，每級高一丈，是京師地形比泗州高十三丈。今《筆談》所載，乃云京師之地比泗州高一十九丈四尺八寸六分，其數細計如此。」按：宋都汴梁與泗州不爲甚遠，而已懸絶如此，則滇中地勢之高，固不足怪也。

黄河入暹羅

國朝季麒光《臺灣褉記》云：「暹羅國民俱造高樓，云其地通黄河，四月水至皆黄色。王亦徙居遠山，民盡登樓以處，牛、羊、犬、豕亦畜於樓上。人則乘舟往來，蔬薪之屬以小舟貿易。夫黄河發源崑崙，北行入龍門，皆在西徼，今又南注於暹羅之域，豈其地與星宿海相連，而河流由[一]此入海乎？抑行於中國者又別一道乎？」

大理即佛國

國朝陳鼎《滇黔紀遊》云：「唐乾德二年，詔沙門三百人入天竺求舍利，至開寶九年始歸。其記録行程曰巍峯、曰鷄足山、曰優婆掬多石室、曰王舍城、曰鷲峯、曰阿難半身舍利塔、曰畢鉢羅窟。以今考之，皆大理古跡也。蓋當日由西番行入天竺而轉東以達大理者，緣南詔爲蒙氏地，而黔蜀之道不通也。然則世所謂佛國者，即在滇南矣。」

嵎夷疑即今倭國

國朝沈濤《銅熨斗齋隨筆》云：「《堯典》『宅嵎夷』，《史記》作『居郁夷』，郁、嵎一聲之轉。

[一] 由，原訛「山」，據《臺灣褋記》改。

《詩》「周道倭遲」，《韓詩》作「郁夷」，見《漢書·地理志》注。郁與倭聲亦相近也。今倭國在海東，或即古郁夷乎？」

俄羅斯古羅刹國

國朝俞正燮《癸巳存稿》有一文辨羅刹、俄羅斯異同，云：「羅刹者，紅毛諸番，其正名羅刹國者，今之俄羅斯。其國東北自黑龍江邊外，北盡北海，西盡西海，西南包額納特珂克外。羅刹種人素與佛不合，自立天主教。其部强盛，當佛時，羅刹王名阿修羅，欺凌佛，并欺凌佛國。佛國深畏之，遇惡人惡物皆以『羅刹』名之，故有『在山羅刹』，有『在海羅刹』，有『飛天羅刹』，皆假名『羅刹』，而於真羅刹無與也。羅刹至今俄羅斯而極大。《潛邱劄記》言俄羅斯定非羅刹。閻蓋畧見佛書，不能詳悉，且俄羅斯自稱爲羅刹，何得謂之定非也？」

《阿含經》云：「昔有貧人渡河，爲水所漂，殆死得出。時有辟支佛詣舍乞食，懽喜施竟，騰空飛去。貧人發願：『願我後身長大，一切深水無過膝者。』以是因緣爲阿修羅，得極大身，四大海水不能過膝，立于海中，身過須彌。阿修羅有四種類：若于鬼道以護法力，成通入空，此從卵生，鬼趣所攝；若于天中降德貶墜，其所卜居鄰于日月，此從胎出，人趣所攝；有修羅王執持世界，力洞無畏，能于釋梵四天爭權化身，大小隨意，能作此因變化而有，天趣所攝；下劣修羅，生大海心，旦游虚空，暮歸水宿，此因濕氣而有，畜生趣攝。」按：長言之曰「阿修羅」，短言之曰「羅刹」，梵音無定耳。俞理初謂「當佛時，羅刹王名阿修羅」，猶未達其義。

國朝陸鳳藻《小知録》引《起世經》云：「須彌山東大海下有鞞摩質多羅阿修羅王國土，南大海下有踴躍阿修羅王宫殿，西大海下有奢婆羅阿修羅王宫殿，北大海下有羅睺羅阿修羅王宫殿。」然則凡四方强悍之國，佛皆謂之「阿修羅」，非止一國矣。

六字地名

明楊慎《升庵集》云：「往年在史館時，有湖廣土官『水盡源通塔平』長官司進貢，蓋六字地名。有同列疑爲三地名，添之云『三長官司』。予取大明官制證之，曰：此一處非三地也。」

四山爲嵊

明葉向高《説類》云：「初至嵊縣，問『嵊』字之意。一庠生云四山爲嵊，如四馬、四矢之義。問其所出，云聞之前輩，不知也。偶閲《蘇州志》，齊張稷爲剡令，至嵊亭生子，因名嵊，字四山。以此命字，必有出也。」按：《説類》爲葉向高與林茂槐共成之書，每條必注所出，此獨不注，殆葉氏自述所見耳。

卡

國朝鈕琇《觚賸》云：「粤中多俗字，如穩坐爲𡘾，音穩；人物之短者爲𡚻，音矮；人物之瘦小爲奀，音芒；山之巖洞爲岙，音勘；水之磯激爲泵，音聘；蓄水之地爲氹。音甘；通水之道爲圳，音浸；水之曲折爲乪，音囊；路之險隘爲卡，音汊。」按：此數字惟「卡」字今盛行，軍興以來抽釐佐餉，名其所曰「卡」。上自詔書，下而章奏，無不有此字。不知在國初時猶與「岙」

「汞」等同爲俗字也。

土脈横豎

國朝高士奇《天禄識餘》云：「土脈有横豎，許穎閒田有豎土者不可稻，以其不停水。陝以西民皆穴土而居，亦曰此横土可劚，若遇豎土，即坍塌矣。」

小島無根

南懷仁《坤輿外紀》云：「諳厄利亞國有小島無根，因風移動，人弗敢居。」按：此則《列子》所載殆非寓言。

浮田

國朝翟濑芳《仰山堂集》云：「由桃花潭上溯二十里而遥曰考溪，俗名黄精隝。蓋由黄山天都峰劈脈至此，聳出黄梅高峯，爲考溪一方之鎮。復分左右兩支，其閒有田千畝曰浮田，以其土浮水上，水沈土下得名。其土色黑，性柔，厚不過數寸；其水有翰墨香，深不可計，蝦魚畜焉。田無阡陌，插竿識之。其藝法，農兩腋挾竿入水，半沈半浮，手翻其土，遂以插秧。穫亦如之。秧下後不須芸草，旱潦皆有收，雨少尤豐。米色赤性黏，有雁來紅、鷄冠赤等名。然以他土投此水則沈，以此土投他水亦沈。相傳舊爲錢氏居，後地陷，遂成田。」按：此地當在寧國府涇縣，今未知尚有此田否。

國朝高士奇《天禄識餘》云：「廣州新會縣蜆岡以南瀕海，人有蔬圃，乃淺水中積沙而成者，或爲大風飄去若浮筏。然番禺嘗有人訟失去蔬圃，爲人所匿，在百里内外，蓋其事也，載《玉堂閑話》。」按：此亦浮田之類。

宋吴曾《能改齋漫録》云：「國初范質《閒話》云：『廣州番禺縣嘗有部民牒訴云：前夜亡失蔬圃，今認得在某處，請判狀往取。有北客駭其説，因詰之。民云：海之淺水中有藻荇之屬，被風吹沙與藻荇相襍。其根既浮，其沙或厚三五尺處，可以耕墾，或灌爲圃。夜則被盗者盗至百餘里外，若桴筏之乘流也。』《楊文公談苑》云：『兩浙有葑田，蓋湖上有茭葑所相繆結，積久厚至尺餘，可植蔬種稻，或割而賣與人。』乃知葑之爲田爲圃，廣、浙皆有之。」

郭璞《江賦》云：「標之以翠翳，泛之以遊菰。播匪藝之芒種，挺自然之嘉蔬。鱗被菱荷，攢布水菰。翹莖瀵蕊，濯穎散裹。隨風猗萎，與波潭渀。」疑亦此類也。

明楊慎《升庵集》云：「葑田，江淮以南有之。菰葑根相結而生，歲久浮於水上，根最繁而善糾結，以土泥著上，刈去其蔓，枯時以火燎，便可耕種。吴闞駰《十三州志》云：『百粵嶺南有駱田，駱音架。』王氏《農書》：『架田即葑田，以木縛架爲曲田，浮水面，以葑泥附木上而成田，其田隨水上下。』故南方有盗田之訟也。」

又楊慎《藝林伐山》云：「雲南謂之海蕣。」

滉柱

宋沈括《夢溪筆談》云：「錢唐江，錢氏時爲石隄，隄外又植大木十餘行，謂之滉柱。寶元、康定間，人有獻議，取滉柱可得良杉數十萬，杭帥以爲然。既而舊木出水，皆朽敗不可用，而滉柱一空。石隄爲洪濤所激，歲歲摧決。」按：滉柱之制今不可復，并無知其名者矣。

古喇水

明沈德符《野獲編補遺》云：「大古喇亦稱宣慰，不在雲南六宣慰司中。今禁中諸香極重古喇水，爲真龍涎之亞，即其國所産。歐陽永叔《歸田録》云：『西南夷法錦有鬻至中國者，其上織梅舜俞《春雪》詩。』其地即古剌，亦名古剌錦，殆謂是歟？」按：近時袁子才《隨園詩話》曾及「古剌水」，而不知爲何物，觀此始明。又人知有古剌水，不知有古剌錦，今亦未聞有是也。

國朝陸祚蕃《粤西偶記》云：「古辣泉在永淳之墟，取以釀酒，埋之土中，日足取出，色淺紅，味甘，不易敗。」

漚江

《玉篇·水部》「漚」字注云：「屋姑切，漚江，項羽渡船處也。」按：今人知有烏江，不知漚江之名。

《廣韻》十一《模》「烏」「溋」並哀都切。「溋」下注云：「盤溋，旋流也。」則溋江疑以旋流得名。

劉李河

國朝高士奇《扈從西巡日録》云：「琉璃河，宋王曾《奉使録》作劉李河，《金史》亦同。蓋因劉、李二姓居之，河以是名。今訛曰琉璃河。」按：余昔年奉派恭詣慕陵，隨同行禮，曾渡此河。有詩存集中，不知其爲「劉李河」也。文文山《指南後録》有《渡琉璃橋》詩，似此河以「琉璃」名亦已久矣。

五雲谿

國朝王士禛《居易録》云：「越中若邪谿，亦云若耶。邪，于遮切。宋《九域志》云：『徐浩遊若邪谿，曰：「曾子不居勝母之閭，吾豈遊若邪之谿？」因改爲五雲谿。』是讀作邪正之邪，類惡谿矣。」按：「五雲谿」之名甚新，今越人不知有此名矣。又按：徐浩語以「若邪」與「勝母」並稱，正讀于遮切，葢讀如爺也。母不可勝父，豈可「若」？故易其名。漁洋此條殊未達古語矣。

王半山詩「洲迴藏迷子，溪深礙若耶」，以「迷子洲」對「若耶溪」，得其義矣。楊升庵云：「迷子洲在建康西南四十里。」

罵泉

國朝陸祚蕃《粵西偶記》云：「泗洲城有罵泉，常日無水。游者與牧童錢數文求飲，牧童叫呼罵詈，拍手頓足，泉即流出。游者取酌之，甚甘美，飲畢即竭。」

按：國朝閔敘《粵述》云：「犀泉在縣東北，謂富川縣。石坎深丈餘，人至視之無有也，拍手呼之則出，不移時而滿，旋復消涸。」余疑「罵泉」亦此類，但聞人聲則出耳，泉水固不解人語，不知罵不罵也，乃相沿以惡聲相向，遂使泉得罵名，寃矣。

國朝陳鼎《滇黔紀遊》云：「安平縣有喜客泉，客至則湧如沸，客去則否。」按：此疑亦聞人聲而湧也。

取第一泉水

國朝趙吉士《寄園寄所寄》云：「金山郭墓下江心泉，爲天下第一。然有龍窩，洄流甚急。相傳泉爲龍所禁，不敢汲。康熙己巳六月，余避暑山之七峯閣，命寺僧拏四舟相連若井，抵洄流，用繩沈錫桶，桶上開五眼，綫繫木屑塞之，無令濁水入。下沈十數丈，到底方拔綫，提起木屑，則真泉入矣。三沈其桶，江波大作，予急回岸。烹泉與僧共飲，清香透骨，非復人間味。越數日，復拏舟繫墓畔，意欲取水。風濤掀翻，棹不可泊，如此者三。謂之龍禁，信然。」

仙人塘石壁字

國朝許纘曾《東還紀程》云：「未至沅州二里，有仙人塘，江左右壁森秀，竹樹青蔥。壁上題四字，似古文篆籀。云是仙人所題，人莫有識者。」按：此與余《叢鈔》卷九所載蒼頡二十八字、永福仙篆十字，皆相類也。

國朝無名氏《述異記》云：「離分宜縣一二十里，臨江山壁有大石似碑，長可二丈，闊可七尺，就山上鑿成，上下四旁皆山石也。上有楷書四行，每行八字，筆畫模糊，不能盡讀。相傳碑下江中有仙人遺下金船七隻，滿載金寶，沈此水底。此碑乃仙人遺筆，有能盡讀碑字，則七船浮露以贈。曾有人讀至三十字，七船之帆檣盡露，因二字不能讀，復沈水底。」按：此則近於誕妄，聊佐笑談耳。

石壁字下移

國朝王士禛《池北偶談》云：「永新縣禾山寺傍有顔魯公書『龍濱』二大字，數百年來石壁如故，而二字每年輒徙下，今離地不二尺矣。」

紅螺玉帶

明陳吴才《萬松閣記客言》曰：「畿内有紅螺、玉帶二山，士夫餞别或賀承恩寵者，多以此作詩，題曰『紅螺春色』『玉帶生光』是也。」按：此卷所紀皆燕京故事，今不聞有此語矣。

顧況《仙遊記》

宋王象之《輿地碑記目》云：「唐著作顧況《仙遊記》曰：『温州人李庭等，大曆六年入山斫船，迷不知路，逢見漈水。漈水者，東越方言以挂泉爲漈。中有人煙、鷄犬之候。尋聲渡水，忽到一處，約在甌閩之閒，云古莽然之墟者。好田泉竹果藥，連棟界隃，三百餘家。四面高山，迴環深映，有象耕雁耘，人甚知禮。有鳥名鴝，飛行如鶴，入人社中。惟祭得殺，無故不得殺，殺令地震。有一老人爲衆所伏，容貌甚和，歲入數百匹布，以備寒暑。乍見外人，亦甚驚異，問所從來，袁晁賊未平時政何若。具以實告，因曰：「願來就居，得否？」云：「此閒地窄，不足以容。」爲致食飲，申以主敬。既而辦行，砍樹記道。還家，及復前蹤，羣山萬首，不可尋省。』」

按：此亦一「桃花源」矣。

黄帝殿基

國朝吴寶崖《曠園襍志》云:「涿州涿鹿驛前街百步許,終日車行其上,曾無轍迹。相傳爲軒轅黄帝建都時舊殿基。」

堯行宫行臺

《太平御覽》引宋王韶之《始興記》云:「洷水源有堯山,山下有平陵,陵上有古大堂基十餘處,謂曰堯故亭。父老相傳堯南巡登此山,故亭即其行宫。」又《初學記》引《始興記》云:「含洭縣有堯山,堯巡狩至於此,立行臺也。」按:此則「行臺」乃古帝王巡狩所居,今仕宦借其名,僭矣。

堯廟二松

國朝吴寶崖《曠園襍志》云：「慶都縣北關外有堯廟，二古松同根，一分三榦，一垂五鬣。廟有柱銘『三皇一本，五帝同根』八隸字。松之形實肖之。」

善卷山

國朝許纘曾《東還紀程》云：「善卷山，堯時善卷讓位，避居於此。今孤峯絶頂有善卷先生古壇，旁有白龍井，與山下潭水相通。其下爲枉渚，即《楚詞》所謂『朝發枉渚，夕宿辰陽』者也。枉渚爲善卷先生釣灣，其村亦曰善卷村。沅江至此如一砥柱，過此則百里平疇，直趨洞庭矣。」

按：此則「善卷」殆楚人也。

丹朱陵

國朝吴寶崖《曠園襍志》云：「慶都東門外有丹朱陵，縣令錢某啓墓丈餘，覆一方石。石有小孔如錢大，以物投其中則有聲，莫測其底。既而大雷忽起墓下，錢驚怖置鍤，止移其石立墓上。石側三篆字，不可識。」按：墓中置石，石側刻字，此即志墓之權輿矣。

海鹽齊景公廟

宋王象之《輿地碑記目》云：「齊景公廟碑，在海鹽縣齊景鄉。唐貞〔一〕元十四年《汝南縣君周氏墓誌銘》：附於嘉興縣東界海鹽縣齐景鄉。」按：海鹽縣乃有齊景公遺蹟，亦奇。

〔一〕貞，原避諱作「正」，據蔡啟盛《校勘記》改。

范蠡泛湖船

國朝無名氏《述異記》云：「康熙四十一年，嘉興開河，新橋下開出船一隻，深埋河底，不敢掘而止。金明寺范蠡湖内亦有船一隻，半在城内，半在城外鴛鴦湖，相傳范大夫泛湖之船也。」

司馬子長墓

國朝王士禛《池北偶談》云：「比部張蓮峯説韓城有蘇屬國、司馬子長二墓，蘇墓樹枝皆南向，司馬墓樹枝皆北向。驗之良然。司馬墓北向，理不可曉。」按：蘇墓已載於《叢鈔》卷十六矣，今又得司馬墓事，併載之。

青冢無草木

國朝宋犖《筠廊偶筆》云：「嘉禾曹秋岳先生嘗至昭君墓，墓無草木，遠而望之，冥濛作朧色。古云青冢，良然。墓前石案刻某閼氏之墓，爲蒙古書。」按：世傳昭君墓草獨青，故謂之青冢。今觀此則知青冢非以草色見也。

國朝王士禎《居易録》云：「陳給事言明妃冢在歸化城南三十里，高三十餘丈，廣數畝。冢前尚存石虎二，其色黝黑；石獅子一，色純白；幢一，上刻蒙古書，豎幡其上。冢巔有小方亭，中藏畫佛。冢傍大柳一株，根分爲二，相距三尺許，去地數尺，連而爲一，骨去皮存，若香片然。」按：此言明妃冢甚詳，而不言遠望冥濛之色，則猶未備也。

無鹽冢

明沈德符《野獲編》云：「嘉靖八年，山東臨朐縣有大墓，發之，乃古無鹽后陵寢。其中珍異最多，生縛女子四人，列左右爲殉，其尸得寶玉之氣，尚未銷。」按：此則無鹽醜婦，明人及見其貌矣。

昭君祖冢

宋王象之《輿地碑記目》：「歸州有古松枝碑，在高陽鄉朱家村。碑在樹上，去地十許丈，相傳云昭君祖冢碑。」按：昭君之祖不知何名，惜未載其文。此碑名「松枝」，又在樹上，豈即於松枝間刻文字乎？

嚴子陵墓

國朝周亮工《書影》云：「嚴子陵墓在懷慶城東七里。」

譙周墓

明朱國禎《湧幢小品》云：「四川南充縣署有譙周墓，自晉以來無敢動者。嘉靖中，太守袁光翰徙之，爾後頻見緋衣貴人出入，縣尹至者輒不利。」按：譙周之墓至明代尚有靈爽，亦可怪矣。

駱賓王墓

明朱國禎《湧幢小品》云：「曹某者鑿靛池於海門城東黄泥口，忽得古冢，題石曰『駱賓王之墓』。啓棺，見一人衣冠如新。曹驚訝，隨封以土。」按：千年啓冢，衣冠儼然，則遁迹爲僧之説不足信矣。

丁謂墓

國朝董含《蓴鄉贅筆》云：「江右李劍墟言，星子縣有夏憲副應台者，以所居隘，屋後有古墓，欲徙之。夜夢一貴人登堂揖曰：『予宋之丁謂也。公宅後墓乃我塋，祈勿毀。』副憲驚寤，語其子曰：『丁乃巨奸，令其人在，尚當殛之，況冢乎？』遂徙之。冢有三穴，左右俱空，中穴一櫕如新，欲毀之。其子力諫，移之高原。不逾旬，夏病卒。」按：丁謂之墓不應在江西，此不可曉也。

莫愁村

國朝許纘曾《滇行紀程續鈔》云：「漢江之西有莫愁村。廬家有女名莫愁，善歌舞，嘗被召入楚宮。詢土人，曰：『村在蔓草中，莫識其處。』」按：此則「莫愁」乃楚女也。

明張萱《疑耀》云：「《莫愁樂》，古樂府及《唐書·樂志》《樂府解題》皆謂出於《石城樂》，以石城有女子名莫愁也。石城皆謂金陵之石頭城。宋曾三異以石城在楚郢中，漢江西岸至今有莫愁村；又云曾見莫愁之像有石本，衣冠甚古，乃古之神仙者流，非女子也。石城即古竟陵。今金陵莫愁湖在三山門外，相傳有妓盧莫愁家此。或後代倡女慕莫愁名，好事者因其人以名湖。而竟陵與金陵、石城與石頭城又易訛也，即金陵有莫愁，當是兩莫愁矣。又《樂府解題》云『古歌有莫愁，洛陽女』，則是有三莫愁矣。」

顧野王硯池

明郎瑛《七修類稿》云：「松江華亭縣亭林鄉乃梁顧野王所居之地，今寶林寺是也，尚像野王爲伽藍。硯池之水早清、中緑、晚則黑，亦奇〔二〕也。」

〔二〕 奇，原訛「寄」，據蔡啟盛《校勘記》改。

流觴曲水

國朝惲敬《大雲山房襍記》云：「峡江《蕭山寺志》載蕭子雲舊居有流觴曲水。」按：今人止知蘭亭有流觴曲水，不知有此。

柳書、羊茂二臺

國朝王士禛《居易録》云：「東阿魚山即曹子建聞梵處，有墓在焉。山上有臺二：曰柳書，曰羊茂，皆傳爲子建讀書處。二臺名義不甚可解。」

按：「柳書」「羊茂」二臺，注皆云「見隋碑」，乃本書卷二十載隋開皇十三年碑，但云「營墓魚山傍羊茂臺，平生遊涉有終焉之所」，無所謂「柳書臺」者，未詳所據。

韓魏公榮歸堂

宋强至《祠部集》有《榮歸堂》二首，注云：「公以詔語名堂。」按：此詩在《韓魏公生日》二首之後。所謂「公」即韓魏公也。今人知魏公有晝錦堂，而榮歸堂之名不著。《祠部〔一〕集》又有《安正堂》二首，末云「今日正風傳魏國，平居詩思亦無邪」，安正堂亦魏公堂名。

白礬樓

宋吴曾《能改齋漫録》云：「京師東華門外景明坊有酒樓，人謂之樊樓。或者以爲樓主之姓，非也。本商賈鬻礬於此，後爲酒樓，本名白礬樓。」按：「樊樓」之名甚著，白礬樓之名則無

〔一〕部，原訛「郡」，據蔡啟盛《校勘記》改。

知者。

儂智高冢在大理

國朝陳鼎《滇黔紀遊》云：「狄青討儂智高，史稱智高遺金龍衣而遁，不知所終。殊不知其終於大理也，今其宅遺冢尚存。」

蕭后梳妝樓非遼蹟

國朝張爾岐《蒿菴閒話》云：「《江陵集》云：『皇城北苑中有廣寒殿，相傳以爲遼蕭后梳妝樓。萬曆七年五月四日忽自傾圮，其梁上有金錢百二十文，蓋鎮物也。上以四文賜余，其文曰至元通寶。至元乃元世祖紀年，則殿創於元世，非遼時物矣。』江陵此説甚足信，而志《帝京景物略》者固公鄉人，猶遺此證據，何也？」

倪元鎮故居

國朝王士禛《居易録》云：「梁溪門人秦道然言，倪元鎮故居今爲祇陀寺，在無錫縣東南二十里，所謂雲林堂、清閟閣故址皆在。元鎮之族今爲郧，世以貨殖貲雄里中。」

張王基三異

明劉泌《曬起褉事》云：「張王基本舊治也，大亂後百餘年來忽有三異：生一草，結實如小紅豆，夜則開之以承露，人取飲之，百病自愈，人呼爲天膏，一異也；其根可以爲廚料，置飲食中，盛暑不敗，二異也；一男子陰囊大如斗，陝西大賈買去，俟其死，破囊得二玉椀，三異也。」

按：其地今稱王廢基，絶不聞有此草矣。

海忠介石坊

國朝吴寶崖《曠園襍志》云：「瓊州海忠介公瑞以直節經濟顯嘉、隆閒。崇禎甲申三月，公石坊鐫名處泚然血下，拭已復出，至十九日乃止。公没已百餘年，海濱萬里，與君國存亡冥通呼吸，亦神奇之至矣。」

吴中調豐巷

國朝錢大昕《竹汀先生日記》云：「張芑堂來，言宫巷口小塔記其甎悉爲人取去，有賣磁盌者得其一，有『隆興二年』字，驗之乃虞氏婦傅氏妙喜爲亡夫資冥福而作。其地名條坊巷，今譌爲『調豐』矣。吴中古刻殊少，揭而記之。」

蘇州感勝寺柏堂

國朝沈德潛《歸愚文鈔·樾亭上人傳》云：「婁門感勝寺有千餘年柏，久枯萎，骨如龍虎狀，旁獨秀一枝，青青垂二百年。有上人廬其下，以柏名堂，人即以『柏堂』稱之。上人名岑霽，字曉初，又字樾亭，俗朱姓。」按：杭州西湖柏堂人皆知之。光緒初，蔣公祠落成，余於其旁屋書「柏堂」二字榜，以存古蹟。至蘇州感勝寺有柏堂，知者甚鮮，今亦未知此獨秀之枝尚存否也。

三潭印月真蹟

國朝陸次雲《湖壖襍記》云：「三潭印月者，西湖十景之一。嘗披舊圖，見繪三小塔，懸一月影於中。余疑月光所印何獨三潭，今塔久廢，更無從識潭之所在矣。順治壬辰春，登教場山絕頂，下盼湖中，有三大圓暈見於放生池之左側。詢之山僧，僧曰：『此所謂三潭印月也。』因悟印月之説，謂其似月而非真月，向之畫工大誤矣。」按：此則知三潭印月在放生池之左。乃所謂放生池者，今亦不能實知其所在。而《湖壖雜記》又有《放生池》一條，云放生池稱魚樂國；又有盧舍庵前深淵一畝，爲池附庸。然則放生池必與盧舍庵相近，余所居之俞樓即在盧舍庵之右，三潭印月真蹟當近俞樓。而彭雪琴尚書所築之退省庵，雖名爲三潭印月，轉非其真矣。記於此，質之雪翁，兩親家效争墩故事，可笑也。

南宋大内有飛來峯

元周密《乾淳起居注》云：「官裏知太上聖意不欲頻出勞人，命修内司於北内後苑建造冷泉堂，疊巧石爲飛來峯，展開大池，引注湖水，景物並如西湖。」按：此知南宋時曾於城中疊石爲飛來峯，今無復遺迹矣。乃有尋常市儈之家疊石爲山，亦幾欲與飛來争勝，甚無謂也。

靈隱犬冢

國朝周亮工《書影》云：「《太平廣記》云：『靈隱造北高峯塔，有寺犬自山下銜塼石至嶺上，吻爲流血。人憐之，乃繫塼其背。塔成犬斃，寺僧葬之寺門八面松下。』今《靈隱寺志》不載此事。」

茶香室續鈔卷三

神禹生日

國朝酈滋德《越中青梅詞》注引《會稽志》云：「三月五日，俗傳神禹生日。」

按：東坡《上巳游塗山荆山》詩：「可憐淮海人，尚記弧矢旦。」自注云：「淮南人謂禹以六月六日生，是日數萬人會山上。雖傳記不載，然相傳如此。」是禹生日有二説。

鬻熊爲夏宗伯

明楊慎《升庵集》云：「唐天寶六載，詔祀夏禹於安邑，以宗伯鬻熊、秩宗伯夷配。此夏之鬻熊也，事夏禹爲宗伯，經傳無文，不知何據。」按：人知「鬻熊」爲周文王師，不知又有此「鬻熊」。

岐伯能詩

國朝周亮工《書影》云：「短簫鐃歌，軍樂也，黄帝使岐伯所作，所以建武揚德、風勸戰士也。右見《古今注》。岐伯醫外能詩，古聖何所不備。」

孔子諱宜改讀期音

國朝葉名澧《橋西襍記》云：「雍正三年，上諭孔子諱理應迴避，令九卿會議。九卿議以凡係姓氏，俱加阝爲邱；凡係地名，皆改易他名；書寫常用則從古體作『𠀉』。上諭：『今文出於古文，若改用𠀉字，是未嘗迴避也。此字本有期音，查《毛詩》古文作期音甚多。嗣後除四書五經外，凡遇此字並加阝爲邱；地名亦不改易，但加阝旁，讀作期音，庶乎允協，足副尊崇先聖至意。』」謹按：加卩作邱，至今遵行；至讀期音，則世無知者，宜申明之也。

子貢至孝

國朝喬松年《蘿藦亭札記》云：「任昉《王文憲集序》『山庭異表』，李善注引《論語摘輔象》曰：『子貢山庭斗繞口，故子貢至孝。』經傳無言子貢孝者，僅傳斯語。」

按：《王文憲集序》「淵角殊祥，山庭異表」，注於「淵角」句引《論語撰考讖》曰：「顔回有角額似月形。淵，水也。月是水積，故名淵。」此亦異聞，然「淵」是字，非名也。

匡人伯氏

國朝洪亮吉《曉讀書齋四録》云：「《論語》『子畏於匡』，何晏《集解》及《史記·孔子世家》皆止云匡人，惟《説苑》《韓詩外傳》及王肅所造《家語》以爲匡簡子；『奪伯氏駢邑三百』，孔安國《注》及《史記》亦止云伯氏齊大夫，獨皇侃《論語疏》以爲伯氏名偃，皆當有所本，而今無考。」

按：國朝程大中著《四書逸箋》，亦未知此二事。

百里奚爲虞公之族

國朝洪亮吉《曉讀書齋二録》云：「《南史·明僧紹傳》：『其先吴太伯之裔，百里奚子孟明，以名爲姓。』因悟百里奚與虞公本同大宗。」按：孟子但言「虞人」，近人乃推其爲虞公之族，然其説自墻。

宛春爲廬州人

國朝洪亮吉《北江詩話》云：「《左傳·僖公十三〔一〕年》城濮之戰，《傳》言『執宛春以怒楚』。今《廬州府志》載宛春爲廬州人，不知何據。」

〔一〕十三，當作「二十八」。

顔讎由爲子路妻兄

國朝劉書年《經説》云：「《史記》言孔子適衛，主子路妻兄顔濁鄒家。《索隱》謂與《孟子》不合。余謂史公以顔濁鄒爲子路妻兄，正據《孟子》此文，非别采自他書。古蓋讀『彌子之妻與子路之妻兄弟也』爲一句，言讎由爲二妻之兄弟也。觀小司馬云云，知後世誤讀自唐已然。」按：依此解之，則《孟子》與《史記》合，且可知彌子之妻、子路之妻並顔氏也。此説可從。

閔子或言宿州人

國朝王士禛《居易録》云：「閔子，宿州人。州有騫山閔子祠，裔孫奉祀。」

國朝翁方綱《元遺山先生年譜》載先生《濟南行記》云：「鄒平之南有長白山，范文正公學舍在焉。東十里有南北兩妙山，兩山之間有閔子騫墓。」然則閔子之祠不應在宿州也。

王豹非衛人

國朝劉書年《經説》云：「王豹，趙注謂『衛之善謳者』。豈以淇水在衛，因處淇而即謂之衛人邪？左氏《哀六年傳》齊公子陽生之立，『殺王甲，拘江説，囚王豹於句竇之邱』，杜注：『三子，景公嬖臣，荼之黨。』以時代考之，於髡所稱，似屬一人。意者豹以善謳爲景公所嬖，悼公立，囚而未殺，後遂奔衛處淇，則豹實齊人也。髡語皆盛誇本國之人，如緜駒、華周、杞梁皆齊人，不應羼一衛人。」愚按《説文》：「謳，齊歌也。」髡言「王豹處於淇而河西善謳」，是謂河西之人皆善齊歌，則王豹爲齊人，此亦一證矣。

國朝洪亮吉《曉讀書齋四録》云：「趙岐《孟子注》：『王豹，衛之善謳者。』葢亦無所據，以處於淇，故謂之衛人耳。今攷淇水自廣宗縣以下已與齊接畛，則淇非盡屬衛也。《左傳·哀公六年》『囚王豹於句竇之邱』，杜注云『景公嬖臣』，則《孟子》所云王豹或即此。」

越象

明楊慎《升庵集》云：「王符《潛夫論》：『由余生於五狄，越象產於八蠻，而功施齊、秦，德立諸夏。』越象事載籍不見。」

按：《史記·鄒陽傳》云：「秦用戎人由余而霸中國，齊用越人蒙而彊威、宣。」則「越象」當作「越蒙」。

商瞿上

明楊慎《升庵集》云：「孔子弟子商瞿，《世本》作『商瞿上』，《文翁石室圖》亦作『商瞿上』。景文公作《成都先賢贊》，以『商瞿上』爲蜀人。攷之《路史》及《輿地記》，瞿上城在雙流。」按：世知「商瞿」，不知「商瞿上」，且商瞿魯人，亦莫知其爲蜀人也。

王子期

明楊慎《升庵集》云：「《韓非子》曰『王子期爲趙簡子御』。子期，王良字也。」

孟子生卒

明都穆《聽雨紀談》云：「予嘗觀孟氏譜，孟子周定王三十七年四月二日生，即今二月二日；赧王二十六年正月十五日卒，即今十一月十五日，壽八十四。鄒邑里人至今遇冬至日廢賀節之禮，有自來矣。」

《聽雨紀談》又云：「譜言孟仲子名睪，孟子之子也。四十五代孫寧，曾見一書於嶧山道人，曰《公孫子》，内有《仲子問》一〔一〕篇。乃知孟仲子實孟子之子，從學於公孫丑者。」

〔一〕一，原缺，據《聽雨紀談·孟子》補。

漢高帝生日

國朝王士禛《居易録》云："滁州豐山有漢高帝廟。偶讀《老學庵筆記》，見所録碑陰略云："滁之西曰豐山，有漢高帝廟。至今土俗以五月十七日爲高帝生日，遠近畢集，薦肴觴焉。"

公孫弘字次卿

明楊慎《升庵集》云："漢鄒長倩與公孫弘書："山川阻修，加以風露。次卿足下，勉作功名。竊在下風，以俟嘉譽。"公孫弘字次卿，惟見此，《漢書》不載。"按：鄒長倩書見《西京襍記》。

孫堅父名

宋韓淲《澗泉日記》云："孫堅父名鍾，其墳在縣南陽平山，高一丈，周四十步。"按：《三國志·孫破虜討逆傳》言堅「少爲縣吏，年十七與父共載船至錢唐」，而不言其父何名。此可補史之闕。

諸葛孔明封武靈王

宋王象之《輿地碑記目》襄陽府有《唐改封諸葛亮爲武靈王廟記》，注云：「唐光化五年，封諸葛孔明爲武靈王，今在隆中。」按：孔明身後有「武靈王」之封，世罕知之。「光化」乃唐昭宗年號也。

任靖

國朝梁章鉅《浪跡叢談》云：「紀文達師曰：『右軍褉帖，任靖代書。蓋靖學書於右軍，後大令又學書於靖也。事見陶弘景與武帝論書啓。此事人多不知，歷代書家傳記亦佚其名，蓋不幸而湮没耳。』」

按：張天如《百三名家》中《陶隱居集》無此一條，但有云「《給事黄門》一紙、《治廉瀝》一紙，凡二篇，并是謝安衛軍參軍任靖書」。又一啓云：「逸少自吴興以前，諸書猶爲未稱。凡厥好迹，皆是向在會稽時永和十許年中者。從失郡告靈不仕以後，略不復自書，皆使此一人。世中不能别也，見其緩異，呼爲末年書。逸少亡後，子敬年十七八，全放此人書，故遂成與之相似。今聖旨標題，足使衆識頓悟，於逸少無復少年[一]之譏。」按：所謂「此人」者，竟不知何人。以紀文達語證之，殆即「任靖」歟？

《梁武帝集》有《答陶弘景論書書》，云：「《給事黄門》二紙，爲任靖書。」

陸法言一名慈

國朝俞正燮《癸巳存稿》云：「《唐·藝文志》有陸慈《切韵》五卷，疑法言一名慈。」按：陸法言一名慈，世未有知者。

[一] 少年，《漢魏六朝百三家集》卷八九《與武帝啟五》作「末年」。

李磎梁浩

明何孟春《餘冬敘録》云：「司空圖撰《李磎行狀》，稱美其著述甚至，而惜其焚於賊火，無聞於時。孫光憲言唐代韓愈、柳宗元洎〔一〕李翺數君子所宗仰者唯梁浩補闕，而梁聲采寂寂。文章之美，理當傳世，其獲傳與否，又自有幸不幸者。今昔所歎，不獨李磎、梁浩而已。」

武后賜狄仁傑袍金字

宋吴曾《能改齋漫録》云：「《新唐書·狄仁傑傳》：『后自製金字十二於袍，以旌其忠。』其十二字史不著。予按：家傳云以金字環繞五色雙鸞，其文曰：『敷政術，守清勤，昇顯位，勵相臣。』」

〔一〕洎，原訛「泊」，據《餘冬敘録》卷十八改。

韋應物少年無賴

宋洪邁《容齋一筆》云：「《韋蘇州集》中有《逢楊開府》詩云：『少事武皇帝，無賴恃恩私。身作里中横，家藏亡命兒。朝持樗蒲局，暮竊東鄰姬。司隸不敢捕，立在白玉墀。驪山風雪夜，長楊羽獵時。一字都不識，飲酒肆頑癡。』味此詩，葢應物自敘其少年事也。」按：人但知韋應物性高潔，不知其少年放恣如此。且以少時一字不識之人，竟以詩名千古，亦可異矣。

唐李觀《元賓集》有《代人上韋蘇州書》云：「竊以閣下有經濟之器，因敷小人直戇之性。不圖行絓時禁，坐貽伊戚。舉家十口，兒女幼弱，寺中僑寄，目下絶粒。閣下錮彝在此，令吏推責，反復憂難，詞理俱屈，衰髮一夕，如經十秋云云。」按：此則韋蘇州詩格雖高，其人品或可議矣。

李太白軼事

宋洪邁《容齋四筆》云：「李太白《上安州裴長史書》云：『昔與蜀中友吴指南〔一〕死於洞庭之上，白禫服慟哭，炎月伏屍。猛虎前臨，堅守不動，遂權殯於湖側。數年來觀，筋骨尚在。雪泣持刃，躬申洗削。裹骨徒步，負之而趨。寢興攜持，無輟身手，遂丐貸營葬於鄂城。』其『存交重義』如此。又『與逸人東嚴子隱於岷山，巢居數年，不跡城市。養奇禽千計，呼皆就掌取食，了無驚猜』，其『養高忘機』如此。而史傳不爲書之，亦爲未盡。」

韓文公逸事

宋王讜《唐語林》云：「韓愈病將卒，召〔二〕羣僚曰：『吾不藥，今將病死矣。汝詳視吾手足

〔一〕《容齋四筆》卷三《李太白怖州佐》此處馬本、庫本有「同遊於楚，指南」六字。

〔二〕召，原訛「名」，據蔡啟盛《校勘記》改。

支體，無誑人云韓愈癩死也。」按：此亦曾子之意，而世罕知者。

柳子厚軼事

唐趙璘《因話録》云：「柳員外宗元自永州司馬徵至京，意望録用，請卜者問命，且告以夢曰：『余柳姓也，昨夢柳樹仆地，其不吉乎？』卜者曰：『無苦，但憂爲遠官耳。夫生則柳樹，仆則柳木，木者牧也，君其牧柳州乎？』卒如其言。」

馮宿

明張萱《疑耀》云：「韓昌黎文起八代之衰，當時委未有能識之者。其《論佛骨疏》，宰執疑其同幕馮宿代筆，亦是怪事。宿，浙之東陽人，貞元中進士。」按：此則當時馮宿必負文名，今則誰知宿邪？

裴周南爲飲中八仙之一

國朝錢大昕《養新録》云：「范傳正撰《李太白墓碑》云：『時人以公及賀監、汝陽王、崔宗之、裴周南等八人爲酒中八仙。』子美《飲中八仙歌》無周南名，葢傳聞異詞。」按：范《碑》止五人，餘三人不知尚有異同否。

唐詩人劉方平家世最貴

國朝王士禛《居易録》云：「唐詩人劉方平，河南洛陽人，家世最貴。政會事高祖、太宗，爲洪州大都督，贈户部尚書，封渝國公。方平子符，户部侍郎，贈司徒；八子崇龜、崇珪等皆仕宦。崇珪子岳，後唐吏部侍郎，贈司徒。子温叟，宋初御史中丞。子照，贊善大夫；燁，龍圖閣直學士。燁嘗獨對，明肅太后謂曰：『知卿名族十餘世，欲一見卿家譜，恐吾同宗也。』對曰：『不敢。』后數問，度不可免，因陛對，佯爲風眩，仆而出。唐中葉詩人後嗣昌盛者莫如盧綸，而方平歷五代迄宋，科名德業相繼，又爲過之。」按：《舊唐書·高適傳》謂唐詩人達者惟高適。

此語至今爲口實，而如劉方平、盧綸等之累世貴盛，則世未之知也。

王定保士論不齒

宋陳振孫《書録解題》云：「《摭言》十五卷，唐王定保撰。定保光化三年進士，爲吴融子華壻，喪亂後入湖南，棄其妻弗顧，士論不齒。」按：《摭言》一書至今猶爲藝林所采掇，然莫知王定保之爲人也。

《直齋書録解題》又有《廣摭言》十五卷：「鄉貢進士何晦撰，其序言太歲癸酉下第於金陵鳳臺旅舍。癸酉者，開寶六年也，時江南猶未下，晦蓋其國人歟？」今此書惜不傳矣。「何晦」本作「何臨」，武英殿本訂正。

郭令公之後

宋洪邁《容齋三筆》云：「唐人功名富貴之盛，未有出郭汾陽之右者。然至其女孫爲憲宗正妃，歷五朝母天下，終以不得志於宣宗而死，自是支胄不復振。及本朝慶曆四年，訪求厥後，僅得裔孫元亨於布衣中，以爲永興軍助教。歐陽公知制誥，行其詞曰：『爾先王名載舊史，勳德之厚，宜其流澤於無窮，而其後裔不可以廢。往服新命，以榮厥家。』且以二十四考中書令之門，而需一助教以爲榮。吁！亦淺矣。」

《容齋三筆》云：「近見餘干寓客李氏子，云本朝三李相，文正公昉、文靖公沆、文定公迪，皆一時名宰，子孫亦相繼達宦，然數世之後益爲蕭條。又經南渡之厄，今三裔並居餘干，無一人在仕版。蓋自世禄之制廢，而士大夫之世守宗祊者固已少矣。」

按：唐人趙嘏《經汾陽舊宅》詩云：「門前不改舊山河，破虜曾輕馬伏波。今日獨經歌舞地，古槐疏冷夕陽多。」又張籍《法華寺東樓》詩云：「汾陽舊宅今爲寺，猶有當時歌舞樓。四十年來車馬散，古槐深巷暮蟬愁。」則汾陽門第在當時已甚蕭條矣。此説本姚夫人，詳見《春在堂隨筆》第七。

小李將軍有二

宋黄休復《益州名畫録》云：「李昇，成都人，小字錦奴。年纔弱冠，志攻山水，數年之中創成一家之能。每含豪就素，必有新奇。《桃源洞圖》《武陵溪圖》《青城山圖》《蛾眉山圖》，好事得之，爲箱篋珍。明皇朝有李將軍擅名山水，蜀人皆呼昇爲小李將軍。」按：《宣和畫譜》云：「李思訓官左武衛大將軍，畫皆超絶。其子昭道同時，於此亦不凡，故人云大李將軍、小李將軍，大謂思訓，小謂昭道也。」乃又有此「李昇」，是有二小李將軍矣。

兩希夷先生

國朝王士禛《居易録》云：「《華山經》云：『羅隱之，新淦玉笥山道士，來居華山，晉天福中賜號曰希夷先生，稍在陳摶之前。』是五代有兩希夷，皆居華山也。」

按：尹焞亦賜號和靖處士，是「和靖先生」亦有二也。

鄭駱駝

唐韋述《兩京新記》云：「懷德坊有富商鄭鳳熾宅。鳳熾肩高背曲，有似駱駝，時人號爲鄭駱駝。其家巨富，嘗謁見高祖，請市終南山，山中每樹□〔一〕絹一匹，自云『山樹雖盡，而臣絹未竭』。事雖不行，終爲貴賤之所驚。」按：宋錢希白《南部新書》云：「元皇嘗召王元寶，問其家財多少。對曰：『臣請以絹一匹繫陛下南山樹，樹盡，臣絹未窮。』」此當是一事而傳者，或以爲鄭駱駝，或以爲王元寶，未知孰是也。

韓橐駝

宋司馬温公《涑水記聞》云：「韓通剛愎無謀，時人謂之『韓瞠眼』。其子少病傴，號韓橐

〔一〕缺字《太平廣記》卷四九五引《兩京記》作「估」。

駝，頗有智略。以太祖得人望，嘗勸通爲不利，通不以爲意。」按：「韓瞠眼」之名，余已記於《叢鈔》卷二矣。「韓橐駝」之名世亦罕知者，故表出之。

按：今人止知有種樹郭橐駝，不知有此兩橐駝也。

茶香室續鈔卷四

韓魏公幕客

宋陳振孫《直齋書録解題》云：「《大名集》四十卷，簽書樞密魏郡王巖叟彦霖撰，韓魏公客也。」又云：「《强祠部集》四十卷，三司户部判官餘杭强至幾聖撰，亦韓魏公客也。在幕府，表章、書記多出其手。」

《四庫全書提要》云：「《杭州志》稱韓琦出鎮時，上奏及他書皆至屬稿。琦乞弗散青苗錢，神宗閲之曰：『此必强至之文也。』因出其疏以示宰臣，新法幾罷。是固琦之忠誠惻怛足以感動人主，而至之文章懇摯，亦有以助之。」

《祠部集》有曾子固序云：「魏公數薦之朝廷，以爲宜在館閣，然未及用。魏公既薨之明年，幾聖亦以疾卒。」

趙清獻公喜熏衣

宋葉夢得《避暑録》云：「趙清獻公好焚香，尤喜熏衣。所居既去，輒數月香不滅。衣未嘗置於籠，爲一大焙，方五六尺，設薰爐其下，常不絶煙，每解衣投其間。」按：人知荀令君所至，香氣三日不滅，不知趙清獻亦爾也。」

儂智高亦科舉之士

國朝王士禛《居易録》云：「黄巢、張元之事人皆知之。《貴耳集》云：『儂智高發三解不得志，遂作亂，兩廣遂有兩解試攝官之格。』」

蔡京心胸卍字

宋洪邁《容齋三筆》云：「蔡京死後四十二年遷葬，皮肉消化已盡，獨心胷上隱起一卍字，高二分許，如鐫刻所就。」按：此與唐李林甫有仙骨事正相類。

蔡卞爲木叉後身

宋張師正〔一〕《閑窗括異志》云：「蔡元度舟次泗州，僧伽吐光射其舟，萬人仰瞻。士大夫知元度不起矣，至高郵而没。世言元度爲木叉後身云。」

秦檜自詭爲諾詎羅轉世

國朝戴咸弼《東甌金石志》靈峰洞題記殘字下引《雁蕩詩話》云：「《東甌遺事》載秦檜嘗夢

〔一〕張師正，當爲「魯應龍」。

至一洞，羣僧環坐。後經雁山羅漢洞，詭云：『我前夢抵此石室，羣僧環坐，曰：「尚憶此否？」吾瞿然悟身爲諾詎羅。僧謂吾世緣未了，姑去。今覩此，始知所夢。』因築了堂，爲詩以記，有『欲了世緣那得了』句」。「此刻所記曰『恍符宿夢』，曰『訂出家緣』，與檜語吻合，疑爲老秦手筆。年月後尚有一行，文已磨滅，或即檜姓名，爲後人所深惡而鑿去之邪？」按：秦長腳此事知者殊少。「諾詎羅」亦作「諾詎那」，雁湯開山之祖。《雁蕩志》引《西域書》云「第五位尊者諾詎那大阿羅漢居震旦東南大海際雁蕩山」，即其人也。不謂千載之下乃爲秦檜所依託，辱矣。

韓王騎騾

宋洪邁《夷堅甲志》云：「紹興中，韓郡王既解樞柄，逍遥家居。常頂一字巾，跨駿騾，周游湖山之間，以私童史四五人自隨。」按：世傳韓蘄王騎驢事，余據《齊東野語》辨其是騾非驢，已載於《叢鈔》卷三矣。讀《夷堅志》，又得此一證。

張循王老卒

宋羅大經《鶴林玉露》云：「張循王游後圃，見一老卒卧日中，蹴之曰：『何慵眠如是？』卒起聲喏，對曰：『無事可做，只得慵眠。』王曰：『汝會做甚事？』對曰：『諸事薄曉，如回易之類，亦粗能之。』王曰：『汝能回易，吾以萬緡付汝。』對曰：『不足爲也。』王曰：『付汝五萬。』對曰：『亦不足爲也。不能百萬，亦五十萬乃可耳。』王壯之，予五十萬。其人乃造巨艦，極其華麗。市美女能歌舞音樂者百餘人，廣收綾錦奇玩、珍羞嘉果及黄白之器；募紫衣吏，軒昂閑雅若書司、客將者十數輩，卒徒百人。樂飲逾月，飄然浮海去。逾歲而歸，珠犀香藥之外且得駿馬，獲利幾十倍。時諸將皆缺馬，循王得此馬，軍容獨壯。問其何以致此？曰：『到海外諸國，稱大宋回易使，謁戎王，餽以綾錦奇玩。爲招其貴近，珍羞畢陳，女樂迭奏。其君臣大悦，以名馬易美女，且爲治舟載馬，以犀珠、香藥易綾錦等物，餽遺甚厚，是以獲利如此。』王咨嗟嘆賞，問：『能再往乎？』對曰：『此戲也，再往則敗矣。』仍爲退卒，老於園中。」按：此卒甚奇，海外諸國以貿易爲事，自古然矣。此卒稱大宋回易使而往，正合其所尚，宜其大有得也。若再往仍可得利，但其意已倦，故不欲耳。明三保太監下西洋一事，明代豔稱之，然彼猶真奉朝命往也。若此卒者不更奇乎？惜其姓名無考也。

岳忠武明代再轉世

明朱國楨《湧幢小品》云：「安陸州故有岳武穆祠，萬曆中得一碑，光澤可照。望之有人影甚多，其一奇偉豐腴，簇擁而過。如此經日，衆以爲武穆露形也。入夜，役卒守之，見一偉丈夫躍出，騎白馬，冉冉乘雲而上，從者數百。遥見天門開，一人衮冕迓之而入。比明，碑上題一詩云：『北伐隨明主，南征拜上公。黄龍已盡醉，長侍大明宫。』余味之，則武穆已轉世爲英國，酬此願矣。客言英國面白而肥，與魏公徐鵬舉相類。徐之生，夢武穆到家，云『當受汝家供養』，則武穆在我朝再轉世矣。」

明沈德符《野獲編》云：「徐鵬舉者，中山武寧王七世孫也。父奎璧，夢宋岳鄂王語之曰：『吾一生艱苦，今且投汝家，享幾十年安閒富貴。』比生，遂以岳之字名之。以正德十二年嗣爵，享國五十七年。然溺愛嬖妾鄭氏，棄長子邦瑞弗立。言官聚劾，生平舉動乖舛如此。其爲守備時，值振武營兵變，爲亂卒呼爲『草包』，狼狽而走，全無名將風概。豈輪迴已久，失其故吾邪？又聞金陵人云：鵬舉治圃白門郊外，見一邱，立命夷爲平地，左右止之不聽。比發之，乃宋相秦忠獻墓也。大喜，剖其棺，棄骸水中。人謂真武穆報寃云。然成化乙巳盜發秦墓于江寧鎮，已有人記之矣，容再詢之。」

知浹

國朝李衛《西湖志》引《氏族大全》云：「有知浹者，好直言，岳飛待以賓禮。飛死，上書訟寃。秦檜怒，送獄杀之。」按：此人此事知者甚鮮，宜表出之。

朱晦庵別號

國朝鈕樹玉《非石日記》云：「又觀宋本朱子《易學啓蒙序》，後題云『雲臺真逸』。」據此則朱子有「雲臺真逸」之號，亦人所罕知。

朱晦庵晬日

明張萱《疑耀》云：「東坡《洗兒》詩：『但願生兒愚且魯，無災無難到公卿。』朱晦庵生，其父松於晬日亦作詩：『行年已合識頭顱，舊學屠龍意轉疏。有子添丁助征戍，肯令辛苦更冠儒。』二公皆一意也。」按：坡詩人皆知之，朱詩則罕知者。然晦庵竟爲大儒，非乃父所及料矣。

兩吕東萊

宋陳振孫《直齋書録解題》云：「《東萊集》二十卷、《外集》二卷，中書舍人吕本中居仁撰，希哲之孫，好問之子，而祖謙之伯祖也。」按：今人止知有吕祖謙《東萊集》四十卷，至吕本中之《東萊集》，則知者罕矣。祖謙之弟祖儉等編次其集，乃與伯祖之集同名，何也？本中尚有《紫薇襍説》一卷，《四庫全書》著録；又有《師友襍志》一卷，未著録，今並刊入湖州《陸氏叢書》。

張清割眼

宋吴曾《能改齋漫録》云：「大觀二年，鄧州南陽東海村有張三婆患雙眼疼痛，昏暗不覩光明。其子張清用左手提出眼睛，將銅針穿過，用小刀子割下眼睛，與母喫了，自後所患眼睛不曾再發疼痛。朝廷有旨特補太醫助教，不理選限。」按：此視刲肝割股更奇矣。

文文山弟

宋文文山《指南後録》有《聞季方至》一首云：「去年我别旋出嶺，今年汝來亦至燕。弟兄一囚一乘馬，同父同母不同天。可憐骨肉相聚散，人生不滿五十年。三仁生死各有意，悠悠白日横蒼煙。」按：此即所謂「南枝向暖北枝寒」者也。文山以三仁生死爲解，則亦不甚以弟爲非矣。

又《先母兩國夫人哀辭》云：「二郎已作門户謀，江南葬母麥滿舟。不知何日歸兄骨，狐死猶應正首邱。」觀此則知其弟之降元亦非得已者，文山且以歸骨望其弟矣。

熊飛將軍

國朝黄子高《粤詩蒐逸》載宋人李春叟有《送熊飛將軍赴文丞相麾下》詩。按：熊飛將軍，惜未知其姓名，文山部曲有此人，亦宜表出之也。

張千載

明楊慎《升庵集》云：「張千載字毅甫，廬陵人，文山友也。文山貴顯，屢以官辟，皆不就。文山自廣還，至吉州城下，千載來見，曰：『丞相赴京，某亦往。』遂寓於文山囚所側近，日以美食奉之。凡留燕三年，潛造一櫝，文山受刑後即藏其首。仍尋訪文山妻歐陽夫人於俘虜中，俾出，火其屍，拾骨寘囊，并櫝南歸，付其家葬之。」按：信國有此死友，世罕知者，宜表出之。

劉榮

宋文文山《指南後録》云：「從者七人，或逃或死或逐，今僅存一人，曰劉榮。」按：劉榮爲文山從者，世罕知之。又有孫禮，文山命其馳歸，以文告祖禰，以詩别諸友，而孫禮竟不曾往，則其人不足道也。

黄子久本姓陸

國朝王〔一〕崇簡《冬夜箋記》云：「黄子久姓陸，依常熟之黄，遂易姓。」

丁鶴年不姓丁

元戴良《九靈山房集》有《高士傳》，爲鶴年作，曰：「鶴年，西域人也。曾祖阿老丁，祖苦思

〔一〕王，原訛「黄」，據《冬夜箋記》改。

丁，父職馬禄丁。又有從兄曰吉雅謨丁。」按：鶴年不言何姓，而自曾祖以下其名末一字皆「丁」字，不知何義。世遂以鶴年爲丁姓，非也。

國朝錢大昕《補元史·藝文志》有丁鶴年《海巢集》一卷、《衷思集》一卷、《方外集》一卷、《續集》一卷，亦誤以鶴年爲丁姓也。

趙廣

國朝王士禛《池北偶談》云：「趙廣，合肥人，李伯時小史。伯時作畫，常令侍左右。久遂善畫，尤工畫馬，幾亂真。遭亂，爲賊脅之作畫，不肯從，斫其右手，乃以左手畫大士。宋南渡，士大夫家所藏伯時大士，多是廣筆。」按：此與沈石田僮朱太平可相伯仲，而趙廣不爲賊作畫，其風節尤足多也。

沈含馨、王無競

明楊慎《升庵外集》云：「《水經注》：『後魏中書舍人沈含馨書洛陽宮殿榜。』今書譜不載姓名。」

又云：「金燕都宫殿寺廟及汴京諸榜，古今第一，皆王無競書。」

宋景濂曾爲道士

元戴良《九靈山房集》有《送宋景濂入仙華山爲道士序》云：「金華宋景濂先生當至正中嘗以翰林、國史院編修官徵之，固辭不赴。後竟寄迹老子法中，入仙華山爲道士。」又云：「先生名濂，其字景濂，今易其名曰元貞子，署其號曰仙華道士。」

按：《明史·宋濂傳》但云「元至正中，薦授翰林院編修，以親老辭不行，入龍門山著書」，不言爲道士。

郭子興本姓陳

明夏原吉《一統肇基録》云：「郭子興，本姓陳。元末有陳某者，不知何許人，精讖[一]緯，候知王氣在東南，徧游閩廣江黄閒，亡所遇。乃北涉淮泗，入塗山之境，得之，遂止不行，假五行命禄，求諸陶漁中。大姓郭某命觀其家人，悉貴人命也。後及一女，陳曰：『公家之貴，悉由此女。』主人曰：『是乃雙瞽。』復問聘者，曰：『人以瞽弗娶。』陳曰：『吾未娶，誠能歸之，當得貴子。』主人遂納爲壻，生四男，一即滁陽王也。」按：此郭子興實陳姓，郭乃外家姓也。《明史·郭子興傳》則云：「父郭公，少以日者術遊定遠。邑富人有瞽女無所歸，郭公乃娶之，生三子，子興其仲也。」與此不同，未知孰是。夏原吉以明人紀明事，或當有所本乎？

[一] 讖，原訛「識」，據蔡啟盛《校勘記》改。

馬三

明王達《椒宫舊事》云：「皇后馬氏本宿州馬三之女，馬三以忿争殺人，恐犯於法，移家定遠。及天下亂，乃挈皇后母避兵他所，而以皇后託郭子興。」按：《明史·外戚傳》馬公失其名，并其行第亦不著。此可補史之闕。

梅梢

明董穀《碧里襍存》云：「梅梢者，聖祖高皇帝鏖戰鄱湖時御舟黄帽也。吴人謂舟子爲梢子，其人梅姓，故云。時聖祖御舵樓，僞漢有舉流矢相向者，梅梢急徹御座，甫倒於舟中，而流矢及矣。登極後，大封已畢，獨不及梢。時梢目已失明，候郊天駕回，令其孫扶之路傍，大呼曰：『皇帝忘梅梢乎？』上大驚，即日厚加錫予，以其孫尚公主云。」

按：《明史》：「太祖十六女寧國公主下嫁梅殷，殷〔一〕字伯殷，汝南侯思祖從子也。」又考《梅思祖傳》：「思祖，夏邑人，初爲元義兵元帥，叛從劉福通，尋棄福通，歸張士誠，徐達兵至迎降。」然則梅梢之説殆不足信。

劉青田異事

國朝趙吉士《寄園寄所寄》云：「青田山中有異，劉伯温隱居時，山忽開石門。進之，見石壁有字，曰『山爲基開』。取石擊之，石門又開。進入，内有道士枕書卧，乃兵書也，曰：『明日能熟之，吾當授汝。』明日果熟，遂授以兵法。少時讀書寺中，僧房有一異人，每出神去，鎖門或一月半月。偶有北來使客無房可宿，見此空房，擊開之，曰：『此人死矣，可速焚瘞，我住之。』僧不能禁，遂焚之。其人神返，無可復生，每夜啼呼曰：『我在何處？』基開窗應曰：『我在此。』神即附之，聰明增前數倍，天文兵法一覽洞悟。」按：此事甚怪，前一事猶不失爲張子房，

〔一〕殷，原訛「成」，據《明史》卷一二一改。

後一事則青田爲靈鬼所憑，幾成爲金聖歎矣。

明楊慎《升庵集》云：「元至正間，上高縣有術士曾義山，世居縣十五里胡盧石畔，嘗開卜肆於縣南之橋埠。有瞽而丐者日過肆前，義山必禮而與之語，或啖之果餌。久之，丐者告山曰：『明日有三人共一目來者，有異術，君宜叩之。』明日，果有眇一目者曳杖導二瞽人過肆。山隨之，拜於縣北之鸕鷀洲。一瞽者曰：『當以小撓爲誓。』遂以其書授山，且畫沙指訣，盡其祕妙。其書名《銀河棹》。山後占卜如神，邑人皆知預避。紅巾賊行掠，無所得，恨欲殺之。隱匿縣西觀音閣，得免。遂不復行其術，密藏其書於胡蘆石洞中。臨終謂其子曰：『某月某日有劉姓過吾家，取書畀之。』後劉公伯温官江西高安，果經山家，其子如山言授之。遂棄官歸青田，見太祖於金陵。」按：此又一異説也。

沈萬山

明孔邇《雲蕉館紀談》云：「沈萬山，蘇州吴縣人也。家貧無産，以漁爲生。一日飯畢，就水洗椀，椀忽墜水中，因撩之，不知椀所在，但覺前後左右纍纍如石彈，乃盡取之。有識者曰：

『此烏鴉石也，一枚得錢數萬。』山因以富。或曰：夏日仰卧漁船上，見北斗翻身，遂以布襴盛之，得一杓。及天明，有一老者引七人挑羅擔七條而至，謂山曰：『汝爲我守之。』言訖不見。啟視，皆馬蹄金也，以此致富。二説不同。山既富，築垣周迴七百二十步，垣上起三層，外層高六尺，中層高三尺，内層再高三尺，闊並六尺。垣上植四時豔冶之花，望之如錦，號曰『繡垣』。垣十步一亭，以美石香木爲之。垣外以竹爲屏障，垣内起看牆，高出裏垣之上，以粉塗之，繪珍禽奇獸之狀，褋隱於花閒。牆之裏四面累石爲山，内爲池，山蒔花卉。池養金魚，池内起四通八達之樓。削石成橋，飛青染緑，儼若仙區。樓之内又一樓居中，號曰『寶海』，諸珍異皆在焉。樓下爲温室，中置一牀，制度不與凡等。前爲秉燭軒，取『何不秉燭游』之義。軒之外皆寶石欄杆，中設銷金九朵雲帳，後置百諧卓，義取『百年諧老』也。前可容歌姬舞女十數。軒後兩落有橋，東曰『日升』，西曰『金明』，所以通洞房者。橋之中爲青箱，乃置衣之處。夾兩橋而長與前後齊者爲翼寢，妾婢之所居也。後正寢曰『春宵澗』，取『春宵一刻值千金』之義。以貂鼠爲褥、蜀錦爲衾、毳綃爲帳，極一時之奢侈。按：自秉燭軒以下皆説牀之制度。時有一夫一婦流移道路，婦懷孕十月已足，適至萬山之門，以手扳門環，生一女子，因名環。是夜，萬山得一夢，夢一老人謂之曰：『汝金銀盡是扳環者，今當還之。』山覺，不曉所謂。及明乃有此應，遂收爲子婦，并其父母養焉。女來後家益殷富，既長，聰明過人。山常與鬭造一橋，新婦先成，又規度精致，號曰『賽公橋』，今在秀水縣平望北境。萬山有妻十三，尤愛者曰麗娘。山嘗與至後園，至探香亭傍，有一古梅，白萼鮮美。娘因脱所著金翡衫加于樹上，曰：『香則香矣，但少兹豔色耳。』未幾娘亡，後人見月夜梅底一美人著金翡衫，時皆謂麗娘精魄也。山思之甚，或夜宿梅下，或日禱梅間。又作恩鎖臺于冢上，置《離思碑》于中，會稽楊鐵崖所製也。太祖既定金陵，欲爲建都之地，廣其外城，府庫虚乏，難以成事。萬山願與對半而築，同時舉工，先完三日。太祖酌酒慰之，心實不悦也。適萬山築蘇州街，以茅山石爲心。上謂其有謀心，收殺之，血出盡白，家財入官。新婦先卒，其牀施周普寺，爲觀音牀。又金留殿十三隻牀，乃萬山之妻所用者，皆極精巧。蘇州九里石塘，萬山所築；銅橋，萬山所造。」按：沈萬山，至今婦豎知名，而罕有能詳言其事者。此書所述獨詳。儻有好事者，竟可敷衍成一傳奇矣。

明郎瑛《七修類稿》云：「國初，南都沈萬山秀者甚富。今會同館是其故宅，後湖中地是其花園，京城自洪武門至水西門乃其所築。太祖欲殺之，太后苦諫，乃得流雲南。其壻余十舍亦流潮州。今聞二家子孫尚富，乃點化之術也。詳《近峰聞畧》。」

明蔣一葵《長安客話》云：「工部有銅籄四，一在節慎庫，高可過人，云是國初籍没沈萬山家物。又光禄寺有鐵力木酒榨，每榨或用米二十石，得汁百甕，亦云是萬山家没入者。」

國朝趙吉士《寄園寄所寄》云：「女學士沈瓊蓮，烏程人，世傳富民沈萬三之後。有廷禮父子皆仕於朝，沈以父兄之素得通籍掖廷，弟溥官通判。」是沈萬山之後，亦頗有達人。

明劉昌《懸笥瑣談》云：「沈萬三家在周莊，破屋猶存，亦不甚宏壯，殆中人家制耳。惟大松獨存焉。被没者非萬三家，葢萬四之在黄墩者耳。」按：萬四未知何人，殆萬三之弟邪？

國朝高士奇《天禄識餘》云：「沈富字仲榮，行三，人因以『萬三秀』呼之。元末富甲江南，其弟貴以詩諷云：『錦衣玉食非爲福，檀版金尊可罷休。何事子孫長久計，瓦盆盛酒木棉裘。』萬三不聽。貴遂隱於終南，不知所終。」按：此則沈萬三之弟所見殊高，所謂「萬四」者未知即此人否。

又高氏此條有注云：「洪武初，每縣分人爲哥、畸、郎、官、秀五等，家給户由一紙，哥最下，秀最上。每等中又各有等，鉅富者謂之萬户三秀，如沈萬三秀，乃秀之三者。」按：沈萬三之名，熟於人口，至萬三秀之名，則世罕聞也。

國朝褚人穫《堅瓠集》引《客坐新聞》云：「嘉定安亭萬二，元之遺民也，富甲一郡。有人至京師回，二問何所見聞，曰：『皇帝有詩云：百僚未起朕先起，百僚已睡朕未睡。不如江南富足翁，日高丈五猶擁被。』二歎曰：『兆已見矣，不去難將及。』以其貲付幹僕，買舟載妻子泛湖湘而去。不一年，江南大族以貲籍没，獨萬二令終。」「萬二」又不知何人也。

方遜志被誣

明鄭曉《今言》云：「彭惠安公《哀江南》詞敘述建文死義之臣，至方遜志乃云：『後來奸佞儒，巧言自紛〔一〕飾，叩頭乞餘生，無乃非直筆。』蓋指西楊輩修實録，方再三叩頭乞生者，非實事也。」

程濟

國朝錢大昕《養新録》云：「永樂四年二月辛巳，唐府長史程濟、韓府長史司典簿魏居敬犯

〔一〕紛，蔡啟盛《校勘記》及《今言》卷一作「粉」。

夜禁，兵馬司請送法司，特命宥之。此與世所傳建文從亡之程濟，未知是一人否。」

按：明張芹《備遺録》載程濟事云：「洪武間爲四川岳池縣儒學教諭。岳池去朝邑數千里，寢食俱在朝邑，而日治岳池學事不廢。」然則程濟從亡之後，或仍曳裾王門，以自掩其迹，未可知也。

野仙

明劉定之《否泰録》云：「元順帝之後，世數莫考。其君立於宣宗時者，名普花。丞相二人，曰和寧王阿魯台，曰順寧王脱懽。二人死，脱懽之子曰野仙，悉有二人部屬，號爲太師。」按：《明史》作「也先」，此作「野仙」，譯音之異，知者鮮矣。

明皇甫庸《近峯記略》云：「英宗土木之變，幾不免矣。也先之母告其子曰：『吾蘇州人，少隨夫戍邊，被汝父擄回，與之生汝。吾念昔居中國，爲今天子臣，臣無殺君之禮。』跪且泣以請。也先從之，英宗得還。」按：也先之母蘇人，亦世所罕知者。

況太守

明楊循吉《吴中故事〔一〕》云：「況公鍾，江西人，實姓黄氏。蘇州知府缺，楊文貞公以公薦。公知蘇州，有内官請賜敕書以行。文貞難其事，不敢直言，乃以數『毋』字假之以柄。」按：世稱況公守蘇，奉有敕書，據此則亦非特敕也。

《明史》本傳則云「賜敕以遣之」，又云「鍾之後李從智、朱勝成奉敕從事」，則是實有敕書矣。史不言其本姓黄，然鍾字伯律，則疑其名本當作鐘，「黄鐘」律名，其名依姓取義，故字伯律也。黄、況二字北音本同，改黄爲況，改鐘爲鍾，當必有故，今不可考矣。

明沈德符《野獲編》云：「鍾抵任之次年，奏吴縣縣丞趙濬闒茸無能，起送至京。其民千八百餘人訴於巡撫侍郎成均、周忱，言濬守法奉公，愛民集事，因本府經歷傳得有求不遂，因譖於知府。上命按臣核之，果如民言，命濬復職，置得於法。都察院請治鍾妄奏之罪，上曰：『此爲得所

〔一〕事，疑當爲「語」。

欺，但失之不察耳，姑記其過。』仍戒鍾加慎。然則鍾固一輕聽躁動人也。吴人以其異途健吏，能抑[一]豪强，譽之過情，流傳至今不衰耳。」按：「況青天」之名至今猶存，不知當日乃有此論。

海忠介被糾

明沈德符《野獲編》云：「海忠介一時人望，吏科給事中戴鳳翔獨疏參之，至發其爲南京卿寺時，妻妾相争，二人同日自縊。」又云：「瑞出京師，用夫三十餘名，德州而下用夫一百餘名。昨年差祭海神，假稱勅訪民事，恐嚇當路，直至本鄉，雖柴燭亦取足有司。擡轎徑入二司中道，致夫皂俱被責三十，尚不愧悟。」按：以海剛峯之清介，而當時猶有此劾。沈氏載之，轉以爲所指皆實事，然則是非豈有定邪？

《野獲編補遺》又載房寰疏攻海忠介云：「居家九娶而易其妻，無故而縊其女。今瑞已耄而妻方艾，人欲固無所不極；女既殺而子亦無，天道或不可盡爽也。」

[一] 抑，原訛「仰」，據《萬曆野獲編》卷二三改。

國朝周亮工《書影》云：「相傳海忠介有五歲女，方啖餌。忠介問餌誰與，答曰僮某。忠介怒曰：『女子豈容漫受童餌？非吾女也。能即餓死，方稱吾女。』女即涕泣不飲啖，家人百計進食，卒拒之，七日而死。」按：此即忠介殺女之説所自來也。

劉瑾姓笪

國朝周亮工《書影》云：「劉瑾本姓笪，生于馬嵬坡，即楊妃瘞處也。」

嚴世蕃非介溪子

明沈德符《野獲編》云：「初聞故老云世蕃非介溪子，余未深信。及聞趙浚谷中丞爲《吏部郎中王與齡行狀》，直云世蕃爲螟蛉子，則分宜固無後也。」

又云：「世蕃肥白如瓠，但短而無項，善相者云是豬形，法當受屠。」

嚴世蕃曾孫

國朝王夫之《識小録》云：「封贈之制極嚴，在嶺外時誥勑濫矣。然嚴雲從以扈〔一〕從功封伯，應贈四代，而嚴世蕃其曾祖也，所部覈而不予。」

楊慎後身

國朝陳寅清《榴龕隨筆》云：「張文通館於莊氏，草稿皆作細楷。時子相已死矣，張以有明一代理學諸儒無人作傳，故勉應之，亦不虞其至是也。聞其膝上有淡墨痕『成都楊慎』四字。」按：張文通亦死於南潯莊氏私史之獄者，所云「子相」即莊廷鑨也。張文通，吴江人，名雋，著有《西廬詩草》，豈升庵後身邪？

〔一〕 扈，原訛「滬」，據蔡啟盛《校勘記》改。

唐伯虎逸事

明郎瑛《七修類稿》云：「同郡唐寅字子畏，嘗記九仙祈夢，夢人示以『中吕』二字〔一〕。後訪同邑閣老王鏊於山中，見其壁間揭東坡《滿庭芳》詞下有『中吕』字，驚曰：『此吾夢中所見也。』誦其詞，有『百年强半，來日苦無多』之句，默然歸家，疾作而卒，年五十三。」

皁隸葉雲

國朝徐逢吉《清波小志》云：「甲辰七月，王先生被執，至武林，九月七日就義，從者二人同死焉。」自注云：「皁隸葉雲，侍者冠玉。」按：「王先生」即張蒼水也，當時諱之，故曰王先生。考《觚賸》所載從蒼水死者，一姓羅、一姓楊。此乃云葉雲、冠玉，知之者罕，故表出之。一皁隸

〔一〕字，原訛「子」，據《七修類稿》卷四八改。

耳，乃得流芳後世，此與《桃花扇》傳奇所載徐公子之爲皁隸者，同一皁隸，而薰蕕異矣。

五七九

明于慎行《穀山筆塵》云：「游七、宋九即梁氏之秦宫、霍家之馮子都也。一時侍從、臺諫多與結納，密者稱兄弟；一二大臣亦或賜坐命茶，呼爲賢弟。九之聲勢稍不及七，而能作字，頗爲主人代筆，其富又過於七。求其所以得寵者，皆食桃之歡也。同時有王五者，文雅不及七，而富次之。第其主人未甚當事，且以清謹爲名，不大烜赫耳。東海漁人作《五七九傳》志之。」

按：「七」「九」皆張江陵之僕，「游七」即游守禮，號曰楚濱者也。「王五」則未詳其主人爲誰耳。

七子、八犬

明于慎行《穀山筆塵》云：「萬曆甲申，長安有七子之目；萬曆辛卯，長安有八犬之目，皆時相入幕之賓也。」按:《明史·宰輔年表》萬曆十二年甲申首輔爲申時行,十九年辛卯首輔爲許國。萬曆時「八犬」可與天啓時「五虎」「五彪」並傳矣。

左蘿石之僕

國朝張爾岐《蒿庵閒話》云:「左蘿石先生盡節後,兩僕奉其遺燼而南。史閣部迎之淮上,命之衰絰主喪,閣部諸公哭弔成禮。兩僕一名羅質,一名宋敬。」

韓默

國朝王巖《異香集》有《文適韓君傳》云:「韓君默字文適,善書。督師史公可法駐兵揚州,謹重國書,求法書最善者。君名聲絶出,督師延致軍門,文武咸集。君攝衣冠,督師以賓禮見。君援筆點畫,盡二王,衆皆異焉。督師欲官之,辭去。」按:韓君盡室死揚州之難,非徒以書名者。其爲史閣部書國書,惜言之不詳。余意必史公上攝政王書也。此書爲王綱所作,余已記於《春在堂隨筆》。今觀此傳，則又知此書爲韓默所書，不可不記也。

吴梅村、王漁洋别號

國朝葉名澧《橋西雜記》云：「予得歸文休昌世《墨竹卷》，後有吴梅村跋，自署大雲居士。又王漁洋號詩亭逸老，見程哲所刻《蓉槎蠡説序》。」

陸晉

國朝汪曰楨《南潯鎮志》按語云：《香祖筆記》《觚賸》《聊齋志異》等書記吴六奇事，大同小異。惟吴騫《拜經樓詩話》據查繼佐所作《敬修堂同學出處偶記》云「己亥，余客長樂，潮鎮吴葛如以厚幣邀余至其軍」，又云「世相傳余初有一飯之德，葛如方布衣野走，懷之而思厚報，其實無是事也」，因謂「出於傳聞之誤，或以其既貴而爲之諱」，皆未可定。今考秀水沈起記丐夫陸晉事云：「武林畏吾寺山門之側有異人焉，喜爲乞，姓名不傳，破袋竹筒，每挂書一卷，倚徙市門，出書朗誦，見者笑之。東山查伊璜先生曾敘其事云：『庚午，余就秋試，寓寺中，偶出見丐，異之，急前揖丐。丐遂抗禮不下，曰：「世無知我，公等差可與言。」余固懇請釋丐而偕吾游，爲之櫛髮濯體，解衣飾之。問其姓氏家世，不答。因從同丐者得其故，係新安世族陸晉也。余同人中董治升頗饒於貲，乃迎養晉於治升家，强之就童子試，得高掇。及再試，僞赴而野脱。主人供奉甚豐，終不樂也。乃謀於余，余曰：「君家多大紀綱，勉集一鄉塾，請晉爲塾師，出入民閒可自便。」晉欣然從之。值寒食，晉假館事，過東山草堂，索余詩稿而去。至重九，余過治升家，訪晉，治升曰：「晉昨晨起，不告我竟去，不取修脯，棄其衣履，并《東山詩稿》亦隨之去矣。」』是後西北多事，傳聞不一，或云自浙而楚而豫而燕出關東，遂爲瀋陽人，竟不知所終。及東山累於潯案，拘繫司寇，相傳有於旗員之側白先生冤者，以是對簿時筆帖式下階向先生問安，先生漠不解何意。及留北司火房，復有人傳語云：『公幸無恙，前所借詩稿尚在也。』而晉卒不見東山。吴越人皆傳吴潮陽六奇，非也。」起爲繼佐門人，所記似當得實。

按：吴六奇一事至今豔稱之，不知有陸晉之説，故詳録之。

陳士慶

國朝趙吉士《寄園寄所寄》云：「陳士慶，河南鄧州人。學書不成，去學百工之技，不樂也。出游名山，入函谷關，至終南，有老人籜冠羽衣坐石洞中。士慶〔一〕跪拜於洞口，求神仙之術。老人曰：『若徧體皆凡濁，豈神仙中人邪？』士慶跪拜累日。一日，老人命童子予一物，若飴，食之，遂不復饑。又累日，出一卷書授之曰：『去，求仙非汝事也。』視其書，皆不省，惟末四頁頗識之，皆禁方也。歸至河南，巡撫之女鞦韆墜地，折足。以其方試之，立愈。乃挾百金以歸，父母曰：『兒得毋從賊乎？』士慶自言得異書。父怒，奪而焚之。士慶急從火中掇拾，僅存末四頁。居有頃，羣賊破鄧州，士慶爲張獻忠所虜。獻忠性凶殘，每以大梃撻左右輒死。死或付士慶治之，皆立起，軍中呼爲老神仙。獻忠死，士慶遨游孫可望、李定國閒。定國死，隨其養子白某入邊投誠，病死。」按：老神仙事，他書多有紀之者，此有姓名，且詳其始末，視他書爲備，

〔一〕慶，原訛「度」，據蔡啟盛《校勘記》改。

故具録之。

文三郎夫婦

國朝王士禛《池北偶談》云：「米侍講漢雯言：前令建昌縣，有縣署水夫文三郎者，頗文雅，不類俗人。一日，見家僮輩兩素扇，一畫梅，一畫蘭竹，又書唐人絶句二首。問之，即文三郎妻徐蓉所作，年才二十三。」又云：「宋中丞牧仲言睢州湯氏有傭工人某者，夫婦傭其家數年，每聞主人與客談詩文，輒竊聽。一旦扃門去，留書千言，文詞博奥，自敍悲憤，援據古今，多出意表，竟不知爲誰何〔一〕也。」按：以此兩夫婦觀之，知古來所盛傳梁、孟風流，未始不可求之今人中矣。

吴鼇

國朝熊寶泰《藕頤類藁》云：「吴鼇，鬻髮工，桐城鍊潭鎮人。余不知其能詩也。嘉慶壬

〔一〕何，原訛「河」，據蔡啟盛《校勘記》改。

戌，余在濬縣，濬人官貴池者刻其詩以傳，始知之。詩筆秀詞清，老於聲律者。余最喜其『微軀病轉尊』之句，改爲壓卷而再刻之。」按：刀鑷之工自古有之，至本朝功令男子皆鬀髮，鬀髮之工遂徧天下，而此中遂有詩人。惜未得其遺集而讀之也。

國朝王士禛《池北偶談》云：「米紫來漢雯言：知長葛縣時，有剃髮待詔名羅漢者，家衛輝，貌甚寢，究極音律，雖吴中曲師不能過。時癸丑會試，其《孟子》題爲『盡其心者』一節，米歎其難。羅漢爲闡發傳注，名理燦然。又曰：『此章與宗門某某公案相發明。』因引諸尊宿語録，如翻水。米益奇之，扣其所學，頗記唐人詩數百篇，亦曉篆隸。自言『有母妹在河北，今辭公去，當復來一別』，即往五臺不歸矣。後亦竟不復至焉。」按：此人更不可測，其所學當又在吴鼇之上矣。

茶香室續鈔卷五

妲己亦作黚己

明楊慎《升庵外集·字説》云「黚己即妲己」，引《字統》云：「黑而有黵曰黚。」按：《説文·黑部》：「黚，白而有黑也。從黑，旦聲。五原有莫黚縣。」今據此説，則「黚」即妲己之本字矣。不特得其字，且可想見其容，亦奇聞也。《史記·楚世家》有「熊黚」，《前漢·功臣侯表》有「僕黚」，疑皆以容色名之。

魯班姊

國朝張鵬翮《奉使俄羅斯日記》云：「初五日，次上花園。河中石柱林立，相傳魯班作橋于此，期以鷄未鳴而成。其姊修静此山，勿使弟勞，預爲鷄鳴，遂輟工。」按：魯班有妻，余已載於《叢鈔》第四卷矣。觀此，則魯班又有姊也。

按：明金幼孜《北征録》云：「鷄鳴山西北即渾河，有石柱數十，比列於河側，其半出地上，俗傳魯般造橋未成而廢，但無紀載可考。竊以爲遼、金時所造者。」

秦白起妻

國朝趙吉士《寄園寄所寄》引《耳談》云：「京師顯靈宫道士買一魚，腹有『秦白起妻』四字。」按：白起妻史傳不載，豈坑降卒之事妻亦豫謀邪？

秦邢氏三姑

國朝汪巽東《雲閒百詠·會靈僊祠詩》：「船脣泥首祝邢姑。」注云：「秦邢氏三姑入湖爲神，伯雲鶴主泖湖，仲月華主柘湖，季降聖主澱湖。」按：余於《叢鈔》已載邢三姑事，今得其名，又記之。

武陵娘子

國朝許纘曾《東還紀程》云：「辰、常閒人多尚鬼，故祀典所不載而廟貌翼然者比比皆是。如蠡山廟祀越相，而山畔復有武陵娘子祠，云大夫之妻，載在府乘。得非謂蘇臺歌舞沼吴有功，黄金鑄像兼及若邪丰度乎？」

楚姑

國朝梁紹壬《兩般秋雨庵隨筆》云：「楚姑，義帝女也。帝爲項羽所弑，姑年十四，遂自殺。楚人立祠以祀，在盱眙縣署後山，相傳即故葬處，見縣志。」

漢刻美人

宋王象之《輿地碑記目》忠州有丁房雙闕，注云：「在臨江縣巴王廟，有丁房雙闕對峙廟庭，高可二丈，上爲層觀，飛簷裴裒，四旁多刻車馬人物。在闕上爲雙扉，其一扉微啓，有美人出半面而立，皆極巧妙。其刻漫滅，有『漢丁房』等字尚可認。」按：漢畫多拙，此獨巧妙，惜未得搨本觀之也。

莫如

國朝王士禛《池北偶談》云：「孫侍郎退谷先生說：昔爲祥符令，有人發一古冢，乃東漢馬武妾葬處。中有石，即武爲其妾自製誌，文甚古，字畫精絶。又有香匳一具，中貯脂粉，皆宛然。匳底一小銅印，鐫『妾莫如』三字。」

二喬當作二橋

國朝宋翔鳳《過庭録》云：「杜牧之『銅雀春深鎖二喬』，喬字誤，當作橋。《廣韵》：『喬，虜姓。』《前代録》云匈奴貴姓喬氏，代爲輔相。』又：『橋，姓，出梁國，後漢有太尉橋玄。』則喬别是一姓，不得通橋。」

陸遜女

國朝董含《蓴鄉贅筆》云：「華亭南橋北二里許有劉叟，晨往田閒，遥覩一紅裳女子，迫視無見。疑土中有異，斸之，下有巨墩，如數閒屋，旁有穴。窺之，内有石版，版上卧髑髏一具，前植短碑，鐫字十有二，曰『吴陸公遜第三女王夫人之墓』。左列石几，供瓦盆一，色如玉。其人取歸，忽見紅裳女子先在其室，或隱或見，隨感疾卒。盆爲好事者取去，云無他異，惟盛水終年不竭而已。」

老銀

國朝王士禛《居易録》云：「張伯雨《句曲外史集外詩》有《魏國趙夫人管君挽詩》，落句云『千秋鄉中名不滅，墓有通兒書老銀』，自注：『歐陽率更子通自書母夫人銘，夫人諱老銀。』」

楊太真姊秦國夫人

宋王讜《唐語林》載顔真卿《和政公主碑》云：「公主，肅宗第二女，降于河東柳潭。伯姒華陰楊氏，太真妃之姊也，貴侔前朝，勢傾天下。公主交無諂黷，恩未綢繆。楊且云亡，以孤見託。馬嵬之役，無嚍類焉。感其一言，悉力營贍。男登服冕之位，女獲乘龍之匹。出入存恤，過于己子。」按：此太真之姊即秦國夫人也。《新唐書・楊貴妃傳》言「秦國早死」，與此碑合。《通鑑》謂馬嵬之變，國忠及韓國、秦國爲軍士所殺，虢國奔陳倉，縣令薛景仙捕誅之。是秦國亦死於馬嵬，恐非其實。至秦國子女皆貴顯，亦世所未聞。

翦綵

宋王讜《唐語林》云：「顔魯公嘗得方士名藥，服之，雖老，氣力壯健。奉使李希烈，春秋七十五矣。臨行，告人曰：『吾爲賊所殺必矣，異日幸得歸骨來秦。吾姪女爲裴郾妻者最仁孝，及吾小青衣翦綵者頗善承事。汝必與二人同啓吾棺，知有異於常人之死爾。』魯公喪歸，咸遵遺旨，啓棺如生。」按：魯公小青衣名翦綵，世無知者。國朝陸鳳藻《小知録》引《明皇十七録》云：「真卿小鬟曰翦綵，童曰銀鹿。」

浣花夫人

明楊慎《升庵集》云：「成都浣花谿有石刻浣花夫人像。三月三日爲浣花夫人生日，傾城出遊。地志云夫人姓任氏，崔寧之妾。《成都通鑑》：節度使崔旰入朝，陽子琳乘虚突入成都。旰妾任氏出家財募兵，得數千人，自帥以擊之，子琳敗走。朝廷加旰尚書，賜名寧，任氏封夫人。」按：人知四月十九日成都浣花谿有遨頭之宴，不知三月三日爲浣花夫人生日也。

黄巢妻

宋洪邁《容齋二筆》云：「黄巢死，時溥獻其姬妾。僖宗宣問曰：『汝曹皆勳貴子女，何爲從賊？』其居首者對曰：『狂賊凶逆，國家以百萬之衆失守宗祧。今陛下以不能拒賊責一女子，置公卿將帥於何地乎？』上不復問，戮之於市。餘人皆悲怖昏醉，獨不飲不泣，至於就刑，神色肅然。」按：此則黄巢之妻亦一奇女子也，惜未詳其姓氏。

俞大娘航船

宋王讜《唐語林》云：「江湖語曰『船不載萬』，言大船不過八九千石。大曆、貞元間，有俞大娘航船最大，居者養生、送死、婚嫁悉在其間，開巷爲圃，操駕之工數百。南至江西，北至淮南，歲一往來，其利甚大。此則不啻載萬也。」按：如此大船，古今罕見，亦吾宗之勝事矣。

劉公主

國朝無名氏《述異記》云："康熙三十五年，嘉興東門外十里，鄉人治地，掘得古墓。啓棺，一女面貌如生，冢中殉葬物甚多，有誌銘，乃劉智遠公主墓也，亟掩之。"

離非女子

國朝王士禛《池北偶談》云："故友陸漢東孝廉有小硯，是南漢劉鋹宫中物，有鋹宫人離非女子篆銘。"

楊六郎夫人

國朝陸祚蕃《粤西偶記》云："全州離城數十里，有赤蘭亭。左右前後皆合抱大松，獨一松高大倍常。松上生蘭，如寄生草，葉似建蘭，花開赤色，香聞數里。相傳此松乃楊六郎夫人手植，赤蘭其靈蹟也。聞有上樹分其種者，雷震而死，後人建亭以誌其異。」按：楊六郎夫人，不知誰氏，乃有此靈蹟，亦奇矣。

阿毛

宋王象之《輿地碑記目》房州有《房陵愍説》，注引《皇朝類苑》云：「《愍説》者，不知何人所作，云：『熙寧丙辰，襄州通衢一死婦阿毛，其夫楊金配隸房陵，既死，陳請本州，願負夫骨歸葬故鄉。遭時大疫，遂斃于道。天乎！福善助順之理，信所以難忱也。』」

陳季常妻柳氏

宋洪邁《容齋三筆》云：「黄魯直元祐中有與季常簡曰：『審柳夫人時須醫藥，今已安平否？公暮年來想漸求清淨之樂，姬媵無新進矣。柳夫人比何所念，以致疾邪？』又一帖云：

『承諭老境情味，法當如此。所苦既不妨游觀山川，自可損藥石，調護起居飲食而已。河東夫人亦能哀憐老大，一任放不解事邪？』柳氏之妬名固彰著於外云云。」

按：柳氏之妬，至今婦豎皆能言之，然可考者不過東坡「忽聞河東獅子吼」一詩耳。今又得此二簡，故録之，爲梨園中添一證據也。

吕小小

宋胡舜申《己酉避難録》云：「杭妓吕小小以有罪繫獄，其家欲脱之，投世忠。世忠偶赴待制飲，因勸酒，啓曰：『某有小事告待制，若從所請，當飲巨觥。』待制請言之，即以此妓爲懇。待制爲破械，世忠欣躍，連飲數觥。會散，攜妓歸，妓後易姓茅。」按：余於《叢鈔》卷四記韓蘄王妻妾有秦國夫人茅氏。今得此條，知茅夫人實吕小小也，因補録之。所謂「待制」者，即舜申之兄舜涉，字汝明。據其裔孫培翬所撰年譜，曾官徽猷閣待制。

童夫人

宋陸游《老學庵筆記》云：「秦會之孫女封崇國夫人者，謂之童夫人，蓋小名也。愛一獅猫，忽亡之，立限令臨安府訪求，不獲，府爲捕繫鄰居民家，且欲劾兵官。兵官皇恐，步行求貓，凡獅貓悉捕致，而皆非也。因嬖人祈懇乃已。」

張江陵女

明沈德符《野獲編》云：「劉戡之字元定，其内子爲江陵愛女。貌美如天人，不甚肯言笑，日惟默坐，或暗誦經呪。問此經何名，不對也。歸劉數年，一日趺坐而化，若蜕脱者。與所天終不講衾裯事，竟以童真辭世。」

夏桂溪蘇夫人

明沈德符《野獲編》云：「夏桂溪以一品六年考滿，奏乞封其繼妻蘇氏。蓋故事，繼妻惟一人得封，而夏所繼張已得封，旋歿矣。蘇本妾，以才色稱，爲夏所嬖畏，至是稱再娶蘇氏，乞破例賜封，上特允之。」按：今《鳴鳳記》所演尚有蘇夫人，而莫知其出身微賤也。《野獲編》又云：「夏貴溪長於新聲，有《白鷗園詞稿》，豪邁俊爽，有辛幼庵、劉改之風。蘇夫人亦工詩餘，更是作家。」

八歲女善棋

國朝黄子高《粤詩蒐逸》載宋人劉鎮詩，有《八歲女善棋》一首云：「慧黠過男子，嬌癡語未真。無心防敵手，有意惱詩人。得路逢師笑，輸機怕父嗔。汝還知世事，一局一回新。」惜未知此女是何名氏也。

季貞一與薛濤事相類

國朝趙吉士《寄園寄所寄》云：「嘉靖間，常熟沙頭女子季貞一，少有夙慧。其父老儒也，抱置膝上，令詠燭詩，應聲曰：『淚滴非因痛，花開豈爲春。』其父推墮地上，曰：『非良女子也。』後果以放誕死。」按：此與薛濤《井梧》詩「枝迎南北鳥，葉送往來風」，兩事相類。

明郎瑛《七修類稿》云：「元末，建安暨氏女，十歲能詩。人令賦野花，云：『多情樵牧頻簪髻，無主蜂鶯任宿房。』識者知其不潔，後果然。」

祝月英

國朝趙吉士《寄園寄所寄》引《耳談》云：「昌平某家卜牛眠葬母，開壙，已有紫漆棺，而丹漆書其前方，曰：『盧孝妻祝氏月英。』孝聘其姊，爲權力者奪去，父母以英續盟。英貌莊性和，事舅頗極禮敬，女工、經史、音樂皆能精曉。夫婦倡隨，未嘗離捨。偶得脾瀉，而前勢力者復謀奪英。英憤恚，火鬱暴死。歸孝三年，年二十一歲。驚魂兩飛，不知離合。死不知生，生何以知死？盡力營葬，散衣十九件，皆英手刺花鳥，人謂畫工不如，並其平生玩好，悉以歸葬。至正二年月日，夫盧孝撰。』」按：此夫婦亦嘉耦也，雖生前不能偕老，而數百年來猶留此數行，以存姓氏，亦未始非幸矣。

柳依依

國朝女史汪端《自然好學齋集》有《山塘新建柳依依祠》詩，序云：「依依字靈和，廣陵女子。年十六，適方氏，十八而寡。越三載，值乙酉之變，被掠，不食死。乾隆乙巳，降卟海門廳署，乞建祠以棲貞魄。二詩六詞，語極酸楚，《隨園詩話》載其詩。道光乙酉，吴中好事者爲建祠山塘清節堂左。」按：詩有云：「兩點金焦千里夢，傷心更有衛琴娘。」注云：「琴娘與依依同時亦以被掠，不辱死。」

《自然好學齋》又有《虎丘弔劉碧霞墓》詩，序云：「吴人爲柳依依建祠，翁大人謂碧霞宜附祀。碧霞亦廣陵人，乾隆中隨父戍遼東，爲某貴人愛妾。貴人赴江南，命掌箋奏，因疑見害。殁後降卟，賦詩甚夥。」

明霞

國朝無名氏東軒主人《述異記》云：「德清蔡麟武，戊午歲召仙問功名，乩動，題曰：『誰云富貴即爲良，想到癡肥欲斷腸。薄命紅顔今已矣，泉臺應愛讀書香。』又曰：『生長臨清十九年，偶隨車馬過苕川。知心惟有墳頭草，月夜臨風泣杜鵑。』後書苕溪十景塘明霞題。好事者尋至其處，果有石碑題『才女明霞之墓』。蓋明季某太守之女，死葬於此。詳味其詩，必所配非偶，抱恨而終者也。」

按：余自幼所聞明霞乃前明司李馮公之妾，其所傳詩亦止後一章。道光中，若上好事者重修明霞墓，先君子有詩云：「坡公應悔當年誤，未挈朝雲到此埋。」以朝雲爲比，正以其爲馮司李之妾也。乃讀東軒《述異記》，又有此異説，姑記於此，當更至若上訪之。

明福王童妃

國朝章有謨《景船齋襍記》云："明季福王童妃一事，其母鄒太妃知之，葢叔孫穆子之庚宗婦人也，曾許之爲正妃。即位之後聘祁彪佳女爲妃，而以童妃爲僞，其心尚可問邪？太妃寓山陰時，有故臣叩其事，本末始悉。"

明末江西彭妃

國朝施可齋《閩襍記》云："明末，江西永寧王世子妃彭氏，奉賢人，貌美而足小，人稱爲彭小腳，驍勇多智。江西破，率家丁數十來閩，寓汀州，結叛將范繼辰等，聚衆數千，掠寧化、歸化等縣，勢張甚。順治五年，爲參將王夢煜所敗，被執，絞於汀州靈龜廟前。從婢二人，一金保，一魏真，皆未及笄，亦善騎射。妃死，保自剄，真竄山谷間十餘日，兵退乃出，尋妃與保屍葬之，遂去爲尼，不知所終。"按：此事明季諸紀載中皆未見，故表出之。

李選侍至康熙時尚在

國朝王士禛《池北偶談》云：「明光宗朝選侍李氏，鼎革後尚存，至康熙甲寅歲五月十八日始卒。」按：此人之壽當在七十外，惜未詳其終於何所也。

奉聖夫人

明沈德符《野獲編》云：「宣宗乳母李氏，穆宗乳母柴氏，並封奉聖夫人。」按：此則明代奉聖夫人非一，世止知有熹宗乳母客氏耳。

國朝惲敬《大雲山房襍記》云：「康熙十六年七月二十五日，封世祖章皇帝之乳母朴氏爲奉聖夫人，頂帽服飾照公夫人。」按：前明奉聖夫人聲勢如此，而本朝奉聖夫人世無知者，我朝家法之肅，洵超越前代矣。

黑姊姊

國朝徐逢吉《清波小志》云："學士港西角牆内，舊有小樓一座，陳姓老姥名黑姊姊者同一子居之。"按："黑姊姊"之名甚新，可入詩，惜無可對者。或曰今彈詞院本並言雷峯塔爲"白娘娘"葬處，不與"黑姊姊"爲西湖一强對乎？

母大蟲

明沈德符《野獲編》云："乙未、丙申閒，畿南霸州、文安之閒，忽有一健婦剽掠，諢號『母大蟲』。其人約年三十，貌亦不陋，雙趺甚纖，能於馬上用長鎗，横行三四年。"按：人知有《水滸》之"母大蟲"，不知有此。

奇男子坊

國朝施可齋《閩襍記》云：「泉州仁風門外有奇男子坊，乃明萬曆時爲施天德妻腹娘貞孝立。以婦人而稱此名，亦奇。」按：謂之「貞孝」，疑是未嫁而守義者。女而不婦，故謂之奇男子歟？

《女雲臺》

國朝周亮工《書影》云：「賊寇盤據吾豫十餘年，阮太沖憤兵驕將懦，作《女雲臺》二卷以譏之。記中襍取古女子婦人建義旗、滅盗賊諸事，多至數十百人，一時傳之。」

德人

國朝周亮工《書影》云：「洪武八年，宋濂官禮部侍郎，封濂母陳氏、妻賈氏爲德人，見誥命。後無『德人』之稱。」

宋婦女猶削眉

宋朱翌《猗覺寮襍記》云：「今婦人削去眉，畫以墨，蓋古法也。《釋名》曰：『黛，代也，滅去眉毛，以代其處也。』」按：此知宋婦女猶削去眉毛，今不然矣。

宋時宮中有女冠有尼

宋韓淲《澗泉日記》云：「林文節公記禁中帝后及兩宮各有尼并女冠各一人，選于諸外内寺，年三十以上、能法事者，充隨本殿内人居處。每早輪一尼一道，于上之道佛閣前贊念，導上燒香，佛道各兩拜，又導下殿，燒天香，四拜，又導至殿門，候上出視朝，方退。」按：此亦宋制之可笑者。林文節名希，字子中。

明初有女官

國朝羅天尺《五山志林》云：「黄女官，名阿妹，大學士梁儲母黄太夫人外祖姑也。太夫人未字時，極荷女官鍾愛。洪武二十年，選入後宫，太祖命司寶錫敕命，賜名『惟德』，寵眷甚隆。宣德七年，乞骸南歸，太后爲詩賜之。後太夫人命少子參政億主其祀事。」按：明初有女秀才，余已載之《叢鈔》卷四矣。此女官其亦以女秀才選入者邪？羅天尺，順德人。其載此條云出邑志，黄阿妹亦必順德人矣。梁儲謚文康，亦順德人也。

明沈德符《野獲編補遺》云：「凡諸宫女，曾受内臣教習讀書通文理者，先爲女秀才，遞陞女史，陞宫官，以至六局掌印，則爲清華内職，比外廷通顯矣。但止六品銜門，葢太監亦止四品，此又次之。」按：此則女官之由女秀才而升，信矣。

女秀才

國朝陳悰《天啓宫詞》注云：「選高年知書内官，教習宫女讀《女訓》《女孝經》等書，率教者陞女秀才。」又云：「凡聖母后妃行禮，女秀才爲引贊禮官。初陞者往往舉止羞澀，經年後周旋合度，音聲朗然矣。」按：余《叢鈔》卷四有《女秀才》一條，觀此乃知前明宫中又有就宫女中教習、不從民間選取者。

明沈德符《野獲編補遺》云：「嘉靖初年，皇后親蠶，内賜酒飯，以夫人、秀才爲第一等，而供事命婦輩反次之。則女秀才極貴近也。」

女童應試

宋李心傳《建炎以來朝野襍記》乙集云：「自置童子科以來，未有女童應試者。淳熙元年夏，女童林幼玉求試所誦經書四十三件，並通；四月辛酉，詔特封孺人。」

閨秀

宋陳振孫《直齋書録解題》云：「《閨秀集》二卷，建安徐氏撰。徐，林稺山之從姑，祥符勑頭奭之姪孫女，嫁括蒼祝璣。」按：近世凡婦女能詩者皆名之曰「閨秀」，本此。

齋娘

明于慎行《穀山筆麈》云：「唐時郊廟，祠官謂之齋郎。武、韋奠獻，以宰相女助執籩豆，謂之齋娘。」

三婆

明蔣一葵《長安客話》云：「每季精選奶口四十名，養之内，名曰奶婆。民間婦有精通方脈者，由各衙門選取，著名籍以待詔，名曰醫婆。就收生婆中預選名籍在官，以待内庭召用，如選女用以辨别妍媸〔二〕可否，如選奶口用以等第乳汁厚薄，名曰穩婆。」按：今惟「穩婆」之名猶在

〔二〕 媸，原訛「强」，據蔡啟盛《校勘記》改。

人口。

婦駔

明楊慎《升庵外集》云：「米元章《書史》云：『每歲荒及節迫，往往使老婦駔攜書畫出售。』『婦駔』即今之賣婆。」

搭子女

宋太平老人《袖中錦》云：「京師婦人美者謂之搭子女。搭子爲好也，陋者謂之七，謂女子少丿不成女也。」按：「搭子爲好也」當作「搭子女爲好也」，寫者奪「女」字耳。「好」字女旁子也，故謂「搭子女」。此宋時市語，今不復聞。

茶香室續鈔卷六

唐人喜聯宗

國朝張爾岐《蒿庵閒話》云：「近俗喜聯宗，此風大盛於唐，其時重舊姓，故競相依附。每放一榜，諸中式人與主司同姓者則爲姪，其母與主司同姓則爲甥，其妻與主司同姓則爲姪壻，與主司之母同姓則爲表姪，與主司之妻同姓則爲妻姪。姓稍孤僻，或上推至祖母、曾祖母，必求有當，交互組織，無非嫡親骨肉，真異事也。」

宋王讜《唐語林》云：「春官氏每歲選卂進士三十人，是日自狀元以下同詣座主宅。座主立于庭，一一而進，曰『某外氏某家』，或曰『甥』，或曰『弟』。又曰『某大外氏某家』，又曰『外大外氏某家』，或曰『重表弟』，或曰『表甥孫』。又有同宗座主，宜爲姪而反爲叔。言敘既畢，拜禮得申。至有海東之子、嶺嶠之人皆與華族敘中表。」按：此即《蒿庵閒話》所本。

立孫

國朝徐乾學《憺園集》有《立孫議》，其畧云：「舅氏亭林先生立從子洪慎之子世樞爲孫。或曰：無子而立孫，非昭穆之序，是使世樞有祖而無禰也。先生即有子而殤，殤不立後，盍擇諸族兄弟之子以爲嗣乎？予曰：不然。自夫子之告子游，已謂三代以後『天下爲家，各親其親，各子其子』。是則兄弟之子必親於從兄弟之子、從兄弟之子必親於族兄弟之子明矣。苟謂兄弟之子無當立者，舍兄弟之孫勿立，而立疏遠族屬之子爲嗣，其於祖若考之意果無憾乎？《晉書·荀顗傳》：『顗無子，以從孫徽嗣。』荀氏潁川名族，子姓甚繁，豈無昭穆之倫可立爲子者而獨以從孫嗣？其必不舍親屬而他立也，禮之權而不失經者也。故雷次宗釋《儀禮》『爲人後者』之文，以爲不言所後之父者，或後祖父，或後高曾，凡諸所後皆備於其中。故昭穆相續，其常也。如親屬無當立者，不得已而立從孫爲孫，如父子之誼，仍不改其昭穆之倫，毋亦勢之不得不然，而聖人之所許與？」按：議禮者每謂無子不得立孫，今讀此議，則知本朝大儒有行之者矣。

按：先生《與李霖瞻書》云：「猶子衍生稍知禮法，不好嬉戲，竟立以爲子。而崑山從弟子嚴連得二孫，又令荆妻抱其一，以爲殤兒立後。」所抱者即世樞也。先生本立爲殤子詒穀之後，不知憺園何以又有此議，豈以詒穀四歲而殤，與其爲殤立後，不如竟云以從孫爲先生後乎？然何以處衍生也？

又按：世樞後更名宏佐，年十三補松江府庠生，年未二十病瘵卒。是世樞雖爲先生後，仍早世。而元和顧廣圻家藏先生著書目録有跋云：「歲内子，不肖衍生於舊簏中檢得此本，丁亥冬於宛陵旅舍出而録之。」丁亥爲康熙四十六年，距先生之歿二十六年矣。是終爲先生後者衍生也。並見國朝張穆所著《亭林先生年譜》。

稱妻爲姊

宋黄伯思《法帖刊誤》云：「王大令《奉對帖》云：『方欲與姊極當年之足，以之偕老，豈謂乖反至此。』當是與郗家帖也。子敬病篤，請道士上章，法應首過，子敬曰：『不憶餘事，惟省與郗家離婚。』子敬前室，郗曇女也。」按：此則帖所稱「姊」者即謂其妻。

孿生三十二子

明沈德符《野獲編》云：「先大父爲上川南道時，有雅州醫官時姓者，家有三十二兒。問有姬妾，則云止結髮一人，凡十六乳而得此，無一夭折者。」按：國朝褚人穫《堅瓠集》引《近事存疑》載康熙中江南某府吏鄭某十八歲娶妻，一年一胎，子皆雙生，年三十六歲有子三十六人。合此兩事觀之，真可謂無獨必有偶也。

國朝李佐賢《吾廬筆談》云：「直隸地方有三十六郎莊，忘其姓，但傳云某家同胞兄弟十六產，皆孿生，俱育。」按：此又一事。

一吏生三十二子事，近人鹽官吳熾昌著《客窗閒話》又以爲是其鄉人陳體齋中丞用敷撫皖時事，人謂之象棋子。未知即此一事而傳者各異歟？抑或天下事竟有相同者也？

外甥與兒姪連名

宋王讜《唐語林》云：「姚崇每與兒孫會集，曰：『外甥自非疏，但別姓耳。』遣與兒姪連名。」按：此可見甥舅之重。但「外」者對内而言，甥本無内，何「外」之有？而唐人已有「外甥」之名，何也？

鵝

宋黄伯思《法帖刊誤》云：「王大令《鵝還慰姊意帖》，『鵝』者王氏子姓之小字，猶袁羊、顧虎之類。或以此即逸少所愛之鵝，甚可鄙笑。」愚謂此名「鵝」者，豈其姊之子歟？

機緞

國朝周亮工《閩小記》云：「閩縣林文安公建屋，梁横於户，侍女騎而出，匠詈之。女曰：

『閣老尚書不此中出邪？』公異其語，召私之。女正色曰：『何可草草？公高年，脱孕後誰明予者？盍書數字爲據？』公命取側理。女入公室，以絳色機緞全端至。公益奇其志，書『舉男以機名，女以緞名』。後舉男，是爲大宗伯；復舉女，配侍郎鄭公。絳緞至今尚藏其家。」按：文安公名瀚，前明時以大司馬改南冢宰。子庭棉大司空，庭機大宗伯；庭機子爌大宗伯，烇大司空，一門五尚書，可謂盛矣。此女之語，今俗行彈詞中有襲用之者，不知其爲林氏事也。

張一飛

明何孟春《餘冬敘録》云：「有富民張老者，妻生一女，贅某甲於家。久之，妾生子，名一飛，甫四歲，張老卒。張病時，謂甲曰：『妾子不足任吾財，吾當全畀爾夫婦。』於是出券書云：『張一非吾子也家財盡與吾壻外人不得爭奪。』甲乃據有張業。妾子壯，告官求分。甲以券呈，遂置不問。他日，奉使者至，妾子復訴，甲仍前赴證。奉使諭云：『爾婦翁明謂吾壻外人，爾尚敢有其業邪？詭書飛作非者，慮彼幼，爲爾害耳。』於是斷給妾子，人稱快焉。」按：此與宋張乖崖斷富民財子七壻三事相類，然張老之用心較彼富民更曲矣。

舅姑

宋周煇《清波雜志》云：「《春秋傳》曰：『秦晉二國繼世通婚，所娶之女非舅即姑，故曰舅姑。』」按：此則「舅姑」之稱起於中表爲婚者也。然所引《春秋傳》未詳所本。

禁姑舅爲婚之誤

宋洪邁《容齋二筆》云：「《刑統·户婚律》云：『父母之姑舅、兩姨姊妹，及姨若堂姨、母之姑、堂姑，己之堂姨及再從姨、堂外甥女、女壻姊妹，並不得爲婚姻。』議曰：『父母姑舅、兩姨姊妹，於身無服，乃是父母緦麻，據身是尊，故不合娶。及姨，又是父母大功尊；若堂姨，雖於父母無服，亦是尊屬；母之姑、堂姑，並是母之小功以上尊；己之堂姨及再從姨、堂外甥女，亦謂堂姊妹所生者；女壻姊妹，於身雖無服，據理不可爲婚。並爲尊卑混亂、人倫失序之故。』然則中表兄弟姊妹，正是一等，其於婚娶了無所妨。予記政和八年知漢陽軍王大夫申明此項，勅局看詳，以爲如表叔娶表姪女，從甥女嫁從舅之類，甚爲明白。今州縣官書判，至有將姑舅兄弟成婚而斷離之者，皆失於不能細讀律令也。惟西魏文帝時禁中外及從母兄弟姊妹爲婚，周武帝又詔不得娶母同姓以爲妻妾，宣帝詔母族絶服外者聽婚，皆偏閏之制。」按：此條則宋制禁姑舅兩姨姊妹爲婚，乃指父母之姑舅兩姨姊妹而言，於己並尊屬也。後世不察，至并中表兄弟姊妹而一例禁之，殊失律意，宜此禁之終於不行也。

慈姑

國朝洪亮吉《曉讀書齋初録》云：「自兩晉六朝以來，國家凡有慶典及大赦，皆列孝子順孫、義夫節婦諸名目，並在錫賚之例。惟《宋書・孝武》大明六年，大赦錫賚，又增入慈姑一條，殊爲創舉。」

按：《宋書・孝武紀》：「大明六年，大赦天下，孝子、順孫、義夫、悌弟賜爵一級，慈姑、節婦及孤老、六疾賜帛五匹、穀十斛。」

媳

宋劉跂《學易集·穆府君墓志銘》云：「女嫁唐誦，我姑之媳。來齒諸婦，世我藿食。」是子婦爲媳，宋人已然矣。然《禮部韻畧》二十四《職》猶無「媳」字。宋吴曾《能改齋漫録》引王彦輔《塵史》云：「今之尊者斥卑者之婦曰新婦，卑對尊稱其妻及婦人自稱者亦然。而不學者輒易之曰息婦，又曰室婦。」按：此知宋時先有「息婦」之稱，而後有「媳婦」之稱。古人稱子爲息，息婦者子婦也，於理可通，作媳則誤矣。「室婦」之稱今不聞也。

女壻止稱門人

明朱國楨《湧幢小品》云：「黄幹，考亭先生之壻也。先生行狀出其手，其自謂止稱門人。」按：李漢《昌黎先生集序》亦止稱「門人」，文云「先生殁，門人隴西李漢辱知最厚[一]且親」。

〔一〕厚，原訛「後」，據《四部叢刊》本《昌黎先生集》改。

李漢亦昌黎之女壻也。

位尊不執女壻禮

明沈德符《清權堂襍著》云：「嘉靖末，吴太宰鵬以笄女繼董宗伯份之室，董時已爲大司空管少宰事，年亦相亞，遂講敵禮，不復修半子之敬。然吴嘉興人，董湖州人，固接壤也。」

主婚人稱忝眷

國朝錢大昕《恒言録》云：「《水東日記》載南宋景定中鄭氏婚書主婚人稱『忝眷』，下署銜名。」

男子續娶稱再醮

國朝程祖慶《吴郡金石目》云：「《宋故通判趙公壙志》：『初娶管氏，再醮錢氏。』攷《禮記·昏義》：『父親醮子而命之迎。』又《説文》云：『醮，冠娶禮祭。』則男子重婚爲再醮，於義合。」

僧道有妻許人挾詐

明沈德符《野獲編》云：「弇州紀洪武中有詔，凡火居道士，許人挾詐銀三十兩、鈔五十錠；如無，打死勿論。正統間，有僧夜入姦婦家，評事土亮引舊例：僧有妻者，諸人得毆辱之，更索其鈔五十錠；無鈔，歐死勿論。」按：此二例皆可笑。

子冒父名

國朝洪亮吉《曉讀書齋四録》云：「蕭山王大令輝祖爲《同姓名録》，言明人劉江父子同名，見《明史·劉榮傳》。」按：《明史·劉榮傳》云：「劉榮，宿遷人。初冒父名江。從魏國公徐達戰灰山、黑松林。爲總旗，給事燕邸，成祖深器之。永樂十七年，封廣寧伯，予世券，始更名榮。明年卒。」是榮一生全冒父名，及更名榮，不久即死。以子而冒父之名終身，是亦可謂民彝大泯亂者矣。

老師

明王世貞《觚不觚録》云：「京師稱謂極尊者老先生，自内閣以至大小九卿皆如之。門生稱座主亦不過曰老先生而已。至分宜當國，而諛者稱老師，其厚之甚者稱夫子，此後門生稱座主俱曰老師。余自丙辰再入朝，則三品以上庶僚多稱之曰老翁。又有無故而稱老師者。」按：「老師」之稱至今循之，「老先生」之稱絶矣，「老翁」之稱亦未聞也。

《觚不觚録》又云：「二司自方伯至僉憲稱撫臺曰老先生，稱按院則曰先生大人。二十年來凡宣大之守巡，與吾南直隸之兵備，皆以老先生稱按院矣。」按：此知明人以「老先生」爲極尊之稱，故稱按院曰「先生大人」，蓋降於撫臺也。其後「老先生」之稱不行，并「先生大人」之稱亦不行，遂以「大人」爲尊稱矣。

國朝王夫之《識小録》云：「舉子於鄉會試主考分考、殿試讀卷官，可自稱門生，而未嘗以師稱之。《湯義仍集》於主考但稱舉主某公，可見濫稱老師，萬曆中年後之末俗也。」

大人、老爺

國朝王夫之《識小録》云：「首領官由科貢出身者，稱堂上官但曰大人，惟吏員出身有老爺之稱。」

明沈德符《野獲編》云：「先大父從四川少參服闋謁補，時江陵公新得國，先大父隨衆謁於朝房。張忽問曰：『那一位是沈大人？』先大父出應曰：『某是也。』江陵因再揖，更無他語而别。不知何從見知而有此問。近問之藩臬諸公，政府欵洽深談，呼公呼丈者多矣，不聞有大人之稱。」是明時已以稱「大人」爲重也。

鄉會、同年會

宋趙升《朝野類要》云：「諸處士、大夫同鄉曲并同路者共在朝及在三學相聚作會，曰鄉會。若同榜及第聚會，則曰同年會。」按：此即今同鄉、同年團拜之濫觴也。宋崔與之《清獻公集》有一詩題云《嘉定庚辰正月二日，楊尚書率同年團拜於西湖，因爲游湖之集》。

認後輩爲同年

國朝董含《蓴鄉贅筆》云：「唐興公先生昌世家世閥閱，爲吾郡冠。天啓辛酉登賢書，乙丑成進士，時年八十有六。復届辛酉賓興，先生尚善飯，筋力强健，飲酒劇談，邀新孝廉講年誼，投謁者稱年晚生，先生悉以年弟刺〔一〕答之。」

〔一〕刺，原訛「剌」，據蔡啟盛《校勘記》改。

按：是時尚未有重赴鹿鳴筵宴例，然前後同年則已有之矣。

子先成進士不認父同年

明沈德符《清權堂褋著》云：「董龍山道醇，癸未進士。其子儀部青芝嗣成先舉庚辰進士，不欲於癸未榜稱年姪，爲乃翁訶責，勉强書刺[一]中晚字，而禮數則殊，不然此等皆窒礙難行者。」按：此乃明代士大夫之陋習，其父同年，自應稱年姪，何窒礙之有？

團拜

國朝錢大昕《恒言録》引《朱子語類》云：「團拜須打圈拜，若分行對拜，則有拜不著處。」

按：此知宋時已有「團拜」之禮，正與今同。

〔一〕刺，原訛「剌」，據蔡啟盛《校勘記》改。

鄉姪

國朝葉名灃《橋西褉記》云：「宋鄧氏《肅栟櫚文集·上龜山先生楊博士書》自稱鄉姪鄧某。」

花友、秤友

國朝周亮工《書影》云：「佛氏有花友、秤友之喻，花者因時爲盛衰，秤者視物爲低昂也。」

按：此語不知出何經典。

東西南北四友

國朝陳康祺《郎潛紀聞》云：「吾鄉康熙間，李東門太學暾、萬西郭刺史承勳、鄭南谿明經性、謝北溟茂才緒章各以詩鳴，號爲四友。頃讀嘉禾錢警石學博《甘泉鄉人集》中，有《與馮柳東勸辭薦舉書》，稱柳東與史竹南、屠梅西、周桐北三君爲道義之友，與吾鄉諸先輩事前後相符，可云巧合。」

元人稱謂

國朝錢大昕《恒言録》云：「朱〔一〕存理《鐵網珊瑚》録貞溪諸名勝詞翰，皆元時筆札也。其紙尾署名有云『晚契生紫陽方回頓首拜』，有云『眷生張端莊肅奉書』，有云『友生王逢頓首再拜』，有云『臨川晚學生郝堅肅呈』，有云『鄉末惟善上』，有云『友弟錢應庚再拜』，有云『眷晚生邵亨貞頓首九拜』，有云『契弟邵亨貞再拜』，有云『友弟亨貞書』，有云『東郭姻末錢抱素稽首拜呈』。今『友生』『友弟』之稱，惟以施之門下士，而『契生』『契弟』絶無稱者。」愚按：此則可見元人署名格式。今人於書札有稱「肅」、稱「呈」、稱「上」者，蓋亦有所本，惟「九拜」及「稽首拜」今

〔一〕朱，原訛「宋」，據《恒言録》卷三改。

皆不用也。

侍長

明沈德符《野獲編》云：「侍長之號，今各藩府之女俱有此稱，云尊其爲侍妾之長也。乃至支庶猥賤不膺封號且恣爲非禮者，亦例受此呼，其辱朱邸極矣。《荆釵記》中有『怕觸突侍長』之語，則此號相傳亦非一日。」

爵主

明沈德符《野獲編》云：「凡公侯伯家最尊嫡長，其承襲世封者，舉宗呼爲爵主。」按：今彈詞、演義中猶有此稱。

老兒當

明沈德符《野獲編補遺》云：「武宗初年，選内臣俊美者以充寵倖，名曰老兒當，猶云等輩也。時皆用年少者，而曰老兒，蓋反言之。其後又有金剛老兒當，其人皆用事大璫，則不得其解矣。」

老爹

國朝趙吉士《寄園寄所寄》引《座右編》云：「江右萬拙庵子衣成進士，授刑部主政。世俗子爲官，稱其父爲老爹。每呼之不應，曰：『我自萬拙庵，不敢當老爹。故不應。』」觀此知明人「老爹」之稱正自不輕也。

老朝奉

宋方回《桐江集》有《村老呼予老朝奉者》詩，則世俗「朝奉」之稱亦有所本。

崽郎

宋王讜《唐語林》云：「李丞相泌謂德宗曰：『肅宗師臣，豈不呼陛下爲崽郎？』」武英殿本案語云：「崽字字書無之，疑誤。」余按：當是「崽」字，《水經注》「弱年崽子」，是其義矣。

牛人、牛兵

明李光壂《守汴日志》云：「齊承差家牛人王才醉後向火，延燒草屋三間，斬以徇。」注云：「汴人謂佃户爲牛人。」又云：「巡撫發硃帖，令黄推官速撥牛兵三百赴援。」注云：「牛兵即牛人。」

玉媄

明楊慎《升庵外集》有《玉眷》一條云：「眷一作媄。徐悱尺牘『玉媄尊稺均慶』。」按：《漢書·樊噲傳》「誅諸吕媄屬」，是「眷屬」古稱「媄屬」，然則「玉媄」猶今俗稱「寶眷」矣。

玉銜

國朝戴咸弼《東甌金石志》廣福寺石塔殘刻云「男女弟子捨錢玉銜」。按：「玉銜」猶今人書台銜也。此刻在宋皇祐甲午年，宋人已有此等俗稱矣。

台銜回納

宋洪邁《容齋一筆》云：「神宗有御筆一紙，乃爲潁王時封還李受門狀者。狀云『右諫議大夫、天章閣待制兼侍講李受起居皇子大王』，而其外封題云『台銜回納』，下云『皇子忠武軍節度使、檢校太尉、同中書門下平章事、上柱國潁王名謹封』，名乃親書。」按：今時上司於所屬官必還其手版，讀此知宋時親王於從官亦如此，由來久矣。

譚談一姓

唐趙璘《因話録》云：「武宗皇帝廟諱，其偏旁言之談字已改爲譚，姓又改爲澹。」按：《廣韵》：「譚，姓，漢有河南尹譚閎；談，姓，晉有征東將軍談巴。」則「談」「譚」自是二姓，乃唐世有以避諱改「談」爲「譚」者，此二姓又通矣。

賀氏本爲慶氏

宋陳振孫《直齋書録解題》云：「賀鑄方回自言外監知章之後，且推本其初出王子慶忌，以慶爲姓，居越之湖澤。今所謂鏡湖者，本慶湖也。避漢安帝及清河王諱，改爲賀氏，慶湖亦轉爲鏡。未知其説何所據也。」

按：《廣韵》三十八《箇》：「賀，姓，出會稽、河南二望，本齊之公族慶封之後。漢侍中慶純避安帝諱，改爲賀氏。」據此則賀氏之本爲慶氏，自是有據。但舊説以爲慶封之後，而方回以爲慶忌之後，二説不同，則有姬、姜二姓之别矣。又以鏡湖爲本慶湖，然則賀知章之賜鏡湖，正還其故物矣。

《萬曆杭州府志》云：「慶忌宅在錢唐門外，宋豐儲倉，其故基也。前有池，相傳爲慶忌磨劍處，今慶忌塔尚存。」據此則浙中本有慶忌遺迹，方回所言必有所自矣。

尤姓

國朝錢大昕《十駕齋養新録》云：「王審知據閩，閩人避其諱，以沈去水而爲尤，二姓實一姓也，見《梁谿漫録》。」按：沈字從冘不從尤，沈去水則爲冘矣。今之尤姓，冘乎尤乎？《廣韵》十八《尤》云：「又姓，出《姓苑》。」則古自有「尤」姓。

僻姓

國朝施可齋《閩褋記》云：「《正字通》『四』字下注：『又姓，宋有四象，慶元中知汀州府。』此可補漁洋《池北偶談》稀姓之缺。然《汀州府志》無之。閩縣有『斬』姓，可與漁洋所記『絞』姓作對，尤奇。」

又云：「予館建安，有船户江西人鸗姓投狀，皆疑『龔』姓之誤。予記《五代史》漢隱帝時有『鸗脱』，恐非誤也。後訊其人，堅言是『鸗』，從龍從鳥，先世自山西榆林遷江西建昌，非龔姓。」

茶香室續鈔卷七

有文在手

明張萱《疑耀》云：「唐《元和姓纂》：堯之長子監明死而子生，有文在手曰『劉』，故封於劉；周平王少子生而有文在手曰『武』，遂爲武氏。又南氏，《姓源韵譜》：盤庚妃姜氏夢龍入懷，孕十二月而生，手把『南』字，長封荆州，號南赤龍。又鮮于氏，《血脈譜》：子仲之子曰文，生而有文在手，左曰『魚』，右曰『羊』。又閻氏，《唐表》：周昭王少子生而有文在手曰『閻』，康王封於閻城。又薛氏，《血脈譜》：文王曹夫人見赤龍交而孕，十二月生子，手把『薛』字，因以爲氏。」按：此則古人生而有文在手者屢見矣，譜牒家言或非實乎？其言盤庚妃爲姜氏、文王有曹夫人，皆異聞也。

六十四種惡口

宋洪邁《容齋一筆》云：「《大集經》載六十四種惡口之業，曰：麄語、軟語、非時語、妄語、漏語、大語、高語、輕語、破語、不了語、散語、低語、仰語、錯語、惡語、畏語、吃語、諍語、諂語、誑語、惱語，怯語、邪語、罪語、啞語、入語、燒語、地語、獄語、虚語、慢語、不愛語、説罪咎語、失語、别離語、利害語、兩舌語、無義語、無護語、喜語、狂語、殺語、害語、繫語、閑語、縛語、打語、歌語、非法語、自讚歎語、説他過語、説三寶語。」按：所列止五十二種，疑有闕文。諸語亦不盡可解。然自讚歎語、説他過語皆人所易犯者，佛氏垂戒固甚切矣。乃至高語、低語、惱語、喜語，無一而非口業，噫！可畏也。人知兩舌、惡罵、妄言、綺語爲口惡之四，不知有此，故表出之。

湴河

宋沈括《夢溪筆談》云：「《唐六典》述五行，有禄、命[一]、驛馬、湴河之目，人多不曉湴河之義。予在鄜延，見安南行營諸將閱兵馬籍，有稱過范河損失。問其何謂范河，乃越人謂淖沙爲范河，北人謂之活沙。予嘗過無定河，度活沙，其下足處雖甚堅，若遇其一陷，人馬駝車應時皆没。湴，字書亦作埿。埿，深泥也。術書有湴河者，葢謂陷運，如今之空亡也。」按：《廣韻》五十九《鑑》：「埿，深泥也，蒲鑑切。湴，上同。」《集韵》：「埿、湴，薄鑑切，泥淖也。」沈氏謂湴亦作埿，信矣。「湴河」之義正謂如行泥淖中，初非不可解。但以六書言之，「湴」字應從並聲，不知何以與埿爲一字耳。

明楊慎《升庵外集》云：「湴，白衡切，又音滔，行淖中也。禄前一辰爲驛，禄後一辰爲湴。」

[一] 命，原訛「合」，據《夢溪筆談》卷三改。

玉環俞

國朝高士奇《天禄識餘》云：「《銅人針灸圖》載臟腑一身俞穴，有玉環俞，不知玉環是何物。張紫陽《玉清金華祕文》論神仙結丹處曰：『心下腎上，脾左肝右，生門在前，密户居後，其連如環，其白如綿，方圓徑寸，包裹一身之精粹。此即玉環也。』」

面般

國朝洪亮吉《曉讀書齋初録》云：「吴中人呼人面四周爲面般。如淳《漢書注》：『般讀如面般之般。』則方俗語亦有本。」按：今俗語云「面盤子」。

逢九爲災年

國朝董含《蓴鄉贅筆》云：「今人逢九，云是年必多災殃。此説原本於《靈樞》，其言曰：凡人最患年忌，由九而推之，年忌相加，則感之而病行。故人方七歲，是陽之少也。再加九歲爲十六歲，再加九歲爲二十五歲，再加九歲乃三十四歲，再加九歲乃四十三歲，再加九歲乃五十二歲，再加九歲乃六十一歲。九爲老陽，陽極必變，此皆人生之大忌云云。以七歲爲始，非若今人竟以九積算也。」按：此則知所忌者仍是七，而非九。蓋二十五歲，二與五即七也；三十四歲，三與四即七也。推之至六十一歲，其數悉符。故自六十一歲以後即不復忌，蓋并二數不復成七矣。今人逢九則忌之，知其忌而不知其所以忌也。

六十六

宋王明清《揮麈録》云：「本朝名公多戹於六十六。」按：今人以六十六爲戹年，亦有本。

改變人形

唐李元《獨異志》云：「元和初，有天水趙雲客遊鄜時，過中部縣，縣寮有讌。吏擒一囚至，其罪不甚重，官寮願縱之。雲醉，勸加刑責，於是杖之二十。累月，雲出塞，行及蘆子關，道逢一人，邀之過其居，命酒偶酌，乃曰：『前月爲君所勸，因被重刑，豈虞於此獲雪小恥！』乃命拽入一室。室有大坑，深三丈餘，中惟貯酒數十斛。剥去其衣，推雲於中。饑食其糟，渴飲其汁。幾一月，乃出之，使人蹙額，挼捩肢體，手指肩髀皆改於舊。提出風中，倏然凝定，至於聲韵亦改。弟爲御史，出按靈州獄，雲以前事示之。發卒討尋，盡得，臨刑亦無隱匿，云前後變改人者數代矣。」按：此則酒氣熏烝，可以變易人形。世閒果有此術，則亡命之凶人、稽誅之元惡皆可以易刑自脱矣。故記其事，亦臨民者所宜知也。

尺餘老人

明郎瑛《七修類稿》云：「錢希白《洞微志》載鷄窠老人事，嘗以爲怪。聞會稽季通判本云：『嘉靖甲午在寶慶時，有事於所屬新寧縣。未至五十里，宿於山中民家。堂前架一庋，置木匣其上，中有老人，長可尺餘，立則露首，聲唧唧如燕子語。乃其遠祖也，年已百八十矣，能言元朝事。日不食，或進一盂水而已。』據此與鷄窠老人相符，而實有矣。」

宋洪邁《夷堅乙志》云：「贛州僧普瑞附舟過池州，聞岸上人相呼參祖燒香。瑞往隨之，見有屋三間，堂内飾小室，如人家供佛處。翁媪二人各長三尺，秃髮，腦後一髻絶小，以緜衣衾擁下體，惟露頭面，兀然如土木，但眼能動，有笑容。撮緜作小包，蘸酒寘二老口，亦伸舌舐之。不知幾百歲。其人云一村皆姓杳，此二老爲村祖云。」

二歲童子能書

國朝羅天尺《五山志林》云：「萬曆甲午，順德縣李氏生子名世嶼，二歲不言，善書大字。四歲時，貴陽馬御史文卿按廣東，召見之，抱膝上，令寫字。手甚小，握甚固，作字如碗口大，揮灑甚疾，葢神童也。或曰有物憑之。」按：二歲能書，而其長亦未聞以書名，則後説信矣。

八歲作詩

明張萱《疑耀》云：「黄魯直八歲，有《送人赴舉》詩云：『送君歸去玉帝前，若問舊時黄庭堅，謫在人間今八年。』晚年删去，不收集中。」

八歲童子書碑

國朝吴震方《嶺南襍記》云：「由南安二十五里至庾嶺，路甚平，有『雁回人遠』碑，爲南雄府界，從此入粤。碑爲山東八歲兒宋世勳行書，廣東藩司宋某之子。」

老人能書小字

國朝陳康祺《郎潛紀聞》云：「翁覃溪每歲元旦必用西瓜子仁書四楷字，五十後曰『萬壽無疆』，六十後曰『天子萬年』，七十後猶能書『天下太平』云。」又云：「翁氏《家事略記》載英和按云：先生每於一粒胡麻上作『一片冰心在玉壺』七字，則尤爲神技矣。」《紀聞》又引賈氏《郡齋筆乘》，記富陽董文恭公晚歲每元日朝賀歸第，坐廳事，於脂麻一粒上莊書「天下太平」四字。

國朝章有謨《景船齋襍記》云：「南翔有寓僧虚舟者，金華人，有一瓜仁，乃象牙琢成，一面畫十八學士，琴有絃，棋局有路、有子，筆筒中有筆，案上有卷，人俱並肩而立，人皆著色，第無眉目耳。一面寫七言一絶，旁有年月，下云『七十二翁祝培之戲寫』。又有二圖章，一圓一方。」按：此真不知如何作，且亦不知如何能看矣。

以名爲字

明黄瑜《雙槐歲鈔》云：「漢孔安國、唐郭子儀皆以名爲字。成化己丑進士曹時中字時中，張禎叔字禎叔，廖德徵字德徵。此後始罕見。」按：《日知録》有《字同其名》一條，不知明代尚有此風也。

羯芑崑綏

明沈德符《野獲編》云：「各藩府請名，禮部儀制司官製名以賜，有令人捧腹絶倒者。因見宋人亦有寓譃於宗室賜名，如士羯、士芑、士崑、士綏，以此四字與『揭起裩尿』同音也。刻薄無禮，古今同然矣。」

生日用優人

國朝黄宗羲《思舊録》云：「何棟如字天玉，故與馮應京先生講學，遇其壽日，亦用優人，謂余曰：『余不似念臺先生擔版子，勿訝也。』」《思舊録》又云：「范景文字質公，有家樂，每飯則出以侑酒，風流文采，照映一時。故知節義一途，非拘謹小儒所能盡也。」

展生辰

國朝張穆所撰《閻潛邱年譜》載《生日展期啓》云：「憶先君子六十初度，時妻喪已除，而予小子母喪纔踰大祥之四日。先一月，姻友有謀來祝者，先君子頻顣曰：『《禮經》：「父必三年然後娶，達子之志也。」然則吾不可聽子易其服，以稱吾觴，以忘汝母。其展期一年。古有展重陽，吾獨不可展生辰乎？』明年八月，魏叔子以文來祝，稱其達禮，且以江西及嶺南俗皆然爲徵。蓋前十之年必加一而成，後十之年必從一而生，人《易》貞元之義也。」按：潛邱之父即牛叟先生也。其母丁孺人於康熙十三年卒，至十五年爲牛叟六十生日，故展至十六年，以待潛邱之除母喪也。其後潛邱年六十時仰述先事，亦展一年，故有此啓，以告姻友。

往年余老友吴平齋六十生日，而尚居其母夫人憂，諸同人於次年補祝焉。余爲序曰：「古人紀年之法必踰歲，復及所生之日而後增一年。是以絳縣老人生於魯文公之十一年，至襄公三十年，凡七十四年矣。而曰七十三者，蓋老人生於夏正月甲子朔，在周正爲三月甲子朔，至魯襄三十年三月癸亥，始足七十四年。而此則二月癸未也，未足者四十日，故尚稱七十三年也。然則以古人紀年之法論之，君今年六十一，乃真六十也，稱慶不亦可乎？」余此義殊勝於「大《易》貞元」之説，惜潛邱不得而聞之也。

揖有尚左尚右之分

國朝王士禛《居易録》云：「故事，翰林、吏部官揖尚右，謂之南禮；科道官揖尚左，謂之北禮。」按：此禮今所不講，亦不知何謂尚左、何謂尚右也。

揖爲唱喏

明何孟春《餘冬敘録》云：「揖相傳曰唱喏，想古人相揖必作此聲。宋人記虜廷事實云『虜揖不作聲，名曰啞揖』，即宋以前人中國之揖作聲可知。」按：《玉篇·口[一]部》：「喏，人者切，又如酌切，敬言。」然則古人之揖必言喏以致敬。果如何燕泉之説邪，今則無不啞揖者矣。

[一] 口，原訛「言」，據《玉篇》卷五改。

起首

國朝虞兆漋《天香樓偶得》云：「《太祝》九拜，一曰稽首。稽字音起，後人遂有作『起首』者。陳眉公《妮古録》云：余有伯雨楷書詩七首，後云『張伯雨起首』，葢即稽首也。」

不以殘食與人

國朝高士奇《天禄識餘》云：「高宗在德壽宫，每進膳，必置匙筯兩副。食前多品，擇取欲食者，以別筯取著一器中，食之必盡，飯則以別匙減而後食。吴后嘗問其故，曰：『不欲以殘食與人食也。』」按：此事惜不言出何書。以帝王之尊猶且如此，況吾儕乎？

今人行祭禮

國朝葉名澧《橋西襍記》云：「故禮部尚書汪公巽泉守和，言動悉遵禮法，每食必置菜羹於坐隅，以祭先代始爲飲食之人，揖然後坐。」

古人書疏皆題後以答

國朝張爾岐《蒿庵閒話》云：「古人往來書疏，例皆題其末以答。惟遇佳書，心所愛玩，乃特藏之，别作柬爲報耳。晉謝安輕獻之書，獻之嘗作佳書與之，謂必存録，安輒題後答之，甚以爲恨。」

又云：「古人名刺〔一〕，既相見後亦還之。魏野留富鄭公刺作山家之寶，亦以鄭公故，非通例也。」按：今人於柬帖亦必還之，猶古人遺意。

又云：「寸楮往來，始於崇禎年，以嚴禁請託，於投揀爲便也。」按：此則知今人所用名片始明季也。

〔一〕刺，原訛「剌」，據蔡啟盛《校勘記》改。

古人浴處挂壺

宋吴曾《能改齋漫録》云：「今所在浴處，必挂壺于門。《周禮·挈壺氏》『掌挈壺以令軍井』，乃知俚俗所爲，亦有所本。」按：此知古人浴處挂壺，今無是風矣。

俗諱

明陸容《菽園襍記》云：「民間俗諱，各處有之，而吴中爲甚。如舟行諱住諱翻，以箸爲快兒，幡布爲抹布；諱離散，以棃爲圓果，傘爲豎笠；諱狼籍，以榔槌爲興哥；諱惱躁，以謝竈爲謝歡喜。」按：「快兒」「抹布」之稱，至今猶然，餘則無聞矣。「謝歡喜」之稱尤奇。

梯己

國朝周亮工《書影》云：「汴人語，如藏物於内不爲外用，或人不知之者，皆曰梯己。後閲

《遼史》『梯里已』，官名，掌皇族之政教，以宗姓爲之，似即今宗人府之官，所以别内外親疏也，或即梯已之意歟？梯里已但呼梯已，二合音也。」

地契

國朝韓崇《寶鐵齋金石文跋尾》載宋紹定六年《陳孺人地契》云：「大宋國江都縣太平鄉北里方陵前堙居住，宋故陳氏二孺人，今將錢財九萬九千九百九十貫，就皇天父、后土母、三十八將靈祇等衆，買得丁地墳山，即日錢財，天地神明交過□足。見人東王公、西王母，保人張陸、李庭，書契人石功曹，度書契人金主簿，度書契人壽萬年，執書契人入黄泉。急急如律令。」按：宋周密《癸辛襍識》云：「今人造墓必用買地券，以梓木爲之，朱書『用錢九千九百九十九文買到某地』。」又引《續夷堅志》，謂唐時已有此事。而葉奕苞《金石録補》載明萬曆閒會稽掘得晉太康瓦券，則晉時已有之矣。但太康券云「直錢四百萬」，非如唐、宋之必用九數也。戴咸弼《東甌金石志·徐德賓造墓告神文》，宋寶慶二年所刻，與《陳儒人地契》略同，其文亦云「用九萬九千九百九十文兼五色綵幣買地一段」。蓋此兩石刻並在理宗時，相距不遠也。余因此地契有「見人東王公、西王母」等語，尤爲怪誕，故録之以爲談助。「壽萬年」「入黄泉」皆寓名，則「石功曹」「金主簿」必非真有其人，惟「張陸」「李庭」則不可曉。

艮坤闊絶

國朝顧炎武《菰中隨筆》云：「入止都門，既艮坤之闊絶。」注引韋蘇州《詶李儋》詩「都城二十里，居在艮與坤」。按：此葢謂一居西南，一居東北也。而詩文中罕有用者。

填諱

國朝戴咸弼《東甌金石志·林伯驥壙志》：「孤哀子輅泣血誌，國學生徐鼎填諱。」又程祖慶《吴郡金石目·黄州判官魏公壙志》：「子汝礪撰并書，親末進士張一新填諱。」按：《林志》在宋嘉定丙子，《魏志》在嘉定庚申。余作《小繁露》據唐《徐浩碑》「表姪張叔平題諱」，謂今人書「填諱」非古，然宋人已如此書矣。

又按：「親末」之名亦奇，殆謂親戚中之卑幼者也。

腰頓

國朝查慎行《得樹樓襍鈔》云：「『腰頓』二字見於宋趙彦衛《御寨行程記》，即今驛遞之腰站。」

打揲

宋吴曾《能改齋漫録》云：「打揲字，趙參政槩《聞見録》云：『須當打揲，先往排辦。』東坡《與潘彦明書》云：『雪堂如要偃息，且與打揲。』皆使揲字。今俗只使疊字，何邪？」

代人食

國朝王士禛《居易録》云：「《六研齋三筆》載元僧覺隱語：『覺隱喫飯，垳仙亦飽；有時垳仙飯，覺隱亦飽。』蓋寓言也。然方士實有此術，叔祖季木吏部家有一客，往往代人食，其人亦飽；亦往往令人代食，至溲溺亦如之。」

借眉爲喻

宋王讜《唐語林》云：「顧況從辟，與府公相失，揖出幕。況曰：『某夢口與鼻爭高，口曰：我談今古是非，爾何能居我上？鼻曰：飲食非我不能辨。眼謂鼻曰：我近鑒豪端，遠察天際，惟我當先。又謂眉曰：爾有何功居我上？眉曰：我雖無用，亦如世有賓客，何益主人？無即不成禮儀。若無眉，成何面目？』公悟其譏，待之如初。」按：近世有以眉譏人之無用者，即本此意。

明沈德符《野獲編》云：「陳仲醇别號眉公，人稱其新。然國初詩人楊孟載名基者，吴縣人，已號眉庵，謂如人眉在面，雖不可少，而實無用。仲醇意亦取此。」

鶻露蹄

宋吴曾《能改齋漫録》云：「張右史《明道雜志》：『錢内翰穆父知開封府，斷一大事。或語之曰：「可謂霹靂手。」錢答曰：「僅免胡盧提。」蓋俗語也。』余見王樂道記輕薄者改張鄧公《罷政》詩云：『赭案當衙並命時，與君兩箇没操持。如今我得休官去，一任夫君鶻露蹄。』乃作『鶻露蹄』，何邪？」按：方音俗語，固無一定。然此三字則甚新。

按黿

國朝顧炎武《菰中隨筆》云：「常存渡蟻之心，且試按黿之手。」注云：「《靈樞經》：手毒者可使試按黿，置黿於器下，而按其上，五十日而死矣。手甘者復生如故。」

以叫子聽訟

宋沈括《夢溪筆談》云：「世人以竹木、牙骨之類爲叫子，置之喉中，吹之能作人言，謂之顙叫子。嘗有病瘖者，爲人所苦，煩寃無以自言。聽訟者試取叫子令顙中作聲，如傀儡子，粗能辨其一二，其寃獲伸。此亦可記也。」

國朝無名氏《調燮類編》云：「病瘖者試取叫子使顙子作聲，習久自依稀可辨。」

青布寫字

明張萓《疑耀》云：「《晉・楚王瑋傳》有『青紙詔』，密詔也。説者謂意以青紙爲之，用藥物作書，以水浮即見。如今人挾帶文字入棘試者，於青布衣上以藥物寫文字，臨時以水沃之，其字立見也。」按：此解「青紙詔」未知是否。但青布寫文字，則當時士人實有其法。不知所用何藥，今無聞矣。

選官夢女子

國朝羅天尺《五山志林》云：「邑進士梁學源《筆談》云：『秋七月，寓天津衛盧署中，夢美女三人首戴大帽，如禦雪狀，云：「妾鄱陽君三姊妹也。」其一持一福字贈余，覺而異之。越十月掣選，多江西缺。友人曰：「江西有三安，其安福乎？」既而果然。』」按：此事與《太平廣記》引《前定〔一〕録》載張宣夢女子，稱有十一口，遂補湖州安吉縣；後又夢前女子稱惟三口，遂得杭州臨安縣，其事相類。古今事果有相似者乎？

又按：張宣事亦見於《夷堅志》。陳振孫《直齋書録解題》譏洪氏「急於成書，妄人取《廣記》中舊事投之，亦不復删潤」。余於《夷堅志》未見其全，有無勦襲，未之考也。惟此一事，則信爲《廣記》中舊事矣。

〔一〕定，原訛「宣」，據蔡啟盛《校勘記》改。

村里迓鼓

明楊慎《升庵集》云：「宋儒語録：『今之古文，如舞迓鼓。』人多不解爲何語。按：元人樂府有《村里迓鼓》之名。宋人樂苑有《衙鼓格》圖，官衙嚴鼓之節也。衙訛爲迓。曲名《村里迓鼓》者，以村里而效官衙，其衣裝聲節必多可笑者，以是名之。語録云『如舞迓鼓』者謂無古人之學而效古人之言，如村人學官衙鼓節也。」

南季北亢

國朝王友亮《雙佩齋集》記季、亢二家事云：「國初巨富有『南季北亢』之稱。泰興季家市居人三百餘家，半爲季氏。相傳市乃其先一家所居，環居爲複道，每夕行擲六十人，蓄伶甚衆，又有女樂二部，服飾皆值巨萬。亢氏先世得李闖所遺輜重起家，康熙中《長生殿》傳奇新出，命家伶演之，一切器用費鏹四十餘萬兩，他舉稱是。」按：兩家巨富如此，今殆無知者矣。

國朝厲鶚《樊榭山房集》書項生事云：「項生故吴産，曾隸江淮大吏某家樂部。令習《長生殿》新聲，爲楊玉環。凡飾歌舞具金繒、錦翠、珠璫、犀珀，刻意精麗。至玉環縊後，明皇泣玉環像，則令好手雕沈水香，肖項生像，傅以粉黱，飾之如生。後大吏竟以賄敗，項生流落，鬻歌以食。」按：此知當時《長生殿》盛行海内，不獨亢氏一家之窮極奢侈也。

邱的篤

國朝王逋《蚓庵瑣語》云：「明萬曆中，天寧寺富僧物故。凡往弔者厚有贈貽，名曰程儀。同時鄉紳鍾姓者效之。有諸生邱某者，形體侏儒，人稱之爲『邱的篤』，利其贈金，備禮往弔。自後民家昏喪必往賀弔，廉恥掃地，丐者不如。邱死後，傳其衣鉢者皆故家子弟、潦倒無聊之徒。民間遇此輩，輒稱之爲『邱的篤』云。」

老倒還

宋上官融《友會談叢》云：「故滄州節度使米信儉嗇聚歛，爲時所鄙。其長子簪以信之故，不敢自專，但於富室厚利以取錢自用，謂之『老倒還』，兼與契券爲約，其詞以『父死鐘聲纔絕，本利齊到』之語。」按：今世不肖子弟往往有此，不謂其亦有故事也。

黄鐵脚

明楊循吉《蓬軒吴記》云：「黄鐵脚，穿窬之雄也。鄰有酒肆，黄往貰，肆吝與。黄戲曰：『必竊若壺。』肆主挈壺置卧榻前，比曉失壺。黄用一小竿竅其中，俾通氣，以豬溺囊繫竿端，從霤引竿，納囊于壺，嘘氣漲囊而升之，故得壺也。」按：此事余幼聞鄰媪言之，不知其出於此。

羊脂玉

明沈德符《野獲編補遺》云：「武宗南幸，至楊文襄一清家，有歌童。上悦其白皙，問何名，曰楊芝，賜名曰『羊脂玉』。」

陳醋瓶、史畫匣

國朝王士禛《居易録》云：「《二程遺書》一條云：『貴姓子弟於飲食玩好之物，直是一生將身服事不懈，如管城之陳醋瓶、洛中之史畫匣是也。』噫！今之世家子弟，其不爲醋瓶、畫匣者鮮矣。」

察子

宋吴曾《能改齋漫録》云：「近世官司以探事者謂之察子。唐高駢在淮南，用吕用之爲巡察使。用之募險獪者百餘人，縱横閭巷間，謂之察子，此其始也。」按：今無此名矣。

宋朱翌《猗覺寮襍記》云：「京師以探刺者爲覰步，唐有此語：『强梁御史人覰步，安得夜開沽酒户？』」是唐時又有「覰步」之名，惟所引二語未知所出。

鐵牌道者

宋張耒《柯山集》有《贈鐵牌道者》詩云：「微官待旦亦朝天，賴爾絶勝鐘鼓傳。舉世昏冥竟難警，憐君常負五更眠。」

按：元吴自牧《夢粱録》云：「每日交四更，庵舍行者頭陀打鐵版兒或木魚兒，沿街報曉。」余已載入《叢鈔》卷十矣。讀此詩，乃知北宋汴梁已有此俗也。

鹿盡心食小兒腦

國朝王士禛《池北偶談》云：「順治中，安邑知縣鹿盡心者得痿痺疾。有方士挾乩術，自稱劉海蟾，教以食小兒腦即愈。鹿信之，輒以重價購小兒，擊殺食之，所殺甚衆，而病不減。復請於乩仙，復教以生食。因更生鑿小兒腦吸之，致死者不一，病竟不愈而死。事隨彰聞，寘方士於法。」

按：此與《叢鈔》二十一卷所載林千之食地鶏、地鴨相類。士大夫而至於食人，皆怪事也。

茶香室續鈔卷八

奉天承運四字

明沈德符《野獲編》云：「太祖『奉天』二字千古獨見，故祖訓中云：『皇帝所執大圭，上鏤奉天法祖四字。遇親王尊行者，必手秉此圭，始受其拜。』以至臣下誥勅命中必首云奉天承運皇帝。」按：此條論奉天殿名而及之，是知「奉天承運」四字至今循用，實始於明初也。

朱書御札

明于慎行《穀山筆麈》云：「唐制，降詔之外有所訪於羣臣，則用朱書御札。今内降御札猶用朱書，其例昉此。」按：此則御筆用朱自唐已然矣。

文廟丁祭改用次丁

明祝允明《野記》云：「洪武七年二月丁酉朔，日食。詔孔廟釋奠，用十一日丁未。」

奏立孟子祠

宋韓淲《澗泉日記》云：「崇寧間，程振伯玉奏立孟子祠，以公孫丑、萬章從祀。」按：此説未詳，不知當時所奏立者止在鄒縣邪，抑徧及天下也？

武英殿本有案語云：「《宋史·禮志》崇寧中，封孟軻鄒國公；又政和五年，詔鄒縣孟子廟以樂正子配享，公孫丑以下從祀。與此所載少異。」

今按：鄒縣孟廟中尚存樂正子塑像，而公孫丑、萬章均無之。

孟子配享文廟之始

宋王明清《熙豐日曆》云：「晉州奏：據雄州防禦推官、知秀州崇德縣事、充晉州州學教授陸長愈狀，欲乞今今後春秋釋奠並以兖鄒二公配享，下太常寺看詳。孟子知道，固當尊禮。然與孔子異代，難與顔子並行配享之禮。申部看詳，太常寺所定，未得允當。古者配享及從祀，不必皆用同時之人。伏請自今春秋釋奠，以鄒國公孟子配享文宣王，設位於兖國公之次。自國子監及天下至聖文宣王廟，皆塑鄒國公像，其冠服同兖國公。」按：孟子配享之議發自陸長愈，宜表出之。

按：宋朱翌《猗覺寮襍記》云：「孟子配享，始於元祐元年。」而考之《宋史》，《哲宗紀》書「辛酉，詔顔子、孟子配享孔子廟庭」，尚在元豐八年，未改元元祐也。則《熙豐日曆》所紀自是當時之實。朱氏誤以爲是哲宗元祐元年，失之矣。惟顔子配享不始於宋。考《新唐志·禮樂志》，武德二年，「以周公爲先聖，孔子爲先師」；貞觀二年，房玄齡、朱子奢建言「釋奠於學，以夫子也。大業以前，皆以孔子爲先聖，顔子爲先師」，乃罷周公，升孔子爲先聖，以顔回配。然則顔子之配久矣，《宋·哲宗紀》「顔子」二字當爲衍文也。

文廟下馬碑始於明

國朝洪亮吉《曉讀書齋初録》云：「今府州縣學宫前有二石碑，鎸『文武軍民人等至此下馬』。其制實始於明成化時麟遊人虎臣所奏，見《明史》列傳五十二《高瑶傳》末。」按：《明史·高瑶傳》云：「又有虎臣者，麟遊人，成化中貢入太學。上言天下士大夫過先聖廟宜下輿馬，從之。」不言立碑。然必始於此，則無疑也。

宋無祧廟

國朝錢大昕《十駕齋養新録》云：「《夢粱録》：『太廟在瑞石山，紹興間建正殿十三室，咸淳添置一室，奉理廟神主，通爲十四室，皆正中。』蓋終宋之世，未有祧廟也。前人未有論及者。」自注云：「十三室者，太祖、太宗、真宗、仁宗、英宗、神宗、哲宗、徽宗、欽宗、高宗、孝宗、光宗、寧宗，各一室也。」又引《咸淳臨安志》：「太廟自太祖至理宗，凡十四室。」

按：親盡則祧，古制也。然古者諸侯、卿大夫、士廟制各有等差，故天子亦不得私其所親而違天下之公制，所謂以義斷恩也。自世禄廢，而士大夫之廟制終不可行，於是聽其自爲祠堂。其有譜牒可考者，往往祀至數十世，而漫無限制。舉世不以爲非，獨於天子之尊仍限七廟之數，豈理也乎？宋制雖非古，然有宋一代大儒踵起，亦無以是爲言者，古今異宜，或不能盡拘古制乎？

唐宋笏制不同

國朝惲敬《大雲山房襍記》云：「《畫墁録》：『唐笏短厚不屈，故可以擊人。今笏雖段公亦無能爲也。』是笏至宋始薄而屈。」

按：《玉藻》云：「笏度二尺有六寸，其中博三寸，其殺六分而去一。」是兩頭與中閒但有廣狹之分，而不屈也。聶氏《三禮圖》繪笏形微屈，不合古制。然聶氏乃宋初人，則笏之屈恐唐之季世已然矣。

高坐之始

晉陳壽《益都耆舊傳》云：「張充爲州治中從事。刺史每日坐高牀，爲從事設單席於地。」

按：此刺史坐高牀，當是高坐之權輿也。

古人不以垂手爲敬

明沈德符《野獲編》云：「今胥吏之承官長、輿儓之侍主人，每見必韗袖垂手，以示敬畏，此中外南北通例。而古人不然，如宋岳鄂王初入獄，垂手於庭，立亦欹斜，爲隸人呵之，曰：『岳某叉手正立！』悚然聽命。是知古以叉手爲敬，至今畫家繪僕從皆然，則今之垂手者倨也。」按：《曲禮》云：「遭先生於道，趨而進，正立拱手。」是古人以拱手爲敬，即後世之「叉手」也。唐孫光憲《北夢瑣言》云：「王文公凝每就寢息，必叉手臥，慮夢寢中見先靈也。」是此禮自三代以至唐宋不變，何以明人乃以垂手爲敬，而至今循之？余疑此或元人以北俗變中原之舊乎？

國朝杭世駿《理安寺志》載迦陵禪師規約：「站須雙足齊並，不得八字參差；雙手垂下，不許叉手。」此亦可見古今之異宜矣。

陳文恭公不避御名

國朝惲敬《大雲山房襍記》云：「陳文恭宏謀，乾隆三十二年三月授東閣大學士，始奏請將原名改用『宏』字，恭避御名。前此歷數十年，一切摺奏書名均與御名上一字同。」愚謂御名無不避之理。前此歷數十年，當已改寫「宏」字，惟部册尚未追改。至授東閣大學士，始請將部册改作「宏」字耳。

忌辰禁嫁娶自雍正始

國朝葉名灃《橋西襍記》云：「忌辰向不禁嫁娶。雍正五年，古北口游擊劉繼鼎於忌辰婚娶，爲提督郭成功所劾，革職治罪。今《時憲書》於忌辰不載宜嫁娶字。世宗憲皇帝命欽天監詳議，永爲定式。」

宋朱翌《猗覺寮雜記》云：「唐國忌禁用刑、作樂。『狼藉囚徒滿田地，明日不推緣國忌，依前不得花前醉』，皆元微之詩。禁作樂，今猶唐也，禁刑之令弛矣。」按：作樂既有禁，則嫁娶自不得行矣。

國忌不行刑

宋洪邁《容齋一筆》云：「《刑統》載唐太和七年勅：『準令：國忌日，惟禁飲酒舉樂。至於科罰人吏，都無明文。但緣其日不合釐務，官曹即不得決斷刑獄。其小小笞責，在禮、律固無所妨。起今以後，縱有此類，臺府更不要舉奏。』《舊唐書》載此事，因御史臺奏：均王傅王堪男國忌日於私第科決作人，故降此詔。」按：此知今制國忌日不行刑，蓋猶沿唐制也。

宋賀狀通用語

宋吴曾《能改齋漫録》云：「今世州郡冬年二節通用賀狀云：『應時納祜，與國同休。』蓋本於晉何充《賀正表》云：『伏惟陛下應乾納祜，與天同休。』」按：宋時賀狀已有此等通用語，無怪今人之陳言滿幅矣。

明代帝王簪翠花

明張萱《疑耀》云：「今制冕旒綴以珠寶，不用翠。福府畢姻，余見王簪翠花兩枝，頗以爲疑。及詢諸内侍，云朝廷嘗簪之。」

明沈德符《野獲編》云：「予游都下，見中官輩談主上視朝必用粉傅面及頸，以表晬穆，意其言或不妄。」按：此則知明帝皆簪翠花傅粉，抑何可笑。

宋玉牒不止載世系

明張萱《疑耀》云：「宋朝玉牒，凡一朝大政事、大號令、大更革、大拜罷皆載焉。『仙源積慶』乃牒中之一款耳。詳《雲莊四六》所載《進玉牒表》，自首至尾，皆世系與朝政相對。今制玉牒，乃止載宗室世系，不及朝政。」

明代皇太子日課

明黄佐《翰林記》載東宫出閣講學，每日講讀儀云：「一、每日早朝退後，皇太子出閣陞座，侍班侍講讀官入侍，叩頭禮畢，分班向東西立。内侍展書，先讀四書，則東班侍讀官向前伴讀十數徧，退復原班；次讀經，或讀史，則西班侍讀官向前伴讀，亦如之。一、每日巳時，皇太子陞座畢，侍班、内侍展書，先講早所讀四書，則東班侍講官進講一徧，退復原班；次講早所讀經史，則西班侍講官進講亦然。講畢，内侍收書訖，侍書官向前，侍習寫字。寫畢，各官叩頭而退。一、午膳後從容遊息，或習騎射。一、每日晚讀本日所授書各數徧。一、凡讀書三日後一温，温書日，免授新書。一、凡寫字，春夏秋月每日寫一百字，冬月每日寫五十字。一、凡遇朔望節假及大雨雪、隆冬、盛暑，暫停講讀。」按：此日課之法，不疏不密，不知何人所定，頗可法也。

文華堂武英堂

明黄瑜《雙槐歲鈔》云：「洪武六年，詔天下鄉貢舉人罷會試。於是開文華堂禁中，爲諸俊秀肄業之所。去奉天門不百武，車駕嘗幸臨之，命選舉人年少質美者肄業其中。正月初八日，河南解額内選四人：張唯、王輝、李端、張翀。上召見便殿，親命題賦詩，稱旨，皆擢翰林國史院編修，賜冠帶衣服靴韈。二十三日，山東解額内選進五名：王璉、張鳳、任敬、陳敏、馬亮。召見賦詩，授官亦如之。唯等入堂中讀書，詔詞林名臣分教之，宋濂、桂彦良等與焉。濂等雖司啓迪，顧諸生皆上所親教，不敢以師道自居。同時進者凡十有七人，所可知者此九人耳。又選成均之秀入武英堂，俾練習政事。蔣學、方徵、彭通、宋善、王惟吉、鄒傑等皆拜給事中，禮遇雖未及唯等，然侍從車駕、應制被顧問，未嘗異也。聖祖眷遇之厚，千載一時。諸人乃無能以功業自見，有君無臣，令人感歎。」按：文華堂、武英堂當即文華殿、武英殿所自始，其初止堂名，後尊爲殿耳。禁中肄業諸生乃庶吉士之濫觴。《明史·太祖紀》「洪武六年二月乙未，諭暫罷科舉，察舉賢才」，即此事也。其事亦見《明史·宋濂傳》。

額外大學士

國朝葉名澧《橋西襍記》云：「雍正七年，授禮部尚書陳元龍、左都御史尹泰爲額外大學士，即今之協辦也。」

又云：「順治五年，定内三院：滿洲大學士爲一品，漢大學士以五品兼漢尚書爲二品。十五年，改殿閣名，滿洲大學士一品，漢大學士仍以五品兼銜爲二品。康熙九年，定滿、漢大學士俱正二品，兼尚書銜，其時尚書亦二品。雍正七年，升大學士爲正一品，尚書爲從一品。乾隆五十八年，上諭大學士職居正一品，無庸兼從一品銜。」按：自明初罷中書省，而其後有殿閣大學士之設，官止五品，權重秩卑，殊不相稱。至本朝釐定，乃始秩然矣。

參知政事高於平章事

宋葉夢得《石林燕語》云：「唐參議朝政、參議政事、參知機務、參知政事皆宰相之任也。

參知政事，蓋劉洎爲相時名。唐初宰相未有定名，因人而命，皆出於臨時。其後高宗欲用郭待舉爲參知政事，以其資淺，故命於中書門下同受進止平章事。參知，非參佐也。蓋宰相非一人，猶言共知政事耳，而平章乃參佐之名。本朝太祖始以趙中令特相久，欲拜薛文惠公等爲之副，召學士陶穀，問下丞相一等有何官，穀以唐有參知政事對，遂以命之。不知此名本自高於平章事，後遂沿習莫能改。」按：此亦今人所罕知。今世協辨大學士咸以參知政事擬之，若依唐制，則正是同平章事耳。

四衙門

明沈德符《野獲編》云：「今世呼翰林、吏部、科、道爲四衙門，以其極清華之選也。」按：今制則以翰、詹、科、道爲四衙門，與明代異。

直殿將軍

明沈文《聖君初政記》云：「尹堅洪武中以勇力爲直殿將軍。外國貢天馬，名『撞倒[一]山』，莫能鞚。上以命堅，堅立高樓上，使人引馬過其下，提沙囊四百斤壓之，乃得施鞍勒。」按：小説書每有「直殿將軍」之名，明初乃真有之，然於《明史》無考也。《明史·職官志》云：「校尉、力士僉民閒壯丁爲之。校尉專掌擎執鹵簿儀仗，及駕前宣召官員，差遣幹辦，隸錦衣衛。力士專領金鼓旗幟，隨駕出入，及守衛四門，隸旗手衛。」按：尹堅當即「力士」也。

明祝允明《野記》云：「今朝制選將軍，謂直殿者號大漢將軍。身力相應，以長八尺、所司以木架高八尺，選者立其旁，與之齊，則是也。擔五十觔甎、行殿廷二匝爲合格。」

[一] 倒，原訛「到」，據蔡啟盛《校勘記》改。

書辦之稱明初甚重

明沈德符《野獲編》云："文華殿其地最爲親切，非如武英殿爲襍流窟穴。其中書房入直者稱天子近臣，從事翰墨。如宣德年閒沈度已正拜翰林學士，沈粲已官右春坊右庶子，尚結銜文華殿書辦。正德、嘉靖閒周惠疇以儒士入官至工部尚書，談相亦以儒士入官至工部左侍郎，俱稱文華殿書辦。至制敕、誥敕兩房，今爲閣臣掾屬，然其銜自云文淵閣書辦，或云內閣書辦，專隨輔臣出入，一切條旨答揭俱得預聞。揆地亦閒寄以耳目，與玉堂稱寮寀，非文華諸人所敢望，又何論武英諸君。自此遂諱稱書辦，改署其銜爲辦事。"

又云："書辦爲筦文書者通稱，今兩房久次者忽自尊其銜曰掌房事，其次則曰辦事，至效勞者亦稱供事，以自別於書辦，兩殿官亦因而效顰焉。而書辦之名，遂專屬於大小曹署之掌案胥吏矣。"按：此知"書辦"之稱在明代甚重，即今日軍機章京及內閣中書等官也。乃萬曆以後屬之胥吏，至今日而州縣之吏亦襲此稱矣。

禁言官風聞言事

國朝王士禛《居易録》云：「吾鄉艾大司寇元徵爲總憲時，疏請禁言官風聞言事，人或咎之。近遂有疏請復風聞之例者，不知乃唐武氏所剏，非故事也。《唐史》武后以術制羣下，諫官、御史得以風聞言事。此風聞言事之始，葢羅織告密之别名耳。偶讀東阿于文定公《筆麈》載此一則，録之。當知請禁之非過，而請復者之失考也。」按：近世以風聞言事爲言官之職，不復知有此等議論矣。

又按：《梁書》天監二年詔曰：「成務弘風，肅厲内外，實由設官分職，互相懲糾。而頃壹拘常式，見失方奏，多容違惰，莫肯執咎，憲綱日弛，漸以爲俗。今端右可以風聞奏事，依元熙舊制。」然則風聞言事，自古有之，非始武后時。《晉書》顧和對王導曰：「明公寧使網漏吞舟，何忍採風聞，以察察爲政。」然則風聞言事，似非令典。

教授兼表奏書啓

宋洪邁《容齋四筆》云："所在州郡相承以表奏書啓委教授，因而餉以錢酒。予爲福州，但爲撰公家謝表及祈謝晴雨文，至私禮牋啓小簡皆不作。然遇聖節樂語，嘗爲之。鄒忠公爲潁昌教授，府守范忠宣公屬撰興龍節致語，辭不爲。范公曰：『翰林學士亦作此。』忠公曰：『翰林學士則可，祭酒、司業則不可。』前輩風節可畏如此。"按：教授兼州郡書啓，此制似可行於今。然觀鄒忠公事，則知宋時學校官固重於今也。

宋吴曾《能改齋漫録》云："政和四年，臣僚上言：『欲望應見任教授不得爲人撰書啓簡牘樂語之類，庶幾日力有餘，辦舉識事，以副陛下責任師儒之意。』奉聖旨依是。"此事政和閒有禁也。

京官可便服見外史

國朝王夫之《識小録》云："京官可便服以見外吏，惟部郎及冗散接見巡撫、藩伯、憲長資深望重者，必官服耳。或假歸，或致仕在途，俱可以便服接品官。外吏雖藩伯二品之尊，則以官服來者必以官服接之，雖生儒服巾衫見者亦必然。」

京官歲用

明王世貞《觚不觚録》云：「余舉進士，不能攻苦食儉。初歲費將三百金，同年中有費不能百金者，今遂過六七百金。蓋贄見大小座主，會同年及鄉里官長，酬酢公私宴醵，賞勞座主僕從與内閣吏部之輿人，比舊往往數倍，而裘馬之飾又不知省節，何以教廉？」按：此知明代京官一歲所用與今時亦略相等。

里士、社士

明沈德符《野獲編補遺》云：「洪武十九年，命有司撫問高年，應天、鳳陽二府富民八十以上賜爵里士，九十以上賜爵社士。」按：「里士」「社士」之名於古未聞，洪武以後亦不復賜。

明祝允明《野記》云：「洪武十九年六月二日，詔賜耆老粟帛。京師應天府民、鳳陽府民年七十以上，天下民年八十以上，賜爵里士；應天、鳳陽民八十以上，天下民九十以上，賜爵鄉士。」按：此所記較詳，蓋「里士」「鄉士」之爵天下皆有之，非專賜應天、鳳陽二府也，此二府年例較寬耳。「社士」「鄉士」之異，則未知孰是，疑亦以鄉士爲允。

班朝録

宋洪邁《容齋三筆》云：「紹熙四年，客從中都來，持所抄《班朝録》一編相示，蓋朝士官職姓名也。」按：此即今《爵秩全函》所自仿，惟止言朝士，疑外吏不載也。

活字排印邸報始明季

國朝張穆《亭林先生年譜》引先生《與公肅甥書》云：「憶昔時邸報，至崇禎十一年方有活版，自此以前並是寫本。」

家藏歷朝報狀

宋吴曾《能改齋漫録》云：「熙寧二年十一月三十日冬至，或言景祐三年十一月晦冬至郊祀，乃用十五日。帝疑其不經，宋敏求奏：『當時以月晦祀天爲非宜，移用十五日甲子，臣家有其日報狀，可以照驗。』即取以進。蓋公家自祖宗朝至熙寧中報狀皆全也。」按：此真可謂世家矣。「報狀」即今邸鈔也。

印關防條記

明沈德符《野獲編》云：「本朝印記凡爲祖宗朝額設者俱方印，而未入流則用條記。其後因事添設，則賜關防治事，即督撫大臣及總鎮大帥亦然。」按：此三者與今制同，惟「條記」之名，今作「鈐記」。

木記代印

宋張邦基《墨莊漫録》云：「河南縣尉司印前後相傳，不敢開匣，開必境内有盜起。但以一木朱記用代行移，新舊官交易但易匣之封耳。」按：今世有職守而無印者，率以木記代之，本此。

青面手版

明沈德符《野獲編》云：「先外大父爲山東憲使，投書於同年太倉相公，書銜而下仍年眷弟。今則蠅頭細書青面手版，無有敢及年字者矣。」按：此知今世所用手版，沿明制也。

明制官俸有以物折者

明黄瑜《雙槐歲〔一〕鈔》云：「成化五年，御史李瑢監内帑出納，見紵絲、綾羅、紗褐、繒布之衣幌衾褥，以及書畫、几案，銅錫磁木諸器皿，皆委積塵土中，日久腐壞，將歸於無用，乃請以充俸鈔，制曰可。以是藏吏檢會，駔儈估直，枚識之，聽各衙門具數，委官領出，分授各屬。」

明沈德符《野獲編》云：「嚴氏被籍書畫之屬入内府者，穆廟初年出以充武官歲禄，每卷軸作價不盈數緡，即唐宋名蹟亦然。於是成國朱氏兄弟以善價得之，上有寶善堂印記者是也。」

〔一〕歲，原訛「雙」，據《雙槐歲鈔》改。

明初國子監生之重

明黄瑜《雙槐歲鈔》云："祖宗以來，最重國學，積分自廣業堂升至率性堂，即得銓選京職方面，與進士等。洪武乙丑，會試下第舉人與赴禮部不及試及辭乙榜不就職者，皆得入監。永樂初，翰林庶吉士沈升建言：『濫預中式者近年數多，宜加精選，方升國學。』"按：國學生銓選與進士等，而舉人欲入國學者尚待精選，是明初國子監生之重如此。《雙槐歲鈔》又云："景泰改元，詔以邊圉孔棘，凡生員納粟、上馬者許入監，限千人而止。然不與饌餼，人甚輕之。成化己丑進士安邑張璲當在首甲，以援例抑置二甲第一。"按：此援例入監之始，當時已甚輕之矣。今人但知納粟之説，不知當日又有"上馬"之例也。

唐宋歲漕米數

宋吴曾《能改齋漫録》云："唐居長安，所運米數，天寶中二百五十萬石，大中中一百四十萬七千八百八十六石。本朝東南歲漕米六百萬石，而江西居三之一。」

按：我朝定額漕入約四百萬石，視唐過之，視宋不及。然道光時已無全入者，近時陳康祺著《郎潛紀聞》詳載其數。

夏秋二税

宋吳曾《能改齋漫録》云：「本朝夏秋二税，起催以六月、十月一日。王溥《五代會要》：『周顯德三年十月，宣三司指揮諸道州府，今後夏税以六月一日起徵，秋税至十月一日起徵。』乃知本朝循用周制。」

加耗之始

宋葉夢得《石林燕語》云：「後唐明宗嘗入倉觀受納，主吏懼責其多取，乃故爲輕量。明宗曰：『倉廪宿藏，動經數歲，若取之如此，後豈免折閲乎？』吏因訴曰：『自來主藏者所以至破家竭産以償欠，正爲是。』明宗惻然，乃詔自今石取二升爲雀鼠耗。至今猶行之，所謂加耗者此也。」

《梁書・張率傳》云：「在新安，遣家僮載米三十石還吴，既至，遂耗大半。率問其故，答曰：『雀鼠耗也。』率笑而言曰：『壯哉雀鼠！』竟不問。」據此則「雀鼠耗」之説自古有之，故唐明宗加耗，亦循其名也。

田宅税契

宋洪邁《容齋二筆》云：「《隋書志》：『晉自過江，凡貨賣奴婢、馬牛、田宅有文券，率錢一萬，輸估四百入官，賣者三百，買者一百。』今之牙契投税，正出於此。田宅所係者大，奉行惟謹。奴婢、馬牛雖著於令甲，民不復問。然官所取過多，又皆買者獨輸，故爲數多者率隱減價直，賒立歲月，坐是招激訐訴。」按：今田宅税契皆買者獨輸，與宋制同，而晉宋舊制乃使買者、賣者並出，賣者且多於買者，不可解也。至奴婢、馬牛等類宋時猶著之令甲，今則否矣。

十二辰堆

國朝周亮工《書影》云：「《事始》云：『開元中，鄭審檢校兩京館驛，今驛門前十二辰堆即審所創。』十二辰堆，即今各衙門堂前時辰臺也。」

茶香室續鈔卷九

宋時人臣亦稱旨

宋袁文《甕牖閒評》云：「本朝君相曰聖旨、鈞旨，太守而下曰台旨，又其次曰裁旨。」按：《日知録》有《上下通稱》一條，未及此。

封贈之典至明始重

明于慎行《穀山筆麈》云：「宋元封贈大父母降父母一等，封贈父母降本身一等，蓋推恩近重而遠輕也。然子孫之心終有不忍。本朝封贈，三代一如見爵，教孝之典可謂大備矣。」

命婦追封不稱太

國朝王士禛《居易録》云：「睢陽徐度《卻掃編》云：『故事，臣僚封贈母、祖母，不問生殁，并加太字，曰太夫人、太君。政和間，劉安上建言：「太者事生之尊稱也。封母而别之，所以致别於其婦。既殁並祭於夫，若加以尊稱，是以尊臨其夫也。以尊臨夫，名義未正。」自是始詔命婦追封，除去太字。』」按：今制婦人因子孫受封，夫在、舅姑在，並不稱「太」，制更善矣。

臣下稱崩

國朝沈濤《銅熨斗齋隨筆》云：「《唐王守琦墓志》：『大中二載，退歸私第。因寢疾，崩於歲十二月十五日。』臣下称崩，古人之無忌諱如此。」《顔氏家訓·文章篇》云：「孫楚《王驃騎誄》：『奄忽登遐。』今爲此言，則朝廷之罪人也。」不謂唐人之文猶有於臣下稱「崩」者。

明初抑南人重北人

明彭時《筆記》云："上御文華閣，召李賢諭曰：『永樂、宣德中，常選庶吉士教養待用。今科進士中可選人物端重、語音正當者二十餘人爲庶吉士，止選北方人，不用南人。南方若有似彭時者，方選取。』是日詣吏部考選，得十五人，南方止三人。"按：此乃天順間事，其時重北人而抑南人如此，且以語音爲主，宜乎南人之難其選矣。

明陸容《菽園雜記》云："翰林編修張元禎嘗建言：『選六科給事中不必拘體貌長大，惟當以器識遠大、學問該博、文章優贍者充之。』其言最當，緣以不拘體貌一言有礙，竟託之空言而已。蓋六科近侍官兼主奏對，必選體貌端厚、語言的確者，以壯觀班行，表儀朝宁。"按：此知明制選近侍官必取語音也。

唐銓選之法有四：一曰身，謂體貌豐偉；二曰言，謂言辭辨正；三曰書，謂書法遒美；四曰判，謂文理優長。則以體貌、言辭選士，唐制已然矣。

國朝潘永因《宋稗類鈔》云："藝祖御筆『用南人爲相，殺諫官，非吾子孫』，刻石東京内中。

一云：太祖親寫『南人不得坐吾此堂』，刻石政事堂上。自王文穆大拜後，吏輩故壞壁，因移石他處，後寢不知所在。」按：此則抑遏南人，自宋已然。古云「立賢無方」，未識何以重北輕南也。

經筵月講

明黄佐《翰林記》云：「《會典》載月講常儀，每月初二、十二、二十二日會講。先期，司禮監官陳設書籍御案如前儀；至期，候上御文華殿。侍衛、侍儀、執事進講，賜宴禮同，但各官止行叩頭禮。」按：明制經筵有月講，有日講，今「月講」之名知者罕矣。

督撫文書不下州縣

國朝王夫之《識小録》云：「都御史巡撫地方，止行司道轉下府州縣，無徑下府之理。天啓間，貴州安酋之亂，川湖雲貴總督一差使至衡州催餉，郡守以不行藩司而徑下府，杖其人而驅之。」

明代官府送客乘轎還内

明楊慎《升庵集》云：「人主宫闕深遠，輿輦不爲過。今之官府自廳事送客至中門，多乘轎而迴。數十步之閒何必乃爾，况皆起自徒步寒儒乎？」按：此可見明士大夫之驕惰矣。然今人亦無送至中門之事，蓋敵體之客皆於大堂降輿也。

轎馬

宋徐度《卻掃編》云：「輔臣典藩，諸使相訪者將起，客使牽馬就廳，主命索轎再三，乃敢登轎。」

宋人書帖猶用竹簡

宋陸游《老學庵筆記》云：「元豐中，王荆公居半山，好觀佛書。每以故金漆版書藏經名，遣人就蔣山寺取之。士人因有金漆版代書帖與朋儕往來者。已而苦其露洩，遂用竹兩片相合，以片紙封其際。久之，其製漸精，或又以縑囊盛而封之。南人謂之簡版，北人謂之版牌，其後又通謂之簡版。予淳熙末還朝，則朝士乃以小紙高四五寸、闊尺餘相往來，謂之手簡。簡版幾廢，市中遂無賣者。而市肆作手簡紙賣之，甚售。」按：此知南宋初士大夫書翰猶用竹簡也。唐馮贄《雲仙襍記》云：「李白遊慈恩寺，寺僧用水松牌刷以吴膠粉，捧乞新詩。」此亦古人染翰不盡用紙之證。

國朝惲敬《大雲山房襍記》云：「《老學庵筆記》：『紹興初，百官相見，用榜子直書銜及姓名。』今手本式是也。曹武惠平江南，還閤門，進榜子云：『奉旨江南公幹還。』意古者書皆卷子。五代時有葉子，則榜子即今摺子也，故可以白事，後遂以書相見姓名。」按：惲氏之意謂「榜子」即葉子之類，而歐陽公《歸田録》云「葉子似今策子」，則南宋初所用「榜子」即簡版之異名也。曹武惠所進「榜子」或如今制之緑頭籤乎？

明代書簡稱呼

明黄瑜《雙槐歲鈔》云：「書簡稱人以閣下、明公，自稱不過侍生而已。方韓都憲之莅兩廣，其威張甚，所得書簡，大司馬王公稱『竑拜書復都憲永熙知己閣下』，大宗伯姚公稱『夔頓首都堂永熙年兄閣下』，少司徒薛公稱『遠百拜奉書永熙都憲年兄』，行臺邢太守稱『侍生宥百拜奉書都堂先生執事』，順德錢大尹稱『鄉生溥端肅奉復總督巡撫都堂閣下』。薛、邢皆瓊州人，錢又屬吏，未嘗有所諂也。相去未久，乃有治生、晚生與門下、臺下諸稱。平交或號而不字，官尊齒卲則繫以翁，或稱老先生，不一而足。」按：府縣官與總督、巡撫書，止稱「侍生」「鄉生」，此明代風氣之古。然「百拜」字則又今所絶無矣。

《釋名》云：「畫姓名於奏上曰畫刺，作再拜起居，字皆達其體，使書盡邊，徐引筆書之，如畫者也。下官刺曰長刺，長書中央一行而下也。又曰爵里刺，書其官爵及郡縣鄉里也。」按：此漢時名刺之制，不知所謂「引筆如畫」者其式如何。

楊士奇帖

明張萱《疑耀》云：「余嘗見楊士奇一帖，其紙即今長安中之連七紙最粗惡者，僅三摺，而上一紅籤僅如筯，姓名之字僅大如指頂。其所語事即書於左，不用副啓。今用副啓，聞起於世廟末年，書名字大則近見。今日凡京朝官其字至大，與政府相等。此亦士風之不古也。」

柬面書正字

明王世貞《觚不觚録》云：「故事，投刺通書，於柬面皆書一『正』字。雖甚不雅，而承傳已久。余自癸酉起官，見書牘以指闊紅紙帖其上，閒書啓字。而丙子入朝投刺，俱不書『正』字矣，爲避江陵諱也。」按：柬面書「正」字，至今猶然，殆江陵没後旋復其舊也。

申稟

宋李之彦《東谷所見》云："有官君子趨事長官，則有狀、申、劄。申，如申縣、申州、申監司、申朝省之類。吾輩尋常書問，何必用申字？又有所謂加拜申稟，尤爲可笑。"按：今官場中用"申"字、"稟"字，乃宋代相承之例。

古人用"稟"字，有稟受之義，無稟白之義。《後漢·吴漢傳》："裨將虜掠，下相承稟。""稟"與"承"連文，"稟"亦"承"也。《晉書·王渾王濬傳》論"上稟廟堂"，此亦言承稟也。推而上之，僞《古文尚書》之"臣下罔攸稟令"，《左氏傳》之"稟命則不威"，皆是此義。蓋稟承上命，而非稟白下情，均非近世用"稟"字之證。

書啓二字

唐温大雅《創業起居注》云："帝自手疏與突厥書，仍命封題，署云某啓。所司報請云：

『突厥不識文字，惟重貨財，願加厚遺，改啓爲書。』帝曰：『古人云：屈于一人之下，伸于萬人之上。且啓之一字，未直千金，千金尚欲與之，一字何容有悋？』」按：此知古人已以「啓」字爲重矣。

《昌黎集》惟《上鄭尚書相公》《上留守鄭相公》兩篇稱「啓」，其文首云「愈啓」，餘如《上宰相》亦止稱「書」，似書與啓其用有别也。

宋趙升《朝野類要》云：「白堂，公事取覆宰執也。稟臺，公事取覆御史也。」覆宰執謂之「白」，覆御史謂之「稟」，是「稟」輕於「白」。今「稟」「啓」並用，而「白」則否矣。

明時避天字

明何孟春《餘冬敘録》云：「正統十年《進士登科録》，凡天字皆作靝，云出内閣意。景泰中幸太學謝表，内閣自爲之，有『管窺霄，蠡測海』句，葢亦避天字。」

按：宋吴曾《能改齋漫録》云：「政和八年閏九月，給事中趙野奏：『陛下恢崇妙道，寅奉高真。凡世俗以君、王、聖三字爲名者，悉命革而正之。然尚有以天字爲稱者，竊慮一當禁約。』依奏。」是以「天」字爲名，宋時固有禁矣，乃并行文禁用「天」字，何也？

金元字改書

明沈德符《野獲編補遺》云：「國初貿易文契，如吴元年、洪武元年，俱以『原』字代『元』字。蓋民間恨蒙古，不欲書其國號。如南宋寫『金』字俱作『今』字，曾見宋列帝御書及妃后翰墨皆然。」

旬呈

國朝惲敬《大雲山房襍記》云：「《桯史》：『王瀘溪在貶所，太守不禮，至不免旬呈。』旬呈，今畫卯也。」

今於與

國朝程晼《驚喜集》云：「功令領狀保結皆有『今於與』三字。『今於』字屬上，『與』字屬下，而另行空白，不得其解。有老吏曰：雍正朝憲廟閱卷，嫌其冗贅，以硃筆抹之，因遵爲定式。抹處用空白，『今於』字止、『與』字起，則硃筆所未抹者也。」

明人押字之式

明郎瑛《七修類稿》云：「國朝押字之製，上下多用一畫，蓋取地平天成之義。凡釋褐入官者，皆於吏部畫字三日，以驗異時文移之真僞。故京師有賣花字者，隨人意欲，必有宛轉藏頓。」

國朝羅天尺《五山志林》云：「區都事名致遠，新會人，舉于鄉，明末爲都察院都事。都下大疫，惟區家晏然。有得其花押者，持至門，室内病人立起。家家走求，都事門熱于要津。自宫府大僚牀竈衙署，皆都事花押矣。」

我字提行

國朝俞正燮《癸巳存稿》云：「山西交城唐開元二十九年《石壁寺鐵彌勒像頌》，參軍房璘妻高氏書。碑中『我皇』『我』字空格。貞元時湖城縣《進玉石佩表草碑》『我唐』『我』字提行。正定府唐永泰時恒州《李寶臣碑》『我公』『我』字空格。平定張穆附注云：『明王華殿試策「我皇上」三字提行連寫。先師吴樸庵孝廉家有此卷。』」按：古碑中「我」字提行、空格者往往有之，乃明時猶有以「我皇上」提行連寫者，則可怪矣。

明代紳士謁官長禮

國朝王夫之《識小録》云：「布政司府州縣正親民官，所屬紳士必執子弟禮，肩輿不入儀門，必從角門出入，不敢坐其正堂，雖位公輔，不能踰也。故府縣有於儀門外搭棚安上座，以迓内閣及冢宰之事。其餘則儀門外有迎賓館，上坐可也。按察司及巡撫、巡按，察吏而不治民，則肩輿升堂上坐無不可。」

又云：「明倫堂上，士執經受業之所。故本所肄業之學，雖登八座、位宫保，不敢以賓客禮登堂。若鄰州縣學，則正賓位於堂可也。」

明李樂《續見聞襍記》云：「余一日偶訪湖郡庠諸博士，董宗伯潯陽先在，諸博士送之大門外，然董卻守少游郡庠禮，不走其中道中門，由東廊上出。此目睹者。聞張莊僖公永明、潘尚書季馴諸老皆然。」

身後請致仕

宋洪邁《容齋一筆》云：「宣和以前，未有既死而方乞致仕者。南渡之後，故實散亡，於是朝奉、武翼郎以上，不以内外高卑，率爲此舉。雖宰相輔臣考終於位，既已閲日，方且爲之告廷出命，綸音不免有親醫藥、介壽康之語。予爲吏部郎，因輪對，奏言：『乞令吏部立法，自今日以往，當得致仕恩澤之人物故者，即以告所在州，州上省部。然後夷考其生平，非有贓私過惡於式有累者，輒官其後人。若真能陳義引年，或辭榮知止者，乞厚其節禮，以厲風俗。』太上覽奏欣納。首相湯岐公獨難之，其議遂寢。」按：《宋史》諸臣傳往往於既卒後，書以某官致仕。余始以爲疑，讀此乃釋然。蓋緣致仕必有恩禮，其家欲得此恩禮，故雖已死，必補爲此請。宋政之不綱，此亦一端也。

《宋史》列傳中於卒後書「致仕」者，不可勝舉。《尤袤傳》云「卒年七十，明年轉正奉大夫致仕，贈金紫光禄大夫」，敘述甚明。偶有以長洲顧曾《校經廬集》求序者，中有《尤袤傳》。蓋顧君嘗與修《無錫縣志》，此即志中之文。尤袤固無錫人也，其傳止就《宋史》本傳稍節之，無甚異同。乃其末云「乞致仕歸，八年卒」，則與史大異矣，當由後人不諳宋朝故事，疑致仕必在生前，故謬爲此説。余於《春在堂隨筆》卷七已辨之矣。

衰絰中行嘉禮

國朝阮葵生《茶餘客話》云：「虞山蔣文肅公於雍正壬子七月十五日卒。公子文恪公聘陳乾齋相國之女，定于庚戌冬完婚。而杜夫人逝，文恪居憂。四月公病，以中饋無主，且欲得冢婦侍養，堅請陳相國，將迎婦素服異居。繼遭大故，禮無明文，與陳相國議所服。當時禮臣議者引《禮經》娶婦在途聞訃，『女改服，布深衣，縞總，以趨喪』之文，遂持三年服焉。」按：袁經之中舉行吉禮，此世俗權宜之事，不謂搢紳巨族而亦有此。然阮氏記載殊未明晰，若陳女已歸蔣，則已爲杜夫人素服矣，文肅之喪又何疑焉？若陳女尚未歸蔣，則文肅薨逝，無所謂侍養矣，此議自當不果，陳女可守未嫁女之禮，何必議所服乎？當更考之。

爲人後者改其父母之稱

國朝錢大昕《恒言録》云：「古禮：爲人後者，爲其父母降服期，無改稱世父、叔父之義。惟《漢晉春秋》載審配《與袁譚書》云：『昔先公廢絀將軍以續賢兄，上告祖靈，下書譜牒，先公謂將軍爲兄子，將軍謂先公爲叔父。』見《三國志·袁紹傳》注。此是一證。然本初溺愛少子，以致敗亡，未必稽於典禮也。」

胡致堂不持本生父母服

宋陳振孫《直齋書録解題》云：「禮部侍郎胡寅，文定公長子也。本其兄子，初生，棄不舉，文定于水盆内收育之。既長，俾自絶于本生，不爲心喪，止服世父之服，寅遵行之。集中有《與秦丞相書》，言之甚詳。人倫之變，古今所未有也。」

按：《宋史》本傳則云：「安國弟之子，弟婦以多男欲不舉，安國妻夢大魚躍盆水中，急往取而子之。」此云「兄子」，未知孰是。本傳又云：「右正言章復劾寅不持本生母服，不孝。」豈致堂但爲本生父持服、不爲本生母持服邪？果爾，理更難通矣。

祭外家

明何孟春《餘冬敘録》云：「《伊川集·上谷郡君行狀》：『未卒前一日，謂伊川曰：「今日是百五，爲我祭父母，明年不復祀矣。」晦庵嘗舉以告門人，以「明年」作「明日」，謂伊川亦曾祀其外家。』春按：『明年不復祀』之言是上谷臨終語，外家之祀必是止於上谷之身，伊川母卒必廢此禮。今學者習聞朱語，而不考程《集》，有以四時家祭前一日祭其外家爲伊川禮者，失之。」

按：明年不復祀，自以程《集》爲正，何燕泉所解亦是。惟清明家祭，而以百五祭外家，則世俗以四時前一日祭者，亦不爲無據也。

奏補奴隸

宋吴曾《能改齋漫録》云：「宋參政綬常患仕路人色多冗，其在政府，例得奏奴隸補班行，公獨不奏。」按：此知宋時官至政府，其奴例得奏補官職，何其濫也！

明初賭博之禁

明沈德符《野獲編補遺》云：「洪武二十二年聖旨：『學唱的割了舌頭，下碁、打雙陸的斷手，蹴圓者卸腳。』」

黵面

明楊慎《升庵外集》云：「梁律，凡盗，黵面爲劫字。至天監中，弛黵面之刑。黵，都感切。」

按：此盜賊刺字之制所自始。《三國·魏志·毛玠傳》云：「漢律，罪人妻子没爲奴婢，黥面。」是黥面之法古有之，但不知刺[一]字否。

宋吴曾《能改齋漫録》云：「契丹之法，民爲盜者，一犯文其腕爲賊字，再犯文其臂，三犯文其肘，四犯文其肩，五犯則斬。不須案籍，而罪不可掩。」是又不刺面而文身矣。此法司馬文正公稱其簡要可尚，然獨不慮其能以藥力滅去之乎？

〔一〕刺，原訛「剌」，據蔡啟盛《校勘記》改。

手印

國朝梁玉繩《瞥記》云：「元姚牧庵《浙西廉訪副使潘公澤神道碑》：『凡人〔一〕鬻人，皆畫男女左右食指横理於券爲信，以其疏密判人長短壯少，與獄辭同。』蓋即今手印，而驗法頗異。」

立枷

明沈德符《野獲編》云：「近來廠衛多用重枷，而最毒則爲立枷。荷此者不旬日必絶，偶有稍延者，命銼低三數寸，則頃刻隕矣。大抵因罪輕情重，設爲此法以斃之。曾聞京師人云，倘非廠衛注意及有仇家者，夜間竊僱乞丐背承其尻，稍息足力，每日啖一生貓，亦可偷生，未知果否。」按：此即今所謂「站籠」，州縣官恒用之，皆前明廠衛之餘毒也。

〔一〕人，《牧庵集》卷二三作「令」。

門杖

國朝王士禛《居易録》云：「門人陳僖酒閒述崇禎中浙西舉人祝淵北遊上谷，寓其家。一日與僖父飲酒酣，忽發憤曰：『丈夫負此七尺，貴有傳於後世耳。吾欲以詩文自見，則當世已有某某，度不能與争。方今可爲之事，惟上書救石齋耳。』石齋謂漳浦也。明日遂入京師，詣長安門，上疏論救。予門杖。舊例，門杖甚於廷杖，十死八九。祝談笑解衣，無恐怖色。監杖内閹曰：『奇男子也！』令輕其罰。真定梁金吾清宏左右護持之，得遣戍。明季士人好名如此。」按：世知明代有廷杖，罕知有「門杖」。

絹易首級

明張萱《疑耀》云：「宋太祖謂遼人精兵不過十萬，欲以二十匹絹購遼人一首，計用二百萬匹絹，則遼人可盡。今制敵首一級，賞銀五十兩。」按：此則宋、明皆有以絹銀易首級之法。

代身金人

明沈德符《野獲編》云：「嘉靖初，安南不賓。時閩人林希元爲欽州知州，上言安南可取。夏文愍新登首揆，以保境息民爲言，僅令莫登庸歸四峒，獻代身金人，遂罷兵。」又云：「元時獻代身金人，以精金爲全軀，以大珠爲兩目。不知莫登庸所獻其製何若。」按：此知前代之服外夷，有獻代身金人之説。

國朝周亮工《書影》云：「萬曆二十二年，安南進代身金人，範用囚服面縛。是年黎惟潭自以恢復放罪，視莫登庸有閒，爲立面肅容狀。驗閱嫌其倨，令改範俯伏焉，鐫其背曰『安南黎氏世孫黎惟潭不得蒲伏天門，恭進代身金人，悔罪乞恩』二十五字。湯義仍得見，有詩紀之。」按：觀此乃知前明代身金人之式。

婦人裸撲

明張萱《疑耀》云：「宋嘉祐閒正月十八日上元節，上御宣德門，召諸色藝人各進技藝，賜與銀絹。內有婦人裸體相撲者，亦被賞賚。上有天子，下有萬民，后妃侍傍，臣僚縱觀，而使婦人裸戲于前，何以隆禮法示四方乎？」

國朝喬松年《蘿藦亭札記》云：「《司馬温公集》有《請停裸體婦人相撲爲戲劄子》，蓋皇帝御宣德門百戲之一也。此即唐人「潑寒胡戲」之遺意。所謂裸者，殆只袒上身，非全體赤露耳。」

元宮中飲宴之名

明陶宗儀《元氏掖庭侈政》云：「宮中飲宴不常，名色亦異。碧桃盛開名曰『愛嬌之宴』，紅梅初放名曰『澆紅之宴』，海棠謂之『煖妝』，瑞香謂之『撥寒』，牡丹謂之『惜香』，落花之飲名爲

『戀春』，催花之設名爲『奪秀』。」

明代元宵放燈十夜

明沈德符《野獲編補遺》云：「永樂七年正月十一日聖旨：『正月十一日至二十日，這幾日官人每都與節假者，民間放燈，從他飲酒作樂快活。』又宣德二年正月十二日敕諭：『上元屆節，特賜百官假十日，在京軍民如故事張燈飲酒爲樂。』以上二例皆載在令甲，每年終禮部引例請旨，許來年新正民間放燈十晝夜。蓋比之宋初錢俶增三日，又展二日。」

又云：「宣德四年正月朔，特賜文武節假二十日，至五年、八年亦然。此又特恩，非常例也。」

明曆與今異

國朝錢大昕《竹汀先生日記》云：「鏡濤以明萬曆八年《大統曆》殘本出示。其與今本異者，每月交中氣後又數日而日躔某次，少或六日，多則十一日。稱一日、二日、三日，而無『初』

字。建除十二辰在二十八宿之上。書上下弦、望，而不書合朔，亦不注時刻。節氣有時刻而無分，又月内有盈虚日。」按：此條固與今異，而所謂「盈虚日」則更所未詳也。

明郎瑛《七修類稿》云：「國初曆其式與今不同，有襲爵受封、祭祀祈福、求醫治病、乘船渡水、登高履險、收斂貨財等件，通者曰宜，不通者曰忌。紀年由洪武元年以前書吴元年，遡上只書甲子平行，不用年號。」按：此則明一代之曆亦自有異。

朔六日

國朝趙吉士《寄園寄所寄》載賀相國《致鄉親戚友書》云：「先中憲赤貧諸生，授館四十年。每歲正月朔六日始，十二月二十四日止。一領青布直衣，坐處方方一塊藍色。」按：明曆書止稱「一日」「二日」，無「初一初二」之稱，故稱「朔六日」，今久不聞矣。又按：此知明時鄉塾正月朔六日開館，十二月二十四解館，較今爲密矣。

八大八小

明沈德符《野獲編》云：「先王大父終養歸，後入補官。時嚴分宜當國，故舊識也。以一紗二扇謁之，嚴欣然款接，受扇而卻紗。蓋嚴雖黷貨，自是暮夜所入，其尋常交際，當時皆然，不以爲怪也。二十年來，即平交必用二幣，至於四至於六，今且至八幣，而以他物如數侑之，謂之八大八小。而當之者反以爲俗套，不肯盡收。乃於八大八小之後，另開珍異及土宜適用之物，以備選擇。」按：今世所行八色之套禮，當起於此。

茶香室續鈔卷十

狀元局

國朝黄士珣《北隅掌録》云：「《癸辛襍志》：『狀元局在祥符寺。』《錢塘遺事》：『局以别試所爲之，謂之三狀元局。宋俗第一、第二、第三皆呼狀元。是日迎出，便入局。大魁入局，便差局中職事，一一由狀元點差，牒請、糾彈、牋表、小録、掌儀客、司計、掌器、掌酒果、監門，多者至五六十員。初第人皆喜入局，得陪侍三狀元，他日仕途相遇，便爲傾蓋。三狀元常宿于局中，月餘而罷。三狀元入局五日，職事官入局，十日後正謝。越二日，拜黄甲于貢院。越四五日，赴國子監，謁謝先聖先師。越三日，局中職事官下湖運司，做二大舟，局中連三狀元凡七八人，分坐兩舟。借張侯真珠園散步，侯家亦有餽焉。越十日，引正奏各黄甲士人射。上自按試於講武殿。次日，賜聞喜宴于貢院。次日，局中自用錢作期集所會，正奏各皆預焉，亦就貢院爲之。』並詳《錢塘遺事》中。」按：此可見南宋時士大夫新得第之樂，識之神往也。

一甲三名

明陸楫《蒹葭堂褉鈔》云：「自隋設進士科，至宋則定甲第。其第一甲賜進士及第，或二十餘人。我太祖高皇帝定制，第一甲例取三名。然讀蘇老泉文，有曰『今進士三人之中，釋褐之日，天下望爲卿相。不十餘年，未有不爲兩制者』，豈宋時第一甲進士雖多，而銓選資序或亦以三人爲重，國朝之制亦祖其意而爲之與？然不可考矣。」

按：《宋史·選舉志》云：「仁宗之朝十有三舉，進士四千五百七十人，其甲第之三人凡三十有九，其後不至於公卿者，五人而已。」然則進士第一二三人之重，在《宋史》固有明文也。

東坡《送章子平序》云：「仁宗一朝十有三榜，數其上之三人凡三十有九。其不至於公卿者，五人而已。」此語可與老蘇語相證。《宋史》云云，即本坡語也。

宋洪邁《容齋一筆》云：「天聖初榜，宋鄭公郊、葉清臣、鄭文肅公戩、高文莊公若訥、曾魯公公亮五人連名，二宰相、二執政、一三司使。第二榜，王文忠公堯臣、韓魏公琦、趙康靖公槩連名。第三榜，王宣徽拱辰、劉相沆、孫文懿公抃連名。楊寘榜，寘不幸即死，王岐公珪、韓康公絳、王荆公安石連名。劉煇榜，煇不顯，胡右丞宗愈、安門下燾、劉忠肅公摯、章中公惇連名。其盛如此。」按：此所數第一甲前列，或五人，或三人，或四人，葢非如今制之有定，故不必專以三人爲斷也。

按：《容齋二筆》又云：「太平二年，進士一百九人，吕蒙正以下四人得將作丞。三年，七十四人，胡旦以下四人將作丞。五年，一百二十一人，蘇易簡以下二十三人皆將作丞。雍熙二年，二百五十八人，自梁灝以下二十一人纔得節察推官。端拱元年，二十八人，自程宿以下但權知諸縣簿尉云云。」是宋制進士恩數亦非專重前三人矣。

武三頭

宋王讜《唐語林》云：「武翊黄，府送爲解頭，及第爲狀頭，宏詞爲敕頭，時爲武三頭。後惑於媵妾薛荔，苦其冢婦盧氏，衆論不容，終至流竄。」按：世人知唐大中中張又新進士狀頭、宏詞勅頭、京兆解頭，號「張三頭」，而不知有此「武三頭」，科名亦必以人重乎？

榜眼

國朝錢大昕《養新録》云：「《宋史·陳若拙傳》：『當時以第二人及第者爲榜眼。』然王元之《小畜集》有《送第三人朱嚴先輩從事和州》詩云『榜眼科名釋褐初』，是第三人亦稱榜眼也。」國朝洪亮吉《北江詩話》云：「宋朱嚴第三人及第，王禹偁贈詩曰『榜眼科名釋褐初』，是宋人亦以第三人爲榜眼。」

又按：國朝趙翼《陔餘叢考》云：「眼必有二，故第二第三人皆謂之榜眼。其後以第三人爲探花，遂專以第二人爲榜眼耳。探花之稱，唐時曲江宴本以榜中最年少者爲之。《蔡寛夫詩話》言『今以稱鼎魁，不知何義』。戴埴係宋末人，而其説如此，則宋南渡後固以第三人爲探花矣。」愚謂古人第一、第二、第三皆謂之狀元，第二、第三又皆謂之榜眼。至探花則以年少者爲之，不論名第。今制皆非古矣。又今以廷對第一爲狀元，亦非也，説已詳《叢鈔》第七。

唐進士有夜試之説

宋洪邁《容齋三筆》云：「唐進士入舉場得用燭，故或者以爲自平旦至通宵。按：《舊五代史·選舉志》云：『長興二年，禮部貢院奏：當司奉堂帖，夜試進士有何條格者，勅旨「秋來赴舉，備有常程，夜後爲文，曾無舊制云云」。』則晝試進士，非前例也。」

按：此條語意未了。據云「夜後爲文，曾無舊制」，可知舊制不以夜試。洪氏乃以爲夜試之證，殊所未詳。然觀此知後唐時固有以夜試者矣。

試燭兩條

宋洪邁《容齋一筆》云：「唐穆宗長慶元年，禮部侍郎錢徽知舉。段文昌言其不公，詔中書舍人王起、知制誥白居易重試。白公集有奏狀論此事云：『禮部試進士，例許用書策，兼得通宵。昨重試之日，書策不容一字，木燭只許兩條，迫促驚忙，幸皆成就。』」按：世人止知唐時試燭以三條爲限，不知有此兩條故事。

宋省試期日及額數

宋洪邁《容齋四筆》云：「累舉省試，鎖院至開院限以一月。如未訖事，則申展亦不過十日。所奏名二十四人取一爲定數，不知此制起於何年。黄魯直以元祐三年爲貢院參詳官，有書帖一紙云：『正月乙丑鎖太學，試禮部進士四千七百三十二人。三月戊申，具奏進士五百人。』乃是在院四十四日，而九人半取一人，視今日爲不侔也。」按：今制鄉、會試期日與宋制略同，而取額則大不侔矣。

宋制進士十人同保

宋洪邁《容齋二筆》云：「太平興國末，孟州進士張兩光以試不合格，縱酒大駡於街衢中，言涉指斥。上怒斬之，同保九輩永不得赴舉。」是宋制進士必十人互保也。今童子試有五人互保之例。

宋初進士稱等不稱甲

國朝李賡芸《炳燭編》云：「王闢之《澠水燕談》：『雍熙中，著作佐郎樂史特賜進士第，詔附太平興國五年第一等之下。』是時稱等而不稱甲。進士之分甲，始於太平興國八年王世則榜。」

宋時科舉一人不止作一卷

宋李之彥《東谷所見》云：「永嘉科舉極狼狽，只緣多試一日，以至士子多謄公卷，只書義終場，自有三萬三千餘卷。考官例以雷同冗長視之，僅看兩三日，已厭惡矣。取士之法於是大壞。若得善舉送者，申明條制，一人只許一卷，庶無負國家設科之美意。」按：此知〔一〕宋時科

〔一〕此知，原作「知此」，據蔡啟盛《校勘記》乙。

舉，士子一人不止作一卷也。今書院中或有此弊，場屋則絶無矣。

宋言

唐范攄《雲溪友議》云：「宋言端公，近十舉而名未播。大中十一年，將取府解。言本名嶽，因晝寐，似有人報云：『宋二郎秀才若頭上戴山，無因成名。但去其山，自當通泰。』覺來便思去之，不可名嶽，遂去二犬，乃改爲言。及就府試，馮涯侍郎作掾而爲試官，以解首送言。」按：此事《太平廣記》引《感定録》以爲李言事，余已載之《叢鈔》卷七矣。

聘處士爲主試

國朝王鳴盛《蛾術篇》云：「《松陵集》陸龜蒙《秋試有期因寄襲美》詩題下自注云『時將主試貢士』。」按：以處士而竟膺主試之聘，宋以後無此事矣。

唐人行卷式

宋程大昌《演繁露》云：「唐人舉進士必行卷者，爲緘軸，録其所著文，以獻主司也。其式見《李義山集新書序》云：『治紙工率一幅以墨爲邊準，用十六行式。率一行不過十一字。』按：「邊準」下有注云：「今俗呼解行也。」「十六行式」下有注云：「言一幅解爲墨邊十六行也。」「解行」亦宋時語，今不聞矣。

光緒壬午歲，遵義黎氏於日本刻正平本《論語》，猶是古卷軸式，每幅十二行，每行十三字，較唐人行卷行疏而字較密也。

吕文靖試卷

宋陳振孫《直齋書録解題》云：「《吕文靖試卷》一卷，丞相許國文靖公壽春吕夷簡坦夫撰。咸平二年，壽州應舉，此其程文也。真本藏范太史，前有家狀，大略與今同。其所習曰《春秋》

《何論大義》。『何論』者當是何晏《論語》也。其所問各十條，皆非深義。逐條所答纔數句，或止一言，或直稱未審。考官二人花書其上，并批通、不。此句未詳。又《禮行於郊賦》《建侯置守孰優論》。其所習又稱《裸文時務策》，則不復存。此可以見國初場屋事體，文法簡寬，士習純茂，得人之盛，後世反不能及。文盛則實衰，世變蓋可覩矣。」

按：陸游《老學庵筆記》云：「國初，《韻略》載進士所習有《何論》一首，《施肩吾及第策》亦列其所習《何論》一首。《何論》蓋如《三傑佐漢孰優》《四科取士何先》之類。」乃《直齋解題》又以爲是何晏《論語》。今《吕文靖試卷》及《施肩吾策》均不傳，未知孰是。

唐進士絲鞭

明楊慎《升庵集》云：「唐人進士絲鞭，工緻爲最，洪武中江南富家猶有藏之者，見《高啓詩集》。」

分場引試

宋龐元英《文昌襍録》云：「禮部尚書黄公説：丙申年秋試，進士僅八千人，國朝以來未有如此之盛。他試院不能容，始命就開寶寺分數場引試。」按：此知宋制有以與試人多分場試之者。是年，禮部林郎中以《清微之風養萬物賦》爲第一人，龐氏以爲雄魁，蓋以人多而得魁爲難也。然則雖分數場，同出一榜。

試場塗乙字數

《元史·選舉志》：「塗乙注，五十字以上者不考。」今制添注塗改不得逾一百字，視元制寬矣。

題目示出處

宋洪邁《容齋一筆》云：「大中祥符元年，試禮部進士，内出《清明象天賦》等題，仍録題解摹印以示之。至景祐元年，始詔御藥院，御試日，進士題目具經史所出，摹印給之。」按：此見宋制試士示以題目出處，其寛大如此。又云「摹印示之」，則知試題亦必摹印矣。今鄉、會試及殿試皆刷印題目紙頒給士子，猶宋制也。

四書題

明黄佐《翰林記》云：「初場，例出四書義三道。正統元年會試，出《大學》《論語》《中庸》，不及《孟子》。十年會試，出《中庸》《大學》《孟子》，不及《論語》。成化元年順天府鄉試，出《論語》二道，《孟子》一道，不及《大學》《中庸》。其後定《大學》《中庸》量出一道，《論語》《孟子》各一道，遂爲例。」按：此即今制所自始也。

合題

國朝錢大昕《養新録》云：「經義惟《春秋》有合題，予嘗見《劉青田集》載〔二〕至順癸酉會試，《春秋》義以『荆人來聘』『楚屈完來盟』『楚人使宜申來獻捷』『楚子使椒來聘』四節合爲一題。國朝沿明舊制，鄉會試《春秋》有單題，有合題。其異於元者，元時合題多至五六事，今一題祇兩事耳。乾隆初始去合題。」

按：「屬辭比事，《春秋》教也」，故《春秋》許出合題。然余嘗見鄭鄤所作，有「子路宿於石門」「子路遇丈人」兩章題文，則明人於四書亦有合題也。

評駁試録

明黄佐《翰林記》云：「凡《鄉試録》舊制例進呈祖宗時，令翰林院儒臣評駁之，後其制漸

〔二〕 載，原訛「戴」，據蔡啟盛《校勘記》改。

弛。成化十四年，天下《鄉試録》多舛謬，或犯國諱。少詹事兼侍讀黎淳摘奏十條，下禮部翰林院，議治考試提調官罪，且申定格例，行之至今。是年山東刻文，《論語》『不曰堅乎，磨而不磷；不曰白乎，涅而不緇』最爲紕繆。遂逮舉人張天瑞治之，以墨卷不同乃止。」按：此即今磨勘試卷所自始，惟是時止評駁《鄉試録》，似乎墨卷猶未解部也。

又引《燕對録》云：「正德六年四月十二日，講畢，復召至煖閣。叩頭畢，上手取《會試録》一本付司禮監太監張永，授臣東陽等。内有白紙票黏於紙上者三，皆指摘所刻文字錯誤處。上曰：『今欲别有施行，但念衙門體面恐不好看，但與先生輩知之耳。』是年大學士劉忠累疏辭疾，未允，强起主考試事，出院後即乞省墓。是日陛辭，聞此事，抵家具疏乞休。」按：此又知明代所評駁者止鄉試卷，而會試卷不評駁，蓋以全近臣之體面也。

又按：「四月十三日」恐當作「四月十二日」，蓋明制每月初二、十二、二十二是經筵月講之日。

明殿試卷十三幅

國朝趙吉士《寄園寄所寄》引《堯山堂外記》云：「羅倫字彝正，號一峯。既中會試，於禮部頒卷時，自言『久於場屋，有志廷對，願增紙以畢所欲陳』。禮部官壯其志，許之，謄真遂有三十幅。時李文達進讀羅卷，跪久，李年高，至不能起，上命兩内臣掖之。是年羅遂大魁。至次科會試，亦有欲比羅例者。禮部官以爲有意希望，不從，故至今惟以十三幅爲式。」按：今制殿試卷八幅，未知又始於何時也。

明初刊刻殿試策

明黄瑜《雙槐歲鈔》云：「永樂甲申會試，取楊相等四百七十二人，殿試首甲曾棨、周述、周孟簡，三策皆有御批。二甲前數名俱刊策，而附讀卷官姓名批語於後。」按：二甲前數名尚刊策，則首甲三名之刊策可知矣。是明初殿試策亦刊刻也。

明初策題

明黄瑜《雙槐歲鈔》云：「洪武丁丑會試，上命儒臣再考下第卷，中一卷《答君臣同遊策》，有曰：『貴而在上者君也，賤而在下者臣也，貴以臨賤，賤以承貴。』上曰：『君臣同遊，本爲君明臣良，以成千載一時之盛。今言貴賤，正譏如今臣下犯罪，不復寬容矣。』」按：此見當時策題可以意爲之，非有定式。

萬曆壬子鄉試改期

國朝凌楊藻《蠡勺編》云：「萬曆四十年壬子，各省試官未得俞旨，試期已過，乃起而從事。應天以八月二十二日爲第一場，二十五日爲第二場，二十八日爲第三場，各省無不易期。」

明制府縣官非科甲不閱文

國朝王夫之《識小録》云：「知府由任子升授，及州縣缺正官，佐貳首領由例監及吏員出身署印者，考試生童不得任閱文之任，府試則督學別委府佐，州縣則知府別委教官。文册印卷供給等務，仍本官提調，所委閱文者不代任也。」

知縣充本省同考

明沈德符《野獲編》云：「自考選法興，外吏驟重，邑令尤爲人所樂就。近年乙酉科以後，令君悉充本省同考，門牆桃李，各樹强援，三年奏最，上臺即以兩衙門待之。」按：明初各省鄉試同考，聘教官不足，則聘外省之知縣、推官。其用本省知縣爲同考官如今制，則《明史·選舉志》無明文，録此以備考。所云乙酉，乃萬曆之十三年也。

囸毡字號

明張萱《疑耀》云：「嘉祐中，温公差赴崇政殿後，覆考應制舉人，於直言極諫科試卷内有囸毡兩號，詞理高絶，獨傷於切直。而毡字號之卷，又所對一兩事與所出差舛。温公與范鎮同議，以囸字號爲第三等，毡字號爲第四等。初考官以爲不當，朝廷更差官重定，復從初考，遂以毡字號卷爲不入等。温公抗議：『毡字號文詞，臣不敢復言。但指陳朝廷得失，無所顧慮，於四人之中最爲切直。若以此見黜，是名爲求直言，其實惡直言也。』乃降一等收之，則蘇轍也。今制考試編排試卷，皆用千文。宋時試卷必另製字樣，故圀、毡二字非字書所經見者。」按：今有「毡」字乃俗書「氈」字，然宋時編號必非用氈字也。

殿試進呈不必定十本

國朝洪亮吉《北江詩話》云：「殿試卷例以前十本進呈。乾隆庚辰年，秦尚書蕙田等以十本外尚有佳卷，特旨許以十二本進呈。至乙卯年，大學士伯和珅讀卷，以無佳策，止取八本呈覽。」

殿試卷末空格如考官數

明楊儀《明良記》云：「弘治乙丑殿試時，劉殿學健當國，謝木齋副之，舉策意問劉。劉曰：『不過以純王之心行純王之政耳。』時顧鼎臣策既登，正中誤空一葉，率意補之，偶與劉合，遂置第一。劉得此卷，示謝曰：『吾意已有會者矣。』卷末復餘十九行，時考官適十九人，又曰：『此子用心不凡，適留其額耳。』蓋狀元卷諸試官皆有批辭也。」按：中空一葉，今所謂曳白也。竟以此得狀元，奇矣。至卷末空行如讀卷官之數，至今亦然，但止八行耳。

殿試以書法爲重

國朝王士禛《居易録》云：「二十三日御太和門傳臚，賜中式舉人戴有祺及第第一。初讀卷官擬吴昺第一，有祺第二。既進御覽，改有祺第一，昺第二。昺，全椒人，對策倣陸宣公奏議。上以書法拔有祺狀元，而昺次之。」按：是榜爲康熙三十年辛未科會試，本朝殿試卷書法之美，自此開端矣。

又云：「殿試策例有規式。康熙戊辰，仁和凌紹雯少習清書，殿試對策用清書、漢書兩體寫之。讀卷官奏請上裁，置二甲之末。」

書進士

明都穆《聽雨紀談》云：「唐宋人無有書進士於官銜之上者，逮元猶然。獨楊維禎廉夫當元世之季，書李黼榜進士，至刻之印章。蓋黼死節之士，廉夫欲自附於忠節之後，其意固有在也。後之人乃有效廉夫故事者，失之矣。」按：今人列銜必先書賜進士及第或出身，相沿已久，固不可廢。然其非古法，則不可不知也。

儒士觀場

國朝王夫之《識小録》云：「儒童未入學者，自度文已優通，報名於督學道考試。拔其尤者準應鄉試，謂之儒士觀場。萬曆閒猶行之。」按：國朝張穆所定《顧亭林年譜》云：「天啓五年乙丑，年十三歲，時有納穀寄學之例。蠡源公以先生天資穎異，合早取科名，遂爲先生應例。」又引原譜車守謙按語云：「明時寄學，亦經提學考取歲試後準作附生。」此與儒士觀場又異。

國朝章有謨《景船齋褋記》云：「康熙十七年，以四方多事，令童生每名納銀四兩，得入院試；秀才每名納銀一百二十兩，名曰餉生。經御史奏止。」

副榜

國朝阮葵生《茶餘客話》云：「鄉會試之有副榜，考之前代，名曰激賞。順治戊子科，詔天下廩生中副榜者貢至吏部謁選。其最者以推官用，次知縣，次州佐；增廣、附學中副榜者入成均讀書，滿一年送吏部考用，如廩生例。至康熙癸卯、丙午、己酉，遂不許立副榜名色。壬子科大司成某復請舉行。」

又云：「《禮部志稿》：明嘉靖五年，題準會試各房閱卷，凡文字合式，除正卷外，將備卷每房少或五七卷，多則十餘卷，批詳次序，一并付禮部查姓名，以次填入副榜，不拘額數。」按：此言會試副榜也，國初亦有之，不知何年始廢，當更核。

副榜入翰林

明皇甫庸《近峯記略》云：「太宗嘗命翰林院覆試下第舉人，得張鉉等六十人，賜冠帶入國學。又嘗進副榜舉人親試之，拔三人入翰林。」

榜後座主長班索賞賜

明朱國楨《湧幢小品》云：「許文穆典己丑試，聚登榜者，戒厲之曰：『中後索賞賜者必多，分豪皆不可與。即如我長班、轎上、門上，一切拒之。從我者爲好門生，不從者反是。我密行體訪，定人品高下。』」按：此則座主之長班、轎上、門上索新貴賞賜，由來久矣。許文穆名國。

雷同文中式

國朝趙吉士《寄園寄所寄》云：「壬辰，予與胡道南、沈禹玉會試，予語道南云：『「參乎」全章題曾揣摩否?』時已二月初六矣,道南晚作此題止三百餘字。同人取閲,而禹玉獨注目多時。予詭之曰:『君欲鈔其文邪,何閲之久也?』予與道南、禹玉卷俱在王公舜年房,道南中式,禹玉已得復失。閲其落卷,即次題『參乎』全章。鈔道南作,因雷同而黜。道南初謁房師,即云『兩卷俱好,惜二題重復』,鄰房李公云『何不兩棄』,王公云『必中其一心乃安』。季爲拈鬮,乃得胡而棄沈。」按:兩卷雷同,若在今日,自必兩棄,當時乃棄一取一,何邪?

籍與人異地

國朝趙吉士《寄園寄所寄》云:「今登科録敘其生之所自出,輒曰某處籍、某處人。非也,四世而緦服窮,而親盡矣,況四世而上者乎?猶曰某處人,無謂甚矣。」按:此知明代登科録必稱某處籍、某處人,人與籍異地,蓋古人重郡望之意。

《日知録》云:「唐宋封爵必取本望,明初亦如之。太平忠臣祠追封花雲東邱郡侯、許瑗高陽郡侯、王鼎太原郡侯,是也。」按:此知明時登科録必載明某處人,亦有故矣。

朱氏神童

宋龐元英《文昌襍録》云：「四月初五日，禮部試饒州童子朱天錫，年十一，念《周易》《尚書》《毛詩》《周禮》《禮記》《論語》《孟子》凡七經，各五道，背全通，無一字少誤。召至睿聖殿，賜五經出身。十月四日，禮部試饒州進士朱天申，年十二，念《周易》《尚書》《毛詩》《周禮》《禮記》《孝經》《論語》《孟子》《揚子》《老子》凡十經，各有一百通；前所試童子天錫之再從兄也，亦賜五經出身。」按：饒州宋時多神童，自朱天錫始，余已載於《叢鈔》卷七矣。觀此知又有朱天申，故又記之。

又云：「二十七日，禮部試撫州進士黄居仁，年十二，誦《尚書》《毛詩》并《正義》《禮記》《周禮》《孝經》《孟子》《老子》及《太玄經》，凡九經，合七十五通，又試論、試大義三道，文理稍通，賜五經出身。」以上諸條，止書月日而不書年。以上文推之，蓋元豐七年也。

著粉紅袴赴鹿鳴宴

宋周密《浩然齋雅談》云：「李仁甫，十八歲爲眉州解魁。時第二人史堯弼，字唐英，方十四歲，赴鹿鳴宴猶著粉紅袴。太守命坐客分韵賦詩，唐英得『建』字，援筆立成，有云『四歲尚少房玄齡，七步未饒曹子建』。後爲張魏公客，不幸早世。」

牛叟先生游泮圖

國朝丁儉卿《山陽詩徵》引吴山夫云：「余嘗見牛叟先生畫像一卷，爲圖凡六，第二圖爲游泮圖，方巾襴衫，樹二金花於首，乘白馬，前有彩旗，後張黄蓋。此爲前明崇禎乙亥年，先生年十九歲。」按：牛叟先生名修齡，字再彭，乃閻百詩先生之父也。以博士弟子員而僭用黄蓋，前明學校之重如此。

初舉子

宋洪邁《容齋二筆》云：「先公自燕歸，得龍圖閣書一策，曰《貽子録》，不言撰人姓名。其《修進》一章云：『咸通中，盧子期著《初舉了》一卷，細大無遺。就試三場，避國諱、宰相諱、主文諱。士人家小子弟，忌用熨斗時把帛，慮有拽白之嫌。燭下寫試無誤筆，即題其後云「並無揩改塗乙注」；如有即言字數，其下小書名。同年小録是雙隻先輩各一人分寫。宴上長少分雙隻相向而坐，元以東爲上，俄以西爲首。給、舍、員外、遺、補多來突宴，東先輩不遷，而西先輩避位。及吏部給春關牒，便稱前鄉貢進士。』大略有與今制同者，獨避宰相、主文諱，不復講雙隻、先輩之名，他無所見。」

唐諸生課程

宋洪邁《容齋二筆》云：「《唐六典》：『國子生初入，置束帛一篚、酒一壺、脩一案，爲束脩之禮。其習經有暇者命習隸書，并《國語》《説文》《字林》《三蒼》《爾雅》。每旬前一日，則試其所習業。』乃知唐士人多攻書，蓋在六館時以爲常習。其《説文》《字林》《蒼》《雅》諸書，亦欲責以結字合於古義，不特銓選之時方取楷法遒美者也。」

按：旬前一日試其所習，當是逢九之日，是一月凡三試也。宋胡孜《漁隱叢話》引《上庠録》云：「兩學公廚，例於三八課試日設别饌。」是一月六試，宋制乃密於唐。

三六九文期

國朝董漢策《甦庵家箴》云：「先宗伯公未遇時，在潯西法華寺，同紀氏諸先達讀書。每三六九文期，晡刻完三藝，即浮木版，載酒肴，渡對岸緑楊下，與諸公痛飲。」按：董宗伯名份，字用均，嘉靖丁酉舉人，辛丑進士。則三六九文期，明代已然，且一日成三藝，非今人所及矣。

進士頭上七尺燄光

宋王讜《唐語林》云：「當代以進士登科爲登龍門，輕薄爲之語曰：『進士初擢第，頭上七尺燄光。』」按：李羣玉詩：「莫放燄光高二丈，來年燒殺杏園花。」蓋當時有此俗語也。

獨占鼇頭

國朝洪亮吉《北江詩話》云：「俗語謂狀元獨占鼇頭，非盡無稽。臚傳畢，贊禮官引東班狀元、西班榜眼二人，前趨至殿陛下，迎殿試榜。抵陛，則狀元稍前進，立中陛石上，正中鐫升龍及巨鼇，蓋警蹕出入所由，即古所謂螭頭矣，俗語所本以此。」

狀元夫人撒〔一〕穀

國朝崔應榴《攤飯續談》云：「俗傳是省今年出狀元，則秋收必歉，故有狀元夫人親登城樓撒穀之説，余初未之信。及見鮑西岡《續紀事詩》云『聽説勸農冠蓋出，傾城又看狀元妻』，則信

〔一〕撒，原訛「撤」，據蔡啟盛《校勘記》改。下同。

有其事矣。鮑作詩爲丁丑，是年狀元爲嘉善蔡公以臺，鮑所見當是蔡夫人也。庚子狀元汪君如洋，其夫人上城撒穀，余友楊子讓見之。」按：此則狀元夫人撒穀，在本朝確有故事矣。惜於古無徵耳。

書落字

宋郭彖《睽車志》云：「皇甫坦自言數百歲人，言休咎時驗。有士人赴省試，坦書『落』字與之，士人不樂。及揭榜，乃第二十三名。因視其字，草頭即二十，其旁從水，不爲點，而作三畫，各字右筆止作一點，乃名字耳。」

榜繫干支

宋劉攽《蒙川遺稾》有《母昌元郡太夫人解氏墓志》云：「攽偕舅之子白，於庚戌榜補太學，以壬戌榜俱繇舍選擢奉常第。」按：金石家每譏今世以干支繫科分爲不古，然觀此則宋時已云然矣。庚戌乃宋理宗淳祐十年也。本傳云：「年三十四，以淳祐十年試入太學。」

按：古人不以干支名榜，往往以榜首第一人名之，如前所記「楊廉夫書李黼榜進士」是也；又或以主司名之，如《唐摭言》所記「鄭顥都尉第一榜」「吕渭第一榜」「楊嗣復第二榜」是也。至後人以干支名之，遂無復此等繁稱矣。

明代旗竿之濫且侈

明沈德符《野獲編》云：「弇州《觚不觚録》云：『士子鄉會試得儁，郡縣始揭竿於門上，懸捷旗。至申吴門拜相，地方官創狀元宰輔以揭其門，謂爲異事。』不知近日此風處處皆然，富室入貲爲中書舍人者及諸生冒廩納準貢生者，皆高竿大旗，飄飄雲漢。每入城市，彌望不絶。南宫報得鼎甲及庶常者另植黄竿，另張黄旗，比鄉會加數倍。」

茶香室續鈔卷十一

明初翰林不由進士

明黄佐《翰林記》云：「洪武初年，本院官皆由薦舉進。四年辛亥，雖設進士科，未有入翰林者。十八年三月丙子，以第一甲賜進士及第丁顯、練安、黄子澄爲修撰，第二甲賜進士出身馬京、齊麟等爲編修，吴文等爲檢討，皆出簡用，不由選法。命下吏部，惟銓注而已，後遂爲例。二十一年策進士，以第一人任亨泰爲修撰，第二人唐震、第三人盧原質爲編修，著爲令，至今因之。」按：練安即練子寧也，以字行。《明史》亦書其字，世人幾不知有練安矣。

又云：「正統十三年戊辰，二甲萬安、劉吉、劉翊、李泰授編修，三甲邢讓、李本授檢討。景泰二年，二甲吴匯、周輿、戚瀾、劉宣、楊守陳、王獻、童緣授編修，三甲張業、江朝宗授檢討。」

按：此二三甲分别授編修、檢討之始。

修撰、編修、檢討本爲史官

明黄佐《翰林記》云：「洪武十八年三月丁丑，命吏部定正官學士一人，正五品；侍讀學士、侍講學士各二人，從五品；首領官孔目一人，未入流；屬官侍讀、侍講各二人，正六品；五經博士五人，正八品；典籍二人，從八品；侍書二人，正九品；待詔六人，從九品；史官修撰三人，從六品；編修四人，正七品；檢討四人，從七品。」又云：「公朝侍坐、公讌序坐，木院官及詹事府坊局官皆以品級論。若候朝入館閣，則學士自爲一類，講讀官自爲一類，史官自爲一類。」按：此知前明初定官制，修撰、編修、檢討三官實爲史館之官，因國史不别置院，故即隸於翰林院耳。

國朝李賡芸《炳燭編》云：「唐宋時，翰林爲翰林，史官爲史官。唐時韋處厚、路隨曾以翰林兼史館修撰，以修《憲宗實録》，命二人分日入内，則仍翰林自翰林，史官自史官，分而非合也。」按：此論誠是，但不知明制亦翰林自翰林，史官自史官耳。

翰林院秀才

明黄佐《翰林記》云：「秀才之選，始自太祖時，然未始隸翰林也。英宗時，始選奇童及善書者充本院秀才。天順中，有姜立剛之屬。」按：此則明翰林院有秀才矣。

又云：「英宗朝，兵部尚書程信之子敏政以本院秀才中順天府鄉試第二名。繼而雲南奇童楊一清亦以薦爲本院秀才，中成化辛卯順天府鄉試高等。成化末〔二〕，崇仁洪鍾七歲善書，憲宗召見，命入翰林充秀才，弘治己酉中順天府鄉試第六。」然則翰林院秀才仍須應鄉試也。

《翰林記》又云：「《宣宗實録》有謄寫正副本官，用郎中、員外郎、主事、寺正、評事、侍書、冠帶秀才、監生、生員秀才，凡二十九人。」所謂「冠帶秀才」殆即翰林院之秀才乎？又云「生員秀才」，「生員」與「秀才」未知爲一爲二。

《翰林記》又云：「永樂二十年二月，上北征，惟金幼孜與侍讀王英扈從。英嘗奏事，上喜謂

〔二〕末，原訛「未」，據蔡啟盛《校勘記》改。

曰：『秀才是二十八人讀書者，朕需爾爲用。正好宣力，勿憚勞苦。今凡軍中一切動静或謡言之類，爾有所聞，即來奏。』又諭太監孟驥曰：『秀才有事，即令入見，毋阻。』」秀才之重如此。

又按：王英乃永樂甲申所選庶吉士二十八人之一也。而成祖呼之曰「秀才」，是當時在翰林讀書者皆謂之「秀才」。

有文有保

國朝阮葵生《茶餘客話》云：「雍正癸卯，館選五十六員，内有文有保二十一名，館選十九人；有文無保十九名，俱館選；有保無文三十九名，館選十六人；文保俱無一百六十七名，選四人。」按：國初新進士有九卿保舉之例，故有「有文有保」之目。今此制久廢，亦無復知有此等名目者矣。然依其數計之，則館選者有五十八員，今乃云「五十六員」，或有誤也。

《茶餘客話》又云：「雍正二年甲辰，殿試後在保和殿考四書文一篇、詩一首，命大將軍年羹堯閲卷，又命九卿保舉。後止憑文録用，不由保舉。館選四十人，各部主事三十八人，知縣十七人。進士用主事、知縣，自甲辰後始爲例。」按：保和殿之考，即今朝考所自始。然所試者一文一詩，與今制異。以《館選録》考之，雍正元年癸卯六十一員，二年甲辰四十三員。然則所謂五十八人、四十人，皆不數三鼎甲也。

教庶吉士

明黄佐《翰林記》云：「洪武中宋濂、永樂初解縉皆嘗領庶吉士，特與之講究耳，未嘗抗顔爲師也。宣宗時親教庶吉士，與永樂時同。至正統戊辰，乃專命詹事兼侍讀學士劉鉉、祭酒黄珣教書，自後以爲例。」按：此乃今教習庶吉士所自始。

庶常館課用白摺

國朝姚衡《寒秀草堂筆記》云：「達夫舅氏出示外曾王父探花公庶常館課卷《〈宵雅〉肄三賦》，以『饗恭儉而燕慈惠』爲韵，『繞屋樹扶疏』詩得『交』字，用白摺書，凡八行，行十八格，與今制少異。近年館課悉用朱闌大卷，先公入翰林時尚是白摺也。」按：「探花公」下注云「公姓周氏，名澧」，則是乾隆十六年辛未科也。所云「先公」，爲姚文僖公文田，嘉慶四年己未狀元。其時庶常館尚用白摺，與今制誠異。但不知尋常館課如此邪，抑散館日殿廷考試亦然也？

庶吉士散館

明沈德符《野獲編》云：「近來臺省雄劇，敻出詞林上。每遇散館，諸吉士多望留，其輿皁則計日以盼言路，惟恐爲史館之隸人，就中又以烏府爲第一。聞其賽願時，入臺則用羊豕，入垣則用雞鵝，若留作編檢，僅用濁醪、豆腐而已。」按：今散館無入臺垣者，至輿隸所望則在外用知縣，其志愈卑。然史館清苦，自昔已然，則從可知矣。

翰林七科後稱晚生

明王世貞《觚不觚録》云：「翰林舊規，凡入館而其人已拜學士者，即不拜學士；而先登甲第七科者，投刺皆稱晚生。」按：翰林於七科前之前輩稱「晚生」，此制至今循之。惟入翰林時於官至庶子之前輩即稱「晚生」，則視明制更謙抑矣。

又按：《觚不觚録》毛文簡公紀視楊文忠廷和、梁文康儲僅後三科，答刺稱侍生。則「侍生」之稱亦與今制同。

國朝阮葵生《茶餘客話》云：「乾隆壬戌以前，翰林稱前輩曰老先生，乙丑以後閒有稱前輩者。近者内閣、都察院、吏禮二部無不稱前輩；設仍舊稱，無不怪而叱之。」按：此知舊制翰林雖以科分敘前後輩，而覿面無「前輩」之稱也。

國朝阮葵生《茶餘客話》云：「舊時翰詹、編檢以上於中堂、吏部尚書處投刺，稱晚生；於五部尚書、左都、總督，稱侍生；侍郎、巡撫以下則否。以余所見，庚午、辛未以前猶守此規。嗣是則於侍郎、巡撫稱『侍』矣，旋於總督稱『晚』矣。近又有於三品京卿稱『侍』者矣。」

投帖閣臣稱晚生

明馮夢禎《快雪堂漫録》云：「近例衙門入閣者講讀已下，不問科第淺深，率用『晚侍生』

帖。嘉靖閒無此例。分宜當國時，有一檢討家居十九年，既至，與分宜抗禮上坐，用侍生白單帖，分宜亦不爲異。蓋衙門稱晚生者惟七科前輩，不論入閣與否。」按：今制於入閣者不論科第淺深，率自稱「晚生」，并無「晚侍生」之名矣。

庶吉士於庶子稱晚生

國朝阮葵生《茶餘客話》云：「翰林故事，七科以前投刺書晚生，未及七科而官至庶子，亦書晚生。竊怪庶子與洗、諭、講、讀同爲五品，不應分别等差。質之家大人，云明有掌坊學士之官，而員不恒備，多以庶子兼之。蓋其始止於學士稱晚生，而其後亦用於兼官之庶子，遂並用於不兼學士之庶子矣。」

論簡帖用白紙

明皇甫庸《近峰聞略》云：「逆瑾用事時，百官門狀啓禮悉用紅紙，故京師紙貴頓十數倍。」

按：此知舊時門狀皆白紙。今獨翰林院官用白紙，此猶沿其舊也。

宋洪邁《容齋三筆》記：「王順伯藏高子允諸公謁刺，凡十六人，皆元祐四年朝士，惟彭器資爲中書舍人，餘皆館職。其刺字或書官職，或書郡里，或稱姓名，或只稱名。既手書之，又斥主人之字，且有同舍、尊兄之目。蔡忠惠公帖亦有二，一曰『襄奉候子石兄起居，朔旦謹謁』，一曰『襄别洪州少卿學士』。蓋又在前帖三十年之前也。」按：此乃宋人名刺舊式，不言何紙，其概用白紙可知矣。

明郎瑛《七修類稿》云：「予少年見公卿刺紙，不過今之白录紙，二寸，間有一二蘇箋，可謂異矣。今之刺紙，非表白录羅紋箋，則大紅銷金紙，長有五尺，闊過五寸，更用一綿紙封袋遞送，上下通行，否則謂之不敬。一拜帖五字，而用紙當三釐之價，可謂暴殄天物，奢亦極矣。」按：此亦可知明初刺紙尚用白紙也。

國朝趙吉士《寄園寄所寄》云：「海瑞晉南冢宰，以幣物爲賀者俱不受，報名紙用紅者亦以爲侈而惡之。」則其時名紙尚不盡用紅也。

明王世貞《觚不觚録》云：「相傳司禮首璫與内閣用單紅刺，而内閣用雙紅摺帖答之，彼此俱自稱侍生。」又云：「六部尚書、侍郎、大小九卿於内閣用雙帖，報之單紅。五部及九卿於冢宰用雙帖，亦報之單帖。余舉進士時尚然。及以太僕卿入都，則惟内閣報單帖如故，而六部以下皆以雙帖見報。余等於各部屬中書、行人等官皆用雙帖往還，殊覺陵替，所費紙亦不少。」按：此所用雙單皆紅紙也。今世所用名帖，名片，即起於此。

《觚不觚録》又云：「故相毛文簡公紀以少保居内閣，而楊文忠廷和、梁文康儲拜刺乃色箋，僅三指闊，中云楊廷和拜，梁公則或稱契末，或稱老友。毛公視二公僅後三科，答刺則曰侍生。」按：此又云「色箋」，未知何色也。

按：今上下所通行名帖皆以紅紙，惟翰林院官尚用白帖，然亦止施之於本衙門前輩。若前輩之於後輩仍紅帖也，故有「片紅不入前輩之門」之説，若以白帖爲敬者。觀嚴分宜當國時，一檢討用白單帖，謂之「抗禮」，則明人正以用紅帖爲敬耳。即此一端，足知古今之異宜。余初入翰林時，循用芸館舊章，以白帖拜前輩。或問余翰林院官何以用白帖，余無以應。後以問之諳習掌故者，亦不能言其説也。今故詳考之如此。

茶香室續鈔卷十二

《周易》之學

國朝王士禛《池北偶談》云：「蔡璵字玉汝，閩人，以明經仕爲粤東令。罷官不歸，流寓山寺。一日於市肆獨飲，忽有道人虬髯偉幹，顧盼甚異。蔡揖之坐，詢其姓名，曰秦人李坤，居華山數十年矣。因延至寺寓，見蔡案上有《周易》，曰：『頗讀此乎？』曰：『然。』試舉一卦，蔡爲述其師説，曰：『全未，全未。』蔡因拜求其學，曰：『可齋戒拜天四十九日，拜老夫亦如之，然後可教。』如其言，乃爲剖晰河洛精義，皆出程、朱之外。因旁及天文、樂律、奇門、大乙、六壬諸術，曰：『此皆《易》之一端耳。』出一小篋，隨所問剌〔一〕取諸家之書，爲蔡指示。書凡幾百卷，皆

〔一〕剌，原訛「刺」，據蔡啟盛《校勘記》改。

出篋中，才方寸而書不窮。留止五年，盡窮其奥。蔡以《易》卜垂簾都市，學《易》者率莫測其藴也。薛廷尉大武云，坤字果成。」

國朝無名氏《天山清辨》云：「吾吳有雲莊先生者，姓程，名智，字子尚，云是伊川十七世孫。家貧，年十九未知識字。一日，忽往叩某禪師，居門下。久之，不聞一語指示，因登山大哭，或笑或歌，人皆以爲狂。忽從静中大悟，下山取儒書，徧閲成誦。見《論》《孟》，曰聖人之糟粕也；見三禮，曰形器也；見《大學》《中庸》，曰近之，然猶條目耳；見《周易》，曰道在是矣。著《大易説》《中庸解》等篇數千餘言。紳士、山人、布衣、野老多從學焉，稱爲大易師雲莊先生。楊引傳曰：全太史祖望有《書程雲莊語録後》一條，稱其學合儒釋道爲一，著《守白論》，以公孫龍子爲宗。金正者，亦其弟子，葢高明之士。」

按：《周易》一經，漢唐以來説者多矣，然於此經之旨卒未有得。而方外之士往往借以自成其學，汪洋恣肆，莫可端倪，亦可見《易》道之大，而儒者所説皆其土苴矣。程智，明季人；李坤，國初人也。

神以知來，知以藏往

明于慎行《穀山筆麈》云：「神屬目爲明，知屬耳爲聰。神以知來，即人之悟性，謂之明；知以藏往，即人之記性，謂之聰，世所稱聰明者是也。有悟性者，資質發揚，屬陽，魂之精也；有記性者，資質沈著，屬陰，魄之精也。」

厥包橘柚

宋釋贊寧《筍譜》云：「東漢馬援至荔浦，見冬苞筍，上言《禹貢》『厥包橘柚』疑謂是也。」

按：依此説，則「包」當作「笣」，《集韵》五《爻》有「笣」字：「班交切，竹名，出荔浦，其筍冬生。」《太平御覽·竹部》引《東觀漢記》：「馬援至荔浦，見冬筍名笣筍，上言《禹貢》『厥包橘柚』疑謂是也。」字正作「笣」。

左太沖《吴都賦》：「苞竹抽節，往往縈結。」注云：「苞筍，冬筍也，出合浦，其味美於春夏時筍也。見《馬援傳》。」按《後漢書》本傳無此語。

白金非銀

宋朱翌《猗覺寮雜記》云：「《漢·食貨志》：『金三品，黄金爲上，白金爲中，赤金爲下。』孟康注曰：『白金，銀也。赤金，銅也。』故天下皆曰白金爲銀。其後曰『造銀錫白金』，既造銀，又造白金，則白金疑非銀，恐是金之白者。赤金亦金之赤者，金三等以色之淺深爲别。《漢武紀》『收銀錫造白金』，則銀與白金昭然二物。」

按：此知《尚書》「惟金三品」枚傳義不足據，當從鄭君舊説。然「白金謂之銀」又《爾雅》明文，未可竟廢也。

織皮

國朝俞正燮《癸巳存稿》云：「織皮如今藏氆氇及西寧邊外番族氊貨，《禹貢》在梁、雍二州。」

璣組

國朝俞正燮《癸巳存稿》云：「《禹貢》『璣組』，古雜佩用之。苗人纓絡，湖、廣及雲、貴、四川皆然，佛書謂之瓔珞。」

鳩巢

國朝方濬頤《夢園叢説》云：「鵲巢鳩占，夫人知之矣。實則鳩巢鵲占。曩見羣鳩構一巢於樹巔，鵲伺其出，入巢遺矢。鳩歸，怒與鵲鬭，弗勝，遂避去，巢爲鵲有。」按：此與詩人所見迥異。

終風且颮

明楊慎《藝林伐山》云：「韋昭曰：『颮，風之聚隈者也。』古音庖，又音暴。《詩》曰：終風且颮。」按：此未詳所出，韋昭語則見《文選》班固《答賓戲篇》注。

渥丹

國朝虞兆漋《天香樓偶得》云：「《秦風·終南》之詩曰『顔如渥丹』。渥丹，花名，根莖花瓣悉似百合而小，四五月開花，殷紅可愛。詩人讚美君子顔色紅潤，故以此花擬之。《東門之枌》曰『視爾如荍』，正與同意。《簡兮》之詩曰『赫如渥赭』，或即渥丹之異名。」

竹苞

國朝惲敬《大雲山房雜記》云：「《酉陽雜俎》：『棘竹，一名苞竹，節皆有刺，數十莖爲一叢。或自崩根出，大如酒甕，縱横相承，大如繅車。』今江西多有之，《斯干》詩『言如竹苞』以此。」

伯仲塤篪

明張萱《疑耀》云：「余閲古今樂律諸書，知七音各自爲五聲，如宫磬鳴而徵磬和。獨塤、篪則二器共爲一音，塤爲宫而篪之徵和，塤爲商而篪之羽和。故曰『伯氏吹塤，仲氏吹篪』，伯宫也，仲徵也，此古人所以喻同氣也。」

梧桐生矣

明張萱《疑耀》云：「凡燒餘赭黔之土，心星照之，則梧桐自生。是梧桐乃自生之物，非待於種，故《詩》曰『梧桐生矣』，用字不苟如此。」

朱文公廢《詩序》有所本

宋朱翌《猗覺寮雜記》云：「蘇子由解《詩》，不用《詩序》。」又云：「蘇子由解《詩》不用《序》，以爲非子夏作。」按：此知朱紫陽廢《詩序》不用，亦有所本。

明代《儀禮逸經》

明郎瑛《七修類稿》云：「《一統志》：『永樂中，沅州刺[一]史劉有年上《儀禮逸經》十八篇。』是《儀禮》未亡也。當時廟堂無一人表章，豈古人求逸書之意邪？」按：《儀禮逸經》安得至明代尚在？疑即元儒吴澄之《儀禮逸經傳》，凡經八篇，傳十篇，正十八篇也。

[一] 刺，原訛「剌」，據蔡啟盛《校勘記》改。

然禖

國朝趙吉士《寄園寄所寄》引《南州異物志》云：「交州有果然獸，其名自呼。身如猨，犬面尾長，腹圓斑文。皮可爲褥，麗好温煖。」按：《周官·巾車職》「然禖」鄭注曰：「然，果然也。」余以「果然」不得但謂之「然」，且「果然」之獸不見於他經，疑「然」乃「麙」之假字，引「計倪」亦作「計然」爲證，説見《羣經平議》。今觀此，乃知「果然」之皮實可用，經師舊説未可廢也。

猩猩能言，不離禽獸

國朝洪亮吉《曉讀書齋初録》云：「《曲禮》：『猩猩能言，不離禽獸。』是猩猩一物兼有禽獸之名。故《字林》一則曰『猩猩，能言鳥也』，一則曰『能言獸也』。《山海經》曰『人面豕身』，《交州圖經》『猩猩如豕，人面，又似黄狗』，此所以名曰『獸』；又曰『頭如雄鷄』，此所以名曰『禽』。陸德明《釋文》引盧本云『一作走獸』，恐非。」按：自來説《曲禮》者皆以禽、獸可通稱爲解，洪氏此説殊新。

橋

宋吴曾《能改齋漫録》引《符子》云：「朔人獻燕昭王以大豕，王令衡官橋而量之，折十橋，豕不量；命水官浮舟而量之，其重千鈞。」按：此知古人名「稱」爲「橋」。《曲禮》「奉席如橋衡」似當作此解，鄭注「井上桔槔」之説非也。

孔子過泰山側

國朝俞正燮《癸巳存稿》云：「《禮·檀弓》『孔子過泰山側』，今泰山西桃峪上源有老虎窩、猛虎溝，云是當日遺跡。」

湯盤

金元好問《續夷堅志》云：「安常字順之，從党承旨學大篆，多識古文奇字。太和末，曾見内府所藏湯盤，作白玉方斗，近四寸，底銘九字，即『德日新，日日新，又日新』也。」按：此必後人僞作，非古器。《續夷堅志》未見其書，此條見漁洋山人《居易録》。

行怪

國朝王士禛《居易録》云：「董斯張《吹景集》載唐人詩用字異音。元微之《痁卧》詩：『一生長苦節，三省詎行怪。』怪音乖。」按：此必用《中庸》「索隱行怪」語，葢古有此讀也。

春秋推見至隱

明于慎行《穀山筆麈》云：「『《易》本隱以之顯』，由隱而顯也，是以天道合之人事。『《春秋》推見至隱」，由顯而隱也，是以人事本之天道。《易》理從内向外説，《春秋》從外向内説。『見』字讀作『現』字，與『顯』字同。今世讀者以『推見』『見』字作『見物』『見』字，謂《春秋》能推見至隱處，左矣。」

「末疾」有二解

國朝俞正燮《癸巳存稿》云：「《左傳·昭元年》『風淫末疾』有二義。賈逵以『末疾』爲首疾。服虔云：『末疾，頭眩疾。』古人目足曰跟、曰底、曰胝，皆以在下爲根柢，故可以首爲末。杜預云：『末疾，四肢緩急。』案：《禮·樂記》『奮末廣賁之音』，注云：『奮末，動使四肢。』《素問·繆刺論》云『布於四末』，《管子·内業篇》云『氣不通於四末』，是末疾，四肢緩急也。」按：今人止知杜義，罕知賈、服義。

闔閔

國朝施可齋《閩雜記》云：「鄭成功據臺灣，改其門爲闔閔，以春秋鄭國有闔閔之門也。

《左氏傳·莊公二十八年》「楚公子元伐鄭，入於桔柣之門」，《悼二十四年》「知伯伐鄭，入於桔柣之門」，字皆從木。惟元韓道昭《五音集韵》有『闍閍』字，云『與桔柣同』。成功時，勝國諸臣皆棄家相從，其參軍陳永華又本漳州名秀才，故二字不同杜撰。」

按：《廣韵》十六《屑》有「閍」字云：「闍閍，鄭城門也。《左傳》作桔柣。」則此二字亦古矣。

春秋時逸事

晉干寶《搜神記》云：「晉獻公二年，周惠王居於鄭。鄭人入王府，多脱化爲蜮，射人。」

宋岑象求《吉凶影響録》云：「魯定公元年，有九蛇繞柱，占以爲九世廟不祀，乃立煬宫。」

「使民戰栗」是哀公語

宋洪邁《容齋五筆》云：「古人立社，因其土地所宜木，初非求異。哀公本不必致問，既聞『用栗』之言，遂起『使民戰栗』之語。孔子責宰我不能因事獻可替否。或謂『使民戰栗』一句亦出於宰我，記之者欲與前言有别，故加「曰」字以起之，亦是一説。然出於我，則導君於猛，顯爲非宜；出於哀公，則便即時救正，以杜其始，兩者皆失之。」按：今人皆以「戰栗」語爲出於宰我，觀洪氏此論，則宋人讀《論語》者有此兩説也。

「述而不作」二句爲彭祖詩

國朝嚴元照《娱親雅言》云：「『述而不作，信而好古』，自來皆以爲孔子自言。《漢博陵太守孔彪碑》云：『述而不作，彭祖賦詩。』是以此二語爲老彭之言，然以之爲詩甚奇。錢氏大昕曰：『作與古諧韵。』」按：此説亦可信。古人多矣，孔子何獨以老彭自比？蓋述其言，故竊比其人耳。

《吕氏春秋》以「普天之下」四句爲舜自作詩，亦必自古相傳之説，《北山》之詩襲用舜語耳。《北山》首章首四句即《杕杜》三章首四句，然則此四語襲用舜詩，亦何疑乎？

犂牛之子

國朝沈濤《銅熨斗齋隨筆》云：「《論衡·自記篇》曰：『鮌惡禹聖，叟頑舜神。伯牛寢疾，仲弓潔全。顔路庸固，回傑超倫。』是以仲弓爲伯牛子，必古《論語》家相傳舊説，故孔子有犂牛騂角之喻，以其字爲戲耳。」

子路有聞

《昌黎先生集·知名箴》云：「今日告汝，知名之法：勿病無聞，病其曄曄。昔者子路，惟恐有聞，赫然千載，德譽愈尊。」按：此則「子路有聞」之「聞」當作「聞譽」解，亦别解也。

「色勃如也」之「勃」或讀去聲

明于慎行《穀山筆麈》云：「一日，講官進講《論語》，至『色勃如也』，讀作入聲。主上讀作背字，江陵從旁厲聲曰：『當作勃字！』上爲之悚然。及考注釋，讀作去聲者是也。蓋宫中内侍伴讀俱依注釋，不敢更易。而儒臣取平日順口字面，以爲無疑，不及詳考，故反差耳。」按：此説未是。考《經典釋文》「勃」步忽反，則此字古讀入聲，朱子《集注》無音。則不知所謂讀作去聲者是何本也。愚謂此乃南北口音之異，北音無入聲，宫中内侍伴讀者皆北人也，故讀「勃」如「背」。江陵南人，則謂當作入聲；于文定北人，則謂讀去聲者是。其實「勃」字當爲步忽反，江陵不誤也。

螬

明張萱《疑耀》云：「《晉書》盛彦之母失明年久，嘗撻其婢。婢恨，以炙螬螬啖之。母食之美，後以示彦。彦抱母痛哭，然母從此目復明。則陳仲子之目盲而復見者，以食螬之李也。因閲《本草》，亦云蠐螬汁滴目中可去障翳。《孟子》之言不誣矣。」

按：此臆説也，陳仲子之耳聾而復聞，又是何物之功乎？姑録此以爲談助。

明太祖説《孟子》

明張定《在田録》云：「有儒衣數人講《孟子》，以微子微仲、王子比干、箕子膠鬲爲六人。高皇曰：微子、王子、箕子，所封爵與國也，微仲、比干、膠鬲是人名。衆皆歎服。」按：明祖所説固屬創見，而當時儒者以「王子比干」爲二人，則亦可異也。

國朝程大中《四書逸箋》引《孟子雜記》：「王子干封於比，故曰比干。」

馬、鄭注《老子》

國朝沈濤《銅熨斗齋隨筆》云：「《王僧虔傳》嘗有書誡子曰：『汝開《老子》卷頭五尺許，未知輔嗣何所道，平叔何所説，馬、鄭何所異，《指》《例》何所明。』然則馬、鄭皆有《老子》注矣，而今不傳，他書亦所未載。」

楊升庵不讀注疏

明楊慎《升庵集》云：「『哀窈窕，思賢才』，《文選》呂向注云：『哀，葢字之誤也。哀當爲衷，謂中心念之也。』余舊疑『哀』字之難解，見呂説乃豁然矣。」按：讀「哀」爲「衷」，鄭箋舊説，呂注正述箋語耳。升庵乃以爲呂氏之説，是其未見鄭箋也。

《論語詩》《大學詩》

國朝淩揚藻《蠡勺編》云：「尤西堂嘗作《論語詩》，説者謂其經可以詩，爲才人之能事。余謂此非西堂所創也。何喬遠《閩書》言福清林子充著《論語詩》五十首，林之奇解《論語》多引之。《千頃堂書目》載許魯齋有《大學詩》一卷，每《大學》一義，輒賦七言絶句解之。但子充、魯齋專主理解，而西堂則自見才情耳。」

茶香室續鈔卷十三

經史釋音有首釋末釋之别

國朝王士禛《居易録》云：「宋時制科以詞賦試士，凡用經釋音，以首釋爲證；用史釋音，以末釋爲證。徐鳳少監《代嗣王謝賜玉帶表》用《禮記》『孚尹』二字，以『尹』爲平聲，乃用第二音，有司謂其失粘。見葉紹翁《聞見録》。」

滎〔一〕陽呂公讀書法

宋吴曾《能改齋漫録》云：「滎陽呂公教學者讀書，須要字字分明，仍每句最下一字要令聲重，聲重則記牢。」

讐正官

宋洪邁《容齋五筆》云：「唐太宗命祕書監魏徵寫四部羣書，置讐正二十員。顯慶中，罷讐正官，使散官隨番刻正。後詔東臺侍郎趙仁本等充使檢校，置詳正學士，以代散官。此名甚雅，不知何時罷去。」余謂「讐正官」之名更雅於「詳正」。

〔一〕滎，原訛「榮」，據《能改齋漫録》卷十二改。

李善注《文選》有數本

宋王讜《唐語林》云：「李氏《文選》有初注成者，有覆注成者，有三注、四注者。當初旋被傳寫之誤。其絶筆之本，兼釋音訓義，注解甚多。」

《文中子》阮龔本不同

宋陳亮《龍川集·書類次文中子後》云：「阮氏本曰：『嚴子陵釣於湍石，爾朱榮控勒天下，故君子不貴得位。』龔氏本則曰：『嚴子陵釣於湍石，民到于今稱之。爾朱榮控勒天下，死之日民無得而稱焉。故模倣《論語》者，門人弟子之過也。』龔氏本曰：『出而不聲，隱而不没，用之則成，舍之則全。』阮氏本則因董常而言，終之曰：『吾與爾有矣，故比方顔子之迹，往往過多。』」

按：《直齋書録解題》：「《中説注》十卷，太常丞阮逸天隱撰。」又：「十卷，正議大夫淄川龔鼎臣輔之撰。自甲至癸爲十卷，而所謂前後序者在十卷之外，亦頗有所删取。李格非〔一〕跋云：『龔自謂明道閒得唐本於齊州李冠，比阮本改正二百餘處。』今世閒所行者皆阮本，惜未得龔本校其異同也。

《左錦》

國朝閻若璩《潛邱劄記》云：「傅山先生少躭《左傳》，著《左錦》一書，祕不示人。」按：今坊閒盛行馮李驊《左繡》一書，而傅青主之《左錦》，則世無知者矣。

李商隱撰《蜀爾雅》

宋陳振孫《直齋書録解題》云：「《蜀爾雅》三卷，不著名氏。《館閣書目》：『案：李邯鄲

〔一〕非，原訛「川」，據《直齋書録解題》卷九改。

云：唐李商隱采蜀語爲之。』當必有據。」按：李商隱有《蜀爾雅》，亦世所罕知也。

李氏兩《花萼集》

宋陳振孫《直齋書録解題》云：「《李氏花萼集》五卷，廬陵李氏兄弟五人：洪子大，漳子清，泳子永，洤子召，淛子秀，皆有官閥。」按：《唐書·李乂傳》：乂字尚真，與兄尚一、尚貞「俱以文章自名，弟兄同爲一集，號《李氏花萼集》」，世多知之，不知宋時亦有此《李氏花萼集》也。據《直齋解題》，此集歸入歌詞類，則詞集非詩文集。

《書敍指南》

明楊慎《升庵集》云：「《書敍指南》，專爲尺牘設。所引諸書今多亡逸，如《書集》一書古人尺牘之會彙者，《隋·經籍志》即無其目。以此知古書之不傳者何限哉！《書集》中所引朱娥王姬，特多婦人之文，又不知其何也。」

郎瑛《續庚巳編》

國朝錢謙益《絳雲樓書目》雜記有郎瑛《續庚巳編》。按：明陸粲有《庚巳編》，亦見《絳雲樓書目》。郎氏此書必繼陸氏而作者也。今世止傳郎瑛《七修類稿》，而此書不傳。

《説郛》全部

國朝周亮工《書影》云：「余幼時在金陵，聞舊曲中老寇四家有《説郛》全部，以四大廚貯之。近見虎林刻本纔十六套，每一種爲數少者尚全鐫，多者咸爲逸去，甚至每一集有存不四五葉者。陶氏當時即有去取，未必如是之簡。此刻未出時，博古之士多有就寇氏鈔録者；及此刻出，以爲《説郛》盡於此，更不知求其全。余嘗言自刻本《説郛》出而《説郛》亡矣。」

馬氏《繹史》有改定本

國朝閻若璩《古文尚書疏證》云：「鄒平馬公驌，字宛斯，當代之學者也。司李淮郡，後改任靈璧令。余以癸丑東歸，過其署中，秉燭縱談。因及《尚書》有今文、古文之别，公不覺首肯。余曰：『公著《繹史》引及《尚書》處，不可不分標出今文古文。』公曰：『然。』今《繹史》有今文、古文之名者，自余之言始也。」按：今行《繹史》本無今文、古文之别，潛邱所見之本惜不傳也。往年戴子高嘗爲余言：《繹史》中所載僞《古文尚書》宜删去之，葢不知有此説。

《南京景物略》

國朝宋犖《筠廊偶筆》云：「麻城劉同人侗著《南京景物略》，未成。余宦黄時，求其遺稿不可得，或曰爲好事者竊去。」按：人知劉有《帝京景物略》，不知更有此作，惜不傳耳。

《辨鴂録》

宋陳振孫《直齋書録解題》云：「《辨鴂録》一卷，不著名氏。譯語也，凡八篇。」余謂「辨鴂」之名施之契丹，殆未當。

《勸善書》

國朝葉名澧《橋西襍記》云：「宋晁氏公武《郡齋讀書志》小説類：『《勸善書》六卷，周明寂元豐中纂道釋、神奇、禍福之效前人所傳記者，成一編，以誡世。《拾遺》十五卷，疑亦明寂所纂。』又考宋葉留，字景良，括蒼人，亦有《爲政善報》十卷，採取經史各説以及當時宦蹟、功在生民、慶留後裔者，以爲一編，爲有位者勸。名澧曩見《千古功名鏡》十三卷，亦宋人所撰，題曰瑞鼇吴大有《勉道編》。其書以陰德爲首，凡夢卜相命，取其功名感應之尤切者附著焉。至明仁孝皇后《勸善書》二十卷，刊成於永樂三年，尤爲繁富。」

按：宋太平興國中，李昉撰《太平廣記》，首列引用書目，有《冥報拾遺》《陰德傳》《感應傳》《報應録》《報冤記》《警誡録》等書，皆宋以前舊籍，亦勸善書也。

《精騎集》

明何孟春《餘冬敘録》云：「秦少游自言：『小時讀書，有强記之力，而常廢於不勤。及長，聰明衰耗，有勤苦之勞，而嘗廢於善忘。因讀《齊史》，見孫搴答邢卲曰：「我有精騎三千，足敵君羸卒數萬。」心善其説，因取經傳子史事之可爲文用者，得若干條，爲若干卷，題曰《精騎集》。』朱子《與吕東萊書》：『近見建陽印一小册，名《精騎》，云出賢者之手，不知是否。此書流傳，恐誤後生輩，讀書愈不成片段也。』東萊之所名者，亦取之孫搴所云。而晦庵不言少游已有此集，何也？」按：此則少游與東萊並有《精騎集》，今皆不傳。其書雖紫陽所不取，然使至今尚存，亦學者所寶矣。

《課孫草》

明沈德符《野獲編》云：「辰玉辛丑授官，即奉差歸里，日惟課子。每命一題，輒自作一首。乃孫晚謁，大父必問『今日何題，乃父文云何』。其孫呈覽，輒云不佳，即呼紙走筆，頃刻而成。今所刻《課孫草》是也。」按：所謂大父者王太倉也。辰玉即太倉之子。近時陳太僕有《課孫草》之刻，余亦曾襲其名，皆本太倉也。

《太公家教》

唐《李翺文集·答朱載言書》云：「其理往往有是者，而詞章不能工者有之矣。劉氏《人物表》、王氏《中説》、俗傳《太公家教》是也。」按：《太公家教》不知何書。宋項安世《項氏家説》曰：「古人教童子，多用韵語，如今《蒙求》《千字文》《太公家教》《三字訓》之類。」據此則宋時尚有之也。

黄九煙重編《百家姓》

國朝趙吉士《寄園寄所寄》云：「《百家姓》但有字，無文理。黄九煙編之成文，妙矣。」按：此書今不傳。

又按：尤侗《艮齋雜説》：「黄九煙有《改韵千字文》。」《寄園寄所寄》又云：「前朝《千家姓》以『朱奉天運』起文，然未見有天姓者。」按：此則明時别有《千家姓》一書也。

《百家姓》

國朝王士禛《居易録》云：「御製《百家姓》首云：『孔師闕黨，孟席齊梁。高山詹仰，鄒魯榮昌。冉季宗政，游夏文章。』即開端數語，已見崇儒重道之盛心矣。」按：今世通行《百家姓》仍是「趙錢孫李」舊本。而聖祖御製舉世罕見，不知當日曾頒列學官否也。

明楊慎《升庵集》云：「洪武十四年五月朔，翰林院編修吴沈、典籍劉仲質、吴伯宗據户部黄册編爲《千家姓》以進。今教童子者猶以宋世《百家姓》訓蒙，失之矣。其中如𪏭之音萬，𨋢之音呼，禤之音喧，厙之音赦，本厙字而去其上點，佘之音蛇，本余字而强更從入下示，乜之音彌也切，本也字而去其中畫，皆無義而强從俗音。」按：明代有《千家姓》，今亦無傳。

明沈德符《野獲編》云：「正德間，嬖倖錢寧冒國姓。其孀也氏死，朝士有作奠文者，以『也』姓無出，改稱『乜』。錢不納，俾改正，始受之。雲南阿雄關土巡檢姓『者』，羅雄州土知州亦姓『者』。又四川雄鎮府女土官『者氏』，正堪與錢寧孀『也氏』作確對。」按：如沈氏之意，又似「也」姓應作「乜」矣。

《萬字文》

明楊慎《升庵集》云：「周興嗣撰《千字文》，隋滿徽撰《萬字文》。」按：《萬字文》不傳，未知如何。

《洪武通韻》

明周賓所《識小編》云：「洪武二十三年，《洪武正韻》頒行已久，上以字義音切尚多未當，命詞臣再校之。學士劉三吾言，元國子監生孫吾與所纂《韵會定正》音韵歸一，應可流傳。遂以其書進。上善之，更名《洪武通韵》刊行焉。今其書不傳，仍行《正韵》。」

《聲音文字統》

明郎瑛《七修類稿》云：「《聲音文字統》計百册，國初餘姚古則趙先生撰也。書學至趙爲極精，趙成此書爲至備，作亦不易成也。當時獻之於朝，藏之木天。正統中修書，中官借與中書舍人姜立綱，遂失全集。閣中止遺目録數本。邱文莊見而恨之，批書尾曰：『盗此者當身首異處。』」按：《明史·藝文志》「趙古則《聲音文字通》一百卷」，即此書也，又有「《六書本義》十二卷」。

又按：明焦竑《國史·經籍志》「《六書本義》十二卷、《聲音文字通》十二卷」，均注趙撝謙。然則此書自名《聲音文字通》，《七修稿類》作「統」，誤也。惟其人名撝謙，古則當是其字，故稱之曰「古則趙先生」，非斥其名可知矣。《明史》竟書「趙古則」，非也。又書止十二卷，史云一百卷，誤以一册爲一卷耳。

明行人司藏書最富

國朝王夫之《識小録》云：「翰林名讀中祕書，而實無一書之可讀。惟行人司每一員出使，則先索書目以行，購書目中所無者，多至數册，少亦必一册，納之司署，專設司吏一人收貯簡曬。故行人司藏書最富。」

明沈德符《野獲編》云：「京師蓄書，自文淵閣之外，即推行人司與刑部提牢廳。」是明代提牢廳亦蓄書也。

麻沙

國朝周亮工《書影》云：「岳亦齋云：『康伯可《順庵樂府》，今麻沙尚有之。』麻沙屬建陽縣，建陽鐫書人皆在麻沙一帶。」按：今謂刻書之不精者曰「麻沙本」，以此。

國朝施可齋《閩雜記》：「麻沙書版自宋著稱。明宣德四年，衍聖公孔彦縉以請市福建麻沙版書籍咨禮部。尚書胡濙奏聞，許之，並令有司依時值買紙摹印。弘治十二年，敕福建巡按御史釐正麻沙書版。嘉靖五年，福建巡按御史楊瑞、提督學校副使邵誠請於建陽設立官署，派翰林春坊官一員監校麻沙書版。尋命侍讀汪佃領其事，皆載禮部奏稿。是明時麻沙書版且有官監校矣。今則市屋數百家，無一書坊。或言建陽、崇安接界處有書坊村，皆以刊印書籍爲業，其地與麻沙相近，殆舊俗猶沿，而居處易耳。然書坊村所印之書譌脱舛漏，紙甚醜惡。數百年擅名之區，不知何時降至此也。」

又云：「按：《石林燕語》云：『天下印書，以杭州爲上，蜀本次之，福建最下。蜀與福建多以柔木爲之，取其易成而速售，故不能工。』然則宋時麻沙版之著稱，特以其多耳，非爲精美也。」余按：明代屢有釐正監校之命，則其多而不精可見矣。

《閶閭淘真》

明郎瑛《七修類稿》云：「小説起宋仁宗。《閶閭淘真》之本之起，亦云『太祖太宗真宗帝，四帝仁宗有道君』。」按：《淘真》不知何書，以七字爲句，殆即今之彈詞。明代當尚有其書，故郎氏得見之也。

國朝黄士珣《北隅掌録》引《西湖志餘》云：「杭州男女瞽者多學琵琶，唱古今小説平話，以覓衣食，謂之『陶真』。大抵説宋時事，蓋汴京遺俗也。」

《黑白傳》

國朝章有謨《景船齋雜記》云：「董思白在鄉時，鄉人皆惡之，俗所傳《黑白傳》傳奇是也。」

按：《黑白傳》今不傳，未詳其事。

《英烈傳》

明沈德符《野獲編》云：「武定侯郭勳在世宗朝號好文多藝，能計數。今新安所刻《水滸傳》善本，即其家所傳。前有汪大函序，託名『天都外臣』者。勳以議大禮得上寵，謀進爵上公，乃自撰開國通俗紀傳名《英烈傳》者，内稱其始祖郭英戰功幾埒開平、中山；而鄱陽之戰，陳友諒中流矢死，當時本不知何人，乃云郭英所射。令内官之職平話者，日唱演於上前。」按：《英烈傳》今尚有之，不知爲郭勳作也。

明郎瑛《七修類稿》云：「鄱陽湖之戰，郭英、子興兄弟侍上側。友諒啓窗視師，英望見異常，開弓射之，箭貫其顱及眼而死。至今人知友諒死於流矢，不知郭所發也。太祖聞友諒死，喜甚，曰：『郭二兄弟一箭勝十萬師。』蓋子興乃英之兄，行二，而英行四。太祖每稱郭四者，英也。英不居功，故人不知，獨《英烈傳》中明載。」按：此則郎氏又以此箭真屬郭英。

明祝允明《野記》云：「友諒啓窗顧視，宣武遽射之，矢貫其臚及睛而死。」按：宣武者郭子興也，則以爲郭子興而非郭英。

《想當然》

國朝周亮工《書影》云：「元人作劇，專尚規格。予門人邗江王漢恭，名光魯，所作《想當然》，猶有元人體裁。《想當然》託盧次楩之名以行，實出漢恭手。」

《一捧雪》

國朝劉廷璣《在園雜志》云：「有人持玉杯，曰『此一捧雪也』。余曰：『不知是莫太常家藏，是莫成僞造者？』爲之一笑。後據楊次也太守云，乃祖爲少司馬時曾見之，氣魄甚大，情色俱美。主人曰：『此真一捧雪也，當於日下觀之。』因映日細看，杯内雪片紛紛如飄拂狀，以是知命名不虚也。」按：《一捧雪》傳奇乃託詞耳，不謂真有此杯也。

《水滸傳》原本

國朝周亮工《書影》云：「故老傳聞，羅氏《水滸傳》一百回，各以妖異語引其首。嘉定時，郭武定重刻其書，削其致語，獨存本傳。金壇王氏《小品》中亦云：此書每回前各有楔子，今俱不傳。」

《水滸》評本

國朝周亮工《書影》云：「葉文通名晝，無錫人。多讀書，有才情，故爲詭異之行。或自稱錦翁，或稱葉五葉，或稱葉不夜，最後名梁無知，謂梁谿無人知之也。當温陵《焚》《藏書》盛行時，坊閒種種借温陵之名以行者，如《四書》第一評、第二評，《水滸傳》《琵琶》《拜月》諸評，皆出文通手。」按：今人止知有金聖歎《水滸》評本，前乎此有葉文通，則無聞矣。

《書影》又云：「《水滸傳》相傳爲洪武初越人羅貫中作，又傳爲元人施耐庵作。田叔禾《西湖游覽志》又云此書出宋人筆。近日金聖歎自七十回之後斷爲羅所續，極口詆羅，復僞爲施序於前，此書遂爲施有矣。」

《書影》又云：「《續文獻通考》以《琵琶記》《水滸傳》列之《經籍志》中。雖稗官小説，古人不廢。然羅列不倫，何以垂遠？」

《後水滸》

沈登瀛《南潯備志》云：「陳雁宕忱，前明遺老，生平著述並佚，惟《後水滸》一書乃游戲之作，託宋遺民刊行。」按：此書余曾見之，不知爲陳雁宕作也。

《西游補》

國朝鈕琇《觚賸續》云：「吴興董説，字若雨。余幼時曾見其《西游補》一書，俱言孫悟空夢游事，鑿天驅山，出入《老》《莊》，而未來世界曆日先晦後朔，尤奇。」按：此書未知今尚存否。

毛西河更正《西廂記》

國朝毛奇齡《西河詞話》云："《西廂》久爲人更竄，余求其原本正之，逐字覈實，其書頗行。"按：今人止知有金聖歎之《西廂》，不知有毛西河之《西廂》。

《儒林外史》

國朝葉名澧《橋西雜記》云："坊閒所刊《儒林外史》五十卷，全椒吴敬梓所著也。字敏軒，一字文木，乾隆閒人。嘗以博學鴻詞薦，不赴。襲父祖業甚富，素不習治生，性復豪上，不數年而産盡。醉中輒誦樊川『人生直合揚州死』之句，後竟如所言。程魚門吏部爲作傳。"按：嘉興李富孫《鶴徵後録》載不就試者二十五人，無吴敬梓。惟有吴檠，字青然，全椒人。乃與試而未用者，恐非其人也。

茶香室續鈔卷十四

唐宋七大家

國朝錢大昕《養新録》云：「李紹序《蘇文忠集》云：『古今文章作者非一人，其以之名天下者，惟唐昌黎韓氏、河東柳氏、宋廬陵歐陽氏、眉山二蘇氏及南豐曾氏、臨川王氏七大家。』自注云：『明成化四年，江西吉安府重刊大蘇七集，紹爲之序。紹，廬陵人。』」按：茅鹿門所定八大家本此，但增入老蘇耳。

古人絶句亦稱律詩

國朝沈濤《銅熨斗齋隨筆》云：「今人以四韵爲律詩、兩韵爲絶句。白樂天《與元微之書》

云：『又有五言、七言長句，自一百韵至兩韵者，四百餘首，謂之雜律詩。』然則長句、絶句古人皆謂之律詩矣。」

往體詩

國朝沈濤《銅熨斗齋隨筆》云：「余嘗得汲古閣所藏宋版《松陵集》，每卷標題下云往體詩若干首，今體詩若干首。以古體爲往體，僅見。」

杜詩「黄知橘柚來」之誤

宋樓鑰《攻媿集》有《答杜仲高書》云：「嘗與蜀士黄文叔裳食花椑，因問〔一〕：『蜀有此乎？』黄曰：『甚多，正出閬州。杜詩「黄知橘柚來」極爲佳句，然誤矣。嘗親到蒼溪縣，順流而

〔一〕問，原訛「聞」，據《攻媿集》卷六六改。

下，兩岸黄色照耀，真似橘柚，其實乃此椑也。工部既誤以爲橘柚，有好事者欲爲之解嘲，爲于其處大種橘柚。終以非其土宜，無一活者。』」按：《攻媿》此《書》言杜詩者三事，余獨録此一事，以見詩人之辭不可爲典要也。

韓翃詩誤

國朝洪亮吉《北江詩話》云：「唐韓翃詩：『日暮漢宫傳蠟燭。』然燭之用蠟，不知起於何時。古人之燭或用麻，或用木蓼，或用胡麻，或用脂膏，並無所謂蠟燭。《潛夫論·遏利篇》始有『脂蠟明燈』之語，蠟燭容起於東漢以後。詩人之詩固不必責以考據也。《西京雜記》雖有『閩越王獻高帝蜜燭』事，然《雜記》所言本非可據。」

薰風啜茗時

明楊慎《升庵集》云：「杜子美《何將軍山莊》詩『薰風啜茗時』，今本作『春風』，非。此詩十首皆一時作，其曰『千章夏木清』，又曰『紅綻雨肥梅』，皆是夏景可證。」按：此乃《重過何氏》五首之第三首，非前十首也。升庵説微誤。

《升庵集》又云：「杜詩古本『野艇恰受兩三人』，淺者不知『艇』字有平音，乃妄改作『航』字。古樂府云：『沿江有百丈，一濡多一艇。上水郎擔篙，何時至江陵？』艇音廷，杜用此音也。」按：此未知可信否，姑廣異聞。

孟浩然詩失黏

國朝王夫之《薑齋詩話》云：「孟浩然『氣蒸雲夢澤』，不知『雲土夢作乂』『夢』本音『蒙』；『青陽逼歲除』，不知『日月其除』『除』本音『住』。」

按：《尚書音義》：「夢，亡弄反，一音武仲反，徐莫公反。」則「雲夢」句不得竟以爲誤。

韓文「昌陽引年」之誤

宋吴曾《能改齋漫録》云：「昌蒲、昌陽，兩種物也。陶隱居云：『生石磧上細者爲昌蒲，生下溼地大根者爲昌陽，不可服食。』而《聖濟總録》乃云『昌蒲謂之昌陽』。以今觀之，昌陽待泥土而生，昌蒲一有泥滓即死矣。蓋其失自韓退之《進學》『以昌陽引年』，退之亦以昌陽爲昌蒲矣。東坡《石昌蒲贊序》亦有昌蒲、昌陽之辨。」

唐人論《平淮西碑》文

宋王讜《唐語林》云：「柳八駮韓十八《平淮西碑》云：『「左飧右粥」何如我《平淮西雅》云「仰父俯子」？』又曰：『韓《碑》兼有冒子，使我爲之，便説用兵討叛矣。』」然則昌黎此文在當時亦有未饜人意者。

又云：「段相文昌重爲《淮西碑》，碑頭便曰：『韓弘爲統，公武爲將。』用左氏『欒氏將中軍，欒黶佐之』文勢也，甚善。亦是效班固《燕然碑》樣，别是一家之美。」

宋時復立韓碑

宋洪邁《夷堅甲志》云：「陳珦字中玉，政和中爲蔡州守。謁裴晉公廟，讀《平淮西碑》，乃段文昌所製。怪而問邦人，曰：『自韓文公碑刻石，後爲李愬卒所訴，以爲不述愬功，而專美晉公。憲宗詔文昌别撰，事已久矣。』珣忿然不平，即日磨去舊碑，别諉能書者寫韓文刻之。」按：此知蔡州裴晉公廟亦有《平淮西碑》，宋時又磨段文而刻韓文。此亦世所不知也。

韓昌黎《擬范蠡書》

明楊慎《升庵集》云：「孫何稱韓退之《擬范蠡與大夫種書》意出千古，理振羣疑。今集中無此文。」

宋廣平《梅花賦》非真

國朝宋翔鳳《過庭録》云：「李忠定綱《梅花賦序》云：『皮日休稱：宋廣平之爲人，疑其鐵心石腸，及觀所著《梅花賦》清便富豔，得徐庾體。然廣平之賦今闕不傳，因極思以爲之賦，補廣平之闕云云。』則廣平之賦久佚不傳，今傳《梅花賦》其中多襲忠定之語。又按：顔魯公《宋文貞公神道碑》曰：『十六歲時讀《易》，曠時不精。公遲而覽之，自亥至寅，精義必究。明年進士高第。』又云：『蘇味道爲侍御史出使，精擇判官，奏公爲介。公作《長松篇》以自興，《梅花賦》以激時。蘇深賞歎之，曰：真王佐也。』據此則宋公十七歲登第，碑言公薨於開元二十五年，年七十五。以此知十七歲爲高宗調露元年。今傳《賦序》云：『垂拱二年，余春秋二十有五。戰藝再北，隨從父之東川云云。』謂武后時尚未登第，已是謬説。碑言作《梅花賦》爲味道幕僚時，亦不得有隨從父東川之説也。」

按：元劉壎《隱居通議》載廣平《梅花賦》有二篇，而頗以其後一篇爲疑。余已載於《叢鈔》卷七〔一〕矣。今乃知二賦皆僞，未知何人所作也。

又按：自皮日休稱廣平《梅花賦》不類其爲人，世遂以此賦例之陶令《閑情》矣。不意當日蘇味道以此決其爲王佐才。然則廣平《梅花賦》比王沂公《梅花詩》身分更高。此亦人所未知也。

廣平《梅花賦》刻入《楊升庵集》中，有跋云：「右唐宋文貞公《梅花賦》，皮日休稱其清便，

〔一〕 七，當作「八」。

得徐庾體，作《桃花賦》以擬之。至宋世已散逸不傳，史繩祖《學齋佔畢》恨其未見。慎既得之於舊石刻中，乃拓而傳之。六一公謂姚、宋不數於篇章，豈其然哉？」按：升庵所見舊石刻，惜不言何年所刻。

宋景文悔其舊作

宋陳振孫《直齋書録解題》引《景文筆記》云：「余於爲文，似蘧瑗年五十知四十九年非，余年六十始知五十九年非。每見舊所作文章，憎之必欲燒棄。梅堯臣喜曰：『公之文進矣。』」又云：「景文未第時，爲學於永陽僧舍。或問曰：『君好讀何書？』答曰：『余最好《大誥》。』故景文爲文謹嚴，至修《唐書》，其言艱，其思苦，蓋亦有所自歟？」

《西銘》有疵

國朝張爾岐《蒿庵閒話》云：「《西銘》云：『富貴福澤，將厚吾之生也。』竊議其不然。天之福此一人者，亦欲其錫福衆子耳。福彌大者責彌重，憂彌深。若曰『厚吾生已也』，天豈以君相之位爲私賞哉？」

蘇明允《漢高帝論》有所本

宋吳曾《能改齋漫録》云：「老蘇論漢高祖云：『不去吕后者，爲惠帝計也。』按：唐李德裕《羊祜留賈充論》云：『漢高不去吕后，亦近於此。漢高嬖戚姬，愛如意，思其久安之計，至於悲歌不樂。豈不知除去吕后，必無後禍。況吕后年長有過，稀復進見，漢高棄之如去塵垢。實以惠帝闇弱，必不能自攬權綱；其將相皆平生故人，俱起豐沛，非吕后剛强不能臨制。所以存之，爲社稷也。』乃知老蘇本此。」余謂此乃闇合耳，非必襲用李説。老蘇論《春秋》，適合公羊家託王於魯之意。亦是闇合，非用公羊説也。

「舉網得魚」是鱖魚

宋朱翌《猗覺寮雜記》云：「《後赤壁賦》：『舉網得魚，巨口細鱗，狀如松江之鱸。』多不知爲何等魚，考之乃鱖也。《廣韵》注：『鱖，巨口細鱗。』」

注東坡詩蘄春士人

宋洪邁《容齋二筆》云：「政和初，蔡京禁蘇氏學。蘄春一士獨杜門注其詩。錢伸仲爲黄岡尉，因考校上舍，往來其鄉。三進謁，然後得見。首請借閲其書，士人指案側巨編數十，使隨意抽讀。適得《和楊公濟梅花十絶》，注云：『玉奴，齊東昏侯潘妃小字。臨春、結綺者，陳後主三閣之名也。』伸仲曰：『所引止於此耶？』曰：『然。』伸仲曰：『唐牛僧孺所作《周秦行紀》記入薄太后廟，見古后妃輩，所謂「月池雲階見洞仙」，東昏以玉兒故，身死國除，不擬負他，乃是此篇所咏。先生何爲没而不書？』士人恍然失色，顧其子然紙炬悉焚之。伸仲勸使姑留之，竟不可，曰：『吾枉用工夫十年，非君幾貽士林嗤笑。』」按：此士於舉世不爲之時，閉户注蘇詩，不可謂非有志之士，惜不傳其姓名也。

黄山谷襲用白樂天詩

宋洪邁《容齋一筆》云：「黄魯直《黔南十絶》盡取白樂天語，其七篇全用之，其三篇頗有改易。樂天《寄行簡》詩凡八韵，後四韵云：『相去六千里，地絶天邈然。十書九不達，何以開憂顔。渴人多夢飲，饑人多夢飡。春來夢何處？合眼到東川。』魯直翦爲兩首，其一云：『相望六千里，天地隔江山。十書九不達，何用一開顔？』其一云：『病人多夢醫，囚人多夢赦。如何春來夢，合眼在鄉社？』樂天《歲晚詩》十韵，首句云：『霜降水返壑，風落木歸山。冉冉歲將晏，物皆復本原。』魯直改後兩句七字，作『冉冉歲華晚，昆蟲皆閉關』。」按：古人詩一句一聯，偶同前人者往往有之，乃襲用至數韵之多，則竊所不解矣。

余與孫琴西太僕三度同年，交誼甚深，而詩格則各别。余嘗語之曰：「吾所師者唐之白，君所師者宋之黄也。」乃觀此，則黄之與白未始不相襲。

《容齋》又云：「杜子美詩：『夜足霑沙雨，春多逆水風。』白樂天詩『巫山暮足霑花雨，隴水春多逆浪風』全用之。」按：如此之類，古人集中甚多，不足爲異。

閩音押韵

明楊慎《升庵外集》云：「林外字豈塵，有《洞仙歌》書於垂虹橋，人疑爲吕洞賓。傳入宫中，孝宗笑曰：『「雲屋洞天無鎖」，「鎖」與「老」叶韵，則「鎖」音「掃」，乃閩音也。』偵問之，果閩人林外。」

又云：「張仲宗詞中多以『否』呼爲『府』，與『主』『舞』字同押，蓋閩音也。如林外以『鎖』爲『掃』、俞克成以『我』爲『襖』與『好』同押，皆鴂舌之音。」

余於《叢鈔》卷七載閩士以「高」爲「歌」，考官亦閩人，遂中選，疑爲戲言。今讀此，乃知宋時閩人自以閩音押韵，不足異也。

詩用「等」字

國朝高士奇《天禄識餘》云：「北人土語以候爲等，詩人未有用者。范石湖《州橋》詩云：『州橋南北是天街，父老年年等駕迴。』用『等』字亦新。」

和詩用原韵

宋葉夢得《玉澗雜書》云：「唐以前人和詩初無用同韵者，直是先後繼作耳。傾看《類文》，見梁武《同王筠和太子懺悔》詩云『仍取筠韵』，蓋同用『改』字十韵也。詩人以來，始見有此體。」

按：《洛陽伽藍記》載王肅妻謝氏《贈公主》詩：「本爲簿上蠶，今作機上絲。得路逐勝去，頗憶纏綿時。」公主代肅答云：「鍼是貫綿物，目中恒任絲。得帛縫新去，何能納故時？」兩人贈答同用「絲」「時」二韵，此又在梁武之前。

徐五詩

國朝王應奎《柳南隨筆》云：「徐五名開元，字振烈。人傳其詩云：『金以二千酬漂母，鞭須六百報平王。』其豪邁皆類此。」按：此二句梁紹壬《兩般秋雨庵隨筆》曾載之，評爲奇而無理，而不知爲誰作。今始知爲徐五作，明末人也。

吴東里詩

《同治蘇州府志》引《詩粹》云：「吴東里宗濳，崇禎末諸生，鼎革後隱於醫。有《中秋家讌》詩云：『大烹豆腐瓜茄菜，高會荆妻兒女孫。』句法極爲奇創。」按：此詩余兒時聞先君子誦之，今始得作者姓名也。

王漁洋《秋柳》詩

國朝陳康祺《郎潛紀聞》云：「乾隆丁未春，禮部尚書某掎摭王漁洋、朱竹垞、查他山三家詩及吴薗次長短句内語疵，奏請毁禁。事下樞廷集議，請將《曝書亭集·壽李清》七言古詩一首，事在禁前，照例抽毁；其漁洋《秋柳》七律、他山《宫中草》絶句及薗次詞語意均無違礙，奏上，報可。見管侍御世銘《韞山堂詩集》注。」按：漁洋《秋柳》詩至今膾炙人口，不知當日乃以此詩幾至毁禁也。

障車文

明張萱《疑耀》云：「世知有催妝詩，不知有障車文。唐天祐中，南平王鍾傳女適江夏杜洪子。時及昏暝，令人走乞障車文於湯篔。篔命小吏四人各執紙筆，倚馬而成。其文不傳，想亦催妝之類也。」余謂催妝詩壻氏爲之，障車文母氏爲之，味其名義可見。

賦題限韻

宋洪邁《容齋二筆》云：「唐以賦取士，而韻數多寡平側元無定格。故有三韻者，《花萼樓賦》以題爲韻是也；有四韻者，《蓂莢賦》以『呈瑞聖朝』、《舞馬賦》以『奏之天廷』、《丹甑賦》以『國有豐年』、《泰階六符賦》以『元亨利貞』爲韻，是也。」按：《花萼樓賦》以題爲韻，而止三韻，則「賦」字非韻也。今以題爲韻者，必連「賦」字押之，未知所自始。

又云：「八韻有二平六側者，有三平五側者，有五平三側者，有六平二側者。自太和以後，始以八韻爲常。唐莊宗時嘗復試進士，翰林學士承旨盧質以『后從諫則聖』爲賦題，以『堯舜禹湯傾心求過』爲韻。舊例賦韻四平四側，質所出韻乃五平三側，大爲識者所誚。豈非是時已有定格乎？國朝太平興國三年九月，始詔自今廣文館及諸州府禮部試進士律賦，並以平側次用韻。其後又有不依次者，至今循之。」

宋吴曾《能改齋漫録》云：「開元二年，王邱員外知貢舉，試《旗賦》，始有八字韻脚，所謂『風日雲野，軍國清肅』，見僞蜀馮鑑所記《文體指要》。」按：此則賦韻八字四平四側，由來久矣。

《容齋四筆》云：「唐昭宗乾寧二年，試進士於武德殿前，復試詩賦各兩篇，内《良弓獻問賦》以『大宗問工人木心不正脈理皆邪若何道理』十七字，皆取五聲字依輪次，以雙周隔句爲韵，限三百二十字成。有黄滔者是年及第，閩人也。九世孫沃刊其遺文，初試復試凡三賦，皆在焉。《曲直不相入賦》以題中『曲直』兩字爲韻，釋云『邪正殊途，各有好惡』，終篇只押兩韵。《良弓獻問賦》取五聲字次第用，各隨聲爲賦格，於是第一韵尾句云『資國祚之崇崇』上平聲也，第二韵『垂寶祚於緜緜』下平聲也，第三韵『曾非唯唯』上聲也，第四韵『露其言而粲粲』，去聲也。而闕入聲一韵。賦韵如是，前所未有。國將亡必多制，亦可異矣。」按：此押韵之法殊爲詭異，惜未得其詳。

明代時文惡習

明楊慎《升庵集》云：「近時舉子之文冗贅至千有餘言，破題謂之『馬籠頭』，處處可用也；又謂之『舞單鎗鬼』，一跳而上也。起語百餘言，謂之『壽星頭』，長而虚空也。其中例用『存乎……存乎……』『謂之……謂之……』『此之謂……此之謂……』『有見乎……無見乎……』，名曰『救命索』。不論與題合否，篇篇相襲。師以此授徒，上以此取士，不知何所底止也。」按：正德、嘉靖閒，時文之弊已至此，又何責乎今之墨卷也？

刻本時文

明郎瑛《七修類稿》云：「成化以前，世無刻本時文。吾杭通判沈澄刊《京華日抄》一册，甚獲重利。後閩省效之，漸至各省刊提學考卷也。」《日知録》自注云：「弘治六年會試，同考官靳文僖批已有『自版刻時文行，學者往往記誦，鮮以講究爲事』之語，則彼時已有刻文。」顧氏蓋未及見《京華日抄》，故不知其所自始也。《日知録》又引楊子常曰：「十八房之刻，自萬曆壬辰《鈎玄録》始；旁有批點，自王房仲士驌選程墨始。」按：國朝葉名灃《橋西雜記》引慈谿鄭梁云：「萬曆癸未，馮具區爲房考，刻書《一房得士録》。至戊戌，而十八房俱刻。」然則《鈎玄録》之先有《得士録》之刻，尚在萬曆壬辰之前，此刻闈墨之權輿也。

明沈德符《野獲編》云：「南宫放榜後，從無所謂房稿。丁丑馮祭酒爲榜首，與先人俱《尚書》首卷，且同邑同社，兩人爲政，集籍中名士文彙刻二百許篇，名《藝海玄珠》。一時爲盛事，亦創事。至癸未，馮爲房考，始刻書《一房得士録》，于是房有專刻。」按：此又在萬曆癸未《得士》之前，且社稿非房稿，則亦《京華日抄》之類也。

明黄瑜《雙槐歲鈔》云：「場屋定制始自洪武甲子，所出四書題，或《論語》二道、《中庸》一道而無《孟子》，亦有《中庸》二道者。人各一經，兼經者聽，洪武甲戌會試，第三人景清刻《詩》《書》經義是已；詔誥表内科一道，兼作者聽，永樂辛卯福建第一人林誌刻誥及表是已。」據此，則明初鄉會試皆有刻文，由來久矣。

《雙槐歲鈔》又云：「《會試録》，洪武初惟刻序文及執事與中式姓名暨三場題目而已。乙丑、戊辰始刻文。」按：此知明初刻文即今進呈鄉會試録之權輿，由官刊刻也。若坊閒刻以牟利，則自《京華日鈔》始耳。

明黄佐《翰林記》云：「永樂辛丑，楊文貞公司會試文衡，務先典實之作，以洗浮腐之弊。最喜曾鶴齡諸作，多梓行之，至今評程文者以是科爲最。蓋洪武、永樂閒程文體皆渾厚，不特是科而已。誠宜録出，以正文體。」按：此可見當日所刊試録風行一時，士林奉爲程式，與今所刊闈墨無異。

八股文限字

國朝俞正燮《癸巳存稿》云：「康熙七年，定鄉會試復用八股時文，限五百五十字。二十年，限六百五十字。四十五年三月，陳廷敬奏：『會元尚居易首篇一千二百餘字，向來作文不得過六百五十字，所作違例，應斥革。』從之。乾隆四十三年，復限以七百字。」按：今時文以七百字爲限，用此制也。

明郎瑛《七修類稿》云：「本朝科場，自洪武三年第一場經義限五百字，四書義一篇限三百字；第二場禮樂論限三百字；第三場時務策一道一千字以上。」按：此亦今制限字之所由始也。

「臨去秋波」制義七篇

國朝王士禛《池北偶談》云：「近見江左黄九煙周星作『怎當他臨去秋波那一轉』制義七

篇，亦極游戲之致。」按：今人止知有尤西堂作，不知有黄九煙作也。漁洋亦因尤西堂事而附注及此。

吴穀人祭酒試帖詩斥落

國朝洪亮吉《北江詩話》云：「八韻詩别成一格，吴祭酒錫麒諸作外，復工此體。然庚戌考差題爲『林表明霽色』得『寒』字，吴頸聯下句云『照破萬家寒』。大學士伯和珅曰：『此卷有破家字，斷不可取。』吴卷由此斥落。」按：祭酒試帖詩至今海内傳誦，不謂當日曾以此見斥也。

茶香室續鈔卷十五

李斯壽字

國朝周亮工《閩小記》云：「汀城東二里許，有奇石數十片，色蒼黝，因名蒼玉洞。一石膚理光瑩，上鐫李斯『壽』字。予曾搨之，與今篆文頗異。」按：閩中有李斯篆字，世罕知者，是亦一奇蹟也。

《衞夫人帖》非真蹟

宋黄伯思《法帖刊誤》云：「《衞夫人帖》蓋唐初李懷琳作。此《與師帖》尤疏謬。按：梁蕭子雲《答武帝敕》云：『臣昔不能拔賞，隨時所貴，規摹子敬，多歷年所。年二十六著《晉史》，至《二王列傳》，欲作論草隸法，言不能盡意，遂不成。十許年，始見《敕旨論書》一卷，商略筆狀，洞徹字體，始變子敬，全範元常。逮爾以來，自覺功進。』此僞帖云：『但衛隨世所學，規模鍾繇，遂歷多載。年二十，著詩論草隸。』又云：『筆勢洞精，字體遒媚。』皆竊取子雲啓中語，欲小改之，遂失其句讀。今世高識豈無，何不悟此？又衛夫人乃晉李矩妻、李充母，名鑠，字茂漪。既與師書，自當著名，不但稱夫族及姓也。以數事考之，其僞不疑。」按：以蕭啓證之，則衛帖自可疑。但以不稱名爲疑，則恐古婦人本不以名行，曹、袁兩夫人書可證，未可以此決真僞也。

李太白書

國朝王漁洋《居易録》云：「吴天章説：薊州獨樂寺觀音閣凡三層，其額乃李太白書。」明楊慎《升庵外集》云：「李白在開元間，不以能書名，今其行草不減古人，《龍江夢餘録》載其二碑是也。」

張有篆書魏字

宋洪邁《夷堅甲志》云：「張有字謙中，吳興道士也，以篆名天下。中書侍郎林彦振喪其母魏國夫人，歸葬於湖。將刻埋銘，請篆額，書『魏』字爲『魏』下『山』。彦振命去之，不可，曰：『世俗魏字，我法所無，決不易也。』自是人益賢之。所著《復古編》行於世。」按：唐人篆書多不合六書，近世士大夫書篆字者必以《説文》爲主，《説文》所無即是俗體，不可用。此律之嚴，當自張謙中始矣。

米襄陽論題榜字

宋米芾《海岳名言》云：「葛洪『天台之觀』飛白，爲大字之冠，古今第一。歐陽詢『道林之寺』，寒儉無精神。柳公權『國清寺』，大小不相稱。」

又云：「字自有大小相稱，且如寫『太一之殿』，作四窠分，豈可將『一』字肥滿一窠以對

『殿』字乎？蓋自有相稱，大小不展促也。余嘗書『天慶之觀』，『天』『之』字皆四筆，『慶』『觀』字多畫在下，各隨其相稱寫之，挂起氣勢自帶過，皆如大小一般。」

又云：「老杜作《薛稷慧普寺》詩云：『鬱鬱三大字，蛟龍岌相纏。』今有石本得視之，乃是句勒倒收筆鋒，筆筆如蒸餅。『普』字如人握兩拳伸臂而立，醜怪難狀。由是論之，古無真大字明矣。」

柳應辰押字

宋洪邁《容齋五筆》云：「予頃見鄂州南樓土中磨崖碑，其一刻『柳』字，下一字不可識。後訪其人名應辰，以國朝寶元元年呂溱榜登甲科。今浯溪石上有大『押』字，題云：『押字起於心，心之所記，人不能知。大宋熙寧七年甲寅歲刻，尚書都官郎武陵柳應辰，時爲永州通判。』仍有詩云：『浯溪石在大江邊，心記閒將此地鐫。自有後人來屈指，四千六百甲寅年。』有閬中陳思者跋云：『右柳都官欲以怪取名，所至留押字盈丈，莫知其何爲。押字，古人書名之草者施於文記閒，以自別識耳。今應辰鐫刻廣博如許，已怪矣。好事者從而爲之説，謂能祛逐不祥，真大可笑。』」按：予於沈仲復廉訪齋中見懸有大「押」字，未知即此否，當更就觀之。

國朝沈濤《銅熨斗齋隨筆》云：「宋柳拱辰字昭昭，柳應辰字明明，見應辰《押字詩》及《火星巖記》。兄弟旨以疊字爲字，亦好奇之過也。」

羲、獻

明張萱《疑耀》云：「晉人善書，不甚解字。如王氏父子，父名羲，子名獻，尤可笑。《禮含文嘉》曰：『羲者，獻也。』《漢書·王莽傳》『立斗獻』，獻音羲。禮器『羲尊』即《周禮》『獻尊』。父子立名，豈可苟者？羲、獻名雖異，而義則同。甚矣晉人之不識字也。」

黄王不分

宋朱翌《猗覺寮雜記》云：「黄、王不分，江南之音也，嶺外尤甚。柳子厚《黄溪記》：『神，王姓，莽之世也，莽嘗曰「余黄虞之後也」，黄與王聲相通。』以此考之，自唐以來已然矣。」

嫛𡟾兩字

明楊慎《升庵外集》云：「《論衡》云：『籍孺韓嫣，形嫛骨𡟾，皮媚色稱。』嫛與麗同，𡟾與妍同，從蘭省，從女蘭，取其聲更兼香也。」按：此語見《論衡·逢遇篇》，而今刻《論衡》皆作「形佳骨嫺」，失古字矣。

又按：《襄二十八年左傳》「季蘭尸之」，杜注解爲「服蘭之女」。余謂女不必皆服蘭，服蘭之女亦不可便謂之「蘭」。「蘭」疑「孌」之假字，即《詩》所謂「思孌季女」也。今得此說，又疑「季蘭」當作「季𡟾」矣。然從蘭省即是從蘭，而從女從蘭實有孏字，見《後漢書·王丹傳》，即「嬾」字也。「孏」「𡟾」一字乎，抑兩字乎？

寅字音

宋朱翌《猗覺寮雜記》云：「十二時『寅』音怡，《禮部韵》訓『時也』。若真字韵『寅』則訓恭。

然唐人亦作『寅』字押，冷朝陽云『玉律催佳節，青陽應北辰』，下云『寒餘月建寅』是也。」國朝周亮工《書影》云：「夤、寅二字，支韵、真韵皆收，注亦皆同。『寅卯』之『寅』本支韵，當讀作『移』音，而『同寅』『寅畏』讀如『銀』。今讀『寅卯』之『移』爲『寅協』之『寅』，非也。唐科試最嚴出韵，觀二進士之詩可見。」按：所引杜周士、樂伸《閏月定四時》詩，皆於支韵押寅字，今不録。然則唐人押寅卯之寅亦不一律也。

按：《廣韵》六《脂》「以脂切」有「寅」字：「敬也，亦辰名。」十七《真》：「寅，辰名，翼真切。」是脂部「寅」字「敬」爲本義，「辰名」爲亦義；真部「寅」字專訓「辰名」，而不及「敬也」一訓。國朝《佩文詩韵》從之。然則訓「敬」者宜押四《支》，訓「辰名」者宜押十一《真》，以此爲别，未知是否。

賠當作備

明楊慎《升庵集》云：「高歡立法，盗私家十備五，盗官物十備三。後周詔盗倉廩雖經赦免，徵備如法。備，償補也，音裴。今作賠，音義同。而賠字俗，從備爲古。」

國朝錢大昕《恒言録》云：「賠字不見於《玉篇》《類篇》等書，古人多用備字，或作陪。明《永樂實録》追陪字，皆不從貝旁。」

另應[一]作令

國朝宋翔鳳《過庭録》云：「黄山谷《品令》茶詞：『鳳舞團團餅，恨分破，教孤令。』『孤令』，單獨也。今俗作『孤另』，非。又陳傅良《止齋文集·赴桂陽軍擬奏事劄子》云：『令項起發者不可勝數。』其謂『令項』即今俗語之『另項』也。」

明楊慎《升庵集》云：「俗謂異日曰『另日』，然其字《説文》《玉篇》無有也，只當作『令日』。《戰國策》趙燕拜武靈王胡服之賜，曰：『敬循衣服，以待令日。』『令日』即異日也。注謂『令』爲善，非是。」

[一] 應，目録原作「當」，據此改。

袱當作幞

宋俞玉吾《席上腐談》云：「幞頭以幅巾裹首，字音伏，與襆被之襆同，今譌音爲僕。」按：《説文》有「幞」無「襆」，「襆」即「幞」之或體。「幞」音伏，字遂變作「袱」矣。

嫏嬛當作琅環

國朝俞正燮《癸巳存稿》云：「《嫏嬛記》三卷，署元伊世珍撰，相傳明常熟桑悦造。『嫏嬛』二字不可解，所造『嫏嬛福地』事不涉女子，似當從玉，謂琳琅環之。向見明人徐象梅《琅環史唾》十六卷，順治時司業朱滄起《琅環類纂》一百三十卷，字俱從玉。又《武英殿書目》前庫未載入册檔書，第一架二層《瑯環記》二本，有套；東庫南裏間第七架二層《瑯環史唾》一部八本，俱從玉，可證也。惟高承埏〔一〕《稽古堂日抄》中《嫏嬛記》則從女。自《津逮祕書》行，而從女且爲

〔一〕埏，原訛「挺」，據《癸巳存稿》卷三改。

典故，不求甚解矣。」

靦腆當作緬靦

宋洪邁《容齋四筆》云：「中心有愧見之顔面者，謂之緬靦。」按：今猶有此語，而俗或書作「靦腆」。考「靦」「腆」二字並他典切，則當從宋人作「緬靦」爲是。

穆護歌當作木瓠

宋洪邁《容齋四筆》云：「郭茂倩編次樂府詩《穆護歌》一篇，黄魯直云：『予嘗問人，皆莫能説穆護之義。昔在巴僰閒，船宿雲安野次，會其人祭神罷而飲福，坐客更起舞而歌《木瓠》，其詞云：「聽説商人木瓠，四海五湖曾去。」中有數十句，皆敘賈人之樂，末云：「一言爲報諸人，倒盡百餅歸去。」繼有數人起舞，皆陳述己事，而始末略同。問其所以爲木瓠，蓋瓠〔一〕曲木狀如瓠，擊之以爲歌舞之節耳。乃悟『穆護』蓋『木瓠』也。」

阿字讀側聲

國朝宋翔鳳《過庭録》云：「古人阿字多讀平聲，故《廣韵》但載於七《歌》。唐人作近體如白香山『盡日無人屬阿誰』『君家阿那邊』，始作側聲讀，蓋用方言。至元人作《韵會小補》，阿始音屋，而收入聲，今人卻無此音也。」

國朝戴咸弼《東甌金石志》載《徐德賓造墓告神文》「男徐〔二〕雙、次男亞全、女亞前」。「亞」即「阿」字，語助詞也。

〔一〕瓠，《容齋四筆》卷八作「刳」。

〔二〕「徐」下，《東甌金石志》有「亞」字。

但字讀平聲

國朝王士禛《居易録》云：「洪文惠适《盤洲集·和景盧野處解嘲》詩『園池如此休言小，但放芻蕘雉兔行』，『但』字注平聲，與徐騎省『莫折紅芳樹，但如盡意看』同。二公皆精《説文》之學也。」

國朝沈濤《銅熨斗齋隨筆》云：「《元和姓纂》但姓在二十五《寒》。《老學庵筆記》云：『姓但者音若檀，近歲有嶺南監司曰但中庸是也。』觀徐、洪二詩，則唐、宋時讀如檀，不獨人姓爲然。」

《居易録》又云：「董斯張《吹景集》載唐人詩用字異音，元微之詩『正旦酬白雪』，旦音丹。」是「旦」字亦可讀平聲矣。

華山之華可讀平聲

國朝王士禛《居易録》云：「張説《西岳碑》云：『西岳太華山，當少陰用事，萬物生華，故曰華山。』如此則與華不注山同音義，故華山有平去兩讀。」

按：以《説文》言之，字當作雩。然南衡北恒均不從山，則雩未必其爲古字也。《水經注》云：「華山遠而望之，有若華狀。」則字作「華」，而讀如「華不注」之「華」，或轉爲古音古義矣。

忌用哉字

宋洪邁《容齋三筆》云：「蔡京顓國，以學校科舉箝制多士。士子程文一言一字稍涉疑忌，必暗黜之。政和三年，臣僚言：『比者試文，有以聖經之言輒爲時忌而避之者，如曰「大哉堯之爲君」「君哉舜也」，以爲「哉」音與「災」同，皆避。今當不諱之朝，豈宜有此？』詔禁之。」按：文字避忌至禁用「哉」字，真所謂轉喉觸諱者矣。

明代制誥用沈體

明黄佐《翰林記》云：「太宗喜楷書，時典籍沈度書法豐潤，上深愛之，每有大制作，必命度謄寫。累遷至學士，惟食學士俸，仍事書辦，賜象笏，鏤金，刻度姓名其上，以寵耀之。其弟粲亦起自書辦，累官侍讀，自此沈字盛行於朝。孝宗亦愛沈度書，宫中妙習焉。嘗求其後，得其孫世隆，授之中書舍人，故今朝廷制誥猶用沈體云。」按：沈體在明代盛行如此，而今至無能舉其姓名者，何也？

《翰林記》又云：「國初令能書之士專隸中書科，授以中書舍人。永樂二年，始詔吏部簡士之能書儲翰林，用諸内閣辦文書。一時翰林善書者有解縉之真、行草，胡廣之行草，滕用亨之篆、八分，沈度、王汝玉、梁潛之真，楊文定之行，皆知名當世。」

姜體書

明沈德符《野獲編》云：「嘉靖間，吾邑有談相號木泉者，幼爲門役，工佐書，習姜太僕立綱體。入京師，值世廟西内修醮，因得供事齋宫，大被寵眷，積官工部左侍郎。」按：明吕坤《實政録・興復社學條》：「初入學，先讀《三字經》《百家姓》《千字文》，有司先將此書令善書者寫姜字體刊布。」余初不知「姜字體」爲何人所書，已載之《曲園雜纂》弟三十六矣，今乃知「姜立綱」也。惜其書今無流傳者，否則供童子楷模，頗得也。

壹貳叁肆等字隋唐已然

國朝葉名灃《橋西雜記》云：「壹貳叁肆等字，陸容《菽園雜記》謂始於明初刑部尚書開濟，而宋邊實《崑山志》已有之。考石刻隋《龍藏寺碑》『勸獎州内士庶壹万人等』，唐《開元寺貞和尚塔銘》書『開元貳拾陸年』，元和《華岳廟題名》『壹月貳拾陸日』，又云『元和拾伍年壹月』，《尉遲恭碑》『粟米壹阡伍伯石』，葢不自宋始。」

《舊唐書·睿宗紀》：「先天二年三月癸巳，詔制敕表狀、書奏、牋牒年月等數，作一十、二十、三十、四十字。」然則壹貳叁肆等字後世公牒循用，謂可以杜改易之弊者，在唐時轉有禁也。

卍字出古錢

元吾丘衍《學古篇》云：「《泉志》。聞有泉文近于道者，可以廣見。卍，此字人謂萬字，乃出古錢。不見此書，終不知也。」按：所謂《泉志》者惜不言何人所著，所謂「古錢」者亦未言爲何代錢也。

《法苑珠林》敘佛之初生云：「開卍字於胸前，躡千輪於足下。」又《占相部》云：「如來常於胸前自然卍字大人相者，乃往古世斷除穢濁不善行故。」不知古來本有卍字而佛胸像之邪？抑此字本出於佛胸也？

唐沙門慧苑《華嚴經音義》出「卐字之形」四字，注云：「今勘梵本，卐字乃是德者之相，謂吉祥萬德之所集也，元非字也。然經中上下據漢本總一十七字，同呼爲萬。」又出卐字云：「梵書萬字。」今人但知有卍字，不知有此二形。

諸暨浣紗二字

國朝周亮工《書影》云：「仙游唐梅臣爲諸暨令，既去，書『浣紗』二字，付陳太學歸勒之石上。好事者謬傳以爲右軍筆蹟，王季重争之以爲褚河南，又争之爲唐宋人高手。」按：此二字至今尚在。

靴傘等字

國朝宋翔鳳《過庭録》云：「繖字作傘，韡字作靴，見《隋書・禮儀志》；人葠作人參，見《五行志》，皆俗字也。」

乃穴

唐范攄《雲溪友議》云：「王僕射起再主禮闈，遠邇稱揚。武宗皇帝詔至殿陛曰：『朕近見二字，一乃一穴，莫能詳焉，特詢於卿。』王公對曰：『臣於三教經典竊嘗徧觀，向者二字未之見也。未審於何文而得？』上笑曰：『知卿夙儒，偶爲此二字相試，非於經籍中得之。』遂賜金綵。」

人字

國朝施可齋《閩雜記》云：「長樂陳修園著《醫學三字經》，其解『人』字云：『人具陰陽，人字左筆爲陽，右筆爲陰。陽清而輕，故左丿輕；陰濁而重，故右乀重。陽中亦有陰，故左丿先重而後輕；陰中亦有陽，故右乀先轻而後重。』」按：此説但以今楷書字體言，而頗有理。又説「心」字云：「小篆心字乃一倒火字，蓋心本屬火，不欲炎上，故倒之也。」按：此説前人已有之，然不甚似。余嘗謂古今「心」字有生死之分。古篆書「心」字作，其上兩筆有包護之象，使心火不致上炎；其下一筆作挹注之形，可以下交腎水，此生象也。今作「心」字，其下不通，則腎水不能交矣；其上不特上炎，而且旁溢，則火之爲害烈矣，此死象也。其説甚塙，而理亦不易，附記于此。

宋何薳《春渚紀聞》云：「吴興張有以小篆名世，嘗爲余言：『心字於篆文只是一倒火字耳，蓋心火也，不欲炎上，非從勹也。』」陳修園説「心」字本此。

作字錯誤

宋袁文《甕牖閒評》云：「前輩作字亦有錯誤處。米元章帖寫『無秏』作『無好』，蘇東坡帖寫『墨仙』作『默仙』，王荆公作詩有『十竿玉』三字，卻寫『千岸玉』，恐皆是筆誤耳。」

碑有旁注

國朝梁章鉅《浪跡叢談》云：「大中六年，杜殷撰《杜順和尚行記》，『見』字旁注胡甸反。又咸通十三年，鄭仁表撰《左拾遺孔紓墓志》，『將』字旁注去聲，『始知有病』旁注句字，『甚矣』旁注句字。皆金石例所無。」

誤書茄字

宋張仲文《白獺髓》云：「趙從善尚書子希倉倅紹興日，令庖人造燥子茄子，欲書判食單，問廳吏『茄』字。吏曰：『草頭下著加。』即援筆書草下用『家』字，乃『蒙』字。郡人目曰『燥子蒙』」。按：國朝褚人穫《堅瓠集》載一館師不識「茄」字，誤書作「蒙」、作「萑」、作「茖」、作「苟」、作「菩」，今乃知有所本也。

側定政宗

宋洪邁《容齋四筆》云：「今代所傳文書，筆吏不謹，至於成行脱漏。周益公以《蘇魏公集》付太平州鏤版，其所作《東山長老語録》云：『側定政宗，無用所以爲用；因躚得兔，忘言而後可言。』以上一句不明白，又與下不對，折簡來問。予憶《莊子》曰：『地非不廣且大也，人之所用容足爾。然而厠足而墊之致黄泉，知無用而後可以言用矣。』始驗『側定政宗』當是『厠〔一〕足致泉』，四字皆誤也。」

書口作厶

國朝鄺滋德《諸暨詩存》載明人王鉦爲江西提學僉事，有一生書「員」字「口」作「厶」者，責之，以通用對，即以勾句、台呂、允兄、吉去八字使通之，衆驚服。因歌曰：「勾不可句，台不可呂，允不可兄，吉不可去。」

按：國朝諸人穫《堅瓠集》引《善謔集》云：「唐進士有姓單者，就試有司，有司誤書爲単。單乞改正，有司曰：『方口尖口，亦何足辨？』單曰：『若不足辨，則台州吕兒縣改作呂州台皃縣，可乎？』」是方口、尖口古人已有此辨，惜王君未能引此以折之也。然「勾」之與「句」則實是一字。

〔一〕 厠，原訛「側」，據《容齋四筆》卷二《抄傳文書之誤》改。

正音書院

國朝施鴻保《閩雜記》云：「閩中各縣從前皆有正音書院，所以訓習官音也。雍正六年，欽奉上諭：『凡官員有蒞民之責，其言語必使人人共曉，然後可以通達民情，熟悉地方事宜，而辦理無誤。是以古者六書之訓必使諧聲會意，嫺習語音，皆所以成遵道之風，著同文之治也。朕每引見大小臣工，凡陳奏履歷之時，惟有閩廣兩省之人仍係鄉音，不可通曉。夫伊等以現登仕籍之人，經赴部演禮之後，其敷奏對揚仍有不可通曉之語，則赴任他省，又安能宣讀訓諭、審斷詞訟皆歷歷清楚、使小民共曉乎？官民上下言語不通，必使胥吏從中代爲傳遞，於是添設假借，百病叢生，而事理之貽誤多矣。且此兩省之人其言語既不可通曉，不但伊等歷任他省不能深悉下民之情，即伊等身爲編氓亦不能明白官長之言。是上下之情扞格不通，其爲不便實甚。但語言自幼習成，驟難更改。故必徐加訓導，庶幾歷久可通。應令福建、廣東兩省督撫轉飭所屬府州縣有司及教官，徧爲傳示，多方訓導，務使語言明白，使人通曉，不得仍前習爲鄉音，則伊等將來履歷奏對可得詳明，而出仕他方，民情亦易於通達矣。』各處正音書院蓋當時督撫遵奉上諭飭屬所建。無如地方官皆視爲不急之務，任其隳廢。以予所見，惟邵武郡城尚有正音書院，亦改課詩文矣。」按：南蠻鴃舌，自古病之。至我朝有正音書院之設，亦《周官·大行人》「諭言語，協辭命」之遺意也。然今知有此事者鮮矣。

四方之音

國朝王崇簡《冬夜箋記》云：「北方之音在齒舌，南方之音在脣舌，西方之音在齶舌，東方之音在喉舌。便於喉者不利於脣，便於齒者不利於齶。」

三十六字母有誤

明焦竑《筆乘》引吴幼清曰：「三十六字母，俗本傳訛，而莫或正也。『羣』當易以『芹』，『非』當易以『威』，『知、徹、牀、孃』四字宜廢，『圭、缺、羣、危』四字宜增。樂安陳晉翁以《指掌圖》爲之節要，卷首有《切韵須知》，於『照、穿、牀、孃』下注曰『已見某字母下』，於『經、堅、輕、牽、擎、虔』外出『扃、涓、傾、圈、瓊、拳』，則宜廢宜增蓋已瞭然矣。」

茶香室續鈔卷十六

秦鑄銅人有二

《西京雜記》云：「高祖入咸陽宫，金玉寶珍不可稱言。其尤異者鑄銅人十二枚，坐皆高三尺，列在一筵上。琴筑笙竽各有所執，皆綴花采，儼若生人。筵下有二銅管，上口高數尺，出筵後。其一管空，一管内有繩大如指。使一人吹空管，一人紐繩，則衆樂皆作，與真樂不異焉。」按：《始皇本紀》：「金人十二，重各千石。」《索隱》引《三輔舊事》云：「各重三十四萬斤。」此人所習知也。乃又有此小銅人十二枚，則人罕知之。

吕保藏漢篆

宋王象之《輿地碑記目》梁山軍有涼山吕保藏漢篆，云：「涼山保有吕保藏，在絶崖半腹有一穴，人跡所不到。漢末赤眉之亂，有吕保藏家資巨萬，齎金寶緣木而上，鑿崖以居，盡伐崖下木，寇不能近，後舉家終焉。紹熙中，有樵夫得券於崖側，非銅非鐵，其聲鏘然，上有古篆云：『西漢之末，赤眉邂逅。黄金千兩，坑埋而走。羔豚十祭，其財自阜。』今藏所猶存。」按：此亦避亂之一法。但言齎金寶，不言齎糧食，何所得食邪？其人當姓吕名保，不當連「藏」字爲名。

馬伏波射潮

國朝梁紹壬《兩般秋雨庵隨筆》云：「廉州海中，常有浪三口連珠而起，聲若雷轟，名『三口浪』。相傳舊有九口，馬伏波射滅其六。人知錢王射潮，而伏波射潮罕有知者。」

關公殺顔良、文醜

宋洪邁《容齋二筆》云：「關公手殺袁紹二將顔良、文醜於萬衆之中。」按：《三國志》本傳但有殺顔良事，文醜非公所殺也。乃宋時即有此説，則今演義流傳，亦有所本矣。

三國蜀時斷案文

宋張邦基《墨莊漫録》云：「閬州州治大廳梁間有一函書，莫敢取視者。有一太守之子必欲開之，乃三國蜀時斷一大辟案文耳，復置舊所。未幾，守遂死。」按：自三國至宋時八九百年矣，而此舊牘猶存，是亦奇蹟。惜當時無好事者鈔録，以傳於世也。

蜀中寫像

宋黄休復《益州名畫録》云：「蜀自炎漢至於巨唐，將相理蜀皆有遺愛。民懷其德，多寫真容。年代既遠，積損皆盡。惟唐杜相國及聖朝吕侍郎二十二處見存，六處有寫貌人名，一十六處失寫貌人姓氏。」按：宋吕陶《淨德集・巡撫謝公畫像記》云：「成都舊風，凡奉使者繪象天慶之仙遊閣。」愚因此知《老蘇集・張益州畫像記》乃蜀中舊俗，已載於《叢鈔》卷三矣。今觀此，知蜀中畫像之風，自漢世已然也。

《名畫録》又云：「僖宗皇帝幸蜀，回鑾之日，蜀民奏請留寫御容於大聖慈寺。」此則蜀中畫像不但人臣有之矣。

《名畫録》又云：「王氏永平，廢興聖觀爲軍營，其觀有五金鑄天尊形，明皇御容一軀移在大聖慈寺御容院供養。」然則明皇幸蜀而還，蜀中有良金寫像之事，又不止畫像已也。

安禄山造像

宋王象之《輿地碑記目》蓬州有安禄山題：「在透明巖。大唐先天二年，安禄山造彌勒佛一龕祈福。象之按：禄山死於至德二載，年五十餘。而先天二年即開元元年，歲次癸丑，下及至德二載歲在丁酉，已四十五年。以年月考之，禄山是時未及十歲，不應入蜀祈福。恐别有姓名偶同，姑兩存之。」按：此必非一人，然則唐時别有一安禄山也。

歐陽詢賺《蘭亭》

國朝周亮工《書影》云：「《南部新書》云：『《蘭亭》者武德歐陽詢就越詐求之。』此與蕭翼説異，不知孰是。」

唐明皇自稱鵶

宋王讜《唐語林》云：「明皇在禁中，嘗稱阿瞞，亦稱鵶。壽安公主小字蟲娘。時代宗起居，上指壽安曰：『蟲娘是鵶女，汝後可與一名號。』及代宗在靈州，遂命蘇發尚之，封壽安公主。」按：明皇自稱「阿瞞」，人知之，自稱「鵶」則未聞也。

唐時京城築者

宋王讜《唐語林》云：「中書令郭子儀所居宅内諸院往來乘車馬，僮客於大門出入，各不相識。郭令出，見修宅者，謂曰：『好築此牆，勿令不牢。』築者釋鍤而對曰：『數十年來，京城達官家牆皆是某築。祇見人改换，牆皆見在。』郭令聞之愴然，遂入奏其事，因固請老。」按：此築者大有見，韓昌黎《圬者王承福傳》恐即本此而衍之。

王摩詰語

國朝張爾岐《蒿庵閒話》云：「王摩詰《與魏居士書》云：『近有陶潛，不肯把版屈腰見督郵，棄官去。後貧，《乞食詩》云「叩門拙言辭」，是屢乞而多慙也。嘗一見督郵，安食公田數頃。一慙之不忍，而終身慙乎？此亦人我攻中，忘大守小，不鞭其後之累也。』摩詰見解乃爾。據此而推，《鬱輪袍》非誣也。」

清義何氏碑

宋王象之《輿地碑記目》隆慶府有清義何氏古碑：「在劒門縣，有登高臺，存一古碑，唐光宅中建。其間所載有名慕者，于此生四子，孝弟義遜，家八十口，不異居。儀鳳二年，敕賜『清義門』。」按：此亦旌表義門之故事。

宋韓淲《澗泉日記》云：「淳化二年十月丁亥，信州言玉山縣民俞擕八世同居，内無異爨。詔旌表其間，常税外免其他役。」按：此亦一義門也，當表出之，以存吾宗盛事。

南漢劉龑康陵之侈

國朝朱彝尊《曝書亭集》云：「南漢主劉龑葬番禺縣治東二十里北亭。明崇禎丙子秋九月，土人發其墓，隧道崇五尺，深三丈。有金像十二，一冕而坐，一笄而坐，殆馬后也；夾侍十人，疑是諸子。又學士十人，以白金鎔鑄。其他珍異物甚夥。」

又黎遂球《蓮鬚閣集》云：「予家版橋對岸有洲名北亭。崇禎丙子秋，田閒有雷出，奮而成穴。耕者梁父過而見之，投以巨石，空空有聲，乃内一雄雞其中。至夜静，聞雞鳴無恙，於是率子弟發之。有金人如翁仲者，各重十五六斤；其正處二金像，若王者與后之儀，各五六十斤。地皆金甕珠貝築之。有鏡一，光照暗中如白日；寶硯一，硯池中有玉魚能游動。其他異物不可指識。」

宋太祖禁夯市

宋司馬温公《涑水紀聞》云：「太祖謂諸將曰：『近世帝王初舉兵入京城，皆縱兵大掠，謂之夯市。汝曹毋得夯市及犯府庫。』」按：「夯」俗字，《康熙字典》引《字彙》曰：「呼講切，近壑上聲，人用力以舉物也。」縱兵大掠謂之「夯市」，其義未詳。

宋高宗論放生

宋韓淲《澗泉日記》云：「所司進呈諸路置放生池，高宗曰：『此事固好，但恐有妨細民漁採，所害亦大，止令原有處復舊可也。」」

宋高宗初議謚堯

宋杜範《清獻公集·詹體仁傳》曰：「遷太常博士，時高宗定謚，或謂宜稱『堯宗』。體仁言謚法雖有之，於古無據。且功莫盛於中興，没而不彰，何以示後？請比殷高宗謚爲『高』。力争之，議始決。」按：高宗生前尊號有「光堯」之稱，蓋以其禪讓也，乃殁而即以爲廟號，則固不如「高宗」之稱爲得體矣。

宋王應麟《困學紀聞》云：「高宗廟號有議爲『光宗』『寧宗』者，見周益公《思陵録》。」按：《思陵録》云：「太上廟號，衆以『高宗』爲允。上曰：『太后以武后之故，深不欲用。』畱參欲稱『光宗』，上曰『無謂』。臺諫謝諤等六人乞用『寧考』之『寧』，禮官再乞用『高』字。上顧予如何，予曰：『以高大爲義，則「高宗」亦可。』乃就初義。」據此，則似無「堯宗」之説。

宋二后像

明郎瑛《七修類稿》云：「宋高宗之母韋后，今仁和學生員韋朝恩乃其裔也。有譜像於家，方面豐頤，鳳目龍顙，衣冠乃道人者也。度宗后全氏廣顙鳳眼，雙眉入鬢，所衣亦道服。其像在新市民人蘇琪家，蘇亦全之裔也，國亡變姓。」按：自明至今又二百餘年，中經兵火，未知此二像尚存否。

辨麥舟助葬事

國朝周亮工《書影》云：「世傳范文正公知開封府日，遣將麥五百斛往姑蘇。子純仁還，次丹陽，見石曼卿，云『三喪未舉』，以麥金與之；『二女未適』，又以舟與之。按《文正公年譜》，仁宗天聖五年丁卯夏六月，次子純仁生。及景祐二年乙亥，公權知開封，忠宣公方九歲，未必知以麥舟與人。陳眉公云：歐陽文忠爲文正作墓志，爲曼卿作墓表，皆不載麥舟一事，蓋公盛德不專在此。予謂本無是事。」

梁山濼賊

宋洪邁《夷堅乙志》云：「宣和七年，户部侍郎蔡居厚罷，知青州，以病不赴。歸金陵，疽發于背，卒。未幾，所親王生暴亡。三日復蘇，云如夢中有人相追，逮至公庭。俄西邊小門開，獄卒護一囚，杻械聯貫立庭下。別有二人舁桶血，自頭澆之。囚大叫痛苦，如不堪忍者。細視之，乃侍郎也。復押入小門，回望某云：『汝今歸，便與吾妻説，速營功果救我，今祇是理會鄆州事。』夫人慟哭曰：『侍郎去年帥鄆時，有梁山濼賊五百人受降，既而悉誅之。吾屢諫不聽也。』乃作黄籙醮，爲謝罪乞命。」按：此「梁山濼賊」即宋江等也。宋江事見《宋史·張叔夜傳》，但云「擒其副賊，江乃降」，至降後爲蔡居厚所殺，而蔡居厚又以殺降獲冥譴，則人所未知也。

國朝施可齋《閩雜記》云：「《宋史·陳文龍傳》：『先是，興化有石手軍，能投石中人，議者以爲不足用罷之，遂叛，文龍討平之。』今興化各鄉人多善投石，志眉中眉，志目中目。聞其人多於正月至三月先聚空曠處，畫地爲圈，大經三四尺，去十步内，以石投之，屢中屢遠，圈亦寖小，至遠及百步，圈小如錢而止，故其技獨精。《宋史》所言當即此。」按：《水滸傳》中有善投石者，蓋亦有所本也。

背刺盡忠報國字

明沈德符《野獲編補遺》云：「嘉靖末年，用故將楊照爲遼東總兵官，照涅『盡忠報國』四字於背。刺背一事，始於宋岳少保。元順帝末年，杭州巡檢胡仲彬舉兵，其徒皆文背曰『赤心護國，誓殺紅巾』。至正德間，錦衣衛匠餘刁宣自言背刺『盡忠報國』四字。上怒，杖而戍〔一〕之嶺南。嘉靖初，南禮部侍郎黄綰爲白簡所攻，亦自疏言背有『盡忠報國』字，天下至今嗤笑。至照而五矣。」

又云：「南宋有八字軍，自刺其面云『誓殺金賊，報効趙皇』。」此又刺面，而非刺背。《宋史·呼延贊傳》：「贊有膽勇，常言願死於敵，徧文其體爲『赤心殺賊』字，至於妻孥僕

〔一〕戍，原訛「戌」，據蔡啟盛《校勘記》改。

使皆然。諸子耳後别刺字曰『出門忘家爲國，臨陣忘死爲主』。」按：此又在岳武穆之前矣。

大佛頭爲賈平章纜椿

明張岱《西湖夢尋》云：「大石佛寺，考舊史，秦始皇東游入海，纜舟於此石上。後因賈平章住裏湖葛嶺，宋大内在鳳皇山，相去二十餘里。平章聞朝鐘響，即下湖船，不用篙楫，用大錦纜絞動盤車，舟去如駛。大佛頭，其繫纜石椿也。」按：西湖大佛頭爲秦皇繫纜石，人人知之。賈似道事世罕知者，張氏不知據何書。果如其説，則南山必尚有一繫纜處。

元朝本非蒙古

國朝沈濤《銅熨斗齋隨筆》云：「《古今記要逸編》曰：『韃靼與女真同種，皆靺鞨之後，其居混同江上者曰女真，其居陰山之北者曰韃靼。韃靼之近漢者曰熟韃靼，其遠於漢者口生韃靼。生韃靼有二，曰黑曰白，皆事女真。黑韃靼至忒没真叛之，自稱成吉思皇帝。又有蒙古國者，在女真東北。至我嘉定四年，韃靼始併其名號稱大蒙古國。』然則元朝乃韃靼，非蒙古，後乃襲蒙古之號耳。蒙古葢即唐之蒙兀部，亦謂之盲骨子，《契丹事迹》謂之朦骨國。」

按：此則金、元同種，元朝本非蒙古也。「忒没真」史作「鐵木真」，今正爲「特穆津」，即元太祖。

明南京大内有宋理宗書額

國朝王士禛《池北偶談》云：「明南京舊内『忠實不欺之堂』扁書，清勁奇古類朱熹，乃理宗御筆以賜郡守馬光祖者，太祖仍而不改云。」

明初有意都汴

明夏原吉《一統肇基録》云：「五月，上幸汴梁，即開封府也，議定都。車駕至汴，築臺以祭天，臺今在布政司治；又築臺于南薰門外，名封臺，以爲祭神之所。八月，還京師，詔以大梁爲北京。」按：此則明初固有意於都汴矣。

明鄭曉《今言》云：「洪武十七年，《大明清類天文分野》書成，凡二十四卷。友人言：『洪武中止有今南京爲京師，何以此書乃有北京？』余曰：『洪武元年，詔以應天爲南京，大梁爲北京。』」按：此則明中葉以後并大梁之爲北京亦有知有不知矣。

大中

國朝王士禛《池北偶談》云：「明太祖初定天下，建國號，意在『大中』。既而祈天，乃得『大明』，故當時錢文有『大中通寶』。」按：「大中」乃唐宣宗年號，「大中通寶」錢未必明初所鑄。

建文復歸事傳聞之異

國朝顧炎武《菰中隨筆》云：「幼時見一書，載正統中一御史出，有一僧當街，呵之不去，獻詩云云，即世所傳『流落江湖』一律也。事聞，死獄中。此書出於嘉、隆閒，疑得其實。必京師有此事，而傳之四方，乃有迎入西内之説耳。」按：此書惜不言其名，不知何書。

明張萱《疑耀》云：「建文帝之老而還京也，《廣西通志》：『正統五年，帝在思恩州，自言於知州岑英，轉聞巡按御史，奏驛送赴京，留題四詩於横州南門壽佛寺。』《貴州通志》則以所題四詩乃在金筑長官司羅永庵。余意當以《貴州志》爲正。且帝之還京在天順年間，而正統五年有僧自稱爲建文帝者，乃奸僧楊行祥也。《廣西志》書正統五年帝還京，其失於考訂如此。」

淨慈舊有建文帝像

明張岱《西湖夢尋》云：「淨慈寺，永樂閒建文帝隱遯於此。寺中有其遺像，狀貌魁偉，迥異常人。」

明初克蘇州城紀載之異

明楊循吉《吴中故語》云：「張士誠據有吴浙，大朝行弔伐之誅。太傅中山武寧王爲元帥，以長圍圍城。會士誠之親信李司徒密遣人納欵，武寧引兵從閶門入，不戮一人。時信國公以城久不破，怒，引兵從葑門入，遇士女必處以軍法。武寧急使人奉令牌迎信國軍，曰『殺降者斬』，信國軍乃止。葑門以信國之入，至今蕭然。武寧入閶門，故至今民物繁庶，餘門不及也。」

又楊循吉《蓬軒吳記》云：「太祖高皇帝取張士誠，城破日，開平常忠武王入齊門，所過屠戮殆盡；中山徐武寧王入閶門，不殺一人。至卧佛寺，兩王相遇，武寧始戒忠武勿殺。厥後忠武之爵不續，而武寧今已五傳，子姓繁衍，固嗜殺、不嗜殺之明驗也。」兩書同出一人，而紀載不同，當更核之。

按：《明史・太祖紀》：「至正二十六年夏五月〔一〕，命徐達爲大將軍，常遇春爲副將軍，討張士誠。二十七年，論平吳功，封李善長宣國公，徐達信國公，常遇春鄂國公。」則信國公即徐中山也，《吳中故語》所云疑失實矣。考湯和於洪武十一年進封信國公。和本傳云：「從大軍伐士誠，戰於閶門，飛礮傷左臂，召還應天，創愈復往，攻克之。」則所謂信國從葑門入者，豈謂

〔一〕夏五月，《明史》作「秋八月」。

湯和歟？

又按《常遇春傳》：「都將破葑門，遇春破閶門以入。」則入閶門者是常遇春，而非徐達矣。

蘇州三學罵王敬

明楊循吉《吴中故語》云：「成化癸卯之歲，太監王敬以采辦藥材、書籍至江南，大肆厥惡。時使士子録書，以《子平遺集》要三學筆録，其多至千餘卷。時方近秋試，諸生不往。敬怒，學官不得已，率諸生往見於姑蘇驛。敬坐堂上，其副曰王臣者立其傍，欲笞學官。諸生大呼，其在門下者皆入，指敬罵之。部下軍校執杖擊，諸生走出驛門，遇市薪二束，各執之，反擊軍校，皆散走。有鄭五者，都下惡少，亦王臣黨也，被執至城門下，毆之幾死。明日，召知府劉公瑀訪求罵者，以所訪十七人及諸生皆引見，乃引罵者笞於皇華亭下，各二十。敬至闕下，以事上，下巡按推治。巡按張公淮不肯承旨重繩諸生，持兩可之説以待。會王敬等事敗，得末減。」

國朝趙吉士《寄園寄所寄》引《寓圃雜記》云：「妖人王臣自幼爲南京公侯府家人，數易主，亦數易名。惟以妖術惑取人財，所得輒盡。累爲主人惡刑所加，兩足皆不能良行。成化初，衒術於江陰，諸大家皆不納，獨周維瞻稍待之。見其一篋中有二木人，長尺餘，能自相抵觸，坐作進退聽其指揮。凡人之物經其目者，必能暗取。後往北京，攀援得見上。歲辛丑，上命中官王敬同往採藥於湖湘、江右、江浙、江東諸郡。二人者從以無賴二十餘人，專務攫取財物，所歷幾致激變。」按：此敘王臣本末，較《吴中故語》加詳。

按：明代吴中義憤之舉惟五人墓一事最著，前此有葛誠事，其墓即在五人墓旁。余爲作《葛將軍墓歌》，同年應敏齋爲臬使，曾表章之。然其事迹稍晦矣，至此事人無知者。諸生中亦無有慨然身任如葛誠、顏佩韋等者，惟戴冠對知府數語稍有丈夫氣耳。乃據知府劉公責諸生語，知永樂間尚有秀才罵内使事，則更無可考矣。

國朝汪琬《堯峰文鈔》有《顏中和事略》云：「中和父宏仁，爲怨家周昌所殺。中和年甫十三，取析薪斧礪之，束草如人形，書昌姓名其上以試斧。逾三年，懷斧出門，直昌市中，白後揮斧中昌首，又斧之。會其兄孟和趨至，昌已死。兄弟争自承殺人，官不能決。衆從旁分别言之，始下中和於獄。明年，巡按御史録囚，釋中和。汪子曰：顏氏聚居楓橋市中，其先有佩韋者，中和之從祖祖父也。佩韋以義，中和以孝，皆卓卓有立，顏氏信多賢哉！」按：顏佩韋事甚著，其後又有顏孟和、中和兄弟，則知者罕矣。

國朝趙吉士《寄園寄所寄》引《貞勝編》云：「五人墓事，世豔傳之。時至江陰逮李侍御應昇，開讀時亦有垂髫少年十人各挾短棒，直呼入憲署，殺逆璫校尉，諸尉踉蹌越牆竄。一賣蔗童子十餘歲，撫髀曰：『我恨極矣！』遂從一肥尉後舉削蔗刀臠其片肉，擲以飼狗。」按：此事世少傳者，以童子十餘人成此義舉，則更奇矣。

紅船白船

明徐禎卿《翦勝野聞》云：「王師與僞漢戰於湖中，時乘白舟，漢主以赤龍船厭之。及戰，王師大捷。帝因制令，以赤船載俘囚，白船給官胥之屬。」

明文林《琅琊漫鈔》云：「南京功臣廟畫壁：與陳漢大戰，高皇乘白船，友諒紅船。既平漢，命以紅船裝囚，白者加彩，載使臣。但近時所乘皆無所謂白者矣，惟北方尚有此制。」

明董穀《碧里雜存》云：「聖祖與徐公達閒行，買舟以覘江南虛實。值歲除，舟人無肯應者。有貧叟夫婦二人舟尤小，欣然納之。登極後，訪得之，無子，官其姪，并封其舟而朱之。故迄今江中渡船謂之『滿江紅』云。」按「滿江紅」之名至今猶在，白船之説則無知者矣。

明楊循吉《吴中故語》「三學罵王敬」一條内載知府劉瑀責諸生曰：「永樂間秀才罵内使，皆發充軍，汝謂無紅船載汝輩邪？」初不解「紅船」語，讀此乃明。按：此事在成化時，是其時吴中尚有紅船也。

明熹宗自演戲

國朝陳悰《天啓宮詞》注〔一〕：「回龍觀舊多海棠，旁有六角亭。每花發時，上臨幸焉，嘗於亭中自裝宋太祖，同高永壽輩演雪夜訪趙普之戲。」

棗兒

國朝無名氏《談往》云：「崇禎末年，京師與吴下市廛口語皆曰『宋阿罩』。至李賊破城，竟

〔一〕注，原訛「云」，據蔡啟盛《校勘記》改。

以天下送之。李之小字曰棗兒，訛言『宋阿罩』者，以上聲讀去聲也。」按：李自成小字棗兒，知者亦罕。

福八

國朝黄宗羲《思舊録》載沈士柱《宫詞》云：「鸚武金籠喚御名。」注云：「帝號福八，貴妃因教鸚哥呼之。」按：帝謂明福王也。

金三

國朝趙吉士《寄園寄所寄》引《鴻書》云：「崑山舟師楊姓者與金姓者善。金死，有子曰三，年十七。楊憐之，招入舟。楊一女，年相若，因以妻三。歲餘，三沾疾尫羸〔一〕，楊悔恨。一日，

〔一〕羸，原訛「嬴」，據蔡啟盛《校勘記》改。

江行泊孤島下，賺其拾薪，棄之去。三欲歸無路，轉入林中，有八大篋，蓋盜所劫財。三更臨江濱，適有他舟，三招之來，悉以篋入舟。抵儀真，啓視，皆金珠也。即售得如干，服食起居非故矣。一日，行過河下，楊舟適在，三使人顧其舟。先是楊棄三時，女哭不欲生，父母强之更納壻，不從。及三登舟，女竊視，驚曰：『客狀甚似吾壻。』母詈之，遂不敢言。三顧女，佯謂舟人曰：『何不向船尾取破氊笠戴之？』蓋三初登舟有是言也。於是妻覺之，出見，相與抱哭，驩如平生。楊夫婦羅拜請罪，三亦不之較。尋同歸三家。會劇寇劉六、劉七叛入吴，三出金帛募死士，直搗狼山之穴，縛其渠魁，授武騎尉，妻亦從封云。」按：小説中有宋金郎事，即此。但據此，則金其姓而非名，殆傳聞之異乎？

盧舍庵有明太監孫隆像

明張岱《西湖夢尋》云：「十錦塘一名孫隄，在斷橋下，司禮太監孫隆於萬曆十七年修築。孫太監生祠背山面湖，頗極壯麗。近爲盧太監捨以供佛，改名盧舍庵，而以孫東瀛像置之佛龕之後。」按：盧舍庵即在余俞樓之東，向不知其所始，今始知之，然已化爲荒煙蔓草，孫像亦烏有矣。

明代杭州有山東香客

明張岱《西湖夢尋》有《香市記》云：「西湖香市起于花朝，盡于端午。山東進香普陀者日至，嘉、湖進香天竺者日至，至則與湖之人市焉。」按：此則明代西湖有山東香客，今無是矣。

茶香室續鈔卷十七

旃檀佛像始末

國朝高士奇《金鼇退食筆記》云：「宏仁寺，康熙年間即清馥殿基址改建，迎旃檀佛居之。佛像高五尺，鵠立上視，後瞻若仰，前瞻若俯；左手舒而直，右手舒而垂；扣之聲若金石，入水不濡，輕如髹漆；晨昏寒暑，其色不一，大抵近於沈碧。并恭載御製《旃檀佛西來歷代傳祀記》，其略云：『佛以周昭王二十四年甲寅誕生西域，穆王五十二年壬申入滅。佛成道後，嘗升忉利天，爲母氏説法。時優填王以久闊瞻依，乃刻旃檀像佛聖表。目犍連以神力攝三十二匠升天，諦觀相好，三返乃得其真。及佛復降人間，其像升空謁佛，佛爲摩頂記曰：「我滅度千年後，爾往震旦國，大興佛化。」佛滅千二百八十餘年，始自西域傳至龜兹六十八年，至涼州一十四年，至長安一十七年，至江左百七十三年，至淮南三百一十七年，復至江南二十一年，北至汴京百七十七年。金太宗於辛亥歲迎至燕京閔忠寺十二年，金熙宗於上京建大儲慶寺成，奉迎於積慶閣中二十年。金國海陵王復南迎還燕宫内殿，居五十四年。元朝丁丑歲三月，内殿火，尚書石抹公迎往聖安寺一十九年。至元世祖至元十二年，奉迎入萬壽山仁智殿，居十五年，建大聖萬安寺。二十六年，自仁智殿奉迎於寺之後殿百四十餘年，自爾迎於慶壽寺。至嘉靖十七年，居百二十餘年。因寺回禄，奉迎於鷲峰寺。至康熙四年，居一百二十七年。計自優填王造像之歲，當穆王十二年辛卯，至我朝康熙五年丙戌，凡二千六百五十餘年矣。』」按：旃檀佛像，余於《叢鈔》第十三卷已載之矣。然所録止《鐵圍山叢談》，宋後之事不得其詳。今讀高澹人所記，故又備録之。

又按：扶南遣使送天竺旃檀瑞像，事見《梁書·諸夷傳》。而元翰林學士程鉅夫《瑞像殿碑》但言自龜兹至涼州、至長安、至江左，不及扶南。高氏《筆記》又云：「考《釋氏感通録》云：『梁武帝遣郝騫等往天竺國迎佛旃檀像，其王摹刻一像付騫，天監十年至建康。』」據此則又自天竺徑至江左矣。且如其説，像乃贋鼎也。此事荒遠，不甚可考。今恭録御碑，餘不具論。

觀音大士傳

元時管夫人所撰《觀音大士傳》云：「觀音生西土，諱妙音，妙莊王之季女也。將笄，王以三女覓贅壻。長妙因、次妙緣順旨，觀音以忤王被貶。後王病瘡瀕死，乃自幻形爲老僧，上奏：『非至親手眼不可療。』王以二女爲至親，宣取之，俱不用命。僧云香山仙長濟度牛靈，一啓口必可得。王使臣從仙長求，即自斷剜其兩手眼，付使臣持去。王服之而愈，往見仙長，果無手眼，籲叩天地求爲完之。少頃，仙長手眼已千數矣。於是敘父子之情極歡，勸王修善，王從之。」按：此本唐僧義常所說，余已載於《叢鈔》第十三卷矣。今見管夫人所撰傳，又記之。要是俗説，非其實也。

《文選·嘯賦》注引《靈寶經》曰：「禪黎世界墜王有女字姓音，生仍不言。年至四歲，王怪之，乃棄女於南浮桑之阿空山之中。女無糧，常日咽氣，引月服精，自然充飽。忽與神人會於丹陵之舍、柏林之下。姓音右手題赤石之上，語姓〔二〕音：『汝雖不能言，可憶此文也。』遣朱宮

〔二〕姓，原訛「性」，據《文選》卷十八改。

靈童下教姓音治弟之術，授其采書八字之音，於是能言。於山出，還在國中。國中大枯旱，地下生火，人民焦燎，死者過半；穿地取水，百丈無泉。王悕懼，女顯其真，爲王仰嘯，天降洪水至十丈，於是化形隱景而去。」按：此疑即妙莊王女之説所自來，「姓音」或即觀世音也。

明楊慎《升庵集》引《文選》此注，「有女字姓音」句誤作「有女姓音」，遂摽題《音姓仙女》，是以「音」爲此女之姓矣。升庵之疏乃至如此，何也？

普陀山觀大士現身

國朝王士禛《居易録》云：「滄州人張漢儒至普陀謁大士，一老人曰：『欲見大士乎？』張曰：『大士安得見？』曰：『但祈禱，當有所覩。』張與同輩十餘人跪禱。久之，忽見洞口有金光，果覩大士自石壁中出，惟見側面。又禱曰：『願睹正面。』大士即又背洞面海，去人咫尺。紺髮卷鬈，高顴隆準，衣緑色。半身在雲氣中，不可見。衆歡喜稽首，倏入石壁去。老人云：『始亦以得遇大士現身，故捨身於此，供灑掃之役。』」按：此知世閒所畫大士像，殊未肖也。

《居易録》又云：「長安薦福寺僧行美謁普陀山，與雲水僧七人雨中炷香潮音洞虔禱，願覩大士慈容。倏見洞中現五色光，光中有大士立像，旁有白鸚鵡。像貌莊嚴妙好，是女人身。他僧見者種種不一，久之乃没。」是大士現身亦無定相。

换觀音像

宋王明清《熙豐日曆》云：「敕下江東轉運司，斷大中大夫、充龍圖閣待制、江寧府陳繹，爲前知廣州日，將造到公使庫檀木觀音，將松木觀音换檀木觀音入己，并將公使錢糴糧，餵飼自己白鷴。」按：此等罪案絶奇。

龍猛大士

宋鄭思肖《中興集醉鄉》詩：「効取龍猛大士藥，盡點大地變黄金。」注云：「西土龍猛大士有藥，能點大山爲金，相傳今尚有龍猛金。」按：此則釋氏亦有鑪火之術。

八百羅漢

國朝朱彝尊《曝書亭集·書〈五百羅漢名記〉後》云：「杭州淨慈寺五百羅漢塑像，自宋有之，曹太尉勳記之詳矣。特其名梵册不具，同里高念祖以其大父工部郎道素所藏《宋江陰軍乾明院五百羅漢名號》鏤版，附釋藏之後。按佛書：諸俱那與其徒八百衆居震旦國，五百居天台，三百居鴈宕。故梁克家《三山志》懷安大中寺有八百羅漢像。太尉南渡，僑居赤城，宜止及天台五百人也。」

按：「五百羅漢」之説，屢見梵書，余於《小繁露》已略載之矣。「八百羅漢」則世罕知者，故表出之。至曹太尉雖爲羅漢堂作記，而實非曹所創建。謂以曹僑居赤城，故止及天台之五百人，恐未必然也。

又按：國朝范鈗《廣雁蕩山志》引宋尚文《靈巖寺碑》云：「按釋氏書，有大阿羅漢與八百眷屬居南贍部洲。自西教東流，歷數百載，人莫有知者。皇宋太平興國四年，有僧行亮、神昭至温州樂清山門鄉，見西有巨山。旁詢耆老，則曰是爲雁蕩山，中有龍湫。後於廣藏中得古禪月大師貫休嘗著《羅漢讚文》，至《第五諾詎那尊者篇》中有『雁蕩經行雲漠漠，龍湫宴坐雨濛濛』之句，而後知南贍部洲羅漢所居，即此山也。」按：此則八百人並居雁蕩矣。

月中兔是佛化身

《一切經音義》卷二十三云：「月中兔者，佛昔作兔王，爲一仙人投身入火，以肉施彼。天帝取其體骨，置於月中，使得清涼，又令地上衆生見而發意。」

按《藝文類聚》引《乾鑿度》云：「月三日成魄，八日成光，蟾蜍體就，穴鼻始明。」注云：「穴，決也，決鼻兔也。」是月中有兔，本出緯書，乃梵書又以爲是佛之化身。此事世罕知者。

不動尊佛

宋葉夢得《石林燕語》云：「官司正門裏皆於中間用小木龕供佛，曰『不動尊佛』，雖禁中諸司皆然。其意亦本吏畏罷斥，事之極恭。」

更生佛

宋洪邁《夷堅乙志》云：「仙井監蘭池鄉民鮮逑病死，遇故人曹惟吉，曰：『有鄉人在，可勿憂。』曰：『誰邪？』曰：『虞太博，今判更生道，明日爲更生佛矣。』少焉，吏引入殿下放還，逑拜而出。至大樓闕下，望題榜，緑牌金字曰：『大慈大悲更生如來。』時紹興十八年六月二十六日。虞名祺，字齊年。更生佛名見《大涅槃經》中。」按：更生佛名世無知者，以古佛名而虞公得爲之，豈佛名亦如人間官職可迭爲之乎？

秋露子

唐釋玄應《一切經音義》云：「秋露子，梵言舍利佛，舊文言舍利子，此譯云鴝鵒子。從母爲名，母眼似鴝鵒，或如秋露鳥眼，因以名焉。」按：世人皆知有舍利佛，不知有此二名。秋露鳥亦不知何鳥也。

明郎瑛《七修類稿》引《龍舒心經》云：「舍利乃佛弟子名，以其母眼似舍利弗鳥之眼，故名之。或曰舍利，鶖鳥之眼。」按：此則秋露鳥其即鶖乎？

六祖真身

宋文信國《指南後録》有《南華山》詩，自注云：「六祖禪師真身葢數百年矣，爲亂兵封其心肝，乃知患難佛不能免，況人乎？」按：六祖真身於數百年後遭此一劫，信乎大患在有身也。又一題云：「己卯五月十八日，予以楚囚過曹溪，宿寺門下。六祖禪師真身頃爲亂兵竅其胸，探其心肝。葢意其有寶，故禍至此。」

佛圖澄姓温

宋吴曾《能改齋漫録》云：「唐封演記邢州内丘縣西古中丘城寺有碑，後趙石勒光初五年所立也。碑云『大和尚佛圖澄姓温』，而《高僧傳》《晉書·藝術傳》皆不著。」按：《晉書·藝術傳》《高僧傳》並云「本姓帛氏」，此乃云「姓温」，何歟？

三階

唐韋述《兩京雜[一]記》云：「化度寺，隋高熲捨宅立。有沙門信行自山東來，熲立院處之，撰《三階集》三十餘卷，大率以精苦忍辱爲宗，言人有三等，賢、愚、中庸，今並教之，故以三階爲名。其化頗行，故爲化度寺。」

酪酪和尚

宋朱長文《吴郡圖經續記》云：「智顯禪院在横山下，梁人吴廣施所居爲寺。祥符中，心印軻禪師重建。初酪酪和尚以錫叩石，清泉爲流，雖水旱不增減。軻師引泉足用，迄今猶存。」按：和尚名甚奇。《廣韵》二十二《覃》有「酪」字：「火含切，面紅也。」豈以貌得名邪？

[一] 雜，疑當爲「新」。

胡僧以畫傳

陳姚最《後畫品録》云：「釋迦佛陀、吉底俱、摩羅菩提並外國比丘，既華戎殊體，無以定其差品。」

五書僧

明楊慎《升庵集》云：「唐有詩僧九人，今有《九僧集》。後有五僧善書，劉涇嘗作書話，以懷素比玉，䛒光比珠，高閑比金，貫休比玻瓈，亞棲比水晶。」

法極

國朝周亮工《書影》云：「僧智永名法極，王右軍七代孫，年百歲乃終，見《研北雜志》，元人陸友仁著。法極之名，人鮮知之。」

佛印

宋釋惠洪《冷齋夜話》云：「予游褒禪山，石崖〔一〕下見一僧，以紙軸枕首，跣足而卧。予問：『師寄此山幾年？道具何在？伴侣爲誰？』僧笑曰：『出家欲無累，公所言衮衮，多事人也。』曰：『豈不置鉢邪？』曰：『食時寺有椀。』又曰：『豈不畜經卷邪？』曰：『藏中自備足。』曰：『豈不備笠邪？』曰：『雨即吾不行。』曰：『鞋履亦不用邪？』曰：『昔有之，今弊棄之。跣足行，殊快。』予曰：『然則手中紙軸何用？』曰：『此吾度牒也。亦欲睡枕頭。』予甚愛其風韵。南還海岱，逢佛印禪師元公出山，重荷者百夫，擁輿者十許夫，巷陌聚觀，喧吠鷄犬。予歎曰：『使褒禪山石崖僧見之，則子爲無事人邪？』」按：王漁洋《居易録》引此事，而言「佛印爲坡公所喜，而行徑乃如是」。余於《叢鈔》卷十二載參寥後還俗事，今又觀佛印事，乃知古所謂「詩

〔一〕崖，原訛「岸」，據《冷齋夜話》卷十改。

僧」大率類是矣。

又按：王士禛《池北偶談》云：「坡詩有『琴聰蜜殊』，謂僧思聰、仲殊也。放翁《筆記》云：『思聰，大觀、政和中以琴游權貴閒，遂還俗，官御前使臣。仲殊自縊以死。參寥尤爲坡公所喜，政和中老矣，亦還俗。』又《墨莊漫録》載：『吕温卿爲浙漕，屢起大獄，復欲網羅參寥。參寥本名曇潛，東坡改之曰道潛。吕索牒勘驗，竟坐刑之，還俗，編管兖州。』」

金碧峰

明郎瑛《七修類稿》云：「太祖建都南京，和尚金碧峰啓之，見《客座新聞》。」按：明代坊間有《東洋記》一書，敘三保太監事，書中有金碧峰和尚。

程明道歎僧家威儀

宋吴曾《能改齋漫録》云：「明道先生嘗至天寧寺，方飯，見趨進揖遜之盛，歎曰：『三代威儀盡在是矣！』」

闍士

明楊慎《藝林伐山》云：「李太白詩：『衡嶽有闍士，五峰秀真骨。』闍士、開士，皆僧之稱。」

僧尼受戒

宋洪邁《客齋三筆》云：「周世宗廢并寺院，有詔約束云：『男年十五以上，念得經文一百紙，或讀得五百紙；女年十三以上，念得經文七十紙，或讀得三百紙者，經本府陳狀，乞剃頭，委録事參軍本判官試驗。兩京、大名、京兆府、青州各起置戒壇，候受戒時，兩京委祠部差官引試，其三處祇委判官，逐處聞奏。候勑下，委祠部給付憑由，方得剃頭受戒。』其防禁之詳如此，非若今時只納錢於官便可出家也。念經、讀經之異，疑爲背誦與對本云。」

宋時僧牒甚貴

《東坡集·雜記》有一則云：「參寥行者鍾守素，事參寥有年。參寥言秦太虚有意爲率交游聞三十人，每人十千，買祠部牒，令得出家。」按：一人十千，三十人則三百千，然則宋時僧牒甚貴也。

按：度牒之直，詳見國朝俞正燮《癸巳存稿》引章俊卿《羣書考索》云：「元豐七年著令，度牒每道爲錢百三十千，夔路至三百千，以次減爲百九十千。其後金皇統五年，慶壽寺、天長觀度牒每道折錢二十萬。」是度牒之直亦有高下。又云：「宋紹熙三年閏二月甲寅，定僧道度牒價至八百千，蓋免地税、免役文憑也。」則南宋時度牒有貴至八百千者。國朝錢大昕《恒言録》引「陸放翁《爲行者雷印定求度牒疏》有『空手要七十萬錢』之語，則宋時一僧度牒直七百千也。」按：此乃[一]南宋之制，若北宋時則不至此。《恒言録》引「東坡知

[一] 此乃，原訛「乃此」，據蔡啟盛《校勘記》乙。

杭州日，乞支度牒二百道，修完本州廨宇」，若一牒七百千，則二百牒得錢一千四百萬千。以此修本州廨宇，不太多乎？又引「東坡請以度牒二百道買米二萬五千石，糶得一萬五千貫，是每道直米一百二十五石」，而以優價入，減價出，則度牒一道止直七十五千。

禪家六籍

國朝喬松年《蘿藦亭札記》云：「佛書《大般若經》《金剛經》《維摩詰經》《楞伽經》《圓覺經》《楞嚴經》，號禪家六籍，猶儒之六經。」

按：明黄佐《翰林記》云：「洪武十年九月，令僧徒皆通《般若心經》《金剛般若經》《楞伽經》，命學士宋濂考校之，不通者令還俗。」然則明代考校僧徒止三經也。

宋吴曾《能改齋漫録》云：「政和八年御筆：自今學道之士所習經以《黄帝内經》《道德經》爲大經，《莊子》《列子》爲小經，外兼通儒書，俾合爲一道，大經《周易》、小經《孟子》。」是宣和閒道家所習有此四經，是可與釋氏六經並行矣。惟《黄帝内經》乃醫家言，與《老》《莊》《列》並習，殊不侔耳。儒書中惟《周易》尚可附會爲道家之説，此外實無可附會。不得已而取《孟子》，或以其有養氣、養心諸説耳。

《能改齋漫録》又云：「其在學中增置士名，分入官品，元士正五品，高士從五品，大士正六品，上士從六品，方士正七品，闕士從七品，居士正八品，逸士從八品，隱士正九品，志士從九品。」按：此蓋因其時命學校諸生添治《黄帝》《老》《莊》《列》四經，故增此士名，定其官品也。亦人所罕知者，故附録之。「闕士」之名則未詳也。

《金剛經》偈語異文

《金剛經》云：「一切有爲法，如夢幻泡影，如露亦如電，應作如是觀。」元魏留支譯本作「一切有爲法，如星翳燈幻露泡夢電雲」。陳、隋以下諸譯本雖語句小異，而此九字皆同。今世止行鳩摩羅什本，無復知此矣。世俗讀《金剛經》者盛稱此四句，唐伯虎以「六如」自號，亦取此也。若依留支本，則有「九如」。

共半三十比邱百

《金剛經》云：「與大比邱衆千二百五十人俱。」隋大業中，三藏笈多譯本作「與園中大比邱衆共半三十比邱百」。解者云：「即千二百五十人也。以三十而百之，則三千；以三千而半之，則千五百；除去一千，又以五百而半之，則二百五十；合前一千，即爲千二百五十人；半而又半，故曰共半共合也。」按：如此譯經，紆〔一〕曲太甚，不知其何所取義也。

轉經

明楊慎《升庵外集》云：「唐詩『服玩僧收爲轉經』，今人謂寫字爲轉經，非也。西域之俗以木規圓爲二輪象，一用梵篆牝書，一用梵篆牡書。牝書自内而外，牡書自外而内，牝輪在下，牡

〔一〕紆，原訛「紓」，據蔡啟盛《校勘記》改。

輪在上，以機而圓轉之，所謂三藐母馱也。余過雅州，見西僧説如此。」

新伊、舊伊

明楊慎《升庵外集》云：「教乘法數有二伊之文。二伊，新伊、舊伊也。新伊如此方言今文，舊伊如此方言古文。」

升庵又云：「西域以無比爲伊字，最尊。蒲曰伊蒲，蘭曰伊蘭，皆加以尊稱。」

淨賄

國朝戴咸弼《東甌金石志·僧利卿井闌石刻》云：「開元寺僧利卿謹舍淨賄壹拾參貫文有餘，重修義井一口。」按：「淨財」屢見唐宋石刻，「淨賄」罕見。

兄妹共寫《法華經》

國朝章有謨《景船齋雜記》云：「顧清宇有唐朝兄妹共寫《法華經》七卷，細如蠅鬚，後題云『燕子女丁』。問之，無能知者。楷法甚精，今爲張謀遠珍藏。」

餤口

國朝俞正燮《癸巳存稿》云：「釋氏説，餓鬼名面然，又名餤口，言餓則飢餤出於口而面若然也。有唐實叉難陀譯《佛説救面然餓鬼陀羅尼神呪經》一卷，有唐不空譯《佛説救餤口餓鬼陀羅尼經》一卷，有《瑜珈集要餤口施食阿彌陀緣由》一卷，又有《甘露僧造蒙山施食儀》。」按：此皆僧家「放餤口」之緣起也。

善男、善女有二解

《〈金剛經〉六譯疏記》云：「善男、信女有二義，一以人稱，是四衆人也；一以法喻，以羅漢性剛直，能自善不能化人，表爲善男子；菩薩性柔和慈悲，能自化化人，種佛善根，紹隆佛種，表爲善女人。」按：此知觀世音菩薩今作女像，亦非無理。

西天僧來東天求佛

國朝張鵬翮《奉使俄羅斯日記》云：「二十七日，遇番僧數人，面目類羅漢，而身骨俱軟，能以足加首，以首穿腋。內一僧能華語，自言係大西天人，求活佛於中國。徧遊普陀、五臺、峩眉諸名山，不見有佛。聞打賴喇麻似之，及往見，而知其非也。又聞外國有金丹喇麻是佛，涉窮荒往視之，又非也。值額諾德兵亂，搶去行李，散失同伴，僅存殘喘。」

僧作制義

國朝王士禛《池北偶談》云：「明時南京五大寺僧，每季考校於禮部，命題即《法華》《楞嚴》等經，其文則仿舉子制義，文義優者選充僧録等官。某寺僧耳疑者曾刻其制義，黄俞邰云曾見之。」明沈德符《野獲編》云：「往遊金陵，見靈谷寺住持年甫弱冠，姿貌清粹。出考卷見示，則皆四股八比，與儒家無異，亦有新詞綺句。其題則出《金剛》《楞嚴》諸經。其入選者亦稱祠部郎爲座師。」

國朝葉廷琯《鷗波漁語〔一〕》云：「明之内監有所謂隨堂秉筆者，舊由司禮監薦舉。崇禎元年，始面試以時文，欽出《事君能致其身》題，鄭之惠、曹化淳二人皆考中式。至十二年夏季，李承芳署司禮監印，其名下顧三聘密託王建鼎代作《選於衆》時藝一篇，被巡綽官發其事。李不得已奏知，上立將三聘責斃，降建鼎淨軍，發南海子看守牆鋪，事見劉若愚《酌中志》。足見明季風氣崇尚八股之深矣。」按：緇流且試以時文，則此亦不足異也。

〔一〕語，疑當爲「話」。

稗沙門

宋洪邁《容齋一筆》云：「《寶積經》説僧之無行者曰：『譬如麥田中生稗麥，其形如麥，不可分別。爾時田夫作如是念，謂此稗麥盡是好麥，後見穟生，爾乃知非。如是沙門在於衆中，似是持戒有德行者，施主見時謂盡是沙門。而彼癡人實非沙門，是名稗沙門。』比喻甚佳，而文士鮮曾引用。」

焚佛骨萬三千斤

明沈德符《野獲編》云：「世宗留心齋醮，置竺乾氏不談，晚年用真人陶仲文等議，至焚佛骨萬三千斤。」按：佛骨安得如許之多，不可曉矣。

《野獲編補遺》云：「嘉靖十五年，勅廢禁中大善殿。夏言以殿中有佛像及佛骨、佛頭、佛牙等，議投之火，凡毁金銀佛像一百六十九座，金銀函貯佛頭牙等一萬三千餘斤。」據此則佛骨兼有佛頭、佛牙，且必是元代所奉番僧之遺蜕，非唐時所迎奉者比也。

茶香室續鈔卷十八

施存

明何孟春《餘冬敘録》云：「《真誥》：『施存者，齊人也，自號婉盆子，今在中岳或少室。往有壺公，正此人也。然未受太上書，猶未成真焉。施存是孔子弟子三千之數。三千之限有此人，而不預七十二子列者，明夫子不以仙爲教矣。』」

絳縣老人

宋洪邁《夷堅甲志》云：「周公才字子美，温州人。政和初爲絳州絳縣尉，沿檄晉州，過姑射山，止山下邸中。有道人先在，以一鶴及僕鐵鬼自隨，揖周曰：『天氣差寒，能飲一杯乎？』酒至冷，不可飲。道人畫案作『火』字，置杯其上，俄頃即熱。迨夜，各就寢。拂旦行，道人曰：『欲與君款語，而行李甚遽，奈何？』是日入邑境，就民舍假室。鐵鬼忽至曰：『先生當相就，令我先攜酒果來。』周出迎，遥望道人跨鶴，去地數尺而行。民帥妻子羅拜，道人亦慰接之。至牆下共飲，周連引滿，頗醉，不覺坐睡。及醒，但鐵鬼在旁，獻一桃甚大，曰：『食此，終身無病。』長揖而别，指顧閒不見。民曰：『是古絳縣老人也。今爲地仙，時一遊人閒，識之者皆過百歲。某自少獲見之，今亦八十矣。』」按：絳縣老人宋時尚遊戲人閒，亦可怪矣。但不知自春秋至宋政和初，又幾許甲子耳。

莊君平宋時尚在

宋洪邁《夷堅乙志》云：「福州有道人，嘗於市中見老叟，鬚髮如雪，而兩臉紅潤，瞳子深碧。迹其所往，執弟子禮甚謹，凡歲餘，邈然無所契。一夕寒甚，叟起將便旋，爲捧溺器以進。叟訝其煖，答曰：『懼冷氣傷先生，寘諸被中耳。』叟大感異，曰：『吾乃漢莊君平也。行天下千歲矣，未見有如子者。』取一書授之曰：『讀此可得道。』天明，叟出，遂不歸。其書乃五言詩百篇，皆修身度世之説。李季言綸頗能誦之，今但記其語云『事業與功名，不值一杯水』，又云『獨立秋江水』，三句而已。」按：莊君平即嚴君平，漢人避明帝諱，故改「莊」爲「嚴」耳。使此人自稱嚴君平，則僞矣；今自稱莊君平，疑其不妄。然其五言詩淺薄，不類漢人語。

徐庶

國朝無名氏《述異記》云：「康熙三十五年，廣東五指山白日雲鶴翔空，香霧繚繞。有一仙人升舉空中，語山中人曰：『我三國時徐庶也。修煉千餘年，今得沖舉，可傳與世人知之。』又杭州孫静公者，崇禎十四年於蘇州閶門遇徐庶。其子元芳言。」

國朝王士禛《居易録》云：「崇禎九年，漢中人劉一真入終南山采藥，遇仙人，自言是徐元直，令一真奏事。有旨下撫按察訪。成都費經虞有詩云：『傳聞徐元直，尚在南山雲。我欲從之去，高峯麋鹿羣。』」

按：徐元直飛昇事，余已記於《叢鈔》卷十四矣。今得其詳，復記之。是徐元直仙蹟在明末國初甚顯著也。

《居易録》又云：「錢牧翁作《彭幼朔傳》云：『近有人入青城山，見老人跨白鹿曰：「我三國徐庶也。」』此與蜀人費經虞所言同，特終南、青城異地耳。」

國朝繆艮《塗説》云：「常州某往來山東，一日至海濱，其地有天生石橋跨於海中，遥接勞山。寬僅尺餘，長不可測，無有能過之者。某曰：『吾試一往。』遂大步而去。由橋入山腹中，見茅庵内坐一老者，疑爲仙。老者曰：『予非仙，乃狐也。』適有客至，所論皆三國、後漢事。客退，老者曰：『此三國時徐庶也。』於是邀某至後山一石洞，推之下，已在常州矣。」按：此雖不足據，然亦言徐庶成仙事。再數百年，徐庶之仙蹟安知不與純陽代興乎？

十二仙

宋黄休復《益州名畫録》云：「道士張素卿於簡州開元觀畫容成子、董仲舒、嚴君平、李阿、馬自然、葛元長、壽仙、黄初平、葛永璝、竇子明、左慈、蘇躭十二仙君像，各寫當初賣卜、賣藥、書符、導引時真，筆蹤灑落，當代名流皆推畫手。蜀檢校太傅安公思謙好古博雅，甲寅歲十一月十一日，值蜀主誕降之辰，安公進素卿所畫十二仙真形十二幀。蜀主命翰林學士、禮部侍郎歐陽炯次第讚之，令翰林待〔一〕詔黄居寶八分書題之。乾德三年，聖朝克復，吏部侍郎吕公餘慶鎮蜀，求古畫圖書，並將進呈，斯畫與焉。」按：世俗有八仙之説，罕有知此十二仙者。

唐于逖《聞奇録》云：「馬自然貌醜，皻鼻，禿鬢，大口飲酒石餘，醉眠即以拳入口。人有疾病，告之，折薪草呵而與食，無不差者。嘗吟云：『昔日曾隨魏伯陽，無端醉卧紫金牀。東君謂我多情賴，罰向人間作酒狂。』後往梓州上升。」此馬自然之仙蹟。《咸淳臨安志·方外門》載：「馬自然名湘，鹽官人。大中祥符元年卒，葬於其家之東園。明年，東川奏劍州梓潼縣道士馬自然白日上昇。帝命杭州發其冢，止存竹杖。」據此，則馬自然又北宋人矣，殆誤也。

〔一〕待，原訛「徐」，據《益州名畫録》卷上改。

蜀八仙

明楊慎《升庵集》有《蜀八仙》云：「譙秀《蜀記》載：蜀之八仙，首容成公，云即鬼容區，隱於鴻冢，今青城山也。次李耳，生於蜀，今之青羊宮也。三曰董仲舒，亦青城山隱士，非三策之仲舒也。四曰張道陵，今大邑鶴鳴觀。五曰莊君平，卜肆在成都。六曰李八百，龍門洞在新都。七曰范長生，在青城山。八曰爾朱先生，在雅州，有手書石刻五經在洞中。」

清寧二百三十一年

唐薛用弱《集異記》載：「蔡少霞夢人召令書碑，題云《蒼龍溪新宮銘》，紫陽真人山元卿撰。末云『清寧二百三十一年四月十二日建』。」按：此即東坡詩所云「羣仙正草新宮銘」者也。「清寧」之號不知誰所紀，仙家亦自有年號邪？

仙宗十友

宋黄休復《益州名畫録》云：「石恪攻古體人物，有陳子昂、盧藏用、宋之問、高適、畢搆、李白、孟浩然、王維、賀知章、司馬承禎仙宗十友圖。」按：此十人爲仙宗十友，亦世所罕知也。

苦竹真人

宋吴曾《能改齋漫録》云：「吕洞賓，岳州有石刻云：『君乃京兆人，唐末累舉進士不第，因游華山，遇鍾離，傳授金丹大藥之方；復遇苦竹真人，方能驅使鬼神。』」按：苦竹真人爲吕洞賓師，世無知者。

吕仙自敍

國朝張爾岐《蒿庵閒話》云：「天啓中，濟南盛傳吕仙自敘傳，云是殷文莊、葛端肅得之乩筆者。傳云：『呂仙本唐宗室，避武氏之禍，挾妻而遯，因易呂姓，以山居，名岩，字洞賓，妻又死，號純陽子。』考之范致明《岳陽風土記》云『呂先生，河中府唐禮部尚書渭之孫，海州刺史讓之子，會昌中兩舉進士不第，去游廬山，遇異人授劍術，得長生不死之訣』，何大相異也？近又有《瑶華帝君傳》云韓湘乩筆自敍，乃直隸人所傳，以退之爲叔父，亦良怪異矣。」按：乩筆自不足據，姑以廣異聞。

呂真人畫像

國朝張道《臨安旬制紀》云：「潞王有呂真人畫像，風左則鬚飄而右，風右則鬚飄而左，相傳仙筆也。」

呂洞賓封帝君

明沈德符《野獲編》云：「嘉靖二十五年，以永禧仙宫成，命成國公朱希忠祭告朝天等宫，首揆夏貴溪告純陽孚佑帝君。吕洞賓屢著靈異，然爵以帝號，則始見於此，即羽流輩亦未之知也。」

吕元圭

宋吴曾《能改齋漫録》云：「世傳吕先生詩：『黄鶴樓邊吹笛時，白蘋紅蓼對江湄。衷情欲訴誰能會，惟有清風明月知。』此吕先生非洞賓，乃名元圭者也。其詩元題於石照亭窗上。或云元圭乃先生别字。」按：此吕元圭與邯鄲吕翁似均非洞賓也。

嬾殘至明季猶在

國朝徐岳《見聞録》云：「江夏賀相公入朝，夜泊鰟魚嘴，夢廟神來謁曰：『前生我與公及三昧爲師弟兄，同修道。三昧今爲國師，公爲宰相，我墮落爲江神，血食於此。宰殺過多，必墮惡道。望公達三昧，爲我禮懺法，以禳宰殺之愆。』三昧爲建水陸道場，廣齋僧衆。有一火頭僧曰：『舊神以經功生西方矣。今新神亦受戒，不歆血肉之奉，自此只須以素食酬願。』越日，過客仍以牲醴致敬。廟祝即時仆地，起語曰：『前嬾殘禪師已言之，何復破我戒！』人問嬾殘何在，曰：『是火頭僧。』跡之，不知所之矣。」按：此嬾殘不知何人，其即李鄴侯所遇者邪？賀相國即賀逢聖，明崇禎朝宰相。嬾殘和尚至明季猶存，亦奇矣。

曹休

《太平廣記》引《神仙感遇傳》云：「于濤，宰相琮之姪，隨琮南遷。途經平望驛，維舟方食，有叟自門直抵廳側。問叟何人，對曰：『曹老兒。』問其所來，對曰：『郎君極有好官職，此行不用憂。』問其所能，云：『老叟無解，但見郎君此後官職高顯，不可一一敘之。請濡毫執筆，隨語記録。』詞多隱密，亦敘相國牽復之事。問叟頗好酒否，叟忻然爲請，即以銀盂令自酌飲。頃之酒盡，遂以銀盂枕首而睡。及旦失叟，惟銀盂在焉。驚問訪求，莫知所止。人或云曹休博士也。曹休，魏之宗室，仕晉爲史官，齊梁之閒或處朝列。得神仙之道，多游江湖閒，往來賈販，常賑救人，以陰功及物，人多有見之受其遺者。」

按：余於《叢鈔》卷十四載曹佶休事，疑即世俗所傳八仙中之曹國舅。今觀此，又疑曹佶休即曹休也。然曹休《魏志》有傳，史明言其「疽發背薨，謚壯侯」，則亦無成仙之事，是又疑不能明也。

陳摶〔一〕與毛女往來

宋李石《續博物志》云：「毛女在華山，山客獵師世世見之，體生毛，自言秦始皇時人。陳摶在華山，或謗以與毛女往來。」

國朝周亮工《書影》載陳希夷遇毛女詩云：「藥苗不滿笥，人更上危巔。回指歸去路，相將入翠煙。」玩「相將入翠煙」句，似其事或竟有之。

〔一〕摶，原訛「搏」，據蔡啟盛《校勘記》改。下同。

黄子久仙去

國朝用亮工《書影》云：「李君實曰：『常聞人説黄子久年九十餘，碧瞳丹頰。一日于武林虎跑同數客立石上，忽四山雲霧擁溢鬱勃，片時竟不見子久，以爲仙去。』」

觀棋爛柯不止一處

宋吴曾《能改齋漫録》云：「李宗諤云：『達州爛柯亭在州治之西四里，古有樵者觀仙弈棋不去，至斧柯爛於腰閒，即此地也。』乃知觀棋爛柯不止衢州。」按：余於《叢鈔》卷十四引《猗覺寮襍記》，知爛柯不獨觀棋，且有聽琴之説。今乃知觀棋亦非止一説，古事多相類也。

宋洪邁《夷堅乙志》云：「南劒尤溪縣浮流村民林五十六樵于山，見二人對弈，倚擔觀之。旁有兩鶴啄楊梅，墮二顆于地。弈者目林使拾之，俛取以食，遽失二人所在。」此亦樵者觀仙人弈棋事，但不言爛柯。

陳箍桶

明郎瑛《七修類稿》云：「陳箍桶，相傳宋仙也，能道徽、欽事甚悉。跣足蓬頭，冬夏單穿衲衣一領，衣甚舊而不污。鬢鬢斑白，目一色，若蒼玉然，可半百人矣。名公皆欲求見，隱顯不測，今日江東，明日關陝，非自來不可得焉。吾友王元甫，弘治間會於揚州官舍，所言甚平易。」按：此箍桶人，豈即伊川所遇之成都隱者邪？

明陳槤《羅浮志》云：「陳楠字南木，號翠虛，惠州博羅縣白水巖人，盤櫳箍桶爲生。作《盤櫳頌》云：『終日盤盤圓又圓，中間一位土爲尊。磨來磨去知多少，箇裹全無斧鑿痕。』《箍桶頌》云：『有漏教無漏，如何水泄通。既能圓密了，内外一真空。』其言下超悟如此。於嘉定六年四月十四日在潭州赴鶴會，與一箍桶老子掎角，入水而逝。當日有葛縣尉在潭州見之，方知在此尸解，在彼見也。」按：此知所謂宋仙陳箍桶者即其人也。

又按：陳楠捻土付病者，服之輒愈，人呼之爲陳泥丸。

文文山遇仙

宋文文山《指南後録》有一題云《文山遇靈陽子談道，繫之以詩》曰：「昔我愛泉石，長揖離公卿。結屋青山下，咫尺蓬與瀛。至人不可見，世塵忽相攖。業風吹浩劫，蝸角争浮名。偶逢大呂公，如有夙世盟。相從語寥廓，俯仰萬慮輕云云。」「大呂公」不知何人，謂之「靈陽子」，則非純陽也。

又有一題云《歲祝犂單閼、月赤奮若、日焉逢涒灘，遇異人指示大光明正法，於是死生脱然若遺矣，賦五言八句》，其詩曰：「誰知真患難，忽悟大光明。日出雲俱静，風消水自平。功名幾滅性，忠孝大勞生。天下惟豪傑，神仙立地成。」按：「祝犂單閼」乃己卯歲，元世祖至元十六年也。是時文山已在獄中，此異人者乃於獄中相訪邪？亦可異矣。

王赤腿

元劉祁《歸潛志》云：「王赤腿，不知其名字年齒，人以其衣短，號哨腿王。或云名予可，字南雲。居鄽、蔡閒，以乞食爲事。衣皮衣，露膝，好插花，額上繫一銅片如月。時時自言爲天帝所召，有某仙某神在焉。所食何物，皆詭誕莫可測。然善歌詩，索韵立成，字亦怪異。凡寺觀樓閣及民家屋壁書其詩殆徧，往往有奇麗語。」

鍾丫髻

明王世貞《鳳洲筆記》云：「鍾丫髻百十四歲尚丫髻，故名。丁未冬，上親賜見，命居白雲觀。」按：《宋史·陳摶〔一〕傳》有髽髻道人「鍾離子」，不謂又有此「鍾丫髻」也。

張刺達

明徐禎卿《異林》云：「張刺達相傳是宋時人，爲華州掾。嘗從徐州太守入華山，謁陳摶先

〔一〕摶，原訛「搏」，據蔡啟盛《校勘記》改。下《張刺達》條「陳摶」之「摶」字，同改。

生。已而一道人至，藍袍葛巾，據榻端坐。太守不悅，先生請曰：『先生袖中何物？幸以相貺。』道人探出棗三枚，以白者授先生，赤者自吞食之，青者投太守。太守愈不悅，以奉掾。掾遂啖之，道人遽出。太守問：『先生是何道者？』先生曰：『此純陽真人也。』太守悔恨不及。張公自後得道，國初時游人間。太宗開邸北平，嘗召見之，語有神異。」按：張刺達，他書多作「張邋遢」，即張三丰也。其事蹟人多知之，然其得仙之由則或未知之也。

國朝許纘曾《滇行紀程》云：「平越府南門有高真觀，爲張三丰仙師道場。向西南行曰卓筆山，稍西上高坡曰倒馬坡。坡半見隔山石壁如屏，懸崖千仞。壁上有仙師影，首戴華陽冠，側身杖策而行，分明可見。其旁刻『神留宇宙』四大字。」按：此張三丰遺蹟，人所罕知。《明史》但言其「復入武當，歷襄漢」，不言其入滇也。

明黄瑜《雙槐歲鈔》云：「東海近出二仙，其一即張三丰，遼東義州人，張仲安第五子。本名君實，字全一，元元其別字也。自號保和容忍三丰子。元末居寶鷄金臺觀，辭世留頌而逝。民人楊軏山爲棺斂，臨窆發視之，復生。乃入蜀抵秦，居武當，遊襄鄧，往來長安，歷隴岷甘肅。永樂中，遣都給事胡濙、道録任一愚、岷州衛指揮訪求未獲。天順末或隱或見。上聞之，封通微顯化真人。」按：此敘張三丰本末頗詳。《明史·方伎傳》作「一名君寶」，「寶」乃「實」字之誤也。

國朝徐岳《見聞録》云：「明初張邋遢既化於甘州張指揮園中，後屢見他所。成祖下詔求之，不得。今西域入貢者猶云三丰爲某台吉供養，見在不死。」

國朝陳鼎《滇黔紀遊》云：「平越郡城内有張邋遢修道故跡。邋遢名三丰，閩人，洪武間以軍籍戍郡，蓬頭赤足，丐於市，人呼爲邋遢翁。」按：此與《異林》所載又殊。然張三丰於明初已著仙蹟，乃謂其洪武中戍黔，恐非實也。

《滇黔紀遊》又云：「府南五里即武勝關，隔溪絶壁有三丰遺像，旁有明撫軍郭青螺書『神留宇宙』四大字。」按：此四大字爲郭青螺書，許氏《滇行紀程》所未及見也。

趙如如

國朝無名氏《述異紀》云：「蜀人趙如如長髯偉軀，明時爲邊將，已殉難矣。康熙癸卯，與崑山何英相遇於浙之衢州。何疑其鬼也，徐曰：『吾與子爲異姓昆弟，不知吾爲學道人邪？』蓋趙精天文、術數之學，兼習五行遁法。其殉難也，若古人尸解者然。歲甲子，客有自普陀至者，趙寓書於何云：『在南海修道。』」按：先君《印雪軒隨筆》載周忠武部將侯老道事，余於《叢鈔》卷十四載闖賊將李赤腳事，趙如如殆亦其流亞乎？

國朝方士淦《蔗餘偶筆》云：「京師虎坊橋五道廟老道人毛髮盡白，身極矮小，寡言笑。問其年，罕有知者。長齋，喜飲酒。相傳實吴逆間諜，吴誅，遂以道服隱於市，與縉紳往來。或招之飲，伺其醉，暢談滄桑，冀探其藴。默無一言，但含淚而已。竟以壽終。」

崑崙山中仙人

國朝王士禛《池北偶談》云：「前御史欒安成公賓慈，明崇禎〔一〕中以疏救黄公石齋讁戍。鼎革後，隱崑崙山中。一日大雪，登絶頂，見松林中有人僵卧。四面皆積雪，無人跡。其人衣木葉，卧處丈許獨無雪。見公至，蹶而起曰：『候公久矣。』問其年，云：『不記年歲，祇憶少在京師見楊椒山赴西市，遂發憤出家學道耳。』」按：小説書中載有人見楊椒山赴西市而棄家雲游，遂以得道者，蓋亦有本也。

〔一〕禎，原訛「明」，據《池北偶談》卷二二改。

姚真人

明田汝成《西湖游覽志》云：「元延祐間，有姚真人者，錢唐人，家温飽。其妻蔡氏一日語其夫云：『欲脱俗修真。』以家業二分，畀夫娶妾，爲成家之計；自以其一建庵，爲修養之需。夫曰：『汝既修真，吾無子女，何忍獨墜俗緣耶？』蔡氏然之，乃曰：『修真不宜夫婦同處。』各建一庵於西城下，夫庵在妙心寺北，曰長生；妻庵在洪福橋西，曰長春。夫妻皆證道妙，時謂之雙修云。蔡號沖静。」按：姚真人夫婦與明時蓮池夫婦相同，乃蓮池事甚顯而姚較晦。檢《西湖志》亦無其人，竟莫知其何名矣。

又按：丁野鶴與妻王守素亦皆修道，事見《輟耕録》。杭人夫婦清修，姚真人、丁野鶴及蓮池而三，然丁野鶴事知之者猶多也。

宋張師正〔一〕《閑窗括異志》云：「海鹽縣蔣十八居士蔣念二孺人日頌大乘，斷除嗜欲。一日洗漱更衣，燒香念佛，書頌而終。居士頌曰：『這箇幻身，四大合成。今日分散，各歸其根。諸幻既滅，灰飛煙絶。如空中風，猶碧天月。既無障礙，又能皎潔。一切永斷，無復言説。』孺

〔一〕張師正，當爲「魯應龍」。

人頌曰：『看過《蓮經》萬四千，生平香火有因緣。西方自是吾歸路，風月同乘般若船。』按：此亦夫婦雙修之事。「風月同乘般若船」，真蓮臺佳話也。雖非仙蹟，以夫歸雙修類記之。

居士頌云：「既無障礙，又能皎潔。」愚謂皎潔者月之本體，障礙去則皎潔見矣，豈有無障礙而不能皎潔者乎？「又能」二字滯矣，當易之曰「既無障礙，自然皎潔」。

吴彩鸞所寫之書

國朝王士禛《居易録》云：「唐女仙吴彩鸞于洪州紫極宫寫《唐韻》，今有寫韻軒，人盡知之；又於安福福聖院寫《法苑珠林》百二十軸，人罕知者。又蜀導江縣迎祥寺有彩鸞寫《本行經》六十卷，多闕唐諱，放翁猶見之。」

又云：「《玉堂嘉話》又載其書龍鱗楷《韵》，天寶八年製。柳誠懸題云：『吴彩鸞，世傳謫仙也。一夕書《廣韻》一部，即粥於市，人不測其意。稔聞此説，罕見其書，數載勤求，方獲斯本。觀其神全氣古，筆力遒勁，出於自然，非古今學人可及也。時太和九年九月十五日題。』其册共五十四葉，鱗次相積，皆留紙縫。《研北襍志》云：『宇文廷臣家有吴彩鸞《玉篇鈔》，書「一先」爲「廿三先」「廿四仙」，不可曉。』」

按：吴彩鸞書《玉篇鈔》，余已載於《叢鈔》卷十四矣。讀《居易録》，又備録之。惟末數語疑有誤。據樓鑰《攻媿集》，《玉篇鈔》正宇文公所藏。然既云《玉篇》，安得有「廿三先」「廿四仙」之目？殆將《玉篇》《唐韻》并爲一談也。

又按：柳誠懸題語亦有可疑。蓋隋開皇初陸法言等著《切音》五卷，唐天寶中孫愐〔一〕刊正之，名曰《唐韻》。至宋景德四年，詔陳彭年等校定，大中祥符元年改賜新名曰《廣韻》。是《廣韻》之名至宋始有，而柳誠懸題語乃曰「一夕書《廣韻》一部」，其僞託可知矣。《玉堂嘉話》乃元王惲所著，漁洋山人曾摘其訛舛者數事。此條亦訛舛之顯然者也。

何仙姑

明陳槤《羅浮志》云：「何仙姑，廣州增城縣何泰之女也。唐天后時住雲母溪，年十四五，

〔一〕愐，原訛「緬」，據《宋史·徐鉉傳》改。

一夕夢神人教食雲母粉，可輕身不死，因餌之。誓不嫁，常往來山頂，其行如飛，每朝去暮回，持山果歸貽其母，後遂辟穀。天后遣使召赴闕，中路失之。中宗景龍中，白日昇仙。」按：今俗傳八仙中有何仙姑，余於《叢鈔》卷十四已詳載其事實矣。此何仙姑疑又別是一人也。

宋時煉丹

宋張邦基《墨莊漫録》云：「章聖時，煉丹一鑪，在翰林司金丹閣，日供炭五觔。至熙寧元年，猶養火不絶。劉袤延仲之父被旨裁減百司，此一項在經費之數，有旨罷之。其丹作鐵色，詔藏天章閣。」

鑄凝

國朝周亮工《書影》云：「桓譚《新論》云：『天下神人五，一曰神仙，二曰隱淪，三曰使鬼物，四曰先知，五曰鑄凝。』鑄凝似是黄白術。」

壇醮之始

明張萱《疑耀》云：「趙與時謂用道士設醮祈福延壽，則漢建安二十四年吴將吕蒙病，孫權命道士於星辰下爲請命，是設醮之法始於此。余謂唐陳羽詩云：『漢武清齋讀鼎書，内官扶上畫雲車。壇上月明宫殿閉，仰看星斗禮空虚。』是設醮祈請，漢武已有矣。」《疑耀》又云：「齋與醮義異而事同。《靈寶大法》引廣成曰：『醮者祭之别名也。牲牷血食謂之祭，蔬果清修謂之醮。』《河圖經品》三洞之中凡有二十四等醮，與齋法相類。後世乃謂靈寶立齋，正一有醮，乃於齋後散壇，改正一銜，易正一服，而後設醮，謬矣。」

按：《文選·高唐賦》：「醮諸神，禮太一。」李善注云：「醮，祭也。」《漢書·郊祀志》云：「益州有金馬碧雞之神，可醮祭而致。」是古「祭」本有「醮」名。漢世方士襲用之，後來道家亦循其名耳。

茶香室續鈔卷十九

天門三將軍

宋宋敏求《春明退朝録》云：「張尚書安道言，嘗收得舊本道家奏章圖，其天門有三人守衛之，皆金甲，葛將軍掌旌，周將軍掌節，其一忘記。嘉祐初仁宗夢至大野中，左右侍衛皆不復見。遥望天際，有旛幢車騎乘雲而至。輟乘以奉帝，帝問何人，答曰葛將軍也。送帝至宫闕，乃寤。詔令宫觀設像供事之。」按：世俗相傳天門有四元帥，不知有此三將軍。

國朝陸鳳藻《小知録》云：「三天門下，泰元都省張天師居之，天樞省許真君居之，天機省葛仙翁居之。」未言出何書。天門三將軍豈分隸三省邪？

東嶽神姓

國朝施可齋《閩襍記》云：「省城東嶽廟神每年三月出巡城内外各一日，頭踏上書『東嶽泰山青府天齊上帝歲』。歲，蓋神姓也。《五嶽真形圖》東嶽姓歲名崇，當由與『歲』字相近而誤。」按：閩人猶知東嶽姓歲，故誤爲「歲」字。若吾鄉則但執《封神演義》之説，且謂東嶽姓黄矣。

東嶽五子

宋吴曾《能改齋漫録》云：「京東相傳東嶽天齊仁聖帝有五子，惟第三子後唐封威權大將軍，本朝封炳靈侯。哲宗元符二年六月，始詔四子：長爲祐靈侯，次爲惠靈侯，第四子爲静鑒大師，第五子爲宣靈侯。」按：今世俗止知有炳靈侯，餘子無聞焉。第四子不封侯，殆歸於釋氏者乎？

按：《文獻通考》：「後唐長興三年，詔以泰山三郎爲威雄將軍。」此云「威權」，疑誤。

五星二十八宿神形

國朝錢曾《讀書敏求記》云：「梁令瓚《五星二十八宿神形圖》一卷。相傳此册從唐本繪畫，偶閱方于魯《墨譜》，見其圖列宿四，與此像適合，知于魯之考核亦精也。」又云：「《二十八宿形圖》一卷。二十八宿，朝爲本形，晝暮變，互爲他物。」

魁星生日

國朝施鴻保《閩雜記》云：「龍巖州士人皆戒食蛙，七月七日爲魁星誕，必買大者祀而放之池中。初甚不解，後讀《史記·律書》『北至於奎』，徐廣曰『奎一作畫』，即『蛙』字也，乃知因此而誤。」按：七月七日爲魁星生日，他處未有聞，牛女外又增一故事矣。

楊升庵更定六神

明楊慎《升庵集》云：「今之《易》卦以甲乙起青龍，丙丁起朱雀，戊起句陳，己起螣〔一〕蛇，庚辛起白虎，壬癸起玄武，蓋不通理者。戊己同爲土，豈可分爲二？螣蛇爲北方水獸，何以移之中央？今定其次：戊己共起句陳，而壬起螣蛇，癸起玄武，得其當矣。北方之次，於卦爲艮，有終萬物始萬物之意；於方爲北，又爲朔；於人身爲腎，有左右；於器爲權衡，於物爲龜蛇，於色爲玄黑，於官爲修熙，於四德爲貞正，而固亦兩事也。且壬爲陽水，以螣蛇之雄配；癸爲陰水，以玄武之雌配，不易之道也。」按：楊氏此説頗有理，故録之。

又云：「句陳不知何物。宋仁宗祀六神，以麒麟爲句陳。又云句陳，天馬也。又《樂書》云柷之色有五：東畫青龍，西白虎，南赤鳳，北玄龜，中畫黄螾。螾，蚯蚓也。黄帝以土德王，有土瑞，蚯蚓如虹。其説尤曲。」

〔一〕螣，原作「騰」，據《升庵集》卷七五改。

余謂「句陳」當爲「黄龍」。張衡《靈憲》云：「蒼龍連蜷於左，白虎猛據於右，朱雀奮翼於前，靈龜圈首於後，軒轅黄龍於中。」則固以黄龍與青龍、朱雀等爲五矣。以爲麒麟、天馬，並非也。

升庵又云：「飛虡，天上神獸，鹿頭龍身，即句陳也。」按《廣韵》八《語》虡字注云：「飛虡，天上神獸，鹿頭龍身。」虡與虡同，無句陳之説。

伍子胥廟

宋王讜《唐語林》云：「一鄉一里必有祀廟，號爲伍員廟，必五分其髯，謂五髭鬚。」

關將軍圖

宋黄休復《益州名畫録》云：「趙忠義者，德元子也。蜀王知忠義妙於鬼神屋木，遂令畫《關將軍起玉泉寺圖》」。按：此知五代時關像已盛行矣。

石上關帝像

國朝施可齋《閩褋記》云：「寧德縣青山海嶠上有一石，其痕儼如關帝像，憑空而立，面目俱全，雨後尤顯，俗稱『仙人畫』。」

關夫子之稱起於明季

國朝王夫之《識小録》云：「《湯義仍集》於主考但稱『舉主某公』，可見濫稱老師萬曆中年後之末俗也。崇禎末年乃有『夫子』之稱。尤可笑者，至以關侯與孔子同尊。」

黑神

國朝王士禛《居易録》云：「貴陽有黑神廟，祀唐南霽雲，凡水旱癘疫兵革之事，有禱必應。

見田綸霞少司寇《黔書》及《郭青螺集》。」按：南霽雲不應祀於黔，且名之爲「黑神」，所未詳也。又云：「霽雲乞師時，同行將王扞者亦斷一指，後同死睢陽，史失之。黔陽赤寶山立祠，號昭烈王，見朱近修孝廉集。」按：「王扞」之名世無知者，宜表出之。

宋李景和毁張巡、許遠廟

宋王象之《輿地碑記目·婺州碑記》有《張巡許遠雙廟辨》云：「嘉泰甲子，余謁郡侯南康李公景和。見其追逮土偶，械繫於庭。問其罪，則云李侯家眷爲祟所擾，故加之罪，杖之溪滸，投土偶於深淵，未嘗不重李侯之果決也。及余之郊外，聽輿人之誦曰：『此廟非他，即唐張、許之祠也。郡侯以其烹愛妾而無所歸，旋擾其室。既伏其罪，而怪乃絶。』余獨念張、許置廟始末，郡志無所見。志乃洪公遵詮次，必不逸書。後繙閲故書，見《唐·張巡傳》載許遠子玫爲婺州司馬，柳子厚《南公廟碑》載南霽雲子承嗣爲婺州别駕。今婺之雙廟與倅廨鄰，意者南、許二子之所立乎？不能不譏李侯太果，而誚洪公之畧也。」按：張、許爲唐之忠臣，何至爲祟如此？必邪鬼所憑依，遂使二公受身後之累，亦可異矣。

趙公明

梁陶弘景《真誥·協昌期篇》載建吉冢、埋圓石文云：「天帝告土下冢中直氣五方諸神趙公明等：某國公位甲乙，年如干歲，生值清真之氣，死歸神宮。翳身冥鄉，潛寧冲虛。辟斥諸禁忌，不得妄爲害氣。」按：「趙公明」不知何神，乃司土下冢中事邪？余於《俞樓襍纂》卷四十引《太平廣記》所載云云，以爲「趙公明」之名流傳有自，今乃知《真誥》已有之矣。

王靈官

國朝董含《蓴鄉贅筆》引《江湖紀聞》云：「薩真人名守堅，蜀人，傳張虛靖天師法至湘陰縣，見土人用童男女生祀本處廟神。薩曰：『此等邪神，速焚其廟！』言訖，雷火飛至，廟立燬。後薩至龍興府，江邊濯足，見水有神影，方面，黄巾金甲，左手曳袖，右手執鞭。問曰：『爾何神也？』答曰：『我乃湘陰廟神王善，被真人焚我廟，相隨一十二載，只候有過，欲復前讐。今功行已高，職隸天樞，望保奏以爲部將。』薩曰：『汝兇惡之神，在我法中，必損我法。』神立誓不敢背，遂奏天帝收爲將。」按：此條因松郡史道人傳薩真人法，能呼召靈官王善，而引《江湖紀聞》以證之如此。國朝趙翼《陔餘叢考》中有《王靈官》一條，而未見此書，故不得其詳，且不知其名善也。

岳忠武像

國朝〔一〕阮元《石渠隨筆》：「劉松年《宋中興四將圖》云：『岳飛面大而方，廣額疏眉，兩頰甚豐，目圓鼻尖，自口以下重頤甚長，無髭須。』」按：此當是岳忠武真像，餘三將不備録。

馬當山神

唐鄭還古《博異志》云：「開元中，琅邪王昌齡自吴抵京國。舟行至馬當山，屬風便，而舟

〔一〕朝，原訛「朝」，據蔡啟盛《校勘記》改。

人云貴賤至此皆合謁廟，以祈風水之安。乃命使齎酒脯、紙馬獻于大王，兼有一量草履子上大王夫人，而以詩一首令使者至彼而禱之。詩曰：『青驄一匹崑崙牽，奉上大王不取錢。直爲猛風波裹〔一〕驟，莫怪昌齡不下船。』當市草履子時〔二〕，兼市金錯刀子一副，貯在履子内，誤并履子將往，使者亦不曉焉。行數里，忽有赤鯉魚長可三尺，躍入舟中。呼侍者烹之，既剖腹，得金錯刀子，宛是誤送廟中者。」

按：馬當山神助王子安順風事，世多知之。不謂又有此事，何馬當之神與王氏有緣邪？今人祀神焚紙馬，觀此知唐時已有之。又以草履上夫人，此事尤奇。

揚州倉聖殿

國朝李斗《揚州畫舫録》云：「雍正閒，蜀僧大暠膂力過人，素不識字。故奉倉頡聖像，及

〔一〕裹，原訛「裏」，據蔡啟盛《校勘記》改。
〔二〕時，原訛「時」，據蔡啟盛《校勘記》改。

去蜀，居天臺山十年，移揚州天寧寺，愛天心墩繹經臺，遂即其址爲倉聖殿。」按：倉聖祠宜建於學校，余舊有斯議。不謂揚州倉聖殿乃創於緇流也。

鄭州藥王廟會

國朝高士奇《扈從西巡日録》云：「鄭州城東北有藥王莊，爲扁鵲故里。藥王廟專祀扁鵲，香火最盛。每年四月，河淮以北、秦晉以東，各方商賈輦運珍異之屬，入城爲市。妙伎襍樂，無不畢陳，云賀藥王生日。幙帟徧野，聲樂震天，每日搭蓋席蓬，尺寸地非數千錢不能得。貿易遊覽，閱兩旬方散。明萬曆間，慈聖太后出内帑，增建神農、軒轅、三皇之殿，以古今名醫配食，自是藥王之會彌加輻湊。」

安南祀解縉

國朝潘鼎珪《安南紀遊》云：「士人讀書，多尚《綱鑑》《性理》，無崇祀宣聖所，瞻謁明解學士縉。蓋學士縉時爲左布政，鎮其地，興文教云。」按：此條不甚明晰，蓋謂安南不祀孔子而祀解縉也。此與雲南奉王右軍爲先師同一異聞。《元史·張立道傳》：「先是雲南未知尊孔子，祀王逸少爲先師。」

苗人祀孔明天子

國朝陸次雲《峝谿纖志》云：「苗祀神多書孔明天子之位。」

蒙恬配享孟姜女

宋周煇《北轅録》云：「過范郎廟，其地名孟莊，廟塑孟姜女，偶坐配享者蒙恬將軍也。」按：以蒙將軍配享孟姜女，未知何取。

寄江伯書

《太平御覽》引宋王韶之《始興記》云：「晉中朝有賀子將歸。忽有人寄其書，告曰：『吾家在觀亭廟，石閒有縣藤，君扣藤，家人必自出。』歸者如言，果有二人出水取書，并曰『江伯令君前』。入水，見屋舍甚麗。今俗言觀亭有江伯神。」按：余於《叢鈔》卷十五記爲神人寄書事，此亦其類。

句曲玉印

國朝趙懷玉《亦有生齋文集·書蔣經元遺事》云：「經元素事茅君，每歲必禱句曲。相傳神有玉印，恒什襲之，人弗敢啓。有齋虔而往，衣袂閒輒得印，朱文燦然，即被印者亦不覺。經元一衣累得十六印，遂以此衣斂母。」

唐藩鎮行墨敕封神

宋洪邁《容齋四筆》云：「池州銅陵縣孚貺侯廟有唐中和二年二月一碑，其詞云：『敕宣、歙、池等州都團練、觀察使牒。當道先准詔旨，許行墨敕授管内諸州有功刺史、大將等憲官，雖幽顯不同，而褒昇一致。神久標奇絶，早揖英風，靈跡屢彰，神逵不昧。是行權制，用副人心。謹議褒贈游擊將軍宣州都督。』後云『使檢校工部尚書兼御史大夫裴押』。張魏公宣撫川陝，便宜封爵諸神，本此。」

按：《容齋三筆》有《太守刺史贈吏民官》一條云：「漢薛宣爲左馮翊，池陽令舉廉吏獄掾玉立。未及召，立妻受囚家錢，慙恐自殺。宣移書池陽曰：『其以府決曹掾書立之柩，以顯其魂。』後魏并州刺史以部民吴悉達兄弟行著鄉里，板贈其父渤海太守。以太守、刺史擅贈吏民官職，後世不敢然也。」愚謂神祇猶可便宜封爵，則吏民更無嫌矣。

又按：《孚貺侯碑》有「當道」二字凡再見，蓋使者自稱之詞，猶今人稱「本道」也。

土地堂

宋張舜民《畫墁録》云：「北人信誓，兩界非時不得葺理城堞。李允則知雄州，欲展城無由，因作銀香爐，寘城北土地堂。一旦使人竊去之，遂大喧勃，蹤跡去來，辭連北疆，紛紜久之，因興工起築。」按：今所在皆有土地堂，據此則宋時已然矣。

蘇郡西天王堂土地

明郎瑛《七修類稿》云：「蘇郡西天王堂土地，絶肖我太祖高皇帝。聞當時至其地，而化主楊氏異焉，遂令塑工像之。後聞人言像太祖，即以黄絹帳之於外，不容人看。」按：此像未知今尚存否。

康王廟

國朝俞正燮《癸巳存稿》云：「《宋史》四百四十六卷《忠義一・康保裔傳》云『洛陽人』。《真宗紀》云：『咸平三年正月，契丹犯河閒，高陽關都部署康保裔死之。』江西泰和縣東門外有康王廟，歐陽守道記云：『真宗時，郡縣請王封號者，即報可，南渡以後尤著靈。』則宋時江西已爲保裔立廟。《泰和縣志》又云：『康王廟或言唐時建，疑之。蓋唐時古廟基也。』建昌縣亦有康王廟。鄱陽縣亦有康王廟，在城中。福州福清縣、連江縣俱有康王廟，在東嶽廟左，祀康保裔。新建縣德勝門外一鋪有康保裔廟，土人以木郎廟張巡并入祀之，額曰『康張福地』。上高縣有冲真廟，云洪武時建，中祀張巡、許遠、康保裔。《黔書》云：『麥新縣祀宋康保裔，其神介胄赭面。』今黔城中賽張康神，張爲厲狀，康赭面，謂之老菩薩，亦曰張王、康王。又按劉宋元嘉時劉子卿事，廬山已有康王廟。進賢縣壇石山康王廟，則志云『或曰周康王，或曰楚康王，或曰宋康王，或曰康佑，或曰康保裔』。山西介休縣康王廟則祀唐康太尉深。又《嶺南雜記》：『高州建太平醮，于門外壅土爲神，設蔗酒祭之，名曰康王。』不知何神矣。」

按：蘇州鐵瓶巷有康王廟，吴縣黄震生中堅《蓄齋集》有記，以爲周康王也。亂後廟毁，余言於顧子山觀察，復建之。乃讀《癸巳存稿》，知康王廟所在多有。然則此康王廟未敢必其爲周康王矣。

又按：黄震生記言鐵瓶巷爲舊時刑人之地，多鬼，故建周康王廟以鎮之，以周康王時刑措不用故也。此其用意得無過於迂曲乎？愚謂建康王廟以辟鬼，正康、張並祀之意。世人祀張巡，以其逐厲鬼也。然則因多鬼而建康王廟，固其宜矣。但康王究不知何人。泰和縣之康王廟有唐時建之説，即云以廟基言。然康保裔甫於真宗咸平三年死難，豈一死即成神乎？朝廷亦豈即以王爵封之乎？則康保裔之説疑未確也。

國朝汪巽東《雲閒百詠》第一首爲《康王城》，云：「在海濱，南接金山，周康王東巡時築。」然則南中固有周康王遺跡邪？

白馬將軍祠

國朝周亮工《書影》云：「輝縣褚邱去百泉四十里，寺旁有白馬將軍祠。土人多崔姓者，而近又有鄭村。有於褚邱演崔、鄭傳奇者，土人以訟之官。」按：此與《兩般秋雨庵隨筆》所載西門氏、潘氏以污蔑其先世成訟事相類，烏有子虛，而乃有自認爲其雲仍者，何也？

范明廟

國朝黄士珣《北隅掌録》云：「通濟橋之北有范明廟。攷《晉書·顧衆傳》，衆爲義興太守，起義師討蘇峻之亂，爲賊張健、馬流所敗，保固紫壁。有勸衆過浙江者，臨平人范明謂衆曰：『此地險要，不可委也。』衆乃版明爲參軍，率宗黨五百人，合諸軍進討，健退走曲阿。然則兹祠之建，實以明有捍禦鄉邑功也。明無字，無官謚，故直謂之范明廟，今則易爲范文正公祠矣。他日有重葺者，宜榜曰『范參軍廟』。」按：余自幼僑寓臨平，吾兄福寧君曾手録范明事示余，以其人爲臨平之鄉賢，故欲表彰之也。余已載其事於《春在堂隨筆》，而不知杭州故有其廟。今兵亂後，未知此廟猶在否。「通濟橋」今俗呼「梅東高橋」，異時過其地，當一訪之也。

沈七太保

國朝黄士珣《北隅掌録》云：「養濟院，其初爲仁和縣治，明洪武八年建。院中有廟壊像，冠帶儼然。有碑云：『待封官桑園土地，即養濟院沈七太保之神位。』相傳有里人沈姓行七者掌司院事，能善遇諸孤老，歿而祀爲土地，正月十六日爲其誕日。」按：世俗言嚴介溪爲孤老院土地，觀此恐不能與沈七太保争也。

戚公子

國朝施可齋《閩褉記》云：「連江、寧德、福清皆有戚公子廟。《連江縣志》言戚繼光平倭，由連江進兵寧德，以其子爲先鋒，傳令回顧者斬。至白鶴嶺，其子望見倭勢甚盛，勒馬回顧，將有所白，立斬以殉。戚止此子，倭平後，人哀之，故爲立廟。然不傳其名字，但稱戚公子。」按：《明史》不言戚繼光有子，今乃知有子而死於軍法也，是亦可傳矣。

白眉神

明沈德符《野獲編補遺》云：「狹邪家多供關壯繆像，後乃知不然，是名白眉神，長髯偉貌，騎馬持刀，與關像略肖，但眉白而眼赤。京師詈人曰『白眉赤眼兒』，必大恨。」

攀花五郎

國朝徐逢吉《清波小志》云：「清波門舊有土穀祠，相傳神爲『攀花五郎』。予童時見神降壇，自言宋時爲朱太尉運花石綱過太湖，大風覆舟而死。生平忠直，上帝命爲城西土穀神。生時喜簪花，排行弟五，故稱『攀花五郎』。其姓名籍貫當時並書於乩上，今忘之矣。」按：「攀花五郎」之稱甚奇，余記小説中有仙女稱「擺花三娘子」，可與並傳矣。

門神之始

國朝惲敬《大雲山房襍記》云：「《漢書・廣川王去疾傳》『殿門畫成慶，短衣大袴長劍』，此門神之始。」

按：世以門神爲神荼、鬱壘之遺像，然神荼、鬱壘本《風俗通義》云「除夕飾桃人，垂葦茭，畫虎於門」，則所畫者虎也，非人也。今世畫勇士於門，恐非神荼、鬱壘之謂。惲氏此説似爲得之，但今所畫者不必實有其人耳。

禓袾

國朝高士奇《天禄識餘》云：「魑魅字，漢碑作禓袾，其字從示，蓋禓袾亦山之神也。」

天上人

國朝王士禛《居易録》云："《馮具區集》載虞長儒祖母年八十餘，露坐庭中，見有三人挨月而過。急呼其姒同觀，姒出遲，僅見其二，須臾俱入月中。"

又云："田藝蘅《留青日札》云：己卯，曾都御史在南京，見雲中二人冉冉直下，僅相去七八尺。信陽蔡夢官云：己卯十一月二十五日，自徐回潁川，午後見天上西北白雲一條如路，上行者七人，有唐巾者、科頭者、長衣者、兩截者，手中各有所執；亦有背負者，往東南去，可十里，入山而滅，見者六七人。予亦曾見三人，一全體，二半坐云。"按：此則天上亦有人行走，乃知列禦寇"御風而行"初非誕語也。近人小説中亦載有此事，余初不信，今始知其不足異也。

王士禛《池北偶談》云："文登諸生畢夢求見空中一婦人，乘白馬，華袿素裙，一小奴牽馬絡，自北而南，行甚于徐，漸遠乃不見。予從姊亦嘗於晴晝仰見空中一少女子，美而豔妝，朱衣素裙，手摇團扇，自南而北，久之始没。"

又云：「德州趙進士仲啓月夜仰見一女子，妝飾甚麗，如乘鸞鶴，一人持〔一〕宮扇衛之，入月而没。」以皆天上人，故並記之。

國朝方濬頤《夢園叢説》云：「有崔三者，見天門開，宫闕巍峩，宛同人世。古衣冠人十餘輩，出天門外相揖，冉冉乘雲而去，須臾門閉。」

唐于逖《聞奇録》云：「羊襲吉少時庭中乘涼，忽見天開，其内雲霞澒〔二〕洞，樓閣參差，光明下照山岳，逡巡乃閉。」是天開之説自古有之也。因記天上人，并及之。

黑雲化爲人

宋周密《浩然齋雅談》云：「白傅詩：『天黄生颶母，雨黑長楓人。』比見李仲賓云：往年在東平，舟夜行，殘夜微月，擁篷眺望，忽有黑雲起天角，漸成巨人，其長數十丈，掉臂闊步行水

〔一〕持，原訛「特」，據蔡啟盛《校勘記》改。
〔二〕澒，原訛「澒」，據蔡啟盛《校勘記》改。

上，掠舟而西。一舟皆驚魘，羣起視之，其去如飛。得非所謂楓人邪？」按〔一〕：「楓人」之説見晉稽含《南方草木狀》，余已載於《叢鈔》卷十四矣，非此之謂也。

靈哥

明祝允明《語怪》云：「靈哥事海内傳誦殆百年矣，景泰、天順間日溢於耳，邇年多不信之。然聞見猶繁，不勝登載。其所居在魯橋閘旁民家，一室不甚宏密，外設香火，帷幕其内。凡笞祈者自帷中言，聲比嬰兒尤微，殆類鼃蠅。稱入仕者爲大人、舉子爲進士公，士庶或曰官人，大率甚謙遜而善媚。初降時，因其家一婦人與之甚昵，或謂亦淫之。此婦没後，其家仍以婦繼之。先朝因旱潦，嘗令巡撫下有司迎入京師，託之祈禳。其物亦處驛舫，比至京，不肯入城，云『禁中獒狗異常，我不可入』。人以是疑爲猴狐之類云。」按：「靈哥」事甚誕妄，當時至煩朝廷徵召，亦見明政之不綱。今愚婦人奉樟柳人爲神，呼之亦曰「靈哥」，猶沿其名也。

〔一〕按，原訛「桉」。

白蓮佛

國朝葉名澧《橋西[一]雜記》云：沈氏濤《瑟榭叢談》：「《元史·英宗紀》：『至治二年閏五月癸卯，禁白蓮佛事。』白蓮佛即今白蓮教也。」

六賊戲彌陀

國朝王士禛《居易録》云：「先祖方伯府君晚年嘗懸《六賊戲彌陀圖》於堂壁，先祭酒府君亦然。」又注云：「揚州余氏女子韞珠繡此圖最工。」按：六賊戲彌陀，今猶有此語，圖畫則未見。

狗頭人

國朝陳鼎《滇黔紀遊》云：「金沙江兩岸皆白沙，佛書所謂『恒河沙』也。上流即狗頭國。

〔一〕西，原訛「南」，據《橋西雜記》改。

今年大水漂一狗頭人至岸，上下衣服同中國，口耳眉目皆狗也。逾日得土氣，狗人復生。問其言，答之如狗吠；與之飲食，大嚼也。軍門命土官解還原處。解人行一百二十餘日，始抵其國。國中無城郭，有宫室。國王朱冠皁履，跨白馬佩刀，官吏皆如之。服食起居，中國同也，婚嫁則非。」按：此則知世間真有狗國，非晏子之戲語矣。

小人國人

國朝劉廷璣《在園雜志》云：「壬午闈中監試副者南贛徐副使欐，中秋後無事，閒談贛州有小人國之小人。急差人取到，其人高二尺六寸，耳目俱瘦小，聲音類鳥雀，不甚了了。據云泛海商人帶至者，今十二年矣。」按：此則海外真有小人國邪？余疑是稟賦之偶異，如近日有長人詹五，初非大人國中人也。

瘧妃

宋洪邁《容齋三筆》載其所作《廣州三清殿碑》，有云「颶母淪威，瘧妃謝毒」，「瘧妃」未詳。

安濟夫人

宋吴曾《能改齋漫録》云：「本朝開寶中，真州有漁者釣得木刻婦人，背刻『丁氏』二字。既歸，神事之，輒有靈驗。立廟江上，舟過其下者必祠而後濟。州爲保奏，封『安濟夫人』。」

凌霄女

國朝許纘曾《滇行紀程》云：「沅州火神不祀祝融而祀凌霄女，一不虔，則神女立遣火鴉銜火丸置茅屋之上，兩翅扇風發火，故多火災。」

茉莉夫人

國朝許纘曾《東還紀程》云：「善卷山之東半里，有大石在竹林中，曰茉莉夫人。《鬼磨傳》

稱宣鑑和尚德山參證時，夫人以磨磨麪供養大衆。其説甚迂，郡乘及《袁中郎集》皆載之。茉莉夫人無考，或云即諸天中有摩利夫人所稱鬼子母者，或云《張三丰集》有茉莉元君疑即夫人，未知孰是。」按：善卷山當在辰、常二郡閒，此茉莉夫人遺蹟亦即在是矣。

三姑

《東坡集》有《仙姑問答》一則云：「僕嘗問三姑是神耶、仙耶。三姑曰：『曼卿之徒也。』欲求其事爲作傳。三姑曰：『妾本壽陽人，姓何名媚，字麗卿。父爲廛民，教妾曰：「汝生而有異，他日必貴於人。」遂送妾於州人李志處修學。不月餘，博通九經。父卒，母遂嫁妾與一伶人。亦不旬日，洞曉五音。時刺史誣執良人，置之囹圄，遂强娶妾爲侍妾。不歲餘，夫人側目，遂令左右擒妾投於厠中。幸遇天符使者過，見此事，奏之上帝，勅送冥司，理直其事，遂令妾於人間主管人局。』余問云甚時人，三姑云唐時人。又問名甚，不敢言其名。又問刺史後爲甚官，三姑云後入相。又問甚帝代時人，姑云則天時。」按：此即世所謂坑三姑也。俗於正月望日迎紫姑，即其神也。兒女子戲耳，不謂東坡先生曾與問答也。此下有謝啓及詩數首，不悉録。

又按：紫姑事見劉敬叔《異苑》云：「紫姑姓何，名媚，字麗娘，萊陽人，壽陽李景之妾。不容於嫡，常役以穢事，於正月十五日感激而死。故世人以是日作其形，夜於厠閒或豬闌邊迎之。」則唐以前已有此説，乃云則天時人，恐東坡先生不免爲黠鬼所紿矣。

按：東坡《仇池筆記》云：「紹聖元年九月，過廣州，訪崇道大師何德順。有神仙降于其室，自言女仙也。賦詩立成，有超逸絶塵語。或以其託于箕帚，如世所謂紫姑神者疑之。然味其言，非紫姑所能。」當即此事。余案頭《東坡集》乃蜀中新刻本，蒐輯雖富，恐不盡可信也。

秋姑

明沈德符《野獲編補遺》引《菽園襍記》云：「北方老嫗八九十以上齒落更生者，能夜出外食嬰兒，名秋姑。鄒繼芳郎中云：歷城人油張家一嫗如此，其家鎖之室中。」按：先君子《印雪軒隨筆》載秋胡老媽事，即此類。

陳仁嬌

明黄瑜《雙槐歲鈔》云：「宋廣東經略使蔣之奇嘗作《蓬萊仙傳》：『陈仁嬌，香山陳氏女子。自少絶粒，修鍊成仙，身輕能從諸仙飛遊四方，嘗降廣州進士黄洞家。』今吾邑惟壽星塘山水幽勝甲一邑，有物曰赤蝦子者，如嬰兒而絶小，自樹杪相牽挂而下，笑呼之聲亦如嬰兒，甫至地而滅，人謂蓬萊仙女遺類。」按：黄氏所云吾邑即香山也，今未知尚有否。又國朝王士禛〔一〕《池北偶談》載此事，又引《月山叢談》云：「廣西思恩縣近村樹杪有二人，約長一尺五寸，武人妝束，白竹纏芒屩，其行如飛。此當即赤蝦子之類。」國朝羅天尺《五山志林》云：「順德民有入德慶深山採木，見古樹上有氣，縷縷若煙，飛鳥過之皆墜。視之，其中有人，狀類凝脂。問之不應，拂之則笑。同伴曰：『此非惡物也。』烹而食焉。食已覺熱，羣浴溪中，肉盡潰裂而斃。」據此則樹木中生人，粤中固恒有之矣。

〔一〕禛，原避諱作「正」，全書均回改。

卓影辟邪

明陸容《菽園雜記》云：「奉天門常御朝座後，内官持一小扇，金黄絹以裹之。嘗聞一老將軍云：『非扇也。其名卓影辟邪，永樂間外國所進。』但聞其名，不知何物也。」

石敢當碑始於唐

宋王象之《輿地碑目記》興化軍有《石敢當碑》，注云：「慶曆中，張緯宰莆田，再新縣治，得一石銘，其文曰：『石敢當，鎮百鬼，壓災殃。官利福，百姓康。風教盛，禮樂張。』唐大曆五年縣令鄭押字記。今人家用碑石書曰『石敢當』三字鎮于門，亦此風也。」按：此則「石敢當」三字刻石始於唐。

乾元亨利貞五字破邪術

唐李元《獨異志》云：「傅奕不信佛法，高祖時有西國胡僧口吐火以威脅衆。奕對高祖曰：『若火能燒臣，即爲聖者。』高祖試之，令僧作法。火出僧口，直觸奕。奕端笏，曰：『乾元亨利貞，邪不干正。』由是火返焰燒僧，立死。」按：邪不干正，理固如此。必誦「乾元亨利貞」五字，豈聖經即可代符呪邪？世俗誦此五字以辟邪術，乃亦有所本。

宋龐元英《文昌雜録》云：「鼎州通判柳應辰傳治魚鯁法：以倒流水半盞，先問其人，使之應，吸其氣入水中，面東誦『元亨利貞』七徧，吸氣入水，飲少許即差。」是亦以經文爲呪語也。

茶香室續鈔卷二十

秦莊襄王鬼乞食

唐韋述《兩京新記》云：「法海寺，本隋江南總管清水公賀拔華宅。咸亨元年，寺内有英禪師□□〔一〕見鬼。疑是言其目能見鬼也。寺主沙門惠簡嘗日晚見二人，行不踐地，入英房中，怪而問之。英曰：『向秦莊襄王遣人傳語，飢虚甚久，從師乞一飡，并從者三百許人，勿辭勞費也。吾已報云，後日晚當來，專相候也。』惠簡便以酒脯助之。至時果至，侍從甚衆，謂英曰：『弟子不食八十年矣。』因指坐上人曰：『此是白起，此是王翦，爲殺人多，受罪未了。』又指一人云：『是

〔一〕缺字岑仲勉《〈兩京新記〉卷三殘卷復原》補作「言每」。

陳軫，爲多虚詐，亦受罪未了。』英曰：『王何不從索食？自受飢窘。』答曰：『慈心人少，且餘人又不相見。吾貴人又不可妄作禍祟，所以然也。』臨去謂英曰：『甚媿禪師，弟子有物在，即這相償。城東通化門尖冢是弟子墓，俗人不知，妄云吕不韋冢。』英曰：『往遭赤眉發掘，何得更有物在？』鬼曰：『賊將麤物去，好者深，賊取不得，今見在。』英曰：『貧道出家，無用物處，必莫將來。』言訖，揖謝而去。」按：此事知者甚少。秦莊襄王至唐咸亨幾及千年，而鬼尚在，且能與生人相見，亦可異也。

鍾馗圖

宋黄休復《益州名畫録》云：「每年杪冬末旬，翰林例進《鍾馗》。丙辰歲，趙忠義進《鍾馗》以第二指挑鬼眼睛，蒲師訓進《鍾馗》以母指剜鬼睛。二人《鍾馗》相似，惟一指不同。蜀主問孰爲優劣，黄筌以師訓爲優。蜀主曰：『師訓力在母指，忠義力在第二指，筆力相敵，難議升降。』」按：此與郭若虚《圖畫見聞志》所載不同。《圖畫見聞志》謂：「吴道子畫《鍾馗》，以左手捉鬼，以右手抉鬼目。蜀主愛重之，謂黄筌曰：『若用拇指掐其目，愈見有力，試爲我改之。』筌請歸私室，乃别張絹素，畫一鍾馗，以拇指掐鬼目，并吴本獻上，曰：『道子所畫鍾馗，一身之力氣色眼貌俱在第二指，不在拇指，故不敢輒改。今臣所畫，雖不逮古，然一身之力并在拇指。』蜀主嗟賞之。」蓋同此一事，而傳説不同，世之人知其一，不知又有其一也。

蜀孟昶時鍾馗異蹟

宋黄休復《益州名畫録》云：「蒲師訓，蜀人也。甲寅歲春末，蜀主或夜夢一人，破帽故襴，龐眉大目，方頤廣顙，立于殿階，跂一足，曰：『請修理之。』言訖，寢覺。翌日因檢他籍，見此古畫，是前夕所夢者，故絹穿損畫之左足。遂命師訓令驗此畫是誰之筆，對云：『唐吴道子之筆，曾應明皇夢云痁者神也。』因令重修此足。蜀主復夢前神謝曰：『吾足履矣。』上慮爲祟，命焚之。」按：此即鍾馗像也。甲寅乃周顯德元年，是時蜀王乃孟昶也。孟蜀時鍾馗有入夢事，自來詠鍾馗者所未及也。吴道子畫鍾馗像，至孟蜀時焚毁，世亦無知者。

又按：宋沈括《補筆談》云：「禁中舊有吴道子畫鍾馗，其卷首有唐人題記云云。」據此，則吴道子所畫鍾馗像，宋時尚在。

陳希夷顱

國朝趙吉士《寄園寄所寄》引明陳以忠《華山遊記》云：「玉泉院後有冢，或曰希夷仙去，骨蜕峽中。已而道流持其顱向人乞施與，嘉靖間姚侍御者收葬之。」按：希夷先生仙去後，直至嘉靖時始葬，此人所未聞也。至道士持希夷之顱乞施與，尤奇。

明郎瑛《七修類稿》云：「昨聞姚御史一元葬陳摶之事。摶，亳州真源人也。成道後隱於華山，命弟子賈德昇鑿石室於張超谷。既成，大笑，左手支頤而死，時元祐二年七月二十九日也。今嘉靖三十年，姚巡按山西，同副使張瀚、參政蘇志臯謁嶽廟。至希夷峽，有陳之石像焉，道士復出髏骨觀之。明日，姚行文於蘇，命葬髏骨。是夜，蘇夢希夷曰：『葬我於戴岳履河之處。』後得地果然，夢中所見，儼如石像。」按：此則希夷之葬於姚御史，信而有徵矣。

劉乂死後文

宋洪邁《夷堅乙志》云：「知保德軍王清臣請紫姑神，既而作文數百言，自言唐進士劉乂。

其詞曰：『余少爲俠，徧走天下，史謂亡命，非也。退之贈余金百鎰，余不受，史謂竊之，非也。洛陽惡少年恃權强妾良家子，既而又族其室。余不忍吉民無訴，乘夜厥從聚淫，余奮劍斷其頸十數人，且膾其肝而餔之。日夕游於市，人自不識，史謂殺平人、竄山林，非也。余數世爲人直信，棄己濟衆，設教化人，報不平之事，行無極之道，以是故用達仙。余終于終南，門人葬于山之陽清溪之側，至今墳猶在，但人不知爲余墓也。』按：其詞尚多，今不盡録。劉叉死已數百年，尚靈爽赫然，何也？或當時請紫姑神，即今扶箕之類，好事者託爲之邪？

賀充

明楊慎《升庵集》云：「賀充，五代石晉時人，死而復生。至宋真宗東封泰山，出謁帝，帝不之省。東坡謫黄州，亦來訪，坡亦不之奇也。此事殊可詫。近日朝邑劉太守偉死已廿年，其親友韓邦奇復見之，與之飲食，亦不敢問其何來。」

趙文毅爲五殿閻羅

國朝董含《蓴鄉贅筆》云：「予續娶海虞趙中允公女，其宗族俱言祖文毅公歿爲冥王。後閲錢氏《獪園》，乃得其説。萬曆丙午三月十六日，陳中丞用賓開府黔中，時因夫人病劇，設壇召仙。仙至，自稱金碧山神，言本欲爲夫人請命，奈冥王新即位，法甚嚴，無路可救矣。問新王爲誰，曰：『江南常熟人，即春官侍郎趙公用賢也。今爲第五殿閻王，十五日莅任。』俄而夫人卒。越三月，閲邸報，知侍郎委以三月十五日捐館。萬里之遥，一日而神已知之，豈不怪哉！」按：余於《叢鈔》卷十六載宋名臣韓魏公、寇萊公、范文正公皆爲閻羅王。觀此條，則閻羅王又爲趙文毅矣。及今又二百餘年，未知閻羅王爲誰也。

又按：國朝王士禛《池北偶談》云：「世傳趙定宇、馮具區皆爲閻羅王。近聞比部張屏公四維言：癸丑秋居保定，忽夜夢至一官署，見有官府衣冠坐於堂上，披覽文書，視之乃先兄西樵也。張與先兄同官，交甚厚，因問此何地，所覽是何文書。先兄笑曰：『此非人間，我已死爲神，主此文書，察世人善惡耳。』」然則閻羅王又爲王西樵矣。而自康熙至今又未知冥中主者爲誰也。

盧昭容

國朝王士禛《池北偶談》云：「胡明勳字半庵，順治丙戌居京口，兩膝忽患瘍，宛然人面。易醫一百三十餘人，瀕死者數矣。辛卯十二月七日，瘡忽人言曰：『我梁時盧昭容也。子害我於洛陽宮，今日報汝，醫何能爲！詣佛懺悔可耳。』既甦，即謝醫，發願書經，瘡竟愈。後在真州，有降乩者，書『盧昭容邀半庵與會』，自畫生時像，首飾鳳髻，衣宮衣，問半庵：『洛陽宮相見，今似否？』胡爲悚然。」按：所謂「梁」者當是朱梁，然至國朝七百餘年矣。而盧昭容之鬼猶在，宿業牽纏，久而不解，真可畏也。惜胡不能問其宮中情事。

錢鶴皋爲厲鬼首

國朝董含《蓴鄉贅筆》云：「明初松民錢鶴皋感夢兆起兵反叛，官軍討之。鶴皋就擒，俘至京，臨刑白血噴注。太祖異之，以爲厲鬼首，命天下祭厲，稱『無祀鬼神、錢鶴皋等』。本朝遵之，至今不廢。」按：此制未知今尚然否。

國朝女史汪端《自然好學齋集·張吴紀事詩》有《錢鶴皋》一首，序云：「錢鶴皋，上海人。至正〔一〕二十七年，明祖既下姑蘇。鶴皋破産募兵，爲張氏復仇。華亭有全、賈二生，入幕參謀議，攻陷嘉定。明將俞某邀擊之，鶴皋兵敗，偕全、賈二生赴水死。事見《姑蘇志》及《歷朝詩選》。他書或謂鶴皋欲滅士誠，不克而敗。顛倒是非，不可不辨。」據此則錢鶴皋實自沈死，未嘗被俘受刑，未詳其審。

又有《錢蓮仙》詩，序云：「蓮仙，鶴皋女。至正二十七年吴滅，鶴皋舉兵圖復仇。蓮仙年十八，才色雙麗。父爲營石室於地中，與三年糧，生瘞之，約曰：『我平金陵，汝乃得出。』既而鶴皋敗死，遂長埋。國朝雲間詞人有《弔蓮仙墓》詩。」

〔一〕至正，原訛「正至」，據蔡啟盛《校勘記》乙。

慈月宫陳夫人

國朝王應奎《柳南隨筆》云：「金人瑞字若采，聖歎其法號也。穎敏絶世，而用心虚明，魔來附之。錢宗伯《天台泐法師靈異記》所謂『慈月宫陳夫人以天啓丁卯五月降於金氏之卟』者，即指聖歎。聖歎自爲卟所憑，下筆益機辯瀾翻，然多不軌於正。」

按：金聖歎爲靈物所附，或云狐也。此謂是「慈月宫陳夫人」，未知又何靈異矣。

人死冷熱驗善惡業

國朝周亮工《書影》云：「七趣升降，于死時冷熱可驗。生時惡業熟，則冷從上下，下至臍腹死爲餓鬼，至膝死爲畜生，至足死爲地獄；善業熟，則冷從下上，上至心死爲人，至眼死爲天，至頂死則佛也。有夏生者，持此説參驗其平生，往往符合。」按：此段所引釋典，今不備録。

追寫真

國朝王士禎《池北偶談》云：「宋憲使荔裳琬幼失恃，每憶母夫人形容，輒泣下。吴門某生有術能追寫真，人歿數十年，皆可得其神似。乃令設壇淨室中，自書符呪，三日，陳丹青紙筆，令宋禮拜，出，扃鐍其户，戒毋譁。比夜，忽聞屋瓦有聲，已夜分，聞擲筆於地鏗然，屋瓦復有聲。生乃開户，引視之，燈燭熒然，丹青縱横，筆落地上，而紙仍緘封未啓。啓視，則像已就，宛然如生。宋捧持悲泣，重酬之。生云：『過六十年，則不復可追也。』蘇穀原《逌旃邇言》云：『澶淵宋僉憲敬夫幼失怙，不識父形容，請方海山人貌之。持歸家，母夫人視之如生，悲不自勝。』世或有此理耳。」按：此術今尚有之，余《右台仙館筆記》中曾載其事。

國朝王逋《蚓庵瑣語》云：「崇禎甲申，有吴江薛生號君亮者，能李少翁追魂之術，又善寫照。其法書亡人生死忌，結壇密室，懸大鑑于案南，設胡牀于案下，持呪焚符。七七日，視鑑中煙起，亡魂冉冉從案下而升，容貌如生。對魂寫照畢，魂復冉冉而下。亡四十年外者，不能追矣。」按：此與上一事當即一人也。

董槐墓上字

國朝周亮工《閩小記》云：「董槐，萬曆間人，能文强記，十七而殁，殯於里之龍山。墓上往往蟲齧成字，或蟻緣土爲字，皆成詩句，未必云『行仙董郎』。後三年，蟻於墳上作『董郎升化』字，自後絶無詩矣。」按：近人小説中載蟲齧樹葉成詩句，初以爲寓言，乃真有此事。

國朝黄士珣《北隅掌録》云：「學士陳緘庵惜陰書屋庭前有池，池旁有山茶一本，圍約二尺許。雍正間，忽樹榦有字如蟲蝕文，辨之，得詩一首云：『學士堂前書室幽，我來懸榻枕清流。蟬聲嘒嘒鳴山閣，人語喁喁隔水樓。簌簌竹梢先報雨，蕭蕭梧葉早驚秋。何時得向城西去，紅藕花中載酒游。古吴下月坡題。』此事甚異。月坡者仙邪？鬼邪？」

怨碑

國朝趙吉士《寄園寄所寄》引《陝西通志》云：「項羽入關，掘開始皇冢，見先時所埋工匠皆久而不死，琢石爲龍鳳仙人之象，及作碑辭讚文。好事者驗諸史傳，皆非葬時所有，則知生埋匠者之所作也。後人以其辭多愁苦詛怨之言，因名碑曰怨碑。」

按：傳記所載發冢得人，如漢宫人及范明友奴之類，往往有之。然《洛陽伽藍記》載崔洪在地下十二年，常似醉卧，時復游行，或遇飯食，如在夢中，不甚辨了。《搜神記》載杜錫家婢葬十餘年，開冢尚生，曰：「始如瞑目，自謂當一再宿耳。」如此情狀，於理尚可信。今乃琢玉成像，刻碑爲辭，幽閉重泉，仍事工作，則更怪矣。「怨碑」之文不傳於世，恐附會之談，未足信也。

神子

國朝舒紹言等《新年襍詠》云：「歲終懸祖先像，新年晨夕設供，至落鐙而罷。金介山《落鐙夜收神子》詩：『若非除夜何能見，纔過鐙宵不可留。』自注：『俗稱祖先遺像爲「神子」。』」

按：「神子」之稱甚俗，不謂亦見於前人吟詠也。

影帳畫侍婢蒼頭

宋程頤《家世舊事》云：「少師影帳畫侍婢二人，一曰鳳子，一曰宜子。頤幼時猶記伯祖母指其爲誰，今則無能識者。抱笏蒼頭曰福郎，家人傳曰：畫工呼使啜茶，視而寫之。福郎尋卒，人以爲畫殺。叔父七郎中影帳亦畫侍者二人，大者曰楚雲，小者曰僊奴。未幾二人皆卒，由是家中益神其事。」按：此知古人畫影帳兼畫侍者。所謂「少師」者名羽字沖遠，程子之高祖，《宋史》有傳。

故書必毁而後燔

宋龐元英《文昌襍録》云：「余讀《江南録》，邱孟陽有賦名，嘗夢有一官人延入一第中，几上有書一卷。孟陽因展讀，謂曰：『斯乃吾所述賦稿，何至兹乎？』其人曰：『昔公焚之時，吾得之矣。』今世言焚故書必毁而後燔之，蓋可信也。」按：此説果信，則所焚祭史、祝文，冥中必真得之矣。

不夢亡者

明歸有光《震川集·己未會試褋記》云：「四月初五日，夜泊潞墅，夢魏孺人。自孺人歿幾及三紀，未嘗夢。俗以爲淚著斂時衣，不夢也。今始一夢，慘然甚感。」按：淚著斂衣，不知何以不夢，今世則無此説矣。

飲鬼漿

國朝侯朝宗《壯悔堂集》云：「侯執蒲，大梁人，年二十一同兄執躬舉戊子孝廉。提學使者長垣李化龍謂曰：『吾受生時，未飲鬼漿，能前知。二子皆列卿，然長者聯第，次者當後十年。』執蒲果以戊戌登進士科。」按：世俗有飲孟婆湯之説，其即所謂「飲鬼漿」者邪？

國朝趙吉士《寄園寄所寄》云：「宣府都指揮胡縉有妾死後，八十里外民産一女，生便言：

『我胡指揮二室也。』胡往，女言前生事。胡不覺淚下，遂取女歸。女言幽冥間與世所傳無異，又言：『死者須飲迷魂湯。我方飲時，爲一犬過，踣而失湯，遂不飲而過，是以記憶了了。』」

地獄異説

宋龐元英《文昌雜録》云：「余讀《唐會要》：『貞觀十五年，遣新州刺史高表仁持節至倭國，古倭奴國也，在新羅東南，居大海中。表仁浮海，數月方至。自云路經地獄之門，親見其上氣色蓊鬱，又聞號叫鎚鍛之聲，甚可畏懼。』世之言地獄者多矣，信非妄邪？」按：俗傳酆都有地獄，已屬讕語。至此説則又以爲在東南大海中矣。倭即日本國，今使槎賈舶往來甚衆，烏覩所謂地獄哉！

破地獄偈

《東坡集·書破地獄偈》云：「『若人欲了知，三世一切佛，應觀法界性，一切惟心造。』近有人喪妻者，夢其妻求《破地獄偈》。覺而求之，無有也。問薦福古老，云：『此偈是也。』遂舉家持誦。後見亡者寶衣天冠，縹緲空中，稱謝而去。軾聞之佛印禪師，佛印聞之范堯夫。」

屍痕不滅

宋吴曾《能改齋漫録》云：「建炎四年五月，楊勍叛卒由建安寇延平。道出小常村，掠一婦人，欲犯之。婦誓死不受污，遂遇害，横屍道旁。賊退，人爲收瘞之，而其屍枕籍處痕迹隱然不滅。每雨則其迹乾，晴即溼，宛如人影，往來者莫不嗟異。鄉人或剗去之，隨即復見；覆以他土，其迹愈明。今三十年矣。與順昌軍員范旺事畧同。范見迹街甎，而此見於土上；范死於忠，婦死於節。小常村去劍浦縣治二十里。」按：今嘉興城外一牌坊柱上有僧形，宛然不滅。云國初時有亂兵掠諸婦女，閉置一室，此僧縱之去，兵乃縛僧於柱而焚死之。至今存其迹焉，過者咸以爲異。觀此，乃知古固有之。

生魂未歸

唐張讀《宣室志》云：「通州有王居士者，有道術。會昌中，刺史鄭君有幼女，多疾，若神魂不足者。居士曰：『此女生魂未歸其身。某縣令者即此女前身也，當死數歲矣。以平生爲善，得過期，今年九十餘矣。令卒之日，此女當愈。』鄭君遣人訪之，其令果九十餘。後女忽愈，又使往驗之，令以此日無疾而卒。」

人化石

西洋南懷仁《坤輿外紀》云：「納多理亞國有山多瓊石，國人往鑿之，至一石穴，石人無算，皆昔時避亂之民，穴居於此，死後爲寒氣所凝，化爲石。」按：《叢鈔》第五卷已載人物化石事，因又記此。

䉂䉆䉇䉈

明朱國楨《湧幢小品》云：「嘉靖四十五年，馬道人爲妖，遠近大鬨，各户多縣『䉂䉆䉇䉈』四字以壓之，三四月方息。」按：余幼時猶見有書此四字於門者。

宋洪邁《夷堅乙志》云：「豫章之南生米渡，乾道元年三月八日，有僧晨濟。將登岸，謂津吏曰：『少頃見黄衫五人荷籠而至，切勿使渡。』取筆書三字，似符而非，了不可識，其文曰『䉇□□』，以授吏曰：『必不可拒，以此示之。』至午，果有五人來。取所書示之，狼狽反走。是歲江淮多疫，此邦晏然。五人乃瘟部鬼也。」按：此則宋時已傳有此字矣。惟余所據湖州陸氏刊本闕二字，金陵所刊小字本作「䉇䉆乙」三字。此亦有誤，末一字果是「乙」字，豈不可識乎？

避穢呪

國朝姚衡《寒秀草堂筆記》云：「晉江令楊輔山有避穢呪，凡相驗時，臭不可近，以清水一盥持呪數徧，當場者咸不聞有穢氣。後聞戴秋圃言，是法不得傳五人。伊亦傳有一呪，曰：『一撲一千里，二撲二千里，三撲三千里，撲去五瘟六疫，三十二證七十二候。吾奉太上老君急急如律令勅。』臨相驗時，念三徧。念時以右手拂之，有扇用扇，無扇用掌，可保一身，傳時不可使六耳聞也。」愚按：此呪有「撲去五瘟六疫」語，疑問疾者遇有可沾染之病，亦可以此解之也。

茶香室續鈔卷二十一

王勃《千歲曆》

明張萱《疑耀》云：「王勃以推步自名，作《大唐千歲曆》。其言五行之運，『以土王者，五十代一千年；以金王者，四十九代九百年；水王者，二十代六百年；木王者，三十代八百年；火王者，二十代七百年』。夫五德相禪，豈有參差？若土德獨長，或亦分旺之説。而水德獨短，何也？勃或有見，惜其書已亡，不得而詰。」按：此乃邵子《皇極經世》之濫觴。

《易》卦拆字

明張萱《疑耀》云：「宋人胡易鑑能以《易》卦拆字知吉凶，於『咸其輔頰舌』得癸丑狀元，於

『臀無膚』得丁未探花。蓋《説文》臀即屍也，殿諧其聲，乃以無膚去肉爲殿頭之祥，而以卦爻第三知其名次，此拆字法也。易鑑有《易説》行於世，必有可觀，惜今不傳矣。」按：此拆字之别一法，後無傳其術者。

袁天綱爲李淳風師

宋吴曾《能改齋漫録》云：「袁天綱本蜀郡人，隋末于閬州蟠龍山前築宅居。李淳風事以師禮。二人郊行，見一牛迹，袁曰：『牝而有孕。又左目必傷，當産一犢。』尋問之，皆然。未幾産一犢。李曰：『從學久矣，未聞此術。』袁曰：『非術也。牛之有孕，左重牡也，右重牝也。吾視牛迹左足深，必産牡也。惟食右邊草，必左目傷也。』李歎曰：『兄之術可及，其智不可及也。』」

李龍眠精禄命之學

國朝錢曾《讀書敏求記》云：「《演禽龍眠感化真經》一卷，或云李伯時編。龍眠繪事，爲宋畫中第一，未聞其留心禄命。姑識此，以詢博識者。」

論命不用生時

宋袁文《甕牖閒評》云：「舊聞李虚中論命，不用生時。今觀《夷堅志》載季勳論命，亦不用生時，此異事也。」按：此知宋人論命有與今不同者。

《相雨書》

國朝周亮工《書影》云：「《相雨書》曰：『河有三雲相連，如浴豨，三日必雨。』《相雨書》今不傳，僅存此句。」按：《相雨書》不知何人所作，且不知此句見於何書。

鴉經

宋洪邁《容齋二筆》云：「世有傳《陰陽局鴉經》，謂東方朔所著。大略言凡占烏之鳴，先數其聲，然後定其方位。假如甲日一聲即是甲聲，第二聲爲乙聲，以十千數之，乃辨其緩急，以定吉凶。」

《金柯要訣》

明楊慎《升庵外集》云：「《金柯要訣》，相書名。」

《八五經》

宋陳振孫《直齋書録解題》云：「《八五經》一卷，序稱大將軍記室郭璞，後序言：『余受郭公囊書數篇，此居一。』其書爲相墓作。『八五』者其五行八卦之謂歟？」按：今世言相墓者不知有此書矣。

五行無絶理

宋吴曾《能改齋漫録》云：「五行無絶之理，葢本於京房《易》，傳寫之誤耳。京氏曰：『四絶：巳爲水、土絶，申爲木絶，亥爲火絶，寅爲金絶。』絶乃『系包』字，兩字合爲一耳。唐左拾遺李鼎祚所修梁元帝、陳樂産、唐吕才六壬書，名《連珠集》。其論五行之所始終：水系包在巳，火系包在亥，木系包在申，金系包在寅。凡巳申亥寅各稱系包之所在。葢五行既墓，其生也必有萌芽以先之。故始有所系，而繼之以胎，以明無絶之之理。」按：此説可信，願與精於術者參之。

印主吉凶

宋米芾《書史》云：「三省銀印其篆文皆反戾，故用來無一宰相不被罪，雖没猶貶。御史臺印左戾，『史』字倒屈入，用來少有中丞得免者。宣撫使印從亡，自置鮮有覆命者。人家私印大主吉凶也。」按：古有相印經，不傳其法，據此則以篆文斷吉凶。今刻印者但求美觀，不復知此矣。

催生符

國朝施可齋《閩雜記》云：「同鄉陳古梅傳一催生符，云：以黄紙調硃砂，用淨筆寫一車字在中，四周環寫馬字須徧，且須端楷，大小則不拘。燒灰和水令飲之，雖難産亦立娩。凡馬字成單者所生必男，成雙者必女。寫時亦不能自主，或有意在單，寫竟不周，不能減去；有意在雙，寫竟已周，不能增入。」

醫稱大夫

宋洪邁《容齋三筆》云：「神宗立醫官，額止於四。及宣和中，自和安大夫至翰林醫官凡一百十七人，直局至祗候凡九百七十九人。三年五月，始詔大夫以二十員，郎以三十員，醫效至祗候以三百人爲額。」按：今北人稱醫爲「大夫」，南人稱醫爲「郎中」，本此。葢宋制醫官有大夫、有郎也。其下所云又有「平和大夫、階州團練使潘攸」，似「平和大夫」班在「和安大夫」之下。

吴中醫價

明楊循吉《蘇談》云：「金華戴原禮學於朱彦修，既盡其術，來吴爲木客。吴人以病謁者，每製一方，率銀五兩。」按：此則吴中醫價之高自昔然矣。

種痘

國朝董含《蓴鄉贅筆》云：「安慶張氏傳種痘法，云已三世。其法先收稀痘漿貯小甆瓶，遇欲種者，録小兒生辰，焚香置几上，隨將黄豆一粒傅以藥，按方位埋土中，取漿染衣衣小兒。黄豆三日萌芽，小兒頭痛發熱；五日豆長，兒痘亦發；十日而萎，兒病隨愈。」按：今種痘之法盛行，而張氏之法失傳矣。

百一方

宋陳振孫《直齋書録解題》云：「《肘後百一方》三卷，晉葛洪撰。本名《肘後救急方》。率多易得之藥，凡八十六首，陶隱居併七首，加二十二首，共爲一百一首。取佛書『人有四大，一大輒有一百一病』之義。」《直齋書録解題》又有《是齋百一選方》三十卷，山陰王璆撰。「百一」者言其選之精也，同以「百一」名方而取義不同。至佛書「一大有一百一病」之説，未得其詳，醫家亦不能言也。

單方

宋陳振孫《直齋書録解題》云：「《本草單方》三十五卷，工部侍郎宛丘王俣碩父撰。取《本草》諸藥條下所載單方，以門類編之，凡四千二百有六方。」又云：「《備急總效方》四十卷，知平江府溧陽李朝正撰，大抵皆單方也。」按：今人稱「單方」本此。

對脈

宋王讜《唐語林》云：「宣宗微疾，召醫工梁新對脈。」原注云：「禁中以診脈爲對脈。」

古名人皆能畫

明沈德符《野獲編》云：「前代名臣以畫名者，三國時諸葛亮及其子瞻俱善畫。本朝若劉文成基之精於山水，酷似李營丘；岳文肅正之精於蒲桃，幾同溫日觀。至於陳白沙理學名儒，乃盤礴之妙與宋元名手齊驅。信乎非常之人，餘伎尚可了數子也。」

明張萱《疑耀》云：「唐以後文人未有不能畫者，如晁無咎未嘗以畫名。偶閱陳後山詩，有《晁無咎畫山水扇》詩云：『前生阮始平，今代王摩詰。偃屈蓋代氣，萬里入方尺。』則無咎之畫亦有足觀。若阮始平能畫，畫譜未載，後山詩可補其闕。」

明郎瑛《七修類稿》云：「文公因道學之大，遂掩其詩與字，不知先生又能畫。昨見紹熙五年親傳己像，今刻徽州，筆法衣摺深得道子家數。」

國朝王士禛《居易録》云：「米芾《畫史》云：『潁州公庫顧凱之《維摩百補》是杜牧之摹寄潁守本，精彩照人。』是小杜亦工畫也。又《圖畫聞見志》云：『潤州甘露寺有謝靈運畫，《歷代名畫記》《宣和畫譜》皆不載其名。』」

《居易録》又云：「林靈素善畫墨竹，湖州玄妙觀有石刻一枝。韓侂胄善作水墨竹石，所畫大葉琅玕，自稱曰太師竹。已上皆載《圖畫寶鑑》。」按：此二人亦無有知其善畫者，雖人品不倫，然其蘊異人之藝則一也。

古人以畫扇得名

南齊謝赫《古畫品録》云：「蘧道愍、章繼伯並善寺壁，兼長畫扇，人、馬分數，豪氂不失。」陳姚最《後畫品録》云：「蕭賁嘗畫團扇，上爲山川，咫尺之内而瞻萬里之遥，方寸之中乃辨千尋之峻。」

按：江文通《雜體詩·擬班婕妤》云：「紈扇如圓月，出自機中素。畫作秦皇女，乘鸞向煙霧。」是古人紈扇畫人物之證。然婕妤元作但云「皎潔如霜雪」而已，不言繪畫，疑六朝以來始有之也。

宋黄休復《益州名畫録》云：「僧楚安有《明皇幸華清宫避暑圖》《吴王宴姑蘇臺圖》，此二圖皆畫於牆壁、圖簇、團扇之上。其牆壁、圖簇、團扇大小雖殊，功夫並無減者。」按：團扇之上畫此工細人物，亦奇蹟矣。

《齊書·何戢傳》：「宋孝武賜戢蟬雀扇，善畫者顧景秀所畫。時陸探微、顧彦先皆能畫，歎其巧絶。」按：此亦可見畫扇之盛行於六朝時也。

曹樣、吴樣

宋黄休復《益州名畫録》云：「前輩畫佛像羅漢，相傳曹樣、吴樣二本。曹起曹弗興，吴起吴棟。曹畫衣紋稠疊，吴畫衣紋簡略。」

按：郭若虚《圖畫見聞志》云：「曹、吴二體，學者所宗。按：唐張彦遠《歷代名畫記》稱北齊曹仲達最工畫梵像，是爲曹；謂唐吴道子曰吴。吴之筆其勢圓轉，而衣服飄舉；曹之筆其體稠疊，而衣服緊窄。故後輩稱之曰：『吴帶當風，曹衣出水。』」據此則曹、吴二體有兩説也。

祝培之畫

國朝無名氏《述異記》云：「康熙初，浙杭祝王成字培之，年八十餘，畫事入微。余得其一牙牌，長一寸五分，闊一寸。一面畫虬髯下海，其中虬髯公、李靖、紅拂、虬髯公夫人、奴十人、婢十人、箱籠二十楚楚排列，鬚眉畢具。上寫曲一齣，筆墨分明。一面畫二十小兒，種種遊戲悉備。内一小兒放風箏，其線有數十丈之勢，高空紙鳶亦可辨焉。然其筆墨所占特十分之三四耳。至於粒米而真書絶句，瓜仁而羅漢十八，以顯微鏡映之，無一苟筆。」

又云：「康熙丙子，余在杭見銅章二，各方寸，一刻《陋室銘》，一刻《愛蓮説》，工妙無比。」

華光墨梅

國朝梁章鉅《浪跡叢談》云：「畫梅花者始於北宋之僧仲仁，而著於南宋之楊補之。仲仁會稽人，住衡州華光山，陶宗儀《畫史會要》所稱「華光長老」也。黄山谷詩：『雅聞華光能墨梅，更乞一枝洗煩惱。』其爲當時所重如此。曾敏行《獨醒雜志》載紹興初有華光寺僧，來居清江慧力寺。楊補之、譚逢原與之往來，乃得仲仁之傳。」

按：余親家翁彭雪琴尚書以墨梅擅名海内，衡州人也。其性行高潔，不異苦行頭陀，殆華光長老之後身邪？姑記於此。他日爲尚書言之，發一笑也。

臨鏡寫真

釋仁顯《廣畫録》：「王羲之有《臨鏡自寫真圖》。」

畫李白

宋袁文《甕牖閒評》云：「饒德操《題周昉畫李白》詩云：『烏紗之巾白苧袍，岸巾攘臂方出遨。』此本最佳。今之畫李白者作緋袍，其服色未爲深害，但裏用白夾，寓所謂『裹白』者，何爲鄙俚至此？士大夫收本往往皆同，可爲千載一笑。」

蝴蝶裝

明張萱《疑耀》云：「祕閣中所藏宋版諸書，皆如今制鄉會進呈試録，謂之蝴蝶裝，其糊經數百年不脱落。偶閲王古心《筆録》云：『用楮樹汁、飛麪、白芨末三物調和以黏紙，永不脱落。』宋世裝書豈即此法邪？」按：「蝴蝶裝」之名甚新，今藏書家未知有此名也。

國朝錢曾《讀書敏求記》「《雲煙過眼録》」下云：「余從延陵李〔一〕氏曾覩吴彩鸞書《切韵》真蹟，逐葉翻看，展轉至末，仍合爲一卷。張邦基《墨莊漫録》云『旋風葉』者即此。自北宋刊本書行，而裝潢之技絶矣。」按：「旋風葉」豈即蝴蝶裝邪？

〔一〕李，《讀書敏求記》卷三作「季」。

孫道明

明郎瑛《七修類稿》云：「洪武中，松江孫道明，屠兒也。每借人書，坐肆中且閲且寫，密行楷字，積寫千餘本，至今人家書本後有孫道明識字。」按：以屠兒而好學如此，亦奇人矣。

宋時書賈陳思

國朝王士禛《居易録》云：「《寶刻叢編》二十卷，南宋錢唐陳思撰。思，書賈也。直齋陳伯玉序云：『始歐陽兖公《集古録》有卷秩次第，而無時代先後。趙德父《金石録》自三代、秦、漢而下敘次之，而不著所在郡邑。及鄭漁仲作《系時》《系地》二録，亦疏略弗備。都人陳思鬻書都市，士之博雅好古者盡取諸家所録輯爲一編，以今九域京府州縣爲本，而繫其名物於左云云。』思賈人，嗜古如是，又能薈粹成書，亦一異人。」

國朝葉名灃《橋西雜記》云：「宋錢唐陳思著《寶刻叢編》，以記所見金石文字。臨安陳起喜與文士交，刻六十二家詩爲《江湖小集》。明隆、萬閒，童佩子鳴有詩六卷。皆書賈中少知文藝者。」

《橋西雜記》又云：「陳思《寶刻叢編》前序有『陳思道人』之語。張氏金吾《愛日精廬藏書志》卷七宋刻《釋名》殘本四卷前目有『臨安府陳道人書籍鋪刊行』計十一字。戴表元《趙孫過庭書譜後》云：『往時杭州陳道人家印書，書之疑處率以己意改令諧順，殆是書之一厄。』是書賈有道人之稱。」按：書賈稱「道人」，今久不聞，亦未知何義。

明時刻書工價

明劉若愚《酌中志》云：「刻字匠徐承惠供，本犯與刻字工銀每字一百，時價四分。因本犯要承惠僻静處刻，勿令人見，每百字加銀五釐，約工銀三錢四分。今算妖書八百餘字，與工銀費相同。」按：此知明時刻書價值至廉，今日奚翅倍之也。

茹筆

國朝梁章鉅《浪跡叢談》云：「製筆謂之茹筆，《笠澤叢書》有《哀茹筆工》詩，《林逋集》有《美葛生所茹筆》詩。今製筆者尚守其法，以口餂之使圓，而『茹筆』之名鮮有人道者矣。」

綁户

明陸深《豫章漫鈔》云：「今人家所蓄魚，其種皆出九河。疑江字之誤。洪武十四年，欽差總旗王道兒等至府編僉漁人，謂之綁户。」

同年

國朝許纘曾《滇行紀程》云：「苗類甚繁，輿徒力役，皆苗也。每輿夫一名，父子兄弟皆隨之，互相更代，以均勞逸，走若飛鳥。漢人戲稱之曰『同年』，則靦〔一〕然色喜。」按：錢唐江中舟子有「同年」之稱，不知何義。不謂苗中輿夫亦有此稱也。

國朝陸次雲《峒谿纖志》云：「苗人同類稱曰同年。」

宋已有轎肆

宋丁特起《靖康紀聞》云：「靖康二年正月二十九日，送戚里權貴女於金，搜求肩輿，賃轎之家悉取無遺。」是北宋時已有賃轎之肆。

巧人

唐張鷟《朝野僉載》云：「洛州殷文亮曾爲縣令，性巧好酒，刻木爲人，衣以繒綵，酌酒行

〔一〕靦，原訛「輾」，據蔡啟盛《校勘記》改。

觴，皆有次第。又作妓女唱歌吹笙，皆能應節。將作大匠楊務廉常於沁州市内刻木作僧，手執一椀，自能行乞。椀中錢滿，關鍵忽發，自然作聲云『布施』。郴州刺史王琚刻木爲獺，沉於水中，取魚引首而出，蓋獺口中安餌爲轉關，以石縋之則沉，魚取其餌，關即發，口合即銜魚，石發則浮出矣。」按：觀此等事，知《列子》所載偃師事蓋實有之。

韓伯通塑像

唐韋述《兩京新記》云：「大雲經寺内有二浮閣，隋文帝立。塔内有鄭法倫、田僧亮、楊契丹畫跡及巧工韓伯通塐作佛像，故以三絶爲名。」按：韓伯通善塐佛像，人罕知者。然此條疑有誤，「浮閣」當作「浮圖」，「三絶」之稱亦所未詳，或是「二絶」也。

劉永暉治文具

明黄省曾《吴風録》云：「自吴民劉永暉氏精造文具，自此吴人争奇鬭巧，以治文具。郡縣官此者争索文具於民。若長洲郭、田二令，相繼挾千副以往，至今爲民害未已。」

按：近時吴中文具初無佳製，「劉永暉」之名亦無知者矣。

國初一技之士

國朝王士禛《池北偶談》云：「近日一技之長如雕竹則濮仲謙，螺甸則姜千里，嘉興銅爐則張鳴岐，宜興泥壺則時大彬，浮梁流霞器則昊十九，江寧扇則伊莘野、仰侍川，裝潢書畫則莊希叔，皆知名海内。如陶南村所記朱碧山製銀器之類，所謂『雖小道，必有可觀者』歟？」

國朝陳康祺《郎潛紀聞》云：「葉洮字金城，青浦人。胸有丘壑，暢〔一〕春園一樹一石皆其布置。」

又云：「繆舍人炳泰以諸生遠游，不得意。久之，以能寫像名於浙中。尚書福長安公挾與俱北，聞於上，召入寫御容，拜文綺之賜，屬車所至，靡不從行。命更定紫光閣五十功臣畫像。

〔一〕暢，原訛「暘」，據蔡啟盛《校勘記》改。

乾隆五十三年，臺灣平後，復繪功臣像，皆炳泰筆也。」按：此皆本朝方技之士。

馮巧、梁九

國朝王士禛《居易録》云：「老工師梁九者董將作，年七十餘矣。自前代及本朝初年大内興造，梁皆董其事。初，明之季，京師有工師馮巧者，董造宫殿，自萬曆至崇禎末，老矣，九往執役門下，數載終不得其傳，而服事不懈。一日九獨侍，巧顧曰：『子可教矣。』於是盡傳其奥。巧死，九遂隸籍冬官，代執營造之事。一技之必有師承不妄授受如此。」

陳飛

明沈德符《野獲編》云：「萬曆初，蒲坂張鳳磐相公家有一僕陳姓，善走，一日能八百里。蓋蹻捷天賦，非有他術，因名之曰陳飛。飛之子亦能行，一日止五百里。近日吴中有一顧姓者，得異人傳授，一日夜可千里。爲忌者奪其囊中一小鐵船去，奪者又不得其祕呪，亦無所用之。顧姓者，已改業内外丹矣。」

明郎瑛《七修類稿》云：「徐州周成短小精悍，善疾走，日行五百里。若緩步，亦與人同，但造意遠行則不可及。既行又不能自止，或著牆抱樹乃可耳。凡封奏羽報則使之，夜則於圓籠中縮足而睡。」

風火輪

國朝方濬頤《夢園叢説》云：「伊犂某大臣遇異人，以三千金爲贄，授之兩奇術：一爲風火輪，其法覓古寺觀千年瓦當，雕作兩小車輪，裝於鞋底之中，捏訣諷呪，其行如飛，日可八百里。」按：小説中有所謂「風火輪」者，不謂真有此術也。

目連戲

國朝董含《蓴鄉贅筆》云：「二十二年癸亥，上以海宇蕩平，宜與臣民共爲宴樂，特發帑金一千兩，在後宰門架高臺，命梨園演《目連》傳奇，用活虎、活象、真馬。」按：此康熙中事也，今民間尚有演《目連戲》者。

走解

明黄佐《翰林記》云：「天順三年三月五日，賜文武觀走驃騎於後苑。其制一人馳馬執旗引於前，一人馳馬繼出，呈藝於馬上，或上或下，或左或右，騰擲趫捷，人馬相得，如此數百騎，後至乃爲胡服、臂鷹、走犬，圍獵狀終場，俗名曰走解。」按：今於馬上鬻技者有「跑馬」「賣解」之名，猶其遺俗也。

國朝劉廷璣《在園雜志》云：「走解，本軍營演習便捷之法。晉曰猨騎，明曰走驃騎，皆于馬上呈藝，上下左右，超騰蹻捷。近則男子較少，咸以婦女習之，爲射利之場、奸污之技矣。康熙五十一年，部覆陝西提督潘育龍，因陳四等一案題奉諭旨，將走馬賣解賣索之人盡行查拿安插，而游手之徒爲之斂迹矣。」

耍曲耍舞

宋洪邁《容齋四筆》云：「近世風俗相尚，公私宴集皆爲耍曲耍舞，如《勃海樂》之類。」按：「耍」字不見於字書，《清異録》有「耍金」「耍銀」之語。觀此知「耍」字在宋時已爲常語矣。

蘇幕遮

宋洪邁《容齋四筆》云：「唐中宗時，清源尉吕元恭上書曰：『比見坊邑相率爲渾脱隊，駿馬、胡馬〔一〕，名曰蘇幕遮，旗鼓相當，騰逐喧噪。以禮義之朝，法胡虜之服云云。』」按：今詞名有曰《蘇幕遮》者，蓋唐時渾脱隊之遺音也。

〔一〕吕元恭、胡馬，《容齋四筆》卷十五作「吕元泰」「胡服」。

《鞦韆名目》

明陳吴才《萬松閣紀客言》云：「北地有鞦韆，士女乘之，以習便捷，曰三花五擊、鳶戾僊飄，皆其名也。」

《忘憂清樂集》

國朝錢大昕《竹汀先生日記》云：「觀黄蕘圃所藏宋槧碁譜，李逸民撰，名曰《忘憂清樂集》。首載徽宗御詩，有『忘憂清樂在枰棊』之句。」

棋雅

明楊慎《升庵外集》云：「馬融《圍棋賦》：『横行陣亂兮，敵心駭惶；迫兼棋雅兮，頗棄其裝。』雅音義與『岳』同。棊心并四面各據中一子，謂之五岳，言不可動摇也。今謂之勢子，而中心一子多不下，蓋古法與今少異。」按：今棊局於四方之中畫作卄形，著者輒於此先下子，其即古所謂「雅」歟？其名既不傳，并其字亦不識矣。至兩人對局，中心一子不知宜歸之何人，古法不行於今，莫知其詳也。

今坊間所刻張天如《百三名家》《馬季長集》竟作「迫兼棋雞」，古字失矣。《康熙字典·隹部》有「雅」字，引《字彙補》：「余略切，音岳，棊心中一子也。」

又按：「雅」字於形聲皆不可曉，必非古字。疑當作雗，即鸐字也，變從鳥爲從隹耳。陸佃曰：「鸐性好崎立，每立更不移處。」所謂「鸐立」「棋雗」，正取此義。因變作雗，又誤作雅，遂不復識矣。

芇

明楊慎《升庵外集》云：「《通玄集》：『圍棋兩無勝敗曰芇。』《説文》：『相當也。』」按：《廣韻》有𥈤、䋣、𥇖三音，云：「今人賭物相折謂之芇。」今無此稱矣。

蒙古棋

國朝葉名澧《橋西雜記》云：「常熟徐蘭字芬若，康熙中曾出塞，賦詩一卷，末附六歌，歌各爲序。其《蒙古棋》云：局縱横九綫，六十四罫，棋各十六枚：八卒、二車、二馬、二象、一礮、一將，别以朱墨。將居中之右，礮居中之左，上於將一罫，車、馬、象左右列，卒横於前，此差同於中國者也。其棋形而不字：將刻塔，崇象教也；象刻駝或熊，迤北無象也；多卒，人衆以爲强也；無士，不尚儒生也。棋不列於綫而列於罫，置器於安也。馬横行六罫，駝横行九罫，駝疾於馬也。滿局可行，無河爲界，所謂『隨水草以爲畜牧』也。卒直行，一罫至底，斜角食敵之在前者，去而復返，用同於車，嘉有功也。衆棋環擊一塔，無路可出，始爲敗北。」按：此與中國象棋絶異，惜其法不詳，未能試爲之也。

七國象戲局

國朝錢曾《讀書敏求記》云：「温公《七國象戲局》一卷。七國者，秦、趙、韓、魏、楚、齊、燕也，周居中而不與，尊周也。」按：此戲惜不傳，未詳其法。

葉子戲

宋歐陽修《歸田録》云：「葉子戲自唐中世以後有之。説者云：因人有姓葉號葉子青者撰此格，因以爲名。此説非也，唐人藏書皆作卷軸，其後有葉子，其制似今策子，凡文字有備檢用者，卷軸難數卷舒，故以葉子寫之，如吴彩鸞《唐韵》、李郃《彩選》之類是也。骰子格本備檢用，故亦以葉子寫之，因以爲名耳。」按：自來言葉子戲者皆以爲因人姓也，又以爲唐二十帝之讖。非讀歐公此書，不能知其詳也。

又按：歐公云「葉子似今策子」，必以竹爲之，如《老學庵筆記》所載「簡版」是也。南唐李後主妃周氏編金葉子格，蓋即葉子而飾以金，故曰「金葉子」。王半山以金漆版書藏經名，就蔣山寺取經，亦即此類。

宋王鞏《聞見近録》云：「國書嚴重未有如玉牒者，祖宗以來用金花白羅紙、金花紅羅褾、黄金軸。神宗時詔爲黄金梵筴，以軸大難披閲也。」按：此亦以卷軸不便卷舒，改用金筴。

佛面浮屠

宋吴曾《能改齋漫録》云：「章郇公守洪州，因宴客，擲骰賭酒。乃默占，如異日登台輔，即成貴采，一擲得『佛面浮屠』。遂緘祕其骰，至爲相猶在。」按：「佛面浮屠」必骰采之名，未詳其説。

宋袁文《甕牖閒評》云：「博家以一二三四五六投子爲浮圖，何也？浮圖乃塔也。舊聞張山人《浮圖》詩云：『浮圖好浮圖，上頭細了下頭麤。』借此以名投子者，豈亦以一二三四五六爲自細至麤如浮圖之狀歟？」按：此可得「浮圖」之義。謂之「佛面」，則仍未詳。

千字文酒令

宋王讜《唐語林》云：「薛濤辯慧知詩。嘗有黎州刺史作《千字文》令，帶禽魚鳥獸，乃曰『有虞陶唐』，坐客忍笑不罰。至薛濤，云『佐時阿衡』。其人謂語中無魚鳥，謂罰。薛曰：『衡字尚有小魚子，使君「有虞陶唐」都無一魚。』賓客大笑，刺史初不知覺。」

翻金斗

明于愼行《穀山筆麈》云：「齊梁以來，散樂有擲倒伎，疑即翻金斗也。翻金斗義起於趙簡子之殺中山王。後之工人以頭委地而翻身跳過，謂之金斗。」按：此説未知有本否。唐崔令欽《教坊記》有《筋斗裴承恩妹大娘》一條，似古作「筋斗」，不作「金斗」。

明張萱《疑耀》云：「今人以頭豎於地，以腳番上爲觔斗戲。諸書皆作『觔斗』，惟孫吾與《韻會定正》於十五《堅》末收『跟』字，注：『腳跟也。』又跟頭戲，倒頭爲跟也，或作『𨀈』，則『觔斗』當爲『跟頭』，今作『觔斗』，兩字皆誤。」

倡優名班之始

國朝惲敬《大雲山房雜記》云：「金源官制有文班武班，若醫卜倡優則曰雜班。每宴，伶人進曰『雜班上』，此倡優名班之始。」

纏頭非獨施於倡伎

明于慎行《穀山筆麈》云：「唐時賓客宴集，爲人起舞，當此禮者，即以彩物爲贈，謂之『纏頭』。如僕固懷恩爲中使駱奉仙起舞，奉仙以纏頭爲贈是也。倡伎當筵舞者，亦有纏頭賜。」

胠篋祕訣

國朝俞正燮《癸巳存稿》云：「明常熟徐復祚《花當閣叢談·村老委談》云：里中有邱老四者，賊魁也，著一書名《胠篋祕訣》。」按：竊賊亦著書，真可笑矣。

茶香室續鈔卷二十二

夏禹印

元吾丘衍《學古篇》云："王球《嘯堂集古録》二卷，有古文印數十。有一曰『夏禹』，係漢巫厭水災法印。世俗傳有渡水佩禹字法，此印乃漢篆，所以知之。"

孔子履

明沈德符《野獲編》云："孔子履在晉武庫中，元康中已與斬蛇劍同焚矣。至宋靖康，金人擄去古物，又有女媧琴、孔子履，何邪？豈宣尼行縢尚留二緉邪？又唐宣宗令有司倣孔子履，名『魯風鞋』，宰相以下俱效之，號『遵王履』，則似孔子履未焚也。"

按：元楊瑀《山居新話》云：「大都鐘樓街富民家藏宣聖履。」余已載於《叢鈔》卷二十矣。

平天冠

宋洪邁《容齋三筆》云：「祭服之冕自天子至於下士、執事皆服之，特以梁數及旒之多少爲別，俗呼爲平天冠，蓋指言至尊乃得用。」按：《後漢·輿服志》蔡邕注「冕冠」曰：「鄙人不識，謂之平天冠。」然則其名之傳久矣。

古衣裳遺制

國朝張爾岐《蒿庵閒話》云：「古人上衣下裳，後世以有衣無裳爲男子之服，殊衣裳爲女子之服，不知始自何時。四五十年前野老聚會，猶有上著短衣、下曳布裳者。自道袍盛行，而此種遂不見矣。」

按：張稷若入國朝而卒，顧亭林曾與之友，則其所云「四五十年前」者當在明季也。

《續漢書·五行志》云：「獻帝建安中，男子之衣好爲長躬而下甚短，女子好爲長裙而上甚短。時益州從事莫嗣以爲服妖，是陽無下而陰無上也。」按：此當是變更古制之始，然《明德馬皇后紀》云「裙不加緣」，則婦人之裙由來久矣。

婦女以著裙爲重

宋程頤《家世舊事》云：「曾祖母崔夫人與從曾祖母雷氏奉祀二叔舅姑，晨夕敬畏，平居必著長裙。」

明初衣服制

明郎瑛《七修類稿》云：「洪武二十三年三月，上見朝臣衣服多取便易，命禮部尚書李源名等參酌時宜。凡官員衣服寬窄隨身，文官自領至裔去地一寸，袖長過手，復回至肘，袖椿廣一尺，袖口九寸。耆民生員亦同，惟袖過手復回，不及肘三寸。庶民衣長去地五寸。武職官去地五寸，袖長過手七寸，袖椿廣一尺，袖口僅出拳。軍人去地七寸，袖長手五寸，袖椿七寸，袖口出拳。」

席帽裁帽

宋葉夢得《石林燕語》云：「今席帽、裁帽分爲兩等。中丞至御史與六曹郎中則於席帽前加全幅皁紗，僅圍其半爲裁帽；非臺官及白郎中而上與員外而下則無有，爲席帽。」按：此知席帽猶今之笠，以皁紗圍其前，即裁帽矣。今「席帽」之名人多知之，至「裁帽」則罕知者。《石林燕語》又云：「唐至五代、國初，京師皆不禁打繖。五代始命御史服裁帽。本〔二〕朝淳化初，又命公卿皆服之。既有繖，又服帽，故謂之重戴。」按：此知裁帽與繖功用相同。《急就篇》注云：「簦、笠，皆所以禦雨。大而有把手執以行，謂之簦；小而無把首戴以行，謂之笠。」然則繖即簦也，席帽、裁帽皆笠也。

〔二〕本，原訛「木」，據蔡啟盛《校勘記》改。

明初禁庶民服靴

國朝趙吉士《寄園寄所寄》引《臣鑒録》云：「崑山王英洪武初授山東監察御史，上特命署都御史事。嘗微服入郡城，時禁庶民服靴，門者縛英，英笑曰：『吾官人也。』取舟中冠帶示之，始得釋，亦不色怒。」按：此知明初庶民不得著靴也。

蟒衣始於明

明沈德符《野獲編》云：「蟒衣爲象龍之服，與至尊所御袍相肖，但減一爪耳。正統初，始以賞虜酋。其賜司禮大璫，不知起自何時，想必王振、汪直諸閹始有之。自弘治十六年二月，孝宗久違豫獲安，時内閣爲劉健、李東陽、謝遷，俱拜大紅蟒衣之賜，輔弼得蟒衣自此始。」按：此知今之蟒袍尚襲明制也。

裘非臣服

吴謝承《會稽先賢傳》云：「魏朗字少英，爲郡功曹佐。正旦，掾史顧龕被裘以加朝服。朗以裘非臣服，龕不敬，敕卒撤去。龕恚不聽，朗右手鳴鼓，左手撤裘以聞。府君遂退龕，以朗代之，辭病不就。」按：古朝服不禁裘，不知何以言非臣服也。

胸背

明尹實《北征事蹟》云：「陸績賜大紅織金紵絲蟒龍，并各色織金胸背衣服。」按：《叢鈔》第六卷引國朝劉廷璣《在園褋識》疑背胸即補子，讀此知明人已有「胸背」之名。「胸背」「背胸」當即一物，但不知是否補子耳。

獺皮飾袖口

宋寇宗奭《本草衍義》云："獺皮，西戎將以飾毳服領袖，云垢不著，如風霾翳目，即就袖口拭目中即出。又毛端果不著塵，亦一異也。"按：今人尚以獺皮飾袖口，然不知有此用也。

履屨

宋吴曾《能改齋漫録》云："政和八年十二月，奉聖旨，文武官大夫以上，四飾全。朝請、武功郎以上，減去一繶，並稱履。從義、宣教郎以下至將校、伎術官，減去二繶、純，並稱屨。"按：四飾者，絇也、繶也、純也、綦也，減去繶、純則止有二飾矣。絇，履上飾；繶，飾底；純，緣；綦，履帶。

又按：《周禮·屨人》王與后皆稱"屨"。乃以"屨"爲賤稱，足見宋制之不考矣。

翁鞋

國朝朱點《東郊土物詩》注云：「北人冬月履納綿絮，臃腫粗坌，謂之翁鞋。《李崆峒集》中用之。」

以樹葉爲衣

國朝陳鼎《滇黔紀遊》云：「夷婦紉葉爲衣，飄飄欲仙。葉似野栗，甚大而柔，故耐縫紉，且可卻雨。」按：此條言騰越事，以葉爲衣，亦殊有別致。惜無宦遊其地者爲購覓一二襲也。

皓紗

國朝黃士珣《北隅掌録》云：「洪氏《江臯褋識》載明末有蔣崑丑者，以紡織爲業。時尚浮華，反謂質色厚重者爲非製。蔣乃易以團花疏朵，輕薄如紙，攜售五都，市廛一鬨，甚至名重京師，名曰皓紗。」按：至今浙中猶有「皓紗」之名，莫知其始於蔣崑丑矣。

緑輿

唐張固《幽閒鼓吹》云：「李師古跋扈，憚杜黄裳爲相，乃命一幹吏寄錢數千緡。使者未敢遽送，乃於宅門伺候累日。有緑輿自宅出，從婢二人，青衣繿縷。問何人，曰：『相公夫人也。』使者歸告師古，折其謀。」按：蔡邕《獨斷》：「緑車名曰皇孫車，天子孫乘之以從。」是漢世緑車至重。唐時宰相夫人得乘緑輿，今世朝官車帷以緑爲貴，亦有所倣矣。

玉抱肚

國朝周亮工《書影》云：「王荆公所賜玉帶，闊十四搯，號『玉抱肚』。今曲名中有《玉抱肚》，他書未載，獨見於此。」

被袋

宋王讜《唐語林》云：「被袋非古制，不知何時起也，比者遠遊行則用。太和九年，以十家之累，士人被竄謫。人皆不自保，常虞倉卒之遣，每出私第，咸備四時服用。舊以紐革爲腰囊，置於殿乘。至是服用既繁，乃以被袋易之。」按：此即今被囊之制。

銅帳鎒

《西京襍記》云：「魏哀王冢石牀方七尺，石屏風銅帳鎒一具。或在牀上，或在地下，似是帳糜朽而銅鎒墮落。」按：《釋名》云：「鎒，溝也。既割去壟上草，又辟其土，以壅苗根，使壟下爲溝，受水潦也。」則「鎒」是田器之名。此云「帳鎒」，疑古字「鎒」與「鉤」通。

燭籠

宋陳隨隱《從駕記》云：「燭籠兩行，各六十人。」按：「燭籠」即今所謂燈籠也。又宋周煇《北轅録》云：「出館各有細紗二燭籠爲導。」《宋史·儀衛志》有「打燈籠子親事官八十人」，則「燈籠」「燭籠」皆可稱也。《南史·宋本紀》云：「壁上挂葛燈籠。」既以「葛燈籠」爲儉，則其時必有如今之紗燈籠者可知矣。

省油燈

宋陸游《老學庵筆記》云：「《宋文安公集》中有《省油燈盞》詩。今漢嘉有之，蓋夾燈盞也。一端作小竅，注清泠水於中，每夕一易之。尋常盞爲火所灼而燥，故速乾。此獨不然，其省油幾半。」按：今俗有「省油燈」之語，不知真有其物。

燈華

國朝方濬頤《夢園叢説》云：「月有華，燈亦有華。道光辛巳春，先大夫在湖州，右髀病疽甚劇，先大父憂甚。一夜坐廳事，見燈光忽大如天上月，四圍幻作五色彩圈，重重環抱，圓徑三丈餘，燦爛一室。亟呼家人來觀，良久始散。至夜半家書至，先大夫所患已潰，陰症轉陽，慶再生矣。」按：世以燈華爲吉兆，然如此燈華則世固罕見也。

紅籮炭

國朝高士奇《金鼇退食筆記》云：「宫中所用紅籮炭，皆易州山中硬木燒成，運至紅籮廠，按尺寸鋸截，編小圓荆筐，用紅土刷筐，故曰紅籮炭。每根長尺許，圓徑二三寸不等。又用炭末塑造將軍或仙童、鍾馗，各成對，高三尺，金裝綵畫如門神，黑面黑手以存炭制，名曰綵妝。十二月二十四日，安于宫殿各門兩旁。我朝悉除之，荆筐亦不刷紅土。」

宮椀

國朝王士禛《居易録》載：「碧玉露漿方，於中秋前後，用無五棓新青布，於百草頭上展取草露，用男乳、蜂蜜、人參湯總入一宮椀内，將露水攙入宮椀，和匀温服。」按：「宮椀」之名，吾鄉尚有此稱。然初不知其當作此「宮」字也，其義亦所未詳。

拜匣

國朝黄宗羲《思舊録》云：「沈壽國字治先。戊寅余至宛上，治先知之，將余襆被强搬去，拉予同入城。將行，治先發吾拜匣，空無所有，以五十金置其中，鎖如故。遲明余始知之，謂治先曰：『此子會銀也，凡人窘則舉會，奈何以餉余乎？』」按：「拜匣」之名甚俗，不謂國初人已見之記載也。又「舉會」句下有注云：「其壁上有會單。」是「舉會」亦有典故矣。

卧讀書架

明薛崗《天爵堂筆餘》云：「卧可作文，而不可讀書。曹操有欹案可卧讀，楊盈川有卧讀書架，二君不知何見。余謂卧讀最妙，余老病喜卧而不能廢讀，欲倣其制，惜未得也。」

眼鏡

明郎瑛《七修類稿》云：「少嘗聞貴人有眼鏡，老年觀書小字看大，出西海中，虜人得而製之，以遺中國，爲世寶也。霍都司子麒送予一枚，質如白瑠璃，大可如錢，紅骨鑲成二片，若圓燈翦然，可開合而折疊之。問所從來，則曰舊在甘肅，夷人貢至而得者。予喜甚，置之眉間，未若人言也。疑而問人，豐南禺曰：『乃活大車渠之珠囊製之者，常養之懷中，勿令乾死，然後可照字。』予意未必然，得已廿年，竇之無用。書而傳之，博識者必有以告我。」按：此則明時眼鏡製與今同，而其質絶異也。

自鳴鐘

明馮時可《篷窗續録》云：「外國道人利馬竇有自鳴鐘，僅如小香盒，精金爲之。一日十二時，凡十二次鳴。」按：此中國有自鳴鐘之始。然云「一日十二鳴」，則與今製異也。

國朝王士禛《池北偶談》云：「香山墨天主寺有定時臺，巨鐘覆其下，立飛仙臺隅，爲擊撞形，亦以機轉之。按時發響，起子末一聲，至午初十二聲，復起午末一聲，至子初十二聲。前揭圓槃書十二辰，俟某時鐘動，則蟾蜍移籌指某位。」按：此即今之自鳴鐘。然子初十二聲、午初十二聲，則與今製尚有異也。

國朝周亮工《閩小記》云「閩中絶技五」，其一爲「龍溪孫孺理一寸許之自鳴鐘」，今未聞有此。

南懷仁《坤輿外紀》云：「熱爾馬尼亞國，其人工作精巧，能於戒指内納一自鳴鐘。」按：今亦未聞有此。

芳草鬭鷄缸

國朝洪亮吉《北江詩話》云：「明宣德時芳草鬭鷄缸，即仿漢時春草鷄翹織刺〔一〕以爲之者。史游《急就篇》『春草鷄翹凫翁濯』，顔師古注云：『春草，象其初生纖麗之狀也。鷄翹，鷄尾之曲垂者。言織刺爲春草鷄翹之形。一曰染衣色如之。』蓋漢人施於絹素者，明則用之瓻器耳。」

圓碁盤

國朝周亮工《書影》云：「近余集生中丞創爲圓棋盤，然其法與方碁盤亦無大異。」

〔一〕刺，原訛「剌」，據蔡啟盛《校勘記》改。

巖石成天然棋局

國朝閔敘《粤述》云：「仙弈山在城西南，按謂柳州城也。有磐石黑肌赤脈，十有八道，可奕。」

雲南棋子

國朝趙吉士《寄園寄所寄》引《南中襍説》云：「滇南皆作棋子，而永昌爲第一。其色以白如蜑青、黑如鴉青者爲上。若鵞黄鴨緑、中外洞明者，雖執途人贈之，不受也。燒棋之人以郡庠生李德章爲第一，世傳火色，不以授人。」按：雲南棋子至今猶擅名，「李德章」之名則無知者矣。

琵琶百六十絃

宋周密《浩然齋雅談》云：「放翁詠長安富庶，有云：『紅桑琵琶金鏤花，百六十絃彈法曲。』蓋四十面琵琶也。」又云：「宣和間，教坊大使袁裪應制詩云：『金瓶芍藥三千朶，玉軸琵琶四百絃。』可謂盛矣。」按：四百絃則是一百[一]面也。宋時詠琵琶如此，今人驟讀之，幾不解也。

今之簫爲古之笛

國朝張爾岐《蒿庵閒話》云：「洞簫即今人所吹單竹簫，古人正名爲笛。今所謂笛則横吹耳。」

潞琴

國朝張道《臨安旬制記》云：「潞王好鼓琴，其所製前委兩角，材特精良。崇禎年，愍帝嘗

[一] 一百，原作「四十」，據蔡啟盛《校勘記》改。

出宫中古琴賜之，後流落人間，並稱『潞琴』。毛西河有《公望遺牲以潞國之琴賦滿庭芳》詞。後此琴入杭州汪氏。」

國朝王士禛《池北偶談》云：「故明潞藩敬一主人風尚高雅，嘗造琴三千張。予猶見長安市上售其一，有隸書『中和』二字。」按：此則「潞琴」固甚多矣。《池北偶談》又云：「王嘗倣宣和博古圖式，造銅器數千枚，瘞地中。」則近世士大夫家所得古器安知非潞製乎？

宋紙兩面可書

明張萱《疑耀》云：「余獲校祕閣書籍，每見宋版書多以官府文牒翻其背以印行者。如《治平類篇》一部四十卷，皆元符二年及崇寧五年公私文牘、牋啓之故紙也。其紙極厚，背面光澤如一，故可兩用，若今之紙不能爾也。」

由拳山藤紙

國朝蔡方炳《廣輿記》云：「由拳山在餘杭，旁有由拳村，向出藤紙。」按：宋趙升《朝野類要》載有由拳山所造紙，余已載於《叢鈔》卷十一矣。但不知由拳山在何地。沈肖巖廣文録此則寄示，因補録之。肖巖曾官餘杭訓導，親至其地，但不知今尚出紙否，當再問之也。

國朝錢大昕《恒言録》引《至正直記》云：「世傳白鹿紙乃龍虎山寫籙之紙也。有碧、黄、白三品，其白者瑩澤光淨可愛，趙魏公用以寫字作畫。闊幅而長者稱『大白籙』。後以籙不雅，更名『白鹿』。」

李廷珪墨

國朝王士禛《居易録》云：「王氏《談録》云：李廷珪墨凡數等，其作『下邽』之『邽』者爲上，作『圭潔』之『圭』者次之，作『珪璧』之『珪』者又次之，其云『奚廷珪』者最下。」

比工作楷

宋吴曾《能改齋漫録》引《漢官儀》：「尚書令僕丞郎月給赤管大筆一雙，篆題曰『比工作楷』。」按：今人筆管上刻字倣此也。

漆沙硯

國朝葉名澧《橋西襍記》云：「漆沙硯以揚州盧葵生家所製爲最精。其祖映之嘗於南城外市中得一硯，上有『宋宣和内府製』六字，形質類澄泥而絶輕，入水不沉，甚異之。後知其爲漆沙所成，授工仿造。葵生世其傳，一時業此者甚衆。凡文房諸事無不以漆沙爲之，製造既良，雕刻山水花鳥金石之文，悉臻妍巧。」

蔡珏硯

明陳貞慧《秋園襍佩》云：「甲戌初夏，余過訪眉公於佘山。出藏硯相賞，舉一以贈余，有『宋元祐二年學生蔡珏製』數字。」

嚴分宜硯

國朝方濬頤《夢園叢説》云：「内閣大堂案上矗石硯一方，相傳爲嚴分宜故物，不可移動。」

蘇公扇

國朝王士禛《居易録》云：「元張伯淳《養蒙集》有《蘇公海外十扇跋》，謂一扇不減百金之直。蓋爾時去坡百餘年，題扇猶有存者，然貴重已如寶玉大弓矣。」按：伯淳謚文穆，趙子昂之内兄也。

高則誠拍曲几案

國朝周亮工《書影》云：「虎林昭慶寺僧舍中有高則誠爲中郎傳奇時几案，當按拍時痕深寸許。則誠名明，永嘉平陽人，旅寓武林之崇儒里。仕元，終福建行省都事。弟誠，字則明，亦有文名。」

按：國朝劉廷璣《在園襍志》云：「《琵琶記》，高東嘉撰於處州郡城之西姜山上懸藜閣中。」余已載於《叢鈔》卷十七矣。觀此則又撰於杭州，大約皆後人附會，其實不可考。

青龍偃月刀

國朝羅天尺《五山志林》云：「邑無西門，築城之初擬開西門，跨西山而下，抵金榜。將鑿山爲道，得一大刀，有『青龍偃月』字，異之。且青烏家謂邑不利於西，可創關公廟以鎮之。遂奉刀廟中，神甚靈赫，周將軍亦時見威爽。」按：羅天尺，順德人，邑即順德也。余讀明包汝楫《南中紀聞》，荆門州南十五里地名掇刀石，有關公所用大刀插石竅上，已載於《叢鈔》卷十五矣。夫關公誠有刀，刀一而已，安得有二？且「青龍偃月」之名出於衍義，不足信也。

除奸摘佞鐵簡

明沈德符《野獲編》云：「劉璟，青田人，誠意伯基仲子也。洪武中拜閤門使，賜以鐵簡，上鑄金爲『除奸摘佞』四字，命以擊百官之不法者。時袁都御史奏車牛事，璟當殿以簡擊其項。其事甚奇，弇州《考誤》斷以爲妄。焦弱侯謂誠意家實有此簡，曾以示焦。」按：此則小説中所謂「打佞鞭」，乃真有之。

藜杖

明馮時可《篷窗續録》云：「古稱藜杖，藜即苜蓿。養之歷霜雪，經一二歲，其木修直生鬼面可杖，取共輕而堅，非梨木也。用藜爲燃光最明，可傳火徹夜，古讀書燃藜以此。」

周元通寶錢

國朝周亮工《書影》云：「夏振叔言數年前其鄉瘧大作，或教於古錢中檢取周元通寶一文，持之即愈。此錢乃周世宗毁天下銅佛所鑄，其卻瘧者或仰藉瞿曇之靈歟？金陵人傳此錢難産持之即下。」

萬曆通寶石

國朝宋犖《筠廊偶筆》云：「齊安聚寶山多怪石。明世廟中，王夢澤廷陳之姪得紅石如錢，上有『萬曆通寶』四白字，余判黄得十六枚。」按：萬曆爲明神宗年號，乃先見於世宗時，亦奇。

國初人不識翡翠

國初王士禛《居易録》云：「翡翠産粤中，予于《皇華紀聞》詳其族類。然所謂『翡翠屑金』乃別自一物。《歸田録》歐陽永叔『家有玉罌一，形製甚古，以爲碧玉。有兵馬鈐轄鄧保吉識之，曰此寶器名翡翠云云』，則翡翠又玉色之屬。」按：《歸田録》一則，余已載於《叢鈔》卷二十矣。讀此條，則翡翠在國初猶爲罕物，雖漁洋之歷官中外，竟未始得見之也。

明張萱《疑耀》云：「翡翠屑金，古有是語，不知其解。偶閲一小説，乃知玉有名翡翠者，其色如翡翠，以之磨金，隨手而屑。但此玉世不常有，未知然否。」是明代人亦不見翡翠也。

大珠

國朝王士禛《居易録》云：「安慶巡撫江有良咨工部，言懷寧縣民楊子育漁于陶鷟夾湖，獲巨蚌。剖之得大珠一顆，如龍眼核，重六錢四分，非民閒所宜留，咨送代進。」按：近時一富人家有珠重一錢八分，已爲異寶矣，然視此猶遠不逮也。

倭鉛

國朝吴震方《嶺南雜記》云：「白鉛出楚。販者由樂昌入楚，每擔三兩。至粤中市于海舶，每擔六兩。海舶買至日本，每擔百斤，鍊取銀十八兩，其餘即成烏鉛。俗稱倭鉛，實不産倭。乃鍊出銀後仍載入内地，每倭鉛百斤價亦六兩。其鍊銀之法誓不傳於内地，爐火家亦不曉其術。」

鍊錫必用芋艿

國朝吴震方《嶺南雜記》云：「錫出惠州者謂之上。點銅錫鑛入鑪，必用芋艿鍊之，方鎔成汁，無芋則不成也。」

板兒

明董穀《碧里襍存》云：「吾鄉自國初至弘治以來皆行好錢，每白金一分準銅錢七枚。正德丁丑，余始游京師，見交易者皆稱錢爲『板兒』，則所使皆低惡之錢，以二折一，但取如數而不視善否。既而南還，則吾鄉皆行板兒矣。既數年，板兒復行揀擇，忘其加倍之由，仍責如數，自是銀貴而錢賤矣。」按：今北人稱錢猶有「官板」之名，殆即板兒中揀擇佳者而以此稱別之邪？又觀此知銀貴錢賤之由。今吴俗猶以銅錢七十文爲一錢，此舊語之未泯者也。

國朝施可齋《閩襍記》云：「陶岳《泉貨録》：『閩王曦時鑄大錢，亦以「開元通寶」爲文，五百文爲貫，俗呼銠劢。』『銠』字《字典》增入《金部》，引《字彙補》云『音未詳』，『劢』字並不載。《雨航襍録》云：『鑄錢之模謂之版，宋時鑄錢每版六十四文，故俗有版版六十四之語。』今江北各省稱大錢爲老官版，亦是此義。稱官版者别於私鑄，稱老官版者别於近來之官版也。『銠字疑當音老，『銠劢』蓋即老版。」按：此論殊塙。余於《叢鈔》卷二十謂「銠劢」未詳何字，由未見此耳。但明時所謂「版兒」又指低惡之錢，則又何也？

國朝無名氏《談往》云：「明朝京師錢價，紋銀一兩賣錢六百，其貴賤在零幾與十之間。自崇禎踐祚，與日俱遷，至十六年竟賣至二千矣，夏秋閒二千幾百矣。宣問由來，由私錢攙入過多，乃於九門特點御史嚴察督理；街坊錢桌有私錢一文笞三十，二文徒一年，三文遣戍，四文斬首。其價額遵隆、萬以來舊例，多一文亦斬。民間錢價下趨愈甚，凡賣换錢舖，對面見付，必如欽限，如一兩應買二千四百，其一千八百則於桌下私授，或少轉再取。」按：此則有明一代自隆、萬以後每銀一兩皆直錢六百，與《碧里襍存》「每銀一分準銅錢七文」其説又異。且如其説，則崇禎初年銀價猶甚賤也。

國朝王士禛《居易録》云：「明少傅文肅劉公相武宗，以木强聞，不悦於瑾、永之黨，在位僅三月，致仕歸。武宗語於朝曰：『劉先生真老乾版也。』」按：「老乾版」三字未詳何義，余疑即「老官版」之訛。

國朝高士奇《天禄識餘》云：「明朝通行歷代好錢，謂之當一；次用新錢，謂之折二，民甚便之。正德十六年，吴中驀然不用好錢，惟用折二。嘉靖改元，則用折三折四惡錢，由是私鑄者日甚。」

國朝王逋《蚓庵瑣語》云：「明朝制錢有京、省之異，京錢曰黄錢，每文約重一錢六分，七十文直銀一錢；外省錢曰皮錢，每文約重一錢，百文直銀一錢。自崇禎六七年後其價漸輕，至亡國時京錢百文直銀五分，皮錢百文直銀四分，甚至崇禎通寶錢民間絶不行使。本朝順治四五年，崇禎錢百文止直銀一分，每錢重一斤，直銀二分五釐。」

錠

國朝葉名澧《橋西襍記》云：「《金史·食貨志》：『舊例銀每鋌五十兩。』施氏國祁《金源劄記》引《宣和録》『靖康元年，金人需犒軍金百萬鋌、銀千萬鋌，每鋌各五十兩』，《齊東野語》紹興歲幣，歲前三日先齎銀百鋌』，字皆作『鋌』。至元時乃改用『錠』字，《元史·禮志》『末銀三錠』、《鄱陽傳》『銀一錠』，字皆作『錠』。其字初用作『定』。《唐書》吕用之紿楊行密曰：『用之有銀五萬定，克城之日用備麾下一醉之資。』然字亦不古，不如『鋌』字之義尚可通也。《説文》：『鋌，銅鐵樸也。』此『鋌』字本義。遼僧行均《龍龕手鑑》：『鋌，金銀屬。』則後世訓解，而『錠』字下亦不訓爲銀。」

愚謂其字止當作「梃」。《説文》：「梃，一枚也。」疑古人計數者曰「梃」，因其言金而變其字從金，亦猶以其言脯而變其字從肉也。《儀禮・士虞禮記》「脯四脡」，注曰：「古文脡爲梃。」知「梃」「脡」爲古今字，則知「梃」「鋌」亦古今字矣。

金祖、銀父母

國朝章有謨《景船齋襍記》云：「俗謂財可當兒孫，故五金獨金銀以子稱，若銅錫鐵則無是矣。楊肅有『金祖、玉姑、銀父母，銅兒、鐵壻、錫孫曾』之目，亦有味。」

猛火油爲樹津

明黄衷《海語》云：「猛火油，樹津也。一名泥油，出佛打泥國。大類樟腦，第能腐人肌肉。然置水中，光燄愈熾。蠻夷以製火器，其烽甚烈。一云出高麗之東。盛夏日初出時烘石〔一〕極

〔一〕石，原訛「日」，據《海語》卷中《猛火油》改。

熱，則液出，他物遇之即爲火。此未必然，恐出樹津者是也。」按：余於《叢鈔》卷二十已詳載猛火油矣。得此説又録之，惜未知其爲何樹之津也。

猛火油得水愈熾

明陶宗儀《元氏掖庭侈政》云：「油有蘇合油、片腦油、膃肭臍油、猛火油。」自注云：「得水愈熾。」按：「猛火油」即今洋油，余已於《叢鈔》卷二十具説之矣。張世南《游宦紀聞》云「猛火油以洒物，得水則出火」，余頗疑其不然。今觀陶氏所云，益信其爲今之洋油也。

明王泌《東朝紀》云：「建文未遯時，先于大内蘭香殿聚珠衣寶帳及内帑珍異諸物，殿上塗猛火油，貯瀝青其中。語親密宫人，期以城破遯去舉火。」

國朝張爾岐《蒿庵閒話》云：「雷斆曰：『海中有獸名曰猾，其髓入油中，油即沾水，水中生火，不可救止。以酒噴之即滅，不可於屋下收，故曰水中生火，非猾髓而莫能。』李時珍曰：『此獸之髓，水中生火，與樟腦同其功，當與樟腦相似。』按：史載夷人有獻猛火油者，其油得水愈熾，或即此物。斆云『以酒噴之即滅』，當亦其禦之之法。」

大銃連發

南懷仁《坤輿外紀》云：「熱爾馬尼亞國，其人工作精巧，有一大銃，能於一刻間連發四十次。」

按：紀文達《閱微草堂筆記》云：「戴遂堂先生諱亨，言少時見其先人造一鳥銃，形若琵琶，凡火藥鉛丸皆貯於銃背，以機輪開閉。其機有二，相銜如牝牡。扳一機則火藥鉛丸自落筒中，第二機隨之並動，石激火出而銃發矣。計二十八發，火藥鉛丸乃盡，始需重貯。擬獻於軍營，夜夢一人訶責曰：『上帝好生，汝乃獻此器？使流布人閒，汝子孫無噍類矣！』乃懼而不獻。」按：此則洋人所矜爲絶技者，中國亦能爲之。洋人流毒之酷，雖上帝好生而不能禁，可歎也。

大銅將軍銃

明王文禄《庭聞述畧》云：「土木之變，虜犯城下，于肅愍欲放大銅將軍銃以擊虜。傳旨陛至都督，無人敢點火放者。肅愍掘土坑藏身，引長藥線，肅愍親自點火，伏坑中，聲震如雷，虜被擊死無數，遂退去。」按：此知明時雖有礮，猶不甚用之也。《明史》于謙本傳無親放大礮事，此可補史闕。

謹案《皇朝禮器圖式》，天聰五年始造紅衣大礮，名曰「天佑助威大將軍」。崇德八年又造「神威大將軍」礮，康熙十五年又造「神威無敵大將軍」礮，二十八年又造「武成永固大將軍」礮。乃明時已有銅大將軍銃，則知此名固有所因矣。

明李光壂《守汴日志》云：「賊舁大雲梯將抵城下，我兵放大礮擊之，隨發萬人敵火礶悉燒之。」「萬人敵」之名，亦不下「大將軍」也。

《守汴日志》又云：「城上礮連倒洩三五尊，總兵置一大礮於胯下，命速點曰：『忠臣不怕死！』礮竟不倒洩，百礮、萬弩齊發。」按：此總兵姓陳名永福。因于忠肅事，故又記此。

又按：《唐書·李密傳》：「以機發石爲攻城械，號將軍礮。」則礮名「將軍」古矣。但彼時猶是石礮，而非火礮。

明夏原吉《一統肇基録》云：「上與陳氏戰，劉基意友諒以銅將軍害帝，乃爲計愚之，擊游龍九蓋於巨艦。基與帝對奕其下，坐帝於近倉。諒軍遂舉銅將軍，基以棊案推帝于倉中。將軍及船，椅案纖碎，而帝得無傷。」按：此「銅將軍」亦即銃也。《明史·劉基傳》載此事云：「飛礮擊舊所御舟，立碎。」

明無名氏《逐鹿記》云：「甲辰，徐達總甲士二十萬，東取吴越。十一月，師至姑蘇，營于葑門，築長圍困之。架木塔與城中浮屠等，築臺三成，名曰敵樓，下瞰城中。設火筒其上，一發連中。又設襄陽礮，著物無不糜碎，礮風著人皆死。」是亦明初用礮之故事。

海船用櫓

宋徐競《使高麗録》云：「夜深潮落，舟隨水退，幾復入洋。舉舟恐懼，亟鳴櫓，以助其勢。」又云：「是日未刻到急水門，至此已不可張篷，惟以櫓棹隨潮而進。」按：海船用櫓，余於《叢鈔》卷二十已載之矣，補書此二事爲證。

野狐帆

宋徐競《使高麗録》云：「是日南風益急，加野狐帆。制帆之意，以浪來迎舟，恐不能勝其勢，故加小帆於大帆之上，使之提挈而行。」

宋時奉使高麗船名

宋王明清《熙豐日曆》云：「中書省劄子已降勅旨：奉使高麗船第一隻賜號『淩虛致遠安濟神舟』，第二隻賜號『靈飛順濟神舟』，宜令御書苑如法書寫。」

指南指北針

宋沈括《夢溪筆談》云：「方家以磁石磨針鋒，則能指南。然常微偏東，不全南也。水浮多蕩摇，指爪及盌脣上皆可爲之，轉運尤速。但堅滑易墜，不若縷懸爲最善。其法取新纊中獨繭縷，以芥子許蠟綴於針腰，無風處懸之，則針常指南。其中有磨而指北者。予家指南北者皆有之。」

按：指北之針世所未見，然既可使指南，亦自可使指北，其理一也。

又宋寇宗奭《本草衍義》云：「以針横貫燈心，浮水上，亦指南。然常偏丙位，葢丙爲大火，庚辛金受其制，故如是。」

按：沈、寇兩家之説，是宋時已有指南針而未有羅盤，故其用針者止有水浮及縷懸諸法也。

千里呌

國朝施可齋《閩褉記》云：「吴廷華《金螯集》有《千里呌》五律云：『器成千里號，機巧擅奇功。辨制疑横吹，呈材認卷銅。不妨時告密，最便是從戎。私語喁喁處，繁言嘖嘖中。』『能通偏爲曲，無礙總因空。偶已除秦法，功堪破宋聾。敢云風易過，誰謂褎如充？何必臧三耳，相攜待發蒙。』詩意似是器名，猶袁子才《子不語》所載江慎修之『寄話筩』。近閩中無此器，并無此名。」按：今日西洋人所制有曰「德律風」，殆即其類。

茶香室續鈔卷二十三

古人室中有竈

國朝劉書年《説經殘稿》云：「古人之竈有在庖廚者，亦有在室中者。庖廚之竈所以炊爨具食也，室中之竈則設火以禦寒。《説苑·刺[一]奢篇》宛春曰：『公衣狐裘坐熊席，陬隅有竈，是以不寒。』『陬』即奥字。是古人天寒時於室之西南隅設竈置火禦寒矣。《衛策》云：『衛人迎新婦，車至門，扶，教送母曰：「滅竈，將失火。」』此新婦方至門下車，扶以入。庖廚遠在北堂之

[一] 説苑，當作「新序」。刺，原訛「剌」，據蔡啟盛《校勘記》改。

後，無由見之，是必室中之竈。入門望見火盛，故使滅竈。又《莊子·寓言》：『陽子居〔一〕南之沛，至於梁，其家公執席，妻執巾櫛，舍者遜席，煬者遜竈。』未有君子舍於逆旅而入其爨下者。《困學紀聞》卷十引《莊子》：『仲尼讀《春秋》，老子踞竈觚而聽。』庖廚非讀書之地，孔、老豈相率入廚而肄業乎？是必皆室中之竈矣。此竈可常施，亦可常徹。《説文》：『烓，行竈也。煁，烓也。』惟可施可徹，故竈能行。『煁』『烓』即此竈之名也。《小雅·白華》：『樵彼桑薪，印〔二〕烘於煁。』箋云：『人之樵取彼桑薪，宜以炊饔饎之爨，以養食人。我反以燎於煁竈，用炤事物而已。』古人夜居不用膏燈，燎薪於竈，與用燭同。是確爲室中有竈之證，可以禦寒，亦以取明，四時並可常設也。正義云：『烓者無釜之竈。此竈上燃火照物，若今之火爐。』按：劉氏此説極爲詳明，今北人冬必設爐，猶其遺制。

〔一〕居，原訛「車」，據《劉貴陽説經殘稿》改。
〔二〕印，原訛「印」，據蔡啟盛《校勘記》改。

儀鸞殿

宋洪邁《容齋二筆》云：「唐高祖起兵，使子建成、世民擊西河郡，執郡丞高德儒。世民數之曰：『汝指野鳥爲鸞，以欺人主，取高官。吾興義兵，正爲誅佞人耳。』遂斬之。讀史者但以爲史氏虛設此語，與指鹿爲馬作對耳。按：隋大業十一年，有二孔雀飛集寶城朝堂前。親衛校尉高德儒等十餘人見之，奏以爲鸞。時孔雀已飛去，無可得驗。詔以德儒誠心冥會，肇見嘉祥，擢拜朝散大夫，於其地造儀鸞殿。距此時纔二年餘。」

按：宋江休復《褋識》云：「陳執中館伴虜使，問隨行『儀鸞司』緣何有此名，不能對。或云隋大業中鸞集于供張庫，遂名此。」即此事也。以一時之諛語爲官制之美名，由唐至宋未之變易，亦高德儒輩所不及料矣。

門内繫鈴

國朝葉名澧《橋西褋記》云：「宋人《江南餘載》：『陳雍家置大鈴，署其旁曰「無錢雇僕，客至請挽之」。』今京師居民往往繫長繩於門楣閒，而綴鈴於門内，復書於門曰『某姓拉鈴』，猶其遺風也。」愚按唐制，翰林院有懸鈴，引之以代傳呼，此即民閒懸鈴於門所自始。

竹室

宋趙彦衛《雲麓漫鈔》云：「唐房千里《竹室記》云：『環堵所棲率用竹以結其四角，植者爲柱楣，榱[一]疑誤者爲榱桷。』王元之《竹樓記》蓋其餘意。」按：今人知王元之《竹樓》，不知房千里《竹室》。

明楊慎《升庵集》云：「李嘉祐《王舍人竹樓》詩：『傲吏身閒笑五侯，西江取竹起高樓。南風不用蒲葵扇，紗帽閒眠對水鷗。』長夏之景清麗瀟洒，讀之使人神爽。」按：此「王舍人」又不知何人。

[一] 榱，《雲麓漫鈔》卷十作「撐」。

木牌篷屋

國朝黄宗羲《思舊録》云：「何棟如字天玉，住南都之烏龍潭，爲木牌篷屋，上下於潭中。」按：此視張志和「浮家」更勝。余頻年作西湖遊，似可倣此爲之也。「木〔一〕牌」當作「木箄」。

氣樓

國朝惲敬《大雲山房襍記》云：「《南唐春秋》：『盧絳入氣樓盜米。』氣樓，倉屋中高出數椽，四空，以疏米氣者也。」

〔一〕木，原訛「本」，據蔡啟盛《校勘記》改。

看街樓

唐劉崇遠《金華子襍編》云：「李景讓最剛正，奏彈無所避，爲御史大夫。宰相宅有看街樓子，皆泥封之，懼其糾劾也。」

明田汝成《西湖遊覽志》云：「寶佑坊南宋時有勞王府看街樓。」

磬沼

宋陳振孫《直齋書録解題》云：「《磬沼集》一卷，崇仁羅鑑正仲撰。磬沼者爲池，因地曲折如磬然。」按：「磬沼」之名甚新。

八卦房

明張岱《西湖夢尋》云：「包副使涵北園在飛來峯下，作八卦房，園亭如規，分作八格，形如扇面。當其狹處横亘一牀帳，前後開闔，下裹帳則牀向外，下外帳則牀向内。涵老據其中，扃上開明窗，焚香倚枕，則八牀面面皆出。」

鬼背兒

明郎瑛《七修類稿》云：「木格閣版謂之鬼背兒，陸德明《禮記釋文》注『閣，庋』，『庋』字九毀反，與『鬼』音相近，音少訛即爲鬼也。」按：以木格閣版爲「鬼背兒」，自是方俗之語，似不必附會於「庋」字之音。

國朝施可齋《閩雜記》云：「俗于壁上架横版安置食物，吾鄉稱爲『龜背』，形與名不類，疑『庋版』之訛。『庋』字古委切，音與『龜』近，訛『龜背』耳。」按：此則杭州人又謂之「龜背」，而亦疑爲「庋」字之訛。

娘娘廳

《同治蘇州府志》引顧丹《五筆記》云：「拙政園在婁、齊二門之間，康熙初爲吴三桂壻王永寧所有，内[一]有斑竹廳一座。又有娘娘廳一座，三桂女起居處也。」

東不可名園

宋洪邁《容齋五筆》論《東不可名園》云：「《霍光傳》：『光之喪，賜東園温明。』服虔曰：『東園處此器，以鏡置其中，以懸尸上。』《董賢傳》『東園祕器』注引《漢舊儀》：『東園祕器作棺。』予有兩園，適居東西，故扁西爲西園，而以東爲東圃，蓋避此也。」按：此亦名園圃者所宜知。

宋周密《浩然齋雅談》云：「蔡元長嘗闢便坐曰南軒。有獻詩者曰：『此軒端的向南開，上下東西總不該。更有一般堪愛處，北風偏向後門來。』人號爲貼題詩。」附記於此，以供笑談。

房錢

宋周密《浩然齋雅談》云：「『小小園林矮矮屋，一日房錢一貫足。官至正郎子讀書，一妻

[一] 内，原訛「丙」，據蔡啟盛《校勘記》改。

一妾常和睦。』此詩張卿所作。張仕至棘卿，與史彌遠不合，遂不復出。」按：張卿不知何人，此詩卻有意味。然一月三十貫房錢，亦不爲少矣。

《楮窗圖》

國朝阮葵生《茶餘客話》云：「内閣北牆下有楮樹一株，陳文貞廷敬愛之。公事畢，移書案坐其下，焚香啜茗，召中翰分札咏詩以爲常。復命鴻臚序班禹之鼎繪卷，曰《楮窗圖》。公賦詩，中翰皆和之。」按：「楮」即穀樹也。毛傳以爲惡木，至今人皆惡之。然其樹易於成陰，余頗覺其扶疏可愛。録此一則，知昔賢固有與余〔一〕同好者也。《東坡集》中有《宥老楮詩》云：「静言求其用，略數得五六。膚爲蔡侯紙，子入桐君録。黄繒練成素，黝面頩作玉云云。」則楮之爲用亦大矣。

〔一〕余，原訛「有」，據蔡啟盛《校勘記》改。

元明果蔬湯食之數

明郎瑛《七修類稿》云：「予觀紀元諸事之書多有同於今時者。如設酒，則每桌五果、五按、五蔬菜，湯食非五則七，酒行無算；另置酒桌於兩楹之間，排列壺盞、馬盂。」自注：「馬盂想即今之折盂。」按：此則今人饌具與元明大異矣。「馬盂」「折盂」今亦無此物。惟「折盂」之用想是盛席間飲殘之酒者。今俗尚以傾棄飲殘之酒謂之「折酒」，當是明代遺語。余初不知「折酒」之「折」應作何字，今乃知之也。

子推蒸餅

宋龐元英《文昌褋録》載唐歲時節物，寒食則有「子推蒸餅」。按：今人不知有是名矣。

元宵浮圓子

宋周必大《平園續稿》云：「元宵煮浮圓子，前輩似未曾賦此，坐間成四韵。」按：此知今所行元宵圓子，宋時舊俗也。

青白團子

明郎瑛《七修類稿》云：「古人寒食採桐楊葉，染飯青色以祭，資陽氣也。今變而爲青白團子，乃此義耳。」按：今清明市中賣青白團子，觀此知明時已然矣。

臘八麪

國朝繆艮《塗説》云：「十二月初八日，釋氏以餳果諸物煮粥，名臘八粥。明宮中有臘八麪。」

長壽麪

宋馬永卿《懶真子》云：「湯餅即今之長壽麪。」

按：宋張師正《倦游雜録》云：「水瀹者皆可呼湯餅，籠蒸者皆可呼籠餅。」然則湯餅固非一類，《嬾真子》所云則似專指麪之長條者言。

淨肉

國朝董含《蓴鄉贅筆》云：「嘗讀《楞嚴經》，言菩薩元制食三淨肉，謂不見爲我殺，不聞爲我殺，不疑爲我殺。益之以自死、鳥殘，令比丘得食五淨肉。又曰淨肉除人、蛇、象、馬、驢、狗、獅子、狐、豬、獼猴十種，餘俱可食。」按：此知回回教不食豬肉，即佛家淨肉之説。葢此十種中惟豬肉人所常食，故以爲戒；餘九種本爲人所不食，故不戒之也。後人相傳以爲專戒豬肉，則失其旨矣。

鑒虛煮羊脾法

唐陸龜蒙《零陵總記》云：「鑒虛爲僧，頗有風格。而出入内道場，賣弄權勢，杖殺於京兆府。城中言鑒虛善煮羊脾，傳以爲法。」按：唐趙璘《因話録》言鑒虛有煮肉法，余已載於《叢鈔》卷十三矣。又記此事，爲闔黎一笑也。

又按：佛初立教，本不禁食肉。《涅槃經》云：「我從今日制諸弟子不得食肉，一切悉斷。」梁武帝謂「立言將謝，則大明惻隱，貽厥將來」。《涅槃經》又云：「若乞得肉，以水洗之，味與肉别，然後得食。」是又有此通融之法也。

南北人食羊不同

宋人《釣磯立談》云：「韓熙載使中原，中原人問江南何故不食剥皮羊。熙載曰：『地産羅紈故耳。』」按：此則南北人食羊有剥皮不剥皮之異，自古然也。

杬子

國朝高士奇《天録識餘》云：「杬子音元，鹽鴨子也，以其用杬木皮汁和鹽漬之，故名。」宋朱翌《猗覺寮襍記》云：「南人以鹽收鴨子，曰鹹丸子。《爾雅》：『杬，魚毒。』注謂『杬，皮厚赤汁，中藏卵果』。《廣韵》亦云『煎汁，藏卵果不壞』，當用杬字。」

按：此説未詳。考宋洪邁《容齋二筆》云：「《玉篇》《唐韵》釋『杬』字云：『木名，出豫章，煎汁，藏果及卵不壞。』《異物志》云：『杬子，音元，鹽鴨子也。』以其用杬木皮汁和鹽漬之。今吾鄉處處有此。」然但用鹽漬，不用杬皮。

明人以食鵞爲重

明王世貞《觚不觚録》云：「先君以御史請告里居，巡按來相訪，則留飯，葷素不過十器，或少益以糖蜜、果餌、海味之屬。進子鵞必去其首尾，而以鷄首尾蓋之，曰御史無食鵞例也。」

按：此知明人以食鵞爲重。

國朝俞正燮《癸巳存稿》引王世貞《家乘》所載同，且爲之説曰：「今《大清會典·光禄寺》一等漢席二十三盌，有鵞鷄鴨；二等二十盌，有鷄鴨；三等十五盌，有鷄。然則十篕不用鵞鴨。王忬蓋以御史明七品，公宴不用上等饌。」按：理初引本朝之制以説明事，未知合否，或明制亦與本朝同也。

明祝允明《野記》云：「御膳日用三羊八鵞。孝宗初即位，減羊一鵞三。」

今人瀹茗之法起於明初

明沈德符《野獲編補遺》云：「國初四方供茶以建寧、陽羨爲上，猶仍宋制，碾而揉之，爲大小龍團。洪武二十四年九月，上以重勞民力，罷造龍團，惟採茶芽以進。其品有四，曰探春、先春、次春、紫筍。茶加香味，擣爲細末，已失真味。宋時又有宫中繡茶之制，尤爲水厄中第一厄。今人惟取初萌之精，汲泉置鼎，一瀹便啜，遂開千古茗飲之宗，不知我太祖實首闢此法。陸羽有靈，必俯首服，蔡君謨在地下亦咋舌退矣。」按：此則今人瀹茗之法自明初始也。

宋袁文《甕牖閒評》云：「劉夢得《茶》詩云：『山僧後簷茶數叢，春來映竹抽新茸。宛然爲客振衣起，自傍芳叢摘鷹觜。斯須炒成滿室香，便酌砌下金沙水。驟雨松聲入鼎來，白雪滿盌花徘徊。』此乃詠煮茶也。北人皆如此，迨今猶然。《香彎類稿》云：『觀此詩，自摘至煎則便飲之，初無焙造碾羅之事。雖曰茶芽，不知争得入口，豈亦如藥之㕮咀，去其滓而飲之乎？』香彎蓋南人，未知煮法耳。」按：此則知今之煮茶亦唐宋以來相承之法，非始於明初也。特至明太祖始盡廢龍團、鳳餅諸製耳。

薆

國朝王士禛《居易録》云：「廣南人以薆爲茶。鄒忠公浩《道鄉集》有《張糾送吴洞薆》絶句云：『茶選修仁方破碾，薆分吴洞忽當筵。君謨遠矣知難作，試取一瓢江水煎。』蓋志完遷昭平時作也。李仲賓學士言交趾茶如緑苔，味辛烈，名之曰『登』。或即『薆』字，見《研北襍志》。」

不知春

國朝姚衡《寒秀草堂筆記》云：「柯易堂曾爲崇安令，言茶之至美者名爲『不知春』，在武夷天佑巖下，僅一樹。每歲廣東洋商預以金定此樹，自春前至四月皆有人守之，惟寺僧偶乞得一二兩，以餉富商大賈。大致與粟米相類，色香俱絶。」按：茶名甚奇，不知何義。

碧豎

國朝杭世駿《榕城詩話》云：「延邵人呼製茶人爲碧豎，見《閩小紀》。」又云：「釀家每當酒熟時，其色變如丹砂，俗稱紅娘過缸酒。謂有神仙到門則然，以爲吉祥之兆，插花賞之。」余謂「碧豎」「紅娘」天然佳對。

侒湯、廉香

宋周密《浩然齋雅談》云：「放翁詩多用新語，如『厚味無人設侒湯，微芬時自注廉香』，自注：『以松子、胡桃、蜜作湯，謂之侒湯；以炭末、乳香、蜜作濕香，謂之廉香。』」

人蓡如小兒

宋洪邁《夷堅丙志》云：「青城縣外八十里老人村，土人謂之老澤，平時無人至其處。關壽卿與同志七人往游，幾二更，乃得一民家。老人猶未睡，欣然延入。少頃設麥飯菜羹，俄烝一物如小兒狀。衆莫敢下箸，獨壽卿擘食少許。翁曰：『吾儲此味六十年，今遇重客，不敢愛，而皆不顧，何也？』取而盡食之，曰此松根下人參也。」按：近世小説中有所謂「人參果」者，據此乃真有之。

蓡子必從雀腹中過

國朝葉名灃《橋西襍記》云：「常熟徐蘭《塞上六歌》，歌各爲序。其《採蓡》云：『蓡之性背陽向陰，喜卑溼地，三椏五葉相對而生，一莖獨上而有七節，開花如蓄，結子如豆，由青而黄而紅。有異雀黑色而小，羣飛啄食之。蓡子非從雀腹中過墮地，則不甲拆。其叢生樹下，雖物性使然，亦雀矢所遺者多耳。』」按：葠子必從雀腹中過，世所未知，此雀惜不知何名。

蕃薯

國朝周亮工《閩小記》云：「蕃薯，萬曆中閩人得之外國，瘠土砂礫之地皆可種。初種於漳郡，漸及泉州，漸及莆，近則長樂、福清皆種之。蓋閩海而南有吕宋國，其國有朱薯，被野連山，不待種植。中國人截取其蔓咫許以來，種之下地，數日即榮。泉人鬻之，斤不直一錢，二斤而可飽矣。」按：蕃薯今所在皆有之。余於《叢鈔》第二十一卷載「落花生」，爲近代始有之物。此二物者，古無今有，而皆充斥市廛。物産之盈虚，真不可以意測也。

國朝吴震方《嶺南褋記》云：「蕃薯有數種，皆從海舶來。形如山藥而短，皮有紅白二種。又有甜薯圓如鵞鴨卵，有豬肝薯形如豬肝，重十餘斤，皮紫，皆出粤地。惟蕃薯種自洋中來也。」按：此知中國亦自有薯，然轉不如蕃薯之處處皆有也。

曼陀羅酒

宋司馬温公《涑水紀聞》云：「杜杞在廣南誘宜州蠻數千人，飲以曼陀羅酒，醉而殺之。」

按：「曼陀羅」即《叢鈔》卷二十二所載之「風茄」也。余因此疑《左傳》載遂人醉齊戍而殲之，或亦用此術。

喫煙乃佛國舊俗

國朝俞正燮《癸巳存稿》云：「唐譯《根本説一切有部尼陀那》卷四云：『室羅伐城具壽白世尊：「諸苾芻畜歙煙筒、畜灌鼻筒、畜飲水器、畜盛針筒，以何物作？」佛言除寶，餘皆應畜。』其所謂歙煙筒，蓋旱煙、水煙同名。《毗耶那襍事律》云：『吸藥煙，以兩椀相合，底上穿孔，以鐵管長十二指置孔吸之。』則明人所言鴉片煙也。」

按：《叢鈔》卷二十二引納蘭成德《渌水亭襍識》，知西域之喫煙久矣，得此又一證。蓋喫煙乃佛國舊俗，故今鴉片煙猶出自印度也。

烏香

國朝俞正燮《癸巳存稿》云：「《大明會典》九十七、九十八，各國貢物，暹羅、爪哇、葛剌三國俱有烏香，即鴉片。」

茶香室續鈔卷二十四

福禄

明黄瑜《雙槐歲鈔》云：「宣德癸丑閏八月，編修許彬進《麒麟、獅子、福禄、玄虎四祥》詩。福禄，番人本名福俚，狀如騾，其文白黑相錯，匀瑩可觀。」

獅弄毬

南懷仁《坤輿外紀》云：「利末亞州多獅，性至傲，遇者亟俯伏，雖至飢不噬。常時病瘧，四日一發，病時躁暴，人不能制，擲以毬，則騰跳轉弄不息。」按：《叢鈔》第二十三卷載温都斯坦多獅子，然未及其弄毬也。觀此，知獅之弄毬非世俗妄説。

獅子畏龍

唐李肇《國史補》云：「開元末，西國獻獅，至長安西道中繫於驛樹。樹近井，獅子哮吼，若不自安。俄頃風雷大作，果有龍出井而去。」

龍與牛交生麒麟

明黄瑜《雙槐歲鈔》云：「成化甲辰，泗州牛生一麟，足如馬蹄，黄毛中肉鱗隱起如半錢然。同時武陵田家牛亦生麟，頭尾及足皆牛，但徧身生鱗，鱗縫中緑毛茸茸然。其皮見存常德府庫。荆吴間人言牛在水澤，雲霧滃起，即有龍與交，因有此異。」按：此説當可信，不然麟乃毛蟲，何以有鱗乎？

明沈德符《野獲編》云：「龍極淫，遇牝必交，得牛則生麟，得豕則生象，得馬則生龍駒，得雉則結卵成蛟。」

鄴郡庫中麒麟

國朝宋犖《筠廊偶筆》云：「明正德時，河南産麒麟，貯鄴郡庫中。萊陽某公爲郡守，割取麟之一臂藏於家。余宗玉叔兄琬親見之，方鱗黄色，光潤如琥珀然，四周五彩環繞如月華狀。」按：明萬曆時光山縣産麟，余已載於《叢鈔》第二十三卷中。觀此又記之，其云「方鱗」則同也。明郎瑛《七修類稿》云：「成化七年，常德沅江縣産一麟，形略如鹿，蹄及尾皆牛，身有鱗而額有角。人以爲怪，擊死。郡守知而取，腊藏之庫。今惟空皮，鱗〔一〕亦落矣。」

國朝董含《蓴鄉贅筆》云：「八年辛卯三月，山西平定州麒麟生。是日，有五色祥光纏繞牛身，遂産道旁，徧體生鱗，四足有甲。地方官護送至京師，觀者雲集，未幾死。」按：此亦言有鱗，不言其方耳。辛卯爲順治八年也。

〔一〕鱗，原訛「麟」，據蔡啟盛《校勘記》改。

《蓴鄉贅筆》又云：「江西袁州府山村，牛産麒麟，有紅霞覆罩，徧體生鱗。村民不識，鋤殺之。」

《瘞麟銘》

宋王象之《輿地碑記目》巴州有《瘞麟銘》，注云：「淳化中，牛生奇獸于古集州山民魏皋家，鹿首魚尾魚鬣，龍鱗四趾，始生，身有五色。民以爲妖而斃之，乃葬于縣之北十五步。楊羲仲爲銘。」

飛虎

國朝宋犖《筠廊偶筆》云：「余從楚中見飛虎皮，兩前足有皮尺許，向後張之，如蝙蝠狀。」按：官員儀衛有飛虎旗，今乃知世間真有飛虎也。

國朝王士禛《居易録》云：「肉翅虎出石抱山，晨伏宵出，比虎差小，翅如蝙蝠，身如虎文，飛而食人。其皮可辟鬼物。」然則畫飛虎於旗，當亦祓除不祥之意。

國朝閔敘《粤述》云：「潯州府貴縣山中出飛虎，云閒歲一見，或攫人首，啄食其腦。余於潯守處見其皮，長尺餘，如黄犬形，前二足皮特豐闊爲翅，然其斑紋不似山君。一云湖南山中人多縋附崖谷，採取木耳，或遇飛虎撲繩即斷。蓋其翅甚利，不聞食人。」

國朝陸祚蕃《粤西偶記》云：「肉翅虎産峒谿中，肋有雙翅，下山食人，食已飛去，人莫能捕。」按：此云「肋有雙翅」，則又小異，豈别一種邪？

虎兒

國朝屠倬《是程堂集》有《顧侯虎兒歌》，其序云：「顧沂，直隸通州人，生而奇勇。中乾隆庚寅科舉人，大挑得知縣，分發陝西，補禮縣〔一〕，調城固。邑有虎暴，沂率衆擒虎，歸檻之。久之，虎甚馴，沂喜曰：『吾將以爲子。』虎亦帖耳就沂。沂故無妻孥，輒閉虎卧室，與同寢處。沂

〔一〕禮縣，蔡啟盛《校勘記》改爲「醴泉」。

聽訟，有狡辯者，見虎伏案下，目閃閃視，即大懼吐實。沂嘗服蟒衣，假寐榻上，面向壁，虎疑非沂，爪攫其韡。沂怒，手擲虎階下，觸石，石碎，虎幾斃。沂之奇勇如此。時川楚方用兵，檄沂解餉軍中，卒與賊王三槐遇。沂横大刀，牽虎直前，賊驚散。陝西巡撫秦公承恩命沂牽虎入署，曰：『太夫人欲觀之。』歎其奇不置云。沂忘虎，虎亦忘沂，朝夕一室。僕隸恒惴惴不少安，伺閒斃虎以藥。沂哭之，真若喪其子者。無何，沂亦死。」按：緇流輩侈言伏虎，徒誕妄耳，不謂士大夫中有此也。余謂顧沂之養虎，可與追配劉累之豢龍，皆古今奇事。

明歸有光《震川集·書郭義官事》云：「郭義官曰和者，有田在會昌、瑞金之閒。翁一日之田所，經山中，見虎當道，策馬避之，從他徑行。虎輒隨翁，馴擾不去。翁留妾守田舍，率一歲中數至。翁還城，虎送之江上，入山而去。比將至，虎復來，家人呼爲小豹。每見虎來，其妾喜曰：『小豹來，主且至，速爲具飯。』語未畢，翁已在門矣。冬寒，卧翁足上，以覆煖之。翁初以肉飼之，稍稍與米飯，故會昌人言『郭義官飯虎』。後數十年，虎暴死，翁亦尋卒。」按：此事又在顧沂之先，是能養虎者代有其人也。

貔

宋陸游《家世舊聞》云：「楚公諱佃，字農師。使虜歸，攜所得貔至京師，狀如大鼠而極肥腯，甚畏日，偶爲隙光所射輒死。性能糜肉，一鼎之肉，以貔一臠投之即爛。然虜人亦不以此貴之，但謂珍味耳。」按：《爾雅》：「貔，白狐。」郭注曰：「虎豹之屬。」此所云者豈别一種歟？

鑿齒以惡獸爲名

明張萱《疑耀》云：「鑿齒乃惡獸名，與檮杌同類。余怪晉習主簿以之爲名，未審其意。」按：《淮南子》：「堯之時，猰貐、鑿齒、九嬰、大風、封豨、修蛇皆爲害，乃使羿誅鑿齒於疇華之澤。」然則「鑿齒」命名誠不可解。

國朝喬松年《蘿藦亭札記》云：「漸離，司馬彪曰：『魚名也。』《説文》：『螹離，龍無角。』『高漸離』之名當取此義。」按：其取義亦未詳也。

狨食猿猴

國朝吴震方《嶺南雜記》云：「嶺南有狨，似猿猴而大，毛深厚而金色，以猿猴爲糧。每嘯則羣猴皆集，列跪其前。狨乃一一以手按之，自首至尻驗其肥瘠，視肥者以石戴其頂。此猴跪奉不敢動，餘乃散去。戴石之猴隨狨至水次，入水洗濯，又自拔毛淨訖，乃卧而聽狨食之。物之相制至于如此，哀哉！狨皮爲褥最温，其價甚貴。」

宋朱彧《可談》云：「狨座，文臣兩制、武臣節度使以上許用。每歲九月乘，二月徹，無定日，視宰相乘皆乘之，徹亦如之。狨似大猴，生川中。其脊毛最長，色如黄金，取而縫之，數十片〔一〕成一座，價值錢百千。」

〔一〕片，原訛「斤」，據朱彧《萍洲可談》卷一改。

砟答

國朝宋犖《筠廊偶筆》云：「吴門徐籀《吾丘集》中載：甲申七月偶至崇明，聞北門外季家馬生卵三枚，大者如升，質色如雀卵，紅白相閒，重三斤，小者斤許。考之書，葢凡獸皆有之，名曰砟答，治奇疾難名者，生牛馬腹中者良。」

貂

國朝葉名澧《橋西襍記》云：「常熟徐蘭《塞上六歌》，歌各爲序。其《於〔一〕貂》云：『遼東之山皆産貂。貂穴空樹中，日伏夜出，捕食蟲物，土人以時取之。秋冬之交，入夜隕霜封樹，風摇樹巔，墮地如積雪。貂行霜上，跡可數也。土人張毳幕以居，畜三犬，一守，一逐獸，一打貂。

〔一〕於，《橋西襍記》作「打」。

其打貂者名跟蹤，云跟貂霜上之蹤者也。土人視跟蹤所前得其樹，樹多孔，塞之，留上下。上張網，下薰以煙。貂畏煙，緣木而上，入網就獲矣。』又曰：『貂食鳥雀飽，則宿樹杪，跳枝竄葉，疾如焱電，間以木弩射得之。』」按：言打貂之法者莫詳於此。世俗相傳貂性最仁，捕者預服硇霜，裸卧雪中，貂來覆之，乃獲以歸。非其實也。

貌

國朝趙吉士《寄園寄所寄》引《異物彙編》云：「狗纓國獻一獸，名貌，吴大帝時尚有見者。其獸善遁，入人室中，竊食已，大叫。人覓之，即不見矣。故至今吴俗以空拳戲小兒曰：『吾啖汝。』已而開拳曰：『貌！』」

小鹿、小白牛

國朝宋犖《筠廊偶筆》云：「康熙丁未冬，余謁相國柏鄉魏公，於坐間見小鹿一隻，長二寸許，雙角嶄然，與大鹿無異。」又云：「王阮亭云：余備員典客時，見荷蘭貢小白牛四，大僅如犬，斑衣，有肉峯，如橐駝。」按：牛不應有峯，此乃强名以牛，實非牛耳。

驢牽船

明張萱《疑耀》云：「北地凡可以代人力者，皆用騾、驢。余嘗欲以驢牽船，然世未有見者。偶閲元《宋正獻公集》，有《驢牽船賦》，則在濁漳，非北地也。正獻，廣陽人，名本，字誠夫。」按：今自通州坐船至京師，皆以驢曳縴。先大夫有詩紀之云：「舟行忽與坐車同，妙法偏宜六閘中。邪許不勞喧兩岸，一繩驢背去悤悤。」觀《疑耀》所云，則在前明六閘中猶未有也。

騾生子

國朝王士禛《池北偶談》云：「釋典有三必死，謂人抱病、竹結實、騾懷胎。然康熙某年旗下人家有騾生子，竟無恙。」

引羊

國朝王士禛《居易録》云：「凡祭祀進少牢，以黄旗前導，一羊居前，謂之引羊。引羊終身豢之，不復屠宰。聞少司馬朱都納公説如此。」

兔

國朝宋犖《筠廊偶筆》云：「《曲禮》：『兔曰明視。』陸佃曰：『兔，吐也。視月而生，故曰明視。』王充《論衡》：『兔舐雄豪而孕，生子從口中出。』余見蒲城原子《兔説》，以爲兔之雌雄，其孳尾無異他獸，每月一孕，子生則以土培之而壅其穴，出入必然。或竊啓其户，子輒不成。蓋古所傳『視月』者視月之候而孕。又謂『吐生』者得土而生，『土』訛爲『吐』也。」

《貓眼定時歌》

國朝無名氏《調燮類編》有《猫眼定時歌》云：「子午線，卯酉圓，寅申巳亥銀杏樣，辰戌丑未側如錢。」

按：猫眼定時，雖有是説，然實不甚足據。余謂其由圓而[一]側，而如核，而如綫，必非可以驟變者。因以意定之，爲歌曰：「子午綫，卯酉圓，巳亥丑未棗核尖，寅申辰戌側如錢。」姑附於此，亦未知是否也。

三腳貓

明郎瑛《七修類稿》云：「俗以事不盡善者，謂之三腳貓。嘉靖閒，南京神樂觀道士袁素居果有一枚，極善捕鼠，而走不成步，循簷上壁如飛。」

[一]「而」下，原衍「而」，據蔡啟盛《校勘記》删。

䶂鼠

宋龐元英《談藪》云：「漁溪言：曩在筠州新昌縣，至五峯，問：『山中有虎乎？』曰：『山中皆大木，虎安敢來？』余曰：『林木森森，虎所隱蔽，何爲不來？』曰：『大木上多䶂鼠，虎過其下，鼠必鳴噪，自拔其毛投虎身。著處必生蟲，徧身瘡爛，以至於死，故不敢至。』方悟宣城包氏畫虎，皆平原曠野，茅葦叢薄中亦有棘枝尋丈，未嘗作林木者。以此隋文帝云：『譬之猛虎，人不能害，反爲毛閒蟲所蠹損。』又可證也。」按：「䶂鼠」未知何物，豈松鼠之類乎？

鼠數錢

國朝方濬頤《夢園叢説》云：「粤東有錢鼠，其吻尖，其尾長，其聲若數錢然，故名。俗云見則主人家有吉慶事，亦猶京師人尊蛸爲財神也。」按：常鼠亦能作數錢聲，俗云：朝聞之，爲數出，主耗財；暮聞之，爲數入，主聚財。

朱鳥是赤鳳

明楊慎《升庵外集》引王奕曰：「朱鳥其以羽蟲之長稱乎？而曰鶉首、鶉尾，何也？師曠《禽經》：『青鳳謂之鶡，赤鳳謂之鶉，白鳳謂之鷫，紫鳳謂之鷟。』蓋鳳生於丹穴，鶉又鳳之赤者，故南方取象焉。吳興沈氏以朱鳥爲丹鶉，豈知四獸皆蟲之長也，鶉之微何預？」

「朱鳥」亦稱「朱雀」。愚謂此非「燕雀」之「雀」也，當作「朱爵」。《困學紀聞》云：「《說文》：『飲器，象爵者，取其鳴節節足足。』《宋·符瑞志》：『鳳凰其鳴，雄曰節節，雌曰足足。』然則爵即鳳凰歟？」以王氏之說推之，「朱爵」亦是赤鳳。《文選·西都賦》「上觚棱而棲金爵」，注曰：「金爵即銅鳳也。」是稱「鳳」爲「爵」之明證也。「雀」與「爵」古字通用，故書作「朱雀」耳。

鷹隼羽文有八卦象

明楊慎《升庵集》云：「《抱朴子》曰：『八卦生鷹隼之所被，六甲出靈龜之所負。』說者謂鷹隼之羽文亦有八卦之象，未驗，無以知其然不也。」

吕四場仙鶴

國朝周亮工《書影》云：「鶴生他處，足皆黑；在南通州吕四場所産，足皆緑，背有龜紋。相傳純陽四至其地，故場名吕四，鶴爲黄鶴遺種云。」

鵲橋

明郎瑛《七修類稿》云：「鵲橋之説，洪景廬辨之精且當矣。吾友王員外一槐尹湖之日，七夕停舟劉家溝，見隱隱二條，如旛非旛，如龍非龍，閃耀空中，當驛門數丈之上。或分爲二，或續爲一，往來不定。隱隱聞萬鵲噪襍之聲，或時明聞一二聲。飯頃，雲氣紛郁，香靉滿空，飄小雨數點而散，意真有鵲橋之事也。」

嶺南有雁始於唐

國朝凌揚藻《蠡勺編》云：「先是，五嶺之外朔雁不到。大曆二年，嶺南節度使徐浩奏：十一月二十五日，當管懷集縣陽雁來，乞編入史，從之。見《唐會要》。」

國朝胡貞開《迴雁峯記》云：「世傳衡陽雁斷，其説有二：一曰山高，雁不能過；一曰江有毒，雁飲水死。皆淺人耳食，奉爲信史，可笑也。蓋衡之七十二峯從洞庭疊翠南來，如飛如翰，奔八百里至湘江，而一峯夭矯回伏，若雁之落，而乘風迅折復起，項領羽翼翩翩欲動者，勢使然也。順治己丑九日，余與僚友採萸山阿，忽聞空中嘹唳聲，横江西邁。余笑謂左右曰：『雁今破例，遇峯何以不迴？』客有不省者，余乃理前説爲説。」按：胡説雖有理，然觀嶺南有雁始於唐時，則或古今地氣之異，未可知也。

唐宫鸚武

唐李濬《摭異記》云：「上初以林邑國進白鸚武，以金飾之，示於三相。蘇頲因前進曰：

『鸚武能言，不離飛鳥，願陛下深以爲戒！』」按：此當即楊妃教以誦經之「雪衣娘」也。唐王仁裕《開元天寶遺事》載長安豪民楊崇義爲其妻劉氏、鄰舍兒李弇所害，架上鸚武發其事。明皇歎訝久之，封鸚武爲「緑衣使者」，付後宫養之，張説爲《緑衣使者傳》。是唐宫中有白鸚武，又有緑鸚武。今人但知有「雪衣娘」，罕知有「緑衣使者」也。

燕作巢有二説

宋朱翌《猗覺寮襍記》云：「燕作巢避戊己日，見《白樂天集》。顧況《燕于[一]巢》詩序云：『不以甲乙銜泥。』其詩云：『燕燕于巢，綴緝維戊。』與樂天所言不同。」明郎瑛《七修類稿》云：「燕，水鳥也，故名玄鳥。其來去皆避社日，不以戊己日取土爲巢，書戊己於巢則去，皆因土克水故也。顧況詩云『燕燕于巢，綴緝維戊』，錯矣。樂天云『不以甲乙銜泥』，此可謂既失之鶩，又失之螟矣。」按：樂天《禽蟲詩》云：「燕違戊己，鵲避歲初。」無

[一] 于，原訛「子」，據《猗覺寮襍記》卷上改。

『甲乙』之説，郎氏不知何據。

秋風鳥

國朝陸祚蕃《粤西偶記》云：「柳州衛公臺下江水澄澈，小魚簇浪而來，不可數計。潑剌〔一〕一聲躍出水面，即成飛鳥，未及生毛羽，即罹網羅，味甚脆美，曰秋風鳥。」按：余於《叢鈔》二十三卷内已載有《秋風鳥》一條，云出惠州。今觀此，則知粤東西皆有之也。

鵂

國朝厲鶚《東城雜記》云：「明思陵癸未，杭有海大鳥，人面鳥聲，四足二翼，集於城東門，音嘸嘸然。陳處士際叔流涕曰：『此鵂也。所見之國，其下多放士。』因自號『鵂客』。其後武

〔一〕剌，原訛「刺」，據蔡啟盛《校勘記》改。

林人士之高蹈者不可勝數，際叔亦以授徒鄉里終其身。百蟲將軍之經，於是有驗矣。」

雕軸

國朝方濬頤《夢園叢説》云：「雕軸，狀如蜜蠟，以手搓之作牛羶氣，出西藏雕腹中。雕之有軸，猶牛之有黄、狗之有寶也。近今有以爲玦者，能辨陰晴。天久旱，視軸上一點作深黄色，則雲油然起；黄色布滿，則雲合而雨注矣。久陰，視軸上一點作淡黄色，則雲漸開；色全退，則雲開日出矣。川督某曾得一玦，亦能驗陰晴。而玦正面有白點一，逢子時有白氣如毫，自點中起，至巳刻約長九分，午初其氣漸縮，至亥退完，一轉瞬間白氣復長，則知又交子初矣。以手拂之，隨去隨長，不可磨滅。背面亦有白點，每至二分二至之時則一見。誠至寶也。」按：「雕軸」世所罕有，并其名亦知者鮮矣。

漫畫

宋洪邁《容齋五筆》云：「瀛、莫二州之境，塘濼之上有禽二種：其一類鵠，色正蒼而喙長，凝立水際不動，魚過其下則取之，終日無魚亦不易地，名曰『信天緣』；其一類鶩，奔走水上，不問腐草、泥沙，啖啖然必盡索乃已，無一息少休，名曰『漫畫』。信天緣若無能者，乃與漫畫均度一日，無飢色而反加壯大。」按：「信天緣」之名熟於人口，「漫畫」之名知者罕矣。

明楊慎《升庵集》云：「信天翁，鳥名，滇中有之。其鳥食魚而不能捕，俟魚鷹拾得偶墜者食之。蘭廷瑞詩云：『荷錢荇帶緑江空，唼鯉含鯊淺水中。波上魚鷹貪未飽，何曾餓死信天翁。』廷瑞，滇之楊林人。」按：今人多言「信天翁」，罕言「信天緣」，以此詩故也。

倒垂蓮

國朝陳尚古《簪雲樓襍説》云：「閩中有鳥名倒垂蓮，形似鸜鵒。其羽毛殊類孔雀，因睡必倒掛，故名。」按：緑毛幺鳳名「倒掛鳥」，人皆知之，「倒垂蓮」則知者殊尟，未知其爲一爲二也。

脂瓶

國朝高士奇《天禄識餘》云：「舊説，鳥雀尾上有肉高有穴者名脂瓶。每引嘴取脂，以塗翅毛，則悦澤，雨露不能濡。」

白宦鷄

宋李肖龍《崔清獻公言行録》云：「便坐，左右圖書，無玩好，書室所豢白宦鷄一雙而已。」按：「白宦」之義未詳，疑「宦」字乃「宦官」之「宦」，謂鷄之已閹者也。

宋朱翌《猗覺寮襍記》云：「物去其勢，豕曰豶，見《易》；牛曰犗，見佛書；馬曰扇，見《五代史》；鷄曰敦，犬曰閹，俗語。」

火焙鴨

國朝羅天尺《五山志林》云：「語云西域骨種羊、廣東火焙鴨，皆奇事也。始集卵五六百一筐，置之土壚，覆以衣被，環以木屑，種火文武其中，設虛筐候之。卵得火小温，輒轉徙虛筐而上下之，晝夜六七徙。凡十有一日而登之牀，亦藉以衣被而重覆其上，時旋滅之，通一月而雛啄殼出矣。所祀爲師者則尉遲公，謂初有鐵匠置鴨卵數枚火壚旁，久而雛出，因悟火焙之法。尉遲公曾作鐵匠，故祀之。」

伊川言龍只是獸

明郎瑛《七修類稿》云：「《戴禮》《説文》皆以龍爲鱗蟲之長。昨見伊川《語録》曰：『龍只是獸，茅山華陽洞常有之，形狀殊可愛，然不囓人，五臺山者則傷人矣。』予意傳云龍生九子爲某爲某，此亦獸之類歟？故《本草》收入獸部。」按：以龍爲獸，殊駭聽聞。據《淮南子·墬〔一〕形篇》云：「羽嘉生飛龍，飛龍生鳳皇，鳳皇生鸞鳥，鸞鳥生庶鳥，凡羽者生於庶鳥。毛犢生應龍，應龍生建馬，建馬生麒麟，麒麟生庶獸，凡毛者生於庶獸。介鱗生蛟龍，蛟龍生鯤鯁，鯤鯁生建邪，建邪生庶魚，凡鱗者生於庶魚。介潭生先龍，先龍生元黿，元黿生靈龜，靈龜生庶龜，凡介者生於庶龜。」然則羽毛鱗介皆出於龍，固非一種邪？

碑碣石趺非屓贔

明沈德符《野獲編》云：「長沙李文正在閣，孝宗忽卜御札，問龍生九子之詳。文正對云：『蒲牢好鳴，今爲鐘上鈕鼻；囚牛好音，今爲胡琴頭刻獸；睚眦好殺，今爲刀劍上吞口；嘲風好險，今爲殿閣走獸；狻猊好坐，今爲佛座騎象；霸下好負重，今爲碑碣石趺；狴犴好訟，今爲獄户首鎮壓；屓贔好文，今爲碑兩旁蜿蜒；蚩吻好吞，今爲殿脊獸頭。』此見之《懷麓堂

〔一〕墬，原訛「地」，據《淮南子》改。

集》者。」

按：明楊慎《升庵外集》載：「龍生九子：一曰贔屓，好負重，今碑下趺；二曰吻螭，好望，今屋上獸頭；三曰蒲牢，好吼，今鐘上紐；四曰狴犴，有威力，故立於獄門；五曰饕餮，好飲食，故立於鼎蓋；六曰蚣蝮，好水，故立於橋柱；七曰睚眦，好殺，故立於刀環；八曰狻猊，好烟火，故立於香鑪；九曰椒圖，好閉，故立於門鋪。」按：此説亦云李文正所以對孝宗，而與《野獲編》不同，蓋升庵固言影響記之也。其異同處不足深論，惟碑趺世皆知爲屓贔，而《野獲編》以爲「霸下」，此則亦一異説也。

《野獲編》又云：「龍生三子，一爲吉弔，蓋與鹿交遺精而成，能壯陽，治陰痿。」

龍

國朝宋犖《筠廊偶筆》云：「順治二年，余隨先文康寓長安，見大内所藏龍盤貯一篋中，一角五爪，鱗甲如鐵，長丈餘。」

石魚

國朝宋犖《筠廊偶筆》云："友人沈仁伯於永平食石魚甚肥美，云大纔盈寸，産石中，破石取之。"

漢泉三魚

宋馬純《陶朱新録》云："河南廣武山漢高皇廟有八角井，曰漢泉。井中有三魚：一金鱗，一黑鱗，一如常，而一邊鱗肉與骨皆無，獨其首全。與二魚並遊水中，但其遊差緩，不復有揚鬐撥刺[一]之勢。觀者雖異之而未審。一日有墮井而死者，因漉之，遂得三魚，鱗色如在水中時。半邊者五内皆無，方大異之，復置井中，至今尚存。俗傳漢高皇食膾，庖人治魚及半而楚軍至，倉皇棄魚井中而遁。此語固難信，然已刳之魚而遊泳不死，亦可異也。"按：今人止知有吴王

[一] 刺，原訛"剌"，據蔡啟盛《校勘記》改。

膾殘魚，不知有此事。

蟹蜕

宋寇宗奭《本草衍義》云：「蟹每至夏末秋初則如蟬蜕解，當日名蟹必取此義。」余按：蟹之蜕，知者鮮矣。二兒婦姚云：「秋初鄉閒有賣軟殼蟹者，其新蜕之蟹乎？」又云：「鰕亦蜕殼。」

蟹山

宋洪邁《夷堅乙志》云：「湖州醫者沙助教之母嗜食蟹，紹興十七年死。其子設醮於天慶觀，有十歲孫見媪立觀門外，徧體流血，語孫曰：『我坐食蟹業，纔死即驅入蟹山受報。蟹如山積，獄吏叉我立其上，羣蟹争以螯爪刺我，苦痛不可具道。爲我印九天生神章焚之，分給羣蟹，令持以受生，庶得免。』遂不見。」按：蟹以味美，人争嗜之。然其性寒，不宜多食，余不食蟹十許年矣。偶見此則，遂録之，以告世之持螯者。

天雨蟲

國朝鈕琇《觚賸》云：「庚午八月七日，忽有小黑蟲長寸餘從空而墜，轉瞬間蔽地盈林，穿窗登几，幾欲無隙，蠕蠕之狀惡不可耐。如是兩日，倏然不見。西延近邑、河東蒲汾皆然，頗菑秋穀。此異亦史傳所未聞者。」按：《春秋》書「雨螽于宋」，疑即此類。

雲蟲

國朝鈕琇《觚賸》云：「中州山嶺間有物如蜥蜴，俟天將雨，則羣蟲從石罅緣沿而上，仰口噓氣如珠，青白不一，漸大如甕，須臾合并散漫，滃然瀰空，遂成密雲。山中人稱爲雲蟲。」

禾蟲

國朝吴震方《嶺南襍記》云：「禾蟲形如百腳，又如螞蝗。身軟如蠶，細如箸〔一〕，長二寸餘，青黄色相間，中有白漿。産海濱田中禾根，長數尺，或至丈許，縷縷如血絲，隨海水而出，漾至海濱，寸寸自斷，即爲此蟲。土人網而取之，午前擔負而賣，午後即敗不可食。取蟲置器中，滴鹽醋一小杯，其漿自吐，濾以蒸鷄子最鮮。」

線蟲

國朝周亮工《閩小記》云：「延平一郡人皆接竹取水。其中往往有蟲細如髮，長可二尺許，土人呼線蟲，食之者多生癥瘕，經火即不害人，故閩溪水不可生飲。」

〔一〕箸，原訛「著」，據《嶺南雜記》卷下改。

疥蟲

國朝鈕琇《觚賸》云：「曹溪金孟常短視，離物寸許即模糊不辨，近則能察豪末。見人有疥者，輒爲搜取其疥内蟲，云：『疥蟲有雌雄，雄者頷下有鬚種種然可數。亦有老少，少者色白，但其口稍黑耳。』」按：甲申春日，有人以顯微鏡見示，有疥蟲一枚，視之了了，惜未細别其雌雄老少也。

蜂分日

國朝王士禛《池北偶談》云：「謝臯父《晞髮集》有《粵山蜂分日記》云：『甌粵之南某山，其民老死不知歲曆。惟户養蜂，四時旦暮悉候之。蜂之分也，其日必吉，人家無大小貿易皆趣成之。事未及辦，則以待後之分日。至於婚嫁興作，皆候焉。有販者至其地，留一年，書蜂分之日，凡百有奇。歸取曆驗之，皆黄道紫薇、天月德，吉曜也。』」

緑蠶

國朝王士禎《居易録》云：「左都御史于公振甲成龍説：瀛臺蠶房有緑蠶，視常蠶差小，作繭碧緑色，遼東種也。」

唐初蠶種出於山東

宋吴曾《能改齋漫録》引唐《法書要録》所載蕭翼取《蘭亭》事云：「翼微服至越州，衣黄衫，極寬長潦倒，得山東書生之體，入寺稱賣蠶種。」按：此知唐初蠶種出於山東也。

蝴蝶占喜

宋吴曾《能改齋漫録》云：「歐陽文忠詩：『拂面蜘蛛占喜事，入簾蝴蝶報佳人。』葢用李淳風《占怪書》云：『蛺蝶忽入人宅舍及帳幕内者，主行人即返。』又云：『生貴子吉。』

閏年少蟬

國朝周亮工《書影》云：「程于止曰：舊説閏年少蟬，試之信然。」按：此説未知然否，當更試之。

除蝨呪

國朝趙吉士《寄園寄所寄》引《存餘堂詩話》云：「除蝨訣，吸北方之氣呵筆端，書『斂深淵默漆』五字，置牀帳閒，即除。」

脈望

國朝姚衡《寒秀草堂筆記》云：「『脈望』之名，見於記載而已，累代未有更見者也。劉莊年觀察之伯父善讀書，太翁甚愛之，中歲而卒。太翁以所讀書置大橱，鎖閉而納之聽事，以門向壁。觀察兄弟皆八九歲，太翁命之曰：『他日汝兄弟有先入學者，即以爾伯父之書付之。』觀察年十九入邑庠，遵祖命啓焉。檢《朱子全書》中有一黑圈，大如當十錢，其光如漆，若大蟻相銜，尚缺一指許，未能首尾相接。因憶有『脈望』之事，默記其卷第、篇第而藏之。閲歲餘啓視，則已不知所之。」按：此則知古書所載不虚。惜啓之太早，未能相接，及有意求之，則化去矣。

《北夢瑣言》載張尚書子事，但云：「壁魚入道經函中，因蠹食『神仙』字，身有五色，人能取壁魚吞之，可致神仙。」此又不言「脈望」，且竟吞食。此「壁魚」亦與舊説不同，未知又據何書也。

茶香室續鈔卷二十五

華山將軍松

國朝趙吉士《寄園寄所寄》引明陳以忠《華山遊記》云：「度蒼龍嶺，望見雙松聳出空際，曰：『此將軍樹矣。』樹多盤曲，獨此二松挺然離立。」按：人知泰山有「五大夫松」，不知華山有「將軍松」也。

國朝黄易《嵩洛訪碑日記》云：「乘竹兜出城五里，遊嵩陽書院，瞻大將軍柏，大七人圍；二將軍柏，大三人圍。」

又引明都穆《遊嵩山記》云：「嵩陽廢觀三古柏，柏之高皆不逾三丈，大可六人圍，舊有石刻云『漢武帝封大將軍』；其次亦可四人圍，道士云：『此次將軍也。』皆形狀怪甚。」按：此則嵩山又有將軍柏矣。

上虞縣秦松

宋王十朋《會稽風俗賦》：「木則楓挺千丈，松封五夫。」周世則注云：「上虞有地名五夫，始皇封松木爲五大夫之處。」按：五大夫松在泰山，豈始皇登會稽亦有此事邪？宋許觀《東齋記事》云：「紹興上虞縣有村市曰五夫，故老云：『有焦氏墓於此，後五子皆位至大夫，因而得名。』余嘗過其處，見道旁古石塔有刻字，乃會昌三年余珠所記，云：『草市曰五夫，因焦氏立塋於此，孝感上聖而爲名焉。』乃知五夫之名實因焦氏，惜乎十朋之不見也。」

柏化石

國朝施鴻保《閩雜記》云：「莆田壺公山有柏一株，長止五六尺，下半已化爲石，名柏化石，以石欄護之。」按：人知有松化石，不知有柏化石。

化金之木

宋吴曾《能改齋漫録》云：「韓待制子蒼言：青城山一道士，俾小師持鐵湯瓶出觀買酒。小師中道奏厠，以瓶挂樹端。瓶重木弱，爲風所摇，木葉揩磨，所著處皆成金色。徐以木葉再揩未至處，則表裏黄赤。既煅以火，赴市貨之，得上金之價。自是識化金之木，因走四方，未始乏絶。」按：此則世間真有化金之術矣。其木不知何名，當亦可遇而不可求也。

太平花

國朝高士奇《天禄識餘》云：「太平花出劍南，似桃四出，千百包駢萃成朵。宋天聖中獻至京師，仁宗賜名太平花。」

娑羅樹

國朝高士奇《扈從西巡日録》云：「去臺懷二十餘里，經一山村，禪棲數楹在深山處。前有古樹，高二丈許，枝榦盤虬，相傳爲娑羅樹也。段成式《酉陽襍俎》：『天寶初，安西道進娑羅樹枝二百莖。』唐李邕《楚州淮陰縣娑羅樹碑》：『婆娑十畝，蔚映千人。惡禽翔而不集，好鳥止而不巢。隨所方面，頗證靈應。東瘁則青郊苦而歲不稔，西茂則白藏泰而秋有成。』洪邁《容齋隨筆》：『宣和中，向子諲過淮陰，見此樹。今有二本，方廣丈餘，蓋非故物矣。』歐陽公有《定力院七葉木》詩云：『伊洛多佳木，娑羅舊得名。』亦此樹耳。范成大《三峩山記》：『大峩山有娑羅平。娑羅者，其木華如海桐，又似楊梅，花紅白色，春夏間開。』觀諸書所載娑羅樹，不獨此山有之。然其生特異凡木，樹數百枝，枝十餘頭，頭六七葉，惜未見其花時也。」

國朝許纘曾《東還紀程》云：「《雲南府志》載：優曇花在城中土主廟内，高二十丈，枝葉叢茂。每歲四月花開如蓮，有十二瓣，閏歲則多一瓣，亦名娑羅樹。」據此則「娑羅樹」即優曇花矣。

《東還紀程》又云：「安寧州温泉之側有優曇樹一株，高數丈，白花碧葉。相傳西域移來，不知幾千百年矣。居人折其枝，百計插之，終無萌蘖。余采柔條數枝，植小盎中。未幾一枝忽茁，枝葉宛然，土人以爲異。自滇攜歸，無恙。」按：許纘曾號鶴沙，松江人，今未知雲間尚〔一〕有此種否。《東還紀程》又稱：「大理府和山有樹高六七丈，其榦似桂，其花白。每花十二瓣，以應十二月，遇閏則多一瓣。」亦即此種。至高江村所見之娑羅樹，未值其花時，不知與此同否。李北海碑又盛言其東西茂瘁，各有靈應，而不言應十二月，則又疑其非此種也。

明郎瑛《七修類稿》云：「俗以月中桂爲娑羅樹，殊不知七葉木即娑羅樹。此木每枝生葉七片，花如栗花。今南都弘濟寺前有二株，大可二圍，永樂閒三保太監西洋帶回之種。予友王水部曾得孫枝帶回，今已把矣。」

國朝吴震方《嶺南襍記》云：「曇花似百合花而色紫，合二三十朵攢爲一朵，香烈異常。」此與高江村所見當是一種。

《嶺南襍記》又云：「新興縣優曇鉢無花而實，實似枇杷。」此則又别一種矣。

〔一〕尚，原作「倘」，據蔡啟盛《校勘記》改。

佛面竹

國朝施可齋《閩褉記》云：「佛面竹長一二丈，粗及把，節甚疏，每節有一佛面，眉目口鼻皆具，可以爲杖，出龍巖及永定、武平等山中，俗爲定光佛杖。東坡《送佛杖與羅浮長老》詩：『十方三界世尊面，都在東坡掌握中。』查初白注未詳，舊注亦皆不及，蓋此種竹從前未見記載也。」

竹尊者

宋吴曾《能改齋漫録》云：「崇勝寺後有竹竿餘千〔一〕，獨一根秀出，人呼爲竹尊者。洪覺範爲詩云：『高節長身老不枯，平生風骨自清癯。愛君修竹爲尊者，却笑寒松作大夫。未見同參木上坐，空餘聽法石於菟。戲將秋色供齋鉢，抹月批風得飽無？』」按：「竹尊者」之名甚新，洪

〔一〕竿餘千，《能改齋漫録》卷十一作「千餘竿」。

詩亦可誦。而世鮮知者，故録之。

竻竹城

宋王象之《輿地碑記目》新州有《竻竹城記》，注云：「紹興二十年，郡守黄濟遣人取竻竹以爲城，環亥二千二百八十丈，胡寅爲記。」

按：晉戴凱之《竹譜》云：「棘竹駢深，一叢爲林，根如椎輪，節若束鍼。亦曰笆竹，城固是任。」注云：「棘竹生交州諸郡，叢生，有數十莖。大者二尺圍，肉至厚，實中，夷人破以爲弓。枝節皆有刺，狄人種以爲城，卒不可攻。」按：「竻竹」當即此種也。

倒插竹

國朝程祖慶《吴郡金石目》平江路嘉定州《集仙宫瑞竹記》引錢氏跋尾云：「元時集仙宫道士孫應元嘗於齋前倒插竹一枝，已而得活，後遂成林，因以名軒。」

種竹法

國朝王士禛《居易録》云：「周益公《二老堂襍志》云：『種竹，正月用一日，二月用二日，隨月定日，無不活。』又云：『以糟襍細糠和土種竹，甚茂，明年生筍成林。』又云：『臨安貴人家種竹木，以麥拌土置根下，雖盛夏亦生。』」

杜詩種竹之説不可用

明張萱《疑耀》云：「種竹必以五六月，凡夏月雨天皆可也。杜少陵詩：『西窗竹影薄，臘月更須栽。』《石林避暑録》所載，嘗依少陵詩，於臘月種竹，卒無一生。豈地有不同邪？」

種荷花法

國朝王士禛《居易録》引周益公《二老堂襍志》云：「種荷花，以羊角投池中，立成。」

木樨異色

明郎瑛《七修類稿》云：「四明舊志有大紅木樨。聞吾杭錢唐學中舊曾有一本。《話腴》載，宋高廟時象山史本家木樨忽變紅色，因獻闕下。高廟畫爲扇面，作詩賜從臣云：『秋入幽巖桂影團，香深霏雪照林丹。應隨王母瑶池宴，染得朝霞下廣寒。』自是四方争傳史本以孫枝接也。吾杭或亦當時所傳。《顔魯公集》有《謝人青桂花》詩，此尤異耳。」

按：陳耀文《天中記》云：「李德裕平泉莊有剡溪之紅桂。」又云：「龍門敬善寺有紅桂樹，嘗於山南諸山訪之莫致。陳侍御因訪剡溪樵客，偶得數株，移植郊園，衆芳色沮。乃知敬善所有是蜀道菵草，徒得嘉名。」按：此則紅木樨自古有之，且本浙東産也。

左牡丹右芍藥

國朝王士禛《居易録》云：「曹州五色牡丹天下第一。居人于花圃種植，左牡丹，右芍藥，則花繁盛。反是則不花，花亦不繁。」

唐宫牡丹花

唐王仁裕《開元天寶遺事》云：「初有木芍藥植於沉香亭前。其花一日忽開，一枝兩頭，朝則深紅，午則深碧，暮則黄，夜則粉白。晝夜之間，香艷各異。帝謂左右曰：『此花木之妖，不足訝也。』」

按：沉香亭牡丹得入謫仙吟詠，千古豔稱之，不知乃有此異。據李濬《摭異記》云：「開元中，禁中初重木芍藥，即今牡丹也。得四本，紅、紫、淺紅、通白者，上因移植於興慶池東沉香亭前。」則四色乃是四本，非一本而具四色也。姑記之，以廣異聞。

大牡丹

明郎瑛《七修類稿》云：「牡丹，大樹者極少，蓋花乃草本而又難養故耳。惟唐馬嵬驛者尚存，正德間爲魏國公移置假山前，與樓相等。又池州銅陵縣民人盛元之家有可繫馬者，其屋亦尚宋造。」

魏紅

宋吴曾《能改齋漫録》載丘濬道源《牡丹榮辱志》以「姚黄爲王、魏紅爲妃」。按：今人恒言「姚黄魏紫」，不知「魏紅」之説。

玫瑰

宋王讜《唐語林》云：「有似薔薇而異，其花葉稍大者，時人謂之『枚櫰』。實語訛也，當呼爲『梅槐』。《江陵記》『洪亭村下有梅槐村』，當因梅與槐合生，遂以名之。今似薔薇者，得非分枝條而滋演哉？至今葉形尚處梅、槐之間，可取此爲證，且未見『枚櫰』之義也。正使便爲『玫瑰』字，豈百花中獨珍是，取象於玫瑰邪？」按：此知玫瑰花在唐時猶無定名。

黄中李

唐馮贄《雲仙襍記》云：「西王母居龍月城，城中産黄中李，花開則三影，結實則九影，花實上皆有黄中二字，王母惜之過於蟠桃。」按：人知西王母蟠桃，不知有此李也。

又按：此葢因李爲唐人國姓，故造作此説。陸龜蒙《零陵總記》云：「李直方常第果實若貢士者，以緑李爲首，楞梨爲二，櫻桃爲三，柑爲四，蒲桃爲五。」可知唐人之重李也。

榔梅

國朝宋犖《筠廊偶筆》云：「榔梅出均州太和山，相傳真武折梅枝插榔樹，誓曰：『吾道若成，開花結實。』後果如其言。今樹在五龍宫北，榔木梅實，杏形桃核。道士每歲采而蜜煎，充貢獻焉。」

李夢陽桃

國朝周亮工《書影》云：「吾梁有桃，肉脆而核離，土人直呼曰『李夢陽桃兒』。相傳空同先生得之遠地，歸種之會城，遂有此種。物以人重如此。」

樣

國朝林謙光《臺灣紀畧》云：「果之美者樣爲最，狀如豬腎，味甘冽，可敵荔支。越宿即爛，故不能到遠地。」

大瓠

國朝陳鼎《滇黔紀遊》云：「瓠匏可盛粟二十斛，片之，可爲舟航。」按：五石之瓠，《莊子》

寓言耳。不謂真有此大瓠，且又不止五石也。

芋母

國朝施可齋《閩襍記》云：「閩人稱芋大者曰芋母，小者爲芋子。李石《續博物志》：『芋以十二子爲衞，應月之數也。』則母子之稱亦合。吾鄉稱爲芋艿，當是芋奶之誤。奶即嬭字，俗稱母爲奶，芋奶亦猶母子之義。因芋字從草，并改奶作艿，仍讀爲乃。不知艿字於字書有如乘、如登、如陵三切，皆音仍，無乃音也。」

新婦橄欖

宋吴曾《能改齋漫録》云：「橄欖，嶺外有五種：一曰丁香橄欖，此以其形；二曰故橄欖；三曰蠻橄欖，此以所出呼之；四曰新婦橄欖，以其短矮而小；五曰絲橄欖，以其子緊小。」按：新婦橄欖之名甚新，可入詩。「故橄欖」未詳，或有誤也。

雲南亦産荔支

國朝杭世駿《榕城詩話》云：「荔支不第廣、南、閩、蜀。李京《雲南志》：『土獠蠻以採荔支販賣爲業。』謝肇淛《滇略》：『臨安有二樹，其一近北山寺，大可合把；一在王參戎墅，僅六寸徑耳。熟以三月，形味皆劣於閩、廣。』」按：此則雲南亦生荔支也。

明張萱《疑耀》云：「荔支，閩、廣、四川有之，他處未聞。元李京《雲南志》：『土獠蠻以採荔支販賣爲業。』當是荔之枝，非『龍眼、荔支』之『荔支』也。」按：以《滇畧》證之，張説非矣。

荔支亦作欐支

國朝吴應逵《嶺南荔支譜》云：「荔字亦用欐字。衛洪《七開》云『蒲萄、龍目、椰子、欐支』，作此字。」注云：「出段公路《北户録》注。」

荔支有以人名者

國朝吴應逵《嶺南荔支譜》云：「譚世祥，以種樹人得名。又有荔曰周紹玉，相傳紹玉宦于閩，移種歸植。」又云：「一種名黎仲思，思讀去聲，出順德，亦以人得名。」

唐貢荔支地

國朝吴應逵《嶺南荔支譜》云：「唐鮑防，襄州人，天寶末舉進士。時明皇詔馬遞進南海荔支，七日七夜達京師。防作詩云：『五月荔支初破顔，朝離象郡夕函關。』是知貴妃所食荔支實出南海。蔡君謨謂『愛嗜涪州荔支，歲命驛致』，羅景綸以爲『一騎紅塵乃瀘戎之産』，誤矣。」自注云：「出《徐氏筆精》。」

《荔支譜》又引阮福曰：「自廣州至關中數千里，即飛騎置堠，亦不能七日至也。當如漢武帝移植扶荔宫故事，以連根之荔支栽於器中，自楚南至楚北，襄陽丹河運至商州秦嶺，不通舟楫之處，而果正熟，乃摘取過嶺，飛騎至華清宫，一日可達耳。」按：此説雖若曲盡事理，然與鮑防詩「朝離象郡夕函關」不合。且水陸並進，曠日持久，計春初即須發南海矣。荔支本南産，一至北方，氣候不同，恐未必能按時結實也。自廣州至關中數千里，依今制六百里加緊文報例之，七日夜未必不可達。惟白香山稱荔支「一日色變，二日香變，四五日外色香味盡去」，是則林鐵崖笑和帝、楊妃口中未嘗喫一好荔支，恐不能解嘲耳。

宋吴曾《能改齋漫録》云：「余昔記唐世進荔支于《辨誤門》云：唐制貢自南方，張君房以爲忠州，東坡以爲涪州，未得其實。近見《涪州圖經》云涪州有妃子園荔支，蓋妃嗜生荔支，以驛騎傳遞，自涪至長安有便路，不七日可到。東坡川人，故得其實。宋景文作《成都方物略》，言荔支生嘉、戎等州，此去長安差近，疑妃所取。蓋不知涪有妃子園，又自有便路也。」余謂此諸説皆未盡。楊妃本廣州人，則南海荔支素所嗜也。其始命貢者必是南海，然爲路太遠，不免色香味有變，則其後凡出荔支之地，如涪、如忠、如嘉戎等州，苟有可致，皆命入貢，亦事之所必有者。一騎紅塵擾及天下，千載後必欲斷定爲何地，不亦泥乎？

茉莉樹

國朝周亮工《閩小記》云：「余在樵川，見黄孝廉書齋前二茉莉樹，高二丈餘，掩映三間屋；高雲客爲言：連江鐵髯隱處秋海棠高一丈餘，圍可二寸許，皆異種也。」

紅豆開花

國朝鈕琇《觚賸》云：「吴門東禪寺白鴿禪師偶拾紅豆，種之寺内，指而祝曰：『汝宜速長，但他日不許無故開花。』世變有大小，則花開有疏密。今其樹已數圍。人所見者，崇禎九年小開，十七年大開，隨遘國變；順治十六年小開，有鎮江之擾；康熙十二年復開，是冬滇、黔寇作。花色如梓莢，小於槐角，霜後莢落，其子深紅可愛。」按：此則吴中紅豆不爲瑞矣。

虞美人

宋沈括《夢溪筆談》云：「高郵人桑景舒性知音。舊傳有虞美人草，聞作《虞美人曲》，枝葉皆動，他曲不然。景舒試之，誠如所傳，乃詳其曲聲，曰：『皆吴音也。』他日取琴，試用吴音製一曲，對草鼓之，枝葉亦動，乃謂之《虞美人操》。」

國朝周亮工《書影》云：「娱美人草，蜀中傳『虞美人草』。余以『虞』作『娱』，意其草柔纖，爲歌氣所動，故其葉至小者或動摇，美人以爲娱樂耳。右見《益部方物記》。『虞姬』之妄，不待[一]辨矣。虞、娱古通，不必改字。」按：此論雖通，猶未知吴音之説也。

後姚婆

國朝王士禛《居易録》云：「《延綏鎮新志》花木類有後姚婆一，莖作蓓蕾，開花五六瓣，俗

[一] 待，原訛「侍」，據《書影》卷四改。

云『舜母』，亦曰『虞美人』。因『虞』字而傅會，殊謬。『虞美人』即鶯粟花，俗名米囊，有千瓣五色，又名滿園春。」按：「虞美人」與「鶯粟花」似非一種，當更考之。至「姚婆」「舜母」之名，則更世所未聞也。

羞菜

國朝高士奇《天禄識餘》云：「安南有羞菜，蔓生水上，甘美可食。人過池中，以手指之曰：『汝羞否？』即時憔悴羞色，人去青如初。」

筆蘆

國朝王士禛《池北偶談》云：「姑熟青山李白墓生蘆，其形如筆，號筆蘆。舒頔詩云：『筆蘆蕭蕭青山巔。』頔，元末人。」

孤薵

國朝王士禛《居易録》云：「《通雅》：『倍蕾謂之葧，又爲葰，北人謂之孤薵，音如孤都，即宋景文所云胍肫。』今山東方言尚云『孤都』也。」

《六友》詩

宋劉黻《蒙川遺稿》有《六友》詩：静友蘭，直友竹，淨友蓮，高友松，節友菊，清友梅。《蒙川遺稿》又有用坡仙《梅花十詠》韵詩：愛梅、訪梅、見梅、探梅、詠梅、遇梅、愬梅、擬梅、友梅、贊梅，各七絶一首。按：坡仙《梅花十詠》，集中未見。

俞樾全集

汪少華 王華寶 | 主編

茶香室叢鈔

肆

（清）俞樾 | 著

汪少華 顔春峰 | 點校

鳳凰出版社

茶香室四鈔

汪少華
顔春峰 點校

茶香室四鈔目録

茶香室四鈔卷三

茶香室四鈔卷四……一九二四

茶香室四鈔卷六

茶香室四鈔卷八

茶香室四鈔卷九……………………二〇四六

茶香室四鈔卷十……………………二〇六〇

茶香室四鈔卷十一

茶香室四鈔卷十二

茶香室四鈔卷十三

茶香室四鈔卷十五……二一七八

茶香室四鈔卷十八……二四三

茶香室四鈔卷十九

茶香室四鈔卷二十二……二三三七

茶香室四鈔卷二十三

茶香室四鈔卷二十五

茶香室四鈔卷二十六……二四二一

茶香室四鈔卷二十七……二四三五

茶香室四鈔卷二十八

茶香室四鈔卷一

天象成文字

宋朱弁《曲洧舊聞》云：「《王文正遺事》稱公幼時見天門開，中有公姓名二字。弟旭問之，公曰：『要待死後墓志上寫，吾不知。』雖云拒之，亦可見實有是事矣。龎莊敏公帥延安日，因冬至祀家廟，齋居，中夜恍惚閒天象成文云『龎某後十年作相，當以仁佐天下』，凡十三字，注視久之方滅。公作詩紀其事云：『冬至子時陽已生，道隨陽長物將萌。星辰賜告銘心骨，願以寬章輔至平。』至皇祐三年登庸，適十年。」

旬歲、旬月

宋邢凱《坦齋通編》云：「《班史》有旬歲、旬月：『翟方進爲丞相司直，旬歲閒免兩司隸。』注云：『旬歲，猶言滿歲也。』至旬月，往往作十閱月。田千秋爲大鴻臚，數月代屈氂〔一〕爲丞相，後云『特以一言寤意，旬月取宰相封侯』，殆不止滿月而已。至楊雄上疏：『艾朝鮮之旃，拔兩越之旗，近不過旬月之役，遠不離二時之勞。』以旬月爲近，二時爲遠。二時止六閱月耳，則旬月又若止滿月，與田千秋事不同。」

按：此知「旬」之稱不一，滿十日爲旬，滿一月亦爲旬，滿一年亦爲旬，唐人又以滿十年爲旬。

〔一〕氂，原訛「釐」，據《漢書·車千秋傳》改。

改易四時

宋周密《癸辛雜識》云：「周歲十二月，平分四時。或欲以二、三月爲春，四、五、六、七月爲夏，八、九月爲秋，十、十一、十二并來年正月爲冬。此説據寒温言，亦自有理。余則欲以二、三、四月爲春，五、六、七月爲夏，八、九、十月爲秋，十一、十二、來年正月爲冬。」以上並周氏説。愚謂如此二説，則古人三正皆不是，必當建卯始合天時矣。

月出早晚

明王逵《蠡海集》云：「太陰之行，與日同宫爲晦朔，對宫爲望。初一、二卯時出，初三、四辰時出，初五、六巳時出，初七、八、九午時出，初十、十一未時出，十二、三申時出，十四、五、六酉時出，十七、八戌時出，十九、二十亥時出，二十一、二、三子時出，二十四、五、六丑時出，二十七、八、九寅時出，三十日亦卯時出。」

按：《蠡海集》此條前有大段文字數百言論月生月死，然不甚明快，令人讀之不瞭。愚竊以意爲之説曰：初一、初二日，日月同於卯時出卯宫，至酉時日月同没於酉位，故人見日不見月。初三、初四，月於卯時至寅宫，及至申宫，而日至酉宫矣，故月生於申。初五、初六，月於卯時至丑宫，及至未宫，而日至酉宫矣，故月生於未。初七、初八、初九，月於卯時至子宫，及至午宫，而日至酉宫矣，故月生於午。初十、十一，月於卯時至亥宫，及至巳宫，而日至酉宫矣，故月生於巳。十二、十三，月於卯時至戌宫，及至辰宫，而日至酉宫矣，故月生於辰。十四、十五、十六，月於卯時至酉宫，而日在卯宫，是謂之望。十七、十八，月至申宫，而日在卯宫矣，故月死於申。十九、二十，月至未宫，而日在卯宫矣，故月死於未。二十一、二十二、二十三，月至午宫，而日在卯宫矣，故月死於午。二十四、二十五、二十六，月至巳宫，而日在卯宫矣，故月死於巳。二十七、二十八、二十九，月至辰宫，而日在卯宫矣，故月死於辰。三十日，日月又同到卯宫，與初一、初二同。然此亦據王氏之説而論其大判如此耳。余不諳推步，未能詳言也。

月輪減寸

元伊世珍《瑯嬛記》云：「九天先生降王方平宅，書尺牘貽龍女曰：『汝謫以來，月輪周圍減一寸矣。更減其半，汝得復還本處。』方平問故，先生曰：『自垂象以來，至黄帝時，減若干。自黄帝以至唐堯，又減若干。自唐堯以至三代，漸減。至今則愈減矣。減之又減，以至於無，則天地毁。如人自少至老，精神消損，頃刻不停，亦復如是，人皆不覺。以真人觀之，若日影過庭，分豪不差。』」注云：「出《修真録》。」按：此雖荒誕之談，然與麻姑説東海水淺同一理也。

月中兔

《西域記》載：「婆泥斯國有三獸塔。刧初有狐、猿、兔，異類相悦。天帝釋化一老夫，詣三獸求食。於是狐銜鯉，猿採果，俱來。惟兔空返，自傷卑劣，乃投火充餐。於是老夫收取燋兔，歎謂狐、猿曰：『吾感其心，不泯其迹，寄之月輪，傳乎後世。』咸言月中之兔因斯而有。」按：月中兔爲佛化身，余已記於《續鈔》矣。此説小異，因又記之。

辨月中桂

唐封演《聞見記》云：「垂拱四年三月，桂子降於台州臨海縣界，十餘日乃止。司馬蓋詵、安撫大使狄仁傑以聞，編之史策。月中有蟾蜍、玉兔并桂，相傳如此。曆家之説，月行有南北道，假令此月上當台州之分，則他年月桂豈獨無子，何至此日始降也？且月行一日，當曆十二度有餘，每一度爲二千九百三十二里，十日之間月行遂遠，何得常留此處？又月徑千里，周回三千里，桂子若不瀰漫三千里內，亦不當專在台州咫尺之地。或者台與嶺南地接，山多桂樹，桂子因風而至，有若從天而來，時人不加詳考，謂之月桂。宋之問台州作詩云：『桂子月中落，天香雲外飄。』文人尚奇，非事實也。」

按：此辨月中桂事，可謂明晰。至以宋之問詩爲台州作，則可破孟棨〔一〕《本事詩》之疑案。

〔一〕棨，原訛「啓」，據《本事詩》改。

又按：宋之問此詩甚有可疑：「門對浙江潮」似在靈隱作，「待入天台路」又似在台州作，究不知何地也；「桂子月中落」似在秋時，「冰輕葉未凋」又似在冬時，究不知何時也。豈好事者掇拾成篇乎？

以月比人

宋陳昉《潁川語小》云：「趙盾比夏日，衰比冬日，以人況日也。後有以月況人者：春月如美女，夏月如循吏，秋月如翰林，冬月如御史。」按：此語殊雋，未經人道。

窗隙觀日食

元王惲《玉堂嘉話》云：「凡日食，于窗隙間穿紙如錢許，取影視之，可見食之多寡，東缺則西見，西缺則東見。」

淋露、護霜

宋費衮《梁谿漫志》云：「吴中以八月露下而雨，謂之惏露；九月霜降而雲，謂之護霜。竹坡周少隱有句云：『雨細方惏露，雲疏欲護霜。』」按：今無此語，「惏露」之義亦未詳。

雲爲首祀

明張萱《疑耀》云：「古人止祀風雷雨，而不及雲。豈以雨雲相因，祀雨即祀雲邪？至我朝始兼風雲雷雨而並祀之，又至世宗乃易風雲雷雨之序而曰雲風雨雷，以雲爲首祀。」按：今制凡祀天神，設石龕四，以奉雲師、雨師、風伯、雷師之神，則亦以雲爲首祀，而雨風雷之序又與明小異。

贈雲

宋周密《齊東野語》云：「陶通明詩：『山中何所有？嶺上多白雲。只可自怡悦，不堪持贈君。』雲固非可贈者。坡翁見雲氣如羣馬奔突自山中來，遂以手掇開籠，收於其中。及歸，開籠放之，遂作《攓雲篇》，則雲可持贈矣。宣和中，艮岳初成，令近山多造油絹囊，以水濕之，曉張於絶巘危巒之間。既而雲盡入，遂括囊以獻，名曰貢雲。則雲不特可贈，并可貢矣。」愚按：《紹興府志》載楊山人珂，餘姚人，能詩，以工書名。嘗游四明山過雲巖，見雲氣瀰漫，遂創新意，攜三四巨罌，於雲深處，以雙手捉雲，撲之納罌中，至湧出不容，則知罌滿矣。以紙封其口，攜歸藏之。遇好事者小酌，輒云：「汝欲觀四明雲乎？」因呈雲罌，刺鍼眼，則一縷如白線透出直上，須臾繞梁棟，已而蒸騰坐閒，鬱勃撲人面。無不引滿大呼，謂絶奇也。自後至四明，屢攜雲以歸，亦閒贈相知者云。此事殊韻，知山中人真可以白雲持贈也。

春雪五出

明唐錦《夢餘録》云：「草木之花皆五出，雪花獨六出。先儒謂地六爲水之成數，雪者水結爲花，故六出。然至春則雪皆五出，豈春雪獨非水所結耶？」按：此則臘雪、春雪有六出、五出之殊，未知信否，當目驗之。然春雪到地即消，頗不易辨别耳。

賀雪

宋高似孫《緯略》云：「賀雪之禮起於唐，李洞詩『賀雪已成金殿夢』，《唐類表》有《賀雨雪表》一卷。」

勢星

《晉書·天文志》：「太阳守，西北四星曰勢。勢，腐刑人也。」按：男子陰謂之勢，始見於僞孔傳。疑魏晉時俗語，遂使天上亦有勢星。

霻

邵子《擊壤集》云：「水雷霻，火雷虩，土雷連，石雷霹。」「霻」未知何字。愚謂是「雵」字之誤。「雴」音立，即借作「靂」，「霹雴」即「霹靂」也。

大星隕不必應在賢哲

宋孔平仲《珩璜新論》云：「韓魏公以多病求鄉郡，遂建相州之節，到郡疾亦未安。一夕，有大星隕寢堂之後，家人大驚。久之，公方行而仆，家人尤惡之。久之，疾遂平。邸報至，王貽永卒。貽永亦建相州節，星隕於相，爲貽永也。貽永庸人，方在位時，言官百方撼之，不能損，豈知天上有物主之歟？貽永所謂『没興王附馬』者。」

正、五、九月

宋王楙《野客叢書》有《正五九到官》一條云：「前漢張敞爲山陽太守，奏曰：『臣以地節三年五月視事。』則知前漢未嘗忌五月也。後漢《朔方太守碑》云：『延嘉四年九月乙酉，詔書遷衙令，五年正月到官。』乃知拘忌之説起於兩漢之後。又觀《獨孤及集》有《爲舒州到任表》云：

『九月到州訖。』知唐人亦有不忌九月者。因考諸州唐人題名，不避正、五、九者甚多。」

按：《日知録》有《正五九月》一條，甚詳。未及此數事，故録補《日知録》之缺。

諸節緣起

《圖書集成》引《事物紀原》云：「伏羲初置元日，神農初置臘節，軒轅初置二社，巫咸初置除夕，周公初置上巳，秦德公初置伏日，晉平公初置中秋，齊景公初置重陽、端午，楚懷王初置寒食，漢武帝初置三元，東方朔初置人日。」

按：秦德公置伏，見《史記》；周公置上巳，見《續齊諧記》，皆有依據。正月七日爲人日，見東方朔《占書》，餘皆無稽之言也。

三大節

宋王楙《野客叢書》云：「國家官私以冬至、元正、寒食三大節爲七日假，所謂前三後四。」

按：此知宋時以元日、寒食、冬至爲三大節。今俗以端午、中秋、冬至爲三大節，與宋時異矣。

正月上辰

國朝周亮工《書影》云：「正月上辰，出水邊盥濯，食蓬餌以祓邪，漢儀也。見《續博物志》。今知上巳，不知上辰。」

立春日占

《肅寧縣志》有立春日占云：「但看立春日，甲乙是豐年，丙丁多主旱，戊己損田園，庚辛人馬動，壬癸水連天。」

田生日

國朝周亮工《書影》云：「吴俗以正月三日爲田生日，見《無顔録》。田有生日，亦大奇。東方朔《占書》『八日爲穀』，何不以八日爲田生日？」

元陸友仁《研北襍志》云：「世謂正月三日爲田本命，浙西人謂之下正三，言夏正之三日，俗以是日秤水，以重爲上有年，則極驗。」按：此即田生日也，宋元間已有之。然余即浙西人，初不知有下正三之説。

上元張燈番僧所請

宋李上交《近事會元》引《唐志》云：「先天二年正月望，蕃僧婆隨請夜開門，燃百千燈，凡四日。」按：余於《續鈔》考上元張燈緣起，已謂起自佛家。今得其事，故又記之。「婆隨」之名亦宜表出也。

元夕張燈幾夕，究無定論。張鷟《朝野僉載》云：「先天元年，正月十五、十六、十七夜於安福門外作燈輪，高二十丈，燃五萬盞燈。」是又止三日矣。王楙《燕翼貽謀録》引乾道五年詔：「上元張燈，舊止三夜。今更放十七、十八兩夜。」是舊止十四至十六，韋述《西都雜記》所謂「正月十五日敕金吾弛禁，前後各一日」是也。本無典禮，隨時意興以爲久暫，不可概論耳。

又按：所謂四日者，程大昌謂上元後更有三日，則是十五至十八也。愚按：宋王楙《野客叢書》云：「國家以冬至、元正、寒食三大節爲七日假，所謂前三後四。觀《通典》論冬夏至日一條，知七日之假，隋唐已然。」然則十五張燈至十八日，正所謂後四。蓋元夕非大節，故有後四無前三耳。疑當時元夕以後本有此三日假，故用佛法張燈亦是四日也。今俗以十三日上燈，若改作十二日，則合前三後四之例。

上元日箕帚諸卜

江南《嘉定縣志》云：「俗謂正月百草俱靈，故於燈時備諸祠卜。箕姑，以筲箕插筯〔一〕，蒙以巾帕請之，至則能寫字，能擊人。帚姑，以敝帚繫裙以卜，至則能起卧。竹姑，以小竹剖爲兩，二人各一筯對擡，兩端相向，如舁輿狀，神至則雙篾中合，相戛爲兆，或能鼓其中，謂之開花。葦姑亦同。鍼姑，以鍼對穿一線請之，神至則鍼尾相合。舊説魏文帝美人薛妃鍼黹入神，故後世祀之以乞巧。七姑，羣女以笊籬偷門神糊於上，畫成人面，以柳枝爲身，以衣覆之，神來即能拜。或云唐俗請戚姑之神，蓋漢之戚夫人死於厠，故詣厠請之。今稱七姑，音近也。紫姑，《顯異録》云：萊陽人，姓何名媚，字麗卿，壽陽李景納爲妾。其妻妬之，正月十五陰殺之於厠中。天帝命爲厠神，故世人作其形於厠間迎之，俗呼三姑，又云坑三姑娘。」

按：所請者今有行有不行，至戚、薛之説，知者頗尟矣。范石湖有《上元紀吴中節物》詩

〔一〕 筯，原訛「筋」，據《筆記小説大觀》本改，下同。

云：「筳篿巫志怪，香火婢輸誠。箒卜拖裙驗，箕詩落筆驚。微如針屬尾，賤及葦分莖。」即詠此等事，是宋俗已然也。

燕九異説

國朝光聰諧《有不爲齋隨筆》云：「『燕九』有作『烟九』者，謂京師正月例以十八日收燈，城中遊冶頓寂。次日傾國出城西郊，至白雲觀嬉遊布飲，名曰『耍烟九』，以火樹星橋甫收聲采，以烟火得名耳；又有作『淹九』者，謂燈夕闌珊，未忍遽舍，取淹留之意。並見《野獲編》補遺。」按：「閹九」「燕九」之異名，余已載於《三鈔》卷一。今得此二説，又記之。

鵲橋渡織女俗説

國朝何琇《樵香小記》云：「初讀馬縞《中華古今注》，稱俗説七月七日烏鵲爲橋，渡織女，以爲縞述流俗之説耳。後讀《隋書·經籍志》襍家有沈約《俗説》三卷，乃知『俗説』爲書名，烏鵲橋事爲約所記也。」

按:《古今注》所云「俗説」,自謂世俗相傳之説,不得因沈約書名適與之合,遂以爲本自休文也。姑録其説,爲談資耳。

按:沈約有《織女贈牽牛》詩,但云「蓬首對河津」,不言有橋。然齊謝朓〔一〕《七夕賦》「悵漢渚之夕漲,忻河廣之既梁」,則橋梁之説,在沈約前已有之矣。庾肩吾《七夕》詩:「倩語雕陵鵲,填河未可飛。」庾與沈相距不遠,未必即用其《俗説》中語也。

九月十五日

《法苑珠林》載《立世阿毗曇論》云:「有比邱問佛:從閻浮提至梵處,近遠如何?佛言:譬如九月十五日月圓滿時,若有一人在彼梵處,放一百丈方石,墜向下界,中間無礙,到於後歲九月圓滿時至閻浮提無量光天。」按:自唐以來,世間皆重八月十五日,謂之中秋。佛乃舉九

〔一〕朓,原作「眺」,據《謝宣城集》改。

月十五日爲説，殆佛説與世俗異邪？

書月建爲月朔

宋黄朝英《緗素襍記》云：「嘗怪世俗題梁記其年月及所爲祭文稱月朔乃用月建，殊可嗤笑。余觀博平王安世作《白氏六帖敍》，末云『元祐五年，歲次庚午，二月己卯朔初一日丙申』，此二月月建也。」按：歲在庚午，則正月是戊寅，二月是己卯。若備書之，當云「歲次庚午，月建己卯月，朔丙申」，方爲得之。今乃書「己卯朔」，又書「初一日丙申」，殊不可通。宋人有此文法，何也？

上古以來曆名

宋宋敏求《春明退朝録》載范魯公《襍録》云：「上古以來，逐朝曆名：黄帝起元用《辛卯曆》，顓頊用《乙卯曆》，虞用《戊午曆》，夏用《丙寅曆》，湯用《甲寅曆》，周用《丁巳曆》，魯用《庚子曆》，秦用《乙卯曆》，漢用《太初曆》《四分曆》《三統曆》，魏用《黄初曆》《景初曆》，晉用《玄〔一〕始曆》《合元萬分曆》，宋用《大明曆》《元嘉曆》，齊用《天保曆》《同章曆》《正象曆》，後魏用《興和曆》《正元曆》《正象曆》，梁用《大同曆》《乾象曆》《永昌曆》，後周用《天和曆》《丙寅曆》《明玄曆》，隋用《甲子曆》《開皇曆》《皇極曆》《大業曆》，唐用《戊寅曆》《麟德曆》《神龍曆》《大衍曆》《元和觀象曆》《長慶宣明曆》《寶應曆》《正元曆》《景福崇玄曆》，晉天福用《調元曆》，周顯德用《欽天曆》，本朝太祖用《應天曆》，太宗用《乾元曆》，真宗用《宜天曆》，仁宗用《崇天曆》，英宗用《明天曆》，已而復用《崇天曆》。」按：自本朝以下，非范魯公《襍録》所有，宋敏求所續書也。余又援宋敏求之例，更續其後云：宋神宗用《奉元曆》，哲宗用《觀天曆》，徽宗用《占天曆》《紀元曆》，高宗用《統元曆》，孝宗用《乾道曆》《淳熙曆》，光宗用《會元曆》，寧宗用《統天曆》《開禧曆》，理宗用《淳祐曆》《會天曆》，度宗用《成天曆》，金用《大明曆》，元用《授時曆》，明用《大統曆》，穆宗時頒行隆慶《大統曆》。神宗時鄭世子載堉進《聖壽萬年曆》，不用。

〔一〕玄，原避宋聖祖玄郎諱改爲「元」，下同。

永初二年六月丙寅

宋黄伯思《東觀餘論·記與劉無言論書》云：「政和初，人於陝西發地，得木竹簡一瓮，皆漢世討羌戎馳檄文書，惟鄧隲永初二年六月一篇成文。」又云：「鄧隲簡書『永初二年六月丁未朔二十日丙寅』，而《東觀漢紀》是年七月復有丙寅，恐史誤也。簡書當時文字，又有月朔，不應差云。」愚按：今以《後漢書·安帝紀》校之，是年五月有丙寅，丙寅至丁未四十二日，則六月不應丁未朔也。又七月有戊辰，丙寅至戊辰止三日，二十日丙寅，二十二即戊辰矣，戊辰不應在七月也。然則以《東觀記》校之不合，以范蔚宗書校之亦不合。

宋咸淳庚午冬至

宋周密《齊東野語》云：「咸淳庚午年十一月三十日冬至，後爲閏十一月。既頒曆，而浙西安撫使準備差遣臧元震力言置閏之誤，謂曆數起冬至，而十九年爲一章。一章必置七閏，必第七閏在冬至之前，必章歲至朔同日。《後漢志》云：『至朔同日謂之章。月積分成閏，閏七而盡，其歲十九，名之曰章。』自淳祐〔一〕壬子至咸淳庚午凡十九年，是爲章歲，其十一月是爲章月。以十九年七閏推之，則閏月當在冬至之前，不當在冬至之後。以至朔同日論之，則冬至當在十一月初一日，不當在三十日。以冬至在前十一月三十日，則是章歲至朔不同矣。以閏月在冬至後，則是十九年内止有六閏矣。今當以前十一月大爲閏十月小，以閏十一月小爲十一月大，則丙寅日冬至即可爲十一月初一，却以閏十一月初一之丁卯爲十一月初二。如此則冬至在十一月初一，至朔同日矣；閏月在冬至前，則十九年七閏矣。於是下之有司，差官偕元震與太史局辨正，太史辭窮。朝廷從其説而改正之，因更《會天曆》爲《承天曆》。」

按：明萬曆三十六年戊申十二月二十一日子正立春，安肅邢雲路以爲當在二十日亥初，著一書曰《戊申立春考證》，頗與此相似。余載之《九九銷夏録》，不以邢説爲然。若臧元震，則考論章歲章月，實有可憑，非如邢説之徒憑推算也。乃至今而古法不行，余生七十三歲，惟道光十二年、同治九年兩遇至朔同日，宋人議論又無所施矣。

〔一〕祐，原訛「佑」，據《齊東野語》卷十二改。

夜子時

宋趙與旹《賓退録》云：「曆家以冬至爲一歲之首，冬至者建子月之中氣，故子時初四刻以前繫今日，正初刻以後繫明日，葢一理也。紹熙〔一〕二年正月三日壬子，其夜子初立春。洪文敏以劄子白廟堂云：『日辰自古以子時爲首，今既子時立春，則當是四日癸丑，謂太史之誤，其實不然。』」按：「夜子時」之説，余向亦以爲疑，讀此始悟其理。

六十日内晴雨占

《圖書集成》載無名氏《風雨賦》云：「壬子至丁，各豁三朝，高燥則雲藏數日，丙子終辛，每管五日，低濃則雨徧諸鄉。」注云：「壬子、癸丑、甲寅、乙卯、丙辰、丁巳共六日，每一日管三日陰晴，假壬子日，日出時有雲氣濃黑蔽日，或掩北斗，則所管戊午、己未、庚申三日有雨，若無雲

〔一〕熙，原訛「興」，據《賓退録》卷八改。

氣，高燥晴明，則此三日晴爽。癸丑日管辛酉、壬戌、癸亥三日之類，並同。總計二十四日，逐日占之，丙子、丁丑、戊寅、己卯、庚辰、辛巳共六日，每一日管五日晴雨，丙子日管壬午、癸未、甲申、乙酉、丙戌五日，並同前斷共三十六日。」按：此説未知驗否，人間罕知之，書此以質老農老圃。

十榦化五行

宋趙與旹《賓退録》云：「世有十榦化五行真氣之説。洪文毓載鄭景實之語，謂取歲首月建之榦所生。如甲己丙作首，丙屬火，火生土，則甲己化土，他倣此。余記昔年一術士云，遇龍則化。龍，辰也。甲己得戊辰，戊屬土，故化土；乙庚得庚辰，庚屬金，故化金，丙辛以降皆同。」愚按：二説雖異，實則一也。然以理則似後説爲長。

三平二滿

宋陳昉《潁川語小》云：「俗言三平二滿，葢三遇平，二遇滿，皆平穩得過之日；五角六張，五遇角，六遇張，其日不穩多乖。」按：「三平二滿」語，余向不解，今乃知即「五角六張」之例耳。

晝長夜促

元盛如梓《庶齋老學叢談》引耶律楚材《西游録》云：「印度西北有可弗叉國，晝長夜促，羊膊熟，日已復出，正符唐史所載骨利幹國事，但國名不同。」又云：「許獻臣僉事説，盎吉剌日不落，只一道黑氣遮日。煮羊膊熟，日又出也。保定劉敬之往任斷事官，親見之。此亦符唐史骨利幹國事，但地名又不同。觀此則日月不出入地中，繞北極之下以爲晝夜，信而有徵。劉夢得、蘇子瞻皆有《羅浮夜半見日》詩，恐此山正與彼對，但不知相去幾千萬里也。」

逢丁未必有變

國朝祁駿佳《遯翁隨筆》云：「世傳歲逢丁未，天下必有變故。歷考之史，自周亡於丁未，元亦亡於丁未，共二十七丁未。其閒無事者八，而有變者十有九，則世所傳亦不誣云。」按：其所列歷代丁未事甚詳，今不備録。余於《三鈔》已載歲在甲寅多亂，今又得此説，姑記於此，要亦偶合也。明代四丁未，宣德二年、成化二十三年、嘉靖二十六年、萬曆三十五年，皆無事。

石刻紀載甲子之誤

漢文叔陽食堂刻石在山東諸城縣，其文云：「建康元年八月乙丑朔十九日丁未。」按：《後漢書·順帝紀》建康元年七月有丙午，自丙午至乙丑二十日即八月朔也。是月庚午帝崩，爲月之六日，則十九日宜爲癸未；若爲丁未，則是己丑朔，而七月不得有丙午，八月不得有庚午矣。古人紀載，草草乃爾。余有《紀載甲子之誤》一條，詳見《九九銷夏録》。然彼皆年誤，非日誤也。紀年且誤，則日誤不足怪矣。

茶香室四鈔卷二

地隨水高下

宋沈作喆《寓簡》云：「漢北地郡靈州縣在河之中，隨水高下，未嘗淪没，號曰『河奇』。又東坡作《濠州浮山洞》詩，注云：『洞在淮上，夏潦不能及，而冬不加高，故人疑其浮也。』又今吴興郡南門外十里許大溪中有小洲，廣一畝餘，其上草樹鬱然，亦隨水高下，名浮玉山，見於《圖經》。予鄉里也，無歲不過其傍，視之信然。」

按：「靈州」應作「靈洲」，殆傳寫誤也。至吾湖之「浮玉山」，《一統志》云「在烏程縣南五里，湖水雖滿，山頂常露，若浮玉然，故名」，則是真山也，《寓簡》乃以爲小洲，何歟？

宋方勺《泊宅編》云：「河陽三城，其中城曰中潬音誕。黄河兩派貫於三城之間，秋水汎溢時，南北二城皆有濡足之患，惟中潭屹然如故。相傳此潭隨水高下，若所謂『地肺』『浮玉』者。《楞嚴經》云：『乾爲洲潭，濕爲巨海。』」

海中潮汐之異

明黄衷《海語》云：「由外羅歷大佛靈，以至崐崘山，自朔至望，潮東旋而西；既望至晦，潮西旋而東。此又海中潮汐之變，惟老於操舟者乃能察之。」按：海潮每日一上落，此則前半月上，後半月落，殆天地之氣至此一大噓吸乎？

四水之異

國朝周亮工《書影》云：「《職方外紀》言翁加里亞有四水甚奇：一從地中噴出，即凝爲石；一冬月常流，至夏反合爲冰；一以鐵投之便如泥，再鎔即爲精銅；一水色沈緑，凍則成石，永不復化。此皆極異。」

梁土、晉土、魯土

宋高似孫《緯略》引《宅經》云：「凡宅地，欲坦平，名曰梁土；後高前下，名曰晉土，居之並吉。西高東下，名曰魯土，居之富貴，當出賢人。前高後下，名曰楚土，居之凶。四面高，中央下，名曰衛土，居之先富後貧。」按：諸土之名，今相宅者所不知也。

海子

宋沈括《夢溪筆談》云：「鎮陽池苑之盛冠於諸鎮，乃王鎔時海子園也。鎮人喜大言，矜大其池，謂之潭園，葢不知昔嘗謂之海子矣。中山人好與鎮人相雌雄，中山城北園中亦有大池，遂謂之海子，以壓鎮之潭園。」按：北人遇大水輒呼爲海，葢相沿久矣。

旱浪

元陸友仁《研北襍志》云：「《晉・苻堅傳》云：『建元十七年，長安有水影，遠觀若水，視地則見人，至則止。堅惡之。』宋寶祐六年四月，常州晉陵縣之黄泥岸亦有此異，相傳呼爲旱浪。」

湯泉有七

元陸友仁《研北襍志》云：「湯泉知名者七，所謂匡廬、汝水、尉氏、驪山、鳳翔之駱谷、和州之惠濟、渝州之陳氏山居也。皆棄於窮山之中。惟驪山當往來之衝，華堂玉甃，獨爲勝絶。」又注云：「燕之昌平李陵臺亦有温泉。」

落棠山

國朝徐文靖《管城碩記》云：「《唐書・地理志》：『自驩州西南三日行，度霧嶺。又二日行，至棠州日落縣。』又有崦嵫州。《事物紺珠》曰：『崦嵫亦曰落棠山。』」按：崦嵫，人所恒用之典，不知有「落棠」之名。

石經山

國朝孫承澤《春明夢餘録》云：「小西天即石經山也。有石堂，曰石經堂。左有石洞一，右有石洞三，復有二洞在堂之下方，石經版分貯其中。蓋隋沙門静琬始刻，未成而奄化。唐貞觀後，其徒道公等續成之。至遼統和及金明昌之際，有沙門留公、順公增刻之。前後納於洞中者千餘卷，石凡七百餘條，有石幢記其目甚詳。每洞皆以石爲窗櫺，用鐵固之。石本之近窗者可以窺見，觀其字畫，則遼、金所刻與隋、唐自異。其左洞有静琬貞觀八年碑記，大意謂未來世佛法有難，故刻此藏之，若世有經，願毋輒開。其用心可謂勤矣。」

按：此一役也，緜歷千年，迭相增益。彼教中人專一如是，視吾徒壁藏遺經似有過之。然至今未出，不知所謂「未來世佛法有難」者尚在幾千年之後也。

禄𣆶江

唐樊綽《蠻書》云：「麗水一名禄𣆶江。校者云：𣆶字字書不載。」按：「𣆶」即昇字。昇下升字，篆書作[illegible]，故誤作斗耳。宋本《詩人玉屑》有黄昇序，鉤摹其手書，昇字作[illegible]，是此塙證。

萍實驛

宋范成大《驂鸞録》云：「宿萍鄉縣，泊萍實驛。人以此地爲楚王得萍實之地，然去大江遠，非是。」

按：萍鄉縣西至長沙府之醴陵縣止六十五里，醴陵縣東三十里有香水渡，相傳爲楚昭王得萍實處，則世俗所傳或非無因。《寰宇記》萍鄉縣「北有萍實里楚王臺」，石湖以遠爲疑，恐未詳考也。

鼓母山

唐余知古《渚宫舊事》云：「江陵徐母，資産巨萬。劉表初爲荆州，母以家財至南陽迎表。表問所欲，答曰：『素以賣鼓爲業，老無兒息。但願生不爲官吏所擾，死得一家，不見毀廢。』表許之。數年死，葬江陵西江崗，表敕郡無得採樵。其墓西有小山，因呼爲鼓母山。」

慈姥磯

宋陸務觀《入蜀記》云：「慈姥磯尤巉絶峭立。徐師川有《慈姥磯》詩，序云：『磯與望夫石相望，正可爲的對，而詩人未嘗挂齒牙。』故其詩云：『離鸞只説閨中恨，舐犢誰知目下情。』然梅聖俞《護母喪歸宛陵發長蘆江口》云：『南國山川都不改，傷心慈姥舊時磯。』師川偶忘之耳。」愚謂師川此論固可以箴薄俗，然題詠望夫石，較之貞娘墓上題詩者又當稍勝矣。

長河堰

宋陸務觀《入蜀記》:「六月二日宿臨平。夜半解舟,三日犁明至長河堰,亦小市也,魚蝦甚富。」按:「長河堰」當即今之長安鎮,距臨平三十里。

七里瀨

宋葉夢得《避暑録話》云:「嚴陵七里瀨,兩山聳起壁立,連亘七里。土人謂之瀧,訛爲籠,言若籠中。因謂初至爲入瀧,既盡爲出瀧。瀧本音閭江反,奔湍貌。以爲若籠,謬也。」余疑讀若「籠」者即「瀨」字之轉音,作「瀧」轉非耳。

國朝沈自南《藝林彙考》引《戲瑕》云:「南齊蕭諶等謀廢鬱林王,領兵入宫,出西弄殺之。《隋書》南寧有大小勃弄,又洞庭山有風弄。嚴陵瀨有風七里,無風七十里,土人謂之瀧,或訛爲籠。余以爲皆非,必當從此弄字。」按:此亦一説,以洞庭「風弄」爲證,甚塙也。

一鉢泉

宋朱弁《曲洧舊聞》云：「代州清涼山清涼寺，蓋文殊示現之地。去寺一里餘，有泉號一鉢泉。挹之不竭，或久之不挹，雖盈而不溢，其理不可解。」按：仁和臨平山下有「一擔泉」，泉水不過一擔許，取之不竭，不取不溢，亦此類也。

三塔灣

宋魯應龍《閑窗括異志》云：「景德禪院去縣五里，在縣西門外。有白龍潭在寺前，以白龍穴於此，行人多漂溺。居人作塔，埋金劍鎮之，後遂無害。今人謂之三塔灣寺。三伽藍，順德龍王也。」

鏖糟陂

宋呂希哲《呂氏襍記》：「都城西南十五里，有地名『鏖糟陂』，土人惡之，易爲『好草陂』。至今四鄉之人猶襲舊號，問彼方之民，僉曰好草陂也。」

娉婷市

元陸友仁《研北襍志》云：「洪州娉婷市，五代鍾傳侍兒所居，復以名市。畢少董謂可對『温柔鄉』。」

常熟爲太公避地處

宋龔明之《中吴紀聞》云：「常熟海隅山有石室十所，昔太公避紂居之，孟子謂『太公居東海之濵』者此也。常熟去東海止六十里，故謂之海濱。楊備郎中嘗作詩紀其事。」

羑里城

唐封演《封氏聞見記》云：「相州湯陰縣北有羑里城，周回可三百餘步，其中平實，高于城外地丈餘。北開一門，相傳文王演《易》之所。大曆中，湯陰有一尉姓張，與數人同行，過羑里城。或問此是何城，張尉答曰：『此是郭令公圍相州時所築。』或曰：『此是羑里城，囚文王之處，何關郭令公築？』張曰：『某比在河南，不知文王與紂事，只將謂郭令公所築也。』」按：天下所傳古蹟，大率類此。

周厲王故蹟

《太平廣記》狐類引《紀聞》云：「霍邑，古呂州也，城池甚固。縣令宅東北有城，面各百步，其高二〔二〕丈，厚七八尺，名曰囚周厲王城。則《左傳》所稱『流王於彘城』即霍邑也。王崩，即葬城之北。」

隨侯祭墓臺

宋趙彦衛《雲麓漫鈔》云：「隨州有隨侯冢，山形如飛鳳，冢在其背，於對山下築臺，號爲祭墓臺。」按：此亦古人祭墓之證。

燕太子丹黄金臺

國朝孫承澤《春明夢餘録》云：「王隱《晉書》：『段匹磾討石勒，屯故燕太子丹黄金臺。』蓋昭王創臺於前，子丹踵之於後。今人知昭王不知子丹。」

〔二〕二，《太平廣記》卷四五〇《靳守貞》引作「三」。

白鹿洞爲李涉故蹟

元西域辛文房《唐才子傳》云：「李涉，洛陽人，渤之仲兄也。自號清溪子。避地南來，卜隱匡廬香鑪峯下石洞。間嘗養一白鹿，甚馴，因名所居白鹿洞，與弟渤、崔膺昆季茅舍相接。」

按：朱子《申修白鹿洞書院狀》云：「契勘廬山白鹿洞，原係唐朝李渤隱居之所。南唐之世，因建書院。」自南唐建書院，遂爲聚徒講學之地。至有宋爲朱子所居，而天下徒知傳誦其規條風雅，舊蹤不復問矣。即或推原其始，亦徒知爲李渤，不知爲李涉也。余故爲表出之。

輞川爲宋之〔二〕問別業

明徐𤊹《筆精》云：「摩詰《輞川》詩：『來者復爲誰？空悲昔人有。』注皆未分明。蓋輞川

〔二〕之，原作「子」，據正文改。目録同改。

舊爲宋之問別業，『昔人』即之問也。」按：輞川至今爲摩詰所專，莫知其本屬宋之問矣。

古賢冢墓

元陸友仁《研北褋志》云：「米元章墓在丹徒黄鶴山。芾之父左衛將軍、贈中敬大夫，母贈丹陽縣太君閻氏，皆葬此。」按：父名不載，當考。

又云：「京西轉運使蘇舜元墓在丹徒五老山，蔡端明君謨志銘。」

又云：「蘇子美墓在石門村。」

又云：「鮑明遠墓在蘄州黄楊縣南里許。」

又云：「范蜀公墓在汝州襄城縣之汝南鄉。其子孫往時猶有在墓左者，今不知所在，故魯子翬有《哀范墳》詩。」

又云：「辛幼安墓在鉛山州南十五里陽原山中。」

又云：「范增墓在徐州城南臺頭寺。大曆初有盜識寶氣，於冢中發得古銅劍。」

又云：「謝皐父嘗至新城，聞故老言：羅隱給事冢在縣界徐村之水隖，冢碣猶存，梁開平四年沈崧志。」

又云：「朱澤民祖應得卜得陽抱山，祖母施夢衣冠偉丈夫告云：『勿奪吾宅，吾且爲夫人後。』既而役者深五尺許得石刻曰『鬱林太守陸績之墓』，别有刻石在旁，曰『此石爛，人來换』。石果斷矣。命亟掩之。」按：《吴地記》云績墓在閶門外，不言葬陽抱山。

按：《研北襍志》多載古賢冢墓，葢隨所見聞而記之也。今備録，以爲考古者之資。

高柴墓

元吾衍《閒居録》云：「陳州古墓，俗云高柴墓，爲馮馬兒所發。初得石刻，曰『逢馬而破』，遂發之不疑。毒煙飛箭皆隨機輪而出，因斷其機，得金鑄禽鳥及玉甲片若龍鱗狀，其他異物不可數計。厚葬如此，恐非高柴，當是陳君冢耳。」

干將墓

宋龔明之《中吴紀聞》云：「干將墓在今匠門城東數里。衛月山《因筆録》云：『匠門外干將墓，土人取作竈，無蟑蜋竈雞。」

康王墳

元盛如梓《庶齋老學叢談》云：「初用之，登州人，居之罘島。島上有墓，俗稱康王墳。余以史傳考之，陳氏篡齊之後，以海上一城爲康公終老，此其葬地也。因勉之於每歲春秋集好古君子於墓前澆奠。昨用之書至，云年來已成故事矣。」

按：康王廟各處有之，余已載於《續鈔》十九矣，則此康王墳亦未必其爲齊康公也。

琉璃王冢

宋無名氏《愛日齋叢鈔》云：「揚州天長道中有古冢，土人呼爲琉璃王冢。馬氏《嬾真子録》辨爲漢廣陵王胥，謚厲，後人誤『劉厲』爲『琉璃』爾。」

按：宣化府有「狐突廟」訛爲「糊塗廟」，正此類矣。先君子《印雪軒詩鈔》有《糊塗廟》詩。

《水經注》：「夏屋城東側，因河仍墉築一城，世謂之『寡婦城』，賈復從光武追銅馬五幡於北平所作也。世俗音轉，故有是名矣。」按：亦「琉璃冢」之類。

黄幡綽墓

宋龔明之《中吴紀聞》云：「崑山縣西數里有村曰綽堆，故老相傳云此乃黄幡綽墓，至今村人皆善滑稽及能作三反語。」按：「綽堆」下有注云：「避御名，改曰堆，即今綽墩。」疑「綽墩」其本名，避宋光宗嫌名，故稱「綽堆」耳。

黄丘大墓

元陸友仁《研北雜志》云：「長蘆之下，御河西岸，地名黄丘，有大墓，正光中魏故前州刺史莊公高君之碑。會通未鑿之前，海道未通，諺云『水打黄丘墓，運糧到大都』，後果然以爲讖。」

蘇州有蘇小小墓

明周嬰《卮林補遺》云：「杜牧《悲吴王城》詩：『吴王宫殿柳含翠，蘇小宅房花正開。』則蘇小家似在蘇州。李商隱《送李郢之蘇州》詩：『蘇小小墳今在否？紫蘭香徑與招魂。』黄滔《寄蔣先輩蘇州》詩：『塚上題詩蘇小見，江頭酹酒五員來。』則其墓又在蘇州也。」按：杭州、嘉興並有蘇小小墓，已無定論。乃蘇州亦有此説，不獨真娘一抔土供人題詠矣。

郲縣蘇墳

國朝周亮工《書影》云：「蘇墳之大，不過三十畝，繚以土垣，古柏三百本。歲甲申，郲賊盡翦之。其中爲老泉，老泉葬蜀，元郲令具衣冠爲之，成三蘇耳。左子瞻，右子由，相去六七武。或云邁、迨、過俱葬此，而無其冢。子由西有四冢，無題名，前豎一碑，列四氏六公子名，爲簞、爲符、爲箕、爲籥、爲筌、爲籌，亦無墓。墳之外有二冢，數百年來未有知爲蘇氏者。南一冢爲盜發矣，俯其穴，得誌銘，始知爲夫人。傷哉！鼎革之事，何代無之？中州之慘，至令子瞻不保其丘墓，不亦甚乎！於草蓬磧磈中得頂骨一、脛骨二、零骨三十六。丙戌清明，具衣冠而重葬焉。夫人姓梁氏，爲宋狀元顥之曾孫，適蘇遲，爲子由之長子。二子曰簡、曰策，與前六子爲昆季，皆人所未聞也。」按：此所載亦未甚明。碑列四氏，此四氏者何人也？頂、頸諸骨似即梁夫人之骨，非子瞻遺蜕，云「子瞻不保其丘墓」，亦似言之失實。

九娘墓

國朝謝家福《五畝園小志》：「九娘者，相傳稱唐六如姬人，葬桃花庵後。金雲門女士詩云：『鴛鴦塚小被人平。』自注云：『九娘墓爲土人所佔。』然則彈詞言六如有九妾，亦或有因也。」

秋英墓

國朝宋長白《柳亭詩話》云：「《小青傳》乃支小白戲撰，而詩與文詞則卓珂月、徐野君爲之。余與野君爲忘年交，自述於余者如此。谷霖蒼學使嘗瘞一夭婢於放鶴亭側，士人戲指爲青墓，過客紛紛題詠。後爲霪雨所潰，有片石識其歲月，則婢名秋英也。」按：小青爲亡是烏有，人皆知之。今三尺荒墳尚存湖上，莫知其爲秋英也。又其詩出卓、徐二君手，人亦罕知者。

國朝朱彭《西湖遺事詩》注云：「明時有小青，説者謂託名。施愚山至杭，詢之陸麗京，陸曰：『此馮具區之子雲將妾也。集中所謂某夫人者，錢唐進士楊元蔭妻也。』見《愚山詩話》。支如增《小青傳》：名元元，家廣陵，其姓不傳，歿於萬曆壬子，年纔十八。又張潮《虞初新志》云：『小青女弟紫雲嫁會稽馬髦伯。』據諸説，實有其人，非烏有也。」

按：小青有無，不足深究。惟其妹紫雲與秋英之名，知者甚少，宜表出之。小青卒於萬曆壬子，是萬曆四十年，其生當在萬曆二十三年乙未。

馬嵬軼事

《太平廣記》狐類載沈既濟所撰《任氏傳》云：「鄭子調槐里尉，與任氏俱去。至馬嵬，任氏乘馬居其前，鄭子乘驢居其後，女奴別乘又在其後。是時西門圉人教獵狗於洛川，適值於道。

蒼犬騰出於草閒，任氏欻然墜地，爲犬所獲。鄭子銜涕，出囊中錢贖以瘞之，削木爲記。迴覩其馬，囓草於路隅，衣服悉委於鞍上，履韈猶懸於鐙閒，惟首飾墜地，餘無所見。」按：馬嵬埋玉之外，不謂又有此軼事。

宋艮嶽象杭州鳳凰山

宋趙彦衛《雲麓漫鈔》云：「政和五年，命工部侍郎孟揆鳩工，内官梁師成董役，築土山於景龍門之側，以象餘杭之鳳皇山。最高一峯九十尺，周十餘里，分東西二嶺，直接南山，一名鳳皇山。後神降，有『艮嶽排空霄』之語，以在都城艮方，故曰艮嶽。南山成，易名壽嶽，都人且曰萬歲山。」按：此則宋之艮嶽實取象杭之凰皇山。天下名山多矣，何獨取此？殆亦南渡建都臨安之先兆邪？

九江府庾樓之誤

宋陸務觀《入蜀記》云：「五日郡集於庾樓。庾亮嘗爲江、荆、豫州刺史，其實則治武昌，若武昌南樓名庾樓猶有理。今江州治所在晉時特柴桑縣之湓口關耳，此樓附會甚明。然白樂天詩固已云『潯陽欲到思無窮，庾亮樓南湓口東』，則承誤已久矣。」

按：唐時已有庾樓，則庾樓之建舊矣。庾亮本傳明言在武昌，唐去晉未遠，未必於江州爲庾亮築樓也。愚疑此即漢之庾將軍，南康府大庾嶺，將軍所開也。《南康府志》有漢庾將軍祠，將軍名勝。九江與南康接壤，而彭蠡湖口尤爲要區。庾將軍當日或亦曾於此有保障之功，故爲築樓，以存其遺蹟。歲久失傳，遂屬之庾亮耳。

巢湖之巢祖了切

元陸友仁《研北襍志》云：「巢湖之巢，祖了切，見《孫亮傳》注。」按：此音至今循之。然巢湖自當以古巢伯之國得名。《尚書》釋文「巢伯」之「巢」仕交反〔一〕，徐吕交反，不知後世何以讀作祖了切也。

〔一〕反，原訛「友」，據《經典釋文》卷四改。

徽州

宋岳珂《愧郯録》云：「宣和三年五月，改歙州爲徽州。徽州在唐號利州〔一〕，武德四年置，貞觀改州名，隸羈縻州，蠻夷之境也，今用其名於江東。且徽州自崇寧二年正月始廢爲蒔竹縣，至宣和而遽徙其名於他地，則尤不可。」

按：《新唐書》羈縻州有徽州，初隸松州都督府，後没於吐蕃。自宋改歙爲徽，而徽州遂爲東南名郡，今且以爲行省之名，而唐時松州所隸之徽州無知者矣。古今之變革如此，亦可異也。原書兼説真、沔二州，今不及云。

西湖孤山

林和靖集有一絶云：「山水未深猿鳥少，此生猶擬别移居。直過天竺溪流上，獨樹爲橋小

〔一〕 州，原訛「川」，據《愧郯録》卷六改。

結廬。」按：余湖上所謂俞樓者，即在孤山之陽。余至此則賓客紛來，日不暇給，每笑曰：「林和靖之隱孤山，徒虚語耳。」今觀此詩，則知此老亦有所不足，但不知其所屬意在何地也。

明張萱《疑耀》云：「宋江鄰幾作《禩志》，載許洞嘲林逋詩，有『豪民送物伸鵝頸，好客窺門縮鼈頭』之句，無根之謗也，鄰幾載之何意？李畋《聞見録》載和靖隱居，朝廷命守臣王濟訪之。逋即懷詩文求見，濟乃以文學保薦。及詔下，賜帛而已。」按：孤山林和靖千古豔稱，今觀此，則其地其人均有不滿人意者，亦可歎也。

西湖三塔

國朝陳景鐘《清波小志補》云：「康熙三十八年，聖祖仁皇帝南幸，十景俱錫宸翰。有司建三潭印月景亭於池上，以奉御碑，列小石塔三坐於湖中，以表其名。」

按：湖心有塔，始於東坡。《坡集》有《請開湖狀》云：「候開湖了日，於新開界上立小石塔三五所，相望爲界，石塔以内水面不得請賃及侵占種植。」此湖心之塔所由始也。然云「三五所」，初不限定三塔，或其後所立止此耳。《武林梵志》云：「南宋舊圖，對第三橋之左爲一塔，四橋左爲一塔，五橋左爲一塔。」則三塔所在尚可考見。《兩湖麈談》云：「三塔基正德時楊公開湖始盡掘去。」則宋時舊跡不可尋矣。今湖心亭前三塔，莫能言其由來，讀此始知爲康熙時所建也。

夷亭

宋程大昌《演繁露續》云：「平江有讖語，曰『水到夷亭出狀元』。予問夷亭何以名夷，雖土人不知也。閲陸廣微《吴地記》而得其説，葢吴闔閭時名之也。闔閭嘗思海魚，而難於生致，令人即此地治生魚，鹽漬而日乾之，故名爲『鮝』，其讀如『想』。鮝即魚身矣，而其腸胃别名『逐夷』，爲此亭之嘗製此魚也，故以『夷』名之。《吴地志》仍有注釋云：『夷即鮝之逐夷。』」

愚按：於此治魚，應名魚亭。乃不就魚身取名，而反取魚之腸胃以名其亭；且腸胃名「逐夷」，止取「夷」之一字，亦爲無義。雖古説相傳，殆未足信。《廣韻》六《脂》有「鮧」字云：「鮧鮧，鹽藏魚腸。」果如《吴地記》所説，則「夷亭」可作「鮧亭」矣。今人喜食魚腸胃，乃亦有此典故。

都中著名市肆

國朝孫承澤《春明夢餘録》云：「都城舊日，如句欄衚衕何關門家布、前門橋陳内官家首飾、雙塔寺李家冠帽、東江米巷党家鞋、大栅欄宋家靴、雙塔寺前趙家薏酒、順承門大街劉家冷淘麪、本司院劉鶴家香、帝王廟街刁家丸藥，皆名著一時，起家鉅萬。至鈔手衚衕華家專煮猪頭，内而宫禁，外而勳戚，皆知其名，薊鎮將帥置走馬傳致，亦當日太平勝概也。」

山棚

宋趙彦衛《雲麓漫鈔》云：「唐之東都連虢州，多猛獸，人習射獵而不耕蠶，遷徙無常，俗呼爲『山棚』。」按：今江浙閒多别處客民來耕山田，皆居棚中，呼之曰「棚民」，即此類也。

長命洲

宋趙彦衛《雲麓漫鈔》云：「梁武帝崇奉釋氏，置放生池，謂之長命洲。唐太平公主於京西撅地，贖水族之生者置其中，謂之放生池。」按：「長命洲」之名甚新，「放生池」始於太平公主，亦宜表出之。

繩橋

宋范成大《吴船録》云：「將至青城，再度繩橋。長百二十丈，分五架。橋之廣十二繩排連之，上布竹笆。攢立大木數十於江沙中，輂石固其根，每數十木作一架，挂橋於半空。大風過之，掀舉幡幡然，大略如渔人曒網、染家晾綵帛之狀。又須捨輿疾步，從容則震掉不可立。」按：此即《漢書·西域傳》所謂「縣度」、《後漢書·西域》所謂「繩行」也。宋時蜀中亦有此險乎？

唐樊綽《蠻書》云：「龍尾城西第七驛有橋，即永昌也。兩崖高險，水迅激。横亘大竹索爲梁，上布簀，簀上實版，仍通以竹屋蓋橋。其穿索石，孔明所鑿也。」然則雲南亦有之。

小長橋

元陸友仁《研北襍志》云：「寶帶橋一名小長橋，故老相傳爲澹臺湖，其墓尚在。」按：寶帶橋五十三洞，可謂長矣。乃謂之「小長橋」，不知「大長橋」又安在也？余歲歲經由其地，惜未知澹臺墓所在。

西北水田

明張萱《疑耀》云：「今人欲於西北種水田，唐王建《水運歌》有云：『遠徵海稻供邊食，豈如多種邊頭地？』即此意。」按：顧亭林引杜詩「雲帆轉遼海」之句以證海運，此以王建詩證西北水田，皆可與言詩者也。

漢田價

宋王楙《野客叢書》云：「東方朔曰：『豐鎬之閒號爲土膏，其價畝一金。』杜篤曰：『厥土之膏，畝價一金。』《費鳳碑》曰：『祖業良田，畝價一金。』按：漢金一斤爲錢十千，是知漢田每畝十千，與今大率相似。」又按：此并可知宋時田價十千一畝，已爲良田，視今廉矣。

「赤地千里」異説

明馮時可《雨航雜録》云：「萬曆丁酉四月四日午後，雨甚密。山人沈士能曰：『是旱徵也。』徐别駕光訓問故。曰：『今日爲甲子。占書云：夏雨甲子，赤地千里。』徐曰：『非也。子爲水位，雨於甲則水徵。赤、尺古字通用，言爲水沮，則尺地舉足若千里之艱耳。又《五行志》甲遇單日爲雄，雙日爲雌。今雨於四日，則爲雌甲，其何傷？』沈曰：『何以分雌雄？』曰：『單，奇數也；雙，耦數也。天地之數，貴陽賤陰，陰多變不能信也。』」按：以「赤地」爲「尺地」，甚奇，惜未考是歲之爲旱爲水也。

木圖

宋沈括《夢溪筆談》云：「予奉使按邊，始爲木圖，寫其山川道路。其初徧履山川，旋以麪糊木屑寫其形勢於木案上。未幾寒凍，木屑不可爲，又鎔蠟爲之，皆欲其輕易齎故也。至官所，則以木刻上之。上召輔臣同觀，乃詔邊州皆爲木圖，藏於内府。」

黄州木牌

宋孔平仲《珩璜新論》云：「黄州牌税最重。所謂牌者皆大木版，每四片爲一副，蓋一棺之用也。其販皆自湖南連、辰、邵等州，其山多大木，山中人售版直甚賤，又多以繒帛魚羊牛肉等相易，而至真州貨之，獲厚利。故雖重征，商人不憚也。」

按：《廣雅·釋水》云：「簰，筏也。」《方言》九云：「泭謂之簰。」則字當作「簰」。《後漢·

南蠻傳》注：「箄船，縛[一]竹木爲箄，以當船。」則字又作「箄」。今此作「牌」，或亦可通乎？

又云：「凡牌皆中立一柱，貫出牌下，所以候水深淺，謂之將軍柱。」按：今船皆有將軍柱，其名起於此。然云「貫出牌下，候水淺深」，則與今船將軍柱又别。

江中大栰

宋陸務觀《入蜀記》云：「大江遇一大栰，廣十餘丈，長五十餘丈，上有三四十家，妻子、雞犬、臼碓皆具。中爲阡陌相往來，亦有神祠，素所未覩也。舟人云：此尚其小者耳，大者於栰上鋪土作蔬圃，或作酒肆，皆不能復入夾，但行大江而已。」按：此栰固大，然《續鈔》卷五所載唐時俞大娘航船[二]，恐尚有過之也。

[一] 縛，《後漢書》卷八六作「縛」。

[二] 船，原訛「頭」，據《續鈔》卷五改。

墓中有屋

元陸友仁《研北襍志》云：「政和中，丹陽縣北地名石羊子，有盜發古冢，云是梁宏偃將軍墓。墓有四室在旁，中一室四厦開。」

又云：「姜堯章云：無錫之青山有張循王俊所葬，下爲石屋九。」

地下有竈

宋朱弁《曲洧舊聞》云：「蔡寬夫侍郎築室金陵，鑿爲池沼，既去土，尋丈之下便得一竈，甚大，相連如設數釜者。竈閒有灰，又得朱漆匕筯數十，莫測其故。後見諸郡兵火之後，瓦礫堆積，不能盡去，因葺以爲基址者甚多。因悟金陵故都自昔兵亂多矣，其瓦礫之積不知幾何，則尋丈之下安知非昔日之平地邪？」

相州紅纈鄂州花

明楊慎《墨池瑣録》云：「後山贈晁補之詩：『聞道新文能入樣，相州紅纈鄂州花。』言似相州之紅纈〔一〕、鄂州花樣也。」

按：相州茜草最多，故相纈名天下。俗傳漂杵餘血所化，見樓鑰《攻媿集》，《叢鈔》卷一已載之矣。

雁山五珍

明馮時可《雨航雜録》云：「雁山五珍，謂龍湫茶、觀音竹、金星草、山樂官、香魚也。茶一旗一鎗。而白觀音竹形小葉長，翠潤奪目，植巖石上，經冬不凋。金星草，葉上有星如金。山

〔一〕 纈，原缺，據楊慎《升庵集》卷六二補。

樂官似金雀，聲如蕭管。香魚鱗細，不腥。」

出木池

明包汝楫《南中紀聞》云：「東林寺，遠公募造，木植俱從一小池中浮出，號出木池，遺址尚在。」按：西湖淨慈寺有神運井，相傳僧道濟運木於此。蓋緇流附會之説，亦有自也。

和真艾雅喀

國朝禮親王《嘯亭雜録》云：「吉林東北有和真艾雅喀部，其人濱海而居，翦魚皮爲衣裙，以捕魚爲業。去吉林二千餘里，即金時所謂海上女真也。」按：《三鈔》卷二所載「魚皮國」當即此耳。

海浮石

西人李提摩太《八星之一總論》云：「海中有一種至小之魚，食物入腹，即如蠶之吐絲；吐出之物一遇海水，即堅凝如小石，俗謂之海浮石。積之日久，吐者益多，石亦益大，竟有成爲海島者。人居其上，築房成市，耕地成田。澳州東北境更有此種魚，吐石成隄，綿長三四千里不絕。」

茶香室四鈔卷三

大鵬二年

明徐𤊹《筆精》云："余友林熙工掘地，得古磚，刻『大鵬二年』。大鵬年號無考，書之以質博雅者。"余謂此王莽時物。王莽曾改元天鳳，天字殘缺，遂成大字，至鵬之與鳳，古本同一字也。

自孔子卒年至宋慶元

國朝徐文靖《管城碩記》云："自周敬王四十一年壬戌孔子卒，至於宋慶元三年丁巳，一千六百七十六年。文公是年正旦書於藏書閣下東楹，蓋文公以道統自任之意。"

夏禹生日

《蘇東坡集·與二子迨、過游塗山》詩自注云：「淮南人謂禹以六月六日生，是日數萬人會山上。雖傳記不載，然相傳如此。」是禹生日爲六月六日。今紹興禹廟尚有其子孫姒姓者居廟側，亦言六月六日爲禹生日，子孫皆會祭廟中。乃考《會稽志》又云：「三月五日，俗傳禹之生日。禹廟遊人最盛，無貧賤富貴，傾城俱出。士民皆乘畫舫，丹堊鮮明，酒樽食具甚盛。賓主列坐，前設歌舞。春欲盡數日，游者益衆，至立夏方止。」是禹又以三月五日生矣。二説不同，何也？余疑《會稽志》所云自是游春，非因禹生日，故至春盡而止也。六月六日之説自宋相傳，當不妄耳。此已見《續鈔》卷三，今又詳論之如此。

秦穆公謚

元黄溍《日損齋筆記》云：「鄧名世上進《姓氏辨證》有兩繆姓，音穆者宋穆公之後，音謬者秦繆公之後，二字蓋通用。秦繆可音謬，安知宋穆不音謬乎？唐皮日休追咎秦伯舍重耳、置夷吾，而作《秦穆公謚繆論》，乃後世文人出奇立説，安可遂以爲據乎？」按：鄧氏分别兩繆姓，雖未可據，然秦穆公之謚則固非美名也。《史記·蒙恬傳》曰：「昔者秦穆公殺三良而死，罪百里奚而非其罪也，故立號曰繆。」以秦人論秦謚，宜得其實。黄氏但知有皮日休之論，未知《史記》固有是説也。

甯武子名或作渝

國朝羅振玉《面城精舍文》甲云：「隋《甯贙碑》書甯武子名作『渝』，不知係别字，抑别有本。」

林閭氏

明徐𤊹《筆精》云：「林閭氏，楊雄之師也。見《路史》七卷第十三之注。」

按：《萬姓統譜》：「林閭翁儒，蜀人，博學能文，見《文章志》。」爲楊雄師。

嚴子陵不娶梅子真女

明陳耀文《正楊》云：「楊升庵據古蹟遺文有《嚴光碑》云：『子陵，新野人，避亂江南，娶梅福女，因居會稽。』正之曰：《漢·地理志》會稽郡縣二十六，其二曰吴。則福於會稽爲吴市之門卒，非即紹興之會稽也。云『娶福女，因居會稽』，然邪？夫福棄妻子去矣，豈獨攜女而行？變姓名矣，誰復知其有女妻光邪？且光之避亂在王莽之末，福棄家去則平帝時也，相去已二十餘年。福固已老矣，可必其有季女邪？」

按：世皆以嚴子陵妻梅子真女，傳爲美談。江西梅氏以梅福爲始祖，亦有此説。愚竊以爲楊氏固疑杜譔，陳氏亦無實證。若以年而論，則未始不相及；若謂棄妻子去不宜挈女而行，安知未棄妻子以前不以女妻光乎？子真隱蹟多在南中，子陵初釣於齊國，後乃歸老富春，安知非追隨婦翁之高迹乎？此二人不愧冰玉，升庵爲之作合，疑以傳疑，可也。

國朝姚範《援鶉堂筆記》云：「曾見一書言嚴子陵娶梅福季女，生子茂，茂生隆，隆生卓。

子陵年八十終。章懷注《漢書》，不見引此文，大約出於姓氏書及私譜妄撰。宋末永嘉徐昭《釣臺》詩云：『梅福神仙尉，新知是婦翁。』意亦本於委巷之書，不足爲據。」按：姚薑塢亦不信此説。然宋人詩已有之，則固非升庵僞造矣。

陸凱贈梅事存疑

明周嬰《卮林》云：「梅鼎祚《詩乘》載陸凱《贈范蔚宗》詩：『折梅逢驛使，寄與隴頭人。江南無所有，聊贈一枝春。』注引《荆州記》曰：『陸凱與范蔚宗善，自江南寄梅花一枝，來詣長安，兼贈之詩。陸凱字智君，代北人。』又曰：『蔚宗未嘗至長安，此當有誤。』予按：陸智君仕孝文朝，孝文立三年，而齊已授禪，與蔚宗生不同時。若詩果智君所作，則陸出代北，范産江南，范宜以梅寄陸，而陸乃折花貽范，何其倒也？《吴志》陸凱字敬風，吴郡人，爲孫皓左丞相。而《御覽》十九卷引《荆州記》作『凱與路曄爲友』，寄梅贈詩，其詩作『折花逢秦使』。所謂『路曄』者史未有見，所稱『陸凱』亦未曉是敬風否也。」

按：折梅寄驛，今古艷稱。而其事實有可疑，竟不知作詩者爲代北之陸凱、爲吴郡之陸凱，而爲所贈者亦不知爲范爲路也。詞人沿用，亦皆習而不察矣。

梁宣帝詩有誤

國朝周亮工《書影》云：「嘉靖閒，吴中刻《六朝詩集》，有《梁宣帝詩》一卷，僅六首：《建除》《迎舍利》《麈尾》《百合》《黎》《蘭》而已。乃陳宣帝誤作梁也，梁無宣帝，再編詩者宜攺正。」

按：梁亦有宣帝，所謂後梁也。中宗宣帝、世宗孝明帝及後主共三帝，歷三十三年。宣帝名詧，昭明太子子也，在位七年。然則此六詩誠不知爲梁爲陳。竟謂「梁無宣帝」，亦失之。

周虓

宋王楙《野客叢書》云：「趙苞爲遼西太守，遣使迎母妻到郡，道爲賊所虜。賊出母示苞，苞悲號，泣謂母曰：『今爲王臣，義不得顧私恩。』遂進破賊，母妻被害，苞歐血而死。周虓爲梓潼太守，遣騎送母妻歸，道爲苻堅將所獲。虓不得已，亦降，堅以爲尚書郎。虓曰：『蒙國厚恩，以至今日。但老母見獲，失節於此。母子獲全，秦之惠也。雖公侯之貴，不以爲榮，況郎仕乎？』堅乃止。虓雖在秦，抗節不撓，時人以爲有蘇武之賢。夫苞守區區之節，不能保全其母，此匹夫之義，雖死奚益？虓能全其母，而節亦未嘗虧。士大夫脱有不幸，當爲周虓，無爲趙苞。」按：趙苞不如徐庶之曲全，前人已有此論矣，王氏又以周虓並論。周虓事，人罕及之，故爲表出，若其事則固未易論也。

陈冕

明徐𤊹《筆精》云：「陳子昂字伯玉，見盧藏用《序》并《唐書》。獨《雲溪友議》載陳拾遺名冕字子昂，當必有據。」

愚按：《周禮·弁師》疏：「冕則俛也，以低爲號也。」然則名冕字子昂，猶名俛而字仰，正取相反之義。而冕必飾以玉，則名冕字伯玉，義亦有取。疑陳拾遺初名冕，字子昂，一字伯玉。其後廢名不用，乃名子昂而字伯玉耳。

常伯熊

唐封演《封氏聞見記》云：「楚人陸羽爲《茶論》，説茶之功效并煎茶炙茶之法，造茶具二十四事，以『都統籠』貯之。有常伯熊者，又因陸羽之論廣潤色之，於是茶道大行。」按：陸羽茶神，其事甚著，常伯熊無知者。據下文「御史大夫李季卿宣慰江南，至臨淮縣館，或言伯熊善茶，李公請爲之」，則伯熊必臨淮人也。

張博物

元陸友仁《研北襍志》云：「張九齡一名博物，見徐浩所撰碑銘。」

常無名

元西域辛文房《唐才子傳》云：「張子容，襄陽人，開元元年常無名榜進士。」按：此人姓名甚奇。又云：「王灣，開元十一年常無名榜進士。」是此人屢主文衡矣。

按其下又云：「崔灝，開元十一年源少良下及進士第。」然則開元十一年自是「源少良」而非「常無名」，其謂是「十一年」者，涉下文而誤耳。

劉微之

宋無名氏《愛日齋叢鈔》云：「眉山劉微之巨，教授郡城之西壽昌院，從游至百人。蘇明允命東坡兄弟師之。時尚幼，微之賦《鷺鷥》詩，末云：『漁人忽驚起，雪片逐風斜。』坡曰：『先生詩佳矣，竊疑斷章無歸宿，曷若「雪片落蒹葭」乎？』微之曰：『吾非若師也。』三蘇名著天下，而微之竟不第，鄉人但呼爲孝廉。其卒也，范蜀公弔以詩云：『案頭曾立二賢良。』今《潁濱集》中《送家安國》詩『城西社下老劉君，春服舞雩今幾人』，正謂此。東坡云：『吾八歲入小學，以道士張易簡爲師。』劉孝廉、張道士爲童子師，有二蘇者出焉。雖没世隱約，氏名訖不泯。」

按：《宋史·家愿傳》云：「父勤國，慶曆、嘉祐閒與從兄安國、定國同從劉巨游，與蘇軾兄弟爲同門友。」然則劉巨之名亦登於青史矣，非張易簡可比也。

宋捷

宋黄朝英《靖康緗素記》云：「《楊文公談苑》云：『太平興國四年，北人侵邊，車駕幸大名府。方渡河，有人持手版邀乘輿。前驅斥之，號呼道旁，自言獻封事。太宗令取視之，乃臨河主簿宋捷。上甚喜，即以爲將作監。』此乃以姓名盜爵禄者也。」

按：《揮麈後録》云：「宋高宗至蕭山，有拜於道左者。上問爲誰，曰『宗室趙不衰』。上大喜，曰：『符兆如此，吾無憂矣。』」此人亦宋捷之類也。

宋無名氏《劉豫事迹》云：「麟豫之子軍之始行也，知臨汝軍宋著部夫到京。麟以後期斬之，納其女，繼斬使臣趙倚。麟因語人曰：『已去趙宋矣。』當時率以名姓爲讖兆，亦可笑也。」

國朝孫承澤《春明夢餘録》云：「金朝北京宫殿，其屏扆窗牖皆破汴京輦致於此。汴中工匠有名燕用者，製作精巧，凡所造下刻其名，及用之於燕，而名已爲先兆。」

熊皦

宋黄伯思《跋石晉熊皦詩後》云：「五季道衰文喪，其閒能遠不忘君，志在憂國，文雖膚近而忠誠可取若皦者，葢鮮儷也。余讀其《上國音書絶》二十篇及《晉末感興》諸詩而悲之。」按：熊皦之詩無傳，至今莫能知其爵里，可歎也。

王襄陽

元陸友仁《研北襍志》云：「燕人王鐸字振之，嗜石成癖，慕元章爲人，以賂求爲襄陽令，後果得之，號王襄陽。」余謂葛洪句漏爲訪丹砂，雷煥豐城因求寶劍，若此人因慕米襄陽而求爲王襄陽，則更奇矣。

潑韓五

國朝羅振玉《存拙齋札疏》云：「宋人小説載韓世忠少貧無行，人呼『潑韓五』。」按：惜未言出何書。

焦夫子

宋張世南《游宧紀聞》云：「蜀之岷山有焦夫子，國初人，亡其名，以博學教導後進，故世以夫子稱。貌陋且怪，長目廣顙，虬髯垂癭。性率不自飾，雖冠帶，往往爬搔捫蝨。然爲歌詩有驚人句，今蜀人止能誦其二句云『兩輪日月磨興廢，一合乾坤夾是非』。熙寧中，文與可因至天彭，館於徐公園，肆筆成夫子像於亭壁。今不復存，有石刻在。」按：焦詩粗鄙，想其人亦稱是。乃託文與可之筆以傳，亦其幸也。

張佖

元陸友仁《研北雜志》云：「李煜葬北邙，故吏張佖〔一〕任河南，每清明，拜其墓，哭之甚哀。

〔一〕佖，原訛「泌」，據《研北雜志》卷上改。

煜子孫淩替，常分俸賙給。」又云：「鄭文寶仕李氏時校書郎，歸宋，不復序故官。時煜以環衛奉朝請。文寶欲一見，慮守者難之，乃披蓑荷笠作漁者以見，陳聖主寬宥之意，宜謹節奉上，勿爲他慮。煜忠之。」按：此鄭文寶之軼事，世罕知者，因張佖事而附及之。

《困學紀聞》云：「建隆初，詔五代時命官投狀敘理，復命之。郭恕先詩云：『爲逢木刼歸依佛，不就新恩敘理官。』」鄭文寶不敘故官，亦不就新恩之意。

魏野子閑

宋宋敏求《春明退朝録》云：「魏野，真宗時聘召不起。卒，贈祕書省校書〔二〕郎。野子閑，有父風。皇祐中，李公昭遇守陜，言於朝，賜號清逸處士。」按：魏野有子，人罕知者。

〔二〕校書，《春明退朝録》卷中作「著作」。

王凱

宋葉夢得《巖下放言》云：「蘇子瞻初未知有禪學，爲鳳翔府僉判，有兵官王凱者教之，始大知愛。凱，王銑之父也。」按：此條有誤。《坡集》有《王大年哀辭》云：「太原王君彭字大年，故武寧軍節度使諱全斌之曾孫，而武勝軍節度觀察留後諱凱之子也。予始未知佛法，君爲言大略，皆推見至隱。予尤善佛書，蓋自君發之。」然則東坡禪學得之於彭，非得之於凱，彭乃凱之子也。又云「其子讜以文學議論有聞於世，亦從予游」，則彭之子讜，亦非王銑。

龍昌期

宋吕希哲《吕氏雜記》云：「龍昌期少嘗爲僧，博極羣書，而議論怪僻。文潞公薦於朝，令進所撰經義，賜五品服及金帛。其書以周公爲周之賊，臺諫交攻，昌期納還所賜。過洛，見潞公，公曰：『朝廷方崇尚周公、孔子教，而先生非之，故至此耳。』昌期曰：『某何嘗非孔子，但非周公耳。』公曰：『亦足矣。』」按：以龍昌期之怪僻，而文潞公薦之，則其議論亦必有動人者，所謂「學非而博」者邪？

吴隱

宋陸務觀《入蜀記》云：「午後至秀州崇德縣，舊聞戴子微云：崇德有市人吴隱，忽棄家寓旅邸。終日默坐一室，室中惟一卧榻。客至，共坐榻上，或載酒過之，亦不拒，清談竟日。隱初不學問，至是閒與人言《易》數，皆造精微；亦能先知人吉凶壽夭，見者莫能測也。因見崇德令問之，云皆信然，今徙居村落閒矣。」按：崇德即今石門縣，余蘇、杭往返必由之路，未知吴隱姓名尚有知之者否，姑記於此。

關勝

宋無名氏《劉豫事迹》云：「除中奉大夫、知濟南府。是冬金人侵山東，豫遂蓄異謀，殺其將關勝，欲出城見金酋。百姓遮道願死守，豫因縋城詣軍前通款。」按：此「關勝」當即宋江等三十六人中之一也。

鄞縣尉

宋朱弁《曲洧舊聞》云：「仁宗時最先言立皇嗣者，明州鄞縣尉，不記姓名。」按：一尉而倡此大議，并姓名不傳，亦奇。又云：「淳化中，有一縣尉上言乞減宫人。太宗諭宰執曰：『小官敢論宫禁之事，亦可嘉也。但内庭給事二百人，各有執事。若行減省，事或不濟，蓋疏遠之人所未諳耳。』宰執欲以妄言寘法。太宗曰：『以言事罪人，後世其謂我何？』宰執皆慙服。」注云：「或言是雍丘尉武隆。」按：此亦一縣尉也。

顧玉

國朝徐逢吉《清波小志》云：「顧玉者，操舟之人也，家靈芝寺側。其父善琴，玉幼習之。父亡，奉母以居。風晨月夕，放舟湖中，撫琴自樂。嘗作《蓼花引》，蓋孝子也。後母亡，玉亦殁。」按：西湖操舟者乃有此人，然知者少矣。

市隱何失

元陸友仁《研北雜志》云：「吕成公云：京師賢者多市隱，近時何失字得之，隱居京師，織絹紗爲業，售者不二價。喜賦詩，思致頗不凡。」按：吕成公所云京師當是臨安，則「何得之」杭人也。

俞攜八世同居

宋韓淲《澗泉日記》云：「淳化二年十月，信州言玉山縣民俞攜八世同居，内無異爨。詔旌表其閭。」按：此亦吾宗之盛事也。

劉美楊景宗

宋沈括《夢溪筆談》云：「劉美少時善鍛金，後貴顯，賜與中有上方金銀器，皆刻工名，多有美所造者。又楊景宗微時嘗荷畚爲丁晉公築第，後晉公籍没，以第賜景宗。方其微賤時，一造上方器，一爲宰相築第，安敢自期身饗其用哉？」又載郭進事云：「進治第既成，聚族人賓客落之，乃設諸工之席於東廡、羣子之席於西廡。人或曰：『諸子安可與工徒齒？』進指諸工曰：『此造宅者。』指諸子曰：『此賣宅者，固宜坐造宅者下也。』」按：進語殊達，與楊景宗事並觀，可爲營營田宅者警矣。

郭注

宋釋惠洪《冷齋夜話》云：「韓魏公客郭注，才而美。然求室則病。行年五十，未有室家。魏公憐之，百計賙恤，爲求婚，將遂，其人必死。公以侍兒賜之，未及門而注死。殆可與范公客同科也。」按：「范公客」未知何人，當考。

郭鐸

無名氏《大金弔伐録》有軍民耆老等《乞立趙氏狀》云：「靖康二年二月八日，汴京軍民、僧道、耆老郭鐸等謹狀。」按：此録所載孫傅〔一〕等五狀，首銜皆稱「文武百寮、軍民、僧道、耆老，中大夫、同知樞密院事孫傅等」，則固以官列名狀首也。又張叔夜之《立趙氏狀》云：「天會五年二月十一日，簽書樞密院事張叔夜狀。」秦檜之《立趙氏狀》云：「天會五年二月十四日，朝散郎、試御史中丞致仕秦檜狀。」此二人亦皆宋臣也。惟郭鐸不書官，其殆耆老乎？以無官之人不避危難，列名狀首，必一忠義之士，宜表出之。

〔一〕傅，原訛「傳」，據《大金弔伐録》改。下同。

吴道子殺皇甫軫

宋郭若虚《圖畫見聞誌》云：「皇甫軫畫鬼神及鵰，鵰若脱壁，與吴道子同時。吴以其藝逼己，募人刺殺之。」按：此知同能相妬。一藝且然，蘇張、孫龐固無足怪矣。

丁晉公拜老郁先生

宋龔明之《中吴紀聞》云：「祥符中，丁晉公自參知政事拜平江節度使、知昇州。公童時曾從老郁先生學，至是首入陋巷，詣先生之居，以兩朱衣掖之，拜於其下。先生大呼曰：『拜殺老夫矣！』既坐話舊，且云：『小年狹劣，荷先生教誨，痛加榎楚，使某得成立者，先生之賜也。』先生愈不自安，不數月，果卒。公爲辦葬埋之物甚厚，吴人以爲美談。」按：晉公此舉自是高義。原注云「先生居光盪巷」，今不知吴中尚有此巷否也。

狂人罵賈似道

元吾衍《閒居録》云：「宋之末年，有狂士人於市井賣小兒學書字本，一貫三張。每遇人即隨口成詩，亦張山人之類。時賈似道專政，每遭面罵，亦無如之何。歸附後猶在，至元壬午死於親戚家。」按：此人甚奇。以賈似道之權力，而不能奈何一狂士，何也？較世俗所傳瘋僧罵秦檜，更快矣。

陸放翁記秦檜孫事

宋陸務觀《入蜀記》云：「七月五日，泊秦淮亭。六日，見秦伯和侍郎。伯和名塤，故相益公檜之孫。延坐畫堂，棟宇閎麗，前臨大池，池外即御書閣，蓋賜第也。」又云：「七日，左迪功郎、新湖州武康尉劉煒來。煒，秦伯和館客也，言秦氏衰落可念，至屢典質，生産亦薄。問其歲入幾何，曰：『米十萬斛耳。』」按：此知放翁於秦氏世講之誼，固不衰也。始而惓惓於秦氏，後又爲韓氏作《南園記》，放翁生平於此不無可議。

又云：「九日，秦伯和遣醫柴安恭來，視家人瘡。」又云：「秦伯和送藥。」伯和知納交於陸放翁，自是可兒，不得以檜之孫而鄙之。

太和先生

國朝周亮工《書影》云：「太和先生姓王氏，真定人，不甚識字，然明敏多智。時鄰郡有重獄，臺使者檄郡守更訊。一老吏曰：『真定有太和土先生者，雖布衣，有聽斷才，曷以禮聘之？』守於是遣吏造先生，再請乃許。既至，令守第出訊，請從屏間聽之。先生爲指某囚某詞中有閒，由此細勘，一訊即服。獄上，臺使者褒美。守喜，尊先生爲上客，酬以金，不受，乃以禮遣歸，以韋布終。」按：此人以布衣能決疑獄，甚奇；竟不傳其名，但稱「太和先生」，更奇也。

何青天

國朝周亮工《書影》云：「癸未舉天下廉卓十人，余與陳大樽、夏彝仲諸君同被舉，未一人休寧丞也。丞姓何，蜀中人，有異政，時呼爲何青天。後部中不遷不黜，而别選一官至。百姓閉門留丞，丞不可。百姓置甒醵金以送其行，頃刻得三千金。丞不受。衆曰：『蜀中殘破，公無家，何歸？』乃持前金置田購屋以待公，後不知所終。」按：如此好官，而竟不著其名，惜哉！余年家孫暴方子式昭官江蘇平望司巡檢，譚序初中丞撫吴時，曾登薦剡。後調東山巡檢，以不善事上官，被劾去官。山中百姓以其貧，爭負米薪餽之，亦何青天之流亞矣。

梁山伯祝英臺

國朝金武祥《粟香四筆》云：「小説家豔稱梁山伯、祝英臺事，而未知所出。《山堂肆考》亦以爲俗傳蝶乃梁、祝之魂爲不可曉。余閲《宜興荆溪新志》載邵金彪《祝英臺小傳》云：祝英臺小字九娘，上虞富家女。生無兄弟，才貌雙絶。父母欲爲擇偶，英臺曰：『兒當出外游學，得賢士事之耳。』因易男裝，改稱九官，遇會稽梁山伯，遂偕至義興善權山之碧鮮巖，築庵讀書，同居同宿三年，而梁不知爲女子。臨别梁，約曰：『某月日可相訪，將告父母，以妹妻君。』實則以身許之也。梁自以家貧，羞澀畏行，遂至愆期。父母以英臺字馬氏。後梁爲鄞令，過祝家，詢九官。家僮曰：『吾家但有九娘，無九官也。』梁驚悟，以同學之誼，乞一見。英臺羅扇遮面出，一揖而已。梁悔念成疾，卒，遺言葬清道山下。明年，英臺將歸馬氏，命舟子迂道過其處，至則風濤大作，舟遂停泊。英臺乃造梁墓前，失聲慟哭。地忽開裂，墮入塋中，繡裙綺襦化蝶飛去。丞相謝安聞其事於朝，封爲義婦。此東晉永和時事也。齊和帝時，梁復顯靈異，助戰有功。有司爲立廟於鄞，合祀梁、祝。其讀書宅稱碧鮮庵，齊建元間改爲善權寺。今寺後有石刻，大書『祝英臺讀書處』。寺前里許村名祝陵。山中杜鵑花發時，輒有大蝴雙飛不散，俗傳是兩人之精魂。今稱大彩蝴，尚謂『祝英臺』云。」

又云：「吴騫《桃溪客語》云：梁、祝事見於前載者凡數處，《寧波府志》云：梁山伯字處仁，家會稽，出而游學。道逢上虞祝英臺僞爲男妝，與共學三載，一如好友。既而祝先返，又二年梁始歸，訪於上虞，始知其女也，悵然而歸。告之父母，請求爲婚，而祝已許字鄮城馬氏矣，事遂寢。未幾梁死，葬鄮城西清道原。一云梁爲鄮令而死。其明年，祝適馬氏，經梁墓，風雷不能前。祝知爲梁墓，乃臨穴哀慟，悲感路人。羨忽自啟，身隨以入。事聞於朝，丞相謝安請封之曰『義婦冢』。」

余按：此視邵金彪傳稍畧，而事或轉得其實。如《寧波志》所云，則梁、祝事蹟固在浙東，與宜興荊溪無涉也。邵傳以爲其讀書之處在義興善權山，則亦其讀書之處，非葬處也。何以善權寺前有祝陵之名，有雙蛺之異，不幾並兩處爲一談乎？義興縣至隋始置，謂永和時即有義興名，亦失之不考矣。其事本屬無稽，前人謂因樂府《華山畿》事而附會。然《華山畿》事無女子俋爲男妝之説，則亦不甚合也。《粟香四筆》又引談遷《外索》云：「鄞縣東十六里接待寺西祀梁山伯，號忠義王。」此又不知何説，殆又訛「梁山伯」爲「梁山泊」，而牽合於《水滸演義》矣。

山東曲阜亦云有梁、祝故蹟，則更奇，詳見《三鈔》卷十。

黎園演張縉彦

國朝陳其年《湖海樓詞集》有《賀新涼》一闋，其題云：「甲申之變，迎降者大司馬某亦與焉。其人後官兩浙，開讌西湖，召梨園侑酒，即命演闖賊破都城故事。闖賊入城，一人執手版蒲伏，自唱『臣兵部尚書某迎接聖駕』。蓋某即坐上客也。某愴然不懌，良久曰：『嘻！亦太甚矣，某何至是？』遂罷酒去。」按《明史》七卿表，知所謂某者「張縉彦」也。

茶香室四鈔卷四

宋度宗爲小行童轉世

元劉一清《錢唐遺事》云：「慶元府育王寺舍利塔，晉時許詢所造。雍熙年間衆議重修，非數萬緡不可。一行童曰：『只印此塔影，逐日沿門念佛請施，何患不成？』主僧然其言。後所得甚微。行童曰：『今天下惟八大王榮邸前有錢，我持疏勸緣，必可如願。』詣府開疏，大王止題一千緡。行童歸，自斷其臂，血流不止，遂死。度宗庚子歲生於八大王府，啼號不已。一乳母抱行廊廡間，入小閣，見所粘塔影，忽然而笑。因以水噀取置手中，自是不復啼泣。乳母以告大王，始悟，下東寺問故。僧具言行童自府歸，斷臂流血不止，以某年月日終，即度宗生之旦也。大王遂捐貲，以成其事。」

王荆公爲李王後身

宋趙彦衛《雲麓漫鈔》云：「王荆公之生也，有貛出於市。一道人首常戴花，時人目爲戴花道人，來訪其父，曰：『此文字之祥，是兒佗日以文名天下。』因述其出處甚詳，俟至執政，自當見之。荆公父書於册，自後不少差，荆公甚神之。洎[一]拜兩地，道人果來，曰：『自此益得君，謹無復讐。』荆公扣之，曰：『公前身李王也，戒之。』遂辭去。」按：張端義《貴耳集》載荆公爲秦王後身，此又以爲李王後身，殆由荆公爲宋禍之首，故時人私以意揣之耳。

范文子叔孫昭子皆戊辰卒

元盛如梓《庶齋老學叢談》云：「《成公十七年》范文子使祝宗祈死，六月戊辰卒。《昭公二

[一] 洎，原訛「泊」，據《雲麓漫鈔》卷四改。

十五年》叔孫昭子於十月辛酉使祝宗祈死，戊辰卒。二子思免於患，見幾而作，可謂勇矣；皆卒於戊辰之日，異哉！」按：二子同祈死，同於戊辰日卒，其事誠可異，然從無人拈出。

宋徽宗五月五日生

元吴師道《敬鄉録》載滕茂實秀穎《天寧節有感》詩，注云：「徽宗生五月五日，以俗忌，避之十月十日。」按：《宋史·徽宗紀》止言「元豐五年十月丁巳生」。據《神宗紀》，元豐五年十一月戊寅朔，則十月戊申朔，十月十日正丁巳也。不言其爲五月五日生，此可補史闕。詩首句云：「節臨重十慶。」天寧是十月十日，可稱「重十」，亦重三、重九之比〔一〕。推此，則六月六可稱「重六」，八月八可稱「重八」矣。

〔一〕比，原訛「此」，據《筆記小説大觀》本改。

姚宋在相位皆不久

宋孔平仲《珩璜新論》云：「世稱姚崇、宋璟爲賢相。按唐史：崇開元元年十月相，至四年冬罷，九年秋卒，年七十二。璟四年冬相，至七年正月罷，二十一年致仕，二十五年卒，年七十五。崇在位四年，璟在位二年，李林甫〔一〕在相位乃十九年。」

張九齡裴耀卿李林甫三人同誥

元王惲《玉堂嘉話》云：「同諸公觀唐張九齡等誥於玉堂，開元二十二年五月二十一日下，用柹黄斗底綾作卷，凡七幅。或謂曲江與林甫通作一告除拜，以鸞梟並集、鴛驥同皁為嫌。予曰：帝堯在上，咎、夔與驩、鯀同列，恐自昔有所未免。」按：三人同日除拜，遂通一告，抑何苟

〔一〕甫，原訛「宗」，據《筆記小説大觀》本改。

簡乃爾邪？

蕭曹房杜姚宋皆無賢子孫

宋孔平仲《珩璜新論》云：「漢有蕭、曹，唐有房、杜、姚、宋。攷其後世，蕭、曹至子皆削封，而蕭凡五世絶祀。房喬次子遺愛與公主謀反誅，杜如晦次子荷説承乾建大事誅。姚崇長子彝，少子奕，奕子閎爲牛仙客幕府，見仙客疾亟，逼仙客爲表薦奕爲宰相。仙客妻以聞，玄宗怒，杖殺閎。宋璟六子，天寶中渾、恕、尚俱以贓敗，華、衡亦坐貪得罪，廣平之風衰焉。」

劉禹錫博洽

元陸友仁《研北襍志》云：「劉禹錫唐卿嘗謂繙討書籍最爲樂事，忽得一異書，如得奇貨。人知其如此，故求怪僻難知之籍，窮其學之淺深。唐卿皆推其自出以示之，有所不及見者，累日尋究，至忘寢食，必得而後已，故當時多以博洽推之。」余謂此誠天下之至樂，余亦樂之，但無其博洽耳。

張籍後不盲

宋程大昌《演繁露續》云：「韓愈《贈張十八助教》云：『喜君眸子重清澈，攜手城南歷舊游。』則張之目疾後嘗復舊也。」

白龜年遇李太白

明周嬰《巵林》云：「《翰府名談》：白龜年遇李太白，遺書一卷，曰：『讀之可辨九天禽語、大地獸言。』龜年者樂天姪。」按：樂天有姪阿龜，屢見於詩，不知其後乃有此異事。

黄魯直三游洞題名

宋陸游《入蜀記》云：「登三游洞，有刻云：『黄大臨、弟庭堅同辛紘、子大方，紹聖二年三月辛亥來游。』又有一崩石偃仆，刻云：『黄庭堅、弟叔向、子相、姪檝同道人唐履來游，觀辛亥舊題，如夢中事也。建中靖國元年三月庚寅。』按：魯直初謫黔南，以紹聖二年過此，歲在乙亥。今云辛亥，誤也。」余謂魯直不誤，放翁自誤。蓋魯直用古法，不以甲子紀年，故紹聖二年、建中靖國元年皆大書幾年，而所書辛亥、庚寅則皆紀日，非紀年也。前刻云「三月辛亥來游」，故此云「觀辛亥舊題」，前後相承，正自不誤。魯直與放翁相去不及百年，而已不能通曉其意，況讀古書乎？

東坡忌日

宋趙與旹《賓退録》云：「開禧丙寅，眉州重修圖經，號《江鄉志》，末卷襍記門云：『佛日大師宗杲每住名山，七月遇蘇文忠忌日，必集其徒修供以薦。』」按：今世士大夫好事者往往爲東坡作生日，至忌日則無爲修供者矣。生日爲十二月十九，人人知之；忌日爲七月二十八，則能言者蓋罕。

方正學後

國朝金武祥《粟香四筆》云：「《常州府志》載：方正學門人某，建文初見削奪親藩太甚，力諫正學，不聽，遂披髮佯狂，歌哭市中。正學被禍時，突入臥室，攫其幼子去，以絲縧繫之，書一亠字衫上，置常州府橋前。有賣腐金翁晨起得之，撫以爲子，冒金姓。後嗣有發者，以亠字似六字，復改金爲陸焉。武祥按：江陰六氏亦著姓，相傳方正學之後。豈留郡城者爲陸，分居江陰者爲六乎？」

余按：方正學之後爲六氏，於他書曾見之。此所傳門人某事，惜不傳其名，豈即《三鈔》卷四所載之「魏澤」邪？然既攫之而出，自當善謀寄頓之處，置之橋上，非計也。恐尚有傳述之訛。

方正學鉤舌石

國朝羅振玉《存拙齋札疏》云：「江寧明故宮有巨石，爲方正學鉤舌處，漬血成『篡』字，至今尚存。」

萬曆壬辰進士曠鳴鸞

國朝孫承澤《春明夢餘録》云：「極樂寺在阜成門外，有牡丹園，園有高樓。萬曆壬辰，新進士曠鳴鸞必欲登之，寺僧以久扃不便開，曠不聽。甫登，火發，曠與樓俱燼。葢嘉靖庚戌都城告警，貯火藥於此，煮酒者火觸之而作也。」按：此人可謂无妄之災，而亦少年任性者之戒。

曠姓甚僻。《萬姓統譜》云：「師曠之後。湖廣沔陽州有曠氏。」宋有曠世臣，紹興進士，吉水人；明有曠敏，永樂舉人，宿州人；曠緝徽，永樂舉人，安福人。並見《萬姓統譜》。不知此「曠鳴鸞」何處人，擬覓明進士題名牌一考之。

宋有曠湜，潭州人，見《通志》。

書生不知歐陽修

宋釋惠洪《冷齋夜話》云：「謝逸字無逸。一日，有一貢士來謁，坐定，曰：『每欲問無逸一事，輒忘之。嘗聞人言歐陽修，果何如人？』無逸熟視久之，曰：『舊亦一書生，後甚顯達，嘗參大政。』又問能文章否，無逸曰：『也得。』無逸之子宗野，方七歲，立于旁聞之，匿笑而去。」

舉人不知董仲舒

宋朱弁《曲洧舊聞》云：「科舉自罷詩賦，士專以三經義爲捷徑，於古今人物亦漫不省。元祐初，韓察院嘗言：『臣於元豐初差對讀舉人試卷，其程文有云：「古有董仲舒，不知何代人。」當時莫不以爲笑。』」

楊升庵誤敖器之爲孫器之

國朝周亮工《書影》云：「《升庵外集》載《孫器之評詩》一則，稱『定陶孫器之』。夏振叔云：其人姓敖名陶孫，而器之其字也。楊誤以敖陶爲地，而改敖爲定，以合郡縣之名。與誤認劉德升爲劉景升、索幼安爲管幼安，同一可笑。」

宋子京事與陶穀相類

宋朱弁《曲洧舊聞》云：「宋子京修《唐書》，一日大雪，添帟幕，燃椽燭，熾炭兩鑪，草某人傳未成，顧諸姬曰：『汝輩倶曾在人家，曾見主人如此否？可謂清矣。』皆曰：『實無有也。』其一人來自宗子家，子京曰：『汝太尉遇此天氣，亦復何如？』對曰：『只是擁鑪，命歌舞，間以褻劇，引滿大醉而已，如何比得内翰？』子京點頭曰：『也自不惡。』乃閣筆掩卷，起索酒飲之，幾達晨。明日對賓客，自言其事。」按：此與陶穀党姬事極相類。

御前優人以子瞻爲戲

宋李廌《師友談記》云：「東坡先生言近扈從燕醴泉，觀優人以相與自夸文章爲戲者。一優云：『吾之文章，汝輩不可及也。』衆優曰：『何也？』曰：『汝不見吾頭上子瞻乎？』上爲解頤。」按：頭上子瞻，謂帽也。上文有注云：「士大夫近年傚東坡，桶高簷短，名帽曰『子瞻樣』。」當時優人竟於御前爲此語，足見宋禁令之闊疏。而子瞻之名動九重，亦後世人臣所莫及矣。

醉翁醒老

元陸友仁《研北襍志》云：「歐陽公號醉翁，林中子稱醒老，兩公不同如此。」

二連

宋王得臣《麈史》云：「應山二連，伯氏庶字君錫，仲氏庠字元禮，少從學於二宋，相繼登科。君錫清修孤潔，人號爲『連底清』；元禮加以肅，人號爲『連底凍』。」

智永壽百歲

國朝周亮工《書影》云：「僧智永，名法極，王右軍七代孫，年百歲乃終，見《研北襍志〔一〕》，

〔一〕志，原訛「著」，據《因樹屋書影》卷十改。

元人陸友仁著。法極之名，人鮮知之。」

宋儒壽數

國朝周亮工《書影》云：「宋儒壽多不永，周茂叔五十七，程明道五十四，吕東萊四十五，張南軒四十八，邵康節六十七。惟朱文公七十一，程伊川七十五，而最享眉壽者楊龜山八十三也。」

周壽誼百十六歲

國朝周亮工《書影》云：「崑山周少參震，其祖壽誼生於宋景定閒，歷元至洪武六年，百有十歲。郡守魏觀設鄉飲酒寵異之，明高皇帝召至闕廷，賜以酒饌，復其家。年百十六歲而終。亦奇事也。」按：此老誠高壽矣。然再閲滄桑，得無感慨係之。

一百九齡叟

國朝周亮工《書影》云：「商丘陳叟名百萬，生長嘉、隆間，一百九齡。曾登賓筵。無子，有二女。雲間周宿來作《一百九齡陳叟歌》贈之。」

韓何兩人所遇皆三數五數

宋費衮《梁谿漫志》云：「韓康公行第三，發解過省殿試，皆第三；以元祐三年三月薨，皆三數。何清源第五，微時從人筮窮達，其人曰：『公不第五。原校云：疑脱邪字。』何曰：『然。』其人大笑稱奇，曰：『公凡遇五即有喜慶。』何以熙寧五年鄉薦余中榜第五人及第，五十五歲隨龍，崇寧五年拜相。每遷官或生子，非五年，即五月或五日。其驗如此。」按：此與《叢鈔》所載田時秀事正相類。

方干像

宋方勺《泊宅編》云：「前世法書名畫有傳之祕閣者，謂之閣本。流俗但云閣本，則翕然稱美。范文正知睦州，奏以唐處士方干配嚴光位。干爲御史方蒙遠祖，下鸕鷀原取畫像，家無以塞命，但塑一幅巾道服者置之祠中。元祐中有旨下諸郡，取前賢所寫真，令所在如法圖進。睦守以嚴、方應詔。後人見元英之像，豈不謂之閣本哉？」原注云：「鸕鷀原，御史所居。」

党進像

宋王得臣《麈史》云：「神宗既大原廟取祖宗以來將相功臣像，各繪於兩廡。予在開封南司，閲牘見党進家狀云『私家無祖像，今城南什物庫土地像乃是』，遂取圖之。」按：党太尉身後又有此一事，亦世所罕聞也。

淩煙閣侯君集像

唐封演《封氏聞見記》云：「貞觀十七年，使閻立本圖太原幕府功臣長孫無忌等二十四人于淩煙閣。其後侯君集謀逆，將就刑。太宗與之訣，流涕曰：『吾爲卿，不復上淩煙閣矣。』中宗曾引修文館學士内宴，因賜游觀，至淩煙閣，見君集像，半塗之。傳云君集誅後，將全塗之，太宗念其功而止。」按：淩煙圖像，千古美談，有此而淩煙功臣減色矣。

宋程大昌《攷古編》云：「呂温贊淩煙功臣，其序曰：『至若張亮、侯君集之跛扈，敢没其名，用彰天刑。』蓋集圖像，後以逆誅。太宗謂曰：『今而後惟見公之畫像而已。』豈當時爲帝有見象之言，遂不敢毁撤邪？故呂温得以議行黜削也。」

又引「盧元卿《法書記》云：『王廙等帖，貞觀十三年褚遂良以下列名其中，一行有『吏部尚書公』五字，無姓名。』元卿注云：『侯君集初同書，犯法後揩名。』則當時亦緣太宗意，雖揩名，尚不没其位著也。」

王荆公像

宋陸務觀《入蜀記》云：「晨至鍾山道林真覺大師塔，塔後有定林庵。舊聞先君言：李伯時畫文公像於庵之昭文齋，著帽束帶，神彩如生。文公殁，齋常扃閉，遇重客至，寺僧開户。客忽見像，皆驚聳，生氣逼人。寫照之妙如此。今庵經火，尺椽無復存。」按：所稱「文公」謂王文公，即安石也。李伯時寫安石像，其妙如此，惜後世不可見也。

雪堂東坡像

宋陸游《入蜀記》云：「東坡地勢，平曠開豁。居士亭下，一堂頗雄，四面畫雪堂，中有蘇公像，烏帽紫裘，横按筇杖。」按：今人多摹東坡笠屐像，然此像亦殊佳。披裘按杖，何必笠屐？

元脱脱丞相夫婦像

國朝孫承澤《春明夢餘録》云："元崇國寺爲脱脱丞相故宅。今佛坐下立一幞頭朱衣老叟、一鳳冠朱裳老嫗，乃其夫婦也。"

姚廣孝像

國朝孫承澤《春明夢餘録》云："元崇國寺，姚廣孝一像、一主在焉。廣孝舊配享廟廡，嘉靖九年，閣臣李時以髡徒不便在廟，送大興隆寺，寺災移此。其像自題一偈云：『看破芭蕉柱杖子，等閑徹骨露風流。有時摇動龜毛拂，直待虚空笑點頭。』後署『獨庵老人題』。獨庵，廣孝號也。"

明莊烈帝夢見太祖

明内臣王永章《甲申日記》云：「召娘娘諭曰：『頃夢太祖，諭曰：天命不可回，代有天下者，非闖也。傳世綿長，百姓將長享太平。爾及宫眷速自盡，闖至必受辱。』」按：此語莊烈與周后言，而王永章在側與聞之也。此必真有此夢，非本朝人事後粉飾語。然則我朝國運靈長，在當時已有命自天矣。

高麗王夢至中國

宋葉夢得《石林燕語》云：「高麗自端拱後不復入貢，王徽立，嘗誦《華嚴經》，願生中國。一夕，夢至京師觀燈，爲詩識之曰：『宿業因緣在契丹，一年朝貢幾多般。忽蒙舜日龍輪召，便侍堯天佛會觀。燈緂似蓮丹闕迥，月華似水碧雲寒。移身幸入華胥境，可惜終宵滴漏殘。』會神宗遣海商喻旨，使來朝，遂復請修故事。」按：西湖惠因講寺，有高麗國王之子僧義天以《華嚴經》三百部並建經閣之資，附貢舶以進，殆即以此。今尚有高麗寺之名。

馬氏之讖

宋周羽沖《三楚新録》載馬殷事云：「嶺外廖光國自韶陽舉族來奔，殷以其豪而衆多，將拒不納。或曰：『廖者，料也，馬得料必肥，是國家强霸之兆。』遂待以禮。光國具陳南越可取狀，因使部將李勳擊南越，拔桂、管十八城。」又云：「吴命邊鎬將兵來救，其實伐也。初童謡云：『鞭打馬，馬急走。』鎬至，希崇知其謀，將拒焉。或以童謡爲諫，希崇不得已，遂降。」按：馬氏始以得料而肥，繼以見鞭而走，兩事前後相映，亦奇。

張成善走

國朝褚人穫《堅瓠集》云：「成化中，臨清張成以善走得名，日行五百里。上官命入京師，往返僅七日，善馬弗能逮。足有長豪，每走勢發，足不得住，抱樹乃止。」

吴三桂家書

明内臣王永章《甲申日記》云：「四月初一日，吴襄繳到三桂廿二日書云：『聞京城已陷，未知確否。大約城已被圍，如可遷避出城，不可多帶銀物，埋藏爲是。并祈告知陳妾，兒身甚强，囑伊耐心。』又云：『得探報，京城已破。兒擬即退駐關外，倘已事不可爲，飛速諭知。家口均陷賊中，只能歸降。陳妾安否？甚爲念。』又廿五日書云：『接二十日諭，知已歸降，欲保家口，只得降順，達變通權，方是大丈夫。惟來諭陳妾騎馬來營，何曾見有蹤跡？如此輕年小女，豈可放令出門？父親何以失算至此？兒已退兵至關，預備來降。惟此事實不放心。』又廿七日書云：『前日探報，劉宗敏掠去陳妾，嗚呼哀哉！今生不能復見，初不料父親失算至此。昨乘賊不備，攻破山海關一面，已向清國借兵。本擬長驅直入，深恐陳妾或已回家，或劉宗敏知係兒妾，並未奸殺，以招兒降。一經進兵，反無生理，故飛稟問訊。』又一書云：『奉諭陳妾安養在宫，但未有確實之説，究竟何來？太子既在宫中，曾否見過？父親既已降順，亦可面奏，説明此意。但求將陳妾、太子兩人送來，立刻降順。』」按：世傳吴三桂與父書，有「父不能爲忠臣，兒亦不能爲孝子」之語，亦頗似有理。乃今讀此數書，但拳拳於陳妾，不以君父爲念，此真狗彘之見也。世間罕見此書，故節録之，以見三桂不忠不孝之罪。梅村云「衝冠一怒爲紅顔」，洵史筆也；乃又云「紅顔流落非吾念」，轉似開脱三桂者，不知何意。

陳圓圓關係明社存亡

木居士《憤言》云：「陳圓父邢三，生圓時，羣雉集屋，因呼爲『野鷄』。母姨陳，俗所稱『賣瘦馬』者。母殁依之，遂陳姓，歸三桂。後賊將掠獻闖，使侍太子。闖敗，歸太子及圓。三桂怒爲太子侍，罷五月朔迎立義興之議。此太子自言之，後見王永章《天崩地坼記》，信然。一朝興廢，實繫此雉。」

按：木居士《憤言》不知何人所著，未之見。此數語引見吴下謝君綬之《五畝園小志》。王永章乃明内臣，其所著《天崩地坼記》亦未之見。然有《日記》一册，今尚存，殆即此記也。所記明莊烈帝太子事，頗足證木居士之説，今掇録於後：「二月二十日，賊在田皇親鄰家搜得太子、定王以獻，闖令入宫。廿一日，封太子爲宋王、定王爲安宅公。四月初六日，發檄文與吴三桂，有云：『太子好好在宫，汝莫想借他爲由。朕已封爲宋王，將爾等妻女與他姦淫，以洩崇禎之憤。』初九，下僞詔，親征吴三桂。十二日起程，太子、晉王、代王、秦王、漢王、吴陳氏、吴氏、吴氏、吴李氏、僞后妃嬪，皆從行。」按：「吴陳氏」即圓圓，兩「吴氏」三桂妹也。「廿五日，戰於一片石，闖大敗，退入關。太子、陳氏已至平南軍中。廿六日，闖與平南王誓書云：『大明朝義興皇帝使監國大學士平南王吴三桂，尚義伯總兵官唐通，大順朝永昌皇帝使兵政府尚書王則堯、張若麒，於甲申四月廿二日立誓於山海關。自誓之後，各守本有疆土，不相侵越。大順朝已得北京，準於五月初一日交還大明朝世守，財貨歸大順朝，人民各從其便。如北兵侵掠，合力攻擊，休戚相共。有渝此盟，天地殛之。』廿八日，牛金星揭呈平南告示兩通：一列監國大學士平南王吴衘，下書義興元年四月廿四日；一列平西親王吴衘，下書順治元年四月廿六日。印文亦兩岐。闖曰：『大約我勝則與我和，清勝則與清合。彼誘得太子、陳氏，便爾背盟，實非人類。』立擒吴襄及家口十六人，斬於市。廿九日，闖登極。三十日，闖率諸賊退出。五月初一日，接太子手敕，以五月初三日入都，爲大行皇帝、大行皇后舉行大事，末署『義興元年四月廿六日』。正擬具本，明日入奏，忽報太子已至城外，王德化急備車駕鹵簿至朝陽門迎駕，永貞在内預備。」按：此下遂無一字，其如何變局不得而知矣。以此記參稽，則陳圓圓實曾侍太子，吴三桂初意本持兩端。或以此變計，亦未可知，梅村所謂「衝冠一怒爲紅顔」也。然天意已歸大清，雖迎立義興，亦復何益？木居士必明之遺黎，自不能不以此爲恨耳。

又按：國朝錢軹《甲申傳信録》詳載明故太子事，余已附載於《三鈔》第四卷。今又得此，則自三月明亡至五月初一日，太子蹤跡分明，此後不復可知。錢軹所記，及南都囚禁者，未知孰爲真僞也。

吴中異人

國朝褚人穫《堅瓠集》云：「昔有人雙目皆瞽，以推命爲生，旁無相者，日走蘇城内外，不失尺寸。街坊巷陌，無不知之。又一人眉目鼻耳俱無，面如被剥，止有口且小，日於閶門市中吹笛，乞錢度日。一人一足不伸，一足履地，雀躍而行，日走三十里。一婦一手無十指，在機房繅絲，極便捷。一人兩手俱無，以足指與人博錢，收錢時雖疾手者不若也。」

儂智高

宋張端義《貴耳録》云：「儂智高發三解不得志，起兵兩廣，遂有兩解試攝官之格。」是儂智高亦科舉士也。

李順

宋沈括《夢溪筆談》云：「蜀中劇賊李順陷劍南、兩川，關右震動。後王師破賊，梟李順，收復兩川，書功行賞，了無閒言。至景祐中，有人告李順尚在。廣州巡檢使臣陳文璉捕得之，乃真李順也，年已七十餘。朝廷以平蜀將士功賞已行，不欲暴其事，但斬順，賞文璉二官。」

按：黄巢、儂智高皆言未死，明季李闖亦然。此等事古今多有之，惟李順則終於敗露耳。

朱漆瞼

元盛如梓《庶齋老學叢談》云：「趙太祖山陵，金之末年河南朱漆瞼等發掘，取其寶器，又欲取其玉帶，重不可得，乃以繩穿其背，扎於自己坐而枰起之，帶始可解，爲口中物噴於瞼上，洗之不去，人因呼朱漆瞼。後敗露，皆杖死。」按：人知南宋諸陵爲胡僧發掘，不知藝祖之陵亦遭此刼也。

一窩蜂

宋陸務觀《入蜀記》云：「富池昭勇廟神，吴大帝時折衝將軍甘興霸也。建炎中，大盗張遇號『一窩蜂』，擁兵過廟下，相率卜珓，一珓騰空中不下，一珓躍出户外，羣盗惶恐引去，未幾遂敗。」按：「一窩蜂」俗語今尚有之，不知是宋時盗賊號也。

王捉鬼

宋王楙《野客叢書》附録其父《野老紀聞》云：「國朝修史書，盗賊王捉鬼之屬不滿千人，亦載於史，義似未安。齊豹書盗而不名，《春秋》之法也。」按：《漢書・成帝紀》：「陽朔三年，潁川鐵官徒申屠聖等百八十人殺長吏，盗庫兵，自稱將軍。鴻嘉三年，廣漢男子鄭躬等六十餘人攻官寺，篡囚徒，盗庫兵，自稱山君。」然則盗賊雖微，名見於史，亦前史舊例也。

龍轉世

國朝陳其年《湖海樓詞集》有《水龍吟》一闋，其題云：「安慶龍二爲舍人光，能知夙世事，自言蓋淩波池中老龍也，魂夢往來，時常髣髴。又言生平每當淒風碎雨，則奮躍欲狂；一遇晴霽，則吻燥神枯，快快不樂。睦州方進士某爲作傳最詳。淩波池在西京終南山下。」

按：《舊唐書·音樂志》有《享龍池樂章》，云：「《龍池樂》，玄宗所作也。玄宗龍潛之時，宅在隆慶坊，宅南坊人所居，變爲池，望氣者亦異焉。故中宗季年，汎舟池中。玄宗正位，以坊爲宮，池水逾大，瀰漫數里，爲此樂以歌其祥也。」並不言水中有龍。本朝欽定《全唐詩》引《唐逸史》曰：「明皇在東都，晝寢，夢一女子曰：『妾淩波池中龍女也，衛宮護駕，妾實有功，願賜一曲，以光族類。』帝夢中爲鼓胡琴，倚歌爲《淩波池》之曲。及寤，盡記之，因宴於淩波宮，臨池奏新聲。有神女出於波心，因置祠祀之。」按：此則淩波老龍，龍之雌者也，轉世爲龍舍人，何歟？

姓名工對

宋無名氏《愛日齋叢鈔》云：「洪氏《四筆》云：『紹興十三年，潘良能季成、游操存誠、沈介得和、伯兄景伯皆爲秘書省正字，同日供職。少監秦伯陽言：「一旦四同舍姓皆從水旁，煒有一句，願諸君對之。」即云：「潘游洪沈泛瀛洲。」坐客無能對者。因記得《筆談》所載元厚之絳少時夢人告異日當爲翰林院學士，須兄弟數人同在禁林。厚之自思素無兄弟，疑爲不然。及元熙中除學士，同時入院者韓維持國、陳繹和叔、鄧綰文約、楊繪元素，名皆從糸，始悟兄弟之説。欲用「絳繹繪維綰綸綍」爲對，然未暇考之史録歲月可同否也。』存中紀之《異事》之目，在當時固應無差。景盧猶謂未考史録，前賢不肯草草，多類此。」按：此條又兩引《桐陰舊話》《石林詩話》，於厚之事頗著疑詞，今更無可考矣。然姓名屬對天成，自是佳話。秦熺，奸賊子，身後乃留此一語，亦人所罕知者。

茶香室四鈔卷五

魯定公母

明周嬰《巵林》云：「《本草證類》言：魯定公母單服五加酒，以致不死。臨隱去，佯託死，時人莫悟。張子聲、楊建始、王叔才、于世彦皆服此酒，得壽二百年。所謂『魯定公』者，蓋道家借名，必非大庭之宋父也。」按：《左傳》正義云：「《魯世家》：『定公名宋，襄公之子。』史傳不言其母，不知誰所生也。」定公之母既不見經傳，則道家所言亦何以知必非其人乎？《證類》一書，唐慎微撰，北宋時人。其時古書猶多，當非無據也。

宋襄公娟

宋趙與旹《賓退録》云：「拱州昭靈廟惠烈夫人，葢俗傳爲宋襄公之娟。」按：「娟」即「妹」也。宋襄公妹不見經傳，不知何據。

蘇武妻

國朝何琇《樵香小記》云：「六朝以綺麗相高，務求新豔，不考本事。梁武帝有《代蘇屬國婦》詩，極纏綿思遠之意，然武生妻去帷也。」愚按：生妻去帷，本李陵書。此書真僞不可知，東坡謂齋梁小兒所爲也。據《漢書》本傳，李陵謂武曰：「來時太夫人已不幸，陵送葬至陽陵。子卿婦年少，聞已更嫁矣。」此李陵勸降之言，未必其爲實事。言「陵送葬至陽陵」，則老母終堂，當非妄語；子卿婦但言「聞已更嫁」，則其爲虛言無實，已可見矣。梁武去漢代猶近，若蘇婦果改適，必不作此詩。有梁武此詩，正可見李陵語之虛妄。而齊梁小兒僞作之書，更不待辨矣。

《文選》載蘇子卿詩云：「結髮爲夫妻，恩愛兩不疑。」可見其伉儷之篤。末云：「生當復來歸，死當長相思。」則其婦之生死不渝，臨别時必有要言矣。李陵妄言，子卿固當不信。奈何千載而下轉以李陵一言使蘇婦蒙不白之寃乎？余故力雪之。

柳柳州妻

《書史會要》：「楊夫人，柳柳州宗元室，善翰墨。」按：昌黎志子厚墓，不載其妻，宜表出之。子厚有伯姊，爲崔簡妻，善隸書，見《柳集》。是子厚門内皆善翰墨也。

韋蘇州女

元西域辛文房《唐才子傳》云：「殷堯藩初游韋應物門牆，分契莫逆。及來長沙，尚書李翺席上有舞《柘枝》者，容語悽惻，因感而賦詩云：『姑蘇太守青娥女，流落長沙舞《柘枝》。滿坐繡衣皆不識，可憐紅粉淚雙垂。』衆客驚問之，果韋公愛姬所生女也，相與吁歎。翺即命削丹書於賓館中，擇士嫁之。」按：韋蘇州女至流爲歌姬，亦奇。

韓魏公母

宋張端義《貴耳集》云：「蜀士胡其姓者，知其女貴，能生子作宰相。攜入京師，尋一朝士生宰相者，即與之。道閒見韓光禄國華，拜于馬首，云：『三年在京師，閱人多矣。光禄必生宰相子，敢以女爲獻。』後果生魏公。今韓氏家廟有胡夫人，即斯人女也。」

孝烈將軍

元陸友仁《研北雜志》云：「完州城北有木蘭廟，榜曰『孝烈將軍』。土人云是木蘭戰處。廟有宋熙寧閒知軍事錢景初題記，并所刻古樂府詞。」按：今爲完縣，先君子曾至其處，有詩存集中。

冲虚居士

宋張世南《游宦紀聞》云：「黄公銖字子厚，與朱文公爲交友。黄之母筆力甚高，嘗見黄録詞稾云：『先妣冲虚居士，少聰明，穎異絶人，於書史無所不讀。年三十，先君捐棄，抱貞節以自終。』」按：婦女稱「居士」，可與易安居士並傳。然易安晚節有疑，不如冲虚居士多矣。惜不傳其姓，其詞止存六首，視易安更少。

大虎、小虎

明周嬰《卮林》云：「孫魯班字大虎，孫魯育字小虎，俱孫權女。」按：此出陸龜蒙《侍兒小名録》，二女皆步夫人所生也。女子以「虎」名，大奇。

和女

《太平廣記》水類引《渝州圖經》云：「渝州城灘在州西南三十里，多覆舟之患。古老傳昔有仙居和來爲巴州刺史，過此灘，舟翻溺死。和女與兄圖行，女有兩女，方稚齒，乃分金珠作二錦囊，纓致兒頸，然後乘船至父没處投水。凡六日，與兄夢云：『二十一日與父俱出。』兄令人守之，至期果然俱浮水而出。今碑在城灘側。」按：此事與曹娥、叔先雒鼎足而三矣。和有二女，是已適人者，爲尤難也。曹娥碑甚著，而和碑無聞，未知今尚存否。

丹姬

宋車若水《脚氣集》云：「谷永云：楚王絶丹姬，以成霸功。應劭注《漢書》，便撰出个丹姬來。《谷永集》中乃夏姬也。解注難看如此。」按：此則「丹姬」即夏姬矣。

蘇來卿

國朝宋長白《柳亭詩話》云：「陳思王《精微篇》有云：『關東有賢女，自字蘇來卿。壯年報父仇，身殁垂功名。』蘇來卿非入思王文集，并無由識其姓氏。乃知龐娥親、謝小娥輩流傳萬古，正不易易。」

陳燕子丁

《金華府志》云：「獨庵比丘道衍《法華經跋》云：『唐僧義道與女人陳燕子丁共以小楷細書是經，爲薦亡母。點畫波撇，若出一手。』」

國朝章有謨《景船齋雜記》云：「顧清宇有唐朝兄妹共寫《法華經》七卷，後題云『燕子女丁』。」據此，則兄妹二人共寫者，或兄即爲僧乎？不然，僧何得與女人同薦其母也？是可訂志書之謬。然據志，可知其兄妹姓陳氏，又可知其兄爲僧，名義道。余於《續鈔》已載此事，閱此又附訂異同。惟「燕子丁」不可解，「燕子女丁」亦不可解。

鄭貴妃售履

國朝查慎行《人海記》云：「鄭貴妃父承憲，貧甚，以女許孝廉某爲妾。臨别悲慟，孝廉憫之，遣還，不責聘。鄭感其意，脱隻履與孝廉，矢報。已而入宫，大得幸。念前事，而忘孝廉名。命小璫售履於市，無應者。時孝廉計偕，聞而往，合其履。妃泣告於上。亡何孝廉謁選得善地，歷官鹽運使。」按：此事曾於一平話見之，不知其爲鄭貴妃事也。然實於情理不合，殆委巷所妄傳耳。

梁三姑彈箏

國朝周亮工《書影》云：「蘇武子曰：武宗時，東院梁氏彈箏獨妙，備供奉。天啓甲子二月，予同劉君過之，則已無彈箏者矣。問其家三姑善箏者下世今幾年，一嫠曰：『今九十餘，尚能飯。然二三十年來内廷静攝，教坊、樂坊皆湮廢，三姑箏塵久矣。』因請見，三姑辭再四，則列幛坐右，爲奏一曲，聽者悄然愾歎。後田玉環亦以善箏名，第非梁氏所傳，大抵皆姑蘇、太倉閒琵琶聲，兼儀、揚里巷所歌陳、隋調耳。其時劉弱亦彈箏，則竟唱《甘州》《桐城》諸歌矣。嗟乎！箏亦技耳，嘉、隆所傳，世無存矣。梁嫗已没，田、劉適人。思向音響，渺矣難即。傷哉！後之欲聞此技者也。」

馬湘蘭畫壁

國朝程庭鷺《多暇録》云：「蘇州長春巷醫者曹仁伯所居宅，爲王百穀故居，有馬湘蘭畫壁數處。」按：此巷與余所寓馬醫科巷甚近，然無知其事者矣。

木白美

國朝程庭鷺《多暇録》云：「顧俠君《觀西樓記傳奇》云：『翠鈿拾得在荒園，月動花稍宿夜魂。今日尊前看白美，眉尖一半舊啼痕。』自注：『白美，木姬本名也。故址在秀野園旁。今院本作穆素徽，假木之音爲穆，假白美之義爲素徽耳。』今吴縣學署左某氏有小園，相傳爲木姬舊居，西樓尚存，則秀野園當亦在其鄰近。」

花妝

宋王楙《野客叢書》云：「《唐·涼國公主傳》謂字華莊，碑謂花妝。」愚按：碑文爲是，「花妝」二字不典，故易之耳。

雲英、春鶯

明曹安《讕言長語》云：「《西樓雅集圖》有二女子，王晉卿家姬雲英、春鶯也。」按：米南宫《記》但云「後有女奴，雲鬟翠飾，侍立自然，富貴風韻，乃晉卿之家姬也」，不載其名。此可補米《記》之不及。

九子母

明周嬰《卮林》云：「《猗覺寮雜記》曰：『應劭〔一〕《漢書・成帝》「生甲觀畫堂」云：「畫九子母。」佛自後漢方入中國，安得元帝時已有九子母？其陋可笑。』按：《列女傳》魯有『九子之母』，教兒造次於禮，魯人以爲母師。甲觀既燕閒内寢，后妃所居，則畫九子者取蕃育之義，畫其母者取禮法之宗。仲遠之時去西京未遥，於漢家故實必有傳記，未可謂之簧説也。」

按：師古曰：「畫堂但畫飾耳，豈必九子母乎？」是亦以應説爲非，蓋由未解「九子母」之義。若知是魯之九子母，則不必以爲疑矣。

小姑賢祠

國朝程庭鷺《多暇録》云：「小姑賢爲虎丘南地名。昔有民家，姑惡新婦，欲羅織之。其小

〔一〕「劭」下，《猗覺寮雜記》有「注」字。

姑悉引爲己過以悟母，母悔而止。鄉人祠之。今院本、雜爨有《小姑賢》一折，即演此事，見宋犖《燕石集》。」

段七娘

國朝朱彭《西湖遺事詩》注云：「康熙初，湖南酒肆惟段七娘最知名。王漁洋門生汪懋麟《酒舍》詩云：『酒舍爭傳段七娘，王墳小豆摘新嘗。』邵皇親墳所産豆勝他處，俗稱『皇墳豆』，故詩及之。」

余所居俞樓之外有一酒樓，花農題榜曰「樓外樓」。其主人一老婁婦，人稱之曰洪四姆。聊記於此，數百年後或可與「段七娘」作對乎？

遷城小娘

國朝周亮工《書影》云：「宋知州鄭建撰《吴興郡城記》云：秦時爲下菰城，晉郭璞欲移郡於東遷。其女亦善地理，啟璞無徙，因舊址損益之，永無殘破之慮。璞從之，遂定於今處。女號遷城小娘，從璞廟祀。」

婦人統兵

宋趙與旹《賓退録》云：「婦人統兵，世但稱唐平陽公主。余又記晉王恭討王國寶時，王廞聚衆應之，以其女爲貞烈將軍，且盡以女人爲官屬，顧琛母孔氏爲司馬，其一也。」按：楊大眼妻楊氏稱楊將軍，見《魏書》本傳。許勍妻劉氏稱劉將軍，見唐崔致遠《桂苑筆耕集》。此類尚有之。至統兵自成一軍者，則罕見。《金史》完顔仲德妻率諸命婦自爲一軍，親運矢石於城下。此則非趙氏所及見矣。

明周嬰《卮林》云：「《唐書》韋后時有内將軍賀婁氏。肅宗乾元初，衛州婦人侯四娘、滑州婦人唐四娘、集州婦人王二娘歃血，請赴行營討賊，皆補果毅。咸官妖也。」

《卮林補遺》云：「《漢紀》琅琊吕母爲子報怨，聚衆數百人，自號將軍。《宋書》顧琛母孔氏年百餘歲。晉安帝隆安初，琅琊王廞於吴中爲亂，以女爲貞烈將軍，以孔氏爲司馬。女將軍、女司馬偉矣，年百餘歲而能服軍政，振古之奇婦人也。」

明張萱《疑耀》云：「庾子山《奉報趙王出師在道賜詩之作》云：『錦車同建節，魚軒異泊營。軍中女子氣，塞外夫人城。』是趙王宅眷皆在軍中矣。」愚按：「同建節」「異泊營」二句，疑趙王夫人亦自成一隊也。

唐婦女多三字名

國朝羅振玉《讀碑小箋》云：「唐代婦人名字多用三字，《楊君夫人韋氏碑》夫人諱檀特，字毘邪梨。《比丘尼法願墓志》法願字無所得。《盧公夫人崔氏墓志》夫人名積，號尊德性。《優婆夷未曾有塔銘》優婆夷諱未曾有。《范氏夫人墓志》姓范，諱如蓮花。此外尚多，聊著數則，以廣異聞。」

古婦女以朱粉塗面

明楊慎《名畫神品目》有宋懷懿皇后李氏御容，注云：「用紫色粉自眉以下作兩方葉，塗其面頰，自鼻梁上下露真色一綫，若紫紗幕者。後見《古今注》，魏文帝宫人有巧笑者，始以錦絲作紫粉，塗拂其面。」愚按：此所説殊未分明，不知以紫紗幕之邪，抑以紫粉塗之邪？疑幕以紫紗，而調和紫粉，以黏合之，亦古人出必擁蔽之遺意。

程氏婦女不裹足

元白珽《湛淵静語》云：「伊川先生六代孫淮，咸淳閒爲安慶倅。明道年五十四卒，一子相繼早世，無後。淮之族尚蕃居池陽，婦人不纏足，不貫耳，至今守之。」

人臣女封郡主

宋葉夢得《石林燕語》云：「帝女謂之公主，六朝後諸王之女皆封縣主，隋以後又有稱郡主者。國初趙韓王以開國元臣，詔諸女特比宗室，皆封郡主。臣庶而封主者，惟趙氏一家而已。」

按：《叢鈔》卷六已引《澠水燕談録》載有此事，據《燕談録》高懷德二女封縣主，則非止趙氏有之。唐代宗册僕固懷恩女爲崇徽公主，下降回紇，則人臣女并有封公主者，然此乃養女也。

婦女受封稱太不稱太之别

宋徐度《卻掃編》云：「故事，臣僚封贈母及祖母，不問存殁，並加太字，曰太夫人、太君。政和間，劉安上建言：『太者事生之尊稱也。封母而别之以太，所以異於其婦。若既殁並祭於夫，加太字，是以尊臨其夫也，名義未正。』自是凡追封者除去太字。」按：追封不稱「太」始此。今制雖生前受封，而舅姑在、夫在，均不稱「太」，義更密矣。

妾不受封

宋吴炯《五總志》云：「唐元舅鄭光作鎮河東，媵御有敕封夫人，田絢贊光以表謝而不受，曰：『白屋同愁，已失鳳鳴之侶；朱門自樂，難容烏合之人。』宣宗嘉之。杜佑〔一〕妻早卒，嬖姬李氏，有敕策爲夫人。崔膺勸佑讓封梁氏，且爲表，其畧曰：『豈伊身賤之時，妻同勤苦；而於榮達之後，妾享封榮？』上憐之，乃并封梁氏。近者公卿姬侍悉加邑號，而尤者疏封大國，得無愧於二子？」

按：此二表讀之，增伉儷之重。今制原配雖亡，封贈必及，觀此知唐時猶未定此制也。

女封不繫夫

國朝光聰諧《有不爲齋隨筆》云：「宋時宗室之女，其封爵自崇，不繫於夫。亦有大臣之女得封不繫其夫者，如龐籍之長女、第五女、第七女，因籍遺表得封；歐陽修女因大賚丐恩得封；文彦博女因母辭其寵章，爲之請邑得封，皆不繫其夫。其制皆荆公所作，載《臨川集》中。」

〔一〕佑，原訛「祐」，據下文及《舊唐書》本傳改。

按：今制亦有之，余門下士編修徐琪請貤封其姊，而其姊夫袁啟瀛不封。

割臂治夫疾得以孝旌

國朝《邵懿辰文集·易安人墓表》云：「道光乙巳冬十有一月，翰林院編修陳君承命出守吉安，入對，上曰：『日禮部章上汝妻與請旌，有諸？』即頓首伏謝。先是君遘危疾，妻易安人泣禱於神，期以身代，最後刲臂肉，和藥飲君，一進疾若失。而安人由此積勞疾，未三十六日而死。其鄉人曾侍講國藩曰：『婦人於法旌節與孝而已，若安人之義，服勤至死，以貰其夫之死，有功於陳氏甚大，以孝旌其可？』乃聯其鄉之士大夫列於鄉，有司以達於禮部。蓋期年而得旌，旌命下不旬日，而陳君有易安之命。」按：此事在道光二十五年，人罕知者，故表出之。陳君名源兗，字岱雲。《曾文正集》有《陳岱雲妻易安人墓志銘》，不載請旌事，蓋志墓在前，請旌在後也。婦人刲臂治夫疾，亦稱爲孝，甚奇。然陳君奏對語有「臣妻易氏有孝義行，鄉人哀之，以聞於有司」云云，或當日固以孝義旌，不專言孝歟？

金陵十二釵

國朝無名氏《情史》云：「嘉靖閒，海宇清謐，金陵最稱饒富。而平康亦極盛，諸姬著名者，前則劉、董、羅、葛、段、趙，後則何、蔣、王、楊、馬、褚，青樓所稱『十二釵』也。」按：此引王百穀語，未知所出。《紅樓夢》小説「金陵十二釵」，蓋亦有所本也。

手帕姊妹

國朝周亮工《書影》云：「聞故老言，南京舊院有色藝俱優，或二十、三十姓結爲手帕姊妹。」

朝鮮月山大君婷

國朝程庭鷺《多暇集》云：「吴子魚《朝鮮詩選》有《月山大君婷》一首，《明詩綜》載之，」云是朝鮮女子。蒙古博西齋明辨之云：『朝鮮之制，王兄弟封君，同母弟封大君。婷乃懷簡王子，康靖王弟，非女子也。』」按：月山大君，余已載於《三鈔》卷七，蓋亦誤以爲女子，今訂正。

朝鮮女子詩

明徐𤊹《筆精》載《朝鮮詩》：「有李媛、成氏、許妹三人，女中之英也。」所録各七絶二首。又云：「近程將軍相如輯四女詩行於世。」四女中止載許妹及李媛詩，餘二人無詩。其一人想即成氏，其一人不可考矣。又云：「許妹者狀元許筠、正郎許篈之妹也。兄弟並著才名，而妹詩尤工。」

茶香室四鈔卷六

爹爹、孃孃

宋曹勳《北狩見聞録》云：「靖康二年二月初七日，李石、周訓、吴幵、莫儔來奏曰：『皇帝令起居上皇，緣金人堅欲上皇出郊。』又密奏曰：『得旨爹爹孃孃請便來。』」

按：「爹爹」「媽媽」之稱已載於《曲園襍纂》第三十六，「巴巴」「媽媽」之稱又載於《三鈔》卷五。今得「爹爹」「孃孃」之稱又記之，以見俗稱之有本也。

衙内

宋張唐英《蜀檮杌》云：「孟昶，知祥第三子，累遷西川衙内馬步軍都指揮使。」又宋王稱

《西夏事略》云：「李繼筠卒，弟繼捧立。繼捧初爲牙内指揮使，嗣繼筠爲留後。」按：此知唐時藩鎮相沿皆以親子弟領衙内之職，故其時有「衙内」之稱。春秋時稱「公子」，戰國後稱「王孫」，唐末宋初稱「衙内」，亦可見時變矣。

宋孔平仲《珩璜新論》云：「牙者，旗也。太守出，有門旗，後人遂以『牙』爲『衙』。早衙、晚衙，亦太守出則建旗之義。或以『衙』爲廨舍，早晚聲鼓謂之衙鼓，報牌謂之衙牌，兒子謂之衙内，皆不知之耳。」

尊夫人

國朝姚範《援鶉堂筆記》云：「今人稱人妻曰尊夫人，誤也。古人以稱其母。《唐書·鄭善果傳》：『竇建德將王琮獲善果，誚之曰：「公隋室大臣也，自尊夫人亡，清稱益衰。」』昌黎《孟東野墓誌》亦稱其母爲尊夫人。」

又云：「《晉書》蘇林對峻稱其祖父乘爲尊祖，温嶠對謝尚稱其父鯤爲尊太君。」按：「尊」者尊稱，自非可施之其妻。若「尊祖」之稱，今人猶習言之，「尊太君」則無聞矣。

令嗣

宋米芾《海岳名言》云：「幼兒尹知，代吾名書碑，及手大字，更無辨。門下許侍郎尤愛其小楷，云：『每小簡，可使令嗣書。』謂尹知也。」按：今人稱人子曰「令嗣」，宋人已如此。

慈兄

國朝羅振玉《存拙齋札疏》云：「《後漢書·光武紀》：『其布告天下，令知忠臣、孝子、慈兄、悌弟薄葬送終之義。』『慈兄』二字甚新。」

祖孫有類有不類

明徐𤊹《筆精》云：「王羲之七世孫曰僧智永，謝靈運十世孫曰僧皎然，書法、詩學皆不愧祖風，後世侈譚之，不因沙門而薄其祖先也。韓侂胄爲魏公之孫，時論爲之歎息。豈紫衣宰相不如緇衣髡徒乎？所重在彼不在此也。」又宋王林《野客叢書》云：「唐盧懷謹清素有守，爲時名相。懷謹少子奕死於禄山，見《忠義傳》；奕子杞，佞邪誤國，見《姦臣傳》；杞子元輔，端静純正，能紹其祖烈。盧氏四世，趨操不同如此。」按：自盧懷慎以下三世皆賢，獨有一杞介於其間，亦不可解也。

爲子孫置習宜慎

宋無名氏《愛日齋叢鈔》云：「按：《東齋記事》：『黄筌、黄居宷，蜀之名畫手也，尤善爲翎毛。其家多養鷹鶻，觀其神俊以模寫之，故得其真。後子孫有棄其畫業而事田獵飛放者，既多養鷹鶻，則買鼠以飼之，又其後世有捕鼠爲業者，其所置習不可不慎。』」按：此不知寓言邪？抑實有其事？夫自作畫至捕鼠遠矣，孰知只是一再傳事乎？

子孫用祖宗樂

明張萱《疑耀》云：「韓苑洛論樂，謂祖宗之樂決不可奏於子孫之廟，豈可以子孫坐於上而呈祖宗之形容哉？子孫有功德者，宜别爲樂，則可奏之祖宗之廟，以慰悦祖宗之心也。此説近理。」

余謂此謬論也。三代之樂如《大夏》《大濩》《大武》，皆世世用之，豈以爲嫌？白香山《七德舞》云：「歌七德，舞七德，聖人有作垂無極。豈徒耀神武，豈徒誇聖文？太宗意在陳王業，王業艱難示子孫。」然則陳祖宗之功德，正所以示王業之艱難，昭後人之法守。苑洛之論，未見及此也。

祖孫父子共論一人

宋王楙《野客叢書》云：「《前漢·董仲舒贊》曰：『劉向稱董仲舒雖伊、吕何以加。至向子歆以爲伊尹聖人之偶，仲舒未及乎游、夏，伊、吕不加，過矣。至向曾孫龔，以歆之言爲然。』班固引其三代評論如此。」按：《左傳·莊十一年》臧孫達、臧文仲祖孫並論宋事，余嘗以爲疑。今觀此，則曾祖至曾孫四代共論此一人矣。然向、歆父子反脣，何太甚歟？

舅父

宋趙與旹《賓退録》云：「《史記·齊世家》：『齊王與舅父駟鈞陰謀發兵。』《索隱》云：『舅父謂舅，猶姨稱姨母。』『舅父』二字甚新，人少用者。」按：「舅父」「姨母」之稱至今循之，初疑不典，今乃知有本也。然趙云「人少用者」，則知宋時猶不稱舅爲「舅父」。

擇壻

宋徐度《却掃編》云：「本朝公卿多有知人之明，見於擇壻。趙參政昌言之壻爲王文正旦，王文正之壻爲韓忠憲億、吕惠穆公弼，吕惠穆之壻爲韓文定忠彦，李侍郎虚己之壻爲晏元獻殊，晏元獻之壻爲富文忠弼、楊尚書察，富文忠之壻爲馮宣徽京，陳康肅堯咨之壻爲賈文元昌朝、曾宣靖公亮。」

冰翁

宋張世南《游宦紀聞》云：「懷玉寺左里許，下梯徑又二里，有亭曰輔龍，乃先兄之冰翁董諱熠字季興所創。」按：「冰翁」者妻父也，蓋即婦翁冰清之義。宋時俗稱，今不聞矣。

兩姻家甃路

宋范成大《驂鸞録》云：「自婺至衢皆磚街，無復泥塗之憂。異時兩州各有一富人作姻家，欲便往來，共甃此路。」

舍居壻、接脚夫

宋程大昌《演繁露續》云：「元豐六年，提舉河北保甲司言：乞義子孫、舍居壻、隨母子孫、接脚夫等見爲保甲者，候分居日，比有分親屬給半。詔著爲令。」按：「舍居壻」謂贅壻也，亦稱「入舍女壻」。《夷堅志》云：「饒州市隗千三名伯者，螾州門裏王小三家作入舍女壻。」〔一〕

邵堯夫晚娶

明張萱《疑耀》云：「邵堯夫四十餘歲始娶，至四十五歲始生男，有詩云：『我今行年四十五，生男方始爲人父。』豈其幼年斷意婚娶，至是乃念及不孝爲大邪？」

〔一〕《夷堅三志》壬卷第六《隗伯山》「千」作「十」、「伯」作「伯山」、「螾」作「蠙」。

讀《眉山集》去妻

宋李廌《師友談記》云："章元弼娶中表陳氏，甚端麗。元弼貌寢陋，嗜學。初《眉山》有雕本，元弼得之，夜觀忘寐。陳氏有言，遂求去，元弼出之。每爲朋友言之，曰：『緣吾讀《眉山集》而致也。』"

張九成娶再嫁之婦

國朝周亮工《書影》云："張九成以紹興壬子狀元及第，癸丑再娶浦江馬氏爲繼妻。馬先嫁義烏吴察，察早夭，生一子七歲，而姑龔氏撫之。馬再適二年而死，九成往謁龔氏，相見參拜。龔氏既殁，爲作墓志，備述馬氏再適之由，絶無隱諱。可見立心不欺、用情敦厚也。"按：宋人固不諱再嫁。然此婦棄其垂老之姑、七齡之子，恝然再嫁，殊不足取。不知張九成何以娶之也。

羞娶婦嫁女

宋陳著《本堂集》有婚啟四卷，卷内題目有云《羞戴時芳迎婦》《羞離孫舒慊迎婦》，又有云《答張子開教授羞深娶婦》《答内弟竺少博羞深娶妻》《答吴山甫羞深娶妻》。「深」者其子之名也。因娶婦而有所餽贈，名之曰「羞」。《曲禮》云：「賀取妻者，曰：某子使某，聞子有客，使某羞。」鄭注曰：「羞，進也，言進於客，其禮蓋壺酒、束修若犬也。」《本堂集》所用「羞」字當本此，豈此語宋時猶存邪？

又有《羞戴帥初架閣嫁女》《羞黄甥正孫嫁妹》《羞舒景仲嫁從妹》《羞趙景文嫁妹》。按：古者因婚禮不賀，故變其辭如此。施之嫁女，又與古禮微不合矣。

稱婦曰卿

宋龐元英《文昌褋録》云：「晉王戎妻語戎爲『卿』。束晳亦曰：婦皆卿夫，子呼父字。有一士人作詩，謂婦曰『卿』，非也。」按：此條不可解，豈婦可卿夫、夫不可卿婦邪？

不娶

宋方勺《泊宅編》云：「楊孝本字行先，學博行高，東坡號曰玉巖居士。平生不娶，坡戲以元德秀呼之。居士曰：『某乃陽城之裔。』故坡詩云：『衆謂元德秀，自稱陽道州。』皆謂無妻也。」

歐公自敘先世錯誤

宋周密《齊東野語》云：「歐公著族譜，號爲精密。其言詢生通，自通三世生琮，爲吉州刺史。當唐末，黄巢陷州縣，率州民捍賊，鄉里賴以保全。琮以下譜亡，自琮八世生萬，爲安福令，公爲安福令九世孫。以是考之，詢在唐初，至黄巢時幾三百年，僅得五世；琮在唐末，至宋仁宗纔百四五十年，乃爲十六世，恐無是理。」

唐劉氏不祭其先

《北夢瑣言》云：「劉蛻，桐廬人。早以文學進士，其父嘗戒之曰：『任汝舉進取，吾没後慎勿祭祀。』乃乘扁舟，以漁釣自娱，竟不知其所適。蛻後登華貫，出典商於，霜露之思於是乎止。臨終亦戒其子，如先考之命。蜀禮部尚書纂，即其息也，爲同列言之。」

名子詭異

宋無名氏《愛日齋叢鈔》云：「前輩名其子弟，多不可解。李邯鄲將名三子，必用經語之言，三者又必四字成文，第二三字皆仄聲，第四字平聲，然後取第二字四字名之：長曰復圭，取『三復白圭』；仲曰壽朋，取『三壽作朋』；季獨無之，乃於佛經取『三德苾芻』，名曰德芻。賀方回二子曰房曰廩，於文房從方，廩從回，蓋寓父字於二子名也。常子然環本河朔農家，子然既爲御史，一村之人名皆從玉。子然名其子曰任、佚、美、向，謂周任、史佚、子美、叔向，使人不可效。蜀鮮于氏子四人，長曰可，次曰吕，次曰參，次曰噩，自一口而至四口。孫和甫命其四子曰朴，曰埜，曰戁，曰愨，韓蘄王命其四子曰朴、直、古、質，唐吕渭四子曰温、恭、儉、讓。此則古者命子義主教訓爲重。惟漢史恭三子高、曾、元，以世次縣隔之稱連名伯仲閒，何歟？」

按：「參」字實不從三口，此最無謂。至於古人名爲名，則古人多有之。如何尚之三子名偃、求、點，庾肩吾二子名黔婁、於陵是也。任昉四子西華、南容、北叟、東里，取古人之名，而又以東西南北爲義，此則稍别。

以孔子名字取名

明周嬰《巵林》云：「《西秦録》乞伏熾盤將有征西將軍孔子。《後魏書》天平元年，蕭衍將軍紀耕入寇嶂嵣，都督曹仲尼破走之。此夷俗侮聖之甚者也。《宋書》世祖以沈伯玉容貌似圖畫仲尼像，常呼爲孔丘。《唐書》王起字舉之，文宗引入翰林，詔畫像便殿，號當世仲尼。此中國君臣侮聖之尤者也。然《唐書·表》漢有薛方丘字夫子，則夸誕之風已始於此。」

夷俗侮聖，固不足責，其人猶禽獸耳，豈知此爲侮聖乎？且其侮聖亦其尊聖也，蓋猶知愛重孔子，故以自名也。其以孔子、仲尼爲名，亦猶魏之高菩薩，周之席毗羅，唐之宋金剛、王羅漢，正表其皈心釋氏耳。往年西洋有輪船名孔夫子，謂借此三字以壓風濤，亦其侮聖而實尊聖之一端。他日聖教洋溢於西夷，必自此始。

字其字爲號

明曹安《讕言長語》云：「號古無有，因其名之有字，而復字其字以示訓。故程雪樓於賴安撫巋字曰伯高，高而不自高，號曰謙齋。巋，衆山中獨高者。」按：名、字必相應，古義然也。若號則或其自稱，或人之稱之，不必又與其字相應也。曹説不必拘，然亦一説也。

名字有禁

明廖道南《殿閣詞林記》云：「洪武二年，禁革民間名字有先聖、先賢、大國君臣并漢、晉、唐、宋等字。」按：宋世止禁天聖君王等字爲名，見《能改齋漫録》，余已載於《續鈔》卷九。若明制，則禁忌更多矣。

光梵晃三子

宋車若水《脚氣集》云：「平翁先生云：有人一子名光，一子名梵，一子名晃。其父遠出不歸，光者子細探其蹤跡，知其北往，求之幽、燕。梵者不子細探討，乃求之南閩。晃者在家嬉游而已。一日，光得其父以歸，梵索然而歸，光以責梵，晃亦以責梵。光可言也，晃不可言也。梵雖行路差，尚曾求父也；晃坐於家，乃責梵之不善求父。今人未求道而空議人，何以異此？」

按：此一段不知出何書。

小名十狗

宋方勺《泊宅編》云：「狀頭時邦彥，母懷之彌月，夢九人皁衣肩輿一金紫人，徑入房中。明日犬生九子皆黑，晚遂生邦彥，故小名十狗。同年録見之。」

明人猶有以龜命名者

明徐𤊹《筆精》云：「唐、宋人不諱龜，不知龜字諱於何代。近世以龜命名者極少，獨鉛山費冏卿弟名龜年，官廣西灌陽知縣；惠安亦有楊龜年，官教諭。」

按：王阮亭《池北偶談》謂諱龜自明始，張江陵生時，母夢一龜，因名之，後乃改名。此兩「龜年」當亦不隨俗之士，然無知者矣。元西域辛文房《唐才子傳》云：「張志和字子同，初名龜齡，詔改之。」此則未知改之之故，唐時固不諱龜也。

己巳

宋王楙《野客叢書》云：「韓退之作《薛公達墓志》，集本云『以公儀之子爲我後』，石本作『以公儀之子己巳後我』，趙德夫謂『己巳』葢其小字。」按：東雅堂本韓文亦作「以公儀之子己巳後我」，校云：「己巳後我」或作「爲己後」。

柤棃

無名氏《釣磯立談》云：「劍浦人陳陶，學通天人，察運祚衰替，遂絶意於薦紳，專以服食練氣爲事，詩有云：『蟠溪老叟無人問，閒列柤棃教《六韜》。』柤、棃，其二子小字也。或問其優劣，曰：『味雖不同，皆可於口。』」

按：《宋書・張敷傳》：「敷小名查，父邵小名棃。文帝戲之曰：『查何如棃？』敷曰：『棃爲百果之宗，查何可比？』」是「查棃」本父子事，此則又爲兄弟事矣。

《雲萍録》

宋張世南《游宦紀聞》云：「包遜字敏道，象山先生上足也。在臨安謁魏舍人了翁，因出《雲萍録》令書。包有六子，皆從心，其間名愶者，舍人指曰：『此非從心，乃是從十。』有館客李丈云：『從十乃眾人之和，是謂協和萬邦之協；從心乃此心之和，是謂三后愶心之愶。』後閲

《集韻》，果如所云。」按：《雲萍録》已記於《叢鈔》卷六〔一〕。今觀此，乃知宋世人人皆有《雲萍録》。遇客有當意者，則使書之。所書不止名號爵里，并及其子弟，疑亦兼及其祖父矣。此意殊佳，今人何不仿而行之？

門人弟子

宋程大昌《演繁露》云：「魏文帝黄初五年，立太學。初詣學者爲門人，滿一歲試通一經者補弟子，不通一經罷遣。弟子滿二歲試通二經者補文學掌故，不通經者聽須後試。」按：此知由門人而升爲弟子，自有等級。《後漢書・賈逵傳》：「皆拜逵所選弟子及門生爲千乘王國郎。」孔宙碑陰有稱「弟子」者，有稱「門生」者，「門生」即門人也。魏時去漢未遠，太學之制必漢世諸儒之舊例。歐陽公以親受業者爲弟子，轉相授受者爲門生，未得其義。《論語》：「由也升堂矣，未入於室也。」堂室之喻，即從「門」字而來，言由已升吾堂，不如爾

〔一〕 六，當爲「五」。

等初入吾門也。若從歐公説，則門人當是子路弟子，安得不敬子路？若非子路弟子，則又從何人言而謂之門人乎？

護引行院

宋車若水《脚氣集》云：「劉漫塘云：向在金陵，親見小民有行院之説。且如賣炊餅者自别處來，未有其地與資，而一城賣餅諸家便與借市，某送炊具，某貸麪料，百需皆裕，謂之護引行院，無一豪忌心。此等風俗可愛。」按：護引行院，其名不可解，其意則甚佳。今俗語云「同行嫉妬」，安得有此邪？

獨樂園園丁

宋張端義《貴耳集》云：「獨樂園，司馬公居洛時建，有園丁吕直，性愚而鯁，公以『直』名之。夏日游人入園，微有所得，持十千白公，公麾之使去。後幾日，自建一井亭。公問之，直以十千爲對，復曰：『端明要作好人，在直如何不作好人？』」按：此園丁自佳，而游客入園，園丁有得，則此風亦古矣。

宋吴炯《五總志》云：「司馬温公在西都，會文潞公守洛，攜妓行春，日邀致公。一日自至獨樂園，園吏視公歎息。公詰之，答曰：『方花木盛時，公一出數十日，不惟老卻春色，亦不曾看一行書，可惜瀾浪卻相公也。』公深愧之，遣馬還第，誓不復出。諸老爭來邀公，必以園吏語謝之。」按：世傳司馬温公僕爲東坡教壞，若此吏勝彼僕矣，但不知即吕直否。

老姜

國朝褚人穫《堅瓠集》云：「劉瑾之釋李夢陽，人知康海數言得釋，而不知瑾之家人老姜實救之，曰：『昔年不得志時，李主事管昌平倉，容吾家納米領價，得志乃忘之乎？』瑾乃釋夢陽。」

奴名星星

元陸友仁《硯北褋志》云：「韓退之《送窮文》『使奴星結柳作車』，一本作『星星』。《雁塔題名》：『薛茂宏、陸璠、陳宣魯同登，執硯者奴星星。』蓋唐人多以名奴，亦猶今人以『倩』『盼』名婢。」

初三初四

宋張端義《貴耳集》云：「有一小官在都乞差遣，一留三四年，題一詩在僦樓之壁云：『朝看貝葉牢籠佛，夜禮星辰取奉天。呼召歸來聞好語，初三初四亦欣然。』初三、初四，即二僕也。因此詩傳播京下，遂得缺而去。」按：此亦唐李昌符《婢僕詩》之故智也。

明初嘉興王某與子書

國朝吴翌鳳《遜志堂襍鈔》云：「明洪武初，有嘉興王某貽書其子，上偶見之，喜其善於教子，下詔獎厲之。詔曰：『御史臺管勾宇文桂因事被問，囊中所藏書信百封，悉是浙中儒吏獎譽之言，亦有私託求進者。于百封書中得一善教其子者，浙右癸卯科舉人王軫之父家書，意望管勾宇文桂轉達平涼子之伍所。據下文似宜作「任所」。書未發，朕偶獲見之，言語諄切，教以忠孝，薄俗中有善於爲父者如此。其令中書遣人齎朕詔諭，往詣其家，賜以白金百兩、附子五枚、川椒五斤、絹十匹，以旌其賢。』其家書云：『自舊年十一月二日南潯别後，至今年凡四得書鎮江、高郵、寧陵、鄭州者，餘一書不知寄何人，必浮沈矣。三月十一日，女兒會呆[一]至剛于德清，書中簡略，不知從者及同游俱無恙否？且言歲中可至任，不知果然乎？本家德清之役已辦，兩圖黄册，里長及歸安甲長皆不擾而辦。里長不赴京倉，此甚良法也。正擬安靖幾日，十二月閒本縣又定新市弓兵，分管十二都，但辦什長[二]，勾捉軍人，至今不得安息，所費亦不少也。家中上下俱無事，倘欲挈家，雖在彼稍安，詳度可否，然後來取。恐川途迢遞，或轉徙不常，跋涉勞頓。我今稀年又一，老景侵尋，倘則朝廷容侍親，則上章求退，父子相見，以盡餘年。若宛轉仕途，相見無日矣。人説有分俸之例，不審有否？如得分禄以養，亦足爲榮。若彼處闕支，則不必也。凡事必須清以潔己，廉以自守，食貧處儉，儒者之

[一] 呆，《水東日記》卷十一《記王軫父家書事》作「朶」。

[二] 長，《水東日記》卷十一作「物」。

常，慎勿以富貴爲念。古人云：「貧乏不能存，此亦好消息。」正當以此言爲受用也。治民以仁慈爲心，報國以忠勤爲本；處己當以謙敬，學業更須勉力。暇日即以性理之書及羣經留玩，自然所思無邪。更須熟讀新律，自然守法不惑。飲酒當以康節先生爲法，不可縱恣。忠定之事，律許則行，否則不可干其紀也。此後倘有的便，可買附子一二枚、川椒一二升，起稅而來，餘物非可覬也。臨川奴、世生俱無疾，但諸子未出痘診爲憂耳。浙西米價極廉，白者一分一升，可見太平之時矣。道路遠隔，作書不能詳。洪武月日付書男軫。』見《五倫書》。」

按：此事知者殊尠，附録此卷之末，以廣其傳。

茶香室四鈔卷七

人命八字之數

國朝周亮工《書影》云：「人命八字，共計五十一萬八千，即以上四刻、下四刻論，亦止一百萬零三萬六千盡之矣。文文山曰：『天下盛時，九州主客户有至千四五百萬，而荒服之外不與焉。天地間生人之數，殆未可量也。其所得四柱，皆不能越于五十一萬八千四百之外。宇宙民物之衆，謂一日止生十二人，豈不厚誣？』此論足緘星家之口。」

宋費衮《梁谿漫志》云：「一時生一人，一日當生十二人。以歲計之，則有四千三百二十人；以一甲子計之，止有二十五萬九千二百人。今祇以一大郡計之，其户口之數尚不減數十萬，況天下之大，何啻億兆，則生時同者必多矣。王公大人始生之時，必有庶民同時而生，又何貴賤貧富之不同也?」然則此論前人已發之矣。

愚按:八字之説最不可信。自天地開闢至今,究不知爲若干歲,則安知今年之爲某甲子也?年不可信,則月日亦不可信。惟時尚可信,然時上所配之天幹亦不可信。八字可憑者止一字耳。

胞胎

宋李昌齡《樂善録》云:「人於胞胎中三元畜養,九炁結形,然後得成爲人。若非三元所育,九炁所導,及九天司馬不下命章,皆莫能生。故一月精血凝而爲胞,二月形兆坯而爲胎,三月陽神爲三魂,四月陰靈爲七魄,五月五行分藏,六月六律定府,七月七精開竅,八月八景具神,九月宫室羅布,十月氣足神具。因其不淨而成胞胎,神既入胎,四種始立,堅凝爲地種,軟溼爲水種,煖熱爲火種,氣息爲風種。使地水火三種雖立,非風種關通其中,則兒形莫得長。故自一七至三十有八日,於胞胎中自然生三十一種風,使之筋脈肌骨,機關孔竅,皆得流通于其中間。第十七日又復一死,葢短座之風吹令暴卒,以堅强之;普門之風吹整其體,足其音聲故也。如此在胞胎中凡十箇月，處母生臟之下、熟臟之上，如在革囊，如在羅網。及生，或以衣受，或以衾受，皆切楚痛。當此欲生未生之際，使非風吹令頭下足上，以向生門，則母子往往兩皆不保。」

按：此段文字不知出何書，李氏不言所出。《四庫提要》以此書繁褫，故不著録，入附存中。余節録此，姑以廣異聞。

年齒稱載

元陸友仁《硯北雜志》云：「唐陳尚廷縣尉告，天寶三載，丞相李林甫、韋涉、景融三人名後稱陳尚廷四十三載。天寶以載代年，而人之年齒亦以載代，未通也。」

氏族

宋沈括《夢溪筆談》云：「士人以氏族相高，從古有之，然未嘗專任門地。四夷則全以氏族爲重，國主大臣各有種姓，苟非貴種，國人莫肯歸之。自後魏入據中原，此俗遂盛行於中國，故有八氏、十姓、三十六族、九十二姓。凡三世公者曰膏粱，有令僕者曰華腴，尚書、領護而上者曰甲姓，九鄉方伯者曰乙姓，散騎常侍、大中大夫者爲丙姓，吏部正員郎爲丁姓，得入者爲之四姓。其後遷易紛爭，莫能堅定，遂取前世仕籍，定以博陵崔、范陽盧、隴西李、滎〔一〕陽鄭爲甲族。唐高宗時又增太原王、清河崔、趙郡李，通爲七姓。大約高下五等，通有百家，皆謂之士族，此外悉爲庶姓。一等之内，如岡頭盧、澤底李、土門崔、靖恭楊之類，自爲鼎族。」

宗族之別

宋岳珂《愧郯録》云：「政和三年，詔改公主爲帝姬，郡主爲宗姬，縣主爲族姬。本朝嬴姓，而用姬爲稱，議者之論已詳。第宗、族二字，本以別親疏，似亦差互。《春秋·襄十二年》左氏曰：『凡諸侯之喪，異姓臨於外，同姓於宗廟，同宗於祖廟，同族於禰廟。』杜預曰：『同族謂高

〔一〕滎，原訛「榮」，據《夢溪筆談》卷二四改。

祖以下。』如此則族之親於宗明矣，今乃反之，尤失所宜。」

苟姓改荀

唐封演《封氏聞見記》云：「兼御史大夫韋倫奉使吐蕃，以御史苟曾爲判官。或謂倫曰：『吐蕃諱狗，大夫將一苟判官，何以求好？』倫遽奏其事，今上令改『苟』爲『荀』。及使還，曾遂姓荀，不歸舊姓。」

戎姓

元辛文房《唐才子傳》：「戎昱美風度，崔中丞愛之。有女國色，欲以妻昱，而不喜其姓戎，能改則訂議。昱以詩謝曰：『千金未必能移姓，一諾從來許殺身。』」按：姓何可改？崔公此議殊近不情。《廣韻》：「戎，姓。漢宣帝有戎婕妤。」漢時戎姓可備嬪嬙，唐時戎姓乃不得爲中丞快壻邪？

翟姓

元黄溍《日損齋筆記》：「鄧名世上進《姓氏辨證》漢翟方進之翟音狄，汝南之翟音宅。方進，汝南人，何其自相矛盾也？」按：鄧説誠誤。然翟姓自有二音。《廣韻・陌部》場伯切有「翟」字云：「陽翟，縣名，亦姓，唐有陜州刺史翟璋。」《錫部》徒歷切有「翟」字，云：「翟雉，又姓，漢有上蔡翟方進。」是「翟方進」音狄，「翟璋」音宅，本非一族也。

姓謚皆同

宋費衮《梁谿漫志》云：「姓謚皆同，往往稱謂紊亂。本朝有兩王文康溥、曙，兩張文定齊賢、方平，兩張忠定詠、燾，兩陳忠肅瓘、過庭，兩劉忠肅摯、珙，兩李忠愍舜舉、若水，兩朱忠靖謂、勝非，兩王恭簡巖叟、剛中。而韓魏公謚忠憲，韓宗魏謚忠憲，趙閲道謚清獻，趙挺之謚清憲，字雖不同，聲音亦相紊也。」

姓名巧值

唐封演《封氏聞見記》云：「裴子羽爲下邳令，張晴爲縣丞，曾論事移時。人吏竊相謂曰：『縣官甚不和，長官稱雨，贊府即道晴；贊府稱晴，長官即道雨。終日如此，非不和乎？』」又載一事云：「山南一縣令婦姓伍，他日會諸官之婦，縣令婦問贊府夫人何姓，曰姓陸；問主簿夫人何姓，曰姓漆。縣令婦勃然入内。縣令聞之，入問故。婦云：『贊府婦云姓陸，主簿婦云姓漆，以吾姓伍，故相弄耳。餘官婦賴吾不問，必云姓八、姓九。』縣令大笑曰：『人各有姓，何如此？』復令其婦出。」此二事，一名一姓皆巧相值，亦天然話柄。

宋朱弁《曲洧舊聞》云：「俚語有『張王李趙』之語，猶言是何等人，無足挂齒牙之意也。宣和間王將明、張子能、王履道、李士美、趙聖從俱在政府，是時『張王李趙』之語喧于朝野，聞者莫不笑之。」按：此亦巧合也。

七十二人

國朝周亮工《書影》云：「《管子》述古封禪之君七十二人，孔安國撰孔子弟子七十二人，劉向傳列仙亦七十二人，皇甫士安撰高士亦七十二人，陳長文撰耆舊亦七十二人。」

按：相如《難蜀父老》文：「至于蜀都，耆老大夫搢紳先生之徒二十有七人，儼然造焉。」此本相如假託之辭，非實有其人。何以有「二十七」之數？愚疑本亦是七十二人。蓋當時之恒言，故相如亦云然耳。今作二十七人，傳寫誤倒。

七人五百二十三

明徐𤊹《筆精》云：「嘉靖初，莆田有逸老會，有《逸老詩集》行於世。隆慶己巳有耆老會，太守鄭弼年七十八，少參雍瀾年七十七，太守陳叙年七十六，運使林汝永年七十五，主事柯維騏年七十四，太守林允宗年七十二，尚書康大和年七十一，賦詩云：『故里重開耆老會，七人五百二十三。』後尚書林雲同年六十九，亦與斯會。真太平盛事也。」

光緒壬辰八月下旬，任筱沅中丞過我春在堂，適潘偉如中丞及盛旭人方伯繼至。盛年七十九，潘年七十六，任年七十，而余則七十二。乃賦詩曰：「四人二百九十七，一主三賓春在堂。五老未全誰繼至，八公分半已成行。蒼浪鬢鬟看俱古，脱略衣冠恕我狂。太史明朝書盛事，老人星聚在金閶。」一時亦以爲盛事，蓋難在不期而集也。

諱四十五

國朝吴翌鳳《遜志堂雜鈔》云：「嘗見一書云：燕人諱言四十五歲，人或問之，不曰去年四十四歲，則曰明年四十六歲，不知何所避也。」按：此俗不知今尚然否。

鼻息定時

明方以智《物理小識》云：「鼻中氣，陽時在左，陰時在右，亥子之交兩鼻俱通，道家所謂玉洞雙開也。」

咽喉

宋沈括《夢溪筆談》云：「古方言『雲母麤服，則著人肝肺不可去』，如枇杷、狗脊毛不可食，皆云『射入肝肺』。皆謬説也。又言『人有水喉、氣喉』，亦繆説也。世傳《歐希範真五臟圖》亦畫三喉，蓋當時驗之不審耳。水與食同嚥，豈能分入二喉？人但有咽有喉，咽則納飲食，喉則通氣。咽則下入胃脘，次入胃，次入腸，又次入大小腸；喉則下通五臟，出入息。人之飲食、藥餌但自咽入腸胃，何嘗能至五臟？凡所謂某物入肝、某物入腎之類，但氣味到彼耳，凡質豈能至彼哉？」

鵓角

《留青日札》云：「宋淳熙中，剃削童髮，必留大錢許於頂左右偏頂，或留之頂前，束以綵繒，宛若博焦之狀，曰鶉角。」

琵琶腿

國朝吴翌鳳《遜志堂雜鈔》云：「宋太祖取武人，以車軸身、琵琶腿爲準格。」按：未詳所出，且不知何解。

振股

宋張世南《游宧紀聞》云：「秦會之當軸，吾郡姚敦臨能篆書，秦令作二十家篆《孝經》上表以進，許授以文資。會之招飲，姚喜，忘其敬，不覺振股，以此惡之。」按：「振股」不知何謂，殆即摇膝也。士人往往坐則摇膝，亦坐容不端之一事。秦固小人，然此實所宜戒也。

晨起索衣誤反必有喜

宋沈作喆《寓簡》云：「養生家言：凡人晨興索衣，而侍者誤反衣以進，慎勿出聲，使接取服之，必有大喜。讀此者往往信之，而不知其旨也。清晨榮衛流行，法當節省語言，葆惜和氣。人方著衣欲起，而顛倒反覆，必將躁怒叱駡，則所傷多矣，故爲有喜以誘之。人幸其有喜，必隱忍而息怒，非實然也。」

室上大吉

國朝周亮工《書影》云：「《歲時記》『正月一日貼畫鷄』，今都門剪以插首，中州畫以懸堂中。貴人尤好畫大鷄，元旦張之。蓋北地呼『吉』爲『鷄』，俗云『室上大吉』也。可發一粲。」

破日入學

國朝周亮工《書影》云：「倪文正言：梁鳴泉公五歲在父抱中，輒請就師學。父紿之云：『今破日，不佳耳。』公曰：『以破吾愚，豈不佳？』父大驚異。」按：余擇「破日」使曾孫女珉寶入學，有詩云「啓發聰明宜破日」，不圖前人固有此説也。

與客對卧

宋徐度《却掃編》云：「范忠宣謫居永州，客至必見之，對設兩榻。多自稱老病不能久坐，徑就枕，亦授客一枕，使與己對卧。數語之外，往往鼻息如雷。客待其覺，有至終日不得交一談者。」

舊有詩云：「相對蒲團睡味長，主人與客兩相忘。須臾客去主人醒，一半西窗無夕陽。」以爲詩人之言，極言其簡傲耳，不謂古人真有之也。

日食二萬錢

宋車若水《脚氣集》云：「何曾日食萬錢，乃子何劭便日食二萬。諺云：『教奢易，教儉難。』」按：何曾日食萬錢，至今以爲口實。其子倍之，則知者罕。

又按：玉峯言：教儉難，實亦不難。吾知傳至其孫，但求日食百錢而不得矣。

耳中聞聲目中見形

宋葉夢得《石林燕語》：「晁文元公初學道於劉海蟾，後學釋氏，常以二教相參。晚年耳中聞聲，自言如樂中簧，始隱隱如雷，漸浩浩如潮；或如行軒百子鈴，或如風蟬曳緒。每五鼓後起坐，聞之尤清徹，以爲學道靈感之驗。晚常自見其形在前，既久漸小，八十後每在眉睫之間，猶可怪也。」

按：晁文元公即晁迥也。其《道院集》後《附録五事》，一云：「公少時嘗聞方士之説，人耳有靈響，目有神光。自爾聽於静中，若鈴聲遠聞，耆年之後愈覺清徹，夜半睡覺益爲纖亮。公自名之曰三妙音：一曰幽泉漱玉，二曰清磬摇空，三曰秋蟬曳緒。天禧後常覺目有神光，如圓錢，如片月，或隔帷箔，光如電熌。後又有圓光，或紅或白，其中有一點如鑑中照道裝像。嘗自爲文，志其事。」按：此語與《燕語》所載又微有異。

捫牘知字

國朝周亮工《書影》云：「楊公太初名肇基者，天啓末鎮上黨。其幕客有孫無屋者，能黯夜捫牘知文字，且成誦，不異在日、燈前，不知操何術。」

聾能辨物

宋孔平仲《珩璜新論》云：「衛朴，楚州人，病聾，居北神鎮一神祠中。與人語，間有深處。雖病聾而説書，遣人讀而聽之，便達其義，無復遺忘。每算，歷布算滿案，以手略撫之，人有竊取一算，再撫之即覺。其市物，擇其良苦，雖豪釐不可欺。有取其已棄者與之，即怒曰：『是已嘗棄矣！』由是人無能欺，莫知何以能若此也。」按：《三鈔》卷四載明代兩異人，一口啞，一耳聾，得此成三異人矣。

隱德裕後

宋王楙《野客叢書》云：「後漢楊震父寶，習歐陽《尚書》，哀、平之世，隱居教授。居攝二年，與兩龔、蔣詡俱徵，遂遯逃，不知所處。光武高其節，建武中公車徵。老病不到，卒於家。震子秉，秉子賜，賜子彪，四世太尉，爲東京顯族，無亦楊寶之所遺乎？又胡廣六世祖剛，清高有志節。王莽居攝，剛解衣冠縣府門而去，遂亡命交阯，隱於屠肆之閒。後廣仕漢，在公台三十餘年，歷事六帝，功名烜赫，漢世鮮儷。推原所自，是亦胡剛畜德不露有以致之。」按：此二事宜表出之。東坡作《晁君成詩集序》言「李郃博學，隱德之報，在其子固」，坡公此語殊不甚塙。按：《後漢·方術》李郃本傳「郃舉孝廉，拜太常，元初四年代袁敞爲司空」，非潛德不耀者也。然則引李郃事何如引楊寶、胡剛事乎？

爲善不獲報

宋孔平仲《珩璜新論》云：「范蔚宗言史弼活平原之黨千餘人，而其後不大。晉之羊祜、魏舒，唐之戴胄、崔祐甫皆善人而無子。《北史》楊播家世純厚，播弟椿，椿弟偉，昆季相事如父子，一家之内男女百口緦服同爨。椿歸華陰，偉居洛，朱世隆誣以爲逆，東西兩處，無少長皆被害。」

賑濟之獎

宋俞德鄰《佩韋齋緝〔一〕聞》云：「嘉祐中，韓縡以司門郎中出知潁州。時京西大飢，韓賑濟有方，郡人賴以全活。因榻榜鄰境，使來就食。至者不可勝數，倉廩既竭，又乏寬閒之居，因感疾疫，死者相枕籍，韓亦以疾亡。其秋，郡一士人夢召至陰府，治韓司門賑濟獄。及覺，旬日得疾而卒。賑濟本仁者用心，務廣其聲，而實不至，尚罹陰責。若乃老羸轉乎溝壑，壯者散之四方，君之倉廩實、府庫充，有司莫以告者，詎獨見赦於冥冥之間邪？」

〔一〕緝，疑當爲「輯」。

福壽不相兼

宋徐度《却掃編》云：「范僕射宗尹爲參知政事時年三十一，拜相時三十二，卒時三十九。然有五子，皆已娶婦，兼有孫數人。論者謂其享年雖不永，而人間之事略備，豈物理亦有乘除歟？」按：此可謂福壽不能相兼也。

貴人自有相

宋葉夢得《石林燕語》云：「王右丞正仲口吃，遇奏對則如流。歐陽文忠公近視，常時讀書甚艱，惟使人讀而聽之。在政府數年，每進文字，亦如常人，不以爲異。貴人真自有相也。」

相不可憑

宋孔平仲《珩璜新論》云：「《南史·庾蓽傳》庾夐『家富於財，食必列鼎。狀貌豐美，頤頰開張，人皆謂必爲方伯。及魏克江陵，夐以餓死。又有水軍都督褚蘿，面甚尖危，縱理入口，竟保衣食而終』。唐柳渾十餘歲，有巫告曰：『兒相夭且賤，出家可免死。』渾不從，仕至宰相。魏朱建平善相，相王肅年逾七十，位至三公，肅六十二終於中領軍。《南史》徐陵『八歲屬文，十三通《莊》《老》。慧雲法師每嗟陵早死，陵仕至太子少傅，年至七十七』。《唐·孔若思傳》孔季詡『擢制科，授校書郎。陳子昂稱其神清韵遠，可比衛玠』，而季詡終於左補闕。使徐陵夭而不壽，季詡遂至顯官，則人遂以傳風鑑之驗矣，故風鑑不可憑也。」

人様子

宋范公稱《過庭録》云：「神廟大長公主，哲宗朝重於求配。偏士族中求之，莫中聖意。帶御器械狄詠頗美風姿。近臣奏曰：『不知要如何人物？』哲宗曰：『人物要如狄詠者。』天下謂詠爲『人様子』。狄詠，狄青子也。」

老而能學

宋費衮《梁谿漫志》云：「曹孟德嘗言：『老而能學，惟吾與袁伯業。』東坡云：『此事不獨今人不能，古人亦自少也。』東坡以《論語解》寄文潞公云：『就使無取，亦足見其窮不忘道，老而能學也。』」按：陸放翁以「老學」名庵，當取之此。

東坡養生説

《東坡志林》載養生説云：「已饑方食，未飽先止。散步逍遥，務令腹空。當腹空時，即便入室。不拘晝夜，坐卧自便。惟在攝身，使如木偶。常自念言：今我此身，若少動摇，如毛髮許，便墮地獄。如商君法，如孫武令，事在必行，有犯無恕！又用佛語，及老聃語，視鼻端白，數出入息，緜緜若存，用之不勤。數至數百，此心寂然，此身兀然，與虚空等。不煩禁止，自然不動。數至數千，或不能數，則有一法，其名曰隨：與息俱出，復與俱入。或覺此息，從毛竅中，八萬四千，雲蒸霧散，無始以來，諸病自除，諸障漸滅，自然明悟。譬如盲人，忽然有眼，此時何用，求人指路。是故老人，言盡於此。」東坡此説極佳，余《枕上三字訣》第一塑字，第二鎖字，即此意也。從前勒少仲河帥同年誦此不失一字，余不能也，録於此以備遺忘。

宋李廌《師友談記》云：「東坡曰：某平生於寢寐時，自得三昧。吾初睡時，且於牀上安置四體，無一不穩處。有一未穩，須再安排令穩。既穩，或有些小倦痛處，略按摩訖，便瞑目。聽息既匀，直宜用嚴，整其天君。四體雖復苛癢，亦不可少有蠕動，務在定心勝之。如此食頃，則四肢百骸無不和通。睡思既至，雖寐不昏。」按：此與前説可發明也。

神仙洗頭法

宋晁説之《晁氏客語》云：「周天祐言：冬至夜子時梳頭一千二百，以贊陽出滯，使五臟之氣終歲流通，謂之神仙洗頭法。」

仙人禁腫法

宋《太醫局程文·論方義一道》："問：《千金翼方》載太白仙人禁腫一法云：一二三四五六七，百腫皆疾出，急急如律令。對：聖人立教以揆物，至於十而乃終；古人取教以行禁，至於七而足用。所以禁呪之立法，多取七數以爲先。"按：此治腫之法，未知驗否。"立教""取教"兩"教"字，愚疑皆"數"字之訛。

灸病避八木

宋《太醫局程文》："劫病之法，當以灸而爲先；灼艾之術，必以火而成效。聖人取燈燭之火者，欲其潤而無忌。古法避八般木：松木火難差增病，柏木火傷神多汗，竹木火傷筋目暗，榆木火傷骨失志，桑木火傷肉肉枯，棗木火内傷吐血，枳木火大傷氣脈，橘木火傷榮衛經絡。"按：灸病忌此八木之火，今人不知也。然《周書·月令》更火之法，榆、桑、棗皆在所取，不知何以醫家避之。

以易推命

國朝姚範《援鶉堂筆記》云：「朱子《與陳同甫書》云：『《震》之九四，向來顔魯子以納甲推賤命，以爲正當此爻，常恨未曉其説。今同甫復以事略推配，與之暗合。然則此事固非人之所能爲矣。』方東樹附注云：『皖郡陳進士世鎔以《易》推人生命，得某卦一爻以爲之主，復以次推諸卦，每卦當三年，每一爻當一年，即以爻辭卜流年吉凶，自謂創造。』後見《宋史·掌禹錫傳》：『禹錫喜命術，自推值生日，年庚寅，日乙酉，時壬午，當《易》之《歸妹》《困》《震》初中末三卦。以世應飛伏納甲五行析數推之，卦得二十五年〔二〕分，三卦合七十五年約半，禄秩算數，盡於此矣。』其與陳君所推若爲異同雖不知，要之前人已有是術。」

〔二〕 年，《宋史》卷二九四作「少」。

推命有驗有不驗

宋徐度《却掃編》云：「熙寧元豐間，有僧化成以命術聞京師。蔡元長兄弟始赴省試，同往訪焉，問命者盈門，彌日方得前。語以年月，率爾語元長曰：『此武官大使臣命也，他時衣食不缺而已，餘不可望也。』語元度曰：『此命甚佳，今歲便當登第，十餘年間可爲侍從，又十年爲執政。然決不爲真相，晚年當以使相終。』既退，元長大病不言，元度曰：『更俟旬日再訪之，則可驗矣。』旬日復往，僧已不復記識。再以年月語之，率爾而言，悉如前説，兄弟相顧大驚。然是年遂同登科，相繼貴顯。於元長則大謬，而元度終身無一語之差。」

余謂推命有驗不驗，固事理所有。惟此僧於蔡卞則盡言之，於蔡京則悠謬其詞，恐別有微意。

課有驗有不驗

宋釋惠洪《冷齋夜話》云：「靈源禪師住太平精舍，有日者能課，凡爲達官要人課皆無驗，至爲市井凡庸、山林之士課則如目見而言。靈源問其故，答曰：『我無德量，見尋常人則據術而言，無所緣飾；見貴人則畏怖，往往置術之實而務爲諛詞，其不驗不足怪。』」

草腰帶

宋龔明之《中吴紀聞》云：「元豐中有一瞽者，號草腰帶，善揣骨聽聲。一日，王父呼至家，以祖姑吉凶禍福叩之，云：『此婦人他日必以夫而貴，但出適時事干朝廷。』時祖姑已許嫁顧沂大夫，在曾王父服中，顧以欲之官，引『女年二十不待〔一〕父母服除』法聞之朝，得旨方成禮。其言無一不驗。」

諝三命

宋龔明之《中吴紀聞》云：「諝三命者，承天寺僧，精陰陽山水之術，吉凶立驗。好食活雞，

〔一〕待，原訛「侍」，據《中吴紀聞》卷五改。

人欲其卜葬，必以數十活鷄自隨。聞其聲咿然，則食之愈喜。後享高壽而死，及焚屍，有五色舍利自舌本湧出。」

按：《中吴紀聞》又載：「有蝦子和尚好食活蝦，乞丐於市，得錢則買蝦，盛之袖中，且行且食。或隨其所往，密視之，遇水則哇出，羣蝦皆游躍而去。」未知此僧所食活鷄亦能如此否。

老醫少卜

宋王得臣《麈史》云：「老醫少卜，老取其閲，少取其決。」

范文正公欲爲醫

宋沈作喆《寓簡》云：「范文正公微時嘗語其友曰：『吾讀書學道，要爲宰輔，得時行道，可以活天下之命。不然，則當讀黄帝書，深究醫家奥旨，是亦可以活人也。』」按：此與狄梁公「不爲良相則爲良醫」之意相近。狄語人多知之，范語則知者或罕矣。

明季名醫價值

國朝冒襄《同人集》：「陳梁書云：袁道士號汝和，南都第一名醫也。難請之甚，須發一通家侍教生帖，著人坐邀之。邀到看脈畢，一面備轎錢百文足、藥童錢七十文，此老即見。送一禮多則五錢，少則三錢。」按：彼時名醫價值如此之廉。然《續鈔》二十一所載吴中醫價又何昂也？

挑草子

宋范成大《桂海虞衡志》云：「草子即寒熱時疫。南中吏卒小民不問病源，但頭痛體不佳，便謂之草子，不服藥，使人以小錐刺脣及舌尖出血，謂之挑草子。實無加損於病，必服藥乃愈。」按：世間有「挑痧」之法，當即此類。

醒頭藥

元吾衍《閒居録》云：「王道醒頭藥，行在有名，歸附以來，其年已七十許。至元間，州府多貪婪之政，每貨藥於市，則大呼曰：『把鈔來，你醒也不醒！』似有警耳。」

煖肚餅

《東坡志林》有《謝魯元翰寄煖肚餅》云：「公昔遺余以煖肚餅，其直萬錢。我今報公亦以煖肚餅，其價不可言。中空而無眼，故不漏；上直而無耳，故不懸。以活潑潑爲内，非湯非水；以赤歷歷爲外，非銅非鉛。以念念不忘爲項，不解不縛；以了了常知爲腹，不方不圓。到希領取，如不肯承當，却以見還。」

一醉膏

宋葉夢得《避暑録話》云：「人之學問皆可勉强，惟記性各有分量。制科六論，以記問爲主。前輩獨張安道、吴參政長文題目終身不忘，其餘中選後往往即忘之，蓋初但熟記耳。吴正肅公登科，爲蘇州簽判，至失心幾年，醫餌以一醉膏乃差。」按：「一醉膏」不知何藥，其名甚新。

用古方治疾

宋葉夢得《避暑録話》云：「道士楊大均善醫，能默誦《素問》《本草》及兩部《千金方》四書，不遺一字。與人治病，診脈不出藥，但云此病若何，當服何藥，是在《千金》某部第幾卷，即取紙書授之，分兩不少差。余嘗問：『《素問》有記性者或能誦，《本草》固難矣，若《千金》但藥名與分兩，此有何義而可記乎？』大均言：『古之處方精深微妙，苟通其意，其文理有甚於章句偶儷，一見何可忘也？』大均本染家子，事父孝，醫不受賕謝，亦一勝士也。」

愈瘧呪

元伊世珍《琅嬛記》云：「一人病瘧，道士以棗一枚按病人口上，誦呪三徧，曰：『我從東方來，路逢一池水。水内一尊龍，九頭十八尾。問他喫甚麼，專喫瘧疾鬼。太上老君急急如律令勑！』與病人，服之即愈。」注云：「出《二酉餘談》。」

化妬呪

國朝褚人穫《堅瓠集》云：「扈統妻荀氏性妬悍，統夢神謂曰：『天上有《化妬神呪經》一卷，今授汝，每日清晨奉持。』四十九日後，荀氏病，吐一物，黑如漆，似蛇兩頭，似蝎兩尾。夜復夢神曰：『此是汝妻妬根，今爲佛力拔去矣。』」按：此説不知出何書。

又云：「向年張浣心曾示一鈔本，有《佛説怕老婆經》，今不復記憶矣。」

康節占樹

元王惲《玉堂嘉話》云：「康節與客游嵩山，客指所憩樹問曰：『此何日枯瘁？』先生久不對，客疑焉。曰：『非吾不答，吾有所俟。』俄一葉墜，先生曰：『比吾二人還，亡矣。』既回，樹已爲人伐去。蓋取葉墮時刻，而定其存亡焉。」

全子才三字決李全之滅

元盛如梓《庶齋老學叢談》云：「趙南仲兄弟平李全日，參議官則全子才。有蔣山僧見全喜甚，曰：『逆全誅矣。』問其故，曰：『公之姓，賊名也；公之名，賊姓而少一乀，合姓名而言，是倒懸李全而無左臂也。』其説果驗。」按：此亦謝石拆字之術。

黄撥沙

明陳繼儒《書蕉》云：「閩越黄撥沙善視墓，畫地爲圖，即知休咎，因號黄撥沙。」

茶香室四鈔卷八

上古有宦者

明張萱《疑耀》云：「余閲《黄帝鍼經》，帝與岐伯論人不生鬚者，有『宦不生鬚』之語，則黄帝時已有宦者。」

按：此論見《靈樞》卷十《五音五味篇》：「黄帝曰：『婦人無鬚者，無血氣乎？』岐伯曰：『婦人之生，有餘於氣，不足於血，以其數脱血也。衝任之脈不榮口脣，故鬚不生焉。』黄帝曰：『士人有傷於陰，陰氣絶而不起，陰不用。然其鬚不去，宦者獨去，何也？』岐伯曰：『宦者去其宗筋，傷其衝脈，血寫不復，皮膚内結，脣口不榮，故鬚不生。』黄帝曰：『其有天宦者，未嘗被傷，不脱於血。然其鬚不生，何也？』岐伯曰：『此天之所不足也。其任衝不盛，宗筋不成，有氣無血，脣口不榮，故鬚不生。』按：《素問》《靈樞》皆託之黄帝，張氏據此爲黄帝時已有宦者之證，余則轉以此語決其非上古之書也。

禁中許乘馬

明王鏊《震澤長語》云：「宋制，學士初拜，自東華門入，至左承天門下馬，吏雙引至閤門。此亦唐故事也。宋制，選人不得乘馬入宫門。歐陽公初以選人爲館職，自左掖門下馬入館，當時謂之步行學士。然則唐宋禁中亦許乘〔一〕馬又且引道邪？」宋王得臣《麈史》云：「國朝舊制，文臣京官方許乘馬出入皇城門，其幕職官以下悉自門外步以入。熙寧閒選人既習學檢正，又有領編修令式之類者，或稟議中堂，於是亦聽乘馬出入皇城門。」按：此則熙寧以後，雖選人亦得乘馬矣。

〔一〕乘，原訛「秉」，據《震澤長語》卷上改。

誥命用御寶

明廖道南《殿閣詞林記》云：「唐宋誥命皆三省官列銜書名，後用吏部告身等印章。本朝誥敕既用御寶，則省臣不敢署名。」按：此知誥敕用御寶始於明朝，前代止用吏部印章也。

后母朝皇后

國朝孫承澤《春明夢餘録》云：「甲戌三月，命婦朝賀，皇后母嘉定伯夫人亦入班朝賀。畢，即召入殿。皇后欲設座拜之，辭不許，皇后面有淚痕。」按：甲戌乃崇禎七年也。周后三月二十八日生辰，故命婦行朝賀禮，而后母亦列班中，亦禮之異者也。此文前記崇禎五年命婦朝賀事，因是時驛遞禁用夫馬，罕攜家者，故命婦止二十七人。不言有后母，或后母亦偶然一至乎？

宋用唐《月令》

宋葉夢得《石林燕語》云：「監本《禮記·月令》，唐明皇刪定，李林甫所注也。端拱中，李至判國子監，嘗請復古本，下兩制館職議。胡旦等皆以爲然，獨王元之不同，遂寢。後復數有言者，終以朝廷祭祀、儀制等多本唐注，故至今不能改，而私本則用鄭注。」

年號更改

明廖道南《殿閣詞林記》云：「成祖即位，始擬用『永清』，後改『永樂』。英廟復辟，内閣高穀曰：『周雖舊邦，其命維新。宜改維新元年。』已而用徐有禎等言用『天順』。」

頒朔於十月

國朝孫承澤《春明夢餘録》云：「頒曆舊在十一月朔。成化十五年，是日值冬至，命於十月朔日，後皆因之。」

曆日版

宋李上交《近事會元》云：「唐文宗太和九年十二月，勅諸道州府不得私置曆日版。」按：此知唐時曆日已版印頒行矣。

聖節素食

宋李上交《近事會元》云：「唐文宗開成四年八月詔：『慶成節，朕之生辰。天下賜宴，庶同歡泰，不欲屠宰。非信尚空門，恐中外臣庶不諭朕意，廣置齋筵。自今宴會蔬食，任陳脯醢。』」按：此知帝王聖節尚有蔬食者，況士庶之家乎？

避諱二例

國朝何琇《樵香小記》云：「宋人避諱有二例，一曰闕筆，一曰代字。大抵尋常文句則僅闕，若人姓名則必代之。如『殷浩』作『商浩』，『桓元』作『亘靈』，『魏徵』作『魏證』，『慎夫人』作『謹夫人』，『匡衡』作『康衡』。蓋臨文不諱，故僅作字不成。若人之姓名，則不便同於祖考，此其別也。」

謚文與正

宋王楙《野客叢書》云：「本朝單謚『文』者，惟楊大年、王荆公二三人而已；單謚『正』者無之，蓋『正』之一字未易當也。複謚『文正』則有之，如范、如王、如李、如司馬之流。」按：此則單謚「正」與單謚「文」並重而又過之，今人所不知也。

文墨榮靈

宋徐度《卻掃編》云：「凡謚多褒其善而已，惟錢文僖惟演初請謚，博士張瓌合『敏而好學』『貪以敗官』二法，謚曰『文墨』。其子暖訴於朝，禮官議謚『思』。暖等復訴不已，竟改『文僖』。陳執中丞相初請謚，韓持國爲博士，謚之曰『榮靈』。張文定公疏論，詔再議。禮官議應『不懈于位』之法曰『恭』。」按：此知宋人議謚猶存是非也。

四時祭祀

宋徐度《卻掃編》云：「近世士大夫祭祀苟且不經，惟杜正獻公家用其遠祖叔廉書儀，四時之享，以分至日，不設椅卓，惟用平面席褥，不焚紙幣，以子弟執事，不雜以婢僕，先事致齋，頗爲近古。又韓忠獻公嘗集唐御史鄭正則等七家祭儀，參酌而用之，名曰《韓氏參用古今家祭式》。其法與杜氏大略相似，而參以時宜，如分至之外，元日、端午、重九、七月十五日之祭皆不廢，以爲孝子之心不忍違衆而忘親也。其説多近人情，最爲可行。」

明廖道南《殿閣詞林記》云：「洪武八年十月乙卯，詔翰林院考定陵寢朔望節序祭祀。禮部學士樂韶鳳等奏，今擬每歲元旦、清明、七月望、十月朔、冬夏二至日用太牢，其伏、臘、社、每歲朔望日用特羊。」按：今民閒相沿以清明、七月望、十月朔祀先或拜掃墳墓，猶明之餘俗也。

家廟之制

宋葉夢得《石林燕語》云：「皇祐二年，禮官定議，平章事以上立四廟，東宮少保以上立三廟。文潞公爲平章事，請立廟於洛，無所考據，不敢輕作。至和初知長安，得唐杜佑舊廟於曲江，一堂四室，旁爲兩翼。嘉祐初，遂仿爲之。兩廡之前又加以門，東廡藏祭器，西廡藏家牒。祊在中門之右，省牲〔一〕、展饌、滌濯等在中門之左。别爲外門，置庖厨於中門外之東南。堂中分四室，作神版而不爲主。以元日、寒食、秋分、冬夏至爲四時祭之節。在洛則祭，或在他處則

〔一〕牲，原訛「姓」，據《石林燕語》卷一改。

奉神版自隨，倣古諸侯遷主之義。公在洛無幾，則廟不免虚設。乃知古今異制，終不可盡行也。」

宋趙彦衛《雲麓漫鈔》云：「大觀四年議禮，執政官以上祭四親廟。手詔：『古無四世之文，執政官視古諸侯，祭五世不爲過。』高祖以上一祖稱五世祖。一堂五室，中室置五世祖，東二昭，西二穆，夫人並祔。屋九架，厦兩間，飾以黟堊，共七間。」又云：「按：大觀議禮，神版長尺一寸，博四寸五分，厚五寸八分，大書『某祖考某封之神座』。每室各有神幄，貯以帛囊，緘以漆函，祭則出於位。行禮用四孟月柔日。」

夏日施藥

宋葉夢得《避暑録話》云：「列郡每夏歲支係省錢二百千，合藥散軍民，韓魏公爲諫官時所請也。爲郡者類不經意。余在許昌，歲適多疾，使有司修故事，而前五歲皆忘不及舉，可以知其怠也。遂併出千緡，市藥材京師。余親督衆醫分治，率幕官輪日給散。」又云：「自余居此山，常欲歲以私錢百千行之於一鄉。患無人主其事，余力不能自爲，每求僧或凈人中一二成余志，未能也。」按：前一説居官者所宜知，後一説居家者皆宜勉也。然官錢止二百千，私錢止一百千，則尚嫌其少耳。余近歲來率市京師及廣東所有見成丸散，施之於人。此事甚易，何用僧爲？惟愈推愈廣，則其費頗憂不繼耳。

宋程大昌《攷古編》云：「五代漢隱帝時王章爲三司使，取緡錢之以八十爲陌者，每陌又減三錢，即今之官省錢所由始。」疑宋時夏日施藥即此項官省錢也。

講筵對句

國朝孫承澤《春明夢餘録》云：「萬曆二年四月，面諭輔臣作對聯，先擬三字對云『天地泰』，對曰『日月明』。張居正賀云：永樂十一年端午，宣宗隨成祖北京射柳，三矢皆中，又出對云『萬方玉帛風雲會』，即對云『一統山河日月明』，成祖大喜。時宣宗年十五也。上所對適與符合。」

又載「崇禎十五年，閣臣進東宫講議」，有一條云：「祖宗廟講讀畢，皆有對偶之句，繇淺漸深，繇近及遠，比物連類，觸發頗多。似可將舊對佳者集爲一帙，恭候東宫時取觀覽。間作一對，容臣等與侍班講讀官互相參叩，似亦格致一端。」按：今鄉塾之師往往課童子以對句，觀此知明代講筵亦有此課也。

奏事先咳

國朝吴翌鳳《遜志堂雜鈔》云：「尹直《瑣綴録》云：天順間新制，早朝班定，各官將奏事，皆豫咳一聲。文武班不約而同，聲震如雷。其有痰咳者許引退自便。」按：此制可笑，未知果有之否。《曲禮》：「將上堂，聲必揚。」不知如何揚聲，豈亦是咳邪？今人頗有行之者。

宣醫敕葬

宋葉夢得《石林燕語》云：「大臣及近戚有疾，恩禮厚者多宣醫。及薨，例遣内侍監護葬事，謂之敕葬。國醫未必高手，病藥不相當，往往爲害。敕葬，喪家無所預，一聽於監護官，惟其所欲，至罄家資。故諺云：『宣醫納命，敕葬破家。』近年敕葬多上章乞免，朝廷知其意，無不從者。」按：恩禮至於乞免，甚爲可笑。何不云「辭謝」而云「乞免」乎？

公牘用仰字

國朝羅振玉《讀碑小箋》云：「孔平仲《雜説》：『公家文字用仰字，出《齊·孝昭紀》：詔定三恪，禮儀體式亦仰議之。』予案：《魏高貞碑》貞卒後，宣帝詔云：『其墓□〔一〕所須，悉仰本州營辨。』是『仰』字魏已用之，不始於齊。又《三國志·魏·明帝紀》青龍二年『追謚山陽公爲孝獻皇帝』，裴注引《獻帝紀》追謚詔云：『喪葬所供，羣官之費，皆仰大司農。』是又始於三國。」愚按：魏詔所用「仰」字似即《史記·平準書》「衣食仰給縣官」之義，與今所用「仰」字有別。

印文朱墨先後之辨

宋孔平仲《珩璜新論》云：「王文恪性好吏事，以察爲明。留守西京日，長水縣申請買木錢

〔一〕缺字《全後魏文》卷十《贈高貞詔》作「次」。

數百千。王視其狀，亟作教下縣，令追買木一行人吏九十餘人，皆械送府。既至，以屬吏。吏莫知所以致罪，久之不得情，乃請其故。王曰：『凡公文皆先書而後用印，故印在書上。今此狀乃先印後書，字在印上，必有姦也。』於是鞫之，果重疊冒請，盜印爲之者。」按：今亦有墨壓硃、硃壓墨之辨，殆本於此等事也。

肺石古制

國朝周亮工《書影》云：「長安故宫闕前有唐肺石尚在，其制如佛寺所擊磬石而甚大，可長八九尺，形如人肺，亦有款志，但漫剥不可讀。《秋官·大司寇》『以肺石達窮民』，伸寃者擊之，立其下，如今撾登聞鼓也，見《墨客揮犀》。肺石惟此載獨詳，製如今雲版之類。」

愚按：此非古肺石也。鄭注但言「赤石」，不言其制。使唐時尚有之，則漢時亦所必有，鄭君不容不見也。且經云「立於肺石三日」，言「立」不言「擊」，則必不如磬可知矣。

宋制並無六更

宋程大昌《演繁露》云：「禁中鐘鼓院，五更已竟，外閒通用漏刻方交五更，葢翌日當直宫女須以未曉前來受事。若候正交五更，則不及事矣。王禹玉詞『禁鼓六更交早直』，明宫殿五更之外更有一更也。其實宫鼓以外閒四更促爲五更，故五鼓終竟時，蚤聞於外耳，鼓節未嘗溢六也。國朝大禮，車駕宿齋青城，則齋殿門内五更均促使短。至青城門外，則五夜平分，須曉乃竟。故奉常具行禮序次，以授在事之人，皆於宫漏之外别異其言，曰街市幾更幾更，爲此也。」

按：《宋史·五行志》：「宋以有『寒在五更頭』之謠，故宫中有六更。」其説不詳，余嘗疑之：果以五更爲忌，竟須減作四更方可；若展作六更，則仍有五更在内也。楊誠齋詩：「天上歸來有六更。」《豹隱紀談》云：未見其書，據《圖書集成》所引。「内樓五更絶，梆鼓交作，謂之蝦蟆更。禁門方開，百官隨入，所謂六更者也。」余以《豹隱》之説，參之《演繁露》，乃悟宋制並無六更。但更漏比民閒較促，宫中五更已竟，民閒方止四更，則多出一更矣。於是至正五更盡，梆鼓交作，以爲開門之節，在當時實謂之「攢點」，見《宋·律曆志》。曰「六更」者，俗語耳。

更點之數

明徐𤊹《筆精》云：「唐更漏二十五點，宋減初更二點，五更二點，本朝因之。」按：至今猶沿此制，無復「二十五聲秋點長」矣。韓昌黎詩云「雞三號，更五點」，是唐制五更有五點也。然老杜詩云「五更三點入鵷行」，又似唐時五更已止三點矣。或點雖有五，而入朝者以三點爲度歟？

孔廟下馬碑

國朝吴翌鳳《遜志堂雜鈔》云：「金明昌二年，孔子廟前置下馬碑。」按：《續鈔》卷八據《明史·高瑶傳》，謂文廟下馬碑始於明。今據此條，已始於金矣，宜更核。

明初國子監生之重

國朝吴翌鳳《遜志堂雜鈔》云：「明洪武中，國子監生出使視行人，如覈天下土田，稽百司案牘，督吏民脩水利，出有賜，還有勞。永樂初，頒詔諭訪輯高皇遺文，至同十三道御史問刑慮囚。然雖勞績有成，無不復監卒業者。其後有長差、短差之例，長差若清黄、寫誥之屬，短差若承運庫試字、司禮監謄本、禮部寫民情、中書科謄黄之屬。短差復監，長差則例滿附選待除，不復監矣。並見《明太學志》。」按：《續鈔》卷八已紀明初監生之重，此則更詳也。

内使執武備

國朝孫承澤《春明夢餘録》云：「常朝御門，其御座謂之金臺。内使一執蓋，升立座上；一執武備，立座後正中。武備之制，一柄三刃，而圈以鐵線，裹以黄羅袱如扇狀，用則線圈自落，三刃出焉，防不虞也。」按：此武備之制殆即古者「二人執惠」之遺，枚傳云：「惠，三隅矛。」

後世銜枚之法

宋方回《古今考續》云：「近世軍中銜枚法，以繩繫一銅錢於胸下，令止嚻則銜之，多以用之夜而劫寨〔一〕。」按：鄭康成箋《詩》云「枚狀如箸」，此古法也，後世以錢代之，蓋宋時行軍之制。

車與騎古今異尚

宋趙彦衛《雲麓漫鈔》云：「漢宣帝時，韋玄成以列侯侍祠孝惠廟，晨入廟，天雨，淖，不駕駟馬車而騎至廟下。有司劾奏，坐削爵。唐睿宗時，太子將釋奠，有司草儀制，從臣皆乘馬、著衣冠。自唐以迄本朝，以乘馬朝服爲禮。如入朝及謁廟，先乘車至門外，換馬入宫門。若從

〔一〕寨，原訛「塞」，據《文淵閣四庫全書》本《古今考》卷四改。

駕，則宰執、侍從官皆騎；從南郊祀上帝，則宰相騎導。以此言之，古以乘車爲禮、騎爲不恭，今以騎爲禮、乘車爲不恭，古今異宜如此。」按：唐睿宗時儀制爲劉子玄所糾，則唐人猶知古制。蓋古者馬以駕車，非人所騎坐，騎馬之事起於後世，故以乘車爲禮，騎爲不恭；至唐宋以來，人皆騎馬，則以騎爲禮，亦其宜矣。

後世武備勝古

宋沈括《夢溪筆談》云：「鈞石之石，五權之名，石重百二十斤。後人以一斛爲一石，自漢已如此，『飲酒一石不亂』是也。挽蹶弓弩，古人以鈞石率之，今人乃以粳米一斛之重爲一石。凡石者以九十二斤半爲法，乃漢秤三百四十一斤也。今之武卒蹶弩有及九石者，計其力乃古之二十五石，比魏之武卒，人當二人有餘；弓有挽三石者，乃古之三十四鈞，比顔高之弓，人當五人有餘。此皆近歲教養所成，以至擊刺馳射皆盡夷夏之術，器仗鎧冑極今古之工巧。武備之盛，前世未有其比。」

明初用兵殘暴

元徐勉之《保越録》云：「敵軍發掘冢墓，自理宗慈獻夫人以下至官庶墳墓無不發，金玉寶器捆載而去。其尸或貫[一]以水銀，面皆如生，被斬戮汙辱者尤甚。」按：所稱「敵軍」即明將胡大海之師也。王者應運而興，命將出師，猶至於此，兵爲凶器，洵不虛矣。

《陔餘叢考》有一條辨宋曹彬、元伯顔「下江南不妄殺一人」之非，云：「金陵有樂官山。南唐初下，諸將置酒高會，樂人大慟，殺之，聚瘞此山。」又云：「伯顔攻常州，殺人煎膏取油作礮，號人油礮。」以此等事觀之，胡大海之殘暴固無足怪矣。

[一] 貫，《保越録》作「斂」。

茶香室四鈔卷九

四鑄銅人

宋無名氏《愛日齋叢鈔》云：「銅人凡四鑄。秦始皇收天下兵聚咸陽，銷以爲鐘鐻，金人十二，重各千石，此秦鑄也。漢靈帝中平三年，使掖庭令畢嵐鑄四銅人，列蒼龍、玄武闕外，此漢鑄也。魏明帝景初元年，徙長安鍾簴、駱駝、銅人承露盤。盤折，銅人重不可致，留霸城南。大發銅，鑄作銅人二，號曰翁仲，列坐司馬門外。後石虎使牙將張彌徙洛陽鐘簴、九龍、翁仲、銅駝、飛廉入鄴，苻堅又徙鄴銅駝、銅馬、飛廉、翁仲於長安，此魏鑄也。夏王赫連勃勃鳳翔元年鑄銅爲大鼓、飛廉、翁仲、銅駝、龍虎之屬，時當晉義熙九年，入長安在義熙十四年，則銅鑄猶在統萬，此夏鑄也。」此條言鑄銅人事最備，故具録之。然漢靈帝鑄銅人在洛陽，不應在長安。長安承露盤銅人乃漢武所爲也。則漢鑄銅人有二，而銅人凡五鑄矣。

又按：《漢書·五行志》：「秦始皇帝二十六年，有大人長五丈，足履六尺，皆夷狄服，凡十二人，見於臨洮。作金人十二以象之。」《史記正義》引謝承《後漢書》云：「銅人翁仲，其名也。」則「翁仲」之名非自魏始。

又按《史記正義》，則石季龍所徙之鄴者，即魏時留霸城之銅人，後又爲苻堅徙入長安而銷之。是此銅人鑄於秦地，仍銷於秦地，且已爲董卓毁其十，後來所徙者止兩銅人矣。

中國財用秏於夷狄

宋趙彦衛《雲麓漫鈔》云：「自漢以來，中國財用秏於虜，東漢爲甚。袁安封事云：『漢之故事，供給南單于費直歲一億九十餘萬，西域歲七千四百八十萬。』向來議者但怪遺契丹之數多，而不知漢之費尤甚。」

宋代國用

宋葉夢得《石林燕語》云：「皇祐、治平，天下財賦歲入皆一億萬以上，歲費亦一億萬以上，出入畧相當。元豐中，曾子固請歲省三之一，則三十年當有九億萬，可以爲十五年之蓄。議格不行。此雖論其大畧，然言節用似當倣此，可以得實效。」

宋時歲幣

宋周密《齊東野語》云：「紹興歲幣，銀二十萬兩，絹二十萬匹。」注云：「紅絹十二萬匹，匹重十兩，浙絹八萬匹，匹重九兩。」「初交絹十退其九，以金人秤尺無法，又胥吏需索作難，所需如欲，方始通融。」注云：「自初交至結局，通支官吏糜費銀一千三百餘兩，金三十五兩，木棉三十六匹，白布六十二匹，酒三百四十石，共折銀六百二十兩，本色酒二千六百瓶，茶果雜物在外。」「又貼耗銀二千四百兩。若正旦、生朝遣使，每次禮物金器一千兩、銀一萬兩、綵緞一千匹，又有腦子、香茶等物。」按：宋輸歲幣爲金人需索抑勒，固不可爲國矣。然約計之，大約亦不過數十萬而已。若乃無歲幣之名，而以我有用之財易彼無用之物，其數或相倍蓰，是可爲長大息者矣。

明代用物

明王鏊《震澤長語》云：「祖宗時歲用省，以黄蠟一事言之，國初歲用不過三萬斤，景泰、天順間加至八萬五千，成化以後加至二十二萬，其餘可推也。」又云：「正德十六年，工部奏巾帽局[一]內侍巾帽靴鞋，合用紵絲、紗羅、皮張等料，成化間二十餘萬，弘治間至三十餘萬，正德八九年至四十六萬，末年至七十二萬。」

預買

宋程大昌《演繁露續》云：「太宗時馬元方爲三司判官，建言方春民乏絶時，預給庫錢貸

[一]「局」下，《震澤長語》卷上有「缺」字。

之，至夏秋令輸絹於官，預買紬絹始於此。」按：王安石青苗之法似本此意。《日知録》有《豫借》一條，極論其弊，亦未知有此事也。

納錢度僧道

宋程大昌《演繁露續》云：「安禄山反，楊國忠遣侍御史〔二〕崔衆至太原，納錢度僧尼道士，旬日得百萬緡而已。」按：此則鬻度牒始於楊國忠也。又云：「《張廷珪傳》：『武后税天下浮屠錢，營佛祠於白馬坂。』此雖非鬻度，亦計人數斂矣。」

明制僧道額數

國朝孫承澤《春明夢餘録》云：宗伯倪岳疏：「我朝定制，每府僧道各不過四十名，每州各

〔二〕史，原訛「丈」，據《續演繁露》卷二改。

不過三十名，每縣各不過二十名。今天下一百四十七府，二百七十七州，一千一百四十五縣，共該額設三萬七千九十名。成化十二年度僧一十萬，成化二十年度僧二十餘萬，以前各年所度僧道不下二十萬，共該五十餘萬。以一僧一道一年食米六石論之，共該米三百六十餘萬，可勾京中一年歲用之數。」

唐制有大斗大尺

宋程大昌《演繁露》云：「開元九年敕：度以十寸爲尺，尺二寸爲大尺；量以十升爲斗，斗三升爲大斗。此謂十寸而尺、十升而斗者，皆秬黍爲定也。鍾律、冠冕、湯藥皆用之。此外官私悉用大者，則黍尺一尺外更增二寸，黍量一斗外更增三升。」按：既定斗尺之制，不知何以又制此大斗大尺也。《演繁露》又云：「《通典》敍六朝賦税而論其總云：『其度量三升當今一升，秤則三兩當今一兩，尺則一尺二寸當今一尺。』注云：『當今者，當佑之時也。』唐時一尺比六朝制一尺二寸也，是唐制已大於六朝多矣，又有大斗大尺之名，此亦古今之異也。」

《演繁露》又云：「今官尺與浙尺同，僅比淮尺十八，而京尺又多淮尺十二，公私隨事致用，元無定則。予嘗怪之，蓋見唐制而知其來久矣。金部定度，以北方秬黍中者爲則，凡橫度及百黍爲一尺。此尺既定，而尺加二寸，别名大尺。鍾律、冠冕之類則用秬尺，内外官私悉用大尺，與古人同，度量之義乖矣。唐帛每四丈爲一匹，用大尺準之，蓋秬尺四十八尺也。秬尺長短不知合今何尺，然今官帛亦以四丈爲匹，而官帛乃今官尺四十八尺，準以淮尺，正其四丈也。國朝事多本唐，豈今之省尺即用唐秬尺爲定邪？不然，何官府通用省尺而繒帛特用淮尺也？」以此説推之，宋之官尺、省尺皆即唐之秬尺，而淮尺則唐之大尺也。若京尺，則又比唐之大尺加二寸矣。

明光禄寺買辦價

國朝孫承澤《春明夢餘録》云：「洪武元年正月初八日諭：今後光禄買辦一應供用物件，比民間交易價錢每多十文，如肉果之類及諸項物件，民人交易一百文一斤，光禄寺買辦須要一百十文，隨物貴賤每加一分，賣物之人照依時估多取十文利息。」按：此可見明初定制之善，及其後則官價少於民價矣。

聽民自賣茶

宋程大昌《演繁露續》云：「馬殷據湖南，判官高郁請聽民自采茶，賣於北客，收其征以贍軍，殷從之。」按：《日知録》論「行鹽」引松江李雯之説「就場定額，一税之後，不問所之」，而并及宋嘉祐中著作〔一〕佐郎何鬲、三班奉職王嘉麟「請罷給茶本錢，縱園户貿易，而官收租錢」，謂其説可通於鹽課。今觀程大昌此條，則固前人已行之法也。

賈似道造關子

元劉一清《錢唐遺事》云：「景定甲子，賈相當國，造金銀見錢關子，其制上黑印如品字，中紅印三相連如目字，下兩傍各一小長印，宛然一『賈』字也。銀關之上列爲寶蓋幢幡之狀，目之

〔一〕作，原訛「制」，據《日知録》卷十《行鹽》改。

曰金幡勝，以『今代麒麟閣，何人第一功』爲號。大兵下江南，如入無人之境，人以爲讖。」

下馬錢

宋程大昌《演繁露續》云：「《令狐楚傳》：『始，忭、鄆帥每至，以州錢二百萬入私藏，楚獨卻不取。』此即今世郡守下馬錢也。」又云：「大中五年，奏刺史交割及初到任下檐，得替後資裝，天下州郡自有規制。自今後應刺史下檐什物，及除替後資送錢物，但不率歛官吏，不科配百姓，一任各守州郡舊例。」

按：「下檐什物」即下馬錢也。以乘馬言謂之「下馬」，以坐檐子言謂之「下檐」。彼時到任、去任皆有規制，足見法禁之寬。

又按：「下檐」者，謂下檐子也。《唐書·車服志》：「開成末定制：宰相、三公、師保、尚書令、僕射、諸司長官及致仕官，疾病許乘檐，如漢魏載輿、步輿之制。」元人《事物紀原》不知作者姓名有《檐子》一條，引《舊唐書·輿服志》而云：「唐乾元以來始用兜籠代車輿，疑自此又爲檐子之制也。」其字皆作「檐」，不作「擔」。他書往往作「擔」，何歟？

《演繁露》云：「《唐會要》三十卷曰：『開成五年黎植奏：「朝官出使，自合乘驛馬，不合更乘檐子。自此請不限高卑，不得輒乘檐。」』」其字亦從木，不從手。

唐代路祭之盛[一]

唐封演《封氏聞見記》云：「玄宗朝，海内殷贍。送葬者或當衢設祭，有假花、假果、粉人、麪獸之屬。喪亂以來，此風大扇，窮極技巧。大曆中，太原節度辛景雲葬日，諸道節度使使人修范陽祭，祭盤最爲高大。刻木爲尉遲鄂公、突厥鬭將之戲，機關動作不異於生。祭訖，靈車欲過。使者請曰：『對數未盡。』又停車，設項羽與漢高祖會鴻門之象，良久乃畢。縗絰[二]者皆手擘布幕，收哭觀戲。事畢，孝子陳語於使人：『祭盤大好，賞馬兩匹。』滑州節度令狐母亡，鄰境致祭，昭義節度初于其門載船桅以充幕柱，至時嫌短，特于衛州大河中取長桅代之。及昭義

[一] 盛，原訛「感」，據目録改。
[二] 絰，原訛「經」，據《封氏聞見記》卷六改。

節度薛公蕘，絳、忻諸方并管内滏陽城南設祭，每半里一祭，南至漳河，二十餘里，連延相次。大者費千餘貫，小者猶三四百貫，互相窺覘，競爲新奇，柩車暫過，皆爲棄物矣。」

唐乾陵防盗之法

宋程大昌《考古編》云：「史載温韜發唐陵，獨乾陵不可近，近之輒有風雨，此不可曉。嘗記唐人有一書備載乾陵之役，每鑿地得土一車，即載致十里外，换受沙礫以回，實之方中。方中不復本土，而皆積沙瘞之。此防盗之巧思也，沙礫散燥，不相粘著，非盡徙而他之，雖欲取徑闕隧，無由而可。故雖有劇盗，穿穴不竟，必皆舍去。人遂從而〔一〕神之，其實不然也。」

唐時士大夫聽畜絲竹

宋趙彦衛《雲麓漫鈔》云：「天寶七年九月，敕五品以上正員清官、諸道節度使及太守等並

〔一〕而，原訛「詩」，據《考古編》卷九改。

聽畜絲竹，以展歡娱，行樂盛時，式覃中外。」按：此事不見於《唐書》，亦徵唐政之荒也。

宋時官妓

元徐大焯《燼餘録》云：「朱三官者，周二娘之女，故世家也，宋末没入官。故事，官妓歲選十人，各給身資十千，五年期滿歸原寮，本宫攜去者再給二十千。軍妓，以句闌妓輪值之，歲各人值一月，後多歛資給吏胥購代者。於是軍伍掠婦女，誣爲盗眷，官司録罪孥，及於良家婦之候理者，固有宋第一粃政。二聖北狩，始議革除。」按：宋時官妓，名家詩集中往往有之，不知當時之爲虐至此也。

《燼餘録》又載一事云：「道君晚年得茯苓千枚於宫樹下，皆成人形。北狩後，宫親戚貴編管家奴、軍妓外，后妃等千三百人、皇子等二十人肉袒於廣門外，披羊裘及腹，摯二氊條於手。二聖引入幔殿，行牽羊禮，宣敕肆赦，二聖受爵服出。有頃，出鄭、朱二后歸第，已胡服，出婦女千人賜禁近，猶肉袒，髣髴賜苓羣貴情景，見《普天同憤録》。」后妃之貴，至於袒露人前，或亦粃政之報乎？《普天同憤録》乃宋人李茂菀著，其孫美臣又集金人亡國事作《普天洩憤録》。二書亦有國者之殷鑒也。

明時籍婦女入教坊，更虐於宋之官妓。明内臣王永章載莊烈帝諭袁妃云：「我朝以大臣子女罰入教坊，究是虐政。旦夕賊至，汝等將奈何？」又載三月十八日投闖内監杜勳、申之秀入見，出僞書云：「大順皇帝諭：限十九日子時以前具表投降，以公主及張后等十九人照單一一獻出。須知天道循環，洪武待順帝宫眷何等淫毒，永樂待忠臣眷屬何等慘傷。事有成例，爾當平心。」嗚呼！出爾反爾，一至於此，亦可鑒矣。

唐火禁甚嚴

宋費衮《梁谿漫志》云：「唐火禁嚴，其罪抵死。元微之《連昌宫詞》：『須臾覓得又連催，特敕街中許然燭。』街中然燭，至特敕乃許，則火禁之嚴可知。吴元濟禁人偶語於塗，夜不然燭。裴晉公平蔡，遂弛其禁。而中朝之法亦嚴，當時又何以處此邪？」

禁采煤

國朝周亮工《書影》云：「今人所用煤土，掘之地中，當即昆明劫灰之屬。但習用既久，不以爲異耳。南中往時絶無，一二市猾勾黨開采，青山白石悉遭残賊。近始禁之，亦快事也。」按：此則國初曾禁采煤矣，或專指南方而言也。

禁屠狗

宋朱弁《曲洧舊聞》云：「崇寧初，范致虛上言：『十二宫神，狗居戌位，爲陛下本命。今京師有以屠狗爲業者，宜行禁止。』因降指揮，禁天下殺狗，賞錢至二萬。」按：此禁甚爲可笑。若然，使人主生丑年、未年，祭祀當不得用牛羊矣。

茶香室四鈔卷十

三教

國朝羅振玉《讀碑小箋》云：「《唐書・藝文志》有衛元嵩《齊三教論》七卷。《隋書・李士謙傳》答客問三教有『佛日、道月、儒五星』之説。三教之稱始此。《金石萃編》云始見唐叱干公《三教道場文》，誤。」

又《存拙齋札疏》云：「《北周書・武帝紀》建德二年『十二月癸巳，集羣臣及沙門、道士等，帝升高坐，辨釋三教先後，以儒爲先，道爲次，佛爲後。』又《韋敻傳》『武帝以佛道儒三教不同，詔敻辨其優劣，敻著《三教序》奏之。』三教之稱當始此。」按：此亦羅氏説，乃自正《小箋》之誤也。

師尚父與爵齒德對

元白珽《湛淵静語》云：「有士人投啓事於真西山，以『爵齒德』對『師尚父』，又用『運籌帷帳之中』，館客哂之。西山曰：『師尚父，謂可師可尚可爲人父。《漢書》言帷幄，《史記》作帷帳，不可哂也。』」

北宋人材多出江南

宋朱弁《曲洧舊聞》云：「晁以道嘗爲余言：本朝人物之盛，自國初至昭陵時並從江南來。二徐兄弟以儒學顯，二楊叔姪以詞章進，刁衎、杜鎬以明習典故用，而晏丞相、歐陽少師巍乎爲一世龍門，然皆出於大江之南。信知山川之氣蜿蜒磅礴，真能爲國産英俊也。余嘗因賦澄心堂紙詩，記其事以告後來之秀。」

張忠定前知

宋沈括《夢溪筆談》云：「張忠定在蜀日與一僧善，及歸，出一書封角付僧云：『謹收此，後至乙卯年七月二十六日，當請於官司，對衆發之。慎不可私發，必有大禍。』僧得其書，至大中祥符七年歲乙卯，時凌侍郎策帥蜀，僧持書具陳。凌集從官共開之，乃忠定真容也。其上有手題曰：『詠當血食於此。』後數日得京師報，忠定於其年七月二十六日捐館，凌乃爲之築廟於成都。蜀人自唐以來嚴祀韋南康，自此乃改祠忠定。」

邵堯夫前知

宋朱弁《曲洧舊聞》云：「歐陽公在政府，聞康節之名。子棐叔弼之官，道經洛下，曰：『汝至洛，可往謁邵先生。』叔弼既到門，堯夫倒屣出迎，延入説話終日，又自道平生所見人、所從學、所行事。已而又問曰：『君能記否？』棐雖敬聽之，不曉其意。逮元豐間堯夫卒，有司上其行應謚，而叔弼爲太常博士，當作謚議，乃始恍然悟。世以比郭景純之於青衣兒，雖其事不同，而前知實相類也。」

又云：「温公與堯夫水北閒步，見人家造屋，堯夫指曰：『此三閒某年某月當倒，此三閒某年某月爲水所壞。』温公歸，因筆此事於所著文稿之後，久而忘之。因過水北，忽省所説，視其屋則爲瓦礫之場矣。問於人，皆如堯夫言。」

滕達道謔語

宋吴坰《五總志》云：「滕達道帥真定，朝中送詩者數十人。臨行，啓之曰：『某以糧裹未辦，凡送詩者願假以十千。如送到錢，其詩候到任日與免上石。』此雖一時之善謔，要之非盛德事。」

宋釋惠洪《冷齋夜話》云：「沈東陽《野史》曰：晉桓温少與殷浩善，殷嘗作詩示温，温玩侮之曰：『汝慎勿犯我，當出汝詩示人！』」滕語意即本此。

徽宗與諸王屬對

宋蔡肇《北狩行録》云：「太上皇雖在蒙塵，每諸王問安，必留之，坐而賜食，或賦詩屬對。有兩聯今附於左。太上曰：『方當月白風清夜。』故鄆王楷對曰：『正是霜高木落時。』太上曰：『落花滿地春光晚。』莘王植對云：『芳草連雲暮色深。』餘皆類此。」

嘉祐四友

宋徐度《卻掃編》云：「王荆公、司馬温公、吕申公、黄門韓公維，仁宗朝同在從班，特相友善，暇日多會於僧坊，談讌終日，他人罕得而預，時目爲『嘉祐四友』。」按：荆公、温公僧坊談讌，安知異時事變一至於此乎？是亦可歎也。

秦檜請定趙氏狀

無名氏《大金弔伐録》載秦檜狀云：「朝散郎、試御史中丞致仕秦檜准元帥府指揮，如別有異見，具狀申者云云。天會五年二月十四日，朝散郎、試御史中丞致仕秦檜狀。」按：王明清《揮麈餘録》言秦檜靖康末議狀乃監察御史馬先覺之文，檜爲臺長，故列於首耳。余已録於《三鈔》卷八矣。乃讀《大金弔伐録》，則此狀止檜一人列名，且已致仕，非以爲臺長故首列也。《弔伐録》所載皆故府案籍，排比年月，具録原文，當屬可信。又載《元帥府要秦檜懲斷》，又載吏部尚書王時雍狀，言前中丞秦檜已發遣赴軍前，則檜請立趙氏不得謂非一時義舉。《揮麈三録》以王莽比擬，較《餘録》爲是也。

吴歌破敵

明朱睦㮮《革除逸史》云：「靖難兵次定州，欲攻西水寨，都指揮花英、鄭琦帥步騎三萬援西水，列營峩眉山下。是時圍寨已久，寨軍多南人，天寒思歸。會月夜，文皇命四面皆吴歌，南軍聞之隕泣，有濳下寨降者。詰朝，西水寨遂破。」按：四面楚歌，漢之所破項羽也，乃有此事與之遥遥相對。應劭以楚歌爲鷄鳴歌，不知此吴歌又何歌也？

老叟報豐年

元吾衍《閒居録》云：「昔有老叟，垂黄髮，容貌甚異，捧一竹篋，中有木佛、經卷、香鑪之類，行且拜曰：『今年大熟。』每春即出，秋至不知何往，自是歲皆豐稔。至元丁亥歲，忽不出，遂大水。自後莫知死生，歲亦不復前稔矣。余祖母年七十餘，云：『自幼見之，形容亦只自此。』」按：此老叟惜不知爲何地人，至元丁亥歲始不見，則其人猶在南宋時也。

余㮚、餘瀝

宋徐度《卻掃編》云：「翟資政公巽喜嘲謔，初爲祕書郎時，俞尚書㮚亦在省中，嘗會飲。

明旦，翟自外至，抗聲問曰：『俞橐安在？』衆愕然，俞亦自失。翟徐曰：『吾問昨日餘瀝，欲復飲耳。』衆始大笑。」

按：「餘瀝」之語在當時必常言之，故得以爲戲。余嘗以此事對韓皋天寒膏硬事作一聯云：「俞橐何妨醉餘瀝，韓皋正合試寒膏。」

布被三千客

宋范公稱《過庭録》云：「忠宣自入仕，門下多食客，至貴益盛。守陳，以己奉作布衾數十幅待寒士，時人爲之語曰：『孟嘗有三千珠履客，范公有三千布被客。』」

吴下三厭

明馮時可《雨航雜録》云：「有某郡守謂余曰：『子知吴下三厭乎？山人詩卷與士夫干請之書、僧徒募緣之册。』在坐者或笑曰：『此可稱三黨：山人譽於四方，謂之外黨；士夫譽於中朝，謂之内黨；今世士大夫有高名者多佞佛，施之可得其心，且有佛力爲助，可稱上黨。』」

左右中

明張志淳《南園漫録》云：「左右之尚，各説家不一。然觀《前漢·百官表》，十左庶長，十一右庶長，十二左更，十三中更，十四右更，則官次尚左，與今同。但中猶在左下右上，今五軍都督府與各衛所則以中爲尊矣。」

按：張氏此説甚謬。爵一級曰公士，至二十曰徹侯。公士不過異於士卒，徹侯則得上通於天子，是爵之等第自一至二十，由卑至尊也。左右庶長、左右更，皆左在前、右在後，則尚右明矣。張氏反以爲尚左，不亦謬乎？惟不以中爲尊，則與後世異。《爾雅·釋地》先東方、南方、西方、北方，《釋山》先東岳、南岳、西岳、北岳，皆以中列東南西北之後。

等人易得久

宋徐度《卻掃編》云：「石林公言吴中俚語，若『等人易得久，瞋人易得醜』，雖鄙亦甚有理。」按：俗語以相待謂之「等」，不知何解，觀此則宋語已然也。

邋遢

宋郭若虛《圖畫聞見誌》云：「趙邋遢，亡其名，性質魯，不善修飾，故人號爲邋遢，妙工畫虎。」按：今人謂不自修飭者曰「齷齪」。然「齷齪」本義齒相近也，引申之則有細小之義，《司馬相如傳》「委瑣齷齪」是也。以爲不善修飾，義已不近。此作「邋遢」，更所未詳矣。

啞揖、咄散

宋葉夢得《石林燕語》云：「中丞、侍御史上事，臺屬皆東西立於廳下，上事官拜廳已，即與其屬揖而不聲喏，謂之『啞揖』。以次升階，上事官據中坐，其屬後列，坐於兩旁。上事官判案三道後，皆書曰記諮，而後引百司人吏立於庭。臺吏自廳上厲呼曰咄，則百司人吏聲喏，急趨而出，謂之『咄散』。然後屬官始再展狀如尋常參謁之儀，始相與交談，前此蓋未嘗語也。案後判記諮，恐猶是方鎮憲銜時沿襲故事。記謂記室，諮謂諮議，不知『啞揖』『咄散』爲何義，至今不改。」

余於《續鈔》卷七載「啞揖」，謂是外國之俗，不知宋時臺規有此也。

兩事相類有傳不傳

國朝羅振玉《存拙齋札疏》云：「埋兒養親，有郭世通、郭巨二事。巨事婦孺知之，世通鮮知者，見《南史·孝義傳》。」

《札疏》又云：「《南史·陶弘景傳》：『年四五歲，恒以荻爲筆，畫灰中學書。』此又一畫荻事，今人僅知歐陽文忠耳。」

蘭亭後會

宋姚寬《西溪叢語》云：「東坡《和陶詩》：『再游蘭亭，默數永和。』考蘭亭之會，自右軍、謝安凡四十二人。後大曆中朱迪、吕謂、吴筠、章八元等二十七人經蘭亭故地聯句，有『賞是文辭會，歡同癸丑年』之句，必有此事也。」按：唐大曆八年亦歲在癸丑。

耆英續會

宋無名氏《愛日齋叢鈔》云：「司馬光爲《耆英會序》云：『樂天在洛，與高年者八人游。時人慕之，圖傳於世。宋興，洛中諸公繼而爲之再矣。圖形普明僧舍，樂天之故第也。』今考修香山故事，惟至道初李文正公罷相，年七十七，思樂天故事，欲繼其事，會蜀寇起而罷其事，當在京師。至和閒杜正獻公致仕，爲五老會，其事又在南都。謂再會洛，未詳。後米元章几雋老會，其事在吴，名氏且未悉著。獨潞公以元豐五年尹洛，爲耆年會，凡十三人，可以踐唐賢遺躅而過之矣。又元豐初趙清獻守杭，趙康靖自南都來，年八十一，共游湖山，爲《二老圖》。清獻時七十一，程給事師孟守越，又減清獻一歲，嘗同唱和，因增程公爲《三老圖》。盛哉！承平典型也。」

燕禮享禮

宋葉夢得《避暑録話》云：「司馬文正公在洛，與諸故老游集，相約酒行、果實、食品不得過五，謂之真率會。子瞻在黄州，復殺而爲三。余兼取二者而參訂之，戲以語客曰：『古者待賓客之禮有燕有享，而享其殺也。今邂逅而集者，用子瞻以當享；非時而特會者，用温公以當燕。』」

瑞錦解和

唐李綽《尚書故實》云：「西平王與張魏公不協，德宗令韓晉公善説，然後並處中書。一日内宴，禁中出瑞錦一匹，命繫兩人一處，以示和解之意。」

宋人小簡

宋朱弁《曲洧舊聞》云：「舊説歐陽公雖作一二字小簡，亦必屬稿。然明白平易，若未嘗經意者。東坡大抵相類，至黄魯直始專集取古人才語以叙事。士大夫翕然從之，亦一時所尚而已。方古文未行時，雖小簡亦多用四六。而世所傳宋景文《刀筆集》，務爲奇險，至或作三字韻語，近世蓋未之見。予在館中，時盛暑，傅崧卿給事以冰餽同舍，其簡云：『蓬萊道山，羣仙所游。清異人境，不風自涼。火雲騰空，莫之能炎。餉以冰雪，是謂附益。』讀者莫解，或曰：『此《靈棋經》邪？』一坐大笑。」

書簡呼字

宋朱弁《曲洧舊聞》云：「李肅之公明，文定公子也，在三司，論事切直，仁宗嘉納。歐公以簡賀之，公明喜曰：『歐公平日書疏往來，未嘗呼我字也，此簡遂以字呼我。人之作好事，可不勉哉？』」按：此知宋人於後輩不輕以字呼之也。

書問中名字並稱

宋無名氏《愛日齋叢鈔》云：「乾道間，陸放翁取家藏前輩筆札，刻石嘉州荔枝樓下。有陳文惠書，首云『堯佐白』，後云『希元再拜』。希元，文惠字也。自稱於書問，不可解。嘗觀逸少《敬謝帖》自云『王逸少白』，盧山《遠公集》盧循與遠書云『范陽盧子先叩頭』，則古人稱字，蓋或有之。《漢書》張晏注云：『匡衡少時字鼎，長乃易字稚圭。世所傳衡與貢禹書，上言「衡敬報」，下言「匡鼎白」。』顔師古以爲：『張氏説穿鑿。後人見此傳云「匡鼎來」，不曉其意，妄作衡書云「鼎白」爾。字以表德，豈人所自稱乎？』」

按：字以表德，不應自稱，此説殊泥。惟陳文惠書先名後字，則不可解。所引王逸少、盧子先，但可爲稱字之證，不可爲名字並稱之證。所引匡衡書當矣，而顔師古又以爲後人妄作，則不知陳文惠果何所本也。

宋陳叔方《潁川語小》云：「昨見《觀風堂帖》所刊林和靖二詩，皆直書『君復奉呈某人秀才』。」此亦可爲自稱字之一證。

宋程大昌《演繁露》云：「國初人簡牘往來，其前起語處皆書名，後結語即以花書代名，不再出名。『花書』云者，自書其名，而走筆成妍，狀如花葩也。」按：此知宋人簡牘其末本可不出名，以花書代之，則不作花書而書字亦無不可，蓋視起處不妨稍從苟簡也。

名帖

明張萱《疑耀》云：「余閱[一]一小說，古人書啓往來及姓名相通，皆以木竹爲之，所謂刺也。今之拜帖用紙，蓋起於熙寧。余謂簡札用紙，其來已久矣。馮盛嘗誚盧杞提三百綾文刺爲名利奴。郗愔遺牋詣桓温，子超取視，寸寸毀裂。若竹木之類，何稱綾文，又豈堪寸裂邪？意東漢造紙之後，簡札之制已爲之一變矣。王沂公取殘柬裂去前幅，以遺孫京。是時書帖已有長

[一] 閱，原訛「聞」，據《疑耀》卷四改。

餘，但不如今之侈耳。今用七八摺爲全柬，是後人積奢之所致也。余嘗見楊公士奇一帖，其紙即今長安中之連七紙最粗惡者，亦僅三摺，而上一紅籤僅如筯，姓名之字僅大如指頂。其所語事即書於左，不用今之副啓。其字草書，葢真蹟也。今用副啓，聞亦起於世廟末年，書名字大則近見。今日凡京朝官，其字至大，與政府相等。」

按：此已録入《續鈔》矣。因未備，故又備録之。明人七八摺全柬乃素紙，非紅紙，故其上又黏紅籤。今翰林院官所用尚其遺制，亦詳見《續鈔》。

宋人名狀之式

宋吕希哲《吕氏雜記》云：「皇祐前，舉人看謁皆用封狀，面簽所謁爵，其中細書云：『鄉貢進士姓某名某，謹奉狀詣客次，祗候某官。伏惟尊慈，俯賜鑒念。謹啓。月日，鄉貢進士姓某啓。』未得解者，稱『應鄉貢進士舉』。四五年來止用名紙，又不論曾預薦與不曾預薦，皆單稱進士。」

宋葉夢得《石林燕語》云：「唐舊事，門狀，清要官見宰相及交友同列往來，皆不數前銜，止曰『某謹祇候某官，謹狀』。其人親在，即曰『謹祇候某官，兼起居，謹狀』。『祇候』『起居』不並稱，各有所施也。至於府縣官見長吏，諸司僚屬見官長，藩鎮入朝見宰相及臺參，則用公狀，前具銜稱『右某謹祇候某官，伏聽處分，牒件狀如前，謹牒』。此乃申狀，非門狀也。元豐以前，門狀尚帶『牒件狀如前』等語，葢沿習之久。後雖去，而『祇候』『起居』並稱，猶不改。今從官而上於某官，下稱『謹狀』，去『伏候裁旨』四字，略如唐制。而具前銜，謂之小狀。他官則前銜與前四字兼具，而不言『謹狀』，不知有『牒件狀如前謹牒』七字，則『謹狀』字自不應重出。若既去此七字，則當稱『謹狀』，以爲恭而反簡，自元豐以來失之也。」按：此較《吕氏雜記》爲詳。

大狀、小狀及門狀之式，余於《叢鈔》《三鈔》屢載之矣。今得此尤詳，故又載之。『牒件狀如前』五字未知何義。《老學庵筆記》作「牒右件如前，謹牒」，似較明白。古今事宜各異，非注解不能通。唐、宋且然，况三代、秦漢乎？

宋朱弁《曲洧舊聞》云：「歐公任翰林學士，嘗有空頭門狀數十紙隨身，或見賢士大夫稱道人物，必問其所居，書填門狀，先往見之。」按：此可見宋時士大夫往還通用門狀。

空漏子

宋趙彦衛《雲麓漫鈔》云：「唐《盧氏雜記》云：『喪亂以來，封書多以空漏子。』蓋古人封書皆實封，今人用空漏子套書，蓋始於唐。」按：古人實封，不知其制如何也。

嚴嵩拜帖

國朝姚元之《竹葉亭雜記》云：「額岳齋司農云：舊聞嚴嵩當國時，凡質庫，能得嚴府一帖往候者，獻程儀三千兩，蓋得此即可免外侮。金陵三山街松茂典猶藏此帖，帖寫『嵩拜』二字，字體學魯公，大可五寸，紙四邊不留餘地。乾隆四十五年曾親見之。」按：此可與奉聖夫人客氏名刺並傳矣。

茶香室四鈔卷十一

董仲舒《春秋決獄》

宋王楙《野客叢書》云：「董仲舒作《春秋決獄》二百三十二事。晉咸和間，賀喬妻于氏上表，引仲舒所斷二事：時有疑獄，曰：甲無子，拾道旁兒乙，養爲己子。及乙長，有罪殺人，以狀語甲，甲藏匿乙，甲當何論？仲舒斷曰：『甲無子，振活養乙。雖非己出，《春秋》之義，父爲子隱，子爲父隱，甲宜匿乙。詔不當坐。』又一事曰：甲有子乙，乞丙。乙後長大，而彼所成育。甲因酒色謂乙『汝是吾子』，乙怒，杖甲二十。以乙本是其子，不勝其忿，告於縣官。仲舒斷之曰：『甲生乙，不能長育，以乞丙，於義已絶。雖杖甲，不應坐。』夫拾兒路旁，斷以父子之律；加杖所生，附於不坐之條，其予奪不亦明乎？于言若此。」

按：仲舒所斷兩獄，不引《春秋》何義。以意揣之，當是《公羊傳》「爲人後者爲之子」之義，故不重所生而重所養也。然甲雖以子乞丙，謂乙便可杖甲，終是泯亂民彝，不可爲訓。余於《隨筆》卷九已論之矣。

薛仁貴《周易新注本義》

明周嬰《卮林》云：「胡元瑞《丹鉛新録》云：『用修言唐薛仁貴著《周易新注本義》十四卷，勇將而精意經術如此。』元瑞以爲别有其人，非爲將者也。宋人《墨池編》有《薛仁貴碑》云：『名禮字仁貴，其人在天寶間。』則非唐初將帥明矣。」按：《新唐書》本傳：「仁貴少貧賤，以田爲業。」而《世系》云「仁貴父軌，隋襄城郡贊治」，又云「仁貴名禮，子訥相玄宗」。《墨池編》碑文云云，則所稱「薛禮」者正「三箭定天山、免胄示突厥」之將軍耳。其言「天寶」，必訥爲其父追立之者。觀仁貴討賀魯疏，簡潔而盡事情，又知西方得歲，不宜用兵，皆博學有文，豈力田起家者所能暗解乎？且薛氏望出河東，無别支，《世系表》有二嵩、二朗、二植、二侃、二温、二岸、二戩、二巖、二嶷、二蒙、二諤、二華、二承規、三紹、三岑、三瓌、三廣，而獨無二禮、二仁貴，則爲一人無疑。

按：漢初傳《易》者有丁寬，寬爲梁孝王將軍，距吴楚，號丁將軍。然則名將談《易》，此風古矣。

明陳第字季立，號一齋，連江人。初爲學官弟子，俞都督大猷召至幕下，教以兵法。起家京營，出守古北，歷游擊將軍，亦明代戚、俞之後一名將也。而所著有《伏義圖贊》二卷，自序云：「《易》之作，本於庖羲。乃其圖析六十四卦而畫之，豈惟奇耦易謁，即楮筆之具，若後世猶病其繁且難也，況太古乎？且陰陽流行無有間斷，乃斷析若此，不足明三極之妙。于是以朱筆爲陽，墨筆爲陰，兩畫即成兩儀，四畫即成四象，八畫即成八卦，十六畫即成十六卦，三十二畫即成三十二卦，六十四畫即成六十四卦。倘於六十四之上各加陰陽，則爲一百二十八卦，而乾兑離震巽坎艮坤之位皆不易也云云。」按：今坊間所刻《朱子本義》，首列六十四卦横圖，即陳一齋之法。但變朱墨爲虚實，以省套印之煩耳。雖其説未免囿於宋儒之見，然至今家有此圖，爲童而習之者所必有之本，但莫知其出於陳第耳。余表而出之，且足徵薛仁貴之注《易》，不必詫爲異也。

張遐論太極

國朝周亮工《書影》云：「陳士業《復李司理書》言：檇李李君實日華《雜著》云：『太極之理，人知本於《易》，而發明於周元公。然東漢張遐已先之矣。遐字子遠，餘干人。常侍其師徐穉過陳蕃，穉曰：「此張遐也，知《易》義。」蕃問遐，遐曰：「《易》無定體，强名曰太極。太者至大之謂，極者至要之稱。蓋言其理至大至要，在混沌之中，一動而生陰陽。陰陽者氣也，所謂理生氣而氣寓夫理者也。」遐之言甚精切。』《范史·徐穉傳》竟未及附載張遐姓字，惟《饒州府志》有之。其論《易》一段，較君實先生所記稍詳。君實想亦據郡乘拈出者。每過孺子之祠，曾不得一侑食之，子弟誠得製張君之主配享祠中，俾知宋儒道統淵源於徵君之衣鉢，亦千秋之快舉也。」

愚按：張遐之論，未得其詳。若但據此數言，則亦甚淺，不過敷衍「《易》有太極，是生兩儀」二語而已，人人能言之。謂周元公之學出於此，宋儒固不服也。惟徐穉下陳蕃之榻，千古豔稱，而不知當日更有從行之張遐，是亦宜表出之。蓋遐之論《易》未必可信，而其人爲志乘所傳，或非子虚烏有也。

宋韓淲《澗泉日記》云：「陸元朗解釋太極曰：『太極，無也。』豈非太極本無極之意乎？」

按：此説則周元公所本也。

趙彦衛論冬官不闕

宋趙彦衛《雲麓漫鈔》云：「《周官》其屬皆六十，今有不止六十者，蓋冬官之屬雜於五官中，如染人等是也。以是知冬官亦非全闕。」

按：冬官不亡之一説，實始於俞庭椿之《復古編》，乃趙彦衛亦有是説。考俞庭椿爲乾道八年進士，而《雲麓漫鈔》序題開禧二年。自乾道八年至開禧二年止三十四年，則趙彦衛猶及與俞庭椿同時，或稍後之。而不引其説，是未見俞氏書，而其論適與相同也。

王元美考定《大學》

明王世貞《讀書後》有考定《大學》，頗有條理，今畧記於後：「大學之道」至「在止於至善」，

「古之欲明明德於天下者」至「國治而後天下平」，「《康誥》曰『克明德』」至「皆自明也」，「湯之《盤銘》曰」至「無所不用其極」，「《詩》云『邦畿千里』」至「此以没世不忘也」，「知止而後有定」至「則近道矣」，「自天子以至於庶人」至「而其所薄者厚，未之有也」，「子曰『聽訟』」至「此謂知之至也」。按：如此則先釋三綱領，次釋八條目，先後秩然。自「知止」至「知之至也」，即是釋致知格物，不必更補，似較朱注爲無弊也。

論《春秋》始隱不始惠

宋沈括《夢溪筆談》云：「《史記·年表》周平王東遷二年，魯惠公方即位，則《春秋》當始惠公，而始隱，故諸儒之論紛然。啖、趙都不解始隱之義，惟於《纂例》『隱公』下注八字云：『惠公二年，平王東遷。』若爾，則《春秋》自合始隱，此啖、趙所以不論也。然與《史記》不同，不知啖、趙得於何書。嘗見士人石端集一紀年書，叙平王東遷亦在惠公二年。予得之甚喜，亟問石君，云出一史傳中。遽檢未得，終未見的據。」

明儒有不信古文《尚書》者

明鄭瑗《井觀瑣言》云：「古文書雖有格言，而大可疑。豈有四代古書而篇篇平坦整齊如此？如《伊訓》全篇平易，惟《孟子》所引二言獨艱深。《泰誓》『謂己有天命』四句皆不似古語，而其他與今文複出者却艱深，何也？古文《尚書》至東晉梅頤始顯，古文《孝經》至隋劉炫始顯，皆沈没六七百年而後出，未必孔壁所藏之舊矣。」

按：古文《尚書》之僞，朱子始發之，而趙子昂大暢其説，而其書不傳，詳見《叢鈔》卷一。鄭瑗字仲璧，成化辛丑進士，則尚是明中葉時人，而能見及此，是亦本朝攻古文《尚書》者之先河也。

經典中雜南北音

宋沈括《夢溪筆談》云：「《經典釋文》如熊安生輩本河朔人，反切多用北人音；陸德明吴人，多從吴音；鄭康成齊人，多從東音。如『璧有肉好』『肉』音揉，北人音也；『金作贖刑〔一〕』『贖』音樹，亦北人音也。今河朔人謂肉爲揉、謂贖爲樹；『打』字音丁梗反，『罷』字音部買反，皆吴音也。如《瘍醫》『祝藥劀殺之齊』『祝』音『呪』，鄭康成改爲『注』，此齊魯人音也。至今齊謂注爲呪。」

傳注誤引經文

國朝何琇《樵香小記》云：「《書》『釐降二女于嬀汭』，蔡《傳》引《爾雅》『水北曰汭』。《詩》『騋牝三千』，朱《傳》引《禮記》曰『問國君之富，數馬以對』。《禮》『術有序』，陳氏《集説》引《周禮·鄉大夫》『春秋以禮會民，而射于州序』。今本皆無此文。」

愚謂此尚屬記憶之偶疏，最不可解者莫如《駟驖篇》正義矣。《駟驖篇》有「六轡在手」句，正義曰：「《大叔于田》言『六轡如手』，謂馬之進退如御者之手，故爲御之良。此言『六轡在

〔一〕刑，原訛「音」，據《夢溪補筆談》卷一《辯證》改。

手』，謂在手而已，不假控制，故爲馬之良也。」按：《大叔于田篇》但有「兩驂如手」句，並無「六轡如手」句，孔氏於彼疏云「兩驂進止如御者之手」，其文甚明。此處乃誤作「六轡如手」，相隔不過四卷，不一檢閲，何其舛歟？

古人注書不嫌重複

國朝羅振玉《存拙齋札疏》云：「宋高似孫《史略》譏顔師古注《漢書》訓詁重複者甚多，往往再見於一版之内。玉案：此古人注書法也。試以《毛詩》鄭箋言之，《板》詩『及爾同僚』下既云『及，與也』，於『及爾游衍』下又箋；《抑》詩『無不柔嘉』下既云『柔，安也』，於『輯柔爾顔』下又箋。康成注《禮》，如此者亦多。」

都都平文我

宋趙與旹《賓退録》云：「曹元寵名組，嘗賦《紅窗迥》百餘篇，皆嘲謔之詞，故掩其文名。

世傳俚語謂假儒不識字者，以《論語》授徒，讀『郁郁乎文哉』爲『都都平丈我』。元寵題梁仲敘所藏陳坦畫村教學詩云：『此老方捫蝨，衆雛亦附火。想見文字間，都都平丈我。』按：此語至今流傳未絶，趙甌北集中曾用之，今乃知宋人固以入詩也。

異於白

宋邢凱《坦齋通編》云：「淳熙間，隆興解試小經題『身中清異於白』。按：《孟子》『異於白馬之白也』合作一句，謂馬之白，吾從而白之，亦猶白人之白耳。」邢氏此説，蓋以出題爲誤。然愚謂古書有一字重讀之例，「異於白」三字自爲句，説詳《羣經平議》，此題可證成余説。

古《太玄》

宋張世南《游宦紀聞》云：「許樞密崧老云：予與長睿父見古《太玄》於中祕書，長睿父手録藏之。明年，予復求之，則本已亡。長睿父以其所録借予而卒。」又云：「念經之幾絶而僅存，艱虞若此。使學者知予顛沛流離萬里，保有之難，而共顯之云云。」古《太玄》必范望以前之本，猶《易》之經傳各自爲篇者。今雖不存，而鈔撮以復其舊，亦自不難耳。許崧老名翰，長睿父即黃伯思也。

《太平御覽》異説

國朝孫承澤《春明夢餘録》云：「陸文裕深曰：『宋太宗平列國，所得裸將之士最多，於是設六館，修三大部書。三大部者，《册府元龜》《太平御覽》《文苑英華》也。又修《廣記》五百卷。永樂靖難後修《永樂大典》，亦此意。』余按：宋太宗詔諸儒編集故事一千卷，曰《太平總類》；文章一千卷，曰《文苑英華》；小説五百卷，曰《太平廣記》；醫方一千卷，曰《神藥普救》，總賜名曰《太平御覽》。若《册府元龜》一千卷，乃真宗編集也，文裕所考或未確乎？」

按：陸文裕以《册府元龜》爲太宗朝所修，誠誤。孫氏之説亦非也。《太平御覽》一千卷至今猶存，人人知之。若如孫説，則《太平御覽》共三千五百卷，未之前聞。《太平御覽》初名《太平編類》，此云「太平總類」，或是「編類」之誤。《宋·藝文志》有賈黃中《神醫普救方》一千卷，此云「神藥普救」，必即此書也。總之，李昉《太平御覽》一千卷《宋志》入類事類，宋白《文苑英華》一千卷入總集類，李昉《太平廣記》五百卷入小説類，賈黄中《神醫普救方》一千卷入醫家類，四書分别部居，乃合而一之，失其實矣。

《羣書百考》

元吴師道《敬鄉録》云：「傅寅字同叔，號杏溪，義烏人，所著有《羣書百考》。章如愚俊卿《考索》出於此而加詳，《考索》盛行而《百考》鮮有讀者矣。」又云：「章如愚字俊卿，金華人，有《考索》一百卷，又撮其要爲《卓約》二十卷。」按：至今章氏《山堂考索》猶存，傅氏之書實章氏之先河，《卓約》之書爲《考索》之精騎，惜皆失傳矣。

《韵府羣玉》遺漏

明曹安《讕言長語》云：「《韵府羣玉》收之博矣，如『足』字欠管幼安濯足，『栅』字欠青溪栅。二字尚失之，他可知也。」

《紹興稽古録》

元陸友仁《研北雜志》云：「京師人家有《紹興稽古録》二十册，蓋當時所藏三代古器，各圖其物，以五采飾之；又模其款識而考訂之，如《宣和博古圖》而加詳，近世諸家所收者咸在。」按：人知有《宣和博古圖》，不知有此録。

湛然居士《西游録》

元盛如梓《庶齋老學叢談》云：「耶律文獻公子中書湛然居士，國初時扈從西征，行五六萬里，留西域六七年，有《西游録》述其事。」按：國朝錢大昕《補元史藝文志》地理類有耶律楚材《西游録》，不著卷數，即此書也。《長春真人西游記》，世人多知之，此書則知者頗尠。

《崑山編》

宋龔明之《中吴紀聞》云：「唐人劉綺莊爲崑山尉，研窮今古，緗帙所積甚富，嘗分類應用事注釋於下，如《六帖》之狀，號《崑山編》，其書尚存。」按：此必亦類書之佳者，惜今不可見也。

雜書類書在四類之外

明廖道南《殿閣詞林記》云：「弘治五年，大學士丘濬請訪求遺書，上疏云：『内閣儲書有匱，書目有簿。乞敕内閣量委學士并講讀以下官，督同典籍與吏典班匠人等，將書目校讐，分爲經史子集四類及雜書、類書二類，開具奏報。』」是明文淵閣書雜書、類書各自爲類，在經史子集之外也。

韓退之自定《韓子》

明曹安《讕言長語》云：「韓退之嘗取己文二十六篇爲《韓子》。」按：不知此二十六篇爲何篇，今亦未知斯言所出。

韓昌黎文稿

元陸友仁《研北雜志》云：「長安安信之子允言舊藏韓退之家集第二十六二卷〔一〕，蜀紙正書，有退之親改定字。」

〔一〕「二卷」上，《邵氏聞見後録》卷十五有「二十七」。

歐書《漢史》

元陸友仁《研北雜志》云：「田師孟家有歐陽率更書《漢史》節。」按：此真天下之至寶也，惜今不傳。不知所書《漢史》是前後《漢書》否。

宋景文《唐書》紀志稿

宋王得臣《麈史》云：「宋景文公始獨撰史，將成，文忠公分撰紀志，今與景文所撰列傳共行於世。然景文亦自撰《唐紀》與《志》，家藏其稿，世莫得見。」

宋景文《唐書》稿

宋趙彥衛《雲麓漫鈔》云：「宋景文公脩《唐書》，稾用表紙朱界，貼界以墨筆書舊文，傍以朱筆改之。嘗見所脩《韓退之傳》，末云『學者仰之如泰山北斗』，塗之，改云『景星鳳皇』，復塗之，仍書『泰山北斗』。」

歐公《五代史》稾

宋釋惠洪《冷齋夜話》云：「淵材游京師十餘年，南歸，曰：『吾富可敵國也。』乃開橐，有李廷珪墨一丸、文與可竹一枝、歐公《五代史》草稿一巨編。」

東坡文稿

宋費衮《梁谿漫鈔》云：「蜀中石刻東坡文字稾，改竄之處甚多，今具注二篇於此。《乞校正陸贄奏議劄子》『而臣等才有限』，於『臣』上字塗去『而』字；『竊以人臣之獻忠』，改作『納忠』；『方多傳於古人』，改作『古賢』，又塗去『賢』字，復注『人』字；『智如子房而學則過』，改『學』字作『文』；『但其不幸所事暗君』，改『所事暗君』作『仕不遇時』；『德宗以苛察爲明』，改作『以苛刻爲能』；『以猜忌爲術』句、『好用兵』句、『好聚財』句，於逐句首皆添注『德宗』二字；『治民馭將之方』，先寫『馭兵』二字，塗去，注作『治民』；『改過以應天變』，改作『天道』；『遠小人』，改作『去小人』；『以陛下聖明，若得贄在左右，則此八年之久可致三代之隆』，自『若』字以下十八字並塗去，改云『必喜贄議論，但使聖賢之相契，即如臣主之同時』；『昔漢文聞頗牧之賢』，改『漢文聞』三字作『馮唐論』；『取其奏議，編寫進呈』，塗去『編』字，注『稍加校正繕』五字；『臣等無任區區愛君憂國感恩思報之心』，改作『臣等不勝區區之意』。《獲鬼章告裕陵文》，自『孰知耘耔之勞』而下云『昔漢武命將出師，而呼韓來廷，效于甘露；憲宗勵精講武，而河湟恢復，見于大中』，後乃悉塗去不用；『獷彼西羌』，改作『憬彼西戎』；『號稱右臂』，改作『古稱』；『非愛尺寸之疆』，改作『非貪』；自『不以賊遺子孫』而下云『施于沖人，坐守成算，而董氈之臣阿里骨外服王爵，中藏禍心，與將鬼章首犯南川』，後乃自『與將』而上二十六字並塗去，改云『而西蕃首領鬼章首犯南川』；『爰敕諸將』，改作『申命諸將』；『蓋酬未報之恩』，改作『爭酬』；『生擒鬼章』，改作『生獲』；其下一聯，初云『報谷吉之冤，遠同彊漢；雪渭水之恥，尚陋有唐』，亦皆塗去，乃用此二事别作一聯云：『頡利成擒，初無渭水之恥；郅支授首，聊報谷吉之冤。』末句『柔遠』改作『來遠』。」按：此等可見古人作意之處，有益學者。今取《坡集》校之，「治邊馭將之方」不作「治民」，與此所改不合。又「馮唐論頗牧之賢，則漢文爲之太息；魏相條鼂董之對，則孝宣以致中興」，若原本是「漢文聞」三字，則此一聯必尚有塗改處。疑本作「漢文聞頗牧之賢，爲之大息；魏相條鼂董之對，以致中興」，費氏所録尚未備也。第二篇與改本悉合。

東坡論策真本

宋李廌《師友談記》云：「王仲嶷字豐甫，相國郇公之子也。東坡應進士舉，到省時，郇公知舉，得其論與策二真本。論即《刑賞忠厚之至》也，凡三次起草，雖稾亦結『塗注一』，其慎如此。論卷爲道人梁沖所竊，今所存惟策稿耳。沖在京師，豐甫欲訴於官而取之。」

王荆公勸東坡修《三國志》

宋徐度《却掃編》云：「劉義仲嘗摘歐陽公《五代史》之誤，爲《糾繆》以示東坡。坡曰：『往歲王荆公謂余曰：「歐陽公修《五代史》而不修《三國志》，非也。子盍爲之乎？」余固辭不敢當。夫爲史者網羅數十百年之事以成一書，豈能無小得失邪？余不敢當荆公之託，正畏如公之徒掇拾其後耳。」按：《三國志》已有成書，荆公欲使東坡爲之，不知何意。豈荆公已有帝蜀之見乎？

宋釋惠洪《冷齋夜話》云：「舒王言歐公今代詩人未有出其右者，但恨其不修《三國志》而修《五代史》耳。」

邵子之學得於江家婢

宋孔平仲《珩璜新論》云：「邵雍字堯夫，其著書號《皇極經世論》者數十卷。雍此學無所從授而心得也。或言雍父得江鄰幾學士家婢而生雍，婢攜江氏家書數編來邵氏，雍取而讀之，乃得此學，未知信否。」

宋人藏書家

宋周密《齊東野語》云：「宋室承平時，如南都戚氏、歷陽沈氏、廬山李氏、九江陳氏、番陽吴氏、王文康、李文正、宋宣獻、晁以道、劉狀輿，皆號藏書之富。邯鄲李淑五十七類一萬三千一百八十餘卷，田鎬三萬卷，昭德晁氏二萬四千五百卷，南都王仲至四萬三千餘卷，曾南豐及李氏山房亦皆一二萬卷。吾鄉如石林葉氏、賀氏皆至十萬卷，其後齊齋倪氏、月河莫氏、竹齋沈氏各不下數萬卷。近年惟貞〔一〕齋陳氏書最多，蓋嘗仕於莆，傳録夾漈鄭氏、方氏、林氏、吴氏舊書至五萬一千一百八十餘卷，且倣《讀書志》作《解題》，極其精詳。」按：《野語》此條本言書籍之厄，余則撮取其語耳。

田郎萬卷書

宋吴炯《五總志》云：「山谷詩『雖無季子六國印，乞讀田郎萬卷書』。田鈞，荆州人，藏書甚富，山谷書『萬卷堂』以名其居。」按：吴氏引此條爲今事對古事之證。

〔一〕貞，疑當爲「直」。

何學士讀書法

宋無名氏《愛日齋叢鈔》云：「温公爲張文潛言：學者讀書少能自第一卷讀至卷末。惟見何涉學士案上惟置一書讀之，自首至尾，止校錯字，未終卷誓不他讀，此學者所難也。張芸叟荅孫子發書論《資治通鑑》云：温公嘗曰：『吾作此書，惟王勝之曾閲之終篇。自餘君子求乞欲觀，讀未終，已欠伸思睡矣。』温公所言，學者通患。盍以何學士、王勝之之事爲讀書法？」余記此事，因憶故人李壬叔精算學，以所著書見示。余謝不解，李笑曰：「何不可解之有？但君未得讀法耳。讀第一句未解，不讀第二句；讀第二句未解，不讀第三句。如此讀去，不三日豁然矣。」余雖不能從，然讀書之法固如是也。

説理繁蕪

宋沈作喆《寓簡》云：「支道林説《逍遥游》至數千言，謝東山解《漁父》至萬餘言。嗚呼！多乎哉！至言妙道，一而已矣。此與漢之腐儒説『若稽古』三萬字何異？」

集名相同

宋趙與旹《賓退録》云：「彭器資、洪忠宣皆號《鄱陽集》，王岐公、張彦正皆號《華陽集》，楊文定、胡文定皆號《武夷集》，魏仲先、李漢老皆號《草堂集》，謝無逸、俞退翁、傅子駿皆曰《溪堂》，蘇子美、張會川、張徽皆曰《滄浪》，李帥中、石守道皆曰《徂徠》，晏元獻、王荆公皆曰《臨川》，驟見其名，未免疑混。」愚謂集名雖易混，然稱《滄浪》皆知爲蘇子美，稱《徂徠》皆知爲石守道，仍以人爲顯晦也。

「戴九履一」數語有誤

明徐𤊹《筆精》引焦氏曰：「佛典云：『戴九履一，左三右七，二四爲肩，六八爲膝。縱横皆十五，而五居其室。』今所傳『膝』字誤作『足』，亦無『五居其室』一句，獨見於佛書耳。」愚按：焦氏所引佛典不知何書。以韵讀之，作「膝」爲是。余謂上「五」字是衍文，本作「縱横皆十，而五居其室」，若作「縱横皆十五」則下句贅矣。

「異苔同岑」句有誤

明周嬰《巵林》云：「馮惟訥《詩紀》載郭璞贈温嶠詩曰：『人亦有言，松竹有林。及爾臭味，異苔同岑。』《太平御覽》作『異本同岑』。按：『異本』義已難通，『苔』字尤謬。余以爲應作『異谷』，轉寫誤耳。陸士衡《贈馮文羆》詩『出自幽谷，及爾同林』，景純蓋用其語。」

余謂「異苔」不可解，「異本」亦非。周氏改作「異谷」，引陸詩爲證。然陸詩但言「出自幽谷」，不言「異谷」也。按潘黄門詩有云：「及子棲遲，同林異條。」與此詩意相似。疑郭詩本作「異條同岑」，今作「苔」者，《廣韵》「條，徒聊切；苔，徒哀切」。「條」「苔」並與「徒」爲雙聲字，故聲近而誤也。晉《子夜歌》「不見連理樹，異根同條起」，意雖不同，亦其類也。

建陽本

國朝周亮工《書影》云：「六十年前，白下、吴門、虎林三地書未盛時，世所傳者獨建陽本耳。即今童子所習經書亦尚是彼地本子，其中錯誤頗多。近己亥闈中麟經題訛，至形之白簡；宋時場屋中亦因題目字訛，致士子喧爭，皆爲建陽書本所誤。建陽本明初紙版尚精潔，字細而行密，類宋版式。近人所藏宋版書多是明初建陽版，不可不辨。」按：建陽本即麻沙本，互見《續鈔》十三。

禁毁小版

宋戴埴《鼠璞》云：「今之刊印小册，謂巾箱本，起於南齊衡陽王鈞手寫五經，置巾箱中。今巾箱刊本無所不備。嘉定閒從學官楊璘之奏，禁毁小版。近又盛行，第挾書，非備巾箱之藏也。」按：此知刊刻小版備場屋懷挾之用，自宋已然矣。

阜綾標

宋龐元英《文昌雜録》云：「夏英公家有阜綾標《唐六典》一部，唐舊本也。雖宋宣獻、李邯鄲家藏書爲多，亦無此本。」按：今人所稱「裱褙」，唐、宋人謂之「標飾」，説詳《曲園雜纂》三十六。此云「皁綾標」，即「皁綾裱」也。

丁刻字

明徐㶿《筆精》云：「趙承旨時，鄱陽丁信可善刻字，凡承旨書極喜信可鐫刻打搨，他手不如也。番君廟、乾元寺二碑，承旨所書，皆信可刻。今信可子孫猶日搨賣，丁氏食此碑十餘世矣，他人不得搨也。」按：此事未知今猶然否，惜未得鄱陽人訪之也。

茶香室四鈔卷十二

宋玉《微詠賦》

明周嬰《巵林》云：「胡元瑞《詩藪》曰：『陳氏《文選補遺》有《微詠賦》，題宋玉撰，乃宋王微所作《詠賦》。微，《宋書》《南史》俱有傳，不載此賦，蓋見於他選中，首題宋王微《詠賦》。陳氏不熟其人，遂以意加點作「玉」，而以「微」字下屬於「詠」，謂爲宋玉所撰，可笑也。』予後讀陸龜蒙《自遣》詩云：『日淡花開夜已深，宋家微詠若遺音。重思萬古無人賞，露濕清香獨滿襟。』則此賦實三閭弟子作矣。賦蓋出於《宋玉集》中，魯望當及見之，不應有誤。」

按：「陳氏《文選補遺》」乃陳仁子所選。楊升庵亦言此賦是王微作。予初亦謂然，觀周氏此論，則又爽然若失。檢案頭所有《笠澤叢書》，雍正間依元至元本重刻者，此詩有注云「宋玉有《微詠賦》，則陳《選》正不誤也。

關雲長上張翼德書

國朝周亮工《書影》云：「關雲長《三上張翼德書》云：『操之鬼計百端，非羽智縛，安有今日？將軍罪羽，是不知羽也。羽不緣社稷傾危，仁兄無儔，則以三尺劍報將軍，使羽異日無愧於黃壤也。三上翼德將軍，死罪死罪。』右此帖米南宮書，吳中翰彬收得之。焦弱侯太史請摹刻正陽門關帝廟，中翰祕不示人，乃令鄧刺史文明以意臨之，刻諸石。不知米南宮當日何處傳此文也。」

按：此文既不知所自來，則真僞難明，即米書亦未知真否也。「仁兄無儔」句似以「仁兄」稱先主，恐不足信。且桓侯字「益德」，此作「翼德」，亦非也。

宋廣平《梅花賦》

宋王楙《野客叢書》云：「顏魯公撰宋璟神道碑：『公作《長松篇》《梅花賦》，蘇味道以爲有一語耳，不知當日與《長松篇》並稱「王佐之才」，正見於此也。王佐之才。』」按：今人但知廣平《梅花賦》清新富豔，徐、庾之體，不稱其爲人。此皆由皮日休

樊宗師軼文

國朝周亮工《書影》云：「樊宗師文，今世僅傳其《越王樓序》《絳守居園池記》二篇而已。句曲張菊人大令嘗於河北逆旅人家敗簏中見有樊宗師文一册，是寫本，蟲穿蟻穴，半皆朽蠹，以意譯之，大抵皆序記類語也。」

韓柳二表

明廖道南《殿閣詞林記》云：「洪武六年，詔禁四六文辭。先是上命儒臣擇唐、宋名儒表箋可爲法者，遂以韓愈《賀雨表》、柳宗元《代柳公綽謝表》進上，命中書省臣録二表，頒爲天下式。」

羅昭諫帖

元陸友仁《研北雜志》云：「喬仲山有唐羅昭諫《與陳正字帖》云：『二月中，陳州一正字〔一〕訪及，具審博士攝理和適。近日賢主司空政事才用，洋溢譚口，斷割明決，與敚有分，守道者自然安矣，況博士乎？先太傅所作所立，果有餘慶，殊不知天道去人如此相近，忭賀！老叟十年來欲掉一船子，從雲溪館前往東市，竟無因緣，此又何如哉？近見陳正字否？葉大德、丁三傳知聞否？老叟腰脚不枝，坐想勝游，目極千里。朱十五、李三史作何面孔？高積薪復如何？因相見，皆與話瞻泳也。謹狀。』」按：吾鄉陸存齋觀察輯《唐文拾遺》，不及此文，殆未見也。云「見陳正字否」，似非與陳正字者。末「瞻泳」二字未詳。

又云：「羅隱狀後有跋云：『法帖率不過數行，而言簡意盡，猶足見晉、宋間人物風度。今羅長江書纔爾片紙，乃知風流逮唐末猶在也。近日往來尺牘，疊疊多幅，苟爲不然，則曰簡慢

〔一〕字，原訛「士」，據《研北雜志》卷下改。

我，於是務作不情之語，以爲敬。近至權貴記室之間，聞一函有累十紙。風俗積壞至此，可太息也。』」按：此跋不知何人之筆。

歐文精審

宋呂希哲《呂氏褋記》云：「歐陽公每爲文，既成，必屢自竄易，至有不留本初一字者。其爲大文章，則書而傅之屋壁，出入觀省之。至於尺牘單簡，亦必立稿，其精審如此。」宋沈作喆《寓簡》云：「歐陽公晚年嘗自竄定平生所爲文，用思甚苦。夫人止之曰：『何自苦如此，當畏先生嗔邪？』公笑曰：『不畏先生嗔，却怕後生笑。』」按：歐公於文字如此精審，而「畫舫之舟」等句猶未及收拾，亦可見作文之難也。

梅聖俞《靈烏賦》

宋葉夢得《石林燕語》云：「范文正公始以獻《百官圖》譏切吕申公，貶饒州。梅聖俞作《靈烏賦》以寄，所謂『事將兆而獻忠，人反謂爾多凶』也。公亦作賦報之，有言：『知我者謂吉之先，不知我者謂凶之類。』及公秉政，聖俞久困，意公必援己，而漠然無意，遂作《靈烏後賦》以責之，略云：『我昔閔爾之忠，作賦弔汝。今主人誤豐爾食，安爾巢，而爾不復啄叛臣之目。』世頗以聖俞爲愜隘。」按：《碧雲騢》一書，魏泰所作，而託名聖俞〔二〕，殆亦此等賦有以致之也。

《赤壁賦》墨本

元吾衍《閒居録》云：「天竺僧傳公有蘇子《赤壁》墨本，與今本有數字不同：『嗚嗚然』作『焉』，『鬱乎蒼蒼』作『蔚』，『釃酒臨江』作『舉酒』，『渺滄海之一粟』作『浮海』，『盈虚者如彼』作『贏之』，『所共適』作『共食』。」

按：墨迹、刻本之不同，未必墨迹勝於刻本，余於《九九銷夏録》卷七言之詳矣。宋龔頤正《芥隱筆記》載南唐澄心堂紙《杜工部集》與今本異同，《憶李白》一首云：「白也詩無數，飄然意

〔二〕聖俞，原訛「舜禹」，據《茶香室叢鈔》卷二三《碧雲霞》改。

不羣。清新庾開府，豪邁鮑參軍。渭北春天樹，江東日暮雲。何時一尊酒，重與話斯文。」亦未見古本之必勝於今本也。

范純夫改山谷文

宋晁説之《晁氏客語》云：「范純夫嘗託山谷草《司馬公休謝起碑樓表》，竄改止餘數字，以示山谷，略無忤色，但遜謝而已。」

《北征》等賦有二義

宋王楙《野客叢書》云：「征有二義，如曹植《東征賦》，崔駰、徐幹《西征賦》，班固、傅毅《北征頌》，此皆征伐之征；如袁宏、班昭《東征賦》，潘安仁《西征賦》，張纘《南征賦》，班彪《北征賦》，此皆征行之征。今人或不契勘，以爲一義，失矣。」

王范兩公賦語

宋王得臣《麈史》云：「王沂公作狀元，殿試《有物混成賦》，其閒曰：『得我之小者，散而爲草木；得我之大者，聚而爲山川。』此有陶鎔品物之度，後果爲相。范文正賦《金在鎔》曰：『若令區別妍媸，願爲軒鑑；倘使削平禍亂，請就干將。』人以爲有出將入相之器，果爲名臣。」

平上去入爲韻

唐范榮《三無私賦》以平上去入爲韻，第一段押「平」字云：「三者不忒，天下和平。」第二段押「上」字云：「遇木德乃氣騰上。」第三段押「去」字云：「奉此三道，守而勿去。」第四段押「入」字云：「齊日月而出入。」按：此四字爲官韻，太無意義，宜後人用之者少也。

嘏詞

宋趙彦衛《雲麓漫鈔》云：「《禮運》『修其祝嘏』，『祝』謂以主人之詞饗神，『嘏』謂以尸之詞致酒而嘏主人。漢祠宗廟有嘏詞，《蔡邕集》載：『高皇帝使工祝：承致多福無疆于爾嗣曾孫皇帝，使爾受禄于天，宜此舊都，萬國和同，兆民康乂，眉壽延年，子子孫孫，永守民庶，勿替引之。』今詞〔一〕官有祝文無嘏詞，不知何代省去。」

七進

元吴師道《敬鄉録》載潘祖仁《七進》，今節録其文云：竹隱老人晝卧於家，愴恨鬱悒，兒曹憂之。奕奉觴進云云，老人曰：「酒之爲禍大矣，吾不願也。」玫以盤進云云，盤中盛芍藥花。老

〔一〕詞，《雲麓漫鈔》卷三作「祠」。

人曰：「物之爲累深矣，吾不願也。」京操匕以進云云，老人曰：「味之爲毒厚矣，吾不願也。」方奉甌進云云，老人曰：「茶之爲功薄矣，吾不願也。」奇奉奕局進云云，老人曰：「圍碁、擊劍，眩目疲精，少或有之，壯夫不爲也。」亮以博具進云云，老人曰：「吾又憊甚，所不願也。」於是幼子育進曰：「惟南有竹焉，夫子之所種也。其下有屋焉，夫子之所廬也。聚書其中，夫子之所儲也。明窗淨几，夫子之所朝夕燕坐而起居也云云。」於是老人釋然而笑曰：「有是哉！吾與育也。」

按：此文倣《七發》體，而師道又爲作《七進圖》，并爲記云：「《七進》者，畫金華潘氏父子也。竹隱老人名祖仁，字亨父，子奕、女枚〔一〕、次子京、方、奇、亮、育七人。首畫竹牀一，老人衣冠卧文簟上，右手支頤，左手撫膝，六子一女環侍。次畫奕舉觴，一隸提壺。次畫一女御踵行，女玫持花一枝。次畫京拱而行，從隸以竹枝貫雙魚於盤。次畫茶具，方坐瓦具上，將瀹茶。次畫奇導一奴負碁局。次畫亮捧五木以趨。次畫竹閒一屋，積羣書，育迎立以請，老人舉手整巾而行。」按：文既新奇，畫亦必佳，惜不得見耳。

〔一〕枚，《敬鄉録》卷二作「玫」。

三住銘

元西域辛文房《唐才子傳》云：「施肩吾著《辨疑論》一卷、《西山傳道會真》等記各一卷，述氣住則神住，神住則形住，爲《三住銘》一卷。」

夢孔子令作鏡銘

宋沈作喆《寓簡》云：「甲午十月二日，大欲明，夢宣尼令作《鏡銘》，中云『湛然清明，灼彼羣昏』，餘語皆不記。」按：甲午爲宋孝宗淳熙元年，《寓簡》之書即成於是年。

脱靴、返棹圖贊

宋周密《齊東野語》云：「牟存叟端明守當塗日，郡圃有脱靴亭，以謫仙采石得名，存叟繪以爲圖；又以山谷崇寧初守當塗，方九日而罷，遂作《返棹》一圖以爲對，各系以贊。《脱靴》云：『錦袍兮烏幘，神清兮氣逸。淩鑠兮萬象，麾斥兮八極。我思古人，伊李太白。孰爲使之朝禁林而暮采石也，其天寶之嬖倖歟？疏擿詞章，浸潤宫掖。吾觀脱靴之圖，未嘗不嫉小人之情狀，而傷君子之疏直。惟公之高躅兮，霍神龍之不可以羈紲。矧富貴如敝屣兮，其得失又何所欣戚也？』《返棹》云：『幅巾兮野服，貌腴兮神肅。孤騫兮風雅，唾視兮爵禄。我思古人，伊黄山谷。曷爲使之六年僰道而九日姑孰也，其符紹之朋黨歟？組織寺記，指摘實録。吾觀返棹之圖，未嘗不感君子之流落，而痛小人之報復。惟公之高風兮，渺驚鴻之不可以信宿。矧吾道猶虚舟兮，其去來又何所榮辱也？』」按：此兩贊，句句相儷，竟如後來時文家兩大股文字，亦文中僅見之格。

私爲人立傳

宋宋敏求《春明退朝録》云：「楊庶幾言胡祕監旦退居襄陽，每聞大臣名士薨卒，必作傳以紀其善惡，然世不傳。」

序銘出兩手

國朝周亮工《書影》云：「唐碑有一人製序、一人製銘者。故尹師魯志張堯夫墓序，而歐陽爲之銘。嘗考《張説文集》所爲《上官昭容銘》，其序則蘇頲作也。此可以證唐人有此例。」明徐𤊹《筆精》云：「明道間，洛陽張堯夫卒，尹洙作墓誌，歐陽脩爲之銘。志銘出兩手，亦古今希覯。」

按：歐陽公《外集》有《河南府司録張君墓誌銘》。初讀之有志有銘，似非出二手，但其題下刻一行云「山東道節度掌書記知伊陽縣事天水尹洙書」而已。集中誌銘之文未有列書碑人姓名者，此何以獨異？及細讀其誌文，備載其生卒事狀，又曰：「其飭身臨事，予嘗媿堯夫，堯夫不予愧也。嗚呼！安能盡識吾友之善哉！堯夫名汝士云云。」乃云「渤海歐陽脩爲之銘」。夫既字之曰「堯夫」，又稱「予」稱「吾友」，而又曰「渤海歐陽脩」，文義不貫。疑誌文本出尹洙，而歐陽脩特爲之銘也。古本《歐集》題下一行當刻尹洙譔志，後人妄改爲書耳。余所據者近時刻本，不足據。

按：《昌黎集·施州房使君鄭夫人殯表》《試大理評事胡君墓銘》皆有銘詞而無文，《考功員外郎盧君墓表》有文而無銘詞，其變例邪？抑或出於兩人邪？

一志兩銘

明徐𤊹《筆精》云：「唐乾寧三年，狀元沈崧，閩縣人，仕錢鏐父子，拜相。與羅隱契厚，隱墓志，崧筆也，末作兩銘。一志兩銘，此爲僅見。」

按：此亦漢人舊式。李翕《析里橋郙閣頌》頌後又有詩，即其例也。《北海相景君銘》既有「誄曰」，又有「𤔡曰」，𤔡即辭字。而碑陰又有韻語十八句，則不止兩銘矣。

東坡不受潤筆

宋龔明之《中吴紀聞》云：「閶門之西有姚氏，素以孝稱，所居有三瑞堂。東坡嘗爲賦詩，姚致香爲惠。東坡於虎丘通老簡尾云：『姚君篤善好事，其意極可嘉。然不須以物見遺，惠香八十罐卻託還之，已領其厚意，與收留無異。實爲他相識所惠，皆不留故也。切爲多致，此懇。』予家藏三瑞堂石刻，每讀至此，歎東坡清德不可及也。」

文字潤筆，自晉宋以來已有之，唐人所謂「義取」者也。唐伯虎有一巨册，録所作文字，簿面題「利市」二字。有人求文於桑思玄，託以親昵，無潤筆。桑曰：「吾生平未嘗白作文字，可暫將白銀一錠置吾案閒，鼓吾興致。待文作完，並銀送還可也。」有人求文於祝枝山，枝山問：「是見精神否？」俗以銀錢爲「精神」也。應曰然，則欣然捉筆。諸説並見明人説部中。文士賣文，固亦不傷風雅。如東坡先生者，真令人起敬矣。余從前作文不受潤筆，後以虚名流播人閒，求文者無虚日，不得已自定章程，不滿千字者銀五十兩，千字以上者銀百兩。雖違「老而戒得」之明訓，實亦病而求息之苦心也。戲賦一詩云：「公鼎侯碑價不訾，如余謭陋豈相宜？只緣竊據名山席，遂使爭求下里詞。敢以再三心厭倦，奈因七十力衰羸。詅癡雖爲高人笑，此意區區或諒之。」詩不存於集，聊附於此。

進獻文章及上箸述

唐封演《封氏聞見記》云：「常舉外，復有通五經一史及進獻文章，并上箸述之輩，或付本司，或付中書考試，亦同制舉。開元中有唐頻上《啟典》一百三十卷，穆元林上《洪範外傳》□[一]卷，李鎮上《注史記》一百三十卷、《史記義林》三十卷，辛之諤上《叙訓》兩卷，卞長福上《續文選》三十卷，馮中庸上《政事録》十卷，裴傑上《史護異議》，高嶠上《注後漢書》九十五卷，並量事授官，或霑賞賚，亦一時之美。」

文林

宋無名氏《木筆雜鈔》云：「歐公凡遇後进投卷有可采者，悉録之爲一册，名曰《文林》。公爲一世文宗，於後進片言隻字，乃珍重如此。」

元王鶚論文

元王惲《玉堂嘉話》載承旨王公之言云：「作文有三體，入作當如虎首，中如豕腹，終如蠆

〔一〕缺字《封氏聞見記》卷三作「上」，《新唐書·藝文志》作「十」。

尾。虎首取其猛重，家腹取其楦穰，蠆尾取其螫而毒也。」王公諱鶚，字百一。

文章不苟徇人意

宋無名氏《木筆褉鈔》云：「歐公作《范文正公神道碑》，載吕、范交歡弭怨始末。范公之子堯夫不樂，欲删改，公不從。荆公作錢公輔母墓銘，錢以不載甲科、通判出身及諸孫名，欲有所增損。荆公答之甚詳，又云：『鄙文不可改，宜以見還，而别求能如足下意者爲之。』東坡作《王晉卿寶繪堂記》，内云：『鍾繇至以此歐血發冢〔一〕，宋孝武、王僧虔至以此相忌，桓玄之走舸，王涯之複壁，皆以兒戲害而國，凶而身。』王嫌所引用非美事，請改之。坡答云：『不使則已，使則不能改。』蓋人情喜諛而多避忌，雖范、錢、王聞人猶不免，而作者之文固不肯諛，固不肯避忌，雖與范、錢、王厚善，亦終不爲改也。」

〔一〕冢，原訛「冡」，據《筆記小説大觀》本改。

十二年得文千四百

明王世貞《讀書後》云：「宋景濂學士洪武以後集，十二年中得文千四百篇。吾三載來應酬文字不盡却，然亦不能學士五之一，而心氣秏損成疾，乃知吴門白馬之喻，誠非妄也。」按：如宋景濂，則每年得文百餘篇。余近來謬被虚名，海内求文者踵至，苟求者必應，須如少年時三六九作文方可，王元美所不能，況余乎？

作記非實

宋王得臣《麈史》云：「岳陽西瀕大江，夏秋洞庭水平，望與天際。而州步無艤舟之所，人甚病之。慶曆閒，滕子京謫守是邦，嘗欲起巨隄以捍怒濤，使爲弭楫之便，先名曰偃虹隄，求文於歐陽永叔，故述隄之利詳且博矣，碑刻傳於世甚多。治平末予宰巴陵，首訪是隄。郡人曰：『滕未及作而去。』」

按：此則「偃虹隄」始終未建，而歐文詳言其長千尺，高三十尺，用民力萬有五千五百工，似已告厥成者。不觀《塵史》，不知其皆子虚也。

誤用景字

宋王楙《野客叢書》云：「山谷言俞清老作景陶軒名爲未當。僕觀東漢《劉愷傳》曰『今愷景仰前脩』注：『景，慕也。』則知此謬其來尚矣。近時如東坡亦承此謬。孫巨源作景疏樓，東坡有詩曰：『不獨二疏爲可慕，他時當有景孫樓。』豈特俞清老之謬而已。」

語意重複

宋王楙《野客叢書》云：「鄒陽曰『高皇帝收敝民之倦』，谷永曰『陛下當盛壯之隆』，太史公《年表》、楊惲皆曰『當盛漢之隆』，班固曰『高帝行寬仁之厚』，杜延年曰『晉獻被納謗之讒』，申生蒙無罪之辜』。漢人文章有如此下語者，似覺重疊，要不害於理。」

按：歐陽公《直州東園記》「汎以畫舫之舟」，曾子固以爲疑，可以此解之。

顛倒用事

宋王楙《野客叢書》云：「李湜撰《東林寺舍利塔碑》曰：『龐統以才高位下，遂滯題輿；陳蕃以德峻名沈，初膺展驥。』展驥是龐統事，題輿是陳蕃事，而倒用如此，得非誤乎？」愚謂此或有意錯綜其辭。

唐張渭《餞田尚書還兗州》云：「别路逢霜雨，行營對雪雲。」按：「霜雪」「雨雲」，人所恒言，此作「霜雨」「雪雲」，亦奇。

添兩者字

宋朱弁《曲洧舊聞》云：「范忠文公初與二宋相見，二宋亦莫之異也。一日相約結課，以『長嘯卻胡騎』爲題。公賦成，二宋讀之，不敢出所作。既而謂公曰：『君賦極佳，但破題兩句無頓挫之功，每句之中各添一者字何如？』公欣然從之。」按：此與歐公《晝錦堂記》首二句添兩「而」字相似，知古人作法極重虛字也。

諱危亂傾覆字

宋晁悅之《晁氏客語》云：「上書鄭谷詩爲扇，賜禁近，『亂飄僧舍茶煙溼』改云『輕飄僧舍茶煙溼』，云禁中諱危亂傾覆字。」

土僎

明趙宧光《帚談》云：「無論真楷已上不當土僎，即行書狂草，古人十九不失榘步也。」「土」字下自注云「音杜」。按：「杜撰」一語由來久矣。《陔餘叢考》曾考其義，究亦未得。凡夫寫作「土」，而讀作「杜」，轉似得之。「土」「杜」古通用，惟「僎」字據《漢書·楊雄傳》當作「譔」。他處亦有作「篹」者，《司馬遷傳贊》「孔氏篹之」是也；亦有作「篹」者，《藝文志》「相與輯而論篹」是也。據師古注，則皆可作「撰」。若從人作「僎」，轉非其字矣。

沈作喆《寓簡》謂：「田何善《易》，言《易》者本田何，何以齊諸田徙杜陵，號杜田生。今之里語謂白撰無所本者爲『杜田』，或曰『杜園』，葢本此。」此説大謬。田何之《易》原出聖門，豈得云無所本乎？「杜田生」者，杜陵之田生，乃以「杜田」二字連讀，失其義矣。甌北歷引諸説，而專取此，殊爲無見。「杜園」之説則誠有之，宋人譏孔文仲爲「杜園賈誼」是也。余謂「杜園」者土園也。《漢書·召信臣傳》稱「大官園」，園屬大官，是謂「官園」；别乎官園，是謂「土園」。以人而論，則有「土丁」，有「土民」，見《宋史·兵志》；以物而論，則有「土鹽」，有「土礬」，見《宋史·食貨志》。凡此之類皆可寫作「杜」，而讀作土也。

《帚談》第二卷又云：「學書人於古法帖不過浮慕幾字，遂肚饌改作，附名某家體法，大可怪也。」「肚」字下亦注一「土」字。其字又作「肚饌」，何也？

用古語改易其字

宋王楙《野客叢書》云：「或謂《文選》沈約《碑》『獻替帷扆，實掌喉脣』，尚書爲喉舌，而以爲喉脣，無乃好異？僕謂此語承襲已久，如宋趙伯符《表》云：『無宜復司喉脣。』宋文帝目送王華等曰：『此四賢一時之秀，同掌喉脣。』且沈約所言不但此碑，於范雲墓志亦曰『乃作喉脣』。僕又觀崔駰《尚書箴》曰：『龍作納言，帝命惟允。山甫翼周，實司喉吻。』不但『喉脣』也，又有『喉吻』之説。」

《野客叢書》又云：「班固作《文帝敘贊》曰：『我德如風，民應如草。』用《論語》意也。而潘岳作《晉世祖誄》曰：『我德如風，民應如蘭。』傅玄《四箱樂歌》曰：『上教如風，下應如卉。』愚謂此亦文人好奇，猶『喉脣』『喉吻』之類耳。

詩文相襲

明徐𤊹《筆精》云：「晉羊球《西樓賦》：『畫棟浮細細之輕雲，朱栱溼濛濛之飛雨。』王勃《滕王閣》則襲爲『畫棟朝飛南浦雲，珠簾暮捲西山雨』，杜甫《陽城郡王新樓》又襲爲『碧窗宿霧濛濛溼，朱栱浮雲細細輕』。」又云：「唐詩往往蹈襲六朝人語句，戴叔倫『一年將盡夜，萬里未歸人』，則梁武帝『一年漏將盡，萬里人未歸』也；郎士元『暮蟬不可聽，秋葉豈堪聞』，則吴均『落葉思紛紛，蟬聲猶可聞』也；高適『功名萬里外，心事一杯中』，則庾信『悲生萬里外，恨起一杯中」也；杜甫『薄雲巖際宿，孤月浪中翻』，則何遜『薄雲巖際出，孤月波中上』也。」又云：「王勃《滕王閣序》『層巒聳翠，上出重霄；飛閣流丹，下臨無地』，乃襲王巾《頭陀寺碑》『層軒延袤[一]，上出雲霓；飛閣逶迆，下臨無地』，又不獨『落霞』『秋水』襲庾信也。」愚按：趙甌北《陔餘叢考》有《古今人詩句相同》一條，所引數十事，而徐氏所引無一及焉，蓋未見《筆精》一書也。

[一] 袤，原訛「衺」，據《文選》卷五九改。

茶香室四鈔卷十三

諸經序録

國朝光聰諧《有不爲齋隨筆》云：「《歸震川集》有《代作經序録序》云：『宗室西亭公爲《諸經序録》，凡爲經之傳注訓詁者，皆具載其序之文，使學者不得見其書而讀其序固已知其所以爲書之意，實嘉惠後學之盛心也。』西亭公謂朱睦㮮，《經序録》凡五卷，《明史·藝文志》載之。據震川所序，則此書實爲秀水朱氏《經義考》之嚆矢。」

詠經諸詩

宋趙與旹《賓退録》云：「古今詠史之作多矣，以經子被之聲詩者蓋鮮。張横渠始爲《解詩》十三章，《葛覃》曰：『葛蔓青長谷鳥遷，女功興念憶歸安。不將貴盛驕門族，容使親心得盡歡。』《卷耳》曰：『閨閫誠難與國防，默嗟徒御困高岡。觥罍欲解痡瘏恨，采耳元因備酒漿。』洪忠宣著《春秋紀詠》三十卷，凡六百餘篇，《石碏大義滅親》曰：『惡吁及厚篤忠純，大義無私遂滅親。後代姦邪殘骨肉，屢援斯語陷忠臣。』張無垢亦有《論語絶句》百篇，《夫子之文章可得而聞也，夫子之言性與天道不可得而聞也》曰：『既是文章可得聞，不應此外尚云云。如何夫子言天道，肯把文章兩處分？』又《紀孟》十詩，題張孝祥作，《于湖集》中無之，必依託者，如：『爭地爭城立霸基，焉能一統混華夷？力期行政須求艾，深欲爲王愧折枝。緣木求魚何及計，爲叢敺雀失深思。是宜孟子諄諄誨，不嗜殺人能一之。』又黄次伋不知何許人，賦《評孟》十九篇，極詆孟子，且及子思。蚍蜉撼大樹，可笑不自量也。若康節先生《觀易》《觀書》《觀詩》《觀春秋》四吟，則盡掩衆作。詩不備録。」按：此等皆無甚意味，姑記之，以見詩家有此一體耳。

編年詩

元西域辛文房《唐才子傳》云：「趙嘏有《編年詩》二卷，悉取十三代史事迹，自始生至百歲，歲賦一、二首，總得一百二十章。」按：此詩惜今不傳，好事者曷補作之？

單題詩

元西域辛文房《唐才子傳》云：「李嶠字巨山，集五十卷，《雜詠詩》十二卷，單題詩一百二十首，張方爲注，傳於世。」今所傳李嶠詩有日、月、星、風、雲、煙、露、霧、雨、雪，至麟、象、馬、牛、豹、熊、鹿、羊、兔等詩一百二十首，即所謂「單題詩」也。

按：日本國人林春信《梅洞集》有《百二十詠》，其自序云：「《百二十詠》，唐李巨山所吟也。偶乘吟興，就巨山本題逐一賦焉。」其詩皆五言絶句。然李詩實五律，非五絶也。余嘗載之於《隨筆》卷十。彼時偶不記李巨山爲李嶠之號，故檢《全唐詩》未得其人，殊爲荒陋，又記於此，以誌愧。

變體詩

元西域辛文房《唐才子傳》云：「章碣，錢唐人，孝標之子也。嘗草創詩律，於八句中足字平側，各從本韻。如：『東南路盡吴江畔，正是竊愁薄暮天。鷗鷺不嫌斜雨岸，波濤欺得順風船。偶逢島寺停帆看，深羨漁翁下釣眠。今古若論英達算，鴟夷高興固無邊。』」按：詞家有平側兩押體，觀此則詩家亦有之矣。

按：此體亦出於《三百篇》，顧氏《詩本音》於《兔罝》首章云：「此詩上下各自爲韻，罝與夫協，丁與城協，謂之隔句韻。」然此兩協皆平韻，若《凱風》第三章首句「泉」字與三句「人」字爲韻，二句「下」字與四句「苦」字爲韻，則平側兩韻也。

詩有正格偏格

宋沈括《夢溪筆談》云：「詩第二字側入，謂之正格，如『鳳歷軒轅紀，龍飛四十春』之類；第二字平入，謂之偏格，如『四更山吐月，殘夜水明樓』之類。唐名賢詩多用正格，如杜甫律詩用偏格者十無一二。」按：今人但謂平起、仄起，不知有「偏正」之説。

六言詩作者甚少

宋無名氏《愛日齋叢鈔》云：「詩之六言，古今獨少。洪氏編唐人絶句七言七千五百首，五言二千五百首，合爲萬首。而六言不滿四十，信乎其難也。後村劉氏選唐、宋以來絶句，至《續選》始入六言。其敍云：『六言尤難工，柳子厚高才，集中僅得一篇。惟王右丞、皇甫補闕所作妙絶今古，學者所未講也。』又云：『六言如王介甫、沈存中、黄魯直，流麗似唐人，而妙巧過之。』又云：『野處編六言，終唐三百年，止得三十餘篇。予於本朝得七十篇，倍於唐矣。』今後村集中多六言，事偶尤精，近代詩家所難也。蕭氏《文選敍》云『四言五言，區以别矣』，又云『少則三言，多則九言』，又云『三言八字之文』，獨不著古有六言、七言者。項平父以『我姑酌彼金罍』爲六言。按《文章緣起》，始於漢大司農谷永。予觀嵇叔夜有六言詩十首，視唐人體製固先矣。」

按：六言詩至今作者猶少，嵇叔夜六言詩每首四句，每句用韻，體裁頗别。其《老萊妻賢名》一首云：「不願夫子相荆，相將避禄隱耕。樂道閒居採萍，終厲高節不傾。」詩中所用「采萍」事，不知出何書也。

古人分韻法

宋程大昌《考古編》云：「梁天監中，武帝宴華光殿聯句，令沈約賦韻，曹景宗不預，固啟求賦詩，韻已盡，惟餘『競』『病』二字。初讀此，未曉『賦韻』『韻盡』爲何等格法。偶閱《陳後主集》，見其序《宣猷堂宴集》五言曰：『披鉤賦詠，逐韻多少，次第而用。座有江總、陸瑜、孔範等三人後至，韻得迮、格、白、赫、易、夕、擲、斥、折、唶字。』是先書韻爲鉤，坐客均探，各據所得，循序賦之。正後代次韻格也。」按：以《陳後主集》證明「賦韻」「韻盡」之義，極是。但謂正後代次韻格，則非。程氏言所次之韻以探鉤而得，非酬和先倡者，是亦自知之矣。

余案頭有《陳後主集》，乃明太倉張氏《百三名家》本，有《上巳元圃宣猷堂禊飲同共八韻》一首，《上巳元圃宣猷禊酌各賦六韻》一首，《七夕宴宣猷堂各賦一韻》詠五物五首，而皆無序。所謂「披鉤賦詠」者，不可詳矣。《七夕》五首，第一首詠帳，壁、拆二韻；第二首詠屏風，擊、敵二韻；第三首詠案，易、席二韻；第四首詠唾壺，役、擲二韻；第五首詠履，迹、客二韻。與江總、陸瑜等所探同在一韻，疑即此會。惟「拆」「易」「擲」三韻已爲後主所得，何江、陸等又探得之乎？七夕宣猷之會，本各賦一韻，則所賦者止一字，五首則五字耳，「拆」「易」「擲」三字尚未賦人，故陸、孔等得探取之，前所疑者非也。

又按：所謂「賦韻」者，非「詩賦」之「賦」，乃「賦予」之「賦」。《漢書·元帝紀》「賦貸種食」注「給與也」，《翼奉傳》「賦醫藥」注「分給之」。賦韻者，謂以韻字分給衆人也。余因此乃悟「賦得」之義。《困學紀聞》云：「梁元帝《賦得蘭澤多芳草》詩，古詩爲題見於此。」至今場屋中猶循用之。然所謂賦得之義，多習焉而不察，今乃知亦賦予之賦，蓋當時以古人詩句分賦衆人，使以此爲題也。《江總集》中有《賦得謁帝承明廬》《賦得攜手上河梁》《賦得汎汎水中鳧》《賦得三五明月滿》等詩，並是此義。題非一題，人非一人，而已所得此句也，故曰「賦得」。今場屋中詩通場共一題，而亦襲其名，誤矣。

又按：即《陳後主集》考之，頗得古人分韻之法，如《立春日汎舟元圃各賦一字六韻成篇》，則所賦之韻止一字外，五韻任其自用者也；如云《獻歲立春汎舟元圃各賦六韻》，則所賦者有六字，各人以所賦韻作六韻詩一首也；如云《上巳元圃宣猷堂禊飲同共八韻》，則所賦八字在坐同之，人人以此八字作八韻詩一首也。各賦一字最寬，如今詩限官韻耳；各賦六韻較嚴，六韻外不得更溢一字，然猶人有一人之韻也；同共八韻，則人人用此八字，竟如今之次韻詩矣。

古人押韻不甚拘

宋費衮〔一〕《梁溪漫志》云：「東坡《和淵明懷古田舍》詩：『休閒等一味，妄想生愧靦。』自注云：『淵明本用緬字，今聊取其同音字。』《和程正輔同遊白水巖》詩：『恣傾白蜜收五稜，細劚黄土栽三椏。』自注云：『來詩本用硜字，惠州無書，不見此字所出，故且從木奉和。』後人不曉此理，縱不可使，亦須强押。正如醉人語言，全無倫類，可一笑也。」

王昌齡詩格

元西域辛文房《唐才子傳》云：「王昌齡字少伯，述作詩格律、境思、體例共十四篇，爲《詩

〔一〕衮，原訛「兖」。

格》一卷。」按：今人止知有司空表聖之《詩品》二十四，不知有王龍標之《詩格》十四也。

喻良能評詩

元吴師道《敬鄉録》載喻良能字叔奇，有《評詩》一則云：「杜子美如司馬温公，自是三代以還弟一等人，無豪髮可議。韓退之如藺相如、顔平原，雖死而千載凛凛，尚有生氣。李太白如謝安石，雖紆身朝紱，而志在林泉；或携妓自娱，不拘小節，要之蕭然有出塵姿，自不可掩。孟浩然、王維、韋應物如志和霅水、和靖孤山，雖未能追蹈高隱，然不至爲俗氣所敚。白樂天如公羊傳經，羽翼聖道，根本教化，其失也不能不俗。杜牧之如荆軻匕首、子房鐵錐，吁可畏邪，其駭人也。孟東野如翳桑餓人，形影相弔，悲鳴憔悴，有辛酸可憐之狀，雖膏粱狐貉，不能不爲之惻然動心。李長吉如汲冢〔一〕古書，茫然異物，雖瓌詭奇怪，動人耳目，然莫能名狀，不知其適用與否也。」按：以人品詩，與自來品評迥别。雖無獨出之見，比擬亦尚允當。

〔一〕冢，原訛「家」，據《筆記小説大觀》本改。

古人句調多複

國朝周亮工《書影》云：「王摩詰《九成宫避暑》中四句：『隔窗雲霧生衣上，捲幔山泉入鏡中。簾下水聲喧笑語，簷前樹色隱房櫳。』『衣上』『鏡中』『簾下』『簷前』乃一連用之。孫逖《贈韋侍御》詩：『忽覩雲間數雁迴，更逢山上一花開。河邊淑氣迎芳草，林下輕風待落梅。秋憲府中高唱入，春卿署裏和歌來。』『雲間』『山上』『河邊』『林下』『府中』『署裏』一連用之。沈佺期《過巫峽》云：『使君灘上草，神女廟前雲。樹悉江中見，猿多天外聞。』『灘上』『廟前』『江中』『天外』一直並用。駱賓王《送鄭少府入遼》云：『邊烽警榆塞，俠客度桑乾。柳葉開銀鏑，桃花照玉鞍。滿月臨弓影，連星入劒端。』六句一樣句法，且『榆』『柳』『桑』『桃』連用。又《過任處士書齋》云：『網積窗文亂，苔深履迹殘。雪明書帳冷，水静墨池寒。』四句一樣句法，在古人皆不以爲嫌。今人用之，不知如何揶揄矣。」

《書影》又云：「吴興鄭侯升秬言：鄭谷《鷓鴣》詩既曰『相呼』，又曰『相唤』，則複矣；既曰『青草湖邊』『黄陵廟裏』，又曰『湘江曲』，亦欠變矣。及覩《本草》載此詩，云『相呼相應湘天闕』，語既無病，更清曠。」按：《本草衍義》乃宋政和中寇宗奭所撰，則宋代尚有唐詩善本，後乃傳訛耳。

唐人詩律甚寬

元鎦績《霏雪録》云：「唐人絶句有重複字而不卹者，如杜牧《華清宮》云『曉風殘月入華清』，又曰『朝元閣上西風急』；皇甫冉《酬張繼》云『落日陰山問音信』，又云『寒潮惟帶夕陽還』，此等别是一例。唐人詩亦有不拘韻者，如王建《涼州歌》云：『三秋陌上早霜飛，羽獵平田淺草齊。錦背蒼鷹初出接，五花驄馬餧來肥。』『齊』不在微韻。」

唐代世以詩名者

元西域辛文房《唐才子傳》云：「包融工爲詩，二子何、佶齊名，號三包。唐人父子如三包，六竇，張碧、張瀛，顧況、顧非熊，章孝標、章碣；公孫如杜審言、杜甫，錢起、錢珝，温庭筠、温顯〔一〕；兄弟如皇甫冉、皇甫曾，李宣古、李宣遠，姚係、姚倫等，皆聯玉無瑕，清塵遠播，可以爲美談矣。」

按：《全唐詩》竇叔向字遺直，五子羣、常、牟、庠、鞏，皆工詞章，有《聯珠集》，即所謂六竇也。宋竇禹鈞五子儀、儼、侃、偁、僖，與此正堪相匹。何竇氏之多賢乎？

張旭柳詩

國朝周亮工《書影》云：「唐張旭以草書名，未見有詩。偶讀弘治中顧宗伯清集《跋旭草書後》，載其《詠柳》一絶云：『濯濯煙條拂地垂，城邊樓畔結春思。請君細看風流意，未減靈和殿裏時。』詩不見唐集，旭所自作也。」

杜工部用何水部句

宋黄伯思《東觀餘論·跋〈何水曹集〉後》云：「集中若『團團月隱洲』『輕燕逐風花』『遠岸

〔一〕 顯，《唐才子傳》卷二作「憲」。

平沙合」「連山遠霧浮」「岸花臨水發，江燕遶檣飛」「游魚上急瀨」「薄雲巖際宿」等句，子美皆采爲己句，但小異耳，故曰『能詩何水部』，信非虛賞。」

杜詩四十圍不誤

宋王得臣《麈史》云：「《莊子》曰：『櫟社木，其大蔽牛，挈之百圍。』疏云：『以繩束之，圍麤百尺。』杜子美武侯廟柏詩『霜皮溜雨四十圍』，是大四丈。沈存中云：『四十圍乃是徑七尺，無乃太細長也。』沈精算數，不知何法以準之。」按：杜老此句自爲沈存中所疵，世皆以爲語病。今《麈史》據《莊子疏》四十圍是四十尺，可爲少陵一雪此言。

杜子美《社日》詩不誤

明張萱《疑耀》云：「杜工部《社日》詩用伏日事，姚令威《叢話》以爲誤。不知《史記・年表》秦德公始年用伏日祠社，伏與社乃同日也，至漢乃有春、秋二社，始與伏分耳。」

按：杜詩「尚想東方朔，詼諧割肉歸」，東方割肉乃伏日故事，杜於社日用之，故以爲誤。張氏引《史記·年表》，謂古伏、社同日。按：《十二諸侯年表》秦德公二年「初作伏祠社，磔狗邑四門」，並不云用伏日祠社，疑作伏是一事，祠社又是一事也。《秦本紀》則云「二年初伏，以狗禦蠱」，不言祠社，社與伏恐終不可合并。張氏之説亦非。竊謂杜詩本不誤也，杜有《社前遭田父泥飲》詩云：「步屧隨春風，村村自花柳。田翁逼社日，邀我嘗春酒。」是所謂「社」者春社也；至此《社日》詩云「涕淚落秋風」，則是秋社也。首章結句云「尚想東方朔，詼諧割肉歸」，則至秋社而追思伏日之事。次章首句云「陳平亦分肉，太史竟論功」，玩詩意，明是以伏日東方割肉引起社日陳平分肉故事，故云「尚想東方朔」，云「陳平亦分肉」，兩詩一氣承接，而用事亦賓主分明。姚令威不知詩意，張萱雖爲之辨白，亦未達此也。

杜詩用猿字錯誤

宋張耒《續明道雜志》云：「杜子美有《問人求小猢猻》詩曰：『聞説夔州路，山猿樹樹懸。』猢猻與猿兩物也，而子美乃聞猿而覓猢猻，亦大鹵莽矣。」

按：此乃猿與猴之别，猢猻者猴也，非猿也。《説文》「猿」作蝯，「蝯」入《虫部》，「猴」入《犬部》，是固非一物。郭璞《山海經傳》曰：「蝯似獮猴而大。」子美聞猿而求猢猻，宜爲張氏所譏。

温飛卿《湖陰曲》誤

宋陸務觀《入蜀記》云：「蕪湖，至東晉改名于湖。王敦反，屯于湖，今故城尚存。又有玩鞭亭，亦當時遺跡。唐温飛卿有《湖陰曲》敘其事。近時張文潛以爲《晉書》所云『帝至于湖陰察營壘』，當以『于湖』爲句，飛卿蓋誤讀也，作《于湖曲》以反之。」

按：温詩誠誤，然其序云：「王敦舉兵至湖陰，明帝微行視其營伍，由是樂府有《湖陰曲》，而亡其辭，因作而附之。」則舊有此曲，其誤不自温始也。

韓悲白樂

宋方勺《泊宅編》云：「韓退之多悲詩，三百六十首，哭泣者三十首。白樂天多樂詩，二千八百首，飲酒者九百首。」

韓詩脱字

宋王得臣《麈史》云：「退之有《讀皇甫湜公安園池詩書其後》，此篇常病難讀。予親家季勉之收永叔、王原叔、宋子京三公所傳韓文，最爲全本，知此篇乃脱八字。自『湜也困公安不自閑』，蓋『閑』下脱『其閑』二字；又『掎摭糞壤』下脱一『間』字，『間』字下又脱『糞壤多』三字；其後『豈有臧』下脱『不臧』二字，讀之可以考焉。」

按：東雅堂本載此詩：「湜也困公安，不自閑窮年。枉智思掎摭，糞壤汙穢豈有臧？」注其下云「古本只如此」。然如此豈復可讀？加此八字，怡然理順矣。乃反云：「近本增足八字，不知所校之自，語淺俗，非韓文。」蓋不知宋時歐陽永叔、宋子京所藏韓文皆有此八字也，反以淺俗譏之，誤矣。

《白氏金針集》

元西域辛文房《唐才子傳》云：「白居易有《白氏長慶集》七十五卷，及述作詩格法，欲自除其病，名《白氏金針集》三卷。」按：《白氏金針集》今無傳本，可惜也。

林和靖詩有所本

宋吕希哲《吕氏襍記》云：「真廟時，林逋隱居錢唐，累召不至，臨死爲詩曰：『茂陵他日求遺稿，猶喜曾無《封禪書》。』先是古人詩云：『茂陵遺稿惟《封禪》，始信相如死不忠。』」按：林和靖詩，人人知之，而不知其意本古人，惜不知古人何人耳。

蘇黄改漁父詞

宋葉夢得《巖下放言》云：「『西塞山前白鷺飛，桃花流水鱖魚肥。青箬笠，緑蓑衣，斜風細雨不須歸。』此張志和《漁父詞》也。蘇子瞻極愛此詞，患聲不可歌，乃稍損益，寄《浣溪紗》曰：『西塞山前白鷺飛，散花洲外片帆微。桃花流水鱖魚肥。自蔽一身青箬笠，相隨到處緑蓑衣。斜風細雨不須歸。』黄魯直聞而繼作云：『新婦磯頭眉黛愁，女兒浦口眼波秋。驚魚錯認月沈鉤。青箬笠前無限事，緑蓑衣底一時休。斜風細雨轉船頭。』」玄真子詞膾炙人口，蘇、黄兩作雖佳，似失其自然之趣。

郭功甫《醉翁操》

宋陸務觀《入蜀記》云：「本覺寺西廡有蓮池十餘畝，飛橋小亭頗華潔。亭中有小碑，乃郭功甫元祐中所作《醉翁操》，後自跋云：『見子瞻所作未工，故賦之。』亦可異也。」按：郭功甫所作安能駕東坡而上之？然在同世未定論時，往往有此。

《入蜀記》又云：「《李太白集》有《姑熟十詠》，東坡自黄州還，過當塗，讀之，撫手大笑曰：『贋物敗矣！豈有李白作此語者？』郭功父爭，以爲不然。東坡又笑曰：『但恐是太白後身所作耳！』功父甚愠。蓋功父少時詩句俊逸，前輩或許之以爲太白後身，故東坡因是戲之。」按：

此知功父與東坡本不相平，宜其有不滿之論也。又云：「青山李太白祠堂，太白烏巾、白衣、錦袍。又有道帽、氅裘侑食於側者，郭功甫也。」則當時固以功父配太白矣。

《太平樓樂府》

元吴師道《敬鄉録》載何恪字茂恭《跋黄槐卿太平樓樂府》云：「予友黄槐卿，有膽畧之士也。當秦氏□□〔一〕二字誤不可讀磨牙以擇忠肉義骨之際，獨不爲威惕，成長短句以摩其須。其仇因挾爲奇貨以控之，且二十年矣。會秦檜下世，遂不及發，其脱於虎口者幸也。」按：此書無傳本，可惜。

〔一〕缺字適園叢書本《敬鄉録》卷十作「側目」。

岳武穆逸詩

宋趙與旹《賓退録》云：「紹興癸丑，岳武穆提兵平虔、吉羣盜，道出新淦，題詩青泥市蕭寺壁間云：『雄氣堂堂貫斗牛，誓將直節報君讐。斬除頑惡還車駕，不問登壇萬户侯。』淳熙間，林令梓欲摹刻于石，會罷去，不果。今寺廢壁亡矣。」按：此岳武穆逸詩也，今人蒐刻岳集者未知采入否。

岳陽樓誤刻吴江洞庭詩

宋王得臣《麈史》云：「吴松江有洞庭山，韋蘇州詩、皮陸唱和所言洞庭，皆在吴江。比見岳州集古今題詠，刻石龕於岳陽樓，如蘇州、皮陸之屬皆在焉，乃知地志不可不考也。」

元時國語入詩

國朝吴翌鳳《遜志堂襍鈔》云：「周憲王《元宫詞》曰：『獨木涼亭錫宴時，年年巡幸孟秋歸。紅妝小伎頻催酌，醉倒花前阿剌吉。』張光弼《塞上謡》云：『妖姬二八貌如花，留宿不問东西家。醉來拍手趁人舞，口中合唱阿剌剌。』皆以元國語入詩。」

明方以智《物理小識》云：「燒酒，元時始創其法，名阿剌吉，稻黍襍糧皆可燒。」按：今燒酒盛行，然莫知其所自始，「阿剌吉」之名亦不傳矣。

桃杏嫁東風

宋范公稱《過庭録》云：「張先子野《一叢花》詞末云：『不如桃杏，猶解嫁東風。』時盛傳。歐公尤愛之。子野至都謁永叔，永叔倒屣迎之，曰：『此乃桃杏嫁東風郎中！』」

「海日」「江春」一聯

元西域辛文房《唐才子傳》云：「王灣〔一〕往來吴楚間，多著述，如《江南意》一聯云：『海日生殘夜，江春入舊年。』詩人以來，罕有此作。張燕公手題於政事堂，每示能文，令爲楷式。」按：此詩今猶膾炙人口，而不知在當時固爲燕公所賞，手題於政事堂中也。今傳此詩題作《次北固山下》，《河岳英靈集》則作《江南意》，而字句不同，似今本爲勝。「潮平兩岸闊」作「潮平兩岸失」，潮既平矣，何岸之失乎？固不如「闊」字佳也。若曰「潮來兩岸失」，則未知孰勝矣。

「此夜一輪滿」兩句

無名氏《釣磯立談》云：「烈祖將受禪，頭陀范志嵩《賦月》詩云：『徐徐東海出，漸漸到亨衢。此夜一輪滿，清光何處無？』」按：「此夜一輪滿」兩句，《江南野録》謂是蘇州一僧詠中秋

〔一〕灣，原訛「彎」，據《唐才子傳》卷一改。

月詩，得此喜極撞鐘，故有分夜鐘。今觀《釣磯立談》，乃知是范志嵩作也。

一箇孤僧獨自行

宋楊彦齡《楊公筆録》云：「世之爲文者常患用字意義重疊，故有『一箇孤僧獨自行』之語。然《那》頌云：『自古在昔，先氏〔一〕有作。』得不近是邪？」

《遊仙窟》詩

日本人上毛河子静《全唐詩逸》載《游仙窟》詩，注云：「舊載詩七十八首，猥褻淫靡，幾乎傷雅，今録一十七首。」其詩有張文成《贈崔十孃》詩、崔十孃《答文成》詩，又有《詠崔五嫂》詩、崔五嫂《别文成》詩，又有香兒《送張郎》詩。不知張文成爲何許人，與崔氏婦女狎遊倡和，竟成一集。元人《西廂記》至今盛傳，不知唐時又有此崔、張故事也。余又疑元人因元微之事作《西

〔一〕氏，《楊公筆録》作「民」。

廂記》，駕名崔、張，正因此事而起耳。

薛濤律詩

國朝周亮工《書影》云：「虞山先生言：丙戌在都門，于灰燼中檢出宋刻唐詩數册，乃宋人趙氏所彙集，分門别類，無體不備。計全書可五百餘册，所得不過天文等一二類。中多未見詩，如薛濤，世但傳其絶句耳，此中載濤律詩甚多，他可類推。後先生絳雲樓災，此數册亦不可得見矣。」

高麗使臣詩

宋沈括《夢溪筆談》云：「元祐六年，高麗使人入貢。上元節於闕前賜酒，皆賦觀燈詩，時有佳句。進奉副使魏繼延句有『千仞綵山擎日起，一聲天樂漏雲來』，主簿朴景綽句有『勝事年年傳習久，盛觀今屬遠方賓』。」

填詞稱倚聲

國朝吴翌鳳《遜志堂雜鈔》云：「漢文帝使慎夫人鼓瑟，上自倚瑟而歌。師古云：『倚瑟即今之以歌合曲也。』後人稱填詞爲倚聲，本此。」

按：此則古人以人聲合絲桐之聲，非如後世以絲桐之聲合人聲也。

月泉吟社詩賞

明徐𤊹《筆精》云：「元至正閒，浦江吴清翁渭有月泉吟社，於丙戌小春月望命題，至正月望收卷，用好紙楷書謄副，聘謝翱爲考官，三月三日揭曉，收三千七百三十五卷，選中二百八十名，皆有詩賞。弟一名羅公福，公服羅一縑七丈，筆五帖，墨五笏；第二名公服羅六丈，筆四帖，墨四笏；第三名公服羅五丈，筆三帖，墨三笏；弟四至十名各春衫羅一縑，筆一帖，墨二笏；弟十一至二十名深衣布一縑，筆二帖，墨一笏；第二十一名至三十名深衣布一縑，筆一帖；第三十一名至五十名筆一帖，墨一笏，吟箋二沓。」按：月泉吟社所定詩賞，知者頗尟。故録之，以供談助。

茶香室四鈔卷十四

黎氏字學

《北史·黎景熙傳》："景熙字季明，從祖廣善古學，家傳其法。季明亦傳習之，頗與許氏有異。周文徵之，令正定古今文字於東閣。"按：黎氏既家傳古學，必非嚮壁虚造者，惜其所正定文字不傳。

按：《周書·趙文深傳》："太祖以隸書紕繆，命文深與黎季明、沈遐等依《説文》及《字林》，刊定六體，成一萬餘言。"即此事也。

李鉉《字辨》

《北史·李鉉傳》：「鉉字寶鼎，渤海南皮人也。齊神武妙簡碩學以教諸子，與工書人韓毅等同在東館。鉉以文字多乖謬，遂覽《説文》《倉雅》，删正謬字，名曰《字辨》。」按：此人與徐鉉同名，徐鉉字鼎臣，李鉉字寶鼎，同名同字，同有功於許氏之書，亦奇矣。

元吾子行論韻

元吾衍《閒居録》云：「韻書之作，實本於《説文》之諧聲，如瓏籠、澧豊、怩泥、靡霏、廬鑪、份枌、邗馯等類，皆以龍、豐、尼、非、盧、分、干爲諧聲，而韻書中皆分析爲各韻。若能依《説文》諧聲之法別爲通韻，則《毛詩》、《楚辭》、古賦、《選》詩之韻了然可知。」按：此即言古韻之權輿也。

楊升庵論轉注

明楊慎《墨池瑣録》云：「書家作字省文之例，如鳳凰連寫，凰但作皇，鴛央、廓郎亦然。其例起於六書建類主聲、轉注爲義也。如弌字從一，數也，從弋，聲也。而弍弎之字皆從弋，弋非聲也，以弋爲建類之聲，故可以轉一二三而爲注。鳳從鳥，義也，從凡，聲也，而凰字亦從凡，凡非聲也，以鳳爲建類。此於字學末之末者，人多習之而不察耳。」

按：古書「鳳皇」，「皇」字無作「凰」者，升庵似據俗書爲説。然其説「弌弍弎」頗有理，或足備轉注一説。

余嘗以此説推之，既製虫字，於是並二虫則爲䖵字，疊三虫則爲蟲字，此三字聲義迥殊。而既成此字，又轉而爲他字，則亦轉注之例。蓋轉注於象形、會意、指事、諧聲之外别爲一類，固不拘於爲形爲聲爲意爲事也。

明張志淳《南園漫録》云：「近見王栢《正始之音》引長爲長長、行爲行行爲轉注，極爲有理。或疑如此則轉注似假借矣，不知假借如『豪、能』二字本二獸也，假借之，言人有有德有才爲豪、爲能也。假借於本字無意義而借用之，轉注於本字有義意而圈別之，故不同也。」按：上古造字時安有圈别之法？然如其説，亦有可通。如「好好」「惡惡」之類，皆可謂轉注。既有此轉注之字，後之經師因有「長言、短言」之别、「急讀、緩讀」之分，而圈别之法從此起矣，似亦轉注之一説也。

《説文五義》

元陸友仁《研北襍志》：「吴淑字正儀，潤州丹陽人。父文正，事僞吴，至太子中允。淑善筆札，好篆籀，取《説文》有字義者千八百條，撰《説文五義》三十卷。」按：吴淑爲北宋初人，尚與大小徐同時，惜其書不傳。然云三十卷，則每篇分爲二，已用徐本矣。

又云：「僧曇域《補説文》三十卷，錢承志撰《説文正隸》三十卷。」按：《補説文》不過如《新附》之類，《正隸》則以《説文》正隸體，必有可觀。

集李藥師字爲《千文》

《歐陽文忠集》有《與劉侍讀書》曰：「承示《千文》甚佳，此是李靖字，唐人集爲《千文》。」按：人知《千字文》集王右軍字，不知又有集李藥師字者，但不知文字仍與周興嗣本同否也。

取起頭字以韻編纂

國朝周亮工《書影》云：「《韻府羣玉》《五車韻瑞》皆取落脚字爲類。予欲爲一書，皆取起頭字，依韻編爲一書，而取事之稍僻、《韻府》不載者，以便檢閲。恨室中無書可采，聊輯此一則，與同志商之。」按：所輯乃「白」字，如「白徒」「白士」之類，今不備録。先生此論竟無成書，雍正間《駢字類編》出，大觀矣。惜先生未之見也。然分類不分韻，與此議小異。

上篆下隸

《魏書·江式傳》：「延昌三年，式上表請撰集字書，號曰《古今文字》，凡四十卷，大體依許氏《説文》爲本，上篆下隸。」按：宋李從周撰《字通》一卷，以篆文大書，隸書夾注，蓋即用此例。

同字異體

國朝羅振玉《讀碑小箋》云：「李陽冰書《謙卦》，謙字篆法各異。予按：漢《汾陽鼎銘》『二十』字凡三見，一寫作廿，一寫作卄，一寫作十，是陽冰亦有所本。」

國初人罕見《説文》

國朝周亮工《書影》云：「毛子晉家有宋版許氏《説文》，與今所傳大異，乃以字畫分部者，始於子，終於亥，全書係十五卷。」按：「始於子」一語大錯，可知當時《説文》爲罕有之本，櫟下老人亦傳聞而未嘗親見也。

於字必字無草書

宋黄伯思《東觀餘論》云：「草法亦如真行，孳乳寖多，故後代草字有唐以前所無者，如『於』字『必』字之類，魏晉六朝人草此字，止如行書，故前輩云『於字必字無草書』，是也。」按：謂此二字無草書，乃宋李石《續博物志》之説也。然國朝羅振玉《存拙齋札疏》云：「『於』字草書作『[illegible]』，見孫虔禮《書譜序》及晉人法帖。」則李説誤。

大音柁

宋洪皓《松漠紀聞》云：「大實林牙與粘罕雙陸爭道，粘罕欲殺之，大實即棄其妻宵遁。詰旦，粘罕使召之，其妻曰：『昨夕以酒忤大人，畏罪而竄。』注云：『大音柁。』」按：「大」字《廣韻》音唐佐切，本與「馱」同音，又音徒蓋切，與「汏」同音。此云「音柁」，與「唐佐」之音相近，而洪氏必注之以明其異，何也？今吳語則正與此同。

宋宋祁《筆記》云：「古以大爲大，音如舟柂之柂。則言大雅、大夫、大閱、大舉，類不及今人言大徒帶反之雅。」

婦讀若務

國朝沈自南《藝林彙考》引《彈雅》云：「婦，房九切，上聲。俗音誤讀若務，亡遇切，去聲，古今韻書所不收。而白居易《琵琶行》『老大嫁作商人婦』，上協『故』，下協『去』，則知中晚有此方俗之音亂厠於韻脚，前此不然也。」按：此知「婦」讀若務，唐人已有之矣。

宿字音

宋邵博《聞見後録》云：「或譖〔一〕胡宿於上曰：『宿名當爲去聲，乃以入聲稱。名尚不識，

〔一〕譖，原訛「潛」，據《筆記小説大觀》本改。

豈堪作詞臣？』上以問宿，宿曰：『臣名歸宿之宿，非星宿之宿。』譖者又曰：『果以歸宿取義，何爲字拱辰也？』故後易字武平。」

按：《容齋四筆》云：「二十八宿音秀，若考其義，則止當讀如本字。《説苑·辯物篇》曰：『所謂宿者，日月五星之所宿也。』其義昭然。」胡武平不知此義，故爲所屈。《月令》「宿離不貸」，《釋文》曰：「息六反，徐音秀。」然則陸德明固以「息六」爲正音。後人讀去聲，乃從徐仙民讀耳。余從前作《文昌生日》詩云：「我聞文昌星有六，昭回於天同列宿。」從古讀也。

渾姓仄聲

宋程大昌《演繁露》云：「《劉禹錫集·送渾大夫赴豐州》云：『鳳銜新詔降恩華，又見旌旗出渾家。』然則渾姓，側聲也。」

按：《廣韻》二十三《魂部》户昆切有「渾」字，注云：「亦姓，《左傳》鄭大夫渾罕。」二十一《混部》胡本切有「渾」字，不言是姓。則渾姓宜讀平聲，不知劉禹錫何以讀側聲，殆此渾人夫自言如此也。

酒字異音

明楊慎《丹鉛録》云：「酒一作子與切。張超《誚青衣賦》云：『東向長跽，接狎歡酒。悉請諸靈，辟邪無主。』《參同契·法象歌》：『若蘖染爲黄，似藍成緑組。皮革煮成膠，麴蘖化爲酒。』」按：此猶《賓之初筵篇》「奏」與「初」爲韻，《左傳》「垢」與「汙」爲韻也。近來言古韻者未及此。

斷章之斷不音鍛

宋沈括《夢溪筆談》云：「古人引《詩》，多舉《詩》之斷章。斷音段，讀如斷截之斷，謂一詩〔一〕之中只斷取一章或一二句。今人讀音鍛，誤也。」

〔一〕詩，原訛「時」，據《夢溪補筆談》卷一改。

查字

國朝全祖望《鮚埼亭詩集》有句云：「桑田軼事紛綸出，枌社遺文子細查。」按：「查」字無稽查之義，乃「察」字之音訛也。用以入詩，似乎不典。

眄盼盻三字

元吾衍《閒居録》云：「宋儒不識顧眄字，皆讀爲『美目盼兮』之『盼』；又不識盼字，寫作『使民盻盻然』之『盻』；又不識此盻字，而讀爲盼。今詳之曰：從丏者音湎；從分者音攀，去聲；從兮者音異。」

按：三字分别甚明。《漢書·敘傳》「虞卿以顧眄而捐相印」，正作「顧眄」，不作「顧盼」。惟《後漢·仲長統傳》「睇盼則人從其目之所視」，「睇盼」之義與「顧盼」近。

見現二字

《法苑珠林》云：「《婆沙論》中説色界十八天，第四禪中獨有九天，七名善現天，八名善見天。」按：經典「見」字有上去二音，《周易釋文》「見龍在田」賢遍反、「利見大人」如字是也。蓋同此一字，義有虚實，故音分上去耳。此兩天名亦同一「見」字，但當分上去讀，而譯者恐人不辨，故一作「見」字一作「現」字，以爲分别。《抱朴子・至理篇》：「或形現往來。」亦作「現」字。然則今人於「見」字讀去聲者，皆書作「現」，葢本於仙經梵筴也。

臺壺二字〔一〕

明周嬰《巵林》云：「《水經注》：『榆次縣南側水有鑿臺，韓、魏殺知伯瑶於其下。』『鑿臺』，

〔一〕 二字，原缺，據目録補。

《新序》作『叢臺』，《郡國志》作『鑿壺』。字書以爲壺古臺字，故《獻帝紀》注：『臺崇，《山陽公載記》作壺崇。』《禮記》『敗於臺駘』，鄭曰『臺當爲壺，字之誤也』，陸德明曰『臺音胡』。謝靈運《撰征賦》：『覽石橋，登戲臺，策馬鈞渚，息轡城隅。』則亦讀爲壺。」

按：臺、壺絶不相通。鄭注言「字之誤」，則固非一字也。陸德明云「臺音胡」，從鄭讀耳。《獻紀》與《山陽載記》不同，亦是誤字。乃謝賦則竟以「臺」與「隅」爲韻，是直讀「臺」爲壺矣。此不可解，當由鄭注《禮記》盛行，學者習其讀，遂成此誤。竊謂古音、今音之所由異者，此亦一端也。

晉字

宋沈作喆《寓簡》云：「冬日至，陽之進也；夏日至，陰之進也。故於文爲晉。晉者進也，二至之日也。今作晉，省文從便也。」

阿字

宋王楙《野客叢書》云：「晉、宋人多稱阿，如阿戎、阿連之類，或謂起於曹操稱阿瞞。僕謂漢武帝呼陳后爲『阿嬌』，知此語尚矣。漢殽阬碑陰有『阿奉』『阿買』『阿興』等名。韓退之詩『阿買不識字』，『阿買』之語有自。」

又云：「《世説》云：謝太傅語真長：『阿齡於此事故欲太厲。』注：『阿齡，王胡之小字。』僕謂胡之本字修齡，呼『阿齡』者，即其字耳，非小字也。猶桓公呼殷源爲『阿源』、王處仲呼王平子爲『阿平』也。阿之一字，綴以姓如阿阮，綴以名如阿戎，綴以字如阿平，綴以第行如阿大。」

又云：「晉有二『阿大』，一小名，一第行。如謂『阿大羅羅清疏』，此指王忱，忱小字佛大，故云；如云『一門叔父有阿大中郎』『與阿大語蟬連不得歸』，此指王悦。悦，導長子，導嘗曰『勿使大郎知』，故知爲第行也。」

按：《日知録》有《阿字》一條，徵引頗詳，與此出入。顧亭林殆未見此書也。

朿字

國朝羅振玉《存拙齋札疏》云：「日本刻唐釋慧林《一切經音義》三引《説文》：『朿，從市從人，會意。』字或作『閙』，俗字也。玉案：《説文》無『朿』字，然《干禄字書》亦謂『朿』爲『閙』之正體，則此字亦甚古。」

《玉篇·一部》字皆與《説文》同，獨部末多一「𠀆」字，注云竹瓦切，不釋其義。愚疑此即「寡」之異文，從一從人，會意也。音古瓦切，誤爲「竹瓦」耳。久有此説，未敢自信，姑因「朿」字而及之。

卡字

國朝羅振玉《存拙齋札疏》云：「今日征商置税之所曰卡，不知何義，古字書無此字。遼僧行均《龍龕手鑑》始有之。然《手鑑》謂此字音『弄』，與今音義不合。」按：卡自是俗字，《續鈔》

卷二曾載之。《龍龕》所載實非此義也。

又其所著《面城精舍文》甲云：「魏高貞碑『清暈發於載卡』，『卡』即弄字，見《龍龕手鑑》。『載卡』取《詩》『載弄之璋』義，猶言清暈發於始生。錢竹汀云『卡或是年字之誤』，誤矣。」

弓字

國朝羅振玉《讀碑小箋》云：「書一卷作一弓，僉謂肇於《真誥》。予案：鄭羲碑：『注諸經論，譔《話林》數弓。』羲卒魏太和中，是貞白之前已有弓字。」

水易爲湯

明周嬰《卮林》云：「胡元瑞《甲乙剩言》云：『乙未春，夢冕服人坐殿上召試，飛下一紙，爲易水生攫去。及入闈，第一人則湯賓尹，蓋以「易水」爲「湯」。』書法從昜，非易也，天上主司且不識字。」按：《尚書中候》曰：「玄鳥翔水遺卵，娀簡易拾吞，生契封商，後萌水易。」注云：「易起洛，娀簡在水中浴而吞卵生契。後人當天應嘉，乃以水易爲湯。」據此則天上主試蓋取緯候僻書以詭元瑞，非不識字也。愚謂胡氏固戲言，周氏亦讕語。至以水易爲湯，猶《真誥》以木易爲楊，緯候家言，固不足言小學也。木易爲楊，已載《叢鈔》卷八〔一〕。又按：《中候》之文蓋以「娀簡易」三字連讀，謂有娀之女簡易也。簡易即簡逖，古字通耳。緯以簡易浴水中吞卵生子，故其後以水易爲湯，語意甚明，注文轉不瞭矣。

志字作鋕

元陸友仁《研北襍志》云：「常熟梅里之南長䈾村，有陳氏子於田中得墓甎，稱『唐貞元十四年，葬季象先姚氏，名麗華，字碧玉』。而志字從金從志。」按：此因銘字從金，而志字亦從金，唐時俗字也。宋時修《類篇》，有此字。

又按：此當是姚麗華之墓，「季象先」三字未詳。

〔一〕 八，當爲「九」。

苻字誤從竹

元吴師道《敬鄉録》云：「喻良能字叔奇，敏識强記。嘗考試，一士人賦入選，而用『苻秦』字誤從竹，黜之。其人伺出院，遮道中詰公。公形貌短小，爲立几上，誦其所作，一字不遺，曰：『子賦雖工，如格不合何？』其人愧謝去。」按：「苻」誤從竹，黜之不爲過，而猶爲所持。非喻公之强記，幾爲所窘矣，亦見考試之難也。

以干爲乾

明楊慎《墨池瑣録》云：「羲之諸帖多用古字，古『山嶺』之嶺但作領。《漢書》『梅領』『喻領』是也。《蘭亭帖》『崇山峻領』，唐褚遂良加山作嶺，贅也。《初月帖》『淡悶干嘔』，淡古『淡液』之淡，干古『干溼』之干。今以淡作痰，干作乾，非也。」愚按：「嶺」作「領」、「痰」作「淡」，誠合古義。若謂「乾溼」字古作「干」，則失之矣。

厶非某字

國朝何琇《樵香小記》云：「范甯注《穀梁傳》，於不知其説者〔一〕『厶地』。説者謂『厶』即『某』字之省文。竊不謂然。『厶』字即古『私』字，不得假借爲『某』字。由武子於原稿空一字，作三角圈記之，如《穆天子傳》《逸周書》之作四角圈耳。」按：此説甚是。《桓二年穀梁》釋文出「厶地」云：「本又作某。」蓋後人所改，范氏固不以「厶」爲「某」字也。

斛即斛字

國朝羅振玉《面城精舍文》甲云：「隋《建龍華浮圖碑》有斛字，斛即斛字。《北周書·韋孝寬傳》載孝寬爲謡歌以搆齊斛律光曰『百升飛上天』，百升，斛也。可謂斛即斛字左證。」

〔一〕「者」下，《樵香小記》卷下有「曰」字。

顏魯公書戌誤作戍

國朝羅振玉《讀碑小箋》云：「征戍之戍，從人持戈；十二支之戌，從戊從一。《多寶塔碑》『戊戌』『建戌』誤書作『戍』。魯公代傳書學，猶不免點畫之譌，況淺工哉！」

柳子厚不敢用堨字

宋程大昌《演繁露》云：「柳文『永州袁家堨』，書作『渴』，音曷。渴者堨也，堨者遏也，遏水使不通行也。柳葢疑此堨字非古，故更書爲渴，而又自爲之音曰：『讀當爲曷。』按：《水經·穀水》著『千金堨』之制，曰堨，葢遏穀水使東流者也。其書正爲堨字。子厚豈疑其不古，而遂以書渴爲雅也？」愚謂柳子厚不敢用「堨」字，亦如劉禹錫不敢用「糕」字，唐人詩文所以異於宋以後乎？

又按：《説文》本有「堨」字，云「壁間隙也」，與此義别。然《玉篇》云「又擁堨也」，則與此義近矣，疑若可用。然《演繁露》又云：「魏嘉平三年，立遏於漁陽高梁河原注：《水經》十四。遏即堨也，以土壅水爲遏，不知何世加土爲堨。」據此，則以作「遏」爲正。

與人書用篆字

元陸友仁《研北襍志》云：「孔融遺張紘書曰：『前勞手筆多篆書，每舉篇見字，欣然獨笑，如復覩其人。』乃知古人作書亦有用篆者。」

與人書必楷書

《北齊書・趙彦深傳》：「彦深子仲將，善草隸。雖與弟書，書字楷正，云草不可不解，若施之於人，即似相輕易；若與當家中卑幼，又恐其疑所在宜爾，是以必須隸筆。」按：人知唐席豫不作草書，不知先有趙仲將，其所言亦殊有見。

誤字旁點

國朝羅振玉《面城精舍文》甲云：「隋寧贙碑末云『終傳令名』，『令』字下衍『傳』字，旁著三點，以表其誤。今人作字有誤，輒墨注其旁。據此知隋人已然。」

卜煞

宋趙彦衛《雲麓漫鈔》云：「古人書字有誤，即墨塗之。今人多不塗，旁注云『卜』。諺語云『卜煞』，莫曉其義。近於范機宜處見司馬温公與其祖議《通鑑》書，有誤字，旁注云『𠀉』。然後知乃『非』字之半，後人又省耳。」按：今人誤字止以墨塗，不作『𠀉』，亦不作『卜』，轉復古矣。

爨字

《雲南通志》云：「唐阿呵隱居山谷，撰爨字如科斗，二年始成字母一千八百四十，號曰韙書，爨人至今習之。」按：此則雲南别有一種文字。

《書史會要》云：「爨亭子小草妍媚，評者謂如細草浮春，閒花浮竹。」「爨亭子」不知何人，或即傳阿呵之書者乎？

茶香室四鈔卷十五

書法字學之别

元陸友仁《研北雜志》云：「丹陽葛魯卿論書云：晉、宋人書法妙絶，未必盡曉字學。」又云：「韓退之素無書跡，而極意字義，嘗云：『世爲文詞，宜略識字。』又韓擇木以八分擅名，謂之不識字。」

明楊慎《墨池瑣録》云：「《宋史長編》：『太宗每暇日，問王著以筆法、葛端以字學。』筆法臨摹古帖也，字學考究篆意也，筆法與字學本一塗而分岐。晉、唐以來妙於筆法而不通字學者多矣。」按：此二事自古難兼，筆法家之不通字學，漢人變隸已然，何責乎晉、唐以後？

古能書人不著名者

明楊慎《墨池瑣録》云：「古人多能書，如管幼安，人但知其清節，而不知其銀鉤之敏。原注：茅山碑云。劉曜，人但知其獰凶，而不知其章草之工。原注：其書見《草書韻會》。」又云：「曹蜍、李志與右軍同時，書亦爭衡，其人不足稱耳。」又云：「南唐王文秉工小篆，不在二徐下。又有王逸老，善篆與八分。其命名乃欲抗右軍者，不知何代人，疑即文秉也。」又云：「鄔彤，懷素之師。」

按：《墨池瑣録》卷二備載張天錫《草書韵會》所集諸家，劉聰、劉曜並列，則劉聰亦善草書也。又有盧循，有鍾離權，盗賊、神仙皆列名文苑矣。

繹山翻刻本

明趙凡夫《金石林緒論》云：「秦碑全具者，惟《繹山》《會稽》，而《繹碑》翻刻頗非一本。昔人評云：『長安第一，紹興第二，浦江第三，應天第四，青社第五，蜀中第六，鄞縣第七。』今以第一者爲主，以諸本考校得失。」

按：《繹碑》翻本品題乃陳恩孝之説，見楊士奇《東里續集》。然東里云「青社本斷裂，蜀本未之見」，則明代此七刻已不具矣。趙凡夫云「以諸本考校得失」，恐亦欺人之語。今則僅存第一、第二、第四三刻。

嵇叔夜書

宋黄伯思《東觀餘論》云：「張彦遠言：『昔嵇叔夜自書《絶交書》數紙，人以右軍數帖來易，惜不與之。』則叔夜書唐世尚有之。」按：此知叔夜書亦妙絶也。張懷瓘《書斷》稱嵇康「善書得之自然，意不在乎筆墨」，足見其書品甚高矣。

右軍臨荀輿書

國朝周亮工《書影》云：「荀輿能書，常寫《貍骨方》。右軍臨之，謂之《貍骨帖》。見《劉賓客嘉話》。今但知右軍自書耳。」

王右軍書不傳者多

明楊慎《墨池瑣録》云：「唐李嗣真《論右軍書》：『《樂毅論》《太史箴》，其體正直，有忠臣烈士之象；《告誓文》《曹娥碑》，其容憔悴，有孝子順孫之象；《逍遥篇》《孤鴈賦》，有抱素拔俗之象。』然傳於石刻者鮮矣。《太史箴》，《書譜》尚有其目，《逍遥篇》《孤鴈賦》并其目亦不知。則右軍之書，葢泰山一豪芒存於世爾。」

王羲之不如獻之

宋王楙《野客叢書》云：「王子猷多言俗事，謝安以爲不如獻之。僕謂《子猷傳》所載率多曠達，如：不答長官，柱笏而看西山；不顧主人，坐輿而造竹下；山陰雪夜，詠《招隱》詩而訪戴。胸中灑落，亦自不凡。然《傳》又云：『人欽其才而穢其行。』始知其内行不謹，爲當時所鄙，信非子敬之及。惟史氏没其迹而不書，盛陳前數事。故後世擊節歎賞，以爲不可及，而莫知有大節之累云。」愚按：公慙卿，卿慙長，子孫之慙其祖父者多矣。向、歆相繼而歆不如向，羲、獻齊名而獻不如羲，奚足怪乎？

按：明楊慎《墨池瑣録》云：「王僧虔云：『變古製今，惟右軍、領軍爾，不爾至今猶法鍾、張。』《書斷》云：『王獻之變右軍行書，號曰破體書。』由此觀之，世稱『鍾王』，不知王之書法已非鍾矣；又稱『二王』，不知獻之書法已非右軍矣。譬之王降而爲霸，聖傳而爲賢。」按：此知以書法論，獻亦不如羲也。

《樂毅論》非真

宋程大昌《考古編》云：「歷代以《樂毅論》爲大令正書第一，陶隱居啟梁武乃云。『心疑近摹，而不敢輕言，今旨果謂梁世模本也。』梁、晉相去絶近，既皆不以爲真，則誠僞矣。貞觀十三年，褚遂良叙禁中大令書五卷，遂以《樂毅論》爲第一，援太宗敕語爲證。此恐誤也。開元五年，裒大王真蹟百五十八卷，以《黄庭經》爲正書第一，無《蘭亭》《樂毅》，則開元時真本已不存矣。今世傳本，又未必是當時模本。」

按：《陶隱居集》與武帝啟又有云：「此卷是右軍書者，惟有八條。前《樂毅論》書乃極勁利，而非甚用意，故頗有壞字。」據此則陶隱居又以《樂毅論》爲真迹矣。

丁真永草

明楊慎《墨池瑣録》云：「蔡君謨在杭日，有客曰：『隋世稱丁真、永草，永乃知名，丁何人也？』蔡云：『道護豈其人邪？』《法書要録》：『丁覘與智永同時，善隸書，世稱丁真、永草。』非道護也，君謨誤矣。」

按：《顔氏家訓》云：「梁孝元前在荆州，有丁覘者，洪亭民耳，頗善屬文，殊工草隸。孝元書記，一皆使之。」即其人也。

顔魯公書以修改失真

宋米芾《海岳名言》云：「顔真卿每使家僮刻字，故會主人意，修改披擎，致大失真。惟吉州、廬山題名題訖而去，後人刻之，故皆得其真。真蹟無蠶頭燕尾之筆。」

按：白家嫗能解樂天詩，顔家僮能修魯公字，此一嫗一僮大是不凡。

杜工部論書

宋米芾《海岳名言》云：「老杜作《薛稷慧普寺》詩云：『鬱鬱三大字，蛟龍岌相纏。』今有石本得視之，乃是句勒倒收筆鋒，筆筆如蒸餅，『普』字如人握兩拳，伸臂而立，醜怪難狀。」又云：「薛稷書慧普寺，老杜以爲『蛟龍岌相纏』，今見其本，信老杜不能書也。」

按：《書史會要》言杜甫「楷隸行草無不工」，而胡儼注杜詩并言「嘗於内閣見子美親書《贈衛八處士》詩，字甚怪偉」。然則老杜非不能書，米顛所説未爲定論矣。《海岳名言》又云：「開元以來，緣明皇字體肥俗，始有徐浩以合時君所好，經生字亦自此肥，開元以前古氣無復有矣。」然則老杜論書以瘦硬爲貴，亦矯時之論。

白香山能書

宋黄伯思《東觀餘論·跋白傳書後》云：「樂天書不名世，然投筆皆契繩矩，時有佳趣，乃知唐士書學之盛如此。」

按：《宣和書譜》御府所藏有白居易行書五：《豐年帖》《洛下帖》《生涯帖》《劉郎中帖》《送敏中歸邠寧幕詩》。是樂天之書亦傳世見重也。

何璧

宋黄伯思《東觀餘論·跋何璧書後》云：「是書字字應二王橅矩。何璧者不知何物人，草法之工如是。然所書《月儀》等帖辭太淺俚，蓋唐中葉後人所爲。觀者取其書，略其語也。」

按：何璧工草書，而至今竟無知者，宜表出之。

東坡寫字法

宋費袞《梁谿漫志》云：「葛延之在儋耳從東坡游，東坡教之學書云：『世人寫字，能大不能小，能小不能大。我則不然，胸中有箇天來大字。世間縱有極大字，焉能過此？從吾胸中天大字流出，則或大或小，惟吾所用。若能了此，便會作字也。』」余謂此法誠妙，然豈獨寫字然乎？孟子曰：「説大人則藐之。」蓋其胸中有箇天來大人在；又云「大行不加焉」，蓋其胸中有箇天來大物在。

石守道字體險怪

宋朱弁《曲洧舊聞》云：「歐公《外集》載與石公操推官書，言見其石刻之字險怪，譏其欲爲異以自高。公操即守道也。今《徂徠集》中猶見其答書，大畧謂：吾之所學，乃堯、舜、周、孔之道，不必善書。文忠復之曰：『《周禮》六藝有六書之學，點畫曲直皆有其説。今以其直者爲斜、方者爲圓，而第曰我第行堯、舜、周、孔之道，甚不可也。』此言誠中其病。近歲有一二少年，不肯循蹈規矩，好奇尚怪。其書字尤任意，本欲以爲高，而不知自陷於浮薄。文忠之言，真此輩藥石也。」

西漢無石刻

元陸友仁《研北雜志》云：「尤延之言西漢刻石文竟不之見，如陽朔甎字要亦非真。聞是新莽惡稱漢德，凡有石刻，皆仆而礱之，仍嚴其禁，略不容留。至於秦碑，乃更加營覆，遂得不毁，故至今猶存。西漢而上，紀功述事，多寓之金刻。自東漢以來，石刻始盛，而金刻鮮矣。」按：前一説不足信，後一説近之，冢墓碑刻，東漢後始盛也。

鋸碑求書

明徐𤊹《筆精》云：「饒州番君廟碑，趙文敏書，厚七八寸。文敏在京，郡人欲乞其書碑，重不可載，乃鋸其碑面寸許，載至京。文敏書畢，仍合豎之。予至饒，見其合縫宛然，昔人好事如此。」按：此知元時書碑猶無不據石書丹也。

五十萬錢買碑

明楊慎《墨池瑣録》云：「宋勞咨道以五十萬錢買虞世南《夫子廟碑》舊本，見《山谷文集》。此莊子所謂『真天下之好』也。」按：五十萬錢直五百千耳。以余所見聞，士大夫好事者或尚不止此。

宫殿門題榜

《水經注》：「沈含馨，魏人。洛陽宫殿門題多是大篆，皇都遷洛，始令中書舍人沈含馨以隸書書之。」按：沈含馨必當時善書之人，余於《續鈔》卷四已載之矣。《魏書·江式傳》：「式少專家，學篆體尤工，洛京宫殿諸門板題皆式書也。」按：沈含馨所書計尚未久，何以又改用式書，豈又易隸爲篆乎？

《魏書・竇瑾傳》又云：「瑾少子遵善楷篆，北京諸碑及臺殿樓觀宫門題署多遵書也。」蓋臺殿樓觀懸榜甚多，固非一人之筆耳。

文潞公題竹軒榜

宋徐度《却掃編》云：「西京一僧院，後有竹林甚盛。僧開軒對之，士大夫多遊集其閒，文潞公亦愛之。僧具榜乞命名，公欣然許之，數月無耗。僧往請，則曰：『吾爲爾思一佳名，未之得也，姑少待。』後半年，方送榜還，題曰『竹軒』。語雖質，不可破也。」按：潞公苦思半年，纔得「竹軒」二字，然則題榜真不易乎？

岳武穆書張氏屏

宋趙彦衛《雲麓漫鈔》云：「常州宜興縣張渚鎮有張氏名大年，臨澗爲圃，號桃溪。岳侯嘗館其家，題其廳事之屏云：『近中原版蕩，金賊長驅，如入無人之境。將帥無能，不及長城之壯。余發憤河朔，起自相臺，總髮從軍，大小歷二百餘戰。雖未及遠涉夷荒，討蕩巢穴，亦且快國之萬一。今又提一壘孤軍，振起宜興[一]建康之城一舉而復。賊擁入江，倉皇宵遁，所恨不能匹馬不回耳。今且休兵養卒，蓄鋭待敵。如或朝廷見念，賜予器甲，使之完備；頒降功賞，使人蒙恩，即當深入虜庭，縛賊主，蹀血馬前，盡屠夷種；迎二聖復還京師，取故地再上版籍。他時過此，勒功金石，豈不快哉！此心一發，天地知之，知我者知之。建炎四年六月望日，河朔岳飛書。』後陷入罪，其家洗去之，尚有遺蹟。按《小曆》，右僕射杜充在建康，虜掩至，建康失守。充下諸將潰去，多行摽掠。獨飛屯宜興，不擾居民。晉陵士大夫避寇者賴飛以全，乃此時也。」

愚按：趙氏所考未盡，據史岳飛本傳，建炎「四年，兀术攻常州，宜興令迎飛移屯焉。金人再攻常州，飛四戰皆捷，遂復建康。兀术歸，飛邀擊于静安，敗之」。此書屏數語，必是既復建康、將去宜興時所書，故有「賊倉皇宵遁」之語，又有「他時過此」之語，明爲留别而書也。

[一] 興，原缺，據《筆記小説大觀》本補。

明代吴中署額名蹟

明趙凡夫《金石林緒論》云：「國朝人寫吾吳諸額，如徐有貞『文正義澤』，故自奇逸。中街路、清嘉坊、生幼堂，皆公書也。祝允明之『夏氏藥室』，文徵明自書『翰林』、郡衙之『承流宣化』，皆入院體之選。」按：此諸名蹟今皆亡矣。衡山自書「翰林」，殆以「翰林」二字榜諸其門邪？

趙凡夫論盥字

明趙宧光《帚談》云：「所謂難結搆，如『盥』字之類，變文作『㿻』，自謂可觀，然不免改作。近有童子謬作直旁二白，始笑絶倒，既而爽然，翻可取法。其義安在？不過自相結搆，二白先自讓避，其鋒有歸耳。」按：直旁二白，何能成「盥」字？凡夫此論近於戲矣。

兩白字必須上寬下窄，方約略成「盥」字之形。余因憶庚戌同年慎延青毓林，工書者也，語余曰：「人皆畏『興』字難作，其實易耳：中間作四小畫，兩旁各作三小畫，然後作四直，又於中二直間作二小直，其下一畫二點，即成極妥帖之一『興』字矣。」此與趙凡夫作「盥」字同一法也。

小字大字

明楊慎《墨池瑣録》云：「君謨小字，愈小愈妙；曼卿大字，愈大愈奇。」

冒辟疆書小字

國朝冒襄《同人集》：「許承宣書云：『頃刻書六七百蠅頭於便面，弟不能書，并不能讀，先生真神仙也。』」按：一扇面書六七百小字，在今人亦尚能之。出於名手，斯爲難耳。

書家比況語

明楊慎《墨池瑣録》云：「右軍字似左氏，大令字似莊周。山谷此言，亦猶東坡以杜子美比司馬遷、江瑶柱比荔枝也。」

又引李嗣真云：「《黄庭經》象飛天仙人，《洛神賦》象凌波神女。」

又引解搢紳學士《春雨齋續書評》云：『鍾繇書如公孫碩膚，赤舄几几；王右軍如子之燕居，申申夭夭。』按：解評此二語最奇，餘不具録。

押字

宋黄伯思《東觀餘論》云：「有朝士施結者，喜收古今人押字，不遠千里求之。所藏甚多，類而成書。」

又云：「魏、晉以來法書，至梁御府藏之，皆是朱异、唐懷充、沈熾文、姚懷珍等題名於首尾紙縫間，故或謂之『押縫』，或謂之『押尾』，衹是書名耳。後人花押，乃以草書記其自書，故謂之『押字』，或謂『草字』，蓋沿習此耳。唐人及國初前輩與人書牘，或只用押字，與名用之無異，上表章亦或爾。近世遂施押字於檄移。或不書己名字，而别作形模，非也。」

又按：《東觀餘論》云：「古《蘭亭叙》本二十八行，至第十四行閒特闊者，蓋接紙處，而不知字適在此行之末，梁舍人徐僧權於其旁著名，當時謂之『押縫』，梁御府中法書率如此。而此帖『僧』字下亡其『權』字，世人不知，乃云『僧』者『曾』之誤，因讀爲『曾不知老之將至』，非也。」據此則梁時押縫是行書，非草書，不然不得混入正文也。草書押字，又出於後人耳。

倣字圈點

國朝孫承澤《春明夢餘録》云：「内臣設一桌，將東宫倣書請視，閣臣以硃筆點字之端楷者。」又云：「酒飯畢，再入侍王寫倣。閣臣至案前環觀，王親寫十字，餘俟諸臣退後寫足送閣，閣中批圈畢進呈。」按：此條前言皇太子講讀之儀，後言親王出閣讀書之儀，皆寫倣字，有圈有點，與人閒課童蒙無異也。

釋奠蒼頡

《周書·冀儁傳》：「善隸書。時俗入書學者亦行束脩之禮。儁以書字所興起自蒼頡，遂啓太祖，釋奠蒼頡及先聖、先師。」按：此祀蒼頡之故事。余從前有《學校祀蒼頡議》，未徵引及此，故録於此，以存其議。

茶香室四鈔卷十六

進士重於制科

唐封演《封氏聞見記》云：「國朝于常舉取人之外，又有制科，名目甚衆。然制舉出身名望雖高，猶居進士之下。御史張瓌兄弟八人，其七人皆進士出身，一人制科擢第。親故會集，兄弟連榻，令制科者别坐，以爲笑樂。」

三月會試

國朝孫承澤《春明夢餘録》云：「張鳳翼言，會試期，太祖定於二月，蓋謂金陵南北之中，地在大江之南，得春爲先，故定於二月，取春之中。今建都北京，遠三千里，宜移在三月，其利有五：一、在覲吏後，從舟可省雇費；二、便於雲貴士子；三、減衣裘，防閑甚易；四、謄録無呵凍之苦；五、歸家無閘河運舟之阻。」按：此乃今制之權輿也。

乾隆十年乙丑科，始定三月會試。前此有年内立春用二月、年外立春用三月之例，至是定期三月，永遠遵行。

百篇科

宋龔明之《中吴紀聞》云：「吴士孫發嘗舉百篇科，故皮日休贈詩云：『百篇宫體喧金屋，一日官銜下玉除。』陆龜蒙亦有云：『直應天授與詩情，百詠惟消一日成。』其見推於時如此。太平興國五年，有趙昌國願試此科。帝御殿，出四句詩爲題，詩云：『松風雪月天，花竹鶴雲煙。詩酒春池雨，山僧道柳泉。』每題五篇，篇四韻，至晚僅成數十首。方欲激勸後學，特賜及第，仍詔今後應此科者約此題爲式。」

按：唐、宋以詩賦取士，則有請試百篇者。自明以來以文取士，則有請兼試五經者。雖爲顧亭林所譏，要其捷才亦自不可及也。

日試萬言

唐封演《封氏聞見記》云：「天寶中，漢州雒縣尉張陟自舉日試萬言，須中書考試。陟令善書者三十人，各令操紙執筆向席，環庭而坐，俱占題目。身自循席，依題口授，言訖即過，周而復始。至午後，詩筆俱成，得七千餘字，仍請滿萬數。宰相曰：『七千可謂多矣，何須萬？』具以狀聞。敕賜縑帛，拜太公廟丞，直廣文館，時號張萬言。」

七徧誦萬言

唐封演《封氏聞見記》云：「開元初，潞州常敬忠十五明經擢第，上書自舉，并云一徧能誦千言。敕付中書考試，燕公問曰：『學士一徧誦千言，能十徧誦萬言乎？』對曰：『未曾自試。』公遂出一書，非人閒所見也，謂之曰：『可十徧誦之。』敬忠依命，危坐而讀，每徧，畫地記，讀七徧，起曰：『此已誦得。』燕公曰：『可滿十徧。』敬忠曰：『七徧誦得，何用滿十？』燕公執本臨試，觀覽不暇，而敬忠誦之已畢，不差一字。即日聞奏，恩命引對，則緑衣一副，拜東宫衛佐，仍直集賢，侍講《毛詩》。百餘日中三度改官，爲儕類所嫉，中毒而卒。」

宋廷試題

宋朱弁《曲洧舊聞》云：「仁宗于科舉尤眕聖慮，每至廷試之年，其所出三題，有大臣在三京與近畿州郡者，多密遺中使往取之。然猶疑其或泄也，如『民監』本是詩題，『王者通天地人』本是論題，皆臨時易之。」按：此知宋時廷試皆人主命題，而或由大臣密擬以進也。

宋制科題

宋沈作喆《寓簡》云：「予中進士後，欲求試博學弘詞，石林勉予曰：『弘詞不足爲，宜留心制科工夫。』因授予所編方畧，題目如海中沙，其要有十字，曰明、曰暗、曰疑、曰頑、曰合、曰合音蛤、曰揭、曰拆、曰包、曰胎。予曰：『暗何也？』曰：『明暗皆言數也。暗如《因民常而施教》是也，《周官》「因此五者民之常，而施十有二教焉」。題目中不見數，而藏五與十二於其間，此最難測度。若明數，則如《〈既醉〉備五福》《祭有十倫》是也。』『疑者何也？』曰：『《堯舜禹湯所舉如何》是也，疑若唐虞夏商也，乃是《魏相傳》中「高皇帝所述書《天子所服第八》受詔長樂宫，中謁者趙堯舉春、李舜舉夏、兒湯舉秋、貢禹舉冬，四人各職一時」是也。又如《湯周福祚》，疑若二代也，乃是《杜周傳》贊云「張湯、杜周並起文墨小吏，迹其福祚，元功儒林之後莫及也」，此爲最巧。』『頑者何也？』曰：『《形勢不如德》是也。意思語言，子史中相近似者殆十餘處，獨此一句在史贊，令人捉摸不著，雖東坡猶惑之，故論備舉諸處以該之也。』」按：十字止舉其四，未詳其故。不知他書中有全載者否，記此待考。

又按：此等題亦止足觀記誦之學。岳珂《愧郯録》載：「皇祐元年八月二日，上封者言：『伏見國家每設制科，以收賢才。舊制秘閣先試六論，合格者然後御試策一道。先論者葢欲探其博學，後策者又欲觀其才用。近來御前所試策題，多問典籍名數及細碎經義，乃是重欲探其博學，竟不能觀其才用，豈朝廷求賢才之意耶？欲乞止問事關治亂、體繫安危，用之則明昌，舍之則微弱，往古之已試，當今之可行者十餘條，限三千字以上成。所有名數、細碎經義更不詳問。』詔撰策題官先問治亂安危大體，其餘經史名數自依舊制。」則當日制科所重，固在此矣。

又按：《愧郯録》載景德四年，中書門下考試陳絳、夏竦六論：「一曰定四時、别九州，聖功孰大？二曰考定明堂制度，三曰光武二十八將功業先後，四曰九功九法，爲國何先？五曰舜無爲、禹勤事，功業孰優？六曰曾參何以不列四科？」此六論頗似平易。

明殿試卷有御批

明廖道南《殿閣詞林記》云：「永樂初，成祖思求博聞多識之士，命學士解措採天文、律曆、禮樂、制度擬撰爲題。上意士子必爲所窘，及得曾棨卷，記誦詳盡，歎異以爲第一人，御筆批曰：『貫通經史，識達天人；有講習之學，有忠愛之忱。擢魁天下，昭我文明；尚資啓沃，惟良顯哉！』其第二人周述，第三人周孟簡，亦皆批評，前此未有也。今上臨軒策士，其第一甲三人皆親賜裁定，批數語於卷首。」按：所云「今上」謂世宗也，則自永樂至嘉靖，殿試第一甲皆有御批。按：余於《三鈔》卷十三已記明殿試卷甲第御筆親書。今乃知不僅書甲第，且有批也。

國朝孫承澤《春明夢餘録》云：「嘉靖己丑廷試，上閱諸卷，於羅洪先卷批曰：『學正有見，言讜而意必忠，宜擢之首。』於程文德卷批曰：『探本之論。』於楊名卷批曰：『能守聖學以爲本，此知要之説。』於唐順之卷批曰：『條論精詳殆盡。』於陳束卷批曰：『仁智之用，本之吾心，此不易之説。』於任瀚卷批曰：『勉吾敬一之爲主，忠哉！』乙未廷試，上批韓應龍卷曰：『是題本意，可第一甲第一名。』批孫陞卷曰：『説仁禮之意好，可第二名。』批吴山卷曰：『敬爲心學之極，此論好，可第三名。』」按：此乃嘉靖御批之傳留至今者。

明殿試卷有圈點

明廖道南《殿閣詞林記》云：「讀卷官，國初用祭酒、修撰等官，正統中猶預。其後非執政大臣不得與，而其去取之柄則在内閣。殿試之明日，大學士擇其中優者三卷圈點以硃，明早持詣文華殿讀之，御筆親摽其名第。又明日即傳臚矣。」按：《十駕齋養新録》載文文肅公殿試卷有紅圈斷句，余已載於《叢鈔》卷七。今得其詳，又記之。竹汀先生似亦未見此條也。

明初一甲皆修撰

明廖道南《殿閣詞林記》云：「洪武初以第一甲賜進士及第丁顯、練安、黄子澄爲修撰，第二甲賜進士出身馬京、齊麟等爲編修，吴文等爲檢討，皆出簡用，不由選法。命下吏部，惟銓注而已，後遂爲例。自永樂以來，進士得銓注者惟第一甲，而二甲、三甲必改庶吉士乃得銓注。」按：此知明初一甲皆修撰，二甲有編修、有檢討，與今制異。今制所由始，大約自永樂以來矣。

又云：「庶吉士之選，始自洪武，以諸進士未更事，欲優待之，俾觀政於諸司，候諳練然後任之。其在本院承敕監等近侍衙門者，采《書經》『庶常吉士』之義，俱改稱爲『庶吉士』；其在六部及諸司者，則仍稱『進士』云。」按：此知明初庶吉士不獨翰林院有之。所謂「庶吉士」者，不過於進士中别爲美名，以示寵異，實即進士而已，非官也。故至今相仍猶云「改爲」，不云「授職」。

賜及第

元劉一清《錢唐遺事》載「敕黄」之制云：「狀元至第二甲終皆曰『宜賜進士及第』，第三甲、第四甲終皆曰『宜賜進士出身』，第五甲則曰『宜賜同進士出身』。」按：宋制有五甲，故賜及第、賜出身亦較今制爲優也。

繞殿雷

元劉一清《錢唐遺事》云：「皇帝御集英殿唱名，宰臣進三名卷子，讀于御案前，用牙篦點讀畢。宰執先於御案前拆視姓名，則曰某人，閤門則承之以傳於階下，衛士凡六七人皆齊其聲傳其名呼之，謂之『臚傳』，亦謂之『繞殿雷』。」

按：今制臚唱之日，黄榜已定。臚唱畢，黄榜出，多士隨出，最爲嚴肅。宋則有「敕黄」之制，敕黄用麻紙，兩幅連粘，大書某人等。每唱一甲畢，則士人自就兩廊取敕黄，未免喧襍矣。

又每甲皆人人唱名，故第二甲唱畢，駕興入内進膳，并賜進士食。衛士即將下三甲名字排當，兩衛士管一紙，一紙書十五人，皆先自唤集，候上復出，唱第五甲畢，士人皆執敕黄，再拜。殿上傳曰賜進士袍笏，袍笏積於殿外之兩廡下，士人出殿門爭取之，往往皆不暇脱白襴，使就加緑袍於其上。所賜淡黄絹衫一領，淡黄帶子一條，緑羅公服一領，笏一面。士人披衫繫帶未畢，則殿上催謝恩云云。並詳見《錢唐遺事》。按：此則臚唱之日天子終日臨軒，而士子取敕黄，取袍笏，憧憧往來，亦殊非制。又云：「皇帝御集英殿唱名，非有他殿，只掛集英殿牌于殿前。」按：此亦見宋制之苟簡矣。

未放榜先得報

《太平廣記》禽鳥類引《劇談録》載：「韋顗舉進士，貧甚。有韋光者待以宗禮，輟外舍館之。放榜之夕，風雪凝沍，報光成事者絡繹而至，顗略無登第之耗。光延之堂際小閣，設酒慰安，見女僕料數衣裝，僕者排比車馬。顗夜分歸所止，擁鑪愁歎。忽有鳴梟集於竹上，曰：『我失意無所恨，妖禽作怪，兼恐横羅禍災。』俄而禁鼓鳴，榜放，顗已登第，光服用車馬悉將遺焉。」

按：今會試出榜前一日，闈中既寫榜，其消息傳出，報喜者即絡繹於道，然亦往往有誤者。觀二韋事，知唐時亦有然矣。

金花帖子

宋劉昌詩《蘆浦筆記》云：「唐進士登第者，主文以黄花牋書其姓名，花押其下，使人持以報之，謂之『榜帖』，當時稱爲『金花帖子』。國初尚循其制。予家藏王扶、龔識二帖拓本，帖皆長五寸許，其闊半之。龔識又有大護帖，復書姓名於帖面。考登科記，蓋太宗端拱元年程宿榜，扶第二，識第十四。其下花押二，一翰林學士、尚書禮部侍郎、知貢舉宋白，一職方員外郎、知制誥、權知貢舉李沆。後臨軒唱名，此制遂廢。」按：《開元遺事》載新進士及第，必以泥金帖子附家書，謂之「喜信」。至今豔稱之，然莫詳其制。此條所載，可見大略。

父子兄弟榜次相同

明徐𤊹《筆精》云：「建陽李有年舉嘉靖庚子鄉試第十九名，其弟有則舉己酉亦十九名，有年子聞韶舉萬曆甲午亦十九名。父子、兄弟榜次相同，亦奇。又建寧貳守吴興施可大二子壽明、浚明先後中萬曆壬辰、乙未會試，俱第十九名，尤奇。」

國朝周亮工《書影》云：「閩同安劉望齡先以三十四名舉本省鄉試，革去後，順治鄉試復舉本省鄉試三十四名。順治壬辰武進巢震林中會試一百六十二名，以磨勘停科，乙未復中一百六十二名。」此以一身而前後榜次相同，更奇。

三世同科

國朝光聰諧《有不爲齋隨筆》云：「《甘莊恪公集》有《丙午九月，粤西撫署得家君、舍弟及禾兒鄉試捷音，三世同榜，喜而賦之》一詩。莊恪爲江西奉新人，父萬達，弟汝逢，此事可謂一門之盛。惜主試查嗣庭、俞鴻圖先後被法，三甘皆未成進士，稱科場盛事者遂鮮及焉。」

按：莊恪名汝來，字耕道，一字遜齋，康熙五十二年進士，至雍正四年丙午，十四年矣，已由知縣官至廣西巡撫。而其父猶應鄉試，亦可謂老而有志者也。國朝李元度《先正事畧》載此事云：「雍正丙午，公撫廣西之年，公父顯祖及公弟汝逢、子禾同舉江西鄉試。祖孫、父子三世同科，尤稱盛事。」則其事人亦知之，但父名不同，宜核。

據張廷玉所撰《墓志銘》云「父顯祖」，則自以「顯祖」之名爲是。又云「年八十一，先數日卒」。按：莊恪卒於乾隆四年，年五十有六，則是生於康熙二十三年。父顯祖亦卒於是年，年八十一，則是生於順治十六年，至雍正四年鄉試中式，年六十八矣。

三世登科同在一朝

宋王得臣《麈史》云：「蘇子容言：士大夫三世登科，未有一朝者。獨劉沆天聖八年、其子待制瑾皇祐五年、其孫備治平元年並及第，皆在仁宗朝。」

按：自天聖八年至治平元年凡四十五年，而三世登科可謂奇矣。然治平元年則已爲英宗，非仁宗也。疑備之及第在仁宗嘉祐八年，史稱是年「三月甲子，賜進士、諸科及弟同出身三百四十一人。辛未，帝崩」，是猶在仁宗時也。至英宗治平元年並無賜及第事，至二年始書「賜禮部奏名進士、明經諸科及第出身三百六十一人」，則知《麈史》所紀亦有誤，當據史正之。

狀元宰相

宋葉夢得《石林燕語》云：「國朝狀元爲相者四人：呂文穆公、王文正公，李文定公、宋元憲公。文正、文定皆再入，而文穆三入爲尤盛。」《石林燕語》又云：「國初天下始定，更崇文士，自殿試親放榜狀元，往往遂見峻用。呂文穆公太平興國七年登科，八年已爲參知政事。李文正昉乃座主，於時爲相，與文穆同在二府。後五年文正罷，文穆遂代爲相。李文定公景德二年登科，天禧元年爲參知政事，後三年爲相，距登科十六年。王文正公以咸平五年登科，大中祥符九年爲參知政事，乾興元年爲相，距登第二十一年，自是無繼者。」

宋費衮《梁谿漫志》云：「自建隆至紹興末，廷魁凡八十四人，而入相止有六人：呂文穆蒙正、王文正曾、李文定迪、宋元憲庠、何丞相㮚、梁文靖克家。」

鼎甲同時入相

宋葉夢得《石林燕語》云：「王伯庸名堯臣榜，韓魏公第二，趙康靖公第三。嘉祐末，魏公爲相，康靖爲參知政事，伯庸雖先罷去，而魏公與康靖同在政府，當時號爲盛事。熙寧末，王荆公相，韓康公、王禹玉爲參知政事，三人亦皆同年，仍在第甲連名，禹玉第一，康公第二，荆公第三。陸子履作詩云：『須信君王重儒術，一時同榜用三人。』」按：此條有何義門校語云：「禹玉第二，康公第三，荆公第四，狀元乃楊寘。」然則同榜三人非一二三也。

七年三狀元

宋張世南《游宦紀聞》云：「永福有讖語云：『龍爪花紅，狀元西東。』乾道間，永邑東鄉石壁谿巖松上産龍爪瑞花。其年蕭公國梁果魁天下，次舉黄公定臚唱第一。瑞花生處，西之於蕭，東之於黄，各三十五里，此『狀元西東』之應也。又次舉鄭公僑廷試，復先多士。邑宰作詩云：『翀峯龜領與龍嶼，三處家山一壯哉。相去未踰一百里，七年三度壯元來。』蓋蕭公翀峯、鄭公龜領、黄公龍嶼也。」按：一百里内，七年三得狀元，洵爲盛事。而「狀元西東」，其應尤奇。《叢鈔》卷七所載出狀元事，又不足言矣。

人瑞狀元坊

國朝周亮工《書影》云：「蘇州毛弼年百歲，孫澄狀元及第，有司爲建人瑞狀元坊。」

試院官小録

宋葉夢得《石林燕語》云：「試院官舊不爲小録，崇寧初霍端友榜，安樞密惇知舉，始創爲之，遂爲故事。進士小録具生月日時者，敘齒也。安喜談命，考官有善談命者數人，安口使論之，故亦具生月日時，則過矣。」按：此知宋時考官亦有小録也。

焻字號

宋劉昌詩《蘆浦筆記》載趙清獻公充御試官日記，有一條云：「奏乞送焻字號卷重詳定。」又云：「御藥院關奉聖旨，看詳定軥、䑋、觬、觪、蚐五號等事。」有海寧阮善長案語云：「軥音弓，軾中靶也。䑋音濃，《方言》南楚謂多爲䑋。觬疑觬字之訛，音倪，角不正貌。觪音歹，角心也。蚐音刁，龍之屬。」按：此與《續鈔》卷十所載《囸毡字號》同。宋時試卷有此等字號，未必如阮氏所說。《元史·選舉志》云：「諸試卷彌封用印訖，以三不成字爲號。」疑「囸」「毡」等字即所謂「三不成字」，元制因宋制也。

《魍魎賦》

宋趙彥衛《雲麓漫鈔》云：「天寶六年楊護榜試《魍魎賦》。何待士之薄哉！」

黄山谷應試詩

明曹安《讕言長語》云：「黄山谷在場中試《野無遺賢詩》云：『渭水空藏月，傅巖深鎖煙。』考官批云：『此人不特此詩冠場，他日當有詩名滿天下。』」

陳鼇覆試第一詩

國朝姚元之《竹葉亭襍記》云：「六安陳鼇中，嘉慶丙辰科進士，覆試第一。時題爲《首夏猶清和》，陳起句云：『入夏初居首，春光賸幾分。』丙辰以前數科，覆試第一多得狀元。人俱以狀頭期之，乃不數日即卒，竟未與殿試。」

按：余中道光庚戌科進士，覆試亦忝第一，以詩首句「花落春仍在」爲曾文正公所賞，期以遠到，乃竟淪棄終身。陳句果不祥，余詩亦未能遠過之，總非春風得意人也。

明桑悦試卷語

明廖道南《殿閣詞林記》云：「侍講學士丘濬，每考試，凡怪詞險語，皆痛斥之。成化己未會試《學以至乎聖人之道論》，舉子桑悦卷有『我去而夫子來也』句，黜之。他日會試，悦策有曰：『腹中有長劍，日日幾回磨。』檢討吴汝賢復黜之。前輩取士不苟如此。」按：桑悦本恃才不羈之士，場屋中亦放誕至此，真可怪矣。

學者以得科名爲了當

宋沈作喆〔一〕《寓簡》云：「今之學者以得科名爲了當，而仕宦者謂至從官爲結裹。夫如是，望其修身及民，何時可哉！予見士大夫無賢愚其言皆如此，心竊怪之，而不敢闢也。」

〔一〕喆，原訛「詰」，據《筆記小説大觀》本改。

蜀試暗號

宋周密《齊東野語》云：「蜀中類試，相傳主司多私意，與士人相約爲暗號。中朝亦或有之，而蜀以爲常。李壁季章、𡌴季永同登庚戌科，已酉赴類省試。二公皆以文名，而律賦非所長。鄉人侯某者以能賦稱，因資之潤色。既書卷，不以詩示侯，侯疑其必有謂。將出門，侯故少留，李遂先出，而侯踵其後。至納卷所，扣吏以二李卷子，欲借一觀，以小金牌與之。吏取以示，則詩之景聯皆曰：『日射紅鸞扇，風清白獸樽。』侯即於已卷改用之。既而皆中選。二李謝主司，主司問：『此二句惟以授子昆仲，何爲又以與人？』李不知所以。他日微有所聞，終身與侯不協。」按：此即今所謂關節也，然亦太拙矣。三人皆用此二句，而皆中選，使在今，則立敗耳。

朱墨卷不合

明廖道南《殿閣詞林記》云：「成化二十年，詹事兼學士彭華、左庶子劉健爲考試官。時有勢家子在選，朱墨卷不合，華黜之。失志者欲甘心焉，卒亦無所害。」按：明成化時已有朱墨不符之卷，然則科場之獘由來久矣。

又云：「成化甲午，左庶子黎淳主考順天府鄉試，有試卷奇甚，後場不類，疑有弊。句稽墨卷，果得謄録生截卷狀，移外簾按其事，而取是卷爲解首，則名士馬中錫也。」按：此亦科場弊竇之至重者矣。

禁懷挾

宋岳珂《愧郯録》云：「自國家取士場屋，故凡編類條目、撮載綱要之書，建陽書肆日輯月刊，四方轉致傳習，率攜入棘闈，謂之懷挾。政和四年，權發遣提舉利州路學事黄潛善奏：『比年來，於時文中採摭陳言，區別事類，編次成集，便於剽竊，謂之決科機要。欲望聖斷，特行禁毀，庶使人知自勵，以實學待選。』潛善素非公議所歸，其説徒徇時好，固不足道。特先朝盛時，此風已見於議者之口。馴至今日，固無怪也。今此等書徧天下，有不勝其毁者，要亦何能混才學之淺深？潛善之請隘矣。」愚按：潛善固非端人，此請則爲正論。岳氏乃譏其隘，何歟？

乙起著

宋朱弁《曲洧舊聞》云：「鄭毅夫廷試日，曾明仲爲巡察官，見毅夫筆不停綴，試卷展其前，不畏人竊窺，其破題兩句云：『大禮必簡，圓丘自然。』因低語：『乙起著，乙起著。』毅夫驚顧，知是明仲。徐讀其賦，悟明仲之意，乙起『大禮』『圓丘』二字，果以此擅場。」按：此蓋乙轉「大禮」「圓丘」爲「禮大」「丘圓」也，語意自勝。可知文章之妙在於運化得法也。

唐不第進士謫貶爲官

宋戴埴《鼠璞》云：「唐以進士爲重、入仕爲輕。《湘素雜記》及《禹錫嘉話》載賈島事，一謂累舉不第，文宗時坐飛謗貶長江簿；一謂島爲僧，居法乾寺。宣宗微行，於案上取詩卷覽之。島攘臂奪去，帝慙恧，遂除長江簿。《摭言》載開成中温庭筠以文爲貨，執政惡其攪擾場屋，黜隨州方城尉。夫士子起布衣爲簿尉，今爲異恩矣，何唐士之貴且重也？」

俗傳明制生員考試五等者，罰作典史，此齊東野人之語也。明制，生員考試不諳文理者，廪膳十年以上發附近去處充吏、六年以上發本處充吏，增廣十年以上發本處充吏、六年以上罷黜爲民。是明制但有充吏之條，無謫官之例。

雄雌解元

宋葉夢得《石林燕語》云：「熙寧初，改經義取士，訖崇寧罷科，秋賦每榜魁，南省皆迭爲得失。始余中榜，邵剛魁得；次徐鐸榜，余幹落；時彦榜，黄中魁得；次黄裳榜，矦綬落；惟焦蹈榜，陶直夫落，差一榜。次七榜，李常寧、畢漸、李釜、蔡薿榜，章椋、李朴、蔡靖、陳國林皆得；馬涓、何昌言、霍端友榜，費元量、王瞻、陳賓皆落，不差一人，亦可怪也。時謂之『雄雌解元』。」

副榜

國朝汪師韓《韓門綴學》云：「副榜者，《元志》科目，附《百官志》後。順帝至正八年，『中書省奏準，監學生員每歲取及分生員四十人，三年，應貢會試者凡一百二十人。除例取十八人外，今後再取副榜二十人』，時謂之『鄉試備榜』。『副榜』之名，當起於此。」按：《元史》於「再取副榜二十人下」又云：「蒙古、色目各四名，前二名充司鑰，下二名充侍儀舍人；漢人取一十二名，前三名充學止、司樂，次四名充學録、典籍、管勾，以下五名充舍人。不願者聽其還齋。」是此制專爲監生應會試者而設，乃會試非鄉試，初無鄉試備榜之説。明制會試有副榜，因此也。若今鄉試副榜則因會試副榜而推之，謂名起於此則可，謂元時副榜亦鄉試副榜，則非也。

還魂秀才

宋方勺《泊宅編》云：「天禧二年，開府解榜出，有廖復者被黜，率眾詣鼓院訴有司不公。朝廷差錢惟演等重考，取已落者七十餘人，復亦預薦，時號『還魂秀才』。」

歲貢

明廖道南《殿閣詞林記》云：「洪武十六年二月丙申，命天下學校歲貢生員。時諫官有言，命禮部榜諭天下府州縣學，自明年爲始，歲貢生員各一人，正月至京，從翰林院試經義、四書義各一道，判語一條，中式者入國子監，不中者罰之。」按：此乃今歲貢生之所由始也。

博學鴻詞亦有物議

國朝光聰諧《有不爲齋隨筆》云：「康熙設立博學鴻詞科，甚盛事也。乃鄭寒村言，時新任臺省者俱補牘續薦，内多勢要子弟，聞有鴻詞一名價值二十四兩，遂作詩，有云：『總然博得虚名色，袖裏應持廿四金。』鄭詩誠爲打油釘鉸，其事未必全無，亦可慨矣。」按：鄭寒村名梁，浙江慈谿人，康熙戊辰進士。

舉幼童

明廖道南《殿閣詞林記》云：「《大明會典》：『各處舉到幼童，奉旨送本院讀書習字，月給米食。内閣稽考課業，俟有成效，奏請擢用。』始自正統初兵部尚書程信之子敏政及楊清、李東陽。成化末，崇仁洪鍾七歲善書，有司以奇童薦。命入翰林院充秀才，讀中祕書。」《叢鈔》第七卷有《神童》一條，記此以補其所未備。

府録領案必入學

明曹家駒《説夢》云：「駱騤曾學院歲試按松，金山少宗伯楊汝成子時霖府録第三，院試被遺。司理劉之待叩禀，請附正案末。不允，曰：『本院校士以來，如童生爲府録領案，失必查補，所以全府官體面。若第二，便置不問矣。』」按：此知府取第一必入學，自前明已然矣。《三鈔》第十三卷有《屢取第一不入學》一條，或是縣第一，非府第一也。

武舉之始

國朝孫承澤《春明夢餘録》云：「初制飭武之道，惟重世官，無所謂武舉也。天順八年始開武舉，然所取甚少，初止取二名、七名，至十五名、三十餘名。及嘉靖間，此途漸重，於是世胄徒爲虚器，而功臣之澤斬矣。」

按：明初自洪武二十年立武學，令武臣子弟於各直省應試，即所謂「惟重世官」者也。至天順開武舉，而成化十四年遂舉行鄉會試如文闈例，至今循之。武殿試則始於崇禎四年。

宋書畫學

宋趙彦衛《雲麓漫鈔》云：「宣和書畫學之制：學生習篆者蟲魚、古今大小二篆，習隸者習羲、獻、歐、虞、顔、柳真行，習草者習章草、張芝，兼習諸家者聽。畫學其習有六：一曰佛道，二曰人物，三曰山川，四曰鳥獸，五曰竹花，六曰屋木。」按：此知宋書學所謂「隸」者非「分書」也，可證今人以「分書」爲「隸」之誤。

明初高麗士亦與會試

明廖道南《殿閣詞林記》云：「洪武四年會試，陝西、河南、山東、山西、江西、湖廣、廣之東西、福建爲行中書省者十一，按數止有九。俊髦皆集，而高句麗之士與焉。」

按：明孝陵有碩妃，長陵有權妃，皆高麗女也。宫掖中有高麗之女，場屋中有高麗之士，亦見高麗之密邇中華，非他蕃服比矣。

國朝孫承澤《春明夢餘録》云：「洪武十七年，始定鄉試在子午卯酉年秋八月，會試在辰丑未戌年春二月。其高麗、安南、占城等國如有經明行修之士，各就本國鄉試，許貢赴京師會試，不拘額數選取。」然則明制外國人皆得應試，不止高麗一國也。

又云：「洪武辛亥，高麗國人入試者三，金濤三甲第五，其國之延安人也，授山東丘縣丞，歸爲其國相。成化五年己丑王京，嘉靖二年癸未陳儒，俱交趾人。儒至右都御史。」

朝鮮試文

國朝褚人穫《堅瓠集》云：「馬仲履曾見朝鮮試文，其二論，一謂漢高祖置太公於俎上而不顧，乃爲義帝發喪，豈移孝爲忠之道；一謂韓退之不得遂行道之志，故感二鳥而作賦，初非有羡光榮之心。二説皆可味。」

考試增五言八韻詩

國朝金武祥《粟香隨筆》云：「《國朝貢舉考畧》載乾隆二十二年丁丑科會試，闈中裁去表判，增用五言八韻詩一首，永著爲令。其後定二場經文之外試以排律一首，是準御史袁芳松奏；定二場排律一首移置頭場制藝後，是準御史覺羅包彦學奏。」按：今制四書文後即繼以八韻，似乎不倫。觀此知由三場移至二場，由二場移至頭場，非初制本然也。

書院廪禄

宋無名氏《愛日齋叢鈔》云：「胡明仲白秦丞相，求爲嶽麓山長，依州縣監當官給廪禄，學舍諸生不樂近城市而願居山閒者，皆聽之。文公亦告時相，請得充備白鹿洞主，與學徒讀書講道於其閒，稍廪給如祠官。」按：此乃書院修脯之權輿。明仲名寅，即胡致堂也。

茶香室四鈔卷十七

辛相不出姓

宋葉夢得《石林燕語》云：「唐誥敕，辛相複名者皆不出姓，單名則出姓。蓋以爲辛相人所共知，不待書姓而見。余多見人告身，類如此。國朝辛相雖單名亦不出姓，他執政則書，所以異辛相之體也。」

按：此條有沈氏欽韓校語曰：「唐制，辛相官已爲僕射者不出姓，非僕射皆出姓。葉氏所見，蓋以僕射複名不出姓者耳。」

宋徐度《卻掃編》云：「舊制，辛相官僕射以上敕尾不書姓，蓋用唐故事也。」則宋制辛相不出姓亦官僕射者。

年少登庸

宋宋敏求《春明退朝録》云：「國朝宰相，趙令、盧相、文潞公四十三登庸，寇萊公四十四，王沂公四十五，賈魏公四十八；樞密副使，趙令三十九，寇萊公三十一，晏元獻三十五，韓魏公三十六；參知政事，蘇侍郎易簡三十六，王沂公三十九。」

相權至范質始輕

宋葉夢得《避暑録話》云：「羣臣除議，自唐以來，皆宰相自除而進書旨，常朝進見，非軍國大事不議。至范魯公始止之，皆請面受旨而後行，至今以爲故事。」

公門卿門

宋王楙《野客叢書》云：「田文曰：『將門必有將，相門必有相。』曹植疏亦曰：『相門有相，將門有將。』《南》《北史》引處甚多。晉王沈又有『公門有公，卿門有卿』之語。」

尚書

宋岳珂《愧郯録》云：「尚猶主也，漢初有尚冠、尚衣、尚食、尚浴、尚席、尚書，謂之『六尚』。然則『尚書』之稱當從去聲。鄭康成注《周禮》『司會』曰『若今尚書』，陸德明釋其音曰『常』，殆今世襲稱之始也。」按：陸德明止此一音，則「尚書」之「尚」竟無去聲矣。唐人詩用尚書事亦皆作平聲。

宋沈括《夢溪筆談》云：「官名中尚書本秦官，尚音上，謂之尚書者秦人音也。至今秦人謂尚爲常。」

參知政事

宋徐度《却掃編》云：「乾德二年，以兵部侍郎吕餘慶、薛居正並本官參知政事。先是，已命趙普爲相，問翰林承旨陶穀：『下丞相一等者有何官？』對曰：『唐有參知政事、參知機務。』故以命之。史臣錢若水等曰：『按唐故事，參知政事、參議朝政、參議政事、參知機務，並宰相之任也。高宗嘗用郭待舉等參知政事，既而謂崔知溫曰：「待舉等歷任尚淺，未可與卿等同稱。」遂令於中書門下同承受進止平章事。以此言之，平章事亞於參知政事矣。穀不能遠引漢御史大夫亞丞相故事爲對，翻以參知政事爲下丞相一等，失之。』余以謂凡此官稱，皆唐一切之制，非著爲定令也。唐中葉以後，雖左右僕射不兼平章事者不爲宰相，則平章之重也久矣，史臣之論亦未爲允。」

按：此則「參知政事」與「平章」孰爲高下固無定論。至以御史大夫爲亞丞相，亦嫌名稱之未正。漢初有相國，有丞相。《蕭相國世家》云：「使使拜丞相何爲相國。」則相國尊於丞相。蓋相國者國之相，而丞相者相之丞也。然則正宰相之名曰相國，而下一等者曰丞相，庶幾得之。

故相

宋朱弁《曲洧舊聞》云：「西漢爲丞相者，有就國，有免歸，有自殺，有伏誅，而無復爲他官者。惟哀帝時孔光免丞相、博山侯後久之復爲光禄大夫、秩中二千石，位次丞相，月餘爲御史大夫，未幾爲丞相，復故國。東漢初以讖文用王梁，自野王令超拜大司空，俄以違命，將斬之，赦以爲中郎將。自是去三公而復爲九卿郡守者，不可勝數矣。唐宰相既無定員，又多以他官兼領，多自下僚超拜，同時或至十七人。及其貶責，亦無復禮貌。武后時，李昭德以鳳閣侍郎平章事貶欽州高賓尉，嚴瑣自天官侍郎同平章事貶琰川州尉，狄仁傑自地官侍郎同平章事貶彭澤令。中葉以後，李揆嘗以中書侍郎平章事貶袁州長史，後以試祕書監江淮養疾。家百口，貧無禄，匄食取給。牧守稍厭溷，則去之。江公輔自諫議大夫平章事下遷太子左庶子，久不遷，謁宰相求官，聞德宗怒，惶懼，請爲道士，復爲泉州别駕。凡此類，頓辱之亦甚矣。」

宋使相不簽敕

宋朱弁《曲洧舊聞》云：「凡以節度使兼中書令、侍中、同平章事，並謂之使相。唐制皆簽敕，五代以來不預政事，敕尾存其銜而不簽，但注『使』字。漢初有假左丞相，曹參之徒悉嘗爲之，皆以將軍有功，無以復賞，故假以宰相之名，而不得居其位，亦唐以來使相之比也。」

祖孫父子兄弟叔姪並執政

宋徐度《却掃編》云：「父子秉政，國初至靖康元年，凡十二家：王惠獻化基子安簡舉正，呂文靖子惠穆公弼、正獻公著，石元懿子文定中立，陳恕子恭公，韓忠獻億子獻肅絳、持國、莊敏縝，范文正子忠宣、彝叟，曹武惠彬子武穆瑋，蔡確子懋，蔡太師子攸，韓忠獻子儀公，曾宣靖子令綽，王博文子忠簡疇。兄弟秉政，國初至政和凡七家：陳文忠堯叟弟文惠堯佐，三韓，二呂，二范，吴正肅育弟正憲充，蔡太師弟元度卞，鄧觀文洵仁弟洵武。祖孫秉政，國初至紹興凡四家：梁適孫才甫子美，呂正獻孫舜徒好問，富文忠孫季申直柔，韓儀公孫似夫肖胄。叔姪秉政，國初至大觀凡三家：呂文穆姪文靖夷簡，胡文恭宿姪宗愈，林文節希姪攄。」

又云：「曾令綽之爲簽書，宣、靖猶康寧，就養東府，尤爲盛事。」余按：三韓、二呂、二范父子兄弟並秉國均，尤盛事也。

出宰相

宋無名氏《木筆雜鈔》云：「《國史·章得象傳》：『閩中謡云：「南臺江合出宰相。」至得象相時，沙湧可涉。』台州舊有謡云：『下渡沙漲出宰相。』謝子肅爲相，果驗。」按：此可與《叢鈔》卷七所載「出狀元」之語並傳。

内閣票擬

明廖道南《殿閣詞林記》云：「永樂、洪熙二朝，每召内閣造膝密議，然批答出自御筆，未嘗委之他人也。至宣德時，始令内閣楊士奇輩及尚書兼詹事蹇義、夏原吉於中外章奏，許用小票墨書貼各疏面以進，謂之條旨。」按：此乃内閣票擬之始。

明文淵閣有孔子像

明廖道南《殿閣詞林記》云：「文淵閣在午門之内，中閒置紅櫃，藏列朝訓録副本。李賢自吏部進，以傍坐不安，令人移紅櫃壁後，欲設公座，彭時不可。踰數日，上遣中官傅恭送孔子并四配像一龕置於中閒。又數日，遣大監裴當送聖賢畫像一副來，懸於龕後壁上，乃罷不設坐。」

明内閣有象牙棋

明王鏊《震澤長語》云：「相傳宣宗一日過城上，令内豎覘閣老何爲，曰：『方對弈。』『何不聞落子聲？』曰：『棊以紙。』上笑曰：『何陋也？』明日賜象牙棋一副，至今藏閣中。」按：明文淵閣在奉天殿東廡之東、文華殿之前，前對皇城。然落子之聲何能遠至城上，此事必訛傳也。蓋因内閣有象牙棋，傳爲上賜，故有此説。又按：此象牙棋必非圍棋子，乃今象棋子也。

玉堂

宋程大昌《演繁露》云：「《漢武故事》：『玉堂去地十二丈，基階皆用玉。』」按：今人習用玉堂故事，其制則罕能言也。高峻如此，信乎如在天上矣。

宋翰林院止名學士院

宋葉夢得《石林燕語》云：「唐翰林院本内供奉藝能技術雜居之所，以詞臣待書詔其間，乃藝能之一耳。開元以前猶未有『學士』之稱，或曰『翰林待詔』，或曰『翰林供奉』，如李太白猶稱『供奉』。自張垍爲學士，始别建學士院於翰林院之南，則與翰林院分而爲二。然猶冒『翰林』之名，蓋唐有弘文館學士、麗正殿學士，故以『翰林』别之，其後遂以名官。然院名至今但云『學士』，而不冠以『翰林』，則亦自唐以來沿製之舊也。」

宋學士院北門

宋葉夢得《石林燕語》云：「唐翰林院在銀臺之北，因名北門學士。今學士院在樞密之後，腹背相倚，不可南向，故以其西廊西向爲院之正門，而後門北向，因榜曰北門。兩省樞密院皆無後門，惟學士院有之。學士朝退入院，與禁中宣命往來，皆行北門，而正門行者無幾，不特取其便，亦以存故事也。」按：今翰林院在東長安門外北向，猶存北門遺意。

明庶吉士館閣課

國朝孫承澤《春明夢餘録》云：「大學十徐階示新庶吉士條約，每月館師出題六道，内文三篇、詩三首，月終呈稿，不許過期。初二、十八日，仍各赴内閣考試一次。」按：明嘉魚李沂《中祕草》有「館草」「閣草」，余已記於《九九銷夏録》卷十一矣。今又記此，以見明庶吉士館閣課之制。

明鼎甲有不入翰林者

國朝孫承澤《春明夢餘録》云：「鼎甲不入翰林。洪武四年狀元吴伯宗授禮部員外郎，第二郭翀、第三吴公達授吏部主事。丁丑狀元陳郊謫戍，第三劉鍔補鴻臚寺司賓署丞，第二尹昌隆授禮部主事。嘉靖壬辰第二孔天允以王親，授陜西按察司僉事。萬曆乙未莊際昌廷試卷誤書醪字爲膠，言者劾之，請告歸。」按：以一字之誤致被劾而歸，可謂嚴矣。崇禎戊辰第三管紹寧策内「誠」字少一撇，御書足之，因自號誠齋，亦見《春明夢餘録》，又何幸也。

又按：洪武四年辛亥狀元授員外郎，及第、出身俱授主事，同出身授縣丞，會元亦授縣丞，是此科無翰林院官也。

修撰編修檢討各專職

明廖道南《殿閣詞林記》云：「史官之職，修撰掌撰述，編修掌纂輯，檢討掌檢閲，凡史事俾專掌焉。」按：此三官各有職司，今居其職者未必知此矣。

翰林院正堂左堂右堂

明廖道南《殿閣詞林記》云：「洪武初，建翰林院於皇城内。正統七年，復建於京師長安左門外玉河西岸。正堂三間，中設大學士、學士、侍讀學士、侍講學士公座，左爲史官堂，右爲講讀堂，首領官房在儀門之外之右。」按：翰林院亦有正堂、左堂、右堂之分，今無人言及矣。

又按：大學士今稱中堂，以大學士設坐在翰林院正堂之中故也。然據明制，則大學士、學士及侍講學士、侍讀學士皆爲正堂，但大學士之坐在堂中耳。

明制，并國史院於翰林，所設修撰、編修、檢討皆史官也。依明制，則此三官者爲翰林院左堂，侍講、侍讀則爲翰林院右堂。

明制庶吉士課

明廖道南《殿閣詞林記》云：「庶吉士在外公署教習，始自正統初年。内閣奏請學士等官二員教習，本院仍行户部給發燈油錢，兵部撥皁隸，刑部給紙劄，工部撥房屋，順天府給筆墨，光禄給酒飯。内閣按月考試，俟有成效，送吏部銓注本院及各衙門職事。自是庶吉士教習，與文華堂、文淵閣時舊規不同，其所撥給，循故事耳。」又曰：「正統以來，在公署讀書者，大都從事詞章。内閣按月考試，則詩文各一篇，第其高下，具揭帖開列名氏，發本院以爲去留地。卑陋者多至奔競，有志者或謝病而去，不能去者多稱病不往，將近三年，則紛然計議，邀求解館。弘治癸丑，學士李東陽、程敏政教庶吉士，至院閲會簿，悉注病假而去，乃賦一絶云：『回廊寂寂鎖齋居，白日都消病歷餘。竊食大官無寸補，緑陰亭上勘醫書。』」

按：此知明制庶吉士本由閣臣教習，後由在外公署教習，而以學士二員教之。此即今制教習庶吉士所由始也。工部撥給房屋，即庶常館之權輿也。乃其時已紛紛託病不赴，無怪今庶常館之虚無人矣。

明制翰林院待詔孔目均爲清秩

明廖道南《殿閣詞林記》云：「翰林院典簿之職，掌四庫書籍，守扃鑰以伺明命。侍書之職，明習六書之法，凡遇上書，則侍左右，以備考訂點畫、音聲。待詔之職，凡遇上宣問文義，以備呼召，編摩謄寫等事亦如之。孔目以首領爲職，掌言語、趨走、會計、籍書之事。自吴元年置本院以來，官不必備，惟侍從儒學之臣最重，故洪武、永樂、宣德閒，雖待詔、孔目不輕授人。凡居是職者，咸知自重。」按：此知明制翰林院官雖待詔、孔目亦屬清班也。今待詔、孔目皆爲雜流，待書之職則久廢矣。

又載本院官到任，「自内閣大學士至孔目皆出燕錢，置盛筵于後堂用樂」，孔目得與大學士同列宴會，知其時不以雜流視待詔、孔目等官也。

《殿閣詞林記》又云：「洪武十八年，復以科舉取士，以待詔朱善、前典籍聶鉉爲考試官，取中式者黄子澄等四百七十二人。」是待詔、典籍皆得充考官也。

又載洪武十七年，「上思用老成，驛召前修撰朱善於家，授待詔，尋拜文淵閣大學士」。由修撰而待詔，由待詔而文淵閣大學士，此明制之與今迥異者也。

翰林院考績之例

明廖道南《殿閣詞林記》云：「本院官凡歷俸連閏計三年，例給由考滿，六年、九年皆然。先具脚色事蹟，呈掌印官以憑考覈，乃往吏部相見。六品以下循廊至堂上，送迎，待以殊禮；五品以上冢宰迎至後堂，賓主坐，送出，移咨都察院，掌院皆迎至後堂坐，送出，不計崇卑。洪武十四年十月壬申，定考覈之法，翰林等衙門爲近侍，任滿黜陟，取自上裁，蓋未嘗往吏部也。近凡考滿皆本部引奏復職，六年亦然，九年則考功司例差官送題作文，不知起自何時，大率皆非祖宗禮待文學侍從之舊。」

按：今制三年京察，各部院官皆至吏部過堂，翰林院官實無一至者，而院吏則亦以來告。余詩云：「明朝吏部門前去，又染緇塵到敝袍。」戲語也。

館職序齒

宋范成大《驂鸞録》云：「謁前吏部尚書汪公聖錫於超化寺之兩山閣，留飯，與前館職鄭升之公明偕。余與公明同召試，同除正字、校書郎，汪公時修國史。館中例序齒，公明長余十餘歲，用故事，遜公明。公明力辭云：『各已出館，正當敘官。』至欲遯去。汪公拱立無言，余從容請之，公徐曰：『應辰舊與凌季文尚書皆爲正字，季文年長上坐。比歲僕以端明殿學士守平江，過湖，季文在焉。時爲顯謨閣學士，同會郡中。僕亦用故事遜季文，季文不辭。』公明遂就坐。記於此，以補麟臺後志。」按：今士大夫同官翰林者敘齒，則此例亦宜知也。

五經博士

明廖道南《殿閣詞林記》云：「五經博士之職，掌《易》者一人，掌《書》者一人，掌《詩》者一人，掌《春秋》者一人，掌《禮記》者一人。各專門明經，同異得失，究其指歸，以備講讀。」然則明制五經博士各有專經，與今制異。

又云：「永樂以後，累舉象賢世禄之典，顔子、孟子、周、程、朱諸子後裔，擇宗子以聞，皆授世襲五經博士，惟居鄉給俸，以奉祭祀而已。景泰時，誠意伯劉基後裔亦援此例，得世襲五經博士。弘治中，孔子嫡派在浙江衢州者，有司以宗子孔彦繩奏聞，詔授世襲五經博士。尋改劉基之後爲指揮，於是崇道酬勳之意昭昭矣。」按：此乃聖賢後裔世襲五經博士之始。

翰林院官謚用文字

明廖道南《殿閣詞林記》云：「本院官有謚始自洪武末，時王禕賜謚文節，自是曾入翰林者俱用『文』爲謚，如胡廣謚文穆之類。亦有以名避者，惟大學士陳文謚莊靖。翰林之外得謚爲『文』，魏驥文靖、吴訥文恪、姚夔文敏、葉盛文莊、何喬新文肅，皆異數也。」按：翰林謚「文」之例，至今循之，然莫知其起於王禕矣。

茶香室四鈔卷十八

宋時尚書省文書

宋龐元英《文昌襍録》云：「尚書省凡六曹二十四司，總五月、六月文書一十二萬三千五百餘件。天下之事莫不上於尚書，宜其多之如此也。」

按：所云五月、六月，蓋元豐壬戌年，乃元豐五年也。

薇省之誤

國朝沈自南《藝林彙考》引《名義考》云：「今藩司堂扁有曰紫薇堂，意必因元人行中書省之故。唐開元閒改中書曰紫微省，取象於紫微，則『微』乃『微顯』之『微』，今作『薇藿』之『薇』，殊未考也。」

白樂天詩：「獨坐黄昏誰是伴，紫薇花對紫微郎。」上「薇」下「微」，本是兩字。然省中既種紫薇花，則「薇省」俗稱亦有自矣。

宋封爵皆虚名

宋徐度《卻掃編》云：「本朝封爵徒爲虚名，若非自請，則文臣例封文安，武臣例封武功，宗室例封天水。」按：此知宋以「文安」「武功」爲例封，而亦許人自請，此宋制之尤苟簡者也。《宋・蘇洵傳》：「除秘書省校書郎，會太常修纂建隆以來禮書，乃以爲霸州文安縣主簿，與陳州項城令姚闢同修禮書。」按：洵雖授主簿，實不之官，何必文安？疑云「文安主簿」者，亦姑借其名，猶文臣封「文安」之例耳。

明代封贈如見爵

明太祖《自敘世德碑》：「龍鳳九年三月十四日，内降制書，曾祖考、祖考、先府君皆吴國公，曾祖妣侯氏、祖妣王氏、先妣陳氏皆吴國夫人。」則有明一代封贈如見爵，此制定於草昧之初，猶龍鳳之遺制也。

按：《續鈔》卷九有《封贈之典至明始重》一條。李少荃相國云：「宋時恩例至多，累贈之後未有不至穹官大國。即以歐公《瀧岡阡表》證之，曾祖贈太師、中書令，祖贈太師、中書令兼尚書令，父贈太師、中書令兼尚書令，賜爵崇國公。是曾祖降於祖，祖降於父也。而歐公結銜則兵部尚書、樂安郡公，本身官爵遠不及三代之高。是封贈之典宋時極重，不得謂反輕於明代也。」此論極核。余作《續鈔》時未見及此，因附識於此，以訂正之。惟宋代封贈，歷次加增，至有高於本身者。明代則初次封贈即如本身，無須疊加，而曾祖、祖、父亦無隆殺，似較宋制爲善。本朝亦循用之，是又宜表出也。

爵公

宋程大昌《演繁露》云：「《國史・許瓊傳》：『開寶五年，澶、密等州各奏民年八十以上呂繼美等二十九人，並賜爵公士。』翰林學士汪藻先世有號爵公者，謂五代閒得此爵，恐或便在開寶閒也。」按：「公士」乃秦爵也，不謂至宋時尚以寵錫壽民，而其後并有「爵公」之號，今人亦罕知此故事矣。

文武參用

宋宋敏求《春明退朝録》云：「唐文武參用。袁滋自尚書右丞出華州刺史，召爲左金吾衛大將軍。如是者數人。」

京朝官自進劄子

宋程大昌《演繁露續》云：「《三朝聖政録》：『太宗許京朝官實封劄子於閤門上進。』」是宋制京朝官皆得自進劄子也。

道員得奏事

國朝姚元之《竹葉亭襍記》云：「道、府、同知準封章奏事，雍正年閒行之，後亦漸止。嘉慶四年，上以監司大員職任巡查，視京中科道相等，除知府外，有準各省道員照藩臬兩司例密摺封奏之諭，三月十日也。」

京官騎驢

明張萱《疑耀》云：「國初風俗淳樸，搢紳在京師多有乘驢者，如《草木子》載李公紀爲治中，嘗有詩云：『五品京官亦美哉，腰間銀帶象牙牌。有時街上騎驢過，人道游春去未回。』嘉靖初年，觀政進士每三四人共賃一驢，此風今不可覩矣。」

按：進士乘驢，唐制也。《摭言》云：「咸通末，執政病舉人僕馬太盛，奏請進士並乘驢。鄭光業軀幹偉大，或嘲之曰：『今年敕下盡騎驢，短轡長鞦滿九衢。清瘦兒郎猶自可，就中愁煞鄭昌圖。』」長耳公有此兩詩，亦足生色。《後漢書·張楷傳》：「家貧無以爲業，嘗乘驢車至縣賣藥。」則驢車自是貧賤者所乘。然《五行志》云：「靈帝於西園駕四白驢，親操轡。京師相效，驢價與馬齊。」彼時之驢又大增聲價矣。

京城車制

國朝姚元之《竹葉亭襍記》云：「額約齋司農云：乾隆初止有驢車，惟劉文正有一白馬車。人見白馬車，即知劉中堂來矣。自川運例開，騾車始出。適讀吾鄉劉海峯徵君《贈姚道沖歸里》詩，有云：『騾車日日穿衚衕。』道沖爲余叔高祖，名孔鋅，以雍正戊申保舉人材來京。然則騾車雍正時已有之，自川運始盛行也。」又曰：『車之有旁門，紀文達創始也。車旁開門，礙於轉軸，將輪移後，始有後擋之制。』

按：數十年來，京朝官皆乘騾車矣。驢車低小，或聊一代步，馬車則竟絶。至旁開門後擋車，道光年間三品以上大員皆乘之。光緒丙戌，余送孫兒陛雲入都會試，此車竟不復見。不及百年，京城車制之異如此。

唐節度使印皆特鑄

宋徐度《郤掃編》云：「唐之方鎮專制一方，宰相之外，他官無與比。故其始拜也，降麻、告庭與宰相同，而賜節、鑄印之禮又爲特異。本朝既削方鎮之權，節度使不必赴鎮，但爲武官之秩，閒以寵文臣之勳舊，而告廷、賜節、鑄印之禮猶踵故事，至今循之。」按：此知唐節度使印皆特鑄。宋時止同虚銜，無復職掌，亦必特鑄此印，甚無謂矣。

《郤掃編》又云：「本朝節度使雖不赴鎮，然亦别降勑書，宣諭本鎮軍民。而爲節度使者，亦自給榜本鎮，謂之布政榜。親王亦翰苑爲之，近不復見矣。」然則宋初節度使印猶有此一度用之也。

又云：「國初節度使猶有赴治所者，謂之歸鎮。仁宗朝，夏鄭公以平章事領三城節，爲西京留守，以洛陽地當孔道，日有將迎之勞，表請歸鎮，略曰：『凡叨建節之行，頗以歸鎮爲重。』蓋謂是也。」愚按：西京留守且以爲煩，則所謂「歸鎮」者，疑亦未必實赴治所，但罷留守實職，止留節度虛銜，美其名曰「歸鎮」耳。

使臣隨從

宋沈作喆《寓簡》云：「近歲銜命出彊，三節人從，賞給豐腆。貪冒之士不顧廉恥，至名爲執旗報信，充厮役下陳號爲小底者，亦欣然願爲之。富民圖遷官恩例，往往納直不貲。因讀退之《韋丹墓銘》，載丹聘新羅，故事使外國者賜州縣官十員，使以名上，以便其私，號私覿官。丹獨辭之曰：『吾天子吏，使海外國，不足於資，宜上請，安有賣官以受錢邪？』則知前世已如此矣。如韋丹，安可復得之哉！」

使臣賜一品服

明廖道南《殿閣詞林記》云：「永樂初，遣待詔王延齡使朝鮮，行人朱彬副之，賜衣一襲及鈔錠、錦衣、狐裘、皮帽。自後使二國者俱賜一品服，其禮益隆。」按：所稱「二國」，依上文當是朝鮮及安南也。出使外國加一品冠服，至今循之，實始於此。

唐使四夷之印

元王惲《玉堂嘉話》云：「唐故事，奉使四夷，其印章曰『大唐入某國之印』。見《蜀王建世家》。」

催纂

明廖道南《殿閣詞林記》云：「《洪武日曆》設催纂官，以侍講學士樂韶鳳爲之。永樂初重修《太祖實録》，催纂兼謄寫爲禮部主事陸某。」是明代有大纂修，必設催纂官也。

謄録

明廖道南《殿〔一〕閣詞林記》云：「洪武中修《日曆》，謄寫用舉人、監生。永樂初重修《太祖實録》，謄寫用監生、生員、儒士凡二十五人。暨纂兩朝《實録》，用檢討許彬、連智、馬信、周貴等四人，中書舍人蕭湘等十八人，郎中、員外郎、主事、寺副等官程南雲等九人，儒士、生員各一人，凡三十三人。」又云：「《英廟實録》謄寫有太僕寺卿余溓、山東参議林章、禮部郎中吴謙、中書舍人淩暉等三十五人。」是明制謄寫《實録》有以官爲之者，非止監生、生員、儒士也。

騶唱

宋程大昌《演繁露》云：「舊尚書令、僕、中丞騶唱得入宫門。郭祚爲僕射，奏言非盡敬之宜。騶唱不入宫自此始。朱仲遠爲行臺僕射，請準朝式，在軍鳴騶。廢帝笑而許之，史臣謂其

〔一〕殿，原訛「館」，據《殿閣詞林記》改。

任情。是僕射在朝得用騶唱，泣軍則否。」按：此與今制正相反，今京官惟在本衙門得用騶唱，行於道路無有也。若外官，則傳呼甚盛矣。

立班

宋龐元英《文昌襍録》云：「大忌日，百官集於相國寺，宰相過，百官立班於庭中，宰相揖訖，方行香。既畢，御史臺知班復傳呼立班。而朱衣吏乃曰：『相公傳語，請不立班。』遂退。百官見宰相故事皆廢，獨此僅存焉。」按：今屬吏於上司有站班之禮，即其遺意。然在上司則無請不立班者矣。

十樣錦

宋朱弁《曲洧〔一〕舊聞》云：「今之中散大夫即昔之大卿監也。舊説謂之『十樣錦』：受命之

〔一〕洧，原訛「淯」，據《筆記小説大觀》本改。

日，不俟赦恩，便許封贈父、母、妻一次，一也；妻封郡君，二也；不隔郊奏薦，三也；奏子爲職官，四也；乘馬許行馳道，五也；馬鞍上施紫絲座，六也；馬前執破木杖，七也；宴殿内金器，且坐朶殿上，八也；身後許上遺表，九也；國史立傳，十也。」

一點青

宋費衮《梁溪漫志》云：「二史立螭，舊多服緑者，謂之一點青。其職曰記言、記動，而乘輿行幸，未嘗扈從。近歲始命起居郎、起居舍人從駕，乃合建官本意。」

知縣之名始於唐末

宋趙彦衛《雲麓漫鈔》云：「唐末始有『知縣』之稱。《練湖碑》，南唐時立，云『知丹陽縣鎮縣公事』。蓋鎮則有兵，如知州云『知某州軍州事』也。」

押衙

國朝沈自南《藝林彙考》云：「軍門對立兩旗，是爲牙旗。後世軍中遂置牙門將，郭子儀、李光弼在朔方皆嘗爲之。魏博特置驍鋭，使爲護衛，名爲牙兵。典總此兵者，其結銜名曰押衙。」按：唐小説有「古押衙」，即此謂矣。

《晉書·陸機傳》：「領父兵爲牙門將。」則「牙門將」之名三國時已有之矣。

當時又有「都押衙」之名，如《綱鑑》唐咸通閒所載「都押衙李雅」「都押衙李湘」是也。

宋趙彦衛《雲麓漫鈔》云：「唐制諸州有軍，今之廂軍是也。國朝分京師三衙之兵屯諸州，今之禁軍是也。百姓則列五軍，有前、後、左、右、中軍之别，軍校有前軍、後軍、中軍兵馬使、左右廂虞候，又有都知兵馬使、左右押衙教練使，其目頗繁。擇民之豪富者爲之，甚爲鄉里之榮。

《青瑣高議》云：『曹鈞夢龍求援，如所約。他日復夢致謝云：「欲相酬，要何寶？」曹曰：「惟願子孫世世不離鄉里而榮。」問何官，曰都押衙。』」可知當時「都押衙」之重。

又有「都頭」之名，《綱鑑》咸通九年戴可師圍都梁城，城中賊少，拜於城上曰「方與都頭議出降」是也。

坐更將軍

國朝孫承澤《春明夢餘録》云：「夜閒或從門縫遞出鑰匙一把，或城上擲下食物及衣服等項，以試坐更將軍。其將軍接得鑰匙，當即遞進，明日兵科引奏，不用旨答；若食物衣服等項，收執引奏，聖旨『賞了他』。」按：此知明制有「坐更將軍」，并有試之之法。

居官杜絶干謁

《太平廣記》狐類載李令緒事云：「胡璿除豫州刺史，榜云：『我單門孤立，亦無親表。恐有擅託親故，妄索供擬，即獲時申報，必當科斷。』往來商旅皆傳胡使君清白，干謁者絶矣。」

按：此即今之關防告示也。

居官踵祖父舊治

宋朱弁《曲洧舊聞》云：「爲帥守而踵父祖嘗所居，自昔衣冠以爲榮事。李文饒《獻替記》稱『開成二年，自浙西觀察使授淮西節度，兩地皆是舊封，倍懷榮感』，言其父吉甫亦皆領揚、潤故也。本朝如此比者亦多見於謝上表啟。紹聖中，歐陽叔弼棐知蔡州，其父文忠公之舊治也。謝宰執啟云：『惟近輔之名邦，實先人之舊治。高城不改，自疑華表之歸；老吏幾希，尚守朱門之舊。』靖康中，翟公巽自翰苑出守會稽，其父思之舊治也。其謝表曰：『惟昔先臣，再臨東越。豈期暮齒，乃踵前修？朱邑世祠，猶有奉嘗之舊；恬侯家法，自憐孝謹之衰。』皆謂是也。」

官品

宋岳珂《愧郯録》云：「魏延康元年二月，尚書陳羣立九品官人之法，州郡皆置中正，以定其選擇。則其初立品，非品秩也，乃人品耳。而《通典》載魏官自黃鉞大將軍至諸州郡防門，明列品第。珂嘗考後趙王勒二年，使張賓領選。初定五品，後更定九品，則是更魏而晉，品猶未定也。《通典》乃若是，其較且明，豈當時循陳羣之法，謂某品人則可登某品，益遠益訛，遂爲官秩之定論邪？梁天監初，武帝命尚書删定郎濟陽蔡法度定爲九品，一品秩萬石，第二、第三爲中二千石，第四、第五爲二千石。天監七年，徐勉爲吏部尚書，定爲十八班，以班多者爲貴。則品非所專用，而易以爲班矣。陳承梁後，乃定相國、丞相等品爲第一，自此以下明列爲九，正合今制，而不分正從。官之有品自曹魏始，品之有從自元魏始。考其初，不知正從也。每品正從復分上中下，葢一品之間析而六矣，此高祖太和之制也。及二十三年，高祖復次職令，而世宗初班行之，三師、二大乃不入品，其四品以下正從又分爲上下階，猶析而四也。逮隋而曰正曰從，截然不可紊矣。」按：官品之緣起，此條考之甚詳。而其辭太繁，爲節其大略如此。

又云：「考梁制，品尚寡，故自九而一，乃極於丞相；班尚繁，故自一而十八，亦極於丞相。班多者品貴，品少者班尊，二者相爲用，而貴賤等差於此參見而互明。班止於梁，隋即廢矣。」

按：梁十八班之制，行之不久，知者葢寡。考《周禮》命數有九，自一命至九命。梁十八班頗得其意。班數十八者，九數而倍之也。古者車服旗常以九爲節，以七爲節，以五爲節，無不貴多而賤少。至後世官品行，而尊一品，而賤九品，與古制正相反。《楚語》云「千品萬官」，品亦何嘗不貴多乎？

又按：自隋以來，官分九品，品有正從，則梁十八班之制廢，而其意固在。但廢而用品，故貴一而賤九耳。

《愧郯録》又引《晉書·鄧攸傳》曰：「攸舉灼然二品，爲吴王文學，歷太子洗馬，次歷東海王參軍，爲世子文學，吏部郎、東中郎將長史、河東太守。」珂按：「杜佑《通典》及沈約《宋書》具列品制，惟世子文學無之。如王國文學六品也，洗馬、王國參軍皆七品也，吏部郎六品也，中郎長史七品也，太守五品也，皆不合二品之目。攸雖舉二品，其遷陟則隨時繫乎上命。所謂二品者，葢言其人才灼然，合在此品，定於郡中正之口，以待上之采擇而已。」愚按：此説誠然，州郡中正每歲所進在一二品者多矣，朝廷安得有如此一二品之官邪？且一二品之官亦豈州郡中正一舉所能得邪？九品之論人品而非官品，誠不待言。惟攸之歷官由六品而七品，而又六品，而又七品，而旋得五品，意其時雖有官品，而亦不甚拘邪？

日參月參六參兩參

宋龐元英《文昌雜録》云：「門下省起居郎以上、中書省起居舍人以上、尚書省侍郎以上、御史中丞以上，爲日參官。三省及御史臺官，寺監長貳以上，爲六參官。寺監丞大理評事以上，爲兩參官。寄禄官通直郎以上，爲月參官。」又云：「除朔望參外，每月定以五日、二十日、二十一日、二十五日爲參日。」按：此則「兩參」者朔望參也，「六參」者朔望外加此四日也。「日參」則每日必參，「月參」則每日一參而已。惟此四參日疏數不均，未詳其制。

又按：其前載詳定官制所奏，引《唐書·百官志》及儀制令，「文武職事官九品以上及二王後，朝朔望。文武五品以上及兩省供奉、監察御史、郎、太常博士日參，號常參官。武官三品以上，三日一朝，號九參官。五品以上及折衝當蕃者，五日一朝，號六參官」。是宋制本乎唐也，惟常參官恐專屬五品以上文官，不兼武官，文有錯誤耳。其六參官，乃五品以上之武官也。

宋葉夢得《石林燕語》云：「本朝未定六參之制。百官日侯朝於前殿者，便殿初引班，常以四色官一人立垂拱門外，亢聲唱前殿不坐，及宰相便殿奏事畢，即復出，押百官虚拜於前殿廷下而散。遇宰相奏事，日高者不復押，亦百官以序自拜於陛下而出。韓魏公爲相，在位久，遂更不押班。王樂道爲中丞，力擊之，以爲不臣，故司馬君實代樂道，以辰時二刻前退則押班，過則免。」據此每日押班之例，尚可見宋代朝儀。然云「本朝未定六參之制」，何也？

居官箴言

宋無名氏《愛日齋叢鈔》云：「周益公送子綸通判撫州，爲十箴：『莅官以勤，持身以廉。事上以敬，接物以謙。待人以恕，責己以嚴。得衆以寬，養知以恬。戒謹以獨，詢謀以僉。箴規語汝，夙夜式瞻。』楊廷秀送周彦敷詩所謂『慈訓一六句，寒窻三十春』也。彭子壽送子欽監興化涵頭鹽場，作《初箴》：『處事必公，舉職必勤。御吏以正，撫民以誠。仁以事大，和以接人。惟儉與廉，治家及身。』子壽名龜年，謚忠肅，有《家庭帖》，誨其子居官之政，至爲詳密。真希元參政帥長沙，以『廉仁公勤』四言勉僚吏；晚再守泉南，又繹四者之義加詳。王實之邁以南外宗教，爲之箴。《律己以廉》曰：『惟士之廉，猶女之潔。苟一豪之點污，爲終身之玷缺。

毋謂暗室，昭昭四知。汝不自愛，心之神明其可欺？黄金五六駝，胡椒八百斛，生不足以爲榮，千載之後有餘戮。彼美君子，一鶴一琴。望之凛然，清風古今。』《撫民以仁》曰：『古者於民，饑渴猶己。心誠求之，若保赤子。於戲！入室笑語，飲醲噏肥；出行敲扑，曾痛痒之不知。人心不仁，一至於斯！淑問之澤，百世猶祀；酷吏之後，今其餘幾。誰甘小人，而不爲君子？』《存心以公》曰：『厚姻婭，近小人，尹氏所以不平於秉鈞；開誠心，布公道，武侯所以獨優於王佐。故曰本心日月，利欲食之；大道康莊，偏見窒之。聽信偏則枉直而惠姦，喜怒偏則賞僭而刑濫。惟公生明，偏則傷闇。』《莅事以勤》曰：『爾服之華，爾饌之豐。凡縷絲而顆粟，皆民力乎爾供。仕焉而曠厥官，食焉而怠其事。稍有人心，胡不自愧？昔者君子，靡素其餐。炎汗浹背，日不辭艱。警枕計功，夜不遑安。誰爲我師？一范一韓。』」

按：居官者皆奉「清慎勤」三字箴，其實尚有未備。如此數箴，皆居官所宜法守也，故表出之。彭箴云「仁以事大」，雖亦有理，然不如周益公「事上以敬」尤爲切當，或傳寫有誤。王實之曾爲南外睦宗院教授，此云「南外宗教」，在當時固共知之。傳至後世，或不得其解矣。

入仕歷一甲子

宋龐元英《文昌雜録》云：「太子太師張公昇，大中祥符八年歲在乙卯登科，熙寧九年丙辰終於許州陽翟縣里。公起布衣，致使相，自初仕至薨謝歷一甲子，近世所無也。」

按：張公祥符八年乙卯登科，熙寧八年乙卯尚在，在當時已爲希有，可見近制重宴恩榮之難。

大人之稱前明猶不重

國朝王應奎《柳南續筆》云：「大人之稱，前明不以爲重。有嘉定縣丞李玉森呼直指爲大人，直指怒。玉森抗言：『大人之名，美而未易踐。若不典之稱，丞雖至卑，亦能得此於下隸，不足重也。』直指乃改容禮之。又吾邦夏玉麟垂髫時縣試，呼縣令爲大人。令不悦，命歴數書冊中大人，以百爲率。玉麟對以孔門七十二賢、雲臺二十八將，令乃笑而遣之。」

傲。然歷觀古名人手蹟，有稱「大人」者乎？余不敢苟從世俗也。

按：稱謂隨時而異，今則「大人」之稱甚重矣。余爲人作書，往往不稱「大人」，世頗病其簡

入城治喪

國朝查慎行《人海記》云：「從來棺柩止有出城者，故旅櫬還鄉，率停於墓。康熙己丑，崇明相國宋文恪薨於京師，奉旨馳驛差官送歸，公子扶柩入蘇州府城里第治喪，此變例也。」按：今則有奉旨入城，遵例入城之分，已著爲令矣。

宋文恪名德宜，字右之，江蘇長洲人。康熙時官至大學士[一]，在前明曾以崇明籍入學，故有崇明相國之稱。據國史本傳，亦一朝賢相，然海禁之開，則實自公始。

[一] 士，原訛「生」，據《筆記小説大觀》本改。

茶香室四鈔卷十九

釋迦真像

宋郭若虛《圖畫見聞誌》云：「大中祥符初，有西域僧覺稱，自言酤蘭左國人，刹帝利姓，於譯堂北壁畫釋迦，面與北方所畫絶異。」原注云：「昔有梵僧帶過白氎上本，亦與尋常畫像不同。蓋西國所稱，髣髴其真，今之儀相，始自戴逵，刻製梵像，欲人生敬，頗有損益。」

按：「酤蘭」當即《明史》之「和蘭」。「稱」無此字，俗「稱」字也。

天中天

國朝徐文靖《管城碩記》云：「梁武帝詩：『正趣果上果，歸依天中天。』《釋迦要覽》云：

『釋迦佛小名天中天。』佛名天中天，亦翻譯者爲之。梁武身爲佛奴，而作詩敢斥其小名，未必然也。」愚謂徐氏不信佛小名之説，然「天中天」究不得其解，則姑從舊説亦可。

先天菩薩

宋郭若虚《圖畫見聞誌》云：「先天菩薩幀本起成都妙積寺。唐開元初有尼魏八師者，常念《大悲咒》。有雙流縣民劉乙，小字意兒，年十一歲，欲事魏尼，遣亦不去。常於奥室坐禪，白魏云：『先天菩薩見身此地。』遂篩灰於庭。一夕有巨跡長數尺，意兒因謁畫工，隨意設色，悉不如意。有僧法成自云能畫，意兒常合掌仰視，然後指授之，僅十稔，功方就。後塑先天菩薩像，二百四十二首，首如塔勢，分臂如蔓。」

按：《易經》雖有「先天而天弗違，後天而奉天時」之語，然實無「先天」「後天」之説。《釋文》云：「先，悉薦反；後，胡豆反。」與後世所謂「先後天」迥别也。「先後天」實始於道家，今觀此，則知佛家亦有之。有先天菩薩，必有後天菩薩矣。其首有二百四十二，則其臂應有四百八十四，今未知尚有此像否。

青葉髻婁至德

宋陸游《入蜀記》云：「次公安，游二聖報恩光孝禪寺。二聖謂青葉髻如來、婁至德如來也。皆示鬼神力士之形，高二丈餘，陰威凜然可畏。正殿中爲釋迦；左爲青葉髻，號大聖；右爲婁至德，號二聖。三像皆南面。予按《藏經》駒字函，娑羅浮殊童子成道，爲青葉髻如來。再出世，爲至德如來。則二如來本一身耳。有碑言：邑人一夕同夢二神人言：『我青葉髻、婁至德如來也。有二巨木在江干，我所運者。俟鄞行者來，令刻爲我像。』已而果有人自稱鄞行者，善肖像，邑人欣然請之。像成，酷類所夢。然碑無年月，不知何代。」又云：「荆州絶無禪林，惟二聖而已。」按：此二聖像亦他處所無，未知今尚然否。

又按：范成大《吴船録》云：「二聖之名，江湖閒競尚之，即在處佛寺門兩金剛神也。此則遷之殿上，傳記載發迹靈異，大略出於夢應，云是千佛數中最後者，一名婁至德，一名青葉髻。江岸善隤，或時巨足跡印其處，則隤止。」按：此則此兩如來他處亦有之。天下佛寺往往坐四金剛於三門内，建殿奉之，謂之天王殿；亦有三門之兩旁塑兩金剛皆立像者，向不知何名，俗曰哼哈二將，此兒童語耳，今乃知即「青葉髻」「婁至德」也。

觀世音同時兩化身

明王世貞《讀書後》云：「《佛祖統載》第九卷：達磨，觀世音大士化身也。而誌公亦稱大士化身，同時顯化南北，人用爲疑。是不必疑，千百億身之二人耳。」

七祖

宋姚寬《西溪叢語》云：「杜甫《秋日夔府詠懷》：『身寄雙峯寺，門依七祖禪。』鮑欽注云：『第五祖弘忍有二弟子，一慧能，受衣法，居嶺南，爲六祖；一神秀，在北揚化。』引《傳燈録》云：『其後神秀門人普寂立其師爲六祖，而自稱七祖。』因檢《江西志徹録》云，自南北分宗，北宗立秀師爲第六祖。但不見普寂自稱七祖事耳。」按：此則佛門有兩六祖，又有七祖。

智積菩薩

宋龔明之《中吴紀聞》云：「靈巖寺乃智積開山之地。智積當東晉末自西土來，刱立伽藍。泗州僧伽至無錫，聞智積在蘇，即回，曰：『彼處已有人矣。』由是名遂顯。有貧嫗持角黍爲獻，智積受之，嫗因得度。至今上巳日號智積生日，聚數百嫗，爲角黍會。」按：吴中此會久絶，余寓吴久，未聞上巳有此故事也。

慧感夫人

宋龔明之《中吴紀聞》云：「慧感夫人，舊謂之聖姑，或以爲大士化身。祝安上通守是邦，事之尤謹，每有水旱，禱祈立驗。後加封慧感顯祐善利夫人，今參政范公作記。」按：此亦吴中故事，今未知尚有此祠否。

十二面觀音

明楊慎《名畫神品目》有寶誌公《十二面觀音相》，注云：「王道真，新繁人。」按：此疑是寶誌公原本，而王道真又臨摹之也。

至元富民改大佛頭

元吾衍《閒居録》云：「唐僧思淨鑿湖濱石爲大佛頭，其前留兩石壁，正擁其肩，意在不覺與地相接。至元閒，富民捨錢修寺，且去其左壁，以右壁鑿爲五指，古跡壞矣。」按：此知今之大佛頭已有異喻彌陀之舊也。

報慈閣大像

唐李綽《尚書故實》云：「鄭廣文作《聖善寺報慈閣大像記》云：自頂至頤八十三尺，額珠以銀鑄成，虚中盛八石。」按：自頂至頤已八丈有餘，則全身當幾丈乎？此古今第一大像。

嘉州大佛像

宋范成大《吴船録》云：「泊嘉州，渡江，登淩雲寺，寺天寧閣即大像所在。嘉爲衆水之會，灘瀧險惡。唐開元中，浮屠海通始鑿山爲彌勒佛像以鎮之。高三百六十丈，頂圍十丈，目廣二丈，爲樓十三層。自頭面以及其足，極天下佛像之大。佛足去江數步，驚濤怒號，洶湧過前，不可安立正視，今謂之佛頭灘。」

峩眉鐵佛殿

宋范成大《吴船録》云：「泊嘉州，單騎入峩眉。小峩、中峩昔傳有游者，今不復有路。惟大峩一山，爲佛書所記普賢大士示現之所。至三千鐵佛殿，云普賢居此山，有三千徒衆共住，故作此佛。冶鑄甚朴拙。」

像。明末張獻忠毀之，此其遺也。今觀此，知又有鐵佛殿。然文勤所贈銅像黝黑與鐵無異，或即鐵佛而非銅也。

按：潘文勤公曾以峩眉銅佛十八尊見贈，云峩眉有銅佛殿，孟蜀時所建，四壁皆銅鑿成佛

聖善寺銀佛

唐李綽《尚書故實》云：「聖善寺〔一〕銀佛，天寶亂爲賊截將一耳。後少傅白公奉佛銀三鋌添補，然不及舊者。會昌拆寺，命中貴人毀像，收銀送内庫。中人以白公所添鑄比舊耳少銀數十兩，遂詣白公索餘銀，恐涉隱没故也。」

觀音寶飾

元劉一清《錢唐遺事》云：「上天竺係觀音坐正殿，有敕賜諸寶飾其上。有兩珠一赤一白，

〔一〕寺，原訛「等」，據《筆記小説大觀》本改。

名日月珠；又有白黑相閒如棗核樣，名鬼谷珠；又一大珠，名珠母；又一大珠，名猫兒眼睛。每遇迎奉，則加此飾。」

達摩面壁石

國朝姚元之《竹葉亭襍記》云：「河南少林寺後殿西壁前設供桌，供一石，高幾二尺强，上下寬五七寸不等。即之一麤石，了無異處。向之後退至五六尺外，漸有人形；至丈餘，則儼然一活達摩坐鏡中矣，腮邊短髭若有動意。寺僧言乾隆三十六年駕幸嵩山，欲觀祖師面壁石。石在少室山洞中，故浮置之者，因請以呈覽焉。」

尸毗王墓

宋沈括《夢溪筆談》云：「延州天山之巔有奉國佛寺，寺〔一〕庭中有一墓，世傳尸毗王之墓

〔一〕寺，原作「二」，據《夢溪筆談》卷二一改。

也。尸毗王出於佛書，《大智論》言嘗割身肉以飼餓鷹，至割肉盡。今天山之下有濯筋河，其縣爲膚施，亦與尸毗王説相符。按：《漢書》「膚施」乃秦縣名，此時未有佛書，疑後人附會縣名爲説。慶曆中施昌言鎮鄜延，乃壞奉國寺爲倉，發尸毗墓，得千餘秤炭。其棺槨皆朽，有枯骸尚完，脛骨長二尺餘，髗骨大如斗，并得玉環玦七十餘件，玉衝牙長僅盈尺，皆爲在位者所取，金銀之物入于役夫。」

按：尸毗王墓未必有棺槨，即玉環玦、玉衝牙亦非佛家所有。此必古名人之墓，惜無可考耳。

三種舍利

元鎦績《霏雪録》云：「舍利，按：佛書『室利羅』或『設利羅』，此云『骨身』，又云『靈骨』。有三種色，白色骨舍利，黑色髮舍利，赤色肉舍利。」

佛光

宋沈括《夢溪筆談》云：「畫工畫佛身光，有匾圓如扇者，身側則光亦側。此大謬也。渠但見雕佛耳，不知此光常圓也。又有畫行佛，光尾向後，謂之順風光。此亦謬也。佛光乃定果之光，雖劫風不可動，豈常風能摇哉？」

佛現

宋范成大《吴船録》云：「辛卯，泊嘉州，單騎入峩眉。甲午，宿白水寺。大雨，不可登。乙未，大霽，遂登上峯。自此至峯頂光相寺、七寶巖，其高六十里，去縣中平地不下百里。余以健卒挾山轎强登，以山丁三十三曳大繩行前挽之，同行則用山中梯橋。冒寒登天仙橋，至光明巖。人云佛現悉以午，今已申後，不若歸舍，明日復來。忽雲出巖下，傍谷中，即雷洞山也。雲行勃勃如隊仗。既當巖，則小駐。雲頭現大圓光，襍色之暈數重。倚立相對，中有水墨影，若仙聖跨象者。盌茶頃，光没，而其旁復現一光如前，有頃亦没。雲中復有金光兩道，横射巖腹，人亦謂之小現。丙申，復登巖眺望，巖後少北則瓦屋山，少南則大瓦屋，宛然瓦屋一閒也。小瓦屋亦有光相，謂之辟支佛現。俄氛霧四起，混然一白，僧云銀色世畍也。有頃，大雨傾注，氛霧辟易。僧云：「洗巖雨也，佛將大現。」兜羅綿雲復布巖下，紛郁而上，將至巖數丈輒止。雲平如玉，俯視巖腹，有大圓光偃卧平雲之上。外暈三重，每重有青黄紅緑之色。光至正中虚明，凝觀者各自見其形現於虚明之處，一如對鏡，而不見傍人。僧云攝身光也。此光既没，前山風起雲馳。風雲之閒復出大圓相光，横亘數山，盡成異色。峯巒草木皆鮮妍絢蒨，不可正視。雲霧既散，而此光獨明，人謂之清現。凡佛光欲現，必先布雲，所謂兜羅綿世界。光相依雲而出，其不依雲，則謂之清現，極難得。食頃，光稍移過山，而左顧雷洞，山上復出一光，如前而差小。須臾亦飛行過山外，至平野閒，與巖正相值，色狀具變，遂爲金橋，有紫雲奉之。凡自午至未，雲物净盡，謂之收巖，獨金橋現，至午後始没。」按：泰山看日出，峩眉看佛現，皆天下奇觀也。然泰山日出，見之者多；峩眉佛現，見之者少。讀《吴船録》，因節録之，以當卧游。峩眉有佛現鳥，惜石湖未之見，故記不及。然佛現鳥相傳夏秋見，寒則不見。石湖之游適當其時，而不得見，何邪？

羣蛤護經

宋沈括《夢溪筆談》云：「郢州漁人擲網於漢水，至一潭底，覺重，得一石，長尺餘，圓直如斷椽。細視之，乃羣小蛤，鱗次相比，綢繆鞏固。以物試抉其一端，得書一卷，乃唐天寶年所造《金剛經》，字法奇古，其末云『醫博士攝比陽縣令朱均施』。比陽乃唐州屬，不知何年墜水中，首尾略無霑漬。爲土豪李孝源所得，孝源素奉佛，寶藏其書，蛤筒復養之水中。」

釋家寫經字數

宋趙彦衛《雲麓漫鈔》云：「釋氏寫經，一行以十七字爲準。故國朝試童行誦經，計其紙數，以十七字爲行，二十五行爲一紙。」

唐僧取經古蹟

明朱孟震《西南夷風土記》云：「都魯濮水關有唐僧曬經臺板，古有河曰流沙，唐僧取經故道，亦有曬經臺。」

《金剛經》則即二字

宋趙彦衛《雲麓漫鈔》云：「《金剛經》中有『即』『則』二字。高麗大安六年，以義天之祖名稷，故易『即』爲『則』。壽昌元年刊於大興王寺，後從沙門德詵則喻之請，仍還本文，而以『則』音呼之。」

愚按：「則」「即」二字聲近義通，在儒書亦有互〔一〕用者，詳見高郵王氏《經傳釋詞》。

〔一〕 互，原訛「亙」，據《筆記小説大觀》本改。

晨昏鐘鼓之數

國朝諸人穫《堅瓠集》云：「天下晨昏鐘鼓之數叩一百八聲者，一歲之象也。葢年有十二月，有二十四氣，又有七十二候，正得其數。但聲之緩急節奏各處不同。吾蘇歌曰：『緊十八，慢十八，中間十八徐徐發，兩度湊成一百八。』杭州歌曰：『前發三十六，後發三十六，中發三十六聲急，通共一百八聲畢。』越州歌曰：『緊十八，緩十八，六偏湊成一百八。』台州歌曰：『前擊七，後擊八，中間十八徐徐發，更兼臨後擊三聲，三通湊成一百八。』」按：此歌訣必是故老相傳，然以今所聞〔一〕，恐亦未必盡合。

又云：「禁鼓一千二百三十聲爲一通，三千六百九十聲爲三通。在外更鼓三百三十撾爲一通，千撾爲三通。」按：以數而言，當云九百九十撾爲三通，今云千撾，則必有一通多十撾矣。

〔一〕聞，原訛「閒」，據《筆記小説大觀》本改。

佛偈可入管弦

明張萱《疑耀》云：「余嘗疑佛經數譯而後通，不無乖其本旨。偶閲鳩摩羅什與慧壑書：『天竺國寳文製偈頌，宫商體裁，以入管絃爲義。今改梵爲秦，失其藻蔚。雖得大意，殊隔文體。有似嚼飯與人，非徒失味，乃令嘔噦。』今之經卷果皆西來大意乎？余不敢信矣。」按：此知佛經偈語在西域皆可入管絃也。

三十二字爲一偈

國朝姚範《援鶉堂筆記》云：「嘗閲佛經絶句，每不愜意。今按：《楞嚴蒙鈔》卷五之一弟七葉疏云：『偈頌約有四種，一《阿耨萃覩婆頌》，不問長行并偈，但滿字數三十二，即爲一偈。』疑此四字作句，本釋氏相承，不論文義之聯絶也。」

寺觀敕差住持

宋岳珂《愧郯録》云：「中興以後，駐蹕浙右，大刹如徑山、淨慈、靈隱、天竺，宫觀如太乙、開元、祐聖，皆降敕劄差主首，至於遐陬禪席如雪峯、南華之屬，亦多用黄牒選補。珂按：李文簡《續長編》，熙寧八年八月戊申，詔内外宫觀寺院主者及僧道正，舊降宣敕差補者，自今尚書祠部給帖。其制不知更於何時，要鄰於瀆也」。」

宋度牒價

宋趙彦衛《雲麓漫鈔》云：「紹興中，軍旅之興，急於用度，度牒之出無節。上户和糴所得減價至二三十千，時有『無路不逢僧』之語。後禁度牒二十餘年，僧徒銷鑠殊盡。福建諸寺多用保甲看管，今度牒賣八百貫，人競買之。」按：宋度牒價，余於《續鈔》《三鈔》已屢書之。今得此條，又録於此。

天竺國姓氏

宋沈括《夢溪筆談》云：「四夷全以氏族爲重，如天竺以刹利、婆羅門二姓爲貴姓，自餘皆爲庶姓，如毗舍、首陁是也，其下又有貧四姓，如工巧、純陁是也。」

元僧有姓

國朝羅振玉《讀碑小箋》云：「淮安龍興寺有明郡守陳文燭碑，碑陰刻龍興寺事實，載元至正間寺僧朱德朗刻石，稱僧朱德朗、郭法亮。據此，則元僧有姓，然世無知者。」

牧護

宋姚寬《西溪叢語》云：「山谷題《牧護歌》：『予向嘗問南方衲子「牧護是何種語」，皆不能說。後見劉夢得作夔州刺史，樂府有《牧護歌》，似是賽神語。』予長兄伯聲，嘗考火祆，胡神也，佛經所謂『摩醯首羅』也。唐貞觀五年有傳法穆護何禄等，將祆教詣闕聞奏，敕令長安崇化坊立祆寺，號大秦寺，又名波斯寺。武宗毀浮屠，會昌五年敕：大秦穆護火祆等六十餘人並放還俗。然而根株未盡。《教坊記》曲名有《牧護字》，已播在唐樂府。祆之教法蓋遠，而穆護所傳則自唐也。蘇溪作歌之意，正謂旁門小道有似是而非者，因以爲戲。山谷未深考耳。」

按：據姚氏說，「牧護」即「穆護」，此等譯音固無一定，然所云「貞觀五年有傳法穆護何禄」云云，「何禄」是人名，「穆護」疑是其名目。考《景教流行中國碑》無有二字可仿佛此音者，「何禄」姓名亦不見於碑也。

耶輸即耶蘇

國朝羅振玉《存拙齋札疏》云：「唐武德元年，沙門高曇成反，自稱大乘皇帝，立尼靜宣爲耶輸皇后。此『耶蘇』之稱所昉。『輸』『蘇』異字，蓋譯音無定文，其義則不可曉。」

刹即塔字

國朝羅振玉《面城精舍文》甲云：「《敬史君牌》：『建七層之寶刹。』鈕樹玉《説文新坿考》謂『古無塔字，寶刹即寶塔』，其説極精。《南史・虞愿傳》：『帝以故宅起湘宫寺，費極奢侈。以孝武莊嚴刹七層，帝欲起十層，不可立，分爲兩刹，各五層。』此尤『寶刹即寶塔』之明證。」

愚按：《説文》亦無「刹」字，則作「刹」與作「塔」無異，同一後出字耳。

七僧比七賢

宋葉夢得《避暑録話》云：「《高僧傳》載孫綽《道賢論》以當時七僧比七賢：竺法護比山巨源，帛法祖比嵇叔夜，竺法乘比王濬沖，竺法深比劉伯倫，支道林比向子期，竺法蘭比阮嗣宗，于道邃比仲容。各以名迹相類者爲配，惜不見全文。」

唐五書僧

明楊慎《墨池瑣録》云：「唐有詩僧九人，今有《九僧集》。復有五僧善書，劉涇嘗作書話，以懷素比玉，䛒光比珠，高閑比金，貫休比玻璃，亞栖比水晶。」

儒者爲僧

宋費衮《梁谿漫志》云：「近世儒者飄然游方之外者有二人焉：饒節字德操，臨川人，以文章著名，曾子宣丞相禮爲上客，陳了翁諸公皆與之遊。始亦有婚宦意，遇白崖長老，與之語，欣然有得，祝髮爲浮屠，名如璧。至江浙，樂靈隱山川，因挂錫焉。後主襄陽天寧，自號倚松道人，詩文號《倚松集》；吴元中丞相之弟名敘，字元常，亦能詩，有『水竹清瘦霜松孤』之句。除南京敦宗院教授。忽棄官爲僧，法名正光。丞相薨，祖母韓夫人奏乞元常歸故官，詔許之。元常迄不就，凡住名刹四十年而終。」

又云：「宣和庚子，改僧爲德士。饒德操已爲僧，因作《改德士頌》，末二首云：『衲子紛紛惱不禁，倚松傳與法安心。缾盤釵釧形雖異，還我從來一色金。』『小年曾著書生帽，老大當簪德士冠。此身無我亦無物，三教從來處處安。』」

按：《梁谿漫志》又載「雍孝聞」事云：「雍孝聞，蜀人，崇寧間廷試對策，力詆時政闕失，駮放。後雖授以右列，然卒不仕，浪迹山林，遇異人得道。政和末，變姓名爲道士，入内説法。徽宗謂其得林靈素之半，賜姓木，更名廣莫。」此人蹤跡亦奇，然既遯跡黄冠，乃不於山林高蹈，而又與林靈素輩同供奉内庭，不如彼兩僧遠矣。

僧家不戒酒

明徐𤍠《筆精》云：「唐僧都不戒酒，任華《贈懷素上人》云：『十杯五杯不解意，百杯已後始顛狂。』韋應物有《寄釋子良史酒》云：『秋山僧冷病，聊寄三五杯。』然則唐僧嗜酒者多，詩人不以爲諱也。」又云：「宋蘇子美《贈僧祕演詩》云：『賣藥得錢祇沽酒，一飲數斗尤惺惺。』演塗去之，云：『公詩傳萬口，吾持戒不謹，已爲浮屠罪人，公從而暴之，可乎？』」按：此詩知唐僧不諱飲酒，而宋僧則諱之。同一不能持戒，轉不如唐僧之率真矣。

十齋

宋趙與旹《賓退録》云：「今人以月一日、八日、十四日、十五日、十八日、二十三日、二十四日、二十八日、二十九日、三十日不食肉，謂之十齋，釋氏之教也。按：《唐會要》武德二年正月二十四日詔：『自今已後，每年正月、九月及每月十齋日並不得行刑，所在公私宜斷屠釣，永爲常式。』乾元元年四月二十二日敕：『每月十齋日，不得採捕屠宰。』其來尚矣。」

按：今人事佛持齋者頗多，此十齋日則無知者矣。又按：此知唐制禁屠宰兼禁採捕及釣，今人亦不知也。

觸背關

宋釋惠洪《冷齋夜話》云：「寶覺禪師見學者必舉手，示之曰：『唤作拳是觸，不唤拳是背。』莫有契之者，叢林謂之觸背關。」

悲田

宋趙彦衛《雲麓漫鈔》云：「釋氏法論，供父母曰恩田、佛僧曰敬田、貧窮曰悲田。」按：唐有「悲田養病坊」，見《舊唐書·武宗紀》，「悲田」之名本此。

援佛會例迎孔子

元李翀《日聞録》云：「國初，杭城每歲三月初八日迎佛會。有一士人建言，欲援例迎夫子，事上有司，申省送江浙儒司定議。」按：當日不知定議如何。此等事不即駁斥，仍煩申送，元政之可笑如此。惟三月八日何以有佛會，豈「四月八日」之誤乎？

佛會借與道流

宋陸務觀《入蜀記》云：「七日，往廬山，自江州至太平興國宮三十里。是日車馬及徒行者憧憧不絕，云『上觀』，蓋往太平宮焚香，自八月一日至七日乃已，謂之白蓮會。蓮社本遠法師遺跡，舊傳遠公嘗以一日借道流，故至今太平宮歲以爲常。東林寺亦自作會，然來者轉不如太平之盛。」按：此則釋道兩家可以通融，香火當益盛矣。

茶香室四鈔卷二十

成都大成殿

宋費衮《梁谿漫志》云：「成都大成殿建於東漢初平中，氣象雄渾。漢人以大隸紀其修築歲月，刻於東楹，至今千餘年，巋然獨存，殆猶魯靈光也。紹興丙辰，高宗書『大成之殿』四字賜之。其後胡承公世將宣撫川陝，但爲易其太腐者，增瓦數千，而不敢改其舊。」

按：自漢獻帝初平元年至宋高宗紹興元年，九百三十二年矣。若靈光殿成於漢景帝之子，則至王文考作賦時未足四百年也，蜀大成視魯靈光奚啻倍之？世乃知有彼，不知有此也。

天地夫人

宋《太醫局程文·大義第一道》：「問：吾上知天文，下知地理。天地夫人教吾禁名，能禁疫鬼。對：天以文而列於上，吾則仰觀而可知；地以理而辟乎下，吾則俯察而可盡。是故天皇夫人教我以禁疫之名，地皇夫人授我以去邪之法。」按：天地亦有夫人，甚奇。據稱「天皇夫人」「地皇夫人」，豈上古三皇中之天皇、地皇邪？對語甚繁，然如題敷衍而無精義，其引經出題，乃知此四句皆經文，不知何經也。

赤帝子白帝子

明周嬰《卮林》云：「五德更王，鄒衍以相勝立體，劉向以相生爲義，張蒼則以漢水勝周火，廢秦不班五德，賈誼則以漢土勝秦水，以秦爲一代。若同蒼黜秦，則漢水魏土晉木宋金；若同誼取秦，則漢土魏木晉金宋火。難者云：漢高斷蛇，神母夜哭，云赤帝子殺白帝子，漢非火而何？斯又不然。漢若爲火，當云赤帝，不宜云赤帝子，蓋由漢是土德，土生乎火；秦是水德，水生乎金。斯則漢以土德爲赤帝子，秦以水德爲白帝子也。」

按：《史記集解》引應劭說云：「秦自謂水，漢初自爲土，皆失之，至光武乃改定。」《索隱》亦云光武改定，與赤帝子之理合。蓋說此者皆不達「赤帝子」「白帝子」兩「子」字之義，周說洵有獨見也。

奇相祠

宋張唐英《蜀檮杌》云：「時大霖雨，禱於奇相之祠。唐英按古史，震蒙氏之女竊黄帝玄珠，沈江而死，化爲此神，今江瀆廟是也。」

按：此則江瀆之神爲震蒙氏之女也。但「震蒙」無考，或古之諸侯乎？江瀆之神，唐封廣源公，宋封廣源王，元封廣源順濟王，似不應爲女子，張氏之説所未詳也。

自荆以西多伍子胥廟

宋陸游《入蜀記》云：「楚故城前臨江水，對黄牛峽，城西北一山有伍子胥廟。大抵自荆以西，子胥廟甚多。」按：《水經注》黎陽及成陽皆有伍子胥廟，余已載之《叢鈔》卷十五矣。荆州以西所在有廟，不知伍子胥何由血食於此，豈以其爲江神故邪？抑或如唐劉蜕所辨江陵伍子胥廟當爲申包胥邪？

論江西祀灌嬰之誤

宋趙與旹《賓退録》云：「《章貢志》謂漢高帝六年，命灌嬰略定江南。考紀及傳，灌嬰蹤跡未嘗到江南。洪駒父《豫章職方乘》亦謂灌嬰在漢初定江南，故祀以爲城隍神。今江西郡縣城隍多指爲灌嬰。友人蕭子壽大年考《功臣表》，始知爲陳嬰。蓋嬰『自定東陽爲將，屬楚項梁，爲楚柱國。四歲，項羽死，屬漢，定豫章、浙江，封堂邑侯，都漸』。顔師古謂：『漸，水名，在丹陽黝縣南蠻中。嬰既定諸地而都之。』《地理志》注：『黝音伊，字本作黟。』始知定江南者爲陳嬰，流俗所傳，誤其姓耳。」

按：光緒十八年江西修省城隍廟，曉峯中丞德馨作碑文，亦以爲是灌嬰。葢沿誤既久，不能正也。俟致書擬及之，因記此。

泰伯廟棟有錢武肅題名

宋龔明之《中吴紀聞》云：「自長慶以來，更七代三百年，吴人老死，不見兵革。承平時，太伯廟棟猶有唐昭宗時寧海鎮東軍節度使錢鏐姓名書其上，可謂盛矣。」

南嶽宫門鐵礎

宋沈作喆《寓簡》云：「衡嶽舊宫廟臺門，屹立中天，氣象雄傑。其西掖門常以兩鐵礎重各千鈞背門，不得妄啟。遇國家出大兵，有所征討，則遣中使祭告，用武士百人移鐵礎，視出兵之數。凡兵出幾萬，則啟門若干尺寸，法甚嚴，不得稍差，大約不過尺餘。事畢，又遣使告謝，武士舉鐵礎塞門如故。從有廟來如此，莫知其所謂也。自廟焚後，礎亦莫知所在，此制廢矣。」

按：《癸辛雜識》云：「衡嶽之四門皆有侍郎神，惟北門主兵，最靈驗。每有軍旅之事，前期差官致祭，用盤上食，開北門。然亦不敢全開，以尺寸計兵數。或云其主司乃張子亮也，張爲湘南運判，死於官。丁卯、戊辰之間，西北之兵未釋。朝廷降旨，借陰兵，神許啟門三寸。臬使遂全門大啟之。兵出既多，旋以捷告。而廟旁數里居民皆罹風災，最後有聲若雷震者。民喜曰：『神歸矣。』果遂帖息。」此與《寓簡》所載互有詳略。

文昌祠記

明曹安《讕言長語》云：「天下學宮皆立文昌祠。世俗相傳，有七十三化之説，近又有七十九化書。不知北斗之前有星曰文昌，有是星，則有是神。祠而奉之，在禮雖未之有，亦崇文之義焉。予見作此祠之文多矣，惟山西大同《文昌祠記》進士松陽盧璣之言爲當。」按：盧璣之作不傳，未知其説云何，大約即敷陳此理也。然余謂文昌實即漢時梓潼文君，人也，非星也。余詩文中屢及之，他日當并爲一編，刻以行世。

魁星贊

元李翀《日聞録》云：「《楊州路儒學書閣魁星贊》云：『杓携龍角，魁枕參首。偉哉變化，蹴踏星斗。弭風駕雲，來游帝旁。斡旋樞極，霖雨八方。』」

按：亭林先生説魁星云：「今人取之字形爲鬼，舉足而起其斗。」然元時已有「蹴踏星斗」語，則非始於明時也。

王虎臣毁先聖像

元陸友仁《研北襍志》云：「湖州貢院有孔子廟，在院門内。王虎臣爲守，毁貢院爲軍砦，至舁先聖像棄水中，人無不唾駡。」

按：「王虎臣」不知何人。檢《湖州府志》，元代守湖者無王姓，惟有王兀哈剌，大德三年四月任，五年三月病去，豈即其人邪？

判陽判陰

《録異記》云：「袁起者，後漢時湘中人。忽醉三日始醒，皆聞酒氣，自言與天人飲。後任漢陽令，逆説豐儉有驗，日判陽，夜判陰。」按：此則世俗説龍圖包老事亦自有本。

神像潛寫御容

宋郭若虛《圖畫見聞誌》：「武宗元字總之，嘗於雒都上清宫畫三十六天帝，其閒赤明陽和天帝潛寫太祖御容，以趙氏火德王天下故。真宗祀汾陰還，經雒都，幸上清，忽覩聖容，驚曰：『此真先帝也！』焚香再拜。張文懿有詩云：『曾此焚香對聖容。』」

孔侯夫婦像

宋范成大《驂鸞録》云：「宿德清縣，泊舟左顧亭，孔愉放龜處。亭前兩枯木可千年，孔侯墓廟在焉。廟居墓前，與其夫人像皆盤膝坐，蓋是几席未廢時所作。」按：此皆吾邑古蹟，今餘不侯祠尚存，而像不可見，枯木亦無有矣。

城隍神姓名

宋趙與旹《賓退録》云：「城隍神之姓名具者，鎮江、慶元、寧國、太平、襄陽、興元、復州、南安諸郡，華亭、蕪湖兩邑，皆謂紀信。隆興、贛、袁、江、吉、建昌、臨江、南康皆謂灌嬰。福州、江陰爲周苛，真州、六合爲英布，和州爲范增，襄陽之穀城爲蕭何，興國軍爲姚弋仲。紹興府爲龐玉，實龐堅四世祖，事具《唐書·忠義傳》，蓋嘗歷越州總管。鄂州爲焦明，《南史》焦度之父也。台州屈坦，吴尚書僕射晃之子，今州治其故居。筠州應智頊，唐初州爲靖州，時刺史南豐游茂洪，開元閒嘗知縣，鎮溧水，白季康，唐縣令也。惟筠之新昌祀西晉邑宰盧姓者，紹興之嵊祀陳長官，慶元昌國祀邑人茹侯，三者不得其名耳。」按：神道亦隨時興廢，今諸神未知尚有仍舊者否，姑記此博異聞。

又云：「《嘉祐禊志》載吴春卿爲臨安宰，聞故老言：錢尚父方睡，湯瓶沸。一小童以水注之，錢曰：『吾方欲以水注瓶，此童先知吾意，不可赦。』遂殺之。後見其爲厲，乃封爲霸國侯，使永爲臨安土地，故塑像爲十餘歲小兒。今不知塑像何如，而土地之稱已轉而爲城隍矣。」按：此神不知今尚有否，亦臨安一故事也。

臨安旌忠廟

宋費衮《梁谿漫志》云：「紹興初，張、楊、郭三大將建永樂三侯廟于臨安柴垛橋之東，賜額『旌忠』。三侯者，高將軍名永能，程閤使名博古，景崇儀名思誼。高西州人，程河南人，景普州人。永樂之役，徐德占拔一時名將以行，故三侯皆被選。程首與虜戰歿。高以策不用，知必敗，以弓紘絶脰死。景入説賊被害。舊廟建於延安之膚施縣，有古雍施巨濟所作記云。然每王師與虜戰，屢施陰助；諸將來討方臘，亦著靈異，故相與作廟於臨安。時有三蛇出没殿廡，人或謂陝西三龍王。今遷廟於豐樂橋東北。」

王建時封號不及關公

宋張唐英《蜀檮杌》云：「永平二年，贈張魯扶義公，諸葛亮安國王。天漢元年正月，封張飛爲靈應王，鄧艾爲彰順王。」按：孟蜀於蜀漢之臣諸葛亮、張飛皆加封號，而不及關公，何邪？

關爺兩颶

《福建志》載臺灣府四時風信云：「正月十三日爲關爺颶，五月十三日亦爲關爺颶。」按：五月十三日世傳爲關帝生日，正月十三則未詳其説。

江蘇官刻《時憲書》云：「九月十三日，關聖帝君上升。」按：《三國志》本傳：「二十四年，羽攻曹仁於樊，曹公遣于禁助仁。秋，大霖雨，漢水泛濫，禁所督七軍皆没云云。」其下即敍羽遇害事，則九月十三日爲關聖帝君上升日，容或可信。

張惡子廟籤

宋張唐英《蜀檮杌》云：「衍親禱張惡子廟，抽籤得『逆天者殃』四字，不悦。」按：籤語止四字。今杭州月下老人祠〔一〕籤止成語一句或數句，頗著靈驗，蓋亦有所倣也。

南宋時梟磯無孫夫人廟

宋陸務觀《入蜀記》云：「梟磯在大江中，有道士結廬其上。政和中賜名寧淵觀。舊説梟磯有梟能害人，故得名。方郡縣奏乞觀額，惡其名，因曰磯在水中，水常沃石，故曰『澆磯』。今

〔一〕祠，原訛「詞」，據《曲園三耍·勝遊圖》改。

觀屋亦二十餘閒，然止一道人居之，相傳有二人則其一輒死，故無敢往者。」按：此知梟磯今有孫夫人廟，南宋時猶無有，不然放翁記必及之也。

又按：《入蜀記》作「梟磯」，云「有梟能害人」。不知梟爲何物，當非梟鳥也。《太平府志》云「蟂蟻在當塗縣西」，其字作「蟂」，引《埤雅》云：『蟂，老蛟也。』今磯南有石穴，廣一丈，深不測，爲蟂所居，昔時嘗出害人」，其字作「蟂」，於義爲近。又云：「明建靈澤夫人祠，世傳吳孫權妹、蜀先主妃，歸省其母，回蜀，至江上，聞先主殂，哀隕，葬此山。」則靈澤祠建自明代，宋時固無有也。放翁略不一及，則其時并無此説可知，不知明代建祠所據何書也。又云：「即龍女祠，禱風濤者不爽。」則祠中所奉何神，亦未能確指矣。

陸相公廟三小娘子

元劉一清《錢唐遺事》云：「浙江十廟在浙江之邊，其一是平水九州大禹王，其一是陸相公。陸有三位小娘子，皆緑袍方巾，列坐兩旁。一主護岸，一主起水，一主交澤，各有司存。凡海船到廟下，必先詣三位小娘子前炷香，上真綵及花朵、粉盒，拜許保安牲酒心願。廟旁别有一所，專祀十二位潮神，各武裝持杖，每位各主一時。然皆不及三位小娘子香火之盛。」

按：《萬曆杭州府志》：「協順廟祀宋陸圭。圭，昭慶軍人，宣和中以真州兵馬都監引兵攻方臘，敗死爲神。淳祐中，江岸屢築不就，神與三女揚旗空中，浮石江面，岸賴以成。浙西帥臣徐㮚聞於朝，賜今廟額，封廣陵侯，并三女爲顯濟、通濟、永濟夫人。」即此三小娘子也，今未知尚有靈爽否。

宋宰相鄭清之五義女

國朝金之俊《游洞庭西山記》云：「自鄭涇灣東行數武，爲金家嶺。稍東爲東明山，有宋宰相鄭廉夫諱清之墓。古松二株，狀如虬龍下霄。又東爲疃里山，五義女墓在焉。即廉夫孫女，曰貞、曰素、曰淑、曰雅、曰新。德祐乙亥九月，金人濟江。自以美質，恐爲人所亂，豫築一大壙，因事亟，丙子二月八日，五女並生藏之。」

鐵胎相公

宋張端義《貴耳集》云：「曲江有二奇，張相公以鐵鑄，六祖禪師以銅鑄。俗語云：『鐵胎相公，銅身六祖。』」

玉蟾大王

元吴師道《敬鄉録》云：「陳韡字子華，福州長樂人。父孔碩北山先生，朱子高第也。北山嘗任婺户曹，韡生於廨舍。初郡有玉蟾大王廟，在子城上，時見白玉蟾形，大小不異，威靈甚厲。韡生時，見玉蟾入其室，實異氣所感也。性英果，有威略，年未三十，出奇破淮東寇。紹定中爲福建招討使，平汀、邵、劍三州盗。終樞密使，謚忠肅。嘗以征殺所得婦人乳頭糟以食，遠餽其親。北山食之甘，初不知也。後更索之，無以應，遂以實告。北山驚惋，得心疾，藥物不能愈。其友人曰：『誦程子四箴足矣。』日誦不輟，月餘脱然復。韡之殘忍，蓋有自來，臨終誦『明月雙溪水，清風八詠樓』句而逝。」

按：白玉蟾，世所稱仙人也。相傳其人姓葛名長庚，白玉蟾乃其别號，與此玉蟾大王未知是一是二。余疑此所謂「玉蟾大王廟」乃近世所奉青蛙神之類，而又疑仙家白玉蟾亦即此神，陳韡與葛長庚皆其所託生也。姑存此説，質之知者。

曹明帝爲天帝

宋魯應龍《閑窗括異志》云：「晉周興死而復生，言天帝召見。天帝面方一尺，問左右曰：『是張天帝邪？』答曰：『上古天帝久已聖矣，此近曹明帝耳。』」

包孝肅爲東岳速報司

國朝吴翌鳳《遜志堂襍鈔》云：「世傳包孝肅爲閻羅王。嘗閲元遺山《續夷堅志》云『包希文以正直爲東岳速報司』，則當時已有此語。」

羊使君廟贊

國朝周亮工《書影》載：「《羊使君廟贊》云：『身爲犧牲，禱於洪水。洪水無知，没而後已。民思其仁，立朝以祀。嗚呼哀哉！不書於史。』右五代晉趙元佐《羊使君廟贊》，廟何地、羊何名，惜乎不傳。」

盤溝大聖

宋龔明之《中吴紀聞》云：「承天寺普賢院有盤溝大聖，身長尺許。人有禱祈，置之掌上，吉則拜，凶則否。推所從來，乃盤溝村中有漁者，嘗遇一僧云：『教汝塑泗州像。』遂以千錢與之，令像中各置一錢，所售之值亦以千錢爲率。漁者如所教，果獲千緡。今寺中所藏，乃其一也。豈非僧伽託此以度人邪？」

七寶大王

宋趙彦衛《雲麓漫鈔》云：「建寧府松溪縣瑞應場在深山中，鄉民識其有銀脈，取之得利。隆興初巡轄馬遞鋪朱姓者言於府，聞於朝，賜名瑞應，置監官。朱死於場中，一子與人鬭，亦死於場中。祀爲神，號七寶大王。」

三婆婆

國朝許聯陞《粤屑》云：「廉州、欽州有三婆婆廟，州人祀之甚虔。官此地者，朔望行香必詣焉。三月二十二日爲婆婆生日，迎神徧游城内外，鐃鼓嘲轟，燈彩炳耀，爆竹之聲震動一城。余嘉慶壬申過潯州，有天后廟，崇碑屹立，敘天后世系云：『有第三姊亦同修煉成仙。』然則三婆廟亦有據，非烏有先生也。」

白馬將軍

國朝周亮工《書影》云：「輝縣褚丘去百泉四十里，有白馬將軍祠，土人多崔姓者。而近又有鄭村，有於褚丘演崔、鄭傳奇者，土人以石擊優人，訟之官。張菉居有《過褚丘》詩：『玉勒追風下古鄉，鴛鴦隊裏陣雲黄。怪底褚丘看社上，無人敢去演《西厢》。』」

草鞋大王

宋劉昌詩《蘆浦筆記》云：「蜀道上有百年古木，枝葉繁茂，可庇一畝。行者多憩其下，或易扉屨，則以其舊拋挂枝上以爲戲，久而積千百緉。一士人過之，取佩刀削樹皮，書曰『草鞋大王』。洎〔一〕回塗，則已立四柱小廟矣。三年再過，祠宇壯麗，驚而問人，備言其靈感。士乃留宿

〔一〕洎，原訛「泊」，據《筆記小説大觀》本改。

而扣神曰：『神之號，蓋某戲書，胡然而至此？』是夕夢神紫綬而請見曰：『予比近老鋪兵也。平生每見負重而不能前者，爲送五里，以息其肩[一]，無他長焉。不謂上帝録是勞績，顧未有所處。得先輩書此號，遂受敕，俾血食。』士曰：『若何而能靈感？』神曰：『每有禱雨暘或休咎，即爲奏帝。帝以其誠，隨扣得請耳。』士曰：『某之前程可問乎？』曰：『諾。』再夕，夢神告曰：『必俟某年而後登第，當至何官。』已而皆驗。」按：此則《風俗通》所載「鮑君神」「李君神」「石賢士」，不得竟以爲誣罔矣。一老鋪兵死後遂受「草鞋大王」之封，上帝亦善於戲謔哉！

貢院將軍

宋魯應龍《閑窗括異志》云：「嘉興貢院西廊之第三間極北，舉子常有爲魅所憑而死者，是以分案於其間者多不欲就。丙午歲，將赴舉，監試官忽夢有人自稱貢院將軍云：『我死於此地，今得爲神。每舉子死於場屋者，皆我輩爲之。可立廟於西北隅，事我則免。』於是明言於

[一] 肩，原訛「肩」，據《筆記小説大觀》本改。

府，立祠焉，由是兩舉稍安。士〔一〕人之就試者莫不先期備金錢禱，以求陰庇。」

鄧通廟

宋吕希哲《吕氏襍記》云：「天漢臺橋西，舊有鄧相公廟，世傳鄧通廟，近歲廟官自榜其前曰：『此後漢鄧禹廟，非鄧通也。』」

吴元濟祠

宋朱弁《曲洧舊聞》云：「孫瑜字叔禮，宣公奭之子也。嘗知蔡州，蔡有吴元濟祠，瑜曰：『元濟叛臣，何得廟食！』徹其像，以裴度易之，人莫不喜。」按：吴元濟亦有祠，所謂「盗蹠之徒慕義無窮」者邪？

〔一〕士，原訛「土」，據《閑窗括異志》改。

水平王廟

國朝薛起鳳《香聞遺集》云：「太湖小山名嶋者四：北嶋杜圻洲，南衆安洲，西角頭洲，東三洋洲，皆有水平王廟。舊傳后稷庶子輔禹平水有功，墓在馬蹟山，因立廟分水嶺。宋慶曆間，知州事胡宿奏列祀典，後杜圻諸洲皆立廟焉。明季三洋洲没於湖，神像浮至衝山。衝山人奉像祀郁使君廟，或遂以郁使君爲水平王，非也。」

盤門雙忠祠

國朝彭紹升《二林居士集》云：「方金兵破揚州，於時高宗駐平江，蹙蹙焉去之臨安。平江諸將帥兵不戰而潰，城不攻而下。金兵自盤門入，有二士者拒敵於門外，一死於陳，一死於水，而盤門破矣。自二士之死，里人神而祀之，迄今六百餘年，而靈爽益著。二士俱汴人，從高宗南渡，守平江。其一劉姓鼐名，蓋死於陳者也；其一張姓鼉名，蓋死於水者也。祠有明永樂中俞楨碑，以鼎爲順國明王，職天壇傳奏司；以鼈爲順濟龍王，職盤溪守禦司。其封爵莫知何昉，要其來也則遠矣。祠在盤門外靈巖鄉，俗名雙土地祠，予更之曰雙忠。」

安史二聖

宋晁説之《晁氏儒言》云：「爾朱榮、晉公獲無君大惡，既死，廟而祀之。范陽閒祀安、史爲二聖。嗟夫！人文悖而不已，則鬼享僭而不法，可不戒哉！」按：安、史得「二聖」之稱，奇矣。桀犬跖客，固各有心乎？

秦檜廟

明曹安《讕言長語》云：「神有不可曉者，□〔一〕有秦檜祠。」按：「有」上闕一字，不知廟在

〔一〕缺字《文淵閣四庫全書》本《讕言長語》作「杭」；可曉，作「當祭」。

何處。

錢神入夢

元劉一清《錢唐遺事》云：「咸淳癸酉，賈相奏乞出視師，且謂臣之料錢招軍，悉有實狀，可以按覆。奏罷歸府，合目静坐。忽夢一男子團面方口，突然而入，曰：『我金主也。相公早閒入奏太激，天下事不由相公，皆由我。相公好好做三年，我六年後亦不復顧人閒事。』賈相醒，與所親言之。三年而賈相罷，六年而錢禁行，乃知男子錢神也。」按：錢神示夢已奇，其身團面方口，適肖錢形，更奇矣。

聞太師申公豹

國朝湯用中《翼駉稗編》云：「聞太師、申公豹係《封神傳》荒誕之言，乃恰克圖四部祀之甚虔。山右張城方道士智禄久客恰克圖，言其地近接俄羅斯，地居北海之南，過北岸則爲狗頭國。每當秋冬，海冰即合，商旅未敢履冰徑過，必詣申廟，焚香拜請。數日，舁像入水試冰，其像以木爲之，裸體不著一絲。舁至海中，直立不仆，漸次入水，俟滅頂，即可履冰過海，車馳馬驟，了無妨礙。至次年二三月，遥望巨浸中見一指破冰出，即羣相告誡，速斷行蹤。數日而拳出，又數日而全體俱出，即聞堅冰碎裂，海水沸騰，像即矗立水面。彩輿舁歸，報賽惟謹。至聞太師威靈尤赫，歲旱虔禱，雨即立降。或有冤抑，詣廟申訴，神即懲治，甚至霹靂一聲，被控之人已爲灰燼，彼地奉之尤虔。此與西藏唐僧孫行者等師徒四衆廟、閩省齊天大聖廟皆以寓言而爲後世信奉，并著靈異。可知人心所向，神即因之，不必實有其人也。」

賽祭〔一〕豬頭

宋陸務觀《入蜀記》云：「二十五日，以一豨壺酒謁英靈助順王祠。祠屬金山寺，寺以二僧守之，榜云『賽祭豬頭，例歸本廟』，觀者無不笑。」按：今俗祀神必用豬頭，觀此知宋俗已然矣。

〔一〕祭，原缺，據目録補。

茶香室四鈔卷二十一

赤松子廟

元吴師道《敬鄉録》載道士舒道紀《赤松子廟詩》「人皆有兄弟，誰共得神仙」云：「舒道紀，晚唐人。僧貫休集中屢有與舒道士詩，又悼其下世云：『仙廟詩難繼。』注云：『師題赤松子廟兄弟、神仙一聯，人皆服之。』」按：此赤松子乃黄初平也。黄初平自號赤松子，即叱石成羊者。其兄黄初起亦得道，自號魯班，詳見《神仙傳》，故舒道士有「兄弟」「神仙」之句。吕東萊《游赤松山記》云：「謁二仙祠，世相傳以爲黄初平兄弟覓亡羊之地。或曰此留侯所謂『欲從赤松子游』者。」按：既有二仙之名，則爲黄氏兄弟無疑，必非留侯所從游者矣。

鍾離權詩

宋趙彦衛《雲麓漫鈔》載鍾離權詩云：「《詩寄太原學士》：『風燈泡沫兩相悲，未肯遺榮自保持。頷下藏珠當猛取，身中有道更求誰？才高雅稱神仙骨，智照靈如大寶龜。一半青山無賣處，與君攜手話希夷。』元祐七年九月九日鍾離權書。潁川莊綽跋云：『維揚有何仙姑者，世以爲謫仙，能與真靈接。一日，鍾離過之，乃書此詩。』吕公亦跋其後，令俟王學士至而授之。後數日，王古敏仲自貳卿出守會稽，至維揚訪姑，即以與之。宣和丙子，其子誠爲西京留司，御史綽有中外之好，得其臨本。」按：吕洞賓詩傳者甚多，鍾離權詩則罕見。且九月九日有此故事，亦世所未知也。

白玉蟾像贊

元李翀《日聞録》云：「白玉蟾降筆跋其像云：『這先生神氣清，玉之英，蟾之精，三光之明，萬物之靈。大道無名，元亨利貞。』」

唐像

宋陸務觀《入蜀記》云：「游天慶觀，李太白所謂潯陽紫極宫也。太清殿老君像乃唐人所塑，特爲奇古。真人、女真、仙官、力士、童子各二軀。」按：天慶觀在江州。

又云：「有唐明皇帝金銅像，衣冠如道士，而氣宇粹穆，有五十年安享太平富貴氣象。」

又云：「西林乾明寺在東林之西，正殿釋迦像著寶冠，他處未見。僧云唐塑也。」

虞皋

國朝吴翌鳳《遜志堂襍鈔》云：「虞皋，羅源人。閩王璘時常鬻黄精於市，龍啟閒爲道士陳守元所辱，故人木當敏因背之去。尋入仙茅山羅喜洞，當敏尾之，望見洞中玉堂金闕，麗人被珠襦者百數。皋至，皆卻行前迎，建翠旍孔蓋。當敏大駭，頓首謝。有頃宴客，畀當敏以婢僕之餐，坐之堂下，然亦非人世所有。居十日，當敏辭歸，城郭人民盡非昔日。蓋明洪武之十二年矣。」此事甚奇，惜不言出何書。

陳太初

《東坡志林》云：「吾八歲入小學，以道士張易簡爲師。童子幾百人，師獨稱吾與陳太初。太初，眉山市井人子也，爲郡小吏。余謫黄州，有眉山道士陸惟忠來，云太初已尸解矣。蜀人吴師道爲漢州太守，太初往客焉。正歲日，見師道求衣食錢物，且告别，持所得盡與市人貧者，反坐於戟門下，遂卒。師道使卒舁往野外焚之，卒罵曰：『何物道士！使吾正旦舁死人。』太初微笑開目曰：『不復煩汝。』步自戟門，至金鴈橋下，趺坐而逝。焚之，舉城見煙焰上眇眇焉有一陳道人也。」按：東坡同學有此一人，甚奇。當東坡謫黄州時，聞太初尸解而去，豈不贊歎以爲不及？然至今觀之，又未知兩人者孰爲優劣也。

郭文守丹竈虎

元陸友仁《研北襍志》云：「唐子西嘗爲關子東言：羅浮山道士觀忽有老虎來，子西矍然。道士曰：『此郭文先生守丹竈虎也。年深爪牙落盡，亦復無聲，可狎而玩。』子東因賦《啮虎》詩。」按：郭文，晉人，而其守丹竈之虎至宋尚在，虎亦仙矣。

張天覺遇仙

宋陸游《入蜀記》云：「謁張文忠公天覺墓，有道人出一石刻草書云：『莫將外物尋奇寶，須問真師決汞鉛。寄八瓊張子高。鍾離權始自王屋游都下，弟子浮玉山人來乞此字。今又將西還，丹元子再請書卷之末。紹聖元年仲冬望日。』權，即世所謂鍾離先生。子高即天覺，丹元子即東坡先生與疇唱者。後有魏泰道輔跋云：『天覺修黄籙醮法成，浮玉山人謂之曰：「上天録公之功，爲須彌山八瓊洞主，宜刻印謝帝而佩之。」天覺不以爲信，故浮玉又出鍾離公書爲證。後丹元子又爲天覺求書卷末。』又有徐註者跋云：『天覺舟過真州，方出謁，有布衣幅巾者徑入舟中，索筆大書「間人吕洞賓來謁張天覺」十字，擲筆即去。而天覺適歸，墨猶未乾。』注：『真州人云親見之。』」

按：張天覺反復無常，非端士也。本傳言其與方技郭天信往還，必好神仙家言，故有此附會之説。丹元子本王氏逐子，後改名王繹，爲醫官，出入蔡京門下，此其人豈真仙乎？東坡爲所愚耳，乃爲張天覺求鍾離先生書，誕妄可笑。但不知浮玉山人又何人也。丹元子事詳見《三鈔》卷三。

孔大娘

宋龐元英《文昌雜録》云：「膳部魯郎中言：昔年陳州有女妖自云孔大娘，每昏夜，於鼓腔中與人語言，尤知未來事。故相晏元獻公守陳，方製小詞一闋，修改未定，而孔大娘已能歌矣。」

蔡仙姑

明曹安《讕言長語》云：「宋元豐中，陳州蔡仙姑能化見丈六金身。常設淨水，至者必先淨目而入。有廖縣尉率其部曲約洗一目，以洗目視之，寶蓮臺上金佛巍然；以不洗目視之，大竹籃中一老嫗箕踞而坐，乃叱其下擒之。」

不食姑

國朝宋長白《柳亭詩話》云：「唐人有不食姑詩，葢女冠而辟穀者也。于鵠一首絶佳：『不食非關藥，天生是女仙。見人還起拜，留伴亦開田。無窟尋溪宿，兼衣掃葉眠。不知何代女，猶帶翦刀錢。』張籍亦有此題云：『幾年山裏住，已作緑毛身。』」按：此女惜不傳名氏，所帶「翦刀錢」不知何代之物。考刀布之制，秦漢以後惟王莽一行之，此女必數百年人矣。

按：古錢制有方頭布，有尖頭布，尖頭之布頗似翦刀之形。果爾，則秦漢以前之人矣。

靈哥

明張志淳《南園漫録》云：「幼聞靈哥者，居濟寧之魯橋，能預言禍福。本猴也，因竊陳希夷所鍊丹藥食之，遂靈通。至今所居，必擇人妻少有色者，以其夫爲香通，而居其家。香通家爲設絳帳居之，於絳帳前傳語。時來兩京，京師則多居鮮魚巷。問事者瞻拜，先自索錢，曰：『不可輕易我香通。』要高錢足數方告之。正德閒，家因會，女客失一銀物，遣老婢往問之。既多與香錢，只曰：『其物已爲人竊毁用矣。』問其人姓名，只曰：『我説其名，人來怪我。』香通因不説。老婢回言，家人不平，遣再問之，索多如前，始曰：『物是孫少卿家劍童毁用了，再不可得矣。』老婢恐再問而猶不得，則起立於旁伺之。問事者盡去，帳中問『還有人否』，香通不知老婢之伺于後也，答曰『無有』，即揭帳。老婢見帳中一猴據牀而坐，隨聞室中傳呼聲，則不見矣。自侯王以上、士夫以下，罔不尊崇奉之，曰上仙，曰靈仙，而不敢正其妖；其瀆亂男女已甚，而不敢禁其事，何也？」按：明代有「靈哥」，余已載於《續鈔》卷十九矣。今得其詳，故又紀之。

東方王母

宋沈括《夢溪筆淡》云：「予在中書檢正時，閲雷州奏牘。有人爲鄉民呪死，問其狀，以熟食呪之，膾炙之類，牛者復爲牛，羊者復爲羊。必金帛求解，金帛不至，腹裂而死。觀其呪語，但云『東方王母桃，西方王母桃』兩句，其他但道所欲，更無他術。」

焚香助升舉

宋葉夢得《避暑録話》云：「章子厚自嶺表還，爲余言神仙升舉事云：『形滯難脱，臨行亦須假名香百餘斤焚之。近歲廬山有崔道人，積香數斛，一日盡發，命弟子置五老峯下，徐焚之。默坐其旁，煙盛不相辨，忽躍起，已在峯頂上。』語雖近奇，理或有是。」

道家僞書

明王世貞《讀書後》云：「《許真君石函記》不類晉人語，蓋自張紫陽而後，陳泥丸、白紫清繼之，俱以無礙之辨才，發性命之宗旨。一時門弟子摹倣爲之，乃至所爲《醉思仙歌》亦託之真君，《大還丹歌》託之吴猛，《鉛汞歌》託之嚴君平，《龍虎歌》託之陰長生，《破迷正道還丹歌》託之鍾離雲房，《窑頭坯》諸歌託之吕洞賓，《還丹破迷至真三歌》託之劉海蟾。鄙俚尤沓，不能脱沿街鼓簡氣。其中有一二精至語，不妨作摩天偈例取之。」

禁箕筆

宋岳珂《愧郯録》云：「政和六年正月二十三日詔：『近來京師姦猾狂妄之輩，輒以箕筆聚衆立堂，號曰天尊、大仙之名，書字無取，語言不經。竊慮浸成邪慝，可令八厢使臣逐地分告示，毁撤焚棄。限三日外，立賞錢三千貫收捉，犯人斷徒二年，刺配千里；官員勒停，千里編管。』」按：政和間崇尚道教，而猶有此禁，況在治世乎？

金聖歎請箕仙

國朝褚人穫《堅瓠集》云：「乩仙大約文人才士精靈之所託。有金某通其術，詭稱一陳夫人，號曰慈月智朗，與有婚姻之緣，請之即來，長篇大章，滔滔汩汩。」按：此即金聖歎也。

前身爲道士

元鮮于樞《困學齋襍録》云：「紫陽先生楊奂字煥卿，後進稱關西先生。少年時自悟前身爲紫陽宫道士，因自號。」

道士落髮爲僧

元鮮于樞《困學齋襍録》云：「道士申志貞字正之，嘗爲道教提點，住京師長春宫。時道士舊傳十七人，坐與釋教持論不勝，落髮爲僧者，志貞其一也。」

邵謁降神

元西域辛文房《唐才子傳》云：「邵謁，韶州翁源縣人。咸通七年釋褐，後服官，不知所終。他日縣民祠神者，持幘舞鈴，忽自稱邵先輩降。鄉里前輩皆至，作禮問曰：『今者辱來，能强爲我賦詩乎？』巫即書一絶云：『青山山下少年郎，失意當時别故鄉。惆悵不堪回首望，隔溪遥見舊書堂。』」按：死後魂歸，尚能賦詩，亦可謂性靈不昧者矣。

嵇侍中鬼

元陸友仁《研北襍志》云：「趙子昂學士言：嵇侍中廟在湯陰縣西門外二里。延祐元年十一月十九日，彰德朱長孺求書『晉嵇侍中之廟』六字，趙不辭而書之。是夜京口石民瞻館于書室中，夢一丈夫，晉人衣冠，蓬首玄衣，血流被面，謂民瞻曰：『我嵇侍中也。今日趙子昂爲余書廟額，故來謝之。』言訖而去。民瞻既覺，猶汗流，亦異夢也。」按：此事未足信，姑以廣異聞。

黃僕射

《東坡志林》云：「連州有黃損僕射者，五代時人，蓋仕南汉官也。未老退歸，一日忽遁去，子孫畫像事之。凡三十二年，復歸，坐阼階上，呼家人。其子適不在，孫出見之，索筆書壁云：『一別人間歲月多，歸來人事已銷磨。惟有門前鑑池水，春風不改舊時波。』投筆竟去。子歸，問其狀貌，孫云：『甚似影堂老人也。』」按：此人得道不死無疑，勝於化鶴而歸之丁令威矣。

袁晁寃報

明王世貞《讀書後》云：「《佛祖統紀》謂知玄法師自成都謁僖宗，優禮之，賜號悟達。尋歸九隴定中，見菩薩摩頂説法，言訖即隱。俄見一珠人左股隆起，痛甚，上有『晁錯』二字。玄知夙業，即右膝安卧而逝。世言玄之前身漢州三學山知鉉法師，臨終感病，與玄正類。及攷《神僧傳》，知玄邂逅一僧，患迦摩羅疾，候視無倦。至別，僧曰：『子後有難，可往西蜀彭州茶隴山相尋，二松爲識。』後玄居安國寺，僖宗禮之，賜沈香坐。忽膝生人面瘡，眉目口齒俱備。以飲食餵之，則開口吞啖。因憶僧言，入山尋訪。二松之閒，佛寺儼然，故僧出迓甚懽。告以所苦，曰：『無傷也。山有泉，旦灌之即愈。』及明至泉所，方掬水，瘡忽人語曰：『未可也。公不讀《西漢書》乎？』曰：『讀。』曰：『既讀之，豈不知袁盎殺鼂錯乎？公即盎後身，吾乃錯也。累世求報於公，而公十世爲僧，戒律精嚴，不得其便。今公受賜過奢，名利心起，故能害之。而迦諾迦尊者以三昧法水洗我，我去汝，不爲怨矣。』玄乃掬水洗之，痛徹髓，絶而復蘇，遂愈。回顧寺，無覩矣。因卓錫其地，述《水讖》三卷。尋二本所傳，其事無一同者，第其爲冤報則一耳。」

愚按：「知玄」「知鉉」當即一人，傳者誤分爲兩世耳。其事當以《佛祖統紀》爲得實。「知玄」「知鉉」雖誤分爲二，其以此疾死則傳者同也。《神僧傳》云云，當是佛徒之創造；《水讖》者，託名知玄而爲是説耳。

秦少游身後詞

宋吴炯《五總志》云："潭守宴客合江亭，張才叔在坐。有一妓獨唱兩句云：『微波渾不動，冷浸一天星。』才叔索其全篇，妓以實告：『賤妾夜居商人船中，鄰舟一男子倚檣而歌，不能盡記。』太守乃與同列飲酒以待，果一男子三歎而歌。有趙瓊曰：『此秦七聲度也。』乃遣人問訊，即少游靈舟也。其詞曰：『瀟湘千里挼藍色，蘭橈昔日曾經。月明風静露華清。微波渾不動，冷浸一天星。　獨倚危檣情悄悄，時聞飛瑟泠泠。仙音含盡古今情。曲終人不見，江上數峯青。』"

宋姚寬《西谿叢語》云："『洞庭春水緑於雲，日日征帆送遠人。曾向木蘭舟上望，不知元是此花身。』一小説：唐末，館閣數公泛舟，以木蘭爲題。忽一貧士登舟作此，諸公覽詩大驚，物色之，乃李義山之魄。時義山下世久矣。"按：此説尤奇，不知何以知爲李義山也。又云《嵐齋集》載此詩，爲陸龜蒙作。

借屍還魂

宋方勺《泊宅編》云：「歷亭縣李押司死時復蘇，寄一姓蘇人還魂。本家不肯認，遂詣縣訴。有司以涉怪，抑而不奏。世云借屍還魂，信有之邪？」按：《三鈔》卷二十已記借屍〔一〕還魂事，今又記此，其説詳《右台仙〔二〕館筆記》中。

留尸不壞

明方以智《物理小識》云：「孛露國有一拔爾撒摩樹，脂塗尸，千年不朽。」按：「孛露國」不知何地，「拔爾撒摩」亦不知何樹。《物理小識》又云：「寡欲恬澹，氣盡而逝。心不繫戀，煖從頂脱。尸爲遺蜕，久之自乾。小乘專致常然，豈足怪乎？」此則真不朽矣。

〔一〕屍，原作「死」，據《茶香室三鈔》改。
〔二〕仙，原作「山」，據《右台仙館筆記》改。

鬼神自空中過

宋沈括《夢溪筆談》云：「歐陽文忠出使河朔，過高唐縣，驛舍中夜有鬼神自空中過，車馬人畜之聲一一可辨。問本處父老，云：『二十年前嘗晝過縣，亦歷歷見人物。』」宋宋敏求《春明退朝録》云：「歐陽少師言：爲河北都轉運使，冬日至滄、景閒，於野亭夜半聞車旍兵馬之聲，達旦不絶。問彼處人，云：『此海神移徙，五七年閒一有之。』」同此一事，紀載小異。

讀《易》辟魅

國朝羅振玉《存拙齋札疏》云：「《北齊書·權會傳》：『夜出城東門，鐘漏已盡，會獨乘驢。忽有二人，一人牽頭，一人隨後，有似相助。其回動輕漂，有異生人。漸漸失路，不由本道。會甚怪之，遂誦《易經》上篇，一卷不盡，二人忽然離散。』今俗謂讀《易》辟魅，其説昉此。」

文昌經治疫鬼

國朝褚人穫《堅瓠集》云：「天啓中，蜀明時舉爲盧陵令，值邑中疫大作，明刻一經條似封條樣，上寫《玉青文昌大洞經》，取道士印鈐於上，散病人家，貼門上，病者即愈，未病者不染。人咸異之，問於明。明曰：『文昌父母皆死於疫，及得道，乃法治疫鬼。鬼名元伯，願聽約束，但有經號在門，即不敢入，已入即出。』」

秋姑

國朝沈自南《藝林彙考》引《菽園襍記》云：「北方老嫗八九十歲以上，齒落更生者，能於暮夜出外食人嬰兒，名秋姑。秋，北人讀爲篘酒之篘。」按：先君《印雪軒隨筆》載秋胡老媽事，即此也。乃知民俗訛傳，亦有所自。

鬼死居鴉鳴國

《太平廣記》再生類云：「江陵使院書手許琛暴卒又蘇，曰見二人黄衫，領至一所，榜曰鴉鳴國。無城壁，惟有古槐萬萬株，樹上羣鴉鳴噪，咫尺不聞人聲。二人言鴉鳴國周數百里，日月所不及，惟以鴉鳴知晝夜。人死有鬼，鬼復死，若無此地，何以處之？」按：世傳鬼死爲「聻」。鬼亦有死，其信然邪？

燒紙錢勿令人觸

《太平廣記》再生類載許琛事云：「有紫衣人呼琛曰：『汝歸見王僕射，爲我云：武相公傳語僕射，深愧每惠錢物。然皆碎惡，不堪行用。今此有事，切要五萬張紙錢，望求好紙燒之，燒時勿令人觸，至此即完全矣。』」按：「王僕射」謂王潛，時鎮江陵。「武相公」即武元衡也。今人燒紙錢亦戒勿挑撥，即此意矣。

施斛

宋車若水《脚氣集》云：「施斛一節，既薦祖先，又與祖先請客，不失爲長厚也。予先室死，曾施斛薦之。友人呂居中云：鄭慥堂先生亦不信佛，亦不廢斛。」按：「施斛」之法不知如何，大約如今「放焰口」之類。

墳樹

唐封演《封氏聞見記》云：「按：《禮經》：『天子墳高三雉，諸侯半之，大夫八尺，士四尺。天子樹松，諸侯樹柏，大夫樹楊，士樹榆。』《説文》云：『天子樹松，諸侯柏，大夫楡，士楊。』按：此二説「榆」「楊」互異。《白虎通》引《春秋含文嘉》曰：「天子墳高三仞，樹以松；諸侯半之，樹以柏；大夫八尺，樹以欒；士四尺，樹以槐；庶人無墳，樹以楊柳。」又與前三説不同。惟松柏則皆非天子、諸侯不得樹也。

舒綽聖葬

《太平廣記》冢墓類云：「舒綽，東陽人，稽古博文，善相冢。吏部侍郎楊恭仁求善圖墓者五六人，並海内名手，互相是非，恭仁莫知孰是。乃於欲葬之原四處各作曆記，其方面高下形勢，各取一斗土，并曆封之。隱曆出土，令諸生相之，言其形勢，與曆乖背。綽乃定一土堪葬，操筆作曆，與恭仁曆無尺寸之差。諸生推服，當時朝野以綽爲聖葬。」原注云：「出《朝野僉載》。」按：此乃堪輿家之著名前代者，今言地理者不能舉其名矣。

淘〔一〕沙官

無名氏《劉豫事迹》云：「西京奉先指揮兵士李英賣玉注椀與三路都統。豫疑非民閒物，

〔一〕淘，原作「陶」，據目録改。

勘鞫之，知得之山陵中，遂以劉從善爲河南淘沙官，發掘古今山陵求金，猶發掘不盡棺中水銀等物；以谷俊爲汴京淘沙官，發民間埋窖及無主墳墓中物。」按：發丘摸金，而後又有此淘沙之官，姦雄作事大率相同也。

遐榻

宋韓淲《澗泉日記》云：「天竺慈雲法師生前制棺，名爲遐榻。」

死軒

元陸友仁《研北襍志〔一〕》云：「畢少董命所屋之室曰死軒，凡所服用皆上古壙中之物。」

〔一〕志，原訛「忌」，據《筆記小説大觀》本改。

茶香室四鈔卷二十二

畫家四祖

明楊慎《畫品》云：「畫家以顧、陸、張、吴爲四祖，顧長康、陸探微、張僧繇、吴道玄也。余以爲當以顧、陸、張、展爲四祖。展，子虔也。畫家顧、陸、張、展，如詩家之曹、劉、沈、謝。閻立本則李白，吴道玄則杜甫也。」

畫家三靄

明楊慎《畫品》云：「畫家三靄，王靄、李靄與僧元靄也。」

按：《圖畫見聞志》：「王靄，京師人，五代間以畫聞。太祖受禪，授圖畫院祗候。今定力院太祖御容、梁祖真像，皆靄筆也。」

又按：《宣和畫譜》：「李靄之，華陰人，善畫山水泉石，尤善畫貓。爲羅紹威所厚，建一亭，爲靄之援豪之所，名曰金波，時以靄之爲金波處士。」其即李靄乎？

宋李昂英《文溪集》言蜀僧元靄寫太宗龍顔，天爲之笑，寵榮冠一時。又柳開《河東先生集》載元靄來自蜀，以寫真見上。上愛之，曰：「若能自寫真乎？」曰：「能。」既成，開爲作讚云：「他人寫真，能寫他人。靄公自寫，如他人也。」

愚謂此三人固皆工畫，然王靄、僧元靄皆以寫真知名，李靄之不言善寫真也，何以並稱「三靄」？豈别有李靄，非此李靄之乎？

宋金三帝書畫

元陸友仁《硯北雜志》云：「余觀中祕所藏前代書畫，宋高宗爲上，徽宗次之，金章宗最下。」

又云：「徽宗御題畫，圖字内從口；章宗書，圖字内從厶，可以驗知其書也。」

南嶽廟武洞清畫壁

宋范成大《驂鸞録》云：「南嶽廟，湖南馬氏所植〔一〕古松滿庭。殿後東西北三廊壁畫，後宫武洞清所作。紹興二十五年，火發殿上，燒後廊。壁本不圮，官不時覆護，爲風雨所壞。帥司亟遣衆工模搨，新廟成，用模本更畫。雖不復武氏筆法，然位置意匠十存八九。自宴樂優戲、琴棋圖書，弋釣紉織，下至搗練汲井，凡宫中四時行樂作務，粲然畢陳。朶殿又畫嬪御上直、匳香、篝衣之事，尤爲精妍。前廊及中門所畫文武官班，旌旗戈甲之屬，則常筆也。」按：此武洞清必馬氏後宫，亦奇女子矣。

〔一〕植，原訛「值」，據《筆記小説大觀》本改。

孝嚴殿畫像

宋郭若虛《圖畫見聞志》云：「治平甲辰歲，於景靈宫建孝嚴殿，奉安仁宗神御。乃鳩集畫手，畫諸屏扆牆壁。先是，三聖神御殿兩廊圖畫創業戡定之功及朝廷所行大禮，次畫講肄文武之事、游豫宴饗之儀，至是又應畫仁宗朝輔臣吕文靖以下至節鉞凡七十二人。時張龍圖燾主其事，乃奏請於逐人家取影貌傳寫之，鴛行序列，歷歷可識其面，莫不歎爲盛美。」按：雲臺、麟閣，今古豔傳，不謂宋世又有孝嚴殿畫像之盛事也。此事知者甚尠，想當時亦偶一行之，未必歷朝皆有此舉耳。

《漢祖過沛圖》

宋宋敏求《春明退朝録》云：「近人有收《漢祖過沛圖》者，畫蹟頗佳，而有僧，爲觀者所指，翌日並加僧以幅巾。」

《三朝訓鑒圖》

宋郭若虛《圖畫見聞志》云：「皇祐初元，上敕待詔高克明等圖畫三朝盛德之事，人物纔及寸餘，宮殿、山川、鑾輿、儀衛咸備，凡一百事，爲十卷，名《三朝訓鑒圖》。圖成，復令傳摹、鏤版、印染，頒賜大臣。」按：皇祐乃仁宗年號，所謂「三朝」者，太祖、太宗、真宗也。此等印本未知尚有流傳者否，得之真希世珍矣。

扇面畫三教

宋郭若虛《圖畫見聞誌》云：「田景工畫人物，嘗得一扇面，畫三教，作二童奕棋於僧前，一則乘勝而矜誇，一則敗北而悔沮。僧臨視而笑，瞻顧如生。」按：此條叙述未明晰，二童必是一儒一道，然未知孰勝也。

山水扇面

明楊慎《畫品》云：「蜀僧楚安畫山水於扇上，安姑蘇臺或滕王閣，千山萬水盡在目前。今蜀中有扇面印版，是其遺範。」

花光和尚梅花四圖

明楊慎《名畫神品目》有《暗香》《疏影》《溪雪》《春風》四圖，注云「花光和尚」。又云：「蜀僧超然居衡陽花光山，靖康之亂，徙江南柯山，與陳簡齋並舍而居，作梅超凡入聖。簡齋有『移船來近花光住，寫得南枝與北枝』之句。雲夢趙復題曰：『如王謝子弟，倒冠落佩，舉止傾欹，自有一種風味。』」

按：華光墨梅，余已記於《續鈔》二十一，今又記此。「花」「華」字異，各就所見書之耳。

《楊通移居圖》

國朝周亮工《書影》云：「劉後村跋《楊通移居圖》云：『一帽而跣者荷藥瓢、書卷先行，一髻而牧者負布囊、驅三羊繼之，一女子蓬首挾琴，一童子肩猫，一童子背一小兒，一奴荷薦席、�籃、帛槌之屬，又繼之以處士，帽帶執卷騎驢，一奴負琴又繼之，細君抱一兒騎牛，別一兒坐母前持箠曳繩殿其後。舊題云《楊通老移居圖》。有宋處士魏野有亭榭，林逋無妻子，惟楊朴最貧而有累。但朴字契元，不字通老，當訪之博識者。』」

沈石田《忠孝》卷

國朝周亮工《書影》云：「在金陵時，見馮錦衣所藏沈石田畫《忠孝》卷，葵數百本，萱亦數百本，皆縱橫淋漓，曲盡寫生之致[一]。馮故黨馬、阮，亂時都人盡罄其藏，此卷不知竟歸何所

[一] 致，原訛「改」，據《因樹屋書影》卷一改。

矣。」按：此卷葢以葵寓忠意，以萱寓孝意也。藏之非其人，遂致毁棄，惜哉！

《鳳樓十八怨》

宋郭若虚《圖畫見聞誌》云：「朱簡章工畫人物，有《胡笳十八拍》《鳳樓十八怨》等圖。」按：《鳳樓十八怨》未詳，宜核。

《六鶴同椿》

明楊慎《畫品》云：「北人之語，合、鶴不分，故有繪六鶴及椿樹爲圖者，取『六合同春』之義，大是可笑。」

雲林《十萬圖》

國朝周亮工《書影》云：「雲林《萬壑朝天圖》臨顧虎頭，《萬竿煙雨圖》彷彿郭河陽，《萬丈空流圖》臨荆浩。又常同其妾輕雲放舟錫山，作《萬壑爭流圖》。又見癡翁寫《九峯雪霽》，作《萬峯飛雪圖》。又有《萬卷詩樓圖》《萬林秋色圖》《萬松疊翠》《萬横香雪圖》《萬點青蓮圖》，總名曰《十萬圖》，各有雲林自跋，葢爲陶九成作者。侯方域作《雲林十萬圖記》。」

《五客圖》

宋郭若虚《圖畫見聞志》云：「李文正嘗於私第後園畜五禽，皆以『客』名之，後命畫人寫以爲圖。鶴曰仙客，孔雀曰南客，鸚武曰隴客，白鷴曰閒客，鷺鷥曰雪客。各有詩篇題於圖上，好事者傳寫之。」

按：《楊文公談苑》以鸚武爲「西客」，與孔雀「南客」相稱，殊勝「隴客」也。

《六鶴圖》

宋郭若虚《圖畫見聞誌》云：「孟蜀後主廣政甲辰歲，淮南馳聘，副以六鶴。蜀主遂命黄筌寫六鶴於便坐之壁，因名《六鶴殿》。」注云：「蜀人自此方識真鶴。」愚謂此殆妄傳也。本書所載程凝亦有《六鶴圖》，豈亦因此邪？黄筌《六鶴》，一曰唳天，二曰警露，三曰啄苔，四曰舞風，五曰疏翎，六曰顧步。疑畫家相傳有此畫法耳。

本書又云：「易元吉字慶之，治平甲辰歲，敕令於開先殿西廡張素畫《百猿圖》，命近要中貴人領其事，先給粉墨之資二百千。畫猿裁十餘枚，感疾而卒。使元吉卒就百猿，當有遇於人主，其命矣夫！」按：此知畫鶴以六計，亦猶畫猿以百計，一多一少，皆當時畫家規格也。

《玉房祕戲》

明楊慎《名畫神品目》有《素女玉房祕戲圖》。

按：楊升庵《畫品》有云：「徐陵與周弘讓書：『歸來天目，得肆閒居，差有弄玉之俱仙，非無孟光之同隱。優游俯仰，極素女之經文；升降盈虛，盡軒皇之圖勢。』則宋人畫苑《春宵祕戲圖》有自來矣。」

又按：《漢書·敘傳》：「時乘輿幄坐，張畫屏風，畫紂醉踞妲己。」此當爲祕戲圖之始，升庵引徐陵書，陋矣。

寫照法

明方以智《物理小識》云：「寫影之法，首、腰、足三停，立則爲首者七，坐則爲首者五。」按：此言首與身宜相稱，如首三寸，則立者身宜二尺一寸，坐者身宜一尺五寸也。此法今畫家亦尚知之。

寫小照

國朝周亮工《書影》云：「寫小照者，推閩人曾波臣鯨。近則推莆田郭無疆鞏、虎林謝文侯彬，兩生筆致秀婉，無作家氣，不獨曲肖神情已也。」

夫寫妻真

明楊慎《名畫神品目》有《管夫人玩花圖》《管夫人烹茶圖》，並注：「趙子昂夫寫妻真。」洵閨房韻事矣。

傳寫名手

宋郭若虛《圖畫見聞誌》有「獨工傳寫者七人」：牟谷、高太沖、尹質、歐陽黌、元靄、維真、何充。

按：此七人皆長於寫真者，元靄、維真二人皆僧也：「元靄一日在禁中傳寫，爲一小黄門毁辱。徧問同列，無肎道其姓名者。靄乃草一頭子，懷之見都知李神福，訴以毁辱之事。神福曰：『小底至多，不得其名，誰受其責？』靄乃探懷中頭子示之。李一見曰：『此鄧某也。何倉卒之閒傳寫如此之妙？』因召鄧責誚，伏過而去。」據錢易《洞微志》亦載此事較詳，并知毁辱元靄者其人乃楊懷吉。此云鄧某，非也。

又按：此書載宋代畫家人物門凡五十二人，而獨工傳寫者止此七人，可知傳寫之難矣。

寫真宜三十歲後

明楊慎《畫品》云：「未滿三十，不必寫照，恐奪精神也。」按：此語不知何所出，或亦有理。

胡翼畫人物

國朝周亮工《書影》云：「胡翼工畫人物。關仝畫山水，人物非其所長，多使翼爲之，古人虚心如此。」然則兩人合作一畫，古亦有之也。

古畫衣裳顔色

元趙叔向《霏雪録》云：「古人畫人物，上衣下裳，互用黄白粉青四色，未嘗用緑色者，葢緑近婦人服色也。琴囊或紫或黄，二色而已，不用他色。」

裝堂花

宋郭若虚《圖畫見聞志》云：「江南徐熙輩有於雙縑幅素上畫叢豔疊石，傍出藥苗，雜以禽鳥蜂蟬之妙，乃是供李主宫中挂設之具，謂之鋪殿花。次曰裝堂花，意在位置端莊，駢羅整肅，不取生意自然之態，故觀者往往不甚采鑒。」按：此葢畫苑體裁也。裝堂次於鋪殿，疑士大夫家亦可用之。

孫仲容父子善鑒書畫

唐李綽《尚書故實》云：「京師書儈孫盈者，名甚著。父曰仲容，亦鑒書畫，精於品目。豪家所寶多經其手，真僞無逃。」

畫工須博古之士

宋郭若虚《圖畫見聞誌》云：「閻立本圖昭君配虜，戴帷帽以據鞍；王知慎畫梁武南郊，有衣冠而跨馬。不知帷帽創從隋代，軒車廢自南朝，雖弗害爲名蹤，亦丹青之病爾。」注云：「帷帽如今之席帽，周回垂網。」以此言之，畫工必須博古之士。

《舊唐書·輿服志》載太子左庶子劉子玄議曰：「古者自大夫以上皆乘車，而以馬爲騑服。魏晉已降，訖於隋代，朝士又駕牛車。至如李廣北征，解鞍憩息；馬援南伐，據鞍顧盼。斯則鞍馬之設行於軍旅，戎服所乘貴於便習者也。案江左官至尚書，而輒輕乘馬，則爲御史所彈。顔延之罷官後好騎馬出入閭里，當代稱其放誕。此則專車憑軾，可環朝衣；單馬御鞍，宜從褻服。求之近古，灼然之明驗矣。比者鑾輿出幸，法駕首塗，左右侍臣皆以朝服乘馬。議者皆云祕閣有《梁武帝南郊圖》，多有衣冠乘馬者。臣案此圖是後人所爲，非當時所撰。且如張僧繇畫《羣公祖二疏》，而兵士有著芒屩者；閻立本畫《昭君入匈奴》，而婦人有著帷帽者。夫芒屩出於水鄉，非京華所有；帷帽創自隋代，非漢宫所作。豈可徵此二畫以爲故實乎？《梁武南郊》之圖，義同於此云云。」然則郭若虚之論，實本劉議而發也。

宋龐元英《文昌雜録》云：「工部范郎中出古畫一軸，云是韓滉筆。其畫作村夫子教學生，夫子帶烏紗折上巾。按：唐始有巾子，兩帶以繫巾，兩帶垂以爲飾。至僖宗時，因伶人以銀線撚二帶，帝曰：『亦與朕作一頂來。』自此方應折上。方韓滉時未有此製，恐非韓畫。諸君皆以爲然。」

宋李上交《近事會元》云：「其烏紗帽漸廢，貴賤通服折上巾。其制周武帝建德年所造也。」則「折上巾」由來久矣，亦不得因此疑非韓畫。

畫家寓意

明楊慎《畫品》云：「魏高鄉公曹髦畫《卞莊刺虎圖》，意在誅司馬昭。宋雍秀才畫草蟲，每一物譏當時用事者。一蝸升高不知疲，竟作粘壁枯，以比安石。」

《畫品》又云：「唐太宗時，終南山猛虎害人，使驍勇者捕之不獲，虢王元鳳一箭斃之。命閻立本圖其狀。」此則實紀其事矣。

畫選場

宋郭若虛《圖畫見聞誌》云：「梁駙馬都尉趙嵒酷好畫事。畫府祕藏圖軸五千餘卷，食客常百餘人，以畫見留者惟胡翼、王殷二人。嘗令胡翼品第畫府優劣，中品以下或有未至者，即指示令醫去其病，或用水刷，或以粉塗，有經數次方合其意者，時人謂之趙家畫選場。」按：畫有病可醫，此說亦甚新奇。

明楊慎《畫品》云：「梁駙馬趙嵒有選畫場，效選佛之說也。近秣陵好事者爲選花場。」按：郭《誌》言「畫選場」，蓋云此畫之選場耳；楊則云「選畫場」，未知孰是。

詩可入畫

宋郭若虛《圖畫見聞誌》云：「唐鄭谷有《雪》詩云：『亂飄僧舍茶煙溼，密灑歌樓酒力微。江上晚來堪畫處，漁人披得一簑歸。』時人多傳誦之。段贊善善畫，因採其詩意景物圖寫之，曲盡蕭灑之思。谷爲詩寄謝，末云：『愛余風雪句，幽絶寫漁蓑。』」「段贊善」不知何人。原注云：「《歷代名畫記》中有段去惑。」

又云：「李益者，宰相揆之族子，有《征人歌》《早行篇》。好事者盡圖寫爲屏障，如『回樂峯前沙似雪，受降城外月如霜』是也。」

明楊慎《畫品》云：「杜詩『花遠重重樹，雲輕處處山』，可作畫本。」余按：古人固有以詩爲畫者，余《九九銷夏録》卷十三曾載數事。

畫物似真

宋郭若虚《圖畫見聞志》云：「易元吉字慶之，嘗於餘杭後市都監廳屏風上畫鷂子一隻，舊有燕巢，自此不復來止。」按：楊升庵《畫品》云：「道宏畫貓，一家無鼠。」亦此類也。

又按：《圖畫見聞志》云：「孟蜀有一術士，稱善畫。蜀主令於庭中東隅畫野鵲一隻，俄有衆禽集而噪之；次令黄筌於庭之西隅畫野鵲一隻，則無集禽之噪。蜀主問筌，對曰：『臣所畫者藝畫也，彼所畫者術畫也。』蜀主然之。國初有道士陸希直者，每畫花一枝，張於壁間，則游蜂立至。向使邊、黄、徐、趙輩措筆無來蜂之驗，此非眩惑取工、沽名亂藝者乎？至於野人騰壁，美女下牆，噀五彩於水中，起雙龍於霧外，皆出方術怪誕。推之畫法，闕如也。」按：此知工於藝者固能奪真，而善於術者亦足致異，是不可不察也。

以畫自娱

宋郭若虚《圖畫見聞誌》卷三《紀藝》中敍述宋代自建隆至熙寧一百五十八人，於王公士大夫後先列「高尚其事，以畫自娱者二人李成、宋澥」，然後及「業於繪事馳名當代者」自王靄以下一百四十六人。此可見以藝傳者仍以品重也。李成即李營丘，因所居得名。

畫隱

元陸友仁《研北雜志》云：「黄魯直云：『李侯畫隱百僚底。』『畫隱』二字未經人用。」

新羅收畫

宋郭若虛《圖畫見聞誌》云：「唐周昉窮丹青之妙，貞元閒新羅人以善價收置數十卷，持歸本國。」

鐵畫

國朝王詡《建陵山房集》有《觀明季湯鵬鐵畫詩序》云：「鵬，蕪湖鍛工也，與蕭尺木鄰。嘗輟業觀蕭作畫，蕭非笑之。鵬遂以意創爲鐵畫，名與蕭埒。」

茶香室四鈔卷二十三

琴工

宋沈括《夢溪筆談》云：「興國中，琴待詔朱文濟鼓琴爲天下第一。京師僧慧日大師夷中盡得其法，以授僧義海。海盡夷中之藝，乃入越州法華山習之，積十年不下山，晝夜手不釋絃，遂窮其妙。天下從海學琴者輻輳，無有臻其奧。海今老矣，指法於是遂絕。」

琴弦

國朝徐文靖《管城碩記》云：「《通禮纂義》曰：『堯使無勾作琴。』揚雄《琴清英》曰：『舜彈五弦之琴而天下治。堯加二弦，以合君臣之恩。』則七弦不始周也。又按：《魏氏春秋》曰：『孫登好讀《易》，鼓一弦琴。』《真誥》曰：『周大賓善鼓一弦琴，是教孫登者。』杜氏《通典》曰：『一弦琴，有十二柱，如琵琶。』此一弦琴也。《雲山褉記》曰：『謝涓子，魯人，作琴名龍腰，三弦。』《琴談》曰：『漢琴客張道作琴，名響泉，三弦。』此三弦琴也。《琴書》曰：『琴本七弦，漢蔡邕又加二弦，以象九星，在人法九竅。』此九弦琴也。《西京褉記》曰：『高祖初入咸陽，周行府庫，見有琴長六尺，按十三弦，二十六徽。』此又十三弦琴也。」

按：九弦琴，余於《叢鈔》十八及《三鈔》二十二已載之矣。此條尤詳，故具録之。揚雄《琴清英》未知何書。

陳暘《樂書》云：「至於弦數，先儒謂伏羲、蔡邕以九，孫登一，郭璞以二十七，頌琴以十三，揚雄謂陶唐氏加二弦，以會君臣之恩，桓譚以爲文王加少宫、少商二弦，釋知匠以爲文王、武王各加一以爲文弦、武弦。」按：此則七弦之説不一矣。

又按：《宋史·樂志》云：「五弦作於虞、舜，七弦作於周文、武，厥後增損不一。至宋始製二弦之琴，以象天地，謂之兩儀琴，每弦各六柱，又爲十二弦，以象十二律。太宗因大樂雅琴加爲九弦，大晟樂府罷一三七九，惟存五弦。」按：此知琴又有二弦、十二弦者，《管城碩記》亦未備也。

一弦稽琴

宋沈括《夢溪筆談》云：「熙寧中宫宴，教坊伶人徐衍奏稽琴。方進酒，而一弦絶，衍更不易琴，只用一弦終其曲。自此始爲一弦稽琴格。」按：此則稽琴本只二弦也。

蔡邕琴

宋姚寬《西溪叢語》云：「莫承之琴，池之側有隸字云：『中平四年逐客蔡邕吴中斲。』」

霧中山雷琴

宋姚寬《西溪叢語》云：「隱士趙彦安獲一琴，斷文奇古，中題云『霧中山』三字，人莫曉也。

後得蜀郡《草堂閒話》，載雷氏斷琴多在峨眉、無爲、霧中三山，方知爲雷琴矣。」

趙子昂論琴

元陸友仁《研北襍志》云：「張伯雨少學琴，蓄一琴，名風林。嘗從趙公子昂論琴，以爲琴之五音各有改弦法，其法不傳。世之所謂琴者皆不審五音之主，徒呶呶耳，殆不若秦箏之按宮徵也。趙有琴曰松雪，但時出横牀，未嘗撫弄，故伯雨亦終身不復鼓琴。」

按：《宋史・樂志》言：「唐人先以管色合字定宮弦，乃以宮弦下生徵，徵上生商，上下相生，終於少商。下生者隔二弦、上生者隔一弦取之，凡絲聲皆當如此。今人苟簡，不復以管定聲，其高下出於臨時，非古法也。」趙子昂所謂「改弦」者當即此法。

朱載堉《律吕精義・七弦琴五音詳論》有序曰：「世俗琴家謂琴第一弦爲宮，第二弦爲商，第三弦爲角，第四弦爲徵，第五弦爲羽，第六弦爲少宮，第七弦爲少商。其説非也。世俗儒家謂聲最濁者爲宮，近濁者爲商，不濁不清者爲角，近清者爲徵，最清者爲羽。其説亦非。蓋旋宮法，宮羽無定，或宮濁而羽清，或宮清而羽濁，認清濁爲宮羽，斯謂之不知音。」

醴陵出方響

宋范成大《驂鸞記》云：「宿潭州醴陵縣。縣出方響，鐵工家比屋琅然。其法以歲久鐺鐵爲勝，常以善價買之，甚破碎者亦可用。」

按：「方響」之製，今久失傳矣。《舊唐書·音樂志》載立坐二部所用樂，有大方響一架，「以鐵爲之，修八寸，廣二寸，圓上方下，人閒所用者纔三四寸」。今此器無存。《樂府襍録》所載，直以擊甌爲方響，葢上有脱文，致成此誤。乃觀是録所記，則知南宋時方響猶盛行也。

方鍾

國朝徐文靖《管城碩記》云：「《彝器款式》：『漢武安侯鈁。』按：許氏《説文》：『鈁，方鐘也。』他書不見有此器。又漢田蚡、劉慢皆封武安侯，不知是誰器也。」

陳八簫

元陸友仁《研北雜志》云：「吾子行有玉簫，又有宣和陳八所製簫。」

程公衡知音律

宋張世南《游宦紀聞》云：「程公衡字子平，沙隨先生之父也，知音律。宣和閒，市井競唱韵令，程曰：『五聲皆往而不返，不祥也。』後二帝播遷。建炎初，唱《柳葉曲》，程又曰：『當有姓劉人作亂。』後數年，僞齊竊據中原。」

《王煥》戲文

元劉一清《錢唐遺事》云：「戊辰、己巳閒，《王煥》戲文盛行於都下。始自太學，有黃可道者爲之。一倉官諸妾見之，至於羣奔，遂以言去。」按：「王焕」不知何人，戲文所演亦不知何事，遂至誨淫如此，亦奇。

斬關某影戲

宋孔平仲《珩璜新論》云：「京師有富家子，少孤，專財，羣無賴百方誘道之。而此子甚好看弄影戲，每弄至斬關某，輒爲之泣下，屬弄者且緩之。一日，弄者曰：『雲長古猛將，今斬之，其鬼或能爲祟，請既斬而祭之。』此子喜甚。弄者乃求酒肉之費，此子出銀器數十。至日斬罷，大陳飲食如祭者。羣無賴聚享之，乃白此子，請遂散此器。此子不敢逆，於是共分焉。」按：此子一庸妄子，獨知敬愛關帝，亦奇。

《繡襦傳奇》

明張萱《疑耀》云：「今俗演《繡襦傳奇》，鄭元和殺駿馬奉妓人李亞仙事，此乃元翰林學士王元鼎與妓人順時秀事也。」

按：汧國夫人事，唐時實有之，惟殺馬事則借元人事裝點耳。據元人黄雪蓑所作《青樓集》云：「順時秀姓郭氏，字順卿，行第二，人稱之曰郭二娘。與王元鼎密，偶疾，思得馬版腸，王即殺所騎駿馬以啗之。」《繡襦記》即用此事也。阿魯温參政問郭：「我何如王元鼎？」郭曰：「經綸國政，致君澤民，則元鼎不及參政；嘲風弄月，惜玉憐香，則參政不敢望元鼎。」阿魯温一笑而罷。然則郭二娘亦自是可人，惜無人敷衍其事爲傳奇也。

《黑白傳》

明曹家駒《説夢》云：「吾鄉董文敏公，文章書畫冠絶一時。徒以名士風流，每疏繩檢。仲子祖常尤暴戾。郡諸生陸紹芬，面黑身傾，家有僕生女緑英，年未笄，有殊色，仲强刼之。陸徧告通國，欲與爲難，得郡紳出解乃已。時有好事者，戲演《黑白傳》小説，第一回標題云：『白公子夜打陸家莊，黑秀才大鬧龍門里。』蓋紹芬人呼陸黑，文敏既號思白，仲又有霸力，人嘗以小白名，所居近龍門寺，故云。」按：《黑白傳》小説，余已記於《續鈔》卷十三，而未得其詳，故又記此。《説夢》一書無傳，余録其書數則，皆得之上海毛對山。

《南花小史》

明曹家駒《説夢》云：「邑倪氏，郡中富室，有二子，次頗輕薄，好詞曲，戲以郡之美少次其等第，各作小傳，以花配之，系以論贊，名曰《南花小史》，傳播一時。然中多世家子，首列爲唐文恪公孫。諸紳大嫉之，聞於郡守方公，逮之甚急。倪匿杭之西溪，雖破家不敢歸，未幾客死。」又曰：「華亭沈濬，後改名休文，縱爲狹邪游。薄松郡無名姝，出游蘇臺，日往來平康，品諸色妓，作花案，某爲狀元，某爲榜眼，某爲探花，名《羣芳榜》。擇日迎狀元，舉國若狂。按君李森先廉得其實，飭差密捕，立斃杖下。」按：二事相類，而沈得禍尤酷，可爲輕薄好事者戒。

孔三傳幺調

元陸友仁《研北雜志》云：「諸幺調乃澤州孔三傳所撰。」按：「孔三傳」不知何人，殆老曲師邪？

元院本無生旦

國朝沈自南《藝林彙考》引胡氏《筆叢》云：「元院本無生、旦，與雜劇不同。元時雜劇旦有數色，所謂『裝旦』即今『正旦』，『小旦』即今『副旦』，以黑點破其面，謂之『花旦』，今惟淨、丑爲之。」又云：「元雜劇中，『末』即今戲文中『生』也。考鄭德輝《倩女》、關漢卿《竇娥》，皆以『末』爲『生』。此外又有『中末』，即今之『外』耳。然則《青樓集》所稱『末泥』即『生』無疑。今《西廂記》以張珙爲『生』，當是國初所改，或元末《琵琶》等南戲出而易此名。觀關氏所撰諸雜劇《緋衣夢》等，悉不立『生』名，他可知矣。」按：此則元雜劇亦無「生」，與前説又歧。

首坐點戲

國朝陳其年《湖海樓詞集》有自嘲《賀新涼》一闋《同杜于皇賦》，其小序云：「于皇曰：旅舍風雨中，與其年杯酒閒談。余因及首席決不可坐，要點戲是一苦事。余常坐壽筵首席，見新戲有《壽春圖》，名甚吉利，亟點之。不知其殺伐到底，終坐不安。其年云：亦嘗坐壽筵首席，見新戲有《壽榮華》，以爲吉利，亟點之。不知其哭泣到底，滿堂不樂。」

豥釘戲

國朝周亮工《書影》云：「金陵童子有豥釘戲，畫地爲界，豥釘其中。先以小釘豥地，名曰簽。以簽所在爲主，出界者負，中而觸所主簽亦負。按：孔北海被收時，兩郎方爲豥釘戲，乃知相傳久矣。」

按：《後漢書》本傳但言「二子方奕棊」，不言爲豥釘戲。此當別有所出，宜核。

撃撲

宋趙彦衛《雲麓漫鈔》云：「撃撲食物，法有禁。惟元正、冬至、寒食三節，開封府出榜放三日，或以數十笏銀，或以樂藝女人爲一擲，其他百物無不然，非如今常得犂撲也。」按：「犂撲」未詳，「犂」字亦不識，當核。豈「抗犂」字之誤乎？

温公新壺格

宋黄伯思《東觀餘論》云：「新壺格、七國戲二數，原注：此一字更考。皆傳自温公之孫樟文叔家。圖本乃公手書，頗有黵改處，葢初草定時本也。」

按：七國象戲局，已見《續鈔》二十一。觀此知又有「新壺格」，惜皆不傳。

滄浪奕局

宋陸友仁《研北襍志》云：「蘇子美滄浪亭故迹依然，有甃井方石，上刻字兩行云：『滄浪亭奕局。慶曆丙戌子美題。』」今未知此石尚在否。

圓棋盤

國朝周亮工《書影》云："近余集生中丞創爲圓棋盤，然其法與方棋盤亦無大異。"

彩選格

宋徐度《郤掃編》云："彩選格，起於唐李郃，本朝踵之者有趙明遠、尹師魯。元豐官制行，有宋保國皆取一時官制爲之。至劉貢父獨因其法，取西漢官秩升黜次第爲之。"按：劉書至今猶存，余家有之，然亦不能行。

韓修齡說平話

國朝陳其年《湖海樓詞集》有《伯成先生席上贈韓修齡賀新涼》一闋，注云："韓，關中人，流浪東吴，善説平話。」按：明季説平話者，人知有柳敬亭，不知有韓修齡。

骰子朱窩

國朝周亮工《書影》云：「骰子朱窩，宋冢宰朱河所造。本名除紅，今人誤以『河』爲『窩』耳。李君實謂本名除四，似未見河所著《除紅譜》也。譜中名目與今朱窩亦小異。」按：「朱窩譜」今亦未見，不知如何。國朝張潮著《混同天牌譜》，云合「鬬腰」「朱和」二譜成牌，并附載朱和牌譜，有正對、錯對諸名。其字又作「朱和」，并云或作「猪窩」。

葉子

國朝褚人穫《堅瓠集》云：「葉子不知所起，其式必須官樣。我蘇桃花塢、太倉衞前、崑山司馬橋爲牌藪，以夾青純綿紙者爲上。」按：葉子亦有官樣，不知其式如何。今紙牌亦青背，殆猶舊式之遺。

國朝周亮工《書影》云：「葉子，今之紙牌。但葉子圖淮南寇，不知始何時。今江右葉子有無圖像者，有作美人圖者；閩中葉子有作古將相圖，有作甲第圖者，近又有分鳥獸蟲魚爲門類者。若以圖淮南寇謂葉子之興必在宋人後，則誤矣。南人至今呼爲鬭葉。」

茶肆置雙陸及棊

宋洪皓《松漠紀聞》云：「燕京茶肆設雙陸局，或五或六，多至十博者蹴局，如南人茶肆中置棊具也。」按：此知宋時茶肆南北皆有玩具以娱飲者，亦正不俗也。

蘇州虎丘妓船

元徐大焯《燼餘録》云：「鼎革後，城鄉徧設甲主，孥人妻女。有志者自裁，不幸有母姑兒女牽繫，欲求兩全者，竟出下策爲舟妓，以舟人不設甲主，舟妓向不辱身也。虎丘、桃隖之閒，遂多名妓，皆良家子耳。曹大娘爲某縣令妻，沈二娘爲某牧伯寡妾。沈德齡著《小蠡湖水調歌》《虎丘游春詞》詳記之。」按：虎丘妓船至〔一〕今猶盛，不知其始於元初也。

又載一條云：「鼎革後，編二十家爲甲，以北人爲甲主，衣服飲食惟所欲，童男少女惟所命，自盡者不知凡幾。金芸樓室人周氏，花燭之夕，甲主踞之。周以熨斗破其腦，亦自經。芸樓懼禍，縊其旁。越三年，五月五日，聯合省郡，同殲甲主。」按：元初甲主之虐至於如此。然其始也一人而享二十家之奉，固爲甚優；其繼也以二十家而殺一人，又爲甚易矣。余童時猶聞有五月五日殺元韃子之說，蓋故老相傳，猶在人口也。今則久不聞矣。

《爐餘録》又載一事云：「楊柳隄北，舊有徐家祠。鼎革後有達官奉母攜眷避甲主之患，榜於門曰孤竹院，倩一僧持香火，以令甲惟娼優隸卒僧道尼丐不隸甲下也。事洩，全家皆披薙。不數月，又下搜禁僧尼同居之令，密捕遽至，全家沉於井。蓋其始猶可避於僧尼，及禁僧尼同居，則眷屬不得同居，止可以死矣，亦甲主之爲虐也。」

元政之虐至此。明代婦女發教坊，亦酷政也。乃又有二事。明無名氏《櫟社瑣記》云：「自太祖定制，杖皆臀受，雖婦女亦以臀受杖。犯姦婦女又沿元代去衣之例，裸而杖之。民間

〔一〕至，原訛「主」，據《筆記小說大觀》本改。

親串家往往以口角細故，積久成仇，巧搆疑似之言，證成中冓之事，賄囑問官，逮其婦女而裸杖之。先期，傳召親友，麕集公廷，名曰看打；又重賂仵伯，百端凌辱，有掘芋艿、挖荸薺、剖葫蘆、剥菱角諸名目。又或官未升堂，先去其袴，名曰晾臀；又或杖畢，不令著袴，即曳出大門，名曰賣肉。於是轉展報復，尤而加甚。婦女不勝其辱，多有死者。又凡罪人妻女逮赴公廷，有跣足過堂之例，傳集諸婦女，繫於梐枑閒，褫裙褰袴，使露其股，乃舉其足而跣之。藕覆蓮鈎，抛擲滿地，任人拾取，傳觀市上。或自朝自暮，官不坐堂，則明日又如之。過堂之後，又命示衆一日，仍繫梐枑閒。無賴子弟撫摩把玩，以爲笑樂，亦多有死者。聞胡宗憲妻女亦嘗受此辱云。」按：前代粃政，一至於此。本朝盡洗而空之，深仁厚澤，閭閻細民習而不知，宜表出之，使知幸生聖代之爲福也。

茶香室四鈔卷二十四

垜殿

宋程大昌《演繁露》云：「《説文》：『垜，堂塾也。丁果反。』又云：『塾，門側堂也。』今垜殿取此。」愚按：近世頌揚字往往用「朶殿」字，今乃知字本作「垜」，殆以從土爲不美，故止作「朶」耳。

三殿

國朝沈自南《藝林彙考·棟宇篇》引《雍録》云：「三殿者，麟德殿也。一殿有三面，故名三殿。凡蕃臣、外夷來朝，率多設宴於此，臣下亦多召對於此。《長安志》：『龍朔二年，造宣政、紫宸、蓬萊三殿。』」按：此則唐三殿有二説。又引《演繁露》曰：「國朝太皇太后時并皇太后、皇后稱三殿。其後乘輿行幸，奉太后偕皇后以出，亦曰三殿。」此則又別義矣。

閤閣之辨

國朝沈自南《藝林彙考》引《五襍組》云：「閣與閤，人多混用之。閣，夾室也。《内則》：『天子之閣，左達五，右達五。』蓋古人庋飲食之所，即今房中之板閣。而後乃廣其制爲天禄、淩煙等名。閤者，門旁小户也。漢公孫弘開東閤以延賢人，蓋避當門，而東向開一小門引賓客，以別於官屬，即今官署角門旁有延賓館是也。韓延壽爲太守，閉閤思過，即今閉角門不聽官屬入耳。唐正衙日，喚仗入閤，則百官亦隨以入，謂之入閤，蓋中門不啟而開角門也。然則夾室謂之閣，傍門謂之閤，義自昭然。漢『三公黄閤』注：『不敢洞開朱門，以別於人主，故黄其閤焉。』今國家設文淵閣藏書，而大學士主之，故謂之『閣老』。若以黄閤、東閤之義言之，亦可謂之『閤老』。」又云：「《爾雅》『小閨謂之閤』，閨即門也。今人閨閤槩謂之閨閣，至以朝廷東閤亦揭東閣之額，而不覺其非。蓋『黄閣老』，子美詩已誤用之矣。」

愚按：此條於「閤」「閣」之辨頗詳。但文淵閣與天禄、凌煙同由古人夾室之制而廣之，則「閣」也，非「閤」也。「東閣」亦然。此與公孫丞相之「開東閤」不同。彼爲東向開小門，此則本與文淵閣同在東，故謂之「東耳」，不得改爲「東閤」也。閣臣之長自當稱「閣老」，不得稱「閤老」也。自明以來，所謂「入閣辨事」者，與唐之隨仗入閤不同，不得謂之「入閤辨事」也。沈氏所糾亦有未是者，惟「閨閤」不得稱「閨閣」，「開東閤」不得稱「開東閣」，「三公黄閤」不得稱「三公黄閣」，「黄閤老」不得稱「黄閣老」，此則所當糾正者矣。

益延壽觀

宋黄伯思《東觀餘論》云：「《漢·郊祀志》武帝『作益壽、延壽館』，顔師古曰：『益壽、延壽，二館也。』予按：《太史公記》作『益延壽觀』，而近歲雍、耀閒耕夫有得古瓦，其首作『益延壽』三字。然則當以《史記》爲正，但一觀名『益延壽』三字耳。觀、館古多相通，自唐以前、六朝時，凡今道觀皆謂之某館，至唐始定謂之觀也。」

按：世以東坡「思無邪齋」爲三字名之始，觀此則三字名由來久矣。

大明、洪武爲遼元殿名

國朝孫承澤《春明夢餘録》云：「遼之正殿曰洪武，元之正殿曰大明，是後之國號、年號已見於此，誰謂非定數也？」按：魏起安世殿，而晉武帝字安世。又王莽班符命於天下，有曰「海内更始」。及劉聖公起，以更始建元。後周《華嶽頌》有曰「會一區内，納之仁壽」。及隋文帝立，建元仁壽。凡此之類甚多。

宋程大昌《考古編》云：「唐東都有殿名貞觀，始於煬帝。唐因之，不改。」是隋時已有貞觀殿也。

蘇禹圭舊第

宋黄伯思《東觀餘論·跋蘇氏遺蹟後》云：「洛陽，漢、魏、晉、唐舊都，然園第轉徙，或非其舊。獨五代時蘇莒公禹圭之後，保其故居，巋焉尚存。而子姓蟬聯，以才德聞者娓娓不墜。今顯道又能裒彙先世遺蹟，寶藏於家，時出示士大夫，以求標顯，累世美範尚不亡云。」

按：蘇禹珪，新、舊《五代史》均無傳，惟附見《蘇逢吉傳》中。其人自較勝於蘇逢吉，然亦碌碌無所長，不知何以子姓蟬聯如此，殆其家有隱德乎？

賀方回故居

元陸友仁《研北襍志》云：「賀方回故居在吴中昇平橋，所居有企鴻軒，郡志誤作醋坊橋。」

趙氏獨樂園

宋徐度《卻掃編》云：「趙峻字德進，宋城人。以剛故，寡所合，晚節益不喜仕。築室南都城北，杜門不交人事。有園數畝，植花木，日居其間，鄉人目之爲獨樂園。然晚復再娶，年頗相懸。劉待制器之戲曰：『豈謂獨樂園中乃有少室山人乎？』」按：此亦一獨樂園，蓋時人襲温公園名以稱之，非其所自名也。

王氏金谷園

元陸友仁《研北襍志》云：「金谷園，吴越錢氏時廣陵王元璙所作，今朱氏樂圃是其地。」按：人知有石家金谷園，不知又有此。

寶墨亭

宋郭若虚《圖畫誌》云：「成都静德精舍有薛稷畫襍人物鳥獸二壁。有胡氏亡其名，嗜古好奇，惜少保之蹟將廢，乃募壯士操斤力劚於積坌之際，得像三十七首、馬八蹄。又於福聖寺得展子虔天樂部二十五身，悉陷於屋壁，號寶墨亭。」按：此可與吾湖之「墨妙亭」並傳矣。

自雨亭

唐封演《封氏聞見記》云：「天寶中，御史大夫王鉷有罪賜死，簿録太平坊宅。有自雨亭，從簷上飛流四注，當夏處之，凜若高秋。」

按：《舊唐書·拂菻國傳》：「盛夏之月，引水潛流，上偏屋宇，機製巧密。惟聞屋上泉鳴，四檐飛溜，懸波如瀑。」即此法也。

放生亭

宋俞德鄰《佩韋齋輯聞》云：「梁元帝時有《荊州放生亭碑》，載《藝文類聚》，則『放生』非始于唐。」

射雁堂

宋費袞《梁谿漫志》云：「陳公伯修師錫與了翁友善。一日，同集宗室淄王圃中，有鴈陣過，戲曰：『明年魁天下者，當中首鴈。』伯修一矢中其三，了翁不中。須臾又有鴈陣過，了翁亦中其三。伯修笑曰：『公其後榜乎？』明年徐鐸榜，伯修果以第三人登第。後三年了翁登第，亦第三，皆爲昭慶軍節度使掌書記，因名便廳爲射雁堂。」

赧鵝堂

國朝周亮工《書影》云：「鄞江東包氏有老母畜一鵝，已而母死，鵝繞棺哀鳴三匝，亦死。包氏子顔其堂曰『赧鵝』。文徵明太史爲之記。」

蘇州小市橋紅梅閣

宋龔明之《中吴紀聞》云：「吴感字應之，以文章知名，仕至殿中丞，居小市橋。有侍姬曰紅梅，因以名其閣。嘗作《折紅梅》詞，傳播人口，春日羣宴，必使倡人歌之。」按：小市橋距余寓馬醫科巷不遠，初不知有此豔蹟也。

竹室

宋趙彦衛《雲麓漫鈔》云：「唐房千里《竹室記》云：『環堵所棲，率用竹以結其四角，植者爲柱楣，撑者爲榱桷。』王元之《竹樓記》蓋其餘意。」

三徑

國朝沈自南《藝林彙考》引《説楛》云：「江梅、桃、李、橘、杏、紅梅、碧桃、芙蓉，各成一徑，名三三徑。詩云：『三徑初開是蔣卿，再開三徑是淵明。誠齋奄有三三徑，一逕花開一徑行。』周益公贈誠齋詩：『回環自闢三三徑，頃刻能開七七花。』」按：花止八種，未合三三之數，恐傳寫缺其一也。

又按：范至能《梅譜》云：「江梅遺核野生，不經栽接者，又名直腳梅，或謂之野梅。凡山閒水濱，荒寒迥絶之處，皆此也。花稍小，而疏瘦有韵，香最清。紅梅粉紅色，標格猶是梅，而繁密則如杏，香亦類杏，詩人有『北人全未識，渾作杏花看』之句。此花獨盛於姑蘇，晏元獻公始移植於西岡圃。一日，貴游賂園吏得一枝分接，由是都下有二本。當時罕得如此，比年不可勝數矣。」是江梅、紅梅實是兩種，故得自爲一徑，然究之同一梅也。天下花木何限，盍別以一種易之乎？

唐時造假山

國朝周亮工《書影》云：「懿宗末年，使人取石於苑中造山，崎危詰曲，有若天成。又命取終南草木植之，山禽野獸縱其往復。及造屋室，如庶民家，帝與嬪妃游處。未及半年，奇花異草生滿宫殿。識者以爲丘墟之象。後巢寇入京，焚燒殆盡。見《紀異録》。此唐之艮嶽也。」

積石爲山

元陸友仁《研北襍志》云：「處士張子素好立奇行，雅好巖壑。而所居遠於山，得奇石，積諸齋前以爲山，對之吟諷。」余謂此君與余有同癖，然如奇石不易得何？

門不容轎

宋無名氏《愛日齋叢鈔》云：「《水心集·劉正字墓志》云：『居室尤陋，不改。予閒過之，及門而下。建翁逡巡出迎中街，笑云：「自二父生，而四方之過莆者無不造於庭。蓋今之轎大於舊矣，乃世變也。」予亦笑曰：「轎雖大不數寸，公門扉無乃太狹乎？而不知變也？」』二父者，賓之夙、復之朔。建翁名起晦，復之子。潛夫尚書諸祖父。葉公之對雖似謔，實賢其不變於俗也。」按：門不容轎，世俗以爲恥，不知昔賢轉以爲美也。

門書在字

宋沈括《夢溪筆談》云：「皇祐中，蘇州民家一夜有人以白堊書其牆壁，悉似『在』字，字稍異。一夕之間，數萬家無一遺者，至于卧内深隱之處、户牖間無不到者，莫知其然。後亦無他異。」

艇版

明徐㶿《筆精》云：「古樂府：『暫泊千渚磯，歡不下艇版。』『艇版』即今上岸透版也。」按：今謂之「艞版」，不獨「艇版」無知者，即「透版」亦不聞矣。

按：「跳版」古亦稱「木腳道」，余已載之《叢鈔》卷二十矣。

幞頭垂脚不垂脚

宋程大昌《演繁露》云："幞頭起於後周，其制裁紗覆首，盡韜其髮，兩脚繫腦後。故唐裝悉垂脚，其改爲硬脚，不載所始。沈存中《筆談》謂唐惟人主得服硬脚，晚季方鎮始有僭服者。《宣和重修鹵簿圖》言唐制皆垂脚，其後帝服則脚上曲，五代漢後漸變平直。"

按：今梨園中紗帽即古"幞頭"也，有硬翅、軟翅之分。硬翅者即古所謂"硬脚"也，軟翅者即古所謂"垂脚"也。宰相紗帽則兩翅上曲，即古所謂"脚上曲"也。脚上曲最尊，硬脚次之，垂脚又次之。梨園中制雖不盡如古，然亦約略得其遺意。

國朝沈自南《藝林彙考》引《燕談録》云："五代帝王多裹朝天幞頭，二脚上翹。四方僭僞之主各創新樣，或翹上而反折於下，或如團扇、蕉葉之狀，合抱於前。僞孟蜀始以漆紗爲之。湖南馬希範二角左右長丈餘，謂之龍角。人或誤觸之，則終日頭痛。至劉漢祖始仕晉爲并州衙校，裹幞頭脚左右長尺餘，横直之，不復上翹，迄今不改其制。"按：如團扇、蕉葉，即今梨園中所載圓翅紗帽也。

又引《席上腐談》云：「周武所製，不過如今之結巾，垂兩角，初無帶。唐人添四帶，以兩角垂前，兩角垂後。宋又横兩角，以鐵線張之，庶免朝見之時偶語。」按：《燕談録》所載横角不始於宋也，或至宋又張以鐵線乎？以此防人偶語，或亦冕旒蔽明、黈纊塞耳之遺意。

宋沈括《筆談》云：「幞頭一謂之四腳，乃四帶也。本朝幞頭有直腳、局腳、交腳、朝天、順風凡五等，惟直腳貴賤通服之。又庶人所載頭巾，唐人亦謂之四腳，蓋兩腳繫腦後，兩腳繫頷下，取其服勞不脱也。今人不復繫頷下，兩帶遂爲虚設。」

唐制庶人服黄

宋陳昉《潁川語小》云：「國朝之令，非婦女小兒不許衣純紅黄。唐制庶人服黄，繫銅鐵帶，非庶人不服黄，與本朝之制不同。岳陽有吕洞賓像，烏帽、革帶、麻履，而服黄袍。或云御賜服，非也，其庶人之服乎？」

按：宋王楙《野客叢書》云：「唐武德初，禁士庶不得服黄。」與此説異，詳見《叢鈔》卷六、《三鈔》卷十一。

宋李上交《近事會元》云：「大業元年，煬帝始制詔，自天子逮于胥吏，章服皆有等差。六年，復詔五品以上通著紫袍，六品以下兼用緋緑，胥吏以青，庶人白，屠商皁，士赤黄。武德初，因隋制，天子燕服惟以黄袍及衫，後漸用赤黄，遂禁士庶不得以赤黄爲衣服襍飾。」按：此條頗詳，録此可與前參觀也。

禁服紫色衣

宋葉夢得《石林燕語》云：「國朝既以緋紫爲章服，故官品未應得服者，雖燕服亦不得用紫，蓋自唐以來舊矣。太平興國中，李文正公昉嘗舉故事，請禁品官緑袍、舉子白紵下不得服紫色衣；舉人聽服皁，公吏、工商、伎術通服皁白二色。」按：禁服黄自唐始，已載於《叢鈔》卷六。觀此知自唐以來并禁服紫也。

古不忌白

宋程大昌《演繁露》云：「《隋志》：『宋、齊之間，天子宴私，著白高帽，士庶以烏。太子在上省則帽以烏紗，在永福省則白紗。』隋時以白幍通爲慶弔之服，國子生服白紗巾。《唐六典》：『天子服有白紗帽，其下服如裙襦襪皆以白，視朝、聽訟、燕見賓客，皆以進御。』則猶存古制也。然其下注云『亦用烏紗』，則知古制雖存，未必盡用；『多以烏紗代之』，則習見忌白久矣。」

愚按：《詩》「有女如荼」，傳曰「皆喪服也」，則毛公在六國時已以白爲喪服，忌白久矣。然實非古制，愚詳辨之，見《茶香室經説》。

又按：如《隋志》，則宋、齊間貴白而賤烏矣。亦如漢制，三公黃閤謂不敢洞開朱門，以别於人主，故黃其閤焉。使以後世之制言，則人主宜黃，人臣宜朱耳。等此烏、白、黃、朱四色，古今異宜，不可一概，泥古之士可以鑒矣。

宋制玉帶不施於公服

宋葉夢得《石林燕語》云：「故事，玉帶皆不許施於公服。熙寧中收復熙河，百官班賀。神宗特解所繫帶賜王荊公，且使服以入賀。不得已受詔，次日即釋去。大觀中收復青唐，以熙河故事，賜蔡魯公，而用排方。乃乞琢爲方團，既又以爲未安。或誦韓退之詩有『玉帶懸金魚』之語，因加佩金魚。」按：此知宋制公服無玉帶，玉帶乃上所御也。熙寧、大觀賜大臣玉帶，皆非令典。

又按：此條之前，載元豐中賜嘉、岐二王方團玉帶，以乘輿玉帶皆排方，故以方團别之。二王力辭，不許，乃請加佩金魚，詔以玉魚賜之。親王玉帶佩玉魚自此始。據此可知排方、玉帶之重，大觀之賜爲過矣。

公服不得用紗

宋趙與旹《賓退録》云：「故人楊晉翁天桂嘗語予：昔爲瀧水令，初謁郡，時盛暑，德慶林守會衣紗公服出延客，謂『遐陬僻郡，敢於縱肆，其野如此』。後閲初寮《外制集》，有《朝散郎劉繹朝見著紗公服特降一官》，蓋政和間。又江鄰幾休復《嘉祐襍誌》云：『一朝士五月起居，衣緋紗公服，爲臺司所糾。三司使包拯亦衣紗公服，閤門使易之。』」按：此知宋時公服不得用紗也。

按《周禮·内司服》「素沙」注：「素沙者，今之白縛也。六服皆袍制，以白縛爲裏，使之張顯。今世有紗穀者，名出於此。」是紗亦古人禮服所用，但以爲裏耳。《漢書·江充傳》：「請以常被服冠見，上許之，充衣紗縠禪衣。」可知紗縠惟便服用之，若公服宜絺綌，不宜紗縠也。然《宋史·輿服志》有「絳紗袍，大祭祀致齋、正旦冬至五月朔大朝會、大册命、親耕藉田皆服之」，則天子且服紗矣，何不可以爲公服乎？此未詳也。

明廖道南《殿閣詞林記》云：「洪武元年，陶安等奏定天子冕服之制。上曰：『古禮太繁，今祭天地、宗廟則衮冕，社稷等祀則服通天冠、絳紗袍，餘不用。』」是明制亦有絳紗袍也。

明制每年衣服之制

國朝孫承澤《春明夢餘録》云：「百官衣服，自十月初四日至次年三月初三日穿紵絲，自三月初四日至四月初三日穿羅，自四月初四日至九月初三日穿紗，自九月初四日至十月初三日穿羅。俱司禮監豫題，以中旨行之。」

衣錦衣繡

宋程大昌《演繁露》云：「《東觀漢記》：『建武二年，封景丹爲櫟陽侯。上謂曰：「富貴不歸故鄉，如衣錦夜行。」原注：《御覽》二〔一〕百。』前漢皆言『衣繡』，惟此言『衣錦』。」又云：「《風俗通義》：『江夏張遼爲兖州太守，以二千石尊，過鄉里，白日衣繡，榮羡如此。原注：《御覽》九百五十二。』」按：韓魏公以「晝錦」名堂，合此二事用之。

《宋史·王祐傳》：「符彦卿鎮大名，頗不治。太祖以祐代之，謂曰：『此卿故鄉，所謂晝錦者也。』」魏公堂名本此。又《明一統志》：「晝錦堂，在江寧舊府西廳，宋紹興末王綸以建康人知鄉郡，故建此堂。」則又本於魏公也。今人但知魏公事，以魏公人重，兼以歐公文重耳。

《陳書·陳寶應傳》：「起家臨郡，兼晝繡之榮；裂地置州，假藩麾之盛。」則「晝繡」二字亦可用也。

〔一〕 二，原殘缺，據《演繁露》卷九補。

流黄

宋程大昌《演繁露》云：「《環濟要略》曰：『正色五，謂青、赤、黄、白、黑也。閒色五，謂紺、紅、縹、紫、流黄。原注云：《御覽》八百十四。』流黄不知何物。古詩云『中婦織流黄』，則流黄者織絲之色也，恐是黄繭之絲。」按：閒色有五，詳見《禮·玉藻》疏所引皇氏説，謂绿、紅、碧、紫、騮黄，且説其義云：「绿色青黄是東方閒，紅色赤白是南方閒，碧色青白是西方閒，紫色赤黑是北方閒，騮黄色黄黑是中央閒。」《要略》之文與此不同。以序推之，《要略》以紺爲绿、以縹爲碧。揆之古義，《説文》以縹爲青白色，則縹即碧也；以紺爲深青揚赤色，似非即绿也。至流黄，當即騮黄，聲近而字通耳。凡言流黄者，皆可以騮黄説之。程氏以爲織黄繭之絲，非是。

褐即直掇

宋程大昌《演繁露》云：「《張良傳》有『老父衣褐』，師古曰：『褐制若裘，今道士所服者是也。』《太平御覽》有《仙公請問經》，其文曰：『太極真人曰：「學道當潔靜衣服，備巾褐制度，名曰道之法服。」』巾者冠中之巾也，褐者長裾通冒其外衣也。今世衣直掇爲道服者，必本諸此。又《傳授經》曰：『老子去周，左慈在魏，並葛巾單裙，不著褐。』則是直著短衫，而以裙束其上，不用道家法服也。古人不徒衣袴。必以裙襲之，是正上衣下裳之制。」按：鄭箋以「褐」爲毛布，孟子云「許子衣褐」，即毛布是也。張良所遇「老父衣褐」，疑亦謂此。是以《史記》無注。師古注《漢書》乃有此解，則是褐有二説矣。至上衣下裳，古之定制，婦人連衣裳不異色，見《周禮·内司服》注。今則男女之衣適與古反。觀晉時羊欣白練裙，則晉時猶上衣而下裳。疑後來崇尚老莊，故多著道袍，至今循之，士大夫皆衣褐矣。《續鈔》二十二論《古衣裳》一條，可與此參觀。

《中華古今注》云：「始皇元年，詔宫人及近侍宫人皆服衫子，亦曰半衣，蓋取便於侍奉。」

按：此乃婦人衣裳不連之始。

刻絲

宋洪皓《松漠紀聞》云：「回鶻善以五色線織成袍，名曰刻絲，甚華麗。」按：今此種猶盛行，不知其本出同鵲，且俗書作「刻絲」，亦非其舊矣。

衩衣

明曹安《讕言長語》云：「賓以禮服來，主欲從簡，使傳之曰：『請衩衣。』」按：此殆明代之方言，今不聞矣。

嫁服有襂衣

宋王得臣《麈史》云：「丁晉公《三十六事》載某氏女子嫁時之服，而篋有襂衣一襲，問其故，曰：『若歸夫家，遇私忌，服此慰舅姑耳。』今亡此禮，蓋晉公時已廢不用。」按：所謂「私忌」，蓋夫家之私忌，舅姑於此日必變服，故新婦亦襂服以慰之。此可見宋初風氣之厚也。

荻花衣

宋陸務觀《入蜀記》云：「過陽山磯，始見九華山。岸傍荻花如雪。舊見天井長老彥威云：廬山老僧用此絮著衣。威少時在惠日亦爲之。佛燈珣禪師大嗔云：『汝年少，輒求温煖若此，豈有心學道邪？』退而問兄弟，則堂中百人有荻花衣者財三四，皆年七十餘矣。愧恐除去。」按：世傳閔子衣蘆花事，今知蘆荻真可著衣，在苦行猶不輕著也。

楊妃韈

元西域辛文房《唐才子傳》云：「李遠初牧溢城，求天寶遺物，得秦僧收楊妃韈一裲，珍襲呈諸好事者，曰：『僕自獲凌波片玉，軟輕香窄，每一見未嘗不在馬嵬下也。』」按：《太真外傳》：「妃死之日，馬嵬媪得錦靿韈一隻，每遇過客，一翫百錢。」則楊妃之韈爲馬嵬媪所得，而李遠又得之於秦僧，一歟二歟？又有「軟輕香窄」之語，豈唐宮已纏足乎？

明李文正小朱履

國朝孫承澤《春明夢餘録》云：「懷麓堂，李文正第堂名也。公名東陽，字賓之，四歲舉神童，六歲、八歲兩召見。公殁後，故第業已易主。嘉靖乙酉，耿公定向贖回，構一小祠，塑公遺像。其中有一櫝貯公紵衫及小朱履，蓋公幼時著以見上者。櫝上耿公刻銘。」

戴煖耳

國朝查慎行《人海記》云：「每年十一月朔，傳戴煖耳。百官傳衣不謝，傳煖耳獨謝。」按：此知國初有戴煖耳之制，今無其物矣。

茶香室四鈔卷二十五

歲時節物

宋龐元英《文昌雜録》云：「唐歲時節物，元日則有屠蘇酒、五辛盤、咬牙餳，人日則有煎餅，上元則有絲籠，二月二日則有迎富貴果子，三月三日則有鏤人，寒食則有假花鷄毬、鏤鷄子、子推蒸餅、餳粥，四月八日則有糕糜，五月五日則有百索糉子，夏至則有結杏子，七月七日則有金針織女臺、乞巧果子，八月一日則有點炙杖子，九月九日則有茱萸菊花酒糕，臘日則有口脂、面藥、澡豆，立春則有綵勝鷄、燕生菜。今歲時遺問略同，但餻糜、結杏子、點炙杖子今不行耳。」按：唐時節物，宋時已不盡同，至今日則知者且少矣，故録存之。

五葷

國朝沈自南《藝林彙考》引《留青日札》：「道家以韭、蒜、芸薹、胡荽、韰爲五葷。《楞伽經》云：『五辛，一大蒜，二茖葱，三慈葱，四蘭葱，五興渠。』」按：三「葱」似同類之物，未知其審。「興渠」不知何物也。

又引《説略》云：「《梵網經》言：五辛者，一葱，二韰，三韭，四蒜，五興渠。釋慧日云：僧徒中多迷興渠，或云芸薹、胡荽，或云阿魏。《淨土集》五辛，此土惟有四，闕於興渠。回至于闐，方得見之，根麤如細蔓菁根而白，其臭如蒜，彼國人種取根食。薹荽非五辛，所食無罪。」按：此則佛家所禁五辛，中國止有其四。茖、慈、蘭三葱當即葱、韰、韭三物耳。

葷素

宋戴埴《鼠璞》云：「《東坡年譜》載程、蘇當致齋，厨稟造食葷素，蘇令辦葷，程令辦素。蘇謂致齋在心，豈在葷素，爲劉者左袒。時館中附蘇者令辦葷，附程者令辦素。予謂不然，齋之禁葷，乃禁五辛，二公未免以爲魚肉，徒有是非之辨。」

按：《周禮·膳夫》：「王日一舉，鼎十有二物，皆有俎。王齋，日三舉。」鄭司農云：「齋必變食。」賈疏云：「齋謂散齋、致齋。齋必變食，故加牲體，至三太牢。」蘇、程大儒，乃皆不讀《周禮》，何也？《論語》「齋必變食」，依先鄭説，亦必有加於上大夫二十豆、下大夫十六豆之外。孔注曰「改常饌」，語自無病。孔疏曰：「將欲接事鬼神，宜自絜静，故改其常饌。」朱注因以「不飲酒，不茹葷」説之，是皆説得一偏也。

古人夜亦食粥

國朝沈自南《藝林彙考》引余氏《辨林》云：「朝饔夕飧。考《通俗文》『水澆飯曰飧』，是古人夜亦食粥也。」又引《韵會》注云：「人旦則食飯，夕則食飧。飧爲飯别名。」《釋名》云：「飧，散也，投水於中解散也。」

按：《釋名》「飧」與「粥」分釋之，不得即以飧爲粥。然夕食不宜過飽，則古人夕食以飧，正與食粥同意。

宋時米價

宋岳珂《愧郯録》云：「《續通鑑長編》：熙寧二年，司馬光議青苗事曰：『太宗平河東，戍兵甚衆，命和糴糧草以給之。時米一斗十餘錢，草一圍八錢，民樂與官爲市。其後人益衆，物益貴，而轉運司常守舊價，不肎復增，至今爲膏肓之疾。』又熙寧八年，中書乞下兩浙定驗水利事，吕惠卿曰：『臣等有田在蘇州，一貫錢典得一畝田，歲收米四五六斗。然常有拖欠，僅如兩歲一收上田，得米三斗，斗五十錢，不過直錢百五十錢。而今修隄岸，所率每畝二百錢，有千畝田即出二百千，如何拚得？』觀太平興國至熙寧止百餘年，熙寧至今亦止百餘年，田價米價乃十百倍蓰如此。」

按：北宋初斗米十餘錢，至熙寧則斗米五十錢，固已翔貴矣。惜岳氏未言南宋初斗米若干也。

又按：以一貫錢典田一畝，歲得錢百五十，其利亦厚矣，當時猶以爲薄邪？

漢唐酒價

宋王楙《野客叢書》云：「歷陽郭次象嘗與僕論唐酒價，引老杜『速令相就飲一斗，恰有三百青銅錢』。然白樂天《與劉夢得》詩『更把十千沽一斗』，酒價何太不廉哉？僕謂『十千一斗』曹子建樂府中語，唐人引此甚多；一斗三百錢，獨見子美所云。據《唐·食貨志》，德宗建中三年，『禁民酤，置肆釀酒，斛收直三千』，此可驗乎？又觀楊松玠《談藪》，北齊盧思道嘗云：『長安酒賤，斗價三百。』杜詩引此，亦未可知。因謂郭曰：『曾知漢酒價否？』郭無以應。僕曰：『此見《典論》「孝靈帝末年，百司湎酒，一斗直千文」，此可證也。』」

明周嬰《卮林》釋王曰：「勉夫知漢靈末酒價斗一千，未知桓帝時斗二百、昭帝時斗四十也。案：《神仙傳》漢桓帝時，王遠過吴胥門，以千錢與餘杭姥乞酤酒，信還，得酒五斗許，是斗二百也。《昭帝紀》始元六年，罷榷酤，官令民賣酒，升四錢。予嘗爲之語曰：『西京若就壚頭飲，一斗惟消四十錢。』」

按：此可見歷朝酒價，大約極貴則一斗千文，極賤則一斗四十。若十千一斗，則詞人之夸言，而非事實，不然魏文帝《典論》固以漢靈帝時一斗千文爲百司湎酒之故，何陳思王乃以十千一斗爲常價哉？

五齊三酒有名無實

宋岳珂《愧郯録》云：「珂之仕中朝，屢攝官莅祠祭，每見尊彝之設五齊三酒，皆有其名而實無之，將事則取具天府，蓋止一色公醖耳。聞之容臺吏，尊罍之下率多空，惟一尊僅實杯勺。」又按：「慶曆元年，同判太常寺吕公綽言：郊廟所陳樽罍之數皆準古，而不實以五齊三酒，及用明水、明酒，有司相承，名爲看器。其郊廟，天地配位，惟用祠祭酒一等，分大祠、中祠位二升，小祠位一升。止一樽酌獻，一樽飲〔一〕福，餘皆空器。」

按：五齊三酒，雖載於《周禮》，而實不詳其製造之法，宜後世莫之用也。同年王竹侯方伯曾官陜西，言陜省祭文廟所陳簠簋籩豆之内皆無一物，但以紅紙包裹若有物者，大書其上曰

〔一〕飲，原訛「餘」，據《愧郯録》卷五改。

黍、曰稷、曰棗、曰栗，如是而已。有司之以具文行事，蓋自宋至今一律也。

又引吕公綽言：「五齊三酒即非難得之物，宜詔酒官依法制齊、酒，分實樽罍。仍命有司取明水對明酒，實於上樽。或陰鑑、方諸之類未能猝辦，請如唐制，以井水代之。」「下博士議，奏曰：『五齊三酒，鄭康成注惟引漢時酒名擬之，而無制造之法。今仍舊用祠祭酒一等，有司不得更設空器，其明水明酒並以井水代。』從之。」按：此知五齊三酒固無製之之法，即明水亦無取之之法，自唐以來久廢矣。唐乾封中，果毅李敬貞言「於八九月中取蛤一尺二寸者依法試之。自人定至夜半，得水四五斗」，恐亦未足信。

宋趙彦衛《雲麓漫鈔》云：「《周禮》有五齊三酒。今臨安歲供祠祭酒一千六百餘瓶壜，又供天章閣、景靈宫及取賜酒一萬四千二百餘瓶壜，其酒名則曰玉練槌、珍珠、中和堂、有美堂等。玉槌、珍珠名既不典，而中和、有美乃使臣便坐，因以名酒，失禮甚矣。」

漢酒薄

宋程大昌《演繁露續》云：「王莽時酒一釀用麤米二斛、麴一斛，得成酒六斛六斗，此酤賣之齊也。用此數計之，米、麴通用三斛，取酒三斛不啻也。故漢世通米酒計之，其米多而酒少者爲上尊。」

按：米、麴通用三斛，得酒六斛六斗，則是倍之猶不啻也，乃云「取酒三斛不啻」，何邪？

余疑古酒較今酒爲薄，不獨漢酤賣之齊如此，即三代亦然。是以「卒爵」「卒觶」載在禮經，得以通行，不然必有不勝杯勺者矣。

鷄鳴酒

明張萱《疑耀》云：「魯元王爲穆生設醴。《説文》『一宿熟曰醴』，今人罕得其法。元《宋正獻集》有《鷄鳴酒賦》，序曰：『蔣陵李懷德市家善釀一宿酒，法以米三升，用水以椀計者倍，乃粥之，入麴八兩，酵半麴，以飴爲酵，殺四之一，加麥蘖少許，和之適宜。造於燈時，比曉熟矣，味甘且醇，劇飲不醉。』豈即醴邪？」

按：《詩·伐木篇》「無酒酤我」，毛傳：「酤，一宿酒也。」《説文》「酤」篆説解亦用毛義。是一宿之酒謂之「醴」，又謂之「酤」。蔣氏「鷄鳴酒」殆古法歟？

烏程酒有二

國朝沈自南《藝林彙考》云：「烏程有二，俱有名酒。《吴地理志》：『吴興烏程縣酒有名。』又盛弘之《荆州記》云：『淥水出豫章康樂縣，其閒烏程鄉有酒官，取水爲酒，極甘美，與湘東酃湖酒年常獻之，世稱酃淥酒。』」

按：張協《七命》有「荆南烏程」之語。《漁隱叢話》云：「余以《湖州圖經》考之，烏程縣以古有烏氏、程氏居此，能酒，因此名焉。其荆溪則在長興縣西南六十里，此溪出荆山。《七命》云『酒則荆南烏程』，荆南則此荆溪之南也。《藝苑雌黄》引長興箬下酒，以爲烏程酒，誤矣。」如胡氏此話，則「烏程酒」正謂湖州之酒。

又按：《藝苑雌黄》云：「荆溪在長興縣南六十里，以水出荆山，因名之。張玄之《山墟名》云：『昔漢荆王賈登山，因以爲名。』所謂『荆南烏程』荆溪之南耳。若以爲荆州，則烏程去三千餘里，大不相接矣。」是《藝苑雌黄》雖以箬下酒爲烏程酒似若小誤，然其解「荆南」二字則亦與《漁隱叢話》同也。

婪尾酒

《太平廣記》虎類引《河東記》申屠澄事云：「澄遇風雪，路旁茅舍中有老父嫗及處女環火而坐，謂澄曰：『以君冒寒，且進一杯。』讓曰：『始自主人。』翁即巡行，澄當婪尾。」然則最後飲酒謂之「婪尾」，唐人語如此，不特元日爲然也。

石灰酒

元西域辛文房《唐才子傳》云：「李百藥字重規，幼多病，母以『百藥』名之。高祖招杜伏威，百藥勸朝京師，中道而悔，怒，飲以石灰酒，因大利，幾死。既而宿病皆愈。」按：石灰性烈，又以酒下之，宜其大利也。而不知適以去宿疾，用之得當，則烏頭、附子功過參蓍矣。

嗺酒

宋葉夢得《石林燕語》云：「公燕合樂，每酒行一終，伶人必唱『嗺酒』，然後樂作。此唐人送酒之辭。本作『碎』音，今多爲平聲。王仁裕詩：『淑景易從風雨去，芳尊須用管弦嗺。』」按：「嗺」字，《廣韵》云「送歌」，《集韵》云「促飲」。「促飲」合於「嗺酒」之義，然不知何解。《玉篇》云「撮口也」，與此義無涉。《廣韵》《集韵》灰部「嗺」字皆兩見，今韵則無。

酒分等級

宋王楙《野客叢書》云：「皇甫嵩作《醉鄉日月》，有曰：凡酒以色清味重而甜者爲聖，色濁如金而味醇且苦者爲賢，色黑而酸醨者爲愚。以家醪糯觴醉人者爲君子，以家醪黍觴醉人者爲中庸，以巷醪麥觴醉人者爲小人。」按：今人但知有清聖濁賢之説，不知有此品目也。

宋人酒令

宋趙與旹《賓退録》云：「陳述古嘗作酒令，用紙帖子，其一書『司舉』，其二書『祕閣』，其三書『隱君子』，其餘書『士』。令在坐默探之，得司舉則司貢舉，得祕閣則助司舉搜尋隱君子，不得則司舉并祕閣自受罰酒。後復增『聘使』『館客』各一，若搜出隱君子，則此二人伴飲。二人直候隱君子出，即時自陳，不待尋問；隱君子未出，即不得先言。違此二條，各倍罰酒。祕閣雖同搜訪隱君子，或司舉不用其言，亦不得爭權。或偶失之，即不得以司舉不用己言而辭同罰也。司舉、祕閣既探得，即各明言之，不待人發問，如違，先罰一觴。司舉、祕閣止得三搜，如客滿二十人，則五搜。餘人探得帖子，並默然，若妄喧，傳罰巨觴。」按：趙氏此條所載酒令尚不止此。此最明白，故記之，以助酒坐之歡。

趙氏又云：「又有捉卧甕人格，皇朝李庭中撰，以畢卓、嵇康、劉伶、阮孚、山簡、阮籍、儀狄、顔回、屈原、陶潛、孔融、陶侃、張翰、李白、白樂天爲目，葢大同小異，特各更其名耳。」此當更有意，惜言之不詳。

近時有金匱俞敦培著《酒令叢鈔》，有尋花令、訪西施令、捉曹操令、尋唐僧令、訪鶯鶯令、訪黛玉令，皆從此脱胎，然雅俗殊矣。

瀑釀

元陸友仁《硯北雜誌》云：「王晉卿一帖云：『瀑釀四器納上。』以瀑釀酒，可謂好奇。」

不喏湯

宋趙彦衛《雲麓漫鈔》云：「僧徒飲酒，呼爲『般若湯』。又云『不喏』，言不揖而徑飲也。」按：「不喏湯」之名，知者甚罕。

西瓜釀酒

國朝周亮工《書影》云：「内丘喬盤石鴻臚善以西瓜釀酒，味洌而性涼。予有『深卮隸事瓜瓢酒，小雪留人柏子亭』之句。」按：西瓜釀酒，未詳其法。余有舊友吴生，一歲夏日穴西瓜，以燒酒注其中而飲之，及秋竟以痢死。

誰謂茶苦

國朝沈自南引曌譚云：「『誰謂荼苦，其甘如薺』，言味中有味也，亦青子餘甜之意。此品茶之最先者。」按：「荼」即今「茶」字，前人論之詳矣。則引《詩》語以品茶，亦非無理。

騎火茶

國朝沈自南《藝林彙考》引《五色線》云：「龍安有騎火茶最上，不在火前，不在火後故也。清明改火，故曰騎火茶。」按：杭州龍井茶，有「明前」「雨前」之目。然采自清明前者不可多得，則「騎火」之名固至當矣。

又引《三山老人語録》云：「茶之佳品，造在社前，其次則在火前，謂寒食前也，其下則雨前，謂穀雨前也。佳品其色白，若碧緑者乃常品也。齊己《茶》詩云：『甘傳天下口，貴占火前名。』又曰：『高人愛惜藏巖裏，白甀封題寄火前。』皆言火前，葢未知社前之品爲佳也。」按：此則茶之最早者爲「社前」，更不可多得矣。

又按：茶色貴白，范文正《采茶》詩：「黄金碾畔緑塵飛，碧玉甌中翠濤起。」蔡君謨言翠緑乃茶之下者耳，可云「黄金碾畔玉塵飛，碧玉甌中素濤起」。希文稱善。事見《青瑣集》。今人品茶但曰「緑茶」，未足語此矣。

夸茶

金無名氏《大金弔伐録》載宋主致謝書，别幅所載宋國送金之物，有「建州甕源夸茶三十夸」，注云：「共二百角，每角一夸。」按：茶以「夸」計，謂之「夸茶」，未詳其義，當考。然注與正文不合，二百角，每角一夸，則是二百夸，乃云三十夸，何也？

交趾茶

元陸友仁《硯北雜志》云：「交趾茶如緑苔，味辛烈，名之曰登。」

菊羹

明張萱《疑耀》云：「《楚詞》『餐落英』，菊英也。今人皆生餐之，未聞有烹炮者。温公《晚食菊羹》詩：『采擷授廚人，烹瀹調甘酸。毋令薑桂多，失彼真味完。』不知其法何似。」按：此味余嘗食之，擷菊瓣置沸羹中，須臾可食，香味俱佳，初無他法也。

餛飩

國朝沈自南《藝林彙考》引《演繁露》云：「世言餛飩是虜中混氏、沌氏爲之。按：《方言》：『餅謂之餛，或謂之餦，或謂之飩。』則其來久矣，非出胡虜也。」按：説固不足信，然亦與「餢䬲」同一食譜中故事也。

又按：所引《方言》有誤。據《方言》卷十三云：「餅謂之飥，或謂之餦餛。」與此所引異。

䭠饠[一]

宋黄朝英《緗素雜記》云：「余按《資暇集》論畢羅云：『蕃中畢氏、羅氏好食此味，因謂之畢羅，後人加食旁爲餢䬲字。』又云：『元和有姦僧鑒虛，以羊之六府特造一味，傳之于今。時人遂以其號目之曰「鑒虛」，俗字又加食旁。』」按：鑒虛煮肉法，余已載於《叢鈔》十三。今乃知當時竟以爲食品之名。凡煮食羊府藏者，謂之鑒虛，其字并作「䭠饠」矣。今字書中有「餢䬲」，無「䭠饠」。

[一] 䭠，原作「鑑」，據目録及正文改。

鸚武鮓孔雀腊

宋范成大《桂海虞衡志》云：「鸚鵡，近海郡尤多。民或以鸚鵡爲鮓，又以孔雀爲腊，皆以其易得故也。」又云：「翡翠出海南邕、賀二州，亦有腊而賣之。」

食鴿辨色

宋朱弁《曲洧舊聞》云：「韓玉汝丞相性嗜鴿，必白者而後食。或以他色者紿之，輒能辨其非，世以爲異。然古人固有之，《晉史》苻堅從兄子朗『食鵞肉，知黑白之處』，與玉汝白鴿事正同。」

杭人食鵞

明陳仁錫《西湖月觀》云：「杭人喜食鵞，嘉靖間侍御令巡官日報屠鵝之數，日屠一千三百有奇。」按：杭人食鵞之風今亦衰息矣，乃知一二百年間人嗜好不同即如此。

述蕩之掔

國朝沈自南《藝林彙考》引《庶物異名疏》云：「《酉陽雜俎》食品有『述蕩之掔』。掔，掌後節中也。述蕩，獸名也，見獸部。」按：「述蕩」不知何物，豈亦熊掌之類邪？注云：「掔字，腕、謙、欠三聲。」愚謂字當作「掔」，即「腕」字也，作「掔」非，音謙、欠亦非。

五色飲

明方以智《物理小識》云：「稠禪師以五色飲獻隋帝，以滂藤爲緑飲。今按：冬采柏枝綫架懸甕中，紙封其上，陰乾取出，泡湯正碧。龍腦薄荷葉泡水則香而白，大麥炒而泡之爲黄飲，玫瑰花蜜留泡之爲紅飲。」

按：「滂藤」不知何物。《清異録》載瓔珞藤軟碧可愛，豈即此藤邪？方氏又引杜寶《拾遺錄》云：「壽禪師作五香飲，沈檀丁與澤蘭、甘松也。」

五色豆腐

明方以智《物理小識》云：「仙人草取汁入米，則成綠豆腐。薜荔果贏名石蓮蓬，取汁加臙脂，則成紅豆腐。橡斗栗磨粉，則成黄豆腐。蕨粉爲黑腐，蒟蒻磨汁爲褐腐。」按：「仙人草」不知何物，若入臙脂汁，則無不可紅，何必石蓮蓬乎？

紫菜爲貴物

宋車若水《脚氣集》云：「天下有貴物乃不如賤者。只如眼前海菜，以紫菜爲貴，海藻次之，海藻所謂大菜也，苔爲下。紫菜爽口，乃發百病。大菜病人可食。苔之好者真勝前兩菜，且無查滓，《本草》謂其能消食也。貴公子只是喫貴物。」按：此知宋人食品與今迥異，今紫菜亦不貴，海藻之爲大菜，更無知者矣。

人葠以秤計

金無名氏《大金弔伐録》載幹喇布等上書大宋皇帝别幅有人參二十秤，又謝宋主餞禮書别幅有人參一十秤。按：人葠以秤計，初不知每秤若干。據上所載南宋誓書，云下項物「計重二十五萬九千五百觔，准一萬七千三百秤」，以此核算，每秤得一十五觔。人參二十秤，則是三百觔也，亦可云多矣。

又載有宋少主與左副元帥府報和書别幅云茶五十觔。以宋送金茶止五十觔，以金送宋而人葠至三百觔，亦可見當時人蔆之不甚重矣。

又載宋主回書云：「信使王訥至，承惠及人參一千秤。」是人參一萬五千觔也。太多，恐有誤。

震靈丹

宋趙叔向《肯綮録》云：「大丹藥中有所謂震靈丹者，前輩多强爲解説。按《唐韵》，返魂樹在西海中聚窟洲上，煎其汁可以爲丸。死尸在地，聞氣乃活。其丸爲震靈丸，出《十洲記》。則是貴其藥，假借其名耳。」

降氣湯

宋徐度《却掃編》云：「直祕閣張山者，年八十餘，嘗遇異人授一藥，服之數十年，用香附子、薑黄、甘草三物，同末之，沸湯點空心服三四錢，名降氣湯。以爲人所以疾病，由氣不降，故下虚而上實，此藥能導之使歸下耳。鄉人有效之者，或返致虚弱，葢香附子、薑黄瀉氣太甚而然，不知山何以獨能取效。及渡江，見一武官王昇，亦七十餘，康强無疾，所服食與山正同。而後知人之於藥各有所宜，不可强也。」

觀音粉

國朝褚人穫《堅瓠集》云：「崇禎中，杭湖山閒忽生異石，色白微赤，體軟質細，狀如茯苓，研之可作粉麪。民競取雜糠覈爲餅食之，得活甚衆，俗號觀音粉。迨歲有收此石，乃堅不可擣，擣亦不可復食矣。」

先君子《印雪軒隨筆》云：「湖州東林山於壬寅六月間忽出觀音粉，遠近饑民爭取食之。有人以少許示余，微帶緑色，云必碾之極細，淘去其沙，和米粉，乃可食。又聞荷鍤而往者竭一日之力，僅供三日之糧。則意天之生此，原以救荒年，不欲令其有餘歟？」按：壬寅爲道光二十二年，先君子有詩存集中，此與《堅瓠》所載同，但色則稍異耳。

荒年産物充饑

宋朱弁《曲洧舊聞》云：「熙寧末，浙西荒歉，杭州境内産物如珠，可炊可飯；水産蔬如菌，可以爲葅，民賴以充饑，前此不聞也。」

茶香室四鈔卷二十六

五采牙幢

國朝沈自南《藝林彙考·棟宇篇》引《黄帝出軍訣》曰：「有所征伐，作五采牙幢，青牙旗引住東，赤牙旗引住南，白牙旗引住西，黑牙旗引住北，黄牙旗引住中。」按：本朝八旗之制本此。

顯慶輅

宋龐元英《文昌褋録》云：「仁宗朝作新玉輅，既成，與舊玉輅同陳於崇政殿，舊輅在後。忽有大聲隱隱如海獸狀，仁廟訝之，乃令新輅在後，遂無聲。既出殿門，舊輅復在後，又有大聲如前。吏部蘇侍郎云：『此輅唐高宗顯慶年造，歷五代至皇朝，今在太僕寺。』」按：《日知録》云：「歷世久遠，能爲神怪，亦理之所有。隋文帝開皇十一年正月，以平陳所得古器多爲禍變，悉命毀之。《大金國志》載海陵正隆三年，詔毀平遼、宋所得古器，亦如隋文之言，而古器之銷亡爲可惜矣。」顧氏之論誠然，但如此輅竟於殿陛之閒顯呈怪異，亦不善自弢晦者矣。

宋葉夢得《石林燕語》云：「大駕玉輅，世傳爲唐高宗時物。元豐閒别造新輅，既成，以正旦大朝會，宿陳於大慶殿廷。車人先以幕屋覆之，將旦撤屋，忽其上一木墜，盡壓而碎。一木之勢葢不能至此，人以爲異。自後竟乘舊輅。」按：葉氏此説較《文昌襍録》更怪，是直將新輅毀之，不止爭前行、後行而已，未知誰得其實也。

《石林燕語》又云：「金明池龍舟，太宗時造，每歲春駕上池必登之。紹聖初，亦嘗命别造。初成，哲宗臨幸，是日大風晝冥，池水盡波。儀衛不能立，竟不能移跬步，自後遂廢不用。二事相似，亦可怪也。」

蔡絛《鐵圍山叢談》云：「紹聖末，名匠楊談新作龍舟，華大於舊，新舊兩龍舟戰池中。哲廟怒，降敕悉杖之。」此事與《燕語》所載又小異。

背嵬即團牌

元李翀《日聞録》云：「背嵬，大將帳前驍勇人也。章氏《稿簡贅筆》云：背嵬即團牌也，以皮爲之，朱漆金光，焕耀向日，即今軍旅所用者。」

按：「團牌」疑即今「藤牌」。國初以藤牌破羅刹火器，余已載於《九九銷夏録》矣。今觀此説，則宋時背嵬軍亦即藤牌也。然《岳飛傳》云「遣驍將以背嵬騎五百奮擊」，則背嵬騎兵，似非團牌。

擋杈

元徐勉之《保越録》云：「公躍馬向敵軍，一騎來迎，公叱曰：『汝是誰？』曰：『我拚命王也。』語未畢，公揮攩杈，已中其頤，遂擒以還。」又云：「公在戰船中，叱諸將曰：『今日至此，尚畏死邪？』乃自上馬，執擋杈，突入敵軍。」又云：「公用雙刀入敵軍，敵軍以鉤鎗鉤公首鎧。公揮刀斷之，乃共圍逼，公下馬，持欓杈奮擊。」又云：「敵軍以我軍怯，少懈。公乃舍舟乘馬，持欓杈衝前陷陣。敵將飛欓幾中公，公格去之，以所持欓刺其馬胸，盡刃馬倒，彼將墮馬，幾被獲。」按：「欓杈」不知何物，當時兩軍皆用之，蓋亦軍中利器也。自火器盛行，但以槍礮對擊，不復知有此等器矣。《録》中所稱「公」者吕珍，字國寶，江浙等處行樞密副使，來守紹興者也。

冷端甲

宋岳珂《愧郯録》云：「楊太監簡嘗得諸李尉府顯忠之族子，謂甲不經火冷砧，則勁可禦矢，謂之冷端甲。珂按：《續通鑑長編》慶曆元年五月，田況上兵策十四事，其十二曰：『工作器用，中國之所長，非夷狄可及。今賊甲皆冷鍛而成，堅滑光瑩，非勁弩可入。自京齎去衣甲皆軟，不足當矢石。以朝廷之事力、中國之技巧，乃不如一小羌乎？由彼精而專，我漫而略故也。今請下逐處，悉令工匠冷砧，打造純鋼甲，旋發沿邊。太祖朝舊甲絶爲精好，但歲久斷綻，乞且穿貫三五萬聯，均給四路。』然則此甲在祖宗朝已有之。」

按：「冷端」之名，未詳其義。疑本謂之「冷鍛甲」，武夫口傳，以音近而訛耳。又「彼精而專，我漫而略」二語，乃中國所以屈於外夷者，古今一轍也。

太虛負鼠

元陸友仁《研北襍志》云：「李伯時《古器圖》有琱玉盤螭之名，今世所見者皆出太康古壙中。後見龍川李氏購得齊叔剛者，瑑飾奇古，一螭角上有小鼠，或名『太虛負鼠』，又名『虛木相符』，皆不可曉。」

漢厭勝玉人

元吾衍《閒居録》云：「有人藏得古玉小版，上作人首，身爲玉版，度以浙尺，長四寸半，闊八分，中有綱紋若帶狀。當是漢人厭勝玉人，若今之替代也。」

泥湫龍

元王惲《玉堂嘉話》云：「看古玉器，當解其刀刻、碾刻者，刀刻爲上，與碾刻相去甚遠。丞相史公嘗收太康墓中玉環，名曰泥湫龍，係昆吾刻也。」

六合大同印

宋劉昌詩《蘆浦筆記》云：「嘉泰壬戌，予道經姑蘇，於常賣翁得故紙一幅，陳黦破碎，上有印文，方四寸餘，朱色未落，云『六合大同之印』。按《鄴侯傳》，唐肅宗在靈武，徵天下兵所鑄。頃嘗收拓本，漢甎上刻此篆文。本朝丞相李昉書其下，謂家藏是印文而失之。」按：此則四字本漢甎文，唐用以刻印也。「常賣翁」之稱未知何謂，殆即今之骨董客乎？

宋趙彦衛《雲麓漫鈔》云：「朱勔之父朱沖者，吴中常賣人。方言以微細物博易於鄉市中自唱，曰常賣。一日至虎丘，主僧聽其聲，甚驚，延之，設茶，語以他日必貴。」則宋時市閒自有此種人，且必自唱，使人聞知也。

宋印

宋趙彦衛《雲麓漫鈔》云：「國朝印制仍唐舊，諸王及中書門下印方二寸一分，樞密院、宣徽、三司、尚書省諸印方二寸，惟尚書省不塗金。節度使印方一寸九分，塗金。餘印方一寸八分。觀察使印亦塗金。又有朱記，以給京城外處職司及軍校等，其制長一寸七分，廣一寸六分。」按：此則唐、宋舊印皆不甚大。其朱記長方似即今關防之類，但廣與長止差一分，則所長亦無多耳。

印文疊字作二點

國朝何琇《樵香小記》云：「印譜有文三橋所作『努力加餐飯』一印，『努』字下左爲二點，云重力字；右爲二點，旁作口字，云重力字，合爲加字。餐字下爲二點，旁作反字，云重食字，合爲飯字。論者病其太巧，不知實祖秦刻石法。」

端石眼

宋張世南《游宦紀聞》云：「硯品中端石爲佳，其有眼爲端，或以無眼爲貴。然石之青脈者必有眼，嫩則多眼，堅則少眼，石嫩則細潤而發墨，所以貴有眼。眼之品類不一，曰鸜哥眼，曰鸜鴿眼，曰了哥眼，原注：謂秦吉了。曰雀眼，曰雞翁眼，曰貓眼，曰菉豆眼，各以形似名之。」又載乾道癸巳高廟語云：「石之有眼，余亦不取，大抵瑕翳，於石有嫌，況病眼、假眼，韻度尤不足觀。故所藏皆一段紫玉，略無點綴。」

南唐硯滴

元陸友仁《研北襍志》云：「李仲芳家有南唐金銅蟾蜍硯滴，重厚奇古，腹下有篆銘云：『捨月窟』，左足心。『伏棐几』，右足心。『爲我用』，左後足。『貯清泚』，右後足。『端溪石，澄心紙』，頷下左右各三字。『陳元氏毛錐子』，腹兩旁各三字。『同列無譁聽驅使，微吾潤澤烏用汝』。腹下兩旁各七字。」

冬硯不冰

明方以智《物理小識》云：「冬以楊花鋪硯槽，則不冰，曰春風膏。或鹽磨墨，或火酒。」又云：「冬用米醋磨墨。」按：冬以火酒磨墨，余嘗試之，墨色不佳，不可用，鹽醋則未試也。「春風膏」之名甚新，然楊花不預蓄，亦不可得。

盧村硯

國朝姚元之《竹葉亭襍記》云：「盧村硯，余在中州曾得其一，莫知其所出。山長馮夢花綬，浙人也，在陜久，有長詩一章，前有序云：『村在陜州城南三十里，傳有隱士盧景者好造瓦硯，硯成，悉瘞之厓壁閒，村以是得名。然莫詳時代，惟硯窑故址猶存。人於得硯處，時見開元古錢，因疑爲唐時物。硯大者徑尺，小者三四寸，形製如箕、如瓢、如黿鼉之甲，下有兩足或四足。質似麤而甚薄，然堅緻不可磨削。性發墨而不滲，以盛水，暑月不涸，寒月不凍。硯在村隨處皆有，乃入土輒數丈，往往爲沙石壓損，故村人甚秘惜焉。』」按：余亦嘗奉使中州，不知有此硯，見中州人當一問之。

晉人不擇硯

宋程大昌《演繁露續》云：「晉人最重書學，然未嘗擇硯。故石林曰：『晉之善書者不自研墨，使人研之成漿，乃以斗供。』其說不知何出。」

筆普度

宋楊彦齡《楊公筆録》云：「魏銅雀臺瓦，用澄泥加胡桃油埏埴之，琢以爲硯，貯水不竭。今人所得往往皆僞者，燥澀不可用，人謂之『筆普度』」。

兔豪不出宣州

宋張耒《明道襍志》云：「白樂天作《紫豪筆》詩云：『宣城石上有老兔，食竹飲泉生紫豪。』余守宣時，問筆工：『豪用何處兔？』答云：『陳、亳、宿數州客所販。宣自有兔，豪不堪用。蓋兔居原田則豪全，以出入無傷也。宣兔居山，出入爲荆棘樹石所傷，豪例短禿。』則白詩所云非也。」

德壽供奉筆

元陸友仁《研北襍志》云：「王子復嘗得故宋宮人所藏德壽供奉筆兩枝，上刻云『臣周文舉進』。」

王氏筆管上畫

宋郭若虛《圖畫見聞誌》云：「唐德州刺史王倚家有筆一管，稍麤於常用筆管，兩頭各出半寸以來〔一〕，中間刻《從軍行》一鋪，人馬、毛髮、亭臺、遠水，無不精絶。每一事刻《從軍行》詩兩句，若『庭前琪樹已堪攀，塞外征人殊未還』是也。似非人功。其畫蹟若粉描，向明方可辨之。云用鼠牙雕刻。故崔鋋郎中文集有《王氏筆管記》，體類韓退之《記畫》。」按：此真可謂鬼工矣，惜敘述未明。筆止一管，畫則不知有幾事，安得崔郎中記一讀之。

筆匠楊彦章

國朝孫承澤《春明夢餘録》云：「于文定慎行言：文華後殿又東一室，乃上所遊息。一日

〔一〕來，原訛「朱」，據《圖畫見聞志》卷五改。

同二三講臣入視，見窗下一几，几上設少許書籍。又一二玉盆，盆中養寸許小金魚。西壁一几，几上筆硯無甚珍異，筆皆市中所買，上貼筆匠楊彦章名。」按：「楊彦章」必當時筆工之佳者，故宫掖亦用之。其姓名遂流傳至今，亦甚幸矣。

用李廷珪墨法

元王惲《玉堂嘉話》云：「商台符嘗用聚星玉版硯，磨李廷珪墨，求木庵書。硯爲墨所畫，木庵亟止之曰：『用李氏墨有法，若用一分，先以水依分數漬一宿，然後磨，乃不傷硯。』」按：此知李廷珪墨之堅，真可謂千年如鐵矣。

磨墨有光

明方以智《物理小識》云：「臘梅皮浸水，磨墨有光。」按：殿廷考試最重墨色，未知此法可用否。

延州石液

宋沈括《夢溪筆談》云：「鄜延境内有石油，舊説高奴縣出脂水，即此也。生於水際，采人缶中，然之如麻。但煙甚濃，所霑幄幕皆黑。予疑其煙可用，試掃其煤以爲墨，黑光如漆，松墨不及也，遂大爲之。其識文爲『延州石液』。」

茶香室四鈔卷二十七

窰器稱磁之誤

明張萱《疑耀》云：「《宣和格古論》：古人磁器皆曰某窰器，不稱磁也。惟河南彰德府磁州窰器乃稱磁耳。今不問何窰所製，而凡瓦器俱稱磁，誤矣。」

按：《舊唐書·地理志》：「慈州，元魏曰南汾州，隋改爲耿州，武德元年改爲汾州，八年改爲慈州，以郡近慈烏戍〔一〕故也。」《廣韻》七《之部》「慈」下云：「因慈氏縣名之。」二説不同，要其舊名是「慈」也。《宋史·地理志》河北西路有磁州，「舊名慈，政和三年改作磁，貢磁石」，殆以

〔一〕戍，原訛「戌」，據《舊唐書》卷三九改。

其地出磁石，故以此得名邪？則與窰器固不相涉。磁州之窰曰磁窰，亦猶汝州曰汝窰、定州曰定窰耳，豈可以爲磁器之名乎？

又按：《宋志》信德府貢白磁盞。信德與磁州雖同屬河北西路，究爲兩地。白磁盞之貢不於磁州而於信德，則疑「磁器」之得名亦不因磁州。按：《玉篇·瓦部》「瓷，在思切，瓷器也」，《缶部》「甆，在咨切，亦作瓷」，則窰器稱「瓷」，亦稱「甆」，後人以同聲之「磁」字代之耳。

邠州剪刀

國朝徐文靖《管城碩記》云：「杜詩：『安得并州快剪刀。』按：《通典》『新平郡貢翦刀十具，今邠州』，則杜詩『并州』疑當是『邠』之譌也。」

江州車

宋吕希哲《吕氏襍記》云：「荆公好乘江州車，坐其一箱，其相對一箱不可虚，苟無賓朋，則使村僕坐焉，共載而行，其直率如此。」按：此車兩箱相對，疑即今之「二把手」也。

祈陽縣版屏

宋范成大《驂鸞録》云：「永州祁陽縣新出一種版，鑱疊數重。每重青白異色，因加人工爲山水雲氣之屏，市賈甚多。」按：此版屏未知今尚有否，以配大理石屏，亦自有致。

閩中水車

國朝周亮工《書影》云：「祖沖之造一器，不因風水，施機自運，不勞人力。楊幺浮舟湖中，以輪激水，其行如飛，似是此類。今閩中戰艘尚有名水車者，然名存實亡矣。」

愚按：閩中水車，恐是以脚踏輪，正如今田間所用水車之類。施之於舟，亦能運動。楊幺以輪激水，當亦然耳。祖沖之器不勞人力，此則異矣。自西洋輪船入中國，遂創未有之奇，不知沖之所製同異如何也。

水車之始

宋程大昌《演繁露》云：「水車古無見，《莊子》桔橰之制，後重前輕。此是就有水處立木其上，交午如十字，一頭繫甕，一頭虚垂，人爲制其低昂，未有今世捲水之車也。《魏略》曰：『馬鈞居京都，有地可爲園，患無水，乃作飜車，令童轉之，而灌水自覆，更出更入，其巧百倍於常。』此方是今之水車。」按：咏水車者皆用桔橰故事，而不知「桔橰」「翻車」之有别，此獨析言之。且水車創始於馬鈞，亦人所未知。《千字文》「鈞巧任鈞」，「鈞」即馬鈞也。

舟師用篙

宋趙彦衛《雲麓漫鈔》云：「自浙江東南溪行，溪水淺澀湍急，行三五步一灘。每遇灘磧，舟師每呼肩篙、頭篙、轉身篙、搶篙，諸人即齊聲和曰『嗷嗷』。所謂『肩篙』者覆面向水用肩撑，所謂『頭篙』者覆面向水用頭撑，『轉篙』者自左移舟右轉，『轉身篙』者或仰面即覆面，覆面即仰面，云『搶篙』者舟尾有穴，每諸篙出水，即一人急用大木挺搶船尾，蓋恐舟復下也。」按：今浙東舟師「肩篙」恒有之，「頭篙」則未之見。至大木挺搶，則在船頭，不在船尾，與宋時異。

平面子

宋朱弁《曲洧舊聞》云：「盛文肅在翰苑日，昭陵召入，面諭：『禱雨不應，詔求民間疾苦，卿即就此草詔。』文肅奏：『臣體肥，不能伏地作字，乞賜一平面子。』上從之。逮傳旨下有司而平面子進，則詔已成矣。或曰：文肅作文思遲，乞平面子，蓋亦善用其短也。」按：「平面子」當是小几案之類。

交牀

宋程大昌《演繁露》云：「隋高祖意在忌胡，器物涉胡者咸令改之，其胡牀曰交牀。」按：今俗有「交椅」之名，初不解其義，今乃知本於「交牀」也。

燈籠稱碗

宋趙彦衛〔一〕《雲麓漫鈔》載金國遣使過平江，排辦司數有云「燈籠四百七十一碗」。燈籠以「碗」稱，至今沿之。碗從石，乃俗字。

又云「火把船九十八隻」，今人以「燈籠」「火把」連稱，亦宋時遺語乎？

礬山

宋陸務觀《入蜀記》云：「乾道五年閏五月二十五日，葉夢錫侍郎招飲，案間設礬山數盆，望之如雪。」按：此知宋時士大夫暑月讌客，因南方無冰，故設礬山以代之。今南方無此風矣。

〔一〕衛，原訛「深」，據《筆記小説大觀》本改。

黏麴

元陸友仁《研北襍志》云：「宋翰林學士王寓《謝賜筆札記》云：『宣和七年八月二十一日，一夕凡草四制。翌日，遣中使至玉堂，賜以上所常御筆硯等十三事，内有貯黏麴塗金方匳一，匳中餘麴猶存。』」按：「黏麴」當即今所用麪糊也。

障扇

宋程大昌《演繁露》云：「今人呼乘輿所用扇爲『掌扇』，殊無義，葢『障扇』之訛也。江夏王義恭爲宋孝武所忌，奏革諸侯制度，障扇不得用雉尾，是也。凡扇言障，取遮蔽爲義。蔡薿小詞有曰『扇開仙掌』，誤也。」

搊扇

明方以智《物理小識》云：「摺疊扇，永樂間盛行。智按：孫愐《韵注》『搊，扇』，則唐人已有矣。」今檢《廣韵》四十四《有》則九切有「搊」字，注云「搊，扇别名」，未知即謂摺疊扇否。「搊扇」之名，知者甚少。

《物理小識》又云「有折團扇、折掌扇」，未知「折團扇」之制如何。今杭州市中鬻扇有舒之則爲團扇、斂之則與摺扇無異者，豈即古之「折團扇」邪？

夾鏡

宋姚寬《西溪叢語》云：「近得一夾鏡，大鼻，叩之中虚。有冠劍四人，一題忠臣伍子胥，一吴王，一越王，一范蠡。又二婦人，云越王小女。皆小隸字，製作奇古。沈存中云夾鏡最難得。」

香珠

宋范成大《桂海虞衡志》云：「香珠出交趾，以泥香捏成小巴豆狀，琉璃珠間之，綵絲貫之，作道人數珠，南中婦女好帶之。」按：此知宋時婦女所帶香珠遠出交趾，市廛中猶未有此也。

竹釜

宋范成大《桂海虞衡志》云：「竹釜，猺人所用，截大竹筒以當鐺鼎，食物熟而竹不熸，蓋物理自爾，非異也。」按：此知凡竹皆可爲鐺矣。

盋盂

宋程大昌《演繁露》云：「《東方朔傳》『置守宫盂下』，注：『盂，食器也，若盋而大。今之所謂盞盂也。』今僧家名其食器爲鉢，中國古有此名，而佛徒用之耳。」按：「盋」亦作「鉢」，《説文》皆無之，《玉篇》有「鉢」無「盋」。《廣韵》十三《末部》出「鉢」字曰：「器也，亦作盋。」則轉以作「鉢」爲正。

香藥卓

宋戴埴《鼠璞》云：「坡公與章質夫帖云：『公會用香藥，皆珍物，極爲番商坐賈之苦。若奏罷之，於陰德非小補。』今公宴，香藥別卓爲盛禮，私家亦用之。」按：此知宋時大宴會皆有別卓盛設香藥，故有「香藥卓」之名，今久無此矣。

古刺古辣一水

國朝全祖望《鮚埼亭集・明洪熙古刺水歌序》云：「古刺爲西南極遠蠻部，西與緬甸鄰，見《明史・八百媳婦傳》，南與佛郎機鄰，見《緬甸傳》。《野獲編》云：『古刺水爲龍涎之亞，在蘇合薔薇之上，宫中極重之。』予考之左侍郎詩，則其水可飲，蓋取以和酒最香洌，不僅薰沐之用也。若北平别有古辣，乃地名，其泉煎之，足爲折傷刀兵之藥，此與西南夷所貢各殊。」宋范成大《桂海虞衡志》有《古辣泉》一條，云：「古辣，本賓横閒墟名，以墟中泉釀酒，既熟不煑，埋之地中，日足取出。」據此則「古剌」「古辣」亦可通稱，不得謂南爲「古剌」、北爲「古辣」也。

鏹水

國朝姚元之《竹葉亭襍記》云：「鏹水以真硇砂合五倍子水而成，可爛銅鐵。徐星伯同年寓伊犂，適有一舊鐵香爐。戲取蠟油畫一龍，題數字於上，置水中。一宿爐上鐵銷鎔一二分，而蠟油所畫凸起不動，龍與字高出，而其地光平如鏡。攜至京，觀者以爲非秦、漢以後人所能，斷爲秦、漢器。」按：此則今外國所謂「鏹水」者，中國亦能爲之矣。

鄜州石燭

宋楊彦齡《筆録》云：「鄜州出石燭，風雨點之不滅。欲然，先以水浸之，則愈明。」

丹砂本出涪州

《東坡志林》記爾朱道士煉朱砂丹云：「《本草》言『丹砂出符陵谷』，陶隱居云『符陵是涪州』。今無復采者。吾聞熟於涪者云：『采藥者時復得之，但時方貴辰錦砂，故不甚采耳。』」

火齊

宋程大昌《演繁露》云：「天竺有火齊，如雲母而色紫，裂之則薄如蟬翼，積之則如紗縠之重。據此，則老杜謂『火齊堆金盤』，誤以火齊爲珠也。」

按：「火齊」不知何物。《藝文類聚》引《集韵》云：「瑠璃，火齊珠也。」則即今之瑠璃。瑠璃非珠，杜語似誤。然云「火齊珠」，則杜語又不誤。韓文公亦云「火齊磊落堆金盤」，用杜語也。

又按：古所謂「珠」者，初不謂蚌珠，故其字從玉，不從虫。《廣雅》「瑠璃」「珊瑚」「玫瑰」

「虎魄」之類皆歸之珠屬，蓋此數物者皆可琢爲珠也。謂「火齊是珠」固非，謂「火齊不可爲珠」亦非，自後世蚌珠盛行，此等珠皆廢矣。

空青

國朝姚元之《竹葉亭襍記》云：「空青産於關外戈壁中。沈縣令仁樹初官甘肅徽縣及兩當襍職，其地爲蒙古年班入京孔道。一歲，蒙古包過，里下馬家兒從。凡官差用里下之馬，其家必以人從。蒙古押包者前行，過一處下騎，若蹲地者，若拾地上物塗目者。馬家兒從後覘之，瞭然也。追及之，騎者去，視其地，見沙中有小石剖爲二，剖處皆有窩，有滴水貯其中，亦醮而塗其目，水盡乃行。明日歸，無他異。久之，里中有聚賭押寶者，此子至，即見其盒中物，或青龍，或白虎，若無障礙者。衆隨之，輒中。寶主因賄之，乞勿至，於是衣服飲食裕如矣。衆詢其故，不言，極飲之醉，始道其故。衆共謀曰：『此子不死，此目不得除也。』因共殺之，遂成獄。沈備得其詳。可知空青不徒治目疾也。」

赬赦

宋趙叔向《肯綮録》云：「燕脂，《集韵》作𡌂赦。」按：此二字誤。《集韵》作「赬赦」，葢二字並從赤爲義，一從亜聲，一從支聲耳。

婁金

宋沈括《夢溪筆談》云：「襄、隨之閒，故春陵、白水地，發地多得金麟趾、褭蹄，一枚重四兩餘，乃古之一斤也。色有紫豔，非他金可比。以刀切之，柔甚於鉛；以石磨之，霏霏成屑。小説麟趾、褭蹄，乃婁敬所爲藥金，方家謂之婁金，和藥最良。

滴翠珠

宋沈括《夢溪筆談》云：「士人宋述家有一珠，大如鷄卵，微紺，色瑩徹如水。映空而觀，則末底一點凝翠，其上色漸淺，若回處，則翠處常在下。不知何物，或謂之滴翠珠。」

沈萬三瑪瑙壺

國朝褚人穫《堅瓠集》云：「吴中沈萬三藏古今書畫無算，有瑪瑙壺，通明類水晶，面有葡萄一枝，如墨點，名『月下葡萄』。萬三死，轉入數巨家，莫知所歸。天順間，嘉興李銘爲童子師，一日舟行，見河濱有光，因覓得之，壺也。有知府劉侃語之曰：『此異寶。』以獻鎮淮貴璫張公，謀僉嘉興鹽鈔，果得所願，因分其利。銘領鈔過江，舟覆，鈔皆溼。嘉興守楊公繼宗追補前鈔，銘死獄中，侃亦破産與償。」

按：《續鈔》卷四載沈萬三事甚詳，今又得此事。壺之微，能爲人禍福，亦可畏也。

教子升天玉杯

明曹家駒《説夢》云：「朱文石大韶，嘉靖丁未進士，官司業。家建一樓曰朝珍，商彝周鼎充物其中。有玉杯一，尤所寶貴，名『教子升天』。上鐫母龍一、子龍九，製作精巧如鬼工。」按：朱氏以玉杯搆訟，余已載於《叢鈔》卷二十。然不得其命名之義，今乃知謂母龍教子龍也。

七夕錢

國朝周亮工《書影》云：「庚寅在南都，與同人隸七夕事，凡數十則，後余得七夕錢事。《泉譜》：『七夕錢爲牽牛織女相對形，穿上爲花，穿下爲草，制甚古質。』」

開元錢治驚風

元陸友仁《研北襍志》云：「開元錢，燒之有水銀出，可治小兒急驚。」

則劇錢節料錢

宋岳珂《愧郯録》云：「今歲時士庶家以錢分遺家人輩，目曰節料錢。或歲正冬節，縱之呼博，目曰『則劇』。嘗讀蔡絛《鐵圍山叢談》，知國初已有之。藝祖艱難造邦，示儉一意，千萬世猶可拜而仰也。絛之言曰：副車弟嘗得太祖賜后詔一，曰：『朕親提六師，問罪上黨。』末云：『今七夕節在近，錢三貫與娘娘充則劇錢，千五與皇后，七百與妗子，充節料。』問罪上黨者，國初征李筠時也。娘娘即杜太后，皇后即孝明王皇后也。副車葢絛謂其弟鞗，尚徽宗女茂德帝姬云。」按：太祖所謂「妗子」，惜未知何人，當考。

佩正德錢

國朝焦循《憶言〔一〕》云：「泰州宮紫縣太史言，十年前後以重價購求正德錢，一二文可值一金云。正德爲游龍，佩之渡江河，無波濤之厄。近遂有僞爲求售者，甚或錢背鑄一龍，前此未聞。此康熙年間事也。余幼時尚見有以正德錢佩於腰者，近則無之矣。」按：正德游龍，俗傳尚有此說，其錢可鎮風濤，余亦嘗聞之故老也。

〔一〕言，當爲「書」。引文見《憶書》卷四。

康熙十字錢

國朝焦循《憶言〔一〕》云：「乾隆戊戌、己亥間，擇康熙錢幕有漢字者十枚，爲同、福、寧、東、江、漳、臺、廣、薊、浙十字，每十錢可换千錢。」

按：此錢今尚重之，且益以十錢，其文曰：「同福臨東江，宣原蘇薊昌，南河寧廣浙，臺桂陝雲漳。」兒曹多以此爲玩。國朝梁章鉅《退庵隨筆》云：「我朝初年，錢法屢經更定。始以滿漢文字鑄『天命通寶』及『天聰通寶』，錢幕皆無字。迨鑄『順治通寶』，則專用漢文。嗣於錢幕之左鑄漢文『一釐』二字，原注：紀直銀之數。其右係户部者鑄户字，係工部者鑄工字。後又改定京局，錢幕分鑄『寶泉』『寶源』二字，皆滿文。其各省鑄局亦分鑄各地名，江南江寧府局鑄『寧』字，安徽局鑄『安』字，蘇州府局鑄『蘇』字，江西南昌府局鑄『江』字、後又鑄『昌』字，浙江杭州府局鑄『浙』字，福建福州府局鑄『福』字，漳州府局鑄『漳』字，臺灣府局鑄『臺』字，湖廣武昌府局

〔一〕言，當爲「書」。引文見《憶書》卷四。

鑄『昌』字、後又鑄『武』字，長沙府局鑄『南』字，河南開封府局鑄『河』字，山東濟南府局鑄『東』字、後又鑄『濟』字，山西太原府局鑄『原』字、後又鑄『晉』字，陝西西安府局鑄『陝』字，甘肅鞏昌府局鑄『鞏』字，密雲鎮局鑄『密』字，薊鎮局鑄『薊』字，宣府鎮局鑄『宣』字，大同鎮局鑄『同』字，臨清鎮局鑄『臨』字，四川成都府局鑄『川』字，廣東廣州府局鑄『廣』字，廣西桂林府局鑄『桂』字，雲南雲南府局及臨安府、大理府、禄豐縣、蒙自縣各局俱鑄『雲』字，貴州貴陽府局鑄『貴』字，畢節縣局鑄『黔』字，皆滿漢文各一，滿文居左，漢文居右。至雍正初年，又定各省錢幕亦照京局之例，以『寶』字爲右，次鑄本地方一字，皆用漢文，至今遵行。」按：此則錢幕鑄地名共有三十字。

窮六和

明方以智《物理小識》有《合香易簡法》云：「其窮六和者，荔枝殼、甘蔗滓、乾柏葉、黄楝頭、梨核、棗核。」又引浮山句云：「窮六和香宜草屋，瓦爐茶餠晝夜足。木根野花曝三伏，山人不羡龍涎福。」

賣假香

宋魯應龍《閑窻括異志》載華亭黄翁、海鹽倪生，嘉興周大郎事，而云：「嗚呼！世人焚香，誠欲供養三界十方賢聖，黄翁、倪生、周大郎乃以廢木爲真，觸穢神祇，豈得不遭誅戮？」

僞獅子面具

元王鶚《汝南遺事》云：「軍吏有石抹虎兒者求見，自謂有奇計退敵〔一〕，及見，出焉，疑馬字之誤。面具如獅子狀而惡，製足尾皆麻布爲之，飾以青。因言：『敵人所恃者馬耳，欲制其人，先制其馬。如我軍先以常騎迎之，少戰少却，彼必來追。我以馴騎百餘皆此狀，仍繫大鈴於頸，選壯士乘之以追，彼騎必驚逸，我軍鼓譟繼其後，此田單所以破燕也。』上以問參政

〔一〕敵，原訛「敵」，據《筆記小説大觀》本改。下同。

天綱，天綱曰：『敵衆我寡，此不足恃。縱使驚去，安保其不復來乎？枉費工物，祇爲笑耳。』」

按：此亦胥臣以虎皮蒙馬之故智也。宋宗慤、明張輔皆以畫獅破象陣，象猶可驚，況馬乎？即使敵兵去而復來，而我之獅子面具仍復可用，蓋人知其僞，馬不知其僞也。石抹虎兒之計，惜爲張天綱所尼。彼時有妖人烏古論先生請令軍士服元氣，不費官糧，可以持久。右丞仲德亦以田單故事請上用之，天綱不可，此則正論矣。

壺中九華非佳石

宋方勺《泊宅編》云：「李正臣所蓄石，東坡名以『壺中九華』者，予不及見。但嘗詢工臣所刻碑本，雖九峰排列如鷹，齒不甚巉崪，石腰有白脈，若束以絲帶。此石之病也，不知坡何酷愛之如此。予恐詞人筆力有餘，借物象以發文思，爲後人詭異之觀耳。」

厠馬子

宋趙彦衛《雲麓漫鈔》云：「漢人目溷器爲『虎子』，鄭康成注《周禮》有是言。唐諱虎，改爲馬，今人云『厠馬子』者是也。」

人皮鼓人皮褥

國朝褚人穫《堅瓠集》云：「《湧幢小品》載北固山佛院有人皮鼓。世廟時，湯都督沂東克寬戮海寇王艮皮鞔之，其聲比他鼓稍不揚。蓋人皮視牛革理厚而堅，故聲不如他鼓也。又《皇明襍記》載韓觀提督兩廣，殺人甚多，以人皮爲坐褥，耳目口鼻顯然，髪散垂褥，首披椅後。」

當票

國朝吴翌鳳《遜志堂襍鈔》云：「明末南海鄺露湛若蓄二琴：一曰南風，宋理宗宫中物也；一曰綠綺臺，唐武德年製。明康陵御前所彈也，出〔一〕入必與二琴俱。其餘古器物甚多，貧則質于錢家。俗謂質貸曰當，當主例給票以爲驗，故湛若有《前當票序》《後當票序》，其目皆奇器也。」按：「當票」二字亦入文人集中，甚奇。

〔一〕出，原訛「山」，據《筆記小説大觀》本改。

茶香室四鈔卷二十八

萬年枝

宋程大昌《演繁露》云：「謝詩『風動萬年枝』莫知何木，或云冬青木，亦無明據。《西京襍記》『初脩上林苑，羣臣各獻名果異木，自製爲美名』，有『萬年長生樹、千年長生樹』各十株，亦不知爲何物。吴興方勺所著《泊宅編》曰：『徽宗興畫學，試諸生，以「萬年枝上太平雀」爲題，無能識其何木。或密以叩中貴，中貴曰：「萬年枝，冬青木也；太平雀，頻迦鳥也。」』不知何所本。」愚謂「萬年枝」或即冬青，若「太平雀」必非頻迦鳥。迦陵頻迦鳥，豈世閒所有乎？宫禁好諛，即尋常庶物，錫之嘉名，觀唐人「風動萬年枝」「日煖萬年枝」，皆切宫禁言，可知人閒謂之冬青木，宫中謂之萬年枝。則所謂「太平雀」「頻迦鳥」亦即人閒常雀耳。必求其名，則固不可得矣。

老子手植檜

元陸友仁《研北褉志》云：「亳州太清宫老子殿，繞壇古檜數十本，相傳爲老子手植。」

唐宣政殿松

宋龐元英《文昌褉録》云：「元微之詩：『松門待制應全遠，藥樹監搜可得知。』蓋有唐宣政殿正衙，殿廷東西有四松，松下待制官立班之地。」又云：「開成元年正月，詔以入閤日次對官班，退立於東階松樹下，須宰臣奏事畢，齊至香桉前，各言本司事。雖紫宸殿亦有松樹，爲待對官立位。六殿門外有藥樹，監察御史監搜之位在焉。唐制，百官入宫殿門必搜，監察所掌也。」

按：元微之詩得此乃明，然謂之「松門」，未詳何義，豈四松相對有門象邪？

又按：「藥樹」未知何樹。《文昌褉録》又云：「户部王員外言：元昆駕部郎中比自長安歸，攜藥樹數株至京師，其葉蔥翠可愛，于今關右頗多，人罕識者。」

又按：《文昌襍録》云：「杜甫《紫宸退朝》詩云：『香飄合殿春風轉，花覆千官淑景移。』又《晚出左掖》云：『退朝花底散，歸院柳邊迷。』乃知唐朝殿亦種花柳，今殿廷惟對植槐楸，有嚴毅之氣。」按：此知唐制松門、藥樹惟以表位，乃古槐棘之遺意。而此外則花柳扶疏，亦自見天家富貴也。

宋汴京有瓊花

宋宋敏求《春明退朝録》云：「揚州后土廟有瓊花，或云自唐所植，即李衛公所謂玉蘂花。舊不可移徙，今京師亦有之。」按：《齊東野語》載仁宗分植瓊花於禁苑，明年輒枯。余已載於《三鈔》卷二十八矣。宋敏求著此書在熙寧時，乃云今京師有之，何邪？

富鄭公家凌霄花

宋朱弁《曲洧舊聞》云：「富鄭公居洛，其家圃中凌霄花無所因附而特起，歲久遂成大樹。

韓秉則云：『淩霄花必依他木，罕見如此者，蓋亦似其主人耳。』予曰：『是花豈非草木中豪傑乎？所謂不待文王而猶興者也。』秉則請賦之，予爲七言詩一首。」

中嶽倒植松

宋朱弁《曲洧舊聞》云：「中嶽頂上松，幹如插筆，其閒數株，上巨下細。僧云：『此是嶽神爲珪禪師夜移，天將曉，其鬼兵懼，遽倒植之而去。』其言雖難信，其樹亦可怪也。」

按：《續鈔》二十五記平江路集仙宫倒插竹，與此正可謂無獨必有偶矣。

華山小松

國朝姚元之《竹葉亭襍記》云：「華山出小松，長二三寸。登華者，道人以此爲土物餽遺，以淨甌盛水，置其中，青葱可愛。行則夾置紙本，經年累月，雖乾不瘁，見水仍活。名華山松，實則苔也。」按：四川峩眉亦有之，往年蜀藩龔君仰蘧曾以數十株見贈，余爲賦一詩云。

子美樹

元陸友仁《研北褋志》云：「杜子美舊居在秦州東柯谷，今爲寺。山下有大木，至今呼爲『子美樹』。」余謂此樹惜不知何木。

王瓊冬月開花

宋楊彦齡《楊公筆録》云：「王瓊妙於化物，方冬，以藥封桃李數株，一夕盡開。王瓊乃武宗時人。」

木犀

宋無名氏《愛日齋叢鈔》云：「楊廷秀《木犀》詩：『系從犀首名千木，派别黄香字子金。』後

《鶴山集》亦賦此花云：『虎頭點點開金粟，犀首纍纍佩印章。明月上時疑白傅，清風度處越黄香。』」按：詩皆用犀首事，知宋時止作「木犀」，不作「木樨」也。用「白傅」似不切，未詳其意。

陸放翁未見桂花

宋無名氏《愛日齋叢鈔》云：「陸務觀云：『《楚詞》所謂桂，數見於唐人詩句及圖畫閒，今不復見矣。屬山僧、野人試求之，賦絶句云：丹葩緑葉鬱團團，銷得姮娥種廣寒。行盡天涯年八十，至今未得一枝看。』又别記其説云：『桂花以春芳，其色丹，亦或紫。《南部新書》云錢唐靈隱山多有之，香紫可愛。白樂天謂之紫楊華。今不復見，雖問靈隱山僧，亦莫知矣，往往妄指木犀爲之。草木顯晦，亦有時如此。』」按：自有木犀，而天下無桂久矣。宋人猶有此種議論，今并不復知也。

又云：「李衛公《平泉草木記》中列桂之品三，其一紅桂樹，云『此樹白花紅心，因以爲號』；其一月桂，云『出蔣山，淺黄色』；其一山桂，云『此花紫色，英蕤繁縟』。三者未詳孰是。《爾雅》：『梫，木桂。』郭景純曰『白華』不言丹紫，《選》詩『秋風生桂枝』，亦鮮言春也。孫少媿

《東皋襍録》：『自邵州至全州，道旁多巖桂，冬初花發，芬馥特異。俗謂之九里香，又謂之木犀，以其文理黑而潤，殊類犀角也。』冬初發花，固由土氣有異，以桂與木犀一種，相傳久矣。陸氏之説，孤而不章。」按：此則放翁所説在愛日齋主人已不甚爲然也。

又按：桂花以春芳之説，余終未敢信。唐王績有《春桂問答》詩，問春桂：「桃李正芬華，年光隨處滿，何事獨無花？」春桂答：「春華詎能久，風霜摇落時，獨秀君知否？」是初唐人詩已言春無桂花也。

宋楊萬里《木樨花賦》曰：「摩挲玉蟾蜍而問焉，亦不知其名，而字之曰桂。」蓋以木樨爲桂，宋以來無不皆然矣。

鐵樹開花

國朝褚人穫《堅瓠集》云：「星家年月支干謂之六十花甲子，以鐵樹開花得名。此樹必遇甲子年方開花結實。《碧里襍存》載正德中湖州王雨舟濟云：『於書中曾睹此説，後官横州別駕，親見此樹，在一指揮家圃中。其人言洪武十七年、正統九年、弘治十七年，三開花矣。今當嘉靖四十三〔二〕年再花，信書中所載不誣，惜不記所睹者何書。』按：鐵樹即紅豆樹，我郡東禪寺有之。天啟甲子開否無從考，康熙二十三〔三〕年甲子其花盛開，結實纍纍。《七修》云鐵樹遇丁卯年則花開。」

按：此事余於《曲園襍纂》卷三十二詳論之矣，彼時從褚而不從郎，今則又有一說。竊謂此花當是六十年一開，而不拘何年。如甲子年開，則再遇甲子又開；乙丑年開，則再遇乙丑年又開，故有六十花甲子之説。若必定其爲甲子、爲丁卯，則餘年皆無干涉，何云六十花甲子乎？姑存此説，惜未得此花一證。

石鹽木

宋陸務觀《入蜀記》云：「廣東有提舉茶鹽石端義者，性殘忍，每捕官吏繫獄，輒以石鹽

〔二〕三，原訛「五」，據《堅瓠壬集》卷一改。
〔三〕三，原訛「六」，據《堅瓠壬集》卷一改。

木枷枷之，葢木之至堅重者。每曰：『木名石鹽，天生此爲我用也。』其後石坐罪，竟荷校云。」

石梅石柏

宋范成大《桂海虞衡志》云：「石梅生海中，一叢數枝，横斜瘦硬，形色真枯梅也，雖巧工造作所不能及，根所附著如覆菌。石柏生海中，一榦極細，上有一葉，宛如側柏，扶疏無小異，根所附著如烏藥。」按：此二種皆奇，得而置之几案閒，洵可玩也。惟「上有一葉」句疑有誤字，若止一葉，何云扶疏乎？

紅梔花

宋張唐英《蜀檮杌》云：「廣政十二年十月，召百官宴芳林苑，賞紅梔花。此花青城山中進三粒子，種之而成。其花六出而紅，清香如梅，當時最重之。」按：此即梔子花之別種。李時珍言「蜀中有紅梔子花，爛紅色，其實染物則赭紅色」，想今蜀中亦當有此花也。

緑礬二千栲栳

金無名氏《大金弔伐録》載南宋誓書云：「每年并交緑礬二千栲栳。」按：緑礬之數多至如此，不知金國何所用之也。

巨桃核

明廖道南《殿閣詞林記》云：「洪武八年五月丁丑，上御端門，召翰林詞臣出示巨桃半核，葢元内庫所藏物，其長五寸，廣四寸七分，有刻『西王母賜漢武桃』及『宣和殿』十字，命宋濂撰《蟠桃核賦》。」

按：《漢武故事》西王母出桃七枚，但言「如鳧卵」，則亦不得有此大核。

提羅迦拘尼陁

《酉陽襍俎》云：「提羅迦樹花見日光即開，拘尼陁樹花見月光即開。」

榠樝花

宋龐元英《文昌襍録》云：「禮部王員外言：京師貴家多以酴醿漬酒，近年以榠樝花懸酒中，不惟馥郁可愛，又能使酒味辛洌，始於戚里，外人未知也。」

按：《本草綱目·果部》有「榠樝」，時珍曰：「榠樝乃木瓜之大而黄色無重蔕者也。」則亦木瓜之類。又云「榠樝葢蠻樝之訛」。據《西京襍記》有蠻查、羌查、猴查，則榠梖乃漢時上林苑三樝之一。

鳳棲梨

宋程大昌《演繁露》云：「陝州有梨樹，貞觀中有鳳止其上，結實香脆，其色赤黄，號鳳棲梨。」原注云：「《洛中記異》。」

八普城大西瓜

元盛如梓《庶齋老學叢談》引耶律楚材《西游録》云：「八普城西瓜大者五十斤，長耳僅負二枚。」

又云：「訛打剌西千餘里有大城曰尋思干。尋思干者，西人云肥也，以地土肥饒，故名。瓜大者如馬首。」

《蜀都賦》載龍目失實

宋張世南《游宦紀聞》云：「左太沖《三都賦序》云：『鳥獸草木，驗之方志。』《蜀都賦》云：『旁挺龍目，側生荔枝。』竊有疑焉。世南游蜀，徧〔一〕歷四路數十郡。所謂龍目，未嘗見之。有自南中攜到者，蜀人皆以爲奇果。豈蜀昔有而今無邪？抑左氏攷方志未精邪？」按：左太沖譏《上林》《甘泉》之「虚而無徵」，不謂亦有此語，貽後人指摘也。

冬日生荔

宋張世南《游宦紀聞》載永福張鋤柄事云：「及冬，有青衣擎生荔一枰獻。蓋郡中多以穰代薪獻臺。禾熟時，寺倉積穰荔樹上。及冬穰空，荔實偶尚無恙，得以巧飾欺計。」按：此事張

〔一〕徧，原訛「編」，據《游宦紀聞》卷五改。

爲人欺，然紀載殊未明白。穰者，《廣韻》云「禾莖也」，今吴中皆以代薪，呼之爲稻草。豈以此物積荔樹上，則荔實至冬無恙邪？且所獻有一枓之多，而他僧所獻帥府者百顆。然則冬日生荔，亦不難得矣。姑記於此，俟閩、廣人問之。

藏荔支宜密封

宋范成大《吴船録》云：「招送客燕於眉山館，偶有荔子兩枓留館中，經宿取視，緑葉紅實粲然。乃知尋常用籃絡盛貯，徒欲透風，不知爲雨露沾灑，風日炙薄，經宿色香都變。試以數百顆貯以大合，密封之，走价入成都，以遺高、宋二使者，亦兩夕到。二君同書云：『風露之氣如新。』記之以告好事者。」按：今輪船往來閩、廣，荔支皆可至吴下，則此法尤不可不知也。

申報梅開

宋范成大《吴船録》云：「是日泊舟小東郭合江亭下，亭之上曰芳華樓，樓前後植梅甚多。

故事，臘月賞梅於此。管界巡檢在亭旁，每花開及三分，巡檢司具甲，一兩日開燕，監司預焉。」按：梅開由巡檢司申報，真極風雅之公牘也。此亭在成都，石湖居士自蜀入吳，於此首塗。

柚皮可打碑

明徐𤊹《筆精》云：「《桂海虞衡志》云：『打碑用柚子皮，蘸墨以代氊，宜墨而不損紙。』試之良然。」愚按：此宜用鮮者，若乾者恐不合用也。

緬茄

國朝金武祥《粟香四筆》云：「茂名緬茄，明李邦直自雲南攜歸。《茂名縣志》云：『緬茄高五六丈，大可蔽牛。三百年來中土無雙，咸豐六年忽在南關曹家生一株，今已成圍，結莢尚小。』」

余次女繡孫曾於京師寄緬茄二枚來，初不知其出茂名也。門下士徐花農太史視學廣東，寄我十數枚，乃知爲茂名所出。擬爲作詩，未暇也，姑記於此。

嘉興黄霽青先生安清有《緬茄歌》云：「似果不食核不生，非茄乃以茄爲名。考之土宜實莢物，一樹獨占高州城。其形大過烏犀子，其蒂竊黄其色紫。種自雲南盡處來，明珠一顆攜仙李。觀山之麓鑑江濱，歲久蔥鬱枝輪囷。每歲落實可盈斗，以罕見珍不脛走。明眸漫説勝空青，作佩焉能抵瓊玖。一箇索價逾百錢，一歲所入盈百千。上官氏世享厚利，全家肥飽無荒年。君不見高州土瘠田不肥，褋藝薯蕷聊充饑。那如此樹最得計，不須力作無租税。又不見江陵木奴橘千頭，渭川千畝比封侯。安能此樹徧四野，户户都如上官者。」據此歌，知始惟上官氏有此樹，今則曹氏亦有之，殆造物者欲廣其利乎？然果四野皆有，則一箇亦不值百錢矣。

菩提葉

國朝許聯陞《粤屑》云：「孝光寺有菩提樹，梁智藥三藏攜種植此。六祖慧能自五祖傳衣鉢回，浄髮於菩提樹下，今髮塔尚存樹側。其樹枝柯拳曲，大數圍。葉大如掌，寺僧採之，浸以寒泉。歷四旬，浣去渣滓，惟餘細筋，如紗縠，如蟬葉。可作燈帷、笠帽，以贈游客。乾隆乙卯，羊城颶風大作，將樹吹倒，方伯陳簡齋率衆扶植，以稻穀十石覆其根而培養之，終亦萎化。寺僧於德慶州得舊根真種，又樹於此，今婆娑繁陰矣。」

按：孝光寺在廣州府南海縣舊治西北，乃虞翻故居。多植蘋婆訶子樹，故曰虞苑，又曰訶林。花農太史視學廣東時，曾以此葉十六片寄贈。

胡桃似古賢

國朝周亮工《書影》云：「晉鈕滔母與虞定夫人書：『此中果有胡桃、飛穰，出自南州。胡桃本自西羌，外剛内柔，甘質似古賢，欲以奉貢。』按：《藝海洞酌》云：『飛穰一名佛手柑。』滔母孫姓，即賦空侯者。」

橄欖與棗爭

宋戴埴《鼠璞》云：「東坡《橄欖》詩：『待得微甘回齒頰，已輸崖蜜十分甜。』注坡詩者引

《小説》：橄欖與棗爭，棗曰：『待爾回味，我已甜。』」按：坡詩自用此義，但「崖蜜」不知何物。戴氏引《鬼谷子》：「崖蜜，櫻桃也。」《鬼谷子》實無此文，不如從舊注，竟以爲蜜也。李義山《蜂》詩「紅壁寂寥崖蜜盡」，坡詩本此。

芭蕉諢語

宋龔明之《中吴紀聞》云：「朱勔之進花石也，聚於艮嶽之上，以移根日遠，未久即槁，時時欲一易之，故花石旁午於道。一日内宴，譚人因以諷之。有持梅花而出者，諢人指以問其徒，應之曰芭蕉；有持松、檜而出者，復設問，亦以芭蕉答之。如是數四，遂批其頰曰：『此某花，此某木，何爲俱謂之芭蕉？』應之曰：『我但見巴巴地討來都焦了。』天顔亦爲少破。」

苞裂生魚

明朱孟震《西南夷風土記》云：「溪中水草蔓生，實如鷄頭苞。時至，其苞自裂，内皆小魚迸出。土人視草之疏密，卜魚之多寡。」

花爲蝶蝶爲花

明朱孟震《西南夷風土記》云：「溪壑間有草如蘭，吐穗開花，狀如蝴蝶；卸則隨風飄揚直上，爲真蝴蝶矣。附於高木，仍爲花，結子可噉。」

莫結子

明朱孟震《西南夷風土記》云：「緬甸有山名波羅，四面皆絶壁，獼猿亦不能升。厓巔有莫結子，纍纍相貫。土人於崖下誦經禮拜，其子自墜。抽去其心，引繩穿之，則數珠也。」

看麥娘

明王磐《野菜譜》云：「看麥娘，隨麥生隴上，因名。春采，熟食。又有抱娘蒿，以叢生，故名。二三月采，熟食。」

燕子不來香

明王磐《野菜譜》云：「燕子不來香，早春采，可熟食。燕來時則腥臭，不堪食，故名。」

豬殃殃

明王磐《野菜譜》云：「豬殃殃，豬食之則病，故名。春采，熟食。」按：今吴中有菜名「豬搖頭」，然非此也。

誤認芝草

唐封演《封氏聞見記》云：「西門寰爲邯鄲令，入寺行香，見金燈花，不識，以爲芝草，遽令修狀申使司。使司差官就檢，時兵戈之後，僧徒多後輩，亦不之識，但云『此芝草宿根，春時生葉，至夏生花，秋乃死，見來如此，不記種莳年歲』。檢官具上其事，使司知其誤，不復問矣。」

拜枯樹乞長生

宋魯應龍《閑窗括異志》云：「有人好道，不知其方，朝夕拜一枯樹，輒云乞長生，如此二十八年不倦。一旦木生紫花，甘津如蜜，食之即仙去。」

柹木有文

宋沈括《夢溪筆談》云：「木中有文，多是柹木。治平初，杭州南新縣民家析柹木，中有『上天大國』四字，書法頗類顏真卿，極有筆力。」

竹葉變黄金

唐李綽《尚書故實》云：「崔魏公説有王修能變竹葉爲黄金，某所目覩。」

梅竹宜瘠地

明張萱《疑耀》云：「梅以古爲韻，竹以堅爲材。肥壤植梅，雖華茂，而其韻常乏，以枝翰不蒼也。肥壤植竹，雖森發，而其材常脃，以枝節易蠹也。宋葉夢得善種竹，後遇王份秀才曰：『竹在肥地雖美，不如瘠地之竹或巖谷自生者，其質堅實，斷之如金石，以爲椽，常竹十歲一易者，此倍之。』夢得驗之，果信。余於竹而悟梅不宜肥壤。」

余謂此論固佳，而於事理則未必然。今之種竹者，或以馬糞和土，或埋死貓於下。王份秀才之言，豈其然乎？大抵梅之古不古、竹之堅不堅，視歷時之久暫。雖肥地之梅，至數十年或百年之後，亦自蒼老；雖瘠地之竹，伐其當年所生者而用之，亦必不耐久也。地之肥瘠，猶士之或出於膏粱，或起於寒畯，歷練老成，固不在此。

剝桑

宋程大昌《演繁露續》云：「『蠶月條桑』，釋者曰：『斫取其條而攟葉以用也。』今浙桑則然，歲生歲伐，率皆稠行低榦，無有高及二丈者。吾徽之桑則高矣，必得梯乃可采，不翦其條也。春土脈欲動，木津未上，則相與腰刀，相其良鹽。凡柯枝繁密而相翳者，倒垂亂行而不上達者，或半枯半萎不善茁葉者，皆刪剟棄之，不使分其正力，俗謂之『剝桑』。張堪守漁陽，勸民耕種。百姓歌曰：『桑無附枝，麥穗兩歧。』夫桑以無所附著爲貴，則是嘗加刪削而無有交戛相妨者矣。《左傳》晉重耳與從者謀於桑下，蠶妾在上而不知；《列女傳》秋胡子見婦人采桑，下車願託蔭桑下。凡若此者，皆是采葉不劚其枝。若并枝劚去，何緣有蔭？故剝桑之來古也。」

按：「條桑」自是古法。《漢舊儀》：「皇后躬桑，始捋一條，執筐受桑；捋三條，女尚書跪曰：『可止。』執筐者以桑授蠶母。」《隋書・禮儀志》：「皇后躬桑三條訖，命婦以次就桑，鞠衣五條，展衣七條，褖衣九條，以授蠶母。」《唐書・禮樂志》：「皇后採三條，命婦一品採五條，二品採九條。」自唐以下，並率循此制，條桑之法至今不廢也。徽人不知古法，止採其葉，不落其枝，故每春至有剝桑之事。然吾鄉亦有不接之桑樹，童童如蓋者，謂之野桑。其葉不如家桑之美。《左傳》晉公子謀於桑下，必是此種。而徽人所剝者，亦此種也。

接花

宋高似孫《緯略》云：「山谷《接花》詩：『雍也本犂子，仲由元鄙人。升堂與入室，只在一揮斤。』接花之法，惟見劉禹錫詩：『分畦十字水，接樹兩般花。』」

茶香室四鈔卷二十九

千角鹿

宋郭若虚《圖畫見聞誌》云：「慶曆中，遼主原注：號興宗。以五幅縑畫《千角鹿圖》爲獻，旁題『年月日御畫』。上命張圖於太清樓下，召近臣縱觀。次日，又敕中闈宣命婦觀之。畢，藏於天章閣。」按：鹿有千角者，亦奇。

天禄

宋沈括《夢溪筆談》云：「至和中，交趾獻麟，如牛而大，身皆大鱗，首有一角。考之記傳，與麟不類。詔欲謂之麟，則慮夷獠見欺；不謂之麟，未有以質之，止謂之異獸。今以予觀之，殆天禄也。《漢書》「靈帝中平三年」注云：『今鄧州南陽縣北宗資碑旁兩獸，鐫其膊，一曰天禄，一曰辟邪。』元豐中予過鄧，聞此石獸尚在。使人墨其所刻，其獸有角鬣，大鱗如手掌。今詳其形，甚類交趾所貢。」

元陸友仁《研北褋志》云：「南陽宗資墓旁石獸，膊上有刻字曰天禄、辟邪。鮮于伯機少時曾至其地，親見西門、北門各有二獸。但北門外者去資墓不遠，故附會之。大軍圍襄陽時，士卒多病瘧，模『天禄』二字，焚而吞之即愈。辟邪已壞矣。」按：此則二獸又非宗墓物也。

三足蟾蜍

元陸友仁《研北褋志》云「陳聖觀聞宋炤説韓詩所謂蟾蜍者，云此物三足，與蛙不同。炤既去，得枯者於貨藥擔上，乃一軀殼。實之以木屑，視之三足特長，如尾而有距。世所範爲硯滴者，或不盡似也。」

按：《三鈔》卷二十九載《三足蟾蜍》一則，觀此乃知古人已有見之者。

小玉獅

宋釋惠洪《冷齋夜話》云：「萬安軍南並海石崖中，有道士年八九十歲，自言交趾人，渡海，船壞於此崖，因庵焉。養一雞，大如倒挂，日置枕中，啼即夢覺。又畜玉獅，小於蝦蟆，以線繫几案間。道士唤則跳擲登几唇危坐，分殘粒而食之。又有龜，狀如錢，置合中，時揭其蓋，使出戲衣袖間。」按：此三物皆奇，「小玉獅」更不知何物。

跳兔

宋沈括《夢溪筆談》云：「契丹北境有跳兔，形皆兔也，但前足纔寸許，後足幾一尺，行則用後足跳，一躍數尺，止則蹶然仆地。生於慶州沙漠中。蓋《爾雅》所謂『蟨兔』也。亦曰『蛩蛩巨驉』也。」按：《叢鈔》卷一有《躍躍㲋兔》一條，此可補其未備。

麒麟貓

明徐𤊹《筆精》云：「貓不捕鼠者名麒麟貓。」按：此名頗有味。

羅江犬

宋王得臣《麈史》云：「慶曆中，衛士之變，言事官乞禁中畜羅江犬。羅江，蓋蜀邑也，産犬善噬。其章云：仍舌班尾卷者善也。然世以爲舌班尾卷，乃曹南犬也。」按：此事言者爲宋禧，世皆以爲笑柄，當時即有「宋羅江」之號。乃王氏載此事，似亦不甚以爲非，且爲辨其所稱「舌班尾卷」之誤，則轉似惜其言之未核矣。

香鼠

國朝周亮工《書影》云：「予鄉密縣西山中多香鼠，較凡鼠頗小，死則有異香。蓋山中之鼠多食香草，亦如獐之有香臍也。置篋笥中，經年香氣不散。」

鹿頂合

宋洪皓《松漠紀聞》云：「鹿頂合，燕以北者方可車。車字未詳。須是未解角之前，才解角，血脈通。冬至方解，頂之上爲合，好者有人字，不好者成八字。北人謂角爲鹿角合，頂爲鹿頂合。」注云：「南中止有鹿角合。」按：「鹿頂合」疑即鹿茸。

驢牽船

明張萱《疑耀》云：「北地凡可以代人力者，皆用驢、騾。余嘗欲以驢牽船，然世未有見者。偶閲《宋正獻公集》有《驢牽船賦》，則在濁漳，非北地也。正獻，廣陽人，名本，字誠夫。」按：先君子自通州進京，見有以驢曳縴者，賦詩云：「舟行忽與坐車同，妙法偏宜六閘中。偷得船家使風法，一繩驢背去悤悤。」事載《印雪軒隨筆》。然則今北地真有之也。

牛馬還債

國朝褚人穫《堅瓠集》云：「莊椿云：盜常住錢一文，一日夜長三分七釐利，第二日利上又長利，來世作馬牛償之。藏經云：牛日還八文，馬日還七文。」

驚鼠鼓

宋朱弁《曲洧舊聞》云：「龍福寺門外東偏有修竹二畝餘，不減洛中所產。有鼠喜食其筍，寺僧於筍生時置鼓，晝夜鳴之，謂之驚鼠鼓。」

治狐妖法

《太平廣記》狐類載李氏事云：「李氏年十二，有狐欲媚之，別一狐令女掐無名指第一節以禳之。」按：彈詞中有用此説者，但是自掐指節，非掐狐也，彈詞微誤。

念佛鳥

宋王得臣《麈史》云：「安陸有念佛鳥，小於鴝鵒，色青黑，常言一切佛。元憲宋郊詩曰：『鳥解佛經言。』」

鸌鳥

宋車若水《脚氣集》云：「百物勞動之後，須有休息之時。予家側有鸌鳥來巢，母子相呼，其聲喋喋，無夜無晝，何其健也！百鳥皆不然。」按：「鸌」不知何鳥，據《廣韻》云「水鳥」，恐非此來巢者也。

鷄鸕鳧鸕

元陸友仁《硯北褋志》云：「世但知有鷄鸕，而不知有鳧鸕。鷄鸕嘴長，鳧鸕嘴短，其色則俱爲鸕，而喙有鷄、鳧之異。」按：今人但知有「鸂鸕」，并「鷄鸕」之名知者亦罕。

鷗鶹

贊寧《物類相感志》云：「鷗鶹，雀之屬，飛則鳴，行則摇，俗呼爲雪姑。其色蒼白如雪，鳴則天當大雪，極爲徵驗。」按：《禽經》云「風翔則風，雨舞則雨，霜蜚則霜，露翥則露」，不及此鳥。然此鳥殊不經見，「鶹」字亦不知讀何音也。

㔹

國朝羅振玉《讀碑小箋》云：「《張猛龍頌》：『何以㔹憘。』㔹字，《玉篇》：『音力，與勳同，鳥似梟而小。』《曲阜志》云即梟字，繆甚。」按：「梟」當亦梟類，而人不知有此鳥，文字中亦罕用。

治鸚鵡疾

宋范成大《桂海虞衡志》：「南人養鸚鵡者云：此物出炎方，稍北中冷，則發瘴噤戰，如人患寒熱。以柑子飼之則愈，不然必死。」余家舊蓄一鸚鵡，惜未得此方也。

唐鵝價

宋趙叔向《肯綮録》云：「今自淮而北，極難得鵝。南渡以來，虜人奉使，必載之以歸。予謂晉、宋以前，雖南方亦不多得，唐時價每隻猶二三千。」按：唐時鵝價未知見於何書，殆其時故老相傳如是。

鷄鳴不必有準

宋孔平仲《珩璜新論》云：「某任河南壽安尉，因驗尸往旁縣，夜宿邨寺中。以明日程尚遠，謂從者曰：『鷄鳴時上道。』從者曰：『今天寒鷄嬾，俟其鳴，向明矣，不若見星而行也。』余未之信。明日將旦而行，鷄竟未鳴。在黄州時，或夜月出，四鄰鷄悉鳴。大抵有情之物，自不能有常而無變也。」

江東舊無鴿

唐封演《封氏聞見記》云：「戴祚作《西征記》：『開封縣二佛寺，余至此，見鴿大小如鳩，戲時兩兩相對。』祚，江東人，晉末從劉裕西征姚泓，至開封始識鴿，則江東舊無鴿。梁武帝時侯景圍臺城，軍士熏鼠捕鴿而食，數日之後鼠鴿皆盡。然則江東之有鴿，亦當自北往耳。」

宋太學無燕有蚊

宋張端義《貴耳集》云：「太學有鼓占云：『此非宴游之地，乃是多文之所。』學中燕未嘗來巢，蚊獨多他處。」按：「鼓占」不知何義。

沙盆潭無蚊

元伊世珍《瑯嬛記》云：「閶門沙盆潭獨無白鳥，帳幕可已，與滇中寶珠寺、荆州李姥浦同。」

按：江子匯無蚊，余已載於《三鈔》卷二十九矣。又記此，以見無蚊者不止一處也。

蚊化小魚

元伊世珍《瑯嬛記》云：「蚊投水中能化小魚，小魚不獨魚子生也。」云出《採蘭襍志》。

按：孑孓[一]爲蚊，事誠有之；蚊化小魚，未知然否。余吴下寓園，白鳥營營，而未見有白小游泳也。

菩薩魚

明馮時可《雨航䙺録》云：「諸魚有血，石首魚獨無血，僧人謂之菩薩魚，至有齋食而啖者。」

魚子歸母腹

《太平廣記》水族類引楊孚《交州異物志》云：「鮫之爲魚，其子既育，驚必歸母，還其腹。」又云：「《潘州記》云：『鯌魚長二丈，大數圍。初生子，子小，隨母覓食，驚則還入母腹。』」又引

[一] 孓，原訛「了」，據《筆記小説大觀》本改。

《吴録》云「鯌魚，子朝出索食，暮入母腹」、《南越志》云「暮從臍入，旦從口出」。按：「鮫」「鯌」兩魚未知爲一爲二，余疑「蠑蛄」「腹蟹」亦即此類耳。

禁賣蠡捕龜

明馮時可《雨航褋録》云：「唐制，賣鯉者、賣蠡者皆杖六十。蓋鯉朝日，蠡朝星。」又云：「道書：龜爲地甲，殺者奪壽，活者延年。宋仁宗問長生於雁蕩木葉老人，老人曰：『廣濟貧民，禁天下捕龜，能斯二者，乃可語道。』」按：「蠡」即螺也。今人放生多放螺螄及龜二物，蓋由來久矣。

假河豚

宋張耒《明道褋志》云：「余在真州，會上食假河豚，用回魚作之，味極珍。有一官妓謂余曰：『河豚肉味類回魚而過之。』又回魚無脂腴。」注曰：「腴，詰叶反，河豚腹中白腴也。」按：

此則假河豚自不如真者。然苟無其毒，則雖不如其美，亦將棄真而取假矣。

鰍龜

宋朱弁《曲洧舊聞》云：「劉逵公達奉使三韓，道過餘杭。時蔣穎叔爲太守，取金色鰍一條與龜獻於逵，以致『今秋歸』之意。」

章巨

明馮時可《雨航襍録》云：「海上鱗族異者名章巨，大者名石拒，居石穴。人取之，能以脚粘石拒人，故名。其曰『章巨』者，葢江東子弟所名。項羽引江東卒與秦戰，秦將章邯拒之，卒爲羽所降，故江東名是物『章拒』。人怯而負勇名，亦號『章拒』。」按：此無稽之言，然可與「彭越」同作故事用也。

張文潛蟹詩

宋費袞《梁溪漫志》云：「張文潛好食蟹，晚苦風痺，然嗜蟹如故。嘗作詩云：『世言蟹毒甚，過食風乃乘。風淫爲末疾，能敗股與肱。我讀《本草》書，美惡未有憑。筋絶不可理，蟹續牢如絚。骨萎用蟹補，可使無騫崩。凡風待火發，熱甚風乃騰。中炎若遇蟹，其快如霜冰。俗傳未必妄，但恐殊愛憎。《本草》起東漢，要之出賢能。雖失諒不遠，堯跖終殊稱。書生自信書，便說徒營營。』文潛此詩，嗜蟹而爲之辨歟？抑真信《本草》也？如河豚之目并其子凡血皆有毒，食者每剔去之，其肉則洗滌數十過，俟色如雪，方敢烹。而《大觀本草》乃云河豚性温無毒，所謂『注《本草》誤而能殺人』者，殆此類邪？」

按：以河豚爲無毒，則張文潛所謂「堯跖終殊稱」者，竟不然矣。蟹之毒固不如河豚，然余親見有食蟹而死者。養生家不可不慎，勿以張詩爲信也。

宋沈括《夢溪筆談》云：「《本草》：『河豚味甘温無毒，補虚去濕氣，理腰脚。』因《本草》有此說，人遂信以無毒，此甚誤也。《本草》所載河豚，乃今之鮰魚，亦謂之鮠魚，江浙閒謂之回魚者是也。吴人所食河豚有毒，本名侯夷魚。《本草》注引日華子云：『河豚有毒，以蘆根及橄欖等解之，肝有大毒。又名鯸魚、吹肚魚。』此乃是侯夷魚，非《本草》所載河豚也。引以爲注，大誤。日華子稱『又名鯸魚』，此却非也，葢差互解之耳。吹肚魚，南人通言之，以其腹漲如吹也。」按：此説可明《本草》河豚無毒之義，但不知「鮠魚」何以亦名「河豚」耳。

《夢溪筆談》又云：「鉤吻，《本草》一名野葛，主療甚多。予嘗到閩中，土人以野葛毒人及自殺，或誤食，半葉許入口即死。恐《本草》所出別是一物，非此鉤吻也。予見《千金》《外臺》藥方中時有用野葛者，特宜子細，正如侯夷魚與鯸魚同謂之河豚，不可不審也。」

菩薩蛇

國朝《堅瓠集》云：「京師西山寺有二青蛇，大者長五丈餘，小者長四丈餘。有人至，寺僧必呼蛇，以酒肉飼之。二蛇略不畏人，僧令人繞蛇身一過，謂之不絶人身，號曰菩薩蛇。」

又云：「閩三平寺乃大顛法師闡教之地，有大蛇不傷人，名曰蛇侍者。凡有祭賽，布金不至，蛇侍者詣其家索之，度市越洋，一無畏避。」

石蛇

宋沈作喆《寓簡》云：「蔡州宣和間有一士人家，書室中忽見一小蛇，蜿蜒几格間，每日惟巳時則見，至午乃隱去，日日如此。士人伺其至，捕之，置鐵絲籃中，逮午則堅冷化爲石，其質巧妙，天成鬼工，不能加也。明日巳時，則復蠕動，既又復爲石，而屈伸蟠結之狀日日不同。士人寶畜，攜來京師。中人梁師成歎曰：『此神物也。禁中有玉鼠、玉兔，或以其時見，則其物也。』士遂獻之。」

宋沈括《夢溪筆談》云：「治平中，澤州人家穿井，土中見一物，蜿蜒如龍蛇狀。畏之，不敢觸。久之，見其不動，試撲之，乃石也。村民無知，遂碎之。時程伯純爲晉城令，求得一段，鱗甲皆如生物。」按：此則石龍亦有之矣，安知其至辰時不亦稍稍能展動乎？

蛇與人比長短

《太平廣記》蛇類載鄧甲事云：「甲立壇，召蛇王。有一大蛇如股，長丈餘，其從者萬條。

而大者獨登壇，與甲較其術。蛇漸立，首隆數尺，欲過甲之首。甲以杖上拄其帽而高焉，蛇首竟困，不能逾甲之帽。蛇乃踣，化爲水，餘蛇皆斃。若蛇首逾甲，即甲爲水焉。」按：此蛇與人較長短也。先大夫《印雪軒隨筆》言蛇與人比長短，當脱一屨擲空中，曰：「汝高邪？我高邪？」蛇即踣而斃。亦此意也。

黄州蛇及蜈蚣

宋孔平仲《珩璜新論》云：「黄州多蛇，號白花者，治風。本出蘄州，甚貴重。出黄州者，雖死，兩目有光，治疾有驗。土人能捕之，歲貢王府。黄人言：此蛇蟠草中，遇物自至者而食之。其治疾亦不盡如《本草》所載。余嘗病疥癬，食盡三蛇而無驗。」

又云：「黄之東三驛，地名岐亭，有山名拘羅，出蜈蚣，其大者袤丈。土人捕得，以烟薫乾之，商賈載販入北方，有致富者。」

又云：「黄州有小蛇，首尾相類，因謂兩頭蛇。余視之，其尾端蓋類首而非也。土人言此蛇老蚯蚓所化，無甚大者，行不類蛇，宛轉甚鈍，又謂之山蚓。」按：此當非孫叔敖所見者也。

蔡京家蜂

宋朱弁《曲洧舊聞》云：「蔡京對客令點檢蜂兒見在數目，得三十七秤。其他可以想見。」

蠑虰

《譚子・天地篇》：「天地盜，太虛生。人蟲盜，天地生。蠑虰盜，人蟲生。蠑虰，腸中之蟲也，嘷我精氣，鑠我魂魄，盜我滋味，而有其生。」按：此即所謂「蛕」也。《説文》：「蛕，腹中長蟲也。」俗字作「蛔」。「蠑虰」之名，人罕知之。

獅子寶蜘蛛寶

國朝姚元之《竹葉亭襍記》云：「武英殿有露房，舊貯西洋藥物及花露之所。甲戌夏查檢此房，有狗寶、鱉寶、獅子寶、蜘蛛寶等物。其蜘蛛寶黑如藥丸，巨若小胡桃，其蛛當不細矣。」

避毒蟲

國朝周亮工《書影》云：「方邵村侍御言：小解朝不向東，暮不向西，日不向南，夜不向北，永不受毒蟲之螫。」

物理

宋車若水《脚氣集》云：「物理難知。《詩》云：『螟蛉有子，蜾蠃負之。教誨爾子，式穀似之。』直傳到楊子雲，猶曰『類我類我』。蜾蠃取螟蛉，産子於其身上，借其膏血以爲養，蜾蠃大，螟蛉枯，非變化也。橘逾淮則爲枳，亦非也。江南人有接樹之法，以橘枝接枳，枳遂爲橘，其核不變，再種則復爲枳矣，淮北人不曉此也。以此知古人之言亦有誤者。杜少陵《杜鵑》詩云：『生子百鳥巢，百鳥不敢親。原注：一作嗔。殷勤哺其子，禮若奉至尊。』亦不然。杜鵑，鷂屬，梟之徒也，飛入鳥巢。鳥見之而去，於是生子於其巢。鳥歸，不知是别子也，遂爲育之。既長，乃欲噉母。」

按：三説皆新，謂杜鵑爲梟屬，則按之載籍，似乎未塙。

種類各異

宋張世南《游宦紀聞》云：「《齊民要術》曰：『凡種梨，一梨十子，惟二子生梨，餘皆生杜。』段氏曰：『鵲生三子，一爲鴟。』《禽經》曰：『鸛生三子，一爲鶴。』《造化權輿》曰：『夏雀生鶉，楚鳩生鶚。』《南海記》曰：『鱷生子百數，爲鱷者才十二，餘或爲黿爲鼉。』然則堯有丹朱，瞽瞍有舜，奚足怪哉？」

萬物有數可算

宋沈作喆《寓簡》云：「萬事、萬物莫不有定數。佛氏發明世出世法，知其本因，隨所緣出，雖恒沙界外，一滴之雨，亦知頭數。松直棘曲，鵠白烏玄，皆了元因。又自在主童子修學書算數，印以菩薩算法，算無量沙聚，悉知顆粒多少，又能算知十方世界種種差別。然則非有本因定數，佛亦何從而知之？一涉於數，無有隱顯，多寡鉅細，皆得而知之矣。」

《俞樾全集》總目録

《群經平議》（二册）　王其和　整理
《諸子平議》（二册）　王華寶　整理
《弟一樓叢書》（一册）　王華寶　喬秋穎　傅傑　王博　張曉青　金鈺　整理
《曲園雜纂》（二册）　顧莉丹　整理
《俞樓雜纂》（二册）　倪永明　整理
《賓萌集　賓萌外集》（一册）　滕振國　整理
《春在堂詩編　曲園自述詩　補自述詩　春在堂詞録》（二册）　謝超凡　整理
《春在堂隨筆　九九銷夏録》（一册）　王華寶　整理
《經課續編　四書文　曲園四書文　曲園課孫草　經義塾鈔》（一册）　汪少華　劉珈珈　孫煒　王欣　整理
《茶香室叢鈔》（四册）　汪少華　顔春峰　整理
《茶香室經説》（一册）　魏慶彬　整理
《春在堂雜著》（一册）　孫幼莉　劉珈珈　黄曙輝　喬玉鈺　張龍飛　整理
《春在堂尺牘》（三册）　張燕嬰　整理
《春在堂日記　曲園日記》（一册）　孫煒　整理
《楹聯録存》（一册）　劉珈珈　整理
《右台仙館筆記　附耳郵》（一册）　王華寶　余力　整理
《薈蕞編》（一册）　謝超凡　整理
《七俠五義》（二册）　田松青　整理
《春在堂雜文》（三册）　胡文波　白朝暉　張曉青　謝超凡　劉珈珈　王倩倩　整理

俞樾全集

汪少華　王華寶 — 主編

茶香室叢鈔

叁

（清）俞樾 — 著

汪少華　顔春峰 — 點校

U1003118

鳳凰出版社

茶香室三鈔

汪少華 顔春峰 點校

茶香室三鈔目録

茶香室三鈔卷二……一二五八

茶香室三鈔卷六

茶香室三鈔卷八

茶香室三鈔卷九

茶香室三鈔卷十……一四二四

茶香室三鈔卷十三……一四七五

茶香室三鈔卷十七

茶香室三鈔卷十八……一五九七

茶香室三鈔卷二十二……一六八二

茶香室三鈔卷二十六……一七四八

茶香室三鈔卷二十八……一七八四

茶香室三鈔卷二十九

茶香室三鈔卷一

七元

宋方勺《泊宅編》云：「金壇郎王裕，福唐人，術數頗工，常云：『天運四百二十年一周，而七百甲子備位，天、地、人、江、河、海、鬼凡七。今正行鬼元，後十八年復行天元，當有異人應時而出。』又云：『唐明皇時，正行天元。』」

按：此説爲術者所罕道。以此推之，唐玄宗開元十二年甲子天元，德宗興元二〔一〕年甲子地元，武宗會昌四年甲子人元，昭宗天復四年甲子江元，宋太祖乾德二年甲子河元，仁宗天聖

〔一〕 二，疑當爲「元」。

二年甲子海元，神宗元豐七年甲子鬼元，高宗紹興十四年甲子天元，寧宗嘉泰四年甲子地元，理宗景定五年甲子人元，元英宗至治四年甲子江元，明太祖洪武十七年甲子河元，英宗正統九年甲子海元，孝宗弘治七〔一〕年甲子鬼元，世宗嘉靖四十三年甲子天元，熹宗天啟四年甲子地元。本朝康熙二十三年甲子人元，乾隆九年甲子江元，嘉慶九年甲子河元，同治三年甲子海元。然以前史治亂之迹按之，皆不相應，姑存其説，爲談助耳。

盤古生日

國朝孫星衍《京畿金石考》保定府完縣有「盤古邨石刻」：「云邑人劉紹掘得斷碣，有『盤古氏十月十六日生』九字，餘書剥蝕。」

〔一〕　七，當爲「十七」。

女媧補天

國朝章有謨《景船齋襍録》云：「陸儼山深云：平度州東浮山即女媧補天處，其煉石竈尚存，所産五色石可燒。每歲上元夜，家置一鑪當户，高五六尺許。實以襍石，附以石灰，煉之達旦。火燄燭天，天爲之赤，至於今不廢。」

國朝褚人穫《堅瓠集》云：「宋以前以正月二十三日爲天穿節，相傳女媧氏以是日補天。俗以煎餅置屋上，名曰補天。葛魯卿有《蓦山溪》一闋，詠天穿節郊射也，有云：『天穿過了，此日名穿地。』」按：此則補天不以上元夜，而以正月二十三。葛詞云云，則又有「穿地」之説，豈二十四日爲地穿邪？

外國歲首不同

宋陳元靚《歲時廣記》云：「《賢已集》：唐南詔以寅爲正月，四時大抵與中國同。又環王以二月爲歲首，又西趙蠻以十二月爲歲首，西戎東女國以十一月爲歲首，西戎末禄國以五月爲歲首。」

蒙古以佛涅槃紀年

國朝汨羅釣徒《蠡測卮言》云：「蒙古尊信佛法，有大事輒稱距釋迦牟尼佛涅槃之戊子歲若干年，如所稱『大清順治汗年七歲坐大明汗之金牀，距佛涅槃之戊子歲三千七百七十七年』是也。以此推之，則今年丁丑距釋迦牟尼佛涅槃之戊子歲實四千十一年矣。」按：所稱「丁丑」乃光緒三年也，實止四千一十年。至今歲光緒十三年，則四千二十年矣。

閏正月

明張岱《瑯嬛文集》有《張鐙致語》云：「崇禎庚辰歲閏正月，越士民公約重張五夜鐙。其文有云：『莫輕此五夜之樂，眼望何時？試問那百年之人，躬逢幾次？』」按：「閏正月」今則絶無矣，明季猶有此。然其年爲崇禎十三年，則亦非令典也。

國朝錢大昕《養新録》云：「古法用平朔，率三十二月而一閏，閒有相距三十三月者。唐宋以來皆用定朔，則或相距至三十四月。今《時憲書》用定氣，每氣修短四時不等，置閏近者相距或二十八月，遠者或三十五月，而正月、十一月、十二月從未置閏。」

元日立春

國朝錢大昕《養新録》云：「宋寶祐《會天厤》朱錫鬯跋引農家諺，以元日立春爲『百年罕遇』。予考元世祖至元三十一年甲午歲正月一日立春，見於周密《癸辛襍識》、陶九成《輟耕録》，距宋理宗寶祐四年丙辰僅卅有八年耳。夫元日立春猶天正朔日冬至也，以古法十九年一章之率推之，本非罕覯之事。田家不諳推步，故有此諺，未可信以爲實。」

按：光緒十二年正月一日乙未立春，上溯道光九年正月一日丙申立春距五十七年，又上溯嘉慶十五年正月一日丙辰立春距十八年。然則元日立春原非難遇。吴下潘順之前輩生於嘉慶十三年，至光緒十二年年七十有九，賦詩云「微生三遇歲朝春」。

正月初四爲宋開基節

宋王明清《揮麈前録》云：「開基節建名，世多無知者。建炎初，嘗詔如後來所立元聖、真元節名之類，除開基節外悉皆罷去。因考建中以後詔旨，政和二年南京鴻慶宫道士孟若蒙言：『本宫每遇正月初四日爲創業之日，修設齋醮，乞置節名，以永崇奉。』詔從其請。」

正月六日送窮

宋陳元靚《歲時廣記》引《歲時襍記》云：「人日前一日掃聚糞帚，人未行時以煎餅七枚覆其上，棄之通衢以送窮。」按：人知正月晦日有送窮之事，不知人日前一日亦有之也。

正月晦送窮故事

宋陳元靚《歲時廣記》云：「《古今詞話》：『太學有士人長于滑稽，正月晦以芭蕉船送窮，作《臨江仙》，極有理致。予幼時亦聞巴談《送窮鬼》詞曰：「正月月盡夕，芭蕉船一隻。燈盞兩隻明輝輝，内裹更有筵席。奉勸郎君小娘子，飽喫莫形迹。每年只有今日日，願我做來稱意。奉勸郎君小娘子，空去送窮鬼，空去送窮鬼。」」按：昌黎《送窮文》但云「結柳作車，縛草爲船」，宋時乃有以芭蕉爲船者。此事頗新，故因記正月六日送窮而附及之。

宋董逌《廣川畫跋・送窮圖》云：「畫者陳惟岳，當唐僖宗咸平二年七月。惟岳於畫書不載，然妙於形似，狀簡古，至有餘意。其畫窮女，形露瘣痿，作跉跰態，束芻人立，曳薪船行，繩引靮鞠，颿繫桻篗，裹以纅綄，薦之醭醽，周徧室居，開門送之。又爲富女，作嫈娖象，裁榥爲衣，鏤木爲質，載之艫艦，飾以纓絡，主人當户，返導卻行，引階升堂，拜獻惟謹。乃知事在唐爲盛禮，至以圖象見之。客謂韓文公作《送窮》而不知迎富，疑當貞元、長慶間，此有未備者。曰文公特有激爾，不考其所出也。」按：此則送窮必兼迎富，於事方備。

國朝錢大昕《養新録》云：「今人但知送窮，不知迎富。魏華父有《二月二日遂寧北郭迎富》詩云：『才過結柳送貧日，又見簪花迎富時。誰爲貧驅竟難逐，素爲富逼豈容辭。貧如易去人所欲，富若可求我亦爲。里俗相傳今已久，謾隨人意看兒嬉。』此蜀中舊俗，不知今尚行之否。」

按：韓鄂《歲華紀麗》云：「巢人乞子以得富。」注云：「巢氏時二月二日乞得人子歸養之，家便大富。後以此日出野，採蓬葉，向門前以祭之，云迎富。」然則送窮、迎富又不同日。

上元張燈緣起

宋陳元靚《歲時廣記》云：「吕原明《歲時襍記》曰：『道家以正月十五日爲上元。』洪邁舍人《容齋五筆》云：『上元張燈，《太平御覽》所載《史記·樂書》曰：「漢家祀太一，以昏時祠到明。」今人正月望日夜游觀燈，是其遺事，而今《史記》無此文。』《提要録》云：『梁簡文有列燈，陳後主有《光璧殿遥詠山燈》詩，唐明皇先天中東都設燈，文宗開成中以燈迎三宫，是則唐以前歲不常設。』燒燈故事多出佛書。」按：「簡文有列燈」下疑有缺文。今《簡文集》有《燈賦》云：「何解凍之嘉月，值蓂莢之盛開。」則正是正月十五觀燈故事也。《簡文集》又有《正月八日然燈應令》詩。

又按：漢祀太一有二，並見《封禪書》：一則亳人謬忌所奏祠，天子以春秋祭；一則令祠官寬舒等所立太一祠壇，「十一月辛巳朔旦冬至昧爽，天子郊拜太一」。均無正月望日事，且云

「昧爽」則非昏時祠也。

《廣記》又引《僧史畧》：「《漢法本傳》：『西域十二月三十日乃中國正月之望，謂之大神農變月。漢明帝令燒燈，以表佛法大明。』」又引《涅槃經》：「正月十五日，如來闍維訖收舍利罌，置金牀上，天人散花，奏樂繞城，步步然燈三十里。」按此二說，則所云「燒燈故事多出佛書」者信矣。「大神農變月之名」未詳何義。

《廣記》又云：「《歲時襍記》：『上元衮毬燈，設機關於燈毬之内，以安燈盞，大率用衮香毬制度，外郡多爲之。太守觀燈，使人預於馬前斡旋，運轉無窮。而其中初未嘗動，其膏油不灩，其烽焰不閡云。』」按：此燈今尚有之，余幼時於臨平史家埭觀燈猶及見也。

正月晦日

宋錢易《南部新書》云：「貞元四年九月二日敕：『今〔一〕海隅無事，蒸庶小康，其正月晦日、

〔一〕今，原訛「令」，據《南部新書》改。

三月三日、九月九日，宜任文武百僚擇勝地追賞爲樂。仍各賜錢，以充宴會。』」

按：《藝文類聚·歲時部》「正月十五日」後即繼以「晦日」，引《荆楚歲時記》曰：「元日至月晦，並爲酺聚飲食。每月皆有晦朔，正月初年，時俗重以爲節。」然則古人於正月晦固有酺聚飲食之事，今不復知之矣。

宋陳元靚《歲時廣記》引李蘩《鄴侯家傳》云：「以晦爲節，非佳名也。臣請以二月一日爲中和節。」然則自唐貞元五年始置中和節，而晦日之會廢矣。

竹迷日

宋陳元靚《歲時廣記》云：「民間説竹有生日，即五月十三，移竹宜用此日。一云竹迷日。陳簡齋《種竹》詩云：『何須俟迷日，可笑世俗情。』」按：今人皆知是日爲竹醉日，不知亦稱「竹迷」也。

上巳重陽改日

國朝王士禛《隴蜀餘聞》云：「周櫟園詩：『花寒今十日，酒冷古重陽。』唐文宗開成元年，歸融爲京兆尹。時兩公主出降，有司供張事繁，又偪上巳曲江賜宴，請改日。上曰：『去年重陽取九月十九日，不失重陽之意。可以十三日作上巳。』周用此事，而語甚工。」按：今人有「展上巳」「展重陽」之説，古固有之矣。

七夕賣穀版

宋孟元老《東京夢華録》云：「七月七夕，皆賣磨喝樂，乃小塑土偶耳。又以黄蠟鑄爲鳧、雁、鴛鴦、鸂鶒之類，謂之水上浮。又以小版上傅土，旋種粟令生苗，置小茅屋花木，作田舍家小人物，皆村落之態，謂之穀版。」按：諸玩具中「穀版」最有意矣。

乞巧用七月六日

宋陳元靚《歲時廣記》云：「《歲時襍記》：『京師人家，左廂以七月六日乞巧，右廂以七夕乞巧。』」按：七夕用六日，已載於《續鈔》卷一。今乃知宋時京師有用六、用七之不同也。

中秋賞月

宋朱弁《曲洧舊聞》云：「中秋賞月，不知起於何時。考古人賦詩，則始於杜子美，而戎昱《登樓望月》、冷朝陽《與空上人宿華嚴寺對月》、陳羽《鑑湖望月》、張南史《和崔中丞望月》、武元衡《錦楼望月》皆在中秋，則自杜子美以後班班形于篇什。前乎杜子想已然也，第以賦詠不著見於世耳。」

按：《唐逸史》載「羅公遠開元中中秋夜侍玄宗於宮中翫月」，《天寶遺事》又載「蘇頲與李乂八月十五夜於禁中直宿翫月」，要亦杜少陵同時之事。前乎此者，「武夷張宴」「曲江觀濤」並八月望事，而不言「翫月」。《藝文類聚·歲時部》無「中秋」。

閏八月

國朝禮親王《嘯亭襍録》記癸酉之變云：「辛未秋，彗星出西北方，欽天監奏改癸酉閏八月於次春二月。諸賊以其經有『八月中秋黄花落地』語，附會其説，以爲本朝不宜閏八月。故欽天監改之，而不知康熙戊戌久有之也。」按：欽天監奏改閏八月，不知何説。咸豐元年，同治元年並閏八月。

九月九日爲息日

晉干寶《搜神記》云：「淮南全椒縣有丁新婦者，本丹陽丁氏女，適全椒謝家。其姑嚴酷，使役有程，不如限者仍便笞捶。不可堪，九月九日乃自經死。遂有靈響聞於民閒，發言於巫祝曰：『念人家婦女作息不倦，使避九月九日，勿用作事。』江南人皆呼爲『丁姑』，九月九日不用作事，咸以爲息日也。」按：九月九日有此故事，今罕知者。

九月九日老君生日

宋陳元靚《歲時廣記》云：「《歲時褀記》：『九者老陽之數，九月九日謂之重陽。道家謂老君九月九日生，取之此也。』」按：今人謂二月十五日太上老君生，未知何據。

宋錢易《南部新書》云：「會昌元年三月二十五日，敕以其日爲老君降誕，假一日。」

十月九日閹九

明都穆《談纂》云：「元太祖尊禮丘長春，欲妻以公主，遂自腐以告絶。其日乃十月九日，今京師謂之閹九，爲會甚盛。」

按：明宦官劉若愚《酌中志》云：「正月十九日名燕九，都城西南有白雲觀，云是勝國時丘真人成道處。此日僧道輻湊，凡聖溷褋，勛戚、内臣凡好黄白之術者咸遊此，訪丹訣焉。」按：

此則「閹九」「燕九」異名異日。疑本是「閹九」，後奄人輩諱言「閹」，乃易其名，且易其日耳。

冬至後占壬日

宋陳元靚《歲時廣記》云：「《清臺占法》：冬至後一日得壬，災旱千里；二日得壬，小旱；三日得壬，平常；四日得壬，五穀豐熟；五日得壬，小水；六日得壬，大水；七日得壬，河決；八日得壬，海翻；九日得壬，禾麥大熟；十日得壬，五穀不成。」

九九詞

宋陳元靚《歲時廣記》云：「《歲時襍記》：『自冬至之次日數九，里巷多作九九詞。』自注云：『九九詞乃《望江南》。今行在修文巷有印本，言語鄙俚，不録。』」按：此知宋時自有《望江南九九詞》，非止如今所傳一九至九九諺語也。

明劉若愚《酌中志》云：「《九九銷寒詩圖》，每九詩四句，自『一九初寒纔是冬』起，至『日月星辰不住忙』止，皆瞽詞俚語之類。」按：此明宫中所行九九詩，與宋時又别。

交年節

宋陳元靚《歲時廣記》云：「吕原明《歲時襍記》云：『十二月二十四日謂之交年節。』其事又見《東京夢華録》，他書未見載。」又引《歲時襍記》云：「惟交年日掃屋宇無忌，不擇吉，諺云：『交年日掃屋不生塵埃。』」按：今人猶於是日掃屋宇。至「交年」之名，則無聞矣。

又引《歲時襍記》云：「舊俗以爲七祀及百神，每歲十二月二十四日新舊更易，皆焚紙幣，誦道佛經呪，以送故迎新，而爲禳祈。」按：此即「交年」之義也。今人但於二十四日送竈，不知百神皆受代矣。

十二月二日

梁陶弘景《真誥》云：「三月十八日、十二月二日，東卿司命君是其日上要總真王君、太虚真人、東海青童合會於句曲之山，游看洞室。好道者宜預齋戒，待此日登山請乞，篤志心誠者，三君白即見之。」注云：「依傳説，年有兩日，恐三月十八日諠譁褋鬧，非專請之宜。」按：此則惟十二月二日爲宜矣，余於是日生，故喜此説而記之。

大等日

宋吴自牧《夢粱録》云：「每月十四、二十八日謂之大等日分，此兩日若風雨不當，則知一旬之内多有風雨。」

月旦十五日

宋程大昌《演繁露續集》云：「韓退之《弔武侍御文》曰：『月旦十五日，出其衣珥拜之。』不言朔望而言月旦十五日，其語脈有自。魏武帝《遺令》曰：『月朝十五，輒向帳作伎。』《南史·孝義傳》：『王文殊父没於魏，文殊立小屋，月朝十五日未嘗不北望長悲。』」

女兒節

欽定《日下舊聞考》引《宛署襍志》云：「燕都自五月一日至五日，飾小閨女，盡態極妍，已出嫁之女亦各歸寧，俗呼是日爲女兒節。」又引《析津志》云：「都中人民七夕，邀請女流作巧節會，稱曰女孩兒節，飲宴盡歡，次日饋送還家。」又引《帝京景物略》云：「九月九日，父母家必迎其女來，亦曰女兒節。」按：此則一歲女兒節有三也。

四不祥日

宋陳元靚《歲時廣記》云：「《遯齋閑覽》：『每月初四日、初七日、十六日、十九日爲四不祥，又有增二十八日爲五不祥，大忌上官。』歐陽參政《記事》云：『犯此日者多不終任。』沈存中《筆談》云：『常歷數親知，犯此日皆不得善脱。』」按：此忌今猶然，蓋自宋以來士大夫已篤信此説也。《時憲書》首載吉屋凶星有四不祥，忌上官、入宅、嫁娶、出行，而不言五不祥。然屈指計之，從食指下節起初一，則此五日皆在食指、小指之上節，增二十八，非無見也。

歲在甲寅多亂

國朝劉獻廷《廣陽襍記》云：「往聞之長老云，歲在甲寅多亂。予初不之信，及按史傳，堯之洪水、幽王之得褒姒、吕政之易嬴、新莽之篡漢皆在是年。而今康熙則有吴三桂之亂，其餘比比不可勝數，亦閱世者所當知也。」按：宋淳祐丙午，衢士柴望上《丙丁龜鑑》，謂丙午、丁未歲輒有變故。今乃知又有甲寅之説，然要亦偶合，未足據也。

宋吴潛《許國公奏議》有《奏論國朝庚子辛丑气數人事》云：「臣求之國史，葢國朝自膺大曆，服至於咸平之二年、三年，始得庚子、辛丑，自是而爲嘉祐之五年、六年，自是而爲宣和之二年、三年，自是而爲淳熙之七年、八年。考其年，求其故，不有天災，必有天變；不有天變，必有盜賊。葢二者皆火之仇、土之舍也。仇者得志，旺者告病，是亦陽九百六之會與？」按：此則宋世又有忌庚子、辛丑之説。

壬子看花

國朝戴璐《藤陰褉記》云：「熙寧壬子清明，東坡看花於錢塘吉祥寺。洪武壬子清明，楊孟載看花於西江省掖，時去坡公三百年，賦詩追憶，序末云『爲後三百年張本』。雍正壬子清明，去楊公三百六十年，吴江王載揚藻邀同人會於怡園，客爲沈麟洲元滄、丁静者凝、張得天照、李世份鍾僑、楊蔚友炳、劉延清統勳、彭翰文啟豐、顧小厓成天、商蒼雨盤、沈慎旃廷芳，凡二十人。彭、商俱有和詩，見本集。」

按：壬子清明有此故實，世罕知之。余三十二歲遇壬子，距雍正壬子纔一百二十年，爲期太近；計九十二歲又遇壬子，余不及待矣。此後再届壬子，距雍正壬子二百四十年，然距熙寧壬子則九百年矣，適符三百年張本之約。姑記於此，後之人必又有雅集也。

仙家自有日月

梁陶弘景《真誥》云：「大天之内，有地中洞天三十六所，第八是句曲山之洞。其内有陰暉夜光日精之根，照此空内，明並日月，陰暉主夜，日精主晝，形如日月之圓，飛在玄空之中。」注云：「諸洞天日月皆各有此名，亦小小不同，葢猶是大天日月，分精照之，既云晝夜，便有出没，亦當與今日月同其明晦。今大天崖畔了不得窮，此小天邊際殆可捫覩，日月出入則應有限，當是忽然起滅，不由孔穴，但未知其形若大小耳。」按：此則名山洞穴之中各有小日月。

《太平廣記》引《仙傳拾遺》所載陽平謫仙之言曰：「二十四化各有大洞，或方千里、五百里、三百里，其中皆有日月飛精，謂之伏晨之根，下照洞中，與世間無異。」

日星月星

明李日華《紫桃軒又綴》云：「人言日月星爲三光，然考《甘氏星經》，又别有日一星在房之西、氐之東，别有月一星在昴之南、畢之北。豈日月既爲陰陽大宗，而其精又有旁繫者乎？」

茶香室三鈔卷二

《孔子福地記》

梁陶弘景《真誥》引《孔子福地記》云：「岣山之閒有伏龍之鄉，可以避水避病長生。」按：此即謂句曲山也。

佛説四大洲形勢

《華嚴經音義》卷一云：「四天下皆在四大海中，故俱名洲。東洲形圓如日，西洲形如半月，南洲北廣南狹，北洲其形正方。」

佛經紀里數

唐沙門慧苑《華嚴經音義》卷三引《佛本行集》弟十二云："七微塵成一窗牖塵，七窗塵成一兔毛頭塵，七兔毛塵成一羊毛頭塵，七羊毛塵成一牛毛頭塵，七牛毛塵成一蟣，七蟣成一蝨，七蝨成一芥子，七芥子成一大麥，七大麥成一指節，七指節成半尺，二尺成一肘，四肘成一弓，五弓成一杖，二十杖名一息，八十息名一俱盧舍，八俱盧舍成一由旬，計一由旬合有十七里餘二百八十步。"

又引《俱舍論》第十二云："分析諸色至一極微，故一極微爲色極少，七極微爲一微量，積微至七爲一金塵，七金塵爲一水塵，量水積七爲一兔毛塵，積七兔毛塵爲一羊毛塵，量積羊毛塵七爲一牛毛塵，積七牛毛塵爲隙游塵，量隙遊塵七爲一蟣，七蟣爲一蝨，七蝨爲穬麥，七麥爲一指節，三指節爲一指，二十四指横布爲肘，豎四肘爲弓豎，積五百弓爲一俱盧舍。"按：兩數有不同，據前説則二十八指節成一肘，據後説則一肘者七十二指節矣。

真泰山

國朝孔貞瑄《泰山紀勝》云：「一石挺立，或題『聰明正直』四字，命之曰真太山，世傳五岳真形本此。」

按：《後漢書・郡國志》注引鄭《志》曰：「有小泰山，公玉带曰岐伯令黄帝封泰山，即此山也。」所云「小泰山」未知何山，豈即此「真泰山」邪？

天台山本稱南岳

唐釋湛然《輔行記》云：「天台者，章安《山記》云：『本稱南岳，周靈王太子晉居之，魂爲其神，命左右公改爲天台山也。』若準孫公《山賦》云『所以不列於五岳、闕載於帝典者，以其所立幽奥，其路曠迥』，故未知章安所出。」據績谿胡甘伯輯本。

天台石橋有實有虛

唐道士徐靈府《天台記》云：「按：《仙經》云『此山有石橋，一所見，二所不知其處』，又云『多散仙人，遇得橋即與相見』。以此言之，即虛〔一〕仙之橋也，非今常人見者。」然則天台石橋有實有虛。

經石峪

國朝麟慶《鴻雪因緣圖記》云：「經石峪方數畝許，徧刻隸書《金剛經》，字大於斗，筆力遒勁。聶劍光名鈫，泰安人《泰山道里記》載北齊武平時梁甫令王子椿好内典，嘗於岨崍山刻石經二，俱八分書，與此如出一手，或即其人所書邪？又阮雲臺先生《小滄浪筆談》載鄒縣尖山摩崖

〔一〕虛，《古逸叢書》本《天台山記》作「靈」。

有北齊唐邕題字，筆法相同，或出邕書，亦未可知。」按：泰山經石峪所刻《金剛經》，今已不全。任筱園中丞、汪柳門閣學、許星臺方伯均有搨本，曾集其字爲楹帖見贈。然其爲何人所書，竟無考也。見亭先生所説亦擬議之詞。

又按：《錢竹汀先生日記》云：「得黄小松札，言於鄒縣之尖山、剛山、鐵山得摩崖佛經，皆北齊、北周刻，有韋子深、唐邕等銜及武平、大象等年號，字大者二三尺，小字亦七八寸。」然則山左磨崖刻經不止一處，惜無人往搨也。

句曲山似己字

梁陶弘景《真誥》云：「山形似己，故以句曲爲名。」注云：「今登中茅元嶺前後望，以大茅爲首，東行北轉，又折西行北轉，又折東北行，至大横反復南北，狀如左書己字之形。」

大小酉

明包汝楫《南中紀聞》云：「大小酉俱在辰州府沅陵縣境，今俱榛棘荒坵，洞門不可復跡矣。彼中搢紳云：先朝一道臺游洞，攜出書一卷，及衙齋取閲，已成片石，從此遂迷入洞路徑。」按：此則二酉真有藏書，明人猶得見之也。

赤壁洞穴

《東坡志林》云：「黄州守居之數百步爲赤壁，或言即周瑜破曹公處，不知果是否。斷崖壁立，江水深碧。二鶻巢其上，有二蛇，或見之。遇風浪静，輒乘小舟至其下，捨舟登岸，入徐公洞。非有洞穴也，但山崦深邃耳。《圖經》云是徐邈，不知何時人，非魏之徐邈也。」按：東坡《赤壁賦》「攀棲鶻之危巢」，余前見《漁隱叢話》引《復齋漫録》，謂鶻巢是實事，已記於《叢鈔》卷八。今又讀此，乃知有鶻并有蛇，而又有所謂徐公洞者。賦所云「履巉巖，披蒙茸」，殆即其地邪？

九連山

國朝吴偉業《綏寇紀略補遺》敘廣東山寇事，附江西九連山寇云：「九連山跨三省九縣，其中上涮、中涮、下涮即王文成所平涮頭賊也。山勢羊腸鳥道，而寬平之處田土膏腴。賊得且耕且掠，以爲窟穴。」按：今民間相傳有九龍山爲盜賊巢窟，或即九連山歟？

按：《明史・王守仁傳》：「池仲容據涮頭，守仁誘戮之。自將抵賊巢，連破上中下三涮。餘賊奔九連山，山横亘數百里，陡絶不可攻。乃簡壯士七百人，衣賊衣，奔崖下。賊招之上，官軍进攻，内外合擊，擒斬無遺。乃於下涮立平和縣。」觀此則九連山險峻可知，宜其爲逋逃淵藪矣。

藝香山

國朝陳錫路《黄嬭餘話》云：「藝香山在長興縣北十五里，西施種香之所，見樂史《寰宇記》。西施越産，不知何緣在長興也。」

蘇州飛來峯

明李日華《六硯齋二筆》云：「蘇州天平山亦有飛來峯。高季迪詩云：『風吹峩眉雲，來依此山住。我來不敢登，只恐還飛去。』」

摇動石

明劉侗《帝京景物略》云：「盤山千佛寺後半里，一石米粉色，縱二丈，廣丈有五尺，曰摇動石。一人悄然推之，颭颭動，衆則不動。試作語曰『我其摇』，則不動。然石根山連，無纖璺焉。」按：杭州西湖寶石山有一石，頗與此石相似。

太湖石

國朝李斗《揚州畫舫録》云：「歙縣汪氏得九蓮庵地，建别墅曰南園。得太湖石九，以二峯置海桐書屋，二峯置澄空宇，一峯置一片南湖，三峯置玉玲瓏館，一峯置雨花庵，賜名九峯園。石工張南山嘗謂澄空宇二峯爲真太湖石。太湖石乃太湖中石骨，浪激波滌，年久孔穴自生。因在水中，殊難運致，惟元至正間吴僧維則門人運石入城，延朱德潤、趙元善、倪元鎮、徐幼文共商壘成獅子林，有獅子、含輝、吐月諸峯，爲江南名勝，此外未聞有運致者。若郡城所來太湖石，多取之鎮江竹林寺、蓮花洞、龍噴水諸地所產。其孔穴似太湖石，皆非太湖島嶼中石骨，若此二峯不假矣。」按：此論亦不盡然，湖石今猶可采，但不必爲浪激波滌之石骨耳。

南海盤陀石

明包汝楫《南中紀聞》云：「佛氏『一莖丈六』洎『丈室諸天』等語，余初未信。近聞董少泉云：南海盤陀石形模不甚寬，及登陟甚衆，人不挨擠，此石亦不覺其隘。又武當山聖帝金殿方廣不踰二丈，雖容千人，亦復不窄。此目前道場，明明證據，可破凡夫隅見。」

相思石

明張岱《瑯嬛文集》有《海志》一篇，志補陀也，云：「山中最奇者相思石，用醋浸之，則能移動。兩石置東西，必移向一處，故名。」

衢州石

明李日華《六硯齋二筆》云：「地記稱衢州常山縣石洪溪水中産石，奇秀萬狀，有高不盈尺而尖鋭聯數十峯、高下起伏、嵌空穿漏、具諸洞穴者。昔年於吴山人少君處見一石，僅如拳，而列十四峯、二十餘洞。當時不知何石，今乃知其石洪也。」按：衢石之奇如此，而今人未有聞，何也？

釘官石

宋周密《癸辛襍識》云：「釘官石在長安城中，色青黑，其堅如鐵。凡新進士求仕者以大釘釘之，如釘入則速得美官，否則齟齬不能入，入亦不能快利也。石上之釘皆滿。」

躲婆石

明李日華《紫桃軒又綴》云：「右軍爲蕺山老姥書扇，今紹興郡城有題扇橋，戒珠寺有躲婆石，謂此姥既得厚值，數來求書。羲之厭苦，避於此石之後也。」按：里巷之談可資一噱。吾邑西門外有「瞞公橋」，謂有一婦人出私財建橋，不使翁知也，正堪作對。

山鬭

明李日華《紫桃軒襍綴》云：「正統十三年正月六日，太湖中大貢山、小貢山鬭，開闔數次，共沈於水。起，復鬭，逾時乃止。觀者如堵。」

弱水三千

國朝陸次雲《八紘譯史》云：「溜山一名牒幹，小國也。其西有天生石門，如城闕然。中有八溜，各有所主，廣三千里，所云『弱水三千』是也。若商舶遇風，舟師不謹，落入其溜，水漸無力，沈而不返矣。」

内地亦有弱水

明包汝楫《南中紀聞》云：「黄鶴樓南望漢陽，城郭歷歷在目。江流相距七里，其實不過四五里，然不時有覆溺之患。漢陽長楊公四知語余云：『此中有弱水三分，以此輒致壞舟。』」

漳瀆

唐封演《封氏聞見記》云：「開元中，拾遺葢匡朝上書，以江、淮、河、濟各能獨達於海，故受四瀆之名。《尚書》注云：『漳水横流入河。』今之此水與古有異，發源潞州，東赴滄海，有踰淮、濟，合著瀆名。請以漳水爲一瀆，并前爲五。奏上，不許。」按：今水道漳水由衛河入海，仍非瀆也。

又按：小水發源與海近者，皆能獨入海，如北之淄永、墨水，南之建水、汀水皆是。惟遼水發源塞外，行一千三百餘里，至海州衛三岔關入海，此或可以當一瀆乎？

杭嘉水路古今不同

明李日華《紫桃軒又綴》云：「唐以前自杭至嘉皆懸流，其南則水草沮洳，以達於海。故水則設閘以啟閉，陸則設棧以通行。古《胥山碑》謂『石棧自錢唐北抵禦兒之胥口』，乃其證也。至今有石門、斗門之名，而其跡則湮於阡陌矣。」又云：「唐、宋時嘉湖地皆懸流，重重設堰埭，用牛挽船過堰而徵其税，置官領之。唐人所云『牛屎堆邊識張祜』，以祜曾爲我地東瓜堰官也。」

入瀧、出瀧

宋葉夢得《避暑録話》云：「嚴陵七里瀨，土人謂之瀧，訛爲籠，言若籠中。因謂初至爲入瀧，既盡爲出瀧。瀧本音閭江反，以爲若籠，謬也。」按：「入瀧」「出瀧」，至今其地土語猶然。《集韵》鍾部、江部並收「瀧」字，則俗讀亦有本也。

吴中四泉

國朝顧震濤《吴門表隱》云：「天下六泉，唐張又新品定吴門有四，原注云：第一泉郭璞墓前，第二泉無錫惠山。第三泉在虎丘山，第四泉在治平寺，即楊素井，第五泉在獅山獅子浜，第六泉在蔣家圩。」

按：《唐書·陸龜蒙傳》：「張又新爲《水説》七種，其二慧山泉，三虎丘井，六松江。」餘並不言所在，吴中四泉恐未足據。至張又新本非端人，而名泉乃經其品定，不足爲榮，反足爲辱耳。

㴲淲浡汸湞五泉名

明董説《楝花磯隨筆》云：「七泉在道州東，元結銘序：『有泉七穴，命其五曰㴲、淲、浡、汸、湞，欲飲者有所感發。一曰漫泉，自旌漫郎；一出山東，命曰東泉。』」按：此五字殆皆次山所造，然考之字書，惟「湜」字無之，餘則皆有。

餘不溪

國朝鄭元慶《石柱記箋》釋「餘不溪」，引《留青日札》云：「『不』作秋韵，方鳩切，非也，当作虞韵，風無切。本作柎，《詩》『鄂不韡韡』，鄭注：『承華者鄂。不當作柎，鄂足也。』即今言花蒂也。此地有苕溪，其流相通，故曰餘英、餘不，其義可見。」按：今吾邑人稱「餘不」正用風無切之音。餘英溪即武康縣之前溪也。

六時泉

國朝王培荀《聽雨樓隨筆》云：「青城山常道觀後有泉，深僅二尺。子、寅、辰、午、申、戌六時水盈，丑、卯、巳、未、酉、亥六時水涸，謂之六時泉。」

蜀中開井法

國朝王培荀《聽雨樓隨筆》云：「蜀井自宋皇祐始用筒，井架木如桔槔，縣繩繫木，木端縛圓刃如杵，鑿石得屑，日以升計。井口如盌，以巨竹去節，牝牡相銜，周貼井身，以隔淡水。又以竹之差小者爲桶，無底而竅其上，懸熟皮數寸，出入井〔一〕中，氣自呼吸而啟閉之，一筒致水數斗。竪高木數丈于井傍，謂之天杆，入井之筒繫焉。井側設木，以繩絞之。宋時用人，今用牛。掣上機發，水瀉流于畦，匯于池。熬之成鹽，鹽多少，視水重輕。」

又云：「攻井之工，視地脈。其鑿也，鐵爲杵，鋭其末。有架焉，横木其上，以篾繩繫杵，隨壓隨起，狀如桔槔，低昂不息。日得石屑，以升合計，毋躁毋忘，毋中止，毋狐疑。遷徙其財，集腋而成，歲月既久，田宅而外，典及衣物。朝透鹹水，夕稱富翁。」

國朝章有謨《景船齋襍記》云：「姚仲泰至劍南，述鹽井甚詳。川人善相地，作井必於山麓。

〔一〕井，《聽雨樓隨筆》卷六作「水」。

石上鑿之，入地五六尺，斧鑿不能施，則煉精鐵作器，如木桶狀，高可尺許，以繩爲柄，向下撞之，如春米然。然後以竹爲撈石筒，制機於底，刮取石屑出之。川中有大竹，圍可二尺許，象井闊狹，入地一尺，即下一筒，如今人之以塼甃井，且防淡水之出，褋於鹹水也。入地五十丈，則無地矣。然後以竹作弔桶，其底入水則開，水滿輒合。以轆轤上之，置鐵鍋煎之，即成鹽矣。」

按：光緒丙戌歲，有人獻言于出使日本之徐星使，言日本有鐵棒開井之法：用木作長梯，架鐵棒一枝，每枝長四間，日本以六尺爲一間。重六十貫目。日本以百兩爲一貫目。將此棒棰入地中，盡一棒，又以一棒繼之，兩棒相接處有三孔，以横鐵貫之。盡十二棒，無不及泉矣。抽出鐵棒，以巨竹如棒粗細者通其中節，首尾相銜，插入原穴中，即有清泉上湧如箭，盛夏不竭。是説也，人咸以爲奇，今乃知蜀中開鹽井本用此法，或彼國以機器佐之較捷速耳。

安日河

國朝陸次雲《八紘譯史》云：「東印度有大河名安日，國人謂經此水一浴，所作罪孽悉得銷除。」

聖水

國朝陸次雲《八紘譯史》云：「天竺山川有聖水，能止風濤。番人以琉璃瓶盛之，遇風灑之即止。」按：此恐無其事。天竺即五印度，今屬英吉利。如有此水，航海者豈不一用乎？《明史·西域天方傳》：「回回設教之祖曰馬哈麻者，墓頂常有光，日夜不熄。墓後有一井，水清而甘。泛海者必汲以行，遇颶風，取水灑之即息。」是此説固見於正史。

國朝李光廷《漢西域圖考》云：「《西洋朝貢典録·天方傳》所稱云默伽國西行百里，曰募底納城，城之東曰謨罕驀德神人之墓，頂有五色光。墓後有泉，泛海者汲而藏之，遇颶而灑，波濤頓息。」然則天竺聖水即此是也，乃回教之言恐不足據。

江湖避風之術

宋沈括《夢溪筆談》云：「江湖間盛夏風起於顧盼間，曾聞江國賈人有一術可免此患。大凡夏月風景須作於午後，欲行船者，五鼓初起，視星月明潔，四際至地，皆無雲氣，便可行。至於巳時即止，無復與暴風遇矣。國子博士李元規云：平生遊江湖，未嘗遇風，用此術。」

祭海用頭巾芒鞵布襦

宋方勺《泊宅編》云：「海毀，朝廷下祭法，三牲之外别用頭巾、芒鞵、布襦及推沙版各一百二十九。毀止，則沙漲其處。」按：祭海用頭巾等物，未知何義。

鐵符鎮海

宋方勺《泊宅編》云：「政和丙申歲，杭州湯村海溢，朝廷降鐵符十道以鎮之。壬寅歲，鹽官縣亦溢。鐵符又至，其數如湯村。每一符重百斤，正面鑄神符及御書呪，貯以青木匣。府遣曹官同都道正管押下縣，縣建道場設醮，投之海中。」

古長城

國朝禮親王昭槤《嘯亭襍録》云：「自木蘭北數百里有土堆巍然，東至鄂羅斯，西抵準夷之界，蜿蜒數千里，屯戍墩堠猶有存者，土人云古長城也。始皇以前未聞築長城者，豈天地自然之界以限中外邪？抑疏仡禪通所築也？」

宋植榆柳於分界之所

宋王明清《揮麈後録》云：「太祖嘗令於瓦橋一帶南北分畍之所專植榆柳，中通一徑，僅能容一騎。歲月浸久，日益繁茂，合抱之木交絡翳塞。宣和中童貫悉命翦薙之，胡馬南騖，遂成坦途。」按：《周官·掌〔一〕固》云「掌修城郭、溝池、樹渠之固」，然則以樹爲固，古已行之，宋祖此

〔一〕掌，原訛「司」，據《周禮》改。

事暗合古法。

宋三泉縣不隸州郡

宋王明清《揮麈前録》云：「太祖立極之初，西蜀未下，益州三泉縣令閒道馳騎齎賀表，率先至闕下。上大喜，平蜀後詔令三泉縣不隸州郡，遇慶賀許發表章直達榻前。至今甲令每於諸州軍監下注云『三泉縣同』，是矣。紹興初四川制司建言升縣爲軍，失祖宗之指。」

按：《宋史·地理志》云：「大安軍本三泉縣，舊屬興元府，乾德三年平蜀，以縣直屬京。至道二年，建爲大安軍；三年，軍廢，縣仍舊屬京。紹興三年，復升軍。南渡後復置三泉縣，隸軍。」然則三泉縣之升軍，至道中已有此舉，非始紹興也。北宋三泉隸京，南宋三泉隸軍，則北宋、南宋並有三泉縣，而體制則不侔矣。

圌山亭

宋王明清《揮麈後録》載徽宗御製《艮嶽記》有圌山亭，又載李質、曹組二臣所作《艮嶽百詠》詩，有《圌山亭》一首云：「軒楹正在翠微中，欲雪雲生四面峰。璀璨地鋪紅瑪瑙，巑岏山聳碧芙蓉。」按：以「圌山」名亭甚奇。《説文・竹部》：「篅，以判竹，圜以盛穀也。」無圌字。《玉篇口部》「圌」，市全、時規二切，圜也，或作篅。則以耑爲篅之正字。《廣韵》下平《二仙》市緣切有篅字，即引《説文》爲説，圌字同上。則以篅爲正，圌爲變體；上平《五支》是爲切有圌字：「山名，在吴都。」又有篅字曰：「盛穀圓笔。」⿱竹圌字同上。則不以圌爲篅之變體，而專爲吴都山名。其篅之變體從竹作⿱竹圌。疑《二仙》部中文有奪誤也。《集韵》與《廣韵》同，《類篇》從之，以是爲切者爲山名，在吴郡，以淳沿切者爲篅之或體。艮嶽之圌山亭不知宜何讀。若讀淳沿切，則盛米之器何以名山？讀是爲切，則不知當日何取於吴郡之山而名之也。今人但知江南有圌山，而艮嶽之圌山亭則無人知者矣。

哺飢坂

明董説《楝花磯隨筆》云：「哺飢坂在絳州北六里，即晉趙盾哺桑間餓夫處。」

虎丘有城

國朝朱彝尊《静志居詩話》云：「郑經字仲誼，仁和人，元進士。《虎丘詩集》載仲誼《登虎丘賦呈居中長老》詩，起句云：『虎丘山前新築城，虎丘寺裏斷人行。』又周南老正道有《至正丁酉冬督役城虎丘》詩八首。虎丘築城，吴人亦鮮有知者。予嘗泊舟山後，見遺址尚存。」按：今距竹垞先生時又二百年，未知遺址存否。

同里

宋周密《癸辛襍識》云：「近歲平江虎丘有虎十餘據之，同里葉氏墓舍在焉。其一大享堂，虎專爲食息之地。」按：國朝吴江楊復吉著《夢闌隨〔一〕筆》云：「我邑富士鎮至成、弘閒以其名

〔一〕隨，當爲「瑣」。

賈禍，離合其文，改爲同里。」乃觀周公謹所記已有「同里」之名，則宋、元閒已然矣，非明代始改也。余前取楊説載之《叢鈔》十二，今辨正之。

王店

國朝朱彝尊《静志居詩話》云：「予年十七，避兵練浦。歲己丑，移家梅會里。里在大彭、嘉會二都之閒，市名王店。或曰石晉時鎮遏使逵居此，或曰宋尚書居正之宅，或曰元學士㬌家於是，或曰元學正綸也，傳聞各異。蔣布衣之翹語余曰：『子知王店之所由名乎？洪武中孝廉鏞及其弟鈞之所居也。』因出所輯《檇李詩乘》，則二王詩俱在焉。並出二王合刊詩稾舊本共一册。讀未竟，客至而罷。又數年而蔣逝，無子，遺書盡失，可歎也。『梅會』一作『梅匯』，水曰梅溪，鏞詩所云『吾家舊在梅溪上』是也。梁孟敬《石門集》有《題嘉興王氏梅花莊》詩，未審即二王所居否。」

余門下士王君廷鼎以其十三世祖賓溪君墓志見示，云「宋南渡時自汴遷吴，以善賈致雄貲，因姓其地曰王店」，未審與此王店爲一爲二。

封橋

明李日華《六研齋二筆》云：「《豹隱紀談》云：『楓橋舊名封橋，後因張繼詩「江楓漁火」句改楓橋。今天平寺藏經多唐人書，背有封橋常住字。』」

半道紅

宋錢儼《吴越備史》云：「楊行密遣使召田頵，頵迎行密來使於半道紅。」注云：「半道紅在北郊，舊植桃花之所，凡數里。」按：此疑即今所謂「半山」，其地桃花猶盛。

宋吴自牧《夢粱録》載杭州市鎮北關門外有半道紅市。

之字路

國朝陳錫路《黄嬭餘話》云：「唐人方干詩『路尋之字見禪關』，葢謂盤旋而上，形如之字也。五代劉昭禹亦有『之字上危峰』之句。」按：今俗有「之字路」之語，由來古矣。

魚皮國

國朝趙廷健《崇明縣志》云：「順治十六年，發崇明水手征魚皮國，次年凱旋。述其俗，魚皮爲衣，魚肉爲食，頑梗不馴，由滿洲折而北千里。」按：「魚皮國」不知何國，趙《志》修於乾隆二十五年，距國初未遠，或非無徵也。

滘

國朝無名氏《英吉利廣東入城始末》所載地名有「大黄滘」「鷄鴨滘」，注云：「滘音呌，粤之俗字，云水邊車輪聲。」按：光緒甲申、乙酉閒，余親家翁彭雪琴尚書奉命防粤，駐軍大黄滘。然書來止作「滘」字，不知其當爲「滘」也。「滘」「滘」二字字書並無。

茶香室三鈔卷三

子路父名

國朝劉獻廷《廣陽襍記》云：「山東仲家淺廟三進，康熙六年巡鹽御史顧如華建。案碑文，子路父名凫，子路生于泗水，葬于開州。黄巾之亂，宗人遷仲家淺。」

茲無靈

國朝喬松年《蘿藦亭札記》云：「《新序》謂孟獻子得二士，曰顔回、茲無靈。孟獻子去顔子爲時絶遠，此殆寓言，茲無靈或是茲無還之族。」按：《新序》非《莊》《列》之書可比，必無寓言。

其稱顔回者，殆獻子之友有顔氏子，而後世誤傳爲顔回耳。樂正、裘牧仲外又得兹無靈及一顔姓者，可補《孟子》所未及。

茅亶

《孟子外篇》：「樂正子春，生孝也；茅亶，死孝也。」注引劉熙曰：「茅亶，鄒大夫，喪母哀毁而死。」

徐市當作徐市

元吾衍《閒居録》云：「秦方士徐市，又作徐福。非有兩名，市乃古黻字，漢時未有翻切，但以聲相近字音注其下。後人讀作市廛之市，故疑福爲别名也。」

皐伯通

國朝王士禛《香祖筆記》云：「《括異志》述《吴地記》云：『昔有金牛糞金，村民皐伯通逐之，牛入山穴，山頹，兄弟皆死。』妄語無稽，豈又一皐伯通邪？《吴地記》又云：『漢議郎皐伯通字奉卿，卒葬胥門，號伯通墩。』則伯通非村民，又不死於山矣。」按：今《吴地記》無皐伯通逐金牛事。

東漢孝子古初

宋樂史《太平寰宇記》長沙縣有古初墳，云：「後漢古初遭父喪，未葬，鄰人失火，延及初家，力不能遷柩，乃伏其上，以身捍之，火遂滅。長沙異之，以爲至誠所致。」按：東漢有此孝子，世罕知者，宜表出之。

國朝黄宗羲《南雷文定·王孝女碑》云：「古來火逼親棺、守死勿去者，東漢之蔡順、古初，晉之何琦，齊之傅琰，梁之徐普濟，元之余丙、祝公榮、郭通、陳汝楫，明之楊敬、祝大昌、鄧翰、陳倫。然皆幸而得免，其不免者，則宋賈恩、隋李孝子、明唐治始三人耳。然皆男子，以女弱而殉身者，僅一孝女。」按：碑王孝女，慈谿王孜之女。

際際火

國朝劉獻廷《廣陽襍記》云：「黔苗之先有際際火者，隨武侯討孟獲，所在有功，云即安氏之祖也。黔人祀侯，必塑際際火之象，侍立于旁。」

關鎖

《陝西通志》：「商南縣有廉康太子墓，世傳太子三國時人，炎祚衰微，據土僭號，爲關鎖所平。」按：俗傳關公有子名關索，其有無已不可考，此關鎖又不知何人矣。

又按：關鎖、關索，實以聲近而淆。吾湖武康縣有嚴康屯兵處，相傳康，邑人也，奇醜而力，爪牙爲刀，革膚爲鐵，唯喉三寸肉耳。妻鮑三娘美而勇。時有花關索者，年少美容儀。鮑悦而私之，矢貫康喉而殪。至今村莊褉劇演其遺事云云。見《前溪逸志》。按：嚴康即廉康，關索即關鎖，實即一事。但一在秦中，一在吴越，相距數千里，不知何以同有此訛傳耳。

《古今圖書集成》引《蘄水縣志》云：「王氏女名桃，弟悦，漢末時人，俱笄年未字。有膂力，精諸家武藝。每相謂曰：『天下有英雄男子而材技勝我，則相託終身。』時絶少匹敵者。適河東關公長子索英偉健捷，桃姊妹俱較不勝，遂俱歸之。先是邑中有鮑氏女，材行與桃、悦似，而悍鷙差勝，亦歸索。三人皆棄家從關，百戰以終。」原注云：「正史未見。」按：關索之名已無考，乃更有此妻三人，尤屬異聞，姑記之，以資談助。

張烏巾

唐張彦远《法書要録》云：「吴時張弘好學不仕，常著烏巾，時人號爲張烏巾。此人特善飛白，能書者鮮不好之。」

按：顔魯公《湖州石柱記》昪山有晉吴興太守王羲之烏亭。國朝鄭元慶箋釋引《寰宇通志》云：「烏亭在昇山上，王羲之造，以烏巾氏所居也。」又云：「予嘗讀書烏山，問烏山何以名，土人曰古烏巾氏所居。山上有烏亭舊址，即今烏山庵，山下有烏版橋。羲之子獻之嘗爲吳興，此亭或獻之造。」余按：吾邑德清亦有烏山，《志》稱昔有烏巾者，其家善釀酒，居此山。此必一人無疑。烏亭爲王獻之所造，疑即爲張烏巾而建，蓋其人能書，故獻之建亭以存其舊跡也。《廣韵》所載姓氏詳矣，而十一《模》「烏」字下無烏巾氏，可知唐以前並無以烏巾爲氏者，烏巾氏之説後世訛傳也。

張懷瓘《書斷》妙品九十八人，中飛白五人，張弘居弟二，云：「吳處士張弘，字敬禮，吳郡人。篤學不仕，恒著烏巾，時號張烏巾。并善篆隸，其飛白妙絶，飄若雲遊，激如驚電，飛仙舞鶴之態有類焉。自作《飛白序勢》，備説其美也。」可見張烏巾各體皆工，且有著述傳後，在書家中亦卓卓者。又引歐陽詢曰：「飛白張烏巾冠世，其後逸少、子敬亦稱妙絶。」然則王大令爲築亭者必是此人。吾邑鄰壤張烏巾，游跡在所必至。吾邑烏山之得名，亦必以此人也。余家即在烏山之陽，表而出之，以告故鄉父老。

梁陶弘景《真誥》云：「淳于斟字叔顯，會稽上虞人。漢桓帝時作徐州縣令。靈帝時，大將軍辟掾。少好道，後入吳烏目山中隱居，遇仙人慧車子，授以虹景丹經，修行得道。」注云：「吳無烏目山，婁及吴興並有天目山，或即是也。」然「天目」何以謂之「烏目」？余疑「目」乃「冃」字之誤，古「帽」字也，「烏帽」者烏巾也，即吾邑之烏山耳。雖未敢質言，姑附其説於此。

陶隱居父

明李日華《六研齋二筆》云：「陶隱居父貞寶，家貧，以寫經爲業，書類蕭思話、羊欣，一紙價四十，以故隱居五六歲即解書。」按：隱居父名貞寶，而貞白先生之謚不避其家諱，何也？

姚㪤

釋玄應《一切經音義》卷二云：「㪤，夷職反，麥糠也。諸書所無，唯趙書有人姓姚名㪤，作此字也。」孫氏星衍曰：「此即姚弋，㪤字不見字書，即麧字誤耳。」愚按：玄應所見既有作「姚㪤」者，未可竟以爲「麧」字之誤。疑「㪤」字當作「䴬」，從弋。姚弋之名本是此字，今從省作弋，遂不知有「䴬」字矣。

《梁四公子傳》云曰「㲉𪊲」。《廣韵》三《燭》有「㲉」字神蜀切：「姓也。梁四公子㲉𪊲之後。」則字正從戈，而音同贖，未詳。

郭幼明

宋錢易《南部新書》云：「郭幼明，子儀之母弟，無學術武藝，但善飲酒、好會賓客而已。卒亦贈太子太傅。」

明月、玻璃

國朝吴仰賢《小匏庵詩話》云：「太白詩『既死明月魄，無復玻璃魂』，袁簡齋以『玻璃魂』爲不可解。按：魏顥《李翰林集敘》載白初娶許，生子曰『明月奴』；又合於魯一婦人，生子曰『玻璃』。」

唐有〔一〕參寥子

明李日華《六硯齋二筆》云：「李白《贈參寥子》詩云『五雲在峴山，果得參寥子』，又云『長揖不受官，拂衣歸林巒』，知爲荆襄閒隱人、曾召對放還者。宋參寥子友歐、蘇，歸釋；唐參寥子友太白，歸玄。世外奇人往往爲異教所籠如此。」按：國朝趙翼《陔餘叢考》云有四「參寥」：《莊子·大宗師篇》玄冥問於參寥；唐有道士名參寥，見《孟浩然集》；又唐末高彦休自號參寥子，見本傳；宋杭州僧有參寥，見《東坡集》。」余謂《莊子》之「參寥」特寓名耳，本無其人。後來之以「參寥」名者，義皆本《莊子》。至太白與孟襄陽所見之參寥子，當即一人也。

南唐李白

宋羅願《新安志》云：「《李白集》有《答山中人》，所謂『桃花流水杳然去，別有天地非人閒』

〔一〕有，據目録補。

者，相傳以爲入黟所作。而俗又有《石墨嶺》與《水西興唐寺》詩，語不類太白。東坡嘗疑《富陽》《國清》《彭澤》《興唐》詩及《姑熟十詠》非太白所作。王平甫疑《十詠》出於李赤。按：南唐自有一翰林學士李白，曾子固以爲《十詠》是此人所爲。然則此閒《墨嶺》《興唐》詩豈亦此類耶？」

按：異代人同姓名，《十駕齋養新〔一〕録》所載數十人，未及此。兩李白同官翰林，尤奇。

鍾隱

宋沈括《夢溪筆談補》云：「江西府庫中書畫時有李後主題跋，然未嘗題書畫人姓名，惟鍾隱畫皆後主親筆題『鍾隱筆』三字。或云凡言『鍾隱筆』者皆後主自畫，後主自號鍾山隱士，故晦其名，謂之鍾隱，非姓鍾人也。今世傳鍾畫但無後主題筆，皆非也。」

按：《宣和畫譜》云：「鍾隱，天台人，隱居江南，所畫多爲僞唐李煜所有，煜皆題印以祕

〔一〕新，原訛「心」，據《十駕齋養新録》改。

之。近時有米芾論畫，言鍾隱者蓋南唐李氏道號，爲鍾山之隱者耳。固非鍾隱也，因以辨之。」又云：「江南僞主李煜自稱『鍾峯隱居』，又畧其言曰『鍾隱』。後人遂與鍾隱畫混淆稱之。」然則以「鍾隱」爲李後主寓名，此説發於米南宮。然當時實有鍾隱其人者，不得竟以爲亡是公也。

种英、蘇冠

宋王明清《玉照新志》云：「盧多遜門下士有种英、蘇冠者，平生最器重之。得罪後，賓客雲散，二人徒步送抵天涯而還。英後易名放，即明逸；冠易名易簡，魁天下。」按：今人但知种放、蘇易簡，不知有种英、蘇冠也。

歐陽文忠叔父

宋程大昌《演繁露續集》云：「歐陽曄，文忠之叔也，乃教文忠讀書者。」按：《歐公集》有《尚書都官員外郎歐陽公墓志銘》云：「修不幸幼孤，依於叔父而長焉。嘗奉太夫人之教曰：

『爾欲識爾父乎？視爾叔父，其狀貌、起居、言笑皆爾父也』云云。」並不言教讀書事。首云「公諱煜，字日華」，則與程氏所言亦異。余所見《歐集》刻於嘉慶中，殆避諱而改乎？世但知歐公得其母教，不知得其叔父之教。程氏宋人，所言當必有據，故表出之。

宋王楙《燕翼貽謀録》云：「歐陽修少孤，其叔父教之學。既貴，乞以一官回贈，乃自員外郎贈郎中。又有先於修者，王曾爲參知政事，改葬叔太子中舍宗元、叔母嚴氏，自言幼孤，叔父母育之。詔贈宗元工部員外郎、嚴氏懷仁縣太君。」

蘇序

宋李廌《師友談記》云：「東坡新遷東闕之第，廌往見之。坡曰：『今日乃先祖太傅之忌。五月十一日。祖父名序，才氣過人，雖不讀書，氣量甚偉。頃年在鄉里，陸田不多，惟種粟，及以稻易粟，大倉儲之，至三四千石。會眉州大饑，公即出所儲，自族人、外姻、佃户、鄉曲之貧者次第與之。或曰公何必粟也？惟粟性堅能久，可廣儲以待匱。又繞宅皆種芋魁，野民乏食時，即用大甑蒸之，羅置門外，恣人取食。』」按：蘇明允《族譜後録》下篇云「序字仲先，凶年嘗鬻田以濟饑者」，而不及此等事。余於《叢鈔》卷二記蘇杲〔一〕事，即東坡曾祖也。今又記此，以見蘇氏之世濟其美，篤生三蘇，非偶然也。

温仲舒

宋邵伯温《聞見前録》云：「吕文穆公諱蒙正，微時於洛陽之龍門利涉院土室中與温仲舒讀書。後狀元及第，位至宰相。温仲舒第三人及第，官至尚書。」按：吕文穆事至今婦豎皆知，而温仲舒在《宋史》亦有傳，故知青史之名轉不如稗官小説矣。

又按：温仲舒本傳稱「少與吕蒙正契厚，又同登第。蒙正居中書，極力援引。及被任用，反攻蒙正，士論薄之」。然則仲舒爲人固不足取。

又按蒙正本傳：「淳化中，右正言宋抗上疏忤旨。抗，蒙正妻族，坐是罷爲吏部尚書。」則蒙正妻宋氏也，世俗所傳非是。

〔一〕杲，原訛「景」，據《茶香室叢鈔》卷二《蘇杲》改。

姚丹元

宋葉夢得《避暑録話》云：「蘇子瞻喜言神仙，晚因王鞏得姚丹元，尤奇之，直以爲李太白所作，贈詩數十篇。姚本京師富人王氏子，不肖，爲父所逐。事建隆觀一道士，因取《道藏》徧讀，作詩閒有放蕩奇譎語，子瞻不能辨也。後復其姓名王繹，爲醫官，出入蔡魯公門下，醫多奇中。宣和末復爲道士，名元城，力詆林靈素，爲所毒，嘔血死。」按：《東坡集》中屢言丹元子，不讀此不知其爲王氏之逐子也。東坡爲此人所愚，後人遂爲東坡所愚矣。

佛印同母弟妹

宋陸游《老學庵筆記》云：「仇氏初在民閒，生子爲浮屠，曰了元，所謂佛印禪師也。已而爲廣陵人國子博士李問妾，生定；出嫁郜氏，生蔡奴。」按：蔡奴乃汴妓，元豐中命待詔崔白圖其貌，入禁中。紹興中潘子賤題其傳神云：「嘉祐風塵中人亦如此，盛哉！」見《後村詩話》。

一母三嫁，而所生皆知名，亦奇。

又按：宋王明清《揮塵前録》云：「李定字仲求，洪州人，晏元獻公之壻〔一〕。欲預賽神會，而蘇子美以其任子拒之，致興大獄。其孫即商老彭，以詩名列江西詩派中。此是害東坡之李定。又李定字資深，元豐御史中丞，其孫方叔正民皆顯名一時，楊州人。又李定，嘉祐、治平來以風采聞，乃敦老如岡之祖，葢濟南人也。」據此，則李定有三，佛印同母弟乃字資深者也。

張天驥

宋邵博《聞見後録》云：「或問東坡：『雲龍山人張天驥者，一無知村夫耳。公爲作《放鶴亭記》，以比古隱者，過矣。』東坡笑曰：『裝鋪席耳。』東坡之門，稍上者不敢言，如琴〔二〕聰、蜜殊之流，皆鋪席中物也。」按：今人讀《放鶴亭記》，孰不以張天驥爲隱君子，不知乃有此説。

〔一〕壻，《揮麈前録》卷四作「甥」。
〔二〕琴，原訛「禽」，據《邵氏聞見後録》卷十五改。

蔡伯俙

宋王明清《揮麈後録》云：「《真宗實録》：『召試神童蔡伯俙。』授官之後，寂無所傳。明清於故書中得其奏狀一紙，今録于此：『司農少卿管勾江州太平觀蔡伯俙奏』，末云：『伏念臣先於大中祥符八年真宗皇帝遣内臣毛昌達宣召賜對，試誦真宗皇帝御製歌詩。即日蒙恩釋褐，授守祕書省正字。臣遭遇之年，方始三歲，賜臣御詩云：「七閩山水多才俊，三歲奇童出盛時。」』又云：『切念臣幼稚幸會，効官從事，勉勵愚拙。今已白首，重念臣生事蕭條，累族重大，又無得力男兒可以供侍。一日捨禄，無以爲生。欲望聖慈特賜，許臣再任管勾江州太平觀一任。』司農少卿，今之朝議大夫也。碌碌無所聞，豈非聰明不及前時耶？後閱朱興仲《續歸田録》云：『伯俙字景蕃，與晏元獻俱五六歲以神童侍仁宗于東宫。既踐祚，元獻被知遇，至宰相。蔡竟不大用，以舊恩常領郡，頗不循法令，或被劾，上必曰「藩邸舊臣，且令轉官」，凡更四朝。元符初致仕，八十歲矣。監司薦之，乞落致仕，與宫祠。其略云：蔡伯俙年八十歲，食禄七十五年。』」

按：余於《叢鈔》卷七引國朝宋長白《柳亭詩話》作「蔡伯禧」，又「或云名伯希，一名伯倫」，均誤，當以此爲正。

又按：《宋史·真宗紀》不載此事，是年二月有「泗州周憲百五歲，詔賜粟帛」。一老一幼，皆在是年，亦奇也。

方臘舊名朕

宋張端義《貴耳集》云：「方臘舊名朕，童貫改曰臘，後不知所終，就擒者非臘也。」

高俅

宋王明清《揮麈後録》云：「高俅者本東坡先生小史，筆札頗工。東坡自翰苑出帥中山，留以予曾文肅。文肅以使令已多辭之，東坡以屬王晉卿。元符末，祐陵爲端王，在潛邸日，與晉卿善。在殿廬解逅，王云：『今日偶忘記帶篦刀子，欲解以掠鬢。』晉卿從腰間取之。王云：

『此樣甚新可愛。』晉卿云：『近創造二副，一猶未用，少刻當以馳内。』至晚遣俅齎往。值王在園中蹴鞠，俅睥睨不已。王呼來前曰：『汝亦解此伎邪？』曰：『能之。』漫令對蹴，遂愜王意，大呼隸輩云：『可傳語都尉，既謝篦刀之賜，并所送人皆輒留矣。』由是日見親信。踰月王登寶位，不次遷拜，循至使相，徧歷三衙者二十年，領殿前司職事。然不忘蘇氏，每其子弟入都給養，問卹甚勤。靖康初，祐陵南下，俅從駕至臨淮，以疾辭歸京師。當時如童貫、梁師成皆坐誅，而俅獨死牖下。」按：今小説家衍説高俅事，與此正合。

國朝顧震濤《吴門表隱》云：「宋高俅墓在横塘，明萬曆中士人趙應奎葬親黄山北，掘地得古碣，云其宅即今高師巷。」原注云：「出徐鳴時《横溪録》。」

張鷟

宋王明清《揮麈後録》云：「蔡元長晚年語其猶子耕道曰：『欲得一好士人教諸孫。』耕道云：『有新進士張鷟可備其選。』元長延致入館。數日後，忽語蔡諸孫云：『可且學走，其他不必。』諸生請其故。云：『君家父祖姦憍以敗天下，指日喪亂。惟有奔竄，或可脱死，他何必解耶？』諸孫愬于元長。元長愀然不樂，命置酒謝之，且詢救弊之策。髯曰：『目下姑且收拾人心，以補萬一，然無及矣。』元長爲之垂涕，所以敘劉元城之官，召張才叔、楊中立之徒用之，蓋由此也。髯字柔直，南劍人，後亦顯名於時。」按：近時有一平話曾敘入此事。

按：《宋史》三百七十九卷有《張髯傳》，實載此事，非小説家虚言也。傳云「族子應之以髯薦」，「應之」其即耕道乎？髯，福州人，卒後廟食邵武。今未知邵武尚有髯廟否。

茶香室三鈔卷四

劉僧遇

明李日華《六硯齋二筆》云：「宋高宗晚年無嗣。單州碭山縣染户朱從因販棗往南京界劉婆家得一小兒，曰僧遇，以棗博歸養之。有金人之出戍碭山者見之，曰：『此兒似趙家少帝。』染人俟其稍長，教以雕花版。有京師販豬人張四兒見之，曰：『此人全似少帝。』僧遇竊自喜，每看影戲、唱詞，私記其宫殿中龍鳳之語。迨三京路定〔一〕，有詔訪求宗室。僧遇乃自謂是少帝第二子，從告於縣。知縣請監酒石某問之，乃石駙馬之親弟也。僧遇言在翁翁懷中，翁翁腋下

〔一〕定，《六硯齋二筆》作「通」。

有一黑痣，嘗手撚之。問其流落之因，乃曰：『少帝使黄院子張全夫婦背負出城，至夏邑縣，遇劉統領留之，取其玉鈴。張全夫婦遭統領所殺，後自己逃去，歸於染家。』時劉統領尚在，即尋訪而質之。僧遇私謂統領曰：『我真少帝子，公言如稍異，我當以公累年作過牽告於朝。』統領懼，悉如其言。遂津遣赴行在。至泗州，司法參軍孫守信疑其不實，白于知州王伯路曰：『皇姪之事甚可疑，且奏取旨。得旨津遣，未晚也。』伯路從其言奏聞，送門司，閤門勘得淵聖並無第二子，用金字牌付轉運副使胡昉委清强官就泗州取勘，一行人盡攝入獄。市中皆喧言皇姪在獄，遇夜獄屋上有火光赤氣，亦有送飲饌入獄中，一行人皆厭飫。後追到劉婆爲證，獄方具，奉旨決脊杖二十，刺配瓊州牢城。針筆人執筆不敢下，于刺字極細小；直杖李俊執杖不敢決，既而輕拂掠之，皮亦不伤。自此人呼爲趙麻胡。虞候鞏俊、王俊送滁州，偶市中遺火，市人以爲趙麻胡經行有火光也。僧遇經來安縣，題詩于興國寺曰：『三千里地孤寒客，七八年前富貴家。』猶自謂真耳。」

按：《日知録》云：「建炎南渡，有詐稱徐王棣者，詐稱信王榛者，詐稱趙〔一〕王偲次子者，詐

〔一〕趙，《日知録》卷三十作「越」。

稱淵聖弟二皇子者，詐稱榮德帝姬者，詐稱柔福帝姬者，莫不伏法，訖無異言。乃弘光時王之明一事，中外流言洶洶不息，藩鎮稱兵，遂以藉口，至今民閒尚有疑以爲真者，此亦亡國之妖也。」顧氏之説如此。令觀《六硯齋》所記，則詐稱淵聖皇子一事在當時亦有紛紜之論矣。竊謂此事自有可疑：所謂石駙馬者，乃哲宗女陳國公主所嫁之石端也。僧遇呼爲翁翁，言其腋下有黑痣，此何從知之邪？且一劉婆家兒子，與劉統領風馬牛也，何從得其累年過惡，挾持之使不敢異同邪？石某與劉統領皆言然，王伯路一奏，遂羣以爲僞。王伯路即王安道，一見秦檜，初不相識，遽稱之爲中丞，何於秦檜則信之如此，於劉僧遇則疑之如此邪？王安道本一賣酒秀才，因秦檜之故，得知泗州，不能不因其人而疑其言矣。邱文莊詞云：「問徽欽既返，此身何屬？」豈不欲其返者并不欲其有子邪？與明季王之明事同存爲疑案矣。王安道識秦檜事，別詳第八卷。

國朝錢軹《甲申傳信録》云：「冬十一月，忽有男子貌似太子，同常侍投嘉定伯周奎府中。奎姪鐸引與公主見，抱頭大哭。奎飯之，舉家行君臣禮。太子言：『城陷之日，獨出匿東廠門。一日夜出，潛至東華門，投豆腐店中。店小兒易予以敝衣，居五日，送至崇文門外尼庵中，留居半月。而常侍來，遂攜歸，藏予密室。今聞公主在，故來。』傍晚哭別而去。數日復至，公主贈一錦袍，密戒云：『慎無再至。』十九日又至，奎留宿。語之曰：『太子自言姓劉，説書生，理可免禍，否即向官府究論。』太子不從，逐之門外，遂以犯夜擒。刑部山東司主事錢鳳覽勘其事，訊内侍舊臣，共言此真太子。舊司禮太監王德化亦言其真，百姓觀者數千皆應聲稱真太子。是日，送入殿中廷勘之。太子言宫中事頗同，呼舊錦衣嘗侍衛者十人訊之，十人齊跪曰此真太子。訊之晉王，執不言是，獨舊常侍内監是之，遂下常侍内監及錦衣十人同太子皆繫獄。錢鳳覽上疏力争，略曰：『前太子，危地也，何所覬覦而假之？』正陽門商民各具疏請釋太子。又有宛平縣民人楊時茂上疏，請將茂身肉剁爲泥，骨磨爲粉，以贖太子。順天府内民人楊博等疏言叩留故明太子，以續舊王嗣祀。」按：此事不知究竟，亦罕見記載。顧亭林先生但知有王之明一事，不知北都又有此故太子也。附記於此。

徐履

國朝葉名灃《橋西襍記》云：「宋紹興十八年《同年録》五甲第一百四十二人徐履，本貫温州瑞安縣。時秦檜欲妻以女，因陽狂，廷對不答一字，乃附五甲末。時人爲之語曰：『殿榜若還顛倒挂，徐履依然作狀元。』事載附録，世罕知之。」

按：朱文公即是榜五甲第九十人。是録之存世，謂以文公故，不知榜末尚赫然有徐履在。

詹鸞

《宣和書譜》云：「詹鸞，不知何許人，作楷字，小者至蠅頭許，位置寬綽。書《唐韻》極有功，近類神仙吴彩鸞，故名焉。」按：此人慕女仙而以自名，亦奇。然今人竟莫知有詹鸞也。

李溥光

國朝葉名澧《橋西襍記》云：「雪庵書韓文公《山石》詩，末署『至元丙戌秋八月上弦雪庵』。考雪庵李姓，名溥光，早年爲僧，後蓄髮授官，著《雪庵字要》一卷。錢遵王著録於《讀書敏求記》，謂『能捽襟勒式，傳陳弘道之教，取永字八法變化爲二十四法』，又云《字要序》『作於至大元年菊月望日，自署圓悟慈慧禪師、資善大夫、昭文館大學士李溥光雪庵』。張秋塘校云：『雪庵字元暉，大同人。少爲頭陀，號雪庵和尚。大德中詔蓄髮，授昭文館大學士。』」按：此人出處甚奇。

吴中陸叟

明李日華《紫桃軒又綴》云：「元末吴有陸叟，富甲江左，沈萬三出其門，爲運籌典計。一日，叟歎曰：『老矣，横積必釀禍。』悉推以與萬三，卜築陳湖之上，爲黄冠以老。」按：此言沈萬三致富之由，與他書異。果爾，則陸叟真豪傑之士矣。

彭瑩玉

明權衡《庚申外史》云：「至元四年，袁州妖僧彭瑩玉、徒弟周子旺以寅年寅月寅日寅時反，背心皆書佛字，以爲刀兵不能傷。初瑩玉本南泉山慈化寺東村莊民家子。寺僧有姓彭者，年踰六十，善觀氣色。一夕夜雪，見寺東約二十里紅燄半天，翌日召其莊老詢之曰：『村中得無失火乎？抑有他異事乎？』老曰：『村中無事，惟舍下媳婦生一兒子。』僧喜曰：『盍與我爲徒弟乎？』老者遂捨爲僧。十歲始送入寺，與羣徒嬉，預言禍福皆驗。年十五，南泉山下忽産一泉甚洌。時民皆患疾疫，瑩玉以泉水施之皆愈，袁民翕然事之。及事敗，逃淮西，淮民争庇之，嚴捕卒不能獲。」按：彭瑩玉以妖僧創亂，而竟佚誅，幾與明妖婦唐賽兒等。然《元史・順帝紀》至元四年六月辛巳，「袁州民周子旺反，僭稱周王，僞改年號。尋擒獲，伏誅」，無「彭瑩玉」之名，且亦非寅月寅日。録此以廣異聞。

《外史》於至正十一年紅軍初起，書「起蘄黄者宗彭瑩玉和尚，推徐真逸名壽輝爲首」，則彭和尚固徐壽輝之嚆矢也。

方正學幼子

國朝朱彝尊《静志居詩話》云：「魏澤字彦恩，溧水人，刑部尚書，靖難後謫寧海典史。愚山云：彦恩録方博士家時，藏其幼子，以故方氏不絶，謝方石詩所謂『孫枝一葉是君恩』是也。」

明代兩異人

國朝朱彝尊《静志居詩話》云：「唐〔一〕汝詢字仲言，華亭人；李埈字公起，鄞人。仲言無目，公起口啞耳聾，兩君乃能勤於箋述，不廢吟咏，是難能也。侯官曹能始作《二異人傳》。一以耳治，一以目治，咸不惑於公安、景陵之說，世之號爲詩家者反不如瘖聾之指麾矣。」按：景陵謂鍾伯敬也。《明史》作「竟陵人」，而竹垞先生此書率稱爲「景陵」，當核。

明詩人陳芹系出交南

國朝朱彝尊《静志居詩話》云：「陳芹字子野，系出交南國王，永樂中避黎氏之亂來奔，遂家南京。中嘉靖甲午科舉人，六試禮部不第，謁選知奉新縣，調簡得寧鄉。謝病歸，結青溪社，

〔一〕唐，原訛「康」，據《靜志居詩話》卷十八改。

有《陳了野集》。朱秉溪《停雲小志》云：青溪自後湖分流，與秦淮合，當桃葉、淮、清之閒，有邀笛步者，晉王徽之邀桓伊吹笛處也。陳明府芹即其地爲閣焉，俯瞰溪流，頗有幽致。歲辛未，費參軍懋謙約余爲詩會其上。」按：陳子野以異域之人入居中土，居然列科名之籍，膺民社之司，卜居勝地，號召名流，出谷遷喬，洵稱佳士矣。

陸光宙爲陶淵明後身

國朝朱彝尊《静志居詩話》云：「陸光宙字與嘗，平湖人，與宗旭初、晹璩之、璞君瑕輩十八人結文酒之社。晚夢一道士持陶靖節小像索題，諦視之，即己也。題云：『在晉爲淵明，躬耕辭五斗。昔以節自持，今惟義自守。千載復歸來，春風吹五柳。曾識白蓮人，遠公是吾友。』蓋十八人中有白蓮道人如本也。翌日復作偈言，投筆而逝。」按：此事甚奇，豈陸公果靖節後身邪？

陳第

國朝朱彝尊《静志居詩話》云：「陳第字季立，號一齋，連江人。初爲學官弟子，俞都督大猷召至幕下，教以兵法。起家京營，出守古北，歷遊擊將軍。有《寄心集》《五岳兩粤游草》。」又云：「一齋儲書最富，余嘗游閩中，林秀才持其後人所輯《世善堂書目》求售，見唐五代遺書，琳琅滿目。秀才許至連江代購，逾年得報，書則已散佚，徒有惋惜而已。」又附録愚山云：「季立不得志，繼戚、俞之後，登壇爲名將，拂袖歸里。聞焦狀元弱侯老而好學，裹糧白門，離經析疑，卒爲名儒，論兵論文皆有根據。」按：古音之學至國朝而大明，非唐、宋諸儒所能見及也。然溯其先河，實自陳季立始。余初猶未悉其人，讀此乃知其負文武之才，以名將而爲名儒，亦有明一代之偉人也。

葛誠

國朝褚人穫《堅瓠集》云：「萬曆辛丑，内監孫隆以織造至蘇。刁民藉以作奸，六門設税吏，擔負出入，必税錢數文，閭閻擾動。吴人葛誠義憤所激，以蕉扇招市人殺其參隨，隆走杭得免。誠詣官待罪，當道以亂民不宜名誠，改爲賢。疏聞，後以赦得出。又十餘年，以疾終。吴人義之，呼爲葛將軍。未死時，江淮閒客舟祭賽之，輒有驗。死葬虎丘五人墓側，文文肅公題其碑曰『有吴葛賢之墓』。康熙癸丑春，予過虎丘，於其猶子處得瞻將軍遺像，稍帽戎裝，猶凜凜有生氣，上有吴因之、文文肅諸先輩題讚。」按：葛墓今尚存，余從前作《葛將軍歌》，即據此。

國朝朱彝尊《静志居詩話》云：「太監孫隆以督織造駐蘇州，朝廷方起税額。惡少年行賄充委官，乘輿張蓋，勒索商税，民不堪命。崑山人葛成率衆二千人，分作六隊，一人摇蕉扇前行，後執梃隨之。知長洲縣事鄧雲霄見民情洶湧，擒委官頭目，械於玄妙觀，众立殴死，裂其尸。知府朱燮元勸諭，始得解散。此萬曆二十九年事也。葛成慷慨就獄，後得宥罪。」

國朝章有謨《景船齋襍記》云：「萬曆辛丑歲，催税事起，自商販工作以及菜傭細瑣畢税。市人洶洶，遂期于六月初三日詛玄妙觀。爲首六十人，名曰團行，不呼而自集者萬餘人。以某巨魁爲討，環其廬而詢之。會已亡去，乃縱火，不取一錢。有私其入者，共擊殺之，惟罪人是討。蘇守與長、吴二令欲問主者爲誰，不可得。蟻聚五日，榜示萬端，無一解散。越八日，忽有一壯夫袒肩摇蕉扇，排衆出，揖太守曰：『予爲葛成，實倡是舉，請戮成以申國法，餘人乞置勿問。』太守義之，于是諭衆散其黨。成獨請囚，太守爲之流涕，遂亦罷税。成既自誣服，兵使者杖之瀕死，遂以聞諸撫臺，以成名上聞。然事起月之初絃，成尚家居崑山，七日聞變，方入郡觀奇事，不覺爲義氣所激，實非戎首也。時天氣晦冥，盛暑竟如秋時，霪雨怒風不止。當事者始擬重辟，後乃末減。一時傾動，至有貌其像而祀之者。祈禳咸應，人目之爲葛將軍。眉公重其人，與之交。成亦嚴事眉公，嘗執爨竈下。眉公曰：『是人氣韵開朗，似有道者。』因又稱葛道人。」

按：此兩説與《堅瓠集》有異。如《静志居》説，則部署井然，頗有兵法，可稱葛將軍；如《景船齋》説，則見義敢爲，從容就死，不愧葛道人矣。疑《景船》所説尤得其真。余前詩止據《堅瓠》，未是也。惟此二書皆以爲崑山人，而褚稼軒親至虎丘，見其猶子，則似家於山塘，非崑山人也。此則未詳孰是。

又按：其易名也亦有可疑。亂民不當名誠，豈當名賢乎？余疑其初名成，當道以亂民不當名成，改其名曰咸，從其形也。及後遇赦得出，吴人義之，又改其名曰賢，從其聲也。此雖臆説，頗似近是。

明順義王俺答初非其名

國朝禮親王昭槤《嘯亭續録》云：「定制，皇子入學，選八旗武員授騎射，名曰諳達。體制稍殺於師傅，葢古保氏之職。明順義王俺答即小王子之保氏，故衆相沿稱之，初非其名。明人不知，亦弇陋之一端也。」

張差之黨有婁光義

國朝黄宗羲《汰存録》云：「江右王猷定語余：當時張差尚同一人闖入，名婁光義，前門兑錢爲業者也，以多力得脱，亡命江湖。」

黄陶庵子

國朝程國楝《嘉定縣志》云：「黄陶庵死節時，遺孤埅甫四歲。及長，將應院試，學使胡在恪閲履歴册，曰：『是誠陶庵子邪？』廩保曰：『然。』已而竟不到。遣役往其寓呼之，則埅忽魘卧牀，口鼻血濡縷矣。役還報，乃歎息扃門。埅自此絶意進取。」

常太爺

國朝劉獻廷《廣陽褉記》云：「常開平之後，世襲定遠侯。明季常某上疏特參馬士英，免爲庶人。國朝兵至，以此得免於北，即於南門外常家莊庵中薙髮爲僧，人猶呼爲常太爺云。開平可謂有孫矣。」按：中山王孫志氣弗昂，爲梅村所歎。此常太爺乃不爲梅村表揚，名氏翳如，可惜也。

柳敬亭晚爲蔡襄敏客

國朝王澐《漫遊紀略》云：「蔡襄敏公再起視漕，趨予行。壬寅季春，自淮浦登舟。公之客共載者，有瀨上宋生知醫，白下柳生、王生善諧談，包山秦生曉音律。舟中休暇，命柳生談隋唐閒稗官家言，其言絕俚。柳生侈於口，危坐掀髯，音節頓挫，或咤叱作戰鬬聲，或喁喁效兒女歌泣態。公嘗竦聽之，僮僕以下咸助其悲喜，坐客莫不鼓掌稱善，率至夜分乃罷。」按：此「柳生」

即敬亭也。余澹心《版橋襍記》稱柳敬亭「寧南敗，又遊松江馬提督軍中，鬱鬱不得志，年已八十餘矣」，吴梅村作《楚兩生行》，亦止言「柳生近客於雲間帥」。「雲間帥」即馬提督逢知也，皆不言其爲蔡襄敏客。而王勝時與之同在舟中，則柳晚爲蔡客信矣。其年葢康熙元年也。

國朝徐釚《詞苑叢談》云：「淮陽柳敬亭爲左寧南幸舍重客。寧南歿於九江舟中，柳生先期東下，憔悴失路，垂老客於長安。龍松先生贈《賀新郎》詞云『鶴髮開元叟，也來看荆高市上，賣漿屠狗』云云。」據此，則敬亭垂暮又客京師，未知其南歸否。

羅隨園

國朝韓泰華《無事爲福齋隨筆》云：「袁子才隨園，夫人而知之。關中羅賢亦有隨園。其自記云：『余闢地誅茅，偶有怪石，便疊爲山；偶臨水，便濬爲池；偶折柳，植而環之。有草不除，落花不掃。讀《易》其中，喟然歎曰：隨之時義大矣哉！隨地而安之，亦隨地而樂之。孔子曰：「樂在其中。」遂自號曰隨園云。』」按：此「隨園」未知與袁誰先後也。

缺不全

國朝龔煒《巢林筆談》云：「漕憲施公，貌奇醜，人號爲『缺不全』。初仕縣尹，謁上官。上官或掩口而笑，公正色曰：『公以某貌醜邪？人面獸心，可惡耳；若某則獸面人心，何害焉？』」按：李笠翁《十種曲》有所謂「闕不全」者，不謂真有此也。惜施公不載其名，未知何人。

朱竹垞先生古人名對

國朝朱彝尊《静志居詩話》云：「鹿柴先生王廷宰字昆翁，號鹿柴。過余外舅馮翁小飲，余陪末坐。先生舉古人名俾屬對，偶記憶顧野王對沈田子、鄭虎臣對沈麟士、蔡興宗對崔慰祖、蕭子雲對任伯雨、魏知古對顔相時、吉中孚對温大有、楊完者對晁補之、杜審言對蕭思話、貢師泰對齊履謙、任蠻奴對張惡子、金安上對鄭居中、劉辰翁對逢丑父、韓擇木對李栖筠、蔡有鄰對徐無黨、王巖叟對阮佃夫、李思齊對石作蜀、柳三變對張九成、鄭櫻桃對郭芍藥、王僧綽對馬仙琕、劉方平對徐圓朗、劉仁本對范道根。先生曰：『將來必以詩名，取材博矣。』」

茶香室三鈔卷五

尊府

國朝王應奎《柳南隨筆》云：「稱人父曰尊甫，亦可作府，亦可作父。昌黎《送湖南李正字序》云：『李生之尊府以侍御史管汴之鹽鐵。』朱子《考異》云『府或作父』。」

巴巴、媽媽

明王文禄《龍興慈記》云：「季巴巴、土媽媽，聖祖微時有恩鄰人也。登極後，召至，命工部造房與居，官其子。」按：「巴巴」俗呼父也，字亦作「爸」。此二人殆翁媼歟？

明文林《瑯琊漫鈔》云：「趙氏乾娘，高皇義父之妻也，世襲指揮。」按：此知明高皇有義父、乾娘。「季巴巴」「王媽媽」，殆亦此類歟？

八八

明方以智《通雅》云：「八八，巴巴也。稱老成者曰八八或巴巴。今回回教以老成者呼八八，其聲近把。《仙傳》：陶八八，肅宗時道士，以丹授顏真卿者。」按：《玉篇·父部》：「爸，蒲可切，父也。」「巴」即「爸」字之省。顧況《哀囝篇》謂父爲「郎罷」，「罷」亦「爸」之轉音，與「八」同也。

先孃子

宋王明清《揮麈三録》載張夫人哭魏夫人詩，自注：「先孃子云。」

婦呼姑爲娘娘

明黄煜《碧血録·魏廓園先生自譜》云：「孺人篝鐙先孺人柩前，獨紡常至丙夜。庶蔣叔母陸及諸妹或從暗中相警，紡如故。明日以爲言，曰：『我時思見我娘娘，何懼？』」按：「孺人」者廓園先生之妻錢氏，「太孺人」則其母薛氏也。是明代婦人有稱其姑曰「娘娘」者。

宋人猶不以北堂、萱堂稱母

宋姚寬《西溪叢語》云：「《毛詩·伯兮篇》『焉得諼草，言樹之背』，註云：『諼草令人亡憂。背，北堂也。』今人多用『北堂』『萱堂』於鰥居之人。然伯之暫出，未嘗死也。但其花未嘗雙開，故有北堂之義。」按：此則今人以「萱堂」「北堂」稱母，宋人猶不然也。且以其花不雙開，故以稱鰥居之人，則非令名矣。

父母呵氣使兒噍

宋黄休復《茅亭客話》云：「僞蜀眉州民姓家氏名居泰，中年惟一男，忽患羸瘠。父母日夜焚香，望峩眉山告孫真人，禱乞救護。一夕，夫婦同夢白衣老翁云：『汝男是當生時受父母氣數較少。吾今教汝，每旦父母各呵氣，令汝男開口而噍之。如此三日，汝男當愈。』夫婦依夢中所教，積年諸苦頓愈。」按：此法有理。每見有少年尫羸者，醫家云先天不足，此或可以治之乎？

接腳夫

宋程太昌《演繁露續篇》云：「元豐六年，提舉河北保甲司言：乞義子孫、舍居壻、隨母子孫、接腳夫等見爲保甲者，候分居日，比有分親屬給半。詔著爲令。」按：「接腳夫」之名極可笑，當時亦見之令甲邪？

按：「舍居壻」亦謂之「入舍女壻」。《夷堅志》云：「饒州市隗千三名伯者，淳熙初年，蟦州門裏王小三家作入舍女壻。」〔一〕

女人三護

唐沙門慧苑《華嚴經音義》卷四云：「女人志弱，故藉三護：幼小父母護，适人夫壻護，老邁兒子護。」按：儒書所謂「三從」，佛書謂之「三護」。

倩

宋陸游《老學庵筆記》云：「昭德諸晁謂壻爲借倩之倩，近世方訛爲倩盼之倩。予幼小不能扣所出，至今悔之。」

〔一〕《夷堅三志》壬卷第六《隗伯山》「千」作「十」、「伯」作「伯山」、「蟦」作「蟦」。

按：《廣韻》三十二《霰》倉甸切有「倩」字，注云：「倩利，又巧笑貌。」四十五《勁》：「倩，假倩也，七政切。」是「倩盼」之「倩」倉甸切，「假倩」之「倩」七政切。《方言》三云「東齊之閒聓謂之倩」，郭注云「言可借倩也」，則應讀七政切明矣。放翁未讀郭注耳。《集韻》三十二《霰》倉甸切「倩」字注云：「東齊壻謂之倩。」此即所謂「近世訛爲倩盼之倩」者也。乃至今循之呼壻爲倩，輒讀如千去聲矣。

寡夫曰煢

《小爾雅廣義》云：「凡無妻無夫通謂之寡，寡夫曰煢，寡婦曰嫠。」按：寡夫之稱「煢」，於經典未見，後世亦無此稱。

妻生日詩

國朝吴仰賢《小匏庵詩話》云：「生日祝嘏，起於後代。唐人詩集中無題不備，獨無祝嘏詞。惟李郢有《爲妻作生日寄意》一律，中云『鴛鴦交頸期千歲，琴瑟諧和願百年』，殊覺邨俗。」

明代給假歸娶者

國朝鄭方坤《名家詩鈔小傳》云：「吴偉業年二十，崇禎辛未科會試第一，廷試一甲二名。時猶未娶，特撤金蓮寶炬、花幣冠帶，賜歸里第完姻，於明倫堂上行合巹禮。蓋自洪武開科花狀元綸後，此爲再見，士論榮之。」按：梅村雖入本朝，然及第後賜婚則在明代也。

國朝朱彝尊《静志居詩話》云：「陳泰來字上交，平湖人，萬曆丁丑進士。年十八舉於鄉，十九釋褐歸娶，賜内府金花燈籠。」此亦登第後歸娶者。鄭氏或專以鼎甲言邪？知平湖事劉抑亭贈以對聯云：「秋進士聯春進士，大登科後小登科。」尤爲佳話。稱「秋進士」者，明代鄉試中式，本有鄉貢進士之稱也。

《静志居詩話》又云：「張宣字藻仲，初名瑄，江陰人。洪武初與修《元史》，擢翰林院編修，年未三十，孝陵以小秀才呼之。既奉詔歸娶邵亨貞女，宋學士送之以詩，所傳『紅錦裁雲春奠鴈，紫簫吹月夜乘鸞』是也。」按：此亦玉堂歸娶故事，但非科甲。

《明史·霍韜傳》：「霍韜字渭先，舉正德九年會試第一，謁歸成婚。」此亦登第後成婚者。

綺疏遺恨

明唐寅《六如居士集》有《綺疏遺恨》十首，皆詠物之作。其第一題爲《砧杵》詩，云：「忍拋砧杵謝芳菲，敲斷丁冬夢不歸。聞説夜臺侵骨冷，可憐無路寄寒衣。」諸詩皆類此，似是悼亡之詩。余從前悼内子姚夫人，有《詠物》詩二十一首，亦可爲《綺疏遺恨》矣。按：祝枝山京兆所撰《唐六如墓志銘》云「配徐繼沈」，然則六如凡兩娶，此所悼者徐歟？沈歟？據横雲山人《明史稾》云：「下詔獄，謫爲吏。恥不就，歸家益放浪。後緣小故，去其妻。」而六如與文衡山書云：「僕少年欲以功名命世，不幸多故，父母妻子躡踵而没。」然則徐氏死甚早，所悼者必是人也。又云：「兹所經由，慘毒萬狀，眉目改觀，愧色滿面。僮奴據案，夫妻反目。」則以小故而去者必後妻沈氏矣。今盲詞弾唱伯虎妻甚多，正所謂「身後是非誰管得，滿城聽唱蔡中郎」也。

永嘉王氏子孫之多

國朝朱彝尊《静志居詩話》云：「王氏爲永嘉族望，其先世毓生七子，七子生二十八子，二十八子生九十四子，九十四子生二百六子，二百六子生三百五十子，三百五十子生四百九十子。」

子孫自撰碑誌

宋錢易《南部新書》云：「吕衡州温，祖延、父渭俱有盛名重任。而吕氏家風，先世碑誌，不假於人，皆子孫自撰，云欲傳慶善於信詞，儆文學之荒墜也。」

偷燈盞令人有子

宋陳元靚《歲時廣記》云：「《瑣碎録》：『亳社里巷小人上元夜偷人燈盞等，云吉利。一云偷燈者生男子之兆。』《本草》云：『正月十五日燈盞令人有子。夫婦共於富家局會所盜之，勿令人知，安卧牀下，當月有娠。』」

添丁之識

宋邵博《聞見後録》云：「張芸叟言舊見《唐野史》出二事：一、甘露禍起，北司方收王涯，盧仝適在坐，并收之。仝訴曰：『山人也。』北司折之曰：『山人何用見宰相？』仝語塞。疑其與謀，自涯以下皆以髮反繫柱上，釘其手足。方行刑，仝無髮，北司令添一釘于腦後，後人以爲添丁之識云。」按：此則「添丁」亦非美談矣。

兄弟分畫

宋鄧椿《畫繼》云：「承平時，有一不肖子質畫一匣於人家，凡十餘圖。每圖止各有一半，或横或豎，當中分翦，徐熙芙蓉桃花、崔白翎毛無一全者。蓋其家兄弟不義之甚，凡物皆如是分之，以爲不如是則不平也。誠可傷歎。」

小鴈

國朝陳錫路《黄孋餘話》云：「李賀《送小季之廬山》云：『小鴈過鑪峯，影落楚水下。』吴正子注云：『小鴈恐爲長吉之弟，大曰鴻，小曰鴈，喻小季也。』稱季弟爲小鴈，精絶。」

羔舅

宋陳元靚《歲時廣記》云：「《麗情集》：明皇時，樂供奉楊羔以貴妃同姓，寵倖殊常，或謂之羔舅。」按：自來詠楊妃者未知此事。

鴛鴦筵席

明權衡《庚申外史》云：「太師太平王燕帖木耳自帝即位，不復留心政事，溺於酒色。宴趙中丞家，男女共席，名爲鴛鴦筵席。」

五同會

國朝朱彝尊《静志居詩話》云：「吴洪字禹疇，吴江人，累官南京刑部尚書。弘治中官太僕卿，與禮部尚書長洲吴原博、禮部侍郎常熟李世賢、都御史長洲陳玉汝、吏部侍郎吴縣王濟之詩酒倡和，立五同會。五同者，同時也、同鄉也、同朝也，而又同志也、同道也，因以爲名。亦曰同會者五人爾。因屬越人丁綵繪作圖，五家各藏其一。」按：「五同」之名雖佳，而同志、同道頗嫌其複。國朝褚人穫《堅瓠集》云：「王景明之南京，張東海贈之詩，有云：『一語煩君三致意，同鄉同志及同年。』冬官王偉以爲未盡交游者，乃益之曰：『同官同事同游者，問及都將此意傳。』因著《六同詩話》。」此亦明代故事也。

門狀

宋陸游《老學庵筆記》云：「士大夫交謁，祖宗時用門狀，後結牒『右件如前謹牒』，若今公文，後以爲煩而去之。元豐後又盛行手刺，前不具銜，上云『某謹上謁某官某月日』，結銜姓名，刺或云狀。亦或不結銜，止書郡名，然皆手書。蘇、黄、鼂、張諸公皆然。今猶有藏之者。後又止行門狀。或不能一一作門狀，則但留語閽人云『某官來見』。而苦於閽人匿而不告，紹興初乃用榜子，直書銜及姓名，至今不廢。」按：此可見宋時士大夫往來投謁之式。

《老學庵筆記》又云：「明州護聖長老法揚藏其祖鄭舍人向所得仁廟東宫日回賀歲旦書，稱『皇太子某狀』，用太子左春坊之印。舍人是時猶爲館職也。」按：此知宋時雖皇太子亦與士大夫同用門狀。

大狀、小狀

宋周密《癸辛襍識》云：「昔日投門狀，有大狀、小狀。大狀則全紙，小狀則半紙。今時之刺大不盈掌，足見禮之薄矣。」按：今人投謁有全帖，有片紙，殆即宋時「大狀」「小狀」之遺。

雙書

宋陸游《老學庵筆記》云：「宣和間，有以駢儷牋啟與手書俱行者，主於牋啟，故謂手書爲小簡，然猶各爲一緘。已而或厄於書吏不能俱達，於是駢緘之，謂之雙書。紹興初，趙相元鎮貴重，人恐其不暇盡觀雙書，乃以爵里或更作一單紙，直叙所請，而并上之，謂之品字封。後復止用雙書，而小簡多至十餘幅，不勝其煩，變爲劄子。俄而劄子自二幅增至十幅，其煩彌甚，而謝賀之類爲雙書自若。紹興末，魏公爲參政，始命不受雙書，後來循爲例。然牋啟不廢，但用一二矮紙，密行細書，與劄子同封之，然外郡猶用雙書也。」

按：此可見宋時書牘之式。今時以駢儷牋啟與手書俱行，殆即古雙書之遺意乎？又凡有所干請，或以紅紙書銜名而直叙所請事，則亦可謂品字封矣。

侍生、晚生之稱

國朝龔煒《巢林筆談》云：「今人投刺，有侍生、晚生等稱，不知始于何時，及閱《方奉常集》

『幼時見簡帖，祇書某人拜，後則係以侍生、晚生、晚學生矣』，乃知弘治以前猶無此稱。」

不受門生刺

國朝龔煒《巢林筆談》云：「汪國楠出楊給事東明之門，東明却其所投門生刺，而令稱晚學，謂爲主求賢，不敢借爲私交。楊公可謂識體。」

《日知録》引《五雜俎》云：「國朝惟霍文敏韜不拜主司，亦不受人作門生。」按：《明史·霍韜傳》：「舉進士，出毛澄門下，素執弟子禮，議禮不合，遂不復稱爲座主。及總裁己丑會試，亦遂不以唐順之等爲門生。」然則文敏固有爲爲之也。

長一歲稱門生

宋邵伯温《聞見前録》云：「太學博士姜愚字子發，京師人，長康節先公一歲，從康節學，稱門生。」按：文中子十五爲人師，陳留王孝逸白首北面。此事究未知真否。《後漢書》朱穆年五十，奉書趙康〔一〕，稱弟子。朱則老矣，未知趙年幾何也。如姜子發於邵康節，亦可爲難矣。余從前館於休寧汪氏，從游甚衆，甚或有年長於余者。故余詩有云：「拜手稽首稱弟子，問其年齒吾所兄。」附記於此。

明唐寅《六如居士集·與文徵仲書》云：「昔項槖七歲而爲孔子師，顔路長孔子十歲。寅長徵仲十閱月，愿例孔子，以徵仲爲師。」

門客牙

宋陸游《老學庵筆記》云：「嘉興人聞人茂德名滋，老儒也。喜留客食，然不過蔬豆而已，郡人求館者多就謀之。又多蓄書，喜借人。自言作門客牙，充書籍行，開豆腐羹店。予少時與同在勑局爲删定官，談經義，發明極多，尤邃於小學。」

〔一〕「康」下，原衍「叔」，據《後漢書·朱穆傳》删。

媒互人

國朝韓泰華《無事爲福齋隨筆》云：「《元史·呂思誠傳》：『張復叔母孀居，且瞽，丐食以活。思誠憐其貧，令爲媒互人以養之。』『媒互人』疑官媒也。」

我儂、你儂

金元好問《遺山詩集》有句云：「造物若留殘喘在，我儂試舞你儂看。」遺山北人，亦作吳語。

三不敢薦

國朝章有謨《景船齋襍記》云：「徐文貞嘗言：『我生平自誓三不敢薦：薦醫係人之死生，薦師係子弟之終身，薦婚姻係人子女之休戚。』旨哉斯言！」按：文貞即明大學士徐階。

笑領

國朝劉獻廷《廣陽襍記》云：「受人物，謙曰『拜領』。然不獨我受，望人受亦言『領』。趙松雪與人柬云：『輒有素綢一匹，以表微意，伏冀笑領。』又云：『拜手持納，祈笑領之。』」

使人傳拜

宋沈括《夢溪筆談》云：「唐風俗，人在遠或閨門閒，則使人傳拜以爲敬。本朝兩浙仍有此俗：客至，欲致敬於閨闥，則立使人而拜之，使人入見所禮，乃再拜致命；若有中外則答拜，使人出，復拜客，客與之爲禮如賓主。」按：此雖見古人誠敬之意，然僕僕亟拜，亦無謂也。今則但使人傳語，而不傳拜。

受故人子拜

宋施德操《北窗炙輠録》云：「吕源明言：歐公有故人子來拜者，但平受，初不辭讓。至荆公、温公始答拜。至其人通寒温，叙父兄交契畢，再拜，始不答拜，如此則受半禮矣。吾鄉關子開、子東兄弟見米元章，拜之。元章曰：『忝蒙先長官不棄，不敢答拜。』遂平受八拜。前輩受拜之不同如此。然以愚意觀之，荆公、温公最得中制。」

白首、平頭

梁陶弘景《真誥・翼真檢篇》：「許丞欲移歸錢唐，乃封其先真經一厨子，付馬朗净室之中。馬朗恒使有心奴子二人常侍值香火，洒掃拂拭。」注云：「一名白首，一名平頭。」按：太白詩「平頭奴子摇大扇」本此。

黄精、枸杞

《宣和書譜》云：「道士陳景元字太虛，號真靖，自稱碧虛子。所役二奴，一曰黄精，一曰枸杞，馴而不狡，真有道者之役也。」

李英

國朝朱彝尊《静志居詩話》云：「李英字少芝，以青衣給事南海歐大任，有《秋思》一律。俞汝成云：『計有功《唐詩紀事》二百餘年詩人千一百五十家，而卷末有僕二人，一爲咸陽郭氏捧劍之童，一爲池陽刺史戟門門子朱元。余輯《盛明百家詩》，僅得李英一人，可以爲難矣。』」

又云：「錫山俞汝成輯《盛明百家詩》，録青衣一人，南海李英也。錢氏《列朝詩集》益以二人，扶溝李佸、内鄉馬來如。余録《詩綜》，又益一人，閩林汝元也。汝元，閩王粹夫家青衣。」

又云：「閩閩中青衣善詩者尚有陳香初、陳竹逸、鄭蘭子三人，未詳其名。」

又云：「《徐文長逸稿》有詩云：『南海大夫歐，泉州處士尤。泥中雙緑鬟，詩伴兩蒼頭。』自注：『尤山人侍者范鹿，能詩，不減歐楨伯之僕。』惜其稾不得見也。」

又云：「吴忠，華亭姚元龍宅青衣，嘗作《桃花》詩。陳徵君繼儒賞之，勸其辭主人，送至小崑山，爲焚香道者。」

胡梅

國朝朱彝尊《静志居詩話》云：「胡梅字白叔，吴人，給事徐通政申宅。晚瞽，以醫自給，號清罄道人。白叔幼而慧，以狐旦登場，四坐叫絶。虞山之納柳姬如是也，白叔賦催妝詩，虞山擊節，於是詩名藉甚。晚輯《列朝詩集》，目之曰山人。」

商山子

國朝葉廷琯《鷗陂漁話》云：「我郡婁門内拙政園，百二十年前爲郡人蔣誦先所得，名曰復園，有《復園嘉會圖》。卷中有青庵顧虬《壬子秋題》五律四首，有句云『詩傳顯士奴』，自注：『圖中賓主僕從凡二十七〔一〕人，今惟商山子在。』憶郭頻伽《靈芬館集》中有《題商山子像》七律，注云『蔣氏老僕，能詩，曾識詞科前輩』，即此人也。」按：余詩第九卷有贈長沙歐陽泰詩。泰乃馮氏之青衣也，能詩文，著有《泥中吟》。此亦一商山子乎？

權貴家奴

國朝禮親王《嘯亭續録》云：「明太傅擅權時，其巨僕名安圖，最豪横。士大夫與之交接，有楚濱、萼山之風，其子孫居津門，世爲鹾商，家巨富。」又云：「和相家奴劉全，甚爲倚任，士大夫不肖者争與之結婚姻，有萼山、楚濱之風。」又云：「年大將軍羹堯家奴魏之耀，賞四品頂戴。」

〔一〕七，《鷗陂漁話》作「九」。

茶香室三鈔卷六

生十四月識字

金《元遺山詩集》有《贈利州侯神童》詩，自注云：「生十四月識字，余見時生二十一月，識字無算。」又云：「兒字金鼎。」

又按：元遺山《中州集·麻徵君九疇傳》云：「三歲識字，七歲能草書，作大字有及數尺者，所至有神童之目。明昌以來，以神童稱者五人。太原常添壽四歲作詩云：『我有一卷經，不用筆寫成。展開無一字，晝夜放光明。』合河劉滋文榮六歲有詩云：『鶯花新物態，日月老天公。』劉徽伯祥七歲被旨賦《鳳凰來儀》。新恩張漢臣世傑五六歲亦召入，賦《元妃素羅扇畫》詩，其後常隱居不出。餘三人皆無可稱道，獨知幾名重天下。」

明李日華《六硯齋筆記》云：「金章宗時，太原常添壽四歲能詩，亦人妖也。」

生四十月能書

金《元遺山詩集》有一題云：《常山姝生四十月能搦管作字，筆意開廓，有成人之量，喜爲賦詩，使洛誦之》。國朝施國祁注云：「《廣韵》姝音帙，與姪同。少陵有《戲簡韋大少府諸姝》詩，退之《人日城南登高》詩『子姝亦可從』。常山，白寓齋第三子。」

按：《玉篇·女部》：「姪，徒結切。《爾雅》曰：『女子謂昆弟之子爲姪。』又音帙。嬻同上。姝，弋質切，淫姝也。亦音帙，與姪同。」然則「姝」即「泆」字。《左傳》「驕奢淫泆」字正作「泆」，「姝」乃「泆」之俗字。至與姪同，又其别義，杜、韓均用之，何也？嬻字雖亦後出，然《玉篇》云「同上」，則六朝時固謂姪、嬻同字。後人用「姝」而轉不用「嬻」，又何也？

七十一生子

宋程大昌《演繁露續集》云：「貢禹爲光禄大夫，乞骸骨曰：『臣犬馬之齒八十一，凡有一子，年十二。』以年計之，是年七十有一而生此子也。」

崑山周壽誼

國朝章有謨《景船齋褋記》云：「崑山周壽誼年一百十三歲，生於宋景定年間，而鄉飲於洪武六年，卒於鄉飲後五年，子孫皆有百歲。唐郴州周全真年一百六十九歲，世稱『無量壽佛』，壽誼亦庶幾近之。」按：此人卒於洪武十一年戊午，一百十三歲，則當生於度宗咸淳二年丙寅，非景定也。

烏墩九老

國朝朱彝尊《静志居詩話》云：「漏瑜字叔瑜，一字大美，會稽人。潛迹江湖，締交耆舊。宣德中在烏墩爲九老之會，趙巇伯高年九十一，吴焕汝文年九十，趙岐伯通年八十九，孫孟吉兆禎、唐其諒年八十五，水宗達朝宗年八十二，叔瑜與壺敏中行、錢郁耀宇年皆八十餘，傳爲佳話。烏墩一曰烏戍，亦曰烏鎮，又曰烏陀。巘、焕、孟吉、敏皆烏墩人，岐青鎮人，青鎮即青墩也。」按：余於《叢鈔》卷二記南翔八老之會，烏墩九老更在其前矣。烏鎮、青鎮今并而爲一，烏墩、青墩之名不復在人口，更無論烏陀也。又按：九老中漏姓、壺姓、水姓今皆希見，未知烏鎮尚有此姓否。

千齡社

國朝朱彝尊《静志居詩話》云：「丘上儀字維正，武進人。龍山祝眉老集隱君子十四人，計其齒盈千齡，目曰千齡社。維正與焉，席上詩成，以維正爲擅場。」

長頭仙

明李日華《六硯齋二筆》云：「唐胡惠超處眾人中則長眾人一頭，雖極長者亦止及其肩，人謂之『長頭仙』。亦猶佛法中釋迦如來，一切天人無有得見其頂者。」

元命

范石湖詩集有一題云《丙午新年，八十一歲，俗謂之元命，作詩自貺》。按：六十一歲爲「元命」，今無此説矣。

孟業重千觔

國朝陳錫路《黄嬭餘話》云：「孟業甚肥，或以爲千觔。晉武帝欲稱之，業曰：『臣肉雖千觔，而智無一兩。』原書引《語林》。肉重千觔甚奇，一兩之語亦未經見。爲之句云：『孟業無一兩之智，陳思有八斗之才。』」按：人重千觔，恐無此理。陳玉田以陳思八斗對之，余亦戲舉一事爲對云：「孟業有千觔之肥軀，安道無八兩之元氣。」安道謂張安道也，詳見《叢鈔》卷五。

米元章自定卒年

明李日華《六硯齋三筆》云：「米元章有柬與人，論縛筆須象管，以其遲重而滑，作字有力，而運轉便也。又云：『我有三管，可用至六十九。此我止年也，可預記之，不妄也。』書係行法，皆真蹟。索史傳考之，元章六十二而卒，較所記虧七年。」

東坡寢寐三昧

宋李廌《師友談記》云：「東坡謂廌曰：『某平生於寢寐時，自得三昧。吾初睡時，且於牀上安置四體，無一不穩。有一未穩，須再安排令穩。既穩，或有些小倦痛處，略按摩訖，便瞑目。聽息既勻，雖復有痾癢，亦不可少有蠕動，務在定心勝之。如此食頃，則四肢百骸無不和通。睡思既至，雖寐不昏。吾每日須於五更初起，櫛髮數百，靧面畫，服裳衣畢，須於一淨榻上再用此法假寐。數刻之味，其美無涯；通夕之味，殆非可比。平明，吏徒既集，一呼即興，冠帶上馬，率以爲常。』」按：東坡先生此言誠得睡鄉真訣，吾每夕亦如之；惟五更既起，復於淨榻假寐，此法當爲聽鼓應官者設，吾儕可不必也。

閒居受用

宋趙希鵠《洞天清禄集序》云：「唐張彦遠作《閒居受用》，首載齋閣應用，而傍及醯醢脯羞之屬。噫！是乃大老姥總督米鹽細務者爲之，誰謂君子受用如斯而已乎？」按：此書雖爲趙氏所笑，然亦必佳，惜未之見。

讀書醒睡法

宋施德操《北窗炙輠録》云：「二家兄早年力學，冬夜苦睡思，乃以紙翦圓曆如大錢，置水中。每睡思至，即取圓曆貼兩太陽，渙然而醒。家兄諱國光，字彦發。」

坐不靠背

宋無名氏《道山清話》云：「忠宣公范堯夫居常正坐，未嘗背靠著物。見客處有數胡牀，每暑月，其餘客所坐者背所著處皆有汗漬痕迹，惟公所坐處常乾也。子弟書室中皆坐草縛墊子或杌子，初無靠背之物。」

按：宋王明清《揮麈三録》載靠背交椅始梁仲謨，云：「紹興初，梁仲謨汝嘉尹臨安，五鼓往待漏院，從官皆在，有據胡牀而假寐者，旁觀笑之。又一人云：『近見一交椅樣甚佳，頗便於此。』仲謨請之，其説云：『用木爲荷葉，且以一柄插於靠背之後，可以仰首而寢。』仲謨云：『當試爲諸公製之。』又明日入朝，則凡在坐客各一張，易其舊者矣。今達官者皆用之，蓋始於此。」愚謂此乃於靠背之上添一木如荷葉形，所以枕首，非以靠背也。王氏謂靠背交椅始梁仲謨，殊誤。觀范忠宣事，知北宋已有靠背交椅矣。

置枕高下

明李日華《六硯齋三筆》云：「枕高肝縮，枕下肺蹇，以四寸爲平枕。」宋蘇易簡《文房四譜》云：「攝生者几忌枕高，宜枕紙二百幅，每三日去一幅，迨至告盡，則可不俟枕而寢也。若如是，則腦血不減，神光愈盛矣。」

天鐘、天磬

唐段成式《酉陽雜俎》云：「學道之人須鳴天鼓，以召衆神。左相叩爲天鐘，卒遇凶惡不祥叩之。右相扣爲天磬，若經山澤邪僻威神大咒叩之。中央上下相叩名天鼓，存思念當道鳴之。叩之數三十六，或三十二，或二十七，或二十四，或十二。」按：今人知有鳴天鼓之説，不知天鐘、天磬。

論大小便及泄氣

明李日華《六硯齋三筆》云：「語云『道在屎溺』，余察之，道真在屎溺也。東坡云：『要長生，小便清；要長活，小便潔；要延年，清小便。』麻衣和尚之師乃山中一老僧，每十日半月一解大便，其矢圓潔如彈丸，落地硌硌然如塼石，此經真火久煉，若土之經窑燒造爲塼坯耳。其人年二百餘歲，不疾而化。」

又云：「李赤肚禁人泄氣，遇腹中發動，用意堅忍，甚有十日半月不容走泄，久之則氣亦静定不妄動矣。此氣乃穀神所生，與我真氣相爲聯屬，留之則真氣得其協佐而日壯，輕泄之真氣亦將隨之而走。」按：《東山經》云：「泚水多茈魚，食之不糟。」「糟」即「屁」字。《玉篇·尸部》：「屁，泄氣也。」《米部》：「糟，失氣也。」二字聲近義同。然則如此魚者，殆亦延年之良藥邪？

負暄

國朝章有謨《景船齋襍記》云：「陳眉公居佘山，每至深冬，招王毗翁廷宰入山負暄。毗翁初不耐久坐，眉公曰：『日中有芒，如物之芒刺，其騰騰隱隱透入骨者是也。久乃覺之，不久不覺。』毗翁試之，體果快。《真誥》云：『日有九芒，月有十芒。』方士有服日月芒法，眉公得力在此。」

左手舉箸

宋僧惠洪《冷齋夜話》云：「予與李德修、游公義過一新貴人，貴人留食。予三人者皆以左手舉箸。貴人曰：『公等皆左轉也。』予應聲曰：『我輩自應須左轉，知君豈是背匙人。』一坐皆大笑。」按：左手舉箸，世以爲怪，不知此三人何以皆爾也。

賣懞懂

宋陳元靚《歲時廣記》云：「《歲時襍記》：『元日五更初，猛呼他人，他人應之，告之曰：「賣與爾懞懂！」賣口吃亦然。』」按：今人知有「賣癡獃」之語，不知宋時謂之「賣懞懂」。至「賣口吃」，則罕有知者矣。

陸放翁《乙丑元日》詩：「惟思買春困，熟睡過花時。」自注云：「俗有賣春困者，予老憊思睡，故欲買之。」然則宋時又有所謂「賣春困」者。

黄痘子

宋王明清《揮塵後録》記曾氏一門六人同榜及第云：「楚俗，元夕第三夜更闌時微行，聽人語言，以卜一歲通塞。子固兄弟被薦時，有鄉士黄姓者亦預同升。黄面有瘢，人呼爲黄痘子。諸曾赴試，朱夫人以收燈夕往閭巷聽之，聞婦人酬酢造醬法云：『都得，都得，黄痘子也得。』已而捷音至，果然。」按：此知宋時面有痘瘢者即謂「痘子」，今所謂「麻子」也。朱夫人乃子固兄弟之母。

中山王授賈力法

明劉侗《帝京景物略》云：「洪武元年，左丞相徐達師至通州，距城三十里，築臺駐軍，今州西土埠所築臺也。嘉靖中，都門一道人稱言遇中山王將臺邊授賈力法，其法用意蓄氣，周其身，處處運之。」文繁不備録。按：今所傳《易筋經》豈即出於此邪？故人勒少仲河帥曾授余一卷書，亦此類，余未能用也。「賈力」之義未詳，或即「賈余餘勇」之意乎？

婦人之脈

宋儲泳《祛疑説》云：「夫所謂脈者，世皆知王叔和之《脈〔一〕訣》矣。婦人之脈，惟以尺脈之常盛常弱與男子爲相反。而《脈訣》謂『反此背看』，竊疑其有説也。及觀褚澄《尊生經》，而前之疑者始以自信。《尊生經》曰：『男子陽順，自下生上，故極下之地右尺爲受命之根本。既受命矣，萬物從土而出，惟脾爲先，故尺上之關爲脾。脾土生金，故關上之寸爲肺。肺金生水，故右手之寸越左手之尺爲腎。腎水生木，故左手尺上之關爲肝。肝木生火，故關上之寸爲心。女子陰逆，自上生下，故極上之地左手之寸爲受命之根本。既受命矣，萬物從土而出，惟脾爲先，故左手寸下之關爲脾。脾土生金，故關下之尺爲肺。肺金生水，故左手之尺越右手之寸爲腎。腎水生木，故右手寸下之關爲肝。肝木生火，故關下之尺爲心。男子右手尺脈常弱，初生微眇之氣也；女子右手尺脈常强，心火之位也。』褚澄尚主，爲宋駙馬都尉，察脈如神，著書十

〔一〕脈，原訛「詩」，據《祛疑説・辨脈》改。

篇，曰《尊生祕經》，此其一也。」按：此所言亦鑿鑿有理，而醫家皆不用其説。然治婦女之脈亦或有效，何也？脈不足恃，此亦一證，可補入《廢醫論》矣。

男子纏足

宋王明清《揮麈餘録》云：「向宗厚履方，建炎末爲樞密計議官。履方美髯，面若滑稽之狀，裹華陽巾，纏足極灣，長於鉤距〔一〕。同舍王侚公爲語之曰：『君明皇時四人合而爲一，狀類黄幡綽，頭巾類葉法善，脚類楊貴妃，心腸似安禄山。』」按：男子亦纏足，不知何取。王君謂似楊貴妃，然則楊貴妃已纏足邪？

指氏、掌氏

唐封演《封氏聞見記》云：「開元十九年，置先師太公廟，録太公之後姜氏、吕氏、尚氏等四

〔一〕距，原缺，據《揮麈餘話》卷二補。

十八姓，其中有指氏、掌氏。」

痛氏

《急就篇》「痛無忌」顔師古注云：「痛氏，本盛國之後，姬姓也。穆王嬖寵盛姬早死，穆王哀痛不已，加禮葬之，遂改其族謂之痛氏。」

張王李趙

國朝林春溥《開卷偶得》云：「《路史·國名紀》曰：『張王李趙，《易類是謀》謂皆黄帝之所賜姓。』《姓書》則謂王出靈王，李因老子，張、趙始周之中世。而不知商有李徵，夏有趙隱，王倪在唐堯之代，而張若者黄帝之臣。又黄帝子揮亦封於張。廣西洞酋迄今惟此四姓爲雄。《易傳》之言，未爲無本，而《姓書》之不足證，類若斯矣。」

按：趙甌北《陔餘叢考》有《張王李趙》一條，但引朱弁《曲洧舊聞》，不知有《易緯》之説。

然《易緯》有《是類謀》，亦作《筮類謀》，此云「類是謀」，誤矣。檢《是類謀》亦無「張王李趙」之語，恐未足據。

黑白號姓

國朝葉名灃《橋西襍記》云：「周氏春《遼金元姓譜》載金黑白號姓，金源、廣平、隴西三郡爲白號，彭城郡爲黑號，本於《金史・百官志》。名灃按：元姚文公燧《牧庵集・布色君神道碑》：『金有天下，諸部各以居地爲姓。章廟病其書以華言爲文，敕有司定著而一之，凡百姓。金源郡三十有八，廣平郡三十，皆白書；隴西郡二十有八，彭城郡十有六，皆黑書。其等而別者甚嚴。布色氏於金源次第五。』據此，隴西入於黑號，與《百官志》異。」

按：如《牧庵集》之説，則黑白姓共一百十二，與「百姓」不合。據《金史・百官志》，凡白號之姓，完顏以下二十六姓皆封金源郡，費摩原作裴滿以下三十姓皆封廣平郡，烏庫哩原作吾古倫以下二十六姓皆封隴西郡。黑號之姓，唐古原作唐括以下十四姓皆封彭城郡，則又止九十六姓。大約所言「百姓」者，舉成數耳。

一字爲字

國朝朱彝尊《静志居詩話》云：「秦鎬字京。袁小修序其詩云：『今人字皆兩字，秦鎬字獨一字，自東漢以下無之矣。』然自漢以降，如顔之推字介，李曇字雲，劉乾字天，羅靖字禮，房玄齡字喬，顔師古字籀，張巡字巡，孫晟字鳳，李條、徐倫字堅，毛欽字傑，正難悉數也。」愚謂今人字如伯某、仲某及某甫、子某之類甚多，雖兩字而實只一字，正合古法。吾師曾文正公字其二子曰劼剛、曰栗誠，謂余曰：「人以一字爲字，我子以兩字爲字。」

新發之家自附巨族

國朝劉獻廷《廣陽襍記》云：「東吴猶重世家，宜興推徐、吴、曹、萬，溧陽推彭、馬、史、狄，皆數百年舊家也。宜興許氏、溧陽包氏皆新發，而欲自附巨族之後。鄉人嘲之曰：『彭馬史狄包，瘋勞癥膈哮。原注：方音作蒿。徐吴曹萬許，馬趙温關鬼。原注：方音作舉。』吴人嘴舌輕利，一至於此。」

又云：「吴、李、解、魏爲興化四大族。」

越州裘氏義門

宋王栐《燕翼貽謀録》云：「大中祥符四年，越州言會稽縣民裘承詢同居十九世，家無異爨，詔旌表其門閭。今二百三十六年矣，其號義門如故。余嘗至其村，故聽事猶在，族人雖異居，同在一村中，世推一人爲長，有事取決，則坐於聽事。有竹箄，亦世相授，族長欲撻有罪者則用之。一時會拜同飲咸在〔一〕，至今免役。不知十九世而下，今又幾世也。」按：王叔永著此書在南宋寶慶時，距大中祥符誠遠矣。然云族人異居，同在一村中，則固不能如十九世前之家無異爨也，但其家法善耳。

〔一〕《燕翼詒謀録》卷五此句作「歲時會拜，同族咸在」。

姚孝子莊

宋邵伯温《聞見前録》云：「河中府河東縣永樂鎮，唐永樂縣也，有姚孝子莊，孝子名栖筠。自唐以來，孝義之風不少變改。政和甲午，余過其家，蓋自栖筠而下，義居二十餘世矣。世推尊長公平者主家，子弟各任以事，專以一人守墳墓，近度爲僧，亦廬墓側。早晚於堂上聚食，男子、婦人各行列以坐，小兒席地，共食於木槽，飯罷即鎖廚門，無異爨者。男女衣服各一架，不分彼此。」按：余於《叢鈔》第五載宋代義居有鉛山周氏、南康洪氏，此則又在前矣。

富民祝氏

國朝禮親王昭槤《嘯亭續録》云：「本朝海内殷富之家比户相望，京師如米、賈、祝氏，自明代起家，富逾王侯。其家屋宇至千餘間，園亭瓌麗。人遊十日，未竟其居。」按：今不知其所在，米市衚衕豈即其地歟？

又云：「懷柔郝氏膏腴萬頃，喜施濟，人呼爲郝善人。純皇帝嘗駐蹕其家，進奉水陸珍錯至百餘品。其他王公近侍以及輿儓皆供食饌，一日費至十餘萬。近已中落，然器皿變置，云猶足食五十載，他可知矣。」

太湖漁户蔣漢濱

國朝王應奎《柳南續筆》云：「康熙三十八年四月初四日駕幸太湖，漁户蔣漢濱等網銀魚以獻，賜銀二十七兩。漢濱子孫至今珍爲世寶，舟中有病瘧者，縛銀於臂即止。」

陳鸞鳳胞

明李日華《紫桃軒襍綴》云：「廣州官庫每交割，出陳異卵一枚，大踰斗，云部民陳鸞鳳之胞也。」

膿團

明權衡《庚申外史》云：「禿堅謂老的沙曰：『今上膿團，不可輔，小婦孩兒亦非國器，不如徑請趙王南向以定天下。』」按：今世俗有「膿包」之言，本此。

不郎不秀

明田藝蘅〔一〕《留青日札》云：「元時稱人以郎、官、秀爲等第，至今人之鄙人曰『不郎不秀』，是言不高不下也。」

〔一〕 蘅，原作「衡」，據《留青日札》改。

癡爲九百

明李日華《六硯齋筆記》云：「陳無己云：世人以癡爲九百，謂其精神不足也。項平甫《家説》云：汪司業云九百，草書喬字也。朱彧《可談》云：『青州王大夫爲詞鄙俚，每投獻，當路以爲笑。其季父爲青掾，亦與詞。季父他日見其子謝之，其子云：「大人九百亂道，玷瀆高明。」蓋謂神氣不足爲九百，豈以一千即足數邪？』以草書釋之，不若陳、朱之説通。」按：「九百」之義究不可解，今無其語，姑記此，以存古語。

江西訟學

宋周密《癸辛襍識》云：「江西人好訟，是以有『簪筆』之譏。往往有開訟學以教人者，如金科之法，出甲乙對答及譁訐之語。蓋專門於此，從之者常數百人。又聞括之松陽有所謂『業觜社』者，亦專以辨捷給利口爲能。」

無憂洞

宋陸游《老學庵筆記》云：「京師溝渠極深廣，亡命多匿其中，自名爲無憂洞。甚者盜匿婦人，又謂之鬼樊樓。」

無礙被

宋方勺《青溪寇軌》云：「喫菜事魔，法禁甚嚴，而近時事者益衆。始投其黨有甚貧者，衆率財以助。凡出入經過，不必相識，皆館穀焉。凡物用之無閒，謂爲一家，故有『無礙被』之説。其魁謂之魔王，右者謂之魔母。旦望人出錢四十九於魔公處燒香，魔母則聚所得緡錢，以時納於魔王。俗譌以『魔』爲『麻』，謂其魁爲麻黄。以張角爲祖，雖死於湯鑊，終不敢言『角』字。」

按：今時有所謂「大被教」者，當即無「礙被」之流派。

歷山飛

唐温大雅《創業起居注》云：「時有賊帥王漫天別黨，衆逾數萬，自號歷山飛。」按：盗賊有混號，此其濫觴。

桑沖

國朝褚人穫《堅瓠集》云：「成化丁酉，真定府晉州奏：犯人桑沖供係山西太原府人，石州軍籍李大剛姪，幼賣與榆次縣桑茂爲義男。成化元年，聞大同府山陰縣民谷才以男裝女，隨處教婦女生活，暗行奸宿，一十八年未曾事發。沖投拜爲師，將眉臉絞刺，分作三綹，戴上鬏髻，妝作婦人，就彼學女工，描翦花樣、刺繡等項。隨有任茂、張端、楊大、王喜、任昉、孫咸、孫原七人復投沖學，各散去。訖三年三月，沖歷大同、平陽等四十五府州縣，探聽人家出色女子，即投中人引進，教作女工，默與奸宿。有不從者，將迷藥噴於身上，默念昏迷咒，使之不能言動。復念醒昏咒，女子方醒。沖再三陪情，女子隱忍不言。丁酉七月十三日，至晉州聶村生員高宣家。宣壻趙文舉强淫之，不從。文舉捽沖倒，揣胸無乳，摸有腎囊，告官。械至京，都察院以聞，命磔於市。搜捕任茂等，誅之。」按：嘉靖中有藍道婆事，猶身具男女二形者。此則以男妝女，更爲奸宄之尤矣。

人通物語

明程涓《千一疏》云：「鳥獸，動物也，其血氣與人同者也，故其聲音情態有相通之理。介葛盧、詹何之知牛鳴也，翁偉、李南之知馬鳴也，沈僧照之識虎嘯也，白龜年之曉羊言也，楊宜、成子之辨雀語也，管輅、張子信、孫守榮之占鵲言也，神速姑之知蛇言也，秦仲之解百鳥音也，豈偶中而嘗試乎哉？亦可謂得天慧者矣。」按：所舉諸事有未詳所出者，宜更核之。公冶長事甚著，此獨不及，何也？程涓字巨源，明萬曆間人。《千一疏》，其所著書，名取「千慮一得」之義。

又按：明徐應秋《談薈》有《解鳥獸語》一條甚詳，以校此條，「翁偉」疑當作「翁仲」，楊翁仲解馬語，見《論衡》。李南解馬語，見《抱朴子》。沈僧照事見《梁典》。白龜年事見《翰府名談》，龜年得李太白遺書讀之，辨九天禽語、九地獸言，非止曉羊言也。張子信事見《北齊書》。孫守榮事見《宋史》。神速姑事見《遼史》。

人生尾

國朝楊炳堃自定《年譜》云：「吕麗堂長孫落褥時，尻上有扁尾約長寸許。從前安徽光藩司聰諧尻尾長尺許，其形圓尖，後官階至二品，因名其孫爲志光。」按：國朝褚人穫《堅瓠集》引《獨異志》《夷堅丙志》載人生尾事，然皆微賤之人，不謂達官中亦有此也。

洞中小人

國朝王士禛《香祖筆記》云：「山西興縣去城十里許，有一洞。洞中有二小人長尺許，衣似樹葉。時出洞門坐立，冬即罕出。見《漱石閒談》。」

南山巨人

國朝徐承烈《燕居續語》云：「雍正時，吾浙臨平之南山出一巨人，展兩臂長一丈二三尺，手大如箕，膝高于桌尺許。每出行，其肩往往在人家屋簷上。以樵爲業，每擔柴三百觔。李敏達公節制浙江，招爲護衛。常使握大刀于輿前行，刀巨如版門，光亮耀目。然其膽甚小，聞鎗礮聲輒掩耳閉目，故不敢赴邊陲以立戰功。後敏達移鎮畿輔，其人隨往，以病卒于保定。」按：余幼時居臨平，猶聞有南山大人之説，惜不得其姓名。今兵亂後，故老云亡，想不可復問矣。

茶香室三鈔卷七

彭祖有女

《宣和畫譜》孫知微有《彭祖女禮北斗像》一。

范蠡有女

宋樂史《太平寰宇記》：「武岡縣有娘子神祠，云是范蠡女也。」按：范大夫有女，世所未聞，亦不知其廟何以在楚也。《記》又云：「武陵縣娘子祠，《郡國志》云武陵娘子祠即范蠡女之神。」是兩縣並有此廟。

宋金漂女

梁陶弘景《真誥·闡幽微第二篇》云：「夫至貞者，紛華不能散其正炁，萬乘不能激其名操也。男言之，務光之行有似矣；女言之，宋金漂女是也。」注：「宋女恐是子胥所逢浣紗於瀨水之陽，後既投金以報之，故謂之金漂。漂字或應作瀨字耳。」按：「金漂」之名甚奇，未知果如所說否。

昭君妹

國朝陳錫路《黄嬭餘話》云：「白樂天《同諸客嘲雪中馬上妓》：『雪裏君看何所似，王昭君妹寫真圖。』昭君有妹，史所不載，不知樂天何據也。」

楊貴妃爲上元玉女張太真

宋董逌《廣川畫跋·書馬嵬圖》云：「予在蜀時，見《青城山録》記當時事甚詳。上皇嘗召廣漢陳什邡行朝廷齋場禮，牲幣求神於溟漠。是夕奏曰：『已於九地之下、鬼神之中，搜訪不知。』二日又奏：『九天之上、星辰日月之閒、虛空杳冥之際，徧之矣。』三日又奏：『人寰之中、山川岳瀆祠廟、十洲三島江海之閒，莫知其所。』後於蓬萊南宫西廡，有上元玉女張太真，謂曰：『我太上侍女，隸上元宫。而帝乃太陽朱宫真人，世念頗重。上降理於人世，我謫人世爲侍衛耳。』因取玉龜爲信。其事在一時已有録，宜爲世所傳。而陳鴻乃言臨邛道士，又不著其奏事，其有避而不敢盡哉？」按：此事頗新異，世但知《長恨歌傳》，不知有此。

唐文宗時亦有楊妃

國朝錢大昕《養新録》云：「今人以李正封詠牡丹詩爲唐明皇時。考《唐詩紀事》云：『唐明皇好詩，大和中賞牡丹。上謂程修己曰：「今京邑人傳牡丹詩，誰爲首出？」對曰：「中書舍人李正封詩『天香夜染衣，國色朝酣酒。』」時楊妃侍側，上曰：「妝臺前宜飲以一紫金盞酒，則正封之詩見矣。」』大和者文宗年號，文宗時亦有楊妃，非天寶之楊太真也。後人因明皇有沈香亭賞牡丹事，誤改爲明皇，而不知年號之不合。又正封與韓文公《鄆城夜會聯句》在元和十二年，與明皇時代隔遠，其爲文宗非明皇審矣。」

張好好

宋邵博《聞見後録》云：「鳳翔府法門寺塔葬佛手指骨一節，唐憲宗迎入禁中者。塔下層有石芙蕖，工製精妙，每一葉刻一施金錢人姓名，殆數千人。宫女姓名爲多，如曰張好好、李水水之類，與慈恩寺塔塼上同。」按：人知張好好爲唐妓，見杜牧詩，不知有此宫女與同姓名也。

花歡喜

國朝韓泰華《無事爲福齋隨筆》云：「鄠縣五會寺有碑，兩面鑿佛，可辨者數十字，有『花歡喜』三字。花歡喜乃閨秀小名，别見歷城《阿彌陁佛會碑》。」

黄三姑

唐李肇《國史補》云：「杭州有黄三姑者，窮理盡性。時徑山有盛名，常倦應接，訴于三姑。姑曰：『皆自作也。試取魚子來咬著，寧有許閙事？』徑山心伏。或云夏三姑。」按：「三姑」不知何人，今杭人無知者矣。

卻要

宋陳元靚《歲時廣記》云：「《三水小牘》：湖南觀察使李庾女奴曰卻要，美容止，善詞令。李四子，曰延禧，曰延範，曰延祚，所謂大郎而下四郎也，咸欲蒸卻要而不能。嘗遇清明節，纖月娟娟，中堂垂繡，幕背銀釭。而大郎與卻要遇於櫻桃影中，乃持之求偶。卻要取茵席授之，紿曰：『可于廳之東南隅佇立相待，候堂前眠熟，當至。』大郎既去，又逢二郎調之，卻要復取茵席授之曰：『可於廳中東北隅相待。』二郎既去，又逢三郎，卻要復取茵席授之曰：『可於廳中西南隅相待。』三郎既去，又與四郎遇，卻要復取茵席授之曰：『可於廳中西北隅相待。』四人皆去。延禧於角中屏息以待，廳門斜閉，見其三弟比比而至，各趨一隅。少頃，卻要燃密炬，疾向廳事，豁雙扉而照之，謂延禧輩曰：『阿堵貧兒，爭敢向這裏覓宿處！』皆掩面而走。」按：近時彈詞家衍説華氏婢本此，乃知彈詞家亦有所本也。四子止載三名，疑有闕誤。

小女代嫁

宋錢易《南部新書》云：「吉頊之父哲爲冀州長史，與頊娶南宮縣丞崔敬女。崔不許，因有故脅之，花車卒至。崔妻鄭氏抱女大哭曰：『我家門户底不曾有吉郎！』女堅卧不起，小女自當登車而去。頊後入相。」按：近人小説中有姊妹易嫁事，觀此乃知此等事古固有之。

又按：今人迎新婦以綵輿，名之曰「花轎」，其即唐人「花車」之謂乎？

宋命婦亦佩魚

宋姚寬《西溪叢話》云：「婦人孺人至夫人凡八人，皆佩魚，乃張崇桀請。」按：《宋史·職官志》載羣臣妻封號，有國夫人、郡夫人、郡君、縣君、淑人、孺人，止六等。而《楓窗小牘》言宋婦人封號自夫人以下凡八等，如「侍郎以上封碩人，大中大夫以上封令人，通直郎以上封孺人」。據此，則又有「碩人」「令人」之名，合之適八等矣。可補史闕。

宋太宗賜張齊賢母詩

宋葉夢得《避暑録話》云：「張司空齊賢母晉國夫人孫氏，年八十餘。帝數召至宫中，眷禮甚厚。朝散郎仲咨，其曾孫也。嘗出帝賜孫氏一詩云：『往日貧儒母，年高壽太平。齊賢行孝侍，神理甚分明。』又有一幅云：『張齊賢拜相，不是今生，宿世遭逢。本性于家孝，事君忠。婆婆老福，見兒榮貴。』詩、詔其家有石刻，士大夫罕見之者。」按：至今「婆婆老福」之語尤傳人口，此詔此詩，則當時已罕見，今無知者矣。

婦人童氏善畫

《宣和畫譜》云：「婦人童氏，江南人也，能丹青，故縉紳家婦女往往求寫照焉。有文士題童氏畫詩云：『林下才華雖可尚，筆端人物更清妍。如何不出深閨裏，能以丹青寫外邊。』」

九歲女子割股

宋錢易《南部新書》云：「大中九月十七日敕：徐泗節度使康季榮奏：據濠州刺史劉彦謀狀，定遠縣百姓周裕女小兒，年九歲。七月六日爲父患，割左股上肉一寸三分不落，瘡長一寸四分，收得血半斤，父和羹喫。後二十九日，截割股上已落肉，與父喫。其周裕至閏七月十二日身死，至二十五日埋葬訖。其女小兒於墓側不歸，縣司與立草庵一所。伏請宣付史館，並賜旌表門閭。奉敕：周小兒方至髫年，允兹志行，俾之旌表，用激時風。宜依所表，仍委本道量事優衈。」

李易安上書救父

國朝錢謙益《絳雲樓書目》地誌類有李文叔《洛陽名園記》，陳景雲注云：「張琰序，紹興八年也。序中并及文叔女易安上書宰相救父事。蓋文叔亦嘗坐元祐邪黨遠謫也。宰相即易安之舅趙挺之。」按：今人於李易安但言其改嫁事，不知有此事，亦可謂不成人之美者也。

秦妙觀

宋王明清《玉照新志》云：「秦妙觀，宣和名倡也，色冠都邑，畫工多圖其貌售於外方。陸升之仲高，山陰勝流，晚坐秦黨，遂廢於家。嘗語明清云：『頃客臨安，雨中見一老婦人，蓬頭垢面，丐於市，藉簷溜以濯足，泣訴於升之曰：「官人曾聞秦妙觀名否？妾即是也。」雖掩抑困瘁，而聲音舉措固自若也。多與之金，而遣之去。』仲高言已，淚落盈襟，蓋自愴其晚年流落不偶，特相似爾。」

添蘇

宋釋文瑩《續湘山野録》云：「孫僅尹京兆日，寄處士魏野詩。野和之，有『見説添蘇亞蘇小，隨軒應是佩珊珊』之句。添蘇，長安名姬也。添蘇乃求善筆札者，大署其詩於堂壁。未幾，野抵長安，有好事者密召過添蘇家，不言姓氏。添蘇見野風貌魯質，固不前席。野忽見壁所題，乃索筆於其側，別紀一絶。添蘇始知是野，大加禮遇。詩曰：『誰人把我狂詩句，寫向添蘇繡户中。閒暇若將紅袖拂，還應勝得碧紗籠。』」按：世知有蘇小，不知有添蘇，然實韻人韻事也。至「紅袖拂」「碧紗籠」二語，世人止知魏野與寇萊公同游僧寺題詩事，不知有此。疑彼事在前，此事在後，魏野即用己事入詩也。

又按：周輝《清波襍志》云：「劉原父晚守長安，眷官伎蔡嬌，所謂添酥者也。」則其字又作「酥」。

秦檜妻

宋陸游《老學庵筆記》云：「秦太師娶王禹玉孫女，故諸王皆用事。」宋王明清《玉照新志》云：「秦檜初擢第，王仲岏以其子妻之。仲岏後避靖康諱改名仲山。仲山樸魯庸人也，禹玉子。」

按：宋王明清《揮麈餘録》云：「王仲嶷字豐父，岐公暮子。建炎初知袁州，坐失守削籍。豐父兄仲山同時牧臨川，以城降坐廢。會之，仲山婿也。」按：仲山既以生降積其家聲，仲山之女又遺臭千古，岐公身後亦可謂不幸矣。

德清宋季兩貴女

宋周密《齊東野語》云：「隆國黄夫人，湖州德清縣人。初入魏峻叔高家，既出，復歸李仁本，媵其女以入榮邸。時嗣王與芮苦無子，一幸而得男，是爲度宗。然自處極謙抑，常以孀子自稱，或者有魏孎子之謗，其實不然也。秦齊國夫人胡氏，亦同邑人，相去纔數里。賈涉濟川以制置，少日舟過龜溪，見婦人浣衣者，偶盼之，因至其家。問夫何在，曰未歸，語稍洽，調之曰：『肯相從乎？』欣然惟命。夫還，扣之，亦無難色，遂攜以歸。既而生似道，未幾出，嫁爲民妻。似道稍長，始奉以歸。性極嚴毅，似道畏之。屢入禁中，隆國至同寢處，恩寵甚渥。年至八十三，賜謚柔正。」按：吾邑於南宋之末有此二貴女，亦奇，然不足爲餘不溪生色也。

徐蘭

宋周密《癸辛襍識》云：「淳祐間，吴妓徐蘭擅名一時，浙右豪俠少年無不趨赴。堂館曲折華麗，亭榭園池無不具。至以錦纈爲地衣，乾紅四緊紗爲單衾銷金帳幔。侍婢執音樂十餘輩，金銀寶玉器玩、名人書畫、飲食受用之類，莫不精妙，遂爲三吴之冠。後死葬於虎丘，太學生邊雲遇作墓銘云：『此亦娼中之貴者。』」按：徐蘭之名知者已罕，然亦吴中韵事，未知此一抔香土尚在真娘墓畔否。

隨春

國朝徐釚《詞苑叢談》云：「葉天寥云：侍女隨春年十三四，即有玉質瓊章。極喜之，爲賦《浣溪紗》詞。」注云：「隨春一名紅，于小鸞歿後歸龐氏，别字元元。」按：葉小鸞事至今猶艷稱之，其婢隨春當爲拈出。

趙文華醜婦

國朝褚人穫《堅瓠集》云：「嘉興大家一女奇醜，面麻眼損，足跛頭秃，人無娶者。慈谿趙文華娶焉。戊子、己丑聯捷，嚴嵩倚爲心腹。聲勢赫奕，所爲頗不循理，賴醜婦賢明，時爲勸解。」

周忠武公胡婦

國朝錢軹《甲申傳信録》云：「總兵周遇吉字萃庵，駐劄寧武關。平時購選部下胡婦二十人，人皆絶悍，騎射精捷，支粟與裨將俸等。更選健丁之無藝者各一人，事之如夫婦，而臨陣不役健丁，役胡婦，然非至急不役之。城陷，署中男子相繼出戰，死亡畧盡，家屬俱死。胡婦二十人共伏室中，洞開其門，繫遇吉所乘駿馬於衢。賊衆試引牽之，胡婦即引强弩連發，斃百數人，矢竭赴火死。」按：梨園演忠武事者，惜不知此。

一丈青

明李日華《六硯齋二筆》云：「一丈青，羣盜馬皋之妻。閻勁者説張用歸朝廷，馬皋爲郭仲荀所誅，勁以其妻配用，遂爲中軍統領。列二旗於馬前，曰『關西貞烈女，護國馬夫人』。亦女驍也，然非《水滸》中人。」按：此女何以有貞烈之稱，且既配張用，仍謂之馬夫人，亦不可解。

巫娥、月妹

國朝吴紹箕《筆夢清談》云：「明英宗復辟，吾湖有大臣某公忤石亨，致政歸。子壻四人皆列清要，寓京邸。石黨疾之，購名妓二人，曰巫娥、月妹，故寓其旁，昕夕歌舞。四人果墮其計，往來甚密。一夕聚飲於妓所，分填《一半兒》詞。巫娥詠荷云：『好趁春晴著意栽，亭亭出水映紅腮。緑萍魚躍不知回。晚風催，一半兒含香一半兒開。』月妹詠月云：『滿目新涼雨乍晴，梧桐葉落夜風輕。一枝斜影小窗横。月窺人，一半兒雲遮一半兒明。』餘詞不備録。酒地花天，禍機潛伏，四人不知也。先是，有宋半城者，京師大賈也，緣案擬辟，公平反之，賈感甚。是月知其謀，乃以重賂結妓寓閽者，密布火種於内外。漏二下，見十餘人持鐵練繩索而來，閽者納之。賈即使人抛進引火之物，少時烈焰飛騰。賈率多人毁門而進，擾攘中將四人負出，返之于其寓。賈函告某公，公遂致書于四人。拆之，得詞三首，云：『只道隔園春色多，誰知好事忽生訛。星橋剛渡正鳴珂。起風波，一半兒繩牽一半兒鎖。』『就裏機關君莫参，眼前去處是波瀾。切休誤認好姻緣。命難全，一半兒幾希一半兒免。』『錦帳佳人貌似蓮，何須别戀野花妍。高堂望子錦衣旋。再俄延，一半兒充軍一半兒斬。』四人得詞，遂歸。」按：此事不知出何書。今有彈詞名《天雨花》者，中有一段全敷衍此事，即宋半城之名亦見於其書，然事則全别也。

女總兵丁國祥

國朝劉獻廷《廣陽襍記》云：「永曆時，有女總兵丁國祥，驍勇善戰，能於馬上打弩。其夫姓楊，亦總兵。秦王出降後，丁亦投誠，住貴州，常男妝，與士夫交接。」

又云：「霍山黄鼎字玉耳，諸生也。鼎革時起義，後降洪經略，授以總兵，使居江南。其妻獨不降，擁衆數萬，盤踞山中，與官兵抗，屢爲其敗。總督馬國柱謂鼎：『獨不能招汝妻使降乎？』曰：『不能。然其子在此，使往，或有濟。』乃使其子招之。鼎妻曰：『大厦將傾，非一木所能支。然志士不屈其志，吾必得總督來廬一面，約吾解衆，喻令薙髮。然吾仍居山中，不能如吾夫調居他處也。』國柱自來廬州，鼎妻率衆出見，貫甲鐵兜鍪，凜凜如偉丈夫，如總戎見制臺禮。遂降，終不出山。」按：此女真有丈夫氣，惜不知其姓名。

善持君

國朝戴璐《藤陰襍記》云：「妙光閣建自合肥尚書，近見《定山堂集》，乃姬人善持君所作，即所謂横波夫人也。横波仲冬三日生辰，恒於閣下禮誦。」按：顧横波稱「善持君」，十一月三日爲其生日，皆人所罕知也。

柔些

國朝徐釚《詞苑叢談》云：「浙中查伊璜妙解音律，其家姬柔些尤擅絶一時。」按：「柔些」爲查氏家姬，蔣心餘製《雪中人》曲，惜未爲此兒一寫照也。

小青

國朝徐釚《詞苑叢談》云：「吴玉川夫人龐小畹蕙纕，詩詞書法擅絶當世。有青蓮女伎小青者，色藝皆精。嘗演劇復復堂，持扇叩唾香閣乞書。夫人即調《桂枝香》一闋，有『浪萍飛絮前生果，别是傷心一小青』之句，一時傳誦。青亦憮然自失，遂有意脱籍。」按：此又一小青矣。彼小青或謂寓情字，西湖小青冢借以妝點湖山，未必實有其人。若此小青，則固非子虚烏有矣。

八面四面觀音

國朝劉健《庭聞録》云：「八面觀音與圓圓並擅殊寵，故宗伯南昌李明睿妓也。宗伯侍兒數十輩，八面爲之魁。其曹四面觀音亦美，亞於八面。宗伯老，爲給事高安所得，以奉三桂。辛酉城破，圓圓先死，八面歸綏遠將軍蔡毓榮，四面歸征南將軍穆占。」

按：吴三桂之有陳圓圓，人皆知之，此二人世罕知者。《庭聞録》又云：「吴妓陳沅、顧壽並名噪一時。田弘遇以重價市壽，而沅名更高，不易得。其壻百計購沅以獻。京師陷，劉宗敏踞弘遇宅，聞沅、壽名，索之。壽從優人私逸，而沅先爲三桂購去。宗敏於是斬優人七，而繫驤索沅。」按：沅即圓圓也。沅、壽齊名，壽竟不知所終矣。

國朝朱康壽《抱膝廬筆乘》載陳圓圓事，引《常州府志》云：「其父業驚閨，郡之金牛里人，俗呼爲陳貨郎。三桂開藩雲南，貨郎至，三桂宴之曲房。持玉杯，戰栗墜地。圓圓内慙，重資以金送之歸。」按：圓圓之父亦人所罕知也。

石庵相國姬人能書

國朝葉廷琯《鷗陂漁話》云：「《淵雅堂集》有句云：『詩人老去鶯鶯在，甲秀題籤見吉光。』自注云：『石庵相國有愛姬王，能學公書，筆跡幾亂真。惕翁葢嘗見姬爲公題《甲秀堂法帖》籤子也。』此文清逸事之可傳者。」

十二釵

國朝朱彝尊《静志居詩話》云：「趙彩姬字今燕，名冠北里。時曲中有劉、董、羅、葛、段、趙、何、蔣、王、楊、馬、褚先後齊名，所稱十二釵也。」按：此則今小説中所稱「金陵十二釵」，亦非無本。

小娘歌

金《元遺山詩集》有《續小娘歌》十首，按爲中原女子被元兵所擄者而作。國朝施國祁注云：「題有『續』字，則前人必有《小娘歌》，未知誰作。」

十姊妹

宋洪皓《松漠紀聞》云：「渤海國婦人皆悍妬，大抵與他姓相結爲十姊妹，迭幾察其夫，不容側室及他游。一夫有所犯而妻不知覺者，九人羣聚而詬之。争以忌嫉相夸。」按：今世俗亦有所謂拜十姊妹者，不知其爲渤海之遺風也。

高麗美女

國朝朱彝尊《静志居詩話》云：「元制歲責高麗貢美女，故張光弼《輦下曲》云：『宫衣新尚高麗樣，方領過腰半臂裁。連夜内家争借看，爲曾著過御前來。』楊廉夫《宫詞》亦云：『北幸和林幄殿寬，句麗女侍婕妤官。君王自賦《昭君曲》，敕賜琵琶馬上彈。』明初相沿未改，此孝陵有碽妃，長陵有權妃也。」

按：明權衡《庚申外史》：「徽政院使宦者高麗人秃滿滿夕兒首薦高麗女子祁氏於宫，立爲次宫皇后。祁后蓄高麗美女，大臣有權者輒以此女送之。京師达官貴人必得高麗女爲名家。高麗女婉媚，善事人，至則立見奪寵。自至正以來，宫中給事使令大半爲高麗女，以故四方衣冠靴帽大抵皆依高麗矣。」此元代高麗貢女子之故事也。

月山大君

國朝朱彝尊《静志居詩話》云：「月山大君婷《古寺尋花》詩，見吴子魚《朝鲜詩選》。愚山云應是朝鮮女子。《采風集》收婷詩，婷上冠以『月山大君』字，當是東國尊稱，殆非民閒女子也。」

神女

國朝段松苓《益都金石記》東嶽廟《尊勝經幢》有「神女杜氏」，後晉天福六年石幢有「神女蘇氏」。所謂「神女」，殆女巫歟？

男子化女

國朝王培荀《聽雨樓隨筆》云：「西南夷人生男，對客詐云女，亟取竈下煤塗兒胯下，三日不變，方信爲男，否則勢綻出黄膿，竟成女矣，後可以生子。」按：此則丈夫化爲女在彼地不爲異事矣。

茶香室三鈔卷八

秦謠

宋劉敬叔《異苑》云：「秦世有謠曰：『秦始皇，何僵梁。開吾户，據吾牀。飲吾酒，唾吾漿。飡吾飯，以爲糧。張吾弓，射東牆。前至沙丘當滅亡。』始皇既坑儒焚典，乃發孔子墓，欲取諸經傳。壙既啟，於是悉如謠者之言。」按：《論衡・實知篇》云：「孔子既死，遺讖書曰：『不知何一男子，自謂秦始皇。上我之堂，踞我之牀，顛倒我衣裳，至沙丘而亡。』」此則以爲秦時之謠語，語亦小異。

李陵爲臨沅令

宋樂史《太平寰宇記》云：「武岡縣李陵廟。李陵爲臨沅令，後没匈奴，邑人思而立廟。」按：《漢書》本傳不言爲臨沅令，此可補史闕。死而廟祀，其居官亦必有惠政矣。陵自言「臣所將屯邊者皆荆楚勇士」，豈其舊部民邪？《記》又云：「武陵縣清陵館。《郡國志》云漢李陵爲臨沅令，後歿匈奴，邑人思之，而立是館。」是二縣並祀李陵，但「清陵」則不知何義。

馬援化蛇

宋樂史《太平寰宇記》云：「武陵縣壺頭山有石窟，即馬援所穿室也。室内有蛇如百斛船大，云是援之餘靈。」

蔡中郎三美

張彦遠《歷代名畫記》云：「靈帝詔蔡邕畫赤泉侯五代將相於省，喜、震、叔、節、賜、彪。兼命爲讚及書。邕書畫與讚皆擅名於代，時稱三美。」按：此可與鄭廣文三絶並傳矣。

又云：「吴有八絶：菰城鄭嫗善相，劉敦善星象，吴範善候風氣，趙達善算，嚴武善棊，宋壽善占夢，皇象善書，曹不興善畫。」按：此則一人自爲一絶，但書畫轉居其末，何也？菰城鄭嫗當是吾郡人。

《梁書·元帝紀》：「帝爲荆州刺史，起州學宣尼廟。帝工書，善畫，自圖宣尼像，爲之贊而書之，時人謂之三絶。」按：此與蔡中郎事正相類。

宋郭若虚《圖畫見聞誌》云：「唐明皇封泰山，回車，車賀過金橋，橋在上黨。旗纛鮮華，羽衛齊肅。帝遂召吴道子、韋無忝、陳閎，令同製《金橋圖》。御容及帝所乘照夜白，陳閎主之；橋梁、山水、車輿、人物、草木、鷙鳥、器仗、帷幕，吴道子主之；狗馬驢騾牛羊橐駞猴兔豬貀之屬，韋無忝主之，時謂三絶焉。」

又云：「鍾陵清涼寺有李中主八分題名，李蕭遠草書，董羽畫海水，爲三絶。」

又云：「唐僖宗幸蜀之秋，有會稽山處士孫位於成都應天寺門左壁畫坐天王暨部從鬼神。孟蜀時有匡山處士景煥畫右壁天王以對之。渤海歎重其能，遂爲長歌。有草書僧夢歸後至，請書於壁。成都號爲應天三絶。」

宋鄧椿《畫繼》云：「郝章，汾州人，長於人馬。河東稱三絶者，謂路臯橐駞、郝章人馬、張遠山水也。」

按：古稱「三絶」者，如顧愷之才絶、畫絶、癡絶，梁元帝書、畫、贊三絶，宋令文文辭、書、力三絶，鄭虔詩、書、畫三絶，以及吴王趙夫人機絶、針絶、絲絶，皆一人具三絶。《南史·謝瞻傳》：「瞻與從叔混、族弟靈運俱有盛名，嘗作《喜霽》詩。靈運寫之，混詠之，王弘在坐，以爲三絶。」《唐書·李白傳》：「文宗詔以白歌詩、裴旻〔一〕劍舞、張旭草書爲三絶。」《徐彦伯傳》：「司户韋暠善判，司士李亘工書，彦伯善屬辭，時稱河南三絶。」則皆合三人爲三絶。以上諸事人多知之者，蔡中郎等數事知者稍希，故具録之。

〔一〕旻，原作「廟諱」，據《新唐書》卷二〇二改。

漢末相者

唐釋湛然《輔行記》云：「漢末三人俱詣相者。相者見孫、劉有社稷之相，即便語之。曹公不蒙相者所記，知相者不逮，褰衣示之。相者見已，舉聲大哭。至後漢末，此之三人果據三方。」據續溪胡氏輯本。按：此事不知出何書，惜作演義者未之知也。

唐初約法十二條

宋邵博《聞見後録》云：「漢高祖入關，與民約法三章，盡除秦苛令。唐高祖入長安，與民約法十二條，盡除隋暴禁。」按：漢事人所共知，唐事則知之者罕。

唐十在

蜀何光遠《鑑戒録》云：「有《唐十在》，著自簡編，爲古今之美談，顯君臣之强盛。林員外犀亦著《前蜀十在》，明禍福之由，示君臣之醜。雖爲謗訕，深鑒是非。」按：《唐十在》不知何人所作，今未覩其文。《蜀十在》則諷喻之詞，其文以「蜀主臨軒，龍顔不悦」發端。檢校太傅顧在珣越班請罪，帝告以「北有後唐霸盛，南有蠻蜑强梁」。珣奏曰：「只如興土木於禁中，選驍雄於手下云云，有王承休在。摧挫英雄，吹揚佞媚云云，有宋光嗣在。」末云：「唱亡國之音，衒趫時之術，每爲巫覡，以玩聖朝，致君爲桀、紂之行，昧主乏唐、虞之化，有臣珣在。陛下任臣如此，何憂社稷不安？」帝聞所奏，大悦龍顔，賜顧在珣絹百匹。自王承休至臣珣凡十人，皆云「有某某在」，故謂之「十在」。以此推唐之「十在」必是舉唐一代名臣十人，惜未得其文而讀之也。

張孜夢李白

蜀何光遠《鑒戒録》云：「懿宗之代，有處士張孜，本京兆人，躭酒如狂，好詩成癖。然于吟詠終昧風騷，乃圖寫李白真儀，日夕虔禱。忽夢一人自天降下，颯曳長裾，當庭而坐，與孜對酌，論及詩歌。孜問姓名，自云李白。孜因備得其要，白亦超然上昇。李山甫代孜歌其幻夢，有云：『我識翰林文，不識翰林面，上天知我憶其人，使向人間夢中見。』」

杜子美得謚由元太監紐憐

國朝劉獻廷《廣陽襍記》云：「李壯序杜詩，稱元太監紐憐請以草堂崇祀杜甫，得謚文貞，載在虞奎章集中。」

韓退之喜睡

宋邵博《聞見後録》云：「予舊于滍城孔寧極家見孔戣《私記》一編，有云：『退之豐肥喜睡，每米吴家，必命枕簟。』」按：所云「吴家」未詳，疑字誤。

白香山生日

國朝葉廷琯《鷗波漁話》云：「杭州舊有香山生日會。嘉慶中，阮文達公先督浙學，繼任浙撫。杭人因文達誕辰與香山同日，故厥會彌盛。我郡則虎丘雖有白公祠，未聞有爲公生日致饗者。咸豐壬子，爲公降生後第十九甲子轉頭之年，海寧楊芸士廣文文蓀時寓吴中，特於正月十九公生日，虔設牲醴，招邀朋侣，展拜虎丘祠下，此實吴中創舉。」按：杭州香山生日會，亂後亦不聞再舉矣。近人詩集中多有爲東坡作生日者，而香山罕聞，是亦缺典。惟香山生日乃正月二十日，阮文達生日亦同。此云正月十九，殆誤也。

南唐李氏本安吉潘氏

宋錢儼《吴越備史》云：「李昪本潘氏，湖州安吉縣人。父爲安吉砦將，嘗因淮將李神福侵我吴興，擄潘氏而去，昪遂爲神福家奴。徐温見而異之，求爲養子。至是以讖云『東海鯉魚飛上天』，乃隱本族，而冒李姓焉。後嘗致書於我，以毘陵求易吴興，仍引祊田爲説，則本潘氏明矣。」按：此則南唐李氏乃吾郡人也。薛、歐兩《五代史》，馬、陸兩《南唐書》，均不載此説。

宋爲趙廣漢之後

宋邵博《聞見後録》云：「今章奏不當名趙廣漢，按《國史會要》，本朝，廣漢之後也。」

司馬温公生於浮光

宋王明清《揮麈前録》云：「温公之父天章公生於秋浦，故名池。天章長子以三月一日生，名旦；後守宛陵，生仲子，名宣；晚守浮光，得温公，名光。承平時光州學中有温公祠堂存焉。」按：《宋史・地理志》淮南西路光州所屬四縣，定城、固始、光山、仙居。此不云守光州，而云「守浮光」者，考《唐書・地理志》，光州本治光山，《方輿紀要》云「光山縣北有浮光山」，然則光山乃以山得名，有浮光山而後有光山，有光山而後有光州。温公名「光」而字「君實」，正以浮光之名不美，故反其義而字「實」耳。

東坡善射

國朝陳錫路《黄嬭餘話》云：「東坡善射，有《次韵子由聞予善射》詩云：『共怪書生能破的，亦如驍將解論文。』劉績《霏雪録》云爾。王元美作《長公外紀》，惜未及之。」

康節先生異事

宋邵伯温《聞見前録》云：「伊川丈人與李夫人因山行，於雲霧閒見大黑猿。有感，夫人遂孕。臨蓐時慈烏滿庭，人以爲瑞，是生康節。公初生，髮被面，有齒，能呼母。七歲，戲於庭，蟻穴中豁然别見天日，雲氣往來。夫人至，無所見，禁勿言。熙寧十年，公年六十七矣。夏六月，屬微疾，一日晝睡覺，言曰：『吾夢旌旗鶴鴈自空而下，導吾行亂山，與司馬君實、吕晦叔諸公相分别於一驛亭，回視壁閒，有大書四字曰『千秋萬歲』。吾神往矣，無以醫藥相逼。』」按：先生感黑猿而生，亦異聞也。

又云：「李夫人生康節公，同墮一死胎，女也。後十餘年，夫人病，卧見月色中一女子拜庭下，泣曰：『母不察，庸醫以藥毒兒，可恨。』夫人曰：『命也。』女子曰：『若爲命，何兄獨生？』夫人曰：『汝死，兄獨生，乃命也。』女子涕泣而去。又十餘年，夫人再見女子來，泣曰：『一爲庸醫所誤，二十年方得受生。與母緣重，故相别。』又涕泣而去。」按：此事甚異。其女子既在母腹中死，一無知識之血肉耳。乃死後十餘年便能拜能言，豈死後亦如在人閒與年俱長乎？

邵康節聞越鳥聲

宋朱弁《曲洧舊聞》云：「堯夫傳《易》學，尤精於數。居洛中，昭陵末年，聞鳥聲，驚曰：『此越鳥也，孰爲而來哉？』因以《易》占之，謂人曰：『後二十年有一南方人作宰相，自此蒼生無寧歲，君等誌之。』」按：康節聞杜鵑，人盡知之。此云越鳥，自來無用其事者。

歐陽公夢爲鸜鵒

宋邵博《聞見後録》云：「歐陽公嘗夢爲鸜鵒，初夏清曉飛鳴緑陰中，甚樂。」按：此可與莊生曉夢並傳矣。

高若訥知醫

宋邵伯温《聞見前録》云：「衛州多名醫，有申受者善醫，自言得術於高若訥參政，得脈於郝氏老。高參政醫學甚高，既貴，診脈少，故不及郝老。」按：高若訥即歐陽公貽之書譏其「不知有人間羞恥事」者，不謂其人乃精醫也。

又按：郝老名允，博陵人。少代其兄長征河朔，不堪其役，遁去。月夜行山間，憊甚，憩一樹下。忽若大羽禽飛止其上，熟視之，一黄衣道士也。允拜乞憐，道士曰：「汝郝允乎？」因授以醫術。晚遷鄭圃，世以神醫名之。見邵公濟《聞見後録》。

宋葉夢得《避暑録話》云：「士大夫于天下事苟聰明自信，無不可爲，惟醫不可强。本朝公卿能醫者高文莊一人而已，尤長於傷寒。文莊，鄆州人，至今鄆多醫，尤工傷寒，皆本高氏。」按：「文莊」即若訥也。

《避暑録話》又云：「嘉祐末，有黥卒，不知其姓名，時人以『郝老』呼之。善醫，自言授法於至人。往來許、洛閒，程文簡尤厚禮之。爲文簡診脈，預告其死期於期歲之前，不差旬日。常語人年六十始知醫，七十而見《素問》，每曰：『使吾早得此書，與醫俱，吾不死矣。』惜其見之晚，而已傷者不可復也。」按：此則郝非其姓矣，不知何以稱之爲「郝老」也。

狄武襄殺陳曙

宋王明清《揮麈後録》云：「儂賊犯交廣，狄武襄受命顓征，首責崇儀使陳曙，斬之，軍聲大振，竟破賊。而桂人爲崇儀建廟貌，祀事至今。東坡先生以書抵廣西憲曹子方云：『閑居偶念一事，非吾子方莫可告者。故崇儀陳侯忠勇絶世，死非其罪。廟食西路，威靈肅然。願公與程之邵議，乞載祀典，使此侯英魄少信眉於地中，如何如何？』武襄必無濫誅，而廣人奉事之益嚴，又有東坡之説如此，不可曉也。」

王荆公是秦王後身

宋張端義《貴耳集》云：「荆公在鍾山讀書，有一長老曰：『先輩必做宰相，但不可念舊惡，改壞祖宗格法。』荆公云：『一第未就，奚暇問作宰相？』老僧云：『曾坐禪入定，見秦王入寺來，知先輩秦王後身也。』」按：秦王轉世爲荆公，敗壞北宋天下。及南渡，高宗内禪，而孝宗嗣統，則秦王之後也。此與錢氏索還兩浙同一公案矣。

王荆公死兆

宋王明清《揮麈後録》云：「王荆公在金陵，有僧清曉於鍾山道上見有童子數人，持幡幢羽葢之屬。問之，曰：『往迎王相公。』幡上書云：『中含法性，外習塵氛。』到寺未久，聞荆公薨。」

秦檜在金國事蹟

明李日華《六硯齋二筆》云：「秦檜遭粘罕拘執北行，并其妻王氏，隨行有小奴硯童、少婢興兒、御史街司翁順而已。虜主以賜其弟撻賴爲任用，任用者，執事也，甚相親信。撻賴提兵而南，命檜以任用偕行，爲撻賴參謀，又爲隨軍轉運使，在孫村浦寨中。楚城陷，寨中人紛紛争入楚州。檜見梢工孫静可與語，遂密約於紛紛不定中以催淮陽、海州錢糧爲名，同妻王氏、硯童、興兒、翁順及親信高益恭等登小舟，令静挂帆而去。至漣水軍界，爲丁禩水寨邏者所得，將殺之。檜曰：『我御史中丞秦檜也。此中有秀才否？當知我姓名。』或謂有賣酒王秀才。秀才名安道，字伯路，素不識檜，乃佯爲識，以紿其衆，意欲存檜也。遂一見而長揖曰：『中丞勞苦不易。』衆遂信之。檜至行在，范宗尹、李回薦其忠而才，上遂除檜爲禮部尚書。」按：此與《宋史》本傳小有異同。孫静，史作「孫靖」，又從行有馮由義，此不載。

秦檜靖康末議狀不足信

宋王明清《揮麈餘録》云：「明清《第三録》載秦檜之靖康末議狀全篇。比見表姪常保孫言，嘗聞之于游定夫之孫九言云，乃馬伸先覺之文也。初，會之爲御史中丞，金人議立張邦昌以主中國。先覺爲監察御史，抗言曰：『吾曹職爲諍臣，豈可坐視？當共入議狀，乞存趙氏。』會之不答。少焉屬藁，遂就呼臺吏連名書之。會之既爲臺長，則當列於首。會之猶豫，先覺帥同寮合請，會之不得已，始書名。先覺遣人疾馳，以達金酋。所以秦氏所藏本猶云『檜等』也。先覺中興初爲汪、黄所擠，責監濮州酒税。會之還自金營，揚言己功，盡掠其美名。先覺有甥何琉者，得其原稿，累欲上之，而馬氏子止之云：『秦檜之凶焰，其可犯邪？』紹興乙亥，琉夢先覺云：『秦氏將敗，趣使往陳之。』琉即持稿叫閽。會之大怒，誣以他罪，竄嶺外。未幾，會之果殂。其家訟寃，詔復琉故官。」按：檜議狀二篇，並載《揮麈三録》，云：「此書得之丹陽蘇著廷藻，云頃爲秦之孫塤客，因傳其本。使會之誠有此，而無紹興再相，擅國罔上，專殺尚威，則謂非賢可乎？」并引詩「周公恐懼流言日」云云。今觀此，則會之此舉本是掠人之美，並非前後兩截人也。

又《揮麈録》云：「姚宏字令聲，越人也。有僧妙應語宏云：『君不得以命終，候端午日，伍子胥廟中見榴花開，則奇禍至矣。』後知衢州江山縣，來謁帥憲。既歸，出城數里，值大風雨，亟憩路旁一小廟中，見榴花盛開，詢諸祝史，云『此伍子胥廟』，其日乃五月五日。宏慘然登車，未幾追赴大理，死獄中。先是宏嘗語人曰：『世所傳秦丞相上書黏罕，乞存趙氏。其書與齎來者大不同，更易其語，以掠其美名。』秦聞之大怒，遂罹其酷。」

又按：王明清《玉照新志》亦載此事，小有異同，且云：「二帝北狩，秦亦陷金。獨馬公主臺事，排日以狀申張邦昌云：『伏覩大金以太宰相公權主國事，未審何日復辟？謹具申太宰相公。伏乞指揮施行。』至康王即位日乃止。」至何琉則爲何兑，字太和，邵武人，馬公門弟子也。

與《揮麈餘録》所云馬公甥何琉，未知孰是。

施武子以蘇詩被劾

宋周密《癸辛襍録》云：「施宿字武子，湖州長興人。父元之，乾道閒爲左司諫。宿晚爲淮東倉曹，時有故舊在言路，因書遺以番葡萄，歸院相會，出以薦酒。有問知所自，憾其不已致也，劾之，無以蔽罪。宿嘗以其父所注坡詩刻之，倉司有所識傅稺，字漢孺，湖州人，窮乏相投，善歐書，遂俾書之鋟版，以賙其歸，因摭此事坐以贓私。其女適章農卿良朋云。」

按：康熙中，商丘宋氏刻《施注蘇詩》，頗考求施氏父子事實，而不知有此事。

雷轟薦福碑本無其事

宋王明清《玉照新志》云：「雷轟《薦福碑》事，見楚僧惠洪《冷齋夜話》。去歲婁彦發機自饒州通判歸云：薦福寺雖號番陽巨刹，元無此碑，乃惠洪僞爲是説。然東坡已有詩曰『有客打碑來薦福』。惠洪此書距坡下世已逾一紀，恐是先已有妄及之者，非洪之鑿空矣。」

茶香室三鈔卷九

岳忠武王母葬地

宋王明清《揮麈三録》云：「張堯叟唐老自九江來云：『去歲在匡廬，正覩岳侯葬母，儀衛甚盛，觀者填塞，山間如市。一僧爲僕言：岳葬地雖佳，但與王樞密之先塋坐向既同，龍虎無異。掩壙之後，子孫須有非命者。然經數十年，再當昌盛。』」

朱晦翁以能詩薦

宋張端義《貴耳集》云：「澹庵有《薦賢録》，首章謂上欲求詩人，遂薦十五人，以王庭珪爲首，晦翁亦以能詩薦。此時伊洛之學未甚專門也。」

真西山生前異事

宋周密《齊東野語》云：「真文忠公，建寧府浦城縣人。先是有道人於山間結庵，煉丹將成，忽一日入定，語童子曰：『我去後或十日五日即還，切勿輕動我屋子。』後數日，忽有叩門者，童子語以師出未還。其人曰：『我知汝師久矣，今已爲冥司所録，不可歸。留之無益，徒臭腐耳。』童子村朴，不悟爲魔，遂舉而焚之。道者歸，已無及，繞庵呼號云：『我在何處？』如此月餘，有老僧厲聲答之曰：『你説尋我，你却是誰？』其聲乃絶。時真母方孕，忽見道者入室，遂産西山。」按：國朝趙吉士《寄園寄所寄》載劉伯温事與此相類。今乃知即真西山事，附會其説也。

趙鼎驕侈

明李日華《六硯齋二筆》云：「趙鼎，蒲、解閒人，起於白屋，有朴野之狀。一日拜相，驟爲驕侈。以臨安相府爲不足居，别起大堂。奇花嘉木，環植周圍。堂之四隅各設大爐，每坐堂中，則四爐焚香，煙氣氤氲，交合坐上，謂之香雲，日支香費數千緡。」按趙忠簡本傳：「内侍移竹栽入内，鼎見，責之曰：『艮嶽花石之擾皆出汝曹，今欲蹈前轍邪？』因奏其事。上改容謝之。」其風節如此，驕侈之事恐出讒口。

王梅谿異聞

國朝王應奎《柳南隨筆》云：「王梅溪嘗讀書温州江心寺，寺中住持真歇了禪師知其爲龍種。時寺前埂子山門屢築不就，將成，即有龍潰之。一日，梅溪大醉，禪師進曰：『公能捨山門前一塊土乎？必中狀元無疑矣。』就之乞書券。梅溪醉中戲書與之。其後禪師坐山門乘涼，有一老人拄杖而來，攜一童子索地。出券示之，泣而去。至今寺中寶藏其券焉。寺去桑門三里。桑門，温州城門也。往來嘗與妓錢玉蓮善，約富貴納之。梅溪登第後，三年不還鄉。玉蓮爲人逼嫁，自沈於桑門江口。蜀人破堂和尚爲錢先生湘靈述之如此。今其事備載湘靈集中。破堂蓋久住江心寺者。」按：此則錢玉蓮投江乃真有其事矣，恐出後人附會，至龍種之説尤奇。

國朝戴咸弼《瑣語録》云：「永嘉林某詩注：江心孤嶼，中界一川，龍居焉。宋紹興閒木待問讀書於中，老僧知其爲龍，時以酒脯相邀，求施其地。公戲書一券與僧，因填之，遂建室殿。後公登孝宗隆興癸未狀元，以學士卒。龍復起，江心寺僧焚香讀券乃止。每歲中元日必建道場，然後風雨以時。」按：此則書券者非工梅溪矣。

賈似道後身爲鼠

國朝章有謨《景船齋襍記》云：「吾松康庵一鼠，日出就僧聽誦《金剛經》。一夕忽用前一足枕首，若曲肱狀而逝。僧云此鼠即賈秋壑後身。」

蟋蟀相公

國朝王應奎《柳南隨筆》云：「馬士英爲人極似賈秋壑，其聲色貨利無一不同。羽書倉皇，猶以鬭蟋蟀爲戲，一時目爲『蟋蟀相公』。」然則蟋蟀一物既亡宋，又亡明矣。

王冕事傳聞之異

元徐勉之《保越録》云：「郡人王冕字元章，負氣偃蹇，居九里山中。敵軍至，民皆避入城，冕獨不入，敵軍執而欲殺之。自言善韜略兵機，得以不死。敵將謝同僉等資之，偕行至婺州，見敵主。獻所自定官制書，陳説攻取方略。敵主大悦，即授以重任，命赴軍前，督衆攻取紹興。復治攻城之具，又定決水之策，畫圖本以示諸將。」又云：「敵軍欲阻昌安門，絶我糧道，乃用王冕之計，自繞門山潛逾河，至石堰，結寨大常山石佛寺，一日而成。」

按：《明史·王冕傳》：「攜妻孥隱九里山，嘗倣《周官》，著書一卷，曰：『持此遇明主，伊、吕事業不難致也。』太祖下婺州，物色得之，置幕府，授諮議參軍。一夕病卒。」然則其居九里山自是實事。又嘗倣《周禮》著書，則所謂「自定官制」亦非無因。惟此《録》所云軍前督衆、治具決水事，他書紀王元章事皆不言有此。傅節子跋云：「意者冕爲明兵邀致，越人遂疑其甘心從敵，文致其罪。」斯言得之矣。

倪雲林納粟補官

國朝葉廷琯《鷗陂漁話》云：「《杜東原集》中有《題雲林畫》一則云：『先生家素埒封，以納粟補官道録，應時君之詔，以濟饑乏，非求貴也。』此葢如今之捐輸以議叙得官者。曰應詔濟饑，則必因歲歉，有司奉上命勸捐發賑耳。東原去元未遠，必非無據，可補志乘之遺，亦見當時雖末造，尚知愛惜名器。富民捐賑止授道官，豈爛羊侯尉之比乎？」

劉伯温得天文書

明都穆《談纂》云：「誠意伯劉基元末在燕京時，書肆有天文書一部，久無售者。基至，手其書不置。次日往，肆中老翁扣昨所觀，則已成誦矣。翁乃以書授之，且爲語其奥。基歸，復往，則翁已閉肆，不知所之。」按：余於《續鈔》載劉青田異事，皆近荒誕，此則尚近事實。肆中老翁，必元末隱君子也。

方正學祠有姚廣孝跪像

國朝龔煒《巢林筆談》云：「明末隆武時，建方正學廟，縛跪姚廣孝像。」按：其時不知建廟於何地，惜言之不詳。

徐汝廉於天啟時發南遷之議

國朝朱彝尊《静志居詩話》云：「徐允禄字汝廉，蘇州嘉定學生，有《思勉齋集》。虞山云：『天啓辛酉，予官詹端。汝廉貽書累萬言，謂正統己巳之役，徐元玉得謀國大局，而于廷益爲孤注。公等當早決大計，勸請南遷，勿爲宋頭巾所誤。甲申三月，大命以傾，豈知憂危慮早，乃自二十年前一老書生發之，有大過人者。』」按：天啓時海内晏然，汝廉此論殆因王師入關而發，真曲突徙薪之高見矣。

萬曆丙辰天示異象

國朝徐逢吉《清波小志》載吴農祥《周處士傳》云：「周處士大縝，字恢焉，錢唐人。萬曆四十四年丙辰元旦與其友出清波門，見東方天門開，有甲士數百萬從空而下。問其友，對曰：『不知也。』未幾，西方赤氣亘天，見夜叉羅刹數輩皆絳瞳赤髮，爪牙快利，與甲士戰，甲士不勝，反走。已而有數貴人尊嚴若天神，從行搢笏者數千人。夜叉領衆往追，天神失聲而逸，執其從行貴官以去，以繩貫掌，血肉狼藉，號呼之聲隱隱達牆屋閒。驚問其友曰：『亦不見邪？』曰：『然。』因執友手哭曰：『時事去矣！』即誓不入城。至康熙癸卯，年八十有二而殁。」吴農祥曰：「萬曆三十四年，李自成生，張獻忠亦生。大縝所見豈兩逆賊之兆邪？顧於四十四年示殃於大縝，何也？」

明季社事緣起

明楊彝《復社事録》云：「文社始天啟甲子，合吴郡、金沙、檇李僅十一人：張溥天如、張采來章、楊廷樞維斗、楊彝子常、顧夢麟麟士、朱隗雲子、王啓榮惠常、周銓簡臣、周鍾介生、吴昌時來之、錢栴彦林，分主五經文字之選。而效奔走襄事者，嘉興府學生孫淳孟樸也，是曰『應社』。当其始，取友尚隘，來之、彦林謀推大之，於是有廣應社。貴池劉城伯宗、吴應箕次尾、涇縣萬應隆道吉、蕪湖沈士柱崑銅、宣城沈壽民眉生咸來會，聲氣之孚，自應社始也。崇禎初，嘉魚熊開元宰吴江，進諸士而講藝。於是孟樸里居，結吴翻扶九、吴允夏去盈、沈應瑞聖符等肇舉復社。又有歷亭席社、昆陽雲簪社。而吴門别有羽社、匡社，武林有讀書社，山左有朋大社，僉會於吴，統合於復社。始於戊辰，成於己巳。其盟書曰：『學不殖將落。毋蹈匪彝，毋讀匪聖書，毋遠老成人，毋矜厥長，毋以辯言亂政，毋干進喪乃身。嗣今以往，犯此，小用諫，大者擯。僉曰諾。』是役也，孟樸渡淮、泗，歷齊、魯，以達於京師，賢士大夫必審擇而定衿契，然後進之於社。蓋先後大會者三，復社之名動朝野。孟樸勞居多，然而歛怨深矣。」按：明季社事紛紜，迄於亡國而後已。然事之緣起莫能詳也。此録即出於社中人，宜其言之歷歷矣。録其大略，以戒方來。

國朝王應奎《柳南隨筆》云：「天啓中，諸名士結文社，曰應社。大江以南主應社者，太倉張采受先、張溥天如，吴門楊廷樞維斗、金壇周鑣仲馭、周鍾介生。大江以北主應社者，宣城沈壽民眉生、涇縣方應隆道吉、池州劉城伯宗。而太倉自二張外，在社中者又有八人，爲應社十子。吴門自維斗外，在社中又有十二人，爲應社十三子。又常熟楊彝子常、太倉顧夢麟麟士治《詩》，維斗及嘉善錢旃彦林治《書》，介生兄弟治《春秋》，受先及吴門王啓榮惠常治《禮記》，天如及長洲朱隗雲子治《易》，爲『五經應社』。迨崇禎庚午，楚中熊魚山開元自崇明令調吴江，最尚文章聲氣。時吴江諸生孫淳孟朴、吕雲孚石香、吴翻扶九、沈應瑞聖符輩附之，號召同人，創爲復社，頗見嫉於維斗。孟朴至吴門，懷刺謁楊，再往不得見，曰：『我社中未嘗有此人。』『我社』者應社也。賴天如調劑其閒，兩社始合爲一。」按：此與前説微異。果如此説，則應社大而復社小，後來并合爲一，何不名應社而名復社乎？恐當以前説爲信。

隆武爲僧

國朝林春溥《開卷偶得》云：「安溪湖頭有妙峯山，山上有寺，寺後有僧塔。土人言明末隆武實辟地於此。時李氏有祖光龍，曾官翰林簡討，亦隱兹寺以奉之，日爲師徒，夜行君臣禮，死因葬焉。其塔題法號曰『參唯』。今無識者矣。」

吴六奇謚

國朝王士禛《國朝謚法考》云：「廣東饒平總兵官左都督贈少師兼太子太師吴六奇順恪，康熙四年十一月二十九日謚。」按：吴六奇以查伊璜事人人知之，然其謚則知者亦罕。又蔣心餘撰《雪中人傳奇》述六奇祈夢有二獅壓身之兆，此必有所本。其身後贈少師兼太子太師，或足應二獅之夢歟？

按：吴順恪公六奇字鑑伯，别字葛如，粤之海陽縣豐政都人。乾隆三年設豐順縣，故今爲豐順人。父廷符，母胡氏。兄弟二人，公爲長，弟標。子十三，長啓晋，順治丁酉舉人；啓豐嗣職，調貴州安籠鎮總兵；啓鎮以蔭官至黄岡副總兵；啓爵年十八，入爲頭等侍衛，歷任大原、瓊州、天津總兵；啓相官虎門副總兵。公卒於康熙乙巳五月三日，壽五十九，則當生於明萬曆三十四年，入本朝三十九歲矣。公之裔孫昌坤，光緒乙酉舉人，與余孫陛雲爲同年生，又出余門生徐花農太史房。承以家傳見示，故知其詳。家傳爲長樂温訓所撰，温君自言與公六世孫世驥同年，以公《忠孝堂文集》及墓志見示，故擇其大者著於傳。然則公尚有文集，非絳、灌無文者可比，洵奇人也。

睿忠王史閣部兩書

國朝禮親王《嘯亭襍録》云：「純皇帝閲睿忠王傳，以其致明史忠正公書未載回札，命將内閣庫中所貯原稿補行載入。嘗聞法時帆言，忠王致書乃李舒章雯捉刀，答書爲侯朝宗方域之筆。」

按：往年有以史忠正祠墓圖索題者，圖中有陳君弢詩，自注云：「史閣部復攝政睿親王書，乃樂平王綱字乾維者代筆，見南昌彭士望《恥躬堂集》。」余已載于《春在堂隨筆》。今觀此，又以爲侯朝宗，未知孰是。

康熙中以藤牌勝羅刹國

國朝劉獻廷《廣陽襍記》云：「康熙二十四年八月，建義侯林興珠、提督劉兆麟率福建藤牌手征羅刹國，勝之。」又云：「建義本江西南安副將，降于周，後在湘潭投誠。僞周平，封建義侯。甲子冬，上召見，論及火器之利，問所以禦之者，曰：『惟滚被爲第一。』問何物，曰：『即人家所用之棉被也。惟柔能制剛耳。』因詳言進退闪滚之法。問滚被之外更有何法，曰：『有滚牌。』上命取至，曰：『汝家有能用此牌之人否？』曰：『有數人。』遽召六人來，上命善射者以雹頭射之，數發皆不能中。矢未發，已滚至面前，疾于飛鳥。上大喜，問何方可以召募得人，幾何可成一旅。曰：『多則一千，少或五百，惟臣鄉漳泉之人多善此者。』上曰：『此去閩遠，今直隸、山東、河南多臺灣投誠者，召用之，五百可得也。』遂召募教演，未幾而成。至己丑春夏閒，命往征羅刹國阿克薩城。城有守將，其父亦守一城，率衆五百，自上流乘木筏順流而下。林侯曰：『若使登岸，則不可當。吾以水軍往迎之。』皆令衆裸而入水，冒藤牌于頂，持搧刀以进。羅刹驚所未見，呼曰：『大帽韃子！』众皆在水，火器無所施；藤牌蔽首，槍矢不能入。以長刀掠牌上，折其脛，皆踣江中。殺傷大半，餘奔潰。興珠不喪一人，城中請降。上大喜曰：『林侯之功，史册所未有也！』」按：此記建義戰事甚詳，不及備書，姑撮其大略。羅刹國即今俄羅斯也，在順治閒已以火器著名，而中國則以藤牌勝之。今軍中操演尚有藤牌，觀者幾視同戲具，不知國初固以勝俄羅斯之火器也。滚被之法亦必可用，惜當時未行，今無知之者矣。

謹按《平定羅刹方略》：「康熙二十七年十二月乙巳，命選擇藤牌官兵。上諭兵部，所需藤牌官兵，應分遣司員至山東、河南、山西三省，於安插墾荒福建投誠官兵内選擇善用藤牌、願行効力五百人，令地方大臣給銀贍其妻子，兼爲整裝遣行。又傳令八旂漢軍察明福建等處投誠官兵内善用藤牌及滚□長刀者，勿論主僕，開列職名并器具送部。又諭：聞福建有雙層堅好藤牌，移文提督施琅，選取四百速送至京，毋誤軍機。」然則當時自以藤牌爲禦火礮之利器，「滚」下缺一字，必是「被」字。滚被、滚牌皆閩中長技，今未知尚有傳授否。似亦留心武備者所宜講也。

《廣陽襍記》又云：「賜姓公未得臺灣也，積蓄皆貯海澄，鐵甲十萬副，穀可支三十年，藤牌、滚被、銃炮、火藥皆以數萬計。」據此則知當時固以藤牌、滚被與銃炮、火藥並爲軍中利器。

明珠家累世富厚

國朝禮親王昭槤《嘯亭襍録》云：「明太傅广置田產，市買奴僕，厚加賞賚，使其充足，無事外求。立主家長，司理家務，奴隸有不法者，許主家立斃杖下。所逐出之奴皆無容之者，曰：

『伊於明府尚不能存，何況他處也？』故其下愛戴，罔敢不法。其後田産豐盈，日進斗金，子孫歷世富豪。至成安時以倨傲和相故，攖法網，籍没其産，有天府所未有者。」世傳《紅樓夢》小説爲演説明珠家事，今觀此則明珠之子納蘭成德至成安籍没時幾及百年矣，於事固不合也。

《嘯亭襍録》又載癸酉之變云：「有侍衛那倫者，納蘭太傅明珠後也。少時家巨富，凡滌面銀器日易其一。晚年貧窶，一冠數年，人多笑之。是日應值太和門，聞警趨入，遂被害。」按：此亦可見明珠家之久富矣。

又云：「納蘭侍衛寧秀，爲太傅明珠曾孫。生時有髭數十莖，羅羅頤下。年弱冠，顔貌蒼老，宛如四五十人，未三十即下世。其家因之日替，亦一異也。」小説家所稱生有異徵者，豈即斯人歟？

乾隆時僞皇孫

國朝禮親王《嘯亭襍録》云：「庚子春，純皇帝南巡迴鑾，駐蹕涿州。有僧人率幼童接駕，云係履端王次子。初，履端親王諱永城〔一〕，純皇帝第四子。其側福晉王氏，王素鍾愛。有他側室産次子，以痘殤，其邸人皆言爲王氏所害。上亦風聞其故，乃召童子入都，命軍機大臣會鞫。保勵堂侍郎成時爲軍機司員，近前批其頰曰：『汝何處村童，爲人所紿，乃敢爲滅門事乎？』童子惶懼，言係樹村人，劉姓，爲僧人所教。事聞，斬僧人於市，戍童子於伊犂。又於其地冒稱皇孫，爲松相公筠所斬。」按：本朝家法森嚴，乃亦有此事，保侍郎可謂有雋不疑之風矣。

〔一〕城，《嘯亭雜録》卷六作「珹」。

茶香室三鈔卷十

許由千頃山故居

宋吴自牧《夢粱録》云：「陶唐箕公許由隱寓昌化晚溪，有千頃山故居。」

燕昭沽酒邨

國朝孫星衍《京畿金石考》：「保定府定興縣有沽酒邨，刻石云『燕昭王沽酒飲樂毅處』，字剥蝕，在縣西。」

闔閭流杯亭

唐陸廣微《吴地記》云：「流杯亭，在女墳湖西二百步，闔閭三月三日泛舟游賞之處。」按：此亦修禊故事，今人罕知。

常熟浣紗石

唐陸廣微《吴地記》云：「常熟縣北有孔子弟子言偃宅，中有聖井，闊三尺，深十丈。傍有盟，原注：即壇也。盟北百步有浣紗石，可方四丈。」按：今人但知諸暨有西子浣紗石，不知有此。此石不知何人遺蹟也。

伯嚭宅

國朝顧震濤《吴門表隱》云：「吴太宰伯嚭宅在西泮環巷。」原注：「出馮猶龍《褋志》。」

屈原馬跡

宋劉敬叔《異苑》云：「長沙羅縣有屈原自投之川，岸側盤石，馬跡尚存。相傳云原投川之日，乘白驥而來。」按：伍子胥白馬素車，人多知之，不知屈大夫亦有白驥事。

望鄉嶺李陵題字

宋王明清《揮麈前録》云：「太平興國六年五月，詔遣供奉官王德〔一〕、殿前承旨白勳使高昌，經馬鬉山望鄉嶺，嶺上石庵，有李陵題字。」按：所題何字，惜不載也。

〔一〕「德」上，《揮麈前録》卷四有「延」字。

孟光故里

國朝顧震濤《吴門表隱》云：「孟光故里在上沙梁巷。」按：梁伯鸞，扶風平陵人，孟光其同縣人。吴中安得有其故里？疑附會也。

遠公出木池

明包汝楫《南中紀聞》云：「東林寺，遠公募造。木植俱從一小池中浮出，號出木池。遺址尚在。」按：杭州净慈寺有神運井，相傳僧道濟運木於井。今觀此，則知緇流自有此種俗説流傳也。

王逸少硯池異蹟

宋方勺《泊宅編》云：「山陰蘭亭有逸少硯池，朝廷每有頒詔禮，則池水盡黑，可以染緇。

太常少卿沈紳嘗記其事。」

薛濤井

明包汝楫《南中紀聞》云：「薛濤井在成都府，每年三月初三日，井水浮溢。郡人攜佳紙向水面拂過，輒作嬌紅色，鮮灼可愛。但止得十二紙，遇歲閏則十三紙，此後遂絶無顔色矣。是紙用以奉貢，歲止獻六張，餘爲蜀府所留。」按：此亦奇迹，未知今尚然否。

溪州銅柱

國朝錢大昕《養新録》云：「《溪州銅柱記》，馬希範據湖南時所立，其誓文首云『天福五年正月十九日』，而不題『大晉』。其誓詞云『蒙王庭發軍收討』，又云『歸明王化』，又云『凡是王庭差綱，收買溪貨，并都幕採伐土産，不許輒有庇占』。蓋其時知有藩鎮，不知有朝廷久矣。《記》後刊銜名，多攙入宋人題名，字迹較劣，而知州、通判、都監、鈐轄皆宋時官名，斷非天福元刻。

此柱今在永順府境，人跡罕至，椎拓頗不易。」按：人知有馬伏波之銅柱，不知有馬希範之銅柱。希範事雖不足道，要亦一古蹟也。光緒十二年，吴清卿副憲大澂奉命勘定中俄邊界，立銅柱識之。清卿本出余門下，其明年巡撫粤東，道出吴中，以銅柱拓本示余，余爲題數語歸之。然則宇内有三銅柱矣。

明鄭仲夔《耳新》云：「鄭中丞毅徵時，有日者推其命云：『分茅嶺上埋銅柱，古往今來一馬援。』及提兵征蠻洞，登一峻嶺，見有鐵柱，題曰『分茅嶺，漢伏波將軍馬援識』，忽悟曰：『吾功名止此矣。』因別立一銅柱，振旅以歸，隨卒。」按：此亦一銅柱。

明魏濬《嶠南瑣記》云：「開元閒，何履光以兵定南詔，取安寧城，復立銅柱。柳子厚以爲復立者乃安南都護楊舟。又馬總元和中爲安南都護，建二銅柱於漢故地，鑱著唐德。五代晉馬希範平羣蠻，亦立銅柱於溪州。總與希範皆自謂伏波裔故也。」按：此則立銅柱者亦非一人一地矣。

明鄺露《赤雅》云：「伏波銅柱，一在憑祥州思明府南界，一在欽州分茅嶺交趾東界，又於林邑北岸立三銅柱爲海界，林邑南立五銅柱爲山界。」按：此則伏波銅柱有十。

禹陵爲南大吉更定

國朝朱彝尊《静志居詩話》云：「南大吉字元善，渭南人，正德辛未進士。知紹興府，妙善占墓，謂窆石非禹葬處，别於廟東南建豐碑，題曰大禹陵。其後望秩於是處焉。」

周文武成康陵皆被發掘

宋邵博《聞見後録》云：「國初詔有曰：『周文、武、成、康陵各具衮冕掩閉，亦不免唐末五代暴發之禍矣。』漢、唐以來陵墓不足道也。」

孔子虚墓

宋孔傳《東家襍記》云：「先聖墳西有虚墓五間，皆石爲之。世傳先聖没，戒門弟子爲虚墓。後果遭秦皇發冢，有白兔出於墓中，始皇逐之，至曲阜西北十八里溝而没。魯人因名其溝曰白兔溝。」按：發冢有白兔之異，必是古來神聖遺跡。乃以爲孔子之虚墓，則魏武之疑冢，孔子先之矣。此妄説也。

杜康祠冢

國朝朱彝尊《静志居詩話》云：「海内圖經罕載杜康祠宇，獨三吴有之。相傳康有遺冢在江陰縣城南，土人因於橋下建祠，以劉伶配之。」

朱張墓

國朝顧震濤《吴門表隱》云：「周逸民朱張墓在長邑蘇臺鄉。」原注云：「出《樂圃志》。」又云：「朱長巷即朱張巷，周逸民所居，元萬户朱瑄尚居之。」原注云：「顧公燮記。」

相王墓

國朝顧震濤《吴門表隱》云：「相王墳在盤門東城下古蛇門傍，周擊賊將軍黑莫郝所葬，舟人賽祀不絶。」又云：「赤蘭相王廟在南園赤門傍，行祠在巴家園。神姓桑名湛璧，原注云：舊志作黑莫郝。亦名榮，封東吴上鄉土穀神、織造都城隍。唐時已建。國朝康熙四十四年，織造李煦重建，請加封護國忠顯王。道光元年，織造嘉禄重建，列入祀典，一在葑門外接官亭，一在洞庭西山。」

按：唐陸廣微《吴地記》云：「赤門有赤欄將軍墳，在蛇門東。陸無水道，故名赤門。」然則相王墳即古赤欄將軍墳也。「黑莫郝」之名不知所本，而後世又作「桑湛璧」，至今織造署中敬奉之，彌失其真矣。余年來自蘇至杭，必過所謂相王墓者，兒婦輩或舉以問，無以應也。今雖得其大略，然究不能定爲何人，當更考之。

亞夫墓

宋吴自牧《夢粱録》云：「亞父冢在皋亭山。」按：亞父當即范增，不知其墓何以在吾浙也。

陸平原墓

國朝章有謨《景船齋襍記》云：「青浦一土阜，相傳陸平原墓，蓋葬其衣冠者。萬曆初，有一金蛇見土上。土人掘之，得一銀首及銀器。」按：葬衣冠之墓乃必鑄銀爲首，何歟？

陶隱居墓

明李日華《六硯齋筆記》云：「宋元祐中，有中貴羅淳一學道華陽，意隱居之藏有丹砂異書，一日穴墓，惟鐵繩縣一空棺，其壙甃環繞，相次成文，曰『華陽隱居幽館，勝力菩薩捨身。釋迦佛陀弟子，太上道君之臣。修上乘之六道，□□□之三真[一]。憩靈岳以逶迤，遊太空以棲神』。書蹟神妙，是隱居手書。墓既開，遂摹此文以傳。元祐六年林希子中所傳如此，蹟未得見。」

單雄信墓

宋孟元老《東京夢華録》云：「東曲首向北牆畔單將軍廟，乃單雄信墓也。上有棗樹，世傳乃棗槊發芽，生長成樹。又謂棗家子巷。」按：單雄信墓乃在汴梁城中，亦所未聞。

鄞縣陀山有王介甫祠

明李日華《六硯齋筆記》云：「王介甫令吾浙之鄞。鄞濱海，有田率在山麓。民指田爲質，

[一] 陶弘景《瘞劍履石室磚銘》此二句作「行大乘之六度，修上清之三真」。

以貸豪右之金。介甫特出官錢，輕息以貸，至秋則田畝之入安然足償，所謂『青苗法』也。鄞人至今德之，立祠陀山下，神亦至靈。」按：所謂「陀山」者當即普陀山也。自宋至明季，其神猶靈。今二百年來，未知尚有此祠否。

土山會

晉《支遁集》有《土山會集詩》三首，其序云：「間與何驃騎期，當爲合八關齋，以十月二十二日集同意者在吴縣土山墓下。三日清晨爲齋始，道士白衣凡二十四人，清和肅穆，莫不静暢。至四日朝，衆賢各去。余既樂野室之寂，又有掘藥之懷，遂便獨往。於是乃揮手送歸，静拱虚房，悟外身之貞；登山采藥，集巖水之娱。遂援筆染翰，以慰二三之情。」按：晉時土山有此盛集，亦幾與蘭亭等矣。何蘭亭之赫赫而土山之寂寂邪？

燕子樓

蜀何光遠《鑑戒録》云：「唐末徐州廉使時太師溥常有好道之心。有道士姓郭名端，請硃砂一斤，泥爐于大廳養藥，令太師自看火候，約一月而成。一月開爐取藥，結成一塊，香氣馥人，透掌光明，如紅玉之狀。謂溥曰：『此藥所須在意，號曰太乙丹砂。』忽見一猧兒，遂敲藥少許，搵餅與食。其犬須臾之間化爲烈焰一團，騰空而去。是歲，梁太祖舉四鎮之衆，攻伐其城。堅守數旬，缺乏糧料。端與時公一宅骨肉二百餘口俱上燕子樓，須臾樓中火發，紅焰亘天，色若虹霓，段段飛去。及至火歇，灰燼亦無。軍民異之，謂之火宅解也。燕子樓至今存焉。」按：今人但知燕子樓有關盼盼故事，不知又有此事。

又按：《宋景文集》有《重修彭祖燕子二樓記》云：「景祐二年，丞相隴西公以大司寇殿徐方，達觀署居，寖眺城隅。歸焉二樓，聯冠州雉。直艮陬者曰彭祖，占坎方者曰燕子。」則是樓至宋猶在。又云：「樓之賦名尚矣，或以地，或以事。公即而用之，紀方言而著實也。」惜未及其所以名樓之故。

同醉亭

宋徐度《却掃編》云：「歐陽文忠謫守滁州，作亭名曰醉翁。政和中，唐少宰恪守滁，亦作亭山閒，名曰同醉。自作記，且大書之，立石亭上。」按：今人知有醉翁亭，不知有同醉亭也。

伯都訥有宋徽宗遺蹟

國朝禮親王昭槤《嘯亭襍録》云：「五國城在今伯都訥地方。乾隆中，副都統綽克託築城，掘得宋徽宗所畫鷹軸，用紫檀匣盛，瘞千餘年，墨跡如新。又獲古瓷器數十件，因得碑碣，録徽宗晚年日記，尚可得其崖略，云於天會十三年寄跡於此，業經數載。始知金時所謂五國城即此地也。」按：徽宗日記惜不傳。

蔡京書臨平寺額

宋陸游《老學庵筆記》云：「自唐至本朝，中書門下出勑，其勑字皆平正渾厚。元豐後勑出尚書省，亦然。崇寧閒蔡京臨平寺額作險勁體，『來』長而『力』短，省吏始效之，謂之『司空勑』，亦曰『蔡家勑』。至今『勑』字蔡體尚在。」按：余幼時居臨平，故遇臨平事必記之。門下士張小云明經取以作《沈東江臨平志補遺》，此條未知採入否。

梁山柏祝英臺讀書處

明張岱《夢憶》云：「至曲阜謁孔廟，宫牆上有樓聳出，扁曰『梁山柏祝英臺讀書處』，駭異之。」按：孔廟有此誠大奇，未知今尚然否。

松鶴庵

國朝禮親王昭槤《嘯亭雜録》云：「松鶴庵在宣武門外繩閘，爲楊忠愍公故宅。乾隆丁未，胡雲莊司寇季堂會諸僚友，醵金立祠，繪公像及同事諸公神位。地甚湫隘，有古槐一株，猶忠愍手植，想見當日清貧之狀。韓旭亭先生有《過忠愍祠》詩，蓋丁未年立祠時作也。」按：今炸子橋松筠庵相傳爲忠愍故宅。而吾鄉戴菔塘先生《藤陰雜記》言松筠庵塑幞頭神像相傳爲城隍神。則忠愍故宅之説，亦未知信否。而《嘯亭雜録》又作松鶴庵，何也？

中文定八宅

國朝顧震濤《吴門表隱》云：「中文定公時行宅有八處，分金、石、絲、竹、匏、土、革、木，衙前百花巷各四大宅。」又云：「大鼓，嚴嵩故物，上所賜也。今存鼓架。」

明代西湖岳廟畫壁

明徐渭《青藤書屋集·四書繪序》云：「嘉靖辛亥，余讀書錢唐之馬瑙山寺。寺西近岳鄂王祠，兩廡壁畫王出處及征討撫降，人馬弓旌馳騖伏匿之勢，行營按壘叩首呼歡相問訊之狀，顏色丹青能顯，其跡畫不能顯，輒復署書表敘。比之尋史册中語，似更明暢。」

五人墓是後來移葬

國朝顧震濤《吴門表隱》云：「明吴冏卿默宅在王洗馬巷中，有北宋尼姑墳，後作花藥壇，曾匿五人首級於此。後移葬山塘，至今種花木猶有英氣。」按：此則今五人墓非原葬所也。余嘗疑五人初死時今葬地猶是魏忠賢祠，何遽埋骨於此，今乃釋然。

吴下坊名

宋葉夢得《避暑録話》云：「吴下衣冠所聚，舊通衢皆立表揭爲坊名，士大夫名德在人者，所居往往因之以著。元參政厚之居名衮繡坊，富祕監嚴居名德壽坊，蔣密學堂居嘗産芝草，名靈芝坊，范侍御師道居名豸冠坊，盧龍圖秉居奉其親八十餘，名德慶坊，朱光禄□〔一〕居有園池，號樂圃，名樂圃坊。」按：坊名今尚有存者。

鐵瓶巷

國朝顧震濤《吴門表隱》云：「鐵瓶在仁德坊東，唐初有仙曾作枕卧所遺。明義夫馬瑢家

〔一〕缺字《吴郡志》卷二引《石林避暑録》作「所」。

藏，後歸金氏，近屬汪氏，内有鐵瓶書屋。」

馬醫科高墩

國朝顧震濤《吴門表隱》云：「馬醫科高墩，舊吴縣獄址。」按：至今高墩猶在，余寓馬醫科，往往經由其下也。聞之故老云：其東申公祠即吴縣舊署。然則此爲獄址無疑矣。

稚兒塔

明李日華《六硯齋二筆》云：「宋提舉江州太平觀魏憲《重修蘇州半塘寺稚子塔記》云：『按舊記：晉義熙十一年名法華塔，詔賜國財以建。蓋僧道生誦《法華經》，有童子名稚兒日侍立聽法，死葬此。後有商人謝本者泊舟，夜聞誦經聲，旦尋之，有青蓮花生冢上。事聞建塔，故名法華塔。』則稚兒本童子之名。不知何時好事者餙之，以『稚兒』爲『雉兒』，又取西僧所攜瓦塔，云是昔年葬雉之物，又以塔歸王伯谷半偈庵，十大夫皆相詫爲奇事。」

曇陽觀

《太倉州志·古蹟志》有曇陽觀：「里人爲王錫爵女燾貞建，在城西南隅，壁閒有尤求《白日升天圖》。後觀廢，惟太僕寺卿徐爌、翰林修撰沈懋學二聯猶存。國朝嘉慶二年，知州鼇圖、邑紳汪學金移建于隆福寺西。尚書朱珪題聯額，學士劉鳳誥作記，主事汪彦博書。」按：曇陽子事，談者疑信參半，乃本朝嘉慶閒猶有人爲之移建其祠，而朱文正公且爲之題聯額，殆亦所謂「過而存之」者歟？今未知尚存否。

明徐渭《青藤書屋集》有《曇陽詩》十首，其第五首云：「何事移天竺？居然在太倉。善哉聽白佛，夢已熟黄粱。托盋求朝飯，敲鑼賣夜糖。」第六首云：「明知騎竹鳳，還道媚妖蛇。可恕者落帽，難饒者脱靴。一靈生滅已，百吠是非耶？」味其意，正爲曇陽子作，但不甚可解。

國朝褚人穫《堅瓠集》云：「《見只編》載王荆石相國爲南祭酒，范屏麓太史過王，語良久，欲别。王曰：『幸小坐，小女謂今日當雨朱雪。果爾，當煩作韵語紀異，否則以一笑解之。』屏麓意謂必妄。須臾雪作，他處皆白，惟庭中色若臙脂和雲母，照耀人面，暈若桃花。此曇陽子事也。王弇州《曇陽傳》不及此事。」按：《見只編》不知何人所撰，其名義亦未詳。《䂓瓠集》又云：「萬曆初，太倉王相公女號曇陽子，有巨蛇隨之，名曰護龍。」

國朝朱彝尊《静志居詩話》云：「沈懋學字君典，宣城人，萬曆丁丑賜進士第一，授修撰。四十而夭，王元美作墓表，屠緯真作傳，欲傅會曇陽了昇真之確。至以妖夢厚誣光明磊落之君典，豈覺人以德者邪？」按：如何厚誣，亦未得其詳。

國朝章有謨《景船齋雜記》云：「王荆石錫爵女稱曇陽子，一日忽不見，人競傳爲白日升天。或曰淫奔耳。今太倉有曇陽觀。」

鶴秀塔

國朝徐承烈《聽雨軒贅紀》云：「嘉興三塔灣之上二十餘里，有塔孤峙於官塘之側，上下七層，中層刻『鶴秀』二字，蓋有故事焉。順治間，江南諸生裴某附舟夜過阜林，爲盗劫，遂沿塘行，不食一日矣。距嘉興尚數十里，饑不能前，卧於路側。其北某村中有章姓者嫁其女於近村，常使婢鶴秀持物餉之。一日，又以粉團糍糕令其往送，道出官塘，見裴問之。裴備言狀，鶴秀以食物與之食，并脱簪珥及錢百餘文贈之，遂别去。鶴秀還，主母疑其有私也，加以箠楚，鶴秀投繯死。裴生回家鄉，會聯捷，選授浙江某縣令。道經其處，距乞食時三年矣，心念鶴秀猶待字，將委禽焉。訪得其故，奔至厝所，大慟。尋其父母，厚贈之，而聘其妹爲正室。遣人築壙塋，極其堅固。封墓之日，裴適委署秀水，置腴田以奉祭祀。復於贈物處造一塔，爲鶴秀資冥福，因即以其名名之。」按：今此塔巋然如故，然其事則父老罕能言也。

茶香室三鈔卷十一

漢賦最輕

宋周密《齊東野語》云：「井田之法廢，賦名日繁，獨兩漢最輕。自高惠以來十五稅一，文帝再行賜半租之令，景帝元年亦嘗賜半租；至明年乃三十而稅一，即所謂半租耳。蓋先時十五稅一，則三十合征其二，今乃止稅其一，乃所謂半租之制也。自後守之不易，故光武詔曰：『頃者師旅未解，故行什一之稅。今糧諸差積，其令三十稅一，如舊制。』是知三十稅一，漢家經常之制也。」

漢奏日行五百餘里

宋程大昌《演繁露續集》云：「趙充國在金城奏邊事，以六月戊申上，七月甲寅得璽書報從所奏。案：金城距長安一千五百里，七日之閒一往一返，中閒又須付朝臣奏擬，略計其奏，一日葢行五百餘里也。今敕書雖有日行五百里之文，實不及數。」

按：古者置郵傳命，究不知日行如干里，得此可以考見漢制。至敕書日行五百里，乃唐時舊制也，韓文公《荅張徹詩》云「敕行五百里」可證。

歷代服色

宋郭若虛《圖畫見聞誌》云：「三代之際，皆衣襴衫。秦始皇時，以紫、緋、緑袍爲三等品服，庶人以白。」按：此則紫袍爲公卿上服，自秦已然矣。

又云：「唐高祖朝，敕品官紫服金玉帶，深淺緋服竝金帶，深淺緑服並銀帶，深淺青服並鍮石帶。庶人服黄，銅鐵帶。」按：宋王楙《野客叢書》云：「唐高祖武德中用隋制，天子常服黄袍，遂禁士庶不得服。」與此歧異，當考。

按：唐張彦遠《法書要録》載：「唐何延之《蘭亭記》敘蕭翼計取《蘭亭》事云：『改冠微服，隨商人船下至越州。又衣黄衫，極寬長潦倒，得山東書生之體。』」可見當時不以黄爲貴。其尚黄者，必中葉以後事也。

唐制有冤者哭陵下

宋邵博《聞見後録》云：「唐故事，天下有冤者許哭於太宗昭陵之下。」按：此制甚奇，杜牧之詩：「獨把一麾江海去，樂遊原上望昭陵。」向疑其何以獨望昭陵，或亦此意乎？

宋制朝參亦唱喏

宋陸游《老學庵筆記》云：「舊制，朝參拜舞而已，政和以後增以喏。然紹興中予造朝，已不復喏矣。淳熙末還朝，則迎駕起居，閤門亦喝唱喏，然未嘗出聲也。」

按：余於《續鈔》七載何孟春《餘冬敍録》之説，葢明人已不知「唱喏」爲何事矣。觀此則宋時雖朝參亦唱喏，唱喏固甚重也。

《老學庵筆記》又云：「古所謂揖，但舉手而已。今所謂喏，乃始於江左諸王。方其時，惟王氏子弟爲之，故支道林入東，見王子猷兄弟還，人問何如，答曰：『見一羣白項烏，但聞喚啞啞聲。』即今喏也。」按：此則「唱喏」乃烏衣風韵也，未知是否。但宋時唱喏聲轉可得其仿佛。

宋宫中御宴

宋李廌《師友談記》云：「陽翟縣令孫敬之曰：『今年上元，吕丞相夫人禁中侍宴，獨以上相之夫人得奉觴進於二聖。餘執政命婦並立副階上，北嚮羅拜。宴罷辭謝，皆登露臺望拜，奉觴以進。』又曰：『吕相夫人乃中表親也，爲某言禁中禮數甚詳：御宴惟五人，上居中，寶慈在東，長樂在西，皆南嚮，太妃暨中宫皆西向。寶慈暨長樂皆白甬團冠，前後惟白玉龍簪而已，衣黄背子，無華彩。太妃暨中宫皆鏤金雲月冠，前後亦白玉龍簪，而飾以北珠。珠甚大，衣紅背子，皆用珠爲飾。中宫雖預坐，而婦禮甚謹，惟内顧寶慈，坐不敢安，雖廣樂在廷，未一視也。上前後供侍固多女使，皆天下奇色。惟有四人一樣妝梳，衣服之類無少異。俄至上側，未移刻，又忽四人至，凡十有六番。其服飾珠翠之盛，信天下所未有。』」按：李方叔此書著於元祐時，所謂「上」即哲宗也，「寶慈」則太皇太后高氏，「長樂」則皇太后朱氏，「太妃」則德妃朱氏也。天子正坐，太皇太后、皇太后旁坐，太妃與中宫西嚮坐，而又使外命婦奉觴上酒。宋宫中禮數殊有可議。

宋元猶禁火

宋周密《癸辛雜識》云：「綿上火禁，升平時禁七日，喪亂以來猶三日。相傳火禁不嚴，則有風雹之變。社長輩至日就人家以雞翎掠竈灰，雞羽稍焦卷則罰香楮錢。有疾及老者不能冷食，就介公廟卜乞火，吉則燃木炭，取不煙；不吉則死不敢用火，或以食暴日中，或埋食器於牛馬糞窖中，其嚴如此。」按：周舉以來久還温食，何意宋元之際此禁猶厲，未知今何如也。

金人去頂髮

宋王明清《揮麈三録》云：「真定帥臣李邈，城破被虜。敵欲保全之，邈不少屈，又不肯去頂髮。敵人責之，邈髡而爲僧。」按：金人亦剃頭辮髮，余已載於《曲園雜纂》三十六矣。今得此條，又記之。但不知所謂「去頂髮」者視今制同否也。

明君臣畫像

國朝林春溥《開卷偶得》云：「余於嘉慶戊辰假館李君喬信家，得觀所藏前明君臣畫像一册。共三十七人：首太祖高皇帝，次馬太后，次成祖文皇帝，次世宗肅皇帝，次中山王徐，次開平王常，次東歐王湯和，次寧河武順王鄧，次李文忠臨淮侯，次沐國公，次陶學士安，次誠意伯劉，次龍泉章公溢，次方孝孺先生，次解學士縉，次楊文貞公士奇，次王端毅公恕，次周文襄公忱，次劉忠愍公球，次于肅愍公謙，次葉文莊公盛，次劉時雍先生，次李賓之先生，次王陽明先生，次唐伯虎寅，次陳白沙先生，次鄒東廓先生守益，次霍文敏公韜，次文衡山先生徵明，次王鳳洲先生，次羅念庵先生洪先，次吴康齋先生與弼，次沈石田先生周，次祝京兆先生允明，次海剛峯先生，次張居來先生，次羅一峯先生。其絹稍粗，丹素秀潔，神采飛動。成祖似世所畫關公像，馬太后男相，劉誠意女相。方正學嚴氣正性，相如其人。于少保白晳而方，鬚眉濃黑。王陽明黑而瘦。其旁皆無題贊，所署爵姓名號繁簡不一例，然可寶也。」

按：劉誠意女相，是又一張子房矣。然余見雍正年間所刻《劉文成集》，卷首有像，鬚髯甚長，并刻其子仲璟所爲贊語，首云「虬髯電目，探天根兮斡地軸」，則女相之説殆未必然也。

明皇后璽

國朝錢謙益《絳雲樓書目》有仁孝皇后《勸善書》，陳景雲注曰：「己卯秋日，在錢唐書肆中見此書，卷首有硃印『厚載之記』四字，蓋皇后璽也。」

按：《明史·輿服志》云：「皇后寶用金，龜紐，篆文曰『皇后之寶』。」不言有此璽。

朝天女户

明鄭曉《今言類編》云：「洪武三十一年七月，建文君以張鳳、李衡、趙福、張弼、汪濱、孫端、王斌、楊忠、林良、李誠、張敏、劉政等爲錦衣衛千百户有差。鳳等皆西宫殉葬宫人父兄，所謂『朝天女户』也，官得世襲。」

唐時婦爲舅姑已服三年

唐李涪《刊誤》云：「貞元十一年，河中府倉曹參軍蕭據狀稱：堂兄至女子適李氏壻，見居喪，今時俗婦爲舅姑服三年，恐爲非禮，請禮院詳定。」按：此則唐時婦爲舅姑已有持三年之服者，後唐長興之制所從出也。

宋王林《燕翼貽謀録》云：「太祖孝明皇后居昭獻太后之喪，齊衰三年。故乾德二年，判大理寺尹拙、少卿薛允宗等奏：『乞令舅姑之喪婦從其夫，齊衰三年。』詔從之，遂爲定制。」

按：昭憲杜太后崩於建隆二年六月，至乾德元年九月始滿二十七月，而孝明王皇后即崩於是年十二月，然則服除而后亦崩矣。《宋史·皇后傳》不載其事，故表出之。

爲嫁母持服

宋王明清《揮麈前録》云：「郭稹字仲微，仕至龍圖閣學士，權知開封府。幼孤，母邊更嫁王氏。既而母亡，稹解官服喪。知禮院宋祁言稹爲過禮，請下有司博議，因馮元等奏，聽解官，申心喪。」

服坐主喪

宋邵博《聞見後録》云：「近時張樂全薨，東坡用唐人服坐主喪，緦麻三月。東坡薨，張文潛坐舉哀行服，得罪。」

暖孝

宋李廌《師友談記》云：「東坡爲禮部尚書，宣仁上仙，至七日，忽有旨下光禄，供羊酒若干，爲太后、太妃、皇后暖孝。東坡上疏，以暖孝之禮出於俚俗，不敢奉詔，遂罷。」

喪帖稱不肖子

國朝王應奎《柳南續筆》云：「《莊子·外篇》云：『親之所言而然，所行而善，則世俗所謂之不肖子。』今世人子喪中用帖稱『不肖子』，未知本此否。吾邑嚴觀察韋川云：近世士大夫凡中科甲及仕宦中人，皆改稱『不孝』，非儼然自謂勝其親乎？《家禮》『喪稱哀子、哀孫，祭稱孝子、孝孫』，從未有稱『不孝』者。五刑之屬三千，而罪莫大於不孝，豈可以此自居？先輩文文肅、錢□□[一]兩公鼎甲後仍稱『不肖』，可以爲法。」按：此知明季國初喪帖有「不肖子」之稱，今

[一] 缺字疑爲「牧齋」或「虞山」。

則雖庶民亦稱「不孝」矣。

宋人家祭之期

宋徐度《卻掃編》云：「杜正獻公家用其遠祖叔廉書儀，四時之享以分至日。韓忠獻公嘗集唐御史鄭正則等七家祭儀，參酌用之，名曰《韓氏參用古今家祭式》，與杜氏大略相似，而參以時宜。如分至之外元日、端午、重九、七月十五日之祭皆不廢，以爲雖出於世俗，然孝子之心不忍違衆而忘親也。」

同姓爲婚

國朝龔煒《巢林筆談》云：「朱韞斯誤娶同姓，欲去其婦。名流多勸止之，欲取證于古之娶同姓而無傷者，一時莫之應。吴志伊曰：『王沉與王基聯姻，劉疇與劉嘏爲婚，緣非同原也。』前輩博洽如此。」

同姓非族不稱宗

國朝龔煒《巢林筆談》云：「近時同姓往來，即非其族，亦稱宗不書姓。昔張黄門受先爲天如太史作序，書『盟弟張采』。二公同里至交，並不以族望相依附，其風古矣。」

文移稱關

宋徐度《卻掃編》云：「宣和閒，童貫以太師領樞密院事，爲河北東等路宣撫使，有所陳請，雖本院亦用申狀。靖康閒，李丞相綱以知樞密院事出爲河北河東宣撫使，以爲輔臣出使不當復有所屈，乃止用關。關，蓋都省樞密院自相往來文移之稱也，其體與劄子大同而小異。」按：此則平行文移稱「關」，宋已然矣。「劄」則今與古異。

草底檢

宋宋敏求《春明退朝録》云：「凡公家文書之稾，中書謂之『草』，樞密院謂之『底』，三司謂之『檢』。今祕府有《梁朝宣底》二卷。『檢』即州縣通稱焉。」按：今此三名皆廢，而通稱曰「卷」，或即「檢」之訛邪？

青殻手本

國朝劉獻廷《廣陽雜記》云：「明季兩司見巡按，用青殻手本，外貼一紅籤。」按：今屬吏於上司皆用青殻手本，然無紅籤矣。

《廣陽雜記》又云：「六科在朝内六部皆用平行手本，紅印，葢紫粉印不可行之于朝内也。其體統尊嚴如此。」按：此則手本又施之平行矣。今人但知有上行之手本，不知有平行之手本。然余咸豐中假滿還朝，浙江巡撫黄公給文書三函，一咨吏部，一咨翰林院，一行吏科，則不曰「咨」而曰「手本」。是猶沿明制也，但印則紫粉矣。

税課得籌

宋洪遵《松漠補遺》云：「金法，文武官不以高下，凡丁家難未滿百日，皆差監關税、州商税、院鹽鐵場，一年爲任，謂之『優饒』。其税課倍增者謂之『得籌』，每一籌轉一官，有歲中八九遷者。近有止法不得過三官，富者擇課額少處，或以家財貼納，只圖遷轉。其不欲遷者於課利多處除歲額外，公然分之。」

蠲放房錢

宋王栐《燕翼貽謀録》云：「至和元年二月乙未，因大雨雪，詔天下長吏詳酌公私房錢與放三日，非遇大雨雪不得蠲放，仍每歲不過三次。」按：至和乃仁宗年號，宋時有此制，亦見其澤及窮檐也。

宋吴自牧《夢粱録》云：「正月朔日元旦、十五日元夕，官放公私僦屋錢三日。」此則又其歲歲通行者也。

漏澤園始於陳向

宋徐度《卻掃編》云：「漏澤園之法，起於元豐閒。予外祖以朝官爲開封府畍使者，常行部宿陳留佛祠。夜半聞垣外洶洶，若有人聲。起燭之，四望積骸蔽野，皆貧無以葬者。惻然哀之，具以所見聞請斥官地數頃以葬之，即日報可。神宗仍命外祖總其事，凡得遺骸八萬餘，每三十爲坎，皆溝洫，什伍爲曹，序有表，總行圖，規其地之一隅以爲佛寺，歲輪僧守之，徒一人使掌其籍。外祖陳氏名向，字適中，睦州人。」按：《日知録》云：「漏澤園之設起於蔡京，不可以其人而廢其法。」今觀此條，則實始於陳向，非始於蔡京也。

又按《後漢書·桓帝紀》：「詔：京師死者相枕，若無親屬，可于官壖地葬之，表識姓名，爲設祠祭。」然則此固古法也。

撫卹遭風難夷

宋吴潛《許國公奏議》有《奏給遭風倭商錢米》云：「中興南渡，聲教與西北罕接，惟麗、倭二國介于東南海隅，猶知向慕本朝，至今通商。但自來倭人閒有失舟者，財本陷没，續食無計。雖寄口腹于牙人之家，率爲牙人多算火帳。其失舟之倭則假貸于不失舟之倭以償之，未免重困。又有高麗境内船隻忽遇惡風，時亦飄至台、温、福建、慶元界内，萬里流落，尤爲可念。欲望朝廷行下市舶司，立爲定例，遇有倭商不測遭風水之人，從舶務日支十七界一貫五百文，本司日支米二升養膳，候歸國日住支。仍行下浙東西、福建諸州，遇有麗人飄流至各州畍内，即仰各州支給錢米，發至本司，仍從舶司日支十七界一貫五百文，本司日支米二升存養，亦候歸國日住支。庶幾遠人皆知朝廷柔遠之恩，亦於海道之防密有關係。」按：此奏在宋理宗寶祐四年，今撫卹遭風難夷，實始於此。

順治年閒物價甚賤

國朝龔煒《巢林筆談》云：「清河與太原聯姻，兩家皆貴而贍。其記順治三年婚費，會親凿席十六色，付庖銀五錢七分。蓋其時兑錢一千，只須銀四錢一分耳。而豬羊雞鴨甚賤，準以今之錢價，斤不過一二分有奇。他物稱是，席之所以易辦也。」

正青旗

國朝康熙三年《盧舍禪院碑記》末載立石人姓名，有正青旗平西親王駕下王吉明。按：《皇朝文獻通考》太祖高皇帝辛丑年初設四旗，曰黄旗、曰白旗、曰紅旗、曰藍旗。甲寅年定八旗之制，以初設四旗爲正黄、正白、正紅、正藍，增設四旗爲鑲黄、鑲白、鑲紅、鑲藍。黄白藍均鑲以紅，紅鑲以白。是國朝旗制無青色。乃此碑有正青旗，豈平西之異制邪？盧舍庵在西湖，即在俞樓之東，寺僧拓此碑見示，故記之。

國朝禮親王《嘯亭雜録》云：「孔定南、耿靖南、尚平南等歸順時未隸旗籍，文皇帝名其軍爲天祐軍，特設白緑黑諸旗纛以賜之，見《八旗通志》。」然則「青旗」或即黑旗也。

鶡羽翎

國朝禮親王《嘯亭續録》云：「凡領侍衛府官、護軍營、前鋒營、火器營、鑾儀衛滿員五品以上者皆冠孔雀花翎，六品以下者冠戴鶡羽藍翎。」按：今人但知花翎之爲孔雀翎，而藍翎之爲鶡羽，則罕有稱者。

茶香室三鈔卷十二

殿門文武官

宋沈括《夢溪筆談》云：「《天官·掌舍》：『無宮則供人門。』今謂之『殿門文武官』，極天下長人之選八人。上御前殿，則執鉞立于紫宸門下，行幸則爲禁圍門，行於仗馬之前。又有衡門十人、隊長一人，選諸武力絶倫者爲之。上御後殿，則執撾東西對立於殿前，亦古之虎賁、人門之類。」按：余於《續鈔》卷八載明代直殿將軍之制，今乃知宋已有此也。

又按：唐制諸州有貢長人之事，余《叢鈔》第五已載之，今乃知有此用也。

鎮殿將軍

宋孟元老《東京夢華録》云：「正旦大朝會，車駕坐大慶殿，有介胄長大人四人立于殿角，謂之鎮殿將軍。」

梁陶弘景《真誥》云：「傅道流，北地人，漢靈帝殿中將軍。」則漢時已有「殿中將軍」之名矣。陶隱居謂「漢官無正殿中將軍，或應中郎將也」。

朝集院

宋王栐《燕翼貽謀録》云：「真宗置朝集院於朱雀門外，詔陞朝官以上到闕，並館于院中。官給公券，出入則乘馬，開封府差兵士隨直。惟可至廟堂省部銓曹官廳而已，雖欲出入市廛，不可得也。故陞朝官以上造朝，則先匿於親戚故舊之家，俟所幹置悉備，方敢報閤門放見。閤門即日關報朝集院，開封府人馬即至，迎入院中。同院士大夫日夕游從，情如兄弟，或商榷文字，或詢問風土，其況味與栖栖逆旅者大不侔矣。」按：此亦見宋時待士大夫之厚。

《戒民集》

國朝龔煒《巢林筆談》云：「張忠定公詠每斷獄必有判語，蜀中鏤版，謂之《戒民集》。」

《逢辰録》

宋王明清《揮麈後録》云：「錢文僖惟演嘗纂書，名《逢辰録》。排日盡書其父子承恩榮遇及朝廷盛典，極爲詳盡。」

京朝官喝道

國朝王士禛《香祖筆記》云：「京朝官三品以上在京乘四人肩輿，輿前藤棍雙引喝道。四品自僉都御史以下，止乘二人肩輿，單引喝〔一〕道。宋人喝道皆云『某官來』，以便行人迴避。明代閣臣入直，呵殿至聞禁中。今則至棋盤街左右即止，凡八坐皆然，行人亦無迴避者矣。」又云：「今京官四品如國子監祭酒、詹事府少詹、都察院僉都御史，騎馬則許開棍喝道，肩輿則否。」按：此猶可見國初時京朝官威儀之盛。

又云：「予同年徐敬庵由僉都御史巡撫山東，出都日，騎馬開藤棍，此舊例也。凡巡撫入京，多乘二人肩輿，亦不開棍喝引。」按：今督撫入京，無不四人肩輿矣，開棍則否。

京官乘肩輿

國朝戴璐《藤陰襍記》云：「京官向乘肩輿，杜紫綸詔始乘驢車，嗣後有騾車。余己卯入都，見京官騾車多而驢車少。然幃幔樸素，且少開旁門者。今則無不旁門，而布幃日少矣。」

又一條云：「昔正陽門專許輿入，車不準行，時京官無一乘車云。」按：此可見百餘年來風

〔一〕「喝」上，《香祖筆記》卷十一有「不」字。

俗之異。余道光二十五年入京師，見京官尚書以上皆肩輿，侍郎、閣學則坐車。而車皆開旁門，緑呢幃幔，與庶僚異。至光緒十二年，余送孫兒陛雲入都會試，寓潘家河沿，杜門不出。而九列諸公頻有見過者，然緑幃旁門之車不復見矣。

明代駙馬家有學録

明劉侗《帝京景物略》云：「都城牡丹時，無不往觀惠安園者。客多乘竹兜，周行塍間，遞而覽觀，日移晡乃竟。」按：此則明時尚有竹兜，今安得有此邪？

國朝朱彝尊《静志居詩話》云：「明初駙馬家有學録，嘉靖六年以禮部主事金克厚授都尉謝詔經書，後遂因之。主事教習駙馬者，爾和其一也。」張敬字爾和。

宰相罷歸自稱前鄉貢進士

宋施德操《北窗炙輠録》云：「杜祁公罷相歸鄉里，書謁刺前鄉貢進士。」

明代閣臣止稱老爺

明高拱《病榻遺言》云：「至真空寺，有親故以飯相送者。予下車，見一吏持文書隨入。予問何人，是何文書？吏云：『此老爺馳驛勘合也，張爺已票旨準馳驛矣。』」按：高拱以大學士罷歸，止稱「老爺」。所謂「張爺」者張居正也。

子弟居相位宜尊禮父兄

宋王明清《揮麈前録》云：「元祐中吕微仲當軸，其兄大忠自陝漕入朝。微仲虚正寢待之，大忠辭以相第非便。微仲云：『界以中霤，即私家也。』卒從微仲之請。時安厚卿亦在政府，父日華尚康寧，且具慶焉，厚卿夫婦偃然居東序，時人以此别二公賢否。」按：安厚卿之無禮不足言，至吕微仲事，可見北宋時家法之嚴。漢田蚡言「漢相尊，不可以兄故私撓」，失之矣。

少年宰相

明李日華《六硯齋筆記》云：「宋南渡後，吕頤浩罷相，范宗尹繼之，年纔二十，自古少年宰相無踰之者。」按：《宋史》本傳云：「時年三十，近世宰相年少未有如宗尹者。」此作「二十」，誤。然宗尹曾汙張邦昌僞命，相業亦無足觀。卒年止三十七，則亦不足爲美談也。

元微之拜相綸軸

宋王明清《揮麈前録》云：「台州有筆吏楊滌者，言其外氏唐元相國之裔。一日持告身來，乃微之拜相綸軸也。銷金雲鳳綾，新若手未觸，白樂天行并書，後有畢文簡、夏文莊、元章簡諸公跋識甚多。尋聞爲秦熺所取。」

又云：「丹陽吕城閘北委巷竹林中有李格秀才者，自云唐宗室，系本大鄭王房。出其遠祖武德、貞觀以來告命敕書凡百餘，亦有薛少保、顔魯公書者，奇甚。」

翰林清苦

宋沈括《夢溪筆談》云：「舊翰林學士地勢清切，皆不兼他務。文館職任自校理以上皆有職錢，惟内外制不給。楊大年久爲學士，家貧請外，表辭千餘言，其閒兩聯云：『虚忝甘泉之從臣，終作莫敖之餒鬼』，『從者之病莫興，方朔之飢欲死』。」按：此則翰林清苦自昔然矣。

太守燕履

明李日華《紫桃軒襍綴》云：「人知葉令王喬之舄爲雙鳧，不知晉南海太守鮑靚之履爲雙燕。靚爲南海時，葛稚川隱羅浮。靚每密過之，譚論達旦始去，門無車馬之跡，獨雙燕往還，則其雙履也。以鳧屬令，以燕屬守，特爲拈出。」按：縣令鳧舄，人人知之；太守燕履，未見有用者。竹嬾拈出後，知者仍少也。

選人家狀

宋錢易《南部新書》云：「吏部常式，舉選人家狀須云中形，黄白色，少有髭；或武選人家狀云長形，紫黑，多有髭。」按：今制考試年貌册即本此。

宋王明清《揮麈前録》云：「本朝及五代以來，吏部給初出身官付劄，不惟著歲數，兼説形貌。如云長身品，紫棠色，有髭髯，大眼，面有若干痕記。或云短小無髭，眼小，面瘢痕之類，以防僞冒。元豐改官制，始除之。靖康之亂，衣冠南渡，承襲僞冒不可稽考，乃知舊制不爲無意也。」

親屬迴避

國朝韓泰華《無事爲福齋隨筆》云：「《南史·傅隆傳》：『遷尚書左丞，以族弟亮爲僕射，緦服不得相臨，徙太子率更令。』此即今之迴避。唐賈敦頤爲瀛州刺史，弟敦實爲饒陽令，『舊制大功之嫌不連官，朝廷以其兄弟治行相高，故不徙以示寵』，此兄弟不迴避之始。」

功加

國朝禮親王《嘯亭襍録》云：「八旗定制，凡從軍有功者視其功之優次與之功牌，分三等級。凱旋日，兵部計功與之世職。緑營則有功加之目，凡臨陣奮勇者與之功加一次。然核計功加二十四次，始敘一雲騎。較之八旗功牌，殊爲屈抑。」按：今軍營概用功牌，亦與初制異。至「功加」之名，世無知者，不知廢於何時也。

金帶闕子

宋陸游《老學庵筆記》云：「宣和間，親王、公主及他近屬戚里，入宫輒得金帶闕子。得者旋填姓名賣之，價五百千。雖卒伍屠酤自一命以上皆可得。」按：宋時所謂「闕子」殆即今之空白執照也。

就山封侯

宋龔頤正《芥隱筆記》云：「《河南志》盧元明《侯山記》云：漢有王元音隱於此山，景帝再徵不屈，就其山封侯，因以爲名。唐宋之問《侯山》詩：『王元拜隱侯。』」按：此事不見《漢書》，疑無其事，姑以爲山居美談耳。

監生行加屏風

明權衡《庚申外史》云：「大興國子監諸生，日啖籠炊粉羹，一人之食爲鈔五兩，行加屏風以障市人。」按：屏風之制當如步障，然此誠優異之至矣。

日本真人

宋錢易《南部新書》云：「日本國大臣曰真人，猶中朝户部尚書。」

按：光緒十年，有日本國大藏省专修漢學學生井上陳政來受業於門下，言大藏省即中國之户部；其參議兼大藏卿曰松方正義者，即中國之户部尚書也。與古稱「真人」異矣。

茶香室三鈔卷十三

唐科目

明李日華《六硯齋二筆》云：「唐設諸科取士，其名隨時起立，今悉録之：志烈秋霜科，幽素科，詞殫文律科，岳牧科，詞標文苑科，蓄藻〔一〕之思科，抱儒素之業科，臨難不顧徇節寧邦科，長材廣度沈跡下僚科，文藝優長科，絶倫科，拔萃科，疾惡科，龔黄科，才膺管樂科，才高位下科，材堪經邦科，賢良方正科，抱器懷能科，茂才異等科，文以經國科，藏名負俗科，文經邦國科，藻思清華科，興風興化科，道侔伊吕科，手筆俊拔超越輩流科，直言極諫科，哲人奇士逸淪

〔一〕 藻，上《六硯齋二筆》卷四有「文」字。

屠釣科，良材異等科，文史兼優科，文儒異等科，博學通議科，文詞雅麗科，將帥科，武足安邊科，高才沈淪草澤自舉科，才高未達沈迹下僚科，博學宏詞科，多才科，王霸科，知謀將帥科，文詞秀逸科，風雅古調科，詞藻宏麗科，樂道安貧科，諷諫主文科，文詞清麗科，經學優深科，高蹈邱園科，軍謀越衆科，孝弟力田聞於鄉閭科，博通墳典達於教化科，識洞韜略堪任將帥科，清廉守節政術可稱堪任縣令科，詳明政術可以理人科，才識兼通明於體用科，達於吏理可使從政科，軍謀宏達才任將帥科，詳明吏治達於教化科。」按：此諸科命名多有可議者。「蓄藻之思」疑脱一「麗」字。

宋時賣省元賦

宋釋文瑩《湘山野録》云：「歐公撰《石曼卿墓表》，蘇子美書，邵餗篆額，山東詩僧祕演力幹。歐、蘇囑演曰：『鐫訖，且未得打。』竟以詞翰之美，演不能卻。歐公於定力院見之，問寺僧何得。曰：『半千買得。』歐怒詬演曰：『吾之文反與庸人半千鬻之，何無識之甚！』演曰：『學士已多他三百八十三矣。』歐愈怒，演曰：『公豈不記作省元時，庸人競摹新賦，叫於通衢，復更召呼曰「兩文來買歐陽省元賦」。今一碑五百，價已多矣。』歐因解頤。」按：此知宋賣省元賦，其價甚廉。三百八十三加兩文，謂之半千者，其時循太平興國之制，以七十七爲百也。

二蘇召試事

宋李廌《師友談記》云：「東坡云頃同黄門公初赴制舉之召，是時同召試者甚多。一日，相國韓公與客言曰：『二蘇在此，而諸人亦敢與人較試，何也？』此語既傳，於是不試而去者十八九矣。」

又云：「東坡云國朝試科目亦在八月中旬。頃與黄門公既將試，黄門公忽感疾。相國韓魏公知之，輒奏上曰：『今歲召制科之士，惟蘇軾、蘇轍最有聲望。聞蘇轍偶病未可試，如此人兄弟中一人不得就試，甚非衆望，欲展限以俟。』上許之，凡比常例展二十日。自後試科目並在九月，蓋始於此。」按：以一士之病，至展試期，真異數矣。

又云：「王仲薿承事字豐甫，相國郇公之子也。昔爲廌言，東坡應舉時，郇公以翰林學士知舉，得其論與策二真本，論即《刑賞忠厚之至》也，凡三次起草，雖藁亦結塗注一，其慎如此。

論卷爲道人梁沖所竊，今所存惟策藁爾。」按：此似宋時試卷已備真草。又云「藁亦結塗注一」，豈草藁亦具塗注字數邪？

吕文靖試卷

宋王栐《燕翼貽謀録》云：「試場所問本經義疏，不過記出處而已。如吕申公試卷，問：子謂子産『有君子之道四焉』，所謂四者何也？答曰：『對：其行己也恭，其事上也敬，其養民也惠，其使民也義。謹對。』試卷不謄録，而考官批于界行之上，能記則曰『通』，不記則曰『不』。十問之中四通則合格矣。其誤記者亦只書曰『不』，全不能記，答曰『對未審。謹對』。」按：此可見宋制試經義之寬。吕文靖試卷余已記於《續鈔》第十，而未得其詳，故又録此。

崇德莫氏五子登科

《范石湖詩集》有《寄題莫氏椿桂堂》詩，原注云：「莫氏五子皆登科，居崇德縣。」沈欽韓注引《輿地紀勝》云：「五桂坊在崇德縣，莫琮有五子俱登儒科，邑宰爲立五桂坊。周必大書，謝諤爲記。」按：崇德即今石門縣也，康熙元年改今名。

探花詞

金《元遺山詩集》有《探花詞》五首，第四首云：「六十人中數少年，風流誰占探花筵？阿欽正使才情盡，猶欠張郎白玉鞭。」自注云：「李欽用二十七歲，張夢祥少一歲，又未婚。」按：先生宣宗興定五年進士，詩即是年作也。

金人科舉之法

宋洪皓《松漠紀聞續》云：「金人科舉，先於諸州分縣赴試。詩賦者兼論作一日，經義者兼論策作三日，號爲鄉試，悉以本縣令爲試官。預試之士惟褋犯者黜。榜首曰鄉元，亦曰解元。次年春，分三路類試：自河以北至女真皆就燕，關西及河東就雲中，河以南就汴，謂之府試。

試詩賦、論、時務策。經義則試五道：三策、一論、一律義。凡二人取一，榜首曰府元。至秋，盡集諸路舉人於燕，名曰會試。凡六人取一，榜首曰敕頭，亦曰狀元。分三甲，曰上甲、中甲、下甲。敕頭補承德郎。上甲皆賜緋，七年即至奉直大夫，謂之正郎；第二、第三人八年或九年，中甲十二年，下甲十三年，不以所居官高卑，皆遷大夫。中、下甲服緑，例賜銀帶。」按：《金史・選舉志》不若此之簡而明，故備録之。上甲但言第二、第三人，然則金之上甲亦猶今之一甲三名矣。

試官密改試卷

宋釋文瑩《湘山野録》云：「宋鄭公庠省試《良玉不琢賦》，時大宗胥内翰偃考之酷愛，謂非二宋不能。柰何重疊押韻，一韻有『瓌奇擅名』及『而無刻畫之名』之句，深惜之。密與自改『擅名』爲『擅聲』，後埒之於第一。逮發試卷，果鄭公也。」按：試官私改試卷，功令所不許，觀此知宋時已有此風矣。

宋王明清《揮麈後録》云：「張芸叟赴春試時，馮當世主文柄，以《公生明》爲賦題。芸叟誤疊押明字，榜出，乃居第四。元祐中，芸叟以祕書監使契丹，當世留守北門，始修門生之敬，置酒甚懽。酒半，當世曰：『京頃作知舉時，祕監賦中重疊用韻。以論策甚佳，因自爲改去，擢置優等。尚記憶否？』芸叟方飲，不覺杯覆懷中，再三媿謝而去。前輩成人之美如此。」

賣紙毬

宋王栐《燕翼貽謀録》云：「景祐元年，廢書判爲銓試。書判雖有假手，不可代書，銓試雖他人代書可也。承平時假手者用薄紙書所爲文，揉成團，名曰紙毬，公然貨賣。」按：此謂銓部試選人，非謂禮部試士。

明初會試中式人數

國朝朱彝尊《静志居詩話》云：「吴伯宗名佑，以字行，金谿人。洪武辛亥初開科，帝親擢第一。予嘗購得是科會試録，就試者一百八九十人，中式一百二十人，浙江三十一，江西二十七，福建二十二，山西一十三，北平六，河南、廣東各五，陝西四，山東五，廣西、高麗各一，直隸止二人。考宋景濂會試録稱，先是京畿遵行鄉試，中程式者七十二，未及貢南宮，上求治之切，皆采用之。蓋庚戌京畿所取士，先會試而授之官矣。」按：此可見明初會試之易，且高麗人亦與試，而京畿所取士得先會試，皆後來所無也。

明殿試甲第御筆親書

國朝朱彝尊《静志居詩話》云：「定陵筆精墨妙，嘗覩先文恪公暨唐文恪公殿試卷，御書『第一甲第一名』六字，皆瘦硬通神。」按：此知明殿試卷天子親書甲第。定陵乃明神宗也。

欽賜舉人

明王世貞《鳳洲筆記》云：「景泰中，北京鄉試，陳循、王文以考官劉儼、吕原抑其子，訴於上，謂儼私解元徐經及所取士顛倒。詔覆試如初定，惟陳、王二相特各許其子一試，時謂之欽賜舉人。」

明初南京太學生之重

明都穆《談纂》云：「應天府鄉試，每科取中式舉人百三十五名，其三十五名取自太學，乃洪武舊制。四明陳祭酒敬宗在南京時，每值大比揭曉時，隨門開入院，親視填榜，必取三十五名而後返。若今日則不能然矣。」

《鄉試録》前後序

明都穆《談纂》云：「鄉試有録，謂之小録，前必有序文。余見三十年前小録前後序凡三四篇，今則惟前後二篇，同考官不得作也。」按：此則知明初同考官亦得作序，不知何年改定今制。

又云：「永樂四年登科録第二甲在前列者，亦得刊策，今惟第一甲得刊。永樂十年會試，

《中庸》一題，刊義二篇，今則題止一篇，惟論或二篇耳。」按：永樂甲申會試，二甲前數名俱刊策，已見《續鈔》第十。

進呈録用士子文

國朝王士禛《香祖筆記》云：「舊例科場進呈試録，主考官自撰程文。其用士子文稍爲點定，自萬曆十三年乙酉科始。」

歷代試期

欽定《日下舊聞考》引《雅坪散録》云：「宋解試諸路並以八月五日鎖院，而福建則用七月，川、廣則用六月，以道遠故也。南渡後，閩、廣改同諸路試期。紹興二十四年有詔太學及諸路並以中秋日引試，四川則用三月十五日焉。元鄉試以八月二十日、二十三日、二十六日。明改從八月九日、十二日、十五日。元會試以二月一日、三日、五日，明改從二月九日、十二日、十五日。元御試以三月七日，明改從三月十五日。蓋歷代鎖院爲期不同如是。」國朝王賓仁《行年紀略》云：「金陵書肆購得明弘治丙辰會試録，考試官爲謝遷、王鏊，同考試官十四人。序云：舊制鎖院以二月八日，成化丙戌命先一日。兹以社祀齋禁妨錫宴，特命又先一日。疑今之以初六日進院，即是例也。」按：我朝會試改於三月，自雍正五年始，王東壁作此書在道光間，乃於二月、三月略不一説，何歟？

殿試定期

乾隆二十六年，御製《四月二十五日御殿傳臚紀事》注云：「去歲以磨勘需日，定于五月五日殿試，初十日傳臚。念兹多士守候時久，命速行磨勘，于四月二十一日殿試，二十五日傳臚。」謹按：殿試之期自明代至國朝屢有更易，今定期二十一日，自此始也。因讀欽定《日下舊聞考》，得此條，恭録之。

殿試無門生

宋王明清《揮麈前録》云：「劉器之晚居南京，馬巨濟涓作少尹。巨濟廷試日，器之作詳定官所取也，而巨濟未嘗修門生之禮。器之以語客，客以諷巨濟。巨濟曰：『不然，凡省闈解送則有主文，故所取士得稱門生。殿試蓋天子自爲座主，豈可復稱門生於他人！』客告器之，器之歎服。」按：今人於殿試讀卷官皆稱門生，蓋未知此義。

宋王栐《燕翼貽謀録》云：「開寶六年三月庚午，御講武殿覆試新進士宋準以下二〔一〕百二十七人。是歲禮部所放進士十一人而已，五經止二十二人。藝祖皇帝以初御試，特優與取放，以示異恩，而御試進士不許稱門生於私門，一洗故習。」然則御試進士不得於私門稱門生，宋初固有明禁。

〔一〕二，《燕翼貽謀録》卷一作「一」。

減場中式

明都穆《談纂》云：「往時鄉試作減場亦得中式，宣德十年應天府鄉試，吾鄉祝參政顥以減場得高魁。今則凡減場者皆貼出矣。」原注：「減場云前場七篇止作五篇。」

考試重書法

宋洪皓《松漠紀聞續》云：「凡作字有點畫偏旁微誤者，皆曰襍犯。」

明季童試重府取

國朝《光緒蘇州府志》引《崑新志》云：「明季童試最重府取，府取有名即可冀入彀，貧者以所取之名售人，令頂替。陳墓朱述善撰其妻周徇難始末，自敍幼年以府取售人，得葬其祖父三喪云。」

屢試第一不入學

國朝鄭方坤《名家詩鈔小傳》：「吴廷楨字山掄，長洲人，所居曰南村，因自稱曰南村。初名棟，前後試有司者二十有三，皆第一，顧不能博一衿。」按：近時學使於府縣所定第一名皆取入學。觀此知國初固不然也。

又云：「一夕夢泥金報至，以今名捷第八名進士，醒而異之。丙子秋，陝士或援例入太學，病不能至，願得替人，問其名則廷楨。是觸前夢，因借資入闈，果獲售，榜後以異籍黜。己卯南巡，獻詩拔第一，復鄉舉名。癸未登科二甲第五名進士，合一甲則適符所夢名數。」按：借監入場，士林陋習，觀此則名流亦復爲之。

童生捐銀入學

國朝葉廷琯《鷗陂漁話》云：「《許眉叟年譜》紀康熙十六年丁巳，魏家樞條陳入學，每學四名，餘俱捐銀一百十兩准入泮。近時錢泳《履園叢話》亦紀康熙十七年戊午，有旨令各直省童生每名捐銀一百兩，准予入泮，一科一歲，後不爲例。郡中舊家有藏國初以來入泮題名録者，專記蘇府、長、元、吴四學入學新生額數姓名，曾借閲之，始知此例自戊午年科試至壬戌年歲試，凡行四次。先於丁巳年歲試即裁定進額，如蘇府學本二十名者改作五名，長、吴二學本十五名者改作四名。餘俱納銀一百兩，准作生員附後。每學無定額，常有七八十名，或百餘名之多。以此類推，各省各府州縣可見。至辛酉科試，正額復舊而援納仍行。及癸亥科試，捐例始概行停止。蓋是時三藩叛亂，命將出師，不得不開此例以濟軍需。至二十二年，海宇銷兵，故例亦隨閉，其每學四名實依魏公所奏，而捐銀百兩與原奏一百十兩不符，當由廷議核減耳。或疑生員進由援納，難免濫竽，然觀題名録中吴荆山宗伯、原注：名士玉，謚文恪。顧俠君太史原注：名嗣立，有《元詩選》行世。皆從捐生起家，未可謂不得士矣。」按：此事余於《續鈔》卷十《儒士觀場》條已附載之。今得其詳，又記於此，亦學校中一故事也。

北京貢院

明黄溥《閒中今古録》云：「永樂中，有親軍指揮三員，曰紀綱、曰劉江、曰袁剛。上喜其名異音同，號爲『三綱』。紀後志滿怙勢，坐事伏誅，籍没夷族。今北京貢院其遺址也。」

明王世貞《錦衣志》云：「燕王初起，帥師蕩山東，度臨邑。臨邑書生紀綱叩馬首請效，王與語，悦之。既即位，擢綱自忠義衛千户爲都指揮僉事，治錦衣親兵，復典治詔獄。」又曰：「錦衣一禁校耳，一重於紀綱，再重於錢寧，三重於陸炳。」今讀御史院罪狀紀綱一疏，其權勢之盛可見。

明施顯卿《奇聞類紀》引《庚巳編》云：「南京貢院，錦衣衛指揮紀綱宅也。綱有寵於文皇帝朝，後坐不法伏誅，闔門受殲於此，亦有生瘞其下者。今每鄉試時，舉子入院，輒有聲自地中起，歷諸號而止，如萬馬騰踏者云。」按：此則又爲今江寧府之貢院矣，未知孰是。

按：明朱國楨《湧幢小品》云：「京師試院改舊禮部爲之，乃正統年間事。」國朝孫承澤《春明夢餘録》云：「貢院在城東隅，元禮部舊基也，永樂乙未改爲貢院。」按：此則北京貢院非紀綱舊宅矣。

至公堂

國朝韓泰華《無事爲福齋隨筆》云：「元歐陽圭齋詩：『省垣東畔至公堂，十五年前戰藝場。』係天曆庚午會試院中作也，至公堂已久。」

宋洪皓《松漠紀聞》云：「試闈用四柱，揭綵其上，目曰『至公樓』，主人[一]登之以觀試。」此「至公堂」之權輿也。

登第後拜客乘轎

國朝章有謨《景船齋襍記》云：「嘉靖以前，吾鄉先輩登第歸，皆徒步拜客，但張蓋耳。自嘉靖辛丑，張公鷃翼約諸同年曰：『吾遲暮掇一第，堪僕僕奔走邪？諸公入里同用轎，背約者罰。』

[一] 人，《松漠紀聞》卷二作「文」。

故轎自辛丑始。」按：章載謀，華亭人，則此當是華亭故事。然明初風俗之厚，可以此推也。

狀元母夫人游城

國朝潘曾沂《小浮山人年譜》云：「乾隆五十八年癸丑，父親會試中式進士，殿試第一甲一名，授職修撰。大母黄太夫人在籍，循例游城。」

按：狀元夫人撤穀，余已載於《續鈔》卷十矣。兹則狀元母夫人循例游城，即撤穀也。蓋潘文恭公元配謝夫人於乾隆五十七年卒，故母夫人代之耳。

康熙庚戌科

國朝王應奎《柳南隨筆》云：「康熙庚戌會試，得人之盛爲本朝第一。理學則有陸公隴其、李公光地，名相則有王公掞，直臣則有郭公琇，廉吏則有邵公嗣堯，宿學則有許公自俊、周公陳俶、錢公世熹。是科典試爲柏鄉魏相國裔介、合肥龔尚書鼎孳。」按：余於道光庚戌科成進士，上距康熙庚戌一百八十年矣。緬懷盛蹟，敬録之。

武三元

國朝徐承烈《燕居續語》云：「明末有王玉璽者，仁和人，崇禎己卯武解元。至本朝順治壬辰，會試第一，殿試爲第一甲第一人，官福建都督僉事。時海寇鄭成功猖獗，玉璽屢立戰功，擢陝西都督同知，調天津總兵，致仕，年九十卒。見《浙江通志》。」是武科亦有三元。

茶香室三鈔卷十四

夏《歸藏》

梁陶弘景《真誥·協昌期第一篇》云：「大方諸之西小方諸上，多有奉佛道者，皆服五星精，讀夏《歸藏》經。」按儒書夏易《連山》、殷易《歸藏》，此云夏《歸藏》，未詳其説。

箕子注《易》

《宋史·藝文志》蓍龜類有《三墳易典》三卷，注云：「題箕子注。」按：《叢鈔》卷一第一條即載箕子《易》，當時不知何書，今乃知即《三墳易典》也。惜今不傳，其占法無考矣。

《正易心法》

麻衣道者《正易心法》云：「卦序當先《履》而後《小畜》，試辨之：一柔自《姤》變《同人》，《同人》變《履》，《履》變《小畜》，《小畜》變《大有》，猶之一剛自《復》變《師》，又變《謙》，又變《豫》，又變《比》，此皆自然之序也。今《謙》在《豫》上，則知《履》不當在《小畜》下。又《履》與《无妄》對義，既以《大畜》反《无妄》而居下，則知《小畜》反《履》而居下無疑矣。今序卦非宣尼旨，失其本真也。八體乃艮爲鼻，巽爲手耳。蓋乾爲首，坤爲腹，天地定位也。坎爲耳，離爲目，水火相逮也。艮爲鼻，兑爲口，山澤通氣也。巽爲手，震爲足，雷風相薄也。此羲皇八卦之應矣。學者承誤效尤，其失至此。」按：麻衣之《易》，道家之書也。然此二説頗似有理，故録存之。

又云：「一、六爲腎，二爲肺，三爲脾，四爲肝，五爲心。」又云：「初爻爲地，上爻爲天，二爻爲北，五爻爲南，四爻爲西，三爻爲東。天地四方，每卦之體，皆具此義，是爲六虚。」按：此亦異説。

《大過》卦辭

晉干寶《搜神記》云：「揚州別賀顧球姊生十年便病，郭璞筮得《大過》之《升》，其辭曰：『《大過》卦者義不嘉，冢墓枯楊無英華。振動游魂見龍車，身被重累嬰妖邪。法由斬祀殺靈蛇，非己之咎先人瑕。案卦論之可奈何。』」按：此等卦辭鄙俚已甚，乃晉時已有之矣。

鼎顛趾

宋沈括《夢溪筆談補》云：「古鼎中有三足皆空可容物者，所謂『鬲』也。煎和之法，常欲湆在下，體在上，則易熟而不偏爛。及升鼎，則濁滓皆歸足中。《鼎》『初六，鼎顛趾，利出否』，謂濁惡下，疑當作在下。須先瀉而虛之。九二陽爻，方爲鼎實。今京師大屠善熟彘者，鈎懸而煮，不使著釜底，亦古人遺意也。」

卉服

明鄺露《赤雅》云：「南方草木可衣者曰卉服。績其皮者有句芒布、紅蕉布，績其花者有桐花布、璦枝布、娑羅布，其精者曰娑羅龍段、吉貝布、桃花布。南中千葉桃花似牡丹，穗長尺許，織穗成布，但過冬則散。」按：禹時卉服尚未必有此，要亦其濫觴也。

唐馮贄《雲仙雜記》云：「青齊閒有一種桃花，盛開時垂絲至二三尺，採之練以松脂，遞相纏結，織成鞋履，寄往都下，人皆不辨何物。」自注所出云「《青州襍記》」。按：此亦即桃花布之類，然則青州亦有之矣。今無其物，未知所言信否。

繹山桐

唐封演《封氏聞見録》云：「兖州鄒繹山生梧桐，土人云此桐所以異於常桐者，此山大石攢倚，石閒周回皆通人行，山中空虛，故桐木絶響，以是珍而入貢也。」按：繹山中空，故有「繹孔」之號，余已記於《叢鈔》十二。今讀此，又知繹山桐材即以此而見異。記之，以補《禹貢》疏所未備。

羽山

宋方勺《泊宅編》云：「自登州岸一潮渡海即至島，島有五所，即《禹貢》之羽山。」

朝涉

宋邵思《姓解·卓部》「朝」下注云：「紂臣有朝涉。」按：《尚書》「斮朝涉之脛」，某氏傳曰：「冬月見朝涉水者，謂其脛耐寒，斬而視之。」正義謂「其事或当有所出」。此則以「朝涉」爲人姓名，更屬異聞矣。

《魯經》

國朝周中孚《鄭堂札記》云：「《宋鑑》：端平元年，太常少卿兼侍講徐僑奏：『《論語》一書，先聖格言，乞以《魯經》爲名，升爲早講。』從之。《論語》之名甚古，何必作此變更？後惟王氏柏有《魯經章句》，他人莫之從也。」

顔回問孝

《宣和書譜》云：「蕭子雲善正隸、行草、小篆、飛白，今御府所藏三，正書有《顔回問孝》」。

按：「顔回問孝」不知出何書。

擁縲子即荷蕢

徐鍇《説文通論》云：「孔子擊磬於衛，擁縲子聞之曰：『有心哉，擊磬乎！』故於文耳殸爲聲，殸古磬字也。」按：以荷蕢爲擁縲子，未詳所出。

國朝陳倬《敤經筆記》云：「《論語》『荷蕢』不聞作『擁縲』，葢以『縲』爲《孟子》『虆梩』之『虆』，虆亦草器，故以荷蕢爲擁縲耳。是即楚金肊説之一證。」

蝨鼁即蚳鼁

《孟子外篇》：「蝨鼁隱於萊，孟子使人問之以書。」注引丁公著云：「蝨，古蚳字。」按：「蚳」從雨無意，姑以廣異聞。

湛子即譚子

梁陶弘景《真誥・稽神樞第四篇》云：「范安遠適云：『湛子不事齊，齊師伐之。《春秋傳》曰：湛無禮也。』」注云：『此則《左傳》上事。湛字作譚，國名也。不知何故述此，似有所指。」按：此則《春秋》之「譚子」古有作「湛子」者矣。

馮翼衣即逢掖衣

宋郭若虛《圖畫見聞誌》云：「晉處士馮翼衣布大袖，周緣以皁，下加襴，前繫二長帶，隋唐朝野服之，謂之馮翼之衣，今呼直綴。」注云：「《禮記·儒行篇》『衣逢掖之衣』，逢，大也。大掖，大袂襌衣也。逢掖與馮翼音近。」按：今人知有「逢掖」，不知有「馮翼」。

賜《儒行》

元人《事物紀原》云：「《宋朝會要》曰：『淳化二年三月，詔以新印《儒行》賜近臣。先時御試進士日，以《儒行篇》爲論題。帝欲激勸士流，敦儒行，故特令雕印。至是首賜新及第舉人孫何，聖旨諭令依此修身爲治。天聖五年四月，賜新及第進士王堯臣以下《禮記》《中庸》各一本。八年四月，王拱辰以下又賜《大學篇》。』」按：今人知表章《大學》《中庸》二篇自宋人始，不知宋時又〔一〕嘗别出《儒行篇》也。

〔一〕又，原訛「文」，據文意改。

熙寧中王氏經學

宋邵博《聞見後録》云：「東坡倅錢唐日，答劉道原書云：『道原要刻印七史，固善。方新學經解紛然，日夜摹刻不暇，何力及此？近見京師經義題：「國異政家殊俗，國何以言異，家何以言殊？」又：「有其善喪厥善，其、厥不同，何也？」又說《易》觀卦本是老鸛，《詩》大小雅本是老鴉。似此類甚衆。』時熙寧初，王氏之學務爲穿鑿至此。」

不讀《春秋》

宋無名氏《道山清話》云：「黄庭堅年五歲已誦五經，一日問其師曰：『人言六經，何獨讀其五？』師曰：『《春秋》不足讀。』庭堅曰：『是何言也？既曰經矣，何得不讀？』十日成誦，無一字或遺。」按：今人往往不讀《春秋》經文，觀此知宋時已然矣。

《四書繪》

明徐渭《青藤書屋集》有《四書繪序》云：「四書中語言，聖賢之精意也。全體似人身有脈絡孔穴，隱藏引帶，不出字句。而傳注講章轉相纏説，未免牀上疊牀。乃用五色筆繪之，即其本文綂極章段字句，凡輕重緩急或相印之處，各有點抹圈鉤。既以色爲號，復造形相别，色以應色，形以應形。形色所不能加，乃始隱括數語，脈穴之理自謂庶幾燦然。夫繪之與解，均屬筌蹄。但其異處，雖渭序中不能自表也。」按：文長此書必有可觀，惜其不傳。

經史對句

宋王明清《揮麈後録》云：「明清於王岐公孫曉浚明處，見岐公在翰苑時令門生輩供經史對偶仐句十餘册，恨當時不曾傳之也。」

郯子之書

明焦竑《國史經籍志》道家有郯子《説陰陽經》一卷，五行家有郯子《占鳥經》一卷。是郯子亦尚有遺書邪？

《兵書論語》

《崇文總目》兵家類有《兵書論語》三卷，符彦卿撰。按：兵書名《論語》，豈亦倣《論語》爲之邪？

《崇文總目》醫書類又有《法家論語》一卷，不著撰人。是醫家亦有《論語》也。

明焦竑《國史經籍志》兵家有《武孝經》一卷，唐郭良輔撰；《臨戎孝經》一卷，員半千撰。然則兵家不止有《論語》，且有《孝經》矣。

《藥石爾雅》

《絳云樓書目》道書類有康真彪《藥石爾雅》，此必服餌之方也。

白起兵書

《崇文總目》兵家類有白起《神妙行兵法》三卷。白起亦有兵書傳世邪？疑或後人所依託也。

《道德經》有張魯本

明李日華《六硯齋筆記》云：「老子《道德經》有元師楊真人手書張鎮南本。鎮南即漢天師三代系師魯，魏武帝表爲鎮南將軍者也。」

《彩畫三輔黄圖》

宋周密《癸辛䙝識》云：「先子向寓杭，收拾奇書。太廟前尹氏書肆中有《彩畫三輔黄圖》一部。每一宫殿繪畫成圖，極精妙可喜。酬價不登，爲衢人柴望號秋堂所得。至元斥賣内府故書於廣濟庫，有《彩畫本草》一部，極奇，不知歸之何人。」

《韵海鏡源》

唐封演《封氏聞見記》云：「顔真卿撰《韵海鏡源》，成三百六十卷。其書於陸法言《切韵》外增出一萬四千七百六十一字。先起《説文》爲篆字，次作今文隸字，仍具别體爲證，然後注以諸家字書。解釋既畢，徵九經兩字以上，取其句末字編入本韵；爰及諸書，皆倣此。自有聲韵以來，未有如顔公此書也。大曆二年，入爲刑部尚書，詣銀臺門進上之。宣付祕閣，賜絹五百匹。」按：此乃韵藻之權輿，《叢鈔》卷九謂宋袁轂《韵類題選》爲以韵隸事之始，誤也。

《困學紀聞》卷八云：「顔魯公在湖州，集文士摭古今文字，爲《韵海鏡源》，以包荒萬彙，其廣如海，自末尋源，照之如鏡。《崇文總目》僅存十六卷，今不傳。」按：顔公此書，宋人已不得見，非封氏此書無以知其體例矣。近世箋注《困學紀聞》者，不知引此。

《觀文覽古》

宋王明清《揮麈後録》云：「仁宗即位方十歲，章獻明肅太后命儒臣采摭歷代君臣事迹爲《觀文覽古》一書，祖宗故事爲《三朝寶訓》十卷，每卷十事，令傅姆輩日夕侍上展玩之，解釋誘進，鏤版禁中。哲宗九歲登極，宣仁聖烈皇后亦命取版摹印。」

《金鑰》《金桴》

宋謝伋《四六談麈》云：「四六全在編類古語，唐李義山有《金鑰》，司馬文正亦有《金桴》，王岐公最多。」

王子韶《字解》

《宣和書譜》云：「文臣王子韶字聖美，浙右人。方王安石以《字書》行於天下，而子韶亦作《字解》二十卷，大抵與王安石之書相違背，故其《解》藏於家而不傳。」

謝皋羽所著書

明李日華《六研齋二筆》云：「謝皋羽嗜佳山水，有《浙東西游録》九卷。又慨朋友道喪，合同志姓名，作《許劍録》。」按：「許劍」之義取之吴季子，似施之逝者爲宜。

王仲至家鎮庫書

宋徐度《卻掃編》云：「藏書之富，莫如南都王仲至侍郎家，其目至四萬三千卷。其子彦朝云：先人每得一書，必以廢紙草傳之。又求別本參較，至無差誤，乃繕寫之。必以鄂州蒲圻縣紙爲册，以其緊慢厚薄得中也。每册不過三四十葉，恐其厚而易壞也。此本專以借人及子弟觀之，又別寫一本，尤精好，以絹素背之，號鎮庫書。鎮庫書不能盡有，纔五千餘卷。宣和中，御前置局求書。時彦朝已卒，其子問以鎮庫書獻，特補承務郎。然其副本具在。建炎初，問渡江，書盡留睢陽第中，存亡不可知，可惜也。」

明《禮部韵會》首公字韵

國朝張爾岐《蒿庵閒話》云：「《大明集禮》云：『國家以火德王，故樂不用羽。』即墨王邦直云：『本朝土德，色尚黄，當用宫徵商羽四調而去角。《洪武正韵》以東字爲首，角音也，非所宜。後《禮部韵會》改以公字爲首，則宫音矣。』《集禮》本奉勅編纂，而王説相左如此。」按：此則明《禮部韵會》「一東」作「一公」矣。

《永樂大典》初本

國朝禮親王昭槤《嘯亭續録》云：「皇史宬在東華門外迤南，余於丁卯冬奉迎《純皇帝實録》，曾一至其地。嘗聞徐昆山先生述李穆堂侍郎言，其中藏全分《永樂大典》，較翰苑所貯者多一千餘本。蓋即姚廣孝、解縉所修初本，繕寫精工，非隆慶間謄本所能及。未審是書尚存否也。」

明張岱《瑯嬛文集》云：「《永樂大典》一書，胡儀部青蓮先生尊人曾典禁中書庫，攜出三十餘本，一韵中之一字猶不盡焉。烈皇帝時廷議再抄一部，計費十萬餘金，遂寢其議。」按：此則在明時此書已有爲人攜出者，禁中未必有全書矣。

《永樂大典》有僧預纂修

國朝朱彝尊《静志居詩話》云：「善啟字東白，號曉庵，長洲人，主蘇州永定寺，尋主松江延慶寺，授僧綱司副都綱，預修《永樂大典》。」又云：「大同字妙止，會稽人，鄞縣延慶寺僧，預修《永樂大典》。」按：此則《永樂大典》一書方外勝流亦預纂修之列矣。

律文小注

國朝朱彝尊《静志居詩話》云：「姚思仁字善長，秀水人，萬曆癸未進士，歷尚書、太子太傅。公嘗注律，以律文簡而易晦，乃用小字釋其下。本朝頒行《大清律》，實依公所注本也。」

《明史紀事本末》

國朝葉廷琯《吹網録》云：「《明史紀事本末》八十卷，谷應泰撰。《四庫提要》採邵廷采《明遺民傳》，稱『山陰張岱嘗輯明一代遺事，爲《石匱藏書》。應泰作《紀事本末》，以五百金購請，岱慨然予之』。孫氏《讀書脞録》述姚際恒語云：『《明史紀事本末》海昌一士人所作，亡後爲某以計取，攘爲己書。其事後《總論》一篇乃募杭諸生陸圻作，每篇酬以十金。』始知其説起於姚立方《庸言録》，所謂某者即指應泰。惟海昌與張岱里籍不符。然余嘗見鄭苊畦《今水學略例》内一條云：『朱竹坨先生語余曰：「谷氏《紀事本末》，徐蘋村著。蘋村諸生時爲谷識拔，故以此報之。」』竹坨與徐、谷同時，自必甚確。是此書撰自徐倬而非張岱，得由報贈而非竊冒，似可信矣。」

按：張岱《瑯嬛文集》有《與周戩伯書》云：「弟向修《明書》，止至天啟。以崇禎朝既無《實録》，又失《起居》，六曹章奏盡化灰爐，草野私書又非信史，是以遲遲，以待論定。今幸逢谷霖蒼文宗欲作《明史記事本末》，廣收十七年邸報。弟於其中簸揚淘汰，聊成本記，並傳崇禎朝名世諸臣，計有數十餘卷云云。」據此則谷氏、張氏各自成書，張氏之書且藉谷氏之力而成，謂谷氏以五百金購之張氏者非矣。張氏又親見谷氏著書，則謂是徐蘋村所著，亦未可信。疑谷公著書招集浙中名士助之，蘋村與陸圻或同預其役耳。

《華夏同音》

無名氏《東園友聞》云：「杜清碧先生以翰林待制聘至杭，有所編《五聲韵》，自大小篆隸以至外化蕃書及國朝蒙古新字，靡不收録，曰《華夏同音》。」

《仁書》

國朝朱彝尊《静志居詩話》云：「吴爾壎字介了，崇德人，崇禎癸未進士，死揚州之難。平居撰《死臣傳》，目曰《仁書》。傳有小序，各繫以古人，曰湛身，曰焚，曰炮烙，曰炙，曰自剄，曰不食，曰閉口，曰雉經，曰扼吭，曰立槁，曰没陣，曰觸，曰墜，曰鴆，曰烹，曰葅醢，曰臠，曰斬，曰車裂，曰磔，曰鋸，曰囊撲，曰剥，曰剖，曰拉，曰杖，曰笞，曰鎚擊，曰刺，曰幽，曰凍，曰疽發背，曰慟哭。」

《滑耀編》

國朝王士禛《香祖筆記》云：「袁淑《山公九錫文》、沈約《修竹彈甘蕉文》、韓愈《毛穎傳》之類，偶然游戲，作者遂多。吾鄉賈公三近嘗輯《滑耀編》若干卷，又嘗〔一〕見《文府滑稽》一書，皆此等文也。」

《翦綃集》

國朝王士禛《香祖筆記》云：「詩集句起於宋，石曼卿、王介甫皆爲之，李龏至作《翦綃集》，然非大雅所尚。」

《友録稿》

國朝朱彝尊《静志居詩話》云：「陳體文字仲約，平居詩不留草。其友花左室見輒手録之，故名《友録稿》。

〔一〕嘗，原作「常」，據《筆記小説大觀》本改。

詩有云：「得魚便覓酒，有酒且留人。如此即爲樂，何須復苦貧。無魚亦無酒，宜主不宜賓。如此即高卧，何愁不及晨。」可謂達生之士矣。

《百家姓》

宋王明清《玉照新志》云：「市井所印《百家姓》似是兩浙錢氏有國時小民所著，首云『趙錢孫李』，蓋錢氏奉正朔，趙乃本朝國姓，所以錢次之；孫乃忠懿之正妃，又其次則江南李氏。次句『周吴鄭王』，皆武肅而下后妃，無可疑者。」按：武肅王之祖母及母皆水邱氏，今此書所列覆姓無水邱氏，何也？

《神童詩》

國朝褚人穫《堅瓠集》云：「宋鄞縣汪洙字德温，九歲善詩賦。上官奇而召見，時衣短褐以進。問曰：『神童衫子何短邪？』應聲曰：『神童衫子短，袖大惹春風。未去朝天子，先來謁相公。』世以其詩詮補成集訓蒙，爲《汪神童詩》。後登元符三年進士，仕至觀文殿大學士。」按：汪洙，《宋史》無傳，未知他有可考否。

《堅瓠集》又云：「神童詩『一舉登科日』句，乃宋陳林贈王俊民登科詩。時韓魏公亦贈詩云：『青雲一第人皆有，白髮雙親世所無。』」

《吕氏千字文》

國朝顧炎武《亭林文集》有《吕氏千字文序》曰：「崇禎之元，有仁和卓人月者取《千字文》更次之，以紀先帝初元之政。其首曰『大明洪武，受命配天』，其末曰『臣吕章成，頓首敬書』。」按：吕君字裁之，事乃略具。吕君以爲事止於一年，未備也，再取而次之，明代三百七十年之餘姚人。此文必極工巧，今未知尚有傳本否。

《二十四孝》

國朝韓泰華《無事爲福齋隨筆》云：「坊間所刻《二十四孝》，不知所始。後讀《永樂大典》，乃是郭守敬之弟守正所集。謝應芳《龜巢集》有《二十四孝讚序》云：『常州王達善所讚《二十四孝》，以《孝經》一章冠於編首。』蓋別是一書。」

袁氏功過格

國朝朱彝尊《静志居詩話》云：「袁黄字坤儀，嘉善人，萬曆丙戌進士，除寶坻知縣，遷兵部主事。導人持功過格，鄉里稱爲愿人。其説實本愛禮先生劉駟，加發揮焉。然順親友兄弟，皆自居爲功，終於心未安，君子之學無伐善可矣。」按：今婦豎皆知有袁了凡，而名字有莫能舉者矣。至愛禮先生，則知者更罕。

村校中小兒所誦詩

宋葉夢得《避暑録話》云：「村校中教小兒誦詩，多有『心爲明時盡，君門尚不容。田園迷徑路，歸去欲何從』一篇，初不知爲誰作。大觀閒三庫曝書，昭文庫壁閒有敝簏，置書數十册，其一曰《玉堂新集》，載此篇，乃劉幽求《詠懷》作也。」按：此等書乃今村塾所課神童詩之類。

《太公家教》

宋王明清《玉照新志》云：「世傳《太公家教》，其言極淺陋鄙俚。然見唐《李習之文集》，至以《文中子》爲一律。觀其中猶引周漢以來事，當是有唐村落閒老校書爲之。太公者猶曾高祖之類，非渭濱之師臣明矣。」按：《太公家教》，余已記於《續鈔》十三。今觀此，乃得其詳也。

茶香室三鈔卷十五

天才人才鬼才

宋錢易《南部新書》云：「李白爲天才絶，白居易爲人才絶，李賀爲鬼才絶。」按：世人但傳宋景文「太白仙才、長吉鬼才」之説，不知有此説也。

詩有十勢

唐齊己《風騷旨格》云：「詩有十勢：獅子返擲勢，猛虎踞林勢，丹鳳銜珠勢，毒龍顧尾勢，孤雁失羣勢，洪河側掌勢，龍鳳交吟勢，猛虎投澗勢，龍潛巨浸勢，鯨吞巨海勢。」按：「十勢」之名甚奇，每一勢下各引詩一联，然亦不甚可曉。

律詩首句落句可失韵

國朝章大來《佣陽褋録》云：「律詩首句失韵爲入羣孤雁，落句失韵爲出羣孤雁，今人衹解首句耳。阮亭先生《姑蘇懷古》詩末句『胥』字正此律。」

杜詩用「寵光」「點注」字

明李日華《紫桃軒褋綴》云：「杜詩『寵光蕙葉與多碧，點注桃花舒小紅』。寵光、點注，唐時有此二語，施之官職選授，『寵光』者特恩之意，『點注』者注授之意。今本訛作『點綴』，何啻嚼蠟？」

杜詩愈瘧法

明李日華《六硯齋二筆》云：「杜子美詩：『夜闌更秉燭，相對如夢寐。』療瘧法：對日握棗，書此十字於空中，仍噏日氣一口吹棗上，不換手以啖病者，輒愈。」按：杜詩愈瘧，人知有「子璋髑髏」之句，不知有此，但未知驗否。

杜詩「漫興」之誤

國朝朱彝尊《静志居詩話》云：「杜子美集有《漫與五絶》九首，又七言云：『老去詩篇渾漫與，春來花鳥莫深愁。』『渾漫與』者，言即景口占，率意而作也。其後蘇子瞻、黄魯直、楊廷秀諸公皆襲用之，押入語韻。陰時夫輯《韵府羣玉》亦采入語韻。蓋自元以前無有讀作『漫興』者。迨楊廉夫作《漫興》七首，妄謂『學杜者必先得其性情語言而後可，得其性情語言必自其《漫興》始』。而其弟子吴復見心從而傅會之，注云：『《漫興》者，老杜在浣花溪之所作也。』自廉夫詩出，而世之人遂盡改杜集之舊，易『與』爲『興』矣。首沿其誤者張孟兼也。」按：此說《冷齋夜話》已發之，則誤不自楊始。余有《山中漫與》四首，或猶疑「漫興」之誤也。

太白集「桃李園」應作「桃花園」

國朝葉廷琯《吹綱録》云：「康熙末年吳門繆曰芑武子重刊《李翰林集》三十卷，自題云得崑山徐氏所藏臨川晏處善本，重加校正。《春夜宴桃李園序》，繆本集首目録作《春夜宴桃花園序》，卷首子目及文前標目並同，序中亦云『會桃花之芳園』，前後四處皆作『桃花』，不作『桃李』。原注云：《唐文粹》選此序亦作『桃花』。」

韓愈《直諫表》

宋陳元靚《歲時廣記》云：「韓愈《直諫表》：『近聞七月十五日幸安國寺禮空王，以爲崇福施信，示天下仁心。』」按：此表韓集所無，不知見於何書。

施肩吾詩辟山魈

蜀何光遠《鑒戒録》云：「施肩吾及第，游南楚。楚多山魈爲患，俗號聖者。是時亦來館穀，攪擾施君。施君當風一詠，于是屏跡。詩曰：『山魈本是伍家奴，何事今爲聖者呼？小鬼不須乖去就，國家才子號肩吾。』」按：詩不佳，正堪嚇鬼耳。「伍家奴」事未詳。

項斯詩不足觀

宋無名氏《道山清話》云：「余少時常與文潛在館中，因看《隋唐嘉話》，見楊祭酒贈項斯詩，因問諸公，唐時未聞項斯有詩名也。文潛曰：『必不足觀，楊君詩律已如此，想其所好者皆此類也。』」按：「到處逢人説項斯」一語至今猶膾炙人口，不謂宋時有此一段議論。

高梁柳范

國朝王士禛《香祖筆記》云：「宋初文士稱『高梁柳范』，謂高錫、梁周翰、柳開、范杲也。在劉、楊之前，而人多不知。」按：《宋史·梁周翰傳》：「五代以來，文體卑弱，周翰與高錫、柳開、范杲习尚淳古，齊名友善，當時有『高梁柳范』之稱。」則皆名見正史者。

滕元發《陳情表》

宋王銍《四六話》云：「滕元發光禄受知神宗，最在諸公之先。以議政與荆公不合，遂出爲帥，又以妻黨李逢事謫知池、安二州。既罷安州，許朝見。至國門，又中飛語，再謫知筠州。先子實公之客，是時在京師，託撰《陳情表》。先子爲公草之，自注云：『先子爲滕作《陳情表》，手簡尚在，今誤印在東坡市本文内。』」按：今《東坡集》有《代滕甫辨謗乞郡狀》，以兩文校之，則從「離去左右十有餘年」以後、「非敢别有僥求，更思録用」以前三百數十字，絶不相同。疑此文乃王銍之父名素者原本，而東坡改爲之，故載入《坡集》耳。讀其文，自以坡改者爲勝。

東坡和梅宛陵詩

國朝王士禛《香祖筆記》云：「陳晉州士業云：陸務觀《梅宛陵集序》：『蘇翰林多不可古人，惟次韵和淵明及先生二家詩而已。』是坡公又有和梅之作，今集中無可考見，亦未有知其事者。」

蜀音押韵

宋陸游《老學庵筆記》云：「魯直在戎州作樂府曰：『老子平生，江南江北，愛聽臨風笛。孫郎微笑，坐來聲噴霜竹。』予在蜀見其稿，今俗本改『笛』爲『曲』以協韵，非也。然亦疑『笛』字太不入韵。及居蜀久，乃知瀘州閒謂『笛』爲『曲』，故魯直得借用，亦因以戲之耳。」按：余於《續鈔》十四載閩音押韵事，今又記此。然則顧亭林謂《毛詩》有以方音協韵者，如《小戎》之

「參」與「中」，《七月》之「陰」與「沖」，《公劉》之「飲」與「宗」等類，亦未始無見也。

《老學庵筆記》又云：「四方之音，有訛者則一韵盡訛，如閩人訛『高』字，則謂『高』爲『歌』，謂『勞』爲『羅』；秦人訛『青』字，則謂『青』爲『萋』，謂『經』爲『稽』。」余謂此皆雙聲也。

押於字韵

宋蘇籀《欒城遺言》云：「公言場屋之敝曰：昔南省賦題官韵『於』字，舉子程文云『何以加於』，其文中選。後詩韵又同者，或曰『何以更加於』。大抵場屋多此類也。」

按：「於」字韵固不易押，東坡《濁醪有妙理賦》「古者晤語，必旅之於」，雖用經語，亦殊未順。此字除「商於」地名、「白於」山名及《太玄經》「白舌於於」、孔北海書之「舉杯相於」外，竟無可押。或用「林於」字，然今韵又自有「箊」字，「林於」宜作「箖箊」矣。

梅花詩忌

宋周密《齊東野語》載《玉照堂梅品》，有「花憎疾」十四條，内一條云「作詩用調羹驛使事」。

又有「花屈辱」十二條，内有一條云「與齉婢命名」。按：此條亦人所易犯，宜共戒之。

七字對

宋王明清《玉照新志》云：「東坡出牧錢唐，道由崑陵之洛社。孫仲益方七八歲，立於岸側。東坡望見奇之，詢所學，方爲七字對，與之題云『衡茅稚子璠璵器』，仲益隨聲應之云：『翰苑仙人錦繡腸。』大加歎賞。後果爲斯文之主盟。」按：此知課小兒屬對，古人固有此法也。《新志》又云：「東坡元祐四年自禁林出牧杭州，仲益以辛酉生，是年八歲矣。」

宋謝伋《四六談塵》云：「宋景文有 字至十字對。」

柱銘

明張岱《瑯嬛文集》有《柱銘鈔自序》云：「昔人未有以柱對傳者，傳之自文長始；昔人未有以柱對刻之文集者，刻之自余刻文長之《逸稿》始。鴻寶倪太史柱對有妙過文長者，而不及文長之多。則余之學文長而不及者，又何取乎其多邪？」按：今人刻楹聯入集中，此其濫觴。然但知爲楹聯，莫知爲柱銘矣。

甲賦

國朝周中孚《鄭堂札記》云：「唐人稱應試之賦爲甲賦，葢因令甲所頒，故有此稱，以別於居恒所作古賦。皇甫持正所謂『即爲甲賦，不得不作聲病文也』。」

屏風兒

宋周必大《玉堂雜記》云：「内制名色不一，㦸直時或未詳其體式，故凡詞頭之下者，院吏必以片紙録舊作於前，謂之屏風兒。國初陶穀謂一生依本畫葫蘆，殆謂是邪？」

一言至十五言詩

蜀何光遠《鑒戒録》云：「杜先生光庭吟一言至十五言，《紀道德》《懷古今》兩篇可謂大製。《紀道德》云：『道，德。清虚，玄默。生帝先，爲聖則。聽之不聞，搏之不得。至德本無爲，人中多自惑。在洗心而息慮，亦知白而守黑。百姓日用而不知，上士勤行而必克。既鼓鑄於乾坤品物，信充仞乎东西南北。三皇高拱兮任以自然，五帝垂衣兮修之不忒。以心體之者爲四海之主，以身率之者爲萬夫之特。有皓齒青娥者爲伐命之斧，藴奇謀廣智者爲盗國之賊。曾未若軒后順風兮清静自化，曾未若臯陶邁種兮温恭允塞。故可以越圓清方濁兮不始不終，何止乎居九流五常兮理家理國？豈不聞乎天地于道德也無以清寧，豈不聞乎道德于天地也有踰繩墨？語不云乎仲尼有言朝聞道夕死可矣，所以垂萬古歷百王不敢離之于頃刻。』《懷古今》云：『古，今。感事，傷心。驚得喪，歎浮沈。風驅寒暑，川注光陰。始衒朱顔麗，俄悲白髮侵。嗟四豪之不返，痛七貴以難尋。夸父興懷於落照，田文起怨於鳴琴。雁足凄涼兮傳恨緒，鳳臺寂寞兮有遺音。朔漠幽囚兮天長地久，瀟湘隔別兮水闊煙深。誰能絶聖韜賢飡芝餌朮，誰能含光遁世鍊石燒金？君不見屈大夫紉蘭而發諫，君不見賈太傅忌鵩而愁吟？君不見四皓避秦峩峩戀商嶺，君不見二疏辭漢飄飄歸故林？胡爲乎冒進貪名踐危塗與傾轍，胡爲乎護權恃寵顧華飾與彫罄？我所以思抗跡忘機用虛无爲師範，吾所以思去奢滅慾保道德爲規箴。不能勞神傚蘇子張生兮干時而縱辯，不能勞神傚楊朱墨翟兮揮涕以沾襟。』」按：趙甌北《陔餘叢考》言古今詩體至十一言而止，不知有此二篇也。然此二篇實亦不佳，多用虛字襯貼，雖至二十餘言，亦復何難？

元旦除夕詩

國朝朱彝尊《静志居詩話》云：「薛岡字千仞，鄞人，有《天爵堂集》。李杲堂云：『千仞年八十，集其平生元旦、除夕詩爲一卷，起萬曆庚辰至崇禎庚辰。身爲太平詞客六十年，名重天下，亦盛事也。』」

韓莊敏論舉業

宋無名氏《道山清話》云：「韓莊敏一日來子弟讀書堂，徧觀子姪程課，喜甚，謂門客曰：『舉業只須做到這箇地位，有命時儘可及第。自此當令日日講五經，依次第觀子史程文。不必更上，枉了工夫。若無命時，雖工無益。』」按：《日知録》云：「自宋以來，以取中士子所作之文謂之程文。《金史》承安五年，『詔考試詞賦官各作程文一道，示爲舉人之式』。」又云：「坊刻有四種：曰程墨，則三場主司及士子之文；曰房稿，則十八房進士之作；曰行卷，則舉人之作；曰社稿，則諸生會課之作。」今觀《道山清話》，則知宋時所謂「程文」，其始本是家塾程課之文。後以取中士子所作爲程文，後又以考試官所作爲程文，非其初矣。

嘗謂、今夫

元倪士毅《作義要訣》云：「舊義多用『嘗謂』二字作原題起語、『今夫』二字作大講起語。」

按：此知今時文起講用「嘗謂」「今夫」字，乃宋元經義舊格也。

「守口如缾」二語

宋周密《癸辛雜識》云：「富鄭公有『守口如缾、防意如城』之語，見《梁武懺》六卷，不知本出何經。」

「芝草無根」二語

唐段成式《酉陽雜俎續集》云：「予太和初從事浙西贊皇幕中，公語及國朝詞人優劣，云世人言『靈芝無根、醴泉無源』，張曲江著詞也。蓋取虞翻《與弟求婚書》，徒以『芝草』爲『靈芝』耳。予後得《虞翻集》，果如公言。」按：此語至今猶熟於人口，然莫能詳其所出也。

景炎詔

宋周密《癸辛雜識》云：「景炎末造，狼狽海上，固無暇文物典章矣。然詔語亦或有可觀者。有云：『雖鳥獸之跡，不無交中國之時；然馬牛其風，何嘗及南海之遠。』又云：『今南方已定，兵甲已足，豈今年不戰，來年不征？』不知何人筆也。」按：海上崎嶇，尚掉弄文墨，可笑亦可憫矣。

戚少保詩集

國朝朱彝尊《静志居詩話》云：「戚繼光字元敬，撰有《紀效新書》《練兵實紀》，論者比之孫、吴、韓、白。軍中有暇，輒與文士接席賦詩，集名《止止》，稿曰《愚愚》，居曰『夢夢』，是亦好奇矣。」

《七人聯句詩記》

國朝陳錫路《黄嬭餘話》云：「楊君謙循吉《七人聯句詩記》爲夜雨詩，共二十一韵。記中並七人，敘坐之次亦詳書之，而復列一圖於後：王古直、徐栗夫南面坐，陳一夔、王存敬北面坐，侯公繩左邊側坐，趙栗夫右邊側坐，楊君謙爲主人，坐侯公繩下。一展帖閒，當日情景宛然在面。六人皆官，而古直老人以隱者野服居首席。」

詩賈

國朝朱彝尊《静志居詩話》云：「黄徽字季美，杭州人，爲閩賈沈翁贅壻，繼其業。有《轂音集》。何侍郎稺孝爲作《詩賈傳》，其略曰：『唐人以詩名，桑門、閨秀皆進乎技，賈人缺焉。季美詩不妨賈，賈不揜詩，遂無前人。』其賞譽如此。」

又按：《静志居詩話》云：「明以賈客而稱詩者众矣，若歙州之鄭作、程誥，龍游之童珮，皆賈也。然鄭、程皆受學於李空同，童執經於歸太僕，則不得以賈人目之。」

畢著詩不應入國朝詩選

國朝禮親王《嘯亭續録》云：「沈歸愚選《國朝詩别裁》，純皇帝命内廷詞臣删定。然如閨秀畢著《紀事詩》，乃崇德癸未饒餘親王伐明，自薊州入邊，其父戰死，故詩有薊邱語，非死流寇難也。當其時，海宇未一，不妨屬辭憤激。歸愚選入，已失檢點。内廷諸公仍其紕繆，此與商輅《續綱目》滁州之戰書明太祖爲『賊兵』同一笑柄。」

《南國俞氏文録》

國朝錢謙益《絳雲樓書目》譜諜類有《南國俞氏文録》，不注册數，不知何地何人也。因涉吾宗，故記此俟考。

德清盧政議詩

宋姚寬《西溪叢話》云：「『青衫白髮老參軍，旋糴黄粱買酒罇。但得有錢留客醉，也勝騎馬上人門。』此詩膾炙人口，不知誰作。見施僉判德權云：乃德清人法源之祖盧政議詩。更有一絶：『十月都門風薄衣，搗砧聲裏雁南飛。野人不識長安樂，且趁鱸魚一棹肥。』」按：此公吾鄉人也，今無知者，故識於此，當檢邑志。

張文端代王文簡作詩

國朝禮親王昭槤《嘯亭襍録》云：「王文簡公士禛詩名重於當時，浮沈粉署。張文端公英時值南書房，代爲延譽。仁皇帝召入面試，漁洋詩思本遲滯，加以部曹小臣，乍覩天顔，戰慄不能成一字。文端代作詩草，撮爲墨丸置案側。漁洋得以完卷，因改官詞林，得至高位。漁洋感激文端終身，曰：『是日微張某，余作曳白人矣。』」按：此事未知信否。

王阮亭三緑

國朝龔煒《巢林筆談》云：「王阮亭詞有『春水平飄緑』『夢裏江南緑』『新婦磯頭煙水緑』。鄒程村曰：『昔應子和名「三紅秀才」，今不當稱「三緑」邪？』」

《金毛獅子賦》

國朝龔煒《巢林筆談》云：「婁東王氏以緱山先生爲最，少時歲試，襍一梵語。學使震其名，不敢遽第下等。覆試題出『今茅塞子之心』句，先生誤聽，爲作《金毛獅子賦》一篇，詞甚藻麗，時午十四耳，天才也。」

袁子才《江賦》

國朝禮親王昭槤《嘯亭襍録》云：「黄文襄督兩江，袁爲屬員。黄曰：『子號子才，以才子自命歟？』曰：『然。』黄曰：『然則命汝頃刻爲文，可乎？』先生請命題。黄厲聲曰：『江賦！』請限字。曰：『一萬。』請限時。曰：『三時。』先生研墨濡豪，凡奇誕字盡加水旁，須臾而就。公故武夫，因傾倒曰：『汝果名不過實也。』」按：此隨園軼事，人所不知，《江賦》亦不傳。

詠息夫人詩

國朝徐承烈《燕居瑣語》云：「明末一巨公與泰州鄧孝威漢儀善。明亡，孝威諷其殉節，不從，入本朝仍爲顯官。後孝威游楚歸，巨公索閱近作，中有《題息夫人廟》一首云：『楚宫慵掃黛眉新，祇自無言對暮春。千古艱難惟一死，傷心豈獨息夫人？』巨公愀然，廢卷而起，入内，遽患心痛卒。蓋愧心一萌，神氣飄忽四散也。」按：「千古艱難」二句至今人人能誦之，然莫知作者姓名，且亦不知有此一事。

茶香室三鈔卷十六

句曲山秦篆

梁陶弘景《真誥》云：「良常北垂洞宮口，有秦始皇埋藏白璧兩雙，入地七尺，有小磐石在嶺上，以覆埳處。李斯刻書璧，其文曰：『始皇聖德，平章山河，巡狩蒼川，勒銘素璧。』若掘即可得。始皇所履山川皆祀以玉璧，不但句曲而已。」按：此則李斯之篆天下頗多矣，惜無人掘而出之。

傳授筆法人名

唐張彦遠《法書要録》云：「蔡邕受於神人，而傳之崔瑗及女文姬。文姬傳鍾繇，鍾繇傳衛夫人，衛夫人傳王羲之，王羲之傳王獻之，王獻之傳外甥羊欣，羊欣傳王僧虔，王僧虔傳蕭子雲，蕭子雲傳僧智永，智永傳虞世南，世南傳歐陽詢，詢傳陸柬之，柬之傳姪彦遠，彦遠傳張旭，旭傳李陽冰，陽冰傳徐浩、顔真卿、鄔彤、韋玩、崔邈，凡二十有三人。」按：蔡邕以下止二十二人，疑有闕誤。

王羲之學書於司馬子徽

唐道士徐靈府《天台山記》云：「自天台觀北路上桐柏觀一十二里，觀即唐睿宗景龍二年爲白雲先生所置。先生乃司馬天師也，名子徽，字義禎，河内温人，事載在碑中。先生初入花頂峯，遇王羲之入山學業，先生過筆法付羲之：『子欲學書，好聽吾語。夫受筆法與俗不同，莫誇端整，但取堅强，觔力若成，自然端整。東邊石室，子莫頻過，盡是異獸精靈也。西邊石室，甚是精閒，案硯俱全，詩書並足，松花仙果可給朝餐，石茗香泉堪充暮飲。』羲之既蒙處分，豈敢有違，日就月將，便經年載。羲之第一年學書，似蛇驚春蟄，魚躍寒泉，筆下龍飛，行間蜨舞，雖未殊妙，早已驚羣。至第二年學書，似鶴度春林，雲飛玉澗，觔骨相連，如垂金鎖。至第三年，遂書得數紙來。先生再拜，展於案上，一見凜然作色，高聲責羲之曰：『子之書法全未有功，觔骨俱少，氣力全無。作此書格，豈成文字？但且學書，有命即至仙堂，無事不勞相訪。』羲之唱諾，即歸書堂。又得三年功，書成矣。先生乃讚羲之曰：『念汝書跡，異世不同，淡處不淡，濃處不濃，得之者罕有，見之者難逢，進一字千金重賞，獻一字萬户封侯。』二字疑誤倒。再讚曰：『衆木中松，羣山中峯，虛鶴中沖，五岳中嵩。吾令歸俗，汝向九霄紅。汝歸於世界，如鶴出籠。別後有心相顧，時時遥望白雲中。』」按：此一段，言王羲之學書於司馬子徽事甚詳，他書未載也。

又按：《舊唐書·隱逸傳》：「道士司馬承禎字子微，河内温人。徧游名山，止於天台。」當即此人。然與此文名字有異，且唐代之人豈當爲逸少之師乎？事未足據，姑廣異聞。承禎本傳稱「頗善篆隸書，玄宗令以三體寫《老了經》」，然則司馬子微自有書名。道家附會，謂逸少嘗師事之，誇誕甚矣。

《天台記》又云：「自歇亭北上廿里，上華頂峯，其上造天尊堂，堂東一十步有甘泉。先生住經二十八載，頻奉敕詔，多不就。開元十一年，玄宗皇帝追入内，先生辭歸。帝以天台幽遠，難於迎請，遂於王屋山選形勝，特置陽臺觀居之。」按：此止合司馬子微事實，乃以爲別一人，何也？

宋鄭杓《衍極》云：「王羲之言自於山谷中臨學鍾氏及張芝正書、草書廿餘年，竹葉、樹皮、山石之上及版木等，不可知數。至於素紙、牋縠、藤柴反復書之，盡心精作，得意轉深。」則右軍入山學書，固有此事。

王右軍少作

唐張彦遠《法書要録》載梁虞龢《論書表》云：「羲之所書紫紙，多是少年臨川時迹，既不足觀，亦無取焉。」又載陶隱居啟云：「逸少自吴興以前諸書，猶爲未稱。凡厥好迹，皆是向在會稽時永和十許年者。」

王羲之石本《蘭亭》

宋黄休復《茅亭客話》云：「僞蜀時，吴王遣内客省使高弼通好，持國書于〔一〕蜀，因獻僞皇太子王羲之石本《蘭亭》一軸。當時識者議此本是羲之撰序，後刻石於蘭亭者。僞翰林待詔米

〔一〕 于，原訛「干」，據《茅亭客話》卷三改。

道鄰侍書於太子。洎聖朝伐蜀，其書帖盡歸米道鄰私家。至乾德中，有鬻彩箋王七郎，名文昌，與道鄰世舊。道鄰因與文昌石本《蘭亭》，即吴使高弼獻太子者。」

謹案：《四庫全書提要》云：「其説爲自古録金石者所未聞。案：《賓退録》引蔡絛之言曰：『定武本乃江左所傳晉會稽石也。』其説殆即因此事而附會。」

又云：「元豐末，有人自兩浙得《蘭亭》真本，與織女支機石齎往京師。至太康縣，聞裕陵上賓，不果進。質錢民家，不知存没。」按：此則僞作無疑矣。

又云：「唐趙璘下第，於京洛途中逢官差遞夫舁張騫槎。又城〔一〕都嚴真觀有一石，俗呼織女支機石。」按：浙中所進支機石當亦此類，乃并博望仙槎亦有僞作，奇矣。

《蘭亭》無真本

明李日華《紫桃軒又綴》云：「沈存中云：唐太宗力購羲之真蹟，惟《樂毅論》乃右軍親筆

〔一〕城，疑當爲「成」。

於石而鐫之，以爲家法者。昭陵之殉，亦以其石便於甃耳。後温韜盗發，其石已碎，用鐵束之。皇祐中，高紳學士之子安世爲錢唐主簿，存中就其家見之，末後獨一『海』字。竹嬾十年前購得一本，正『海』字獨留本也。但其闕處有斜書修字數箇，蓋歐陽公再拓本。」

又云：「世又以爲《蘭亭》入昭陵，正坐此帖之誤。《蘭亭》開皇中已爲祕寶，江都隨行，久付烈焰。蕭翼計賺之説，傳奇幻語，烏足深信？」

按：如此説，則《蘭亭》無真本矣。自來言《蘭亭》者豈皆夢夢邪？《四庫全書提要》謂李日華考證疏舛，殆未必足據。

隸書《蘭亭》

明張岱《瑯嬛文集》有《王文聚隸書蘭亭跋》云：「余友王文聚爲右軍四十二代孫，楷法既精，復長漢隸，乃以蔡中郎石經筆法爲《蘭亭》開一生面，銀鉤鐵畫，古勁無比。」

虞世南書攀龍附鳳四字

國朝韓泰華《無事爲福齋隨筆》云：「攀龍附鳳四大字在今西安貢院，爲虞世南書，腕力千鈞，係明時所翻。原刻四川中江巖上，訪之未得。」

李太白書壯觀二字

明李日華《六硯齋筆記》云：「滕陽驛廳事前古槐之下有石碣，高五六尺，刻『壯觀』二字。偶摩挲細察之，有『太白』二字，蓋青蓮筆也。太白與孔巢父等六人偕隱徂徠山，正在滕境。此必徂徠物，而後人徙至此。轉展玩之，謫仙軒渠歷落之概盡見。」按：余於《續鈔》十五已載《李太白書》一則，今又得此。

宋鄭杓《衍極》云：「大曆初，霸上人耕地得石函，中有絹素古文科斗《孝經》凡二十章，初傳李白，白授陽冰，盡通其法。」然則李太白乃陽冰之師矣。

慈聖曹太后飛白

宋陸游《老學庵筆記》云：「慈聖曹太后工飛白，蓋習觀昭陵落筆也。先人舊藏一『美』字，徑二尺許，筆勢飛動，用慈壽宮寶。」

趙松雪自書家用簿

國朝王士禛《香祖筆記》云：「姚士麟叔祥言曾見趙松雪自書家用簿，運筆精妙，凡養蠶、種桑等事與今不殊，惟用麪作食及烏豆之類，動至百斤百石耳。」

雪蓑道人大壽字

國朝王培荀《聽雨樓隨筆》云：「雪蓑道人不知何許人，遨遊吾淄，能寫大字徑丈，小亦徑二三尺。青州衡王誕日，道人於南山磨崖書大壽字。刻成，横畫閒可卧一人。至今如故，不知其何以書也。大字石刻余多見之，傳爲萬曆時人，或以爲仙。」按：此「壽」字不知今在否，如能摹搨一紙，亦偉觀也。

白麟僞蹟

明李日華《六硯齋三筆》云：「成、弘閒有士人白麟，專以伉壯之筆恣爲蘇、米、黄三家僞蹟。人以其自縱自由，無規擬之態，遂信爲真。蘇公《醉翁亭》草書是其手筆，至刻之石矣。米書《師説》亦此公所爲也。」余謂此公所書能與蘇、米亂真，則亦一書家也。乃不自以書名，而以贋鼎欺人，何哉？

不作草字真字

宋葉夢得《避暑録話》云：「張文孝公觀一生未嘗作草字，杜祁公一生未嘗作真字。文孝嘗自作詩云：『觀心如止水，爲行見真書。』可見其志。祁公多爲監司，及帥在外，公家文移書判皆作草字，人初不能辨，不敢白，必求能草書者問焉，久之乃稍解。二公皆號重德，而不同如此。」按：人知有唐席豫之未嘗草書，而不知宋時又有張文孝也。

王荆公作《字説》不識字

宋邵博《聞見後録》云：「王荆公晚喜説字，客曰：『霸字何以從西？』荆公以西在方域主殺伐，累言數百不休。或曰：『霸從雨，不從西也。』公輒曰：『如時雨化之耳。』其學務鑿，無定論如此。」

《元包經》奇字

後周衛元嵩《元包經》云：「坤，㠩芔莫默。傳曰：㠩者春之熙，芔者夏之茂，莫者秋之落，默者冬之潛。㠩音恍，芔音莽。」按：《元包經》多奇字，附録數語於後：

晉，埜芔芔，昇昕昕，覞于醜，囧于垠。傳曰：埜芔芔，地之廣也。昇昕昕，日之明也。覞于醜，觀夫衆也。囧于垠，照夫遠也。埜音野。芔音莽，昇音杲，覞音耀，囧舉冰切。

大有，壽宀宀，彡𩺰𩺰。㬅鋈于頁，晶灼于天。傳曰：壽宀宀，宇之覆也。彡𩺰𩺰，文之明也。㬅鋈于頁，目之覽也。晶灼于天，日之耀也。宀音綿，彡音衫，㬅音懼，頁音頡。

謙，牲庡于岵，稚牧于姥。傳曰：牲庡于岵，衆隱於山也。稚牧于姥，子育乎母也。牲音莘，庡音宬。

渙，飍𤅢淼汖，飆旋灡漪。傳曰：飍𤅢淼汖，風之行、水之深也。飆旋灡漪，風之動、水之流也。飍香幽切，汖音彌。

隨，男有嫡，女有嫡。傳曰：男有嫡，入而歸婦也。女有嫡，出而從夫也。嫡音適。

《真誥》異字

梁陶弘景《真誥·協昌期第二篇》云：「人卧室宇，當令潔盛。盛則受靈氣，不盛則受故氣。」注云：「盛字是淨義。中國本無淨字，故作盛也。諸經中通如此。」

又《甄命授第三篇》云：「其夕，長史亦得芸。」注云：「此夢字也，真書多如此。」按：此類當是道經中之俗字。

又《稽神樞第一篇》云：「大茅山有元帝時銅鼎。」注云：「古鼎字。」

悪字

梁陶弘景《真誥》云：「長史作悪字，皆西下心，其義與西下心亦同，但謂西方金炁之心剛惡也。」按：此則知俗書「惡」字作「悪」亦出道家。

内

釋玄應《一切經音義》云：「内，女孝反。内，猥也。經文作閙，俗字也。」按：《説文》無「閙」字，據此則當作「内」字，然不知於聲義何居也。孫氏星衍曰：「此内字或即《説文》丙字，讀如三年導服之導，導、閙聲相近。」此説甚塙。

卍字

唐沙門慧苑《華嚴經音義》卷二「如卍字髮」四字，注云：「卍是吉祥勝德之相，梵名阿悉底迦，此云有樂。言髮右旋而生，似卍字狀，故言如。」按：「卍」竟不知何字。

又按：「寶悉底迦」四字下注云：「佛胷卍之相，號悉底迦，具足而言，名濊佉阿悉底迦。濊佉，此云樂也，阿悉底迦者，有也。謂有此相，必有安樂，故名有樂。此實形似彼卍相，故取其號名之。」然則佛胷亦有「卍」字矣。

陝陜相亂

明李日華《六研齋二筆》云：「荆門之上有硤州，在唐改爲峽山，印文則爲陜州。元豐中，郎官何洵直建言與陝相亂，請改鑄印文從山。事下少府監，而監丞歐陽發言湖北之陜州從阜從夾，原注：從兩入。陝西之陝州從阜從夾，原注：從兩人。偏旁不同，本不相亂。當時朝議是發，而卒從洵直之言易印，葢謂大吏操柄者皆伏獵侍郎也。」

按：湖北之陜州從夾，當從兩人；陝西之陝州從夾，當從兩入。原注似互誤。

又按：夾字從夾有所持，亦不得謂之從二入。

不識㑥字

宋李廌《師友談記》云：「蘇仲豫言：頃在先帝朝，葉温叟提舉陝西保甲，忽有御批，問所隸諸州所教保甲精㑥如何。葉上劄子，言『臣所教保甲，委是精㑥』。奏至，神宗笑曰：『葉温叟將謂㑥字是精確也。』」

茶竈誤茶甌

國朝王應奎《柳南隨筆》云：「陸龜蒙《江湖散人傳》『茶竈』二字，坊本誤刻『茶甌』。《集韵》者不知其誤，竟收入四《支》。」按：「茶甌」對「酒鼇」，初以爲蒲留仙戲語，乃真有此邪？然此韵不知何韵也。

門字無句

國朝褚人穫《堅瓠集》云：「《馬氏日鈔》云：『門字兩户相向，本無句踢。宋都臨安玉牒殿災，延及殿門。宰臣以門字有句腳，帶火筆，故招火厄，遂撤額投火中，乃息。後書門額者多不句腳。我朝南京宫城門額皆詹孟舉所書，北京大明門等額皆朱孔易所書，門字俱無句腳。』」

大篆字

宋郭若虚《圖畫見聞志》云：「皇弟嘉王尤精篆籀，有盡六幅縑止書一字者，筆力神俊，可謂驚絕。」

《宣和書譜》云：「皇叔益端獻王，英宗第四子也。嘗效唐玄度、夢英作篆籀十八體，又復出衆體之外作八體，學者多宗之。嘗盡六幅絹作一字，筆力神俊，非積學不能至此。今御府所藏篆書一：《二十六體篆》。」按：益端獻王名䄉，嘉王其初封也。

百體書

唐張彦[一]遠《法書要録》載梁庾元威《論書》云：「齊末，王融圖古今雜體有六十四書，而鳳魚蟲鳥是七國時書，元常皆作隸書，故貽後來所詰。湘東王遣沮陽令韋仲定爲九十一種，次功曹謝善勛增其九法，合成百體。余經爲正階侯書十牒屏風，作百體，閒以采墨，衆所驚異，自爾絶筆，惟留草本而已。」

按：其所列百體不足一百，恐有闕誤。其名有日書、月書、風書、雲書、星書，又有鼠書、牛書、虎書、兔書，龍草書、蛇草書、馬書、羊書、猴書、雞書、犬書、豕書、十二時書，又有天竺書，想即梵字也。又有一筆篆、一筆隸，不知如何。明人趙凡夫草篆，或即從一筆篆而來邪？

又云：「其外復有到書、反左書。反左書者，大同中東宫學士孔敬通所創，座上酬答諸君，

[一] 彦，原訛「詹」，據《法書要録》改。

無有識者，遂呼爲衆中清閒法。」然則字體到順反正，固可不拘邪？

書家不擇筆墨

《宣和書譜》云：「鄭仾喜用秃筆，嘗聞漢蕭何用秃筆書，爲時所重，王僧虔用之而風韵不減，是亦其得之於心者。」又云：「裴行儉每自許：『褚遂良非精筆佳墨未嘗輒書，不擇筆墨而妍捷者，余與虞世南耳。』」

姜體書

宋郭若虚《圖畫見聞記》云：「禪月大師貫休有詩集行於世，兼善書，謂之姜體，以其俗姓姜也。」按：姜體書，余已載於《續鈔》十五，謂明姜太僕立綱也。今乃知貫休之書亦謂之「姜體」，故又記之。然與彼所謂「姜體」固不同也。

筆雲

明李日華《六硯齋三筆》云：「《華嚴吞海集・如來十身相海品》云：『如來國度身有大人相，名筆雲，用羊兔毛爲體，常放黑摩尼光明，令諸衆生書寫善事。』余深諦之，悟知世間種種建立，咸仗佛威光出見，不獨史皇、次仲具有神變，即若鍾、索、二王、虞、褚、顔、柳，無非從黑牟尼光中證果者，誰云翰墨爲小技哉！」

又云：「佛談般若，即是人心靈智云，其體無外，而其用廣狹隨時。如登高崗，俯察百里形勢，則此智彌漫百里；及穿針時，則束注鍼孔中；寫字時，即於筆尖上透露，作無量神變。余喜其語，可爲臨池家三昧也。」

淨本

《太平廣記》神仙門引《仙傳拾遺》云：「大曆中，西川節度使崔寧嘗有密切之事，差人走馬入奏。發已三日，忽於案上文籍中見所奏淨本猶在，其函中所封乃表草耳，憂惶不已。張植乃炷香一爐，以所寫淨本置香煙上。忽然飛去，食頃得所封表草。及使回，問之，並不覺。進表時封題印署如故。」按：此知唐人以寫定之本謂之「淨本」，今人則以真草對言矣。

翦字

國朝吴仰賢《小匏庵詩話》云：「楊誠齋詩集中有《贈翦字道人》詩，序云：『道人取義山「經年別遠公」詩，用青紙翦字，作米元章字體逼真。』此技至今流傳，用泥金紙翦成，兼及花草翎毛，粘於黑色油紙扇，儼如揮寫而成，知其所由來遠矣。周密《志雅堂襍鈔》云：『舊都天街有翦諸色花樣者，極精妙。又中原有余承之者，每翦諸家書字，皆專門。其後有少年能於衣袖中翦字及花朵之類，更精工。』又考《嚴州建德縣志》：林文耀字絅齋，幼即工書，中年失明，乃翦紙爲字，勢飛動若龍蛇，點畫不差毫髮。室人裝潢成軸，易薪米以自給，人稱之曰林翦。」

印文陰陽之别

國朝桂馥《續三十五舉》引顧大韶《炳燭齋隨筆》云：「凡物之凸起謂之牡，謂之陽；凹陷者謂之牝，謂之陰。此一定不易之理也。惟印章則以凹陷者爲陽文，凸起者爲陰文。求其説而不得，則曰以其虛也，故稱陽；以其實也，故稱陰。此瞽説也。凡後人之印章以印紙，故凸起者其印文亦凸，凹陷者其印文亦凹。古人之印章以印泥，故凸起處其印文反凹，而凹陷處其印文反凸。所謂陽文，正謂印之泥，而其文凸也；所謂陰文，正謂印之泥，而其文凹也。蓋從其所印言之，非從其所刻言之也。不察古今之異，而妄爲影似之解，其貽誤後學深矣。」按：今人并不知有虛實之説，竟以凸者爲陽、凹者爲陰，從所刻而言之矣。

又云：「凡古人書牘俱用竹簡、或用木札。既書則泥封之，而加印於其上以爲識。《周禮》之所謂『璽節』，《左傳》之所謂『璽書』，大率可想。秦漢封禪，則書以玉册，封以紫泥，印以玉璽。」

《畫説文》

宋郭若虚《圖畫見聞誌·敘諸家文字》，有《畫説文》，亡撰人名氏。按：今人但知有小學家之《説文》，不知有畫家之《説文》也。

《孔子遺履圖》

國朝章有謨《景船齋襍記》云：「《孔子遺履圖》一卷，宣和庫中物，題跋甚多。陳眉公亦寫二語云：『君子所履，小人所視。』」

於陵子黔婁夫婦圖

唐張彦遠《歷代名畫記》：「魏少帝曹髦字士彦，有《二疏圖》《盜跖圖》《於陵子、黔婁夫婦圖》。」

神佛中畫帝后像

宋郭若虛《圖畫見聞誌》云：「武宗元字總之，嘗於雒都上清宫畫三十六天帝，其閒赤明陽和天帝潛寫太宗御容，以趙氏以火德王天下。故真宗祀汾陰還，經雒都，覩聖容，曰：『此真先帝也！』焚香再拜，竚立久之。」

又云：「景祐中，有畫僧於市中見舊功德一幅，乃慈氏菩薩像，左邊一人執手爐、裹幞頭，衣中央服；右邊一婦人捧花盤，頂翠鳳寶冠，衣珠珞泥金廣袖。遂以半千售之，持獻入内。閤都知一見驚曰：『執香爐者實章聖御像也，捧花盤者章憲明肅皇太后真容也。此高文進所畫，舊是章憲閣中別置佛堂供養。章憲歸天，不意流落至此。』即日進於澄神殿。仁廟對之，瞻慕憾容，移刻方罷，命藏之御府。」

宋畫院魁選

宋鄧椿《畫繼》云：「戰德淳，本畫院人，因試『蝴蝶夢中家萬里』，畫蘇武牧羊假寐，以見萬里意，遂魁。」按：此事人都知之。然其爲戰君事，則罕知也。戰亦僻姓，《廣韵》三十三《線》：「戰，恐也，又姓。」

又云：「試題『野水無人渡，孤舟盡日横』，自第二人以下多繫空舟岸側，或拳鷺於舷閒，或棲鴉於篷背。獨魁則不然，畫一舟人卧於舟尾，横一孤笛。其意以爲非無舟人，止無行人，且以見舟子之甚閒也。」按：此意甚高，惜不知所謂「魁」者何人。

畫嵇阮不點睛

《太平御覽》七百二引梁沈約《俗説》云：「顧虎頭爲人畫扇，作嵇、阮而都不點睛。主問之，顧答曰：『那可點睛，點睛便語。』」按：今人止知畫龍點睛飛去事，不知有此。

自寫真

宋黄伯思《東觀餘論》云：「《開元按樂圖》，周昉畫。是本葢國初郭忠恕所摹，中有髯者，乃恕先自寫真也。」

王荆公畫

明李日華《六硯齋二筆》云：「桂林楊參知泠然先生出一畫見示，標曰『天香深處』，筆極謹細，草堂前列植桂，與奇石相間，委係奇作。石邊有細書『王安石作』四字。然諦詳『安』字下『石』字乃模糊，而以筆潤補者，意其爲王安道履所寫耶？安道作《華山十二圖》，余曾見其《青柯坪》一幅，正類此。荆公平生作字草草，豈能耐意爲此？」

《清明上河圖》第二本

明王象晉《翦桐載筆》云：「少保崌崍張公謚襄憲，四川銅梁人。宦浙時，一同年相得甚驩。公偶談及《清明上河圖》，歎初本入禁中，無從復覩。同年有臨本甚佳，葢世所傳第二本也，隨餉公。公力卻之，同年必欲公受，不得已受之。及歸田，慮後人以此賈釁，因手書垂戒：『凡官吾土及達官貴人有求者，即與之勿吝。』公歿後，某公官蜀，一日具百金移檄銅梁令，索此圖。令詣公宅，公之第三子號蔡蒙念公遠屬，向諸姪覓之。微聞在某房中，譬以禍福，再三始獲。令無暇返署，就公宅印鈐，并原金馳使報命。某公大喜，加幣並原金往，蔡蒙堅不受。令置盛筵，延公之子若孫，盡醉而罷。」按：明代太倉王氏以《清明上河圖》賈禍，人皆知之。不謂尚有此第二本，亦能爲禍福如此，可異也。

《清明易簡圖》

國朝沈初《西清筆記》云：「張擇端《清明易簡圖》，沈歸愚宗伯以爲即嚴分宜所購之本。

然此本書畫譜中所載是《清明上河圖》，非《清明易簡圖》也。『易簡』二字亦費解。卷中人物舟車廬舍似較《上河圖》他本爲稍簡耳。」按：此即「易簡」命名之意，疑《上河圖》成，又删節爲此本也。

《朋甲圖》

宋董逌《廣川畫跋》云：「孫祖仁出古圖相示：人物衣冠作唐人服，爲舉子者七十八人，列二隊，是若相嘲謔，指呼紛紜。衆客不諭，祖仁曰：『此舊無名，惟呼「措大出隊」，請以名號識之。』余曰：『此殆昔《朋甲圖》也。唐之士子，中世最盛，各以朋甲相爲敵者，至有東西甲，東呼西茫茫爲隊，言無所知也。開成後又有遇韋蜀甲、注己甲，又有四凶甲、芳林十哲，至此儒道衰矣。是圖之設，得無患此邪？』」按：「遇韋蜀甲」等語未詳，疑有誤字。

《青林高會圖》

國朝王應奎《柳南隨筆》云：「《青林高會圖》爲黄存吾手筆：會者七人，爲張伯起、王伯縠、趙凡夫、董思白、陳眉公、嚴天池、蓮池大師。蓋存吾仰慕七人，乃合繪其像於一卷，而即請思翁題署者也。七人各有詩，皆手書，惟蓮公獨缺。後有某公題跋，謂當精於揀擇，勿濫入，恐爲蓮公笑，蓋有所指。或曰指凡夫，以凡夫所著《説文長箋》爲某公所深非也。」

《三星圖》

明李東陽《懷麓堂集》有《三星圖歌，壽致仕馬太守》，歌有云「福星雍容豐且都」「禄星高冠盛華裾」「壽星古貌長骨顱」。然則「三星」之説明已有之，且見於名人之集也。

米[一]畫不必用筆

明李日華《六硯齋二筆》云：「米南宫作墨戲，不專用筆，或以紙筋，或以蔗滓，或以蓮房

[一] 米，原訛「宋」，據目録改。

梗，皆可爲畫。紙不用膠礬，不肯寫在絹上。今所見米畫用絹者皆後人僞作，米氏父子不如此。」

巩畫

國朝王士禛《香祖筆記》云：「鈕玉樵云：『有王秋山者，工爲巩畫，凡人物、樓臺、山水、花木，皆于紙上用指甲及細針巩出。設色濃淡，布境淺深，一法古名畫。』『巩』當作『巩』，音築，字書：以手巩物也。」按：此技今未聞，「巩」字之義亦未詳。《説文·丮部》：「巩，褎也，從丮工聲。」或體作「巩」，其字從工聲，不當音築。《廣韵》上聲二《腫》居悚切有「巩」字，訓「抱持」。漁洋所説音義，似皆非是。

奉敕村梅

明李日華《六硯齋二筆》云：「楊補之世家清江，所居蕭洲，有梅樹大如數間屋，蒼皮斑蘚，繁花如簇。補之日臨畫之，大得其趣。閒以進之道君，道君曰：『村梅耳。』因自署『奉敕村梅』。更作疏枝冷蘂，清意逼人。而道君北轅，不及見矣。南渡後，宫中以其梅張壁閒，蜂蝶集其上，始驚怪。求補之，而補之已物故。」按：逃禪老人亦有「村梅」之目，世閒豈有定評歟？與「準敕惡詩」正堪作對。

圖畫失真

宋郭若虚《圖畫見聞誌》云：「閻立本圖昭君妃，虜戴帷帽以據鞍；王知慎畫梁武南郊，有衣冠而跨馬。殊不知帷帽創從隋代，軒車廢自唐朝，雖弗害爲名蹤，亦丹青之病。」原注云：「帷帽如今之席帽，周圍垂網也。」按：此知畫家必窮盡物理，又必審乎古今之制，此畫之所以爲難，而近代遂專以寫意爲高也。

婢作夫人

《宣和畫譜》云：「趙裔、高文進輩於道釋亦藉藉知名，然裔學朱繇，如婢作夫人，舉止羞澀，終不似真。」按：人知羊欣學王獻之有「婢作夫人」之誚，不知畫家亦有之也。

驚燕想飛

國朝章大來《俩陽〔一〕褉録》云：「畫上垂帶，左名驚燕，右名想飛。余聞之僧定，不知出何處。」按：「驚燕」之名人所知也，「想飛」之名則知者尠。

〔一〕「陽」下，原衍「集」，據《俩陽褉録》删。

日本國畫

《宣和畫譜》云：「日本國，古倭奴國也，自以近日所出，故改之。有畫不知姓名，傳寫其國風物，山水小景，設色甚重，多用金碧。考其真未必有此，第欲綵繪粲然，以取觀美也。然因以見殊方異域，人物風俗。今御府所藏三：《海山風景圖》一，《風俗圖》二。」

茶香室三鈔卷十七

秦穆公時掘得佛像

宋董逌《廣川畫跋》云：「昔秦穆公世，耕者得石像，不能知。及梵教入中國，有異僧識之曰：『此前劫迦葉佛遺像。』」按：此説不知出何書，當考。

金剛力士見緯書

《初學記》引《河圖龍文》云：「天之東南西北極各有銅頭鐵額兵，長三千萬丈；又有金剛敢死力士，長三千萬丈。」按：此則「金剛」之名緯書已有之，不始於佛氏。

白衣觀音居長白山

宋洪皓《松漠紀聞續》云："長白山在冷山東南千餘里，蓋白衣觀音所居，其山禽獸皆白。"

觀世音真像

國朝裘象坤《觀世音菩薩考畧》云：據《普陀山志》所載，康熙二十八年南巡，菩薩見漁婦身，操舟過御前，並有問答之辭，因此發帑修建普濟、法雨二寺。又載二十九年六月二十九日，定海鎮藍總戎偕僚屬謁梵音洞，見菩薩見身，大眉赤面，富有鬚髯，其衣則闊領方袍，迥非畫史所繪。原注云："乾隆二十一年，御書《大悲心陀羅尼》，照宋人寫本，每句之下畫佛菩薩形像，第三十句『陀羅陀羅』下畫觀世音見大丈大身，狀貌類此。"

天竺觀音像

明劉侗《帝京景物略》云：「杭州天竺觀音像，晉天福年僧道翊得奇木以刻也。宋建炎四年，兀朮入臨安，航而北，僧智完率徒以從。至燕，舍都城西南五里之玉河鄉，建寺奉之。成化丁酉，僧德顯修之，得石土中。金大定十七年刻載天會七年梁王徙像甚悉。今寺所奉，乃又非晉像，豈天興初曾顛沛于兵，抑至正末復崎嶇而北也？至今遊杭天竺者，僧仍指大士曰晉像，不知徙此已四百八十二年矣。」

按：此則晉像存亡已不可知矣。《景物略》又載稽山會館唐大士像云：「觀音銅身三尺，下刻大唐貞觀十四年尉遲敬德監造。舊供宣武門外晉陽庵，庵廢，移像受水塘，建古佛庵供之。庵又廢，移稽山會館。」按：稽山會館即今浙紹鄉祠也。光緒十一年，李蒓客慈銘改爲越中先賢祠，而此銅像猶在。然《京城古蹟考》云並無尉遲監造字，則亦疑非故物矣。

柏木中有觀音像

國朝劉獻廷《廣陽襍記》云：「徐芳《縣榻篇》云：辛丑夏，如皋縣伐木造海船，鋸一十數圍柏木，中有觀音像，厓石、水竹、童子、鸚鵡之形皆具，乃止勿解。今以一面嵌縣西門僧寺壁中，其一面不知所在。」

正陽門觀音廟

國朝劉獻廷《廣陽襍記》云：「北都正陽門西月城中有關壯繆廟，東月城有觀音大士廟。其觀音廟乃崇禎中敕建，以祀經畧洪承疇，而配關壯繆者也。後知洪生降，改祠大士。」

卧觀音

宋鄧椿《畫繼》云：「龍眠居士李公麟嘗作《長帶觀音》，其紳甚長，過一身有半；又爲吕吉甫作《石上卧觀音》，蓋前此所未見者。」

嗔彌勒

明李日華《紫桃軒又綴》云：「因觀唐畫《嗔彌勒》，客曰：『凡人多笑者蘊怒必深，宜有此轉變也。』竹嬾曰：不然，彌勒居恒以笑臉陪人，及其下生出世，擔荷正法，見此世�種種可憾，安得不嗔？嗔與笑總是菩薩應機酬物，畫者深達此趣。」按：此則知古畫彌勒有作嗔像者。

慈心仙人

《太平廣記》神仙門引《廣異記》云：「唐廣德二年，臨海縣賊袁晁寇永嘉。其船遇風，東漂數千里，遥望一山青翠，森然有城壁。迴舵就泊，見精舍，瑠璃爲瓦，瑇瑁爲牆。既入房廊，寂不見人。惟有胡猻子二十餘枚，器物悉是黄金。又有金城一所，碎金成堆，不可勝數。忽見婦人從金城出，可長六尺，謂賊曰：『汝何得至此！向見猻子，汝謂狗乎？非也，是龍耳。此是鏡湖山慈心仙人修道處。』」按：此或即今普陀山，「慈心仙人」疑是觀音菩薩也。

善財童子

《宣和畫譜》云：「朱繇，唐末長安人。國朝武宗元嘗在雒見其所畫壁，云文殊隊中舊有善財童子，酷愛其筆法，玩之月餘，不忍去。今遂失其童子所在，信其畫亦神矣。」按：今人於觀音菩薩旁塑善財童子像，不知古人亦畫於文殊隊中也。

摩納婆

《華嚴經音義》卷二云：「摩納婆亦曰摩那婆，此曰年少者，或謂儒童也。」

窑變羅漢

國朝褚人穫《堅瓠集》云：「常熟窑變羅漢，在方塔寺内，高五六寸，跣足趺坐，頂上骨縫隱然，兩齒出脣外。長安慈仁寺窑變觀音以莊嚴妙麗勝，此以奇古勝。」按：慈仁寺觀音有高宗御製詩，士大夫入都，莫不瞻禮讚歎。此窑變羅漢則人鮮知者，未知今尚在否。

佛姓裘曇

晉《支遁集·釋迦文佛像讚》云：「昔姬周之末，有大聖號佛，天竺釋王白淨之太子也。俗氏母族，厥姓裘曇焉。」按：今人知佛姓瞿曇，不知其姓裘曇，「瞿」與「裘」一聲之轉。

佛圖澄姓濕

唐封演《封氏聞見記》云：「邢州内丘縣西古中丘城寺有碑，後趙石勒光初五年所立。碑云：『大和上佛圖澄願者，天竺大國罽賓小王之元子，本姓濕。所以言濕者，思潤里國，澤被無外，是以號之爲濕。』亦異聞也。」按：余於《續鈔》十七據宋吴曾《能改齋漫録》「佛圖澄姓温」。然彼所據亦即封氏所記也。豈封氏本有異同邪？抑余所見《能改齋漫録》有傳刻之誤也？因訂正於此。

無量壽佛

明鄺露《赤雅》云：「無量壽佛姓周名全真，號寂照大師，郴州人。作二十八觀，從日月觀而入。初游吳越，繼游羅浮，最後得湘山筍布臺，因住持焉。自唐元和至咸通示寂，計一百三十有二歲。竺典謚法，以慧而覺者曰熾盛光佛，以文而覺者曰無量壽佛。師由日月觀門入三摩地，所謂以文而覺也。今問之講師，皆以壽對。如以壽，則寶掌和尚、長爪比丘當擅此名矣。末學之陋，不獨在儒門也。」按：無量壽佛，世但知以壽言耳，不知有此説。然則佛經所謂壽者相，恐亦此義，故與衆生相對舉。衆生謂愚蠢之人也。佛家所言「壽」者即儒者所言「君子」，佛家所謂「衆生」即儒者所謂「野人」。

真上人

宋程大昌《演繁露續集》云：「唐天寶間有真上人者，至杜牧之時，其人年已近百歲，故題其寺曰：『清羸已近百年身，古寺風煙又一春。寰海自成戎馬地，惟師曾是太平人。』元祐間東坡典外制，有百歲得官者，曰：『繄此百年之故老，曾爲四世之遺民。』與此意合，而皆有味。」按：「真上人」事甚佳，知之者少，故表出之。

李太白識僧伽

宋邵博《聞見後録》云：「李太白《僧伽歌》：『此僧本住南天竺，爲法頭陀來此國。』又云：『嗟予落泊江淮人〔一〕，罕遇真僧説空有。』時僧伽已顯於淮泗之上矣。豪傑中識郭子儀，隱逸中識司馬子微，浮屠中識僧伽，太白亦異哉！按：此別一僧伽。」

唐大中年僧

國朝王士禛《香祖筆記》云：「明弘治中，京口人錢寶游齊魯間，遇一老僧，能卧大雪中，雪

〔一〕 人，《聞見後録》卷十九作「久」。

爲不積。問其年，數百歲矣。出度牒示錢，則唐大中四年所給，已八百年矣。僧秦人，不知名字。」

按：紀文達公《灤陽消夏録》云：「姚安公在苑家口遇一僧，解囊出度牒，乃前明成化二年所給。問：『師傳此幾代矣？』遽收之囊中，曰：『公疑我，我不必再言。』竟莫測其真僞。嘗舉以戒昀曰：『士大夫好奇，往往爲此等事所累，即真仙真佛，吾寧交臂失之。』」此論甚正。

虞祺爲吏生佛

宋邵博《聞見後録》云：「故德陽縣男虞祺字齊年，起陵州諸生中。初不知佛書也，每曰：『誠者天之道，思誠者人之道，其至一也，吾知此而已。』當毒賦賸斂、馬牛其人之日，一漕夔，再漕潼，川民獨宴然倚以朝夕。閒屬微疾，凭几不言，忽顧坐客曰：『古佛俱來，吾亦歸矣。』男子允文旁立泣下。又笑曰：『人而爲佛，何不可哉！』即之，已逝矣。明年，陵州民鮮逑者病死，一晝夜再生，具言初爲黄衣逮去，遇故里中少年曹生曰：『鄉之大夫虞君主吏生事，明當爲吏生佛，亟見之。』前抵宫室沈沈，王者冕服正坐，虞君也。吏問逑故爲善狀，逑訴力貧，但一至瓦屋山，見辟支佛瑞色甚勝，得釋去。王再敕逑：『過[一]吾家，廣置更生道場，誦數更生佛名字勿怠。』語定，白毫光自王身起，直大觀闕，黄金書榜『大慈大悲更生如來』。逑洒然而寤，明當虞君練祭云。」按：更生佛事，余已記於《續鈔》卷十七。今得其詳，且知即虞允文之父也，故更記之。

何立捕道月

國朝褚人穫《堅瓠集》引《金山志》云：「岳武穆班師過金山寺，禪師道月勸之勿赴闕，武穆不聽。道月遺以詩云：『風波亭下水滔滔，千萬堅心把舵牢云云。』武穆至臨安，繫大理獄，有亭扁曰風波，始悔不從其言。武穆卒，檜聞前言，遣卒何立捕道月。道月集衆説法，何立伺之。道月忽説偈曰：『吾年四十九，是非日日有。不爲自家身，只爲多開口。何立從南來，我往西方走。不是佛力大，幾乎落人手。』言訖，端坐而化。」按：何立捕風僧，其事本子虚烏有，余已

[一]「過」下，《聞見後録》卷二八有「語」字。

具說於《叢鈔》卷十四《何蓑衣》條。今讀此，則知何立又有捕道月之説。京口北固山有宋吴琚題榜曰「天下第一江山」，然則「東南第一山行者」，或即道月乎？

知慧菩薩

國朝王士禛《隴蜀餘聞》云：「知慧菩薩，明梓潼人周曉師女，生不茹葷，好誦梵典，年十九絶粒食，惟餐柏葉。成化五年，促父母送往江村口白馬寺樓，跏趺而化，今肉身在焉。又裴氏女者，父應舉，細民也。幼好趺坐，食柏葉。天啟中，年十三坐化。縣人建刹奉之，屢見五色光云。」

端獅子

宋周密《癸辛襍識》云：「吴山僧净端道解深妙，所謂端獅子，章申公極愛之。乞食四方，登舟旋問何風，風所向即從之，所至人皆樂施。」

按：此事極可喜，宜公謹之與楊凝式東游廣愛寺、西游石壁寺並稱也。檢《西湖志》方外傳，不載其名，宜補入。

傅大士

國朝褚人穫《堅瓠集》云：「凡寺中有輪藏者，必供一傅大士。問之僧衆，皆妄言無稽。《讕言長語》載一詩云：『袈裟新補片雲寒，足躡儒鞋戴道冠。欲把三家歸一轍，捏沙終是不成團。』蓋譏之也。俗云『道冠儒履釋袈裟』，正此。」按：「傅大士」未知何人，當考。

妙諦

國朝徐承烈《聽雨軒贅紀》云：「明嘉靖倭寇沿海而入，嘉興被禍尤酷。嘗掠資財婦女，貯之三塔灣僧寺中，而率衆往攻桐鄉。婦女數百人日夜悲泣，寺僧妙諦遂以酒醉守者，開門放之，令各取金帛逃去。僧衆皆勸同逃，妙諦曰：『吾若一走，追者立至矣。』因獨留。守者醒，妙諦言：『適見韋馱以寶杵擊門開，導之使去，吾不敢追也。』守者聞而懼，且正病酒，不能行，遂縛妙諦以俟。未幾倭歸，重笞守者，而縛妙諦於寺東石坊柱上，叢矢射之斃，堆薪焚之。倭寇平，受其恩者拾燼餘之骨葬於寺後，而血痕入石，至今宛然，陰雨尤著顯。」按：石柱僧跡，人所共見，而其名爲「妙諦」，則能言之者罕矣。又其事在嘉靖閒，世或以爲是國初事，亦非也。

諦輝

國朝劉健《庭聞録》云：「孫旭，湖州人，中某科武舉。耿精忠反，總督姚啟聖招士入閩。旭應募，請招某山寇，寇受撫。縣有捕役白令曰：『旭所招盜名在捕中有年矣。』按牘良然，于是執旭及盜解赴浙省。旭與解役逸，七日至建昌府，詣樂燦軍。樂燦者，耿逆之大帥也。旭改姓名爲王懷明，自言聚兵爲義師，不幸而敗。燦及參軍周發祥信之，爲具衣冠，署僞職。燦敗，發祥以殘卒千人歸韓大任。大任乃吴三桂之將，稱揚威將軍。大任求幕客，發祥以旭應，一見相契，遂用事。旭日説大任入閩，大任遂降於閩。旭以招降功議敘，以道員用。給假歸里，一門血屬死無孑遺，廬舍亦焚毁一空。旭自傷，遂祝髮爲僧，號諦輝，住持靈隱寺。雍正三年，以募化入闔死。」

按：諦輝和尚見袁子才小説，即石揆所與争靈隱者也。石揆本崇禎舉人，號借巢老人，沈端恪幼時曾師事之。今讀此書，又得諦輝出身本末，故節録之。惟余所見《庭聞録》乃滬上活字版印本，「諦輝」作「諦灰」，殆誤字也。

又按：同治閒所修《湖州府志·選舉·武舉人表》，康熙三年丙午科孫旭字子旦，歸安籍，紹興人，隨征福建，以招安功任貴州糧儲道。不言後爲僧，此亦可補志乘之缺。

匼剌麻

明權衡《庚申外史》云：「至元二年，詔徵西域匼剌麻至京，禮爲帝師。」按：「匼剌麻」當即「達賴剌麻」，「匼」字乃「達賴」二字之合音。《元史》作「伽剌麻」，本朝改作「桑嘉依喇嘛」。

師姑

國朝段松苓《益都金石記·青州報恩寺大聖院清座主靈骨記》云：「先師姑度小師二人，師姐座主度小師五人。」按：此知宋時比邱尼有「師姑」「師姐」之稱，今人稱尼爲「師姑」，本此。又《後周雲門山大雲寺重修壁龕記》云：「女弟子駱氏，長女大師姑，次女小師姑。」然則「師姑」之稱由來久矣。

千姓比邱尼

宋邵博《聞見後録》云：「熙寧初，神宗謂王安石曰：『有比邱尼千姓者爲富弼言：「世界漸不好，勿預其事可也。」弼信之。』然亦不之罪也。」按：此尼能使富鄭公信之，其亦一大善知識乎？

婆珊婆演底

唐沙門慧苑《華嚴經音義》卷四「夜神婆珊婆演底」，注云：「具云婆傘多婆演底。言婆傘多者，此云春也。婆演底，主當也。謂於春時此神主當守護衆生及諸苗稼也。或曰婆羅婆薩那，此云依止無畏，謂與衆生作依止處，令離怖畏。」按：余見一書，謂誦「婆珊婆演底」五字，夜行可以無畏。是知後一說，不知前一說。且依止無畏，當誦「婆羅婆薩那」五字爲合也。

釋家《參同契》

明焦竑《國史經籍〔一〕志》釋家有《石頭和尚參同契》一卷，唐希迁撰，宗美注。是釋家亦有《參同契》也。

〔一〕籍，原訛「集」，據《國史經籍志》卷四改。

又有《釋氏六帖》四卷，周僧義楚撰；《釋氏蒙求》五卷，宋程讜撰；《尼蒙求》一卷，道誠撰。然則釋家之書襲儒書之名者亦不少矣。

《心經》非全本

國朝裘象坤《觀世音經解義》云：「《般若心經》有三譯本，第一本姚秦鳩摩羅什所譯，名《摩訶般若波羅蜜大明呪經》；第二本唐玄奘所譯，名《般若波羅密多心經》，此二本南北藏俱在翔字函。第三本宋施護所譯，名《佛説聖佛母般若波羅蜜多經》，南藏在清字函，北藏在薄字函。三本皆出一本，因三人所譯字句小異，故分三本。此經乃釋迦文佛在王舍城靈鷲山入定時，觀自在菩薩爲舍利子説，前有序分及舍利子問語，後有佛出定讚觀自在語及大衆奉行語。秦譯、唐譯皆删節不録，故世謂《心經》非全本。宋譯首尾俱全，因其晚出，且字句較繁，誦之者少。」

《楞嚴經》從未入西域

國朝沈初《西清筆記》云："佛經有名雙譯者，乃印度所著，唐古忒所譯。而此土重譯之本，有名單譯者，則譯唐古忒所著之本。惟《楞嚴經》爲此土所著，從未入西域，上命以滿洲字、蒙古字、漢字、唐古忒字四體書於羊腦箋，以付西土流傳。余奉敕寫漢字。"按：此則《楞嚴經》非佛所著，乾隆閒始由中土流傳西域也。

轉經樓

國朝王昶《蜀徼紀聞》云："沿途有轉經樓，其制於水石湍急處架屋，屋内書經於旗，插旗於輪，寘輪於水，使水激而轉之。番人亦身佩小銅盒，中貯經作輪以轉。每一轉謂抵諷誦一次，且可致福。其愚如此。"按：以上文考之，其地蓋在四川茂州之汶川縣。

又按：余於《續鈔》十七載《楊升庵外集》所言轉經事，蓋西域之舊俗，此則以水激輪而轉之爲異耳。

三藏取經軼事

宋錢易《南部新書》云：「奘三藏至西域，入維摩詰方丈，及還，將紀年月於壁，染翰欲書，約行數千百步，終不及牆。」又云：「奘法師至中印度那爛陁寺，館於幼日那院覺賢房第四重閣，日供步羅果一百二十枚、大人米等。」

按：此皆三藏取經軼事，世罕知者。

佛生日

隋杜臺卿《玉燭寶典》「仲春」云：「《孔子内備經》云：『震爻動則知有佛，今人以此月八日巡城。魏代尤盛，其七日晚所司預奏，早開城門，過半夜，便内外俱起，徧滿四郭。』《菩薩處胎經》云：『佛以二月八日生，轉法輪，降魔、涅槃，皆同此日。』《過去現在因果經》亦云：『佛以二月八日生，或復由此。』」按：今人以四月八日爲佛生日。《困學紀聞》引王簡棲碑「周魯二莊，親昭夜景之鑒」而云：「《春秋·莊公七年》：『夏四月辛卯夜，恒星不見。』正義曰：『於是時周之四月，則夏之仲春。杜氏以長曆較之，知辛卯是二月五日也。』以是攷之，明星不見，乃二月五日，非四月八日。蓋陋儒之佞佛者傅會爲此説。」以上並王厚齋語。今觀《玉燭寶典》，則知唐以前所謂「佛生日」固在二月，不在四月也。近人箋《困學紀聞》者皆不知有此説。

又按：《孟夏篇》引《菩薩處胎經》：「二月八日轉法輪，二月八日降魔，二月八日入般涅槃。」又引《過去現在因果經》：「夫人往毗藍尼園，二月八日日初出時，見元優花舉右手，擿從右脇生佛。」又引《灌頂經》云：「十方諸佛，皆用四月八日夜半明星出時生，四月八日夜半明星出時出家，四月八日夜半明星出時得道，四月八日夜半明星出時般涅槃。」又引《灌佛經》云：「如來初生、得道、泥洹皆四月八日者何？春夏之際，殃罪悉畢，万物並生，毒氣未行，時節和適。」又引《善見律》云：「於物尸那末羅王林，二月十五日入無餘涅槃。」然則佛生滅均無定論。

又按：《孟夏篇》引牟子説：「佛四月八日從母右脇生，到年十九，四月八日夜半，戚若不樂，遂飛而起，頓於王田，休於樹下，入山六年，四月八日，遂成佛焉。因二月十五日過世，泥洹而去。」據此，則佛生日、出家日、成佛日皆四月八日。二月十五其涅槃之日，與前篇又異。

宋陳元靚《歲時廣記》云：「國朝孤山沙門釋智圓注《四十二章經》云：隨翻經學七，費長房以《瑞應》及《普曜》《本行》等經校讐《魯史》，定知佛以姬周第十六主、莊王十年即春秋魯莊公七年四月八日生也。《龍宫海藏》諸經及《景德傳燈録》、吴虎臣《佛運統紀》皆言我佛世尊以周昭王二十四年四月八日降生，未知孰是。然姬周以十一月爲正，四月八日即今之二月八日也。故《荆楚歲時記》云『二月八日釋氏下生』，良有自也。近代以今之四月八日爲佛之生日，姑徇俗耳。」又引《歲時襍記》云：「諸經説佛生日，不同其指，言四月八日生者爲多。《宿願果報經》云：『諸佛世尊皆是此日，故用四月八日灌佛也。』今但南方皆用此日，北人專用臘月八日。近歲因圓照禪師來慧林，始用此日行《摩訶刹頭經》法，自是稍稍遵。」又引《高僧傳》：「摩訶利頭，四月八日浴佛，以都梁香爲青色水，鬱金香爲赤色水，邱隆香爲白色水，附子香爲黄色水，安息香爲黑色水，以灌頂。」按：此即所謂「《摩訶利頭經》法」。

浴佛

宋孟元老《東京夢華録》云：「十二月初八日，街巷中有僧尼三五人作隊念佛，以銀銅沙羅或好盆器坐一金銅或木佛像，浸以香水，楊枝洒浴，排門教化，諸大寺作浴佛會。」按：此則宋時汴京舊俗，浴佛之會不以四月八日，而以十二月八日也。

佛肉眼見四十里

明李日華《六研齋二筆》云：「佛氏五眼，一曰肉眼，二曰天眼，三曰慧眼，四曰法眼，五曰佛眼。其肉眼亦徹見一踰繕那，踰繕那者四十里也。人眼能見四十里，豈尋常事？今人動稱『肉眼凡夫』，用以相誚，亦太狼藉矣。」按：《金剛經》說如來有五眼，正見其自「肉眼」以至「佛眼」無所不有，故不可以身相得見如來也。若必侈言見四十里之廣，則仍是以三十二相觀如來者矣。俗僧飾説，大非經旨，余故録其説而辨之。

五月長齋

晉《支遁集·五月長齋詩》有云：「令月肇清齋，德澤潤無疆。」按：梁慧皎《高僧傳》：「遁幼時嘗與師共論，謂鷄卵生用，未足爲殺，師不能屈。師亡，忽現形，投卵於地，鷇破雛行，頃之俱滅。遁乃感悟，蔬食終身。」然則支遁始時初不蔬食，而有《五月長齋》之詠，殆其時風俗歟？

持珠誦佛

《太平廣記》異人門引《逸史》云：「有常樂工居士者，耄年鶴髮，精彩不衰，常持珠誦佛。」

按：今人所用念佛珠，亦有典故。

門眷

國朝徐逢吉《清波小志》云：「孝惠太后誕育興獻及岐惠、永靖二王。聞故老云：太后爲貴妃時，憲皇問何處人，奏曰錢唐，即命太監至杭訪問，不可得，復問后，曰：『我家門眷是天長寺僧，訪之便知所在。』葢門眷，杭人家家有之，如有凶喪，其家到門誦經，所謂『應副長老』是也。人家歷代宗支祖先名號，皆有册開載，久而不忘。如其言訪之，果得。」

按：此俗杭、湖之俗皆同。吾家舊無譜牒，世系莫考。而越山寺中册籍具在，俗謂之「陰册」，蓋越山寺即吾家門眷也。初擬就寺中檢尋，必可得梗概。以客居於外，因循未果，亂後聞付之一炬矣。

宋時僧牒價

宋王栐《燕翼貽謀録》云：「僧道度牒，每歲試補刊印版，用紙摹印。新法既行，立價出賣，每牒一紙，爲價百三十千，初歲不過三四千人。元豐六年限以萬數，而夔州轉運司增價至三百千，以次減爲八九十千。建中靖國元年增至二百二十千，大觀四年歲賣三萬餘紙，新舊積壓，民閒折價至九十千。朝廷住賣三年，仍追在京民閒者毁抹，民争折價急售，至二十千一紙。六年，又詔改用綾紙。宣和七年，以僧道逾百萬數，詔住給五年。南渡後，自六十千增至百千。淳熙初，增至三百千，又增爲五百千，又增爲七百千，又增作八百千。近歲結降轉多，州郡至減價以求售矣。」按：余於《續鈔》十七有《宋時僧牒甚貴》一條，今録此，以補其未備。

《元史・順帝紀》：「元統二年，禁私剏寺觀庵院，僧道入錢五十貫，給度牒，始出家。」

日本僧牒

宋周密《癸辛襍識》云：「嘉定乙亥歲，楊和王墳上感慈庵僧德明遊山得奇菌，作糜供衆。毒發，死者十餘人。有日本僧定心者，至膚理折裂而死。至今楊氏庵中尚藏日本度牒，其年有久安、保安、治象等號，僧銜有法勢大和尚、威儀、從儀、少屬、少録等稱。是歲其國度僧萬人。定心姓平氏，日本國京東路相州行香縣上守鄉光勝寺僧也。」

按：日本國有《和漢年契》一書，余檢之，保安元年當宋宣和二年，久安元年宋紹興十五年，惟無「治象」之號。而宋淳熙四年爲彼國治承元年，「治象」豈「治承」之誤邪？

過海和尚

唐李肇《國史補》云：「佛法自西土，故海东未之有也。天寶末，揚州僧鑒真始往倭國，大演釋教，經黑水、蛇山，其徒號過海和尚。」按：此日本國通佛法之始，亦即其通中華文字之始。

今未知彼國人尚知有鑒真否也。

日本瓦屋和尚

宋黄休復《茅亭客話》云：「瓦屋和尚名能光，日本國人也。天復年初入蜀，僞永泰軍節度使禄虔扆捨碧鷄坊宅爲禪院居之，至孟蜀長興年末遷化，時齒一百六十三。」

茶香室三鈔卷十八

王子喬兄妹成仙

梁陶弘景《真誥·運象篇》云：「王子晉父周靈王有子三十八人，子晉，太子也，是爲王子喬。靈王第三女名觀香，字衆愛，是宋姬子，於子喬爲别生妹，受子喬飛解脱網之道，得去入緱氏山中，後俱與子喬入陸渾，積三十九年，觀香道成，受書爲紫清宫内傳妃，領東宫中候真夫人。注云：此即中候王夫人也。子喬弟兄七人得道，注云：五男二女。其眉壽是觀香之同生兄，亦得道。」按：王子喬事人多知之，觀香與眉壽，人不知也。

又《握真輔篇》云：「四月二十七日夜半，夢見一女子著上下青綾衣，與吾相見，自稱云：『我是王眉壽之小妹也。』」按：此人當即觀香矣。

咽水洞秦人

明李日華《六硯齋筆記》云：「新城縣有咽水洞，人至洞口，揖曰：『請仙官恩澤。』即洞中閧閧作聲，噴出泉水，魚鰕亦隨水跳躍。人又揖曰：『水足矣。』隨復返流。而洞外田萬畝，藉此灌溉無乏。有邑令范姓者往觀焉，鳴鑼放礮，揖之不應。令怒，訶責里胥妄報。晚宿旁寺，夢有黄衣白首數老人來見曰：『吾皆秦人也，避亂至此。不識漢官威儀，畏聞車馬聲，故潛伏不動。明府何責於里胥邪？不然請姑留，再試之。』范曉復請，水流如故。此元人記録語也。晉人桃源避秦，止言其上世來此。今乃云仙官主司泉源，施噏任意，又能見夢於令，何其幻邪？」按：李氏所記當即是杭州之新城，今未知尚驗否。

周太賓姜叔茂

梁陶弘景《真誥・稽神樞第三篇》云：「秦時有道士周太賓及巴陵侯姜叔茂者，來往句曲山下。叔茂以秦孝王時封侯，今名此地爲姜巴者是矣。太賓善鼓琴，昔教縻長生、孫廣田。廣田即孫登也，獨弦而成八音，真奇事也。叔茂種五辛菜，常賣以市丹砂而用之。今山閒猶有韭薤，即其遺種邪？」按：《晉書》「孫登字公和」，此云「廣田」，世所未聞。又姜叔茂亦秦代故侯，叔茂賣菜勝邵平賣瓜矣。

婁敬得道

明李日華《紫桃軒又綴》云：「漢建信侯婁敬晚得道，能種金，居好時明月山北，其地曰種金坪。」按：《宋史·藝文志》有婁敬《草衣子還丹訣》一卷。

司馬季主男女

梁陶弘景《真誥·稽神樞第四篇》云：「季主一男一女，俱得道，男名法育也，女名濟華。」

張子房服金丹而死

梁陶弘景《真誥·稽神樞第四篇》云：「服金丹而告終者，臧延甫、張子房、墨狄子是也。」按：其意並謂是尸解託死，非真死也。

龍伯高

梁陶弘景《真誥·稽神樞第四篇》云：「龍伯高，後漢時人，伏波將軍馬援戒其兄子，稱此人之佳可法，即其人也。伯高後從仙人刁道林受服胎炁之法，又常服青飢方，託形醉亡，隱處方臺，師定録君也。」按：人知龍伯高爲整飭之士，不知其後乃成仙。

劉日成

唐道士徐靈府《天台山記》云：「即夏禹時劉、阮二人採藥遇仙之所也。古之剡人劉日成、阮肇入山遇仙於此。」按：《藝文類聚》引《幽明録》云「漢帝永平五年，剡縣劉晨、阮肇共入天台山」云云。此乃以爲夏禹時人，而劉日成之名亦與舊傳異，未知何據。余疑「劉日成」或當是「劉晟」之誤，「晨」與「晟」音相近，作「日成」者誤分一字作二字耳。

天師生日

宋陳元靚《歲時廣記》云：「《靈寶朝脩圖》：正月十五日，虚無自然元始天尊於八景天宫集會三界羣仙，漢祖天師三天扶教輔元大法師正一静應真君誕生之日。」

又引《漢天師家傳》云：「真人諱道陵，字輔漢，姓張氏，豐邑人，留侯子房八世孫也。母夢天人自北斗魁星降至地，以薇蘅之香授之，感而有孕，於光武建武十年甲午正月望日生於吴地天目山。」

張道陵妻

宋陳元靚《歲時廣記》引《漢天師家傳》云：「真人張道陵於桓帝永壽二年九月九日在巴西赤城渠亭山中，太上遣使者持玉册授正一真人之號，即有黑龍駕一紫轝，玉女二人引真人與夫人雍氏登車，前導後從，天樂隱隱。迎至一處，瓊楼玉閣，闕上金牌玉字曰『太玄都省正一真人闕』。」又引《女仙録》云：「孫夫人，張道陵妻也，同隱龍虎山，以桓帝永壽二年丙申九月九日與天師於閬中雲臺山白日昇天。」按：此則張道陵妻有雍姓、孫姓之異，未知誰是。

湯保衡見張天師

宋邵博《聞見後録》云：「吕大臨與叔作《湯保衡傳》云：嘉祐末年，京師麻家巷有聚小學者李道，太學生湯保衡嘗與之游。一日，至道學舍，有一道士形貌恢偉，鬚髯怪異，言語如風狂人。既去，保衡問道，道曰：『此道士，居建隆觀。』保衡曰：『余居與建隆甚邇，未始見此人。』他日復見前道士，既去，默從之，入觀門，至西廊而没。保衡尋之，不復見。因觀廊壁畫一道士，正如所見者，題云張天師。乃日具冠帶，伺於李道之舍。凡三日，道士至。遂出拜之，稱曰天師，再三叩請，具述所見。道士乃曰：『請以某日會於某地。』如約而往。道士曰：『但舉目視日十日，必有所見，可復會於某地。』保衡依所教，至十日，乃覩日中有人形，細視之，見道士在日中。復往會道士。道士曰：『可再視百日，後有所見，再相會於某地。』保衡如教，乃見己形亦在日中，與道士立。道士曰：『可教矣。』乃授以符録，可攝制鬼神。其道士不復見。」按：得見張天師，再三求道，乃止得攝制鬼神之術；其後所載，又有攝召良家婦女生魂之事，亦可見其非正道矣。吕與叔爲横渠門人，與之作傳，何也？

黄野人

明李日華《六研齋二筆》云：「葛稚川之隸黄野人，肉身住羅浮山，至今人有見之者，赤身無衣，紺毛覆體。一日，醉書一詩於石壁云：『雲意不知滄海，春光欲上翠微。人間一墮千劫，猶愛梅花未歸。』」

桃俊

梁陶弘景《真誥》云：「北河司命，頃闕無人，以桃俊兼之耳。俊似錢唐人，爲交趾太守，漢末〔一〕棄世，入增城山中，遇東郭幼平，教服九精鍊氣、輔星在心之術。俊修之道成，今在洞中，兼北河司命，主水官之考罰。桃俊字翁仲。」注云：「今冢在錢唐臨平，墳壇歷然，苗裔猶存，鄉近時聞鼙角之響，不敢侵毁，皆呼爲桃司命冢。」

按：元劉大彬《茅山志》云：「姚俊，錢唐人，爲交阯太守。漢末棄世，入增城山中，道成來洞中，兼北河司命。陶隱居曰：有冢在錢唐臨平，墳壇歷然，苗裔猶在云云。」然則姓姚，非姓桃也。且劉志亦引陶隱居語，則其所見《真誥》亦作「姚俊」也。今臨平有姚姓而無桃姓，若作桃俊，則無所謂「苗裔猶在」矣。余外家乃臨平姚氏，故曾有詩云：「外家荒冢姚司命。」而讀《真誥》又作「桃俊」，因入之《游仙詩》云：「莫道空山耐寂寥，何甥謝舅也招邀。似聞新授桃司命，舊在人間本姓姚。」

〔一〕末，原訛「未」，據《真誥》卷十二改。

瞿伯庭

明焦竑《國史經籍志》道家有《瞿童述》一卷：「温造記大曆辰漢童子瞿伯庭升仙事。」

郭仙姑

宋周密《癸辛襍識》云：「五岳惟華岳極峻，山有郭仙姑者，年二百六七十歲矣。曾事陳希夷，又常隨吕公遊於世。」按：宋李石《續博物志》云：「陳摶在華山，或謗以與毛女往來。」不謂又有此郭仙姑也。「吕公」未知何人，殆即純陽邪？

張果老題字

明李日華《六硯齋筆記》云：「餘杭洞霄宫石壁有張果老題字云：『五百年後吾當挑書再來。』」

羅璝

宋黄休復《茅亭客話》云：「綿州羅江縣羅璝山有羅璝洞，昔羅真人名璝修道上昇之所也。太平興國五年中秋，聞音樂環佩之聲，遲明但見車轍之跡，去洞十里餘，闊一丈以來、碾土深三四寸，直至洞門。」按：釋文瑩《湘山野録》云：「太平興國四年，緜州羅江縣羅公山真人羅公遠舊廬有人乘車往來山中，石上有新轍迹，深三尺餘，石盡五色。知州仲士衡緣轍迹至洞口，聞雞犬聲。」此兩書所載乃一事也，但有一年之差耳。羅璝即公遠矣，殆名璝而字公遠邪？世人止知有羅公遠，不知有羅璝。《新唐書》作羅思遠，附見《張果傳》。

仵達靈

明李日華《六硯齋二筆》云：「超化寺壁誌唐黄門内侍謁者仵達靈題云：『予自知命之年，從鑾輿西幸，當天寶丁亥十二月，得青城丈人授真元丹訣，而意未曉。及德宗至德丁酉歲，銜命禋於嵩邱，復遇丈人，始全決神水黄芽之道，自餌靈丹。起至德丁酉，迄今上乾符甲午，歷春秋一百一十有八載，更十二朝，遂得還童復髭矣。』」

按：此條所紀有誤。天寶丁亥乃天寶六載也，無西幸之事。明皇幸蜀在天寶十五載，其年爲丙申，非丁亥。且是年七月肅宗改元至德矣，或行在尚稱天寶年號，則當云天寶丙申也。下又云「德宗至德丁酉歲」，「德宗」乃「肅宗」之誤，即丙申之明年耳。

常山甫

宋董逌《廣川畫跋》云：「常山甫，世謂神仙，唐人稱其與陶貞白同壇受籙，其後死長慶中。江西觀察使王仲舒謂山甫老病而死，無少異於人者，後人猶圖像以傳，則人之惑於神仙甚哉！」

田睽叟

國朝王士禛《香祖筆記》云：「田告字象宜，少學詩於陳希夷，東游過濮，客于王元之。會河決，著《禹元經》三卷。已而于濟南明水將隱居焉，貽書徐常侍鉉，鉉答曰：『負鼎叩角，顧廬築巖，各由其時云。』遂決高蹈，筮《易》遇《睽》，因自號睽叟。淳化中召赴闕，詔書及門而卒。皇祐中濟南翟書裒其文爲三卷，又作《睽叟别傳》。」按：陳圖南弟子有此人，世無知者。然止云學詩，殆非道流也。

吕貢仙枕

國朝孫星衍《京畿金石考》：「宣化府延慶州有仙枕石刻字，上刻『仙枕』二字，旁刻『吕貢書』，在居庸關内道旁。元陳孚有詩云：『居庸萬馬繞山前，未許蒼苔睡晏然。見説華山風日好，何如移伴白雲眠？』則此石在元已前。」按：邯鄲吕翁不知何人，而此又有吕貢所書「仙枕」字，大可以附會作邯鄲之吕翁矣。

陸龍先生

明都穆《談纂》云：「張三丰有遺墨云：『僕少好道，走四方，無所得。至正末某歲，遇陸龍先生於嵩山，授以真訣，遂爾超悟。』陸先生，圖南之高弟子也。」按：此與余《續鈔》卷十八所載張三丰事又異。

石砒

宋邵伯温《聞見前録》云：「國初隱士石砒，居洛陽之北邙山。馮拯侍中爲留守，砒每騎驢直造侍中，見必拜之。砒好作詩，多道家語。一日，自城中飲酒大醉，騎驢夜歸，失所在。」按：此亦一高士，而世罕知之。「砒」字見《玉篇》，訓「石」。《廣韻》有「磇」無「砒」，云：「磇霜，石藥，出道書。」《集韻》則「砒」「磇」並收。大磇霜至毒之藥，何所取而爲名，但不知道書之説如何。「砒」之命名，或有取於道書也。

九疑山洞仙翁

宋王明清《玉照新志》云：「熙寧辛亥、壬子間，武侯李，忘其名，以供奉官爲衡州管畍巡檢。一日，捕盗入九疑山，深歷岩洞。遥見青煙一點，村民云：『居常見之，不知何人所燎，樵夫牧子不能到也。』李侯歸，告同姓李君彦高，即裹糧往詣之。攀緣而上，忽得平地，有草堂三數間，一老人坐其中。李問老人姓名，曰：『吾唐末人，姓邢氏，名字不必問。』李意爲邢和璞，曰：『非也。』因問李曰：『聞今國號宋，不知天子姓氏，傳代幾葉、年號爲何？』又指面前一小池，有竹筒作刻漏狀，曰：『甲子日辰，吾盡知之，今日乃何日，所不知者國姓年號耳。』李盡告以天子姓號，傳序年月，頷之而已。叩以道術，曰：『此難以口耳傳授。』李不得問，糧盡乃歸。又數日，爲五日糧，裹之而去。其人笑喜問勞，復叩之，告以吐納之事。每語倦，援瑟鼓之，如驚雷怒濤之聲，既罷，餘音不絶。左右四窗皆長几，上文史如世間書。竊視之，皆墨字天篆古文，閒以朱字，如校讐者。五日糧盡，又歸。數日，又攜五日糧以往，仙翁笑延之如故。李復叩之，遂以内丹真訣語之，因謂李曰：『吾以校對天書，自有程課，不須復來，恐妨吾事。吾亦不久徙居矣。』因贈李十二詩，臨行又書一絶，皆天篆古文。李初莫識，其後竟不復往。李得詩，與同志或吾徒中善隸篆者討尋，十八年方盡識十三篇，遂以傳世。李今在衡、湘閒，頗有所得，但人無知者。此湘潭羅仲衛所記，詩列于右，其題云《詩贈晚學李君》。」按：此人甚奇，殆真得道不死者邪？而竟不知其名字，惜哉！至其十二詩，皆七言律詩，初不及内丹真訣，兹不録。

羅隱爲閭丘方遠弟子

國朝錢曾《讀書敏求記》云：「《吴越備史》四卷，今本序次紊亂，脱誤孔多。如王因衣錦城被寇，命同玄先生閭丘方遠建下元金籙，醮于東府龍瑞宫。其夕大雪，惟醮臺上星斗燦然，一黑虎蹲宫門外，罷醮乃去。羅隱師事方遠，執弟子禮甚恭。諸事皆失載。」按：世傳羅隱多異迹，余已略載於《叢鈔》十四。今觀此，乃知羅江東固從事玄門者也。

李洞賓

宋黄休復《茅亭客話》云：「太白九井山虎耳先生李洞賓，大名府有道之士。時呼爲李八百，云已八百歲，如五十許，童顔鬒髮，行速言徐。每駐足，士民聚觀者如堵。先生即於懷袖中探取銅錢二三文撒之，則稍得人退。每十步、二十步取錢一撒，至暮懷袖之中錢無缺焉。」按：

人知有「吕洞賓」，不知有「李洞賓」。

明李日華《紫桃軒襍綴》云：「俗傳洞賓戲妓女白牡丹，乃宋人顔洞賓，非純陽吕祖。」按：此則宋時又有「顔洞賓」矣。

曹八百

宋無名氏《道山清話》云：「晏臨淄，臨川人，其未生時有仙人曹八百見其父，謂之曰：『上界有真人當降汝家。』」按：世知有「李八百」，不知有「曹八百」，余於《叢鈔》十四載曹拮休事，《續鈔》十八載曹休事，疑世俗所傳之「曹國舅」或即其人。今乃知曹姓成仙者又有此「曹八百」也。

又云：「其季弟穎亦如臨淄公警悟。章聖召入禁中，令作《宫沼瑞蓮賦》，賜出身，授奉禮郎。穎聞之，走入書室中，反關不出。家人破壁而入，則已蜕去，案上有詩二首，一云：『兄也錯到底，猶誇將相才。世緣何日了，了却早歸來。』一云：『江外三千里，人間十八年。此行誰復見，一鶴上遼天。』其年十八歲也。章聖御篆『神仙晏穎』四字賜其家。」按：臨淄公即晏殊也，其弟晏穎，世罕知之矣。

党翁

宋邵伯温《聞見後〔一〕録》云：「熙寧初，洛陽有老人党翁者賣藥，日於水南北往來，行步甚快，少年不及也。自言五代清泰年爲兵，嘗事柴世宗，有放停公帖可驗。戴卷脚幞頭，衣黄衫，繫革帶，猶唐裝也。至元豐中不知所在。」按：自清泰元年至元豐元年，一百四十五年矣。又按：唐小説載李益、霍小玉事，有黄衫客。觀此乃知是唐代行伍中之服。

王總管

元吾衍《閒居録》云：「王總管，宋之老兵也。宋亡失志，常以蒲席爲衣，或寄宿道院及市

〔一〕後，當删，引文見《邵氏聞見録》卷十七。

井人家，自稱王總管。每到之處輒利，故人争邀之，然多不往。諸酒館或遇其來，急以酒與之，乃滿飲，擲杯於地而去，則其家終日獲利倍於他日，皆呼爲『利市先生』。平生每狂歌，人聽以卜休咎，多驗。」

劉海蟾

宋何薳《春渚紀聞》云：「真廟朝有天神下降，憑鳳翔民張守真，爲傳靈語，因以翊聖封之，大建祠宇。百里閒有食牛肉及著牛皮履鞁過者，必加殃咎，有立死者。一日，有人苧袍青巾，曳牛革大履，直至廟廷，周視而出。守真焚香告神曰：『此人悖慠，不即殛之，有疑觀聽。』神乃降靈曰：『汝識此人否？實新得道劉海蟾也。諸天以今漸入末運，向道者少，每一人得道，九天皆賀。此人既已受度，未肯便就仙職，折旋塵中，尋人而度。我尚不敢正視之，況敢罪之也？』」按：世傳劉海蟾爲遼進士劉操，純陽弟子也，道家南宗奉以爲祖。觀此知在宋真宗時已著仙蹟矣。

終南山壽人

明李日華《紫桃軒襍綴》云：「趙白雲，不知何許人，爲余劇談終南之勝，云其中多不死者，山中最壽者堯碧天道人，自黄巢亂時入，銅帽道人自宋末時入，今皆在。」

嬾拙道人

明李日華《六硯齋筆記》云：「嬾拙道人，不知何許人，雙髻赤脚，游楚黄之麻城。性嬾，無營心，絶機事，人或謂之嬾拙，因亦自稱爲嬾拙云。閘袒腹示人，按之堅如石，臍大如杯，繞臍生豎毛，皆左旋，人以爲類鍾離雲房云。漱沐靧盥，自用其便溺，亦香潔無穢氣。所服衣履，經歲月絶無垢汙。余於白嶽見張邋蹋，於姑蘇見方蓬頭，今胷中又著一嬾拙矣。」

七夕乘鶴仙人

宋周密《癸辛褉識》云：「七夕牛女渡河，多出詩人及世俗不根之論，然亦似有可怪者。楊纘繼翁大卿倅湖日，七夕夜，其侍姬田氏及使令數人露坐至夜半，忽有一鶴西來，繼而有鶴千百從之，皆有仙人坐其背，綵霞絢粲，數刻方滅。然則流俗之説，亦有時而信邪？」按：今人止知有鵲橋事，不知有此，亦七夕詩料也。

回仙

國朝褚人穫《堅瓠集》云：「道家言人身有尸蟲三，即諺所謂腹中回蟲也。今人召乩仙，所謂回仙、回老、回道人者，即回蟲，乩仙巫神賴此以知往。」按：回仙世知爲吕仙，不知又有此説。

四仙像

明李日華《六硯齋筆記》云："黄越石攜來四仙古像，一爲李鐵枴，坐石上對懸瀑，仰視天際，隱隱一鐵枴飛行空中；一爲海蟾子，哆口蓬髮，一蟾玉色者戲踞其頂，手執一桃，連花葉，鮮活如生，背緑竹六莖，不見枝梢；一爲寒山子，倚絶壁，雙手展卷，若題詩竟而自爲吟諷者；一爲拾得，趺坐大松根，植苕帚於傍，松當拾得之背。旁又各闊四五寸，人不盡松，深山絶壑中，真景物也。"按：寒山、拾得加鐵枴、海蟾而爲四仙，亦世所罕聞也。

李廣濟

國朝楊炳堃《自定年譜》云："李廣濟真人，雍正時人，修真得道，坐化而逝，時人即以肉身裝金供奉。每逢旱澇，有禱輒應。"按：楊君是時官湖南鹽法道，因其年天時乾暵，迎真人入城而雨，雨後送之還山，故紀之。惜未言所謂山者何山，計必在湖南也。

繡髮真人

國朝禮親王昭槤《嘯亭襍録》云：「笪侍御重光，句容人，劾明珠、余國柱二相國，棄官而去，不知所終。有金氏子隨其舅氏之官甘肅，遇道士於漢龍山，年九十餘，作江南語，狀貌偉然，頗善書法。自云曾爲諫職，以劾權相去官。然自稱繡髮真人，不言姓氏里居。後金氏子歸，告諸士大夫，皆云其狀彷佛侍御，然終無左證也。」

緑天仙子

國朝王士禛《香祖筆記》云：「武林沈碉芳蓀嘗與友請乩仙，至則書一絶云：『才散笙歌罷緑幺，冷風疏雨上輕舠。問予名字真消息，曾向王維雪裏描。』自云：『緑天仙子，賈秋壑半閒堂後植蕉百本，予乃其中之得靈氣者，見美人身，侍書於巾峰洞天。』翌日跡之，果有巨蕉一本，樵牧不侵，遂醵金搆精舍其側。自後數降乩，與諸生倡和云。」按：今距國初又二百餘年，不特此蕉無存，并精舍故址亦莫可考矣。

道士坐禪

晉《支遁集》有《詠禪思道人》詩，序云：「孫長樂作道士坐禪之狀，并而讚之，聊著詩一首。」

《唐書·藝文志》神仙家有菩提達摩《胎息訣》一卷，仙佛兩家未始不通也。

張紫陽《悟真外篇》入釋藏

國朝禮親王《嘯亭褋録》云：「憲皇帝以張紫陽雖道教，其《悟真外篇》實通禪理，并著歸入釋藏中，以廣法門。」按：乾隆三年所刻《龍藏彙記》無《悟真外篇》。

王重陽語

明李日華《六硯齋二筆》云：「王重陽未化前十日，謂馬丹陽曰：『學道無他，在養氣而已。心液下降，腎氣上騰，至于脾元，氤氳不散，則丹聚矣。若肝與肺，往來之路也，習静之久，當自知之。』」

王刁山

國朝劉獻廷《廣陽襍記》云：「孫宗武言：今世全真道人所謂龍門法派者，皆本之邱長春，其地則王刁山也。王刁山在華陰太華之東，奇峭次於華嶽。開山之祖乃王、刁二師，故以人名山。邱長春曾主其席，演派至今偏天下也。其法派凡二十字，曰：『道德通元静，真常守太清，一陽來復本，合教永貞明。』又言：華陽道派有二，一太華，一王刁也。太華宗陳希夷，王刁宗邱長春。」按：王、刁二師乃王遥、刁自然也，均見《華山古蹟考》。

讀《道德經》萬偏得仙

梁陶弘景《真誥·協昌期第一篇》云：「太極真人云：讀《道德經》五千文萬偏，則雲駕來迎。萬偏畢未去者，一月二讀之耳，須雲駕至而去。」按：此亦殊不易，每日讀一偏，亦須二十八年也。

又云：「山世遠受孟先生法：暮卧，先讀《黄庭内景經》一過乃眠，使人魂魄自制鍊。恒行此二十一年，亦仙矣。」

《玉佩金璫經》

梁陶弘景《真誥·稽神樞第三篇》云：「趙威伯晚在中岳，授《玉佩金璫經》於范丘林。丘林乃漢樓船將軍衛行道婦也。」按：經名甚新異，未知何説。

又《第四篇》云：「武當山道士戴孟，裴真人授其《玉佩金璫經》并《石精金光符》，遂能輕身健行，日行七百里。」又云：「黄衣童子者，即玉佩金璫之官耳。」又云：「受行《玉佩金璫經》，自然致太極真人。」

神清之洞

宋葉夢得《避暑録話》云：「歐陽文忠公爲西京留守推官時，與尹師魯諸人游嵩山，見蘚書成文，有若『神清之洞』四字者，他人莫見。苟無神仙則已，果有，非公等爲之而誰？」

仙人村

宋邵博《聞見後録》云：「唐吕仙人，故家岳陽，今其地名仙人村，吕姓尚多。」

左飆右欻

梁陶弘景《真誥》云：「真人常御九龍，左驂名飆，右服名欻。」又載英王夫人歌云：「駕欻敖八虛。」紫微夫人答歌云：「乘飆遡九天。」

易遷館

梁陶弘景《真誥·稽神樞第二篇》云：「張姜子，西州人，張濟妹也。李惠姑，齊人夏侯玄婦也。施淑女，山陽人，施績女也。鄭天生，鄧芝母也。此數女子昔世有仁行令聞，並得在洞中。洞中有易遷館、含真臺，皆宮名也。此館中都有八十三人，含真臺是女人已得道者，隸太元東宮中，近有二百人。此二宮盡女子之宮也。又有童初、蕭閑堂二宮，以處男子之學也。」

又《第三篇》云：「易遷、童初二宮是男女之堂館也。趙素臺在易遷宮中已四百年，不肯徙，自謂天下無復樂於此處也。趙素臺是趙熙女。」

按：先舅氏平泉先生悼三女叔蘭詩：「易遷宮裏題名在。」余載之《右台仙館筆記》，彼時但見葛洪《枕中書》云「童初之府，易遷之宮」，而未讀《真誥》，故不知其詳，亦甚媿譾陋矣。

茶香室三鈔卷十九

天曹賜福真君

《宣和畫譜》：陸晃有《天曹賜福真君像》一。然則今俗所稱「天官賜福」者，亦有本矣。

托塔天王

《宣和畫譜》：陸探微有《托塔天王圖》。余於《曲園襍纂》三十六引《元史・輿服志》，見托塔天王之説有所本，今乃知六朝時早見於圖畫矣。

又按：展子虔有《授塔天王圖》，吴道玄有《請塔天王圖》，范瓊有《降塔天王圖》，朱繇有

《捧塔天王圖》。

宋董逌《廣川畫跋》有《北天王像後題辨》云：「吴明仲以吴生畫天王示余，因告之曰：『昔余得内典，説四天王所執器皆自報應中出。北天，毗沙國王也，嘗兵鬭不利，三逃于塔側，方免其困。時願力所全，得無違礙，報回鄉則變相所成，畫者得以據之。今以雲物爲報者，非吴生所爲也。以雲物易塔之重，自王衍始。』」按：此段語意有不可解，然北天王之所執爲塔，固可考矣。

捲簾將軍

國朝段松苓《益都金石記》唐東嶽廟《尊勝經幢》載諸神名，有「南門捲簾將軍」。然則《西遊衍義》有「捲簾大將」之名，亦非無本也。

又按：所載神名，如天翁、地母、龍翁、龍母、龍女、三姑、外門將軍、裏門將軍、四門將軍之類，率多詭異。

巨靈名

明李日華《紫桃軒襍綴》云：「《三教感通録》云：巨靈名秦洪海。」

神荼鬱壘異名

隋杜臺卿《玉燭寶典》引《括地圖》云：「桃都山有大桃樹，下有二神，一名鬱，一名壘。」注引《元中記》云：「左名隆，右名突之也。」按：《括地志》誤分「鬱壘」爲二，而遺「荼」字，已載於《叢鈔》卷十五矣。因有「左隆」「右突」之異名，故又記於此。

關將軍

唐段成式《酉陽襍俎續集》云：「武宗之元年，戎州水漲，浮木塞江，刺史趙士宗召水軍接木，約獲百餘段，因併修開元寺。後月餘，有夷人逢一人如猴，著故青衣，云關將軍差來採木，今被此州接去，要須明年卻來取。至二年七月，暴水至開元寺，鐵石像無一存者。」按：此「關將軍」豈即蜀漢前將軍邪？

關帝

國朝吴仰賢《小匏庵詩話》云：「元張師廉憲詩云：『張侯生冀北，關帝出河東。』『關帝』二字竟入詩，大奇。關公靈蹟自隋始顯，歷宋、元加封爲王，至明萬曆十八年封協天護國忠義帝，四十二年封三界伏魔大帝、神威遠鎮天尊關聖帝君，自是始相沿有『關帝』之稱。師廉不應用後世事，疑必元代先已封帝，今不可考矣。」

姚彬關王廟

明劉侗《帝京景物略》云：「慈源寺東關廟，俗傳吴將姚彬盜關公馬而獲，廟塑縛彬像，公戎服作色，左顧彬。彬反面，色不屈。侍將七人，怒色視聽指歸乎彬。縛彬者仰公顔，而色然受命。馬回望公，其色歕沫。人曰隋像也，呼姚彬關王廟云。」

國朝趙吉士《寄園寄所寄》云：「慈源寺東數百武有關王廟，相傳即元崇恩萬壽宮。殿中塑像甚古，作姚彬被縛狀，殆元時舊塑。寺僧云：彬初爲黄巾賊將，貌類關公。其母病，思食良馬肉。彬知公所騎赤兔最良，因投麾下，竊赤兔以逃。關吏察其音不類河東，執以歸公。彬忼慷請死，臨刑忽大哭。公問之，則以與母永訣故，乃釋之。」

按：姚彬事甚奇，即非隋塑，亦必元塑，是相傳有此事由來久矣。較之演義中事實，或轉可據也。惟余考光緒新修《順天府志》，内城、南城亦有姚彬廟，是京師此廟不止一處矣。

梓潼文君

《隸釋・益州太守高朕脩周公禮殿記》云：「始自文翁，應期鑿度，開建畔宮。」又云：「至于甲午，故府梓潼文君增造吏寺二百餘閒。」洪氏跋云：「故府梓潼文君，建武中益州太守文參也。」按：甲午爲建武十年，後世祀梓潼帝君爲文昌，疑即以此傳訛。

又按：《華陽國志·序志篇》：「忠義鎮遠將軍義侯文齊字子奇。」注云：「梓潼人，平帝用爲益州太守，遂不服王莽、公孫述，光武嘉之。」是其人秉正不阿，故有忠義之目。又云：「北海太守文忳。」注云：「齊子。」是父子濟美者也。又有「丞相參軍文恭字仲寶」，注云：「梓潼人。」雖不知於子奇爲何人，然可知梓潼文氏自是世家也。惟洪氏云「文參」，余所見《華陽國志》則作「文齊」，或傳刻之訛。

酆都陰君乃陰長生，後世訛爲冥王；梓潼文君乃文子奇，後世訛爲文昌，事正一律。酆都事已見《叢鈔》十六。

紹興倉頡祠

國朝徐承烈《聽雨軒餘紀》云：「紹興府城中卧龍山俗稱府山後有倉頡祠，中祀倉頡，而越中名士如賀知章、陸放翁輩咸肖像從祀。」按：余集中有《學校祀倉頡議》，故諸家記載有及倉頡祠者必録之。徐承烈乃吾邑人，乾隆中老輩也。然則紹興之有倉頡祠，由來久矣。

西門豹像

宋邵博《聞見後録》云：「相州有西門豹祠，神像衣裳之閒微露豹尾。韓魏公見而笑，令斷去。」

任昉爲眼目司

國朝顧震濤《吴門表隱》云：「眼目司廟在潘儒巷，神姓任名昉，封道義鄉，土穀神廟即公專祠。宋嘉泰三年，二十八世孫浙西提舉清叟建，明宣德二年裔孫伯通重建。庭有宋時紫荆樹，枝葉能療目疾。初甚小，國初某親王駐蘇，軍士多患目，因禱於神，折枝煎服盡愈，遂廓而新之。由是香火日盛，列入祀典。」按：宋時清叟建祠，不過爲宦游其地，祀其遠祖耳。乃因廟有紫荆能療目疾，遂奉爲眼目司神，受吴人香火，當亦建祠之初萬想所不及矣。原注云：「八月十五日神誕。」此不知有據否。

曹子建廟

宋吴自牧《夢粱録》云：「曹王廟在長樂像光湖南金奥村，相傳曹子建也。」按：像光湖即在臨平鎮西五里。余從前久寓臨平，而未聞有所謂曹子建廟者。

柳子厚祠異

明包汝楫《南中紀聞》云：「柳州羅池，子厚先生祠在焉。池中雖冥晦風雨之夕必見月，衢路可里計，雖晴晝星曜，燦燦當天，人皆見之，不曉其故。」按：羅池有此異蹟，宜子厚見夢於歐陽翼，欲館我於羅池也。

四官廟

國朝劉獻廷《廣陽襍記》云：「辛未秋，予寓漢上，時卧處有四官象，乃天、地、水、火也。三官始於黄巾，而道士家因之，不知何時益之以火，漢口皆是。」

三尸廟

宋孟元老《東京夢華録》云：「保康門外新建三尸廟。」按：三尸有廟亦奇，未知即道家所謂「三尸」否。

蕭山西子祠

國朝朱彝尊《静志居詩話》云：「蕭山屠生居近西子祠，題詩於壁云：『紅粉溪邊石，年年漾落花。五湖煙水闊，何處浣春紗？』是年學使者夢一婦人謂曰：『吾西施也，生未入五湖。而蕭山屠生輒妄言，其爲吾斥之！』既按部詢生，生大驚，乃令生詣祠謝，已爲文以祀之。」按：此事未知信否。豈一舸隨鴟夷，當年本無其事，千載以下猶思一雪此言邪？

湖州銅官廟

宋徐度《却掃編》云：「湖州銅官廟偶像衣冠甚古，其婦人皆如世所藏周昉畫人物，葢唐人之遺跡也。」

康押衙

蜀何光遠《鑑戒録》云：「雅州有周公山，城之隅有周公廟，廟有土偶，康押衙即神之領袖也。唐大中初有任士元與宇文錯争田，士元遂詣靈廟，請康押衙親至田所，祝曰：『若是宇文錯之地，請神點頭；如是士元之地，請神開口。』冥心啟祝，神口遂開。宇文錯知非，遂還其地。」按：康押衙不知何神，所謂「周公」者亦未知即古之周公否。

南朝六神

國朝徐承烈《聽雨軒餘紀》云：「明末時吳人憫周忠毅宗建、楊忠烈漣、左忠毅光斗、繆文貞昌期、周忠介順昌、魏忠節大中忠而慘死，肖像而祀之。至今三吳士庶歲時伏臘莫不擊牲釃酒以致敬，即所稱南朝六神是也。」按：南朝六神之像，至今尚有之。余幼居臨平，歲終祀神，所供紙馬曰「南朝六神聖衆」。循流俗之見，謂諸神之總名耳，不知乃此六公也。

金元七總管

國朝徐逢吉《清波小志》云：「流福溝東舊有金元七總管廟。予因里人之請，撰有碑記一篇，其略云：『予考《道藏》，山川湖海，百神祀典，未嘗有總管神之號。水神之説，亦世俗相傳，不足徵信。獨有睦州《建昌祠碑記》載元季兵構，曹國公李文忠平之，似有人馬旌旄，擁從前後，命巫祝之，曰金元七總管也。神姑蘇人，生而靈異，早殁爲神。兵定，李公立祠祀之。上聞，敕封利濟侯。』此文係弘治八年博士李祐所撰。然則神之姓氏亦出巫覡之口，非確有所據。昔黄棃洲論元官制，謂杭州、揚州皆爲上路，有總管，無知府。今紹興、揚州皆有總管廟，皆昔郡守之生祠也。據此説，大都神爲元時人，生爲總管，金者神之姓，元者神之名，七者神之行次，總管者其官職也。」

國朝王應奎《柳南續筆》云：「元官制，諸路設總管府，達魯花赤之下爲總管，總管之下爲同知、治中、判官；散府則達魯花赤之下置知府，或府尹。揚州、杭州皆爲上路，則有總管而無知府。黄太沖云：『今紹興、杭州多有總管廟，皆昔守郡者之生祠也。』吾邑亦有總管廟幾處，則屬之於金昌及其子元七。邑志云：『神生前居澱山湖，父子没，皆爲神。元至元間陰翊海運，俱封今職。』」按：金爲姓，元七爲名，此差可據。宋元閒世俗命名，多如此也。

按：總管廟，吾浙所在有之。聞練市鎮有七總管廟，又有六總管廟，云是兄弟也，則更悠繆矣。

藺村大王

宋何薳《春渚紀聞》云：「吴興藺村沈氏子，嘗具舟載往平江，中道有僧求附舟尾。晨炊，僧求飯，遂分共之。僧問生齋僧一員，欲何所獻。生戲謂之曰：『請獻藺村大王。』僧遂合爪祝獻。明年正月，生與社人祭神廟中，神降於稠人中，謝生曰：『去歲深承輟飯齋僧，以是一僧之故，我甚增威力。有惡獸欲截汝舟，我時已陰護之矣。』生始記憶，因語其詳於社人云。」按：藺村在吾邑東門外，至今猶有廟，先大母戴夫人禱於其廟而生先府君焉。此條僅云「吴興」，實德清也。

茅將軍

宋錢易《南部新書》云：「江淮閒多九郎廟與茅將軍廟。九郎者，俗云即苻堅之弟九子，曾有陰兵之感。茅將軍者，廟中多畫伏虎之象。」

宋李廌《師友談記》述東坡之言云：「眉州或有神降，曰茅將軍。州皆畏之，共作大廟，像宇皆雄，祈驗如響。太傅忽乘醉呼村僕二十許人入廟，以斧钁碎其像，投溪中，而毀折其廟屋，竟無所靈。後三年，太傅至七家嶺，忽見一廟甚大，榜曰茅將軍。欲率衆復毀，忽廟吏迎拜曰：『君非蘇七君乎？某昨夜夢神泣告曰：明日蘇七君至，吾甚畏之。哀告蘇七君，且爲容恕，幸存此廟，竊食此土。』衆人共勸乃止。」按：所謂「太傅」即東坡之祖名序，字仲先。

鄧將軍

國朝楊賓《柳邊紀略》云：「奉天多鄧將軍廟。將軍名佐，明成化間人。成化三年春，隨總兵施英按奉集堡，遇敵二千餘，佐率五百騎敗之，復追至樹遮里，峻山峭壁中鏖戰。忽有一校策馬退走，衆遂潰，乃下馬步戰，久之知不可爲，遂自刎。報未至，遼人見佐乘白馬挾弓鼓吹而回。守臣上其事，立祠遼陽，至今滿洲跳神皆祠之。或曰京師堂子所事亦將軍云。」

八大王祠

國朝禮親王昭槤《嘯亭襍録》云：「蘇州閶門外有八大王祠，神像鬚眉偉然，服本朝衣冠。有風疾者禱之輒愈，俗名箭風八大王。云係國初干公孤舟招撫其土，土人疑爲奸細，鑿舟斃之。後知其情，因建祠以祀之。國初下江南，時未有王公死其地者。或云葢偏裨之將偶被所害，土人不知，以爲王公，理或然歟？」按：此祠至今尚在。

天目山神

明李日華《六硯齋筆記》云：「天目山神形如白鹿，每歲五月，與震澤龍會，多暴風雨。」

太白山神名阿福

明董説《楝花磯隨筆》云：「太白山顛有鐵鑄山神牌三，曰大阿福、二阿福、三阿福。神名俚而異。」

雲臺諸將爲吴中土神

國朝顧震濤《吴門表隱》云：「元墓各村有二十八處土穀神廟，祀漢雲臺二十八將，皆宋時建。」

按：國朝汪巽東《天馬山房詩·雲閒百詠》云：「梁岸廟在青之蔣浦，相傳項羽爲松江神，唐立漢功臣七十二廟以鎮之。此當是梁王彭越，土音傳訛，遂爲梁岸。」據此則二十八將之爲元墓土穀神，或亦因此。

大禹爲清波門土地

國朝徐逢吉《清波小志》云：「清波門城西二圖土穀祠，在方家峪口，祀大禹皇帝。考吴自牧《夢粱録》載錢湖門外有夏禹王廟，正在其地。禹至會稽，路經錢唐，明德及人，理宜崇祀。今以湫隘不堪之所祀爲土神，則褻矣。」按：吾邑烏山土地稱堯皇土地，亦此類。

表忠觀禱雨

國朝徐逢吉《清波小志》云：「表忠觀剥落殆盡，前年中丞朱公軾因時亢旱，不欲就天竺禱雨，以爲武肅生時有守土之責，理應䘏此一郡災黎，于是赴祠虔禱，復捐俸修葺，廟貌稍稍完整。」按：杭人但知天竺求雨，不知表忠觀有此故事。

花園土神

國朝褚人穫《堅瓠集》云：「宋孝宗植一松於苑，特以牲醴祭花園土神。」按：此則花園土神宋世已有此祭。門下士徐花農太史言其家祀花園土地，余載之《右台仙館筆記》中。

船神父母名

唐段公路《北户録》云：「梁簡文《船神記》云：『船神名馮耳。』又呼爲孟公、孟姥。劉思真云：『玄冥爲水官，死爲水神。』冥、孟聲相似。又孟公父名憒、母名衣，孟母父名版、母名履。或云冥公、冥姥，因玄冥也。」注引《異苑》曰：「船神曰孟公、孟娃。」按：船神爲孟公、孟姥，世多知之。至父姥又有父母，則罕知也。「憒」字音楚革切。

窑神

國朝顧震濤《吴門表隱》云：「窑神閣在婁郊老土地堂西。神姓樊名己，即夏臣昆吾氏，祔以陶塼烏曹氏、陶瓦楊於陵二神。」按：昆吾氏不知何以有「樊己」之名，至「楊於陵」爲何人，更所未詳。

南堂太君

國朝吴紹箕《塵夢醒談》云：「南鄉石冢村有所謂南堂太君者。神陸氏，晉時人，夫婦俱以捕魚爲業。正月九日爲神誕生之期，魚户之演戲酬神者以千百計。又相傳能佑子孫，凡求子及生子而祈佑者，無不崇奉之。」

按：吴君，歸安人，石冢村當在歸安南鄉。惟所謂「太君堂」者，浙西所在有之。先舅氏姚平泉先生《瓶山集》有《臨平竹枝詞》云：「聯袂牽裾半女郎，儂家生計在魚秧。安排紙馬恩恩去，明早燒香阿太堂。」「阿太堂」即太君堂也。

二七阿太

國朝顧震濤《吴門表隱》云：「二七阿太廟在篁村，甚小。神姓金名寧二，又姓尤名寧七，皆汴人，從高宗南渡居此。没爲神，司江河漁捕，歲有白魚朝廟之異。」按：此亦即「南堂太君」之類。

生魂神

宋何薳《春渚紀聞》云：「余嘗與許師正同過平江，夜宿村墅。聞村人坎鼓羣集，爲賽神之會，因往視之。神號陸太保者，實旁村陸氏子，固無恙也。每有所召，則其神往，謂之生魂神。既就享，村人問疾，雖數百里，皆能即至其家，回語病人狀。師正之室余氏歸霅川省其母，忽得疾。因禱神往視，須臾還曰：『我至汝婦家，方請僧誦《法華經》，諸神滿前，不得入。頃刻鄰婦來觀，前炳二燭，乃是牛脂所爲，血腥迎鼻，諸神驚唾而散，我始敢前。病人能啜少粥，自此安矣。』及歸驗之，皆如其言。」

種痘仙師

國朝顧震濤《吳門表隱》云：「種痘仙師廟在石磐巷，宋峨眉山人像，如純陽祖師。」按：「峨嵋山人」未知何人，其創爲種痘之法者歟？余於《續鈔》二十一載安慶張氏種痘法，然與今法又異。

妬神

國朝林春溥《開卷偶得》云：「唐李諲《妬神頌序》曰：『河東之美者，有妬水之祠焉，其神周代之女，介推之妹。初文公出國，介推從行，有割股之恩，無寸祿之惠。誓將畢命，肯顧微軀，儀形飄殞於□〔一〕煙，名跡庶幾於不朽。後縱深悔，前路難追，因爲滅燄之辰，更號清明之節。妹以兄涉要主，身非令終，遂於冬至之後日積一薪，烈火焚之，爲其易俗。諺云『百日斫柴一日燒』，此之謂也。闔境之内，疇敢不恭。』此段逸事可與之推之母並傳。」按：妬女爲介推妹，世人知之，至此事則世所未聞。果如此，則妹因懟兄而力變禁煙之俗。後來周舉之書、魏武之令，皆踵其妹之故智矣。

半山七娘子

宋吴自牧《夢粱録》云：「半山七娘子廟在皋亭山，舊傳崇善王妹也。」按：上文「靈惠廟在江漲橋化度寺，神姓陳名頊，字行嵩，會稽人。仕于東晉，使虜，留三年，仗節不屈，復命，歷四州刺史。食邑錢唐海鹽鹽官，死葬皋亭山。梁朝封王，爵號崇善」，然則半山七娘子陳姓矣。今半山有半山娘娘廟，而七娘子之祠廢。

〔一〕缺字李銘魁主編《平定碑刻文選》作「没」。

銀瓶娘子籤

宋周密《癸辛襍識》云：「太學忠文廟相傳爲岳武穆王，并祠銀瓶娘子。其籤文與天竺一同，如『門裏心肝卦』，私試得之必中，葢私試榜挂於中門内也；如『飛鴻落羽毛』，解試得之必中，以鴻中箭則毛落。」

金姑娘娘

國朝褚人穫《堅瓠集》云：「康熙癸未夏，吴中之雨，有人自江北來，傳有一婦趁柴船行數里即去，云：『我非人，乃驅蝗使者，即俗所稱金姑娘娘也。』已而常州一帶果有蝗，鄉農書金姑娘娘位號，揭竿祭賽，蝗即去。後聞人言，崇禎庚辰、辛巳閒，向有金姑娘娘紙馬，六十年來並不刷印，至今歲復興，大獲其利。」

桃花夫人以洞得名

國朝陳錫路《黃嬭餘話》云：「息夫人廟稱桃花夫人。杜〔一〕牧之《題桃花夫人》詩注云『即息夫人』，而不言所謂。或云『桃李無言』即息夫人也，似涉廋詞。漢陽府城北息夫人廟在桃花洞上，土人因稱桃花夫人，見《漢陽府志》。宋徐照亦有《題桃花夫人廟》詩云：『一樹桃花發，桃花即是君。』」

入神廟叩齒

宋無名氏《道山清話》云：「人之叩齒，將以收召神觀，辟除外邪，其説出於道家。故修養之人多叩齒，不聞以是爲恭敬也。今人往往入神廟中叩齒，非禮也。」

〔一〕杜，原訛「牡」，據《黃嬭餘話》改。

按：《靈飛經》云：「常以正月二月甲乙之日，平旦沐浴齋戒，入室東向，叩齒九通，平坐思東方東極玉真青帝君諱雲拘字上伯云云。」此下四月、五月丙丁之日，七月、八月庚辛之日，十月、十一月壬癸之日，三月、六月、九月、十二月戊己之日並同。又云：「甲子之日，沐浴清齋，入室北向，六拜，叩齒十二通，平坐思大元玉女十真人云云。」以下甲戌、甲申、甲午、甲辰、甲寅之日並同。是叩齒固道家之説。然欲内思五帝，必先叩齒；内思六甲通靈，亦必先叩齒。且叩齒十二通，與六拜連文，則入廟拜神，先之以叩齒，或亦有説。今則久無此風矣。

梁陶弘景《真誥·協昌期第二篇》云：「常以本命之日向其方面叩齒三通，心存再拜，而微祝曰：『太一鎮生，三炁合真云云。』」又：「凡入室燒香，皆當對席心拜，叩齒陰祝，隨意所陳。惟使精專，必獲靈感。」注云：「此亦朝淨之例也。」然則道家固以叩齒爲敬。

又云：「夫叩齒以命神，咽炁以和真。凡存修上法，禮祝之時，皆先叩齒，上下相扣，勿左右也。一呼一吸，令得三叩爲善。須禮祝畢，又叩齒，乃得咽諸炁液耳。此名爲呼神和真，以求升仙也。」按：此乃知叩齒是道家命神之法。

空中人行

國朝王士禛《香祖筆記》云：「康熙甲申十二月，蘇州洪生與客談次，忽空中有聲。視之，見一人左手抱冊，右手持杖，黄巾黄衫，御風而過，頃刻漸遠，猶見衣角。出問市人，亦多見之。」按：余於《續鈔》十九載《天上人》，失載此事。

神福

國朝錢大昭《邇言》引元方回詩云：「磯頭浪急上灘難，舟子索錢作神福。」按：此則舟行作神福，由來久矣。

茶香室三鈔卷二十

北太帝

梁陶弘景《真誥・闡幽微第一篇》云："炎慶甲者，古之炎帝也，今爲北太帝君，天下鬼神之主也。"注云："炎帝神農氏，其聖功不滅軒轅、顓頊，無應爲鬼帝。又黄帝所伐大庭氏稱炎帝，恐當是此，非神農也。又外書云：神農牛首，今佛家作地獄中主煞者亦牛首，復致疑焉。"

今俗傳有牛頭馬面之説，觀此乃知古止是牛頭，其馬面則後人以配牛頭者耳。

羅酆山

梁陶弘景《真誥・闡幽微第一篇》云："羅酆山在北方癸地，山上有六宮，洞中有六宮，是爲六天鬼神之宫也。山上爲外宫，洞中爲内宫。第一宫名爲紂絶陰天宫，以次東行，第二宫名爲泰煞諒事宗天宫，第三宫名爲明晨耐犯武城天宫，第四宫名爲恬昭罪氣天宫，第五宫名爲宗靈七非天宫，第六宫名爲敢司連宛屢天宫。洞中六天宫，名亦同。」注云：「此北酆鬼王決斷罪人處，其神即應是經呼爲閻羅王所住處也，其王即今北大帝也。」按：世以四川酆都縣爲閻羅王所居，余謂因「羅酆」而訛，已屢見余書矣。今讀《真誥》，得其詳，故記之。據下文，「武城」又作「武陽」。

又云：「世人知有酆都六天宫門名，則百鬼不敢爲害。欲卧時，常北方祝之三徧，祝云：『吾是太上弟子，下統六天。六天之宫是吾所部，不但所部，乃太上之所主。吾知六天之宫名，故得長生。敢有犯者，太上當斬汝形。』第一宫名紂絶陰天宫，以次東行，第二宫名，從此以訖六宫止，乃啄齒六下，乃卧，辟諸鬼邪之氣。」又云：「人初死皆，先詣紂絶陰天宫受事。賢人聖人去世，先經明晨第三天〔一〕宫受事。」

〔一〕 天，原缺，據《真誥》卷十五補。

東郭姜死化爲蟲

宋劉敬叔《異苑》云：「縊女，蟲也。一名蜆，長寸許，頭赤身黑，恒吐絲自縣。昔東郭姜既亂崔杼之室，慶封殺其三子，姜亦自經。俗傳此婦骸化爲蟲，故以縊女名蟲。」按：此蟲見於《爾雅》，人多知之，然不知有東郭姜之説。

項羽爲越郡國殤

明張岱《瑯嬛文集》有《募造無主祠堂疏》云：「越郡祀典，清明、中元、十月朔有孤魂之祭。余曾閱其祭版，則西楚霸王爲國殤之首。」按：項氏初起事以會稽守，故越郡祀之。然秦時會稽郡非今越郡也。

沈光

國朝汪巽東《天馬山房詩·雲閒百詠》云：「《沈光碑》在青浦縣勝果寺，鬼書也。寺有鬼爲祟，宋妙悟師爲之講説，于空中得朱書云：『漢烈士沈光，自蒙懺解，已生他化。』」

鍾馗嫁魅

明文震亨《長物志》云：「《懸畫月令》，十二月，宜鍾馗迎福、驅魅、嫁魅。」按：此知世傳鍾馗「嫁妹」乃「嫁魅」之訛。趙甌北《陔餘叢考》云：「宗慤妹名鍾葵，後世因有《鍾馗嫁妹圖》。」此説恐非。

盧多遜屍久而不壞

宋王君玉《國老談苑》云：「盧多遜既卒，許歸葬。其子察護喪，權厝襄陽佛寺。將易以巨櫬，乃啟，其屍不壞，儼然如生，遂逐時易衣，至祥符中猶然。」按：盧多遜於太宗太平興國七年罷相，死於雍熙二年，下距祥符元年二十三年矣。

石曼卿爲鬼仙

宋釋文瑩《湘山野録》云：「石延年曼卿明道元年卒。平生與友人張生尤善，死後數日，張生夢曼卿騎青驢，引數蒼頭過生，謂生曰：『我今已作鬼仙，召汝偕往。』生以母老固辭。曼卿怒，登驢而去，顧生云：『汝太劣，吾召汝，安得不從？今當命補之同行矣。』後數日，補之卒。補之乃范諷字。今儀真有碑石序其事。」按：石曼卿事，余已記於《叢鈔》卷十六。今復記此，較彼尤詳也。

史見魂

宋黄休復《茅亭客話》云：「史見魂者，蜀人也，名惟傅，年七十餘。蜀人咸敬之，或云判冥。

休復見道書《真誥》云：『有好陰施奉道敬仙者，生授職於陰府。』則史公其人與？史公嘗與相知，稱天曹門吏太犧子。愚亦聞有生人判冥者，皆懼人知之，不敢妄洩。史公又不然，何謂乎？」

陳青攝魂

宋何薳《春渚紀聞》云：「余少時過林埭趙倅家，見其莊僕陳青者，睡中多爲陰府驅令，收攝死者魂識。每奉符，至追者之門，則中霤之神先收訊問，不許擅入。青出符示之，審驗反復得實，而後釁釁而入。青於門外呼死者姓名，則其神魂已隨青往矣。其或有官品崇高之人，則自有陰官迎取，青止隨從而已。」按：此即今世所謂「走無常」者。

慈月智朗

國朝褚人穫《堅瓠集》云：「乩仙大約文人、才士精靈之所託。有金某通其術，詭稱一陳夫人號曰慈月智朗，與有婚姻之緣，請之即來，長篇大章，滔滔汩汩，搢紳先生亦惑其說。」按：此即金聖歎也。

能通冥府

宋吴淑《江淮異人録》云：「閩中處士張摽，有道術，能通於冥府。或三日五日卧如死，而體不冷。既蘇，多説冥中事，或言未來，一一皆驗。」按：余於《叢鈔》十六載魏人柴公以生人司冥事，此亦近之。「摽」一本作「標」。

唐高彦休《闕史·鄭少尹及第》一條云：「千福寺有僧弘道者，晝則平居，夕則視事於陰府。十祈叩者，八九拒之。」按：此則唐時已有此説矣。

寄信冥府

國朝顧震濤《吴門表隱》云：「天師石欄寄信船，石欄在五土殿。」原注云：「相傳昔人焚書石下，能寄冥府。」按：此文未甚分晰，兩「石欄」不知爲一爲二，「五土殿」亦未詳在何處也。

假尸還魂

宋周密《癸辛雜識》云：「建康有陳道人，常與仵作行人往來，飲酒甚狎。仵問道人將何爲，曰：『吾欲得一十七八健壯男子尸。』一夕，忽有劉太尉鞭死小童，仵輿致之。道人作湯，浴其尸，加自己之衣巾，作趺坐於一榻上，道人亦結趺其前。至明，道人尸化，而童尸生矣。」按：此乃道家奪舍之法也。

詛人至死

宋無名氏《道山清話》云：「仁宗時，梓州妖人白彦歡能依鬼神作法以詛人，至有死者。獄上請讞，皆以不見傷爲疑。梁莊肅曰：『殺人以刃，尚或可拒，以詛則可免乎？』竟殺之。」

憫忌

國朝韓泰華《無事爲福齋隨筆》云：「《元秦王夫人施長生錢記》云：『秦王薨、愍二忌，三月廿五日是爲愍忌，四月四日是爲薨辰。』又郭畀《客杭日記》：『十月十六日，先妣憫忌日。』是『憫忌』生忌也，今以憫忌爲死忌，誤。」

産乳死者撞鐘懺祝

宋何薳《春渚紀聞》云：「余仲兄馬氏嫂之母，符離高氏女，年二十以産乳歿。其父朝議君念之深切，夢女告之曰：『無他作冥助，第呼畫人狀我，并令像與我身等。召鄰僧使餬鐘閒，祝撞鐘人，多許之金，令晨昏聲鐘時呼我名氏，而懺祝之。俟此像忽自脱落，了無損動，即我超生之兆也。』如其言，不數月，忽夢女銖衣寶冠，稱乘功德，今當生樂處矣。夢覺，未及語，寺僧叩門，以脱像爲示，果無少損。」按：今婦女以産死者亦有撞鐘之事，尚沿此說。但不復畫像，但懸其衣履於鐘内耳。

死十六日復生

宋錢易《南部新書》云：「貞元十七年，翰林待詔戴少平死十六日復生。」

漆棺用朱

明李日華《紫桃軒雜綴》云：「仙人殷長生曰：『造化洪爐，凡物出生者靡不消爛，以至藥點之亦靡不可化，其不可化者惟人髮與泥中朱筋而已。』先文林覩此，預作壽櫝，斷然用老杉，每歲一朱之。歷三十餘年，朱已寸厚。且歷言枎枋穿穴補湊不足用。前輩作事，悉有所本，不徒然也。」按：《酉陽雜俎》載元和中秀才權同休顧一走使者言：「萬物皆可化，惟淤泥中朱漆筋及髮，藥力不能化。」與殷長生之言同，乃知古人漆棺用朱，能達物理。

玉俑

明李日華《六硯齋筆記》云：「京口廖山人喜蓄奇物，出一古玉人，長六寸，面目如啜泣者，頂作盤髻，左垂髮一縷，下帷裳無襞積，亦不作兩趾，平其底可卓。廖曰：『此周孝王像也。』余曰不然，此古人殉葬玉俑。蓋亡者妻妾或其所嬖，肖己形而納之壙中，以表同穴之情耳。」

胡大海兵發掘越中冢墓

元徐勉之《保越録》云：「敵軍發掘冢墓，自理宗慈獻夫人以下至官庶墳墓，無不發，金玉寶器捆載而去。其尸或貫之以水銀，而[一]皆如生，被斬戮污辱者尤甚。」按：所謂「敵軍」即明軍也，其首將爲胡大海。觀此知明初兵禍亦不下赤眉矣。

[一] 《保越録》「貫」作「斂」、「而」作「面」。

棺上生繪畫文

國朝朱彝尊《静志居詩話》云：「儲巏字静夫，謚文懿，卒於南都，歸柩海陵，攢於墓舍。將葬啟視，棺上生黝墨，成繪畫文，具畫家皴染之法：前則奇石枯松，旁出二篠，莖葉咸備；左則梅株夭矯，梢著數花；右如左，而樹枝差短，其文深入木理。四方來觀，詫爲神異。顧華玉爲作《靈徵記》。此事甚怪。近靈壽傅去異撰有《明異叢》，寶應劉禹峯撰《史外叢談》，探幽索隱，獨此未載。」

鬼尉

國朝孫星衍《京畿金石考》定州有唐鬼尉篆：「按方志云：『廟門兩壁有唐人蒲州刺史劉伯榮所畫鬼尉，左負韊矢，右捕長蛇。』」

旱魃

宋周密《癸辛雜識》云：「金貞祐初，洛陽大旱。登封西吉成村有旱魃爲虐，父老云：『旱魃至，必有火光，即魃也。』少年輩入昏凭高望之，果見火光入農家。以大棓擊之，火焱散亂，有聲如馳。古人說旱魃長三尺，其行如風，未聞有聲也。」

焱夜魅

國朝劉獻廷《廣陽雜記》云：「汪武曹言：無錫有妖如火，夜飛入人家攝物，乃至數百石米亦能攜之去，惟怕銅鑼、鋼叉。有人以叉擊火墜地，乃一草人，朱書『仰焱夜魅，巡視南城一帶地方』。又有擊得者，則一紙虎。雖不咥人，亦能爪傷人。察之，必有一蟲附體上。戴皖臣言：此名麻城法，授之者發誓不傳他人。書符印入墨汁中，飲之而後傳法。其發願文云『只願今生圖富貴，不顧七祖入酆都』云。行此法者，其七世祖靈皆入冥獄。」

⿱⺮⿲爿真疋⿱⺮⿲爿頁疋⿱⺮⿰爿疋

國朝龔煒《巢林筆談續編》云：「吴中大疫，民居多粘『⿱⺮⿲爿真疋⿱⺮⿲爿頁疋⿱⺮⿰爿疋』三字於門首，云驅邪也。按：《大事記》：嘉靖三十六年，妖人馬祖蒴楮爲兵以駭衆，各户多懸『⿱⺮⿰齒乞⿱⺮⿰齒其⿱⺮⿰齒疋⿱⺮⿰齒疋』四字厭之，字形相似，出《道藏》，亦未詳音義。」按：此字余於《續鈔》二十已載之。閲此小有異同，又載之，以廣異聞。

鄉葬

唐李肇《國史補》云：「大曆初，關東人疫，死者如麻。滎陽人鄭損率有力者，每鄉大爲一墓，以葬棄尸，謂之鄉葬。損則盧藏用外甥，不仕，鄉里號曰雲居先生。」按：此今「義冢」之始也。

鬼見怕

國朝陳景鐘《清波小志補》云：「方家峪，鳳山之陰，巖内有觀音石像，人稱觀音洞。前有禪室數楹，洞旁古藤一本，狀若老蛟，蟠曲石壁。結子似豬腰子而小，俗名『鬼見怕』。取至小者以銀飾之，爲小兒佩，云可辟邪。」按：余兒時曾有一枚，後不知所在。

茶香室三鈔卷二十一

彭祖八字

國朝王應奎《柳南續筆》云：「彭祖八字爲壬子、辛亥、壬子、辛亥。」按：此不知本何書。

陳子昂有《乞推命禄》詩

國朝韓泰華《無事爲福齋隨筆》云：「陳子昂《贈嚴倉曹乞推命録》疑禄之誤詩云：『聞道沈冥客，青囊有秘篇。九宫探萬象，三算極重玄。』爲後世子平所始。」按：「嚴倉曹」未知何人，惜不知其名。

前定數

國朝葉名〔一〕灃《橋西襍記》云：「内閣大庫中向存子平若干箱，曰《前定數》，庫鑰爲典籍廳所掌。辛亥春，予偕某啟鑰往視，僅存數十册，篇頁零亂。玩其紙墨，明人所爲。一老隸云：『三十年前，某相國取其大半去矣。』聞山右稷石縣庫亦藏有寫本，大都已往驗，而未來之事多不足憑。」按：今江湖閒有挾此術者，謂之《皇極經世數》，亦謂之《邵康節蠢子數》。

水碗卦

國朝劉獻廷《廣陽襍記》云：「江西有行水碗卦術者，至人家，以碗貯水，投白米數粒于中，立能知其家事，凡祖先之姓字、相貌、年壽，一一不爽。閒有一二字譌者，亦必字異音同，如

〔一〕名，原缺，據《橋西襍記》補。

『之』爲『知』、『朱』爲『豬』之類，似有人告之者。然必有一同行人立門外，强執塗人而與之言，刺刺不休，而室中之人其言如見，否則一無所知矣。此理之最不可曉者。」

水中見形

《太平廣記》道術門引《原化記》云：「唐曹王出獵，得羣鹿十餘頭，圍已合，無何失之。召張山人問之，山人曰：『此是術者所隱。』遂索水，以刀湯禁之。少頃，於水中見一道士，長纔及寸，負囊拄杖，敝敝而行，衆人無不見者。山人乃布針，就水中刺道士左足，遂見跛足而行。遂命走向北逐之，十餘里，果見道士跛足而行，與水中狀貌同。遂以王命邀之，道士笑而來。」

按：此亦即後世「圓光之術」。

又引《仙傳拾遺》載張定事云：「定謂父母：青州大設可看也。即提一水絣，可受二斗以來，空中無物，置於庭中，禹步繞三二匝，乃傾於庭院内，見人無數，皆長六七寸，官僚、士女、看人喧闐滿庭，音樂、百戲，樓閣、車棚，無不精審。父母與看之。至夕，復側絣於庭，人物車馬，千羣萬隊，俱入絣内。取絣視之，亦復無一物。」按：此術又稍異，要亦其類也。

宋時軌革之術

宋陸游《老學庵筆記》云：「蔡元長當國時，士大夫問軌革，往往畫一人，戴草而祭，輒指之曰：『此蔡字也，必由其門而進。』及童貫用事，又有畫地上奏樂者，曰：『土上有音，童字也。』及二人廢，則無復占得此卦。紹興中，秦會之專國柄，又多畫三人，各持禾一束。及秦氏廢，亦無復占得此卦矣。若以爲妄，則紹興中如黑象輩畜書數百卷，對人檢之。予親見有三人，持禾者在其間，亦未易測也。」按：此術今不傳，姑録此以見大概。今人有畫牌算命者，殆即其遺術與？

《東坡志林》云：「成都人費孝先游青城山，訪老人村，壞其竹牀，欲償其直。老人笑曰：『子視其下。』字云：『此牀以某年月日某造，至某年月日爲費孝先所壞。』孝先乃留，師事之。老人授以《易》軌革卦影之術。後五六年，孝先名聞天下，王公大人皆不遠千里，以金錢求其卦影，孝先以致富。今死矣，然四方治其學者所在而有，皆自託於孝先，真僞不可知。聊復記之，使後人知卦影之所自。」

宋高文虎《蓼花洲閒録》亦云：「西〔一〕川費孝先善軌革，世皆知名。」然軌革之術初非始於費氏。《宋史·藝文志》五行類有《軌革祕寶》一卷、《軌革指迷照膽訣》一卷，又蓍龜類有易通子《周易菥蓂璇璣軌革》一卷、《軌革金庭玉鑑》七卷、《軌革傳道録》一卷，則知軌革之術由來久矣。以上高氏説，余嘗謂軌革之術即《易緯稽覽圖》推軌推析之遺，觀易通子《周易菥蓂璇璣軌革》，益信矣。「菥」即析也。

明李濂《汴京知異記》云：「熙寧、元豐閒，高麗航海修貢，朝廷遣使往諭之。初命樞密林希，力辭；更命龍圖陳睦，出希知池州，假睦起居舍人、直昭文館。使還，乃真拜。初林希買卜於京師，孟詠詠爲作卦形，畫一紫袍金帶人，對水而哭。希以高麗之役遠涉瀚海，故力辭之；嗣出知池州，繼遭喪禍，其驗不在彼而在此。原注云：出《中吳紀聞》。」又云：「魏郡侯栖筠，方幼，父子相失。大觀三年，擢貢，第三人及第，宣和中爲省郎。以未知父存亡，請還鄉，朝廷爲降榜尋訪。棲筠詣相國寺卜卦影，得畫二馬相逐，一翁、一媪、一官人拜於地。卜者云：『恐地名或姓氏有馬，或年月日在午。』棲筠次白馬縣，適有二卜者，其一姓馬，其一瞽目者曰：『此處喧

〔一〕西，原訛「四」，據《蓼花洲閒録》改。

鬧，何也？』馬曰：『大名府侯郎中失其父，揭榜求之。』曰：『父年幾何？』曰：『七十矣。』瞽者曰：『我昨到某處，有買卦者侯先生，恰七十歲。』馬收榜懷之，入白縣宰，報棲筠。時侯老已更娶一村媪，即并媪迎歸。原注云：出《夷堅志》。」按：此皆宋時軌革之術。偶録此，以見其大略。

張乘槎拆字

明鎦績《霏雪録》云：「近世拆字言吉凶者，莫如張乘槎，按字畫成卦，即云云，不爲鉤距。洪武初，參知政事劉公某、王公某蒞浙江日，改拱北樓爲來遠。榜揭，槎往視之，曰：『三日内主哀喪之事。』如期，王公母病卒，劉公以歷日紙邊坐法。王公問故，槎曰：『來者喪字形，遠者哀字形也。旁之二點相續者，淚點也。』公命槎易之，乃改爲鎮海樓。槎姓張氏，名某，字德元，乘槎其自號云。」按：拆字之術，人知宋有謝石，見何薳《春渚紀聞》；至明之張乘槎，知者鮮矣。

巫者之法

明李日華《六硯齋二筆》云：「白海瓊曰：巫者之法始於婆坦王，傳之盤古王，再傳於阿修羅王，復傳於維陀始王、長沙王、頭陀王、閭仙原注云：山在閭州。九郎、蒙山七郎、横山十郎、趙侯三郎、張趙二郎，此後不知其幾。昔者巫人之法有曰『盤古法』者，又有曰『靈山法』者，復有『閭仙法』者，其實一巫法也。」

又《三筆》云：「夏英公竦在洪州，革去師巫一千九百餘户，勒令改業歸農，所有首納祆妄神象、符録、神衫、神仗、魂巾、魂帽、鐘角、刀笏、紗羅等一萬一千餘事，悉令焚毁。夏雖憸狹，然亦幹濟能品也。」

醫藏

國朝朱彝尊《静志居詩話》云：「殷仲春字方叔，秀水人。慕王績爲人，亦自號東皋子。以醫爲業，得錢即入市買斷爛書讀之。念浮屠道士之撰述，皆編入藏。乃盡收醫書，號爲醫藏，岐黄家以爲總龜焉。」

鄭山、王林、劉泉、夏石

國朝顧震濤《吴門表隱》云：「吉由巷内古石甚峻，明名醫鄭欽諭字三山所築，世有醫名，謂之假山，鄭子青山至玄孫開山尚居之。至今吴中醫家有鄭山、王林、劉泉、夏石之目，後裔表字必同下一字。」按：今皆無聞矣。

張仲景治老猿病

明李日華《六硯齋二筆》云：「張仲景入桐柏山采藥，遇一病者求治。仲景診之，云：『子腕有獸脈，何也？』其人曰：『我嶧山穴中老猿也。』仲景出囊中藥畀之，輒愈。明日，其人肩一巨木至，曰：『此萬年古桐也，聊以爲報。』仲景斲爲二琴，一曰『古猿』，一曰『萬年』。」

蘇易

晉干寶《搜神記》云：「蘇易者，廬陵婦人，善看産。夜忽爲虎所取，行六七里，至大壙，見有牝虎當産，不得解。易爲探出之，有三子。生畢，負易還。」按：此即今所謂「收生婆」也，古謂之「乳醫」。乃俗語又有「看産」之名，且此婦竟以善看産傳名，宜表出之。

騙馬丹

宋程大昌《演繁露續集》云：「嘗見藥肆鬻脚藥者，榜曰騙馬丹。檢字書，其音爲匹轉，且曰：躍而上馬。《通典》曰『武舉制土木馬於里閭間，教人習騙』。」按：《玉篇·馬部》：「騙，匹扇切，上馬也。」《廣韵》三十三《線》作「騗」云：「躍上馬，匹戰切。」此義今知者鮮，但知有「欺騙」之俗語，而「騙馬丹」之名市中亦無聞矣。

返魂香

明李日華《六硯齋二筆》云：「蘇德哥善合返魂香，但殂經八十一年以上者不可返。」按：此則世閒真有返魂香邪？

校牛黄清心丸方

《癸辛襍識》云：「和劑局方差舛亦不少，且以牛黄清心丸言之，用藥二十九味，寒熱訛襍。一名醫云：此方止是前八味至蒲黄而止，自乾山藥以後凡二十一味乃補虚，名中山芋丸，當時訛寫在此方之後。」此説余既載之《叢鈔》二十一矣。今得和劑局方，乃以兩方細校之，牛黄清心圓在第一卷中，共藥二十九味；大山蕷圓在第五卷中，共藥二十味。今並録之，凡牛黄丸方之藥與山蕷丸方同者共十九味，尚少熟乾地黄一味，而牛黄丸方除此十九味，尚存十味，與《癸辛襍識》所言止八味者又多其二。然其兩方差舛之迹則居然可見也，當與精醫者審之。

牛黄清心圓方

牛黄　麝香　羚羊角　龍腦　當歸同　防風同　黄芩　白朮同　麥門冬同　白芍藥同　柴胡同　白茯苓同　桔梗同　杏仁同　芎藭同　肉桂同　阿膠同　大豆卷同　蒲黄　神麯　人參同　雄黄　甘草同　白斂同　乾薑同　犀角　金箔　大棗同　乾山藥同

大山蕷圓方

山蕷　甘草　芎藭　杏仁　麥門冬　防風　白芍藥　白朮　白茯苓　柴胡　桔梗　熟乾地黄　當歸　大豆黄卷　肉桂　阿膠　人參　白斂　乾薑　大棗

醫死馬

宋何薳《春渚紀聞》云：「有名士爲泗倅，卧病既久。其子不慧。郡有大醫生楊介自都下還，衆令其子謁之。介曰：『聞尊君服藥更數醫矣，豈小人能盡其藝邪？』其子曰：『大人疾勢雖淹久，幸左右一顧，且作死馬醫也。』聞者絶倒。」按：今世有此俗語，據此則宋世已有之也。

赤口

宋儲泳《祛疑説》云：「赤口，小煞耳，人或忤之，率多鬭訟。然用之亦活法，不可以此小害遽廢良日。如赤口值寅巳酉戌則不可用，餘皆無害，葢四位所屬，皆能以口傷物，其煞乃行，他位值之，不必盡避。」按：以此説推之，子日屬鼠，鼠口亦能傷物，似亦在所宜避也。

今俗有推赤口之法，以中間三指，上下六位，先排十二月，從第一指下位，起正月，排至本月，即從其位。起初一日，排至第三指上位，即爲赤口。正月則初四、初十、十六、二十二、二十八也，餘可例推。未知古法然否。

宋代善弈人

國朝錢曾《讀書敏求記》云：「丁卯秋，有人持宋刻《棋譜》示予，題爲『前御書院棋待詔賜緋李逸民重編』。逸民云：『我朝善弈顯名天下者，昔年待詔老劉宗，今日劉仲甫、楊中隱，以至王琬、孫佺、郭範、李百祥輩。』予從《春渚紀聞》中記得劉仲甫名，其餘微此譜皆湮没無傳矣。」

又云：「宋太宗作變棋三勢，一曰獨飛天鵝勢，二曰對面千里勢，三曰大海取明珠勢。今不知尚存人間否。此譜中列孫策詔吕範、晉武帝詔王武子、唐明皇詔鄭觀音弈棋三局，千載而下，得憑譜覆按之，何其幸歟？」按：「鄭觀音」亦必一善弈人。

又云：「古棋圖之法，以平上去入分四隅爲記，交錯難辨。徐鉉改十九路爲字，一天、二地、三人、四時、五行、六官、七千、八方、九州、十日、十一冬、十二月、十三閏、十四雉、十五望、十六相、十七笙、十八松、十九容，以易古圖之法，甚爲簡便。」按：此十九字不知何意。余不解棋，無以言之，不識今世棋師尚知有此否。

竹漆銅窑

明張岱《夢憶》云：「竹與漆與銅與窑，賤工也。嘉興臘竹王二之漆竹，蘇州姜華雨之莓箓竹，嘉興洪漆之漆、張銅之銅，徽州吴明官之窑，皆以名家起家，其人且與縉紳先生列坐抗禮焉。則天下何物不足以貴人？人自賤之耳。」按：此諸家今鮮知者，嘉興銅器，人尚重之。

吕老煅硯

宋何薳《春渚紀聞》云：「高平吕老遇異人傳燒金訣，煅出視之，瓦礫也；有教之爲硯者，硯成，堅潤宜墨，光溢如漆。每硯首必有一白書『吕』字爲誌。吕老死，湯陰人盜其名，爲之甚衆。持至京師，每硯不滿百錢之值。至吕老所遺，有以十萬錢購一硯不可得者。硯出於陶，而以金鐵物劃之不入爲真。」

又云：「悟靖處士王衷天誘所藏澄泥硯，扣之鏗然有聲，以金鐵劃之，了無痕釁。或疑是澤州吕老所作，而硯首無『吕』字。天誘云米元章見之，名『孫真人硯』。」

筆匠鐵頭

宋錢易《南部新書》云：「開元中，筆匠者名鐵頭，能瑩竹如玉人，莫傳其法也。」

吴興筆工

國朝汪曰楨《湖雅》云：「前代筆工著名者，元之馮應科、陸文寶外，又有楊均顯，明有施文用、王用古，並見《吴興備志》。國朝有曹覲王、沈集元，亦著名。」《湖雅》又引《湖録》云：「吴匏庵《題解學士筆舫銘》略云：吴興張文寶在國初業擅製筆，因名其船曰筆舫。當時士大夫多爲詩文遺之，而學士解公特爲作銘。」按：此則知元有陸文寶，明有張文寶，皆吾郡之著名筆工也。所謂「筆舫」者，殆即今筆客之船邪？

孫枝發家筆

國朝沈初《西清筆記》云：「除夕前一兩日，御書『福』字賞王公大臣。筆工孽稷作大筆，今無能者。上所用筆猶是康熙閒孫枝發家所造也。」按：孫枝發必是國初製筆名工，宜表出之。

夏白眼刻物

明高濂《尊生八箋》云：「明宣德間，夏白眼所刻諸物，若烏欖核上雕有十六哇哇，眉目喜怒畢具。」

吴興山匠

宋周密《癸辛襍識》云：「前世疊石爲山，未見顯著者。至宣和艮岳，始興大役，然工人特出於吴興，謂之山匠。」

按：余曲園中疊石爲小山，其工鈕姓，亦吴興人，殆宋時山匠之苗裔邪？

内家拳傳受源流

國朝黄宗羲《南雷文定·王征南墓志銘》云：「少林以拳勇名天下，然主於搏人，人亦得以乘之。有所謂内家者，以静制動，犯者應手即仆，故别少林爲外家，蓋起於宋之張三峯。三峯爲武當丹士，徽宗召之。道梗不得進，夜夢玄帝授之拳法。厥明，以單丁殺賊百餘。三峯之術，百年以後流傳於陝西，而王宗爲最著。温州陳州同從王宗受之，由是流傳於温州。嘉靖間，張松溪爲最著，松溪之徒三四人。而四明葉繼美近泉爲之魁，由是流傳於四明。四明得近泉之傳者，吴崑山、周雲泉、單思南、陈貞石、孫繼槎。崑山傳李天目、徐岱岳，天目傳余波仲、吴七郎、陳茂宏；雲泉傳盧紹岐；貞石傳董扶輿、夏枝溪；繼槎傳柴元明、姚石門、僧耳、僧尾；思南之傳，則爲王征南。征南名來咸，征南其字也。」

按：餘姚黄百家著《内家拳法》一卷，自言學於王征南，又云：「先生之術，所授者惟余。余既負先生之知，則此術爲《廣陵散》矣，故備著其委屑。後有好事者，可因是而得之。」然則征南之後有黄百家，而黄百家之後則無傳矣。

又按：武當丹士張三峯，未知與《明史·方伎傳》之張三丰爲一爲二。

十八般武藝

國朝褚人穫《堅瓠集》云：「《馬氏日鈔》載嘉靖己巳邊廷多事，官司招募勇敢。山西李通行教京師，應募爲第一，其武藝十八事皆能，一弓、二弩、三鎗、四刀、五劍、六矛、七盾、八斧、九鉞、十戟、十一鞭、十二簡、十三撾、十四殳、十五叉、十六爬頭、十七綿繩套索、十八白打。」

十三隻做式圖

國朝劉獻廷《廣陽襍記》云：「新安潘今伊著《大易圖式》一册，又《十三隻做式圖》一册。其圖以一平方面截爲十三塊，或長方，或半方，或鋭角，或鈍角，展轉挪移，互相輧湊，或爲圭形，或爲磬形，或爲屋宇形，或爲橋梁形，或爲飛燕形，或爲舞蝶形。此宇宙之殊形異相，總不出其範圍矣。」按：今人戲具中有曰「七巧牌」者，疑出於此。

茶香室三鈔卷二十二

舜至周時樂器之數

唐段安節《樂府襍録》云：「舜時調八音，用金、石、絲、竹、匏、土、革、木，計用八百般樂器。至周時改用宫、商、角、徵、羽，用製五音，減樂器至五百般。」按：此未知出何書。

九絃琴

宋釋文瑩《湘山野録》云：「太宗作九絃琴、七絃阮。嘗聞其琴，葢以宫絃加廿絲，號爲大武；宫絃減廿絲，號爲小武。其大絃下宫徽之一徽定其聲，小絃上宫徽之一徽定其聲。文瑩京師徧詢琴阮待詔，皆云七絃阮、九絃琴藏祕府，不得見。」按：九絃琴，余已記於《叢鈔》十八，而此尤詳。且彼云太祖作，此云太宗作，疑亦此爲得之。

宋葉夢得《避暑録話》云：「前輩嘗記太宗命待詔蔡裔增琴阮絃各二，皆以爲然，獨朱文濟執不可。帝怒，屢折辱之。樂成，以示文濟，終不肯弹。二樂後竟廢不行。」

伽陀羅琴

宋沈括《夢溪筆談》云：「吴僧智和有一琴，腹有李陽冰篆數十字，其略云：南溟島上得一木，名伽陀羅，紋如銀屑，其堅如石，命工斵爲此琴。琴材欲輕鬆脃滑，謂之四善。木堅如石，可以製琴，亦所未喻。」

七十二絃琵琶

明李日華《六硯齋筆記》云：「元將郭侃征乞石迷部，獲其樂器，有七十二絃琵琶。」

《胡笳十八拍》

《太平廣記》神仙門引《續仙傳》云：「劉商，彭城人。少好學强記，精思攻文。有《胡笳十八拍》盛行於世，兒童婦女咸誦之。」按：今世止知蔡文姬《胡笳十八拍》，不知有此。

羯鼓遺曲

宋沈括《夢溪筆談》云：「唐羯鼓曲，今惟有邠州一父老能之，有《大合蟬》《滴滴泉》之曲。涇原承受公事楊元孫因奏事還，有旨令召此人赴闕。元孫至邠，而此人已死，羯鼓遺音遂絶。唐明帝與李龜年論羯鼓云『杖之弊者四櫃』，用力如此，其爲藝可知也。」

《不博金》《不换玉》

宋釋文瑩《續湘山野録》云：「太宗酷愛宫調中十小調，乃隋賀若弼所撰。其聲與意及用指取聲之法，古今無能加者。十調者，一曰《不博金》，二曰《不換玉》，三曰《夾泛》，四曰《越溪吟》，五曰《越江吟》，六曰《孤猿吟》，七曰《清夜吟》，八曰《葉下聞蟬》，九曰《三清》。外一調最優古，忘其名，琴家袛命曰《賀若》。太宗謂《不博金》《不換玉》二名頗俗，改《不博金》爲《楚澤涵秋》、《不換玉》爲《塞門積雪》。」按：東坡有「琴裏若能知《賀若》」之句。「賀若」之名世多知之，其餘九名及太宗所改二名，知者少矣。

《野録》又云：「太宗命近臣各探一調，撰一辭。蘇翰林易簡探得《越江吟》，曰：『神仙神仙瑶池宴。片片。碧桃零落春風晚。翠雲開處，隱隱金轝挽。玉麟背冷清風遠。』」按：今萬紅友《詞律》載蘇易簡《越江吟》，乃是雙調，四十九字，與此不同。杜筱舫觀察撰《詞律校勘記》，據《花草粹編》校正其誤，然亦未知《野録》中有此詞也。

李仙鶴

唐段安節《樂府襍録》云：「俳優，開元中有李仙鶴善此戲，明皇特授韶州同正參軍，以食其禄。」按：「弄參軍」之名疑即由此始。

崑腔

國朝朱彝尊《静志居詩話》云：「梁辰魚字伯龍，崑山人，雅擅詞曲。時邑人魏良輔能喉囀音聲，始變弋陽、海鹽故調爲崑腔，伯龍填《浣紗記》付之。同時又有陸九疇、鄭思笠、包郎郎、戴梅川輩，更唱迭和，流播人閒，今已百年。傳奇家曲别本，弋陽子弟可以改調歌之，惟《浣紗》不能。」

海鹽腔

國朝王士禛《香祖筆記》云：「海鹽少年多善歌，葢出於澉川楊氏。其先人康惠公梓與貫雲石交善，得其樂府之傳，今襍劇中《豫讓吞炭》《霍光鬼諫》《敬德不伏老》皆康惠自製。家僮千指，皆善南北歌調，海鹽遂以善歌名浙西。今世俗所謂『海鹽腔』者實發于貫酸齋，源流遠矣。」

彭天錫串戲

明張岱《夢憶》云：「彭天錫串戲妙天下，多扮丑淨，千古之姦雄佞幸，經天錫之心肝而愈很，借天錫之面目而愈刁，出天錫之口角而愈險，恐紂之惡不如是之甚也。蓋天錫一肚皮書史、一肚皮山川、一肚皮機械、一肚皮磥砢不平之氣無地發洩，於是發洩之耳。」按：此則彭天錫串戲與柳敬亭説書爲同時絶技，而今人知有柳不知有彭也。

朱楚生女戲

明張岱《夢憶》云：「朱楚生，女戲耳，其科套之妙，有本腔不能得十分一者。蓋四明姚益城先生精音律，嘗與楚生輩講究關節，妙入情理，如《江天暮雪》《霄光劍》《畫中人》等戲，崑山老教師不能加其豪末。楚生色不甚美，雖絶世佳人，無其丰韵。」按：一女優而得附名流翰墨以傳，亦幸矣。

内廷戲劇

國朝禮親王昭槤《嘯亭續録》云：「乾隆初，命張文敏製諸院本，以備樂部演習。凡各節皆奏演其時典故，如屈子競渡、子安題閣諸事，謂之《月令承應》。其於萬壽令節前後，奏演羣仙神道、添籌錫禧以及黄童白叟、含哺鼓腹者，謂之《法宫雅奏》。其於内廷諸慶事，奏演祥徵、瑞應者，謂之《九九大慶》。又演目連尊者救母事，析爲十本，謂之《勸善金科》，於歲暮奏之，以其鬼魅襍出，以代古人儺祓之意。演唐玄奘西域取經事，謂之《昇平寶筏》，於上元前後日奏之。其曲皆文敏親製，詞藻奇麗。其後又命莊恪親王譜蜀漢《三國志》典故，謂之《鼎峙春秋》。又譜宋政和閒梁山諸盜及宋金交兵、徽欽北狩諸事，謂之《忠義璇圖》。其詞皆出日華游客之手，惟能敷衍成章，又襲元明《水滸義俠》《西川圖》諸院本曲文，遠不逮文敏矣。」

京師戲館

國朝戴璐《藤陰襍記》引《亞谷叢書》云：「京師戲館，惟太平園、四宜園最久，名亦佳；查家樓、月明樓其次；比年如方壺齋、蓬萊軒、昇平軒最著。今諸園俱廢，查樓僅存木榜。惟方壺齋屢易新名，人尚稱爲方壺齋，城西僅此一館，春初尚盛，在永光寺西街。」

吴長元《宸垣紀略》云：「查樓在肉市，明巨室查氏所建。戲樓巷口有小木坊書『查樓』字。乾隆庚子燬於火，重建。」

擊壤

明劉侗《帝京景物略》云：「小兒以木二寸，製如棗核，置地而棒之，一擊令起，隨一擊令遠，以近爲負，曰『打拔拔』，古所謂擊壤者耶？」

按：《困學紀聞》引周處《風土記》：「擊壤，以木爲之，前廣後鋭，長尺三寸，其形如履。先側一壤於地，遥於三四十步以手中壤擊之，中者爲上。」按：此則小兒打拔拔真古「擊壤」之遺意矣。

擊甌

元人《事物紀原》云：「擊甌蓋擊缶之遺事也。唐大中初，郭道源善之，用越甌、邢甌十二旋加減水，以筯擊之，其音妙於方響。昔人於此記其法，疑其自道源始也。」

按：此條本唐段安節《樂府褋録》。《褋録》云：「武宗朝郭道源亦善擊甌。」味「亦」之一字，則疑此技不始於道源矣。

又按：余所見《樂府褋録》乃明陸氏《説海》本也。此條本言擊甌，而題以「方響」二字，疑其上條言方響而逸其文，遂以「方響」二字綴此文之前，而本題「擊甌」二字則轉失去也。今據《事物紀原》有《方響》一條云：「《通典》曰：『梁有銅磬，則今方響也。方響以鐵爲之，以代磬。』《唐書·禮樂志》云：『方響體以應石。』審此，則是出於編磬之制，而梁始爲之者也。」此數語可補《樂府褋録》之闕。

國朝李斗《揚州畫舫録》云：「鄭玉，本儀徵人，近居黄玨橋。善大小諸曲，嘗以兩象箸敲瓦楪作聲，能與琴、箏、簫、笛相和，時作絡緯聲、夜雨聲、落葉聲，滿耳蕭蕭，令人惘然。」按：擊甌久已失傳，此人絶技則與之暗合。

擊楡

蜀何光遠《鑒戒録》云：「前蜀馮大夫涓恃其學富，所爲輕薄。王太祖問擊楡之戲剏自誰人，大夫對曰：『丘八所置。』上大笑。」按：「擊楡」未知何戲，「丘八」似隱「兵」字，今俗猶有此言。

匾骰子

宋陸游《老學庵筆記》云：「佛殿西廡有一堂，羣蠻聚博其上。骰子亦以骨爲之，長寸餘而匾，狀若牌子。折竹爲籌，以記勝負。」按：放翁記此乃敘州所見，羣蠻謂徼外蠻峒中人也。骰子以骨爲之，長寸餘而匾，則疑即今骨牌之權輿。

櫼

宋程大昌《演繁露》云：「博之流爲樗蒱，古惟斲木爲子，後世轉而用石、用玉、用象、用骨，故《列子》謂之投瓊，律文謂之出玖。《御覽》載繁欽《威儀篇》曰：『其有退朝偃息，閒居操櫼，弄棊文，局樗蒱，言不及義，勝負是圖。』注云：『櫼，瞿營反，博子也。』櫼之讀與瓊同，其字仍從木，知其初制本以木爲質也。」按：《廣韵》十四《清》渠營切有櫼字，注云：「博櫼子，一名投子。」則其字從手不從木。

摷

《玉篇·手部》：「摷，居言切，摴蒱，采名，居言切。槔，上同。」《廣韵》二十二《元》「摷」字注云：「摷子，摴蒱彩。」檢《集韵》《類篇》亦然。按：此字應從梟得聲，不知何以音居言切。然則《招魂篇》「成梟而牟，呼五白些」，杜詩「馮陵大叫呼五白，袒裼不肯成梟盧」，諸「梟」字宜何讀耶?《漢書·高祖紀》注引張晏曰:「梟猶勝也,若六博之梟也。」則其字自應讀梟。

馬弔即戳戲

國朝顧禄《清嘉録》引陳確庵《頑潭詩話》云:「馬弔即戳戲,始明萬曆間,崇禎間尤甚。創於常熟馮猶龍。百老用獻,千生用闖,無何有闖、獻二賊之禍,王石隱有《戳讖謠》。」按:「馬弔」今不行,「戳戲」之名更無知者,聞吾外祖母祝太孺人能爲此戲。

平索看精

唐李肇《國史補》云:「古之飲酒,未有言其法者。國朝麟德中壁州刺史鄧弘慶始刱『平索看精』四字令,至李梢雲而大備。」按:此乃酒令之始,惜不傳其法。觀下文有律令,有頭盤,有拋打,殆亦以投子爲之耶?

以《選官圖》下飯

宋張端義《貴耳集》云：「劉岑字季高，官至侍郎，高宗時爲從臣。未達時貧甚，用《選官圖》爲下飯，飢時以水沃飯，一擲舉一匙。」

增補宣和牌色

明董説《楝花磯隨筆》云：「苕溪臧晉叔增補宣和牌色，其首二葉無點，謂之太素，有短幺、短六而素其半者。」按：「宣和牌色」即所謂「骨牌」也。臧晉叔所增，今皆不行，亦無知者。

競渡起於句踐

宋陳元靚《歲時廣記》云：「《越地傳》云：競渡起於越王句踐，蓋斷髮文身之俗，習水而好戰者也。」按：世人但知競渡之俗爲屈子而起，不知有此説。

燈謎二十四格

國朝顧禄《清嘉録》云：「燈謎有二十四格，曹娥格爲最，次莫如增損格，即離合格。孔北海始作離合體詩，其四言一篇，合魯國孔融文舉六字，餘外復有蘇黄、諧聲、别字、拆字、皓首、雪帽、圍棋、玉帶、粉底、正冠、正履、分心、捲簾、登樓、素心、重門、閒珠、垂柳、錦屏、風滑、頭禪、無底囊諸格，要不及會心格爲最古。」按：二十四格今亦不能詳矣。

兒童打麥

元人《事物紀原》云：「《唐書》武元衡之將遇害也，京師童謡曰：『打麥三三三。』今俗兒戲有打麥鼓掌，作打麥聲，後必三拍之，抑緣此也。」按：此戲今尚有之，但以兩人相對互擊掌，作聲曰拍麥，與此所説稍殊。

《燕几圖》

宋黄伯思《燕几圖》一卷：「几長七尺者二，長五尺二寸五分者二，長三尺五寸者二，皆廣一尺七寸五分，高二尺八寸，縱横錯綜而列之，爲二十體，變爲四十名，謂之骰子桌，取其六數也。後增一几，易名七星，衍爲二十五體，變爲六十八名。」按：此書舊題黄伯思撰，《四庫全書》存目，疑其依託，然亦明以前舊籍也。明人嚴澂又因《燕几圖》而變通之，以句股之形作三角相錯，形如蝶翅，名曰蝶几。今俗傳戲具有曰七巧牌者，疑出於此。好事者或倣七巧牌式製以爲桌，則適還其初矣。

茶香室三鈔卷二十三

荆劉拜殺

國朝朱彝尊《静志居詩話》云：「識曲者目『荆劉拜殺』爲元四大家。《殺狗記》乃仲由徐畛字仲由所撰也，其言曰：『吾詩文未足品藻，惟傳奇詞曲不多讓古人。』」按：「荆劉拜殺」之名，今人罕知。「荆」謂《荆釵記》，「拜」爲《拜月記》，「殺」爲《殺狗記》，「劉」則未詳。國朝黄文暘《曲海》載元襍劇有《劉行首》，楊景賢作，或即是與？

李日華《西厢》

明李日華《紫桃軒襍綴》云：「昔人謂谷永字子雲實作《劇秦美新》，而以累揚雄；宋方士顔洞賓以採戰邪術昵伎女白牡丹，而以累純陽。憶余筮仕江州理官，上官有向余索《西廂記》者，蓋以世行李日華《西廂》本也。余既辨明，付一哂，且幸此公未曾留意醫術，不從余覓《本草》，《本草》亦有日華子注也。」按：此知明代所行《西廂記》皆李日華本，自金聖歎《外書》行，而李本廢矣。

《琵琶記》撰人

國朝朱彝尊《静志居詩話》云：「高明字則誠，瑞安人。顧仲瑛輯元耆舊詩爲《玉山雅集》，中録高則誠作，稱其『長才碩學，爲時名流』，可知則誠不專以詞曲擅美也。蔣仲舒《堯山堂外紀》謂撰《琵琶記》者乃高拭，其字則成，别是一人。涵虚子《曲譜》有高拭而無高明，蔣氏或有所據。」按：《琵琶記》爲高則誠撰，舉世皆知。今觀此，則又有異説矣。

《静志居詩話》又曰：「楊廉夫有《送沙可學序》，其略云：『某官來總行省事，求從事掾之賢能者。首得一人焉，曰沙可學氏；又得一人焉，曰高則誠氏；又得一人焉，曰葛元哲氏。三人者用而浙稱治。』」然則高則誠兼以政事稱矣。

《尋親記》

國朝龔煒《巢林筆談》云：「傳奇《尋親記》所指張員外，非真面目。張係崑山人，本舉人，饒於貲。比鄰有周宦者，怙勢侵之。一巡按與周隙，行縣招告，張首其禁書，斃周于獄。記乃周氏所作也。」

按：乾隆閒奉旨於揚州設局，修改曲劇。其時有總校黃文暘著《曲海》二十卷，内載明人傳奇有《尋親》，本朝傳奇有《續尋親》，作者姓名均無考。

《繡襦記》爲金陵妓院作

國朝朱彝尊《静志居詩話》云：「鄭若庸字中伯，妙擅樂府。嘗填《玉玦》詞以訕院妓，一時白門楊柳無繫馬者。羣伎患之，乃醵金數百行薛生近兖作《繡襦記》以雪之，秦淮花月頓復舊觀。」

按：國朝黄文暘《曲海》則以《玉玦》《繡襦》爲皆鄭若庸作。

袁于令《西樓記》

國朝顧丹《五筆記》云：「袁籜庵于令居因果巷，以妓女穆素徽一事褫革衣衿。順治乙酉，蘇郡紳士投誠者，浼袁作表齎呈，以京官議敘荆州太守，十年不調。監司謂之曰：『聞公署中有三聲：弈碁聲、唱曲聲、骰子聲。』袁答曰：『聞明公署中亦有三聲：天平聲、算盤聲、版子聲。』監司大怒，揭參落職。其著《西樓記》傳奇譏吴江沈同和、趙鳴鳳也。因素徽從同和，鳴鳳爲之撮合，故銜之。西樓在四通橋，穆妓舊居也。沈亦作《望湖亭》傳奇，嘲袁麻子。今《金鎖記》《長生樂》《玉麟符》《瑞玉》等傳奇，皆袁所作。」

按：《小浮梅閒話》略及《西樓記》，今又記此，然於穆素徽一事仍未得其詳也。

《鴛鴦燈傳》

宋陳元靚《歲時廣記》云：「《蕙畝拾英集》：近世有《鴛鴦燈傳》，其大概云：天聖二年元夕，有貴家出遊，停車慈孝寺側。而有一美婦人降車登殿，抽懷間取紅綃帕，裹一香囊，持於香上，默祝久之，出門登車，擲之于地。有張生者美丈夫，貴公子也，因遊偶得之，持歸，見紅帕上有細字書三章，章後細書云：『有情者得此物，如不相忘，願與妾面，請來年上元夜於相籃後相待，車前有鴛鴦燈者是也。』生詠歎久之。翌歲元宵，如所約，果得之，因獲遇乾明寺。婦人乃貴人李公偏室，故皆不詳載其名也。」

《玉蜻蜓》事實

國朝徐承烈《聽雨軒贅紀》云：「紹興南門外漓渚地方有尼庵曰隔塵，老尼若木，其徒孫慧音，年十六七，姿容極麗。城中東武山下朱生綺園，明宰相文懿公賡雲礽也。父靜山，由部曹出爲四川郡守。生未冠游庠，有別業在漓渚，因讀書其中。臨行，見其妻有玉琢雙魚極工，乞而貯於冰絲小囊中，佩之以往。老僕、小童二人侍。別業與尼庵相隔僅百步，生遂與慧音浹洽，夜赴尼庵，踰牆以入，事極慎密。惟小童知其詳，洩之老僕。一夕，生至午不返，老僕潛往察之。若木告以今日門鑰未開，而慧音不知所往，後園牆瓦損落，想已遠颺。僕疑二人偕逃，回告主母，遍索無蹤。十餘年後，若木化去，衆尼或死或去，庵遂廢。生父升滇南觀察，年老致政，至滴渚别業。因至隔塵庵，立券買之，圍以長垣，合别業爲一。後園向有牡丹，牡丹枯，而石臺尚在。公撤去之，石將盡，内藏二屍，面如生，其一即生，其一爲尼。童指而謂公曰：『此慧音也。』腕上小囊玉魚尚存。公唤向日賣庵者嚴詰之，因言：公子與慧音通，人初不知。一日慧音不起，撬門視之，見二人裸身相抱，死於牀。因潛埋於牡丹臺内，而以慧音逃去掩飾之。公備棺葬生於故所，并以慧音附，殉以玉魚。生向有一子，已登賢書，其處龍穴砂水皆合法，故公不别爲覓地也。其子後舉進士，入詞林，莅歷大位，聲稱滿世。今吴中《玉蜻蜓》彈詞託其事於申文定公之父，實本於此。」

《中山狼》小説非因康對山作

國朝朱彝尊《静志居詩話》云：「林俊字待用，謚貞肅，有《見素西征集》。《中山狼》小説乃東田馬中錫所作，今載其集中。世傳以訾獻吉者，數其負德涵也。考之康、李，未嘗隙末。黄才伯有《讀見素栐空同奏疏》詩云：『憐才不是雲莊老，愁殺中山獵後狼。』然則當日所訾乃負見素耳。」按：對山以救空同故，淪棄終身。空同不一援手，故世以爲負友。若貞肅則官至尚書，加太子太保，空同即有所負，亦薄乎云爾。黄才伯一詩恐未足據也，姑録之以廣異聞。國朝黄文暘《曲海》載明人襍劇有《中山狼》一種，注云康海作。此恐假託，今亦未見有此襍劇也。

《牡丹》曲本非爲曇陽子作

國朝朱彝尊《静志居詩話》云：「湯義仍填詞妙絶一時，《牡丹亭》曲本尤極情摯。世或相傳云刺曇陽子而作。然太倉相君實先令家樂演之，且云『吾老年人，近頗爲此曲惆悵』。假令人言可信，相君雖盛德有容，必不反演之於家也。」

《賣油郎》傳奇

明張岱《夢憶》云：「福王南渡，魯王播遷至越，以先父相魯先王，幸舊臣第。是日演《賣油郎》傳奇，内有泥馬渡康王故事，與時事巧合，睿顔大喜。」按：此則知今所行《占花魁》傳奇亦明人舊本也。

袁中郎《觴政》

明沈德符《顧曲雜言》云：「袁中郎《觴政》以《金瓶梅》配《水滸傳》爲外典，原本實少五十三回至五十七回，有陋儒補以入刻。無論膚淺鄙俚，時作吳語，即前後血脈亦絶不貫串，一見即知其贋作矣。聞此爲嘉靖間大名士手筆，指斥時事，如蔡京父子則指分宜，林靈素則指陶仲文，朱勔則指陸炳，其他各有所屬。」按：《金瓶梅》余未之見，《水滸傳》則實無可觀，不知袁中郎何取此書。

國朝王士禛《香祖筆記》云：「兖州陽穀縣西北有冢，俗呼西門冢。有大族潘、吳二氏，自言是西門嫡室吳氏、妾潘氏之族。一日社會演劇，吳之族使演《水滸記》，潘族謂辱其姑，互控於縣。」按：明人小説多有所指。《顧曲雜言》又云：「尚有《玉嬌李》亦出此名士手，與前書各設報應因果。其帝則稱完顏大定，而貴溪、分宜相搆，亦暗寓焉。至嘉靖辛丑庶常諸公，則直書姓名，尤可駭怪。」夫嘉靖庶常諸公尚可直書姓名，則所謂西門慶及吳氏、潘氏，安知不實有其人乎？陽穀縣有此三姓，恐真係其子孫也。

張清風

明鄭仲夔《耳新》云：「周季侯令仁和，有神君之稱。嘗出行，忽怪風起，吹所張蓋，捲落紗帽翅。執蓋人請罪曰：『小人因張清風，遂至冒觸。』周沈思良久，屬能幹捕差二人，令往拘張清風。兩人商曰：『捕風捉影，安有此理？』乃相與登酒樓，樓上有談某疾篤，諸醫無效，一人曰：『若請張青峯去，必有生理。』二差因問張青峯狀，潛往其家。值張遠出，拘其妻至縣。周訊之，婦曰：『渠本非吾夫。吾夫病，請渠調治。渠見妾姿容，投毒致夫死，復謀娶妾。一日渠酒後自吐真情，妾即欲尋死。因念無人伸寃，偷生至此。今遇天臺，寃伸有日。但渠爲某氏延去，須就其處拘之。』周命前差往拘，至，一訊果服。」按：今小説家演包孝肅事，有捕落帽風一事，不知其本此也。

《納書楹曲譜》

國朝李斗《揚州畫舫録》云：「清唱近時以葉廣明唱口爲最，著《納書楹曲譜》，爲世所宗。」

戚氏書樓

國朝顧震濤《吴門表隱》云：「鴛鴦樓在四通橋西，戚氏書樓。」原注云：「小説所云戚子卿者。」按：「戚子卿」未知何人，彈詞中有《戚子卿寫狀》，豈即其人歟？又云：「明名妓穆素徽亦居之，故名穆鴛鴦樓。穆名美，居秀野堂側。」

紅繡鞋

國朝禮親王《嘯亭續録》云：「圖文襄公掌刑曹時，燬明代鎮撫司酷刑，如吕公縧、紅繡鞋諸虐具，以免後人效法。」按：今小説有所謂《紅繡鞋》者，鑄鐵爲鞋，燒紅使人著之，明代乃真有此刑邪？

委順子説書

明李日華《紫桃軒又綴》云：「宋王防禦號委順子，方萬里挽之曰：『温飽逍遥八十餘，稗官原是漢《虞初》。世閒怪事皆能説，天卜鴻儒有不如。聳動九重三寸舌，貫穿千古五車書。《哀江南賦》箋成傳，從此韋編鎖蠹魚。』蓋防禦以説書供奉得官，既老，築委順堂以居，士大夫樂與往還。」按：此公伎倆當在明代柳敬亭之上，而人罕知者，亦竟不傳其名也。

《静志居詩話》又云：「祁承㸁字爾光，紹興山陰人，江西右參政。富於藏書，元明來傳奇多至八百餘部，而葉兒樂府散套不與焉，予猶及見之。」按：此可見元明傳奇之多，今十不存一矣。

余門下士王夢薇云：「平話一流已見宋人小説中，而此技獨盛行於蘇，所説如《水滸》《西游記》《鐵冠圖》之類曰大書，《玉蜻蜓》《珍珠塔》《三笑》《白蛇傳》之類曰小書。同治閒最著名者小書有馬如飛，大書有姚士章，皆名震一時。馬少讀書，應童子試，所唱開篇皆其自製，即取當時見聞編作韻語，以寓勸戒。其調本稱俞調，因先時有俞姓者剏此。及馬出，則合郡通行馬調矣。」說詳其所著《南浦行雲録》。

熊保保

宋吴自牧《夢粱録》云：「昨汴京有孔三傳編成傳奇靈怪，入曲說唱。今杭城有女流熊保保及後輩女童，皆效此說唱。」

臧晉叔評論詞曲

國朝朱彝尊《静志居詩話》云：「臧懋循字晉叔，長興人，萬曆庚辰進士。何元朗、臧晉叔皆精曲律。元朗評施君美《幽閨》出高則誠《琵琶》之上，王元美目爲好奇之過。晉叔謂《琵琶》梁州序、念奴嬌序二曲不類則誠口吻，是後人竄入；元美不以爲然，津津稱詡不置。晉叔笑曰：「『是惡知所謂《幽閨》者哉！』嘗從黄州劉延伯借元人襍劇二百五十種，又購得楊廉夫《仙游》《夢游》《俠游》《冥游》彈詞，悉鏤版以行。序言：『鄭若庸《玉玦》、張伯起《紅拂》等記用類書爲傳奇，屠長卿《曇花》道白終折無一曲，梁伯龍《浣紗》、梅禹金《玉合》道白終本無一散語，均非是。』且言：『汪伯玉南曲失之靡，徐文長北曲失之鄙，惟湯義仍庶幾近之，而失之疏。』其持論斷斷不爽。」按：此等議論皆今人所不知，即楊廉夫《四游》彈詞亦絶響矣。

稗官誣妄

國朝禮親王昭槤《嘯亭襍録》云：「委巷瑣談雖不足辨，然使村夫野婦聞之，顛倒黑白。近有《承運傳》載朱棣纂逆事，乃以鐵、景二公爲奸佞；又有《正統傳》以于忠肅爲元惡大憝；又本朝《佛撫院》盲詞以李文襄公之芳爲奸臣，包庇其弟，此皆使人豎髮。」按：此等書今皆不傳，《佛撫院》盲詞更不知何書也。

又云：「近有《盛世鴻圖》襍劇，演曹彬南征故事，謂南唐有妖道，能使藥迷宋將自相殘殺。語雖怪誕，《北史》魏冀州沙門法慶『合狂藥令人服之，父子兄弟不復相識，以殺害爲事』，是亦有所託也。」按：《盛世鴻圖》褋劇，今未之見。

宋江等畫像

明張岱《夢憶》云：「古貌、古服，章侯自寫其所學耳，而輒呼之曰宋江、曰吴用，而宋江、吴用亦無不應者，以英雄忠義之氣積于楮墨閒也。周孔嘉匃余促章侯，孔嘉匃之，余促之，凡四閱月而成。余爲作緣起云：『余友章侯，才足掞天，筆能泣鬼，畫《水滸》四十人，爲孔嘉八口計，遂使宋江兄弟復覩漢官威儀。伯益考著《山海》遺經，獸毨鳥氄皆拾爲千古奇文；吴道子畫地獄變相，青面獠牙盡化作一團清氣云云。』」按：近時有畫宋江等像用西法照印以牟利者，不謂亦有此故事也。「伯益」非「伯益考」，陶庵文誤。

大禹治水小説

國朝徐承烈《燕居續語》云：「沈滕友先生名嘉然，山陰人，以能書名，後入江南大憲幕中。

嘗陋《封神傳》小説俚陋，因别刱一編。以大禹治水爲主，按《禹貢》所歷，而用《山海經》敷衍之，參之以《真仙》《通鑑》《古嶽瀆經》諸書，敘禹疏鑿徧九州，至一處，則有一處之山妖水怪爲梗。上帝命雲華夫人授禹金書玉簡，號召百神平治之，如庚辰、童律、巨靈、狂章、虞余、黄麾、太翳皆神將，而爲所使者也。至急難不可解之處，則夫人親降，或别求法力最鉅者救護之。邪物誅夷鎮壓不可勝數，如刑天、帝江、無支祈之類是也。功成之後，其佐理及歸命者皆封爲某山某水之神。卷分六十目，則一百二十回。曹公楝亭寅欲爲梓行，滕友以事涉神怪，力辭焉。後自揚返越，覆舟于吴江，此書竟沈于水。滕友亦感寒疾，歸而卒。書無副本，惜哉！」

茶香室三鈔卷二十四

四并堂

宋葉夢得《避暑録話》云：「謝康樂云：『良辰美景，賞心樂事，四者難并。』天下詠之，以爲口實。韓魏公在北門，作四并堂。」

善養堂

宋徐度《却掃編》：「韓魏公喜營造，所臨之郡必有改作，皆宏壯雄深，稱其度量。在大名，於正寢之後稍西爲堂五楹，尤大，其間洞然不爲房室，號善養堂，蓋其平日宴息之地也。」按：

人知韓魏公有晝錦堂，而不知有榮歸堂，余已記之於《續鈔》卷二矣。至善養堂，更無知者。然彼皆在故鄉，此則在官也。

温公獨樂園最小

宋李格非《洛陽名園記》云：「司馬温公獨樂園卑小，不可與他園班。其曰讀書堂者數十椽屋，澆花亭者益小，弄水種竹軒尤小，曰見山臺者高不過尋丈。所以爲人欣慕者，不在園耳。」

嵁嵁園

國朝劉獻廷《廣陽襍記》云：「南都各部皆有花園，獨禮部無之，後孔玉衡貞毓爲宗伯時亦建園，先名瀛洲會，後題其名曰『嵁嵁』。此二字不知何來，作何解。」按：《漢書·郊祀志》「羣生嵁嵁」，師古曰：「嵁嵁，豐厚之貌。」

百窗樓

國朝顧震濤《吴門表隱》云：「百窗樓在高師巷，明文待詔徵明建，四面皆窗。」

百客堂

國朝龔煒《巢林筆談》云：「今人以屋宇不掃除、不整頓或任人出入，謂之百客堂。昔沈啟南名盛客衆，嘗造百客堂。百客堂之稱，俗失其義矣。」

吴興園圃

宋周密《癸辛襍識》云：「吴興山水清遠，多園池之勝。倪文節《經鉏堂襍志》常紀當時園圃，余不及盡見，而所見亦有出於文節之後。今列於後，亦可想像昨夢也：南沈尚書園，北沈尚書園，章參政嘉林園，牟端明園，趙府北園，丁氏園，蓮花莊，昔爲莫氏，今爲趙氏。趙氏菊坡園，程氏園，丁氏西園，倪氏園，趙氏南園，葉氏園，李氏南園，王氏園，趙氏園，趙氏清華園，俞氏園，趙氏瑶阜，趙氏蘭澤園，趙氏繡谷園，趙氏小隱園，趙氏蜃洞，趙氏蘇灣園，畢氏園，倪氏玉湖園，章氏水竹塢，韓氏園，葉氏石林、黄龍洞、玲瓏山、賽玲珑，劉氏園，錢氏園，程氏園，孟氏園。」

按：諸園中皆載大畧，今不録。其中藏書者，惟南沈尚書園乃沈德和尚書園，有藏書室，倪氏玉湖園乃倪文節别墅，有藏書樓，餘園不聞有是。

俞園假山

宋周密《癸辛襍識》云：「俞氏園，俞子清侍郎臨湖門所居爲之。俞氏自退翁四世皆未及年告老，各享高壽。晚年有園池之樂，蓋吾鄉衣冠之盛事也。假山之奇，甲於天下。」

又云：「浙右假山，最大者莫如衛清叔吴中之園，一山連亘二十畝，位置四十餘亭，其大可知。然余所見秀拔有趣，莫如俞子清侍郎家爲奇絶。蓋子清胸中有丘壑，又善畫，故能出心匠之巧。峯之大小凡百餘，高者至二三丈，皆不事飣飣。而犀株玉樹，森列旁午，奇奇怪怪，不可名狀，大率如昌黎《南山》詩。乃於衆峯之閒，縈以曲澗，甃以五色小石，旁引清流，激石高下，使之有聲淙淙然，下注大石潭。上蔭巨竹壽藤，蒼寒茂密，不見天日。旁植名藥奇草，薜荔、女蘿、菟絲，花紅葉碧。旁横石作杠，下爲石渠，潭水溢自此出焉。潭中多文龜、斑魚，夜月下照，光景零亂，如窮山絶谷閒也。」

三不得

宋沈括《夢溪筆談》云：「丞相陳秀公治第於潤州，極宏壯，池館緜亘數百步。宅成，公已疾甚，惟肩輿一登西樓而已。人謂之三不得：居不得，修不得，賣不得。」

曹氏書院

宋徐度《卻掃編》云：「五代之亂，無復學校，皇朝受命，亦未暇及。宋城富人曹誠者，獨首捐私錢，建書院城中，前廟後堂，旁列齋舍凡百餘區。既成，邀楚丘戚先生主之。先生名同文，生唐天祐中，歷五代，入本朝，皆不仕，以文學行義爲學者師。及是，四方之士爭趨之。曹氏益復買田市書，以待來者。先生乃制學規，凡課試、講肄、勸督、懲責〔一〕，莫不有法；寧親、歸沐，與親戚往還，莫不有時，而皆曲盡人情，故士尤樂從，書院日以寖盛。事聞京師，詔賜名應天府書院。先生没，門人私謚爲正素先生。其子綸，復以儒學顯。先生之規後傳於時，及建太學，詔取以參定學制，書院即今之國子監也。」按：曹氏此舉可謂盛矣，戚先生亦可爲兩宋儒者之冠。而至今竟無知者，可歎也。

又按：此事與《宋史》所載絶異。《宋史》「戚同文」見《隱逸傳》，云：「將軍趙直厚加禮待，爲築室聚徒，請益之人不遠千里而至。登第者五六十人，宗度、許驤、陳象輿、高象先、郭成範、王礪、滕涉皆踐臺閣。長子維任隨州書記，迎同文就養，卒於漢東，年七十三。好爲詩，有《孟諸集》二十卷。二子維、綸，綸自有傳。大中祥符二年，府民曹誠即同文舊居旁造舍百餘楹，聚書數千卷，延生徒講習甚盛。詔賜額爲本府書院，命綸子奉禮郎舜賓主之。」據史，則同文生前

〔一〕責，《卻掃編》卷上作「賞」。

爲築室聚徒者爲趙直，而曹誠之建書院則在同文身後矣，未詳孰是。

又按：同文本傳「字同文」，而其子綸傳則云「父同文字文約」，亦未知孰是。至《卻掃編》稱「私謚正素先生」，而本傳則云「楊徽之嘗因使至郡，一見相善，嘗云陶隱居號堅白先生，先生純粹質直，以道義自富，遂與其門人追號堅素先生」。余謂既以「陶隱居」相比，則宜爲「貞素先生」。《卻掃編》作「正素」者避諱而改也，史作「堅」則是誤字。陶隱居號「貞白」不號「堅白」，其誤顯然矣。

聚桂文會

國朝朱彝尊《静志居詩話》云：「當元之季，浙西歲有詩社，而濮市濮仲温豐於貲，集一時名士爲聚桂文會，以卷赴者五百人，請楊廉夫評其優劣，於是紀風土者目爲樂郊。」按：「濮市」當即今「濮院」也。

京師會館始明嘉隆間

明劉侗《帝京景物略》云："會館之設於都中，古無有也，始嘉、隆間。蓋都中流寓十土著，四方日至，不可以户編而數凡之也。用建會館，士紳是主。"按：此數語見《稽山會館》條，蓋即浙紹鄉祠，今改爲越中先賢祠者。

宋時店鋪名

宋孟元老《東京夢華録》所載有"曹婆婆肉餅、清風樓酒店、李生菜小兒藥鋪、醜婆婆藥鋪、史家瓠羹、賈家瓠羹、孫好手饅頭、熙熙樓客店"，其名皆可入詩。

宋吴自牧《夢粱録》所載有"貓兒橋魏大刀熟肉、金子巷口陳花脚麪食店、修義坊張古老臙脂鋪、修義坊三不欺藥鋪、太平坊大街東南角鰕鱑眼酒店、沙皮巷口雙葫蘆眼藥鋪"，亦可入詩。

又如「中瓦子前徐茂之家扇子鋪、朝天門裏大石版朱家裱褙鋪、朱家圓子鋪蜜糕鋪、灞橋榜亭側朱家饅頭鋪、周家摺疊扇鋪、陳家畫團扇鋪」，在當時亦必卓然有名者也。又有「朱骷髏茶坊、一窟鬼茶坊」，不知茶坊何取此名，使今爲之，必無人顧問矣。

宋酒價

宋孟元老《東京夢華録》云：「朱雀街西過橋，謂之麯院街，街南則遇仙正店，前有樓子，後有臺，都人謂之臺上。此一店最是酒店上户，銀瓶酒七十二文一角，羊羔酒八十一文一角。」又云：「酒梢桶如長水桶，面安靨口，每梢三斗許，一貫五百文。」然則是五百文一斗也。

宋時酒店中名目

宋孟元老《東京夢華録》云：「量酒博士至店中，小兒子皆通謂之大伯。更有街坊婦人，腰繫青花布手巾，綰危髻，爲酒客换湯斟酒，俗謂之焌糟。更有百姓入酒肆，見子弟少年輩飲酒，小心供過，使令買物、命妓、取送錢物之類，謂之閑漢。又有向前換湯斟酒歌唱，或獻果子香藥，客散得錢，謂之厮波。又有下等妓女，不呼自來，筵前歌唱，臨時以些小錢物贈之而去，謂之劄客，亦謂之打酒坐。又有買藥，或果實蘿蔔之類，不問酒客買與不買，散與坐客，然後得錢，謂之撒暫。」

孫四皓家

宋龐元英《文昌襍録》云：「禮部王員外言：昔於孫四皓家得七寶簾數尺，皆以七寶縱横編綴，工巧不可名言。」又附記云：「右屯衛將軍孫守彬家富於財，置酒模於明德坊，常有四老人飲其上，俗有四皓之名。」按：「酒模」字未詳，疑當作「酒樓」。

歡門

宋孟元老《東京夢華録》云：「凡京師酒店，門首皆縛綵樓歡門。」

宋吴自牧《夢粱録》云："諸酒肆結綵歡門，遊人隨處品嘗，追歡買笑。"又云："中瓦子前武林園，向是三元樓康沈家在此開酒店，門首綵畫歡門，設紅緑杈子，緋綵簾幙，貼金紅紗梔子燈。"又云："酒肆門首排設杈子及梔子燈，葢因五代時郭高祖遊幸汴京，茶樓酒肆俱如此裝飾，故至今店家倣傚成俗也。"

店鋪賣茶

唐封演《封氏聞見記》云："開元中，泰山靈巖寺有降魔師大興禪教，務於不寐，又不夕食，皆許其飲茶。從此轉相倣效，遂成風俗。自鄒、鲁、滄、棣以至京邑，城市多開店鋪，煎茶賣之，不問道俗，投錢取飲。"按：此知唐世已有茶店矣。

蘇州賣藥朱家

宋陳元靚《歲時廣記》云："《歲時襍記》：燈夕，惟杭、蘇、温華侈尤甚。蘇州賣藥朱家燈燭之盛，號天下第一。以琉璃肖物之形，亦用雲母石及繒楮，品類繁夥，而皆琉璃掩其名焉。」

按：此賣藥朱家必宋時著名之藥肆，今無知者。

西河沿洪家老鋪

國朝韓泰華《無事爲福齋隨筆》云：「自明以來，縉紳齒録俱刻於京師西河沿洪家老鋪，余藏有嘉、隆至康熙朝四十餘册會試齒録，猶是洪氏彙集所印。」按：今則刻字鋪皆聚於琉璃廠，西河沿洪家老鋪久無聞矣。

琉璃廠書肆

國朝李文藻《南澗文集》有《琉璃廠書肆記》云：「琉璃廠因琉璃瓦窯爲名，東西可二里許。

未入廠，東門路北一鋪曰聲遥堂，入門爲嵩□〔一〕堂唐氏，名盛堂李氏，皆路北。又西爲帶草堂鄭氏，同陞閣李氏，皆路南。又西，而路北有宗聖堂曾氏、聖經堂李氏、聚秀堂曾氏，路南有二西堂、文錦堂、文繪堂、寶田堂、京兆堂、榮錦堂、經腴堂，皆李氏，宏文堂鄭氏、英華堂徐氏、文茂堂傅氏、聚星堂曾氏、瑞雲堂周氏。或曰二酉堂自前明即有之，謂之老二酉。又西而南轉沙土園，北口路西有文粹堂金氏。肆賈謝姓，蘇州人，頗深於書。又北轉至正街爲文華堂徐氏，在路南，而橋東之肆盡矣。橋西才七家，先月樓李氏在路南；又西爲寶名堂周氏，在路北；又西爲瑞錦堂，亦周氏，在路南，其地即老韋之舊肆，本名鑑古堂；又西爲焕文堂，亦周氏；又西爲五柳居陶氏，在路北；又西爲延慶堂劉氏，在路北，其肆賈即老韋，前開積古者也。書肆之曉事者惟五柳之陶、文粹之謝及韋也。延慶劉項生大瘤，人呼劉噶噠。又西爲博古堂李氏，在路南。其西爲廠西門，門外無鬻書者。」按：李文藻乾隆閒人，其所記諸肆，今皆易名矣。

〔一〕缺字王冶秋《北京琉璃廠史話》據李文藻《琉璃廠書肆記》手稿補作「秀」。

團

宋吴自牧《夢粱録》云："市肆謂之團行者，蓋因官府回買而立此名。名爲團者，如城西花團、泥路青果團、後市街柑子團、渾水閘鮝團。"按：今"行"之名如舊，而"團"之名無聞矣。

東西鷄兒巷

宋孟元老《東京夢華録》云："土市北去十字街曰鷄兒市，向東曰東鷄兒巷，向西曰西鷄兒巷，皆妓館所居。"

鬼市子

宋孟元老《東京夢華録》云："潘樓東去十字街謂之土市子，又東十字大街，每五更點燈，博易買賣衣服、圖畫、花環、領抹之類，至曉即散，爲之鬼市子。"按：今京師有所謂"黑市"者，殆即宋時「鬼市子」乎？

傭作坊

《太平廣記》道術門引《逸史》云：「茅山陳生休糧服氣，偶至延陵，到傭作坊，求人負擔藥物，卻歸山居。有一夫疥瘡滿身，前拜曰：『去得，去得。』遂令挈囊而從。」按：此則知唐時傭作皆有坊也。

吗果子

元人《事物紀原》云：「嘉祐末，四海方遏密，故市井有吗果子之戲。其本蓋自至和、嘉祐之間吗紫蘇丸，洎樂工杜人經十吗子始也。京師凡賣一物，必有聲韵，其吟哦俱不同。故市人採其聲調，閒以詞章，以爲戲樂，又謂之吟吗。」按：今賣物者必曼聲以衒之，似有音節，蓋自昔然矣。

淨耳

元吾衍《閒居録》云：「宜興周將軍廟，有淨耳者居焉。一夕，夢使者召曰：『將軍命爾明日可來。』寤而思之，必廟神也，遂往。顧神像頗大，燕巢在其耳，遂去之，以巾拭淨，再拜而出。」按：此知古時淨耳亦爲一技，今則併入鬀頭矣。

拍掌

明黄省曾《西洋朝貢典録》古里國下有附記云：「寶船至彼，王遣頭目哲地見正使，擇日論價，將中國錦綺百貨議定，乃書合同價數各存之。頭目哲地與正使衆手拍一掌無悔，哲地始攜珊瑚珍珠寶石來議價，凡算番物若干，該紵絲等物若干，照原打手之貨交易。」按：世俗有以擊掌爲信者，不知乃是番俗也。

又按：今西洋人來中國者，其交易有拍賣之法，或即其遺意。

茶香室三鈔卷二十五

金珠包子

宋王栐《燕翼詒謀録》云：「大中祥符八年二月丁酉，值仁宗皇帝誕生之日，宰臣以下稱賀。宮中出包子，以賜臣下，其中皆金珠也。」

蕎麵燒餅

蜀何光遠《鑒戒録》云：「天復初，車駕走幸石門，絶糧數日。左街沙門懷寶進蕎麵燒餅，奉宣賜紫。」

子推燕子

宋孟元老《東京夢華録》云：「冬至後一百五日爲大寒食，前一日謂之炊熟，用麵造棗錮飛燕，柳條串之，插於門楣，謂之子推燕子。」

果食將軍

宋孟元老《東京夢華録》云：「七月七夕，以油麵糖蜜造爲笑靨兒，謂之果食，花樣奇巧百端。若買一斤，數内有一對被介胄者，如門神之像，蓋自來風流，不知其從，謂之果食將軍。」

原酒之始

明李日華《六硯齋三筆》云：「原酒之始，實本於桑。晋江統作《酒誥》曰：『酒之所興，肇自上皇。或云儀狄，一曰杜康。有飯不盡，委餘空桑。鬱積生味，久蓄氣芳。本出於此，不由奇方。』朱翼中著《北山酒經》三卷，曰：『古語有之，空桑穢飯，醖以稷黍，以成醇醪，酒之始也。』」按：《藝文類聚》食物部引晉庾闡《斷酒戒》亦云：「空桑珍味，始於無情。靈和陶醖，奇液特生。」

灑落泉

明李日華《六硯齋二筆》云：「桐廬酒味清美，名『灑落泉』，乃嚴瀨水所釀。」按：酒名甚佳，未見有用者。

茶之功效

宋程大昌《演繁露續集》云：「盧仝《謝惠茶》詩歷敘一盌至六盌，皆有功用。按：《茶譜》記蒙山中頂茶效曰：『若獲四兩，服其一則祛疾，二即無病，三即换骨，四兩即爲地仙。』然則謂茶能輕身，可爲飛仙。唐世通有其傳，非全出意自爲怪奇也。」

茶之別種

明陳繼儒《茶董補》云：「茶之别者，有枳殼芽、枸杞芽、枇杷芽，皆治風疾。又有皁莢芽、槐芽、柳芽，乃上春摘其芽，和茶作之。故今南人輸官茶往往襍以衆葉，惟茅蘆、竹箬之類不可入，自餘山中草木芽葉皆可和合，椿柿尤奇。」按：此則今肆中所市茶大率非真茶矣。

茶綱

宋姚寬《西溪叢語》云：「茶有十綱。第一、第二大嫩，第三綱最妙。第一名曰試新，第二名曰貢新，第三名有十六色：龍園勝雪、白茶、萬壽龍芽、御苑玉芽、上林第一、乙夜供清、二字疑倒龍鳳英華、玉除清賞、承平雅玩、啓沃承恩、雪葉、雪英、蜀蔡[一]、金錢、玉華、千金。第四有十二色：無比壽芽、宜年寶玉、玉清慶雲、無疆壽龍、萬春銀葉、玉葉長春、瑞雪翔龍、長壽玉圭、香口焙、興國巖、上品揀芽、新收揀芽。第五有十二色：太平嘉瑞、龍苑報春、南山應瑞、興國巖、小龍、又小鳳、續入額御苑玉芽、萬壽龍芽、無比壽芽、瑞雪翔龍、先春太平嘉瑞、長壽玉圭。已下五綱皆大小團也。」按：宋時茶有此諸名，人罕知之。然如「萬壽龍芽、御苑玉芽、無比壽芽、瑞雪祥龍、長壽玉圭」皆重見，何也？

雀舌非茶之上品

宋沈括《夢溪筆談》云：「茶芽古人謂之『雀舌』『麥顆』，言其至嫩也。今茶之美者，其質素良，而所植之土又美，則新芽一發便長寸許，其細如針。如雀舌、麥顆者，極下材耳。予有詩云：『誰把嫩香名雀舌，定來北客未曾嘗。不知靈草天然異，一夜風吹一寸長。』」

[一] 蔡，《筆記小説大觀》本作「葵」。

[門+勺]林茶、蓴菜

國朝劉獻廷《廣陽筆[一]記》云：「衡山水月林主僧静音餽余[門+勺]林茶一包、蓴菜一瓶。[門+勺]，則安切，音鑽平聲，衡人俗字也。此茶出石罅中，乃鳥銜茶子墮罅中而生者，極不易得。蓴，土音坎，字書音罕，曰其味辛，與黄豆同煮，以器罨之，而沃之以臘醋，久之辣極，與京師辣菜味同。」

按：余親家彭雪琴尚書曾餽余衡山茶極佳，未知是[門+勺]林茶否。

女兒茶

明李日華《紫桃軒襍綴》云：「泰山無茶茗，山中人摘青桐芽點飲，號女兒茶。」

[一] 筆，疑當爲「雜」。

穆陀樹葉

明李日華《六硯齋三筆》云：「昔有客過茅君，時當大暑，茅君於手巾内解茶葉，人與一片，客食之五内清涼。茅君曰：『此蓬萊山穆陀樹葉，衆仙食之以當飲。』」

碧蘿春

國朝王應奎《柳南隨筆》云：「洞庭東山碧蘿峯石壁産野茶，每歲土人持竹筐採歸，未見其異也。康熙某年，按候以採，而其葉較多，筐不勝載，因置懷間。茶得熱氣，異香忽發，採者争呼『嚇殺人香』。嚇殺人，吴中方言也，因遂以名是茶。自是每採茶，土人男女長幼必沐浴更衣，盡室而往，盛不以筐，悉置懷間。而土人朱元正獨精製法，出自其家，尤稱妙品，每斤價值三兩。己卯，車駕幸太湖，以其名不雅，題之曰『碧蘿春』。地方大吏歲必採辦，而售者以僞亂真。元正没，製法不傳，即真者亦不及曩時矣。」按：碧蘿春初名「嚇殺人」，至今人多知之。然其始得名自康熙閒，且必盛置懷閒乃發其香，而朱元正尤爲製茶名手，則人固不盡知也。余居吴下，每歲必有餽此茶者，故喜得其詳而識之。

按：國朝王維德著《林屋民風》於太湖事甚詳，而土産類但言「茶出洞庭包山者名『剔目』，俗名[一]『細茶』；出東山者品最上，名『片茶』云云」。其書作於康熙癸巳，乃康熙二十年，猶未知有碧蘿峯之茶也。「碧蘿峯」之名不在七十二峯之數，然則此茶未出，并此峯亦不顯也。

茶食

宋洪皓《松漠紀聞》云：「金國舊俗，壻納幣，皆先期拜門，戚屬偕行。男女異行而坐，先以烏金銀盃酌飲，酒三行，進大軟脂、小軟脂、蜜餻，人一盤，曰茶食。」按：此則茶食之名亦古矣。

又按：「大軟脂」「小軟脂」下有注云：「如中國寒具。」「蜜餻」下有注云：「以松實、胡桃肉漬蜜，和糯粉爲之。形或方或圓，或爲柿蔕花，大略類浙中寶階餻。」按：此物今蘇、杭皆有之，

[一] 名，原訛「多」，據《林屋民風》卷十改。

正謂之蜜餻，而竇階餻之名則無聞。

糖霜

宋王灼《糖霜譜》云：「糖霜一名糖冰，福唐、四明、番禺、廣漢、遂寧有之，獨遂寧爲冠。先是，唐大曆閒有僧號鄒和尚，不知所從來，跨白驢，登繖山，結茅以居。須鹽米薪菜之屬，即書紙繫錢，遣驢負至市區。人知爲鄒也，取平直挂物於鞍縱歸。一日，驢犯山下黄氏蔗苗，黄請償，鄒曰：『汝未知窨蔗糖爲霜，利當十倍。』試之果信，自是流傳其法。鄒末年棄而北走，其徒追躡之，但見文殊石像，始知大士化身，白驢者獅子也。」

宋陸游《老學庵筆記》云：「閩人茂德言：沙糖中國本無之，唐太宗時外國貢至，問其使人此何物，云以甘蔗汁煎。用其法煎成，與外國者等，自此中國方有沙糖。唐以前書傳凡言糖者皆糟耳，如糖蟹、糖薑皆是。」

按：此事見《唐書·西域·摩揭陀傳》云：「貞觀二十一年，始遣使者自通於天子。太宗遣使取熬糖法，即詔揚州上諸蔗，拃瀋如其劑，色味逾西域遠甚。」然則不始於大曆閒矣。

又按：《三國・吴志・孫亮傳》注引《江表傳》曰：「亮使黄門以銀椀并蓋，就中藏吏取交州所獻甘蔗餳。」則三國時已有之，并不始於唐也。

《糖霜譜》又云：「自古食蔗者始爲蔗漿，宋玉《招魂》所謂『胹鼈炮羔有柘漿』是也。其後爲蔗餳，孫亮使黄門就中藏吏取交州所獻甘蔗餳是也。其後又爲石蜜，《廣志》云『蔗餳爲石蜜』，《南中八郡志》『笮甘蔗汁，曝成餳，謂之石蜜』，《本草》亦云『煉糖和乳爲石蜜』是也。《唐史》載：『太宗遣使至摩揭陀國，取熬糖法，即詔揚州上諸蔗，拃瀋如其劑，色味愈西域遠甚。』熬糖瀋作劑，似是今之沙糖。蔗之技盡於此，不言作霜，然則糖霜非古也。」按：此則王晦叔非不知有孫亮、唐太宗事，但以爲彼皆沙糖而非糖霜，其意以沙糖爲餳也。

愚合諸説參之，《楚辭》「柘漿」爲胹鼈炮羔之用，必非僅飲其汁也。疑後世蔗餳古已有之，但出南方蠻夷中，故楚人得有之。而至三國時，猶出於交州也。然但知爲餳，未知爲霜。糖霜之法，又出自西戎，《唐史》所載、《老學庵筆記》所説皆實事也。鄒和尚亦必一番僧，故知其法而以告蜀人。蜀之爲糖霜，或始自鄒耳。

《本草綱目》飴糖入造釀類，曰：「飴餳，用麥蘖或穀芽同諸米熬煎而成。」沙糖、石蜜並入果類，附甘蔗後，曰：「法出西域，唐太宗始遣人傳其法入中國。以蔗汁過樟木槽，取而煎成。

清者爲蔗餳，凝結有沙者爲沙糖。漆甕造成，如石、如霜、如冰者爲石蜜、爲糖霜、爲冰糖也。」此則蔗餳與糖霜但有精粗之别，合而一之，不復知其初之一出南蠻，一出西戎矣。

《周官·鹽人》：「王之膳羞，共飴鹽。」注云：「飴鹽，鹽之恬者，今戎鹽有焉。」按：「恬」即甜字。鹽而甜，疑即糖霜，鄭康成以「戎鹽」當之。然則唐太宗所求之「摩揭陀」者，古或已入中國矣。

明嘉靖以前無白糖

國朝劉獻廷《廣陽襍記》云：「嘉靖以前，世無白糖，閩人所熬皆黑糖也。嘉靖中，一糖局偶值屋瓦墮泥于漏斗中，視之，糖之在上者色白如霜雪，味甘美，異于平日；中則黄糖，下則黑糖也。異之，遂取泥壓糖上，百試不爽，白糖自此始見於世。」

明宫中七月喫鰣魚

明劉若愚《宫史》云：「七月喫鰣魚，爲盛會，賞荷花，鬬促織。」按：此知明代京師亦有鰣魚，然在七月中，似非其候也。

《砍膾書》

明李日華《紫桃軒襍綴》云：「茗上祝翁罨溪家傳有唐人《砍膾書》一編，文極奇古。首篇製刀砧，次別鮮品，次列刀法。有小晃白、大晃白、舞梨花、柳葉縷、對翻蛺蝶、千丈綫等名，大都稱其運刃之勢，與所砍細薄之妙也。末有下豉醯及潑沸之法，中云翦香柔花葉爲芼，取其殷紅翠碧，與銀絲相映，不獨爽喉，兼亦豔目。然竟不知『香柔花』爲何花也。」按：『香柔花』疑謂花之香而且柔者，非必花名。

毳飯

國朝章有謨《景船齋襍記》云：「先伯祖青蓮公台鼎嘗招陸古塘飲，名曰毳飯。視之則羹湯三而已，與皛飯、毳飯並稱韵事。」

平旦食粥

宋陸游《老學庵筆記》云：「護聖楊老説：『平旦粥後就枕，則粥在腹中，煖而宜睡，天下第一樂也。』後讀李端叔詩『粥後復就枕，夢中還在家』，則固有知之者矣。」

按：余於《隨筆》卷四引宋《杜清獻公文集》奏劄言「范鍾令臣粥後過堂議事，勉從其言，初八日粥後一往」，爲宋時晨起啜粥之證。今讀此，知晨起啜粥由來久矣。

凍米糕

明李日華《六硯齋三筆》云：「余常於僧堂食半邏凍米糕，於臘月用四春白糯米置大缸中，注水結冰凍之。至春暖冰泮，取出磨粉炊糕，異常鬆美。」

芭蕉脯

國朝王士禛《香祖筆記》云：「偶閱《安老懷幼方》載製芭蕉脯法：蕉根有兩種，一種黏者可食，取作手大片，灰汁煮熟，去汁，再以清水煮，易水，令灰味盡，取壓乾，乃以鹽、醬、蕪荑、乾薑、熟油、胡椒等研浥一兩宿。取出焙乾，略槌令軟，食之全類肥肉之味。」按：芭蕉可作脯，世鮮知者。余家多芭蕉，行試爲之，或亦一佳味也。其書又有製蓮子脯、牛蒡脯法，今不録。

華山靈豆

宋張端義《貴耳集》云：「華山陳摶有靈豆，服一粒，四十九日不飢，筋力如故，顔色若嬰兒，世罕得服之者。」

黄屑二斗

明李日華《六硯齋三筆》云：「陳後主、沈后供智者大師物，有赤松澗米五石，黄屑二斗。黄屑不知何物，《十道志》以爲沈香末，亦未確。隋煬帝爲晉王時供智者物，有貓牛酥三瓶，又不知貓牛是何等牛。」

宋錦

國朝褚人穫《堅瓠集》云：「錦以宋織爲上，泰興季先生家藏《淳化閣帖》十帙，每帙悉以宋錦裝其前後，錦之花紋二十種，各不相犯。先生殁後，家中落，欲貨此帖，索價甚昂。一人以厚貲得之，取其錦二十片，貨于吴中機坊爲樣，竟獲重利。其帖另裝他紵，復售于人。此亦不龜手之智也。今錦紋愈出愈奇，青出于藍而青于藍矣。」按：此知國初吴中猶以織錦爲業，今則無矣，宋錦花紋亦遂成《廣陵散》。

教子升天蟒衣

國朝章有謨《景船齋襍記》云：「嘉靖甲子，賜公謂徐文貞階也。教子升天蟒衣一襲，係上手擇有珠者。」按：宋玉杯有名「教子升天」者，亦見《景船齋襍記》，余已載於《叢鈔》二十矣。蟒衣亦有此名，未詳其製。

游魯望布袍

國朝朱彝尊《静志居詩話》云：「墨布袍者，宋咸淳進士、福建提刑德清游汶魯望所服，元初以遺老薦授福州總管，固辭不就，題袍背云：『前宋遺民，今爲百姓，雖雨晴寒暑，未嘗解脱。』卒葬果山。」按：「墨布袍」乃陳聲伯霆《水南集》中詩題，聲伯亦德清人也。因其爲吾邑鄉賢，故録之。今邑人尚有游姓者，當即其裔。

紙衣

宋蘇易簡《文房四譜》云：「山居者常以紙爲衣，蓋遵釋氏云『不衣蠶口衣』也。然服甚煖，衣者不出十年，面黄而氣促，絶嗜慾之慮。且不宜浴，蓋外風不入，而内氣不出也。亦嘗聞造紙衣法：每一百幅用胡桃、乳香各一兩煮之，不爾蒸之亦妙。陰乾，用箭幹横卷而順蹙，然患其補綴繁碎。今黟、歙中有人造紙衣段，可如大門闔許。近士大夫征行，亦有衣之者，蓋利其拒風於陰沍之際焉。陶隱居亦云：『武陵人作穀皮衣，甚堅好。』」

白越議

明李日華《六硯齋筆記》云：「大食國貢白越議三段。白越議，番布之最精者。」

罩甲

國朝王應奎《柳南續筆》云：「今人稱外套曰罩甲。罩甲之制，比甲則長，比披襖則短，創自明武宗，前朝士大夫亦有服之者。」按：今吴中猶有「馬甲」之稱，當即由罩甲而得。

月白繡花褂

國朝禮親王《嘯亭襍録》云：「國初尚沿明制，套褂有用紅緑組繡者。先良親王有月白繡花褂，先恭王猶及見之。今吉服用紺，素服用青，無他色矣。」按：此知今之外褂即明之罩甲也。

得勝褂

國朝禮親王《嘯亭續録》云：「燕居無著行衣者，自傅文忠征金川歸，喜其便捷，名得勝褂。

今無論男女，燕服皆著之矣。」

便帽

國朝禮親王《嘯亭續録》云：「少時見士大夫燕居皆冠便帽，其製如暖帽而窄其簷，其上用紅片錦，或石青色，緣以卧雲，如葵花式，頂用紅絨結頂，後垂紅縵尺餘，無老少皆冠之。惟老翁夏日畏早涼，用青緞縫紉襯涼帽下，如今帽頭狀，初不以爲燕服也。近十餘年盛行帽頭，蟠金綫，組繡其上，至有明珠寶石嵌者，如古弁製，頂用紅絨結頂，稍異古耳。」按：此兩種帽今皆用之，但轉無其華美也。帽後垂紅縵，咸豐閒猶有之，今則否。

浣中衣不敢懸空處

宋施德操《北窗炙輠録》云：「趙清獻公既致政歸，其清修益至。每浣中衣，不敢懸之空處，曰恐觸汙神靈，乃挂於牀，使陰乾。推此，其有欺暗室事乎？」

手帕子

後蜀何光遠《鑑戒録》云：「天復初，車駕走幸石門，宫人楊舞頭原注：失其名。進褭淚手帕子，奉宣加楚國夫人。」

明宫人鞋

國朝禮親王昭槤《嘯亭雜録》云：「西什庫中尚餘明宫人鞋數十箱，皆以珠寶飾之，其糜費若此。」

茶香室三鈔卷二十六

禹廟玄圭

宋方勺《泊宅編》云：「越州禹廟玄圭，匱藏之，色黑如黳，徑五寸，厚寸餘，肉好相倍，上下有邸，州將掌封鑰。」按：此圭今無聞矣。

伍子胥劍

國朝顧震濤《吴門表隱》云：「伍王劍在澹臺湖中，長五尺許，有伍子胥款。時浮水面，人取之必病，棄之即安。」

孟嘗鑊

唐封演《封氏聞見記》云：「青州城南佛寺中有古鐵鑊二口，大者四十石，小者三十石，製作精巧。又有一釜，可受七八石，似瓮而有耳。相傳是孟嘗君家宅，鑊釜皆孟嘗君之器也。至德初，蕃寇南侵，司馬李伾毁其大鑊，以造兵仗；其小鑊及釜，僧徒懇請得免。」

鍾離昧鐵槍

國朝顧震濤《吴門表隱》云：「鐵槍在府庫中，宋淳熙中，圓妙觀東嶽殿浚井所得，槍上鑄有『項王將鍾離昧製』七字。」

孔明佳玩

明李日華《六硯齋二記》云：「曹縣張黄坡名庚，以孝廉授褒城令。改築衙宇，掘地得銀杷杯二隻，上鐫『孔明佳玩』四字，係古隸，蓋蜀漢物也。後其家因追捕甚急，鎔之，將以輸官，而銀片片碎，不受鎔而罷。吾聞金乃土之子，火乃土之母。火之能制金，以其中含水也，入土久則水爲土克盡，金止留母胎渣滓之物，純乎土矣，火豈鑠之而流乎？此實物理，豈容置訝？」

按：李氏論物理甚精，然「孔明佳玩」四字非季漢人語，謂是武侯遺物，恐未足信。

張桓侯鐵鞭

國朝王培荀《聽雨樓隨筆》云：「涿州，古范陽地，張桓侯故里在城西十里，有廟，山門前有鐵鑄蛇矛，不知爲當年故物否。《寰宇記》云墓在四川閬州廳事東二十步。學使吴白華題詩云：『兒童知俎豆，寇盜避鞭彈。』則侯兼善用鞭用彈矣。嘉慶閒，桂軍門涵得侯所用鐵鞭，重五十斤，長六尺，送縣墓前，爲之記。」

翼德玉玦

國朝劉獻廷《廣陽襍記》云：「康熙丁未，見邸鈔云：『六合開河，得黑玉指玦一枚，上嵌金牌，鑿翼德二字』。疑張桓侯故物。」按：桓侯字「益德」，不字「翼德」。

石季倫鐵甀

明高承埏《鴻一亭筆記》云：「北京工部廳前有鐵甀，相傳爲石季倫家舊物。」

銅鼓

宋陸游《老學庵筆記》云：「予初見《梁·歐陽頠傳》稱頠在嶺南多致銅鼓，獻奉珍異。及予在宣撫司見西南夷所謂銅鼓者，皆精銅，極薄而堅，文鏤亦頗精，叩之鼕鼕如鼓，不作銅聲。祕閣下古器庫亦有二枚。此鼓南蠻至今用之于戰陳、祭享，初非古物，實不足辱祕府之藏。然自梁時已珍貴之如此，不知何理也。」按：銅鼓至今多有之，故録放翁之説，以告蓄銅鼓者。余曲園中亦有一枚，潘伯寅尚書所贈也。

宋范成大《桂海虞衡志》云：「銅鼓，古蠻人所用。南邊土中時有掘得者，相傳爲馬伏波所遺。其製如坐墩而空其下，滿鼓皆花紋，極工緻，四角有小蟾蜍。兩人舁行，以手拊之，聲全似鞞鼓。」然則銅鼓雖非古，要亦非宋以後物也。《北堂書鈔・儀飾部》引裴淵《廣州記》云：「南海豪富女子以金銀爲大釵，執以叩銅鼓，故號爲銅鼓釵。」

伏波銅鼓、諸葛銅鼓之别

明鄺露《赤雅》云：「伏波銅鼓深三尺許，面徑三尺五寸，旁圍漸縮如腰形，復微展，而稍弇其口。錦紋精古，翡翠煥發，鼓面環繞作鼉黽十數，昂首欲跳，中受擊處平厚如鏡。兩粵、滇、黔皆有之，夷俗賽神宴客，時時擊之，重貲求購。制度同而小過半者，諸葛鼓也，價差别矣。」

按：銅鼓有伏波、諸葛之别，余初疑出滇、黔者諸葛鼓，出兩粤者伏波鼓也。今觀鄺氏之説，乃以大小爲别，何歟？

唐簡陵中銀羅漢

宋上官融《友會談叢》云：「陝西形勝，耀州爲最，唐帝陵多在其境。温韜之起，唐帝之陵靡不開發。簡陵内有銀羅漢十八，身各高五尺。其山座具備，環列于梓宫，每一身以十餘牛牽致，方出隧道。簡陵乃懿宗也。予按《唐書》，自武宗憤釋氏恣横，掃蕩幾盡。懿宗愍前朝之致毁，乃竭力以興復，羅漢環于梓宫，即其意也。」

楊太真首飾合

宋上官融《友會談叢》云：「今咸陽元氏財雄陝右，家有一古合，其大如缶，外砌之以襍寶，内託之以上金，旁有微缺，製作特妙。傳云開元宫中物，太真貯首飾者也。尹京兆者下車之後，多假以傳玩，留不信宿，返卻持去。」

朱氏大鏡

國朝章有謨《景船齋襍記》云：「葉謝鎮朱氏，亦故家也，留一舊鏡，大可三四尺許，塵垢蒙面，與鐵無辨，置之牀下久矣。適有磨鏡者來，令磨之，纔磨三四寸許，而松江一府規模俱自鏡中照出。磨者驚異，置之而去。主人出視，亦大駭，仍置牀下。後以倭亂，不知所之。」

陽曲劉家大寶鏡

金元好問《遺山詩集》有《姨母隴西君諱日作》詩，自注云：「陽曲劉氏家大寶鏡，能照天地四方，以前知休咎，其家埋地中。明昌、泰和中，北方兵動，渠父子欲卜之。一日，先以旃幕障中庭，乃扃閉門户甚嚴。及掘鏡出，光華爛然，一室盡明。鏡中見北來兵騎，穰穰無數，餘三方都無所覩。因大駭曰：『不可，不可！』即埋之。姨母時伏牀下，得竊窺焉。兵火後，此家惟一兒子在。姨母能指鏡處，存否則不知也。」

李闖遺劍

國朝禮親王《嘯亭續録》云：「雍正中，平恪郡王北征，時有僧人贈王劍，磽書『闖』字，羣以爲李逆不死。余以爲必係賊遺物，爲愚僧所獲，獻之以邀厚賚耳。唐王被擒後，有言脱逃至五指山爲僧者，乃遺民未忘故主之意，無論真僞，猶有取焉。」

定更石

明鄭仲夔《耳新》云：「萬曆間，貴溪鄉民鋤田得一石，每至日午，鏗然有聲，夜子復如是。有所親葉文學新者怪其聲，擊碎之，見其中機巧悉備，有字云『碎葉新手』。識者曰：此諸葛武侯所製定更石也。」

十二時鏡

宋趙希鵠《洞天清禄集》云：「范文正公家有古鏡，背具十二時，如博棊子，每至此時，則博棊中明如月，循環不休。又有士人家藏十二時鐘，能應時自鳴。」

連珠火礮

國朝禮親王昭槤《嘯亭襍録》云：「戴學士梓字文開，浙江仁和人。少有機悟，自製火器，能擊百步外。先良王南征時，公以布衣從軍，獻連珠火礮法，下江山縣，有功，王承制授以道員劄付。」按：余於《續鈔》二十二引紀文達《筆記》云「戴遂堂先生言其先人造一鳥銃，二十八發，火藥鉛丸乃盡」，即此事也。惟遂堂言擬獻於軍營，夢人訶責而止，乃《嘯亭襍録》云云則以獻而得官，兩人皆聞於先世者，不知孰是也。

冰礮

宋陸游《老學庵筆記》云：「李允則，真廟時知滄州。敵圍城，城中無礮石，乃鑿冰爲礮，敵解去。近時陳規守安州，以泥爲礮，城亦終不可下。」按：其時所謂「礮」者以機發石也，故可以冰以泥爲之。

爆仗

宋孟元老《東京夢華録》敍寶津樓諸軍百戲云：「蠻牌令，數内兩人出陣對舞，凡五七對，忽作一聲如霹靂，謂之爆仗，則蠻牌者引退。」按：此一篇内屢言「爆仗」，然皆不言如何作聲。疑是以山作之，而非如今之爆仗以火藥裹紙中燃而放之者也。然則宋時所謂「爆仗」與今異，但其名則起於此耳。

又按：本書敍除夕事云：「是夜禁中爆竹山呼，聲聞于外。」然則「爆竹」「爆仗」自是兩事，書中固分别言之。

又按：宋吴自牧《夢粱録》於《十二月》云：「各坊巷叫賣蒼朮、小棗不絶，又有市爆仗，成架烟火之類。」此則今之所謂「爆仗」也。乃歎《夢華》《夢粱》兩書相去不過百數十年，而語言之異有如此矣。

銅斯羅

宋程大昌《演繁露》云：「銅厮羅，其義不可曉。張僚記新羅國一名斯羅，其國多銅，則厮者斯聲之訛。名盆以爲斯羅，其必由此。中國古固有盆矣，皆瓦爲之。以銅爲質，不知始何時。然其以斯羅爲名，則其本由新羅來，不可掩也。」

木老鴉

宋陸游《老學庵筆記》云：「軍器有拏子，有魚叉，有木老鴉。木老鴉取堅重木爲之，長纔三尺許，鋭其兩端，戰船用之，尤爲便捷。」

鐵十字

明董説《楝花磯隨筆》云：「鐵十字在吉安府城南栅門外岸上，有鐵鑄一『十』字，題云『保大二年五月日置』，重一千三百斤。下有潭水，或時清淺。世傳南唐造戰艦，於此繫纜。」

按：近人海門黄伯禄篤信天主教，著《正教奉褒》一書，引明人劉嵩子高詩集及李九功《慎思録》，載明洪武初江西廬陵地方掘地得大鐵十字架一座，上鑄三國吴赤烏年月。子高因作《鐵十字歌》以誌其奇，謂十字架即天主教所敬之標記。愚謂此或亦古人所鑄以繫纜者。

劍可屈伸

宋沈括《夢溪筆談》云：「錢塘有聞人紹者，嘗寶一劍，用力屈之如鉤，縱之鏗然有聲，復直如絃。關中种諤亦畜一劍，可以屈置盒中，縱之復直。張景陽《七命》論劍曰：『若是靈寶，則舒屈無方。』蓋自古有此一類，非常鐵能爲也。」按：近世彈詞有所謂「盤龍劍」者，蓋亦有本。

仁和縣出橐籥沙

宋姚寬《西溪叢語》云：「《臨安府仁和縣圖經》：出橐籥沙，在縣東四里。海際之人採用鼓鑄銅錫之模，諸州皆來採，亦猶邢沙可以碾玉。」按：余自幼寓居仁和之臨平鎮，其地距海甚近，未聞出此沙，當更訪之。

火石帒

宋郭若虛《圖畫見聞誌》云：「唐高宗朝敕文官帶手巾、算帒、刀子、礪石，武官亦聽。睿宗朝制武官五品已上帶七事跕碟。」注云：「佩刀、刀子、磨石、契苾、真噦、厭針筒、火石帒。」按：此則火石帒之制，唐已有之。

鬬高飛

宋曹勛《北狩見聞録》云：「徽廟出御衣三襯一領，原注：俗呼背心。拆領，寫字於領中，曰『可便即真，來救父母』，并押計九字，復縫如故，付臣勛。又索於懿節皇后，得所戴金耳鐶子一隻，原注：雙飛小蛺蝶，俗名鬬高飛。令臣勛見上奏之，且泣且囑曰：『無忘我北行之苦。』」按：《四庫提要》云：「所記北行之事，皆與他書相出入。惟述密齎衣領御書及雙飛蛺蝶金鐶事，則勛身自奉使，較他書得自傳聞者節次最詳。」

卵幕杯

明李日華《紫桃軒襍綴》云：「浮梁人昊十九所製精瓷，妙絶人巧。嘗作卵幕杯，薄如鷄卵之幕，瑩白可愛，一枚重半銖。」

郭公塼

國朝朱彝尊《静志居詩話》云：「嘉靖元年，河南巡撫何天衢命百户亓修月隄，發一古冢，塼上朱書云：『郭公塼，郭公墓，郭公逢著亓百户。巡撫差爾修月隄，臨時讓我三五步。』塼空其中，人以爲琴几。」

造船用釘之數

宋施德操《北窗炙輠録》云：「諸司造船吏夤緣爲盗，每造七百料船，率破釘四百斤。曾處善爲某路轉運使，偶見破艦一艘閣灘上，乃遣人拽上焚之。既焚，得釘二百斤，於是始知用釘之實。朝廷於是立例，凡造七百料船，給釘二百斤。」

摺疊船

國朝劉獻廷《廣陽筆〔一〕記》云：「流客木雅零本姓朱，河南天潢也。能製奇器，有摺疊船，可藏巾笥，有急欲渡，即湊合而成篷桅。」

牽船之索謂之彈子

宋周密《齊東野語》云：「舟子以牽船之索曰彈平聲子，意謂吴諺耳。及觀鍾會呼捉船索曰『百丈』，趙氏注云：『百丈者，牽船篾，内地謂之笪音彈。』」按：此則「彈子」當爲「笪子」。考「笪」字從來無平聲，且亦無牽船索之説。然即此知牽船之索謂之「彈子」，則自宋已然矣。

〔一〕筆，疑當爲「雜」。

木牛流馬異説

元人《事物紀原》云：「蜀相諸葛亮之出征，始造木牛流馬以運餉。蓋巴蜀道阻，便於登陟故耳。木牛即今小車之有前轅者，流馬即今獨推者是，而民間謂之江州車子。《後漢・郡國志》巴郡有江州縣。疑亮之創始作之於江州縣，當時云然，故後人以爲名也。」

按：《三國志》本傳：「亮性長於巧思，損益連弩，木牛流馬，皆出其意。」裴注引《亮集》載作木牛流馬法，自是以來並無異説。《事物紀原》所云，不知本於何書，録以備考。蜀道崎嶇，如《亮集》所載木牛流馬之法恐不可用，《紀原》之説或轉合當時事實乎？

高麗扇

宋鄧椿《畫繼》云：「高麗松扇，如節版狀。其土人云：非松也，乃水柳木之皮，故柔膩可愛。其紋酤似松柏，故謂之松扇。又有用紙，而以琴光竹爲柄，如市井中所製摺疊扇者。但精緻非中國所及，展之廣尺三四，合之止兩指許。」按：高江村《天禄識餘》謂「摺疊扇元時高麗始以充貢」，不知北宋時市井已有，非始元時，亦非始於高麗也。

日本國車

宋龐元英《文昌雜録》云：「元豐三年，高麗國遣使朝貢，且獻日本國車一乘。云諸侯不貢車服，本國所以上進者，欲中朝見日本工拙耳。」按：日本國車不知其制如何，大約必工巧，乃知海外器械之精由來久矣。

一家底二十兩

明李日華《六硯齋筆記》云：「勃泥貢龍腦，大片者一家底，第二等八家底，第三等十一家底，米龍腦二十家底，蒼龍腦二十家底，每一家底二十兩。」按：「家底」之稱當是番語。

茶香室三鈔卷二十七

交泰殿大鐘

國朝沈初《西清筆記》云：「交泰殿大鐘，宫中咸以爲準。殿三閒，東閒設刻漏一座，幾滿，須日運水貯斛，今久不用。西閒鐘一座，高大如之，躡梯而上，啟鑰上弦，一月後再啟之，積數十年，無少差。聲遠直達乾清門外。于文襄每聞午正鐘，必呼同直曰：『表可上弦矣。』」按：此知當時宫禁有此大鐘，今所罕見；又開鐘、開表謂之「上弦」，今亦無此語矣。

《西清筆記》又云：「内府一自鳴鐘，下一格有銅人，長四五寸許，屈一足跪，前承以沙盤。鐘鳴時，銅人手執管於盤中劃沙，作『天下太平』字，鐘響寂，則書竟矣。」

景陽鐘

國朝劉獻廷《廣陽褋記》云：「江寧孝陵之側爲靈谷寺，大殿懸齊景陽鐘，鐘界爲二十四方，方懸一杵焉。界各爲律，清濁高下，各爲一音，略如今之韻鑼焉，而備之於一鐘，異哉！」按：今人詩詞中每用景陽鐘事，而不知有此異。

通天塔即自鳴鐘

國朝劉獻廷《廣陽褋記》云：「通天塔即自鳴鐘也，其式坦然刱爲之，形如西域浮屠。凡三層，置架上下，以銀塊填之。塔之下層，中藏銅輪，互相帶動，外不得見。中層前開一門，有時盤，正圓如桶，分爲十二項，篆書十二時牌，爲下輪之所撥動，與天偕運。每至一時，則其時牌正向於外，人得見之。中藏一木童子，持報刻牌，自內湧出，于中層之上鳴鐘一聲而下。其上層懸銅鐘一口，機發則鳴，每一刻鐘一鳴，交一時則連鳴八聲。」按：此與今自鳴鐘微別，蓋不論何時，皆連鳴八聲，不如今式之善也。自鳴鐘舊製與今不同，余已記於《續鈔》二十二矣。坦然姓吉，江寧人也。

孫細娘自鳴鐘

國朝王澐《漫遊紀略》云：「漳南孫細娘之自鳴鐘，莆中姚朝士之測晷儀器，皆一時絶藝。」按：國朝周亮工《閩小記》有龍溪孫孺〔一〕理一寸許之自鳴鐘，余已載於《續鈔》二十二，未知與孫細娘自鳴鐘是一是二也。

太和門箭

國朝禮親王昭槤《嘯亭襍録》云：「豫德親王下江南時，王鐸、錢謙益等迎降。王命都統舒

〔一〕孺，原訛「儒」，據《閩小記》卷一改。

譚泰往，至太和門。門扉爲故明舊物，生鐵包裹，甚爲堅厚。公拔矢射之，洞穿其扉，明人驚駭，以爲神力。今其箭猶存，每翠華南幸，有司飾其楛羽，以示威德焉。」按：自經粵賊之亂，此矢當不復存，今亦無知其事者矣。

正德錢

國朝焦循《憶書》云：「泰州宫紫懸太史言，十年前以重價購求正德錢，一二文可值一金云。正德爲游龍，佩之渡江河，無波濤之厄。近遂有僞爲者，甚或背面鑄一龍，前此未聞。此康熙年間事。余幼時尚見有以正德錢佩於腰者，近則無之矣。」

錢貫

《太平廣記》神仙門引《原化記》云：「賀知章，西京宣平坊有宅，對門有小版門。常見一老人乘驢出入，詢問里巷，皆云是西市賣錢貫王老。」按：「錢貫」今人謂之「錢串」，此一微物亦有典故。

餂銀知銀色

國朝劉獻廷《廣陽襍記》云：「瞽者張浩庵以舌餂銀，而知銀色之高低。則五官未始不可以互用。」

珠玉能行

明李日華《六硯齋二筆》云：「佛書云：珠玉琿璖瑪瑙夜能自行。人蓄精玉，旦夕移易，或在此，或在彼，皆不足怪，不獨馮月華臂上玉馬能入廄亂羣也。」按：此不知出何經典，今亦未聞此事。

大珠

明李日華《紫桃軒襍綴》云：「永樂十六年，蘇禄國貢珠一貫，重七兩五錢。」

食珠

國朝焦循《憶書》云：「吴縣石遠梅以販珠爲業。一小匣，錦囊緼裹，以赤金作丸，破之則大珠在焉，重者一粒價二萬，輕者或一萬，至輕者亦八千，争買之惟恐不得。余嘗以問遠梅，遠梅曰：『所以獻和中堂也。』中堂每日清晨以珠作食，服此珠則心竅靈明，過目即記，一日之内諸務紛沓，其胸中了然不忘。珠之舊者與已穿孔者不中用，故海上採珠之人不憚風濤。今日之貨，無如此物之奇也。遠梅有一珠塔，高尺許，以珠結成，其頂上天生一珠，成葫蘆形。適和敗，無有買此者，今不知所在。」按：《周禮》有供王食玉之説，今乃有供宰相食珠者，洵異聞也。至珠塔之珠，不能不穿孔，否則何以結而成塔乎？

玫瑰

明李日華《六硯齋二筆》云：「幹離不索宋金玉寶玩殆盡，又索玫瑰一觔。玫瑰不知何物，當時答稱止五台一僧能造，僧亡，其法絶矣。然則玫瑰亦番硝之類火鍊藥製而成者。今人名花以玫瑰，紅紫色可以想見。」按：《漢書·司馬相如傳》：「其石則赤玉玫瑰。」晉灼曰：「玫瑰，火齊珠也。」然則古時自有「玫瑰」，不由製造。

黄磁瓶

宋邵博《聞見後録》云：「主父齊賢者，自言少客齊魯，村落中有牧兒入古墓求羊，得一黄磁小褊瓶，樣製甚朴。時田中豆莢初熟，兒欲用以貯之，才投數莢，輒盈滿。兒驚以告同隊兒，試之皆然。道上行人見之，投數錢，隨手亦盈滿，遂奪以去。兒告其父，追及，相爭競，以鋤擊瓶破，猶持碎片以示齊賢。其中皆五色畫人面相聯貫，色如新，亦異矣。」按：此豈所謂聚寶瓶乎？

毛連

宋洪皓《松漠紀聞》云：「回鶻多爲商賈於燕，過夏地，夏人率十而指一，必得其最上品者，賈人苦之。後以物美惡襍貯毛連中，然所征亦不貲。」「毛連」下有注云：「以羊毛緝之，單其中，兩頭爲袋，以毛繩或線封之，有甚麄者，有間以襍色毛者，則輕細。」按：今有所謂「搭連」者，即此物也。

看雲藜

明董説《楝花磯隨筆》云：「明日看雲還杖藜，杜甫詩也。往見菰蒲中筆賈名其筆曰『看雲藜』，或疑少切潁事，余言此客大會心書訣者。夫學書要道，莫善於看雲，莫不善於摹古。」按：此乃月函和尚禪語耳。當日命名必非此意，至今無復有此筆，亦無復知此名矣。

明墨

明劉侗《帝京景物略》云：「國朝御用内墨，則宣廟之龍鳳大定、光素大定，外則國初之查文通、龍忠迪，碧天龍氣、水晶宫二種。方正、牛舌墨。蘇眉陽、卧蠶小墨。嘉、萬之羅小華、小道士等。汪中山、大極十種、玄香太守四種、客卿四種、松滋侯四種。邵青丘、墨上自印小像。青丘子格之、方于魯、青麟髓等。程君房、玄元靈氣等。汪仲嘉、梅花圖。吴左于、玄淵、髻珠二種。丁南羽父子，今之潘嘉客、紫極龍光。潘方凱、開天容。吴名望、紫金霜。吴去塵。而市品價尤重者，始方羅，中方程，今兩吴也。羅尚珠寶，增墨之光，亦減墨之黑，羅不如方。程尚膠輕，宜南不宜北，程不如方。兩吴質輕煙細，易松以桐，佐桐以脂，煙百兩，油三石，今五石矣。遠煙獨草，今茜染四剖矣。膠用鹿麋，熟而懸之經年矣。夫焰頭蝕煙則白，角以時解，膠則凝釋，若遂能縣之側轂，使輪旋而受煙，法古乾漆，取代膠昵，徐炫、李廷珪何至殊異哉！」

余從前以公車入都，及官翰林，未聞有「明墨」之説。光緒丙戌，送孫兒入都會試，則其時寫殿試卷諸君非明墨不書，而明墨之價亦與黄金等，然其真僞不可知也。偶閲《景物略》，得此條，輒録於此。

又按：宋何薳《春渚紀聞》云：「近世所用蒲大韶墨，蓋油煙墨也，亦半以松煙和之，不爾不得經久。」又云：「潭州胡景純專取桐油燒煙，名桐花煙，甚堅薄，不爲外飾。大者不過數寸，小者圓如錢。每磨硯閒，其光可鑑。畫工寶之，以點目瞳子，似點漆云。」按：此則兩吴易松以桐，佐桐以脂，亦宋人舊法。

白墨

宋蘇易簡《文房四譜》云：「近黟、歙閒有人造白墨，色如銀，迨研訖，即與常墨無異，即未知所製之法。」按：此墨今無見，殆失傳矣。

方于魯墨

國朝朱彝尊《静志居詩話》云：「方于魯初名大激，後以字行，改字建元，歙布衣，有《佳日樓詩集》。古人製墨，率用松煙，漢取諸扶風，晉取諸廬山，唐則易州、上黨。自李超徙歙，張谷徙黟，皆世其業。其後耿仁遂、高慶和、戴彦衡、吴滋、胡智率多歙人，明則羅文龍少華、邵克己格之、程大約君房輩咸以製墨稱。而于魯所製最夥，上自符璽圭璧，下至襍佩，凡三百八十五式，刊成圖譜，上呈乙覽。嘗以百花香露和墨，自作長歌。」按：方于魯世知爲墨工耳，不知固詩人也。因記明墨，并記此。

國朝褚人穫《堅瓠集》云：「徽人方于魯以造墨起家，多薦紳交。有長安貴人寄蘭州絨於方，時已四月矣，方急爲製衣服之，以誇示賓客。汪南溟作詩嘲之，有『尋常一樣方于魯，纔著絨衣便不同』句。」此則又爲笑柄矣。

灘哥石硯

明李日華《六硯齋二筆》云：「廣州經藏樓閣有大硯，刻云：『大唐神龍改元七月七日，有天竺僧般刺密帝自廣出譯經回示此硯，乃灘哥石也。其堅實可愛，置几案閒，如厚重君子，因識于後，以永其傳。前諫正大夫中書門下平章事房融書。』」

玉帶袍

國朝龔煒《巢林筆談》云：「楊鐵崖詩：『雪水初融玉帶袍。』玉帶袍，錢唐士女曹妙清硯也。其名豔異，但不知於硯義何取。」

峨眉雪卵

明李日華《六硯齋二筆》云：「余得蜀僧石豫硯，名『峨眉雪卵』。客云：『古未有以卵名硯者。』余曰：《梅聖俞集》云：『劉涇州以所得李士衡觀察家蟾蜍硯，其下刻云「天寶八年冬端州刺史李元得靈卵石造」，示劉原甫，方與飲，辨云：「天寶稱載，此稱年，僞也。」遂作詩，予與江鄰幾諸君和之云云。』」按：此則「靈卵」之名不足據，然「蛾眉雪卵」之名則甚奇，是亦硯譜中佳話也。

又按：豫，不知何字，疑即「瑑」之俗字，瑑謂琢刻也。《漢書・董仲舒傳》「良玉不瑑」。

姚黄紙

明李日華《六硯齋二筆》云：「古剡藤紙得名最舊，其次苔箋，今獨竹紙名天下。竹紙上品有三，曰姚黄、曰學士、曰邵公。」按：世知牡丹有「姚黄」之號，不知竹紙亦有此名也。

宋箋〔一〕

國朝王應奎《柳南續筆》云：「太倉王文肅公家有宋箋一，可長十丈。米元章細楷題其首，謂此紙世不經見，留以待善書者。後公屬董思翁書之，思翁欣然曰：『米老所謂善書者，非我而誰！』遂竟滿幅。」

〔一〕箋，原作「紙」，據目録及《柳南續筆》卷二《宋箋》改。

靈壽杖

宋周密《癸辛襍識》云：「靈壽杖出西域，自黄河隨流而出，不知爲何木。其輕如竹，而性極堅韌。」按：此可補《漢書·孔光傳》注所未備。

又云：「賴柳色如紅玉，亦可爲杖。能辟雷，雷作時杖頭皆有火光，皆自黄河流下。」按：此杖今不知尚有否。

宋樂史《太平寰宇記》云：「彬縣萬歲山有靈壽草，仙方服之不死。漢平帝賜孔光靈壽杖，出於此山。」

按：《浙江通志》云：「孝豐天目山仙丈峯産靈壽木，可爲杖。」國朝汪曰楨《湖雅》云：「靈壽木即椐也。」然則靈壽杖隨處有之矣。

方竹杖

明李日華《紫桃軒襍綴》云：「國初學士詹同以方竹杖一枝獻太祖皇帝。太祖大喜，親灑翰成《方竹記》一篇授之，貴其異也。」按：方竹今浙東多有之，余曾得一枝，亦不甚足異。親家翁彭雪琴又貽余衡山方竹，則甚細，但可吸食淡巴姑耳。

之字竹杖

明高濂《尊生八箋》云：「竹杖有以之字竹、方竹、老竹鞭爲之者，亦雅。」按：「之字竹」今未之見。余聞焦山有竹，其根自然三曲，可以爲杖。豈即此歟？余曾託人求之，得其三。

蘆蕨皆可爲杖

唐段公路《北户録》云：「海晏原注：地名出蘆，堪爲拄杖。高潘州出千歲蕨拄杖，更有疏節竹，原注：「五六赤一節。」赤字疑當作尺。僧道多以爲杖，皆奇物。」

杖之長短

宋岳珂《桯史》云：「德壽在北内，有北賈擕通犀帶一，因左璫以進。帶十三銙，銙皆正透有一壽星扶杖立。索十萬緡，既成矣，有璫求金不得，則擿之曰：『凡壽星之扶杖者，杖過於人之首，且詰曲有奇相。今杖直而短，僅至身之半，不祥物也。』遂卻之。」

按：此葢以短杖爲喪杖也。今老人扶杖，率以短者爲便，豈南宋之初猶無此物歟？

又按：《漢書·孔光傳》「靈壽杖」注：師古曰：「木似竹，有根節，長不過八九尺，圍三四寸，自然有合杖制，不須削治。」此可見古杖長短之度。

余始疑長者爲杖、短者爲柺。然《玉篇·木部》：「枴，古杞、乖買二切。枴子，老人杖也。拐同上。」《廣韵》三十五《馬》：「枴，古瓦切，老人拄杖。」則又並無短杖之説。且「柺」有「古杞」一音，亦今人所不知也。

宋時椅子兀子猶未通行

宋陸游《老學庵筆記》云：「徐敦立言：往時士大夫家婦女坐椅子、兀子，則人皆譏笑其無法度。梳洗牀、火爐牀家家有之，今猶有高鏡臺，蓋施牀則與人面適平也。或云禁中尚用之，但外間不復用耳。」按：此則知宋時猶未通行椅子、兀子也。

僞造古物

明李日華《紫桃軒襍綴》云：「唐張氲號洪崖生，有好古之癖。開國公李太一貽孔子木履一杖，太子洗馬田游巖贈尹喜龜、王戎如意杖，侍御史郭翰贈王烈石髓，楊炯贈孔子石硯、楊雄鐵硯，楊齊哲贈稽康鍜槌，陳平和贈謝靈運鬚數莖，僧智遠贈蔡邕焦尾琴、葛洪刮藥篦，僧修然贈迦葉頭陀鉢，秦休莊贈河上公注《五千言》藁本，劉守章贈四皓鹿角枕，司馬子微贈淮南王藥杵臼，節度使張守珪贈海蝦蝲牙長一尺八寸。明皇亦以內廐白驢賜之，氲跨以出入，曰：『此千年雪精也。』氲雖奇士，而當時贈貽，亦寓譏謔，如李斯狗枷、相如犢鼻之意耳。」按：「尹喜」即關令尹。喜何以有黿？疑謂屈平所就卜之太卜鄭詹尹，誤作尹喜耳。余所見有張子房手寫黃石公像，可與河上公槀本並傳。

句容縣鑄古器

明李日華《六硯齋筆記》云：「唐自天寶年相沿至南唐時，俱於昇州句容縣立官場，鑄造上古鼎彝壺罍之類，款識精整，歲久閒亦有青緑者，然不足貴也。」按：此説未知果否。如其果然，則近世所得古器可疑矣。

茶香室三鈔卷二十八

首陽二賢祠柏

明董説《楝花磯隨筆》云：「都元敬《游首陽山記》云：『山下謁二賢祠，門外有古柏二，其一大二十圍，高二丈許，形狀殊怪；其次圍殺三之一二。根相距數尺，而榦上若兄弟之相倚者。』」

曹娥墓木

宋方勺《泊宅編》云：「越州上虞縣曹孝女墓在江岸上，有大木二株，一榮一枯，榮者枝榦宛轉枯木外，若抱父屍狀。」按：今曹娥江畔不知尚有此木否。

扶桑

國朝陸次雲《八紘譯史》云：「扶桑國在東海東。齊永元元年，其國有沙門慧深來，始知扶桑之地多桑木。兩榦同根，相爲依倚，故名扶。葉如桐，初生如筍，實如梨，績其皮可爲布。」按：《後漢書·張衡傳》注云：「扶桑，日所出，在暘谷中，其桑相扶而生。」向不知「相扶而生」之義，讀此乃知其狀。且云國多桑，則知其國多有之，固不以爲異。世以爲神木，則非也。

菩薩樹

國朝陸次雲《八紘譯史》云天竺國物産有「菩薩樹，不花而實，人不可食。其枝下垂，附地生根若柱，歲久結成巨林。人蔭其下，無異屋宇，至有容千人者，以爲佛宇」。按：此疑即榕樹之類。

四君子

宋葉夢得《避暑録話》云：「環余左右者畧有數千株，常目松磊落昂藏如孔北海、檜深密紆盤似管幼安、杉豐腴秀澤似謝安石、柏奇峻堅瘦似李元膺。吾閑居久，賓客益少，何幸日得與四君子游邪？」

六君子

明李日華《紫桃軒襍綴》云：「倪雲林爲盧山甫作《六君子圖》，乃松、柏、樟、楠、槐、榆六樹，氣象蕭索，有賢人在下位之象。」

榀極二木

明李日華《紫桃軒襍綴》云：「堪輿家用榀、極二木作向盤，榀得天地之陽，晝用之；極得天地之蔭，夜用之。然此二木實一種，以結子赤黑色别之。湖州閔尚書家採其葉，配其他藥爲丸，服之人皆享上壽。」按：「樞」當即《山有樞》之「樞」，「極」不知何木，既云「一種」，則亦樞也，蓋皆榆類。

風雨露晴四竹

國朝孫星衍《京畿金石考》定州有「俞一鵬風雨露晴四竹石刻，在儒學」。

四味木

國朝陸次雲《八紘譯史》云哈密物産有「四味木，其實如棗，以竹刀取之則甘，鐵刀取之則苦，木刀取之則酸，蘆刀取之則辛。出天山上」。按：此即《神異經》所謂「南方大荒有樹名如何」者也，「三百歲作華，九百歲作實」則誇誕之辭，其樹乃真有之。

石中自然有松形

宋趙希鵠《洞天清禄集》云：「蜀中有石，自然有小松形，或三五十株行列成徑，描畫所不及。松止高二寸。」

光緒丙戌冬，有同年之孫暴方子式昭爲角頭巡檢，以太湖鼋山石見贈。其中自然有松柏之形，余置之案頭，見者皆以爲奇。又聞吾浙普陀山石中有文，皆如竹形，則余未之見。

種果樹法

宋黄復初《茅亭客話》云：「栽果法，以冬至後、立春前斫美果直枝，須有鶴膝大如母指者，長可二尺以來，劄於芋魁中。掘土令寬，調泥漿，細切生葱一升許，攪於泥中，將芋魁致泥中，以細土覆之，勿令堅實，即當年有花，來年結實，絶勝種核。」

瓊花

國朝王士禛《香祖筆記》云：「世言瓊花，天下惟揚州蕃釐觀一株，故宋人作無雙亭於其側。然元遺山《續夷堅志》：『鄠縣南十里炭谷，入谷五里有瓊花樹，大四人始合抱。逢閏即花，以初伏開，末伏乃盡。花白如玉，中有玉胡蝶一，高出花，落不著地，乘空而起。』則不止廣陵有之矣。」按：此則瓊花真天下奇花。楊用修以爲即梔子花，何言之易邪？

移接瓊花

宋周密《齊東野語》云：「揚州后土祠瓊花，天下無二本，絶類聚八仙，色微黄而有香。仁宗嘗分植禁苑，明年輒枯，遂復載還祠中，敷榮如故。壽皇亦嘗移植南内，逾年憔悴無花，仍送還之。其後宦者陳源命園丁取孫枝移接聚八仙根上，遂活，然香色大減矣，杭之褚家唐瓊花園是也。后土之花已薪，而人間所有者，特當時接本，髣髴似之耳。」

牡丹山

明董説《棟花磯隨筆》云：「延安府南四十里有牡丹山，又曰花原頭。樵者以牡丹爲薪，有人作詩云：『一株豪屋人争賞，寧似延安花滿山。』」

寒菊

明李日華《紫桃軒又綴》云：「寒菊十二月始花，枝葉皆柔荏，青翠燦然，榮茂於風霜冰雪之中，而略無悴色，亦異品也。」按：十二月菊，余未之見。然菊爲壽客，自是耐久。吴下潘文恭公曾有《元日賞菊》詩，其季子玉泉觀察因瓶内菊花新春猶在，追用文恭韵賦詩，余有和作，今失記。

藍菊

國朝龔煒《巢林筆談》云：「東海一閨秀作《藍菊》詩云：『爲愛南山青翠色，東籬別染一枝花。』佳句也。」按：菊之藍色者不多見。徐花農太史曾以緑菊花兩朵自京師寄余於吴下，殆即此種邪？

朱竹、墨菊

國朝王應奎《柳南隨筆》云：「《賴古堂集》有《朱竹》詩，自注云：『頃過劍津西山，數頃琅玕，丹如火齊，乃知此君亦戲著緋。』又有《墨菊》詩，自注云：『永壽里在漢時産墨菊，時人多取其汁爲書。』」按：此二種甚奇，未知今尚有此種否。

養蘭訣

明李日華《紫桃軒雜綴》云：「閩中黄琴趣先生授予《養蘭訣》云：春勿出，秋勿入，夏勿乾，冬勿溼。春氣雖和，未至穀雨，即清晨有薄霜，最能損蘭，不宜輕出。四時惟秋露最繁草木，經夏焦灼之後，必得此一番濃厚露氣，濡養兩月，方得含膏孕秀，以待來春發舒。若蚤置室中，則潤淺而易槁矣。夏之頻灌以救枯，冬之遠溼以避凍，固常理也。」按：此論最精。故人勒少仲河帥曾授余《養蘭訣》，余譜《瑶華》一闋紀之。然尚有誤，不如此論之是也。

端午後所開花不能烘開

國朝焦循《憶書》云：「裔德紅言：凡花五月前開者，皆可烘，令冬開。五月五日後之花則不可烘，烘之即枯瘁。蓋五月一陰生，陰生之物發以陰氣，烘之以陽助陽，不可以陽助陰也。烘之法，掘一地窖，置花於内之四周；中置一鑊，盈以水，用炭火徐徐煮之。窖上覆以土，不漏一隙。水氣升滿，窨中煖而兼潤，樹即生葉生蕊，漸移近日即開。蓋獨陰不生，獨陽不生，水火相交而後滋也。」

海棗

國朝陸次雲《八紘譯史》云占城國物産有「海棗，其大如瓜，五年一實」，是李少君所食乃真有之。

曾嵇含《南方草木狀》云：「海棗五年一實，實甚大如盃盌。」然則此種在晉人已見之記載矣。

頻那婆

唐段公路《北户録》云：「頻那婆果大如八石瓮，味甚甘，食之便醉，九日而蘇。」按：此與《叢鈔》二十二所紀風茄相類。

華山桃花不由核種

明李日華《六硯齋二筆》云："華山桃花生石縫，花片著之即生，不由核種也。"

寄書桃

國朝章大來《僑陽褋録》云："蕪湖寄書桃，三四尺許，花色淡，與山桃無異。每熟時，其核自開而仁落，以物實之，則經宿而合。人往往作小詩或書納之以餉友，曰『寄書桃』也。種自西蜀。"

宋朱弁《曲洧舊聞》云："密縣有一種冬桃，夏花秋實，八九月開桃自開，其核墮地而復合。肉滿其中，至冬而熟，味如淇上銀桃而加美。"按：此亦"寄書桃"之類。

服無核棗法

明李日華《六研齋二筆》云：「兗、豫間多樹棗，有方術者教以專守一樹，自生果至果熟，不令人動一枚。但人勿損，鳥亦自不敢啄也。一日頓收之，又精心細檢之，必有一枚極大而無核者，味奇美。拜日心存日中，天子赤玉冠，佩明景長離之劍，指揮赤童，握棗見授，口吞嚼而嚥之，大補精髓。得啖六七度，即踰百歲不老矣。」按：守護此樹，其事甚難。紀文達公《筆記》有採槐實中饗豆法：「槐始花時，即以絲網罥樹上，防鳥鵲啄食。」以此法施之棗樹，當亦可行也。

南方樹木移植北方

宋朱弁《曲洧舊聞》云：「許和卿同叔言木自南而北者，多苦寒。有一法，於臘月去根旁土，取麥糠厚覆之，火燃其糠俱成灰，深培如故，則不過一二年皆能結實。若歲用此法，則與南方不殊，亦猶人炷艾耳。」按：此法如驗，則荔枝、龍眼俱可移栽矣。

宋時荔枝、枇杷移植汴梁

宋王明清《揮麈後録》載徽宗御製《艮嶽記》云：「枇杷、橙柚、橘柑、椰栝、荔枝之木，金蛾、玉羞、虎耳、鳳尾、素馨、渠那、末利、含笑之草，不以土地之殊，風氣之異，悉生成長養於雕欄曲檻。」按：漢武帝於扶荔宫植荔枝，余已載於《叢鈔》卷三。不謂宋時亦嘗與枇杷橘柚同植夷門也。

宋鄧椿《畫繼》云：「宣和殿前植荔枝，既結實，喜動天顔。偶孔雀在其下，亟召畫苑衆史令圖之。」然則宋時移植汴梁之荔枝，真能結實也。

陳紫、宋香

國朝王澐《漫遊紀略》云：「荔枝，莆之楓亭者佳，上品稱陳紫、宋香。予七月至莆，有餉楓亭荔枝者，香盈一室，清甘無滓，核細如丁香。問之，果宋香也。訪陳紫，日絶久矣。」

玉帶束佳人

國朝龔煒《巢林筆淡》云：「荔枝佳種，上下俱紅，中一道白如雪，名『玉帶束佳人』。」

木奴非橘

唐段公路《北户録》云：「今人引『江陵千樹橘』爲木奴事。《襄陽記》：『李衡爲丹陽太守，密遣人於武陵龍陽洲上作宅，種柑千樹。臨死，敕兒曰：「吾州里有千頭木奴。」』據此非橘明矣。又諺云『木奴千，無凶年』，《要術》云『蓋言果實可以市易五穀』，此即木奴之號，果之都稱者也。」

按：原注云：「據禨書如《翰林要海》、《御覽》、賈思勰皆列在黄柑門中。」則今人但知爲橘者，固失之不考矣。明陳耀文《天中記》正列入柑門，但引《襄陽耆舊傳》云「種柑橘千樹」，又云「吴末柑橘成，歲得絹數千匹」，則衡所種有柑有橘。木奴不專屬橘，亦不專屬柑也。公路所見

《襄陽記》但言「種柑」，豈「橘」字爲後人所增益邪？然唐鄭谷詩云「橘樹呼奴羡李衡」，則又屬橘矣。愚意木奴爲果之都稱，此説最是。

檳榔

《政和本草圖經》云：「檳榔有三四種，小而味甘者名山檳榔，大而味澀、核亦大者名豬檳榔，最小者名蒳子。」又云：「尖長而紫文者名檳，圓而矮者名榔，檳力小，榔力大。」按：此則檳、榔乃二種也。

葡萄冰

明李日華《紫桃軒襍綴》云：「有何上舍者，闢地五畝，植葡萄四五種，白者最珍。冬月掘坎倒架，連蔓覆藏之。霜雪中啟竇摘食，齒牙澌澌作聲，如嚼珠玉，甘美透腑不可言，葢所謂葡萄冰也。余昔聞長老談服官之難，事事如一瓶鐵漿，難吞難嚥，不容不吞嚥；如佛説閻羅王自受鐵丸鐵漿之苦，以壓服衆鬼耳。然遇鉤隱索情，鋤强惠弱，真見獨行，洞照黑暗，苦趣中亦未嘗無甘味。因撮書讞獄快意者成一編，曰《葡萄冰》。」

桃花水

國朝楊賓《柳邊紀略》云：「桃花水，草本，狀若楊梅而無核，色紅味甘，質輕脆，過手即敗矣。五六月閒徧地皆是。居人擇最多處設帳房或柵子，醵分載酒。男女各爲羣，争采食。明日又移他處，食盡乃已。」按：「桃花水」之名甚佳，即其名可想見其美矣。得此真可奴視荔支，惜不能及遠，雖一騎紅塵不能致也。

青檽子

明李日華《紫桃軒襍綴》云：「四明山産青檽子，其樹不可見，每於石上得之。葢洞天中物，神仙所祕耳。」

黄皮果

國朝朱彝尊《静志居詩話》載廣東謠諺云：「飢食荔支，飽食黄皮。」注云：「黄皮，果狀如金彈，六月熟，其漿酸而除暑熱。荔支饜飫，以黄皮解之。」

胎生果

國朝章有謨《景船齋襍記》云：「三衢有白果樹六株，枝葉無異，每歲果生時，即於皮中腫起，其大日增，至果熟時取刀破皮出之，可得數石。味亦如常，名胎生果。」

田禾以把計

明包汝楫《南中紀聞》云：「湘江以北，田段計攢數起畝，每畝大約百攢，禾凡五捏爲一攢，五攢爲一把。即畝有盈縮，不過二十把上下耳。」

同年應敏齋廉訪，永康人，以義莊田册寄余求記，每册皆云「田若干把」，然則吾浙亦有此名也。

玉米田

國朝陳錫路《黄嬭餘話》云：「歸州有玉米田，屈原耕此，産白米似玉，見《楚紀》。」

接骨米

國朝楊炳堃《自訂年譜》云：「雲南物産有甚異者。騰越一帶有黑米，其色如墨，截斷而炊，仍復連續，名爲接骨米。食之可補筋骨。」

和尚稻

宋朱弁《曲洧舊聞》云：「洛下稻田亦多，土人以稻之無芒者爲和尚稻，亦猶浙中人呼師婆粳，其實一也。」

糯米之名

明李日華《六硯齋筆記》云：「釀酒必以糯，其品非一，粒長而釀酒多者曰金釵糯；色白而性軟，五月種，十月熟，曰羊脂糯；芒長而穀多白稃，四月種，九月熟，曰臙脂糯；色斑，五月種，十月熟，曰虎皮糯；粒最長，白稃有芒，四月種，七月熟，曰趕陳糯；粒大而色白，芒長而熟最晚，其色易變，釀酒最佳，曰蘆黄糯；粒圓白而稃黄，大暑即可刈，其色難變，不宜於酒，曰秋風糯；可以代粳輸官，又曰謾官糯；不耐風水，四月種，八月熟，曰小娘糯；芒如馬鬉而赤色，曰馬鬉糯。」按：此等名色，今雖老農不盡知也。其名頗新，有可入詩者。

番蓟

明李日華《紫桃軒又綴》云：「蜀僧無邊貽余　種如蘿蔔而色紫，煮食味甚甘，云此普陀巖下番蓟也。世間奇藥，惟山僧野老得嘗之，塵埃何得與邪？愧謝之。」按：此蓋即今所謂「番薯」也，「蓟」與「薯」一聲之轉耳。明代番薯猶未盛行，詳見《續鈔》二十三，故李君實得食而誇美之。若在今日，則徧市廛矣。

國朝陸次雲《八紘譯史》云琉球有「米麥，祇供王府，民惟食番茹，狀似薯蕷」。

晉嵇含《南方草木狀》云：「甘藷，蓋薯蕷之類，或曰芋之類，根葉亦如芋。實如拳，有大如甌者。皮紫而肉白，煮食之，味如薯蕷。大抵南人二毛者百無一二，惟海中之人壽百餘歲者，由不食五穀而食甘藷故爾。」

大茯苓

明李日華《六硯齋三筆》云：「始安王賜沈約茯苓一枚，重十二觔八兩。約有謝啓。」

簳珠

國朝王士禛《香祖筆記》云：「薏苡一名簳珠。」按：《本草綱目》引陶弘景曰：「出交趾者子最大，彼土呼爲簳珠。」然則「簳珠」之名非出中土。

山藥帖

明李日華《六硯齋二筆》云：「趙閱道，琴鶴風標，清映千古，其手翰整栗遒美。余嘗見其《山藥帖》云：『抃啓：辱誨示，以南都山藥分惠，曷勝珍感！介還，布謝崖畧，不宣。知郡公明大夫，抃頓首，即刻。』末又數字云：『海柑四十顆，容易爲獻，皇恐皇恐。』宋時目薯蕷爲山藥，蓋已避真宗諱矣。宋之南都，今之歸德也。」

鬱鬯大毒

宋周密《癸辛襍識》云：「明堂所用鬱鬯凡三十斤，取之信州。吏云實未嘗用，用之大毒，能殺人，蓋文具久矣。」按：此可爲泥古者戒。然夵疑所取鬱鬯必非真也。

威靈仙

宋錢易《南部新書》云：「貞元初，山人鄧思齊獻威靈仙草，出高州，能愈衆疾。禁中試有效，特令編付史館。」

按：明李時珍《本草綱目》引蘇頌曰：「唐貞元中，嵩陽子周君巢作《威靈仙傳》云：威靈仙，去衆風，通十二經脈，朝服暮效。先時，高〔一〕州有人病手足不遂，不履地者數十年。一新羅

〔一〕高，《本草綱目》卷十八作「商」。

僧見之曰：『此疾一藥可活，不知此土有否？』入山求索，果得，乃威靈仙也。服之，數日能步履。其後山人鄧思齊知之，遂傳其事。」是威靈仙唐時始出，前此所無也。

合歡筍

唐段公路《北户録》云：「公路乾符初經過夏口，時有人獻合歡筍於韋公尚書者，自一本分爲兩歧，長二尺餘，乃筍之瑞也。公命公路爲七字句歌之。」

鄱湖採藥

明李日華《六硯齋二筆》云：「許廓無豫章回，云於匡廬得見秦中七仙號無顛者，年已百二十歲有奇，指示採藥。乃鄱湖濱一山，其蹠浸水中五丈餘，冬月水涸盡，乃得就採。其藥於亂石子中別之，大都百斛石子止遇一二枚，非誠心真懇者不一遇也。藥以粗石包裹，擘之，内有紅白青諸種，即真鉛真汞也。得而煉之，乃魏伯陽鑪鼎中物。余强其倒篋相視，石有細金沫，如密陀僧。」按：余親家翁彭雪琴尚書嘗駐師鄱陽湖邊之石鐘山，言山趾在水中，冬月水涸見趾，有洞門可入。秦中老仙所採藥者，或即此等處乎？

太湖蓴

國朝王應奎《柳南續筆》云：「太湖采蓴，自明萬曆間鄒舜五始。張君度爲寫《采蓴圖》，而陳仲醇、葛震甫諸公並有題句，一時傳爲韵事。康熙三十八年南巡，舜五孫志宏種蓴四缸以獻，而侑以《貢蓴詩》二十首，并家藏《采蓴圖》。上命收蓴送暢春苑，圖卷發還，志宏著書館效力，後以議敍授山西岳陽縣知縣，時人目爲蓴官。」按：吾浙西湖蓴菜，余無歲不啜其羹。而寓吴下，多年未得一嘗。惟往年至木瀆端園，偶一領其風味耳。今讀此則，乃知太湖蓴菜有此故事。故録之，以告三吴父老也。

蔗

宋黄伯思《東觀餘論·跋右軍甘蔗帖後摹本》云：「此帖中云『甘蔗十丈』，初不可曉，恐若木千章、竹萬箇之類。篨似竹，於文从焉。此帖以之，俗從草，非是。」按：「甘蔗」字自來從艸，而此云宜從竹，殊爲異聞。考《玉篇·艸部》「蔗，之夜切，甘蔗也」，《竹部》「篨，失御切，筐」，則二字音義俱别。

瘦米草

明包汝楫《南中紀聞》云：「閩中産烏飯草，能縮米，一名瘦米，用以煮米，米粒堅細，每斗僅得升許，第色帶黑耳。軍行必備，可以輕騎遠出。」

戒火草

隋杜臺卿《玉燭寶典》二月仲春云：「此月，民並種戒火草於屋上。四時皆須戒火，獨於此月種草者，《周官·司烜氏》：『仲春，以木鐸修火禁于國中。』」原注云：「今世名慎火草，不須根，惟摘心而種便生。」

金星草

宋宋祁《景文集》有《金星草贊》，注云：「生峨嵋青城山，葉似萱草，其葉皆有點，雙行相偶。黃澤類金星，人號金星草，亦云金釧草。醫家用傅疽創甚良。」

按：國朝趙學敏《本草綱目拾遺》有「鴨脚金星」：「小者名七星草，俗呼骨牌草。惟無五、六，蓋五、六乃天地之中，不易結。」又有「魚鼈金星草」：「葉一長一圓，長者爲魚，圓者爲鼈，魚葉經霜則老，背起金星，惟鼈葉無。」又有「鳳尾金星」：「葉類建蕙而短，背有點子，兩行相對，有數十粒極密。」皆此類也。

唐段成式《酉陽襍俎》云：「油點草，葉似莙蓬，每葉上有黑點相對。」此則非金星，又別一種也。

舞草

唐段成式《酉陽襍俎》云：「舞草，出雅州，獨莖三葉，葉如決明，一葉在莖端，兩葉居莖之半，相對。人或近之歌及抵掌謳曲，必動葉如舞也。」

按：《宋景文集》有《娱美人草贊》云：「翠莖纖弱，稚葉相當。逼而歌之，或合或張。」注云：「蜀人舊傳虞美人草，予謂虞當作娱。今世所傳《虞美人》曲，下音俚調，非楚虞姬所爲也。意其草纖柔，爲歌氣所動，故其葉至小者或若動摇美人，以爲娱樂耳。」按：宋景文所贊即段柯古所謂「舞草」，疑唐時猶無「虞美人」之名也。至「虞」「娱」古通，并不必改字。

蒿可爲柱

宋范成大《桂海虞衡志》云：「大蒿，容、梧道中久無霜雪處，年深滋長。大者可作屋柱，小亦中肩輿之杠。」按：《大戴禮記》言：「周時德澤和洽，蒿茂大，以爲宫柱，名曰蒿宫。」此説學者疑之，或據《禮記》鄭注有「郊宫」之名，謂「蒿宫」即「郊宫」，古人假借字。不知蒿自有可爲柱者，疑周時蒿宫之柱亦南方所貢也。

蘘荷爲嘉草

晉干寶《搜神記》云：「余外婦姊夫蔣士有傭客，得疾下血。醫以中蠱，乃密以蘘荷根布席下，不使知，乃狂言曰：『食我蠱者，乃張小小也！』乃呼『小小亡去』云。今世攻蠱，多用蘘荷根，往往驗。蘘荷，或謂嘉草。」按：《周官》：「庶氏掌除毒蠱，以攻説禬之、嘉草攻之。」注云：「嘉草，藥物，其狀未聞。」得此可補注疏之闕。《葛洪方》云：「人得蠱，欲知姓名，取蘘荷葉著病人卧席下，立呼蠱主名。」今觀《搜神記》所云，乃知亦是假設之名耳。

茶香室三鈔卷二十九

鳥獸種數

唐段成式《酉陽雜俎》云：「鳥有四千五百種，獸有二千四百種。」

鳳皇

宋周密《癸辛雜識》云：「金泰和四年六月，磁州武安縣南鼓山北石聖臺鳳皇見，鳳從東南來，衆鳥周圍之，大者近内，小者在外，以萬萬計。地在屯區村，村民謀逐去之，驅牛數十頭，擊柝從之。牛未至二里，即有鷙鳥振翼而起，翼長丈餘，下擊二水牯，肉盡見骨，水牯即死。鳳皇高丈餘，尾作鯉魚狀，而色殷，九子差小，翼其傍。鳳爲日影所照，則有二大鳥更迭盤旋庇蔭之，至日入則下。留三日，乃從西北摩空而上。縣中三日無鳥雀。鳳去後，人視其處，有鯉魚重五六十斤者，食餘尚有數頭；臺旁禽鳥糞，兩溝皆滿；小禽不敢飛動，餓死者不可勝計。」

按：史傳言鳳皇見者多矣，未有詳悉如此者，故備録之。

鳳皇身如龍

宋王栐《燕翼貽謀録》云：「景德元年五月七日午時，白州有鳳皇三自南入城，衆禽周繞，至萬歲寺前，棲高木上。身如龍，長九尺，高五尺。其文五色，冠如金盞。至申時，飛向北去，遂不復見。州圖畫來上。」

大鵬卵

宋周密《齊東野語》云：「外大父文莊章公嘗置酒，揭饌單於爐亭，品目多異，有大鵬卵最奇，其大如瓜，片切，飣飣大盤中，衆皆駭異。其法乃以鳧彈數十，黄白各聚一器，先以黄入羊胞蒸熟，次復入大豬胞，以白實之，再蒸而成。」按：俗傳有製大卵一法，以鷄子數十枚打破入豬胞中，用線緊紮，置井底，一夜取出，則黄在内，白在外，渾然一卵矣。此法果驗，則不必再蒸也。

桃花源二鳥

宋鄭景望《蒙齋筆談》云：「陶淵明所記桃花源，今鼎州桃花觀即是其處。湖、湘間人云：自晉、宋來，由此上昇者六人。山十里間無襍禽，惟二鳥往來觀中，未嘗有增損，鳥新舊更易，不可知。耆老相傳，自晉迄今如此，每有貴客來，輒先鳴號庭間，人率以爲占。」按：余於《叢鈔》十二已載桃花源異聞數事，今又記此，然則桃花源真仙境耶？

明包汝楫《南中紀聞》云：「歲戊辰，兩過桃源仙境，其山不甚高廣，憑覽一望而盡，絶無陰崖奥谷，巉巖滲泬，不知何故現此靈異。地方民居皆敦朴純龐，循循守禮，豈亦仙靈所薰被耶？」按：此則桃源又平平無奇矣。

清溪鸜鵒

國朝王培荀《聽雨樓隨筆》云：「清溪鸜鵒最多，木末聚集成羣，胡桃熟時，尤飛翔無數。綏靖屯所産亦衆，禾稼每爲所啄，驅之惟恐不去，内地乃以罕而見珍矣。」按：清溪縣屬四川雅州府。

鶴銜璧

宋樂史《太平寰宇記》云：「武陵縣放鶴陂，梁崔穆於此陂羅雙鶴，因放之，後鶴銜玉璧一雙送穆庭中。」按：人知有雀銜環，不知有鶴銜璧。

羽童墓

國朝龔煒《巢林筆談》云：「馮具區瘞鶴先墓旁，表曰『羽童墓』，自爲銘；朱學熙以古窰器葬落花于南禺，黎太僕爲作《花阡表》，二事有清致。」

孔雀升高先舉左足

宋鄧椿《畫繼》云：「宣和殿荔枝結實，偶孔雀在其下，召畫院衆史圖之，各極其思。但孔雀欲升藤墩，先舉右脚，上曰『未也』。衆愕然莫測。後數日，再呼問之，不知所對，降旨曰：『孔雀升高必先舉左足。』衆史駭服。」按：此與牛鬬尾夾髀閒而厲歸真畫鬬牛牛尾舉起，爲農夫所笑，同一失真也。

蛇與孔雀偶

宋黄休復《茅亭客話》云：「蛇與孔雀偶，有得其卵者，使鷄抱伏即成，其名曰都護。初年生緑毛，二年生尾、生小火眼，三年生大火眼，其尾乃成。」

吐壽鷄

國朝潘綸恩《道聽塗説》云："四川吐壽鷄，亦吐綬鷄之類，但吐綬鷄之綬五彩成章，吐壽鷄則噴口垂一壽字，紅豔若錦，雖出天工，宛如人巧。"

明李日華《六研齋二筆》云："庚午四月，徐節之攜吴復初山人所蓄吐綬鳥來。是日凡三吐綬，丹翠彬蔚，相錯成文，若組紝而就者。垂尺餘，廣半之，諦視實不見梵書壽字。嘗記昔年鬻古者，持示滕昌祐懸壽鳥圖，畫一鳥緑羽朱喙，狀如鸚鵡，頸挂絡索，中有瓔珞珠璣，綴黄素一幀，上書壽字，似隸似篆，則刻繒所成。爾時心知是宫禁邸第中所畜，如投瓊鳥、銜杯馬之類，非生成物也。余詳考記載，此鳥絶無壽文之説，吐綬之鳥與諸負文之羽尤爲儁異，故人尤愛之，凡吉祥善事悉以歸之，如曰綬者禄也，是宜官禄；又曰綬者壽也，是宜長生。又以其形質偶類山雞赤鷩，而謂其能辟火，皆妄語也。"按：此則吐綬鳥固非有壽文，而天下亦實無吐壽之鳥。其所謂懸壽鳥者，特人懸一刻成之壽字於其頸耳，非其所吐也。潘氏乃謂四川真有吐壽鷄，殆真道聽塗説歟？

聚燕臺

明劉侗《帝京景物略》云：「采育東南二十里有埠，高丈，廣三四十尺，曰聚燕臺。歲秋社燕辭巢日，京畿城村燕必各將其成雛數千百聚此臺，呢喃竟三日，然後乃能去之。」

白雄鷄

國朝褚人穫《堅瓠集》云：「六月二十四日爲清源妙道真君誕辰，吴人祀之者必用白雄鷄，不解其故。及閲陳藏器《本草拾遺》云：『白雄鷄生三年者，能爲鬼神所役使。』吴人用祀真君，或亦山川不捨騂角之意。」按：顧鐵卿《清嘉録》引《崑新合志》云：「五月十三日俗傳爲關神誕，士大夫家宰白雄鷄以祭之。」又今人於二月三日祭文昌，亦用白雄鷄，殆以此鷄不宜久畜，特廣其用歟？

阿丹國麒麟

明黄省曾《西洋朝貢典録》云：「阿丹國有獸，其足前高九尺，後高六尺，蹄三匝，匾口而長頸，奮首高一丈六尺，二肉角，牛尾而鹿身，名曰麒麟。」按：明代燕享，廷中陳百獸，有麒麟，頸長殆將二丈，望之如植竿。見祝允明《野記》，余已載於《叢鈔》卷二十三矣。今乃知是阿丹國所獻也。

國朝徐廣縉《瀛環志略》云：「『加不』一稱岋朴，在阿非利加極南地盡之處，産長頸鹿與駝鳥。」注云：「長頸鹿長於身。」按：此又知明朝會所陳之麒麟，即加不之長頸鹿也。

獅子

宋周密《癸辛襍識》云：「近有貢獅子者，首類虎，身類狗，青黑色。官中以爲不類所畫者，疑非真。其入貢之使遂牽至虎牢之側，虎見之俯首帖耳，不敢動。獅子遂溺於虎之首，虎亦莫敢動，以此知爲真獅子。唐閻立本畫文殊所騎者及世俗所裝戲者爲何物？豈所貢者乃獅子之常，而佛所騎者爲獅子之異品耶？」

國朝陸次雲《八紘譯史》云：「博爾都阿拉國，康熙十七年來進獅，併調御獅蠻。獅形稍類虎，豪含金色，淺淡如灰。其尾像拂，熟睡時每摇動，示人不寐。頸項相擊，則煙焰飛出。食禽獸，用口一吹，羽毛皆落。宿必曠野，不處山隅，以彰無懼。遇人欲食，向之伏處哀悲，即爲捨去，反護其行。產小獅，藏之深窟。足之所履，以尾拂去其泥，使人不可蹤跡。喜綵毬，人盜其子，獅忽追至，擲毬與之，獅且搏跳，三追三擲，遂捨其子，震吼而歸。」按：余於《叢鈔》二十三載温都斯坦產獅子，此博爾都阿拉或即其異名也。所説獅之情性尤詳，故又記之。

草上飛

國朝陸次雲《八紘譯史》云吐番國物產有「草上飛，其形如犬，色如玳瑁，性純不惡。獅豹見之，皆伏於地。乃獸之王，尊在狻猊之上」。

狁

明黄衷《海語》云：「狁音寵，人屬，出暹邏之崛巃。短小精悍，圓目黄睛。性絶專慤，不識金帛。木食如猿猱，語不可辨。山居夷獠諳其性，常馴擾以備驅使。蒙以㪉絮，食以鰪鮍，飲以漓酒，即躍然喜。舉族受役，至死不避，雖歷世不更他姓。嘗役以採片腦、鶴頂，皆如期而獲。其山多犀象，主者利其齒角，授以毒鏢。狁挾以歸，遇犀象往刺之，升木而匿。犀象怒索勿得也，移刻毒發而殪。狁聚守經月，犀象且腐，所遺齒角，齒則負以數狁，角乃以一狁肩之，以輸其主。遇奪他姓，至死弗畀。」按：「狁」字《正字通》謂即「犺」字之譌。然「犺」從亢聲，苦浪切。此字既讀寵，自以充聲爲是，不得以古無「狁」字而改之。

又按：字書「鰪」音惡，「鮍」音披。本書則上音鵶、下音具，訓爲「小鹹魚」。「鮍」有具音，亦所未詳也。

海驢皮

明黄衷《海語》云：「海驢多出東海，舶估有得其皮者，毛長二寸許。或以製卧裀，善人御之，竟夕安寢；不善人枕藉，魂乃數驚矣。」按：既朽之革尚能分别善惡，何歟？獬豸生而觸邪，海驢死猶警惡，亦可異矣。

黳尼延

《一切經音義》卷一云：「伊尼延，或云啞尼延，皆訛也。正言黳尼延，此鹿王名也。啞音烏賢反，黳烏奚反。」按：黄山谷詩以「伊尼」對「郭索」，皆知「伊尼」爲鹿名，而不知本爲「黳尼延」也。

艾虎

國朝徐承烈《聽雨軒贅記》云：「蒼梧太守永公言：奉天海城蓋平地方有獸曰艾虎，身之大小類墨猴，按：其上文云「墨猴大僅如拳」。而形與毛色較虎無異，亦能作威吼撲，夜卧小扁葫蘆中。夏閒室中有此物，則蒼蠅皆遠避去。故彼處凡遇宴會，輒置坐側。價不甚昂，惟調之使馴爲極難耳。」

按：小説書中有言「艾虎」者，初不知爲何物。觀此始得其詳，然其物在近時究罕見也。

天寶鹿

國朝王應奎《柳南續筆》云：「康熙壬子歲，于清端公成龍官黄州司馬，偶駐皮亭。野人獻死鹿，其高如馬，角大而斑。其項閒有銀環，重一十七兩，鎸『天寶二載華清宫』七字。角下堅徹如瓊，蓋所謂鹿玉也。黄岡陳太史大章爲作《天寶鹿歌》。」

按：唐玄宗於開元二十三年射得大鹿，張果老先生識是漢元狩五年所放之鹿，左角下有銅牌，文字刓敝不可識，事見《宣室志》。與此事正遥遥相對。

拂郎馬

國朝韓泰華《好學〔一〕爲福齋隨筆》云：「元陳基《跋張彦輔畫拂郎馬圖》云：『至正壬午，拂郎之馬至。』周伯温《近光集》：『西域拂郎國遣使進馬，馭者其國人，黄鬚碧眼，服二色窄衣，言語不可通。凡七度海洋，始達中國。』拂郎疑是佛蘭。」

鷹背狗

無名氏《東園友聞》云：「北方凡皁鵰作巢，所在官司必令人窮巢探卵多寡，若三枚，必設

〔一〕好學，當爲「無事」。

置以守之。及其出，乃一狗也，取而飼養之，長則獻於朝廷。與常狗無異，但耳上多羽毛數根耳。田獵之際，鵰則上飛，狗則陸行，所逐同至，名曰鷹背狗。蓋凡物生三子，必有一異，惜人未有聞焉。」

狗場

國朝王昶《滇行日記》云：「十三日，行三十里，至狗場小憩。黔人市集，每以日支爲名，狗場乃戌日市集也。」

水貓

國朝王培荀《聽雨樓隨筆》云：「蜀中有水貓捕魚，形如鼠，頭如貓，尾大寬數寸，大者重八九斤，小者三四斤。邊地漁者畜之。造竹筏往來捕魚，飼貓於筏，以鐵索縋之。貓即熟睡，醒時以魚切肉方寸，擲一二塊啗之，復卧。其用之捕魚也，解索下水，須臾負魚而出，小者數寸，大者等身。每得魚上筏，漁者取魚，另擲魚肉一二塊，貓即置魚而啗肉，食畢復令下捕。若無魚，則貓不肯下，以索縶之，復熟睡。」

雪裏拖槍

國朝龔煒《巢林筆談》云：「徐文貞之子錦衣君驕貴負癖，每大旋，無寒暑，必於城上。一夜，冒雪登城，一僮荷矛隨之。時漏下三鼓，嘉靖以天寒大雪，衛卒巡邏必怠，命内侍偵之。邏者多酣卧，遥望城上有荷矛者，叱之，答曰：『徐指揮巡城。』内侍以聞。帝大悦，超擢其官，人目爲『雪裏拖槍』。」按：此四字，今人稱貓之白身而黑尾者，殆明時已有此稱耶？

白鼠

《太平御覽》八十一引《白澤圖》云：「白鼠以昏時見於丘陵之閒，視所出入有金。」按：余於《叢鈔》二十三引《靈異録》言有白鼠處即有藏，不知其本此也。

火蠶

國朝陸次雲《八紘譯史》云高昌物産有「火蠶，其綿絮衣一襲止用一兩，稍多熱不可耐」。按：《杜陽襍編》云：「同昌公主有火蠶綿，得之炎洲，絮衣一襲用一兩，稍過度則熇烝之氣不可近也。」今觀此，則知火蠶固實有此種。以此類推，則知《拾遺記》所云員嶠有「冰蠶」者，亦不妄也。

鸚鵡螺

宋劉敬叔《異苑》云：「鸚鵡螺形似鳥，故以爲名。常脱殼而遊，朝出則有蟲類如蜘蛛入其殼中，螺夕還，則此蟲出。庾闡所謂『鸚鵡内遊，寄居負殼』者也。」按：�蛣腹蟹，已爲可異，若此螺，更奇矣。

三脚蟾蜍

國朝劉獻廷《廣陽襍記》云：「馬子騰言：陝西邊西番一路，西寧、莊浪等處，多三脚蟾蜍，其膠可軟玉如泥。西番取蟾蜍，將眉割開，其酥皆成塊，不待和合曬晾。」按：世言「三脚蟾蜍天下無有」，觀此乃知竟有之也。

螞蟻墳

明劉侗《帝京景物略》云：「城南二十里有囿曰南海子，海子之西北隅，歲清明日，蟻億萬集，疊而成丘，中一丘高丈，旁三四丘各數尺，竟日而散去，曰螞蟻墳。傳是遼將伐金，全軍没此，骨不歸矣，魂無主者，故化爲蟲沙，感于節序。」

按：此事甚奇，未知今尚然否。「螞蟻墳」可對「蜘蛛塔」。塔在慈慧寺，亦見《帝京景物略》：有蜘蛛聽誦經化去，用浮屠法而塔之，黄平倩爲書碑。

輸蝶免笞

國朝龔煒《巢林筆談》云：「明季如皋令王蚪性好蝶，案下得笞罪者，許以輸蝶免。每飲客，輒縱之以爲樂。」按：蒲留仙《聊齋志異》載此，爲長山王進士蚪生事。

江子匯無蚊

宋周密《齋東野語》云：「吴興獨江子匯無蚊，舊傳馬自然嘗泊舟於此所致。故錢信《平望蚊》詩云：『安得神仙術，試爲施康濟。使此平望村，如吾江子匯。』然余有小樓在臨安軍將橋，面臨官河，污穢特甚。自暑徂秋，寂無一蚊，過此數百步，則不然矣。此物理之不可曉者。」按：所謂「吴興江子匯」者未知在何處。余於乙酉初夏送孫兒陛雲府試，至湖州泊舟館驛河，其地無蚊。

祛蚊

宋儲泳《祛疑説》云：「有一人能祛蚊，一夜醉寢，取其篋中香末試燒，蚊悉遠去。但不知其用藥，然正作荷花香，來日叩之，微笑不答，想亦荷花之鬚耳。」按：此則荷花鬚能祛蚊矣，未知信否。

竊蟲

唐封演《封氏聞見記》云：「人家有小蟲，至微而響甚。細尋之，卒不可見，俗人號曰『竊蟲』，云有此者不祥。余曾覩此蟲，大如半胡麻，形類鼠婦，有兩角，白色，振其頭則有聲。暗黑之處多有之。拾遺孟匡朝貶賀州，作《竊蟲賦》，比之鬼魅，似都不識此蟲。」

水秀才

國朝褚人穫《堅瓠集》云：「禽名『山和尚』，即山鵲也。滇中有蟲名『水秀才』。楊升庵《鷓鴣天》云：『弹聲林鳥山和尚，寫字寒蟲水秀才。』水秀才狀如蚊而大，游泳水面，池中多有之。」

按：此蟲所在皆有，不獨滇中也。

狗蚤

宋周密《癸辛褋識》載侯峯和尚《狗蚤頌》云：「摸不著時尋不見，十二時中繞身轉。若還離得这衆生，除是不挂一條線。」

魚爺井

明董説《楝花磯隨筆》云：「魚爺井在瓊州文昌縣，泉與海通，中有大魚，頭白，人呼之即出。此亦異名。」

玉泉觀魚

國朝劉獻廷《廣陽褉記》云：「前在漢上，王鹿田先生極言玉泉觀魚之妙。乙亥春，特往觀之。寺在岳墳之西，魚多藍青色，有極大者。飛魚二，皆四翼；又有白魚，徧身青花，儼如江西景德鎮窰器，瓌瑋可觀。」按：此等異魚今皆無有矣。

墨頭魚

宋胡仔《漁隱叢話》云：「何文縝《送王正臣序》云：『煙波暈墨頭魚，風庭緑書帶草。』有泉州佛跡長老道龔者，蜀人也，言嘉州烏牛山在水中心，昔郭景純注《爾雅》於此，有臺在焉。景純每以研之餘水瀝於臺下，遂生墨頭魚。」按：「墨頭魚」「書帶草」事正一類，然「墨魚」事世罕知者。

水晶魚

國朝楊炳堃《自訂年譜》云："雲南有水晶魚，魚之腸胃無不映徹，望之甚悉。"

楓葉魚

明屠本畯《閩中海錯疏》"楓葉魚"引《海物異名記》云："海樹霜葉，風飄浪翻，腐若螢化，□〔一〕質爲魚。"按：此則楓葉入海可化爲魚也。

耍魚

明屠本畯《閩中海錯疏》云："耍魚，厥狀纖細，名黄絲耍。"

〔一〕缺字明何喬遠《閩書》卷一五一引《海物異名記》作"厥"。

海哥

宋王明清《玉照新志》云：「嘉祐末，有人攜一巨魚入京師，能人言，號曰海哥。豪右左戚爭先快覩，所獲盈積。常自聲一辭云：『海哥風措，被漁人下網打住，將來帝城中，每日教言語。甚時節，放我歸去？龍王傳語，這裏思量你千回萬度。螃蟹最悽惶，鮎魚尤憂慮。』李氏園作場，躍入池中，不復可獲。「李氏園」句疑有脱誤。是歲黄河大決，昭陵升遐。」按：魚而能言，且能聲此有韵之辭，大奇，惜非美事。

沙瑶

宋陸游《老學庵筆記》云：「明州江瑶柱有二種，大者江瑶，小者沙瑶。然沙瑶可種，逾年則成江瑶矣。」

鰐魚能辨曲直

明李日華《六硯齋三筆》云：「《搜神記》曰：『扶南王范尋常養鰐魚十頭，犯罪者投之池中，無罪則魚不食，乃赦之。』《月山叢談》曰：『占城國，人有訟事不決者，則使乘水牛過鰐魚潭，理曲者魚食之，直者雖十往返不食。』果爾則與觸邪神羊、指佞靈草同爲瑞物，昌黎何必爲文逐之耶？」

魚鮝名件

宋吴自牧《夢華録》載杭城魚鮝名件云：「郎君鮝、石首鮝、望春、春皮、片鰳、鰳鮝、鰍鮝、鯺鮝、鰻條彎鮝、帶鮝、短鮝、黄魚鮝、鯖魚鮝、鱢鮝、老鴉魚鮝。」

一蠏直一千

宋邵博《聞見後録》云：「仁皇帝内宴，有新蠏一品，二十八枚。帝曰：『吾尚未嘗，枚直幾錢？』左右對直一千。帝不悦，曰：『一下箸爲錢二十八千，吾不忍也。』遂不食。」

明代諸物食料

明李日華《紫桃軒又綴》云：「正德中，南城金魚日食蒸餅白麵二十觔，御馬監小猴十隻日食白米一斗、紅棗二觔八兩，獅子房二號日食活羊一隻、白糖四兩、羊乳二瓶、醋二瓶、花椒一兩三錢，犀牛一隻日食白米一升、豬肉二觔、鷄一隻、紅棗二觔，豹日食羊肉二觔，虎日食羊一腔。」